渝中年鉴

2020

重庆市渝中区地方志编纂中心 编纂

西南师范大學出版社
国家一级出版社 全国百佳图书出版单位

图书在版编目（CIP）数据

渝中年鉴. 2020 / 重庆市渝中区地方志编纂中心编纂. -- 重庆 ： 西南师范大学出版社, 2020. 11
ISBN 978-7-5697-0520-1

Ⅰ. ①渝… Ⅱ. ①重… Ⅲ. ①渝中区－2020－年鉴 Ⅳ. ①Z527. 193

中国版本图书馆CIP数据核字(2020)第215124号

渝中年鉴（2020）
YUZHONG NIANJIAN（2020）
重庆市渝中区地方志编纂中心　编纂

责任编辑：王传佳
装帧设计：重庆渝鉴商务信息咨询中心
照　　排：重庆渝鉴商务信息咨询中心
出版发行：西南师范大学出版社
　　　　网　址：http://www.xscbs.com
　　　　地　址：重庆市北碚区天生路1号
　　　　邮　编：400715
　　　　电　话：023-68868624
经　　销：新华书店
印　　刷：中雅（重庆）彩色印刷有限公司
幅面尺寸：210 mm×285 mm
印　　张：31.75
插　　页：40
字　　数：1120千字
版　　次：2020年12月第1版
印　　次：2020年12月第1次印刷
书　　号：ISBN 978-7-5697-0520-1
定　　价：268.00元

11月8日，区委书记黄玉林调研重庆银行

（重庆银行供稿）

11月20日，代区长左永祥调研重庆区块链产业创新基地

（区大数据局供稿）

10月28日，区人大常委会主任米绍林调研大数据智能化发展

（区大数据局供稿）

10月12日，区政协主席陈大奎到上清寺街道督导主题教育开展情况

（区政协供稿）

8月26日，渝中区人民政府与安永（中国）企业咨询有限公司签署落户协议

（区金融办供稿）

3月15日，“中德职业教育交流会暨重庆（渝中）中德双主体行业学院签约揭牌仪式”在渝中职业教育中心举行

（区教委供稿）

4月10日，渝中区被联合国教科文组织评为“城市社区学习中心(CLC)能力建设项目”全国首批实验点

（区教委供稿）

9月25日，国浩•重庆18梯项目举行开工典礼，并正式公布了18梯项目案名——18T Mansion

（历史文化街区管委会供稿）

4月28日，位于解放碑邹容路90号的中国移动5G智慧生活馆免费向全市人民开放”

（重庆移动城一分公司供稿）

8月27日，以“链接新产业 构建新生态”为主题的2019中国国际智能产业博览会区块链高峰论坛在渝州宾馆中华厅举行

（罗大万供稿）

8月26日，2019中国国际智能产业博览会在重庆国际博览中心举行，渝中区以“美丽半岛，智慧渝中”为主题，展示渝中区大数据智能化在政用、商用、民用领域取得的成效

（区经信委供稿）

9月29日，重庆十八梯山城记忆馆正式揭牌

（区方志中心供稿）

3月28日，俄罗斯外交部副部长莫尔古洛夫一行赴鹅岭公园拜谒苏军烈士墓并敬献花篮

（区外事办供稿）

3月29日，韩国总理李洛渊一行到渝访问，并出席重庆韩国光复军总司令部旧址复建完工暨对外开放仪式

（区外事办供稿）

3月13日，全国首个5G技术索道VR超感景区体验活动在长江索道北站举行，中央驻渝媒体、市内各主要媒体一同在5G产品区感受超感景区沉浸式体验

（重庆移动城一分公司供稿）

9月19日，伦敦城市大学法学院教授安德鲁·朱（Andrew Choo）、荷兰拉德堡德大学副教授玛丽耶克·杜贝纳尔（Marieke Dubelaar）、英中协会助理主任玛丽娜·梅利亚（Marina Mella）到渝中区人民法院进行访问

（区法院供稿）

3月1日，重庆医科大学附属第一医院中国心衰中心挂牌成立

（区卫健委供稿）

6月12日，区委政法委、区人民法院、区司法局联合成立的“渝中区诉调对接 · 速裁中心”在区人民法院正式揭牌

（区法院供稿）

1月23日，国务院经济普查办公室及央视媒体基层行走进渝中

（区统计局供稿）

5月7日，渝中区开展防空演练，人口疏散

（区人防办供稿）

11月7日，在中国（重庆）第二届长江上游城市花卉艺术博览会上，以“美丽渝中 花园半岛”为主题的渝中展园获布展金奖

（区方志中心供稿）

7月29日，重庆首条设置电动扶梯的崖壁步道——大化步道对外开放

（区方志中心供稿）

3月12日，位于李子坝轻轨站内的“巴渝旧闻馆”向公众免费开放

（区方志中心供稿）

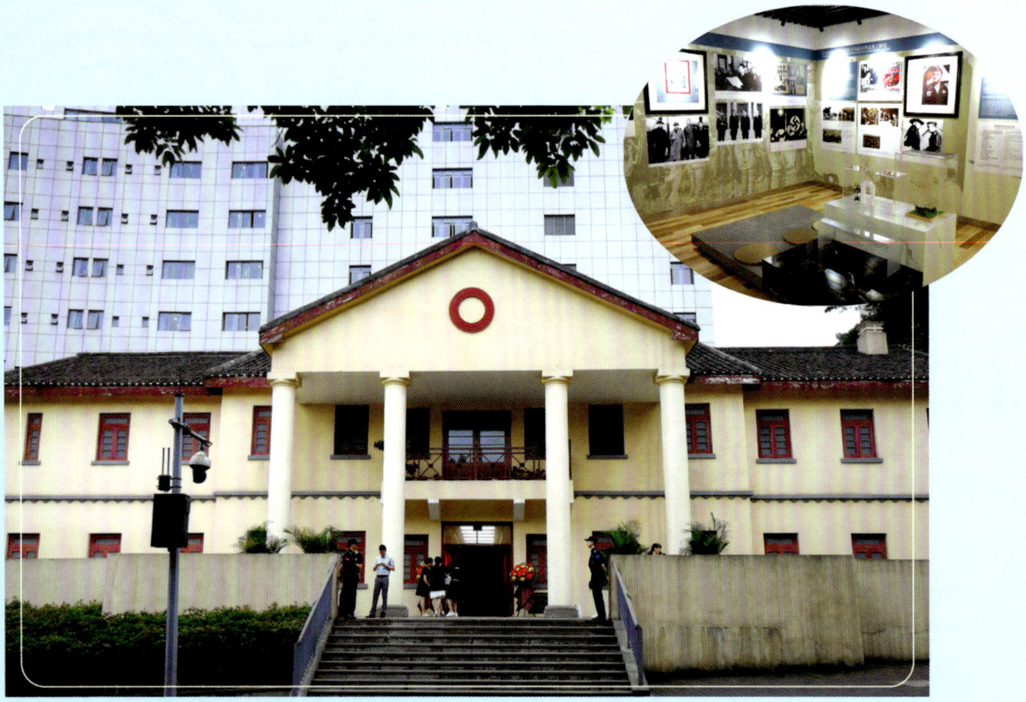

5月18日，位于两路口街道健康路1号的重庆美国大使馆旧址陈列馆正式开馆，“中美同盟 共同抗击日本军国主义影像展”在馆内陈列

（区方志中心供稿）

5月26日，渝中区籍运动员谭中怡在2019年国际象棋明星混双对抗赛中与徐俊组合以三连胜的成绩获得冠军

（重庆市体育局供稿）

8月26日，渝中区特奥运动员程景阳（右）在全国第十届残疾人运动会暨第七届特殊奥林匹克运动会立定跳远项目中夺得重庆首金

（区残联供稿）

9月13日，“家国同圆”《我和我的祖国》献礼中华人民共和国成立70周年重庆站活动在解放碑步行街举行

（区方志中心供稿）

9月20日，“重庆光荣 中国骄傲”电影《中国机长》礼赞楷模致敬英雄特别活动在解放碑步行街举行

（区方志中心供稿）

渝中区地方志编纂委员会

名誉主任：黄玉林　区委书记

主　　任：左永祥　区委副书记、区政府区长

副 主 任：张焕伦　区委常委、宣传部部长

谭彬奇　区人大常委会副主任

蔚传忠　区政府副区长

彭洪森　区政协副主席

成员单位：

区委办公室	区人大常委会办公室
区政府办公室	区政协办公室
区纪委监委机关	区委组织部
区委宣传部	区委统战部
区委政法委	区委编办
区发展改革委	区教委
区科技局	区经济信息委
区民政局	区司法局
区财政局	区人力社保局
区生态环境局	区住房城市建委
区城市管理局	区商务委
区文化旅游委	区卫生健康委
区退役军人事务局	区应急局
区审计局	区统计局
区民族宗教委	区国资委
区金融办	区交通局
区政府外办	区公安分局
区规划自然资源局	区市场监管局
区法院	区检察院
区人武部	区档案馆
区地方志编纂中心	

《渝中年鉴》编辑部

主　　编：刁　涛

副 主 编：向秋月

编　　辑：王　静　吴　炎　宋蜀山　高君姗

版式设计：王　静

图片设计：张志洪

摄　　影：罗大万　王　静 等

编辑说明

一、《渝中年鉴》于1995年创刊，是在中共重庆市渝中区委和重庆市渝中区人民政府领导下，由重庆市渝中区地方志编纂中心主持编纂的一部综合性地情资料工具书。全面、真实、系统地记载和反映渝中区自然、政治、经济、文化、社会等方面的基本情况、重大事件和最新成果，旨在为决策服务、为经济导航、为民众提供信息、为修志积累史料。

二、《渝中年鉴》以马克思列宁主义、毛泽东思想、邓小平理论、“三个代表”重要思想、科学发展观和习近平新时代中国特色社会主义思想为指导，实事求是地记述渝中区从自然到社会各方面的历史和现状，突出区域特色和时代及年度特点，是具有存史、资治、教育功能的综合性、资料性著述。

三、《渝中年鉴（2020）》是渝中区第十六部综合年鉴，记述的是2019年渝中区自然、社会、经济、政治、文化等各方面的内容，设大事记、渝中概览、政治、经济、城市建设管理、社会事业、街道、人物　光荣榜、统计资料、附录、索引11个大部类。

四、《渝中年鉴》采用分类编辑法，由类目、分目、子分目、条目组成。为了便于查阅，条目标题均用黑体字加【】表示。

五、为免累赘，凡直书月、日而未写年份，即为2019年；数据增加或减少多少未说明与某一年份比较，即为年鉴记载当年（2019年）与上年（2018年）比较。

六、大事记中，如同一天有两条以上的大事，采取在首条写时间，以后各条用“△”符号标示。

七、《渝中年鉴》具备双重检索系统，即书前目录和书后索引。

八、图片分两部分。年鉴图片即本年鉴时限内的纪实性图片专辑。成就图片即出版时段宣传部分党政机关和企事业单位的建设成就。

九、本年鉴所用资料，由区级各部门和区内有关单位专人撰写提供，并经供稿单位负责人审核。编辑部负责指导撰稿，审查修改并编辑成书。年鉴中的统计公报由区统计局提供，因统计口径等原因，正文中的数据与统计公报不尽一致，采用时请予注意。

十、撰稿人署名于条目后右下角，加括号表示；若同一分目中有两个以上条目为同一人撰写，则在其末一条目后署名。

十一、根据第四次经济普查结果，区统计局修订了2018年的GDP、民营经济增加值、文化业增加值、旅游业增加值数据，同时修订了社零销售额、批零销售额、住餐营业额2018年及历史数据。因此，《渝中年鉴（2020）》中涉及的以上项目2019年的数据与2018年相比相差较大，读者在采用时请注意此项变更。

数字渝中

◎区域面积	23.24平方千米
◎年末户籍人口	50.4万人
◎地区生产总值	1301.3亿元
◎一般公共财政预算收入	41.9亿元
◎一般公共财政预算支出	74.3亿元
◎工业增加值	33.1亿元
◎固定资产投资总额	175.3亿元
◎社会消费品零售总额	1265.5亿元
◎年末金融机构人民币存款余额	5432亿元
◎年末金融机构人民币贷款余额	4720亿元
◎进出口贸易总额	105.4亿元
◎旅游业总收入	463.5亿元
◎绿化覆盖率	40.5%
◎新标准空气质量二级以上天数	315天
◎人均体育场地面积	0.91平方米
◎执业（助理）医师	6953人
◎城镇常住居民人均可支配收入	44029元

目　录

经 济

城市建设管理

社会事业

街道

人物 光荣榜

统计资料

附录

索 引

大事记

1 月

1 日　渝中区参加“CCTV2019 年重庆跨年夜——央视记者带您水陆空赏两江璀璨夜景网络直播”活动，展示渝中美景。

△ 区交管所按照市运管局《做好行业管理收费工作的通知》要求，停止收取所有证照牌工本费。

△ 渝中区代表队在重庆市射击冠军赛（光电枪赛区）中获得 2 枚金牌、5 枚银牌、3 枚铜牌，居奖牌榜榜首。

2 日　市委政法委书记刘强等市级领导带队到渝中区慰问烈属、军属和退役军人代表，为其家庭悬挂光荣牌。

△ 区消防救援支队举行迎旗授衔和换装仪式，区委书记黄玉林出席仪式并讲话。

3 日　区委、区政府印发《重庆市渝中区机构改革方案》。机构改革后，全区共设区委工作机构 11 个，分别是：区纪委监委、区委办公室（区档案局）、区委组织部（区公务员局）、区委宣传部（区新闻出版局、区政府新闻办）、区委统战部［区委台办（区政府台办）、区政府侨务办］、区委政法委、区委编办、区委直属机关工委、区委巡察办、区委老干局、区委机要保密局［区委保密办（区国家保密局）、区密码局］；设区政府工作部门 31 个，分别是：区政府办公室、区发展改革委（区服务业发展办、区公共资源交易监管局）、区教委、区科技局、区经济信息委、区民政局、区司法局、区财政局、区人力社保局、区生态环境局、区住房城市建委、区城管局、区商务委、区文化旅游委（区体育局）、区卫生健康委、区退役军人事务局、区应急局、区审计局、区统计局、区民族宗教委、区国资委、区机关事务局、区金融办、区信访办、区人民防空办、区交通局、区政府外办、区医保局、区招商投资局、区大数据发展局、区政务服务办。

△ 渝中区大数据应用发展管理局（简称“区大数据发展局”）成立。根据《重庆市渝中区机构改革方案》，将区经信委的人工智能、大数据、信息化推进职能，区发改委的社会公共信息资源整合与应用、智慧城市建设职能等整合，组建渝中区大数据应用发展管理局，正处级单位。

4 日　区公安分局破获一起公安部督办跨国跨境毒品目标案件，摧毁一条由缅甸通往我国的重要运毒通道。

△ 菜园坝段环境综合整治工程（兜子背至菜园坝大桥）涉河建设方案正式获得长江水利委行政许可，同意将沿江滩涂用地调整为城市建设用地，争取到 93 亩城市建设用地指标。

6 日　按照区委统一部署，区司法局完成机构改革任务，原区政府法制办公室与区司法局合并，组成新的司法局。

7 日　渝中区文化和旅游发展委员会（简称“区文化旅游委”）正式挂牌，这是渝中区机构改革后第一个挂牌的区级部门。

△ 渝中区住房和城市建设委员会（简称“区住房城市建委”）正式挂牌成立。区住房城市建委将区房屋管理局的职责，区建设和交通委员会的建设管理职责等整合，为政府工作部门。不再保留区房屋管理局。

△ 渝中区商务委员会（简称“区商务委”）举行揭牌仪式，渝中区商务局正式更名为渝中区商务委员会。

△ 渝中区招商投资促进局（简称“区招商投资局”）正式挂牌。区招商投资局将区商务局管理监督对外援助工作、指导协调全区外商投资促进工作职责，区政府办公室推动与有关地区经济交流合作等职责，区发展和改革委员会推进实施区域经济合作和利用内资工作、协调推进重大招商项目职责等整合。

△ 渝中区政务服务管理办公室（简称“区政务服务办”）正式挂牌，牵头行政审批制度改革等政府职能转变，全区行政审批、政务服务、电子监察等电子政务网络规划、建设和管理，以及宣传和督促落实区政府投资优惠政策、

便民利民措施等工作。

△ 渝中区医疗保障局（简称“区医保局”）正式挂牌成立。区医保局将区人力资源和社会保障局的城镇职工基本医疗保险、生育保险、城乡居民合作医疗保险职责，区发展和改革委员会的药品和医疗服务价格管理职责，区民政局的医疗救助职责等整合。

△ 渝中区退役军人事务局（简称“区退役军人事务局”）挂牌成立。区退役军人事务局将民政局的退役军人优抚安置职责，区人力资源和社会保障局的军官转业安置职责等整合。

8日 渝中区生态环境局（简称“区生态环境局”）正式挂牌。根据《重庆市渝中区机构改革方案》，将区环境保护局的职责以及区发展和改革委员会的应对气候变化和减排职责，区国土资源管理分局的监督防止地下水污染职责，区城市管理局的编制水功能区划、排污口设置管理、流域水环境保护职责等整合，组建区生态环境局，作为区政府工作部门，实行以市生态环境局为主的双重管理体制。不再保留区环境保护局。

△ 渝中区交通局（简称“区交通局”）正式挂牌，将区建设和交通委员会的交通管理职责，区城市管理局的渔船检验和监督管理职责等整合。不再保留区建设和交通委员会。

△ 渝中区人民政府外事办公室（简称“区政府外办”）正式挂牌。在区政府办公室外事工作职责基础上，单独组建区政府外事办公室，作为区政府工作部门，区政府办公室不再挂区政府外事侨务办公室牌子。

9日 渝中区第三届文化旅游消费季在大坪龙湖时代天街A馆广场正式启动。

△ 国家自然资源部地质勘查管理司司长于海峰一行到渝中区调研佛图关至李子坝沿线地质灾害分布现状和治理效果，听取渝中区对辖区内江山华庭不稳定斜坡治理项目、嘉陵新路变形斜坡治理项目、佛图关危岩带治理项目以及两江危岩带专业监测项目开展实施情况的介绍，详细了解渝中区地质灾害防治工作情况、“四重网格化”体系建设和监测预警工作情况，并就渝中区地质灾害防治工作中采取的信息化监测手段、措施等进行深入交流。

△ 区委书记黄玉林、区长商奎会见马来西亚丰隆集团董事总经理韩德明一行，就国浩渝中项目相关事宜进行交流。

10日 渝中区上清寺派出所民警高万禄当选2018年度“感动重庆十大人物”。

11日 位于渝中区三层马路老街区的徐远举公馆旧址保护修缮工程通过竣工验收。

12—14日 渝中区政协第十四届委员会第三次会议在和平路区级机关综合办公大楼礼堂举行。大会应到委员236名，实到委员224名，符合规定人数。主席陈大奎代表区政协第十四届常委会向大会作工作报告；副主席卢朝康代表区政协第十四届常委会作关于十四届二次会议以来提案工作情况的报告；表决通过政协重庆市渝中区第十四届委员会第三次会议关于政协重庆市渝中区第十四届委员会常务委员会工作报告的决议；表决通过政协重庆市渝中区第十四届委员会第三次会议决议。

13—16日 渝中区第十八届人民代表大会第四次会议在巴蜀中学礼堂和区级机关综合办公大楼举行。大会应到代表232人，实到代表228人。会议听取议案审查委员会关于议案处理意见的报告；表决通过关于渝中区人民政府工作报告的决议、关于渝中区2018年国民经济和社会发展计划执行情况与2019年国民经济和社会发展计划的决议、关于渝中区2018年预算执行情况和2019年预算的决议、关于渝中区人大常委会工作报告的决议、关于渝中区人民法院工作报告的决议、关于渝中区人民检察院工作报告的决议、关于深化文旅产业融合发展的决议；宣布2019年重点民生实事票决结果；表决总监票员、监票员名单；补选一名区十八届人大常务委员会委员；通过区十八届人大有关专门委员会组成人员名单。

14日 市规划自然资源局发布新一批市级历史文化名镇、街区和传统风貌区名录，渝中区中山四路入选市级历史文化街区，渝中区鲁祖庙片区入选市级传统风貌区。

△ 朝天门来福士广场凯德项目“空中连廊”

幕墙工程合拢，该工程是中国首个超250米的空中连廊，创下全球最高、最重、最大的幕墙单元体提升等多个世界之最。

16日 重庆工业互联网服务创新基地招商发布会在大坪总部城中悦酒店召开，并为重庆工业互联网服务创新基地授牌。

△ 在“改革开放40年 全域旅游大发展——第二届T12中国西部全域旅游发展论坛暨2018西部旅游年度总评榜颁奖典礼”上，渝中区荣获“2018西部旅游最受关注全域旅游创建示范单位”称号。

18日 2018重庆（国际）影像文化节的收官之作——“张一白重庆三部曲影像展”在鹅岭贰厂文创园T2国际当代艺术中心开展。

△ 在中华工商时报社主办的中国民营经济年会上，渝中区重点高新技术企业途作林杰科技有限公司获评“最具创新力”企业，全国共有21家创新型企业上榜。

20日 渝中区与上海市广播影视制作业行业协会举行沪渝两地影视产业合作签约仪式。两地将在影视产业的政策扶持、园区建设、企业服务等方面加强交流合作，进一步推动渝中区影视产业高质量发展。

22日 “大竹林—朝天门”观光轮渡航线正式开通，船舶停靠朝天门交运二码头和大竹林凤栖沱码头，两码头互为始发码头。该航线沿途包括朝天门、大剧院、黄花园长江大桥、鎏嘉码头、李子坝轻轨站、磁器口等景点。航线全程约22千米，单程航行时间约80分钟。

△ 重庆市2018年10家“智慧医院”名单发布，渝中区境内重庆医科大学附属第二医院、重庆医科大学附属儿童医院评为“智慧医院”（四级），重庆市急救医疗中心评为“智慧医院”（三级），实现预约诊疗、智能分诊、检查报告自助打印、院内路径导航、Wi-Fi覆盖等功能，给患者带来快速便捷的新型智慧就医体验。

23日 国务院第四次全国经济普查媒体基层行活动走进渝中，新华社、中央电视台、《经济日报》、中国新闻网、《第一财经日报》、光明网等十余家中央媒体深入渝中，通过座谈交流、现场采访相结合的方式，近距离聚焦渝中经济普查工作，挖掘渝中经济普查工作故事，展现渝中经济普查工作成果。

△ 2019年中国旅游产业发展年会在北京召开，2018年中国旅游产业影响力风云榜揭晓，渝中区凭借独特的山水人文魅力成为全市唯一上榜“2018中国旅游影响力县区TOP10”的区县。

24日 2019年“梦想驿站”渝中分站在菜园坝火车站站前广场举行，上百名青年志愿者免费为过往旅客提供健康检测、法律咨询、春联书写、特色餐饮等方面的便民服务。

△ “走进中山四路”主题影像展在曾家岩书院开展，200多张珍贵影像及《走进中山四路》专题纪录片全面展现中山四路近百年的历史。

△ 区妇联召开十四届七次执委会，免去陈千妇联副主席职务，选举蔡放为渝中区妇联十四届副主席。

△ 渝中区召开“学习强国”学习平台工作推进会，要求全区党员贯彻落实习近平总书记关于构建学习型政党的指示要求，搭建横向到边、纵向到底的组织架构，力争达到全区党员全覆盖。

25日 轨道交通5A线开工建设，5A线始于渝中区富华路，全长29千米，共设车站19座（地下站12座，高架站7座），投资226亿元。

△ 国家艺术基金2018年度传播交流项目——“白族传统工艺美术作品巡展”（重庆站）在重庆中国三峡博物馆开幕，展出作品150余件，涵盖白族的传统扎染、银器、木雕、刺绣、剪纸、陶艺、砚雕、布扎等民间工艺。

△ 渝中区总工会第六届委员会第九次全体会议召开，会议增补李洪其为第六届委员会委员；完成选举李洪其为第六届委员会常务委员、区总工会副主席，傅晓蓉为区总工会副主席的选举工作。

26日 渝中区体育运动学校选送的5名运动员在国家体育总局游泳运动管理中心主办的2019年全国少年儿童跳水冠军赛（B区）中获得3金、2银、2铜。

28日 由视觉（中国）有限公司主办的“2018

全球华人摄影盛典”暨“年度摄影排行榜”颁奖典礼及系列活动在越南岘港和柬埔寨吴哥举行，渝中区摄影家协会会员代祖愚获“2018全球华人摄影十杰”称号。

29日 重庆汉文化主题体验活动在朝天门重庆湖广会馆齐安公所举行，全市各地上百名汉服爱好者参加活动，向市民与游客展示传统文化。本土多个汉服社群向市民与游客展示传统手工艺品、乐器、服饰、艺术品等多类传统文化产品。

30日 新华社重庆分社社长李勇一行到下半城调研街区建设情况，重点对十八梯传统风貌区、东水门老街及重庆湖广会馆风貌区、凯德来福士等项目整体规划、项目特色、历史文化保护与活化利用等情况进行调研。

1月 区总工会对全区198名工会建档困难职工家庭购买2019年医疗保险情况进行核查，严格按照市总工会慰问标准，向职工银行卡划拨慰问金共计25.8万元。

△ 渝中区机构改革，将区档案局（区档案馆）承担的行政职能划归区委办公室，对外保留区档案局牌子，区档案馆作为区委办公室所属事业单位，人员纳入参公管理范围。

△ 按照机构改革要求，中共重庆市渝中区直属机关工作委员会更名为中共重庆市渝中区委直属机关工作委员会。

△ 华泰财产保险有限公司重庆分公司落户渝中，办公地址位于渝中区瑞天路56-3号13层4、5单元。

2 月

2日 渝中区3名学生在第五届联合国世界联合会国际模拟联合国大会上获奖，马郡蔚获外交风采奖，唐诗和刘卓滢获立场文件奖。

11日 2018年渝中区体彩销售网点140个，销量1.5亿元，区级体彩公益金600余万元。

12日 洪崖洞多功能灯杆示范项目建设完成。

△ 重庆古城墙遗址传统风貌区步道一期（定远门—临江门段）完工。

△ 渝中区民政局设立民政事务服务中心，进一步加强民政事务工作力量。

14日 《记住乡愁》第五季分集《重庆渝中老街——开放包容》在中央电视台中文国际频道播出，通过多个以重庆湖广会馆及东水门历史文化街区为主线延展开来的故事，向世界观众讲述重庆老城的历史沿革、重庆人开放与包容的精神命脉，展现重庆这座老城当今的繁华景象。

15日 渝中区开展摩托车及电动车综合整治。

16日 渝中区籍运动员施廷懋在2019世界游泳锦标赛跳水项目选拔赛（第一站）中以386.6分获得女子三米板第一名，与队友王涵搭档，以347.4分获得女子双人三米板第一名。

18日 渝中区政府与中国电信重庆分公司签订战略合作协议，就共建“文商旅城”5G融合应用示范高地达成共识。

△ 区档案馆启动电子档案查询系统服务项目。

19日 英国驻重庆总领事馆总领事艾佩诗一行到渝中区进行友好访问。

△ 由中央宣传部、中央文明办等十余个部门组织评选的2018年全国学雷锋志愿服务“四个100”先进典型名单发布，渝中区菜园坝街道石板坡社区被评为全国“最美志愿服务社区”。

△ 由团中央有关部门、全国学联秘书处、中国青年报社共同举办的“寻访2018年度‘最美中学生’‘最美中职生’”活动结果揭晓，渝中区蔡金言、刘汉旻、朱可3名学生获“最美中学生”称号。

20日 重庆智慧工场科技产业发展有限公司党支部正式挂牌成立，它是渝中区首家服务贸易领域外资党支部。

△ 副市长刘桂平带领市金融监管局与市大数据发展局的相关负责人到重庆市区块链产业创新基地调研区块链技术创新与产业应用。

21日 渝中区规划和自然资源局（简称“区规划自然资源局”）及渝中区林业局正式挂牌。

△ 全国首批“加速康复外科规范化培训及示范基地”在重庆医科大学附属第一医院挂牌。“加速康复”平均可缩短患者住院时间2天，人均节约开支5000元。

25日 渝中区出台《渝中区“菜篮子”工作实施办法》，全力推动“菜篮子”工作。

△ 渝中区2019年春季义务植树活动在九坑子举行，种植紫薇、红枫、香樟、栾树等近300株树木。

△ 渝中区民政局做好残疾人“双补贴”提标工作，将困难残疾人生活补贴标准由每人每月50元提高到70元，将一级重度残疾人护理补贴标准由每人每月60元提高到80元，二级重度残疾人护理补贴标准由每人每月50元提高到70元。

△ 由区影视协会会员单位渝中区彦堃影业有限公司出品的《大铭堂书院》，作为国内首档弘扬中华传统文化的少儿网络迷你剧，在爱奇艺正式上线。

26日 2019中国（重庆）区块链与大数据智能化研讨会在解放碑召开。重庆金窝窝网络科技有限公司在会上与新加坡国立大学签署谅解备忘录，双方就商业分析类人才引进、商业大数据分析、区块链技术联合研发等领域达成战略合作。

27日 渝中区召开2019年生态环境保护工作会，通报全区2018年生态环境保护工作完成情况暨2019年打好污染防治攻坚战、推动生态优先绿色发展行动计划工作安排。

△ 重庆市人民政府公布第三批市级文物保护单位（共103处），渝中区太平门至人和门段城垣、国民政府军政部兵工署旧址、重庆长江大桥春夏秋冬雕塑入选。

28日 渝中区与国药集团医疗器械研究院、中电国康、中国电信重庆分公司等集中签订30余个项目合作协议，项目投资额55亿元，涉及现代金融、高端商贸、文化旅游、互联网服务、专业服务、健康医疗6大产业领域。

2月 李子坝社区科普大学荣获“2018年重庆市社区科普大学示范教学点”称号。

△ T050观光巴士线路优化调整，线路从观音桥—九街壹华里调整为喵儿石文创园—新华路长江索道。

3 月

1日 重庆医科大学附属第一医院中国心衰中心挂牌成立。

△ 重庆市第六届优秀教育科研成果评选出545项成果奖，渝中区有52项成果上榜。其中，区教委申报的《中心城区整体推进普通高中新课程实验的策略研究》等6项成果获一等奖，区教师进修学院申报的《以教学案例为载体提升小学数学教师专业水平策略研究》等15项成果获二等奖，重庆第二十九中学申报的《新课程背景下高中数学课堂教学典型案例研究》等31项成果获三等奖。

△ 朝天门街道新华楼下段及朝千路部分老旧楼宇环境综合整治正式开工。

△ 渝中区“2019建安行动”1号正式启动。4个检查组重点检查未按程序擅自复工、项目参建各方主要管理人员到岗履职、安全生产台账建立、安全隐患整改销号、控尘“十项规定”和“六项工作”落实情况等主要内容。检查工地8个，发现各类安全隐患25条，未经许可擅自开工项目2个，责令停工整改项目3个，拟立案查处项目8个。

1—3日 渝中区籍奥运冠军施廷懋代表中国队参加2019年国际泳联世界跳水系列赛第一站（日本相模），获女子单人三米板金牌，并搭档队友王涵获得女子双人三米板金牌。

2日 “才聚渝中 共享发展”渝中区首届餐饮业专场招聘会在汇博人才市场举行，五斗米、巴将军、乡村基、小滨楼等渝中区20余家重点餐饮企业为求职者提供3000多个就业岗位。

3日 渝中区数字化城市管理监督指挥中心

平台被评为重庆第五批岗位学雷锋示范点。

4日 化龙桥街道新成立的永嘉路社区、嘉博路社区举行揭牌仪式。

5日 首届中日区域能源交流会在渝中区举行，会上国家节能中心与渝中区政府共建的全国首个“绿色发展共建试点区”正式揭牌。

6日 区市场监督管理局正式挂牌。根据市、区机构改革总体要求，对区工商分局、区质监分局、区食药监分局的职责，以及区发改委的价格监督检查及反垄断职责等进行整合，组建区市场监督管理局，不再保留区工商分局、区质监分局、区食药监分局。

7—9日 渝中区籍运动员施廷懋代表中国队参加2019国际泳联世界跳水系列赛第二站（中国北京），获得女子单人三米板银牌，并与队友王涵蝉联女子双人三米板金牌。

11日 渝中区与福建省海峡文化创意产业协会签订合作协议，双方在文化创意产业深度合作，打造文化旅游产品产业链，为闽渝两地和海峡两岸文化产业高质量发展贡献力量。

12日 区政协主席陈大奎先后前往德勤华西总部、欧菲斯办公伙伴重庆有限公司，调研企业发展情况和相关诉求，并开展现场办公，助推企业发展。

△ 位于李子坝轻轨站内的“巴渝旧闻馆”向公众开放。

13日 全国首个5G技术索道VR（虚拟现实）超感景区体验活动在长江索道北站举行。

15日 “中德职业教育交流会暨重庆（渝中）中德双主体行业学院签约揭牌仪式”在渝中职业教育中心举行。德国马格德堡市副市长Rainer Nitsche与区委副书记何家利共同为重庆（渝中）中德双主体行业学院揭牌，该学院是重庆市首个中德双主体行业学院。区委常委张远洪参加活动。揭牌仪式由德国马格德堡市政府与区政府共同举办。

18日 北京字节跳动科技有限公司正式签约入驻化龙桥专业服务集聚示范区。

△ 中国台湾《大陆寻奇》节目组到渝中区采访拍摄，探寻重庆城市发展“密码”，宣传渝中经济社会发展成就。

19日 “3•19”城市管理服务主题周渝中分会场暨“垃圾分类 你我参与”志愿服务活动在较场口日月光广场启动，活动中“重庆市垃圾分类”微信公众号同时上线，向市民宣传城市管理工作，增强社会垃圾分类意识。

20日 渝中区境内的重庆市急救医疗中心、重庆医科大学附属第一医院、重庆医科大学附属第二医院、重庆市人民医院入选《第一批国家分娩镇痛试点医院名单》。

△ 中国关工委常务副主任张玉台一行3人调研渝中关心下一代工作，重点了解创新公益项目“梦想课堂”开展情况。

△ 渝中区“4+7”国家组织药品集中采购和使用试点工作正式启动，全区采购药品31种，8家试点医院共采购9万盒，共73.30万片，11家社区卫生服务中心共采购2.37万盒，共19.30万片。

21日 市人大常委会主任张轩一行12人到渝中区开展《重庆市物业管理条例（修订草案）》立法调研工作，调研组实地走访时代天骄、财信渝中城小区，了解小区物业管理现状，随后邀请各方代表召开专题座谈会。

△ 渝中区首个区级人才公寓“冠寓解放碑店”在嘉陵大厦正式投用，该人才公寓是全市首个由国企平台携手民企品牌共同打造的高端租住项目。

△ 渝中区9名律师入选全国涉外律师人才库。

22日 重庆区块链测试认证中心项目发布会在大坪龙湖时代天街举行，标志着该项目正式启动建设。

△ 渝中区互联网界联合会成立大会暨第一次全体会议召开，并举行揭牌仪式。

23日 GIADA（迦达）大中华西南地区旗舰店即重庆环球金融中心旗舰店举行剪彩仪式，标志着该店正式对外营业。同时GIADA 2019秋冬时装秀在解放碑中心广场举行，是GIADA于2月米兰时装周发布2019秋冬系列后的中国首秀。

△ 由谢洪执导的方言剧《十八梯》在解放碑山城曲艺场公演。

△ 重庆市第四十二中学老师刘彦荣获“全国特色课堂优质课例奖”。

25日 渝中区首批卫生领域学科带头人名单公布，来自区疾病预防控制中心、区妇幼保健计划生育服务中心、上清寺街道社区卫生服务中心、市中医骨科医院、重庆协尔口腔诊所及重庆华美整形美容医院6家单位的8人入选。

△ 重庆古城墙遗址传统风貌综合环境整治工程（南纪门—金汤门—通远门段）施工启动。

26日 渝中区启动寻找“文明在行动·满意在渝中”岗位服务明星展示活动。

27日 第23届重庆都市旅游节暨城际旅游交易会（简称“一会一节”）在解放碑开幕。

△ 重庆市渝中职业教育中心（简称“渝中职教中心”）高水平中等职业学校建设项目正式启动，并与重庆师范大学签订战略合作协议。

28日 俄罗斯外交部副部长莫尔古洛夫一行到鹅岭公园，拜谒园内的苏军烈士墓，祭奠志愿来华参加抗日战争牺牲的苏联航空志愿队军官卡特诺夫上校、司托尔夫上校。

△ 区检察院办理的全市首例保护长江干流生态环境行政公益诉讼案获一审胜诉判决。

△ 日本国驻渝总领事馆邀请金谷大井川川越太鼓队在重庆市人民小学校开展“中日青少年艺术文化交流会”活动，助推中日两国友好合作。

29日 韩国总理李洛渊一行到渝访问，并出席重庆韩国光复军总司令部旧址复建完工暨对外开放仪式，参观大韩民国临时政府旧址陈列馆，考察SK海力士重庆工厂，推动中韩两国交流合作。

△ “影音力量 奋进中国”解放碑周末音乐会在协信星光商场内的百丽宫影城2号厅举行，这是该音乐会首次在电影院内举办。

△ 位于邹容路37号的韩国光复军总司令部旧址修缮工程竣工。

△ “印象·渝中半岛”四川美术学院老教授写生交流活动在渝中区启动。夏培耀、杜康远、王嘉陵、刘明明、陈恩深、唐英6位老艺术家及黄鑫、施杰、孔宇、沈小虞4位青年画家，到洪崖洞、解放碑、南滨路烟雨公园、重庆大剧院等地通过现场写生描绘渝中半岛。

△ 区残联召开第七届主席团第二次会议。增补选举区残联第七届主席团副主席及新一届区残联第七届主席团委员，推举彭丽娟为区残联理事长。

29—30日 “2018年基础教育国家级教学成果奖首场推广活动之走进巴蜀暨长江经济带基础教育创新大会”在巴蜀小学举行。

30—31日 2019年渝中区第五届中小学生射击锦标赛在区体校射击馆举行，近20所学校的300余名中小学生参加比赛。邹容小学一队获小学组10米气步枪团体第一名和小学组10米气手枪团体第一名；重庆市实验学校获初中组10米气手枪团体第一名，复旦中学获初中组10米气步枪团体第一名；重庆市第六十六中学获高中组10米气步枪团体第一名，复旦中学获高中组10米气手枪团体第一名。

31日 在第34届重庆市青少年科技创新大赛中，渝中区代表队获16个专项奖，机器人创意项目1金、1银，科幻画项目4个一等奖、2个二等奖，教师教具项目1金、1银、1铜等。

△ 重庆第二十九中学获首批国家青少年啦啦操集训队共建单位，是全市唯一获此殊荣的中学。

△ 渝中区菜园坝兜子背码头货运清零，标志着在渝中区存在半个多世纪的货运码头全部完成关停取缔。

3月 渝中区化龙桥街道辖区企业重庆绿色科技开发（集团）有限公司研发的“中国创造”物联网多色温LED人工智能路灯绿色照明技术通过国家住房和城乡建设部专家委员会验收。

△ 恒丰银行重庆分行被渝中区人民政府授予“2018年度税收贡献50强”称号。

△ 国家科技部公布首批国家文化和科技融合示范基地名单，重庆中国三峡博物馆榜上有名。

4 月

1日 国家推动长江经济带发展领导小组办公室综合协调组组长、国家发改委基础司副司长熊启权带队专题调研大溪沟饮用水源地，了解大溪沟饮用水源地整治工作总体情况。

2日 “长航朝天皓月”两江游轮在朝天门九码头正式投用。该游轮长68.88米、宽18.00米，准载客500人，船高四层，采用双体船型设计，是朝天系列的第三艘游轮。

△ 渝中区召开优秀企业表彰暨“服务企业年”动员大会，深入学习贯彻习近平总书记在民营企业座谈会上的重要讲话精神，贯彻落实中央、市、区经济工作会议精神，表彰2018年优秀企业，研究部署“服务企业年”各项工作。

3日 中共重庆市委批准免去商奎的中共重庆市渝中区委副书记、常委、委员职务，不再担任重庆市渝中区区长职务。

△ 匈牙利艺术家高逸澹•苏珊娜重庆个展“如诗若歌”在位于解放碑环球购物中心的香港维岸画廊开展。

△ 重庆湖广会馆举行“我们的节日•清明”主题活动——禹王祭祀典礼。

8日 纪录片《记住乡愁》国际版摄制组进渝中取景拍摄。

△ 区委书记黄玉林到戴家巷崖壁公园、洪崖洞、中山四路、长江一路、长江二路、渝州路、歇虎路、虎头岩隧道等地开展“马路办公”，现场研究解决有关城市管理问题，着力补齐城市管理“短板”。

9日 渝中区中山四路建成5G Wi-Fi网络连续覆盖的体验区，这也是重庆首条连续覆盖5G Wi-Fi网络的道路。

10日 重庆十八梯传统风貌区首开区完成工程建设。

△ 渝中区被联合国教科文组织评为“城市社区学习中心（CLC）能力建设项目”全国首批实验点。

△ 环重庆医科大学创新生态圈项目签约仪式暨国际先进医疗技术创新峰会在石油路渝州宾馆举行，副市长李殿勋出席活动并致辞。

11日 区委书记黄玉林会见国浩房地产集团业务总裁兼首席执行官钟义豪一行，双方就国浩•渝中项目有关情况进行交流。

△ 重庆市第三十中学教师屈和杨、郭莉荣在全国中小学“信息技术赋能教育教学”征文大赛中获一等奖、二等奖。

△ 重庆餐饮老字号小滨楼在新加坡樟宜机场“星耀樟宜”开业。

12日 “赋能新经济 数字电创园”——重庆渝中电创园数字经济及重点地块招商推介会在重庆盛捷酒店举行，电创园管委会与重庆市广东商会签署“科创＋文创”产业高质量发展战略合作协议。

△ 华为官方授权体验店入驻解放碑商圈商业大厦。

△ 渝中区与阳光财险重庆市分公司签署合作协议，双方将围绕财产保险、招商引资、金融创新等领域持续深化合作，推动渝中保险业高质量发展。

△ 中国土木工程学会公布第十六届中国土木工程詹天佑奖获奖名单，东水门长江大桥、千厮门嘉陵江大桥入选。

12—13日 “中国医院管理者•西部峰会”在西安召开，公布首届“春潮杯‘西部十佳先进单位’”和“十佳优秀个人名单”，重庆医科大学附属儿童医院获“西部十佳先进单位”称号，院长李秋获“西部十佳优秀个人”称号。

13日 全国首批认证的20家“中国高血压中心”单位正式授牌，渝中区境内的重庆医科大学附属第二医院和陆军特色医学中心（大坪医院）入选。

△ 中共重庆市委批准提名邹晓宇（女）为重庆市渝中区委副区长人选。

△ 在中国商业地产行业发展论坛上，鹅岭贰厂文创园获评“中国商业地产城市更新示范

项目”称号。

△ 重庆医科大学附属第一医院荣获全国首批“静脉血栓防治中心优秀单位”称号，全国仅10家单位获评。

15日 渝中区政协法律服务团邓智勇律师工作室、渝中区法律援助联络点、菜园坝街道调委会邓智勇工作站成立。

△ “行•重庆——2019网络达人重庆行暨文旅融合金点子征集活动”走进渝中。全国22位知名网络达人到渝中区，探觅城市美景，感受人文风情，以直播、短视频、图文等形式，向全球展现渝中区的城市形象、人文景观和旅游特色。

16日 重庆市首家专业嗓音疾病诊疗中心——重庆仁品耳鼻喉医院“嗓音养护中心”在渝中区正式成立。

△ 全国人大常委会委员、全国人大监察和司法委员会副主任委员王教成，委员王长河，全国人大监察和司法委员会委员陈勇组成全国人大调研组，到化龙桥街道调研基层监察体制改革和监察法实施的具体情况。

△ 西三街水产市场周边环境综合整治正式开工。

17日 市药品监督管理局遴选确定7家医疗机构为重庆市首批化妆品不良反应监测评价基地，渝中区境内的重庆医科大学附属第一医院和重庆市人民医院入选。

17—23日 渝中区籍运动员施廷懋在2019年全国跳水冠军赛暨世锦赛跳水选拔赛（中国重庆）中获女子单人三米板金牌，并与队友王涵搭档获女子双人三米板金牌。

18日 重庆市人民小学举办“一带一路•手拉手”十国少年中国行活动，推动重庆教育对外开放和中外人文交流，泰国、俄罗斯、巴基斯坦、柬埔寨等十个“一带一路”沿线国家共112名师生参加活动。

△ 《中国社会报》以“重庆市渝中区全面推进社区居家养老服务改革试点 机构进社区全覆盖 服务进家庭全天候”为题，对渝中区全国第三批居家和社区养老服务改革试点工作做专题报道。

19日 渝中区大溪沟饮用水源保护综合执法办公室挂牌仪式在嘉陵江畔举行，标志着渝中区率先在全市范围内正式实施饮用水源地“河长+警长”管理模式（即“河长吹哨、警长巡查、部门执法联动”工作机制）。

20日 “辉煌七十载•阅读新时代”2019年全民阅读暨第十二届重庆读书月活动在解放碑举行，上万种图书展销。

△ 渝中区教委在全国第六届中小学生艺术展演活动中获优秀组织奖，重庆市巴蜀中学《芬兰颂》管弦乐合奏节目获全国一等奖。

△ 国家文物局副局长顾玉才带队到渝中区调研老鼓楼衙署遗址项目。

23日 白象街特色老社区建设项目竣工验收。

△ 重庆中国三峡博物馆世界文明与艺术系列展之“穆夏：欧洲新艺术运动先锋”特展开展，来自捷克共和国布拉格国家工艺美术博物馆、布拉格市艺术博物馆和波西米亚西部比尔森美术馆的244件作品展出，涵盖阿尔丰斯•穆夏创作设计的彩色石版画、油画、海报、主祷文插图、设计手稿、摄影作品，以及新艺术运动风格的服饰、珠宝、陶瓷器和家具等。该展首次亮相西南地区，其中163件展品是首次在展览中亮相。

△ 财通证券股份有限公司重庆分公司落户渝中，办公地址位于渝中区邹容路50号名义层7层。

24日 在全国第六届中小学生艺术展演活动中，渝中区教委撰写的案例《新时代“都市美育”教学实践研究——重庆市渝中区中小学美育改革案例》获全国二等奖。

△ 区民政局被国务院第二次全国地名普查领导小组评为第二次全国地名普查先进集体。

25日 渝中区代表队在重庆市首届职工运动会上获广播操一等奖，五人制足球获第二名，长绳获三等奖。

△ 渝中区退役军人服务中心挂牌成立，区人民武装部政委郃平出席挂牌仪式。

26日 “重庆母城•美丽渝中”全球多语种发布平台在渝中区正式上线。该平台由渝中区委和国际在线联合打造，向世界展示全面、真实、立体的渝中，推进渝中区国际传播能力建设，讲好渝中故事、传播渝中好声音。

△ 重庆市首支南丁格尔志愿护理服务队在重庆医科大学附属第一医院成立，这也是中国南丁格尔志愿护理服务总队在重庆成立的第一支分队。

△ 区妇联组织召开十四届八次执委（扩大）会，会议选举李佳、冉红、陈娅、贺铃、陶琳等为区妇联十四届执委，陶琳为区妇联挂职副主席。

△ 在重庆市第六届科普讲解大赛中，渝中区5名参赛选手获得一等奖2名、二等奖2名、三等奖1名。

△ “蒙娜丽莎的微笑和文艺复兴——贝利尼家族收藏特展”开幕式暨重庆市渝中区第四届文化旅游惠民（春季）消费季启动。

△ “重庆封面·赢领未来”——重庆来福士办公楼产品发布会在解放碑国泰艺术中心举行，标志着来福士办公楼产品正式面市。

27日 渝中区首家美丽产业园、全国首家中韩合资的医疗美容医院“1089艺术美丽中心”在解放碑正式开业。

28日 重庆5G业务开通试用仪式在解放碑商圈举行，副市长李殿勋拨通首个5G电话。

△ 位于解放碑邹容路90号的中国移动5G智慧生活馆正式对外试营业。

△ “国际文化交流季之渝中探秘”开展，邀请外籍人士、海归青年和侨界人士在区内具有代表性的12处人文、历史、旅游目的地“打卡”，感受渝中历史文化魅力。

29日 区第十八届人大常委会第二十次会议举行。会议分别审议商奎等辞去渝中区第十八届人民代表大会代表职务的议案，并作出关于接受商奎等辞去渝中区第十八届人民代表大会代表职务的决定、关于终止商奎等渝中区第十八届人民代表大会代表资格的决定、区政府关于邹晓宇等职务任免的议案、区法院关于姚铸等两名免职的议案、区检察院关于熊文新等两名免职的议案、区人大常委会主任会议关于何治红等任职的议案、关于商奎辞职的议案，并作出关于接受商奎辞去渝中区人民政府区长职务请求的决定。会上，新任命的国家工作人员进行宪法宣誓。

30日 上清寺中山四路周公馆前市政广场环境整治项目完工，正式向市民游客开放。

△ 针尖上的传承——献礼新中国成立70周年，渝中区国家级非物质文化遗产项目“蜀绣”作品展在上清寺中山四路王琦美术博物馆开展。展览集中展示渝中区蜀绣项目16位代表性传承人的54件作品，其中单面绣44件，双面绣10件。

△ 市委书记陈敏尔，市长唐良智先后前往苏联大使馆旧址、美国大使馆旧址、澳大利亚公使馆旧址、丹麦公使馆旧址、土耳其公使馆旧址、大韩民国临时政府旧址、法国领事馆旧址、德国领事馆旧址调研渝中开放历史文化保护工作。

△ 于2019年1月1日开始的渝中区第四次全国经济普查入户登记工作结束。

△ 佛图关公园步道正式开放，该步道工程以改造为主，从佛图关站至关岳庙步行通道，长约3900米，宽1.5至2.4米，包含景观步道、休息平台、景观绿化、广播、监控等配套工程及照明、给排水等综合管网工程。

4月 重庆市客运索道有限公司讲解员班组获评全国工人先锋号，新大正物业公司和途作林杰科技公司获评重庆五一劳动奖状，石油路街道司法所和百事达丰田维修服务站获评重庆工人先锋号，重庆市第二十九中学许正川和渝中区市政设施维护管理中心冉光富获得重庆五一劳动奖章。

5 月

1日 位于解放碑邹容路68号的重庆解放碑凯悦酒店正式开业。

△ 渝中区调整就业人员平均工资计算口径，困难行业企业社保单位缴费基数下限调整到1800元/月。

△ 渝中警方在全市率先启用一站式民生警务自助设备，并覆盖全区12个派出所窗口大厅，全天24小时为市民提供身份证申领、拍照、缴费、

领证，以及临时身份证明出具等自助服务。

△ 千叶美术馆在解放碑八一路172号正式开放。千叶美术馆由重庆千叶眼镜连锁有限公司和四川美术学院携手打造，是“商业＋艺术＋健康”完美组合的全新业态。

5日 渝中区“2019建安行动”2号正式启动。3个监督组赴施工现场开展“四不两直”集中突击执法检查，做到施工安全隐患早发现早消除。

6日 西南地区首家麦当劳全新风格旗舰店在解放碑金鹰财富中心开业。

△ 中央军委国防动员部命令大会在渝中区人武部召开。会上任命严培为渝中区人民武装部政治委员，中共重庆警备区委员会增补严培为警备区党委委员，渝中区人民武装部党委委员、书记。

△ “人大代表胡平律师调解工作室”在化龙桥街道成立，这是区人大系统成立的首个人大代表律师调解工作室。

△ 区政协开展2019年度专项助推渝中区城市管理现代化活动，对解放碑戴家巷、崖壁公园项目建设和上清寺嘉陵桥西村垃圾分类实施情况进行实地视察与座谈交流。

△ “一路芬芳巴渝行”——网络正能量人士“走基层访妇情赞成就颂祖国”实地采访活动在重庆启动，全国各地网络达人，全国妇联宣传部、中央网信办网络评论工作局相关人员到化龙桥街道红岩村社区妇女之家，通过实地采访、现场直播等方式了解红岩村社区妇女之家“巾帼心向党•礼赞新中国”群众性活动开展情况。

7日 市长唐良智到虎头岩山脊观光道、山城第三步道、山城巷传统风貌区、老鼓楼衙署遗址调研主城区山城步道建设工作。副市长陆克华、潘毅琴，区委书记黄玉林等陪同调研。

△ 区委编委召开2019年第四次会议，审议区城管系统改革事宜，同意撤销区市政管理服务中心、重庆人民公园管理处、市枇杷山公园管理处、重庆珊瑚公园管理处事业单位建制，设立区环境卫生管理服务中心和解放碑、上清寺、朝天门3个城市综合管理所，调整市鹅岭公园管理处、区绿化维护管理处机构编制事项。

7—11日 重庆市人民小学校代表团赴美国笔架山国际学校洽谈校际合作及参加第十二届全美中文大会，与芝加哥北岸爱德小学签订友好合作备忘录。

△ 区委书记黄玉林会见中航集团高层领导董秘、总法律顾问焦燕一行，就重庆湖广会馆及东水门历史文化街区相关问题进行交流。

8日 市政协“主席接待委员日”暨接访群众活动在渝中举行，集中听取渝中区、大渡口区、九龙坡区、南岸区部分市政协委员相关意见建议。

△ 区委书记黄玉林率队通过实地走访、听取汇报、座谈交流等方式，先后调研打铜街、中国银行旧址、九度酒店、新华路横街、凯德24小时通道，实地了解朝天门片区环境综合整治暨品质提升工作情况。

9日 《重庆市主城区绿地系统规划（2018—2035）》专家咨询会在石油路渝州宾馆举行。国内风景园林和城市规划领域专家刘秀晨、王磐岩、王忠杰、张浪、朱坚平、王伟军、王香春、颜文涛、况平、秦华建言献策，助推重庆加快建设山清水秀美丽之地。

10日 区市场监督管理局下属11个市场监督管理所在各街道分别挂牌成立，标志着区市场监督管理局机构改革完成。

△ 云南省常务副省长宗国英一行考察重庆市区块链产业创新基地，市政府副秘书长周青、市发改委副主任王志强、副区长乔宏及大石化新区管委会主要负责人陪同考察。

△ 重庆中渝市政环卫有限责任公司上清寺分公司杨德凤获全国职工职业道德建设标兵个人，重庆市人民小学校获全国职工职业道德建设标兵单位。

10—12日 “2019重庆渝中国际咖啡文化节”在解放碑步行街举行，50余家国际品牌咖啡商、渝中本土原创咖啡馆、花艺商家、文创商家，以及咖啡豆、咖啡机供应商以及咖啡器具生产、经销商等参展。

11—12日 2019中法文化之春（重庆站）在重庆天地举行，法国自行车越野冠军、小轮车飞人表演者文森•瓦林为市民献上“小轮车飞人”和“交错地带”表演。

13日 市委副书记任学锋先后前往史迪威博物馆、澳大利亚公使馆旧址、丹麦公使馆旧址、土耳其公使馆旧址、美国大使馆旧址、苏联大使馆旧址、大韩民国临时政府旧址、韩国光复军总司令部旧址调研渝中开放历史文化保护工作。区委书记黄玉林陪同调研。

14日 区委书记黄玉林率队到黄花园大桥排口、雍江苑排口、嘉华大桥排口、菜园坝泵站检查渝中区污染防治工作。

△ 新西兰中国国际贸易促进委员会在君豪大酒店组织举办新西兰企业专场推介会。

14—16日 2019上海合作组织地方领导人会晤在重庆举行，区委书记黄玉林出席开幕式，常务副区长王勇出席晚宴，副区长邓光怀分别会见卡拉卡尔帕克斯坦共和国部长会议（政府）主席和纳伦州州长。

15日 “重庆之夜”2019上海合作组织地方领导人会晤文艺晚会在解放碑国泰艺术中心举行。

△ “一带一路”（重庆）智能体验馆在渝中区南区公园路88号正式营业，重点展示来自“一带一路”沿线国家和地区的特色产品，并在线上线下布局相关经贸信息及进出口往来，兼具窗口、贸易、旅游功能，已成为集消费、交易、展示于一体的“零距离”全球购商贸服务平台和加强自贸试验区与“一带一路”沿线国家和地区交流合作的样本。

16日 乌拉圭艺术展——“南美保存最为完好的神秘一角”在渝中区鹅岭贰厂文创园开展，展出20余位乌拉圭艺术家创作的近百幅作品。乌拉圭驻华大使费尔南多•卢格里斯，市政协副主席吴刚，区委统战部部长章琳参加开幕式。

△ 中国香港城市建设服务业代表团访问渝中，围绕渝中城市规划建设有关工作开展座谈交流，探讨双方合作机会。

16—17日 2019新时代学校文化建设研讨会在渝中区举行，来自北京、天津、上海、重庆、河北、广东、四川、海南、江西和内蒙古等10个省、自治区、直辖市的600余名教育专家共话新时代学校文化建设。

16—19日 第二届中国西部国际投资贸易洽谈会（简称“西洽会”）在重庆国际博览中心开幕，渝中区以“重庆母城、美丽渝中”为主题参展，26个重点项目实现签约落地，签约投资金额突破57亿元。

17日 区政府与中盐西南盐业有限公司签订合作框架协议。副区长邓光怀参加签约仪式。

18日 位于临江门魁星楼10楼的重庆市话剧院拾楼话剧艺术体验空间正式面向社会开放，首场演出话剧《麦克白》。

△ 位于两路口街道健康路1号的重庆美国大使馆旧址陈列馆正式开馆，“中美同盟 共同抗击日本军国主义影像展”在旧址内陈列。

19日 国家商务部部长钟山来渝考察解放碑步行街改造提升试点工作情况。常务副市长吴存荣、区委书记黄玉林等陪同考察。

20日 华西证券股份有限公司重庆分公司落户渝中，办公地址位于渝中区中山三路128号16层。

20—22日 渝中区组队参加重庆市第六届中小学体育教师技能大赛获得团体一等奖。

20—24日 渝中区招商推介团赴香港开展现代服务业招商推介会，并与香港国际华商联合会、香港一带一路国际贸易促进会签订招商代理协议。

21日 “浓情五月•风雨相伴”重庆市渝中区风雨姐妹关爱服务中心揭牌仪式在七星岗后街影视产业园举行，标志渝中区风雨姐妹关爱服务中心正式成立。

△ 法国画家杰里•佩提索重庆个人展“艺术之地”在解放碑WFC环球购物中心香港维岸画廊开展，共展出40幅油画、版画作品。

△ 重庆医科大学附属儿童医院被科技部、国家卫生健康委、中央军委后勤保障部、国家药监局认定成为“国家儿童健康与疾病临床医学研究中心”，为全市唯一国家临床医学研究中心和全国两家国家儿童健康与疾病临床医学研究中心之一。

△ 全国政协副主席何厚铧一行调研渝中区

贰厂文化创意产业园，区政协主席陈大奎，区委统战部部长章琳陪同调研。

22日 中央文明办、教育部、共青团中央、全国妇联、中国关工委在重庆联合发布2019年第一批10名“新时代好少年”先进事迹，渝中区巴蜀中学高二年级学生黄郁微上榜。

23日 渝中区开展防范打击非法集资宣传月暨防范假币危害宣传活动。

△ 浙江省政协主席葛慧君一行到渝中区参观考察中国民主党派历史陈列馆和渝中区鹅岭贰厂文创园。区政协主席陈大奎陪同考察。

△ 区委书记黄玉林带队调研重庆市中医骨科医院整体迁建项目，了解骨科医院与轨道交通9号线、轨道交通5A线交叉施工有关情况，重点听取骨科医院工程进展及建设计划情况汇报，并就医院建设、医院发展等方面提出工作要求。

△ 区生态环境局、区城管局、区住房城市建委、区交通局、区河长办等部门联合开展渝中区生态环境问题排查整治现场督查暨整治污水偷排偷放行为专项执法行动。

24日 “首届中国品牌传播发展峰会暨公关传播城市高峰论坛”在重庆JW万豪酒店举行，来自全国50个城市最具代表性的100多家区域公关传播公司的代表参与论坛。

26日 渝中区籍运动员谭中怡在2019年国际象棋明星混双对抗赛中与徐俊组合以三连胜的成绩获得冠军。

28日 “庆祝新中国成立70周年，渝中区党员干部党性教育系列活动”之新版川剧《江姐》渝中专场在解放碑国泰艺术中心举行。

△ 民盟区委“特园•盟员之家”在解放碑中华路1号创汇大厦商场一层正式对外开放。

△ 重庆市召开首届创新争先奖表彰暨先进事迹报告会，表彰获得重庆市首届创新争先奖的10个先进集体和98名先进个人，渝中区途作林杰科技有限公司董事长汤伦华获创新争先先进个人。

28—29日 外交部“外交外事知识进高校”“外交外事服务走地方”工作小组到史迪威博物馆、市规划展览馆和红岩革命纪念馆调研。

29日 “2019中国产业地产典型案例分享沙龙”发布《2019中国产业园区操盘逻辑与典型案例白皮书》。其中，启迪协信重庆总部城入选“2019中国产业园成功案例”。

△ 市委书记陈敏尔先后前往渝中区曾家岩嘉陵江大桥、环球金融中心、山城第三步道、渝中区老鼓楼衙署遗址等地调研城市建设。

30日 渝中区接受国家民政部、财政部组织的全国第三批居家和社区养老服务改革试点成果实地验收，改革试点工作得到验收组肯定，其中关于“统筹多方力量，开展三社联动，着力解决养老服务人力不足问题”的具体做法被选入全国改革试点经验和典型案例汇编。

31日 全市首个保险纠纷专审团队成立一周年暨“保护消费者合法权益，促进保险业健康发展”法治宣传活动在解放碑日月光广场举行，发放《保险知识宣传手册》300余份，发布健康险、旅游意外险等小案例4个，现场接受法律咨询50余次。

△ 全国首个中新互联互通旅游项目——中新（重庆）智慧旅游科技服务有限公司成功落户解放碑中央商务区。

△ 渝中区11个街道和79个社区退役军人服务站挂牌成立。

5月 由区委老干部局整理、编撰的《朝晖夕心——渝中区离休干部回忆录》印制成册，并向全区离休干部进行赠送，铭记他们为国奉献的血性和豪情，激励年轻党员干部不忘初心、牢记使命。

△ 渝中区地志办主持影印的乾隆《巴县志》正式发行。乾隆《巴县志》是清朝乾隆二十五年（1760年）由巴县县令王尔鉴主持修成的一部旧志，历时九年有余，共十七卷，涉及疆域、建置、赋役、学校、兵制、职官、选举、名宦、人物、风土、艺文等内容。此书影印的是日本早稻田大学图书馆馆藏的国内外仅存的孤本，也是被后人引用最多的《巴县志》。乾隆《巴县志》完整地展现出渝中区九开八闭十七座城

门和王尔鉴描绘的“巴渝十二景”，有着极其重要的历史意义和巨大的文化价值。

△ 《“重庆母城·美丽渝中”主题宣传防止“网红”变“网黑”》一文入选中宣部宣传思想文化工作典型案例。

△ T031（黄桷坪涂鸦艺术街—朝天门九码头）、T032（解放碑—印制二厂）两条观光巴士开通。

△ 区商务委将粮食流通监督检查、区级储备粮应急给付、粮食应急供应网点建设、粮油统计等工作移交区发改委。

△ 436 路公交线路新增枇杷山站点。

6 月

5 日 在市总工会组织的“颂党恩·听党话·跟党走——2019 年重庆市女职工风采大赛”中，渝中区参赛选手李晓钰在全市女职工演讲比赛中获一等奖，张珍荣的绘画作品《牡丹图》在才艺作品展示中获优秀奖。

△ 重庆市卫生健康委组织开展 2019 年度“美丽医院”建设示范单位评选工作。渝中辖区的重庆医科大学附属第二医院、重庆医科大学附属儿童医院、重庆市妇幼保健院和重庆医科大学附属口腔医院入选。

10 日 恒丰银行重庆分行成功办理取消企业银行账户许可新政后首笔基本存款账户开户业务。

12 日 全国政协副主席李斌一行到渝中区调研鹅岭贰厂文创园，区政协主席陈大奎陪同调研。

△ 渝中区金牌导游工作室项目正式启动，区文化旅游委授牌成立管延龙、张跃福、郭卿兰等 3 个金牌导游工作室。

△ 渝中区“诉调对接·速裁中心”在区法院正式揭牌，该中心将纠纷诉前调解和简案速裁相结合，联合法官、人民调解员及时解决当事人矛盾纠纷。

△ “第五届中国楼宇经济峰会”在杭州举行，渝中区电创园凭借“传统产业活力迸发、新兴产业风生水起”，获得“2018 中国十大活力产业园区”称号。重庆解放碑中央商务区获评“2018 中国楼宇经济十大活力中央商务区”称号。

16 日 第七届“中国与大湄公河次区域五国媒体互访”活动走进渝中，南亚、东南亚 5 个国家的 30 余位新闻官员及媒体记者参加活动。

17 日 渝中区举行深入学习贯彻习近平总书记视察重庆重要讲话精神暨 2019 年廉政文化教育宣传月汇报展演，正式启动廉政文化教育宣传月活动。

△ 区委编委召开 2019 年第五次会议，审议通过承担行政职能事业单位改革方案，同意撤销区事业单位登记管理局事业单位建制，其职责划入区委编办；将区交通运输管理所、区港航管理所（区水文监测站）、区房屋安全鉴定检测中心、区动物卫生监督所（区动物疫病预防控制中心）承担的除行政执法以外的行政职能划入其主管部门。

△ 渝中区 2019 年“全国节能宣传周和低碳日活动”启动仪式在大坪龙湖时代天街中央广场举行。通过宣读倡议书、文艺会演、展板宣传等形式，向群众倡导绿色低碳、崇尚节约、简约适度的工作和生活方式。公共机构节约能源资源网、《重庆日报》、华龙网等对此进行了宣传报道。

18 日 渝中区启动 2019 年“净岸行动”，贯彻落实全市深入推动长江经济带发展加快建设山清水秀美丽之地领导小组（扩大）会议精神和市委书记陈敏尔指示要求，进一步提升“两江四岸”形象和城市管理水平。行动分为集中行动和涉河街道行动，区委书记黄玉林、区人大常委会主任米绍林、区政协主席陈大奎等参加集中行动。

△ 中国工程院院士、中国科学院近代物理研究所副所长夏佳文应邀到渝中区作专题报告。

19—21 日 “重庆母城·美丽渝中”渝中区文化创意主题招商推介会在上海黄浦区雅居乐

万豪酒店举行，上海当地近百家知名企业参加。

20日 渝中“晒文化·晒风景”大型文旅推介活动正式开幕。《重庆日报》、重庆卫视、重庆新闻频道相继推出《区县故事荟——渝中篇》《书记晒文旅——渝中篇》《炫彩60秒——渝中篇》3个作品，全方位展示渝中丰富的历史文化和旅游风景资源。

△ 道门口环道周边环境综合整治正式开工。

△ 区公安分局侦破一起位于老挝金三角特区的境外诈骗团伙大案。该案诈骗受害人共计1500余人，涉案金额高达3000余万元。共计抓捕犯罪嫌疑人40余名，采取强制措施犯罪嫌疑人38名，开创在境内打击境外电信诈骗的新模式。

21日 渝中区组织参加第六届中国西部旅游产业博览会，与北京崛起东方和上海智箭信息科技有限公司签订1亿元投资协议，大型旅游演艺项目“再忆重庆”（暂定名）和灯光秀项目将落户渝中，选址十八梯，同时区文化旅游委荣获“最佳组织奖”。

△ 渝中区诉调对接·速裁中心完成首例调解案件，并出具司法确认裁定。整个流程仅三个小时。

△ 渝中区国家级科技企业孵化器——“重庆环球互联网产业孵化园”在全市科技企业孵化器评比中被评为重庆市“十佳”科技企业孵化器。

△ 在2019年全国科普讲解大赛中，重庆医科大学附属儿童医院泌尿外科医生魏仪获得一等奖和“2019年全国十佳科普使者”称号。

△ 2019物业服务企业品牌发展论坛暨全国物业管理行业媒体工作交流会上，新大正物业获“2019物业服务企业品牌价值50强”称号。

24日 渝中区新增26家定点医疗机构纳入异地就医结算平台，现共有37家医疗机构纳入异地就医结算平台。

△ 市教委公布重庆市2019年中小学校“最美教师”优秀案例名单，全市共120例入选。其中，渝中区人民路小学教师陈早的《教育的路上，痛并快乐的前行》，渝中区巴蜀幼儿园教师李小聪的《秉持初心，做锐意进取的幼儿教师》，渝中区培智学校教师成秋菊的《最美的风景——记我和我的特殊孩子们一起走过的日子》，渝中区人和街小学教师王娜的《以美育美，奏响和声之歌》案例获评“最美教师”案例。

△ 在解放碑英利大融城的自动体外除颤仪（AED）公共布防活动中，5台AED设备被投放到该商场，这是AED首次出现在重庆商场中。

25日 渝中区开展残疾儿童康复机构安全隐患联合督导检查，对全区12家定点残疾儿童康复机构进行现场督导检查。

△ 中德（重庆）智能制造研究院在渝中区重庆总部城A区3号楼正式揭牌。

△ 市人大常委会主任张轩到大坪龙湖时代天街购书中心，与书店一线员工座谈交流，并召开督办工作会，听取关于大力扶持重庆市实体书店发展的代表建议办理情况的汇报、部分实体书店负责人的意见建议。

26日 中意警务联合巡逻重庆站启动仪式在重庆人民广场举行。来自意大利的两名警员特罗伊希·米卡莱、法尔恰多利·瓦莱里奥和5名重庆公安民警开展为期10天的联合巡逻。

27日 协信城市发展集团重庆公司与中国铁塔股份有限公司重庆市分公司在高九路重庆总部城举行战略合作签约仪式，拟将把重庆总部城打造为“5G配套建设先行基地”。

△ 渝中区举行学习贯彻习近平总书记视察重庆重要讲话精神，扎实开展“不忘初心、牢记使命”主题教育市委宣讲团报告会。

△ 国务委员、国家公安部部长赵克志到渝中区大阳沟派出所调研，了解学习贯彻全国公安工作会议精神和“不忘初心、牢记使命”主题教育开展情况。市委副书记任学锋，市委政法委书记刘强等陪同调研。

△ 区委书记黄玉林到大坪街道调研城市提升、公共服务、社会治理、服务企业等工作。

28日 2019渝中区第四届创新商业大会在解放碑WFC环球金融中心举行。会上聘任Giuseppe Silvestrin（朱塞佩）先生、卞向阳教授为“渝中区时尚顾问”。

△ 意大利著名艺术家吉拉尔多·罗·鲁索

重庆个人展“吉拉尔多·罗·鲁索的哲理世界”在解放碑WFC环球金融中心香港维岸画廊开展。

30日 重庆市川剧院出品的川剧《江姐》在北京国家大剧院演出。

△ 渝中区2800台公交车辆完成驾驶区域隔离栏安装。

△ 区公安分局成功破获一特大涉黑跨国贩毒集团，捣毁一个盘踞在缅甸北部地区，涉及全国25个省市的超大贩毒网络，共侦破运输毒品案件200余起，缴获毒品70余公斤，抓获犯罪嫌疑人254人。《人民日报》、中央电视台等国家级媒体予以报道。

6月 渝中区委党校建成党性教育主题教室、心理教育主题教室，面向全区基层党组织开放。

△ “王鸭子”“丘二烧鸡”荣获市旅游协会颁发的2019“重庆好礼”特色旅游商品（文创产品）大赛铜奖。

△ 重庆梧桐子商业管理有限公司对鲁祖庙历史文化街区石灰市菜市场进行升级改造。

△ 渝中区成立区委坚决打好防范化解重大风险攻坚战领导小组和工作小组，防范化解重大风险工作小组下设11个专项工作小组和办公室，办公室设在区委政法委。

△ 共青团中央对2017—2018年度青年文明号进行表彰，恒丰银行重庆分行营业部被授予“2017—2018年度全国青年文明号”称号。

1—6月 渝中区级一般公共预算收入完成22.61亿元，为预算的50.7%。其中税收收入完成19.19亿元，为预算的50.7%；非税收入完成3.42亿元，为预算的50.6%。

1—6月 渝中区推进化龙桥、石油路、上清寺、大坪4个街道实施居民生活垃圾强制分类示范试点，实现生活垃圾分类管理主体责任、分类类别、收运体系建设“三个全覆盖”。

7 月

1日 洪崖洞景区网上免费预约试运行。

△ 市政府公布重庆市第六批市级非物质文化遗产代表性项目名录，渝中区手工羽毛毽传统制作技艺、巴将军火锅制作技艺、小洞天干烧江团传统制作技艺、德元小汤圆制作技艺、余记山城小汤圆传统制作技艺、重庆市中医骨科医院正骨诊疗术、黄氏儿科传统医术7个项目入选。

△ 位于中山四路的渝中区智慧党建教育培训基地正式竣工开馆，区委书记黄玉林、区人大常委会主任米绍林、区政协主席陈大奎带领党员领导干部参观智慧党建教育基地并重温入党誓言。

△ 区医保局城乡居民医疗保险征管职能划转区税务局。

1—2日 由中央网信办网络评论工作局等主办的“新中国70年，镇馆之宝70件”实地拍摄和宣介活动走进渝中，采访拍摄红岩革命纪念馆、重庆中国三峡博物馆、重庆市规划展览馆，通过图文、视频直播进行宣传报道。

2日 “2019中国餐饮营销力峰会暨中国餐饮（品类）十大品牌颁奖盛典”在北京举行，总部设在渝中区的企业乡村基获中国中式快餐十大品牌榜第三名。

4日 渝中区政府分别与农业银行重庆市分行、重庆三峡银行签订战略合作协议。

5日 美团大众点评必吃榜首次在全国30个城市中评选出38条“必吃街”，渝中区八一路好吃街是重庆市唯一入选的必吃街。

8日 首期母城匠人系列研讨活动“母城匠心·匠人课堂”在鹅岭贰厂·混沌星球举行。

△ 2019年渝中区廉租房修缮升级工程正式开工。

9日 商务部副部长王炳南率队到渝中区，通过实地参观、听取汇报、查阅资料等方式检查解放碑步行街改造提升工作。副市长熊雪，市商务委主任张智奎、副主任彭和良，渝中区常务副区长王勇、副区长邓光怀陪同检查。

10日 渝中区全科医疗质量控制中心召开成立大会。

△ 区政协主席陈大奎率委员开展专项助推朝天门地区历史文化重点项目建设工作视察活动，现场察看并听取来福士项目推进情况及周边配套项目建设及环境整治情况。

11日 世界银行中蒙韩局局长马丁•芮泽一行6人到重庆湖广会馆参观考察。

△ 渝中区国际青少年儿童艺术交流季——“巴山渝水•人文渝中”创意故事汇总决赛在国泰艺术中心举行，10支队伍与澳大利亚华裔青少年讲述巴山渝水创意故事。艺术课堂作品《追梦吧少年》获特等奖，带来该作品的团队作为重庆文化传播者和渝中故事讲述者，还赴马来西亚参加马来西亚国际文化交流活动。

12日 重庆市“山水之城•美丽之地”导游词讲解大赛总决赛在重庆市劳动人民文化宫大剧院举行，渝中区推选的5名导游入围总决赛，民主党派陈列馆张艳君荣获第一名。

13日 位于石板坡长江大桥北桥头附近的雷家坡古道遗址修缮工程竣工。古道遗址位于石板坡长江大桥北桥头附近，整个古道通宽11.4米，高4.6米，立面呈拱形的桥洞宽4.6米，高3.2米，进深0.8米。石踏跺还残存23级，部分被现代桥梁堡坎叠压，单级进深0.3米，高0.22米。

14日 重庆金窝窝网络科技有限公司正式获中国移动通信联合会区块链专委会授牌，成为重庆市唯一的“区块链与数字化人才培训基地”。

15日 渝中区籍运动员施廷懋在韩国光州举行的第18届国际泳联世界锦标赛暨2020年东京奥运会选拔赛中，与搭档王涵以342.00分的成绩获得女子双人3米板金牌，施廷懋取得跳水项目国际比赛四连冠。

△ 渝中区老年人体育协会被中国老年人体育协会评为全国老年人体育工作先进单位。

16日 住房和城乡建设部工程质量安全监管司一行到渝中区化龙桥B11超高层二、三期调研《住房和城乡建设部办公厅关于组织开展住房和城乡建设领域安全生产隐患大排查的紧急通知》《危险性较大的分部分项工程安全管理规定》《住房城乡建设部关于印发工程质量安全手册（试行）的通知》贯彻落实情况，对现场起重机械、附着式升降脚手架等“危大”工程管理情况进行检查。

△ 日月光中心广场智慧楼宇建设示范和渝中区智慧楼宇建设关键技术集成开发与示范应用两个重庆市智慧城市专项试点项目通过专家验收。

17日 2019首届重庆•半岛微纪录片创投大赛在枇杷山后街影视产业园正式启动。参赛的10支队伍根据10条人文路线，创作10部城市人文微纪录片，彰显“母城”人文风韵。

△ 5G技术VR超感体验区在长江索道景区北站正式投入运行。游客戴上VR眼镜能体验索道跨江全过程。

18日 渝中区作家协会召开四届五次理事会，选举产生新一届作家协会主席团成员。大会通过卢延辉辞去区作家协会第四届理事会主席职务，并聘请卢延辉为名誉主席，强雯当选主席，增补游江为理事。

19日 渝中区在解放碑步行街举行“礼赞新中国 奋进新时代”庆祝中华人民共和国成立70周年主题快闪活动。

△ 区政协主席陈大奎率委员前往石油路街道、化龙桥街道，实地了解生活垃圾分类试点推进情况，听取物业单位、居民群众相关意见建议，助推全区垃圾分类工作。

△ 渝中区政府与阿里云计算公司和乌巢科技有限公司签订三方协议，致力将渝中区打造成重庆市数字经济产业发展和应用示范高地。

20—21日 首届重庆市红十字应急救护大赛在重庆广电大厦演播大厅举行。全市46支代表队参赛，渝中区教育行业红十字救护队获冠军。

22日 全国“中华魂”（腾飞的祖国）主题教育活动演讲成果展示活动在北京人民大会堂举行，重庆市巴蜀小学谭雨桐获小学组一等奖，重庆市求精中学王海峰获中学组二等奖。

△ 为保障社保平台正常运行，提高资源利用效率，降低管理成本，朝天门街道原解放东路社保平台合并到水巷子社保平台。

23日　王家坡39号附近发生滑坡险情，土体滑移量达2000立方米，潜在滑移量达4000立方米，威胁到36户68人的生命和财产安全，区规划自然资源局及时开展抢救工作，未造成人员伤亡。

24日　重庆十八梯传统风貌区项目（大区）正式开工建设。

25日　副市长陆克华率队到渝中区检查指导朝天门片区综合环境整治暨品质提升、中新互联互通项目综合展厅建设、解放碑步行街改造提升等工作，并主持召开座谈会，就相关工作开展现场办公。区委书记黄玉林等陪同检查。

26日　区委书记黄玉林会见凯德集团中国区总裁罗臻毓一行，双方就深化合作交换意见。

△　“聚力西部第一街 闪亮城市会客厅”重庆解放碑步行街改造提升推介暨项目签约会在解放碑皇冠酒店举行。

△　“创无限、爱无界——德耀渝中 志愿同行”渝中区首届志愿服务创新项目评选活动项目发布暨颁奖仪式在解放碑步行街举行，评选出一批优秀志愿服务创新项目。

△　区公安分局上清寺派出所民警高万禄在人力资源和社会保障部、中央组织部、退役军人事务部、中央军委政治工作部等部门联合举办的“全国模范退役军人”评选活动中获“全国模范退役军人”称号。

△　重庆市轨道交通（集团）有限公司特别设计并制作“李子坝车站”纪念票，向市民发售。该纪念票售价30元，限量发行2000套，可乘坐轨道交通两次，有效期至2022年7月31日。渝中辖区有4个站点销售。

29日　重庆首条设置电动扶梯的崖壁步道大化步道对外开放。步道连接化龙桥瑞天路和大坪九坑子经纬大道，全长约400米，宽5.8米，是依山而建的崖壁步道，上下落差100米左右，由591步台阶和14部变频电动扶梯组成，全路程仅需10分钟。

30日　2019年“不忘初心路•先锋解放碑”渝中区“体彩杯”第六届城市定向赛暨解放碑地区职工城市定向跑活动在较场口日月光广场开赛，由区级机关、事业单位、国有企业、非公组织、个体经营者、体育爱好者等组成的100支队伍400名选手参加活动。

31日　区党外知识分子联谊会召开会员代表大会和理事会议，选举增补3名副会长和8名理事，并通过16名新会员的入会申请。

7月　渝中区实施“智慧工地”建设项目30余个，接入区级“智慧工地”管理平台30个，远程监控摄像头200个，实现对辖区施工项目的视频监控、扬尘噪声、进出人员实名管理等质量安全管理工作。

△　老字号“王鸭子”“丘二馆烧鸡”代表渝中区参加市文化旅游委组织的“重庆首届旅游好礼”评选并荣获铜奖。

△　渝中区开展“英烈精神归故里”活动，为烈士寻找亲人，为亲人寻找烈士，为1名牺牲安葬在云南的渝中籍烈士找到亲人，为重庆市首例。

7—8月　区就业和人才服务局为首批渝中区高层次人才上门服务发放“渝中区高层次人才服务证”。首批渝中区高层次人才服务对象共36人，涉及区内企事业单位30家。

7—10月　渝中区贯彻落实新修订的《中华人民共和国公务员法》，开展公务员职务与职级并行工作，有序完成961人职级套转、466人职级晋升。

8月

1日“新时代好少年”主题教育读书活动“我为祖国点赞”研学、演讲朗诵交流展示暨总结大会在陕西延安举行，渝中区6名选手获奖，分别是重庆复旦中学张诗苒获高中组朗诵一等奖，重庆市巴蜀小学唐祁子轩获小学组演讲一等奖，渝中区人和街小学林恩泽获小学组朗诵一等奖，渝中区红岩小学封懿珈获小学组演讲二等奖，重庆市巴蜀中学凌艺、重庆市求精中学王海峰分获高中组演讲三等奖。

△ 渝中区图书馆微信在线阅读小程序正式投入使用。

2日 区公安分局被公安部授予“2017—2018年度青年文明号创建活动成绩突出单位”称号。

5日 两江桥（东水门大桥和千厮门大桥）渝中连接隧道全线贯通。

△ 庆祝中华人民共和国成立70周年暨人民政协成立70周年书画展在王琦美术博物馆举办，展出百幅书画精品。

6日 区人大常委会主任米绍林率区生态环境局、区城管局、区商务委、区市场监管局等相关部门负责人到南纪门街道，围绕各级生态环保督察反馈问题整改落实情况，对南纪门街道生态环境保护工作进行实地督导。

7日 “山水之城 美丽之地”重庆文化旅游空港大型宣传推广活动之“重庆母城 美丽渝中”专场活动在重庆江北国际机场T3航站楼国内出发3号门入口启动，利用国际机场口岸作用，弘扬重庆母城传统文化。

△ 区委书记黄玉林一行到工行渝中支行调研，就渝中片区工行的发展提出指导意见，相关负责人陪同调研。

10—13日 区公安分局民警参加2019第十八届世界警察和消防员运动会，陈晓丽获羽毛球“30+年龄组”女单冠军，陈晓丽、徐练组合获羽毛球“18+年龄组”混双季军，张兰荣获空手道项目男子75公斤级黑带实战组季军。

12日 重庆市商务委员会通报第五批“重庆老字号”认定结果，渝中区“四象村”“唐糕祖”“少林堂”“清华”“齐齐火锅”“三鼎”“味苑”“苗秘堂”“渝味晓宇”9个品牌被认定为第五批“重庆老字号”。至此，渝中区共有中华老字号品牌7个，重庆老字号品牌37个，位列重庆第一。

13日 渝中区完成2019年社会组织等级评估，7家社会组织被评定为3A级及以上等级，其中首次产生5A级1家，4A级3家。

15日 渝中区开展2019金秋助学活动，向97名受助贫困大学生发放58万元资助金和励志金。区领导张远洪、吕椿、赵元政参加活动。

△ 渝中区各级纪检监察组织开展形式主义、官僚主义排查整治，对各类创建达标活动进行集中梳理。

16日 重庆市首部5G手机在渝中区解放碑邹容路90号5G智慧生活馆发售。

17日 重庆市“文明新生活”垃圾分类志愿服务行动启动仪式暨首场活动在重庆人民广场举行。

△ “弘扬崇高精神 聚力健康中国”渝中区2019年中国医师节义诊活动在石油路街道举行，全区20家医疗卫生机构的50余名医疗卫生人员为市民免费义诊，普及健康保健知识。

18日 重庆平安健康（检测）中心在渝中区总部城开业。重庆平安健康（检测）中心是平安集团旗下平安好医投资管理有限公司在西南地区布局的首家旗舰中心，是渝中区首家社会办第三方医学检验机构，主要开展医学检验检测、影像检查、健康体检等服务，并在移动医疗领域推出“平安健康移动检测车”和“移动影像车”。

19日 渝中区车管所开展电动自行车注册登记上门服务。

△ “2019年度渝中区优秀医师”表彰大会召开，10名医师获表彰。分别是：重庆市中医骨科医院主任中医师马善治、渝中区妇幼保健院副主任医师郑海鸥、渝中区精神卫生中心主治医师陈本兴、渝中区疾病预防控制中心主管医师张科、渝中区上清寺街道社区卫生服务中心副主任医师黄超、渝中区大坪街道社区卫生服务中心副主任医师陈月波、渝中区解放碑街道社区卫生服务中心主治医师杨晓、重庆华美整形美容医院主任医师潘宝华、重庆仁品耳鼻喉医院主任医师李红和重庆国宾妇产医院副主任医师王琳。大会由区卫生健康委组织召开。

21日 渝中区召开2019年度社会组织等级评估授牌大会。区房产和物管行业协会被评为“5A级社会组织”等级，实现渝中区“5A级社会组织”零突破。解放碑中央商务区企业协会、区启音听力语言康复中心、区养老服务业促进会获得4A等级，区互联网行业协会、区小书包公益助学中心、区餐饮行业协会获得3A等级。

△ 区青年企业家商会（简称“区青商会”）被全国工商联授予“2017—2018年度全国四好商会”称号，被重庆市工商联授予“2018年度重庆四好商会”称号。

△ 渝中区文化旅游产业招商推介会在杭州洲际酒店举办，吸引当地上百家优秀文旅企业、商（行）协会参加，与当地10家企业签订战略投资协议，协议投资额4.3亿元。

22日 渝中区专题部署“防风险保安全护稳定迎大庆”安全生产与自然灾害防治集中攻坚专项行动。

23日 渝中区政府与普华永道重庆分所签订合作协议。区委书记黄玉林，普华永道中国内地及香港市场主管合伙人梁伟坚，普华永道重庆办公室主管合伙人李松波出席签约仪式。

△ 在重庆市区县“晒文化·晒风景”大型文旅推介活动中，渝中区作品荣获最佳作品奖。

△ “礼赞新中国 奋进新时代”渝中区庆祝中华人民共和国成立70周年干部职工文艺嘉年华·乐游活动在区级机关综合办公大楼二楼举行。近400名来自全区党政机关、区管下属事业单位、区属国有企业的干部职工参加。

△ 重庆新型医疗产业链项目（落户渝中区）开园仪式暨医疗创新峰会在渝中区举行，重庆联通与国健医疗科技有限公司签署“5G——医疗大健康深度融合战略协议”，共签约26个企业入驻项目园区。

26日 渝中区特奥运动员程景阳在全国第十届残疾人运动会暨第七届特殊奥林匹克运动会立定跳远项目中夺得重庆代表团在该运动会上的首块金牌。

26—28日 中国（西部）科技金融峰会在渝州宾馆举行。诺贝尔物理学奖获得者谢尔顿·李·格拉肖（Sheldon Lee Glashow），国务院参事、科技部原副部长刘燕华，区委书记黄玉林，区人大常委会主任米绍林，区政协主席陈大奎等出席会议。

26—29日 2019中国国际智能产业博览会在重庆国际博览中心举行。渝中区以“美丽半岛，智慧渝中”为主题，主要展示渝中区大数据智能化在政用、商用、民用领域取得的成效，涉及智慧步行街、智慧旅游、智慧教育、智慧养老、智慧医疗以及区块链产业创新基地等方面内容，专设1个招商咨询台、1个招商洽谈区、8名招商政策讲解员，共接待专业观众2万余人次，普通观众10万余人次，发放各类招商宣传资料1万余册。在渝中区的中和利时集团、中机高科、云日信息、中商科技、公评网、壹平方米、科莱姆企业孵化器等7家重点企业分别在人工智能馆、智能技术与产品馆等展馆布展。

27日 以“链接新产业 构建新生态”为主题的2019中国国际智能产业博览会区块链高峰论坛在渝州宾馆中华厅举行。

28日 中国共产党重庆环球金融中心楼宇联合委员会成立授牌仪式在重庆环球金融中心举行，标志着创新型党组织工作机构正式成立。

△ 区体育运动学校学生在全国少儿跳水锦标赛上获得6银2铜的优异成绩。

29日 市委、市政府表彰重庆市文明城区（县城）、文明村镇、文明单位、文明家庭和道德模范：区委党校、南纪门街道办事处、区政务服务管理办公室、重庆安乐服务有限公司、区公安分局南纪门派出所、重庆长江索道景区、重庆湖广会馆等7家单位被评为“重庆市文明单位”；黄林敏家庭、钱颖家庭被评为“重庆市文明家庭”；重庆国泰出租汽车（集团）有限公司驾驶员李飞被评为“重庆市道德模范”。

△ 渝中区南纪门街道十八梯社区和大溪沟街道双钢路社区成功创建市级社区建设点。

△ 朝天门街道新华路下段及朝千路部分老旧楼宇环境综合整治项目竣工完成。

△ 区委编委召开2019年第六次会议，审议通过区委编委工作规则、区委编办工作细则，同意对区住房城市建委所属事业单位进行调整优化，撤销区建设工程综合监督管理处（区城市建设档案室）、区房屋管理局离退休人员服务中心、区城建服务中心，组建区住房和城市建设档案室（区城建服务中心）、区住房和城市建设综合行政执法支队、区人居环境事务中

心，将区房屋安全鉴定检测中心更名为区住房和城市建设质量安全中心、区住房保障中心更名为区住房保障和租赁事务中心、区房屋管理局房屋管理中心更名为区住房综合事务中心。

30日 安永华明会计师事务所（特殊普通合伙）重庆分所及安永（中国）企业咨询有限公司重庆分公司落户渝中并举行开业仪式。

△ 区政协主席陈大奎率部分市、区政协委员专题调研辖区餐饮油烟污染防治工作，实地查看大溪沟街道餐馆油烟示范治理和雾都宾馆食堂、30度街吧、财信渝中城等油烟投诉处置情况。

8月 渝中区书法家协会（简称“书协”）副主席朱睿作品《洞天清录》、渝中区电视艺术家协会（简称“视协”）会员单位萌梓影视作品《热血军旗》获重庆市第十五届精神文明建设“五个一工程”奖。

△ 重庆书画院院长刘明孝国画作品《新时代 暖春》、唐楚孝国画作品《渝州晨曲》入选第十三届全国美展。

9 月

1日 渝中区籍残疾人运动员廖克力在男子乒乓球双打TT7级的比赛中与搭档获得金牌。

△ 渝中区培智学校的9名运动员，在全国第十届残运会暨第七届特奥会上获6金、3银、8铜的好成绩。

1—8日 区人民政府侨务办、区卫生健康委、区上清寺街道社区卫生服务中心、重庆市中医骨科医院等相关人员参加的“亲情中华”中医代表团参访法国巴黎、马赛与西班牙巴塞罗那、新德里，并到当地华侨华人会所举办中医主题讲座和健康咨询、现场义诊服务，协助重庆引资引智，促进中医文化交流。

2日 国家卫生健康委医政医管局公布首批全国儿童血液病定点医院和恶性肿瘤（实体肿瘤）诊疗协作组名单，重庆医科大学附属儿童医院和重庆医科大学附属第二医院成为首批全国儿童血液病定点医院。

2—6日 由中央广播电视总台央视纪录频道和重庆广播电视集团（总台）联合出品的电视纪录片《城门几丈高》在央视九套、重庆卫视首播。该纪录片包括《朝天门》《城门开》《潮水来》《舵把子》《龙门阵》五集，展示母城渝中、重庆城市发展的历史文化。

4日 区人大常委会主任米绍林带领《重庆市未成年人保护条例》执法检查组到渝中区未成年人观护基地参观，并听取区检察院未成年人帮教以及落实《重庆市未成年人保护条例》等工作开展情况的汇报。

5—7日 为庆祝中华人民共和国成立70周年，“烈火中的誓言”红岩英烈诗词书信展在日月光中心广场开展，展出53位革命烈士的诗词、书信。

6日 重庆来福士项目正式开放购物中心部分。购物中心位于综合体底部裙楼，建筑面积约23.5万平方米，拥有近450个品牌店铺，覆盖零售、餐饮、娱乐、文创、特产、旅游产品等各个层次的消费需求。

9日 九三学社成立旧址纪念碑配套建设项目揭幕仪式在渝中区人民公园举行。

10日 重庆市巴蜀小学校长马宏和重庆市巴蜀中学老师左文珍赴北京参加“庆祝2019年教师节暨全国教育系统先进集体和先进个人表彰大会”，分获“2018年基础教育国家级教学成果特等奖”和“全国模范教师”荣誉称号。

10—11日 在第五届全国红十字应急救护大赛上，渝中区教育行业红十字会选送的5名队员获得团体三等奖及个人单项二等奖1个、三等奖2个。

11日 中新（重庆）互联互通项目的重要合作内容——中新（重庆）国际互联网数据专用通道在新加坡正式开通。开通仪式上，重庆金窝窝网络科技有限公司作为该通道的首批应用企业之一，分别与中国电信、新加坡创客控股有限公司签署合作协议，开启中新数据合作。

△ 国内首家儿童医疗保障创新研究示范基地在重庆医科大学附属儿童医院成立。

12—15日 渝中区组织重庆白象街、十八梯传统风貌区、山城巷传统风貌区3大文旅项目参加第八届重庆国际文化产业博览会，集中展示文旅产业发展概况，推介母城渝中、人文渝中城区形象。渝中展馆以“母城渝中 人文渝中”为主题，面积81平方米。展馆不定时开展魔术表演、评书讲演、免费抽奖、书法赠送等互动活动，为市民送上文化惠民大餐。

13日 “家国同圆”《我和我的祖国》献礼中华人民共和国成立70周年重庆站活动在解放碑步行街举行。电影《我和我的祖国》之《相遇》篇导演张一白携主创张译、任素汐、彭昱畅、郭丞亮相，重庆市各行业优秀代表现场讲述“我与祖国”的故事，千人同唱《我和我的祖国》，表达对祖国的赞美和祝福。

16日 阿迪达斯重庆品牌中心即阿迪达斯中国西部首家品牌中心在解放碑步行街八一广场正式开业，为阿迪达斯国内第三家、全球第五家品牌中心店。

△ 渝中区政府与北京星光文化旅游发展有限公司签署关于建设西部科技创意产业高地、打造重庆城市名片的战略合作协议，布局前瞻性数字创意前沿领域，谋划建设“国家文化和科技融合示范基地”。

△ 中秋小长假期间，全区共接待游客321.1万人次，同比增长5.5%，实现旅游收入16.3亿元，同比增长21.9%。

18日 位于渝中区解放碑国泰艺术中心旁的中英联络处旧址，经过7年修缮，首次对外开放并举办艺术文献展。

△ 朝天门街道陕西路及节约街一巷环境综合整治项目竣工完成。

19日 “翰墨绘渝中 丹青歌盛世——重庆市渝中区庆祝新中国成立70周年全国书画名家邀请展”在王琦美术博物馆开幕，来自北京、江苏、广东等全国各地的著名书画家和重庆书画院70位书画名家的90幅作品展出。

△ 中外人文交流教育实验区建设协议签约座谈会在重庆市人民小学举行，教育部中外人文交流中心分别与渝中区人民政府、沙坪坝区人民政府、南岸区人民政府、渝北区人民政府签署协议并授牌。渝中区成为全市首批中外人文交流教育实验区。

△ 2018年度寻访“中国大学生自强之星”活动总结分享会暨2019年度寻访活动启动仪式在中国石油大学（华东）举行。重庆医科大学护理学院2015级本科生车玄获2018年度“中国大学生自强之星标兵”荣誉称号，并进行主题演讲。该称号全国仅10名，车玄是重庆市首位“中国大学生自强之星标兵”。

△ 伦敦城市大学法学院教授安德鲁•朱（Andrew Choo）、荷兰拉德堡德大学副教授玛丽耶克•杜贝纳尔（Marieke Dubelaar）、英中协会助理主任玛丽娜•梅利亚（Marina Mella）到区法院进行访问，区法院相关负责人陪同调研。

20日 渝中区正式推出“重温红色记忆、激发爱国情怀”红色旅游精品线路5条。

△ “重庆光荣 中国骄傲”电影《中国机长》礼赞楷模致敬英雄特别活动在解放碑步行街举行。

△ 渝中区政府与重庆有线电视网络股份有限公司签订战略合作协议，共同打造全域5G智慧城市典范。

△ 区法院与西南大学联合成立的心理学教学实习基地在区法院正式挂牌，运用心理学专业知识化解家事纠纷，助力家事审判工作。

24日 渝中区完成白象街传统风貌区、十八梯传统风貌区、山城巷及金汤门传统风貌区、打铜街传统风貌区、人民大礼堂传统风貌区、大田湾及重庆市劳动人民文化宫传统风貌区、李子坝传统风貌区、凯旋路旱拱桥、凯旋路电梯、鹅岭七孔桥、重庆古城墙遗址传统风貌带历史文化资源的挂牌工作。

25日 国浩房地产中国•重庆18梯项目开工建设。

△ 渝中区籍运动员施廷懋在山东省烟台市举办的2019年全国跳水锦标赛中与队友王涵搭档获得跳水女子双人3米板冠军。

△ 2019美团点评（重庆）餐饮行业交流峰

会暨大众点评必吃榜（重庆）颁奖典礼在皇冠假日酒店举行，共评选出45家餐厅，其中渝中区24家上榜。

△ 渝中区中小学社会实践教育基地在重庆眼视光眼科医院正式挂牌成立。

26日 重庆市第三批历史建筑保护名录公布，渝中区6处老建筑上榜，分别是枇杷山正街碉堡、马鞍山47号建筑、重庆文化宫大剧院、重庆文化宫红星亭、重庆人民大礼堂东楼、罗汉寺街9-2#。

△ 重庆市2019年度“智慧医院”名单发布，区域内重庆医科大学附属第一医院（四级）、重庆市妇幼保健院（四级）、重庆市中医骨科医院（二级）、重庆市急救医疗中心（由三级升为四级）被评为“智慧医院”。

27日 渝中区用灯光秀为中华人民共和国成立70周年献礼。中央电视台新闻频道《东方时空》栏目对此次主题灯光秀进行现场直播。解放碑、洪崖洞、朝天门、重庆来福士、重庆环球金融中心等景点和地标建筑全部入镜。

△ 第六届中法环境月在重庆正式启幕，由法国驻成都总领事馆和鹅岭贰厂文创园共同举办的法国摄影师阿兰•弗雷“回收利用”摄影展在鹅岭贰厂文创园艺术家后花园开展。

△ 陆军特色医学中心（原第三军医大学大坪医院）与新疆军区总医院通过中国移动5G网络，利用5G技术的超高速率、超多连接和超短时延的特性，首次实现5G远程超声会诊。这是西南地区首个5G远程超声示范项目，也是中国移动重庆公司在5G医疗场景中的首次实际应用。

28日 位于化龙桥的重庆市中医骨科医院整体迁建项目主体工程正式动工。

29日 重庆十八梯山城记忆馆正式揭牌。山城记忆馆位于较场口城市阳台附近，依托十八梯原有老建筑改扩建而成。记忆馆共4层，陈列大量老重庆珍贵的书籍、影像和视频资料。

30日 渝中区政府与中国银联重庆分公司签订战略合作框架协议，持续深化在智慧党建、医疗、教育、旅游、物业专项维修基金、招商引资等领域的长期合作。

△ 《渝中区改革完善医疗卫生行业综合监管制度的实施方案》由渝中区人民政府办公室印发，明确医疗卫生行业的监管主体和责任，实行全行业全流程监管，完善创新综合监管机制，提出保障落实措施。

△ 途经渝中区的轨道交通18、26、27号线成功纳入重庆市城市轨道交通第四期建设规划，其中18、27号线纳入第四期第一批建设规划。

△ 兜子背码头经营设施设备拆除完毕，标志渝中区“两江四岸”货运码头治理取得阶段成效，全区4座货运码头（冯家嘴、兜子背、大溪沟、储奇门）完成治理关停。

9月 渝中区书法家协会朱睿、孙源林、霍胜、姚帅承和重庆书画院的刘再兵等5位青年书法家的6件作品入选全国第十二届书法篆刻作品展，入展作品数量居全市第一。渝中区摄影家协会齐岚森、王维刚、周义均等7位摄影家的作品入选第八届重庆摄影展。其中，齐岚森获金奖，平凡、周义均获得铜奖，王维刚、向进、巫晓英获优秀奖。

△ 渝中区开展烈士英名录编撰工作，完成281名烈士信息的补充完善工作，为宣传英雄烈士事迹、传承弘扬英烈精神提供重要支撑。

10 月

1—7日 渝中区累计接待游客1140.9万人次，同比增长24.9%。其中，接待外地游客965.9万人次，解放碑、洪崖洞地区峰值人数分别达到50万人次、21万人次；同时，朝天门、来福士新开区域接待游客175万人次。全区实现旅游收入49.2亿元，同比增长23.2%，抽样重点商贸企业销售收入同比增长9.5%。

7日 国务院公布第八批全国重点文物保护单位（共763处），罗斯福图书馆旧址公布成为第八批全国重点文物保护单位。至此，渝中区全国重点文物保护单位共计19处（37个点），数量居全市第一。

10日 市人大常委会主任张轩到重庆平安健康（检测）中心、石油路街道金银湾社区代表民情联络室、重庆市急救医疗中心全市急救指挥系统等地调研卫生事业及康养产业发展情况。

11日 陆军特色医学中心（大坪医院）的心血管外科主任钟前进当选为2019年第三季度“中国好医生、中国好护士”月度人物。

△ 五一技校家属区连接道（断头路打通）工程竣工，切实解决五一技校家属区车辆和居民出行问题。

△ 区政协主席陈大奎率区政协委员对民主评议城市管理工作意见建议落实情况开展监督性回访视察活动，实地视察上清寺街道曾家岩社区“微整治”、新都巷社区游园改造和七星岗街道领事巷社区“街净巷洁”工作开展情况。

△ 《人民日报》10月11日第11版以《重庆渝中：干部上街巡逻，点对点解决游客问题，成为城市“活地图”》一文报道国庆期间渝中干部值守巡街服务游客。

12日 “2019第十四届全球城市形象大使暨全球城市小姐（先生）大中华总决赛”在洪崖洞重庆巴渝剧院举行。

13日 中俄建交70周年之际，俄罗斯驻华大使馆公使衔参赞热洛霍夫采夫一行到鹅岭公园，拜谒园内苏军烈士墓，祭奠志愿来华参加抗日战争牺牲的原苏联航空志愿队军官卡特诺夫上校、司托尔夫上校。

14日 渝中区工程建设项目审批服务大厅正式启动试运行。审批服务大厅试运行后，实现工程建设项目综合服务窗口统一收件、发件和咨询，每个审批阶段均实行“一份办事指南，一张申请表单，一套申报材料，完成多项审批”的运作模式。

15日 重庆来福士举行亮灯仪式，中新互联互通项目展厅也正式揭幕。中共中央政治局常委、国务院副总理韩正与新加坡副总理王瑞杰共同为位于重庆来福士的中新互联互通项目展厅揭幕并参观展览。

△ 渝中区召开“家庭教育实践基地”授牌仪式暨家校社协同共育课题研讨会，为渝中区中华路小学、渝中区大坪小学、重庆市求精中学、重庆市实验中学、渝中区巴蜀幼儿园等五所渝中区首批“家庭教育实践基地”授牌。

△ 2019中国社会企业与影响力投资论坛年会上，鹅岭贰厂文创园荣获“小行星赛道商业向善奖”殊荣。

16日 《大美重庆》专用邮资图、《典藏“双晒”》全景式连体明信片首发活动暨“趣重庆”邮政明信片图片内容全球征集活动启动仪式在解放碑步行街举行。

17日 司法部副部长刘振宇率队到区法院诉讼服务中心、区诉调对接•速裁中心对公共法律服务体系建设工作进行调研。

△ 中华人民共和国成立70周年庆祝大会群众游行活动中“魅力重庆”彩车在渝中区人民广场亮相，供市民和游客拍照参观，活动持续至10月31日。

18日 山东百仕达地标产业公司西南地区运营总部——重庆源鲁渝信息科技有限公司在渝中区电创园远见中心正式运营办公。

19日 由重庆市卒中学会根据各会员单位卒中救治能力系统绘制的“重庆市脑卒中急救地图”正式发布，涵盖全市近70家具备卒中救治能力的医院。渝中辖区有7家医院上图，分别为重庆市急救医疗中心、重庆市人民医院中山院区、重庆市人民医院三院院区、重庆医科大学附属第二医院渝中院区、陆军特色医学中心（大坪医院）、重庆医科大学附属第一医院和重庆市中医院道门口院区。

22日 朝天门街道道门口环道周边环境综合整治项目竣工完成。

23日 在第六届“创青春”中国青年创新创业大赛（互联网组）全国总决赛上，渝中区境内的重庆云威科技有限公司“CHOT.VR模组化解决方案”项目荣获成长组全国金奖。

24日 渝中区首个“两江四岸”智慧健身长廊示范点在化龙桥街道李子坝抗战遗址公园建成投用。

△ 区档案馆与北京市海淀区档案馆正式签订《民生档案跨馆异地利用服务工作协议书》，两地居民可就近查询相关民生档案。这是区档案馆馆藏民生档案跨市异地利用的第一步。

△ 市委编办《关于同意渝中区调整部分处级事业单位设置的复函》，同意渝中区组建正处级事业单位区融媒体中心、区房屋征收中心，副处级事业单位区互联网舆情中心、区医疗保障事务中心、区应急管理综合行政执法支队、区住房和城市建设综合行政执法支队、区人力资源和社会保障综合行政执法支队，与区委党校（区行政学校）合办设立区社会主义学院，在区委党史研究室加挂区地方志编纂中心牌子；将市鹅岭公园管理处更名为市鹅岭公园管理中心，加挂区公园管理中心牌子；区社会保险局更名为区社会保险中心；区就业和人才服务局更名为区就业和人才中心；区滨江建设管理处更名为区滨江建设服务中心；区公共资源市场化配置中心更名为区公共资源交易中心，由区政府直属事业单位调整为区政务服务管理办公室管理的事业单位；不再保留区新闻信息中心、区安全生产监察执法大队、区劳动保障监察大队和科级事业单位区房屋征收中心、区互联网舆情中心。

△ 渝中区辖区内重庆市第四人民医院（急救中心）、重庆和平药房渝中心连锁店和道门口店纳入西南片区跨省门诊费用直接结算首批试点医药机构。即日起，四川、贵州、云南、西藏四省（区）属于本省（区）确定的统筹区的参保人，无须备案就可持社会保障卡在以上试点医药机构刷个人账户结算跨省普通门诊、药店购药费用。

25日 区人大常委会主任米绍林主持召开区十八届人大常委会举行第二十四次会议。会议听取并审议《渝中区人大常委会主任会议关于提请审议左永祥同志任职的议案》，决定任命左永祥同志为区人民政府副区长，并作出左永祥同志为区人民政府代理区长的决定。

△ 渝中区离境退税商店授牌暨业务培训会议举行，重百大楼、新世纪百货解放碑商都、千叶美术馆等11家商店被新纳入境外游客购物离境退税范围，并获得授牌。至此，解放碑步行街离境退税商店总数达到15家，约占全市一半，标志着解放碑步行街初步建成离境退税街区。

△ 鹅岭公园秋季菊花展开展。自1963年起，鹅岭公园先后举办过41届菊花展。此次是自2004年鹅岭公园菊展后时隔15年的“回归”。近百个品种、6万盆菊花为市民展出。

△ 中央第十巡回督导组组长杜宇新一行到中山二路社区调研指导“不忘初心、牢记使命”主题教育。

26日 日本知名家居设计品牌“大藏和室”西南首店落户大坪龙湖时代天街C馆。

29日 区委书记黄玉林，代理区长左永祥率队围绕国庆长假期间“热旅游”暴露出的问题，开展“马路办公”，现场发现问题，逐一细化研究，制定整改措施。

△ 渝中区委审计委员会正式成立。

30日 渝中区完成城市排水管网排查工作，全面掌握排水管道的分布结构，形成“排水管网一张图”。

△ 代理区长左永祥带队调研重庆市区块链产业创新基地，先后参观重庆市区块链产业创新基地展示厅、重庆帮帮链科技有限公司、重庆华医康道有限公司、重庆浪潮云链信息技术有限公司等企业区块链应用场景。

31日 2019亚洲啦啦操锦标赛暨亚太啦啦操公开赛在深圳信息职业技术学院体育馆开幕。12个国家与地区的880名运动员参加比赛，重庆市第二十九中学Sparkle啦啦操队夺得少年组双人花球冠军、集体花球第二名，重庆市聋哑学校“梦之翼”啦啦操队摘得残疾人组集体街舞项目冠军。

△ 区政协开展2019年度常委会视察暨住区市政协委员视察活动，实地了解鹅岭公园改造及公园停车场建设项目、上清寺街道曾家岩临崖步道、双钢路社区养老服务站、渝中区中华路小学改扩建项目等民生实事项目推进情况。

△ 渝中区体育局在李子坝抗战遗址公园安装18件二代智能健身器材，铺设240平方米地

胶，建成渝中区首个重庆市“两江四岸”智慧健身长廊示范点。

10月 渝中区创新公益项目“指尖上的梦想”被中国成人教育协会评为2019年“终身学习品牌项目”。

△ 渝中区巡察推动解决群众反映小学入学难问题案例，入选第一期全国县级巡察办主任培训班案例选编。

11 月

1日 新加坡南洋女子学校20余名师生来渝参加文化交流活动，到渝中区中小学劳动技术教育基地，学习篆刻，体验中华传统文化的魅力。

△ 渝中区正式启用“重庆市渝中区住房和城市建设委员会行政审批专用章”。这是进一步落实工程建设项目审批制度改革要求，全面推行“一枚印章管审批”的重要举措。

△ 朝天门街道朝东路沿线环境综合整治电力部分施工项目竣工完成。

△ 朝天门街道陕三巷上段至陕六巷环境综合整治项目正式开工。

4日 重庆唯一的Jordan（耐克旗下子品牌）最高级别店铺“Jordan 188 Minzu”在解放碑环球购物中心开业。

5日 区委书记黄玉林会见渣打银行大中华及北亚地区企业及金融机构部主管董事总经理欧兆伦一行，双方就进一步加强合作进行充分交流并达成共识。

△ 第二届中国国际进口博览会在上海国家会展中心开幕。会上，渝中区共签署3项贸易和投资合作协议，包括区政府与重庆安达停车场有限公司签署的合作协议，重庆繁盛机电技术进出口有限公司与境外参展商日本伊藤忠、韩国SK集团签署的合作协议。

△ 中国航天系统科学与工程研究院和重庆市巴蜀中学共建“钱学森班”签约仪式在重庆巴蜀中学礼堂举行，标志着全市首个“钱学森班”正式落户渝中区。

△ 经专家组评审、区文化产业发展领导小组审定同意，决定命名“重庆U创文化产业园”“重庆后街影视文化产业园”为“区级文化产业示范园区”，命名“中山文化产业园”“东水门老街”“重庆金夫人实业有限公司”为“区级文化产业示范基地”。

6日 区检察院、区公安分局、重庆市人民医院共同签署《关于共同建立未成年被害人“一站式”询问、救助机制的工作意见》，并举行未成年人“一站式”救助工作中心揭牌仪式暨座谈会。

△ 渝中区6名文旅人才入选首批重庆英才计划名单，包括重庆市文化遗产研究院白九江、重庆红岩联线文化发展管理中心朱军、重庆演艺集团有限责任公司朱凯、重庆演艺集团有限责任公司刘军、重庆市歌剧院刘光宇、重庆中国三峡博物馆张荣祥。

7日 渝中区首个垃圾分类宣教体验中心在石油路街道万科锦程小区正式运行。该中心面积约40平方米，投资30余万元，通过设置垃圾分类VR游戏体验、图书借阅区、分类知识宣教区、积分兑换商品等寓教于乐的宣传形式，引导居民正确投放生活垃圾。

△ 重庆数字商务产业园签约仪式暨新闻发布会举行，重庆数字商务产业园是在区政府的大力支持下，由区商务委、重庆渝中国有资产经营管理公司和重庆市电子商务协会共同打造，此次签约仪式标志着该主题产业园招商及运营工作正式启动，重庆首个数字商务产业园正式落户渝中。

△ 中国（重庆）第二届长江上游城市花卉艺术博览会上，以“美丽渝中 花园半岛”为主题的渝中展园获布展金奖。

△ 重庆市环保督察组检查红岩村大桥下方垃圾侵占江岸、瘫江翠湖小区噪声扰民、瘫江苑生活污水直排、应急码头施工未围挡造成水污染问题。

△ 位于渝中区佛图关公园内的重庆大轰炸死难者白骨塔修缮工程竣工。

10日 复旦大学医院管理研究所发布“2018

年度中国医院排行榜（综合）”和“2018年度中国医院专科综合排行榜”。渝中辖区的重庆医科大学附属第一医院、重庆医科大学附属儿童医院和重庆医科大学附属第二医院上榜。

13日 区法院被全国妇联授予“全国维护妇女儿童权益先进集体”称号。

14日 渝中青年人才驿站授牌仪式在龙湖冠寓解放碑店举行。

△ 渝中区融媒体中心通过重庆市区县融媒体中心建设验收组验收。验收组一行实地查看办公场所、新闻演播室、电视节目制作室、《渝中报》编辑室、新媒体编辑室以及融媒体指挥中心，详细了解融媒体中心建设、运营以及管理等情况。

15日 国浩十八梯完成火柴坊展示中心的复建和对外开放，完美复制“火柴大王”刘鸿生的“顶上狮球”火柴。

18日 渝中区军休干部郭福江被表彰为“重庆市模范退役军人”，渝中区军队离休退休干部服务管理中心被表彰为“重庆市退役军人工作模范单位”。

20日 《清廉家风 医德传世》家风视频在市纪委“壮丽70年•风正扬帆恰当时”微视频征集评选中获优秀奖，在“学习强国”平台播放并获“我爱我的祖国”微视频、摄影作品大赛三等奖。

22日 渝中区首家企业服务中心——大坪地区企业服务中心正式成立并举行揭牌仪式。通过政企合作的方式，为企业提供全方位全流程专业化服务。

23日 “区块链与数字经济时代”研讨会暨金窝窝数字经济研究院成立仪式在重庆金窝窝网络科技有限公司召开。重庆本土首部《区块链产业创新白皮书》和《金链白皮书》在会上发布，大会还举行反洗钱与涉链犯罪联合研究中心成立揭牌仪式。

24日 斯凯奇西南地区首家超级大店SUPER STORE在八一广场开业。

26—27日 渝中区“携手湾区强合作 聚力渝中促发展”招商推介会在广州举行。重庆优微智点生物科技有限公司、广东辰宜信息科技有限公司分别与区电创园管委会达成落地投资协议。广州云系信息科技有限公司、北京市康达（广州）律师事务所、盈盛智创科技（广州）有限公司、广东好普集团等企业与解放碑中央商务区、区电创园管委会签订战略合作协议。

28日 区公安分局大阳沟派出所获全国首批“枫桥式公安派出所”称号。

△ 渝中区新增2个“阅读阵地”——菜园坝旅游集散中心图书漂流站、通远门城墙遗址公园星临书局图书漂流站。菜园坝旅游集散中心图书漂流站设在集散中心二楼，阅读区面积约30平方米，有座位30个、图书约400册，以地理风光、旅游资源等适宜快速阅读的书籍为主。星临书局阅读区域面积约60平方米，图书种类包括文学、装修、育儿等，市民和游客可以免费阅读、借阅。

△ 长江索道周边环境综合整治项目正式开工。

29日 匈牙利爱国诗人裴多菲•山道尔及其爱人森戴丽•茱莉亚雕塑落成暨捐赠仪式在鹅岭公园举行。

△ 渝中区视协会员单位萌梓影视打造的全国知名综合影视产业园——山城影视产业园成功举行挂牌仪式。该产业园为重庆首个以全域发展，影视文化旅游产业为主体的“百亿级”产业园，兼具“影视、旅游、文化、科技、金融、教育”等业态。

△ 韩国京畿道知事李在明一行到渝中区参观韩国光复军司令部旧址和大韩民国临时政府旧址。

30日 “中国体育彩票杯”重庆市第五届国际登楼大赛暨2019年国际垂直登高大奖赛重庆WFC站总决赛、第十二届解放碑中央商务区城市登高楼大赛开跑。全国各地约700名登高楼爱好者参赛。最终超越队以13分29.89秒成绩获团体组冠军，登山选手李波以11分5.52秒成绩获男子组冠军，张辉骥以12分55.45秒成绩获女子组冠军。

△ 渝中区完成第二次全国地名普查信息更新工作，更新地名信息1300条，其中新增114条。

11月 七星岗街道归元寺社区老年远程教育

学习收视点被中国老年大学协会远程教育工作委员会评为“全国老年远程教育优秀学习收视点”。

△ 渝中区完成全区工伤保险费率浮动工作，共计 5412 户单位下调工伤保险费率。

12 月

1 日 渝中区“蜀绣”“刘氏刺熨疗法”两项国家级非遗项目参加“2019 北京•中国文物国际博览会”。

1—3 日 博鳌亚洲论坛第二届“亚欧合作对话”在重庆举行。会议期间，博鳌亚洲论坛理事长、联合国第八任秘书长潘基文偕夫人柳淳泽，联合国前副秘书长金垣洙，韩国前驻联合国大使金塾访问渝中，先后参观重庆大韩民国临时政府旧址陈列馆、重庆环球金融中心、解放碑步行街。

△ 2019 巴西电影展重庆站在重庆大都会东方广场越界影城开幕。影展带来 17 部电影，向市民展示国际电影文化。

2 日 渝中区编制印发《渝中区地名规划 2017—2025》。

3 日 非洲驻华使节夫人代表团一行到重庆湖广会馆参观，通过欣赏古色古香的建筑、蜀绣等体验中国文化。

△ 渝中区境内企业——重庆新大正物业集团股份有限公司，正式在深圳证券交易所挂牌上市，成为重庆第一家、国内第二家登陆 A 股市场的物业服务企业。

△ 中国文物学会、中国建筑学会联合公布“第四批中国 20 世纪建筑遗产项目”，中共重庆市委枇杷山办公楼旧址、重庆市体育馆、八路军重庆办事处旧址 3 处文物建筑入选。

△ “遇见渝水•嘉陵江”网络主题活动走进渝中，人民网、新华网、中新网、华龙网、视界网、凤凰网等网络媒体和商业网站，以及渝中等 6 个区县融媒体中心共 23 家网络媒体齐聚渝中，进行实地采访报道。

4 日 王琦美术博物馆应邀参加由全国商报联合会发起，中国友好和平发展基金会联合，中央美术学院、人民日报社、欧美同学会留美分会等多家机构支持的“第五届丝绸之路国际文化经贸交流巡礼暨世界文化创新资源合作论坛”，并与世界文化创新资源合作论坛组委会签订合作备忘录。

△ 《人民日报》刊发《街道中心＋社区站点＋专业机构三方联动，重庆——这里养老院没有“围墙”》专题报道，以渝中区上清寺社区养老服务中心为切入点，介绍重庆市养老服务亮点工作。

5 日 以“专业引领开放 创新助推发展”为主题，国内首个省级专业服务论坛——2019 重庆专业服务论坛在渝中区举行。

△ 第七次全国文物保护工程会在杭州举行，国家文物局首次发布《文物建筑开放利用案例指南》，重庆湖广会馆、国民政府警察局旧址两处文物建筑入选。

6 日 “Anooki 萌翻天地”艺术展在化龙桥重庆天地开展。来自法国的 Anooki 艺术家大卫•帕萨甘德（David Passegand）到现场参与艺术展亮灯仪式。

△ 大田湾—文化宫—大礼堂文化风貌片区保护提升工程启动仪式举行。

△ 区交通局完成沧白路 2 个公交站点合并，取消罗汉寺公交站点，并对上述站点停靠的 262、401、476、111、866 等 5 条线路进行整体优化调整。

6—9 日 在第十四届全国基础教育化学新课程实施成果交流大会上，重庆市第四十二中学化学教师唐金龙以教学课例《化学能与热能》参加现场说课展示，获特等奖。

7 日 彪马（PUMA）西南旗舰店在八一广场正式开业，该店是西南首家旗舰店，也是中国区仅次于上海太古汇店的第二大门店。

9 日 渝中区七星岗老年护养中心正式运营，

这是渝中区首个公办老年护养服务机构。位于七星岗华一村30号，面积约2300平方米，共有25张医疗病床及40张养老床位，配有专业的护理、医疗、康复及生活服务设施和专职医护人员。房间内安装雾化机、吸氧机于一体的护理带，配备医疗辅助服务系统，可为老人及家属免费提供医学、资讯、娱乐、生活等信息服务。

10日 重庆市首个人力资源行业峰会——2019重庆（渝中）人力资源峰会在渝中区JW万豪酒店举行，会上渝中区向10家人力资源服务机构授牌，招商入驻企业、人力资源供需对接成果现场签约。

11日 解放碑商业步行街古驰（GUCCI）西南旗舰店装修升级全面竣工并正式亮相。

△ 渝中区开始实行三轮车限行。

△ 位于张家花园192号耕读文化院落里的大溪沟街道人和书院分馆建成投用。书院拥有图书4000余册，配备投影仪、音响、桌椅、图书、茶水间、厕所等设施，自助借阅设备安装调试完成，并正式纳入区图书馆借阅体系，市民可在此享受区图书馆总分馆馆藏图书通借通还服务。

△ 渝中区社会办医疗机构协会召开第一届第一次会员大会并宣告成立，重庆红岭医院院长张永年任会长。协会由全区各级各类470余家医疗卫生机构自愿组成，是地方性、行业性、非营利性社会组织。

12日 2019年外国驻渝总领事馆及境外商务机构（企业）服务工作座谈会在渝中区举行，探讨改善营商环境，提升领事官员以及外商在渝工作生活的便利化。

△ 重庆首个“5G+智慧教育”项目在渝中区落地。渝中区人和街小学与石柱中益乡小学教室里搭载5G网络，配套多个高清AI（人工智能）跟踪摄像头、语音采集麦克风和高清电视屏幕等设备，两所学校间的“双师课堂”首次公开授课顺利完成。

△ 渝中区旅游协会在重庆广场宾馆召开第五届会员大会暨换届选举大会，选举产生以万学群为会长的新一届协会领导班子。

13日 渝中区第四届文化旅游（冬季）惠民消费季启动仪式在大坪龙湖时代天街举行。区文化旅游委等部门联动辖区100余家文化旅游企业，开展系列文化旅游惠民活动。

△ 民盟特园支部在民盟渝中区委“特园•盟员之家”正式成立。

△ 渝中区图书馆在2019年重庆市区县“三馆一中心”免费开放绩效评价工作中荣获“一等馆”称号。

14日 重庆医科大学附属第一医院牵头的重庆市罕见病联盟正式成立。联盟11家成员单位整合罕见病防治资源，提升罕见病防治与保障水平，促进罕见病临床、科研与“孤儿药”开发的协同创新。

△ 朝天门陕西路64号周边环境综合整治项目竣工完成。

15日 渝中区完成“纽约•纽约大厦”“和泓渝中界”“东方巴塞”等不规范地名标志拆除工作。

16日 渝中区退休干部杨基柱参加全国“双先”表彰大会，获得“全国离退休干部先进个人”称号。

△ 朝天门街道西三街水产市场周边环境综合整治项目竣工完成。

17日 全市首个市场主体信用风险分类监管平台在自贸渝中板块正式上线运行，通过构建大数据模型，制定风险分类指标，建立风险分类体系，划定风险分类等级，对市场主体经营活动进行预测预警，标志着重庆市市场主体信用风险分类监管迈出全新的“智慧步伐”。

△ 约旦驻华大使侯赛尼夫妇一行到重庆湖广会馆参观考察，了解“湖广填四川”移民历史、重庆湖广会馆的社会文化功能。

△ 渝中区与重庆机场集团签订《“旅游+航空”合作协议》，推进城市候机楼建设，积极开展文化旅游空港宣传推广活动，实现景区、商圈、机场、高铁之间的便捷“链接”，为渝中带来更多中高端旅游消费群体。

18日 渝中区政府、渣打银行重庆分行、重庆来福士签署战略合作协议，推动重庆内陆国际金融中心核心区建设。

△ 民革中央画院主题画创作中心、重庆市鹅岭公园管理处签约仪式在鹅岭公园举行。签约仪式上，民革中央画院同重庆市鹅岭公园管理处签署落户协议，标志着创作中心正式落户渝中。

△ 渝中区重点科技企业途作林杰科技有限公司获评为重庆市20家“小巨人”企业之一。

△ 渝中区《“重庆母城 美丽渝中”主题宣传 防止“网红”变“网黑”》入选中宣部典型案例。

18—20日 渝中区成立8个监督检查组，对31个区级部门、4个管委会、11个街道、5个事业单位、22个社区干部职工工作作风、服务群众情况等开展明察暗访，发现4个方面9个问题，全区通报，形成震慑。

19日 2019年重庆市公民科学素质调查结果发布。根据中国科普研究所调查结果显示，重庆市公民具备科学素质的比例为9.02%；主城片区（渝中、大渡口、江北、沙坪坝、九龙坡、南岸、北碚、渝北、巴南）平均水平为12.9%；渝中区为14.8%。

△ 串联虎头岩公园和佛图关公园的半山崖线步道正式开工建设。

△ 区委、区政府召开中华人民共和国成立70周年大庆安保工作总结表彰会暨2020年元旦春节安保维稳工作部署大会，对全区各级各部门在安保维稳中作出重要贡献的集体给予记功嘉奖。

20日 深圳证券交易所重庆服务基地正式在重庆股份转让中心揭牌。

△ 乌拉圭驻重庆总领事馆在解放碑开馆，外国驻渝总领事馆达到11个。

△ 朝天门广场5G基站开通，标志着中国移动重庆公司率先完成渝中区5G网络室外连续覆盖工作。渝中区成为全市首个实现移动5G网络室外连续覆盖的行政区。

△ 区政协历史文化研究专家库正式成立，并首批“聘请”18名专家，充实区政协文史资料工作“智囊团”。区政协主席陈大奎出席并讲话，区政协副主席戴伶主持会议。

21日 央视《焦点访谈》特派记者在市民政局副局长徐松强的陪同下到上清寺街道调研美专校街适老无障碍环境改造工程和凯尔慈佑养老服务中心。

22日 长江索道用时27天完成第三代新轿厢更换和年度检修工作，恢复正常运行。

△ 渝中区公立医院全面取消医用耗材加成同步调整医疗服务项目价格改革，按照全市统一部署于0时正式启动，29家区级公立医院和基层医疗机构、市属医院、部队医院实行医用耗材零差率销售，调整1842项医疗服务项目价格，疏导医疗服务价格矛盾，实行高值医用耗材集中带量采购，推进按疾病诊断相关分组付费（DRG）试点等支付方式改革，实现公立医疗机构发展可持续、医保基金可承受、群众负担总体不增加。

24日 “郑中立奖助学—奖教基金”捐赠仪式在重庆市第二十九中学举行。

△ 渝中区建立“渝中区未成年人法治教育基地”并举行揭牌仪式。

26日 位于观音岩纯阳洞15号附近的重庆抗战戏剧博物馆正式开馆，是国内首个以抗战戏剧为主题的话剧类专业博物馆。该馆依托市级文物保护单位抗建堂打造而成，由重庆市话剧院筹建和管理。

26—27日 渝中区在第七届中国旅游产业发展年会上获评2019中国旅游影响力年度夜游城市。

27日 重庆市首个国家临床医学研究中心（儿童健康与疾病）建设启动会举行，标志着国家儿童健康与疾病临床医学研究中心建设正式落户重庆医科大学附属儿童医院。

△ 渝中区社保卡总制卡数为904848张，发卡数为898688张，发卡率为99.32%。社保卡金融功能应用人数达到9.4万人次，上卡金额26亿元。

△ 区委编委召开2019年第八次会议，审议通过4个重点领域综合行政执法队伍的机构编制方案，按照市委编委《关于区县（自治县）重点领域综合行政执法改革有关机构编制事项的通知》，将区城市管理综合行政执法支队升

格为副处级，并对区城市管理综合行政执法局街道（管委会）执法大队更名后转隶区城市管理综合行政执法支队；将区环境行政执法支队更名为区生态环境保护综合行政执法支队；将区旅游监察执法队划入区文化市场行政执法大队，相应将区文化市场行政执法大队更名为区文化市场综合行政执法支队；整合区卫生计生监督执法局、区动物卫生监督所的执法职责，组建区卫生健康综合行政执法支队，保留区动物卫生监督所牌子。印发了12个处级事业单位调整的机构编制文件。设立区残疾人综合服务中心，撤销区盲人按摩医院，将区留置管理中心更名为区纪检监察信息技术保障中心。审议通过《重庆市渝中区街道党工委、办事处职责清单》。

△ 渝中区文化旅游委完成辖区星级饭店复核和标准执行监督检查工作。渝中区有星级旅游饭店20家，其中五星级3家，四星级9家，三星级8家。

△ 2017—2018年度“富民兴渝贡献奖”颁奖典礼举行，渝中区境内重庆市人民小学党委书记、校长杨浪浪，中冶赛迪集团有限公司党委书记、董事长肖学文，陆军军医大学国家免疫生物制品工程技术研究中心主任邹全明等3人获得“富民兴渝贡献奖”。

△ 渝中区女企业家协会成立。曾家岩书院创始人吕真当选为会长，优秀女企业家代表崔俊蓉、刁雪梅、甘静、冯心怡、何元凤、唐胜莲、夏惠萍、魏妙迪、钟谷菁9人当选为副会长，牛建平当选为秘书长。

28日 重庆山城老年大学名仕城校区完成首次重庆市老年教育高级职称评审工作，该项目的开展填补了国家在职称专业中的空白。

30日 代理区长、区总河长左永祥到嘉陵江大溪沟段开展巡河检查，实地察看大溪沟码头整治、“两江四岸”停泊船舶治理和饮用水源地管理情况。

△ 渝中区民政局编印《渝中区最美100个地名影像集》1000册。

31日 千厮门隧道正式通车。实现千厮门大桥与东水门大桥全面联通，有效缓解朝天门、洪崖洞一线交通压力。

△ 朝天门街道湖广会馆社区居民徐保成荣登第90期“重庆好人榜”名单。

△ 渝中区完成2019年“增绿添园”民生实事任务，分别为鹅岭公园轻轨沿线景观提升工程、周公馆前市政广场环境整治工程等13个项目。

△ 截至12月31日，渝中区总工会完成2019年度互助保障工作，共有入会单位295家，入会人数21292人，入会金额3765130元；申请互助金理赔次数760次，理赔总金额达2816449.17元。

△ 渝中区消防救援支队举行挂牌仪式。

△ 渝中区完成全域旅游标识标牌系统项目建设。全区建成全域旅游导览图15块、区域旅游导览图50块、景点介绍牌89块、文旅通廊标识15块。梳理洪崖洞、朝天门、湖广会馆、鹅岭片区、李子坝片区的步行游览路线，完善重点区域及线路沿线引导标牌131块。

△ 截至12月31日，渝中区共采集退役军人和其他优抚对象信息23727条，上报并通过审核23596条，通过率为99.45%，为22015户符合条件的家庭悬挂光荣牌。

12月 “母城匠心”工作入选创新中国最佳案例。

△ 重庆国泰出租汽车（集团）有限公司入选“守初心 担使命”全国党刊基层党建创新案例。

渝中概览

概 述

【区域概况】 渝中区位于北纬29° 31′ 50″～29° 34′ 20″，东经106° 28′ 50″～106° 35′ 10″，四川盆地东部平行岭谷间向斜台地区，长江、嘉陵江汇流而形成的两江相夹的半岛上；地处重庆市西南部，东、南濒临长江与南岸区水域相邻，北面濒临嘉陵江与江北区水域连界，西面通陆与沙坪坝区、九龙坡区接壤。全区总面积23.24平方千米，其中陆地面积20.08平方千米。区境地势，佛图关最高海拔394米，分别向西部和东部的南、北、中倾斜起伏，至东北角两江汇合最低处朝天门沙嘴以167米计，相对高差227米，坡降很大，比高悬殊。因山水相连，山水城融为一体，历以壮丽的山城、江城著称于世。区境属中亚热带湿润季风气候区，受山城地貌、两江水域影响，热岛效应显著，具冬暖夏热、气温高、日照少、雨季长、湿度大、霜雪少、风速小等气候特点。近年来，年雾日较历年减少，年极端最高气温较历年下降，淡化了著称于世的“雾都”“火炉”形象。

区境为重庆的母城，有3000多年悠久的历史和人民革命斗争的光荣传统。早在战国、秦、汉时期，即以具有浓郁地方特色的巴渝文化而著称。1986年12月6日，国务院批准重庆为“历史文化名城”，而作为重庆的母城，渝中区是重庆历史文化资源积淀最丰富的区域。区境积淀了巴渝文化、抗战文化、红岩精神等厚重的人文底蕴，孕育了重庆的“根”和“源”，展示着现代都市，山城、江城、不夜城的神韵和红色旅游、全域旅游、城际旅游的风采，历来是重庆的核心。在抗日战争、世界反法西斯战争期间，驻区境红岩村的中共中央南方局、八路军重庆办事处，团结和领导人民同反动势力展开不屈不挠的斗争，形成和培育以救亡图存的爱国精神、不畏艰险的奋斗精神、和衷共济的团结精神、勇于牺牲的奉献精神为标志的“红岩精神”；国民政府西迁重庆并定重庆为战时首都，同盟国中国战区统帅部驻区境国府路（今人民路）。为赢得抗日战争和世界反法西斯战争的伟大胜利，渝中人民做出巨大牺牲和贡献。

渝中区是重庆市的行政中心、文化中心、金融中心、商贸中心、总部经济基地、都市旅游目的地，是国家服务业综合改革试点区，获评全国十大全域旅游目的地，荣获全国文明城区、国家首批公共文化服务体系示范区，全国和谐社区建设示范城区、全国科技进步示范城区、全国双拥模范城、全国老年远程教育示范区等称号。渝中区人民政府驻管家巷9号，下辖解放碑、朝天门、七星岗、南纪门、菜园坝、大溪沟、两路口、上清寺、大坪、石油路、化龙桥11个街道办事处，79个居民委员会，1个社区工作站。

【政区建置沿革】 国都和郡、州、路、府、省、市、县治所。公元前1027年建巴子国，区境为巴子国属地，较长时间为巴子国国都。公元前316年秦灭巴，两年后以巴国地置巴郡，以江州城为首府，置江州县。区境为巴郡、江州县属地及其治所所在地。此后，历为郡、州、路、府、省、市、县治所所在地；曾为大夏国国都和抗日战争时期中华民国战时首都、陪都。1949年11月30日，重庆解放，区境曾为中共中央西南局、西南军政（行政）委员会、西南军区驻地，并一直是重庆市党、政、军领导机关驻地。

区级政区沿革。区境建立区级政区始于民国二十四年（1935年），建立重庆市第一区至第三区3个区署，区署是重庆市政府的派出机构，曾经几次调整。建立区级政府始于1950年6月1日，合并原重庆市第一区至第七区7个区公所，成立第一区人民政府（地厅级）。1955年11月，重庆市第一区人民政府改称重庆市市中区人民委员会，市中区由此得名。1968年10月18日，在“文化大革命”中，重庆市市中区革命委员会成立。1980年12月，召开重庆市市中区第九届人民代表大会第一次会议，产生重庆市市中区人民政府。1995年3月，重庆市行政区划调整，市中区更名为渝中区，至2019年未变。

街道区划。区境在县、区以下的政区划分，明、清至民国二十四年（1935年）8月，设坊、厢（城内曰坊，近城曰厢）。民国二十四年（1939年）9月，改坊、厢为联保。民国二十八年5月，改联保为镇。

1949年11月30日，重庆解放。重庆市军事管制委员会接管区境第一区至第七区7个区公所和7个警察分局及其25个派出所。1950年6月1日，重庆市第一区人民政府成立，派出若干行政干事驻各公安派出所承办政府工作。1952年10月7日，从重庆市第四区（九龙坡区）划入李子坝、遗爱祠、黄沙溪3地后，公安派出所增加到40个。

1954年初，第一区人民政府陆续设立上清寺等21个街道办事处作为区政府的派出机构，办理政府工作。之后区内街道办事处几经调整，1954年11月调整为王爷石堡等37个。1958年3月调整为曾家岩等28个。1958年9月，28个街道办事处合并组建为朝天门等9个街道人民委员会和七星岗人民公社。1960年3月，在人民公社化高潮中，区内相继转为七星岗等10个街道人民公社，同时保留街道人民委员会牌子。1962年7月，10个街道人民公社相继撤销，恢复成立黄沙溪等26个街道办事处。1963年7月，调整为黄沙溪等25个街道办事处。1964年4月，调整为七星岗等21个街道办事处。1968年10月，成立人民路等21个街道革命委员会。1978年6月，21个街道革命委员会一律改称街道办事处。1986—1987年，21个街道办事处相继调整为七星岗等11个街道办事处。1995年3月，从沙坪坝区划入大坪、化龙桥两个街道办事处，全区共有七星岗等13个街道办事处。2006年6月调整为七星岗等12个街道办事处。2015年1月调整为七星岗等11个街道办事处。

【人口】 2019年末户籍人口总户数205743户，总人口504135人，均为非农业人口。

人口性别构成，男性246533人，女性257602人，性别比例，以女性为100，男性为95.7%；人口自然变动情况，全年出生3889人，死亡2335人，人口自然增长率3.1‰。人口计划生育出生政策符合率（按常住人口统计）为99.5%，其中一孩率64.4%，二孩率33.2%，多孩率2.4%。

人口密度，按户籍人口计，全区陆地面积20.08平方千米，户籍人口504135人，平均每平方千米25106人，其中人口密度最大的是七星岗街道，平均每平方千米66109人，人口密度最小的是菜园坝街道，平均每平方千米5962人。

民族人口。据2010年第六次人口普查资料显示，全区汉族624092人，少数民族39个、人口5998人，占全区常住人口的0.95%，百人以上的少数民族有回族、土家族、苗族、满族、壮族、蒙古族、布依族、侗族、彝族，渝中区是以汉族占绝大多数的多民族杂散居城市。

老年人口。1990年第四次人口普查时，区内人口年龄结构类型已进入老年型；2000年第五次人口普查时，人口老年化程度进一步提高，呈现高龄化趋势。2019年户籍人口人均期望寿命80.67岁。

残疾人口，按2006年全国第二次残疾人口抽样调查重庆市抽样比例，区内残疾人数为全区总人数的5.57%。至2019年年底，经申请由渝中区残疾人联合会核发残疾人证数，累计为11209人，其中，肢体残疾4753人，视力残疾2359人，精神残疾1591人，听力残疾1318人，言语残疾117人，智力残疾722人，多重残疾349人。

全区常住人口2019年年末总数为66.2万人。

（兰宗庸　杨茂莉）

自然环境

【气候】 渝中区属中亚热带湿润季风气候区，受特殊地形、地貌影响，具有冬暖夏热的气候特点；雨量充沛，但时空分布不均，降水多集中在5—9月，热量资源丰富，且光、热、水同季；还具有气温高、日照少、湿度大、霜雪少、风速小等局地气候特点。

气温。2019年平均气温为19.2℃，较常年偏高0.8℃；年极端最高气温为40.1℃（8月26日），较历史最高值43℃（2006年8月15日）偏低2.9℃；年极端最低气温为4.8℃（1月9日，1月22日），较历史最低值-1.8℃（1955年1月11日）偏高6.6℃。年内气温以偏高为主，春季、夏季和冬季分别偏高0.6℃、0.8℃和0.7℃，秋季略偏高0.4℃。8月为年内最热月份，平均气温达30.6℃；1月平均气温为8.7℃，为年内最冷月。全年35℃以上高温天数为33天，比常年偏多3.3天；全年40℃以上高温天数为1天，接近常年。

降水。年降水总量为1406.4毫米，较常年偏多近3成；降水随时间分布不均，其中2月、8月降水量分别偏少2成、7成，4月、6—7月、10—11月则偏多2成～1.7倍，特别是10月显著偏多1.7倍，为历史同期最多。4月19日出现年内首场大雨以上量级降水，雨量为55.3毫米，初日较常年偏早6天。暴雨日数为7天，较常年偏多4.2天。全年降水日数为153天，其中7天暴雨、10天大雨，总降水日数接近常年。

日照。年日照时数为964.5小时，接近常年；年日照百分率为21.7%。1月、5—6月和11月日照时数较常年同期偏少2～6成，2月、4月、8月和12月则偏多2～6成，其余月份接近常年同期。

气压。年平均气压为983hPa，接近常年。

湿度。年平均相对湿度为75.7%，年最小相对湿度为45.8%。

全年雾日18天，较常年偏少18天。

全年无霜期是365天。

备注：所用资料为沙坪坝气象站气象资料。

（刘川）

【河流】 区境内有长江、嘉陵江两大过境河流，分别从区境西南、西北环绕区境南、北流经区境，于东南朝天门处汇合（集水面积86.6559万平方千米，为寸滩水文站集水面积）出境，形成属区境的水域面积5.17平方千米（含珊瑚坝滩涂面积），河道弯曲，河谷开阔，水量丰富。由于两江交汇，三面环水使渝中区成为著名的半岛“江城”。区境两江江岸线长19.1千米（其中：长江8.8千米，嘉陵江10.3千米），两江水域面积3.86平方千米。

长江、嘉陵江渝中区段水域，不仅为区境提供丰富的水资源和水产资源，也为上溯宜宾以至乐山、合川以至南充等地，下航涪陵、万州、宜昌、武汉、南京、上海以至出海，提供水运交通的必要条件。三峡水库蓄水后，万吨级轮船可从上海直达重庆，是著名的水运黄金水道。

（鲁忠洁）

【资源】 土地资源。经第二次全国土地调查，全区总面积23.24平方千米，其中陆域面积20.08平方千米。渝中区下辖解放碑、朝天门、七星岗、南纪门、菜园坝、大溪沟、两路口、上清寺、大坪、石油路、化龙桥11个街道办事处。其中，解放碑街道辖区面积1.24平方千米，朝天门街道辖区面积1.99平方千米，七星岗街道辖区面积0.78平方千米，南纪门街道辖区面积1.45平方千米，菜园坝街道辖区面积4.21平方千米，大溪沟街道辖区面积1.37平方千米，两路口街道辖区面积1.76平方千米，上清寺街道辖区面积2.61平方千米，大坪街道辖区面积2.04平方千米，石油路街道辖区面积2.90平方千米，化龙桥街道辖区面积2.89平方千米。全区共有商服用地2.42平方千米，工矿仓储用地0.44平方千米，城镇住宅用地5.72平方千米，公共管理与公共服务用地3.43平方千米，特殊用地0.75平方千米，交通运输用地7.32平方千米。渝中区属于城市建设完成区，全区无农用地，城市化进程达到100%。

（刘林甫）

天然建筑材料资源。区境出露地层以上沙溪庙组砂、泥岩为主，有丰富的砂岩石，可开采加工为砂岩条石。在长江河漫滩地带有丰富的砂卵石和中、粗砂等，可作建筑材料。

动物资源。由于城市发展，天空中飞翔、陆地上奔驰的野生动物虽少发现，但尚有人工饲养的猴子、鹦鹉、画眉等观赏动物，以及以鼠类为代表的生态动物群。长江、嘉陵江两江水域中，有中华鲟（又称大腊子）、圆口铜鱼（又称水密子）等天然鱼类百余种。

植物资源。渝中区共有园林植物105科，181属，285个品种。其中乔木89个品种（常绿乔木47种，落叶乔木42种），灌木75个品种（常绿灌木68种，落叶灌木7种），常用花卉91个品种（宿根花卉32种，一、二年生草花59种），地被植物9个品种，竹类5个品种，蕨类1个品种，藤本及攀缘植物14个品种，水生植物1个品种。渝中区内有树龄在100年以上、胸径在1米以上的古树名木、稀有树种231株，其中，黄葛树129株、小叶榕10株、银杏13株、苏铁2株、罗汉松32株、印度榕2株、中国梧桐1株、红豆木1株、粗糠1株、香樟1株、油橄榄3株、蓝花楹3株、九重葛2株、鱼木14株、日本五针松1株、桂花1株、乌柿2株、重阳木古桩8株、红花天鸟木2株、菩提树2株、红继木桩头1株。渝中区市街常用开花植物有：紫薇、黄花槐、红叶桃、紫荆、美人梅、紫玉兰、广玉兰、锦叶白兰、羊蹄甲、木槿、红叶李、九重葛、照寿桃、碧桃、樱花、红继木、茶花、黄桷兰、白玉兰、桂花、北美海棠。行道树有：黄葛树、小叶榕、法国梧桐、银杏、桂花、香樟、天竺桂、榉树、朴树、栾树、刺桐。护坡堡坎常用藤蔓植物有：血藤、油麻藤、藤本月季、迎春、九重葛、七姐妹、爬山虎。

水资源。年降水量丰富，多集中在5—9月。区内长江、嘉陵江过境，水资源丰富，渝中段嘉陵江水域现有2个取水口（重庆瑞安天地房地产发展有限公司、渝中区水厂），化龙桥片区瑞安公司取水口主要用于水源热泵、环境绿化用水；渝中区水厂取水口主要用于居民生活用水及工、商、企、事业等其他日常用水。渝中区段长江水域现有1个取水口，中国铁路成都局集团有限公司重庆供电段，取水口位于长江左岸黄沙溪，主要用于列车加水。

（付财红　鲁忠洁）

【灾异灾害】　气象灾异。2019年主要天气气候事件及气象灾害包括暴雨、连晴高温、强降温等。年内共出现7次暴雨天气过程，7月15日为年内最强过程日，降水量为73.3毫米；出现4段明显的连晴高温天气过程，依次是7月26—29日、8月10—13日、8月15—27日、9月11—13日；出现3次强降温天气过程，2月7—10日、3月20—23日、4月27—29日，降温幅度在7.5℃～10℃左右。

备注：1. 所用资料为沙坪坝气象站气象资料；

2. 相关事件及灾异标准：

（1）35℃≤轻度高温＜37℃，37℃≤中度高温＜40℃，40℃≤严重高温；

（2）暴雨：日降水量≥50.0毫米；

（3）一般连阴雨：连续≥6天、＜10天无日照，其中任意4天白天雨量≥0.1mm；

严重连阴雨：连续≥10天无日照，其中任意7天白天雨量≥0.1mm。

（4）一般低温：连续2候平均气温低于多年同期候平均气温2℃以上；

严重低温：连续≥3候平均气温低于多年同期候平均气温2℃以上。

（5）强降温：冬季（12月—次年2月）72小时内日平均气温下降≥6.0℃，春季（3—4月）和秋季（10—11月）72小时内日平均气温下降≥8.0℃；

特强降温：冬季（12月—次年2月）72小时内日平均气温下降≥8.0℃，春季(3—4月)和秋季(10—11月）72小时内日平均气温下降≥10.0℃。

（刘川）

地震。2019年1月1日—12月31日，重庆地震台网无渝中区辖区内（北纬29°31′50″～29°34′20″，东经06°28′50″～106°35′10″）的地震记录。

（蔡甜甜）

地质灾害。渝中区为相对高差在50～100米左右的丘陵地貌，地质构造不发育，岩层产状（弯曲度）平缓，几乎无大的断裂。辖区地质灾害类型以土溜、小型滑坡、危岩崩落为主。2019年发生“4•10”北区路皇星阁小区后侧边坡局部岩石剥落、“7•23”王家坡39号浮土滑坡、“7•28”李子坝8号土溜、“11•1”虎头岩隔离带塌陷等10余起地质灾害险情。

（刘林甫　蔡甜甜）

洪水暴雨灾害。由于水雨情预测与实际发生相当。防汛度汛准备充分，过境洪水位不高，总体平稳。2019年，区境无重大洪水、暴雨灾情发生。

（邱翔）

【生态环境质量】 空气环境质量。2019年空气质量实现优良天数315天、同比增加9天，空气质量优良率达86.3%，为2013年实施空气质量评价新标准以来最好成绩；其中，达到“优”的天数79天，同比增加13天，$PM_{2.5}$（细颗粒物）、二氧化氮等六项空气质量指标年均浓度实现“全下降”，空气中PM_{10}（可吸入颗粒物），二氧化硫，二氧化氮，$PM_{2.5}$，臭氧和一氧化碳年均浓度分别为0.061毫克/立方米、0.008毫克/立方米、0.049毫克/立方米、0.036毫克/立方米、0.145毫克/立方米、0.0015毫克/立方米，重污染天气首次实现“零发生”。水环境质量。两江渝中段水质稳定达到II类，大溪沟饮用水源地水质达标率保持100%。声环境质量。区域环境噪声平均值为52.9分贝、道路交通噪声平均值为65.7分贝，稳定达标。生态绿地状况。城市绿化覆盖率为40.5%。

（冯黎黎）

经济社会发展

【概况】 2019年，在市委、市政府的坚强领导下，渝中区坚持以习近平新时代中国特色社会主义思想为指导，全面贯彻落实党的十九大和十九届二中、三中、四中全会精神，紧紧围绕习近平总书记对重庆提出的“两点”定位、“两地”“两高”目标、发挥“三个作用”和营造良好政治生态的重要指示要求，坚持从全局谋划一域、以一域服务全局，团结一心、砥砺奋进，经济社会发展各项事业稳步向前。

【区域经济】 综合实力。初步核算，全年地区生产总值（GDP）1301.3亿元，按可比价格计算，比上年增长5%。地均GDP产出64.8亿元/平方千米，位列全市第一；按常住人口计算，人均GDP为196875.7元，位列全市第一。

产业结构。全年二、三产业增加值分别为122.2亿元、1179.1亿元，分别增长2.6%、5.2%。二、三产业比例为9.4∶90.6，第三产业对GDP的贡献率为95.2%。

财税收入。全年区域税收收入205.7亿元，下降1.2%，占GDP的比重为15.8%。一般公共预算收入41.9亿元，下降9.7%，其中税收收入34.2亿元，下降9.5%，税收收入占一般公共预算收入的比重为81.6%；一般公共预算支出74.3亿元，增长4.2%。

固定资产投资。固定资产投资175.3亿元，下降19.9%，投资强度8.73亿元/平方千米；固定资产投资占GDP的比重13.5%。其中建设改造和房地产开发投资分别为79.4亿元、95.8亿元，分别占GDP的6.1%和7.4%。

对外开放。全年区域实际利用外资4.3亿美元，下降8.0%。进出口贸易总额实现105.4亿元，增长1.5%，进口总额与出口总额分别为77.6亿元和27.8亿元，分别增长0.6%、4.3%。服务贸易额165.2亿元，增长10.7%。

【板块发展】 解放碑中央商务区全年实现增加值544.1亿元，增长3.6%，占全区GDP的41.8%；完成固定资产投资66.8亿元，增长10.6%，占全区的38.1%。

电子商务和创意产业园区全年实现增加值394.2亿元，增长6.9%，占全区GDP的30.3%；完成固定资产投资34.5亿元，下降15.2%，占全区的19.7%。

大石化新区全年实现增加值252.1亿元，增长7.6%，占全区GDP的19.4%；完成固定资产投资43.5亿元，下降28.7%，占全区的24.8%。

历史文化街区全年实现增加值110.8亿元，下降0.1%，占全区GDP的8.5%；完成固定资产投资30.5亿元，下降46.3%，占全区的17.4%。

重庆中央商务区（渝中区区域）全年实现增加值555.2亿元，增长3.5%，占全区GDP的42.7%；完成固定资产投资67.2亿元，增长9.3%，占全区的38.3%。

【产业发展】 金融业。年末金融机构人民币存贷款余额10152亿元，增长12.5%，其中：存款余额5432.0亿元，增长13.1%；贷款余额为4720.0亿元，增长11.7%。保费收入194.4亿元，增长5.9%。证券交易额5796亿元，增长23.1%。

商贸业。批发和零售业销售额增长9.7%；住宿和餐饮业营业额增长14.4%。社会消费品零售总额增长5.6%。限额以上批发零售法人企业零售额中，粮油、食品类增长2.5%，化妆品类增长6.3%，日用品类增长10.6%。

房地产业。商品房施工面积611.0万平方米，其中住宅214.3万平方米、办公楼84.9万平方米、商业营业用房139.2万平方米。商品房销售面积66.8万平方米，其中住宅48.0万平方米、办公楼7.9万平方米、商业营业用房6.0万平方米。商品房销售额123.0亿元，其中住宅93.6亿元。

旅游业。全年旅游业总收入463.5亿元，增长20.9%，其中国内旅游收入392.9亿元，增长19.8%，旅游外汇收入10.1亿美元，增长24.7%。接待旅游者人数6744.2万人次，增长5.8%，其中国内旅游者6579.7万人次，增长5.8%，入境旅游者164.5万人次，增长6.0%。旅行社196家，其中国际旅行社40家；4A、3A、2A级景区分别为9个、2个、2个，两江游船8艘。

【重点产业及集聚区发展】 六大重点产业。2019年现代金融业增加值299.9亿元，增长7.9%；高端商贸业增加值283.2亿元，增长4.3%；专业服务业增加值242.5亿元，增长6.3%；文化旅游业增加值135.0亿元，增长5.3%；互联网服务业增加值96.8亿元，增长7.5%；健康医疗服务业增加值100.9亿元，增长2.3%。

十大集聚区。2019年十大集聚区规上企业992家，占全区比重68.9%，共实现营业收入（或产值）2980.7亿元，占全区比重79.8%，增长5.8%。解放碑中央商务区规模以上企业营业收入1597.9亿元，占全区比重42.8%。朝天门现代商务区、下半城历史文化风貌带、化龙桥国际商务区、大坪潮流商圈、大溪沟文创设计产业集聚区、上清寺互联网科创产业集聚区、菜园坝滨江城、总部城数字经济集聚区、环重医创新生态圈区域内规模以上企业分别实现营业收入（或产值）80.6亿元、118.8亿元、24.3亿元、73.2亿元、235.4亿元、792.6亿元、10.1亿元、44.3亿元和3.4亿元，占全区规模以上企业营业收入（或产值）的比重分别为2.2%、3.2%、0.7%、2.0%、6.3%、21.2%、0.3%、1.2%和0.1%。

【城市建设】 基础设施。年末排水管道总长度为339.6千米；在全市率先布局5G网络、建成站点594个，新建改建停车场3个、新增停车位700个，新增充电桩473个，十八梯110千伏变电站等工程启动建设。

城市管理。年末市容环卫专用设备有189台。精扫细保990万平方米环卫作业面积，精心管护365万平方米市政道路。拆除违法建筑面积5.4万平方米，整治摊群摊点7215个，拆除户外广告950块，整治门梱店招1029块。

环境质量。新标准空气质量二级以上天数为315天。$PM_{2.5}$年日均值、二氧化硫年日均值、二氧化氮年日均值、臭氧年日均值、一氧化碳年日均值、PM_{10}年日均值分别为0.036毫克/立方米、0.008毫克/立方米、0.049毫克/立方米、0.145毫克/立方米、0.0015毫克/立方米、0.061毫克/立方米。区域环境噪声平均值、道路交通噪声平均值分别为52.9分贝、65.7分贝。

园林绿化。年末公园数量为21个，公园面积127.9公顷；园林绿地面积661.4公顷，其中公园绿地面积385.8公顷；绿化覆盖率为40.5%，城市人均公园绿地面积7.7平方米。

【社会事业】 科技。全年举办科普讲座939场次，参加人数达到28170人次，科普展览次数达到2次，参观人数达到8000人次。

教育。2019年末，渝中区有普通中学13所，职业高中2所，小学30所。全年学校招收学生数：普通中学7561人，职业高中1158人，小学5681人。在校学生数：普通中学21671人，职业高中2985人，小学30351人。毕业生数：普通中学6731人，职业高中1032人，小学4567人。幼儿园专任教师（含民办等幼儿园）1034人，在园幼儿14135人。

文化。艺术表演18个，全年演出1301场次，观众56.4万人次；艺术表演场馆10个，全年演出895场，观众32.5万人次。非物质文化遗产为49项，重点文物保护单位68个，其中国家级19个。

卫生。全年诊疗人次1341.6万人次，出院48.8万人次，实际占用总床日数422.2万日。

体育。全年主办体育活动46次。全民健身路径400处。体育场地面积60.1万平方米，人均体育场地面积0.91平方米，社会体育指导员1841名。

【民生保障】 人口。年末户籍人口504135人，年末常住人口66.2万人；城镇化率100%。

居民生活。城镇常住居民人均可支配收入44029元，增长9.2%，其中：工资性收入26555元，增长9.9%；转移性净收入10038元，增长4.9%。人均消费性支出31093元，增长6.8%，其中：食品类支出9242元，增长5.6%；教育文化娱乐类支出3821元，增长2.0%。

社会保障与救助体系。年末基本养老保险参保人数为98.6万人，失业保险参保人数为61.9万人，城镇基本医疗保险参保人数为78.0万人，工伤保险参保人数为59.4万人，生育保险参保人数为52.8万人。年末享受城市居民最低生活保障人数为10380人，下降5.7%，全年发放最低生活保障金7605万元，下降0.6%。年末城镇登记失业人数5160人，调查失业率为4.39%。“人生关怀”工程投入1.9亿元，受益居民51.6万人次。

消费价格。全年城市居民消费价格指数上涨2.7%，其中食品烟酒增长6.8%、衣着上涨0.2%、居住上涨2.0%、生活用品及服务上涨0.6%、教育文化和娱乐上涨1.9%、医疗保健上涨0.7%、其他用品和服务上涨2.8%、交通和通信下降1.4%。

（徐雯雯）

精神文明建设

【概况】 渝中区精神文明创建工作领导机构为渝中区精神文明建设委员会（简称“区文明委”），有成员39名。区文明委的主要职责是：负责指导、协调全区精神文明建设工作。2019年，渝中区精神文明建设工作始终坚持培育和践行社会主义核心价值观，紧紧围绕巩固和深化全国文明城区创建，不断细化“志愿之区”建设，深入开展群众性精神文明创建活动，促进城区文明程度和市民文明素质提高，为渝中区经济社会全面协调发展提供精神动力和思想保证。渝中区菜园坝街道石板坡社区获中宣部、中央文明办等单位表彰的全国最美志愿服务社区（2018年宣传推选学雷锋志愿服务“四个100”先进典型）。

【全国文明城区建设】 坚持文明城区建设工作常态长效，顺利通过全国文明城区年度复查。组织召开区文明委会议，总结上年全区精神文明建设工作新成果，下发全年工作要点。开展19个重点领域失信问题专项治理，推进社会信用体系建设，归集完善“信用渝中”信息，融入全市系统，全年归集信息17.7万余条，入库率65.9%。开展文明交通劝导、文明交通宣传进学校112场次，进社区107场次，纠正违法停车19万余件、机动车不理让斑马线1.65万余件、行人乱穿马路2420余件。推进城市精细化管理，打造洁净环境，归整清理32个老旧社区，冲洗道路4.7万平方米，整治僵尸车82台、占道停车138台，提升网红景点、商圈、结合部以及“三边”市容市貌。常态培育文明细胞，创建年度“文明餐桌”示范店53家，表彰命名区级文明家庭10户。推荐市级文明单位7个，市级文明校园和创建全国文明校园先进学校5所，市级文明家庭2户。

【文明旅游工作】 开展寻找“文明在行动·满意在渝中”岗位服务明星展示活动，海选60名岗位服务明星，6人获评市级岗位服务明星。牵头承办重庆市“山水之城·美丽之地”导游词讲解大赛总决赛及颁奖仪式，渝中区2名选手获金奖，1名选手获最佳台风奖。在旅游行业发布推广导游词，各景区景点、导游协会会员单位及广大导游积极学习并完善讲解词，展现渝中旅游服务人员的良好形象。向游客发放文明旅游宣传手册10万余份，在网红景点常态开展文明旅游劝导志愿服务，减少景区景点的不文明行为。文明旅游成效获《重庆精神文明建设》刊载，获时任市领导批示肯定。全区15个景区景点拍摄精美旅游宣传片，参加重庆市“山水之城·美丽之地100秒”短视频展播季，全面展示渝中文化旅游风采，受到市级及以上媒体关注报道100余篇。参加重庆市“晒文化·晒风景”活动，《书记晒文旅——渝中篇》《区县故事荟——渝中篇》和《炫彩60秒——渝中篇》三件作品多层次、多形态展现国际化大都市气质，荣获重庆市“最佳作品奖”。

【志愿服务工作】 规范建设服务站点，在区志愿服务联合会设立区级志愿服务总站，在79个社区设立志愿服务站；在街面、社会单位设立志愿服务站点30余个。壮大注册志愿者队伍，党政机关志愿者全覆盖，市民群众积极参与，目前全区有实名注册志愿者20.9万人，注册率为32.1%。加强志愿服务组织管理，新培育孵化组织1个，指导主管12个组织完成年检，慰问全区166名交通文明劝导志愿者。深入推进“山水之城 美丽之地”、“我们一起奔小康”、“网红景点”文明旅游、“文明新生活”垃圾分类、“红樱桃行动”以及“重庆志愿服务季”等系列主题志愿服务活动。2019年全区运行项目1385个，项目时长45.7万小时，累计开展活动300余场，参与志愿者2万余人次，服务对象近300余万人次。举办首届渝中区志愿服务创新项目大赛，评选优秀志愿服务项目10个，提供项目资金10万元。推评志愿服务先进典型，获市级3人（个）、国家级1个。探索新时代文明实践工作，搭建区中心、街道所、社区站三级组织架构，现有活跃阵地19个，文明实践志愿者3.8万余人。

【未成年人思想道德建设】 搭建未成年人成长成才平台，以品牌化活动大力推进未成年人思想道德建设，建设向上向善文明校园。扶持“传统戏曲进校园”等文化事业项目持续进行，全区48所中小学结合升旗仪式、重大节日与活动、学雷锋志愿服务，把社会主义核心价值观贯穿融入3万余名学生的教育教学中。开展“我们的节日”、“九童圆梦”、“红樱桃”学雷锋志愿服务、手抄报大赛等活动，切实推进社会主义核心价值观融入未成年人思想道德建设各方面。牵头承办红樱桃“秋日俭爱”义演义捐新校服公益活动启动仪式，为18个深度贫困乡镇乡村的学校、少年宫近2万名贫困学生义捐新校服，倡导社会关心关爱山区孩子。净化未成年人成长文化环境，开展“扫黄打非”联合执法4次，检查音像店162家次，网吧266家次，书店（摊）358家次，游商地摊347家次，严查有害文化产品。全区79个社区、48所中小学开展“多读书，读好书”、“护苗·网络安全课”活动，引导青少年健康成长。开展“新时代好少年”评选宣传活动，巴蜀中学黄郁薇获评全国“新时代好少年”，杨紫涵等4名学生获评市级“新时代好少年”，评选区级“新时代好少年”60名，先进事迹在校园开展巡展40余场。

【群众性精神文明建设活动】 举办“庆70华诞 看家园变迁 建文明渝中”第八届邻居节暨志愿服务活动周，辐射带动市民10万余人次。组织辖区内20家医疗机构的150余名卫生工作者参加“走进军营”“服务百姓健康行动”等义诊活动，服务群众官兵1.26万人次。70余个文化馆（站）举办文化进基层活动459场，辅导群众活动队伍167支、2.8万余人次，接待群众30.8万人次。开展春季义务植树、城市管理主题周等活动，1400余人参加植树和阳台植物盆栽种植。承办“同吃爱国面”新民俗活动等市级活动，成果获市领导肯定批示。开展“感动渝中”人物评选活动，评选出杨浪浪、聂世明、肖伟、钟尧等一批“中国好人”“重庆好人”，并陆续在行业、街道开展10余场发布活动，引起强烈反响。开展“晒面晒幸福 爱家爱祖国”“家庭美丽行 垃圾分类秀”“美丽家园巴渝巾帼行动”等活动30余场，举办微课堂公益讲座30余场，万人受益，打造5个家庭教育实践基地；辖区内妇女集体和组织获国家级荣誉2个，市级荣誉7个，区级荣誉140个，建设特色创新项目12个；红岩村社区妇女之家的群众文化活动被央视《新闻联播》报道。

【社会文明风尚倡导】 全面铺开市民宣传教育，加大线上公益广告投放力度，通过区级报、网、台、客户端等媒体平台刊载精神文明稿件300余条，浏览量超过60万；在政府网站、区级媒体，以及重点商圈和社会单位、经营场所显著位置全时段滚动刊载“讲文明 树新风”公益广告。主流图书文化云平台服务群众12万余次，数字图书访问量122万。文艺骨干创作“脱贫攻坚”“小康社会”主题文艺作品300余件。弘扬爱国主义精神，庆祝新中国成立70周年，规范悬挂国旗约1万面，社会单位宣传阵地全域全时段滚动播放庆祝公益广告400余幅。通过表彰先进典型、打卡历史遗迹、举办运动会、自编自演节目等形式，开展庆祝活动500余场。志愿者以国庆和“讲红色故事，讲革命精神”为主题，进基层，进社区，进校园，进军营，开展活动300余场次。承接电影《我和我的祖国》中秋七城接力献礼全媒体直播、电影《中国机长》特别活动等全国性活动2场，举办大型活动4场，礼赞楷模，致敬英雄，抒发爱国情怀。开展“不忘初心、牢记使命”主题教育，守初心、担使命，找差距、抓落实，部门行业宣讲团和街道社区举办“理论龙门阵”120余场。

【区文明委负责人】
主　任：何家利
副主任：张焕伦　戴启常
　　　　蔚传忠（2019年2月任职）
　　　　邓光怀（2019年2月离任）
　　　　戴　伶

（陈佳莉）

政　治

中共渝中区委员会

综 述

【概况】 2016年12月27日—29日，中共渝中区第十二次党代会召开，选举产生第十二届区委。选出区委委员40人、候补委员8人，区纪委委员21人。在随后召开的渝中区第十二届委员会第一次全体会议上，陶长海、扈万泰、何家利、何积光、商奎、张焕伦、章琳、王勇、张刚、文明维当选区委常务委员会委员，陶长海当选为区委书记，扈万泰、何家利当选为区委副书记。2018年1月3日，召开全区干部大会，宣布了市委关于渝中区委书记调整的决定，陶长海不再担任中共重庆市渝中区委书记、常委、委员职务，另有任用，黄玉林任中共重庆市渝中区委委员、常委、书记。

2019年，区委办公室设10个内设机构，分别是督查一科、督查二科、秘书一科、秘书二科、综合科、改革科、信息科、法规科、调研科、档案科，行政编制30名。主要职责是：负责推动党中央决策部署、市委工作要求和区委工作安排在全区的落实，负责市委、区委领导批示、交办事项的督办落实；承担区委运行保障具体事务，负责区委公文处理，协助区委主要领导重要讲话、重要会议报告等文件的组织起草工作；负责区委全会、区委常委会和区委书记专题会、区委专题会、工作会等重要会议的会务工作；负责区委及区委主要领导公务接待工作以及区委领导公务活动；按照区委要求协调有关方面开展工作，协助区委协调区人大、区政府、区政协的重要活动和有关工作，统筹协调全区重要会议及重大活动安排；负责区委规范性文件审查、备案审查和党内规范性文件备案管理，组织协调区委规范性文件解释、清理工作，统筹协调全区党务公开工作；围绕全区中心工作开展调查研究，收集、整理、编辑、上报全区各类工作信息，服务区委决策，负责全区信息工作的指导；负责全区档案行政管理和执法工作，统筹规划全区档案工作；统一领导中共重庆市渝中区委机要保密局，参与区委日常政务值班工作，处理突发事件，及时、准确地向区委和市委报告；负责指导全区各党工委、党委、党组办公室业务工作；完成区委交办的其他任务。

2019年，区委办公室深学笃用习近平新时代中国特色社会主义思想和党的十九大精神，以习近平总书记提出的“五个坚持”为根本遵循，紧贴全区发展大局和区委中心工作，切实保证参谋有为、协调有力、督查有效、保障有方，努力建设区委的“前哨”“后院”，打造让党放心、让人民满意的模范机关。

【党的建设】 区委常委会深入学习贯彻习近平总书记视察重庆重要讲话精神。把学习贯彻总书记视察重庆重要讲话精神作为首要政治任务和长期战略任务，按照市委“用心学进去、用情讲出来、用力做起来”要求，切实做到内化于心、外化于行、转化为果。开展“不忘初心、牢记使命”主题教育。把握中央、市委对开展第二批主题教育的部署安排，全区95个区管班子和1800余个支部主题教育开展扎实有效。区委常委带头强化理论武装，坚持奔着问题调研、带着问题检视、盯着问题解决，深化调研成果转换，形成贯彻落实工作措施1200余项、制度机制242项，推动干部理论大提升、思路大跟进、作风大转变、工作大落实。（1）加强政治建设。学习贯彻《中共中央关于加强党的政治建设的意见》和市委具体措施，全区上下增强“四个意识”、坚定“四个自信”，做到“两个维护”更加笃定。（2）推进基层党组织建设。出台《关于党建引领强化街道统筹执行能力的实施方案》，全面推广“党建+物业”工作模式，得到中组部领导肯定。统筹推进各领域基层党建工作，抓好机关党建工作“三基”建设，推动“学校党建10条”“医院党建28条”任务落实，实施抓党建助推民营企业发展10条措施，非公经济组织和社会组织党组织覆盖率分别保持在85%、80%以上。（3）培养忠诚干净担当的高素质干部队伍。将政治标准贯穿到干部选拔任用各环节、全过程，选拔30余名专业型干部充实区管领导班子。加大年轻干部选拔培养力度，40岁以下干部占区管领导干部提拔总数的47%。优化2019年度考核指标体系，改进完善经济工作目标考核办法，引导干部实干担当。全面推行公务员职务与职级并行制度，顺利完成全区961名公务员职级套转，推进职级晋升446人次，提升干部干事创业精气神。推进科教兴区和人才强区行动计划，努力构建“近悦远来”人才生态。（4）深化正风肃纪反腐。驰而不息纠治“四风”，查处违反中央八项规定精神问题12件16人，处分6人，查处形式主义、官僚主义问题5件9人，全区党风政风进一步改善。保持惩治腐败高压态势，紧盯重点领域和群众反映强烈的问题，立案29件30人，处分28人，严惩涉黑涉恶腐败和“保护伞”，立案2件2人。强化党内监督，实践运用监督执纪“四种形态”，第一种形态处理人次占73.4%，开展3轮对20个区管党组织巡察，发现突出问题153个。深化标本兼治，开展“廉政文化教育宣传月”“清风半岛•廉洁渝中”等活动，深化拓展“以案四说”警示教育，推动全区开展各种形式警示教育709场次，一体推进不敢腐、不能腐、不想腐。（5）营造良好政治生态。抓好营造良好政治生态“回头看”梳理的7个方面23个问题整改，坚决肃清孙政才恶劣影响和薄熙来王立军流毒，推动全区政治生态持续向好、整体向好。

【全面深化改革】加强对改革工作的领导，19项重点改革任务有力推进，81项具体改革计划完成良好。圆满完成全区机构改革。按照中央和市委统一部署，率先启动机构改革工作，从机构职能上把加强党的领导落实到各领域各方面各环节，基本构架起系统完备、科学规范、运行高效、上下衔接的机构职能体系。深化“放管服”改革。出台《渝中区深化“放管服”改革十项举措》，进一步激发市场活力、增强区域竞争力，营造更为便捷的市场准入环境、更为有序的市场竞争环境，行政审批事项要件平均减少15%、承诺时间平均缩短至8.43个工作日，商事制度改革工作获国务院办公厅通报表扬。有序推进重点领域改革。坚持问题导向，聚焦聚力抓好重大改革任务，确保各领域改革项目落地见效。增值税“一表集成”新模式、基础教育国家级教学成果等一批重点领域改革项目得到中央和全市肯定，相关成果在全国、全市推广。

【经济发展】把高质量发展作为主要目标、主攻方向，深入贯彻新发展理念，坚持稳中求进工作总基调，持续深化供给侧结构性改革，突出投资、消费、创新“三个抓手”，抓好重点产业、重点区域、重点项目、重点企业、重点招商“五个关键”，渝中发展潜力和后劲不断增强。全年全区地区生产总值实现1301.3亿元，按可比价格计算较上年增长5%，银行存贷款余额重返万亿元规模，达到10152亿元，增长13%，主要经济指标呈现稳中有升、稳中向好的良好态势。沉心静气保稳促增，经济发展实现迅速回升。全区GDP增速一季度实现2.1%，上半年达到3.3%，前三季度升至3.5%，全年达到5%；营利性服务业、文化、旅游、健康养老等产业增速均超过两位数；社会零售总额保持两位数增长，税收亿元楼宇增至40栋。经济结构更趋优化，集聚效应得到增强。全国第四次经济普查结果公布，渝中第二产业、第三产业占比由3.2∶96.8转为9.6∶90.4，金融、商贸等优势产业占比得到优化，专业服务、文化旅游、互联网信息、健康医疗等新兴产业占比稳步提升。坚定推进动能转换，经济增长后劲更足。进一步聚焦高质量、发力供给侧、推动智能化，出台政策鼓励企业主动利用大数据智能化转型升级，全力推进稳商育商工作；大力招商选商，新兴产业发展势头强劲。尤其是区块链产业成长快、效果好，集聚了浪潮集团、IBM区块链联合创新实验室等重点企业30余家，区块链产业创新基地在全国享有一定声誉。

【对外开放】 开放成效更加明显。重庆自贸区151项改革试点、141项创新举措在区内落地率超过90%，中新互联互通项目展厅揭幕亮相，新引进外资企业及分支机构124家，外资金融机构总数占全市的90%，在区驻渝领事机构达到12家，解放碑、化龙桥服务贸易产业园贸易额位居全市一、二名。开放交流更加活跃。配合市级部门接待外国政要80多批次，高水平服务中新双边合作机制会议等国际活动，成功举办智博会区块链论坛、科技金融峰会等高端论坛，全年在区国际交往活动达到140余批次，比上年增长3倍多。招商引商成果显著。赴新加坡、巴西、粤港澳大湾区等境内外地区“敲门招商”150余次，世界500强、中国100强企业新入驻10家，总数达140家，落户“招大引强”企业79家，签约项目和企业253个、资金总额367.5亿元。

【城市管理】 延续城市文脉。全面梳理渝中自然风光、民俗风情、特色风物资源本底，实施“文物平安”保护工程，完成打铜街金融机构旧址、巴县衙门旧址等26处文物修缮，高品质建设传统风貌区、山城老街区和特色老社区。提升城市品质。落实城市提升行动计划，围绕深耕精耕持续发力，启动朝天门解放碑文旅通廊建设，老街老巷、老楼老院“微更新”“微整治”进展有序。坚持“热旅游”“冷思考”，加强解放碑、朝天门、洪崖洞等热门景区景点秩序管理和品质升级，全年接待游客6744.2万人次，实现旅游收入463.5亿元，增长20.9%。优化城市形态。打造错落有致的城市天际线、山脊线、水岸线，“两江四岸”渝中段改造提升的基础工作准备就绪，“一带六横十六纵”山城步道系统建设加快推进，建设好一批边角公园、边坡绿化、江边风貌、山边美景。精细城市管理。实施城市综合管理七大工程，常态化开展“马路办公”，深化做实“五长制”、“门前三包”责任制，升级“智慧城管”，在全市率先开展三轮车限行，持续开展窗口地区、主要干道精细管理和背街小巷脏乱差整治，开展“十大不文明行为”专项整治，城市精细化管理水平有新提升。

【民生改善】 打好脱贫攻坚战。开展城市解困五项行动，出台城市特殊困难群众救助帮扶“十条措施”，做好对口帮扶巫溪脱贫各项工作。全力办好民生实事。滚动实施15件民生实事，全年完成老旧住宅外墙安全隐患整治19处、增绿添园工程11个、步道建设6.3千米，老旧住宅小区加装电梯16台，民生工作惠及面、精准度不断提高。优化公共服务供给。深化完善医疗、养老、文化等6个“10分钟便民服务圈”建设，实现中小学幼集团化办学全覆盖，养老保险、医疗保险参保率超过95%，新增城镇就业5万人，居民人均可支配收入增长约9.2%。

【社会治理】 有效防范化解各类风险隐患。坚决打好防范化解重大风险攻坚战，深入实施“防风险保安全护稳定迎大庆”集中攻坚行动，圆满完成70周年大庆安保维稳任务。切实维护公共安全。开展扫黑除恶专项斗争，完善立体化治安防控体系，深入开展“枫桥经验”十项行动，“平安渝中”建设不断深化。健全完善社会稳定风险评估、多元化纠纷化解等机制，调解矛盾纠纷3082起，成功率达98.4%。抓好重点领域、重点区域、重点时域安全生产工作，全区安全事故起数、死亡人数分别下降5.3%、21.7%，未发生较大及以上生产安全事故。推进社会治理现代化。推行区委常委“八个一”、“三级书记街巷办公”、“三上三清”工作模式，出台“三下五促三落实”具体措施，建立“街道吹哨、部门报到”工作机制，提升街道统筹执行能力。全面实施网格化服务管理，建立三岗十二级社区工作者职业体系，充分激发社区治理活力。

【意识形态工作】 坚持党管意识形态原则。严格落实意识形态工作责任制，召开3次专题会议研究意识形态工作，切实做到把方向、抓导向、管阵地、强队伍，牢牢掌握意识形态工作的领导权、主动权。围绕习近平总书记视察重庆重要讲话精神、党的十九届四中全会精神开展宣讲140余场。加强思想舆论引导。开展庆祝新中国成立70周年系列活动，策划举办全国书画名家邀请展等大型庆祝活动7场，举办表彰先进典型和文艺会演等宣传活动300余场。践行社会主义核心价值观，全年运行志愿项目1385个。深化全国文明城区建设，全国文明城区顺利通过复查。加大城市宣传营销。开展“晒文化•晒风景”文旅推介活动，打造“重庆母城•美丽渝中”全球多语种发布平台，发挥“1+9+N”融媒体平台作用，多渠道、多形式、多角度讲好渝中故事。繁荣发展文化事业。深化国家公共文化服务体系示范区建设，大力推进文化惠民工程，做实做靓渝中文化品牌，送出“流动文化进基层”459场，“文化大礼包”1000份，通过重庆文化云渝中平台共配送群众文化活动2996次，服务12万人次。

【民主政治建设】 推进全面依法治区。加强法治政府建设，全力创建全国法治政府建设示范区。严格执行规范性文件论证审查制度，审查率达100%。深化智慧法院、智慧检务、智慧警务、智慧司法建设，切实提高司法效率和公信力。支持人大依法履职。建立“一府一委两院”贯彻落实人大决议决定情况的报告制度，听取并审议工作报告22项，作出决议决定14项。支持人大提升代表履职效能，加强代表培训工作，联动提升两级代表履职能力。为政协履职创造良好条件。支持政协围绕全区重点工作明察暗访、建言献策，开展调研视察61次、重点协商21次、反馈并督促问题整改33件。优化完善对口联系委员制度，不断提高政协委员履职能力。巩固和发展爱国统一战线。深入开展政党协商，全面贯彻落实党的民族宗教政策，推进非公有制经济统战工作，深化拓展“母城匠心”活动，扎实做好新的社会阶层人士、无党派人士、欧美同学会工作，积极推进渝台经贸文化来往，建立首批“重庆市港澳青年国情研修基地”。统筹做好群团、双拥等工作。加强对工会、共青团、妇联等人民团体的领导，更好发挥群团组织联系人民群众的桥梁纽带作用。推进军民融合发展，全力支持驻区部队建设，扎实做好双拥工作，全力争创全国双拥模范城“六连冠”。

【区委全委会】 6月3日至4日，中国共产党重庆市渝中区第十二届委员会第五次全体会议召开。全会的主要任务是，以习近平新时代中国特色社会主义思想为指导，深入学习贯彻习近平总书记视察重庆重要讲话和在解决“两不愁三保障”突出问题座谈会上的重要讲话精神，全面贯彻落实习近平总书记对重庆提出的“两点”定位、“两地”“两高”目标、发挥“三个作用”和营造良好政治生态的重要指示要求，深刻领会把握市委五届六次全会精神，进一步统一思想、深化认识、凝聚力量，动员全区广大干部群众牢记嘱托、不负使命，锐意进取、奋发有为，努力在推进西部大开发形成新格局中展现新作为实现新突破，确保习近平总书记殷殷嘱托在渝中落地生根，确保市委五届六次全会部署在渝中全面落实，以优异成绩迎接新中国成立70周年。12月6日，中国共产党重庆市渝中区第十二届委员会第六次全体会议召开。全会主要任务是，深入学习贯彻党的十九届四中全会精神，认真落实习近平总书记对重庆的重要指示要求，全面推进市委五届七次全会各项部署在渝中落地，深化思想认识、强化责任担当，坚定中国特色社会主义制度自信，加快推进治理体系和治理能力现代化，为渝中区决胜全面建成小康社会、开启社会主义现代化建设新征程提供有力保障。

重大活动

【机构改革】 1月4日，渝中区召开机构改革动员部署会。区委书记黄玉林出席会议并讲话，区委副书记、区长商奎就机构改革方案作说明，区人大常委会主任米绍林、区政协主席陈大奎、区委副书记何家利以及全体在家区级领导出席会议。

【主题教育】 9月12日，全区“不忘初心、牢记使命”主题教育工作会议举行。会议深入学习习近平总书记在“不忘初心、牢记使命”主题教育工作会议上的重要讲话精神和中央、市委部署要求，对全区开展主题教育工作进行全面部署。区委书记、区委“不忘初心、牢记使命”主题教育领导小组组长黄玉林作动员讲话，市委第四巡回指导组组长冉凤莲出席会议并讲话。11月22日，渝中区“不忘初心、牢记使命”主题教育优秀党课和调研成果交流会召开。会议学习交流全区优秀党课和调研成果，对下一步主题教育工作进行安排部署。12月3日，区委常委班子召开“不忘初心、牢记使命”专题民主生活会。

【招商引资】 2月28日，渝中区召开2019年招商引资大会，贯彻落实市委、市政府对招商引资工作的要求，安排部署全区全年招商引资工作。区委书记黄玉林，区委副书记、区长商奎，市文化旅游委党委委员、副主任朱茂出席会议。2月28日，2019年渝中区现代服务业重点项目集中签约仪式在雾都宾馆举行。副市长刘桂平，市政府副秘书长汪夔万，区委书记黄玉林，区委副书记、区长商奎出席签约活动。7月5日，渝中区与重庆三峡银行签订战略合作协议。区委书记黄玉林，重庆三峡银行董事长、党委书记丁世录，重庆三峡银行行长、党委副书记王良平出席签约仪式。7月5日，渝中区与农业银行重庆市分行签订战略合作协议。区委书记黄玉林，农业银行重庆市分行行长韩国强出席签约仪式。8月23日，渝中区与普华永道重庆分所签订合作协议。区委书记黄玉林，普华永道中国内地及香港市场主管合伙人梁伟坚，普华永道重庆办公室主管合伙人李松波出席签约仪式。8月28日，重庆市港澳顾问代表团座谈会暨渝中区产业发展推介会召开。市政府外事办（港澳办）副主任张娅茜、区委书记黄玉林出席会议并致辞。8月30日，安永华明会计师事务所（特殊普通合伙）重庆分所及安永（中国）企业咨询有限公司重庆分公司在渝中开幕。9月20日，渝中区与重庆有线电视网络股份有限公司签订战略合作协议，共同打造全域5G智慧城市典范。9月24日，区委书记黄玉林会见马来西亚丰隆集团主席、首席执行官丹斯里郭令灿一行，就共同推动国浩房地产中国•重庆18梯项目建设、持续深化双方合作进行深入交流。

【领导调研】 1月29日，市委书记陈敏尔参加市五届人大二次会议渝中代表团审议时，对渝中工作作出指示：要深入贯彻习近平总书记对重庆提出的重要指示要求，坚持学在深处、谋在新处、干在实处，持续实施城市提升行动计划，推动城市经济高质量发展，提升社会治理现代化水平，加快建设国际化、绿色化、智能化、人文化现代城市。4月30日，市委书记陈敏尔，市委副书记、市长唐良智调研渝中开放历史文化保护工作，先后前往苏联大使馆旧址、美国大使馆旧址、大韩民国临时政府旧址、法国领事馆旧址、德国领事馆旧址进行专题调研。5月7日，市委副书记、市长唐良智调研虎头岩山脊观光道、山城第三步道及山城巷传统风貌区、老鼓楼衙署遗址。5月19日，商务部部长钟山来渝考察解放碑步行街改造提升试点工作情况。5月29日，市委书记陈敏尔调研城市建设，先后前往渝中区曾家岩嘉陵江大桥、环球金融中心、山城第三步道、渝中区老鼓楼衙署遗址视察。7月25日，市委副书记、市长唐良智前往渝中区，调研生态环境保护工作，听取有关区配合中央生态环境保护督察工作情况汇报，推进督察交办问题整改落实工作。9月3日，市委书记陈敏尔，市委副书记、市长唐良智调研渝中区朝天门来福士项目。

【十二届区委负责人】

书　记：黄玉林

副书记：商　奎（2019年4月离任）

　　　　左永祥（2019年10月任职）

　　　　何家利（2019年12月离任）

常　委：何积光　张焕伦　章　琳

　　　　王　勇　张　刚　王志宏

　　　　张远洪

　　　　严　培（2019年12月任职）

【区委办公室负责人】
主　　任：梁　栋
副 主 任：李真真（2019 年 2 月任职）
　　　　　雷国新　万　霞
　　　　　肖　梦（2019 年 4 月任职）
纪检组长：刘　牧

（王一琛）

组 织 工 作

【概况】 中共重庆市渝中区委组织部（简称区委组织部）是主管全区组织工作、干部工作和人才工作的区委工作部门，办公地址位于渝中区和平路管家巷 9 号区级机关综合大楼。2019 年 1 月 3 日，按照《中共重庆市渝中区委 重庆市渝中区人民政府关于印发〈重庆市渝中区机构改革方案〉的通知》精神，将区人力社保局公务员管理科划转到区委组织部，更名为公务员科。内设办公室、研究室、干部科、公务员科、人才干训科、干部监督科、考核科、组织科、非公党建科 9 个科室，下属参公事业单位渝中区党员电化教育中心 1 个，下属事业单位渝中区干部人事档案服务中心 1 个。有人员编制 44 名，其中行政编制 24 名（不含区委常委、纪检组长编制）、参公事业编制 7 名、全额拨款事业单位编制 13 名。至年底，实有行政人员 23 人，参公编制 5 人，机关退休人员 4 人。区委组织部的主要职责是：负责指导全区基层党建和非公领域党建工作；负责全区领导班子和干部队伍建设的宏观统筹；负责统筹全区干部的调整配备；负责全区公务员管理；负责全区党群事业单位管理；牵头负责区管领导班子和领导干部考核；负责全区干部监督、教育培训；负责全区人才工作的指导、协调和宏观管理；负责干部人事档案服务；负责对全区老干部工作和机构编制工作的宏观管理；承办区委交办的其他事项。

2019 年，区委组织部贯彻落实全国、全市组织部长会议要求，全面落实新时代党的建设总要求和组织路线，推动各项组织工作全面提升，为把习近平总书记殷殷嘱托全面落实在渝中大地上提供坚强组织保证。

【“不忘初心、牢记使命”主题教育】 组建成立工作机构，制定“1+3”工作方案，分领域细化基层党组织“八个一”活动方案，制定 8 个工作安排，组建 9 个指导组，细化指导组工作手册。围绕 8 个学习研讨专题，制定区管班子学习清单。指导 1800 余个党支部开展学习讨论，轮训 1800 余名党支部书记，下派 300 余名党建指导员点对点辅导助学。打造渝中区智慧党建教育培训基地，组织开展“不忘初心、牢记使命”知识竞赛，编发应知应会手册 3 万余份。各区管班子结合区领导调研安排确定 513 项调研题目，召开区领导调研成果交流会、全区优秀党课和调研成果交流会，形成重点项目 383 个、工作措施 1200 余项、制度机制 242 项。全区各级领导班子及成员对照党章党规、围绕“18 个是否”全面检视，共梳理问题 9192 个。开展 8 个专项整治，牵头开展“干事创业精气神不够，患得患失，不担当不作为”专项整治，出台激励干部担当作为具体措施；牵头开展“基层党组织软弱涣散，党员教育管理宽松软，基层党建主体责任缺失”专项整治，完成 4 个软弱涣散党组织整顿和 11 个重点党组织提升工作，清理违纪违法社区工作者 7 名，处置违法党员 65 名。

【干部队伍建设】 完成机构改革期间班子配备及人员转隶工作。对机构改革涉及的 35 个区管班子开展全覆盖研判，广泛听取各方意见建议，多轮比选优化班子组建方案，涉及 79 名区管干部的人事方案一盘端出、一次通过，所有新组建的班子 3 天内全部宣布到位，涉及 100 名一般干部的人员转隶工作同步完成。贯彻落实《党政领导干部选拔任用工作条例》，修订完善区管干部选拔任用工作流程、全程纪实办法和风险评估等机制。坚持把政治标准放在首位，制定干部政治表现负面清单，将政治标准贯穿到干部选拔任用各环节、全过程。坚持事业为上、人岗相适，加大部门、管委会和街道之间的干部交流力度，选拔

30余名专业型干部充实区管领导班子，结合区属国有企业改革，做好企业经营管理人员选配。

【公务员工作】 贯彻落实新修订《中华人民共和国公务员法》，全面规范公务员登记、考核、培训、奖惩等工作。落实公务员职务与职级并行制度，完成961人职级套转、466人职级晋升。接收安置选调生17名，公开招录30名，区外选调18名。对新中国成立70周年安保维稳工作成效突出的集体和个人给予嘉奖。提醒、函询、诫勉干部53人，引导干部尽职履责。

【干部教育培训】 制定《2019—2022年干部教育培训工作实施意见》，举办开放型经济发展、“一带一路”建设等各类班次74期，开设“新时代渝中学习讲堂”9期、干部自主选学31期，累计培训干部1000余人次。分级分类开展党组织书记和党务干部培训15期，培训党务干部1000余名。

【干部监督工作】 贯彻落实“两项法规”，做好个人有关事项报告的随机查核、重点查核、查核验证等工作，对存在漏报瞒报情形的，及时进行提醒、函询、诫勉。理顺干部档案管理体制，推进1500余卷干部档案审核移交工作。严格审批区管干部社团兼职、退休干部返聘事宜。从严加强区管干部因私出境管理，严格落实证件集中保管制度。

【基层党组织建设】 出台《关于党建引领强化街道统筹执行能力的实施方案》，建立“街道点题、部门答疑”工作机制，持续向街道下沉、赋权、增效。健全完善社区工作者职业体系，建立3岗12级补贴制度，打通社区工作者晋升渠道，从中招录公务员、事业单位人员4名。出台社区和社区工作者考核办法，建立以居民满意度、工作实绩为主要内容的考核指标体系。出台《以党建引领推动物业管理和社区治理深度融合的工作意见》，在71个老旧社区全面推行“党建＋物业”工作模式，整合社区各类力量融入网格化管理。深入推进机关党建“三基”建设，细化完善“29条措施”，命名“共产党员示范岗（组）”132个。开展楼宇党建、商圈党建、市场党建试点工作，理顺127个小微企业管理体制，出台抓党建助推民营企业发展10条措施，命名“党建之友”“党建之星”20名，非公党组织覆盖率保持在85%以上。

【人才工作】 出台《渝中区人才政策十一条》《渝中名医人才计划实施办法》等政策，优化完善人才评价、激励、引进等办法。对接重庆英才大会，举办首届重庆（渝中）人力资源峰会、海归人才招聘会，引进高层次人才280余名，柔性引进中高端科技创新人才19名，6名人才、2个创业团队入选首批“重庆英才计划”。出台《高层次人才服务证实施细则》《渝中区人才公寓管理办法》，建好用好“一站式”服务平台，累计为36名高层次人才发放服务证，解决就医体检、子女入学等问题56项。

【区委组织部负责人】

部　　长：王志宏
常务副部长：邹晓宇（2019年4月离任）
　　　　　　朱江平（2019年12月任职）
副 部 长：张道建
　　　　　包海燕（兼）
　　　　　杨　沁
部务会成员、非公工委副书记：
　　　　　邓统文（2019年12月离任）
纪检组长：范贺强

（龙友渔）

宣传工作

概　述

【概况】 中共渝中区委宣传部（以下简称“区委宣传部”）是主管全区意识形态的工作部门和区委组成部门。办公地址位于渝中区和平路管家巷9号。2019年，内设办公室、理论科、新闻科、宣教科、文化发展管理科、精神文明建设科、网络管理科7个职能科室，区委网信办（区网信办）设在区委宣传部。有行政编制20人，单列管理的行政编制1人。另有全额拨款的直属事业单位1个：渝中区互联网舆情中心。区委宣传部的主要职责是：指导全区的理论研究、理论学习、理论宣传工作，负责对全区宣传干部的培训工作；对全区新闻、出版、网络宣传进行管理，协调全区的政治、经济、社会等对外宣传和有关部门的综合宣传工作，统筹指导渝中区舆情信息收集分析研判工作；负责规划、组织全区思想政治工作，会同有关部门做好全区党员教育工作，统筹指导全区群众思想教育工作；负责指导、协调全区的精神文明建设工作；负责拟定全区宣传思想文化工作重大政策举措和提出全区宣传思想文化事业发展的指导方针，协调宣传系统各部门之间的关系，在政治方向和方针、政策方面实施领导；参与管理宣传系统领导班子和领导干部，按区委的规定要求，对宣传系统机关中层干部和基层领导干部实施管理；完成区委和市委宣传部交办的其他任务。

2019年，渝中区宣传工作坚持围绕中心、服务大局，稳中求进、守正创新，各项工作获市级及以上荣誉22项。制定中心组学习制度，围绕“不忘初心、牢记使命”主题教育等，举办区委中心组学习。开展意识形态巡视整改，全面加强制度建设、机制建设和阵地管理，制定场所巡查走访等制度，稳妥处置突发敏感活动。围绕庆祝新中国成立70周年这条主线，策划系列主题报道，《人民日报》等中央、市级媒体刊播渝中正面报道1600多条次。在央视网上线《“人民记忆：70年70城”记住重庆渝中》视频，曝光量3500余万次。开展“晒文化·晒风景”大型文旅推介活动，三件作品获评“最佳作品奖”。搭建“重庆母城·美丽渝中”全球多语种发布平台，累计发布稿件1061篇，浏览量超1亿次。区级融媒体中心顺利通过市级验收。加快推进新时代文明实践中心试点建设。开展“文明在行动”“十大不文明行为”整治，创新开展“文明单位在行动”活动，获评市级文明单位7个，市级文明校园和创建全国文明校园先进学校5所。常态开展景区景点志愿服务，获全国最美志愿服务社区等奖项。巩固深化国家公共文化服务体系示范区建设，提档升级CBD周末音乐会，深化“读书月”等惠民活动，大力扶持文艺精品创作。壮大文化产业，文化旅游产业增加值占全年GDP的比重为10%。

【理论武装工作】 推动理论武装走深走实，承办中宣部“学习大讲堂”走基层·重庆首场巡讲，直播观看人数达100余万人次，拓展理论宣讲新路径。围绕“不忘初心、牢记使命”主题教育等，举办区委中心组学习23次，区属党委（党组）集中学习1200余次，征订发放《学习纲要》等理论读物4.5万余册。开展“I学I行”风采展示活动，“学习强国”覆盖率、活跃度位列全市前列。组建区委宣讲团，打造行业、街道宣讲队伍40支，围绕习近平总书记视察重庆重要讲话精神、四中全会精神宣讲800余场，获评市级优秀宣讲集体、优秀微视频。举办“讲红色故事 讲革命精神”活动300余场，开展“学习新思想 点赞70年 建功新时代”微宣讲比赛，推荐选手获全市决赛一等奖。成立区社科联，改版区级理论刊物《学习与研究》，评选中心组优秀理论文章35篇，获评全市理论调研工作先进单位。

【文化文艺工作】 办好庆祝新中国成立70周年系列活动，热门电影《我和我的祖国》《中国机长》在解放碑首发首秀，全国书画名家邀请展等9场大型活动掀起热潮。做好“母城文化”保护传承文章，全年累计投入1000余万元，加强与《人民日报》《重庆日报》等中央及市级媒体、网络媒体和市演艺集团等市级文化单位合作，继续发挥好1000万元文化产业、事业专项资金撬动作用，进一步提升“人文渝中”影响力。引进新版川剧《江姐》《一个美国人在巴黎》等国内外精品剧目，开展送文化进基层459场、发放“文化大礼包”1000份，解放碑CBD周末音乐会、读书月等影响力持续提升。扶持文艺精品创作，8件作品入选全国书法篆刻作品展、全国美展。引进深圳聚橙西南总部等重点文旅企业14家，扶持文化产业和文化事业项目62个、文化产业示范园区（基地）5个，全区128家规上文化企业实现营收171亿元，增长14.6%，文化旅游产业增加值占GDP的比重为10%，战略性支柱产业地位不断巩固。山城巷示范区、十八梯首开区、东水驿老街等一批传统风貌区、山城老街区、特色老社区完成建设，巴县衙门旧址等26处文物保护工程完工，美国大使馆旧址等3家博物馆建成开放，湖广会馆、国民政府警察局旧址入选国家文物局《文物建筑开放利用案例指南》首批优秀案例。开展“扫黄打非”七大专项行动，推进软件正版化工作，完成电影类等审批53项，维护文化市场健康发展。

【思想政治工作】 夯实基层思想政治基础。开展思想政治工作人员专业职务任职资格评审，批准中级政工师2人、助理政工师10人；邀请7位先进典型开展“不忘初心、牢记使命”重庆市优秀共产党员先进事迹巡回报告会渝中专场，全区540名处级及以上党员干部参加；印制《习近平总书记视察重庆重要讲话精神摘录》3万余册，开展“渝中区廉政文化教育宣传月”系列活动，营造风清气正的良好政治生态。深化主题教育实践。“三峡大讲坛•渝中讲台”举办“梦想课堂”42场，菜园坝火车站“梦想驿站”主题活动设立10余个惠民项目推动社会主义核心价值观融入市民生活，服务2万人次。抓好庆祝新中国成立70周年各项活动。制定庆祝活动方案，建立工作联络、定期工作信息报送、新闻线索报送等机制，国庆期间规范悬挂国旗约10000面，全年举行电影《我和我的祖国》中秋七城接力献礼全媒体直播、电影《中国机长》礼赞楷模致敬英雄特别活动等大型主题活动8场、各类庆祝活动超过300场，干部群众的参与性、积极性得到充分调动。培育时代新人。开展2019年“感动渝中”人物评选宣传活动，统筹各行业、街道举办发布活动16场。杨浪浪获得富民兴渝贡献奖，夏伯渝获得“感动重庆十大人物”，聂世明上榜中国好人，各类先进典型不断涌现。强化主题公益宣传。综合利用天桥标语、户外LED屏、游走字幕等载体，开展落实习近平总书记视察重庆重要讲话精神、渝中“双晒”、“双拥”、智博会、国庆、文明城区等重大社会宣传工作，实现社会宣传全覆盖。

【党建工作】 以党的政治建设为统领，全面加强宣传思想战线党的建设，加强思想政治建设和党风廉政建设，严格落实中央八项规定精神，推进“两学一做”制度化常态化，开展“不忘初心、牢记使命”主题教育，开展集中学习40余次，组织全区业务培训10余次，不断增强脚力、眼力、脑力和笔力。

【区委宣传部负责人】

部　　长：张焕伦
常务副部长：蒋学荣（2019年1月离任）
　　　　　　曾　文（2019年1月任职）
副 部 长：李　勇
　　　　　　陈　婷（2019年4月离任）
　　　　　　陈华秋（2019年1月任职）

（谭军伟　田捷　周里路　向婷婷）

网络安全和信息化工作

【概况】 2019年1月，渝中区机构改革将区委网络安全和信息化领导小组改为区委网络安全和信息化委员会，作为区委议事协调机构。2019年3月，区委办公室下发的《中共重庆市渝中区委宣传部职能配置、内设机构和人员编制规定》明确区委网信办为区委网信委办事机构，作为区委工作机关设在区委宣传部，与区互联网信息办公室一个机构、两块牌子，接受区委网信委的直接领导，承担区委网信委的日常工作，统筹协调、指导督促开展网络安全、网络宣传、网络舆情、网络阵地建设、网络社会工作、网络文化建设、网络文明建设、互联网信息内容管理、信息化和金融信息服务等工作，具有政府行政管理职能。2019年12月，区委编委下发的《中共重庆市渝中区委机构编制委员会关于重新组建重庆市渝中区互联网舆情中心的通知》要求，重新组建重庆市渝中区互联网舆情中心，作为区委宣传部管理的公益一类、副处级事业单位，内设综合科、舆情应急科、安全技术科、网络社会工作科4个科室。不再保留正科级事业单位重庆市渝中区互联网舆情中心。

2019年，区委网信办准确把握工作要求，坚持守正创新，强化组织领导，积极做好网上正面宣传引导、网络舆情应急处置、网络安全防护、大数据与信息化产业发展等重点工作，有效提升网信工作水平，确保全区网络秩序、网络舆论生态持续向好。

【网络管理】 区委、区政府通过区委常委会、区委中心组学习会、区政府中心组学习会等形式，深入学习习近平总书记关于网络强国的重要思想、市委网信委第一次会议精神。区委书记黄玉林于9月4日主持召开区委网信委第一次全体会议，区委常委、宣传部部长张焕伦先后多次召开专题会议，全面落实党委（党组）网络意识形态工作责任制。区委网信办研究制定《渝中区党政机关网站和政务信息发布平台管理办法》《渝中区网络舆情管理与处置工作实施细则》《渝中区重大决策、重大事项舆情风险评估制度》等系列工作制度。开展网络生态治理、“清朗”、“净网”、“清网”等7项专项行动，严格查删有害信息100余条。

【网络宣传】 做好“不忘初心 牢记使命”“推动重庆各项事业沿着习近平总书记指引的方向奋力前行”专栏和“在行动”“看效果”等大型主题报道，办好“把党的十九大精神全面落实在重庆大地上·渝中篇”等专题，建好“党的十九大精神网上宣讲堂”等常设阵地。自主策划《渝中·铭记》《渝中·亲历》等系列报道，突出展现新中国成立70年来渝中区经济社会的发展变化。在春节、五一、国庆等节点，推出“吃住行 游购娱”网上主题宣传，各媒体、平台发布信息近360条，浏览及曝光总量6740万次。组织推荐正能量作品参加第四届“五个一百”网络正能量精品评选活动并获奖3项，居全市区县首位。承办“行·重庆——2019网络达人重庆行暨文旅融合金点子征集活动”、“新中国70年，镇馆之宝70件”实地拍摄和宣介活动、“精神的力量·新时代之魂”网络主题宣传活动、“遇见渝水：嘉陵江”网络主题活动等，充分展示渝中区产业发展、文旅等方面取得的成效。制作《学习宣传贯彻党的十九届四中全会精神》新媒体作品，获全市二等奖，在“网信重庆”微信公众号专题页面上线展播；指导的金窝窝党支部视频作品《我与祖国共奋进》在专题页面展播，成为重庆入选的两件作品之一。组织落实中央和市委重要决策部署、重大活动、重要工作的网络宣传和舆论引导任务220余次，运用微博、微信、博客、论坛等平台转发评论共计10000余条，撰写网评文章80余篇。

【网络安全】 加强网络安全防护，先后4次组织开展各类网络安全检查和督查，对属地重点网站进行7×24小时网络安全监测，共发现网络安全漏洞37起，发出漏洞整改通知26次，高危网络安全漏洞督查整改率达100%。联合区大数据发展局、区公安分局和网络安全技术公司组成检查组，抽取15套重要网络系统开展现场检查，全力保障国庆期间网络安全。做好重点互联网企业安全评估，对辖区40余家企业基本情况、备案情况、网络安全管理等进行检查。举办渝中区2019年网络安全宣传周暨网络安全进社区活动，成立企业、青年、教育系统及各街道组成的14支网络安全志愿服务队，深入全区79个社区，持续开展100余场网络安全宣传活动。开展2019年关键信息基础设施网络安全检查和网络安全应急演练。

【网络应急工作】 建立“分时定岗”监测机制，严格实行7×24小时专项网络舆情监测制度和重大突发敏感舆情、重要时间节点“双人双岗”每小时零报告制度。强化“联动互助”

沟通机制，通过多种即时通信方式，强化与区级各部门联动，破解舆情处置力量分散的问题。高度重视网民诉求，将办理网络留言作为网络工作考核的“硬”指标，按照“有问必答”“有件必办”的原则，要求涉事部门2小时内回应，24小时内调查核实，72小时内正面回复。全年各部门在重庆网络问政平台、阳光重庆平台、大渝网报料台等平台办理网民留言1200余条，规定时限内答办率达到80%以上。全力做好全国两会、70周年大庆等重大活动、重大时间节点、重点舆情领域以及涉稳涉诉涉案等热点话题的网络应急和舆情导控工作。围绕市政建设、拆迁项目、民生保障等领域开展涉区舆情风险专题评估10次。举办2019年网信工作专题培训，分别就网络应急、网上舆论引导、网络舆情监测与分析进行授课，区级各部门街道、区属重点医院、中小学人员参加培训。

【舆情信息服务】 抓住舆情信息工作“第一时间”与“持续关注”两个环节，持续为党委政府提供及时高效的预警和服务。扩大各部门、街道、社区舆情信息员队伍，采取“项目制”管理方式，成立舆情工作小组，采取轮班制度，确保完成任务。全年多次参与中央、市级重大舆情专项工作，并围绕社会热点、突发事件、重要会议、决策部署等，报送高质量舆情信息，多篇信息被中宣部、中央网信办综合采用，舆情信息工作位于全市前列。与驻区运营商及专业舆情服务机构合作，加强舆情分析，构建涉区舆情特征和预测模型。坚持每周定期分析涉区舆情，上报相关舆情材料68期。

【网络社会工作】 3月22日，成立渝中区互联网界联合会，会员涵盖网络安全、新媒体、大数据智能化、电子商务等领域的97家重点企业和优秀人才。组织联合会开展“智慧城市 智慧生活”主题活动，参与渝中区网络安全宣传进社区活动等。承接区委宣传部专项扶贫工作，通过购买渝中区对口帮扶的巫溪县的特色农产品助力扶贫。扎实推进实施中国好网民工程，制定《渝中区争做中国好网民方案》，承办“行•重庆——2019网络达人重庆行暨文旅融合金点子征集活动”渝中段活动。组建由区委网信办、区文明办、团区委、教委、妇联等10个部门联动的“1+10”网络公益宣传联盟，开展“互联网+社区服务”，组织网络安全进社区志愿者进社区，讲授网络安全知识。开展全国“网信普法进网站”活动、网络音频行业专项整治和规范管理，组织辖区互联网企业参与“知法懂法 依法办网”等中央、市级网络专题活动。

【信息化建设】 积极引进网信企业，促成引进乌巢科技、北京思源政通、启明星辰等网信企业。协调高质量举办2019智博会区块链高峰论坛，邀请28名国内外顶级专家、60余家市内外企业、600余位嘉宾共话区块链发展。协调推动金窝窝等40余家企业入驻签约区块链产业创新基地，推动区块链技术与智慧养老、智慧医疗等领域的应用场景试点示范。协调区级相关部门编制《渝中区“云长制”工作方案》，推行“云长制”，启动数据迁云上云，涵盖政法、组工、城建、交通及对外开放等5个主系统。推进智能化重点项目，协调区大数据局编制完成《渝中区智能机关建设方案》，启动《渝中区新型智慧城市建设实施方案》编制工作；完成全区24个电话亭与117个Wi-Fi亭的改造升级。

【区委网信办负责人】
主　任：李　勇
副主任：张海波（2019年1月离任）

（向洁）

新闻出版

【概况】 2019年，中共重庆市渝中区委宣传部加挂重庆市渝中区新闻出版局牌子，负责管理新闻出版行政事务，组织协调有关行政审批工作，统筹规划和指导协调新闻出版事业、产业发展，监督管理出版物内容和质量，监督管理印刷发行业，负责著作权保护管理和公共服务，管理出版物进出口等。组织指导协调全区“扫黄打非”工作。负责辖区内有关报社、通讯社驻渝分支机构等的服务监督管理，负责全区新闻记者证的监制管理。负责管理电影行政事务，指导监管电影放映工作，指导协调全区性重大电影活动。

【行政审批】　完成网审系统9项行政审批业务手册编写、实施清单发布以及流程配置，完成电影类审批2项，出版物零售类审批41项，一次性内部资料发行审批6项。规范全区电影拍摄审批工作，完成电影拍摄审批7项。推进全区机关、国有企业计算机软件正版化工作。对全区78个单位进行摸底排查，进行针对性整改，后续完成全区65个单位全覆盖检查。

【阅读推广】　完善公共阅读阵地建设，丰富馆藏量及阅读活动，图书馆总分馆年均接待读者48万余人次，常住人口人均到馆量为0.8人次。加大渝中区内实体书店扶持力度，先后投入30余万元与重庆书城、购书中心开展“你读书、我买单”“读书王”等相关活动。坚持办好“全民读书月”“4•23世界读书日”大型品牌阅读活动，推动全民阅读进社区、进校园、进企业、进机关，举办“点亮智慧青春 共建书香渝中”系列活动。举办“三峡大讲坛•渝中讲台”42期。面向社区开展图书流动服务活动10次，参与市民1200余人次。成立“渝中悦读会”，定期开展阅读分享活动。组织“少儿故事会”，每月开展1次，让小读者们爱上阅读。

【扫黄打非工作】　召开渝中“扫黄打非”工作小组2019年第一次会议，下发“扫黄打非”五大专项行动方案，调整“扫黄打非”工作小组，明确责任分工。出动执法人员340余人次，检查各类经营场所220余家次，办结侵犯著作权案4件，擅自从事出版物发行业务案4件，未建立承印验证制度案1件，共计罚款15615元，没收非法所得1044元，收缴非法出版物（含音像制品）943册（张）及存储硬盘1个，取缔非法音像制品销售门店1家，取缔3家下载传播淫秽、侵权盗版视频的地摊，删除淫秽视频14部、侵权盗版音视频1000余部（首）；检查网络书店及自建平台51家，清理无效链接8家、已关店未经营的销售平台6家、有销售平台但未经营出版物的2家。

（林莉）

新闻工作

【概况】　2019年11月，按照区委编委文件要求，区新闻信息中心先后进行两次变更。一是不再加挂“区互联网新闻研究中心”的牌子，即不再与区互联网新闻研究中心合署办公；二是在区新闻信息中心的基础上重新组建区融媒体中心，为区委直属公益二类、正处级事业单位，归口区委宣传部领导，不再保留区新闻信息中心。区融媒体中心承接区新闻信息中心的全部债权债务、人员安置等相关事宜，内设机构增设综合部，人员编制增设1名副主任。办公地址位于渝中区金汤街74号。区融媒体中心有编制35名，在编23人，聘用35人，实有58人。内设综合部、总编室、全媒体采访部、新媒体编辑部、《渝中报》编辑部、电视编辑部。区融媒体中心的主要职责是：负责宣传党的路线、方针、政策，开展新闻宣传报道，营造良好舆论环境，发挥党和政府与群众之间桥梁纽带作用；负责推进区级媒体融合，开展区级媒体平台推广工作；负责组织实施区级媒体平台重大宣传、主题策划；负责“报网台微端”融媒体矩阵平台日常运行维护、内容生产及安全刊（播）发；负责区政府信息网站及电视外宣工作；协助有关部门做好基层新闻宣传通信员队伍培训、管理、使用；完成区委交办的其他任务。

2019年，区融媒体中心围绕做优“传统媒体”，做强“两微一端”，做大“媒体矩阵”的发展思路，坚持重点工作重点策划、重点报道，不断推动全区新闻宣传工作出新意、有活力、见实效、上台阶，为推动渝中高质量发展营造良好舆论氛围。全年在央视用稿6条，在重庆电视台各栏目用稿388.5条，用稿总量位列全市第11位；《渝中报》共出刊146期，开设专栏20余个，刊发稿件4160余篇，推出经济社会发展等各类专版46个；《渝中新闻》共播发稿件3003条，拍摄、制作20余部专题片；新媒体各平台共刊（播）发稿件23803条，总浏览量超过2000万次，“微渝中”微信公众号粉丝累计达3.4万余人，“微渝中”政务微博号粉丝达2.1万人，“在渝中”下载量超过17万次，手机台总浏览量超1750万次。“新重庆”客户端、“重庆发布”、“今日头条”、“澎湃新闻”、“上游新闻”、“一点资讯”等媒体、商业平台转载转发区融媒体中心原创稿件1500余篇（组）。创作生产的《节日的坚守：我用“毫米”量大楼》等4件作品获得第五届重庆市区县广播电视好新闻奖二、三等奖；《渝中40壮阔东方潮 奋进新时代》等5件作品获第八届重庆市区县报好新闻二、三等奖；微视频《100秒看重庆•渝中》获得市委网信办微视频接力传播网络主题活动优秀奖；《穿汉服 逛市集 主播带你逛庙会》等4件作品获得重庆客户端集群联盟优秀直播报道奖、优秀稿件奖；“在渝中”App获得重庆客户端集群联盟十佳客户端；栏目《这一刻•渝中》获得重庆客户端集群联盟栏目创新奖；《区人大及其常委会贯彻市委、区委人大工作会议精神综述系列报道》等3件作品获全市人大好新闻评比二、三等奖。

【主题宣传报道】 区融媒体中心开设《把习近平总书记殷殷嘱托全面落实在渝中大地上》专栏，全面报道全区各级各部门传达学习贯彻落实习近平总书记重要讲话精神情况。开设《不忘初心 牢记使命 推动重庆各项事业沿着习近平总书记指引的方向奋力前行》《学习贯彻落实全国两会精神 推动渝中高质量发展》《支持民营企业发展渝中在行动》《精细城市管理 提升城市品质》《扫黑除恶进行时》《绿水青山就是金山银山》《壮丽70年奋斗新时代•渝中》《中央生态环保督察重庆在行动》《新时代双拥工作风采》《新时尚•新生活 垃圾分类渝中进行时》等专栏，报道全区重点工作，关注民生实事、社会发展。两会期间，全媒体推出《2019两会进行时》《代表委员访谈》《两会花絮》等专栏，《渝中报》特别推出2篇本报评论员文章《奋力谱写新时代渝中高质量发展新篇章——热烈祝贺渝中两会开幕》《满怀信心 保持定力 推动渝中区发展再上新台阶——热烈祝贺渝中区两会胜利闭幕》，电视新闻编辑部职工同心协力连续工作13天，新媒体平台推出系列长图，各平台绷紧一根弦全面报道两会、解读两会，营造浓烈氛围。推出《壮丽70年 奋斗新时代》专栏，“城之变”“路之畅”“民之乐”等5期《70年巨变》系列报道，全面报道渝中社会各界开展丰富多彩的各类庆祝活动，全面展示渝中70年变迁、70年成果。新媒体平台推出《我和我的祖国》渝中专版MV和《“人民记忆：70年70城”记住重庆渝中》两个短视频作品，受到广大市民的广泛关注。全媒体开设《不忘初心、牢记使命》专栏，宣传主题教育工作要求，报道典型人物、先进事迹，先后推出《牢记使命敢担当 务实为民守初心》综述报道和《善创新广获信任 凭实干勇争上游——记上清寺街道党工委书记艾正兵》主题教育先进人物报道等优秀稿件。“晒文化•晒风景”大型文旅推介活动，“晒”前预热、“晒”中宣传、“晒”后盘点，中心各平台全力以赴、全面开花、全媒体矩阵联动，围绕渝中区人文历史风物风景展开报道，推出稿件100余条，展示渝中厚重的文化底蕴。智博会期间，中心精心策划，全面介入，《渝中报》开设《智汇八方 博采众长》专栏，推出智博会专版，电视新闻以现场报道、专家访谈、参观者采访等形式，点线面结合，新媒体视频、图文、图片直播，多维度、多角度报道智博会。首次推出《真抓实干促发展 沉心静气再出发》大型全媒体系列访谈，邀请区级部门亮相融媒体矩阵平台，谈体会、谈思路、谈举措，展示渝中工作和干部队伍形象。

【《渝中新闻》电视宣传】 2019年，《渝中新闻》共播出自采稿件3003条（不含组合），重点对学习宣传贯彻党的十九大精神、“不忘初心、牢记使命”主题教育、全区两会、重点项目建设、深化全国文明城区建设、扎实推进环境整治、扫黑除恶、改革开放40周年、新中国成立70周年、双拥工作、垃圾分类等全区重点工作和重要主题活动进行宣传报道。制作《一周要闻回顾》39期、《新闻聚焦》6期、《渝中好吃狗》4期、《渝中法治微课堂》10期、《渝中慢生活》1期。现场录像10场（含单机），制作专题片4部，录制微视频（短片）12个。历时四个多月制作的短片《“人民记忆：70年70城”记住重庆渝中》，精选渝中各行业代表人物，从人工智能、文旅发展、城市建设、金融产业、志愿服务等角度切入，反映渝中城市变迁，描绘渝中发展景象，分享渝中故事，10月6日在央视网播出。

【《渝中报》宣传】 2019年，《渝中报》出刊146期，刊发稿件4160余篇。开设《不忘初心 牢记使命 推动重庆各项事业沿着习近平总书记指引的方向奋力前行》《在行动》《看效果》等专栏20余个；推出各类专版46个；着力70年巨变、渝中“双晒”、智博会、“不忘初心、牢记使命”主题教育等选题，聚焦渝中经济社会民生发展，大力宣传报道渝中高质量发展新成果、新面貌。结合新中国成立70周年、智博会、四首经济等不同时期重大主题报道，策划推出大批专版，全方位、多角度报道全区重点工作、展示渝中形象。推出《释放政策红利 集聚优质企业 打造服务业集聚区——“筑巢引凤”渝中区全力打造国家级现代服务业试验区》《让城市更有“温度”渝中探索社区治理现代化的“新路径”》等综述稿件，提升稿件深度和报纸阅读性。新开设《视觉渝中》专刊，“图”说渝中，提升《渝中报》整体直观性。

【新媒体各平台宣传】 2019年，新媒体各平台共刊（播）发稿件23803条，总浏览量超过2000万，开展网络直播33场，开展线上活动19场。在习近平总书记视察重庆、“不忘初心、牢记使命”主题教育、庆祝新中国成立70周年、“晒文化·晒风景”大型文旅推介活动、第二届智博会等主题报道中，新媒体编辑部在各平台开设专题、专栏，精心制作利于网络传播的微视频、长图、漫画、海报、H5前端开发、手机视频、图文、照片直播等新媒体产品，进一步扩大区级媒体平台影响力。“微渝中”公众号刊发的《还记得大阳沟菜市场吗？这里曾是重庆最大副食品市场》达到30000阅读量，微博平台刊发的《城市脉动》达到495万阅读量，创下历史新高。“在渝中”App平台上开展的直播“主播带你提前打探马鞍山传统风貌区”浏览量达到250108人次，“重庆来福士购物区融媒体中心优雅启幕”超过20万人次观看。新媒体编辑部结合各平台特点，首次推出IP（知识产权）——“胖编”“一只渝”漫画人物，将两个IP融合到微信、长图、短视频等新媒体产品中，提升宣传力。

【队伍建设】 区融媒体中心始终把“学习、服务、勤奋、团结、奉献”作为团队建设的基本理念，努力打造一支政治立场坚定、综合素质优秀、凝聚力和战斗力强的新闻宣传队伍。通过公开招考，引进2名全媒体记者；通过公开选调，从其他区县选调3名专业人才充实到干部队伍中；通过公开招聘，聘用5名在播音、编辑、美编、校对方面具备高素质的专业人才充实到采编队伍中，加强渝中新闻宣传队伍力量。特邀重庆日报社首席摄影记者到中心开展“素质大讲堂”培训，提升采编人员的业务水平。中心工会组织开展新闻采编业务练兵竞赛活动，通过自主申报、部室推荐、评审打分、作品公示、办公会审定等程序，对评选出的42件优秀作品进行奖励，并将其固化为今后每季度开展一次业务竞赛活动。

【党建工作】 中心结合自身实际，研究形成《2019年党风廉政建设工作方案》，将党风廉政建设工作细化分解，明确分管领导及相关科室责任，要求业务工作与廉政建设“两手抓、两手硬”，形成“人人肩上有担子、个个身上有责任”的工作格局。组织干部职工认真学习新出台、新修订的党内法规和党风廉政建设相关通报、规定和要求，严格执行廉洁自律各项规定，筑牢干部职工的思想防线。开展“以案四说”警示教育，坚持正面典型教育和案例警示教育，用身边的事教育身边的人，不断提升党风廉政教育效果。坚持在节假日前召开全体干部职工大会，进行党风廉政学习教育，提升全体干部职工政治素养。

【区融媒体中心负责人】

主　任：丁政义（2018 年 9 月任职）

副主任：尹　文

余满生（2019 年 4 月任职）

（吴宇）

统战工作

【概况】 中国共产党重庆市渝中区委员会统一战线工作部（简称“区委统战部”）成立于 1974 年 4 月 16 日，是中共重庆市渝中区委主管统一战线工作的职能部门。办公地址位于渝中区管家巷 9 号。2019 年，内设办公室、党派科和联络科，行政编制 12 名，下设事业单位区统战服务中心，有事业编制 7 名。全区统战系统有民主党派区委 7 个，人民团体 2 个。区委统战部的主要职能是：贯彻执行党的统一战线方针政策，联系各民主党派、无党派代表人士，贯彻执行党领导的多党合作和政治协商制度，做好党外干部工作；联系港、澳、台，开展海外统战工作，联系海内外工商界社团及代表人士和全区非公有制经济代表人士，推进事业发展；联系少数民族和宗教界代表人物；做好统战宣传、调研工作。

2019年，全区统一战线认真贯彻落实中央、市委、区委关于统一战线工作的决策部署，深入落实“1211”总体工作思路，推动渝中统战工作“争创一流、走在前列”，努力开创新时代渝中统战工作新局面。

【理论学习】 抓住新中国成立 70 周年、多党合作和政治协商制度确立70周年等重要节点，以“不忘初心、牢记使命”主题教育和“不忘初心、与党同心”系列教育活动为重点，持续开展统一战线“学讲做”活动。组织习近平新时代中国特色社会主义思想宣讲活动 83 场次，集中学习 180 余次，覆盖统战成员 3400 余人次。支持鼓励各民主党派开展“不忘合作初心，继续携手前进”主题教育、无党派人士开展“弘扬爱国奋斗精神•建功立业新时代”、非公经济人士开展“守法诚信经营•坚定发展信心”、新的社会阶层人士开展“凝聚新力量•筑梦新时代”等活动，引导广大统战成员不断增强“四个意识”，坚定“四个自信”，做到“两个维护”，增进对中国共产党和中国特色社会主义的政治认同。不断强化统一战线教育培训工作，联合上海交通大学、厦门大学、深圳大学等高校组织开展统战专兼职干部、党外代表人士、工商联主席班子和执常委代表等培训班 7 期，培训 450 余人次，组织开展党派干部培训 9 期，培训 390 余人次。

【民主党派工作】 完成九三学社成立旧址纪念碑周边环境整治及配套设施建设，全国人大常委会副委员长、九三学社中央主席武维华出席揭幕仪式并讲话。配合做好民盟中央主题教育重庆现场活动，全国人大常委会副委员长、民盟中央主席丁仲礼到访渝中。贯彻落实中央关于参政党建设的文件精神，支持和协助民主党派区委抓好组织建设，提高参政党自身水平，各民主党派区委全年发展新成员 88 名，全区民主党派成员达到 4774 人。充分挖掘统一战线人才荟萃、智力密集、联系广泛的独特优势，提交市区“两会”提案、建议及社情民意等建言建议617篇。其中由九三学社社员许秀飞提的《建议将鼓励企业创新政策由“奖励”改为“减税”》等多篇建言分别被中央统战部《零讯》、市委统战部、市政协及党派市委采用。协助办好民革区委成立40周年纪念活动。民革“博爱牵手”、民盟“乡村光明行动”、民建“关爱山区儿童，助力健康成长”的捐资助学、民进“非遗文化进校园”、农工党“竹园爱心帮扶”、致公党“致力为公”、九三学社“童聚九三”等各民主党派社会服务活动品牌影响力进一步扩大。推动民革“党员之家”、民盟“特园·盟员之家”等成为展示渝中民主党派风貌的新窗口。

【非公经济工作】 促进非公经济领域“两个健康”发展。深入开展“服务企业年”活动，动态收集500余个企业发展实际困难，协调解决439个。开展“法律三进”和政策直通车活动14次、政策宣讲会7期，惠及企业700余户。稳步推进清欠民营企业账款工作，收集欠款信息168条，涉及金额上亿元。持续开展“金融惠商·政策助商”行动，组织融资活动30余场，服务中小企业1000余家，完成融资贷款3.5亿元。为民营企业调解纠纷178件，涉及金额5000多万元。深化拓展“母城匠心”活动，打造“匠人课堂”品牌，发起成立“非公经济匠人联盟”，获得中央统战部高度重视，进入全国创新优秀案例评审序列。区青商会获评全国、全市四好商会。

【党外代表人士、新的社会阶层人士工作】 在全区开展无党派人士调整充实暨认定登记工作，认定登记37名区级无党派人士。由市委统战部主办，区党外中青年知识分子联谊会（简称“区知联会”）具体承办2019年新春年会暨城市更新发展论坛、重庆历史文化风貌区保护传承与更新发展研讨会等活动，进一步团结凝聚党外知识分子。制定《渝中区新的社会阶层人士统战工作联席会议制度》，基本形成“1+4+N”新的社会阶层人士统战工作模式，深化新的社会阶层人士实践创新基地工作，形成“U创周四”等系列活动品牌，“U创空间”新的社会阶层人士统战工作实践创新基地被评为市级示范工作基地。加强网络人士统战工作，制定《“渝中区网络大V同心圆工程”实施方案》，构建网上网下同心圆。区委、区政府主办，区新的社会阶层人士联合会（简称“区新专联”）承办了“2019重庆专业服务论坛”，打造新专联活动品牌，扩大渝中新专联影响力。推动欧美同学会工作，增补二届四次理事会吴祺、傅琪等2名副会长。举办渝中区2019年海归人才招聘会、2019西部青年创新创业大赛、海归创新创业实务课堂等品牌活动，着力打造重庆留学人员“双创”生态圈，举办重庆市首届留学生壁球交流挑战赛、“穗历五载 筑梦渝中”会员年会等近15项文体活动。与渝中区培智学校制定定点公益帮扶计划，亮点工作成效获得中央统战部刊物《中国统一战线》杂志刊登报道。

【民族宗教工作】 开展民族团结进步创建工作，促进各民族交往交流交融，发放民族团结进步宣传标语环保袋1500份，开展文艺演出11场，发放宣传资料8500余份，开展院坝会30余次。协调化解维吾尔族群众与汉族餐厅员工纠纷，协助取缔藏族群众乱摆摊设点。依法办理民族成份变更2起，协调在渝务工少数民族子女入学问题3起，切实维护少数民族合法权益。深入学习贯彻《宗教事务条例》，抓好中央宗教工作督查反馈意见的整改落实，处理非法宗教活动及抵御宗教渗透多起。加强宗教场所规范管理，做好佛教商业化治理工作。完成关岳庙围墙工程，有序推进东华观陈列布展、若瑟堂财务审计、圣爱堂迁建等项目，寺观教堂建设有序推进。荣获重庆市人民政府颁发的重庆市民族团结进步模范集体。

【港澳台海外统战工作】 贯彻落实习近平总书记在《告台湾同胞书》发表40周年纪念会上的重要讲话精神和2019年对台工作会议精神。加强联谊交流，组织区职业教育参访团赴台交流考察，回访友好交往的社团、机构和镇街村社，新增9个社区与彰化市友好结对，与台湾友好结对的镇街村社达28对。举办第三届海峡两岸岳飞文化夏令营，组织区内青少年赴台与700多名台湾师生代表开展交流活动，获得《人民日报》、新华社等权威媒体深入报道。全年接待第七届渝台基层交流彰化市参访团、海峡两岸书画艺术家交流参访团、台湾退役将军参访团等台湾各界团体6批次150余人来访。贯彻落实国台办惠台“31条”、“26条”和重庆惠台“58条”政策，与产业部门、园区和街道建立联动机制，促进对台招商引资。办理海峡两岸关系协会、海峡交流基金会及市台办交办案件，妥善解决涉台纠纷4起，台胞意外死亡事件2起，帮助解决3起台胞子女就学问题，维护台商台胞合法权益。推进社区“侨胞之家”“台胞之家”创建工作，完成侨台基础信息普查。组织基层社区人员赴广东中山、清远等地学习考察侨务工作，不断提升侨务干部工作能力素质。组团参与市侨联赴西班牙、葡萄牙开展“亲情中华 中医关怀”慰侨活动，举办国际青少年儿童艺术交流季“巴山渝水 人文渝中”创意故事汇、“渝中探秘”等活动，接待“世界侨商重庆行”参访团的460余名侨商，组织推荐区内教师赴海外华校任教，加强联谊沟通海外资源，宣传渝中国际化形象。着手建立首批“重庆市港澳青年国情研修基地”，推动渝港、渝澳青年交流交往。

【区委统战部负责人】

部　　长：章　琳

常务副部长：杨　琳

副 部 长：李晓峰（兼区台办主任、区侨办主任，2019年7月任职）

李　锐（兼区工商联党组书记）

朱　晓（2019年1月任职）

（李漪）

机构编制

【概况】 根据《重庆市渝中区机构改革方案》，2019年1月，重庆市渝中区机构编制委员会办公室更名为中共重庆市渝中区委机构编制委员会办公室（简称“区委编办”），受区委编委领导，承担区委编委日常工作，作为区委工作机关，归口区委组织部管理。办公地址位于渝中区和平路管家巷9号。2019年，区委编办有行政编制7名，在职7人，编外聘用人员1人。其中正处级领导干部1人，副处级领导干部1人。内设综合科（督查科）、机构编制管理科、事业单位登记管理科（渝中区事业单位登记管理局）3个科室。区委编办的主要职责是：按照中央、国务院关于行政管理体制和机构改革、机构编制管理的方针、政策和法规，研究起草全区机构编制管理的政策和制度；负责全区党政机关（不含中央和市级各部门垂直管理机构、双重领导以市级部门领导为主的机构、派驻机构和其他由市级管理的机构，下同），区人大、区政协、区监委机关和全区各民主党派机关、群团组织机关的机构编制管理工作；根据区委的要求和部署，研究起草区级机构改革方案；审核区级副处级以上各类机构的职能配置、内设机构和人员编制规定；协调区级各部门的职能配置及其调整，协调区级各部门、街道机关和管委会之间的职责分工，组织实施职能转变的相关工作；审核全区党政机关，区人大、区政协、区监委机关，全区各民主党派机关、群团组织机关的机构设置、人员编制和领导职数；实行机构限额管理；研究起草全区事业单位管理体制和机构改革方案，审核区属处级事业单位的机构编制方案，审批区属处级事业单位设立之后的机构编制调整，审批区属科级事业单位机构编制，负责区级事业单位登记管理工作；对全区机关事业单位贯彻党中央、市委、区委关于机构编制工作方针政策和重要决定的执行情况进行监督检查等。

2019年，区委编办围绕持续完善党和国家机构职能体系这一新时代机构编制工作总体目标，统筹推进机构改革、街道机构优化完善、综合行政执法改革、承担行政职能事业单位改革、事业单位调整优化等重点工作，不断推进治理体系和治理能力现代化，为全区经济社会持续健康发展提供机构编制保障。

【党政机构改革】 2019年1月初召开机构改革动员部署会，正式启动全区机构改革工作。在与各涉改单位反复磋商的基础上，提请区委编委重新制订、调整40个区级部门“三定”规定，厘清部门间职责边界，明确职责分工。重新制订街道、管委会“三定”规定，优化完善街道机构设置，强化街道统筹执行能力；进一步优化管委会职能职责，聚焦经济发展。深化人大、政协机构改革，完善专门委员会设置，在机构限额内对其办事机构进行调整。深化群团改革，重新制发区侨联机关机构编制方案，将区法学会、区社会科学界联合会列入群众团体序列进行管理。推进行政审批“三集中、三到位”改革，在16个政府部门挂牌设立行政审批科，集中行使本部门行政许可权。优化完善街道内设机构和事业站所设置。坚持全区“一盘棋”，统筹调整配置部门、街道、管委会机关编制，充实基层一线工作力量。按照“编随事转、人随编走”原则，同步调整了44个事业单位隶属关系。

【配套改革深化】　开展承担行政职能事业单位改革，对6个完全、主要和部分承担行政职能的事业单位进行撤并整合或调整职责，实现行政职能全部回归行政机关，更加突出事业单位公益职能。深化综合行政执法改革，对标市里推进城市管理、生态环境保护、文化市场、卫生健康4个重点领域综合行政执法改革，结合渝中区实际实施住房城市建设、人力社保、应急3个领域综合行政执法改革，完成7支综合行政执法队伍组建，同步推动其他部门执法职能向一个科室集中，实现部门内一个机构管执法。优化行政体制机制，拟订街道党工委、办事处职责清单，进一步明晰街道和区级部门职责边界。在街道设立综合行政执法办公室和综合行政执法大队，研究提出授权和委托街道执法事项清单，合理划分执法权限，推动执法力量下沉。优化事业单位设置，按照优化协同高效原则，对城市管理、住房城市建设系统所属事业单位进行重新设计，构建条块结合的管理新模式，更加适应新时代城市发展要求。

【机构编制日常管理】　学习宣传贯彻《中国共产党机构编制工作条例》，并向全区各机关事业单位发放宣传手册，营造学法守法浓厚氛围，确保全年无机构编制违规违纪情况发生。规范领导职数，按照市委组织部、市委编办《关于进一步规范领导职数管理的实施意见》要求，同步推动全区党政群机关领导职数的清理规范工作，改革后，全区处级领导职数减少13名。结合事业单位调整，对教育、卫生健康、城市管理、住房城市建设等系统事业单位领导职数进行规范。完成处级事业单位调整，按照市委编办的部署要求，按时完成区融媒体中心、区社会保险事务中心、区就业和人才中心、区滨江建设服务中心、区公共资源交易中心等事业单位更名工作，整合组建区房屋征收中心、区医疗保障事务中心、合并设立区社会主义学院，完成涉改单位机构编制方案制发工作。按照“深化事业单位改革，强化公益属性”要求，为区中小学劳动技术教育基地、市中医骨科医院等15个单位明确或调整了宗旨和职责任务。科学合理配置各系统、各领域人员编制，按照保基层、保民生的工作思路，为街道增加行政编制25名、事业编制155名，为市中医骨科医院、区精神卫生中心、街道社区卫生服务中心增核事业编制1066名。加强与组织人事部门的协调配合，严格审核并及时办理400余名公开招录（聘）、选调人员和市委组织部选调生、军转干部等入编手续，保障各单位用编需求。及时做好实名制系统数据调整，健全台账动态管理，为动态调整机构编制资源提供依据。

【事业单位登记管理】　结合机构改革，同步推进党政机关统一社会信用代码赋码、换证工作，遵循合法合规原则，最大限度精简环节、压缩时限，在机构改革结束时同步完成赋码工作。主动对接涉改事业单位，一次性告知登记流程、所需材料，实现法人登记全流程网上审批，确保当日受理、当日反馈、“一次办结”。扩大对事业单位实地核查范围，突出对学校、医院、公共文化等重点领域、重点行业的监督管理，摸清事业单位职能职责、人员编制配备、运行效能情况，督促事业单位依法开展工作。

【自身建设】按照区委部署，扎实开展“不忘初心、牢记使命”主题教育，组织开展集中学习39次，引导党员干部牢固树立“四个意识”，坚定“四个自信”，坚决做到“两个维护”，落实市委“三个确保”政治承诺。按照十二届区委第十轮巡察工作的安排部署，配合区委第二巡察组完成对区委编办的巡察工作。切实履行从严管党治党主体责任，坚持室务会每月至少研究1次机关党建工作，指导机关党支部更好发挥战斗堡垒作用。接收1名年轻优秀选调生，充实了工作力量。认真落实市委《关于进一步加强党风廉政警示教育的意见》和区委实施意见，坚持每月开展1次党风廉政教育。坚持民主集中制，提请编委审议的事项和“三重一大”事项均提交编办室务会集体研究，并邀请纪检监察组监督指导。坚持谈心谈话制度，班子成员与干部职工谈心谈话20人次，定期交流思想、交换意见，督促干部规范履职。

【区委编办负责人】

主　任：陆　伟

副主任：何俊杰

（郑军）

老干部工作

【概况】中共渝中区委老干部局（简称“区委老干局”）成立于1985年3月，是主管全区离休干部和区级机关县（处）级以上退休干部的职能部门。办公地址位于渝中区和平路211号。2019年，机关内设综合科、离退休干部科、关工委办公室3个科室。核定行政编制8名，实有7人。下属事业单位2个：渝中区老干部活动中心为纳入参照公务员管理的正科级、公益一类、财政全额拨款事业单位，渝中区山城老年大学为正科级、公益二类、财政差额拨款事业单位。区委老干局的主要职责是：落实老干部的政治待遇，贯彻落实中央、市委关于老干部工作的方针、政策；协助组织部门抓好离退休干部党支部建设；落实老干部的生活待遇，牵头制定贯彻中央、市委有关老干部生活待遇方针、政策的实施方案，加强宏观管理，督促检查区属各单位对老干部生活待遇的落实。

2019年，区委老干局加强新时代老干部工作，推动全区老干部工作取得新成绩。截至2019年底，共管理离休干部94人，副处以上退休干部1235人。区委老干局被评为“2018年度全市老干部工作部门信息工作先进单位”“全市离退休干部统计年报全优报表单位”，荣获“全市老干部工作部门优秀调研成果奖”及“2018年度全区老年体育工作组织奖”等。

【思想政治工作】　完善和落实老同志阅读文件、听报告、参加重要会议和活动、通报情况、参观学习、订阅党报党刊和老年报刊等制度。全年邀请老同志参加、列席区委、区政府重要会议和重大活动8次，参加重要工作意见征求会6次、情况通报会3次，组织参观考察工农业生产4次。全年组织离退休干部学习党的十九大和习近平总书记系列重要讲话精神座谈会、讨论会、宣讲会、知识竞赛20余次，参加学习900余人次。做好全区1300余名副处以上离退休干部的《老同志生活》《渝中报》的赠阅工作。

【党组织建设】　承办全区离退休党支部书记培训班2期，邀请市委党校、市卫健委老龄处专家就深入学习贯彻习近平总书记视察重庆重要讲话精神、人口老龄化国情教育等内容进行详细解读与专题辅导。组织120余人参观位于沙坪坝区歌乐山镇的专业品牌养老服务机构——重庆合展养老院。组织新任离退休党支部书记参加市老干部党校离退休支部书记集中培训。加大党费对离退休干部党组织活动的支持力度，全额下拨离退休干部党支部收缴的党费，全面落实离退休干部党组织书记和委员的工作补贴，进一步强化社区离退休干部党组织建设。

【生活待遇落实】　走访慰问区属离退休干部、建初干部以及居住在辖区的代管市属破产企业离休干部529人次；按时足额发放离退休干部健康休养费、节日慰问费和生活补贴；提高罗自镛等4名离休干部医疗待遇，提高全区离休干部护理费标准；认真做好区属破产企业、易地安置离休干部服务工作，督促责任单位落实企业离休干部专项经费及破产企业离休干部津补贴；各项政策兑现到位。

【工作方式拓展】 在全国率先探索开展老年教育职称评审工作，历时5年，2019年老年教育高级职称评审委员会落户渝中，办公室挂靠山城老年大学。山城老年大学被市人力社保局确定为第三批“重庆市专家服务基地”。社区老干部工作品牌、活动品牌、服务体系逐渐成熟，老干部融入度、参与度得到很大提升，目前全区已形成1个市级重点示范社区、14个试点社区的点状布局。举办离退休干部寒暑假培训班，开设电脑绘画、智能手机等课程，300余人次参加。举办离退休干部春秋季科普班，新开设茶道养生、创意手工等课程，400余人次参加。

【老干部作用发挥】 聚焦“八项行动计划”“三大攻坚战”，围绕党委政府中心工作，组织引导老同志在自觉自愿、量力而行的前提下，深化“增添正能量•共筑中国梦”主题活动。围绕庆祝新中国成立70周年，举办全区离退休干部征文活动并收集优秀征文100余篇，举办主题书画摄影展以及参加文艺会演20余场；有序组织引导老同志忆往昔、说发展、谈变化、献良策，组织召开座谈交流、专题学习等大小型会议7次；访谈部分厅级、处级、离休干部、渝中文学社成员、社区老干部等不同层级领域老同志近100人次，编印《朝晖夕心》离休干部回忆录。组织引导离退休干部为渝中发展建言献策。2019年厅级老同志暑期理论学习班上，老同志提出关于渝中区经济、社会、城市发展等多方面的意见建议20余条，区督查室分解到相关部门责成落实办理。充分发挥离退休老同志政治优势、经验优势、威望优势，组织离退休干部积极参与社区调解邻里纠纷、化解社会矛盾、维护社区治安、美化社区环境、丰富社区文化等活动，区人大常委会原副主任杨基柱因其在社区治理中的优秀事迹，获评“全国离退休干部先进个人”称号。发挥老同志在关心教育下一代工作中的作用。开展青少年主题教育读书、征文及演讲活动，举办以“科技”“法治”“创新”为主题的中小学生及“梦想课堂”学员研学活动。开展社区青少年暑期特色教育，全区11个街道、79个社区关工委开展暑期青少年教育实践活动400余场次。

【宣传工作】 充分运用内外刊报、门户网站、微信微博等平台宣传老干部工作，积极传播正能量。2019年，在国家级媒体上稿2篇，省部级媒体上稿25篇，区级媒体上稿109篇，本单位网站发布信息557篇，“渝中老干”公众号自7月正式运营以来发布信息18期共108篇。指导老同志渝中文学博客建设，至今发表文章603篇，点击量达15万余次。印制《渝中文学》《渝中老干》《渝中关心下一代》《山城老年大学》等报刊共8期，全方位展示渝中老干部的精神风貌和文化生活，渝中老干部的影响度和美誉度得以扩大。

【活动阵地建设】 区老干部活动中心继续发挥好“一中心两分点”作用，加强硬件建设，全年接待老干部2000余人次。山城老年大学深化教育教学改革，在全市老年教育中做好示范引领。全年共开设专业12类、班级398个，年在校学员1.5万余人次；在全国老年大学银川工作会上就加强老年教育人才队伍建设进行交流发言，在全市老年大学工作会上就加强老年教育干部队伍思想政治建设进行教育发言；中国老年大学协会常务副会长刁海峰、《老年教育》杂志社总编郭峰、《中国老年报》社总编张民巍先后到山城老年大学进行调研指导；持续推进老年教育信息化建设，启动“5G智慧校园”建设，开通微信线上报名；整合渝中区教育资源，继续完善远程教育平台建设，归元寺社区教学点被评为“全国老年远程教育优秀学习点”。

【区委老干局负责人】

局　长：包海燕

副局长：罗晓路　况　倩

（孟沈阳）

关心下一代工作

【概况】渝中区关心下一代工作委员会（简称“区关工委”）成立于1990年5月，是以离退休老同志为主体，党政有关部门和群团组织负责人参加，以关心、教育、培养青少年健康成长为目的的群众性工作组织。办公地址位于渝中区和平路211号。2019年，区关工委有班子成员9人，成员单位21个。区关工委的主要职责是动员和组织离退休老同志参与关心下一代工作，发挥他们的优势，开展青少年思想品德教育工作，帮助青少年提高思想道德素质、科学文化素质和身心健康素质；坚持为青少年办实事、做好事、解难事，发动社会各方面力量，帮助青少年解决学习、工作、生活遇到的实际困难；开展调查研究，提出加强青少年教育的建议和意见，当好区委、区政府助手和参谋，完成区委、区政府和上级关工委交办的任务。

2019年，区关工委坚持服务青少年的正确方向，充分发挥“五老”优势，深入开展主题教育活动，进一步深化打造品牌项目，围绕中心、服务大局、守正创新，促进了渝中关心下一代事业发展稳中有进。“梦想课堂”公益项目荣获“全国优秀儿童之家”、“重庆市‘十百千万’五老关爱行动十大帮扶品牌”，区关工委荣获全国“中华魂”（腾飞的祖国）主题教育活动先进集体、重庆市“十百千万”关爱工程优秀组织单位等称号。

【领导调研】 第十届全国人大常委会副委员长、中国关工委主任顾秀莲于10月来渝中区考察调研，并用“工作精彩，成绩巨大”充分肯定区关工委青少年美育工作，高度赞赏“五老”作用发挥。中国关工委常务副主任张玉台分别于3月和10月莅临渝中，考察调研关心下一代工作，对区关工委结合区情为城市流动儿童实施精准帮扶给予充分认可。先后接待丰都县、杭州市滨江区关工委等来区调研参观，参观者对渝中区关心下一代工作给予了高度赞赏。

【“梦想课堂”培训】整合各部门教育资源，不断扩大关爱城市流动儿童创新公益项目“梦想课堂”的覆盖面，进一步提升品牌内涵。通过开展社会实践活动、举办汇报演出、组织研学活动等，引导孩子在寓教于乐中增长见识、培养能力。“梦想课堂”已开办至第13阶段，共开设9类课程78个班次，每个阶段培训学员85人，累计授课2000多学时，受益儿童1500余人次。

【庆祝新中国成立70周年系列活动】 坚持把立德树人作为“中华魂”主题教育活动的根本任务，把践行社会主义核心价值观作为载体和主线，加强青少年思想道德建设。“中华魂”（爱我中华——新中国成立70周年）主题教育读书活动在全区各单位、各街道、各学校广泛开展，规模进一步扩大，影响进一步深化。组织参加全国“中华魂”（腾飞的祖国）主题教育演讲成果展示活动，选派选手分获小学组一等奖、中学组二等奖，区关工委荣获全国先进集体称号，优秀选手代表在人民大会堂举行的表彰大会上作现场汇报展示。举行庆祝新中国成立70周年“我和祖国共成长”书画展示活动，现场组织20余名“五老”书画爱好者和70余名小学生携手共绘10米长卷，歌颂新中国成立70年来的辉煌成就；活动共收集老少书画作品150余幅；承办全市“我和祖国共成长”老少书画展开展仪式，渝中区选送展出6幅作品，集中展示全区老同志和青少年的良好精神风貌。组织“五老”报告团老同志开展“辉煌七十载•筑梦新时代”主题报告会，围绕庆祝新中国成立70周年主题，为辖区青少年讲故事、说历史，广泛开展爱国主义教育，累计组织报告会12场，受益青少年500余人。

【“五老”作用发挥】 引领青少年树立健康积极心态，组织“五老”报告团深入学校和社区开展党史国史教育、思想道德教育、健康心理辅导及人生理想引导，全年累计举办专题报告会27场，吸引青少年1600余人聆听、参与。

充分发挥“五老”网吧义务监督作用，认真开展“净网、护苗”专项活动，为青少年健康成长保驾护航，“五老”网吧义务监督工作团采取日常巡查和集中巡查相结合的方式，坚持在节假日、寒暑假、周末等重要时点，对辖区内网吧开展督查900余次。积极参与全区中心工作，在助力全区文明城区迎检工作中作出积极贡献；心理生理健康工作团深入开展青少年青春健康教育工作，推动“青春护航项目”纳入全区中小学教学大纲；法治宣传教育团积极推进法治进校园相关工作；科普辅导团走进社区、学校，积极参与全区青少年科普宣传工作；读书活动指导团为全区主题教育读书活动的开展提供专题培训及讲座辅导。

【中小学生特色夏令营活动】 围绕科技创新、依法治国等主题，开展中小学生夏令营特色活动。拓展“关爱明天、普法先行”青少年普法教育活动主题，组织全区120余名初中生走进重庆市未成年犯管教所，接受法治教育，增强自我保护意识和法治观念。开展“创新点亮人生·科技融入理想”高中生夏令营活动，组织全区110余名优秀高中生走进重庆电子工程职业学院，感受高校学习生活的环境，帮助其清晰规划自己未来的发展方向。

【公益性家庭教育】 开展“动能正心”感恩教育报告会，为青少年健康成长提供有力保障。在全区中小学开展大型感恩励志报告会5场，父母课堂专题讲座5场，引导家长教会孩子学会感恩，陪伴孩子健康成长，受益学生及家长1.5万人。邀请市关工委心理生理辅导团成员为青少年作“青春健康·放飞梦想”主题报告会，让青春期青少年全面了解青春期健康知识，有效促进青少年培养健康积极心态，形成科学、健康的学习、生活习惯，帮助树立正确的人生观、价值观。

【关爱行动】 整合多方资源，联合多方力量，加强与各成员单位的协调配合。先后与区委宣传部、区教委、区司法局、团区委等部门联合开展“新时代渝中好少年”主题教育读书活动实施及评选、“梦想课堂之百灵鸟童声合唱团”、“梦想课堂之超级建筑师科技社团”、“精彩人生路　法律伴我行”中学生法治辩论赛等青少年教育活动，丰富活动内涵，提升活动质量，使全区关心下一代工作在形式上进一步创新，覆盖面上进一步拓展。

【区关工委负责人】

主　　　任：何家利
常务副主任：曾君岳
副　主　任：蒋怀德　李国生
　　　　　　戴信根（2019年1月离任）
　　　　　　张　佳（2019年1月任职）
　　　　　　包海燕　唐点权　阳　玮
秘　书　长：岳洪燕（2019年1月离任）
　　　　　　李　杨（2019年1月任职）

（郑超）

保密工作

【概况】 中共重庆市渝中区委机要保密局（简称“区委机要保密局”）成立于2019年1月，是区委工作机关，由区委办公室统一领导，加挂区委保密委员会办公室（区国家保密局）。2019年，有编制人数5名，实有5人，其中局长1人，副局长1名。办公地址位于渝中区和平路管家巷9号。区委机要保密局在保密工作方面的主要职责是：开展保密法治宣传教育，健全保密工作体系，指导机关单位加强保密管理，开展保密检查，查处泄密事件等。

2019年，区委机要保密局先后开展了健全保密工作制度体系、定密管理、保密法治宣传教育和保密工作重点检查等一系列工作。

【专题学习贯彻全市保密工作会议精神】 4月19日，渝中区召开区委常委会专题学习贯彻全市保密工作会议精神，会议由区委书记黄玉林主持。会上，传达了中共中央保密委员会重要文件通报和全市保密工作会议精神，汇报2018年全区保密工作情况，提出做好2019年保密工作的思路和措施。区委书记黄玉林强调：要加强宣传教育，进一步提高干部保密意识；加强保密科技配备，进一步提高保密工作效能；加强保密管理，严控失泄密风险。

【十二届区委保密委员会第三次会议】 5月27日，渝中区召开十二届区委保密委员会第三次会议，区委保密委委员参加会议。传达学习全市保密工作会议精神，研究部署渝中区2019年保密工作任务。区委副书记、区委保密委主任何家利就做好2019年保密工作提出具体要求。

【保密工作自查自评】 4月，根据市国家保密局《关于开展2019年国家秘密解密试点工作的通知》的具体部署和要求，渝中区成为重庆市定密试点区县之一。区委保密办牵头制定《2019年渝中区国家秘密解密试点工作实施方案》，明确试点目标、试点内容、时间步骤和保障措施，选定区委政法委、区公安分局作为试点单位，对产生的国家秘密事项进行集中清理审核，达到解密条件的国家秘密事项及时解密，对不应确定为国家秘密而定密的事项予以纠正，规范工作流程，强化国家秘密载体保密管理。

【保密指导】 5月，针对全区机构改革实际，对新成立或组织机构发生变化的区外办、区市场监管局、区大数据发展局等10余家单位进行实地走访，指导其规范化开展涉密载体管理、保密宣传教育、计算机保密管理等保密日常工作，确保不发生失泄密事件。

【重点部门保密检查】成立保密检查小组，对区内28家重点部门和单位开展以领导干部保密工作责任制落实情况、保密制度建设、涉密载体管理为重点的保密专项检查，发现突出问题，并督促整改。

【重点部门座谈交流保密工作】 10月，组织区委办公室、区政府办公室、区纪委监委机关等21家重点部门、单位保密工作负责人开展座谈交流，对当前保密工作的新形势、新任务开展辅导，同时发放《保密干部培训资料》《党政干部和涉密人员保密常识必知必读》《保密常识必知必会微课程9讲》等保密宣教资料，进一步提高保密要害部门的干部保密意识。

【各类涉密考试保密工作】 先后服务高考、司法考试、公务员招录等多次涉密考试。与区教委、区公安分局等部门组成督查小组，分别对区招办高考试卷保密室和重庆二十九中、重庆医科大学等3个考点的试卷存放点进行保密安全检查，全程参与试卷运送、保管、发放、回收等环节的保密监督。

【区委机要保密局负责人】

局　长：王卫东（2019年1月任职）

（徐卓远）

直属机关党务工作

【概况】渝中区委直属机关工作委员会(简称“区委直属机关工委”）成立于1990年7月。办公地址位于渝中区管家巷9号。2019年，区委直属机关工委有行政编制6名，设书记1名，副书记1名，科级领导职数3名。内设办公室、组宣科，同时设置区委直属机关纪律检查工作委员会、区直属机关工会工作委员会、区直属机关共青团工作委员会、区直属机关妇女工作委员会。区委直属机关工委的主要职责是：统一组织、规划、安排全区机关党的工作，领导区直机关（含设立党组的区级部门）、中央及市属驻区部门的机关党建工作，对设立党委、党工委的部门、管委会和街道的机关党建工作进行业务指导。抓好区直机关党的纪律检查工作，领导区直机关工、青、妇等群团组织的工作，完成区委交办的其他任务。2019年，获评区委2018年度考核“一等奖单位”，机关工委获2019年度重庆市机关党建研究先进集体称号，《关于加强机关党建与业务工作深度融合提高机关党建工作质量研究》获2019年度重庆市机关党建优秀调研论文特别奖。

2019年，区委直属机关工委坚持以习近平新时代中国特色社会主义思想为指导，坚持围绕中心、建设队伍、服务群众，全面提高机关党的建设质量。

【政治建设】 坚持深学笃用习近平总书记关于党的建设重要论述，组织指导机关各级党组织认真贯彻《关于新形势下党内政治生活的若干准则》，严格落实“三会一课”、组织生活会、民主评议党员、主题党日和领导干部双重组织生活等制度，持续抓好《习近平新时代中国特色社会主义思想学习纲要》《习近平关于“不忘初心、牢记使命”论述摘编》等教材的学习运用，推动机关党员干部在学懂弄通做实上下功夫。认真落实《中共中央关于加强党的政治建设的意见》，切实加强党员干部政德建设，教育引导党员干部严守政治纪律和政治规矩。落实“五个纳入”要求，把意识形态工作纳入党建工作目标考核。邀请区委宣传部领导开展意识形态专题辅导2次，教育引导机关基层党组织书记切实抓好意识形态工作。规范管理、使用宣传阵地和网络群组，坚决抵制不当言论，认真落实“十破十立”“五个结合”的要求，营造风清气正的良好政治生态。

【“不忘初心、牢记使命”主题教育】 邀请市委直属机关工委常务副书记对机关党组织书记开展“不忘初心、牢记使命”专题辅导，组织机关党务干部分别赴井冈山、延安参加“不忘初心、牢记使命”党性教育专题培训，举办区直机关“不忘初心、牢记使命”主题教育党组织书记培训班等，切实增强机关各党组织书记抓好主题教育的能力。在《机关党讯》及时编发主题教育动态，供各机关党组织学习参考。强化学习教育，坚持读原著学原文悟原理，共开展集中学习6次，专题研讨9次，专题党课2次。开展调研，以解决机关党建与业务工作“两张皮”为切入点，以“加强机关党建与业务工作深度融合提高机关党建工作质量”为题开展调研，提出4项具体措施，并作为2020年机关党建工作重点。认真检视问题，按照“四个对照”“四个找一找”的要求，共查找问题27个，并切实推动整改。

【思想建设】 2019年，举办全区机关事业单位党组织书记培训班，将习近平总书记视察重庆重要讲话精神和在中央和国家机关党的建设工作会议上的重要讲话精神纳入培训的重要内容。机关工委书记作为区委宣讲团成员深入区住建委、区司法局等多个机关党组织开展专题宣讲，引导机关党员干部做好自身工作，推动渝中高质量发展。承办“重庆市提高新时代机关党的建设质量研究”专题研讨会，并作为课题组成员单位协助市委直属机关工委完成中直机关工委调研课题，受到市委直属机关工委充分肯定。编印《机关党讯》12期，受到区委书记黄玉林批示2次、市直机关党建刊物采用1条、《渝中要情》采用2条、《组工信息》采用2条、《学习与研究》采用1篇、《渝中报》宣传5期、《渝中纪检监察》采用1期。

【组织建设】 制定《2019年度机关党建工作要点》，明确机关党建工作任务。组织召开2019年度区直机关党组织书记抓基层党建工作述职评议会、坚持每季度召开机关党工委委员会、召开机关党组织书记半年工作例会，坚持对机关党组织全覆盖开展党建工作督查。贯彻市委、区委部署，制定《关于以党的政治建设为统领深入推进机关党建工作“三基”建设的实施意见》《关于以党的政治建设为统领加强和改进全区机关党的建设的具体措施》，印发《渝中区机关党建工作“三基”建设工作清单》，开展机关党建工作“三基”建设专题培训，指导机关基层党组织认真落实“三基”建设工作要求。理顺机构改革后的机关党组织隶属关系，优化党组织设置，新批准成立2个党总支和7个党支部，撤销2个党组织，指导18个党组织更名，转入1个党委和4个党支部，转出1个党总支和9个党支部，指导21个党组织完成换届选举。搭建交流分享平台，制定《渝中区机关党建工作协作组制度》，根据机构改革情况对协作组进行调整，指导各协作组开展“四个一”活动13次。提升党员基本能力。举办2期机关事业单位党组织书记培训班，以全覆盖培训提升党组织书记业务能力；在机关深入开展“共产党员示范岗（组）”创建活动，命名138个“共产党员示范岗（组）”，引导机关党员干部立足岗位、创先争优；举办第一届全区公务员技能竞赛，促进机关干部提升履职能力；组织机关党务干部前往重庆市党风廉政教育基地开展“强化廉洁意识 永葆党员本色”廉政警示教育，增强廉洁意识；指导各机关党组织、党员到社区“双报到”，积极参与城市解困、国庆安保等工作，提升服务群众能力。夯实党建基础性工作。严格发展党员程序，新发展党员19名，预备党员转正17名；规范党费收缴，及时向区直机关党组织通报党费收缴情况；做好党内关怀，慰问新中国成立前入党的老党员、困难党员和重病党员64人次，帮助5名党员申请党内帮扶资金；强化政治引领，向1171名机关在职党员送上“政治生日”慰问，增强党员意识。按照市委直属机关工委安排，作为市直机关第九协作组组长单位，牵头开展机关党建座谈交流会和庆祝新中国成立70周年诗歌诵读活动。牵头推进绿色机关建设，推动成立全区绿色机关建设工作协调领导小组，并制定全区绿色机关建设工作方案，协调相关牵头部门推进节约型机关、智能机关和规范化机关建设。制定《渝中区机关党组织党务公开目录（试行）》。

【党风廉政建设】 制定《区委直属机关工委关于集中整治形式主义、官僚主义的工作清单》，制定减少基层负担的四点具体措施。邀请市委党校教授为机关党组织书记上“狱中八条的启示”专题党课，邀请区纪委监委领导为全区机关事业单位党组织书记上廉政专题党课，将“廉政文化教育宣传月”活动纳入全区机关党组织纪念建党98周年系列活动，组织机关党组织每月开展一次廉政警示教育，并结合实际开展“以案四说”警示教育。加强《中国共产党纪律处分条例》学习贯彻，促使党员干部自觉守好廉洁底线。指导机关党组织召开组织生活会并进行党员民主评议，党员干部认真开展批评和自我批评，切实做到咬耳扯袖、红脸出汗。

【精神文明建设】 组织机关党员干部参加全区庆祝中华人民共和国成立70周年主题快闪活动、向革命烈士敬献花篮仪式、重庆市庆祝中华人民共和国成立70周年升国旗仪式、“吃重庆小面 庆祖国华诞”倡导国庆新民俗等活动；在“十一”当天，组织党员干部收听收看庆祝中华人民共和国成立70周年大会实况转播，引导党员干部铭记初心使命，强化责任担当。开展“最美家庭”评选、“我和祖国共成长”老少书画比赛等活动。开展创建文明单位、模范职工之家等群众性精神文明创建活动，对申报创建、复查验收的部门进行重点培育，指导1个单位成功创建为市级模范职工之家、3个单位成功创建为区级模范职工之家、2个单位成功创建为区级模范职工小家。组织各机关党组织到各对口联系的社区，开展政策咨询、文明劝导、清扫保洁、慰问党员群众等志愿服务活动。组织机关党员干部开展无偿献血活动，超额完成83个献血指标。

【群团工作】 结合机构改革，按照与机关党组织隶属关系相一致的原则，理顺各级机关工会隶属关系；开展2017—2018年度优秀工会工作者评选表彰，举办基层工会经费收支管理培训会；牵头举办机关拔河比赛，联合举办广播操比赛，开展“安康杯”知识竞赛，促进机关干部健康工作；组织机关单位为职工购买互助保险、为重病职工申请帮扶基金，举办机关干部子女高考志愿填报辅导讲座，开设机关职工子女暑期成长营，真情关心关爱机关干部。组织机关团员青年开展“播种梦想小树苗”等志愿服务活动，开展以“缅怀革命先辈 传承‘五四’精神”为主题的纪念五四运动100周年活动，引领机关青年健康成长。结合三八国际妇女节、母亲节策划开展机关妇女干部趣味运动会、“浓情五月 感恩母亲”花艺培训，组织参加“中华魂”主题教育读书活动暨征文、演讲比赛等活动，切实提升机关妇女干部的综合素质。

【区委直属机关工委负责人】
书　记：朱　红
副书记：赵　云

（林滟）

党史研究

【概况】　中共重庆市渝中区委党史研究室（简称“区委党史研究室”）是区委直属事业单位，纳入参公管理。办公地址位于渝中区和平路1号星河商务大厦。2019年5月，区委编委会下发渝中委编委〔2019〕59号文件，将渝中区地方志工作职能划入区委党史研究室；11月7日，下发渝中委编委〔2019〕100号文件，区委党史研究室加挂重庆市渝中区地方志编纂中心牌子。2019年，区委党史研究室内设综合科、党史科、地方志科3个科室，核定财政全额拨款事业编制8名，在职7人。区委党史研究室的主要职责是：组织撰写中共地方党史，编写地方党史大事记；征集、考证、整理、编辑中共地方党史资料，开展专题研究；开展党史教育、宣传工作，进行党史宣传出版物的审读；协调推进革命遗址保护和场馆建设工作；组织编纂区志、年鉴等；编写区情资料和教育丛书；对区内地方志书（部门志、专业志和单位志等）进行编纂指导、审查验收；负责搜集、保存地方志文件和资料，组织整理旧志，开展地方志理论研究；组织开发利用地方志资源，提供区情咨询服务，承担修志人员培训工作。

2019年，区委党史研究室以“不忘初心、牢记使命”主题教育为契机，不断深化党史研究、宣传教育、资料征编、遗址保护、纪念活动等工作，切实履行“以史鉴今、资政育人”职能，持续推动党史工作科学化发展。

【党史研究基础工作】　完成2007至2010年党史大事记的初稿编写工作；搜集2017年、2018年区委、区政府、区人大、区政协等大事、要事，并完成大事记撰写。编撰《口述渝中党史》《图说渝中党史》，开展初稿编撰。制定完善《区委党史研究室2019—2022工作规划》，进一步推动渝中党史事业科学发展。

【党史宣传教育】　7月，完成上清寺街道新都巷社区党史书屋打造，创新开展社区院坝党史课堂。9月5日至7日、11月25日至27日，联合重庆红岩英烈研究会举办“烈火中的誓言”红岩英烈诗词书信展，共展出70块展板，53位革命烈士的诗词、书信。在《渝中报》开辟《渝中•铭记》专栏，刊发《用青春和热血捍卫革命的巾帼英雄——记游曦烈士》《继往开来为工农——记罗世文烈士》等党史专题文章7篇，共计约2.5万字。

【革命遗址保护利用】　公益展出“红色旗帜，巴渝丰碑——纪念中共重庆地委成立90周年图片展”；支持市区各单位团体开展党员教育活动，拍摄党建宣传片等宣传渝中党史。在大溪沟街道张家花园社区打造党史宣传教育综合阵地，包括党史浮雕、党史大事墙、党史阅览室等。

【党建工作】　及时制定《2019年党建工作计划》，组织开展集中学习20次，现场学习4次。深入开展“不忘初心、牢记使命”主题教育活动，形成工作调研报告2篇；班子成员讲党课共2次，班子查摆问题12条，班子成员查摆问题20条，并形成整改方案落地落实。召开专题会议研究全面从严治党工作、党建工作、“廉洁渝中”建设工作各2次，召开意识形态定期分析研判会议2次，部门主要负责人向分管区领导专题汇报全面从严治党工作3次。

【区委党史研究室负责人】
主　任：刁　涛
副主任：向秋月（2019 年 6 月任职）
（杨彪）

党校（区行政学校）

【概况】 中国共产党重庆市渝中区委员会党校（简称“区委党校”）是区委培养党员领导干部、理论干部、公务员、公共管理人员、政策研究人员及民主党派、无党派人士的学校和区委重要部门，是全区培训党的各级领导干部的主渠道和党的思想理论建设的重要阵地。区委党校成立于 1959 年 4 月 21 日，是渝中区委直接领导的全额拨款事业单位，与渝中区行政学校、渝中区社会主义学院实行“一套班子、三块牌子”的管理体制，学校实行校委制。办公地址位于渝中区金汤街 79 号。2019 年，设常务副校长（正处级）1 名，副校长（副处级）1 名，校务委员（副处级）2 名，科级干部 6 名，内设办公室、教务科、教研室和行政科，实行分类管理体制，共有编制 25 名，其中参公编制 17 名、专业技术编制 8 名。区委党校校长、行政学校校长和社会主义学院院长分别由区委副书记、区政府常务副区长、区委统战部部长兼任。实有教职工 19 人，其中参公人员 14 人、专业技术人员 4 人、工勤 1 人。教职工中专兼职教师 13 人，其中副教授 1 人，讲师 1 人，均为本科及以上学历，其中研究生学历 11 人。区委党校的主要职责是：加强党政干部理论教育，培训轮训党政干部；加强马克思主义基本理论研究，重点研究宣传习近平新时代中国特色社会主义思想；承办专题研讨班；开展科研资政；开展党的路线、方针、政策和理论宣传等。

2019 年，区委党校始终坚持党校姓党根本原则，切实发挥熔炉阵地作用，干训、教学、科研、资政和后勤保障等各项工作有新发展，连续两年在办学考评中获评二等奖，连续三年获评区委、区政府综合目标考核“一等奖单位”，成功创建重庆市文明单位。

【干部培训】 全年举办培训班 23 期，培训干部 2307 人次。其中，处级领导干部培训班 2 期、科级干部培训班 1 期、公务员初任培训班 2 期、全覆盖集中轮训基层党组织书记培训班 5 期、创新型企业家（清华）研修班 1 期、新招聘事业单位工作人员岗位培训班 1 期、发展对象培训班 4 期、“不忘初心，牢记使命”主题教育示范班 1 期、新提拔区管领导干部专题培训班 1 期、党性教育专题培训班 1 期、渝中区党务干部培训班 1 期、渝中区城市管理专题培训班 1 期。培训将习近平新时代中国特色社会主义思想、党性修养、党章党规、意识形态、宪法法律等纳入主体班教学必修课程，充分利用新打造的党性教育主题教室、心理教育主题教室等功能教室，定制“培训菜单”，采用研讨式、模拟式、体验式、案例式等多种互动式教学方法开展党性教育实训课、心理沙盘体验、“以案四说”警示教育等实训课。6 月，功能室面向全区基层党组织免费开放，至年底已接待 11 个单位开展学习 265 人次，党政领导干部到校上课 13 人次。

【理论宣传】 区委党校积极融入全区宣讲工作大局，5 名专兼职教师被纳入区委宣讲团成员，2 名青年教师被团区委聘为渝中区“青年讲师团”讲师。全年专兼职教师赴基层开展“习近平新时代中国特色社会主义思想”“贯彻习近平总书记视察重庆重要讲话精神和市委五届六次全会、区委十二届五次全会精神”“学习贯彻党的十九届四中全会精神”“共产党人的初心和使命”等主题宣传 40 场；全年撰写信息报道 38 篇，被渝中政府网、市委党校探索网等采用 31 次。

【意识形态工作】 坚持党管意识形态原则，严格落实意识形态工作责任制，2 次专题研究部署意识形态工作。在主体班开设“扎实做好新形势下的意识形态工作”等课程，严格讲坛纪律、学术纪律、场所管理，签订意识形态责任书，对在校举办的各类讲座、论坛等严格把关，杜绝“舆论飞地”。

【科研资政】 积极推进教研咨一体化建设，围绕渝中区情实际开展课题调研。全年组织开展渝中发展主题调研5场，完成市委党校、市社会主义学院、区科委等市区级部门委托课题13项，立项市委党校课题7项，公开发表理论文章36篇，入选重庆市行政管理学会理论研讨会文章7篇（其中一篇获三等奖）；编印《渝中党校信息》《学习参考》《资政参考》13期，资政报告获区领导签批5人次，3篇资政成果被区委组织部采纳。

【队伍建设】 2019年，公招具备社会学、思想政治教育专业背景的教师2名，专职教师占比提升到61.5%；选送教师到市委党校、区委主题教育办公室、区委巡察组等交流锻炼3人次；组织教师参加区内微宣讲、微党课竞赛5人次，均获二等奖及以上荣誉；选派教职工到上级党校、知名高校学习培训27人次，开发新课11讲。

【基层党建工作】 2019年，中国共产党重庆市渝中区委党校委员会（简称“区委党校党委”），设委员3人，其中书记1人，由黄嘉玮担任。区委党校党委隶属于渝中区委，下设3个党支部，其中1个机关在职党支部、1个离退休党支部、1个学员党支部。其中机关支部有书记1人，副书记1人，委员3人，党员18人。校党委严格贯彻落实党建工作责任制，扎实开展“不忘初心、牢记使命”主题教育，深入学习习近平新时代中国特色社会主义思想，开展集中学习15次，专题讨论7次。围绕“逐梦新时代 初心永不改”，开展读红色书信、讲革命故事、礼赞祖国、“我的祖国我的家”摄影展、一句话谈初心、干训“金点子”征集、好家风好家训、忠县“忠文化”革命传统教育等党群活动，增强队伍凝聚力。

【区委党校负责人】
校　　长：何家利
常务副校长：黄嘉玮
副 校 长：向中华
校务委员：袁茂琳

【区行政学校负责人】
校　　长：王　勇
常务副校长：黄嘉玮
副 校 长：向中华

【区社会主义学院负责人】
院　长：章　琳
副院长：杨　琳　黄嘉玮

（苏二威）

渝中区人大常委会

【概况】 渝中区人大常委会（简称“区人大常委会”）是区人民代表大会的常设机关，办公地址位于渝中区和平路管家巷9号。2019年，区人大常委会组成人员30人，其中，主任1人，副主任5人。核定行政编制26名，事业编制12名，机关工勤1名。有行政在职23人，事业7人，机关工勤1人。渝中区人民代表大会设专门委员会4个，即区人大监察和法制委员会、财政经济委员会、城市建设环境保护委员会、社会建设委员会。内设工作机构3委1室，即区人大常委会办公室、预算工作委员会、教科文卫工作委员会、人事代表工作委员会。区人大常委会下设宣传信息中心，核定为财政全额拨款事业单位，事业编制12名。

2019年共举行区人民代表大会会议1次，常委会会议11次，主任会议31次，听取并审议“一府两院”工作报告38项，作出决议决定14项，开展执法检查、专题调研和工作视察51次，依法任免国家机关工作人员79人次，补选市、区人大代表12名。

【区十八届人大四次会议】 会议于2019年1月13日至16日在巴蜀中学礼堂、区级机关综合办公大楼举行。会议应到代表232名，实到代表229名，列席人员92名，特邀列席人员40名。

会议听取并审议区人大常委会、区人民政府、区人民法院、区人民检察院的工作报告。审查和通过区 2018 年国民经济和社会发展计划执行情况与 2019 年计划草案的报告、区 2018 年财政预算执行情况和 2019 年财政预算草案的报告，通过相应决议。票决确定了 2019 年重点民生实事项目。选举渝中区第十八届人民代表大会常务委员会委员 1 名，通过渝中区第十八届人民代表大会社会建设委员会设立和法制委员会更名的决定，表决通过区人大监察和法制委员会、社会建设委员会组成人员名单。各代表团在人代会期间提出建议、批评和意见 433 件。

【渝中高质量发展助推】 听取审议区政府 2019 年上半年计划执行情况和政府投资项目建设管理情况报告，提出促进六大产业联动发展、强化重点项目支撑等审议意见。制定本届人大常委会国有资产管理监督工作计划，听取区政府 2018 年国有资产管理综合报告审议意见整改落实情况和行政事业性国有资产管理情况专项报告，督促区政府摸清国有资产“家底”、实现规范管理。听取审议区政府执行深化文旅产业融合发展决议的情况报告，督促区政府创新发展思路、探索“文旅 +”发展模式、提升文旅消费能级。视察环重医创新生态圈建设，提出加强校地校企合作、加快载体平台建设等意见，推动区政府与重庆医科大学签订全方位战略合作协议。参与预算公开评审，开展年度预算编制工作调研，督促区政府进一步硬化预算约束、优化支出结构，确保预算安排更好保障中央、市委和区委决策部署的落实。开展《重庆市预算审查监督条例》执法检查，完成预算联网监督平台建设，实现与财政国库支付系统的数据联通。听取审议区政府执行财政预算绩效管理决议的情况报告，探索区街联动，把街道机动财力绩效管理纳入监督范围，拓展监督的深度和广度。深化审计查出突出问题整改工作监督。推动城市品质提升。视察解放碑 CBD 商圈城市建设管理情况，督促区政府抢抓商务部步行街改造升级试点机遇，努力把解放碑打造成高质量发展的平台、对外开放的窗口。持续追踪母城历史文化风貌区规划建设决议的贯彻落实，听取区政府文物保护与活化利用工作情况汇报，视察传统风貌区、山城老街区和特色老社区建设情况，推动区政府大力实施“文物平安”保护工程，高品质建设十八梯、白象街、山城巷、马鞍山等传统风貌区。开展步行系统规划建设决议执行情况调研，提出加强统筹、加快推进、突出特色、规范管理等意见建议。

【民生福祉提升推动】 促进生态环境改善。听取审议区政府 2018 年环境状况和环保目标完成情况报告，视察餐饮油烟污染治理工作，努力推动环保重点领域整治攻坚。开展水污染防治法执法检查，督促区政府加强水污染源头治理、水资源保护利用、生活污水处理，持续巩固提升水环境质量。高度重视中央生态环保督察工作，对沿江水污染、医疗废弃物处理等问题进行明察暗访，安排各代表组代表围绕辖区环保突出问题开展视察，督促区政府和各街道抓好环保督察反馈问题整改，推动全区生态环境质量不断提升。助推社会事业发展。听取审议区政府执行中小学幼儿园校点布局决议的情况报告，督促区政府强化部门协调、加快项目推进，提供更加优质的教育资源。开展就业促进法执法检查，听取区政府稳就业促就业工作情况汇报，督促区政府落实好就业创业各项政策，确保全区就业形势持续稳定。专题调研卫生事业及康养产业发展情况，视察家庭医生签约服务工作，推动区政府提供更加优质的医疗服务。听取区政府关于社会组织培育发展工作情况汇报，要求区政府强化政策引导，更好发挥社会组织在社会治理中的积极作用。关注民生热点问题。围绕群众关心的食品安全工作，开展《重庆市食品生产加工小作坊和食品摊贩管理条例》执法检查，提出明确监管责任、推进社会共治等修法建议，督促区政府加强工作统筹，加大监管力度，为群众营造安全放心的食品环境。听取区政府住房租赁市场管理工作情况汇报，督促区政府积极应对“互联网 + 住房租赁”模式带来的机遇与挑战，主动对接中央财政支持重庆住房租赁市场发展试点，促进全区住房租赁市场健康规范发展。

【社会公平正义维护】 市区联动开展民营企业发展法治环境工作评议，共召开企业、部门座谈会21次，走访服务企业160余家，将调研发现的55个问题交区政府研究处理。区政府认真落实，持续推动企业保证金清退不及时、政策宣传不到位等问题整改，对涉及营商环境的126件规范性文件进行清理，及时废止25件。围绕打击经济领域犯罪、金融案件审判等工作开展监督，促进全区法治环境更加公平公正，市场环境更加开放透明，政务环境更加优质高效。听取审议2018年法治政府建设工作情况报告，督促区政府以建设法治政府为目标，强化法治思维、坚持依法行政，强化权力监督、推进公正执法，加强制度建设、规范行政行为。听取区检察院公益诉讼工作情况汇报，督促区检察院完善工作机制、深挖案源线索，切实保护好人民群众的公共利益。加强规范性文件备案审查，全年备案审查区政府规范性文件20件。认真做好信访工作，全年受理群众来信来访201件次。听取审议区政府“七五”普法决议中期执行情况报告，提出健全工作机制、丰富宣传载体、推动法治宣传与法治实践紧密结合等审议意见。开展《重庆市未成年人保护条例》执法检查，督促区政府加大法律法规宣传力度，构建多方联动机制，努力营造关爱保护未成年人的社会环境。配合市人大做好《中国（重庆）自由贸易试验区条例》《重庆市物业管理条例》等地方性法规的立法修法调研，反映基层群众对立法工作的意见和呼声。

【代表主体作用发挥】 坚持代表定期走访接待选民制度，完善市代表集中接待区代表制度，深化“三下两上五环节”民情联络机制，进一步规范家站建设标准。强化市区代表联动履职，形成推动工作的强大合力。全年市区代表深入社区1068人次，接待走访选民群众4663人次，收集群众意见和问题3020条，提交市代表闭会建议1件，区代表闭会建议71件，有效推动解决老旧楼宇加装电梯、餐馆油污扰民等一批涉及群众切身利益的问题。健全人大重要工作区街联动推进机制，安排人大街道工委组织代表听取街道办事处、派出所、市场监管所等派出机构专项工作报告，开展调研、视察、约见、评议活动。人大街道工委全年组织代表开展活动78次，市区人大代表参加达663人次，完成视察调研报告等履职成果51篇，提出的意见建议得到市区政府和有关部门的积极采纳。全面推行代表建议办理“两次评价”，针对一次评价和两次评价中的基本满意和理解件，首次召开专题督办会，听取承办部门工作汇报，就如何解决问题深度沟通，推动南纪门花街子片区环境整治、解放小学扩建工程等难点建议办理落实。全年433件大会建议、71件闭会建议和3件跨年督办建议全部办结，落实率达75.45%。完善代表履职激励机制，制定《重庆市渝中区人民代表大会代表履职评价办法》。强化市代表履职服务保障，听取3名市代表履职情况报告。

【党建工作】 始终坚持党对人大工作的绝对领导，增强“四个意识”、坚定“四个自信”、做到“两个维护”，在思想上政治上行动上同以习近平同志为核心的党中央保持高度一致。充分发挥常委会党组的领导作用，严格执行请示报告制度，常委会党组围绕人大重要会议、重大事项全年向区委请示报告工作26次，确保党的领导始终贯穿人大依法履职的全过程。围绕打好“三大攻坚战”、实施“八项行动计划”、保稳促增添后劲等大事要事开展监督，紧盯财政预算执行、重点项目推进、国有资产管理等具体事项持续追踪，促进区委重大决策部署贯彻落实。按照区委要求，深入开展服务业现代化发展专题调研，从主动融入、创新驱动、集聚集群等九个方面提出意见建议，为区委决策提供参考。依法做好选举任免工作，坚持党管干部原则和人大依法任免相统一，依法终止区人大代表资格13名，补选市、区人大代表12名，依法任免国家机关工作人员79人次，组织宪法宣誓44人次。探索干部任后监督，对区卫健委、住建委等6个部门负责人开展述职评议，增强人大任命干部为民履职的责任意识。首次开展年度重点民生实事人大代表票决工作，并持续追踪推进情况。

【区十八届人大常委会组成人员】

主　任：米绍林

副主任：谭彬奇　吕　椿　戴启常　杨　竹　孔新军

委　员：王　植　王俊杰　王彭果　石安宇　冯心怡　刘群利　杨云平　杨蕴华　李志辉　吴拥军　何祖光　汪　源　张　涌　张世合　张春光　陈大章　易　军　庞美莹　倪小华　康洪英　商元毅　赖　涛　操晓强　史晓军（2019年1月离任）　曾　晖（2019年1月任职）　邹晓宇（2019年4月离任）　李裕权（2019年12月离任）　陈全顺（2019年12月离任）

【区十八届人民代表大会专门委员会组成人员】

监察和法制委员会

主任委员：商元毅（2019年1月任职）

副主任委员：张　雄（2019年1月任职）

委　员：王　樵（2019年1月任职）　叶　欢（2019年1月任职）　李盛祥（2019年1月任职）　胡　平（2019年1月任职）　曹晓刚（2019年1月任职）

办公室主任：何治红（2019年4月任职）

办公室副主任：李村夫

财政经济委员会

主任委员：王　植

副主任委员：李裕权（2019年1月离任）　曾　晖（2019年1月任职）　郑　静

委　员：王晋航　刘小娟　罗　异　操晓强

办公室主任：曾　晖（2019年1月离任）　秦如梅（2019年1月任职）

办公室副主任：王晋航

城市建设环境保护委员会

主任委员：刘群利

副主任委员：陈大章　苏本奎

委　员：王承柯　李　红　胡明健　殷亚民

办公室主任：黎安原（2019年1月任职）

办公室副主任：黄俊生

社会建设委员会

主任委员：张世合（2019年1月任职）

副主任委员：李瑜波（2019年1月任职）

委　员：马　瑜（2019年1月任职）　刘先进（2019年1月任职）　吴　可（2019年1月任职）　张建林（2019年1月任职）　梁贤安（2019年1月任职）

办公室主任：王力军（2019年3月任职）

【区十八届人大常委会办事机构负责人】

办公室

主　任：杨云平

副主任：康洪英（2019年1月离任）　陈　婵

预算工作委员会

主　任：李裕权（2019年1月离任）　曾　晖（2019年1月任职）

副主任：操晓强

教科文卫工作委员会

主　任：康洪英（2019年1月任职）

人事代表工作委员会

主　任：庞美莹

副主任：史晓军（2019年3月离任）

宣传信息中心

副主任：李雪念

（胡晓峰）

渝中区人民政府

综　述

【概况】 2019年，渝中区人民政府有区长1人，副区长7人。依照《中华人民共和国地方各级人民代表大会和地方各级人民政府组织法》规定和工作需要，设置政府工作部门31个，并设11个街道办事处、4个功能区管委会等15个区政府派出机构。2019年机构改革，区政府办内设科室由7个变为10个，分别是综合科、文秘科、秘书一科、秘书二科、秘书三科、秘书四科、调研信息科、督查一科、督查二科、区政府总值班室。下属事业单位1个，为区党政信息中心。区政府办的主要职责是：负责区政府会议的筹备工作，协助区政府领导组织召开会议及其决定事项的实施；组织起草及审核以区政府、区政府办公室名义发布的公文以及重要讲话材料；研究区政府各部门、管委会、街道办事处和有关单位向区政府请示的事项，提出审核处理意见，报区政府研究或区政府领导审批；负责市委、市政府、区委及上级机关领导重要指示批示以及交办事项的督查督办；督促检查区政府各部门、管委会、街道办事处和有关单位对区政府文件和会议决定事项以及区政府领导批示指示的执行落实情况，并及时向区政府报告；深入开展调查研究工作，及时反映全区经济社会发展情况，提出工作建议，为区政府把握全局、科学决策提供及时、准确、全面的参考、咨询和服务；负责全区政务信息以及社会公众信息的收集、筛选、整理，组织编辑相关信息刊物；负责向市、区政府报送政务信息，管理政府系统政务信息目标考核工作；负责人大代表建议、政协提案的督促办理工作；负责区政府政务值班、区长公开电话的接办交办工作，指导、监督全区政府系统值班工作，负责区政府领导处置各类突发事件的信息收集与反馈、督促检查等工作；负责组织、协调政府系统的全区性重大活动；负责政府系统办公室业务工作的培训和指导；统筹、指导、协调、监督管委会和街道办事处工作；指导、监督全区政务（政府信息）公开；统筹、指导、协调、监督全区电子政务工作；完成区委、区政府交办的其他任务。办公地址位于渝中区和平路管家巷9号。

2019年，区政府坚持以习近平新时代中国特色社会主义思想为指导，全面贯彻落实党的十九大和十九届二中、三中、四中全会精神，紧紧围绕习近平总书记对重庆提出的“两点”定位、“两地”“两高”目标、发挥“三个作用”和营造良好政治生态的重要指示要求，在市委、市政府和区委的坚强领导下，在区人大及其常委会和区政协的监督支持下，深入贯彻新发展理念，落实高质量发展要求，深化供给侧结构性改革，扎实做好“六稳”工作，持续打好“三大攻坚战”，深入实施“八项行动计划”，围绕“保稳促增添后劲”，落实“一稳三抓五促”工作方法，经济社会发展取得新成效。全年地区生产总值达到1301.3亿元、增长5%，完成预期目标，人均地区生产总值位列全市第一。区级一般公共预算收入41.9亿元，实现年度目标。完成固定资产投资总额175.3亿元、进出口总额105.4亿元。商品销售总额突破3800亿元、增长9.7%，社会消费品零售总额增长5.6%、总量继续保持全市领先。居民人均可支配收入增长8.9%左右。

【产业发展】 坚持现代服务业主攻方向，金融、商贸“基本盘”稳中有升，产业发展新动能持续壮大。支柱产业稳步发展。金融业提质增效，新增华泰财险等市级以上金融机构5家，保费收入、证券交易额分别实现194.4亿元、5796亿元，存贷款余额重返万亿元规模；引进科兴远健基金等新兴投资机构3家，财务咨询、基金管理、证券资产管理等新型金融快速发展；支持实体经济发展，帮助民营企业贷款融资145亿元，新大正物业成功上市。商贸业做优做强，国际消费中心城市核心区启动建设，聚焦“四首”经济，引进国际知名品牌10个、首牌首店65家，举办首秀首发活动20余场。解放碑商圈加快打造离境退税示范街区，启动建设数字商务产业园，较场口夜市获评“2019年全国游客喜爱的十大夜市”。大坪潮流商圈持续引领体验式商业，龙湖时代天街保持全市单体商业销售第一。重庆百货、苏宁易购获评市级实体零售创新转型示范项目。全区网络零售额增长18%。新兴产业提速增效。专业服务业发展迅速，引进安永华明会计师事务所等专业服务业机构7家，规模以上企业营业收入增长17.3%。互联网信息产业抢占“风口”，高水平承办区块链高峰论坛等重大活动，签约落地IBM、浪潮等龙头企业11家，阿里数字产业园、工业互联网服务创新基地提速建设，重庆区块链测试中心建成投用，规模以上企业营业收入增长4.5%。健康医疗业汇聚高端，引进平安好医等智慧医疗项目，新增社会办医机构24家，签约生物医药创投基金4支、总规模21亿元，规模以上企业营业收入增长15.2%。经济载体集约高效。解放碑中央商务区，重庆塔、复地金融中心等高端载体项目有序推进，完成八一广场、大都会提档升级，千叶眼镜、中国移动等传统门店向体验店、跨界店、概念店转型发展，启动解放碑—朝天门环境品质提升工程，解放碑纳入全国首批步行街改造提升试点、成果亮相“中国国际进口博览会”国家馆，新增企业1100家。朝天门现代商务区，来福士购物中心盛大开业，节日期间日均人流量达35万人次，光控朝天门中心项目一期投入运营、二期加快推进，新增企业341家。下半城历史文化风貌带，十八梯传统风貌区首开区完工，白象街传统风貌区一期试运营，印制一厂影视产业园整体对外开放，东水驿老街全面开业，新增企业340家。大溪沟文创设计产业集聚区，大礼堂及马鞍山传统风貌区西区完工，合景天銮和翡翠都会1、3号楼建成，龙泉花园商业裙楼加快招商，新增企业405家。上清寺互联网科创产业集聚区，完工重庆中心项目T2T3塔楼主体，完成环球大厦、中邮大厦等老旧楼宇改造提升，引导上清寺V营提质增效，新增企业619家。大坪潮流商圈，时代天街E馆启动建设，龙湖西区开发项目主体完工，新增企业652家。总部城数字经济集聚区，重庆总部城A区全面竣工，景观工程全部完成，新增企业121家。化龙桥国际商务区，万科重庆天地项目群、中海卡福厂等载体加快建设，化龙桥公园等配套设施不断完善，新增企业294家。环重医创新生态圈，纳入全市产业布局，建成重庆国际医学创新中心等产业平台3个，引进高端人才46名，落户前沿医疗服务机构和产业项目35个。菜园坝滨江城，片区城市设计提速推进，涉河建设方案获长江水利委许可。总部经济、楼宇经济加快发展，新增税收亿元楼宇3栋，总数达40栋；新增总部及重点企业50家，总数达480家。

【文商旅城融合】 坚持文商旅互促、产城景融合，传承“文气”、集聚“人气”、汇集“财气”，“近悦远来”的都市旅游目的地加快形成。文化魅力不断彰显。巴县衙门旧址等26处文物保护工程完工，美国大使馆旧址、韩国光复军总司令部旧址等3家博物馆、陈列馆建成开放，湖广会馆、国民政府警察局旧址入选国家文物局《文物建筑开放利用案例指南》首批优秀案例。重庆数字文化产业园、山城影视产业园启动建设。《城门几丈高》等影视剧目亮相央视，《十八梯》等演艺项目获各界观众好评。旅游活力持续迸发。深化全域旅游示范区建设，洪崖洞入选“2019年国庆节全国十大热门景区”，朝天门“两江游”等3个景区景点提档升级。新增旅游导览图144块、旅游厕所31处，13个等级景区实现免费无线网络、智能导游、电子讲解全覆盖，长江索道建成全国首个5G技术VR超感体验区。推动“网红”变“长红”，国庆等节假日期间，“封”桥、“让”路、“搭”台，把朝天门广场、李子坝轻轨穿楼等最靓的风景展现给游客，获中央媒体“点赞”。全年接待游客6744.2万人次，实现旅游收入463.5亿元、增长20.9%。获评“2019中国旅游影响力年度夜游城市”。融合效力逐渐显现。定制红色游、老街老巷游等15条精品旅游线路，推出“山城扎包”

等特色文旅商品，“山鬼”艺术特色酒店等开业运营，三层马路等区域逐渐成为文旅发展新热点。举办中国旅行者大会、2019渝新国际电竞嘉年华等重大活动，“晒文化•晒风景”活动广受好评，《我和我的祖国》《中国机长》等热门电影在解放碑首发首秀。引进深圳聚橙西南总部等重点文旅企业14家，规模以上文化、旅游企业营业收入分别增长14.6%、20.5%，战略性支柱地位不断巩固。

【城市品质提升】 围绕空间布局优化、功能配套完善、生态环境提升，深入实施城市提升行动计划，彰显山水之城、美丽之地的独特魅力。城市规划更加系统。抓住新一轮全市国土空间总体规划编制契机，开展“深耕渝中”发展空间拓展战略行动。高标准编制城市更新、综合管网等专项规划8项，基本完成《重庆历史人文核心区保护传承专项规划》，配合完成“两江四岸”核心区规划方案，菜园坝重庆站枢纽方案开展征集，大坪商圈品质提升、解放东西路沿街界面城市设计顺利完成，57个项目接续实施。基础设施日趋完善。深入实施基础设施建设提升行动计划，渝湘高铁方案获批，老成渝铁路改造正式启动，曾家岩大桥和轨道5号线、9号线、10号线等市级重大项目进展顺利，推动轨道18号线延伸串联十八梯、湖广会馆、朝天门等重点区域，朝天门公交枢纽站投入运行。解放碑地下环道三期、雷家坡立交等重点项目加快推进，轨道朝天门站光控通道主体完工，两江大桥千厮门隧道建成投用。在全市率先布局5G网络，建成站点594个；新建改建停车场3个，新增停车位700个，新增充电桩473个；十八梯110千伏变电站等工程启动建设。市容市貌整洁有序。全面落实景区式精细化城市管理标准，精扫细保990万平方米环卫作业面积，精心管护365万平方米市政道路、340千米排水管网、240余座结构设施、207万余平方米市街绿地和公园绿地、3万余株行道树和古树名木。深入落实“五长制”，创新推行三级书记“马路办公”，开展巡查21万余次，发现解决问题18万余个。在全市率先开展三轮车限行工作。深入推进城市综合管理“七大工程”，开展城市提升“春夏秋冬”四大行动，“微整治”老旧社区32个，拆除违法建筑3.8万平方米，彩化山体5万余平方米。生态环保统筹推进。打好污染防治攻坚战，实施生态优先绿色发展行动计划，配合完成第二轮中央生态环保督察，全面落实“河长制”和市第1号总河长令，持续开展“净岸行动”、污水偷排直排乱排专项整治等，河道“清四乱”取得明显成效，朝天门港口“以电代油”项目加快推进，关闭货运码头4座，协议拆解迁移船舶19艘，美化船舶29艘，淘汰老旧柴油车200余辆，空气质量优良天数达到315天，$PM_{2.5}$年均浓度降低10.5%，“两江”渝中段水质稳定达到III类以上，饮用水源地水质达标率100%。

【改革开放创新】 实施内陆开放高地建设行动计划，向改革要红利、向开放要资源、向创新要活力，开放型经济发展水平不断提升。改革成效不断显现。推动区委19项重点改革专项、81项具体改革项目，顺利完成机构改革。供给侧结构性改革深入推进，商品房销售面积66.8万平方米、商业商务楼宇招商70万平方米，清理空壳企业480家。全面推行“街道吹哨、部门报到”，明确24项“吹哨”标准和部门响应流程。推进区属国有重点企业市场化改革和部门所属企业集中统一管理。开展“企业服务年”活动，区领导带队走访联系企业1400余家，有效解决各类诉求300余件，表彰优秀企业238家。全面落实大规模减税降费等政策，累计为企业和个人减税23亿元，减免社保费13亿元。商事制度改革事中事后监管获国务院办公厅督查激励表扬。建成工程建设项目审批服务大厅，80%以上审批服务事项实现“一窗通办”，企业开办时间压缩至2个工作日以内，在全国率先开展市场主体信用风险分类监管试点。住房租赁综合平台和存量房交易网签试点顺利推进。开放水平持续提升。融入共建“一带一路”，对沿线国家贸易额同比增长15.5%，新增外资企业及分支机构121家，实际利用外资4.3亿美元，解放碑、化龙桥服务贸易产业园贸易额位居全市一、二名。中新互联互通项目展厅揭幕亮相，引入中新合作项目14个。自贸试验区成功复制推广改革试点经验37条，形成大数据食品药品安全监管等首创制度成果，中盐西南盐业等77个重点企业和项目相继落地。主动融入成渝城市群和“一区两群”协调发展，与成都锦江区开展深入合作。与市政府外办签署战略合作协议，共同推进渝中打造中西部国际交往中心核心区，新增乌拉圭驻渝总领事馆，完成38批次国家政要参观访问保障工作，举办“中国西部匈牙利文化节”等国际活动12场。招商引商有力有效，赴新加坡、巴西、粤港澳大湾区等境内外地区“敲门招商”150余次，新增世界500强、中国100强企业5家，落户“招大引强”企业113家，签约项目和企业253个、资金总额367亿元。创新驱动更加强劲。实施以大数据智能化为引领的创新驱动发展战略行动计划，建成智慧社区2个、智慧医院3家、智慧校园4所，新增高新技术企业30家以及OTC（场外交易市场）挂牌科创板、孵化板企业17家，集聚大数据智能化相关企业3000余家，全社会研发经费突破10亿元，有效发明专利数量增长10%。深入实施科教兴区和人才强区行动计划，开展科技型企业知识价值信用融资担保试点，培育引进“高精尖”人才68名、急需紧缺人才600余名，配置人才公寓80余套。实施军民融合发展战略行动计划，渝中区野战医疗救护后方基地加快推进，巴蜀中学与中国航天第十二研究院共建“钱学森班”，定向培养创新人才。

【民生保障和改善】 坚持以人民为中心，深入实施以需求为导向的保障和改善民生行动计划，让改革发展成果更多更公平地惠及人民群众。民生实事顺利完成。民生领域支出51.63亿元，占一般公共预算支出的比重达69.7%。整治老旧住宅外墙安全隐患19处，完成老旧住宅加装电梯16台、老旧电梯安全隐患整治60台，完成棚户区改造2.3万平方米，实施老旧居民楼周边环境提升工程31个，完成区级廉租房修缮升级245套，改造排水管网10千米，新建改建公厕8个，解决房屋“两证”遗留问题10万余平方米，妥善处置“四久工程”3个，实施公共绿地项目13个，建成人行天桥2座，完工山城步道3条。建成市少年宫车库，有效缓解中山二路交通压力。就业工作不断加强。实施“就在山城”就业促进行动计划，开展职业技能培训1.1万余人次，举办现场招聘会59场、提供就业岗位1.2万余个。新建就业见习基地251家，帮助就业困难群体就业3700余人，提供创业担保贷款3400余万元，发放技能提升补贴和稳岗补贴8300余万元、稳岗返还金4.9亿元。城镇新增就业5万人，调查失业率控制在4.5%以内。社会保障扎实有力。养老保险、医疗保险参保率超过95%。国家组织药品集中采购和使用试点工作落实落地，完成率300%。发放廉租房租赁补贴1600余户，廉租房实物配租4200余户。发放各类优抚资金3000万元。建设社区养老服务中心（站）18个，通过全国居家和社区养老服务改革试点区验收、获评全国“优秀”。社会救助精准实施。全力打好对口帮扶•城市解困攻坚战，推进低保“应保尽保”，发放低保金7600余万元，援助巫溪县资金实物超过4000万元。实施“人生关怀”工程，投入1.6亿元，惠及48万人次。开展困难群众医疗救助9.6万人次，支付救助资金1850万元。资助各类学生6万余人次，涉及金额4300万元。退役士兵社会保险接续工作稳妥实施。启动社会救助和保障标准与物价上涨挂钩联动机制，积极应对猪肉等的价格上涨。

【社会事业发展】 围绕不断满足人民日益增长的美好生活需要，持续深化“十分钟公共服务圈”建设，核心功能优势不断增强。教育事业优质发展。出台教育高质量发展30条措施和三年工作计划，推进中华名校和全市一流学校建设，美育改革获全国新时代美育突出贡献奖，推动优秀校园长、教师交流轮岗360人次，中小学幼儿园办学实现集团化全覆盖，公办幼儿园在园幼儿占比达46.2%，普惠性幼儿园覆盖率达72.1%。持续优化校点布局，大坪小学改扩建工程等22个项目加快建设，完成10所小区配套幼儿园治理，整治非法幼儿园11所。健康渝中加快推进。完成公立医院薪酬制度改革试点，中医骨科医院启动国家三甲专科医院创建，上清寺社区卫生服务中心位列全国社区医疗机构第31位，七星岗社区卫生服务中心医养结合病房等6个项目建成投用。实施国家基层高血压医防融合试点，免费开展妇女“两癌”检查等民生服务1.1万人次，新建公共场所母婴设施17个、家庭医生工作室28个。建成数字化接种门诊4个，实现疫苗全程可追溯管理。文体事业不断繁荣。深化国家公共文化服务体系示范区建设，实施文化惠民工程，举办世界大河歌会等大型文化活动8场，开展文化惠民活动500余场，用好群众文化云平台、累计服务97.5万人次。安装更新社区健身路径设施351件，创建市级健身点2个，举办全民健身“四季歌”、解放碑CBD登高楼等体育活动近百场，荣获市第九届全民健身运动会团体第二名。

【社会和谐稳定】 时刻牢记“渝中出不得事、出不起事、不能出事”，全力打好防范化解重大风险攻坚战，社会大局持续和谐稳定。社会治理有力有效。全面推广“党建＋物业”管理模式，推进网格化社会治理，创新开展“三上三清”社区服务行动，实施社会工作服务项目29个，新增等级社会组织7家，建成社区便民服务中心3个、特色示范社区23个。常态化开展领导干部接访下访，开展矛盾风险减存量、控增量、防变量行动，市交信访积案15件全部化解。建成诉调对接•速裁中心，化解社会矛盾纠纷4098件，化解率达98.1%。社会大局安全稳定。深入实施“防风险保安全护稳定迎大庆”集中攻坚行动，圆满完成新中国成立70周年大庆安保工作任务。开展安全生产大排查大整治大执法和自然灾害防范应对，生产安全事故起数和亡人数同比均下降28.6%，未发生重大食品药品安全事件。政府隐性债务保持零增长。妥善处置化解“非吸”积案。纵深推进扫黑除恶专项斗争，连续侦破一批大案要案，全区刑事案件、侵财案件连续4年下降，群众安全感指数继续保持在95%以上。

【政府自身建设】 全面落实政府系统从严治党主体责任，深入开展“不忘初心、牢记使命”主题教育。贯彻落实中央八项规定及其实施细则精神，坚决反“四风”树新风，切实减轻基层负担，区政府系统减少会议、文件数量30%以上。严格请示报告制度，向区委请示报告重大事项、重要工作200余次。自觉接受区人大及其常委会的法律监督、工作监督和区政协的民主监督，办理人大代表建议494件，政协提案241件，满意和基本满意率达98.7%。坚持依法行政、全面履职，严格执行规范性文件管理制度，全面推行行政执法“三项制度”。圆满完成全国第四次经济普查。推进“互联网＋督查”，审计监督、政务信息公开、公共资源交易管理、行政复议和应诉工作得到全面加强。双拥、国防动员、国家安全、民族宗教、侨务、港澳台、统计、档案、编制、普法、保密、史志、物价、消防、人防、退役军人、机关事务等工作取得新成绩，工会、妇女、儿童、青年、关心下一代、老龄、慈善、残疾人、红十字、科普等事业取得新进步。

【第十三届区政府区长、副区长】

区　长：左永祥（2019年10月任代理区长）
　　　　商　奎（2019年4月离任）
副区长：王　勇　黄孝明　邓光怀
　　　　鲁荣锋　蔚传忠　乔　宏
　　　　邹晓宇（2019年4月任职）

【区政府办负责人】

主　　任：罗　毅
副 主 任：阳坤华
　　　　　田　野（2019年1月任职）
　　　　　喻才峰（2019年1月任职）
　　　　　高　盈
　　　　　周子栋（2019年4月任职）
　　　　　张明功（2019年2月离任）
纪检组长：颜　方

（刘冠男）

外事工作

【概况】 重庆市渝中区人民政府外事办公室（简称“区政府外办”）于2019年1月8日挂牌成立，是区政府组成部门，也是区委工作机构。区委外办、区政府外办两块牌子一套班子。作为区级地方外办，对接市委外办、市政府外办、市政府港澳办、市对外友协4个市级部门，履行对渝中区外事、港澳、友协工作的统筹协调和归口管理职能。2019年，区政府外办内设综合科、国际交流科2个科室和涉外及领事（港澳）服务中心1个事业单位，行政编制5名，在职5人，事业编制5名，在职2人。办公地址位于渝中区和平路1号星河商务大厦。区政府外办的主要职责是：贯彻执行党和国家外事、港澳方针政策、法律法规，相关地方性法规、规章、政策，以及市委、市政府的决策部署和区委、区政府的工作要求；研究制定本区对外交往工作计划以及有关政策的具体措施和办法并组织实施；围绕本区经济社会发展开展调查研究，为区委、区政府的外事、港澳工作决策提出建议，统筹协调本区与港澳合作交往事宜，促进本区与国（境）外的经济、科技、文化、教育合作与交流；负责办理与外国驻渝领事机构的交往和交涉事宜，指导本区各单位与外国驻渝领事机构的交往事宜；负责邀请国（境）外人员来访有关事宜；配合有关部门接待来访的重要外宾及港澳有关人士；受市政府外办委托，参与国（境）外在本区新闻机构及记者的管理服务工作；负责管理本区因公出国（境）工作，按照授权和管理权限，负责相关事宜的审核报批及因公护照、因公赴港澳通行证等管理工作，统筹安排区级领导外事活动和出访事宜；负责本区与外国友好城市、友好区（市）县以及其他结好单位的交往活动及相关的归口管理工作；审核报批在本区举行的国际性会议，牵头协调本区外事、港澳工作及其重大活动；协助处理本区公民在海外的领事保护事宜及外国人在本区涉案（事）件处置，协助处理本区涉外案（事）件。

区政府外办围绕打造中西部国际交往中心核心区新定位，主动谋划，积极作为。在“2019年区县外事工作考核”中，区政府外办被中共重庆市委外事工作委员会办公室评为“一等奖”单位。

【渝中外事基本情况】 区内有加拿大、日本、英国、柬埔寨、丹麦、菲律宾、匈牙利、埃塞俄比亚、荷兰、意大利和乌拉圭11家驻渝总领事馆，均设立在解放碑中央商务区。渝中区与俄罗斯弗拉基米尔市、美国加利福尼亚州圣迭哥郡两个国际城市正式缔结了友好城市关系。现有苏联大使馆旧址、法国领事馆旧址、澳大利亚公使馆旧址、土耳其公使馆旧址、美国大使馆旧址、丹麦公使馆旧址、德国领事馆旧址、大韩民国临时政府旧址、江全泰号、重庆海关旧址等23处开放历史文化资源。其中，17处开放历史文化资源被列入市级及以上文物保护单位，苏联、法国、澳大利亚、土耳其4国外事机构旧址为国家级文物保护单位。

【国家总体外交服务】 全力服务保障2019上合组织地方领导人会晤等15场次国际会议，配合完成韩国总理访渝等60余批次外事接待任务。争取外交部和市政府外办支持，接待乌拉圭、印度尼西亚、约旦、白俄罗斯等7批次驻华大使代表团来渝访问和考察。赴京对接拉美及加勒比等地区的33个国家驻华大使馆，促成乌拉圭、白俄罗斯在渝中设立总领事馆。

【全域开放发展服务】 全年组织6批次代表团分别赴新加坡、柬埔寨、英国、美国、巴西、乌拉圭等国家和香港、北京、成都等地区开展经贸合作和人文交流。协助意大利等5家驻区总领事馆及澳大利亚等4家涉外机构举办投资洽谈活动，组织辖区企业参加“一带一路”陆海联动发展论坛和“中国—阿拉伯国家博览会”等7场次国际会议，推动国际经贸交流合作务实有效。

【外事资源活化利用】　完成韩国光复军总司令部旧址文物保护工程。协调启动史迪威将军博物馆、鹅岭苏军烈士墓等修缮工程。协助鹅岭公园管理处对土耳其、丹麦和澳大利亚公使馆旧址进行整修，加快推进鹅岭使领馆旧址展示区建设。

【对外交流合作】　举办驻渝领事机构、涉外商务机构服务工作座谈会，重庆市港澳顾问团座谈会暨渝中区产业发展推介会和重庆直飞布达佩斯直航仪式。联合区委宣传部、中央人民广播电台国际在线，打造“重庆母城•美丽渝中”全球多语种发布平台。配合韩国、德国、意大利等国家记者代表团拍摄渝中宣传片，向世界传递“渝中声音”。牵头或配合市区部门、驻区领事机构和辖区企业举办“第七届中国西部匈牙利文化节布达佩斯之春”“GIADA 米兰时装秀”“乌拉圭当代艺术展”等 20 余场次国际时尚文化交流活动。支持巴蜀小学校、人民小学校“走出去”，到英国、美国、柬埔寨等国家开展学术交流。

【涉外安全管理】　成立防范化解对外工作领域风险专项小组，制定工作制度和预案。举办涉外安全防范培训，开展“安全文明出境游宣传月”活动。联合公安等部门稳妥处置涉外案（事）件 11 起。执行中央八项规定精神和因公出国（境）各项规定，2019 年，全区 21 批 54 人次因公出访工作安全有序顺畅。

【党建工作】　结合外事工作实际，完成 14 次集中学习。深入研讨《习近平总书记在“不忘初心、牢记使命”主题教育工作会议上的重要讲话》《习近平总书记视察重庆重要讲话（2019 年 4 月 18 日）》《中国共产党第十九届中央委员会第四次全体会议公报》以及论述选编、论述摘编、学习纲要等 52 篇重要篇目，收集整理发言稿 32 篇。机关支部按照“八个一”活动要求，组织全体干部职工观看爱国主题电影《我和我的祖国》《中国机长》，到渝中智慧党建教育培训基地、红岩革命纪念馆等地接受革命传统教育 18 人次，组织观看《蜕变的初心》《警钟长鸣》《如果爱请廉洁》等廉政教育警示片 2 次。开展形势政策教育、先进典型教育各 1 次。

2019 年驻区领事机构名录

序号	领事机构	地址
1	英国驻渝总领事馆	渝中区邹容路 68 号大都会商厦 28 楼
2	柬埔寨驻渝总领事馆	渝中区民族路 188 号环球金融中心 29-4
3	日本驻渝总领事馆	渝中区民族路 188 号环球金融中心 42 楼
4	菲律宾驻渝总领事馆	渝中区民族路 188 号环球金融中心 22 楼
5	匈牙利驻渝总领事馆	渝中区民生路 235 号海航保利国际中心 36-A
6	埃塞俄比亚驻渝总领事馆	渝中区民权路 27 号新华国际 2204
7	加拿大驻渝总领事馆	渝中区邹容路 68 号大都会商厦 17 楼
8	丹麦驻渝总领事馆	渝中区邹容路 68 号大都会商厦 31 楼
9	荷兰驻渝总领事馆	渝中区民权路 28 号英利国际 5404
10	意大利驻渝总领事馆	渝中区民族路 188 号环球金融中心 49 楼
11	乌拉圭驻渝总领事馆	渝中区民族路 188 号环球金融中心 20 楼 3 单元

【区政府外办负责人】

主　任：江永红（2019 年 1 月任职）

副主任：徐　鹏（2019 年 1 月任职）

（冯俊杰　王永香）

人事人才工作

【概况】 重庆市渝中区人力资源和社会保障局（简称“区人力社保局”）于2009年12月设立，为区政府工作部门。办公地址位于渝中区和平路211号。2019年1月3日，按照《中共重庆市渝中区委 重庆市渝中区人民政府关于印发〈重庆市渝中区机构改革方案〉的通知》精神，将公务员科职能职责划转至中共渝中区委组织部。内设办公室（行政审批科）、事业单位人事管理科（渝中区职称改革办公室）、人力资源流动管理科、就业管理科、社会保险科、劳动保障监察科、劳动关系和仲裁管理科、工资福利和表彰奖励科等8个科室。机关有行政编制27名、工勤编制2名，在职公务员26人、工勤人员2人。下辖重庆市渝中区社会保险局、就业和人才服务局、劳动保障监察大队、劳动人事争议仲裁院4个参照公务员法管理的财政全额拨款事业单位和重庆市渝中区人事考试中心、社会保障档案服务中心2个公益一类事业单位。区人力社保局的主要职责是：贯彻执行人力资源服务业发展、人力资源流动政策，全区就业再就业及相关优惠政策落实工作，养老、失业、工伤等社会保险参保、缴费及待遇支付工作，事业单位工作人员招录及日常管理工作，劳动争议、劳动纠纷案件处理及劳动者合法权益维护工作等。

2019年，区人力社保局加强干部人才队伍建设，组织事业单位公开招聘考试16场次，招聘区属事业单位工作人员299人，其中引进教育、卫生系统高层次和急需人才25名。全年城镇新增就业5.05万人，新增创业1.33万人。发放创业担保贷款3528万元，支出就业专项资金3408.02万元。社会保障能力持续提升，推行全民参保计划，2019年底，渝中区城镇企业职工基本养老保险、机关事业单位养老保险、城乡居民基本养老保险、工伤保险、失业保险参保人数分别为78.35万人、1.24万人、0.48万人、59.36万人、61.87万人。组织各类普法宣传活动6次，发放各类宣传资料6000余册，接待现场咨询2000余次。开展清理整顿人力资源市场秩序等专项执法检查1次，检查用人单位887户。接待现场咨询3.18万人，接听热线电话4.28万个。下属参公单位区劳动保障监察大队获人社部、市场监管总局“2019年全国清理整顿人力资源市场秩序专项执法行动突出成绩单位”联合表彰。

【基层党建】 区人力社保局党委为区委所属基层党委，下属2个党总支、19个党支部，中共党员共235人。开展“不忘初心、牢记使命”主题教育，全年组织召开党委理论中心组学习会19次，集中学习6次，领导干部讲授专题党课7次，指导督促局属各党支部开展学习教育活动190余次。抓好日常监督检查，利用调研、日常走访、专项检查等开展党建督查检查9次，组织开展“软弱涣散”党组织排查1次，开展党建工作研究20余次。组织开展“学习新思想 点赞70年 建功新时代”微宣讲比赛，邀请区委宣讲团成员专项宣讲2次，组建“社会保障，就在渝中”宣讲队深入服务对象宣讲企业45家。用好“学习强国”等学习平台，推送转载重要学习信息700余条次。组织党员干部到红岩革命纪念馆、周公馆、渝中智慧党建教育基地、长寿廉政教育基地参观学习10余次。发放《习近平总书记重要讲话文章选编》《习近平关于“不忘初心、牢记使命”论述摘编》等学习书籍600余册，切实抓好党员干部的学习教育。不断强化党风廉政建设，用好“两个责任”监督系统，全年主动添加并完成工作任务50项，完成上级交办的工作任务64项，梳理排查岗位廉政风险点145个，并制定防范措施。全区67家民办培训机构，单建党支部10个（其中市级学校3个，区级学校7个），挂靠公司党支部8家，被其他社区党组织覆盖12家，共有43名党员，全区民办培训机构的党组织组建率为100%，覆盖率为54%。

【依法行政及窗口服务】　全年网审平台受理行政审批申请393件，梳理行政权力事项40项、公共服务事项116项。办理骗保、移交拒绝稽核等行政执法案件31件，处理行政复议案件15件、行政案件应诉30件。对就业创业、社会保险、职称办理、劳动维权等实行窗口服务。设立职业资格证书办理、职称办理、劳动监察、劳动仲裁等8个接待窗口，全年接待来电来访群众2万余人次。区社会保险局、就业和人才服务局均入驻区劳动就业社会保障服务大厅，有办事场所面积2万余平方米，设立108个办事窗口，全年接待来电来访群众6万余人次。

【事业单位与工作人员管理】　从社区招聘事业单位工作人员1场次，拟聘人员3名。办理事业单位领导选拔任用备案36人次。完成2018年度区属事业单位岗位聘用认定备案统计和岗位聘用工作，核准13个主管部门使用专业技术岗位聘用406人次。开展2019年岗位竞聘上岗，核准使用岗位、办理聘用手续789人次。对机构改革后相关133个事业单位岗位结构比例进行初次设岗或动态调整申报，对政策性安置和调动人员重新确定岗位共计93人次。组织区属事业单位工勤转岗考试，合格40人、不合格3人。完成2018年度事业单位工作人员年度考核和事业单位定期奖励。会同区委组织部对1066名事业单位工作人员进行嘉奖，给予2018年度国家级教学成果奖特等奖、二等奖获奖项目相关成员吴倩等4人记功、王国华等69人嘉奖，按奖励程序上报市人力社保局对特等奖获奖单位巴蜀小学集体、校长马宏个人作出记大功奖励。配合区委组织部做好党群事业单位人事管理事项移交工作。会同相关部门对2019年度区属15家事业单位负责人进行经济责任审计。

【人事教育培训】　全年组织渝中区事业单位工作人员8000余人（次）参加重庆市专业技术人员公需科目培训学习，举办除教育、卫生系统以外新招聘事业单位人员岗位培训班，76名事业单位新招聘人员参加培训。

【人事制度改革】　坚持事业单位解聘、辞聘制度，共办理区属15家事业单位解聘2人、辞聘38人。组织完成职教渝中片区职称评审，参评122人，评审通过117人。组织完成普通中小学教师职称评审，参评169人，全部通过评审。召开工程技术渝中区职称评审会，参评127人，评审通过122人。全年确认专业技术职务26人，申报特殊人才5人，其中4人已取得相应任职资格。

【人才服务】　推荐人力资源公司参与承办第四届电子商务人才预约式专场招聘会，41家电子商务企业提供中高端岗位招聘，吸引求职者619名，意向签约率达31%。与区委组织部、区委统战部、团区委、区侨联和解放碑CBD管委会于11月29日联合举办渝中区2019年海归人才招聘会。由区委、区政府主办，与区委组织部、解放碑CBD管委会承办的2019重庆（渝中）人力资源峰会于12月10日成功举办，吸引近500名企业代表参加。经市人力社保局批准成立重庆市专家服务基地1个（山城老年大学）、重庆市首席专家工作室2个（巴蜀幼儿园罗虹、巴蜀小学马宏）、重庆市首批脱贫攻坚及乡村振兴专家服务团1个（人和街小学肖方明团队）、市级博士后科研工作站1个（重庆港力环保股份有限公司）。开展“才聚渝中”系列引才活动，为辖区企业发布引才路线12条，组织引才活动6场，赴四川大学、武汉大学、重庆大学、西南大学等高校开展引才洽谈会，实际签约264人，其中硕博人才88人。接收2567份流动人员人事档案，保管2.29万份档案。协助重庆市重点信息产业企业招工7741人。落实“鸿雁计划”，新认定“鸿雁计划”人才8人，为14名人才发放奖励资金87.27万元，为10家用人单位发放引才补助27万元。发挥区高层次人才服务平台职能，为36名高层次人才上门递送人才服务证并提供“一站式”服务。

【人才招聘及考试】　组织区属教育事业单位公开招聘7场次、卫生事业单位公开招聘7场次、区属其他事业单位公开招聘2场次，招聘299人；承办公务员及事业单位公招笔试、一级注册消防师、二级造价工程师等各类考试共计7场，近5万人参加考试。

【表彰奖励】 成立区评比达标表彰工作协调小组，明确机构职能和工作机制。会同区发改委、区住建委制订渝中区经济发展工作和渝中区城市提升工作先进集体和先进个人推荐评选实施方案。完成渝中区2020年两个表彰项目“渝中区推动经济高质量发展工作先进集体和先进个人”和“渝中区社会治理工作先进集体和先进个人”申报。组织评选推荐全国模范法院和模范法官、全国教育系统先进集体和先进个人、全国财政系统先进集体和先进工作者等，共评选推荐国家级集体3个、个人4名，市级集体6个、个人16个。完成“庆祝中华人民共和国成立70周年”纪念章颁发统计及组织发放工作，全区共报送559人，按规定颁发纪念章496枚和慰问金99.2万元。

【工资档次、津补贴变动】 全年审批全区机关事业单位职工各类工资变动1.52万人次。其中公务员按年度考核结果晋升级别工资920人次、晋升级别工资档次1001人次，事业单位工作人员晋升薪级工资8482人次。完成全区1.2万名机关事业单位在职职工统发工资8.2亿元。

【机关事业单位退休人员管理服务】 审批退休人员一次性退休补贴8人次16万元，科级以下职工退休8人次，死亡一次性抚恤金38人725万元。发放退休女职工“三八”妇女节慰问品262人次。

【人力资源市场管理】 依法实施人力资源服务行政许可，明晰审批流程，新审批设立人力资源服务机构9家，区管机构总数达到72家。加强与劳动保障监察部门的协调配合，促进行业规范经营发展。

【青年就业见习】 新备案青年就业见习基地297家，全区就业见习基地增至884家，新开发就业见习岗位5352个，累计开发岗位20634个。组织1555名高校毕业生参加就业见习，为211家见习基地发放补贴649.13万元。2家基地被评为重庆市2019年度青年就业见习示范基地。

【区人力社保局负责人】
局　长：刘　路
副局长：田　野　李昌隆　刘建国

（谢均妮）

民族 宗教

【概况】 渝中区民族宗教事务委员会（简称“区民宗委”）为区政府工作部门，办公地址位于渝中区和平路管家巷9号。2019年，有行政编制4人，其中副主任2名。区民宗委的主要职责是：贯彻执行民族宗教工作的法律法规和方针政策，协调处理民族宗教方面的突发事件和影响社会稳定的问题，依法保护宗教信仰自由和正常宗教活动，依法维护民族、宗教界同胞的合法权益等。

2019年，区民宗委围绕民族工作主题和宗教工作基本方针，不断夯实渝中民族宗教工作基础，圆满完成各项工作任务，确保全区民族宗教领域祥和稳定。

【民族工作管理服务机制建设】 夯实基层基础工作，开展辖区少数民族流动人口调研工作，建立流动少数民族人口数据库。建立党委领导，社区民警、社区干部、辖区企事业单位及少数民族居民代表多方参与的社区民族工作协调会议制度。加强与少数民族人口来源地联系，主动对接新疆、青海等驻重庆工作组，全面了解辖区内新疆、青海籍少数民族人员情况。创新强化与社会组织协作，建立与重庆甘肃商会沟通联系机制，不断汇聚做好民族工作正能量。

【民族团结进步和创建活动】 围绕“庆祝70周年华诞•共同奋斗新时代”活动主题，开展第九个民族团结进步宣传周活动，对新中国成立70周年经济社会各项事业发展取得的成就、落实党的十九大精神和习近平总书记视察重庆重要讲话精神的举措和成效、党的民族政策以及法律法规等内容进行了广泛宣传。定制1500份印有民族团结进步宣传标语的环保袋发放至各部门、街道，充分利用微信、QQ、微博等网络平台积极宣传。宣传周期间，全区设立宣传站点25处，开展文艺演出11场，发放宣传资料8500余份，开展院坝会30余次，发放慰问物资近2万元，取得较好效果，进一步筑牢中华民族共同体意识，巩固全区平等、团结、互助、和谐的社会主义民族关系。

【少数民族合法权益维护】 依法办理民族成份变更2起；协调在渝务工少数民族子女入学问题3起，切实维护少数民族合法权益；做好穆斯林斋月、古尔邦节期间的管理工作，开斋节邀请部分穆斯林群众进行座谈、慰问，关心关怀在渝少数民族同胞。

【《宗教事务条例》学习贯彻】 2019年，区民宗委继续加大对《宗教事务条例》的学习、宣传、贯彻，将其纳入党校（行政学院）、社会主义学院初任公务员培训班，处级干部培训班及科级干部培训班等各主体班教学内容。继续加强宗教工作“三支队伍”建设（党政领导干部、宗教工作干部和宗教界人士），提高干部运用法治思维和法治方式处理宗教问题能力。加强行政执法队伍建设，全年新申领行政执法证1个，区民宗委行政执法力量得以加强。

【宗教工作自查整改】 严格按照中央宗教工作督查反馈意见和整改工作要求，对《渝中区宗教工作督查整改问题清单》中提到的党委对“宗教工作的领导需要进一步加强”、“治理基督教私设聚会点工作需要进一步加强”、“抵御境外利用宗教进行渗透工作需进一步加强”等七个方面的问题逐一进行清理，用钉钉子精神抓好整改，取得明显效果。

【宗教场所规范管理】 对区域内的11个宗教活动场所的安全、工程建设、制度建设等情况，随时进行检查走访，及时做好沟通协调工作。做好佛教商业化治理工作，11月在市佛教协会召开罗汉寺商业化问题整治工作会，要求罗汉寺进行整改，规范内部管理。坚持宗教中国化方向，引导宗教与社会主义社会相适应，圣爱堂、若瑟堂、清真寺等有条件的宗教场所悬挂国旗。加强宗教教职人员队伍建设，做好认定备案、日常监督、请假备案等常态化管理，着力培养中青年骨干教职人员。

【寺观教堂建设】 多次协调相关部门研究区域内寺观教堂的修建工作。有序推进关岳庙围墙工程建设，8月底实现竣工。推进东华观陈列布展项目，工程部分年底前完工。协调推进若瑟堂财务审计、圣爱堂迁建等项目。寺观教堂建设有序推进。

【安全监督检查】 定期到宗教活动场所开展安全检查，与各宗教团体签订安全生产责任书。及时召开宗教活动场所安全稳定工作会，传达落实全市安全稳定电视电话会议、全区安全稳定工作安排部署会议精神，并在有条件的场所开展消防演练。切实抓好开斋节等重要时间节点安全管理工作，维护安全稳定。对排查出的穆斯林大厦、大坪福音堂、解放西路教堂的安全隐患积极开展整治，及时消除安全隐患。

【意识形态阵地管理】 4月15日，区民宗委在日月光广场开展以反邪教宣传为主题的宗教政策法规宣传活动，引导广大群众正确认识宗教和理性对待宗教，自觉抵制非法宗教活动。全面抵御意识形态领域渗透工作，对临时聘请外地宗教教职人员主持宗教活动的，严格执行备案审批制度。加大宗教界代表人士队伍建设，推荐综合素质高的中青年教职人员担任人大代表和政协委员等职务，为他们表达宗教界合理诉求、为经济社会发展出谋划策搭建平台，努力建设一支政治上靠得住、宗教上有造诣、品德上能服众、关键时起作用的宗教界代表人士队伍。

【区民族宗教委负责人】

主　任：杨　琳（2019 年 1 月离任）

副主任：刘　庆

王　旭（2019 年 1 月任职）

（练君）

信访稳定

【概况】 重庆市渝中区信访办公室（简称“区信访办”）是区政府主管信访工作的职能部门，办公地址位于渝中区和平路 211 号，群众接待场所位于和平路 192 号新民花园一楼。2019 年，内设综合科、办信科、信访稳定协调科、督查科 4 个科室，核定行政编制 12 名，实有 10 人。下属渝中区群众工作服务中心，为正科级、公益一类、财政全额拨款事业单位，核定事业编制 12 名，实有 10 人。区信访办的主要职责是：受理、交办、转送群众提出的信访事项，组织开展干部接访下访群众、人民建议征集；承办上级国家机关交办和领导批示的信访事项，对信访事项进行复查复核；协调事权单位处理疑难复杂信访问题，组织协调责任单位妥善处置群众上访和群体性事件；负责信访矛盾纠纷排查调处，督促各单位开展稳定风险评估，对群众反映强烈的信访问题进行调查研究；承担全区信访干部业务培训，组织实施信访工作目标管理考核，健全完善信访稳定工作机制。

2019 年，全区有重大影响的群体性事件继续保持“零发生”。信访结构趋好，主要信访数据指标呈现“两上升、六下降”的总体趋势，即群众来信、网上投诉信件数据指标呈上升趋势，群众到区集访、非访、到市集访、越级访和批次、人次数据指标均呈下降趋势。

【党建工作】 扎实开展“不忘初心、牢记使命”主题教育。全年共开展中心组学习 25 次，党员集中学习 12 次，开展“信访大讲堂”21 次，上党课及微党课 12 人次，邀请区委十九届四中全会宣讲团成员宣讲十九届四中全会精神 1 次。按照每名党员每年不低于 200 元的标准落实党员经常性教育管理经费，坚持支部主题党日、实践锻炼活动经费实报实销，坚持每月研究一次党群工作，每季度召开一次党组成员和支部、工会“两委”全体成员参加的联席会。每半年召开一次离退休支部情况通报会，提升基层党组织的向心力、凝聚力和战斗力。全年交流调整处级干部 3 名，提拔 6 级职员 1 名。坚持党群联创联建，实行优势互补、资源共享、文明共创、良性互动、互惠双赢，组建羽毛球、书画、摄影等兴趣小组，坚持每季度组织开展 1 次党群活动。2019 年，区信访办获评全市人民意见建议征集优秀组织奖，成功创建“市级模范职工之家”。

【重大风险防范化解】 2019 年，区信访办围绕做好新中国成立 70 周年信访稳定工作任务，按照中央和市委关于打好“三大攻坚战”部署要求，对《渝中区深入开展矛盾纠纷控增量减存量防变量行动实施方案》中涉及的 7 大领域 88 个重点矛盾逐一会同各相关事权单位进行妥善处置。畅通拓宽群众诉求表达渠道，在日常办信、接访的基础上，积极开拓网上信访、信访代理等多种表达诉求渠道。健全完善社会稳定风险评估、矛盾多元化解、信访代理等工作机制。深入开展“稳评提质年”活动，扎实推进“1+4”稳评制度体系实体化运行，推动稳评工作扩面提质增效。2019 年，中央和市委、市政府交办信访案件按期办结率达 100%，市联席办交办信访积案化解率达 80% 以上。

【领导干部接访下访】 全年，区级领导公开接访 113 件次，走访下访 179 件次，专题约访、带案下访群众 48 件次、325 人次，参加社区工作日、企业服务日 20 次，接待群众 500 余人次，研究解决矛盾问题485件，化解率达100%。处级领导通过公开接访、走访下访、重点约访、参加社区工作日等形式开展群众工作1628件次，接待群众2257人次，解决群众矛盾1166件次，化解率达99.3%，确保了全区社会大局持续平稳。

【四项攻坚行动】 在房地产开发建设、非法集资、退役军人服务管理、家庭装饰装修、危改拆迁遗留问题、物业管理和“违法上访、非法维权”等7个领域开展“4+3”信访突出问题专项治理。全力抓好紫薇北苑和轻轨美伦小区产权证办理和安置房办证工作的专项治理；协调处理农民工工资纠纷10起，协助发放农民工工资1257.28万元；新立非法集资案件3件，涉及人数251人，涉及金额1120万元；化解物业矛盾17件，处理群众物业信访投诉44件；梳理汇总退役军人诉求171条，落实公益性工作岗位8人，慰问走访重点优抚对象200余人；受理家庭装饰装修投诉25件，办理21件，办理率达84%。全年共打击处置违法上访、非法维权人员34人次，其中警告1人次、行政拘留32人次、刑事拘留1人次。截至2019年底，市信访办交办5件重点问题已化解2件，化解率达40%。成功教育稳控、现场处置各类集访非访38批次。市级交办渝中区15件重点问题已化解15件，化解率达100%；22件重点矛盾已化解20件，化解率达91%。开展稳评并完成审查性备案项目13件。对重点人员严格按照“五个一”要求进行包案化解，已化解自排查重点人员11人，重要敏感时段稳控率达93.6%。

【重点时段攻坚】 针对全国、市、区两会，五一，新中国成立70周年等重要敏感节点，全面启动“战时机制”，严格落实“五个每日”工作机制。全年共组织公安干警、党政干部3.8万余人次参与各级各类重要会议现场值守；参与各级各类重要会议、重大活动现场信访稳定值守工作800余人次，处置129次应急突发事件，圆满完成22次重大外事活动现场信访稳定工作。特别是“迎大庆”期间，牵头组建800余人党政干部工作专班，对全区现有86名重点人员严格实行“日点名”制度，落实24小时稳控措施，实现“迎大庆”期间进京到非接待场所滞留零人次的既定目标。区信访办荣获渝中区新中国成立70周年安保维稳工作集体三等功、2人分别荣立重庆市新中国成立70周年安保维稳工作个人二等功、三等功。

【队伍建设】 按照年度工作计划，有序组织信访业务工作培训。5月、6月、12月分别在厦门大学、九龙坡金凤镇和西南大学对全区信访干部进行“防范化解社会矛盾重大风险攻坚战”“重复信访专项治理”“深学笃行习近平总书记关于加强和改进人民信访工作的重要思想”集中培训，受训人员达550余人次。通过不同层次的业务培训，提高信访干部的业务能力和综合素质，提升信访工作水平。

【区信访办负责人】
主　　任：赵　彪（党组书记）
副 主 任：苏晓兵（2019年1月任职）
　　　　　赖国权　孔　晟
　　　　　钟华锋（2019年1月任职）
　　　　　李洪其（2019年1月离任）
督查专员：王　旭（2019年1月离任）

（谢亚梦）

应急管理

概　述

【概况】 渝中区应急管理局（简称“区应急局”）成立于2019年1月，是主管全区安全生产工作的行政机构。2019年1月，根据机构改革方案，将区安全生产监督管理局的职责，区政府应急办应急综合管理职责，区民政局灾后救助的职责，区规划自然资源局（原区国土局）地质灾害防治的职责，区科学技术局地震灾害应急救援的职责，区城市管理局水旱灾害防治、城市绿地防火的职责整合，组建渝中区应急管理局。办公地址位于渝中区和平路192号新民花园。局领导班子设局长1人，副局长3人，政治处主任（副处级）1人。有行政编制12人。内设办公室、应急救援协调科（应急指挥中心）、安全生产综合协调科（安全生产巡查室）、行业监督管理科（行政审批科）、法规宣教科，共有办公室主任1人，科长6人。直属科级参照公务员法管理的事业单位渝中区安全生产监察执法大队，有事业编制13人，设大队长1人，副大队长2人。另下设渝中区安全生产应急救援中心、渝中区安全生产调度信息中心、渝中区安全生产培训中心与渝中区安全生产监察执法大队合署办公。区应急局的主要工作职责是：负责应急管理工作，指导协调各单位应对安全生产类、自然灾害类等突发事件和综合防灾减灾救灾工作；贯彻执行国家应急管理和安全生产方面的法律、法规、规章和标准，组织编制全区应急体系建设、安全生产和综合防灾减灾规划，起草相关领域规范性文件草案；指导全区应急预案体系建设，建立完善事故灾难和自然灾害分级应对制度，组织编制全区总体应急预案和安全生产类、自然灾害类专项预案，综合协调应急预案衔接工作，组织开展预案演练，推动应急避难设施建设；牵头建立全区应急管理信息系统，建立监测预警和灾情报告制度，健全自然灾害信息资源获取和共享机制，依法统一发布灾情等。

2019年，区应急局积极适应新机构、新形势、新任务。狠抓安全生产和自然灾害防治工作，全区安全发展形势持续稳定，共发生生产安全事故10起，死亡10人，同比下降28.6%，未发生较大及以上生产安全事故，应急管理经验做法被市委办公厅专刊转发，主题教育成果《锻造实干担当“宽肩膀”》在《中国应急管理报》头版头条刊载。2019年，荣获渝中区新中国成立70周年安保维稳工作集体三等功。

【宣传培训】 区应急局利用与街道开展党建共建活动时机，在马家堡、袁家岗等社区开展应急安全宣讲，发放宣传资料，接受群众咨询。深入开展安全宣教“七进”、“安全生产月”、“森林防火宣传月”、“3•23”世界气象日、“5•12”防灾减灾日、“安全在我心中”美术书法大赛、“安全伴我行”文艺创作比赛、“安康杯”竞赛、青年安全示范岗等系列活动，联合七星岗街道编排“提升居民安全意识•创安全和谐社区”安全情景剧并深入社区巡演，提升全民安全意识。在《渝中报》、“在渝中”App等媒体平台中开设安全宣传专栏，定栏定标并逐期推稿。严格执行有奖举报工作制度，畅通举报渠道、严格调查处理、及时兑现奖励、自觉接受社会监督，营造打击安全违法行为“人人参与、人人出力、广泛协作”的良好社会氛围。先后完成“七•五”普法中期总结、配合区政府开展创建全国法治政府建设示范区工作、组织参加全市2019年应急管理普法知识竞赛网上答题活动，9700余人次参与。在公共电子显示屏播放科普短视频、安全提示、公益广告795条次，开展安全知识技能竞赛6场，参与1840人次。围绕危险化学品、道路交通、消防等易发生较大事故的行业领域，在重点时间节点，及时发布预警信息和安全提示50余条，指导企业防范生产安全事故。6月，指导全区各部门和街道集中组织观看警示教育片、警示教育展，播放警示教育宣传片94场次，直接受教育4764人次。全年共开展宣讲43场，企业、学校主要负责人宣讲153场，邀请专家宣讲13场，发放宣传资料70000余份，组织开展安全场馆参观8场，7家危化品企业开展“安全生产公众开放日”活动，现场参观120余人次。

【标准化创建】 全区共有工贸行业市场主体53408家，其中个体工商户43542家，工贸八大行业企业9866家（限上企业264家、小型企业1334家，微型企业8268家），限上企业按类型分，商贸企业263家，烟草企业1家。工贸企业按危险类型分，主要涉及有限空间和粉尘防爆。从2012年开展标准化创建以来，区应急局坚持不指定中介机构，让企业自己按市场法则选择适合自己的创建方式，可以自创也可以选择中介辅导，降低企业成本，让企业愿意创标。严格标准考评，每次考评聘请第三方专家，对评审过程进行监督和把关，对存在重大隐患判定标准的和安全标准化评定细则及监督检查清单要求终止评审条款的，考评组马上终止评审。2019 年共终止 3 家单位评审。强化跟踪问效，对评审中的发现的隐患，在评审会上交与行业主管部门，限期整改并形成档案，对隐患整改彻底的予以网上申报证书。全年共完成 8 家工贸企业标准化评审。

【专项行动】 对 80 家危险化学品经营企业（其中 14 座加油站、66 家票据式经营企业），制定年度执法检查计划，并结合季节变化、气候特点、重要时间节点等情况，加大执法检查频次。特别是在“两会”、高温汛期等重点时段和重大节日期间对沿江加油站和重点危化经营单位进行检查，确保管辖范围内的企业绝对安全。全年共检查危险化学品经营单位 84 家次，发现隐患问题 335 个，下达整改指令书 45 份，处罚企业 12 家，罚款 0.84 万元。督促企业落实“日周月”隐患排查机制。根据渝中区夏季多雷电天气的实际，组织加油站开展防雷防静电、动火和受限空间作业等专项检查工作，进一步督促企业整改安全隐患，推进基础建设，促进企业提升安全生产水平。

【烟花爆竹管理】 印制 3000 份危险化学品烟花爆竹打非治违有奖举报海报，每个社区至少张贴 3 张“打非”海报、3 幅“打非”标语，全年开展现场宣传 1818 起、网络宣传 23 起、报纸杂志宣传 19 起、电视媒体宣传 13 起，营造渝中区烟花爆竹打非治违高压态势和全区、全员、全覆盖参与打非治违的良好氛围。会同区公安、商务、市场监管等部门和属地街道深入朝天门、菜园坝等重点区域进行摸排检查，全方位对本辖区重点人员、重点区域实施重点管控，进行地毯式排查。全区共设卡检查车辆 2766 辆次，收缴液化石油气瓶 39 个、汽油 316 公斤，教育警告 4 人，罚款 4.74 万元，为营造全区安全稳定大环境奠定扎实的安全基础。

【服务优化】 深化“放管服”改革，弘扬甘当“服务生”精神，将行政许可事项实际审批时间全部缩短至法定时间的 30% 以内，做到“快事快办、难事巧办、急事急办、特事特办、送证上门一条龙服务”，为企业营造便捷的市场准入环境和“亲商、助商、爱商”的良好氛围。不定期深入行业协会和企业听取意见，了解企业发展最需要、最迫切的问题，做到政府能办的事办到底，企业自己的事帮忙到位。

【党建工作】 深入开展“不忘初心、牢记使命”主题教育，用好用活“学习强国”App、微信工作群等平台，开展集中学习研讨 16 次，查找各类问题 51 个，召开意见征求会、调研成果交流会和专题民主生活会、组织生活会，调研时间均达 3 个月以上，撰写调研报告 5 篇，其中《渝中应急体系建设研究》课题被纳入全区主题教育调研重点课题。班子成员全年上党课 9 次，党课“不忘初心、牢记使命，深学笃用习近平总书记重要论述”被评为全区优秀党课。探索党建与业务深度融合，组织开展“不忘初心•牢记使命•谨记训词”微党课演讲，观看《我和我的祖国》、《中国机长》、“‘国强’的生活——庆祝新中国成立 70 周年重庆生活变迁物证展”等，激发党员的爱国主义情怀和担当奉献精神。组织到重庆最早的党组织发祥地——中法学校参观学习，开展重温“狱中八条”、再学“红岩精神”等革命传统教育和学习张富清、杨骅、较场口消防中队等先进典型活动，激励党员干部担当起新时代应急人的新担当新作为要求。结合区委“街道吹哨、部门报道”工作要求，以“强党性•重落实•促安全•保稳定”“文明在行动•登门查隐患”为主题，组织干部进社区，开展安全知识宣讲 5 场，赠送安全应急手册 2000 册，孤寡贫困家庭安全隐患排查20户，慰问困难群众20人、慰问金额 3000 元，捐赠社区图书 500 册，党员干部以人民为中心的发展思想意识不断增强。“党员在行动•安全进万家”系列主题党日活动被评为 2019 年机关优秀系列主题党日活动。

【廉政教育】 突出政治纪律和政治规矩，引导党员干部树牢“四个意识”，坚定“两个维护”；定期开展党风廉政“日周月”教育（每日廉政走廊熏陶、每周廉政短信警示、每月专题教育强化）、廉政家访、监管企业执法回访，组织观看《蜕变的初心》《房管局长的烂尾人生》等警示教育片5次；通过“观廉史、学廉事、谈廉观、启廉思”扎实推进党风廉政教育，发送廉政短信48条，开展廉政家访12次、监管企业执法回访20次；组织到铜梁廉政教育基地和邱少云烈士纪念馆参观学习；定期通报纪检工作要求，学习《风正巴渝》《廉故事》《廉洁渝中》各类信息12次，强化廉洁从政要求；严格遵守中央八项规定精神，开展紧盯重点时域和重点领域，持续开展“利用名贵特产类特殊资源以权谋私、利益输送等问题”的专项检查和“形式主义、官僚主义”专项整治；组织干部参加“清风半岛·廉洁渝中”廉政箴言硬笔书法比赛并获一等奖1个、三等奖2个。

【队伍建设】 将安全生产监督管理纳入各级领导干部培训内容，组织一类考核单位分管领导50人到应急管理部定点培训院校开展应急专题培训，促进干部综合素质提升；组织执法人员参加市应急局执法培训，4人获得执法资格证；区政府常务副区长王勇、区委常委张远洪先后在区委党校处级干部培训主体班上讲授应急安全课程；区应急局主要领导、分管领导分别到相关部门、街道开展安全生产“党政同责、一岗双责”培训会和应急安全培训。5月和6月，对全区灾害应急报送系统开展2次业务培训，强化街道、社区工作人员的法治意识、基本常识、基本技能。

【区应急局负责人】

局　　长：莫蓉军（2019年1月任职）
副 局 长：李正文（2019年1月任职）
　　　　　王世斌（2019年1月任职）
　　　　　曾令华（2019年1月任职）
政治处主任：陈　静（2019年4月任职）

（蔡甜甜）

防灾救灾

【体系构建】 强化全区应急能力体系建设，坚持“控大事故、防大灾害”目标导向，探索构建应急组织指挥、行政管理、救援力量、制度保障“四大体系”。拟制《全区应急体系建设实施方案》并广泛征求意见；拟制《渝中区防灾减灾工作实施方案》；完成市、区各类应急管理摸底调查；成立2委（区安全生产委员会、区防灾减灾委员会）、8办（道路交通、水上交通、轨道交通、建设施工、危险化学品、旅游、城市运行、消防专项安全办公室）和4个指挥部［森林（城市绿地）防灭火、防汛、抗震救灾和地质灾害防治救援、气象灾害防御专项指挥部］；应急指挥系统专业化，传递汇集各类应急信息，辅助区领导处置各类突发事件（险情），牵头协调区经信委、区财政局、区发改委等多部门，投入400余万元建设渝中区应急指挥中心，进一步理顺防灾救灾体系。拟制《渝中区2019年国庆期间突发安全事故（事件）应急处置方案》等文件；牵头对朝天门来福士（凯德）2019年9月试营业期间安全应急工作作出具体安排。在全区各企事业单位推广应急处置明白卡，并将其纳入年度重点工作。

【预警工作】 重视预警及应急通信网络应用，强化事故防治。开展应急点名、适时发布重要预警信息。利用现有对讲平台、华唐短信平台和市、区视频调度系统等硬件，与市预警中心长期签订重要天气发布合同。负责安全预警信息的收集、汇总、整理、联络和编发，向区领导、责任（成员）单位、各街道办事处、企业发布预警信息，做到预警信息资源共享。收集全区相关自然灾害和安全生产情况，按照工作制度和流程进行处置，对达到预警级别的信息，第一时间进行发布。在预警信息发布后，局相关责任科（队）立即加强检查巡查，杜绝事故发生。全年全区范围内共开展重点时段不定时应急点名7次，发布各类预警信息100余次，未发生一起因预警不及时而造成的应急安全事故。

【应急演练】 7月上旬，牵头在朝天门地区开展消防应急综合演练及解放碑地下环道综合应急演练和商务领域暨两路口街道综合应急能力大练兵活动，对部门、街道和企业的相关业务和应急预案、应急演练进行指导，把应急知识宣传贯穿在安全宣传月活动中。

【政府救助】 探索创新当前应急管理工作+政府救助保险模式。牵头开展为期一年的2019年区政府综合救助保险公开招标工作。本期政府救助保险分为人员伤亡救助保险和家庭财产保险2类共13项，投保救助保险保费金额179.73万元，年内已受理3起保险理赔报案，已赔付1起、金额1000元。11月，对街道社区相关工作人员进行政府救助模式培训等工作。

【防汛工作】 下发《渝中区2019年防汛工作要点》，牵头组织开展重点防汛安全隐患点、薄弱环节的拉网式排查，全面落实防汛责任制。通过政府内网、渝中新闻广播电台对区防汛指挥部成员单位和“三个责任人”相关信息予以公示，接受社会监督。按照“分级负责，谁主管，谁负责”的原则逐级落实防汛责任，拟定渝中区2019年防汛安全目标责任书，11个街道、7个区级相关部门与区政府签订防汛安全目标责任书。4月下旬，与区城管局一道在菜园坝竹木市场开展全区性防汛综合应急演练。在市对区的2次防汛抗旱检查督查中，前期工作均得到市级相关部门的认可肯定。

【灾害防治】 印发《关于加强全国两会期间自然灾害防治工作的通知》，加强全国两会期间应急管理工作。全年参与地灾现场处置10余次。其中，肖家湾长江二路老金库上方高切坡条石堡坎移位重大隐患已完成整治；李子坝、王家坡滑坡地段的居民搬迁已完成，嘉华大桥匝道绿化带塌陷已协调处理完成，其余地灾隐患均落实整治措施与责任单位；牵头处置菜园路袁家岗段地质灾害。

【讯息收集】 收集汇总全区各类安全信息、综合研判，对接各相关职能部门。主动与区应急办、区城管局、区国土分局、区科技局、区民政局等部门进行工作对接，先期介入，收集、整理、建立全区地灾、防汛、救助、应急等台账和资料库，并与市局相关处室做好对接并上报。收集全区安全生产、自然灾害、公共安全、应急处置等情况，进行综合分析研判。印发全区安全应急管理信息12期。

（蔡甜甜）

消　防

【概况】 渝中区消防救援支队（简称“区消防支队”），于2019年12月31日正式挂牌，其前身为武警重庆市渝中区消防支队，归属于中国人民武装警察部队，成立于2005年8月1日，旅级单位。根据中央军委和全国人大的有关决定，于2018年10月退出现役，不再列武警部队序列，列入国家应急管理体系，划归国家应急管理部消防救援局。区消防支队下设指挥中心、作战训练处、组织干部处、队伍督察处、防火监督一处、防火监督二处、防火监督三处以及综合指导处、后勤保障处和5个消防救援站；有指战员239人，其中一级指挥长2人，干部65人，消防员110人，专职政府消防员62人；有主战消防车44辆，配备各类器材装备15760件套。辖区内有各类消防安全重点单位464家，派出所列管单位921家。有投入使用的高层建筑1811栋，其中超高层83栋；地下建筑260处，大型公共娱乐场所61家，大型商场市场98家，大型商业综合体11家，加油、加气站17处。

2019年，区消防支队狠抓城市火灾防控、综合应急救援和队伍建设能力提升，确保全区火灾形势和队伍管理“两个稳定”。全年支队共接处警2009次，出动人员2.2万余人次，营救疏散被困人员1113人。被国家应急管理部消防救援局评为“庆祝新中国成立70周年消防安保工作先进集体”，被市政府记集体二等功，被重庆市消防救援总队评为“先进党委”“先进支队”“勤政廉政先进单位”“执勤岗位练兵先进支队”“全市消防监督管理工作先进单位”。

【党建队伍建设】 严格落实议管议训议教制度，党委每季度专题研判队伍形势、摸清队伍状况、找准问题症结。大兴调查研究之风，改革转隶期间班子成员深入基层与指战员开展政策宣讲和交心谈心400余人次，帮助解决实际困难32个，确保改革期间队伍集中统一。落实“两个责任”，全力构筑教育倡廉、制度保廉、监督促廉、惩处立廉的“防护墙”。在执法监督、工程建设、装备采购、选人用人等敏感领域，采取廉政风险排查、招投标黑名单等措施，确保支队内部始终风清气正。投入300余万元建成支队队史馆及5个中队红门影院、荣誉室。出台《文化建设意见》，打造精品节目，以较场口中队为蓝本的微电影先后获总队一等奖和应急管理部消防救援局二等奖。较场口中队被公安部记集体一等功，被市政府授予“模范消防中队”荣誉称号，获评全国“优秀公安基层单位”“青年文明号”“消防救援队伍改革转制教育整训先进中队”“消防救援队伍执勤岗位练兵先进中队”，推出应急管理部消防救援局表彰的“优秀共产党员”、全市“公安十佳青年”等一大批先进个人，21名个人荣立三等功及以上奖励。

【火灾防控】 贯彻落实国务院《消防安全责任制实施办法》，与20个行业部门、11个街道、464家重点单位逐一签订工作目标责任书，落实情况通报、会商研判、联合检查等机制，以教育、民政、卫生等行业为重点开展消防安全标准化管理示范建设，推动重点单位全部落实“六加一”措施，优化街道社区网格化管理系统，重点单位“四个能力”建设全部达标。开展老旧居住建筑消防设施改造和市政消火栓水压监控系统建设，将老旧居民区电气线路改造纳入全面建成小康社会三年攻坚计划。推动将智慧消防纳入智慧城市建设试点，完成1506栋老旧建筑消防设施改造，投入300余万元将其后续维保列入民生工程并购买保险，在全市率先解决“三无”居住建筑消防供水设施无人监管、反复损坏等难题。区政府投入770万元建成78个社区微型消防站，在全市率先对社区微型消防站落实每人每月650元补贴。每年投入440万元为群众购买火灾事故救助保险，亡人火灾事故赔付金额每人最高达到60万元。以“防风险、保平安、迎大庆”专项行动为主线，部署开展高层、商住楼、易燃易爆和电动自行车违规停放充电消防安全整治，针对朝天门、菜园坝等区域性火患，洪崖洞、鹅岭贰厂等网红景点，养老福利机构、文物古建筑等重点单位，开展拉网式全覆盖排查检查。全面实施“双随机一公开”监管模式，成立执法办案中心，推行监督检查与行政处罚相分离制度，进一步提升执法合理性和透明度，杜绝办人情案和执法腐败问题。全年检查单位7000余家，发现并督促整改火灾隐患9000余处、查封58家、三停（停产停业、停止施工、停止使用）47家、罚款93.55万元，挂牌督办重大火灾隐患1处，无行政复议和诉讼。

【岗位练兵】 紧扣渝中高层、地下、棚户区、大型综合体、人员密集场所五大类型火灾特点，推动实现熟悉、演练、预案修订“三位一体”，开展典型战例研讨23次、跨区域多力量联合演练18次、六熟悉（熟悉消防队责任区的交通道路、水源情况，熟悉责任区内重点单位的分类、数量及分布情况，熟悉责任区内主要灾害事故处置的对策及基本程序，熟悉责任区内重点单位建筑物使用及重点部位情况，熟悉重点单位内部的消防设施情况，熟悉重点单位的消防组织及其灭火救援任务分工情况）561次、普查消火栓1203个、修订数字化预案189份。针对渝中区情区貌和火灾事故特点，组建高层、地下建筑火灾扑救攻坚专业队，开展举高消防车作业条件论证和高层供液能力测试。探索解放碑地下环道执勤模式，配齐配强地下攻坚装备，实行间断巡逻与常备驻点“双向”执勤。牢固树立“全灾种、大应急”理念，组建抗洪抢险和地震救援编队，定期开展拉动演练，选派骨干赴国家地震紧急救援训练基地参加培训认证，进一步提升队伍综合救援能力。开展攻坚组、水域救援、通信员等专岗轮训，聘请专业教练指导体能训练。选派业务骨干参加第二届东盟论坛环桂区域性比武并获得优异成绩，在总队执勤岗位练兵技能项目比武中名列前茅，较场口中队代表总队参加应急管理部消防救援局冬季岗位练兵交叉考核获全员优秀，支队及较场口、特勤、大坪中队均被总队评为“执勤岗位练兵先进单位”。投入500万元推动全区火灾报警中心及各中队通信室升级改造，推广部署实战指挥子系统，实现三级联网运行，通过物联网、自组网、移动App实现灾害现场信息与实战指挥平台智能化互联互通。组建两级应急通信保障队伍，落实专人专班专管，配备无人机4台、卫星电话13台、前突通信保障车2辆（年内还将配备2台轻型卫星便携站和1辆动中通卫星通信车），完成一期465个消火栓监测点位建设，对全区市政消火栓实施全天候监控。开展跨区域应急通信拉动18次，在2019年度全市应急通信比武竞赛中获得团体第一名。

【消防安全宣传】　深化消防宣传“七进”活动，充分利用户外LED屏、楼宇灯光秀，开展常识性、案例性、警示性宣传，依托龙湖体育文化公园项目，将消防元素融入公园，开辟消防宣传新阵地。在《渝中报》开设消防专栏，每日通过“渝中消防”微博微信发布消防提示，真正让消防安全贴近群众、惠及群众、温暖群众。全年共培训演练500余场次，培训3万余人，在中央媒体上稿6篇、重庆电视台上稿55条、其他市级媒体上稿400篇、区级媒体和内网发稿800余条，支队选送的消防安全示范课在第五届重庆市消防安全示范课决赛中获得二等奖。

【灭火救援】　全年共接处警2200余次，出动人员2.5万余人次，营救疏散被困人员1450余人，共发生火灾174起，未发生较大及以上火灾事故，圆满完成习近平总书记来渝视察、新中国成立70周年、上合组织地方领导人会晤、智博会、西洽会等重大消防保卫任务130余次，接受重大节假日网红景点旅游人气火爆的严峻考验，实现队伍管理零事故、灭火救援零伤亡、消防安保零失误目标。

【区消防支队负责人】
支　队　长：王义宽
政治委员：董平明
副支队长：张玉华　黄永涛

（张蕊琪）

退役军人事务

【概况】渝中区退役军人事务局（简称“区退役军人事务局”）成立于2019年1月3日，1月7日正式挂牌运行。办公地址位于渝中区和平路192号新民花园。局内设办公室、安置就业科、优抚科（挂双拥办牌子）3个科室。有行政编制8名，局长1名，副局长2名，科级领导3名，一般干部2名。党委班子成员4人，局党委书记、局长1人，党委委员、副局长2人，党委委员、区军休中心主任1人。局党委直属党总支5个、机关支部1个，共有党支部40个，党员1032人。局属事业单位两个：区军队离休退休干部服务管理中心（简称“军休中心”）、区退役军人服务中心（简称“军服中心”）。军休中心为参公事业单位，编制66名，下设蔡家石堡、上大田湾、袁家岗、彭家花园、大坪5个军休所；军服中心为事业单位，2019年4月挂牌成立，编制8名。5月，全区11个街道和80个社区（包括79个居民委员会和1个社区工作站）退役军人服务站挂牌成立，挂牌率达100%。区退役军人事务局的主要职责是负责渝中区退役军人和其他优抚对象思想政治、安置优抚、教育培训、权益维护等工作。2019年，区退役军人事务局各项工作平稳起步，有序推进。

【党建工作】　推行清单化管理、项目化推

进工作模式。细化局党委班子任务46项、主要负责人责任24项、其他班子成员责任共计88项，召开党委会26次，听取基层党组织党建工作汇报33次，不断压实全面从严治党责任。深入开展主题教育，组织开展中心组理论学习16次，集中研讨6次，深化学习15次，开展党组织书记讲党课60余场次，组织开展微党课竞赛1次，累计为行动不便的军休干部送学上门2000余人次。调整支部设置，增设党支部11个。常态化抓好意识形态领域工作，专题分析研究工作2次，分析研究工作开展情况12次，听取下属党总支、支部工作汇报18次。加强党风廉政工作，发挥领导班子“把方向、管大局、促落实”作用，不断规范工作良性运转；开展“以案四说”警示教育50余场次，推送典型案例100余条，让全体党员干部警钟长鸣、心存戒惧；建立干部轮岗交流机制，营造良好用人导向和环境。

【权益维护】 社保接续。为部分退役士兵办理社保接续，印发宣传手册4000余份，接待并解答来电来访咨询15000余次，受理退役士兵社保接续材料724份。诉求核查。梳理核查渝中区8类涉军群体诉求。历史遗留问题解决。解决部分人员参战身份认定、参战人员待遇落实等历史遗留问题5件。信访稳定。办理涉军来信来访120余件，接待来访2000余人次。2019年，在渝中区新中国成立70周年安保维稳工作中成效突出，被授予“嘉奖”。

【移交安置】 全年接收营职及以下计划安置军转干部18人，接收安置率达100%。接收安置退役士兵137人，其中符合政府安排工作条件6人，接收安置率达100%。接收军休干部40人，接收安置率达100%。接收完成43名自主择业干部相关工作。完成799名自主择业军转干部信息平台签到，完成1000余名企业军转干部和588名无军籍职工服务管理工作。

【就业创业工作】 推荐3名新安置军转干部到西南大学脱产培训；组织43名自主择业军转干部参加适应性培训，24人参加市级培训，17人参加清华大学网络课堂培训；40名退役士兵参加职业教育技能培训，17名退役士兵参加“退役第一课”培训。21名退役士兵参加或恢复高等学历继续教育。帮扶安排公益工作岗位9人次；130人参加全市退役军人及其他优抚对象就业创业专场招聘会，72人与用工企业达成就业意向；110名退役士兵参加金秋招聘活动，推荐25名退役士兵参加优质企业招聘；推荐13名退役士兵参加消防员招录考试。

【双拥工作】 成立渝中区双拥工作领导小组，争创全国双拥模范城“六连冠”，在市级双拥模范城检查考评中，基础分、加分项均获满分。构建街道、社区、工作站、非公经济组织四级双拥工作体系。开展主题教育活动23次，发放国防、双拥宣传资料3万余份，开设宣传专栏380余期，向社会宣传推送双拥信息、简报150余篇；制作宣传标语11幅、展板140余块、专栏90余期。在各类服务窗口设立“军人依法优先”“优抚对象优先”130余处。走访驻区部队40余次，协调处理部队反映困难问题14件。驻区部队组织、参加军地共建活动70余次，慰问地方单位和困难群众近千人次，赠送慰问金、慰问品40余万元。先后出动官兵1.5万余人次执行抢险、救灾、医疗、维稳等任务，挽回人民群众经济财产损失近千万元。

【优抚工作】 调整抚恤补助标准，按时足额发放抚恤优待金。2019年烈属定期抚恤金达到每月3390元，全年共发放各类抚恤优待金3400余万元。投入优抚医疗保障经费220余万元，享受优抚医疗补助423人次，资助参保397人，医疗巡诊160人次，10名重点优抚对象参加短期疗养，185名烈属参加免费体检，34名重点优抚对象入住廉租房、公租房。采集退役军人和其他优抚对象信息23570条，审核通过23528条，为22015户优抚对象悬挂光荣牌。

【褒扬纪念】 大力宣扬先进退役军人典

型，营造尊崇军人的浓厚氛围。2019年，渝中区公安分局上清寺派出所民警高万禄荣获“全国模范退役军人”荣誉称号，渝中区退役军人郭福江被表彰为“重庆市模范退役军人”。组织开展以“传承•2019清明祭英烈”为主题的烈士纪念活动50余场，举行烈士公祭日活动，组织社会各界向革命英烈敬献花篮仪式，全年参与烈士纪念祭扫活动的超10万人。以“英烈精神归故里”为主题，开展“为烈士寻找亲人，为亲人寻找烈士”活动，为1名牺牲在云南的渝中籍烈士找到亲人，为重庆市首例。

【区退役军人事务局负责人】
局　长：越德川（2019年1月任职）
副局长：秦春朝（2019年1月任职）
　　　　张红艳（2019年1月任职）

（何俊）

政务服务

【概况】 渝中区政务服务管理办公室（原区行政服务中心管理办公室，简称“区政务服务办”）于2019年1月正式挂牌，为区政府工作部门。办公地址位于渝中区和平路1号星河商务大厦。内设综合科、业务管理科、协调督查科3个科室，设主任1人，副主任2人，机关行政编制8名，在编8人，合同派遣人员16人。下设公共资源交易中心（副处级事业单位），编制10名，实有8人；下设群众工作基层服务中心（直属科级事业单位），编制10名，实有6人。行政服务中心入驻有市场监督管理局、出入境、税务局等26个审批服务部门，开设136个办事窗口，可受理的审批及服务事项531项，审批事项入驻率达92.7%。区政务服务办的主要职责是：负责组织、协调、指导、监督和考核区政府各部门及有关单位转变政府职能、落实“放管服”改革、深化行政审批制度改革；负责管理行政审批事项清单、行政审批中介服务事项清单并进行调整，推进全区行政审批服务事项集中办理；统筹协调政务服务体系建设和管理，推进全区行政许可标准化建设并进行考核，逐步推进公共服务标准化建设；负责管理区行政服务中心，对各级政务服务窗口进行政务服务培训和政务服务标准化考核；负责指导、监管行政许可和公共服务事项办理；宣传和督促落实区政府投资优惠政策以及便民利民措施，受理有关咨询与投诉；负责督导协调重大项目审批业务办理和并联审批；负责全区行政审批、政务服务、电子监察等信息化系统的指导、管理和监督；负责全区服务群众工作信息管理系统的管理工作；完成区委、区政府交办的其他任务。

2019年，围绕全区工作大局，聚焦深化“放管服”改革、营商环境优化、政务服务质效提升等重点工作，精准施策、持续发力，取得突破进展。全年，共办理各类许可、审批和服务事项187.6万件，日均7353件，办结率达100%，日均人流量7000余人。获得国家节约型公共机构示范单位和市级文明单位两项荣誉称号。

【“一窗通办”改革】 印发《渝中区推进“一窗通办”改革工作实施方案》，推进审批科室入驻整体化、审批事项颗粒化、审批环节精简化；采用“前台综合受理、并联集成审批、统一窗口出件”模式，在综合、工程建设、税务、公安、市场监管、交通六大领域分类实施“一窗通办”。全年事项整体覆盖率达90%以上，办事效率较改革前提高60%，受到企业和群众一致好评。

【工程建设项目审批制度改革】 建成工程建设项目审批专厅，刻制“重庆市渝中区工程建设项目审批服务专用章”，制定全区统一的项目审批流程图，实现工程建设领域统一受理、并联审批、实时流转，投资领域材料精简20%以上，其中环保领域事项法定时限压缩85%。

【全流程服务体系建设】 推进注册登记服务便民化，名称审核及简单变更事项“马上办”；个体工商户登记“就近办”，不再受具体管辖地域限制；除备案外其他所有登记事项均实行

"网上办"；新设立登记事项"一次办"，实行一人受理审核制和一次性告知制。

【政务服务新举措】 税务窗口打造国际税收业务专窗，将国际税收登记、认定、备案等整合到一个窗口办理，提高外商投资便利化水平；将增值税一般纳税人申报表"一主表、九附表"汇总简化为一张"基础数据表"。市场监管窗口探索制定无地址办公的"集群注册"登记制度及后续监管防范风险机制，为小微企业节约大量的场地租赁费，引导商户抱团发展、规范经营等等。

【作风建设】 以"不忘初心、牢记使命"主题教育为契机，深入开展作风专项整治，解决"脸难看、门难进"、服务热情不高、服务意识不强等工作作风问题，窗口干部队伍的作风面貌有明显改善。实施整改后，行政服务中心收到各类投诉意见类留言64条，同比减少43%；收到群众好评感谢类留言141条，同比增长44%，获赠锦旗、感谢信6次。

【党建工作】 把通读精读《习近平关于"不忘初心、牢记使命"重要论述选编》、党章、《习近平新时代中国特色社会主义思想学习纲要》、习近平总书记对重庆的重要指示批示作为基本要求，制定党员自学计划和党组集中研讨学习计划，引导党员干部原原本本学、认认真真悟。全年共组织开展中心组学习23次、支部集中学习30次、主题党日活动12次、党课学习8次；集中举办主题教育读书班1期、5天，开展集中学习研讨6次。坚持把专家授课、现场教学、交流研讨、观看警示教育片作为基本形式，扎实开展"四种教育"，筑牢信仰之基、补足精神之钙，共开展形势政策教育1次、革命传统教育4次、先进典型教育1次、警示教育3次。

渝中区行政服务中心审批窗口咨询预约电话

序号	单位	联系电话
1	中心统一热线	023-63808378
2	一窗通办（包括文旅委、区司法局、区人社局、区卫健委、区民政局相关业务）	023-63819958
3	公安出入境窗口	023-63849400
4	婚姻登记窗口	023-63853237 023-63857044
5	交通局窗口	023-63537110
6	税务窗口	023-68512366
7	市场监管局	023-63813978
8	工程建设窗口	023-63531639
9	公安治安窗口	023-63816728

【区政务服务办负责人】

主　任：李　林

副主任：罗红英　张　雨

（张欣）

公共资源配置

【概况】 渝中区公共资源交易中心（简称"区交易中心"）是渝中区政务服务管理办公室管理的副处级全额拨款事业单位。2019年11月7日，根据《中共重庆市渝中区委机构编制委员会关于重庆市渝中区公共资源市场化配置中心更名和调整隶属关系的通知》，渝中区公共资源市场化配置中心更名为渝中区公共资源交易中心，由区政府直属副处级事业单位调整为区政务服务管理办公室管理的副处级事业单位。办公地址位于渝中区和平路192号办公楼。2019年，内设综合科、业务一科（工程建设招投标）、业务二科（政府采购招投标）。有事业编制10名，在职8人。区交易中心的主要职责是：负责按照公告资源交易办法和全区公告资源项目目录承接各类资源交易活动，保证必要的见证服务，对交易资料进行备案；负责全区公共资源交易系统的建设、管理、运营、维护；维护招投标现场秩序，制止公共资源交易活动中的违法违规行为，协调、配合有关职能部门开展调查工作；负责政府集中采购代理工作；配合有关职能部门及时处理投诉等。

2019年，区交易中心共完成交易项目280宗，交易总额12.73亿元，节约（增收）财政资金7000万元，累计收取保证金2亿元。其中：工程建设完成项目86宗，交易金额9.59亿元，节约资金2700万元；政府采购完成项目118宗，交易金额2.73亿元，节约资金4200万元；产权交易完成项目76宗，交易金额4100万元，增收资金98万元，溢价率为2.42%。区交易中心荣获市招标投标协会2018年度“先进集体”称号。

【完善国有产权进场交易竞价规则专题会】8月8日，区交易中心会同区财政局、区国资委召开关于进一步完善国有产权进场交易竞价规则专题会议，会议就产权交易保证金计取方式、挂牌公告发布载体和时间、项目挂牌次数、挂牌价调整原则等进行了进一步明确。

【党建工作】全年开展主题党日活动12次，进行“不忘初心、牢记使命”主题教育活动集中交流学习、讨论5次，组织生活会1次，书记讲党课2次。赴大溪沟罗家院社区开展志愿服务6次。先后组织党员参加植树活动、参观“816地下核工程”、参加金汤街社区第二季度党建联席会、参观渝中智慧党建教育基地、参观周公馆及参加“清风半岛•廉洁渝中”廉政诗文朗诵比赛、“唱响新时代，共筑中国梦”歌咏比赛。

【网络安全防御系统升级改造】10月1日，区交易中心完成音视频资料自动刻录设备与交易系统24小时无缝对接并启用，进一步保证入场交易行为动态留痕、可追溯。11月20日，区交易中心在前期建设维护基础上，部署入侵防御、防病毒网关、日志审计与分析等硬件设备和系统功能，有效提升应对网络中断、硬件崩盘、恶意病毒入侵等综合防控能力，顺利完成网络安全防御系统的升级改造。

【交流学习】赴沙坪坝区公共资源交易中心、涪陵区公共资源交易中心交流学习，参加“政采云”系统业务操作培训会、全市深化公共资源交易监督管理改革系列文件宣传贯彻专题培训班、市政府采购评审专家培训班。11月13日，湖州市政务服务管理办公室赴区交易中心学习交流。

【区交易中心负责人】

主　任：蒋　倩（支部书记）

（王忠琴）

机关事务管理

【概况】重庆市渝中区机关事务管理局（简称“区机关事务局”）成立于1988年，为区政府工作部门。办公地址位于渝中区和平路管家巷9号。2019年，内设综合科（政府接待办公室）、计划财务科、保卫科、节能工作科4个科室，下设后勤服务中心。全局有在职干部职工13人，其中机关公务员9人（编制9人），工勤人员2人，事业编制人员2人。合同聘用员工22人。区机关事务局的主要职责是：负责区级机关事务的管理、保障、服务工作；拟订区级机关事务工作办法并组织实施；根据区委、区人大、区政府、区政协及上级主管部门安排，协助开展政务接待和公务接待；会同有关部门对本级党政机关办公用房实行统一权属登记，统一调配，统一处置，负责部分部、委、办、局固定资产清理登记工作，研究制定管理制度和办法并组织实施，承担清查登记、资产处置工作；负责区级机关办公用房及环境设施的管理维护；负责制定全区公务车辆管理办法并组织实施；负责区级行政和企事业单位的车辆编制计划、编制核定、配备、更新、维修、处置工作；负责管理区级机关部分部、委、办、局的行政经费和预算外经费；会同有关部门制定全区公共机构节能管理规划及相关制度并组织实施，负责区级公共机构节能指导、监督、管理、考核工作；负责区级机关办公楼（院）的安全保卫、消防及社会治安综合治理工作；负责区级机关干部职工的医疗保健和全区处级及以下干部职工的体检工作；负责区级机关部分部、委、办、局的医保工作；负责区级机关集中办公区域的行政事务及机关后勤服务等工作；指导机关后勤事务工作，推动后勤服务改革和发展；协同有关部门组织实施机关及事业单位内勤人员业务培训工作。

2019年，区机关事务局认真贯彻落实市委、区委关于机关事务工作部署要求，立足实际，创新载体，力求机关事务工作上台阶、上水平。因节能工作被市机关事务局考核为优秀单位，获区直机关工委表彰的“共产党员示范岗组”称号，被区公安分局表彰为“2018 年度治安保卫工作先进集体”。

【党建工作】 开展“不忘初心、牢记使命”主题教育。坚持每月一次集中学习、一次特色主题党日活动、一次党建带群建活动，全年组织集中学习 22 次，上党课 11 次；组织参观来福士等重点项目建设情况、开展心理沙盘体验和旁听职务犯罪案件庭审等特色活动 31 次；参与街道、社区党员志愿服务 12 次；参加全区春季登山、机关干部职工拔河、广播体操等比赛，均获三等奖。做好重点提升基层党组织建设工作，顺利接受中组部、市委组织部检查，获得好评。

【财务资产管理及安全工作】 做好预算会计和政府会计并行的制度衔接，为 33 个区级代管部门做好全年经费核算、医保办理、住房公积金提取和全区党费账目管理、机关车库停车系统管理等工作。全年报账 6000 余次，配合查账 769 次，无账目差错。新增门岗访客通设备、车道防撞柱等，新装监控显示屏 5 个、监控摄像头 52 个。全年开展安全培训和检查 24 次、应急演练 12 次、工地安全监管 48 次。做好“两会”等重要会议期间安保，全年登记来访人员 5 万多人次、妥善处置 5 人以上上访事件 18 起，无安全事故和盗窃案件发生。

【公务用车及办公用房管理】 召开全区公车管理平台使用培训会、启动平台调度车辆，为全区 130 台车辆安装车载智能终端，实现公务用车统一标识和动态管理。落实公务用车日常检查、定点维修、定点保险，全年按规定报废车辆 12 台、更新 12 台，指导配备 3 辆纯电动综合执法车、配套建成充电桩 5 个、在建充电桩 5 个，无违规事件发生。拟定《渝中区党政机关办公用房管理实施办法》，为 13 个涉改单位调整办公用房 119 间、改造约 3000 平方米，做好 13 个门面出租管理，实施李子坝武警营房建设项目，节约、集约使用资产。及时更换涉改单位的门牌号等 116 个，方便群众办事。

【设备维护和硬件改造】 加大对重点设施设备的巡查力度，及时排除故障隐患，完成综合楼防雷检测等设备保养，做好保洁绿化、灭“四害”，处置临时报修事项 1303 起，保障 3 个集中办公区域设备运行安全、稳定。严格廉洁纪律要求，完成一般建设项目，即综合办公大楼、金汤街办公大楼卫生间改造。完成综合楼平台岗亭改造和花台维修等项目 10 个。优化大楼灯光，更换节能灯具 747 个，营造更加干净、明亮的办公环境。

【机关节能工作】 拟定“关于开展《重庆市贯彻实施〈党政机关厉行节约反对浪费条例〉办法》全面自评工作的通知”，撰写自评报告；拟定《渝中区创建节约型机关实施方案》；举办 2019 年区“全国节能宣传周暨低碳日活动”启动仪式等；指导重庆市中医骨科医院和文图大厦创建全国节约型公共机构示范单位；完成市局下达的30家公共机构食堂油烟治理工作；全力推进公共机构生活垃圾分类工作，建立志愿者队伍，组织现场教学，建立垃圾分类周巡查制度，更新168个分类垃圾桶等；指导178家公共机构开展能耗统计，完善工作信息；组织公共机构参加清华大学节能管理远程培训。

【服务保障及队伍建设】 健全场所巡查、会议服务规范等制度，全年顺利完成区“两会”、区委十二届三次全会等重大会议的服务工作，为746次会议提供会议服务。严把食材质量关，加强食品加工流程管理，全力保障“两会”期间的区人大代表、政协委员用餐，全年承接公务接待餐110余次，为13万余人次提供餐饮服务，全年无食品安全事故发生。完善局党组会、局长办公会、科长碰头会等议事规则，群策群议重点工作，形成各司其职、相互协作、心齐气顺、想干事能干事会干事的良好工作氛围。

【机关医疗服务】 2019年1月至9月30日，共接待门诊病人5000余人次、供应药品价值51.8万余元，无医疗事故发生。10月1日起，按照区卫健委意见，将区级机关卫生所移交重庆市中医骨科医院管理，保持原诊疗场所不变并加强医技人员、医疗设施配置。

【区机关事务局负责人】

局　长：杜鹏武（2019年1月离任）
　　　　彭国川（2019年1月任职）
副局长：刘　静（2019年1月离任）
　　　　张　毅
　　　　任海燕（2019年1月任职）

（陈璞）

渝中区政协委员会

【概况】 政协渝中区第十四届委员会（简称“区政协”）于2017年1月换届产生，由中共渝中区委与渝中区各民主党派、各人民团体、无党派、工业、商业、科技、教育、体育、卫生、民族宗教等24个界别的各族各界代表人士协商组成。办公地址位于渝中区和平路管家巷9号。区政协的主要职能是政治协商、民主监督和参政议政。至2019年底，有区政协委员236人，其中常务委员42人，正副主席9人，秘书长1人，任期5年（换届之年开始计算）。区政协下设2室7委，即办公室、政协委员联络办公室、提案委员会、教科卫体委员会、社会法制委员会、文化文史和学习委员会、经济委员会、城建环保委员会、民宗海联委员会，为委员履行职能、助推发展、联系群众服务。

2019年，区政协围绕全区工作大局，切实发挥人民政协社会主义协商民主重要渠道和专门协商机构作用，注重在建言资政和凝聚共识上双向发力，努力把政协制度优势转化为治理效能。全年共召开常委会会议6次，主席会议8次，专题协商会议5次，听取15个党政部门情况通报，组织视察41次，向区委、区政府报送协商意见14件，大会发言33件，收到提案407件、并案后交办256件，收集社情民意340条，编辑报送信息88期，全面完成年初提出的各项目标任务。获评市政协2019年度新闻宣传工作先进单位，区委、区政府2018年度目标考核“一等奖单位”。

【第三次全体会议】 1月11—14日，区政协第十四届委员会第三次全体会议召开。期间举行全体会议3次，7个委员小组进行分组讨论4次，来自各界别的12位委员代表作大会发言。会议取得3项重要成果：（1）政治协商效果好。会议集中协商讨论渝中区《政府工作报告》《法院工作报告》《检察院工作报告》和《财政报告》《计划报告》，协商讨论意见被区政府和有关部门充分吸纳。（2）大会发言观点精。各专门委员会、参加单位和部分政协委员围绕推进渝中民营经济高质量发展、推进大数据跨部门整合共享、加强职工互助保障、遏止过度医疗、推动新侨在渝中创新创业、把渝中建成长江经济带客流商流信息流枢纽等重大课题、民生问题、发展问题，提出有分析见解和具体政策建议的发言材料33篇。（3）委员提案质量高。共收到提案407件，经审查立案326件，立案率达80.1%，并案后交办256件。首次对民进渝中区委、民盟渝中区委、区妇联、区政协科教卫体委联名提出的《关于加快渝中区学前教育普惠优质发展的建议》进行现场办理协商。

【第十四届党组会议】 全年共召开区政协第十四届党组会议13次。1月8日召开第一次党组会议，研究关于调整区政协专门委员会设置的方案及人事任免事项。2月14日召开第二次党组会议，研究了《关于加强新时代人民政协党的建设工作的实施意见》（送审稿），提出了修改意见。2月21日召开第三次党组会议，研究渝中区政协2019年度工作要点、主席会议议题和常委会议议题，区政协常务委员会学习制度和政协系统党建工作座谈会的有关事宜。2月25日召开第四次党组会议，研究关于机关工会活动室管理制度事宜及关于机关工会活动室管理制度事宜，区政协系统党的建设工作座谈会发言事宜，关于举办“我和我的祖国”征文活动方案。3月14日召开第五次党组会议，研究渝中区政协2019年度专项经费预算及支出安排事宜以及渝中区政协2019年重点改革项目，渝中区政协2019年度用编事宜及嘉陵江书画院举办两个“70周年”书画展事宜。3月25日召开第六次党组会议，研究2019年度母城文化行舟活动相关事宜，申请母城文化研究及《古城渝中》编辑出版专项经费事宜，融媒体时代加强母城文化传播的相关事宜。4月23日召开第七次党组会议，研究《关于建立区政协党组成员联系政协委员及中共党员委员联系非中共党员委员工作制度的意见》《区政协关于开展“聚焦污水偷排直排乱排问题”委员明查暗访监督性调研视察实施方案》，区政协委员培训班成立临时党支部等相关事宜、委员培训班的经费事宜及区政协街道联络委主任、副主任建议名单，会议听取区政协委员履职情况通报。5月15日召开第八次党组会议，研究区政协母城文化研究暨《古城渝中》编辑项目经费调整等相关事宜及《政协重庆市渝中区委员会社情民意信息工作制度》，听取区政协委员青岛培训班培训情况汇报，传达学习区巡察整改工作会议精神。7月25日召开第九次党组会议，研究中秋联谊活动有关事宜，研究开展“不忘初心、履职为民”主题实践活动事宜。8月29日召开第十次党组会议，研究中秋联谊活动有关事宜，区政协“不忘初心、牢记使命”主题教育筹备工作，第四片区政协“我和我们的政协”演讲比赛事宜及“我和我的祖国”征文活动评选事宜。9月12日召开第十一次党组会议，研究区政协庆祝人民政协成立70周年宣传报道事宜，传达学习全区“不忘初心、牢记使命”主题教育工作会议精神。12月2日召开第十二次党组会议，听取区政协第十四届四次全体会议有关事项的汇报及区政协第十四届四次全体会议大会发言有关事项的汇报，研究区政协委员及常务委员调整事宜及区政协历史文化研究专家库建设和文史资料编撰有关事宜。12月23日召开第十三次党组会议，听取区政协第十四届四次全体会议有关事项的汇报，研究通过区政协2019年度履职成绩突出的政协委员名单、建言献策成效突出的提案、在反映社情民意信息工作中表现突出的单位和个人名单。

【区政协第十四届主席会议】 全年共召开区政协第十四届委员会主席会议8次。1月13日，区政协召开十八次主席会议，审议区政协专委会设置调整事项、区政协人事任免事宜，讨论区政协第十四届常委会工作报告的决议（草案）、区政协第十四届三次会议决议（草案）、区政协第十四届三次会议提案审查情况的报告（草案）。2月26日召开十九次主席会议，听取区政协2019年度协商计划的通报，审议区政协2019年度工作要点（草案）、区政协2019年度常委会会议议题（草案）和区政协常务委员会学习制度（草案），审定区政协2019年度主席会会议议题。3 月 26 日召开二十次主席会议，听取区政府关于信访工作情况的通报和区应急局工作情况的通报，审定区政协十四届三次会议重点提案，学习传达全国两会精神。5 月 28 日召开二十一次主席会议，听取区民族宗教委关于宗教场所的文物保护修缮情况和区市场监督管理局工作情况的通报，审定《政协重庆市渝中区委员会社情民意信息工作制度》。7 月 11 日召开二十二次主席会议，听取区国资委关于国资国企改革、区退役军人事务局工作情况的通报，审议区政协委员调整有关事宜，区政协各街道联络委主任（兼）、副主任（兼）任免有关事宜，区政协各界别组组长（兼）、副组长（兼）任免有关事宜。8 月 29 日召开二十三次主席会议，审定《政协重庆市渝中区委员会关于庆祝人民政协成立 70 周年活动方案》《政协重庆市渝中区委员会关于开展“不忘初心、履职为民”主题实践活动的实施意见》。11 月 26 日召开二十四次主席会，听取区发展改革委关于渝中区重点基础设施建设情况、区大数据发展局关于大数据智能化产业发展情况的通报及区政协提案工作情况的汇报。12 月 24 日召开二十五次主席会议，审议委员调整有关事宜，区政协十四届委员会常务委员会工作报告（送审稿）、区政协十四届三次会议以来提案工作情况的报告（送审稿），区政协十四届四次会议有关事项，审定区政协 2019 年度履职成绩突出的政协委员名单、区政协 2019 年度建言献策成效突出的提案名单、在反映社情民意信息工作中表现突出的单位和个人名单。

【区政协第十四届委员会常委会会议】 全年共召开区政协第十四届委员会常委会会议 6 次。1 月 14 日，区政协召开第十四次常委会会议，审议通过政协专委会设置调整事宜和区政协人事任免事宜，原“区政协文教卫体委员会”更名为“区政协教科卫体委员会”，原“区政协学习文史委员会”更名为“区政协文化文史和学习委员会”，原“区政协经济科技委员会”更名为“区政协经济委员会”；会议分别听取各委员小组讨论区政协第十四届常委会工作报告、提案工作报告，区政府工作报告、计划报告、预算报告、区人民法院工作报告、区人民检察院工作报告，区政协第十四届常委会工作报告的决议（草案）、区政协第十四届三次会议决议（草案）、区政协第十四届三次会议提案审查情况的报告（草案）的情况综合汇报；审议区政协第十四届常委会工作报告的决议（草案）、区政协第十四届三次会议决议（草案），决定提交大会通过；审议通过区政协第十四届三次会议提案审查情况的报告。2 月 26 日召开十五次常委会会议，集中学习习近平总书记在十九届中央纪委三次全会、中央政法工作会议、省部级主要领导干部坚持底线思维着力防范化解重大风险专题研讨班开班仪式、中共中央政治局第十二次集体学习时的重要讲话精神，传达重庆市第五届人民代表大会第二次会议精神和政协重庆市第五届委员会第二次会议精神；听取区政协 2019 年度协商计划通报，审定区政协 2019 年度工作要点和常委会会议议题，审定通过区政协常务委员会学习制度。4 月 23 日召开十六次常委会会议，集中传达学习习近平总书记视察重庆并主持召开解决“两不愁三保障”突出问题座谈会上的重要讲话精神，在 2019 年春季学期中央党校（国家行政学院）中青年干部培训班开班式上的重要讲话精神，在学校思想政治理论课教师座谈会上的重要讲话精神，在中央全面深化改革委员会第七次会议上的重要讲话精神，以及《在新的起点上深化国家监察体制改革》《加快推动媒体融合发展 构建全媒体传播格局》《关于坚持和发展中国特色社会主义的几个问题》等习近平总书记重要文章；听取区政府关于经济普查工作情况的通报、区委宣传部关于加强意识形态领域工作情况的通报。8 月 29 日召开十七次常委会会议暨“老旧小区安全治理”专题协商会议，集中学习习近平总书记重要文章《深入理解新发展理念》、习近平总书记在二十国集团领导人峰会上关于世界经济形势和贸易问题的讲话、汪洋在全国地方政协工作经验交流会上的讲话、政协第十三届全国委员会常务委员会第七次会议精神传达提纲、中国共产党重庆市第五届委员会第六次全体会议决议；审议通过委员调整有关事宜及人事任免事项；听取区发展改革委关于2019年上半年经济社会发展情况、区财政局关于财政预算执行情况的通报。9月23日召开十八次常委会会议暨“教育集团化办学”专题协商会议，集中学习习近平总书记在中央政协工作会议暨庆祝中国人民政治协商会议成立70周年大会上的重要讲话精神；传达学习习近平总书记在河南主持召开黄河流域生态保护和高质量发展座谈会上的重要讲话精神，在河南、甘肃考察时的重要讲话精神；听取区规划自然资源局关于城市品质提升行动计划推进情况的通报。12月24日召开十九次常委会会议，集中学习党的十九届四中全会精神、中央经济工作会议精神、习近平总书记重要文章《推动形成优势互补高质量发展的区域经济布局》、市委五届七次全会精神、中央政协工作会议及市委新时代加强和改进人民政协工作会议精神等；审议通过委员调整有关事宜，区政协十四届四次会议日程，常委会工作报告、提案工作报告的报告人名单，各次大会执行主席、主持人名单，区政协十四届四次会议列席、邀请人员原则及名单，区政协十四届四次会议征集提案统计截止时间的决定，区政协十四届常务委员会授权主席会议决定十四届四次会议有关未尽事宜的决议，召开区政协十四届四次会议的决定；审议区政协十四届委员会常务委员会工作报告（草案）、区政协十四届三次会议以来提案工作情况的报告（草案）、区政协十四届四次会议议程（草案）；听取区纪委关于全区党风廉政建设，区委办、区政府办关于区政协十四届三次会议以来提案办理情况，区招商投资局关于招商引资工作情况的通报。

【专题协商】 全年召开专题协商会2次。7月2日，召开渝中区文化旅游产业高质量发展工作专题协商会，听取区文化旅游委关于全区文化旅游产业发展情况、区发展改革委关于《渝中区文化旅游产业中长期发展规划(2019—2030年)》工作开展情况、康翔公司关于重点项目建设情况的通报，为推动渝中文化旅游产业高质量发展建言献策。11月26日，召开2019年度“渝中区服务业现代化”专题协商会议，听取区发展改革委关于渝中区服务业现代化发展的情况通报，提出协商意见。

【“不忘初心、牢记使命”主题教育】 2019年，组织政协机关党员干部集中学习14次，提交心得体会168篇，讲授专题党课16次，邀请市政协领导讲中国共产党史和新中国史。主席班子分别牵头承担民营经济发展、“人文渝中”建设、招商引资、“五长制”落实等9个区级重点调研课题，带头转变调研作风，深入基层、找准问题、提出建议。处级党员领导干部以问题为导向，结合工作实际形成调研报告13篇。坚持开门搞教育，通过召开专题座谈会等方式，广泛收集5个方面18个问题。高标准组织召开专题民主生活会，严肃开展批评和自我批评，制定整改措施，明确整改时限。结合工作实际，区政协在全体委员中开展“不忘初心，履职为民”主题实践活动，增强委员坚守初心，践行使命的责任担当。

【学习活动】 不断推动理论学习常态化制度化，完善以政协党组理论中心组学习为引领，常委会会议、主席会议、办公会议、专委会会议集体学习为配套，委员季度讲座、大家谈活动、脱产培训为特色的多层次全覆盖学习制度体系。组织50名政协委员到全国政协培训中心脱产学习培训，举办4次季度专题学习讲座，并围绕学习主题开展4期“政协委员大学谈活动”，支持各专委会、各界别组、各街道联络委组织开展各类专题学习，始终把党的创新理论作为学习的重点内容，深入学习贯彻习近平新时代中国特色社会主义思想和党的十九大、十九届二中、三中、四中全会精神等，不断增强“四个意识”，坚定“四个自信”，做到“两个维护”，兑现市委“三个确保”政治承诺，确保渝中政协事业沿着正确的政治方向前进。

【调研视察】 选择城市精准解困情况、非国有博物馆发展情况、家庭医生工作室推进情况、民营经济发展大会有关政策落实情况、侨资企业发展情况、民生实事落实情况、重点项目建设情况等事关渝中改革发展中的热点、难点问题开展各类调研视察活动67次，形成《渝中区城市贫困家庭精准解困调查报告》《关于进一步促进渝中区非国有博物馆发展的建议》等14篇有价值的协商调研报告。

【提案督办及民主评议】 4—7月，区委、区政府、区政协领导牵头督办重点提案27件，充分发挥重点提案办理的示范带动作用。对2017—2018年的14件B类提案开展办理工作回头看，跟踪B类提案办理落实成效。6月至10月，区政协对区经信委等20个承办单位的政协提案办理工作开展民主评议。5月至8月，区政协对全区“放管服”改革工作开展民主评议，评议组成员深入14个部门街道调研视察，3次召开座谈会听取办事群众和企业代表的意见建议，助推商事制度改革，助力打通三级网上直办审批服务通道。

【“三排”监督性视察、专项助推行动】 强化“两江四岸”城市发展主轴作用，继续开展“深入推动长江经济带发展，加快建设山清水秀美丽之地”委员履职尽责实践活动，按照市政协和区委安排，组织市、区政协委员400余人次，聚焦污水偷排直排乱排问题，深入全区11个街道开展监督性视察14次，发现突出问题33个，助推油污偷排、污水直排、排污口乱排等问题的解决。持续开展专项助推朝天门地区历史文化保护，推动轨道18号线渝中延伸段十八梯站完善规划方案并纳入全市建设计划。

【“双走进”、“双服务”、法律服务团活动】 全年共开展“双走进”活动86次，资助贫困学生27名，结对帮扶困难家庭53户，捐赠爱心物资10余万元。开展“双服务”活动4次，举办“专家讲堂”4场，107人次专家委员在8个街道卫生服务中心为3000多名群众提供义诊，义务培训基层医护人员近400人次。“法律服务团”开展集中普法宣传、法律咨询32次，接待群众3100余人次，在解放碑和菜园坝街道新成立2个“委员律师工作室”为群众提供法律咨询服务。

【庆祝活动】 组织开展庆祝中华人民共和国成立70周年、人民政协成立70周年系列活动。8月5日，区政协在王琦美术博物馆举办庆祝新中国成立70周年暨人民政协成立70周年书画展，展出百幅书画精品。9月9日，区政协在鹅岭贰厂文创公园岭上一号举行“壮丽70年 奋斗新时代”——2019年渝中区各界人士国庆•中秋联谊会。9月12日，重庆市第四片区政协“我和我们的政协”主题演讲决赛在渝中举行。公开出版发行《重庆古城渝中》，编辑出版《渝中政协》4期。组织区政协嘉陵江书画院书画家开展系列采风创作交流活动。

【区第十四届政协负责人】

主　　席：陈大奎
副 主 席：戴　伶　彭洪森　赵元政
　　　　　卢朝康　李　虹　谭小兵
　　　　　张　健　刘恩梅
秘 书 长：李少华
常务委员：丁红娟　马　佳　马荣辉
　　　　　王　普　王家荣　文　艺
　　　　　孔令福　左　中　龙平莉
　　　　　向秋月（2019年8月离任）
　　　　　刘　静（兼副秘书长，
　　　　　　　　2019年1月任职）
　　　　　刘东方　齐　飞　孙　俊
　　　　　严甄明　李　昭　李新明
　　　　　李嘉婧　杨　琳　吴佩轩
　　　　　张　军　张珍容　张道建
　　　　　陆国民　陈　萍　胡开河
　　　　　翁　俊　高　琳　唐德翔
　　　　　黄元丁　廖建云　谭建旗
　　　　　魏　宁（2019年12月离任）
　　　　　魏文锋

【区第十四届政协内设机构负责人】
办公室
主　任：李少华（兼）
副主任：肖　靖
政协委员联络办公室
主　任：张珍容
提案委员会
主　任：孔令福
教科卫体委员会
主　任：王家荣
社会法制委员会
主　任：严甄明
文化文史和学习委员会
主　任：孙　俊
经济委员会
主　任：翁　俊（2015 年 2 月任职）
城建环保委员会
主　任：胡开河
民宗海联委员会
主　任：文　艺

（覃西）

渝中区纪委监委

【概况】 中国共产党重庆市渝中区第十二届纪律检查委员会（简称“区纪委”）于 2016 年 12 月由中国共产党渝中区第十二次代表大会换届选举产生，有委员 21 人（含书记 1 人、副书记 3 人）。2018 年 1 月 15 日，渝中区第十八届人民代表大会第三次会议选举张刚为渝中区监察委员会主任，1 月 18 日，渝中区监察委员会挂牌成立。区纪委与区监委合署办公，办公地址位于渝中区和平路管家巷 9 号和金汤街 74 号。机关内设办公室、组织部、宣传部、法规政研室、党风政风监督室、信访室、案件监督管理室、第一至第五监督检查室、第六至第八审查调查室、案件审理室、纪检监察干部监督室 17 个部室，有行政编制 76 名。区纪委监委的主要职责是：维护党的章程和其他党内法规，维护宪法和法律法规权威，检查党的路线、方针、政策和决议的执行情况，开展廉政教育，监督检查公职人员依法履职、秉公用权、廉洁从政从业及道德操守情况，依法监察公职人员行使公权力情况、调查职务违法和职务犯罪，协助区委推进全面从严治党、加强党风建设和反腐败工作。区纪委监委有派驻机构 10 个，分别是：驻区委办公室、区人大机关、区政府办公室、区政协机关、区委组织部、区发改委、区教委、区住建委、区生态环境局、区城管局纪检监察组。区监委有派出机构 3 个，分别是：派出第一监察室、派出第二监察室、派出第三监察室。

2019 年，区纪委监委牢记初心使命，忠诚履职尽职，稳中求进推动渝中纪检监察工作高质量发展。渝中区纪委监委获全市 2018 年度区县（自治县）纪委监委工作情况考核一等奖；获全区 2018 年度考核一等奖；参与市纪委监委查办的“3•23”专案并获表扬通报；办理的“9•8”专案被市纪委监委评为 2018—2019 年度审查调查“十佳”精品案件之一；录制的《清廉家风　医德传世》获得学习强国“我爱我的祖国”微视频、摄影作品大奖赛三等奖，被市委宣传部评为重庆十佳微视频作品。

【“不忘初心、牢记使命”主题教育】 全年召开区纪委常委会、机关中心组学习会、纪检系统干部大会等 65 次，深入学习贯彻习近平新时代中国特色社会主义思想和党的十九大以及十九届二中、三中、四中全会精神，习近平总书记视察重庆重要讲话精神。纪委书记及班子成员带头撰写心得体会，到区委党校主体班和区属党组织交流学习感悟，开展督查调研，讲党课，把学习往深里走、往心里走、往实里走。扎实开展“不忘初心、牢记使命”主题教育活动，制定为期 3 个月的学习计划，组织学习 52 次。按照“六个围绕”要求，班子成员率先选定调研课题 9 个，带动其他处级干部开展调研课题

25个，同级监督、保障服务民营企业、强化派出监督、整治群众身边作风和腐败问题等调研成果正转化为推动工作的有力举措。按照“四个对照”“四个找一找”要求，班子检视问题48个，立行立改19个，正在整改并长期坚持的29个，班子成员检视问题191个，立行立改62个，把教育成果转化为坚定理想信念、砥砺党性心性、忠诚履职尽责的实际行动。

【全面从严治党】　紧扣贯彻中央纪委、市纪委全会精神，年初召开区纪委全会，制定全区党风廉政建设和反腐败工作暨“廉洁渝中”建设2019年实施方案，细化10个方面59项任务。区委常委会3次专题听取落实管党治党责任汇报，集体研判政治生态。19名区级领导采取专题调研、座谈交流等方式，分季度听取分管范围党组织落实管党治党责任汇报，传导责任压力。牵头对69个党组织上半年落实主体责任情况开展督查调研，区委常委会审议通过督查报告。协助区委召开落实管党治党主体责任工作推进会，针对解决“三多一懒”等5个方面问题部署落实措施。学习贯彻新修订的党内问责条例，问责5件5人。制定推进管党治党工作向纵深发展的十八条措施和“小巡视”整改方案。针对市纪委监委“小巡视”反馈的5个方面17个问题，形成整改工作方案，明确牵头领导、责任部室，确保措施和任务落实落地。有序推进政治巡察。协助区委对市委巡视反馈问题整改落实开展“回头看”，7大类47个问题完成整改，形成制度机制61项。区委专题听取汇报10次，及时研究整治巡察发现的共性和典型突出问题。对20个区管党组织开展3轮巡察，延伸巡察社区党委30个，发现突出问题276个，移交问题线索15件41人。形成关于从十二届区委巡察看渝中政治生态变化的报告、关于党的十九大以来区委巡察发现突出问题通报和1月1次“三方联动”机制等成果。

【监督职责履行】　按照区委部署，4月和6月，两次牵头对学习贯彻习近平总书记视察重庆重要讲话精神情况开展监督检查，区委常委会审议监督分析报告，责成纪委发函督办，限时整改到位。11月，对区属党组织学习贯彻十九届四次全会精神情况开展监督检查。成立13个监督组，全覆盖列席监督区管班子民主生活会，40个领导班子及成员对311个巡视巡察反馈、组织约谈函询等问题作出检查说明，发函督促整改问题501个（次）。严把党风廉政意见回复关，回复99批次，反馈问题90个，严防“带病提拔”“带病上岗”。紧盯“关键少数”，实行《落实管党治党政治责任有关情况告知制度》。在出台区委常委会及其成员接受区纪委监督的暂行办法和加强监督破除形式主义官僚主义净化政治生态二十条措施基础上，9月，以开展主题教育为契机，对以区委常委会成员为重点的全体区级领导实行落实管党治党政治责任告知制度。经区委书记黄玉林同意，已向16名区级领导干部“一对一”发出书面告知单，告知内容纳入主题教育检视问题清单，实行“挂单整改”，整改情况已陆续报告区委并抄送区纪委。相关做法受到中央纪委调研组肯定，按要求上报专项材料。出台《服务保障民营企业发展的八条措施》，对主责部门依法履职、落实涉企政策、优化营商环境等加强监督，试行双月听取一次企业意见建议，通过召开座谈会、“一对一”调研走访、“回头看”等方式5次听取83家民营企业家意见，共梳理工作建议127条，向区委报告，责成相关主责部门牵头逐一整改，推动区委形成定期听取职能部门服务民营经济发展情况的工作机制，确保“服务企业年”活动扎实开展。在主题教育期间，经区委书记黄玉林批示，把收集的4个方面19条意见建议作为全区主题教育检视问题抓紧整改。

【正风肃纪】　在庆祝中华人民共和国成立70周年等重要节点加强监督，发送廉政短信1520条。发挥廉情大数据平台作用，持续开展违规公款吃喝、违规收送红包礼金、违规发放津补贴或福利专项整治，查处违反中央八项规定精神问题15件19人。切实解决“三多一懒”等形式主义官僚主义突出问题，查处6件10人，推动基层减负取得预期效果。高度关注对口帮扶巫溪工程项目推进和区内帮扶困难群众资金使用等问题，以作风攻坚促进脱贫攻坚。落实主题教育专项整治部署要求，牵头抓好漠视侵害群众利益问题专项整治，6次召开会议，督促责任部门制定问题清单、任务清单、责任清单，查处突出问题17件20人。履行监督首要职责，配合相关部门扎实开展其他7项整治工作。

【一体推进“三不”】 全年共受理检控类举报163件次，处置问题线索191件，立案56件63人，同比增加5.6%和18.9%，留置8人。全区运用监督执纪“四种形态”处理214人次。其中：第一种形态159人次，占74.3%；第二种形态22人次，占10.3%；运用第三、四种形态33人次，占15.4%。对29名尚在处分影响期内的人员开展回访和追踪考察，确保处分执行不打折扣。充分发挥反腐败协调小组职能作用，健全纪检监察机关与司法机关问题线索移送、日常协同办案、配合追逃追赃等机制，公检法机关移送线索61件61人。严惩涉黑涉恶和“保护伞”，立案2件2人。针对案发单位存在的突出问题，发出纪检监察建议5份。督促中国盐业集团重庆分公司吸取“12•29”专案教训，以案促改，补齐制度短板、堵塞监管漏洞、规范权力运行。持续开展“廉政文化教育宣传月”暨“清风半岛•廉洁渝中”活动，8项重点工作取得较好成效。6月，区委召开深入学习贯彻习近平总书记视察重庆重要讲话精神暨“廉政文化教育宣传月”汇报展演。举办纪念“11•27”红岩诗文朗诵会，被人民网宣传报道。廉政故事音频被“风正巴渝”连载20期，其中张学云烈士的28封情书被中央纪委网站头条采用，《清廉家风 医德传世》获得学习强国“我爱我的祖国”微视频、摄影作品大奖赛三等奖。用好“以案四说”发端于渝中优势，推动开展709场次，受教育对象1.9万人次。

【纪检监察体制改革】 深化监督检查和审查调查部门分设改革，完成内设纪检科室更名，第一、二、六、七、八纪检监察室更名为第一至第五监督检查室，第三、四、五纪检监察室更名为第六至第八审查调查室。完成派驻机构更名并授予监察职责，派驻干部工资关系全部转回委机关，实行纪检监察组织单列考核。一步到位向全区11个街道归口派出3个监察室，在社区选聘并全员培训78名社区监察监督员。制定渝中区监委派出监察室工作指引，建立“1+8”制度和绘制3张流程图，推动监察监督制度化、规范化。探索建立《渝中区属纪检监察组织协作机制》，加强日常监督，进一步整合监督力量、提高监督实效。成功办理区监委成立以来留置人数最多、证据量最大、涉案金额特别巨大的“12•29”专案。办结原重庆市盐业（集团）有限公司糖事业部副总经理李某某等人挪用公款案，留置4人，涉案金额特别巨大。坚持查办重大复杂典型案件“五个一”做法，召开专案研析会，市纪委监委领导到会指导并予肯定，“走读式”谈话的做法被列入全市纪检监察业务培训大讲堂。

【队伍建设】 坚持常委会议事前先集中学习总书记最新指示批示和重要讲话精神，自觉把“两个维护”落实到纪律建设、监督执纪、巡察监督、责任追究各环节。严明政治纪律政治规矩，带头执行党内政治生活若干准则，认真落实请示报告等制度。突出政治功能和组织力，建立机关党委，加强基层党组织建设，落实“三会一课”、主题党日、双重组织生活等制度。临时党支部建在专案组、巡察组，充分发挥战斗堡垒作用。深化“1+6+N”全员培训机制，将纪法培训、技能培训、安全培训、信息化培训作为重点，用好中央纪委国家监委培训光盘、市纪委监委“纪法兼修”培训讲座，确保培训全覆盖。持续开展“学思践悟在渝中”学习交流，坚持“业务学习日”，全年开展各类学习培训20余场次，累计培训1600人次，干部队伍政治素质、业务水平明显提升。坚决防止“灯下黑”。为101名纪检监察干部建立动态廉情档案，开展廉政审查260余人次，谈心谈话300余人次，谈话提醒32人次。

【党建工作】 抓好主题教育。落实《基层党组织开展“不忘初心、牢记使命”主题教育实施方案》要求，督促各支部将党章、《习近平关于“不忘初心、牢记使命”重要论述选编》、十九届四中全会精神等作为学习重点，组织集中学习17次，交流讨论82人次，收集心得体会63篇，形成调研报告29篇；督促委班子成员、处级领导干部、支部书记讲党课13次，参与587人次；组织党员参加“文化惠民，幸福渝中”志愿服务，以实际行动践行初心和使命；组织党员到红岩村、市廉政教育基地、渝中区智慧党建教育培训基地学习党史、新中国史，开展警示教育，重温入党誓词，引导党员坚定理想信念；召开专题组织生活会，组织开展民主评议党员，检视发现问题9个方面，列出整改措施9项。推进机关党建规范化。拟定机关党委《议事规则》，对议事原则、会议组织、议事范围等进行规范，建立督促检查机制，强化责任约束。加强党员队伍建设，全年预备党员转正1名，发展党员4名，确定入党积极分子4名。严格规范党费收缴、组织关系接转、党统、政审等工作，全年共上缴党费41299元。突出政治功能，推动各支部担负好直接教育党员、管理党员、监督党员职责，坚持每月主题党日有内容、有安排、有形式、有效果。落实领导干部参加双重组织生活制度，区纪委监委领导班子成员积极参加所在支部组织生活会及支部活动。充分发挥先进典型的榜样示范作用，委机关党委表彰优秀党员7人、优秀党务工作者5人。组织党支部、党员到国际村社区、枇杷山社区“双报到”，通过认领公益岗位、参加志愿服务等方式锤炼机关党员作风、发挥党员先锋模范作用。打造纪检监察模范机关。围绕落实“基层减负年”任务、优化营商环境，协助区委出台《加强监督破除形式主义官僚主义净化政治生态二十条措施》；紧盯主责部门依法履职，促进民营经济健康发展，出台《服务保障民营企业发展的八条措施》。坚持严管厚爱并重，对1名困难党员进行慰问，对身体不便的离退休老同志送学上门，促进党员干部勤政廉政、干净干事。

【区第十二届纪委负责人】

书　记：张　刚

副书记：汪　涛

彭丽娟（2019年2月离任）

霍　卫（2019年2月任职）

刘吉彦

常　委：汤洪杰　钟　黎　王勇强

王艺政

【区监委负责人】

主　任：张　刚

副主任：汪　涛

彭丽娟（2019年2月离任）

霍　卫（2019年2月任职）

刘吉彦

委　员：钟　黎　顾　龙　王勇强

【区纪委监委各部室负责人】

办公室

主　任：肖　宇（2019年4月任职）

组织部

部　长：王　薇

宣传部

部　长：何　瑛

法规政研室

主　任：王战鸣

党风政风监督室

主　任：张　健

信访室

主　任：周长生

案件监督管理室

主　任：谭丹东

第一监督检查室

主　任：沈　燕（2019年4月任职）

第二监督检查室

主　任：蒲燕舞（2019年4月任职）

第三监督检查室

主　任：（暂缺）

第四监督检查室

主　任：何地学（2019年4月任职）

第五监督检查室
主　任：（暂缺）
第六审查调查室
主　任：杜新武（2019 年 4 月任职）
第七审查调查室
主　任：李　峰（2019 年 4 月任职）
第八审查调查室
主　任：朱　闯（2019 年 4 月任职）
案件审理室
主　任：明　华
纪检监察干部监督室
主　任：邹晓卫

（艾民）

民主党派　工商联

【概况】 2019 年，渝中区民主党派有民革区委、民盟区委、民建区委、民进区委、农工党区委、致公党区委、九三学社区委和渝中区工商联合会（渝中区总商会）。

民革区委

【概况】 中国国民党革命委员会重庆市渝中区委员会（简称“民革区委”）成立于 1990 年 12 月 26 日。民革渝中区第七届委员会于 2016 年 6 月 26 日产生，有委员 19 人，市人大代表 3 人（含常委 1 人），市政协委员 4 人（含常委 1 人），区人大代表 4 人（含常委 1 人），区政协委员 13 人（含常委 3 人）。至 2019 年 12 月，民革区委有党员 759 人，基层支部 19 个，总支 1 个。办公地址位于渝中区和平路 192 号。民革区委下设办公室及学习与宣传工作委员会、参政议政工作委员会、祖统工作委员会、社会服务及经济工作委员会、青年工作委员会、妇女工作委员会 6 个专委会。其主要职责是：参政议政、民主监督、社会服务、参加中国共产党领导的政治协商。

2019 年民革区委加强思想建设，召开主委会议 4 次，全委会议 6 次，专项学习、工作会议 14 次，组织调研活动 21 次，撰写协商意见、调研报告 11 篇，大会发言 4 篇，提交提案 37 件，报送社情民意 57 条。

【思想建设】 2019 年，民革区委推进“不忘合作初心，继续携手前进”主题教育活动，制定主题教育方案，围绕中国共产党的初心和使命、中国共产党史和新中国史、多党合作的初心与新型政党制度、民革党史与民革章程四个专题开展形式多样的集中学习。开展主题教育活动 27 场次，覆盖 19 个基层支部，1 个总支，参学党员 600 余人次，做到领导班子成员、代表性人士、基层党员的全覆盖。开展庆祝新中国成立 70 周年、人民政协成立 70 周年系列活动。深化多党合作历史传统教育，在全市、全区各类庆祝活动中，荣获民革市委庆祝“两个 70 周年”演讲比赛二等奖；中共渝中区委统战部举办的“不忘合作初心 继续携手前进”知识竞赛二等奖，庆祝新中国成立 70 周年书画展优秀组织奖，庆祝新中国成立 70 周年征文比赛一等奖。隆重举行民革区委组织成立四十周年庆祝大会。市政协副主席、民革市委主委王新强，区委副书记何家利分别代表民革市委、中共渝中区委致辞，对民革渝中区委 40 年来做出的成绩和对多党合作事业做出的贡献给予了高度肯定。

【组织建设】 完成届中调整。经与民革市委、中共渝中区委协商，增补刘静为民革区委副主委；支部经过调整后主委平均年龄下降到 48 岁，支委班子形成老中青相结合的良好局面。全区各基层支部平均开展支部生活 8 次以上，参会率达 60% 以上。全年共发展新党员 13 名，平均年龄 37 岁，其中博士研究生 2 人，党员总数达到 759 名。积极参评民革中央、民革市委示范支部，建成区委首个党员之家和 2 个支部党员之家。向民革中央推荐孙中山研究学会常务理事1名；推荐市人大代表1名、民革市委专委会委员3名，其中1名担任副主任；推荐各专业团体成员3名，其中2名担任副会长；推荐2名党员参加民革市委非公经济人士培训班。推动民革中央画院主题画创作中心落户鹅岭，多次赴民革中央专题汇报创作中心推进情况，完成民革中央画院主题画创作中心与重庆市鹅岭公园管理处签约仪式。接待民革中央副主席兼秘书长李惠东来渝视察创作中心建设情况并得到高度肯定。

【参政议政】　全年组织调研活动21次，撰写协商意见、调研报告11篇，大会发言4篇，提交提案37件，报送社情民意57条。承接民革市委、区委、区政府等相关部门调研课题“政策对民营经济活力推动实效性研究”“重庆汽车产业高质量创新发展对策研究”“公立医院成本管控体系研究”等10件。课题组前往宁波、南京等地考察交流，赴市中小企业局等多个职能部门收集问题和现状，转化党政协商报告1篇，民革市委集体提案3件，市政协、市委统战部采用信息10篇。其中《深化商事制度改革 优化我市营商环境的建议》课题报告荣获区委统战部优秀调研报告二等奖。提案、社情民意中《关于取消博士后进站年龄限制的建议》获副市长屈谦批示，《关于完善我市家庭医生签约服务机制的建议》《关于改善中央商务区人行动线，促进人流与洪崖洞有效连接的建议》《降低公共安全风险，建议规范公交领域驾驶员佩镜标准》《关于合理划分采供血区域的建议》《加强顶层设计完善产业政策 推进环重医创新生态圈建设》等6篇社情民意被市政协采用，《关于提高农村饮用水水质卫生的建议》被市政协转报全国政协。在市级两会上，共提交集体提案3件。其中《关于强化城市生态修复，提升重庆城市品质的建议》被市政协列为1号提案，《关于推动多方参与共治，打造我市食品安全社会共管平台的建议》作为大会书面发言。在区级两会上，民革区委共提交集体提案29件、意见建议10件，其中立案20件，政协大会口头发言1篇，书面发言2篇。区政协采用社情民意9篇。其中《关于改进企业创新奖励政策的建议》被区主要领导批示；被区政协评为“反映社情民意先进集体”，党员兰曼被评为“反映社情民意信息成效突出的先进个人”，马荣辉、左中、邓媛3人获“履职突出委员”称号。参政议政对外交流中，接待民革中央常委、民革甘肃省委主委霍卫平一行来渝赴果园港、解放碑CBD等地就重庆陆空港口建设等开展调研，并就发挥重庆“三大作用”作深入交流；接待民革海南省委专职副主委陈海平一行进行企业家座谈会，交流关于营商环境打造、民营经济发展的经验；接待民革雅安市委主委、雅安市政协副主席李诚所率的调研组就长江流域生态保护课题进行座谈交流。

【祖国统一工作】　全面贯彻中共中央对台工作大政方针，促进祖国和平统一。组织“三胞”党员及重点台属召开座谈会，认真学习贯彻习近平总书记“1•2”重要讲话精神，强化政策引导，推荐重点“三胞”党员参加中共市委统战部、市委台办举行的贯彻学习座谈会并交流发言。民革中央两岸青年创新大联盟组织台湾青年企业家团体来渝中大石化产业园区考察，共同研讨区块链产业发展，跟踪服务涉台企业落地事宜。支部党员赴台参加悼念“抗日英烈李家钰将军”活动，参加海峡两岸“中华插花艺术文化交流”活动。

【社会服务】　持续开展“博爱牵手，关爱党员”活动，深入基层支部，慰问困难党员、老同志、老领导20余人次，探索建立党内关怀及长效帮扶机制；借助书画人才优势，连续12年在涪陵区开展“博爱牵手，送文化下乡”活动；通过开展“博爱民生，牵手困难群众”活动，走出渝中，助力彭水、巫溪、石柱等地脱贫攻坚，签订农产品购销合同，购销量达100余吨，协调解决2000亩农产品销售渠道，帮扶困难群众100余人次，捐款捐物10余万元，针对当地贫困群众开展专项技能培训50余人次；发挥法律人才优势，走进街道、社区开展法律讲座、进行普法宣传，并通过区司法局民革法律援助站，全年承接法律援助案件8件。深化对口部门联系，与七星岗街道联合举办专题讲座，联合两路口街道举办铁路坡社区鼠年迎新春活动，与区经信委就渝中信息化产业发展开展多次现场调研及座谈会。

【民革区委负责人】

主　委：乔　宏

副主委：杨　勇　马荣辉　吴　怡

兰　曼

刘　静（2019年4月任职）

（孙艺嘉）

民盟区委

【概况】 中国民主同盟重庆市渝中区委员会（简称“民盟区委”）第六届委员会产生于2016年6月23日，有委员19人，其中，主任委员1人，副主任委员6人。至2019年底，民盟渝中区委有盟员893人，基层支部19个，总支2个。盟员平均年龄59.67岁。其中，女盟员453名，占50.73%；在职盟员482名，占53.98%；大学本科学历533人，占59.69%，硕士研究生学历127人，占14.22%，博士研究生学历23人，占2.58%；正高职称66名，占7.39%，副高职称297名，占33.26%，中级职称389名，占43.56%。民盟区委有全国人大代表1人，市人大代表1人，市政协委员3人（含常委1人），区人大代表2人（含常委1人），区政协委员15人（含副主席1人，常委2人）。有区特邀监督员、区公共资源市场化配置工作社会监督员、行风政风评议员、人民陪审员、儿童医院社会监督员各1人。办公地址位于渝中区和平路192号新民花园5楼。民盟区委的主要职责是民主监督、参政议政。民盟区委内设办公室、青年工作委员会、提案委员会、社情民意委员会、妇女工作委员会、《渝中民盟》编委会、新盟员临时支部。2019年度发展新盟员27人。

2019年，民盟区委切实履行参政党职能，为渝中区经济社会发展作出新贡献。民盟区委获民盟中央“思想政治建设和宣传工作先进集体”称号，获民盟市委“2019年盟务工作先进集体”“2019年参政议政先进集体”称号，获区政协“2019年度建言献策成效突出单位”称号。重医总支获“中国民主同盟高校基层组织盟务工作先进集体”称号。盟员参加区委统战部“庆祝中华人民共和国成立70周年”系列主题征文活动并获一、二、三等奖各1人。盟员参加民盟重庆市委“庆祝中华人民共和国成立70周年”系列主题征文活动，两人获得一等奖，一人获得二等奖。

【思想建设】 2019年，民盟区委重点开展“不忘合作初心，继续携手前进”主题教育活动，通过主委会、全委扩大会、专委会、支部活动等方式，将主题教育活动不断深入。领导班子组织中心组学习2次，召开机关学习会4次，专职副主委参加区委统战部、民盟市委等组织的主题教育集体学习会20余次，各兼职主副委参加各级主题教育学习总计40余次。3月，举办为期两天的2019年盟务工作研讨会暨参政议政培训会。开展全国两会精神传达学习，并邀请民盟市委调研室主任进行参政议政培训，参加骨干盟员60余人。10月，民盟市委副主委杜惠平到渝中区开展主题教育活动调研，民盟区委委员及部分盟员代表围绕思想政治建设、组织建设、履职能力建设等方面对民盟区委和民盟市委提出意见和建议。10月底，民盟中央在重庆举办主题教育现场活动，民盟区委组织40余名盟员观看教育创新成果《焦裕禄》。12月，民盟区委在“特园•盟员之家”召开领导班子民主生活会。民盟区委将主题教育活动中征求到的31条意见建议原汁原味向班子成员进行反馈，全体班子成员按照自我对照检查、班子其他成员提出意见建议、个人表态发言的程序深入开展批评与自我批评。全区各基层积极开展主题教育活动，有10余个支部上报主题教育活动的开展情况。组织9位盟员参加区委统战部、区政协在厦门大学、深圳大学等地的专题培训班，推荐2位盟员到江津、北碚区挂职锻炼。

【组织建设】 民盟区委有21个基层组织、5个专委会及1个新盟员临时支部。12月13日，民盟区委第一个特色支部、以“传承特园薪火，讲好民盟故事”为宗旨的民盟特园支部在“特园·盟员之家”成立。特园支部是民盟历史上唯一以发祥地“特园”命名的特色支部，共有40名盟员，包括27名支部盟员和13名特邀盟员。特园支部主委由鲜英曾孙、民盟区委委员隆准担任。民盟区委注重发挥专委会及基层组织能动性，鼓励5个专委会、21个基层组织及新盟员临时支部结合自身实际开展工作。2019年，青委会组织青年盟员为文昌村小学校带去心理健康以及电影声音课程，青委会同民盟陕西省委青委会在特园·盟员之家交流座谈。提案委、社情民意委开展参政议政专题培训暨经验交流。妇委会开展“春暖花开，诗情花艺”三八节活动。新盟员临时支部在特园·盟员之家举办“见证·初心”新老盟员座谈会，邀请民盟区委老主委讲入盟初心。新盟员临时支部开展与民建渝北区两江支部联谊座谈活动；与《渝中民盟》编委会联合开展“不忘合作初心，继续携手前进”主题教育暨社情民意专题培训。重医总支充分发挥高校、医疗人才密集优势，在国家级、市区级层面都取得良好的参政议政成果，并积极参与各级社会服务活动，6月，荣获“中国民主同盟高校基层组织盟务工作先进集体”称号。渝中高职校支部组织学校志愿者服务队，积极参加民盟区委各项活动。

【参政议政】 在2019年各级“两会”上，全国人大代表李秋主委提交9件建议，接受20次采访，有6次发言。市人大代表丁红娟主委提交3件建议，3位市政协委员共提交10件提案，两位区人大代表提交建议11件；区政协会上，民盟区委提交大会发言2篇、集体提案21件被立案、个人提案12件被立案，其中民盟区委提出的《关于稳定区法院书记员队伍的建议》和《关于引导物业管理企业拓展居家养老服务的建议》成为2019年度区领导牵头督办的重点提案。《关于联动贰厂文创园与鹅岭公园，打造渝中区文旅新高地建议》《关于稳定区法院书记员队伍的建议》获区政协2019年度建言献策成效突出提案。民盟区委全年共向民盟市委申报立项2个调研课题，即“重庆市康养医学人才培养现状及对策研究”“我市加快‘僵尸企业’出清处置风险防范研究”；向区委统战部申请3个课题，课题报告得到市、区统战部重视，并获得渝中区统战系统理论调研二等奖。民盟区委坚持每季度向中共渝中区委提交1篇调研报告，有2篇得到区委书记黄玉林批示，同时受到有关职能部门重视，并进行专题协商。民盟区委全年向民盟市委、区政协提交社情民意共32件，民盟中央采用1篇，市委统战部采用2篇，市政协采用1篇，民盟市委采用10篇。

【社会服务】 依托“民盟渝中区委心理辅导工作站”平台，围绕改善老年人心理健康，温暖陪伴为主题开展“关爱老人，情暖夕阳”主题系列活动8次。民盟儿童医院支部对口帮扶吴俊昊特困家庭、市人民医院支部对口帮扶贫困孤儿张馨尹家庭。参与化龙桥街道区域共建，协办国际社区建设“手拉手·心连心”文化交流活动，组织盟员参加慰问辖区贫困家庭迎新活动。助力扶贫攻坚战，依托盟员在奉节县平安乡文昌村开展“乡村光明行动”。5月，民盟区委为平安乡捐赠20盏太阳能路灯，合计3万元；开展智力扶贫活动，组织青年盟员专家到文昌村小学开展送心理健康课、电影科普教育，组织民盟科技学院支部精准帮扶因病致贫户李江家庭。8月暑期，民盟区委青委会、新盟员临时支部开展的“奉节县平安乡学校留守儿童电影教育扶智扶贫活动计划”正式启动，为平安乡三所小学的9位老师全免费提供为期一周的青少年电影教育课程培训，后期将在盟员企业OurFilm片场世界团队的指导下，以老师作为主导，开展对学生的影视制作培训，最终形成展示乡村的历史、文化、生活以及展示好扶贫攻坚的成果作品，推动全社会对扶贫攻坚的关注与支持。

【宣传工作】 加大“渝中民盟”微信公众号的宣传力度，实时推送30余条信息简报，有效互补《渝中民盟》刊物作用，提升渝中民盟的宣传效果。组建通信员队伍围绕全区中心工作积极采写宣传报道，向各级宣传平台提交信息简报共计30余条。其中全国政协采用1条，中央统战部采用2条，市委统战部采用3条、市政协采用2条、民盟市委采用20余条。向《重庆渝中统战》提供民盟专栏资料，及时、充分报道组织开展的各种盟务活动，树立党派良好的社会形象。聚力打造“特园•盟员之家”交流学习平台。4月，民盟区委“特园•盟员之家”进行升级打造，跟随特园书房搬入更为宽敞明亮的新家，并迎接民盟中央宣传部部长曲伟一行调研考察。12月，民盟中央监督委员会委员李琳梅与民盟中央组织部副部长张雨斌、民盟中央组织部办公室主任马向东等到“特园•盟员之家”考察指导。年内“特园•盟员之家”先后与民盟威海市委、民盟陕西省委青委会、民盟天津河西区委、民盟浙江开化支部、民建渝北两江支部等盟内外、市内外组织交流学习。

【民盟区委负责人】
主　委：刘恩梅
副主委：黄云飞（专职）
唐德翔　倪小华　丁红娟
向　葵　李　伟

（张靓）

民建区委

【概况】 中国民主建国会重庆市渝中区委员会（简称“民建区委”），成立于1988年。民建区委于2016年7月换届，组成民建渝中区第七届委员会。办公地址位于渝中区和平路192号新民花园。到2019年底，民建区委有支部15个，会员823人，平均年龄49.8岁。其中女会员315人，占会员总数的38.3%。大专以上学历637人，占会员总数的77.4%。担任市、区两级人大代表14人，政协委员29人。民建区委下设参政议政委员会、学习宣传委员会、经济科技委员会、青年工作委员会、妇女委员会和老龄委员会6个专委会。民建区委的主要职责是参政议政、民主监督、社会服务、参加中国共产党领导的政治协商等。

2019年，民建区委加强思想建设，坚持办好《渝中民建》会刊和渝中民建微信公众平台。在区两会上提交政协提案且立案的有48件，全年向民建市委、区政协和区委统战部共提交社情民意和党外人士建言共209篇，提交调研课题成果26篇。

【思想建设】 结合实际开展学习座谈、专题培训、经典诵读等丰富多彩的活动，不断提升主题教育活动的政治性、时代性、针对性和实效性。将主题教育活动与庆祝“三个70周年”系列活动有机结合，召开庆祝中华人民共和国成立70周年主题座谈会，举办“读中华经典，颂时代华章，贺祖国70华诞”诵读大赛，举办“不忘合作初心，继续携手前进”书画、摄影及工艺作品展，拍摄《我和我的祖国》专题MV，发动会员参加中央、市政协、民建市委和区委统战部举办的庆祝“三个70周年”征文、经典诵读会、文艺演出和书画摄影展等。坚持办好《渝中民建》会刊，严格刊物采编流程，不断提升刊物质量和水平。继续采访报道渝中民建老会员，在《渝中民建》会刊《会员风采》栏目陆续刊登。坚持定期完善和更新渝中民建微信公众平台，多渠道开展宣传工作，发出民建声音。全年在《渝中民建》会刊及渝中民建微信公众号上发布信息160余篇，在民建中央网站、民建市委网站刊发新闻宣传稿110余篇。新闻宣传的传播力、引导力、影响力不断增强。

【组织建设】 组织50余名骨干会员，赴上海复旦大学经济学院进行为期5天的脱产培训。组织和推荐骨干会员参加民建市委、区政协、区委统战部组织的学习交流培训等活动，推荐5名会员参加统战系统骨干专题培训班。加强会员发展宏观调控和分类指导，严格规范入会程序，加大申请人信息核查力度，会员队伍保持平稳健康发展态势，全年共发展新会员21名。定期组织新会员召开集体见面谈话会，统一颁发会员证，给新会员上好“入会第一课”，增强新会员入会仪式感。经济科技委员会和学习宣传委员会联合组织会员举办减税降费相关政策专题讲座，邀请国家税务总局重庆市渝中区税务局局长漆星讲解减税降费的有关政策，帮助会员深入了解税法新政，充分享受减税降费红利。妇委会坚持每年三八妇女节组织女会员开展交流学习活动，老委会每年春节、重阳节召开老会员座谈会，走访慰问80岁以上老会员，为过80、90岁生日的老会员祝寿，让会员感受到组织的关心和温暖。

【参政议政】　在区政协十四届三次会议上提交大会发言3篇，其中作为大会正式发言1篇，书面发言2篇。共提交政协提案且立案48件，其中集体提案18件，作为并案处理10件。在区人大十八届四次会上，渝中民建人大代表共提交议案、建议26件。人大代表马瑜当选为社会建设委员会委员，人大代表胡平当选为监察和法治委员会委员。全年向民建市委、区政协、区委统战部提交社情民意及党外人士建言共209篇。其中，被中央统战部《零讯》采用3篇，民建中央采用5篇，被市委统战部采用6篇，被市政协采用7篇，被民建重庆市委采用27篇，被区政协采用15篇。每季度定期向渝中区委、区政府领导报送建言建议信息。民建区委荣获民建市委“2019年度反映社情民意工作先进集体”、“渝中区政协2019年度反映社情民意信息工作成效突出的单位”等称号。有2名会员获得民建市委“反映社情民意信息先进个人”称号，7名会员被评为渝中区政协2019年度反映社情民意信息工作成效突出的个人。参与2019年民建市委课题招标、重点课题的调研和区委统战部的理论课题调研。提交统战部调研成果4篇，提交民建市委调研成果22篇。其中《新时期楼宇统战工作探索与研究》和《当前促进民营企业家队伍建设存在的问题及对策研究》分别荣获渝中区统战系统2019年理论调研优秀成果理论研究文章一等奖和工作调研文章一等奖。自2008年以来，民建区委已连续11年荣获民建重庆市委参政议政先进集体称号。

【社会服务】　民建区委按照中共渝中区委统战部关于各民主党派对口联系街道、部门工作的统一安排，继续加强与解放碑街道、上清寺街道和区商务局的沟通联系，通过建立制度、通报情况、列席会议、走访调研、社会服务等形式，开展对口联系工作并取得一定成效。民建区委四支部、七支部、十支部、十二支部与解放碑街道罗汉寺社区、大井巷社区、莲花池社区、民生路社区和沧白路社区进行对接。民建区委六支部、十一支部、十五支部与上清寺街道曾家岩社区、学田湾社区、春森路社区进行对接。一年来，各基层支部与对应的社区共同开展了学习交流、普法宣传、帮困慰问等活动10余次。组织全区会员242人次参与民建中央“思源·教育移民计划”腾讯99公益日活动，累计实际捐款28959.26元，在全重庆市各区县排名第一。发动各基层支部、各专委会积极参与脱贫攻坚，开展消费扶贫行动，购买脱贫攻坚定点帮扶点农产品价值累计5万余元。

【民建区委负责人】
主　委：孔新军
副主委：代晓伟　齐　飞　叶静涛
　　　　陈成宽　王晓颖

（郭洁）

民进区委

【概况】　中国民主促进会重庆市渝中区委员会（简称“民进区委”），第六届委员会成立于 2016 年 6 月 28 日，现有区委委员 20 人。会员中有市政协委员 3 人；有区政协委员 12 人，其中副主席 1 人、常委 3 人；有区人大代表 4 人，常委 1 人。至 2019 年 12 月底，有基层支部 20 个、总支 1 个，会员 546 人，平均年龄 58.5 岁，其中有中、高级职称 478 人。民进区委的主要职责为参政议政、民主监督、参加中国共产党领导的政治协商。办公地址位于渝中区和平路 192 号。

2019 年，民进区委认真贯彻民进十二大精神，开展“不忘合作初心，继续携手前进”主题教育活动，围绕“强组织、增活力、有作为”目标，积极推动基层组织建设主题年各项工作有序开展，取得良好成绩。2019 年被民进重庆市委评为 2019 年度参政议政、社情民意、新闻宣传先进单位。

【思想建设】 通过举办专题学习、座谈、汇编下发学习资料等形式，认真学习贯彻习近平新时代中国特色社会主义思想、中共十九大、十九届四中全会、全国两会和民进十二大、十四届二中全会、市区两会等重要会议精神，增强“四个意识”，坚定“四个自信”，坚决做到“两个维护”，引导全区会员自觉在思想上政治上行动上同以习近平同志为核心的中共中央保持高度一致。以庆祝中华人民共和国成立 70 周年、中国共产党领导的多党合作和政治协商制度确立 70 周年等为契机，组织会员学习和宣传多党合作伟大成就、民进会章会史和优良传统，举办“不忘合作初心，继续携手前进”主题教育活动暨庆祝中华人民共和国成立 70 周年文艺演出，开展征文比赛、书画及摄影展览、渝中民进“红岩行”等活动。加强宣传工作，编印《渝中民进》会刊两期，注重对基层组织和优秀会员的宣传，加强网络传播，推动形成会内外新闻宣传集群效应。全年在中央级媒体发稿 19 篇，在市、区级媒体发稿 80 余篇。

【组织建设】 2019 年是民进基层组织建设年，民进区委开展专题培训、加强学习交流、征集支部活动案例、开展“我身边的先进”宣讲等活动。组织民进基层支部主委与所在单位中共党组织负责人开展座谈交流，争取民进支部所在单位中共党组织的指导和帮助，并鼓励民进支部与中共基层组织或其他民主党派基层组织开展结对共建活动，共同画好基层“同心圆”。如民进区综合一、二支部与民进江北区经济支部联合开展活动，民进渝中区实验二小联合支部跨区与南岸区中共爱尔麦格眼科党支部共同开展组织活动等。在 2019 年的民进全国组织工作会上，民进重庆巴蜀中学支部荣获“民进全国先进基层组织”称号，民进重庆市教育科学研究院支部主委魏文峰被评为“民进全国组织建设先进个人”。加强代表性人士和后备干部队伍建设。民进区委结合新形势新要求加强学习培训工作，推荐 1 名会员参加民进中央组织的培训班、3 名会员参加民进市委会骨干会员培训班、6 人次参加中共渝中区委统战部举办的培训班。民进区委在云南大学举办基层支部负责人及骨干会员培训班，40 余人次参训。组织新会员支部参加专题学习、实地调研和履职经验交流相结合的活动，增强新会员的党派意识、归属感，不断培养与提高新会员履职水平。12 月 30 日，民进区委召开六届十六次全委会，选举增补赵婷为民进区第六届区委委员。全年共考察发展新会员 11 名，全区民进会员总数为 546 人。

【参政议政】 围绕市、区经济社会发展积极建言献策。在 2019 年市政协五届二次会议上，所提交提案有 4 篇被市政协立案，其中《深化改革 规范发展 高水平普及学前三年教育》《进一步健全我市文化产业政策》2 篇作为大会发言，《关于进一步加强我市非遗传承人培养工作的建议》等 2 篇作为集体提案。在 2019 年区政协十四届三次会议上提交大会发言 1 篇——《关于打造“长江索道 + 过江轮渡 + 望龙门缆车”立体都市经典旅游观光的建议》，大会书面发言 2 篇。民进区委牵头提出 2019 年区政协大会 1 号提案——《关于加快学前教育普惠优质发展的建议》，并得到现场办理。提交集体提案 16

件，民进界别区政协委员提交个人提案10件。其中集体提案《关于加快我区学前教育普惠优质发展的建议》《关于加大税收服务力度打造渝中投资高地的建议》《关于加强我区政务服务管理建设的建议》，会员个人提案《关于深入对接自贸试验区建设和中新（重庆）战略性互联互通示范的提案》《关于优化渝中区社会组织监督方式的建议》共5篇被列为2019年区政协重点督办提案。召开参政议政工作会、智库工作会等，专题研究部署全年课题调研工作。申报民进中央调研课题1篇，民进市委会参政议政课题3篇，承接民进中央大调研子课题1篇，2篇理论研究课题被民进市委会立项。积极反映社情民意。全年整理上报社情民意被区政协采用12篇，民进市委会采用43篇，市政协转报2篇，市政协转送1篇，市委统战部采用2篇。其中《建议建设全国学前教育优质课程数字资源库》获得市领导批示，被民进中央采用3篇。民进区委提交的《关于打造“鹅岭江山”文商旅城融合示范项目，推进国际知名都市旅游目的地建设的建议》和会员提交的《关于助推民企以创新强品牌，服务渝中经济发展的建议》获评2018年度区政协建言献策成效突出提案，民进区委被评为2018年度反映社情民意信息工作表现突出单位。会员提交的《关于进一步加快我市学前教育普惠优质发展的建议》被民进市委会评为2018年度参政议政优秀成果一等奖；《关于进一步加强我市非遗传承人培养工作的建议》《关于进一步健全我市文化产业政策的建议》《关于完善银行业债委会机制以更好防范化解信贷风险的建议》《我市高中学生综合素质评价方式亟待改进》均获得民进市委2018年度参政议政优秀成果三等奖。会员刘英、李志辉、邓义胜被民进市委会表彰为参政党理论研究工作先进个人。李志辉受聘为民进重庆市委会参政党理论研究会副会长，会员郝鹏寿受聘为民进重庆市委会文化出版专委会副主任。李志辉执笔的《民主党派基层组织建设规范化研究》荣获2019年度区统战系统理论调研优秀成果一等奖。

【社会服务】 继续做靓民进区委社会服务品牌。民进区委在重庆市求精中学和德精小学举办开展“非遗文化进校园”活动。按照民进中央开明慈善基金会的要求收集整理上报受助学生各类材料，及时发放爱心助学金。2019年小桔灯教育专项基金——“春梅爱心帮扶行动”共捐助贫困学子9名，资助金额4.5万元。民进区委分别在两路口街道中山二路社区和南纪门街道解放西路社区开展“春联万家”活动，共为社区居民送上300余幅春联和400余个福字。民进区委到对口联系的南纪门街道开展“说好普通话、母城更时尚”——“推普进社区”活动，对社区工作人员和居民群众进行推广普通话的宣传教育。开展名师送教、艺术教育进乡村等活动。4月，民进区委副主委、特级教师郭莉等会员到潼南区朝阳小学开展“讲课＋讲座”送教活动，潼南区共120余名老师现场观摩示范教学。5月，民进渝中区文艺总支主委涂琼带领来自市青少年宫的教师会员，参与民进重庆市委会在武隆区赵家乡中心校开展的“同心•逐梦——艺术教育进乡村”社会服务活动，开展书法、绘画、音乐、舞蹈、体育等艺体课程。各基层支部积极开展“微公益”活动，助教助学、扶贫济困等10余场次，培训技术人员300余人次，捐赠5万余元物资。

【民进区委负责人】

主　委：谭小兵

副主委：邓湘渝（专职）

　　　　刘　英　李嘉婧　李志辉

　　　　郭　莉

（陈伟萍）

农工党区委

【概况】 中国农工民主党重庆市渝中区委员会（简称“农工党区委”）成立于1983年12月，下设支部3个，有党员64人。2016年6月，农工党区第五届委员会成立，选举产生区委委员

21名。2017年8月，根据农工党重庆市委规定，按照属地化管理原则，农工党重庆市委机关支部划转到江北区委。至2019年底，农工党渝中区委有党员851人。其中，在职457人，退休394人；男386人，女465人；平均年龄约62岁；具有中、高级职称的824名，占97%；博士42人，硕士92人，大学571人。党员界别为：医卫界530人，占62%，教育出版界37人，科技界15人，文化艺术界89人，公有制经济148人，其他界别32人。农工党区委有市人大代表2人，市政协委员11人（含常委1人），区人大代表1人（含常委1人），区政协委员13人（含常委2人，其中副主席1人），区政府实职安排1人。农工党区委下设办公室、参政议政小组、妇女工作委员会、青年工作委员会、老年工作委员会和社会服务工作小组。农工党区委的主要职责是参政议政、民主监督、社会服务。办公地址位于渝中区和平路192号5楼。

2019年，农工党区委团结和带领全区农工党员认真履行参政议政、民主监督职能，积极参加中国共产党领导的政治协商，抓好自身建设，努力实现参政党地方组织新作为，为全区经济社会发展作出新贡献，较好地完成各项工作任务。农工党区委被农工党重庆市委授予“参政议政工作优秀单位”“社会服务工作优秀单位”“思想宣传工作优秀单位”“组织工作优秀单位”“理论研究工作优秀单位”等多项称号。

【思想教育】 农工党区委始终坚持把思想政治建设摆在首位，深入学习习近平新时代中国特色社会主义思想，深入开展“不忘合作初心，继续携手前进”主题教育活动。2019年，通过区委全委会、扩大会、专题座谈会等多种会议形式，组织党员干部认真学习中共十九大，中共十九届二中、三中、四中全会，中央政协会议，农工党十六大，农工党十六届二中、三中全会，中共重庆市委五届六次、七次全会精神和《中共中央关于加强中国特色社会主义参政党建设的意见》《民主党派代表人士队伍建设规划（2018—2027年）》《各民主党派中央关于新时代组织发展工作座谈会纪要》3个重要文件精神。增强“四个意识”，坚定“四个自信”，做到“两个维护”，把坚定方向、增进共识作为推进各项工作的根本保证。设立领导小组和办公室，印发《农工党渝中区委关于印发深入开展“不忘合作初心，继续携手前进”主题教育活动实施方案的通知》，做到活动实施有组织、有部署、有行动、有落实，从机制上保障活动深入开展。在暑期干部培训会上，就全面加强参政党自身建设，不断提高参政党履职水平，对区委委员和30个基层支部的干部进行专题培训，基层干部队伍整体素质得到提高。组织党内人大代表、政协委员和党员代表开展瞻仰农工党三烈士纪念碑活动，并要求全区基层组织以支部、专委会为单位，全覆盖开展参观农工党中央机关旧址陈列馆、缅怀歌乐山三烈士的活动；参加区委统战部文艺演出、书画展览、征文比赛等活动，营造主题教育活动浓厚氛围。

【参政议政】 认真履行参政党职能，为全区社会经济发展献计献策。2019年在重庆市两会期间，提交个人提案27件，社情民意2条，获市政协优秀提案1件。在渝中区两会期间，区政协委员共提交并立案集体提案14件，大会发言1件，书面发言2件，农工党委员个人提案立案20件，区级领导重点督办提案1件。闭会期间，围绕全市经济社会发展重点热点和市民最关心、最直接、最现实的问题反映社情民意。至12月28日，共被市政协采用2条，被农工党市委采用5条，被渝中区政协采用6条。主动承担市委理论建设项目研究2篇和区委统战部理论调研文章2篇、工作调研报告1篇，3篇报告均被区委统战部评为三等奖。区委承接的市委重点课题成果《重庆院前急救体系现状及对策研究》获得市委好评。

【组织建设】 全年共发展农工党员10名，其中，硕士4人，有高级职称的2人，新党员平均年龄33.9岁，为区农工党员队伍输入新鲜血液。到12月底，渝中区有农工党员851人，占全市农工党员总数的五分之一。制定组织工作规划、骨干人才培养与发展工作实施方案，增强各基层组织工作的计划性和规范性。发挥界别优势，注重代表性人士的培养，多次召开医卫界党员座谈会，加强党内主体界别人才培养发展。开展新党员交流座谈会，通过交流谈心，增强新党员的归属感和凝聚力，构建阶梯式人才培养模式。文教支部、中医校支部、离退休支部等行业性支部均在相应节日举行庆祝活动，增强党员归属感、荣誉感，促进组织活动质量提升。青委会、妇委会和参政议政委员会等专委会全年共开展10余次主题特色活动。青委会撰写的提案被市政协采用4件、区政协采用8件，社情民意被区政协采用1件，妇委会组织开展“缅怀革命英烈，传承革命精神”的祭奠烈士活动，年轻骨干中坚力量作用进一步发挥。

【社会服务】　农工党区委充分发挥区党员中医卫界别专家多、水平高的优势，积极开展面向社会大众的义诊咨询服务活动。在“环境健康周”和“国际科学与和平周”期间，分别组织市、区医卫界专家教授、名老中医及知名律师在菜园坝街道开展大型义诊及法律咨询活动，受到周边广大居民的欢迎和好评。联合朝天门街道组织开展慰问老兵的义诊咨询服务活动，为老兵提供义诊服务和健康咨询。由区委主导，联合市委农业农村专委会和潼南区委在潼南区太安镇建立社会服务实践基地。农工党区委青委会组成的医疗队赴綦江区赶水镇新炉村开展义诊公益行活动，免费为当地群众提供健康咨询和问诊服务。重医大附属儿童医院支部以健康天使团为纽带，有计划地开展社区义诊、咨询、讲座活动，普及卫生防病知识。市三院支部、急救中心支部和市人民医院中山院区支部参加农工党市委医疗团队赴贵州省大方县开展精准医疗爱心行动，为安乐乡卫生院开展医务人员培训、带教查房、专题讲座等活动，并向当地捐赠药品。重医大附属口腔医院支部组织党员在口腔医院一楼大厅开展“920”爱牙日义诊活动及口腔科普知识宣传。加强和对口街道、社区的联系，竹园社区是农工党区委开展便民服务献爱心的定点基地，农工党区委为该社区提供义诊、捐赠、帮扶工作已有8年。2019年农工党区委在竹园福利院举行捐赠活动，慰问90多名孤寡老人。文艺总支的农工党员参加各种公益慰问演出70余场，先后送戏到彭水、忠县、城口等10余个区县的贫困镇乡，得到一致好评。开展“送戏进高校”活动，先后到重庆邮电大学、重庆理工大学等高校公益演出40多场。

【作风建设】　为加强领导班子建设、规范党内政治生活，根据《农工党中央关于开好省级领导班子民主生活会的通知》及《各民主党派中央关于建立健全领导班子民主生活会制度座谈会纪要》要求，在充分准备的基础上，召开区委领导班子民主生活会。班子集体和个人围绕主题，就加强思想政治建设、履行党内领导职责、履行党员义务、强化作风建设等情况进行对照检查，开展批评与自我批评。通过对标对表，查摆问题，剖析根源，明确整改方向，增进领导班子的团结和集中统一。根据《农工党中央关于开展农工党廉洁风险预警提示活动的通知》要求，开展廉洁风险预警提示活动。加强机关干部的理论修养，端正思想作风，提升政治站位。强化规章制度执行力度，完成文字材料撰写和信息报送工作，完成各类会议和大型活动保障工作，不断提升管理能力和办文办事能力。

【建功立业】　全区农工党员获得各级各类表彰10余项。米智慧万米高空救人的事迹被中央电视台点赞；尚京川获第二届医药院校药学中药学世界大学生创新创业暨实验教学改革大赛一等奖；母昭德获第二届全国药学专业学位研究生优秀学位论文（指导老师）和重庆医科大学优秀研究生导师；胡平、方红雁荣获市卫生健康委2019年第二季度“重庆好医生”称号；邱景富、王娅兰获重庆市第三批学术技术带头人称号；王娅兰、刘先俊获重庆医科大学钱悳教学名师奖；翁嘉颖获重庆医科大学发展贡献奖；王娅兰被评为重庆医科大学优秀教师；靳红卫、邱景富、刘先俊获重庆医科大学校级教学成果一等奖。

【农工党区委负责人】
主　委：李　虹
副主委：王　红　吴庆琛　王月婷
　　　　王　珏　李　彤　张　军

（张艳）

致公党区委

【概况】 中国致公党重庆市渝中区委员会（简称“致公党区委”）是主要由归侨、侨眷的中上层人士和其他有海外关系的代表人士组成的、具有政治联盟特点的政党。1997年11月，成立中国致公党重庆市渝中区第一届委员会。办公地址位于渝中区和平路192号新民花园。2016年6月换届，成立中国致公党重庆市渝中区第五届委员会，总支部1个、基层支部10个，区委委员19人。2019年内发展党员10人，全区党员总人数共289人。其中，获国务院特殊津贴2人，学科带头人3人；有高级职称的132人、中级职称的106人，分别占全区致公党员人数的45.7%、36.7%；博士生导师4人，博士35人，硕士53人。任市、区实职领导的党员10人。有全国人大代表1人，市人大代表3人，区人大代表3人，市政协委员3人，区政协委员16人。致公党区委的主要职责是坚持和完善中国共产党领导的多党合作和政治协商制度，秉承“致力为公、侨海报国”的宗旨，围绕中心，服务大局，加强自身建设，积极履行参政议政、民主监督职能，积极开展社会服务和海外联谊活动，维护归侨、侨眷及海外侨胞的合法权益，广交朋友，牵线搭桥等。

2019年，致公党区委着力加强自身建设，围绕市区经济社会发展，切实履行参政党职能，各项工作迈出了坚实步伐。2019年，致公党区委被致公党市委评为社会服务先进集体，获评中共渝中区委统战部2019年度渝中区统战系统理论调研工作、理论研究文章评选三等奖，获“不忘初心，牢记使命”暨“不忘合作初心，继续携手前进”主题教育知识竞赛组织奖。

【思想建设】 3月，致公党区委召开传达全国两会精神会议，邀请全国人大代表，区委主委张健向党员传达全国两会精神，参加党员30余人。组织4名新党员参加致公党重庆市委新党员培训。8月14日，致公党区委组织10名党员参加区委统战部组织的学习贯彻习近平总书记视察重庆重要讲话精神和市委五届六次全会、区委十二届五次全会精神宣讲会。9月27日，致公党区委召开“不忘合作初心，继续携手前进”专题教育学习活动，由区委领导班子成员带领区委委员读原著、学原文，宣讲习近平新时代中国特色社会主义思想。围绕中心工作做好宣传报道，全年出版《渝中致公》两期，向各层级媒体投稿50篇。

【组织建设】 全年组织党员参加致公党中央、致公党市委及市委统战部、区委统战部、区政协组织的各类培训学习共80余人次。组织开展各类专题讲座，党员共100余人次参加培训。11月17日，召开“不忘合作初心，继续携手前进”主题教育民主生活会，通过交流谈心，领导班子成员开展批评与自我批评，进一步统一思想、增进团结，改进工作、提高效率。把好质量关，稳步推进组织发展。全年发展新党员10人，其中女党员5人，博士研究生2人，硕士研究生2人，平均年龄34.2岁。7月6—7日，区委组织30余名党员在江津举办暑期干部培训会，区委党员李易作“中国人如何真正建立文化自信——中西绘画和诗歌艺术比较”讲座，弘扬传统文化，增强文化自信。9月27日，区委成立党内监督委员会，通过《致公党渝中区委会党内监督办法》，将党内监督与领导班子建设、机关建设、党员发展等重点工作结合起来，推动监督工作有序进行。不断推进基层组织建设，根据致公党市委创建“五有支部”建设要求，组织10个基层支部开展自查自检，重新规范支部的各项管理制度，积极开展创建工作。10 月 22 日，召开致公党区委基层组织建设“五有支部”监督评价会，直属支部被致公党市委评为优秀支部并作交流发言。12 月，杨蕴华荣获致公党市委组织建设先进个人表彰，陈莉芬、汪克建、陶继仲、唐志强被致公党市委评为优秀党员。

【参政议政】　在全国两会上，向全国人大提交《关于完善疫苗、药品管理法律法规经济处罚适用标的建议》等 2 篇建议。在重庆市两会上，向市人大提交 13 篇建议，2 篇为市人大重点督办建议，其中《关于加强校园安全建设的建议》为副市长屈谦重点督办。向市政协提交 5 篇提案。在渝中区两会上，向区人大提交 7 篇建议，1 篇议案。其中《关于规范渝中区商业区域车辆停放秩序的建议》为区人大重点督办建议，《关于在体育路希尔顿酒店路口增设红绿灯的建议》被重庆市人大《公民报》作专题报道。向区政协提交23篇提案，采用16篇，其中集体提案7篇。《关于抓住重庆站高铁建设契机打造渝中经济新增长极的建议》在区政协做大会发言。组织党员认真走访调查，开展区科委软科学调研《关于对重庆渝中区社区居民老年痴呆患者生活和接受诊疗现状调研及对策》。参与致公党市委“智慧化社区调研”，组织党员赴成都开展“文旅融合发展”“社区自治和社区居家养老”调研。青年委走访调研绵阳科技创新企业，开展“科技创新促进现代服务业发展”专题调研。全年向区委、区政府报送《关于推动智慧化社区建设和社区治理创新的建议》等 4 篇建言；完成区委统战部《关于统一战线智库的建设和思考》等 3 篇课题调研，其中《高层次党外人才作用发挥问题研究》获理论研究文章二等奖；申报市委集体提案 4 篇。组织参政议政骨干参加市委举办的参政议政培训，提高撰写社情民意信息的水平，提交社情民意 20 余篇。

【基层干部培训】　3 月 20 日至 22 日，致公党区委专干参加致公党中央在腾冲举办的组工干部培训；6 月 23 日至 29 日，组织 5 名党员参加渝中区委统战部在深圳大学举办的 2019 年统战骨干培训班培训，提高党员政治素质和履职能力；7 月 6 日至 7 日，4 名新党员参加致公党市委在渝北举办的新党员培训，使党员们在思想上更深刻地认识到致公党“致力为公”的宗旨、渊源和历史传统。致公党区委专职副主委 4 月参加在厦门大学举办的 2019 年统一战线专兼职干部培训。

【活动开展】　围绕庆祝中华人民共和国成立 70 周年和人民政协成立 70 周开展系列活动，丰富主题教育活动形式。致公党区委举办“不忘合作初心，继续携手前进”暑期干部培训，参观陈独秀故居；举办“不忘合作初心，继续携手前进暨共建青山绿水长江生态保护”学习会，为市区生态环境保护建议献策；开展文化进社区活动，主办“我和祖国共成长，童声童趣进社区”活动，为社区群众带去精彩的文艺表演；参观重庆“老三家”作品展，提升文化素养，增强文化自信；组织退休老党员观看爱国主义电影《我和我的祖国》，调研渝中区社区养老服务中心，关注社区养老。参与致公党市委“中国 • 祝福你——庆祝新中国成立 70 周年主题快闪活动”和“我和我的祖国”主题征文、摄影活动，提交 10 余幅摄影作品参加致公党中央摄影展，其中刘莲子、涂艳玲、原拥摄影作品荣获三等奖。在致公党市委主题宣讲会上，党员李易作为区委代表，作“我和我的古诗词传承之梦”的精彩宣讲。参加“庆祝中华人民共和国成立 70 周年”文艺会演、征文、书画展活动，提交征文 3 篇，书画作品 8 幅。3 月 16 日，致公党区委承办致公党市委“书香秉存，美丽绽放”读书活动，致公党各区级组织共 100 余人参加，共同庆祝三八妇女节。开展读书学习小组活动，飘书活动在致公党内全员铺开。举办“中国人如何真正建立文化自信——中西绘画和诗歌艺术比较”讲座，弘扬传统文化，增强对中国文化的认同感和文化自信。各支部也开展走进博物馆、游览红岩村、参观书画展等支部活动，增强党派凝聚力。

【社会服务】 组织医疗专家党员，在永川区举办大型惠民义诊活动。联合国网重庆市电力公司党外代表人士建言献策工作室、国网重庆丰都供电公司相关人员，深入贫困乡——丰都县三建乡开展精准扶贫与调研工作，并在当地开展义诊活动。请医疗专家为50名致公党党员做“预防老年痴呆一生的挑战”主题讲座，并邀请其他各民主党派成员参加，为到场人员做早期筛查及分析。在各大社区开展大型义诊和送医上门活动，党员参加重庆周边区县医院或当地卫计委组织的继续教育活动，传授常见病知识。党员张健、陈贻骥、李珂参加市委统战部“侨爱工程——送温暖医疗服务队”义诊活动，赴巫溪开展为期三天的送医送药活动。以致公党法律服务团成员命名的“喻开渝工作站”“喻开渝律师工作室”在解放碑街道成立，积极开展免费法律咨询、法律知识宣讲活动。助力脱贫攻坚，开展送温暖活动。组织党员走访调研垫江徐白、大石、太安三个贫困村，为贫困户送温暖。积极推动“酉好货”致公电商平台以购代捐活动。购买并帮助酉阳等地宣传扶贫土特产，促销近万元。党员们慷慨解囊捐款近2万元积极帮扶患病党员。党员杨蕴华推动“渝电爱心帮扶”活动，对口帮扶两路口辖区2名困难学生。党员张黔渝资助渝中区贫困高三学生，并开展心理辅导交流。党员周德凯捐助贵州、重庆永川、重庆垫江等多地贫困学生和贫困户。党员参与资助金额共计7万余元。举办为山区捐赠“小小书架”义演并捐款近万元。党员刘胜春荣获中国红十字基金会颁发的“公益先锋人物”称号。程韦然获得重庆日报2018年度公益盛典“十大公益人物”称号。汪克建获重庆市红十字会2019年度爱心志愿者称号。

【对口联系工作】 参加大坪街道马家堡社区邻居节，邀请重医附一院吕洋教授为社区居民讲解预防老年痴呆的健康知识，并现场做早期筛查。喻开渝律师工作室及喻开渝工作站接待黑龙江省哈尔滨市呼兰区政协副主席带队的考察团，就组织律师委员开办律师工作室，发挥专长，服务民生方面作了交流。

【对外联系工作】 3月28日，接待菲律宾中国洪门致公党中吕宋支部一行，并就经贸文化等方面展开交流。12月9日，主办“金智惠民，海归重庆”致公研习班，市人力资源和社会保障局、区公安分局和建行重庆市分行的相关负责人给与会人员作讲座，为海归人才创新创业搭建政策解读、防范风险、金融专业服务支持和交流互动平台。2月，党员李曦受邀参加在迪拜举行的2019年世界主题娱乐行业领导者峰会（IAAPA），并作为专家组成员为2020迪拜世博会在建场馆及配套设施提出意见和建议。5月28日，党员张正杨参加首届“一带一路”华商经贸论坛并做发言，并拜访菲律宾洪门致公党总部与各支部。9月，党员刘军带队芭蕾舞团参加在新加坡举行的“重庆文化旅游周”系列活动，表演芭蕾舞剧《追寻香格里拉》。曹粒被致公党中央评为2019年海外联络先进个人。

【致公党区委负责人】
主　委：张　健
副主委：涂艳玲　刘东方　马　佳
　　　　喻开渝　杨蕴华

（涂艳玲 彭婧烨）

九三学社区委

【概况】 九三学社重庆市渝中区委（简称“九三学社区委”）成立于1997年10月29日。2019年，有基层委员会、支社、小组17个，社员611人，平均年龄57岁，其中有高级职称的占68%。社员中有实职领导干部11人，全国政协委员2人，市人大代表2人，市政协委员5人（其中常委1人），区人大代表4人（其中副主任1人，常委1人），区政协委员10人（其中常委2人），市、区特邀监督员3人，人民陪审员1人。办公地址位于渝中区和平路192号新民花园裙楼。下设参政议政专委会、青年工作委员会、医疗卫生专委会、老年工作专委会、妇女工作委员会、文化创意专委会6个专委会。九三学社区委的主要职责是参政议政、民主监督等。

2019年，九三学社区委结合纪念五四运动100周年活动、庆祝中华人民共和国成立和中国新型政党制度确立70周年等活动，加强人才队伍建设，切实履行参政党职能，先后荣获区政协社情民意先进集体称号，九三学社重庆市委思想建设和宣传工作、参政议政工作、社情民意信息工作、组织建设工作、机关建设工作先进集体奖。

【思想建设】 成立“不忘合作初心，继续携手前进”主题教育活动领导小组，对主题教育活动进行安排部署。把深入学习贯彻习近平新时代中国特色社会主义思想作为主题教育活动的首要任务、核心内容，采取集中学与自学、线上学与线下学、讲座和交流、理论研究与学习实践相结合方式，开展学习宣讲30余场次，形成理论文章和心得体会16篇。3篇理论文章分获九三学社重庆市委表彰二等奖和三等奖，1篇获区委统战部表彰二等奖。为查找不足、提高整改实效，主题教育活动领导小组成员分别走访对口联系的基层组织，深入基层一线调查研究。同时发送《征求意见表》，听取来自基层的意见建议共27条。配合九三学社重庆市委高质量完成九三学社成立旧址纪念碑配套项目建设，协助并保障九三学社中央现任及历任副主席、各省级负责人及九三学社创始人后裔代表参加的揭幕仪式顺利举行，彰显九三学社发祥地的独特魅力；挖掘九三学社历史资源，中苏文化协会旧址、重庆自来水厂旧址被九三学社中央命名为第二批九三学社全国传统教育基地；组织开展“追寻先贤足迹”徒步活动，回顾九三学社的创立初心，重温多党合作事业的光辉历程。

【组织建设】 2019年发展社员25名，社员平均年龄39岁，有高级职称、硕博学历的社员比例达60%。全区共有社员611人，平均年龄57岁，有高级职称的社员比例为68%，高校、医药卫生、工程技术界别人数占比88%。5人次参加渝中区统战系统党外代表人士骨干培训班，27人次进入九三学社重庆市委人才数据库。高度重视青年人才培养，修订青工委《工作规则》，制订《青工委2020工作计划》，对青工委委员履职提出更高要求；开展纪念五四运动100周年、“徒步丈量城市，探索母城‘遗迹’”等活动，增强组织凝聚力；鼓励青年社员参加“青年论坛”和理论文章撰写，受到九三学社重庆市委的表彰。中煤科工集团重庆设计院和综合支社接受九三学社重庆市委监督委监督检查，基层组织规范化建设工作成果得到肯定。各基层组织积极开展丰富多彩的组织生活，中冶赛迪支社多次召开参政议政经验交流活动和参政议政小组会议；科技联合支社召开组织生活会学习习近平总书记关于多党合作的重要论述，组织社员参观涪陵白鹤梁水下博物馆；重医大校本部支社赴红岩党性教育基地开展主题教育活动；中煤科工集团重庆设计院支社与公司建筑专委会联合举办何智亚先生售书签名活动，引导更多人关注城市，关注文化；重庆市设计院支社、中煤科工集团重庆设计院支社、重庆市急救中心支社和文艺支社联合开展走近智障人士活动，调研了解心智障碍人士生存和社会服务机构建设情况。进一步做好老年社员工作，坚持每年慰问80岁以上老社员（全区80岁以上老社员共79名），传递组织关爱。注重发挥老年社员的“传帮带”作用，在九三学社区委开展的庆祝中华人民共和国成立和中国新型政党制度确立70周年座谈会、“追寻先贤足迹”徒步、“童”聚九三等活动中，老年社员身体力行地为青年社员上了爱国、爱社的思想教育课。组织老年社员参观巴渝文化博物馆、老年护养中心等。老年工委主动承接“老年社员组织生活有关问题研究”课题，课题成果获九三学社重庆市委主题研究活动三等奖。

【参政议政】 开展重点课题调研。围绕党委政府中心工作和社会热点难点问题，聚焦乡村振兴、5G网络、河流治理、老龄化问题等方面成立10个重点课题组，先后召开重点课题开题会、推进会、研讨会等会议，所有课题按质保量顺利结题。其中，3个课题成果作为中共渝中区委季度调研材料，3个课题成果作为2020年区政协全会大会发言材料和集体提案。2019年，共提交市、区政协提案、社情民意156篇。其中，《重庆城市“颜值与气质”双提升的建议》作为重庆市政协常委会重点协商书面发言。《关于把渝中建成长江经济带客流商流信息流枢纽的建议》在区政协第十四届三次全会上作口头发言。《规划六大文商旅核心区，促进旅游消费升级》作大会书面发言。《关于在解放碑步行街提升改造中充分融入历史文化元素、彰显城市特色的建议》《处置长期重复信访、缠闹访的相关建议》《关于加大湖广会馆与周边景区通达性的建议》作为区政协重点督办提案。社情民意信息被中央级采用3条，市级采用17条，区级采用9条。其中，《关于钢铁产能置换由“控量”改为“提质”的建议》《以“减税”代“励”改进企业创新奖励政策》被中央统战部《零讯》采用。《重视防范“一带一路”中的专利风险》被九三学社中央采用。《盐城化工厂爆炸事故“炸出”工业园区安全管理漏洞》被市委统战部采用。《关于大力推动电炉短流程炼钢的建议》《关于提高农村饮水水质卫生的建议》《发展乡村康养业助推乡村振兴》的建议被市政协采用。

【社会服务】 开展社会服务品牌活动。将扶贫工作重点放在留守儿童身上，连续六年开展“童”聚九三活动，忠县20名留守儿童成为2019年活动的直接受益者；走进武隆区沧沟乡中心小学开展“送健康进校园”活动，建立第4所“九三学社爱心书屋”，为留守儿童开展儿童急救和口腔保健知识讲座，呵护留守儿童健康成长。基层组织发挥优势服务社会。九三学社重医大基层委员会与重医大口腔医院支社赴荣昌区乐一融合特殊学校开展关爱自闭症儿童的公益活动；重医大儿童医院支社前往酉阳土家族苗族自治县举办送医下乡社会实践活动，帮扶基层贫困地区儿科事业发展；重医大附一院支社赴万盛经开区石林镇茶园小学开展“送健康进校园”活动，为近100名学生进行义诊，并资助2名特困生，为万盛经开区人民医院开展技术指导。

【对口联系工作】 与对口联系的区科技局和石油路街道建立信息沟通机制，相互通报工作动态，适时座谈共商共议。与石油路街道签订“九石合作”协议，发挥九三学社人才、智力和技术优势，助推石油路街道辖区经济社会发展。开展“健康进社区”“九三科学课”等特色活动，为社区居民举办“饮水与健康”“冠心病防治”“安全用药”等知识讲座；组织社内专家在街道开展老旧社区智慧化改造问题调研，为智慧社区建设提出意见建议。

【九三学社区委负责人】
主　委：杨　竹
副主委：汪　源　王晓莉　罗华艳
　　　　汪德强　沈学华　黄元丁

（赵莲）

区工商业联合会（总商会）

【概况】 渝中区工商业联合会（渝中区总商会）（简称“区工商联”）前身是重庆市工商业联合会第一区分会，成立于1952年12月，是中国共产党领导的面向工商界、以非公有制企业和人士为主体的人民团体和商会组织。办公地址位于渝中区和平路192号5楼。2019年，区工商联内设办公室、组织会员部、经济联络部，核定行政编制人员8名，在职8人。下设渝中区商会服务中心。区工商联的主要职责是：团结、服务、引导、教育非公有制经济人士爱国、敬业、诚信、守法、贡献，培养拥护党的领导、走中国特色社会主义道路的非公有制经济人士队伍；做好非公有制经济代表人士政治安排的推荐工作；参与政治协商，参政议政；参与政府相关的经济活动，联系各地工商界人士，开展民间外交，推动经贸交流和协作，促进经济社会发展；

参与协调劳动关系，促进和谐社会建设；指导本会直属商会工作，参与社会组织建设工作，促进行业协会商会改革发展；反映非公有制企业和非公有制经济人士利益诉求，维护其合法权益；为会员提供政策信息、人才交流培训等服务；组织会员企业参加各类经贸活动，外出参观考察，帮助会员企业拓展市场；配合有关部门开展非公有制会员企业党建工作；引导非公有制企业及其非公有制经济人士承担社会责任，支持慈善公益事业发展，投身光彩事业。

2019年，区工商联围绕区委、区政府中心工作，坚持统战性、经济性、民间性有机统一，切实提高政治站位，充分发挥桥梁纽带和助手作用，为持续推动渝中非公经济高质量发展做出了贡献。

【非公党建】 2019年，区工商联党组管辖直属机关支部1个，非公党组织30个，其中党委5个，总支2个，中共党员524人；为不断深化对党的十九大精神和习近平新时代中国特色社会主义思想丰富内涵的理解，共组织36次集中学习、29次党组中心学习、16次专题讨论、6次党课讲授、到社区“双报到”12次、主题党日活动12次；以庆祝新中国成立70周年系列活动和主题教育为抓手，组织开展重温入党誓词、参观渝中智慧党建基地和“烈火中的誓言”红岩英烈革命诗词书信展、井冈山党性教育培训、“三个为什么”座谈交流、“学习强国”现场推进会、组织观看《蜕变的初心》等红色教育影片、学习黄文秀等先进典型事迹等系列活动，实施机关党建与非公党建共建共促工作，常态化开展现场观摩交流学习，不断深化非公经济人士对中国共产党，对中国特色社会主义的认同；指导百事达党委、灯玛特支部、巨宇支部等按期换届；授予朗博党委等5个基层党组织“学习强国”先进集体荣誉称号；工商联联队参加区委统战部“不忘初心、牢记使命”主题教育知识竞赛荣获一等奖；全年新发展党员20名（机关1名，非公组织19名），新建党组织2家，接收管理2家，定期慰问建国前老党员、困难党员13名，对口帮扶社区群众5名；执委队伍中，7名企业家获得全区“党建之友”称号，2名企业党组织书记获得“党建之星”称号。

【参政议政】 组织代表委员参加暑期谈心会、民营经济发展情况调研会等区委、区政府组织的各类会议，建言献策、贡献力量；组织参与全联、市联的营商环境、军民融合等调研工作，反映民企诉求，提出政策建议。组建青年企业家参政议政小组，汇聚青年智慧；围绕沿江经济带打造、十八梯项目、鹅岭贰厂、马鞍山等特色街区、重点项目开展走访调研，形成《关于加强渝中知识产权运营孵化基地的建议》等一批有分量有价值的调研成果，提交47篇建议、提案，11名政协委员获评区政协履职工作突出荣誉称号。区政协委员、区工商联副主席、重庆西南知识产权运营集团有限公司董事长任萍代表区工商联在区政协第十四届委员会第三次会议上作“关于推进渝中民营经济高质量发展的建议”的大会发言。

【基层组织建设】 截至2019年12月，区工商联会员总数29688个，其中直属会员3590人。执委队伍212名，包括主席（会长）班子39名、常委40名；市、区两级人大代表、政协委员、党代表85名；所属商（协）会基层商会组织44个（其中街道地区商会11个、行业商会9个、综合类商会6个、异地商会4个、社区商会1个、团体会员13个）。贯彻落实中办、国办《关于促进工商联所属商会改革和发展的实施意见》和市有关文件精神，向区政府申请基层组织建设专项经费，对创建各级“四好”商会、新成立商会给予资金扶持，通过向商（协）会购买服务支持基层组织发展；印发《基层组织建设专项经费使用管理办法》《基层组织承接服务项目管理办法》《基层组织统计工作专项经费管理办法》；撰写《基层商会党组织的定位与职责探究》调研报告，助推商（协）会改革发展、转型升级。按照“归口理顺、积极发展、覆盖全面、模式创新”的方针，以地区商会、行业协会为主体，大力发展异地商会、综合商会、新型商会，探索组建园区商会、楼宇商会、景区商会。2019年新成立基层商（协）会1家——渝中区社会办医疗机构协会，并指导完成民政登记注册。指导5家商（协）会完成换届、4家商（协）会建立党组织。组织11个街道商会到全国“四好”商会——渝北龙山街道商会学习交流先进经验。成功举办基层商（协）会会长、秘书长青岛大学专题培训班，参训50余人。区青年企业家商会被全国工商联评为2017—2018全国“四好”商会，被重庆市工商联评为2018年重庆“四好”商会。区建筑业协会、菜园坝商会、四川商会、朝天门商会、乐清商会5家商会评为区级“四好”商会。

【走访服务】 2019年将轮值主席制度调整为“2位轮值主席+2位轮值执常委”辅助模式，让企业家站前沿当主角，走访80多家企业和商（协）会，帮助解决企业难题、链接企业资源。建立工商联驻会领导班子联系走访商（协）会制度，分片走访44家商（协）会。做好“两收集+两宣传+两通报”（即收集问题、意见和建议，收集工作动态、招商信息等；宣传解读党委政府重要会议精神，宣传相关涉企政策；通报工商联系统重点工作，通报其他省市工商联先进经验做法），全年精准走访企业80家，实现商（协）会走访全覆盖，形成调研报告《新时代民营经济统战工作研究》。

【法律服务】 帮助区商事纠纷调委会、区建筑业协会调委会成功入驻渝中区诉调对接•速裁中心；速裁中心聘请专职调解员开展诉前涉企经济纠纷人民调解，构建司法调解、人民调解、商会调解为主的民商事纠纷维权体系；区商事纠纷调委会、区建筑业协会调委会成功调解案件178件，涉及金额5000多万元；聘请3名专职顾问律师主动进企业、进商会，开展法律咨询，提供“法律体检”，解答法律咨询120余起，赠送各类普法读物500余本；指派顾问律师帮助派诺公司处置群体性劳动争议案件，维护企业合法权益；先后2次陪同市区人大走访调研民营企业法治环境，帮助互邦实业、小龙人幼儿园协调化解涉法疑难案件2起；针对企业经营权司法拍卖的问题，在法律框架内提出合理化建议意见，获市级领导研究并采纳；推进“法律三进”活动，会同区法院、区司法局、区发改委举办“送法进企业”、民营企业法律风险防范讲座、“诚信建设万里行、诚信宣传进企业”等法治宣传活动，建筑业协会 、咖啡商会、营山商会等10余个商（协）会，300余家民营企业签订了诚信承诺书。

【经济服务】 引入麦当劳旗舰店、眼视光、凯思智富、星巴克咖啡重庆分公司、赛嘉科技以及“一带一路”（重庆）智能体验馆顺利落户渝中。指导“金沙洲”餐饮焕新升级，升级滨江路业态。组织渝中区青商会参政议政工作小组进行调研，深入实地了解滨江带在新时代下的发展前景，撰写集体提案。推进知识产权产业园区打造，指导西南知识产权园区完善可行性方案。争取区电创园、大数据管理局支持，推动项目落地，联合区块链企业为电创园拟招商企业开展技术优势尽职调查。支持指导金夫人、千叶眼镜解放碑旗舰店升级跨界，提升十字金街门面形象。落实区委书记黄玉林指示，形成《渝中区服务民企存在的问题梳理》。撰写《关于发挥商会民间外交优势作用，引导民企积极参与“一带一路”的建议》获区委书记黄玉林批示。撰写《全程参与、部门联动，助推一带一路（重庆）智能体验馆落户渝中》《多次调研、找准痛点，助推渝中建筑业高质量发展》呈送市委、市政府相关领导。定期开展民营经济运营情况调研、项目库等调研工作，53家企业参与填报，5000万元规模以上企业37家，中昂投资、华轻商业等7家企业获重庆市100强荣誉称号。落实社保降费政策，累计完成80余户困难企业社保费减免审核。帮助温州商会、商联会等会员企业申报稳岗补贴、创业贷款贴息。在全区民营经济大会暨区工商联（区总商会）第十三届五次执委扩大会上，共有9家以商引商优秀企业获得表彰。如重庆华迅控股引入的日本驻重庆总领事馆、乌拉圭驻重庆总领事馆、东亚银行（中国）有限公司重庆分行、安永华明会计师事务所、欧华美科北投（天津）医学科技有限公司、重庆首家AIR JORDAN，正刚中医骨科医院引入麦当劳中国市场首家博物馆旗舰店等。协助解放碑CBD管委会举办“解放碑步行街改造提升工作暨重点项目招商签约会”，邀请重庆市广东商会、福建商会、山西商会、温州商会等市级商会参加。协助区电创园管委会举办“重庆渝中电创园数字经济及重点地块招商推介会”，助推区电创园管委会、重庆市广东商会建立战略合作关系。11月，区工商联、区电创园、区政府办、区委组织部等部门赴广州天河区、越秀区工商联进行考察对接，重庆AI+物联互通产业园落户电创园。帮助阳光财信、小龙人、云厕智通等37户协解入驻问题。接待广州越秀区政府副区长陈伶俐等20余位来宾考察了解放碑、高九路总部城、三层马路、贰厂文创园区等重点区域和重点产业。

【融资服务】　深化1+M+B机制，鼓励商（协）会以项目形式开展融资服务，给予工作指导和经费支持，目前共7家商（协）会获立项。开展“四月芳菲尽 清茗迎客来”一季度商（协）会会长联席会暨银企对接会、“建行财富　观往知来　财富十年”论坛、重庆银行民营企业金融服务推介会、新形势下民营企业财税与金融专题讲座等金融启蒙课堂。会同区金融办，定期开展企业融资需求调研，每季度召开一场全区金融服务对接活动。汇编《电创园企业融资服务手册》。邀请50余户企业与10家银行开展现场对接，邀请市、区经信委2次解读商业价值信用融资担保贷款，累计组织融资活动30余场，服务中小企业1000余家，完成融资贷款3.5亿元。

【队伍建设】　组织50余名企业家参加上海交通大学渝中区非公经济人士“建功新时代　创造新业绩”综合素质提升培训班。组织50余名渝中区工商联商（协）会会长、秘书长参加青岛大学综合素能提升班。组织区工商联所属会员单位党组织书记、党务工作者、“党建之友”代表共计33人参加井冈山“守初心 担使命”党性教育培训。组织青商会14名会员赴日本开展匠心之旅及商务考察。

【活动开展】　联合区委非公工委、区总工会组织举办2019年“讴歌祖国华诞七十载•唱响渝中奋斗新时代”非公组织职工歌唱大赛，历时60天，吸引105支队伍报名，上万余人次非公企业职工参与，网络投票达46万余票，点赞288万余人次。由区委组织部、区委统战部、区委非公工委、区工商联（总商会）、区总工会主办的2019年渝中区第三届非公经济组织运动会，历经18天角逐，吸引80家非公经济组织单位约1000名选手参加。开展“母城匠心”项目，以“匠心情怀•根在渝中”为主题，组建专家评审组，经历3个月筛选，推出20位匠人。至2019年8月，共记录35位行业匠人的故事，面向社会招募6位“母城文化记录者”，文稿上线后，全网阅读量超过20万人次，印制1000册由33篇匠人故事汇编成的纪念册。2017年6月，中共中央统战部官网发布“母城匠心”宣传信息，截至2019年11月，项目所有活动稿件全网曝光量707983次，点击量63807次。邀请百余人参加专题策划的“‘坚持热爱　心中有光’致敬母城匠心　庆祝新中国成立70周年”主题活动，开展三期“匠人课堂”，共200余人参与，线上征集10位网友参与“当一天匠人”活动，线下体验项目为手冲咖啡、拉花和蜀绣刺绣。开展“匠人归来•以心载道”沙龙，共5位匠人参与分享。发起成立“非公经济匠人联盟”倡议，线上推出年货、年味主题文章，共吸引3000余名网友转发点赞，线上开展送年货抽奖活动，吸引1000余名网友踊跃参与，“母城匠心”工作入选创新中国最佳案例。

【对外交流】参加第十五届世界华商大会，与英国重庆商会签订友好协议。与广州、深圳、上海、厦门等地区总商会签署友好商会协议。组织600余家企业参加中国首届“进口博览会”、首届“华洽会”、“西洽会”等涉外商务活动30余场，促成重庆交通大学人文学院与阿塞拜疆中国丝路商会、渝中区旅游业商会三方签署产学研合作协议。

【宣传工作】 打造“政策直通车”活动品牌，推动各类涉企政策落地，举办减费降税、社保入税、就业创业、劳动用工、法律风险防范、诚信体系建设等政策宣讲会7期，惠及企业累计700余户。向企业推送“创业担保贷款政策”“重点群体一次性创业补贴”“企业社会保险补贴政策”“稳岗补贴政策”等政策。与浦发银行合作，向企业宣传“大学生实习就业基地补贴政策”。推出6期《商汇》期刊，全年在新华网、人民网、今日头条、《渝中报》、《中华工商时报》各级媒体刊发新闻60余条。

【区工商联负责人】

主　　席：卢朝康

党组书记：李　锐

副 主 席：周　琴（兼秘书长）

李　仪

贾一芒（兼区委非公工委副书记）

（钟凌凤）

群众团体

渝中区总工会

【概况】 渝中区总工会(简称“区总工会”)成立于1989年10月。区总工会第六届委员会于2015年9月经区第六次工会代表大会选举产生，由委员43人组成，其中主席1人、副主席3人、常务委员9人，任期5年。下属40个系统工会（工作委员会、总工会、工会联合会、工会委员会），会员9万余人。2019年，区总工会机关驻和平路管家巷9号，有行政编制人员9人、工勤人员2人，内设综合部、服务发展部、基层工作部3个科室。区总工会的主要职责是：组织和指导全区各级工会履行“维护、建设、参与、教育”等社会职能；保障职工的民主权利，维护职工合法权益；组织开展“送温暖”活动，协助“再就业”工作；指导全区各级工会组织加强自身建设，建立完善工会的各项组织制度和民主制度；组织开展职工科技文化知识学习和技能培训；组织和指导全区各级工会组织开展职工文体活动。

2019年，全区工会牢牢把握“政治性、先进性、群众性”要求，继续深化工会改革，积极创新工会工作方式方法，各项工作取得积极进展和明显成效。经区总工会推荐，全区获评全国工人先锋号1个、重庆市五一劳动奖状2个、重庆市五一劳动奖章2个、重庆市工人先锋号2个、重庆巴渝工匠6人。

【政治引领】 把学习贯彻习近平新时代中国特色社会主义思想作为首要政治任务，组织开展“不忘初心、牢记使命”主题教育，班子成员带头，通过中心组学习、支部主题党日活动等学习100余篇内容，撰写心得体会20余篇，进一步增强“四个意识”，做到“两个维护”。组织干部职工开展交流讨论、自我剖析，再次排查，坚决肃清孙政才恶劣影响和薄熙来、王立军流毒，营造良好政治生态。将政治性和时代性、生动性相结合，开展习近平新时代中国特色社会主义思想、中国工会十七大精神等“进企业、进车间、进班组、进校园、进社区”宣讲活动12批次，引导职工听党话、跟党走，始终同党中央保持高度一致。

【文化引领】 充分发挥以文化人、引领风尚、凝聚人心、汇聚正能量作用，创建全国职工书屋2家、全国便利型职工阅读站点2家、区级职工书屋13家、区级职工书屋示范点2家，为基层配送图书3000余册。组织开展中国好网民工程活动；参加全市职工“我和我的祖国”“中国梦•劳动美”系列活动，获摄影大赛优秀奖；

参加重庆市首届职工运动会获体操团体冠军等。深入开展庆祝新中国成立70周年系列活动，组织开展第三届非公组织职工歌唱大赛、第三届非公组织运动会、第六届城市定向越野赛、送影进万家、干部职工文艺嘉年华书画摄影展和集体文艺节目比赛等系列活动，线上线下吸引500万人次参与。各级工会组织举办机关干部职工运动会、第三届白领室内运动会等行业（区域）性活动20余场。举办两期机关干部素质提升培训班，开设书法等8项课程，共计540余人次参与。

【舆论引领】　坚持正确舆论导向，充分运用《工人日报》、《重庆晨报》、《渝中报》、渝中电视台等传统媒体以及“学习强国”、“渝中工会e家人”、市总工会子网站等网络媒体，大力宣传工人阶级、工会工作，组织职工及时学、跟进学、拓展学，把广大职工群众团结和凝聚在中国特色社会主义伟大旗帜之下。建立《渝中区总工会意识形态工作制度》《渝中区总工会网络安全应急预案》，加强阵地管理，严格落实“三审三校”信息发布制度，保证每条推送消息政治正确、内容规范、精准到位。2019年，完成工会刊物征订工作，微信公众号推送信息176条，网站发布工作信息101条，劳动纠纷调解、项目工作法等多项工作被多个媒体报道，进一步展现工会工作、彰显工会作用，提升工会影响力，全年未发生舆情事件。

【组织建会】　以深入开展规模以上、百人以上企业及灵活就业群体企业建会和职工入会专项行动，通过细致的梳理和排查，广泛发动、逐步深入，摸清底数，掌握基数。先后3次在全区范围内召开基层组织建设专项工作推进会，采取党建带工建、政治荣誉比对、专项经费激励、“一函两书”督促等多种方式，探索“点”有企业带、“线”有行业牵、“面”有社区联、“网”有市场管、“楼”有物业统的多维组建模式，推进辖区内符合建会条件的规模以上、百人以上企业建会全覆盖，“两代表一委员”企业全部建会，灵活就业群体企业建会和职工入会率达到55%，全年新增工会组织77家，新增会员3401人。强化女职工组织建设，组织组建率达建会数的99%。召开全区工会组织和会员实名制专项工作会，区属会员已实名制建档42720人，切实做到底数清、情况明。

【队伍建设】选好配强工会组织领导班子，改选工会副主席2人，增选工会挂职副主席1人，改选常委2人，增选常委1人，改选委员17人。着力打造政治过硬、能力过硬的工会干部队伍，发放《习近平新时代中国特色社会主义思想学习纲要》等学习书目，组织参观红岩村革命教育基地、开展《我和我的祖国》观影活动等，引导干部职工坚定理想信念，不忘为民初心。组织参观铁山坪廉政教育基地、观看《蜕变的初心》等警示教育片，提醒干部职工筑牢思想防线。切实转作风，持续开展“五个一”对口联系活动，结对帮扶慰问困难群众6人，参与国庆值守、开展“净岸行动”等志愿服务，结合主题教育开展调研并解决问题10余个。选优配强工会干部，指导各级工会组织开展换届选举，实施“基层工会干部大轮训计划”，落实工会社会化工作者双月培训，全年组织工会干部开展培训28场次，受训人员1770余人，参加市总工会培训12次，促进了履职能力和业务水平提升。

【技能竞赛】　组织开展全区公务员技能大赛、旅游住宿业服务职业技能大赛、有害生物防制技能大赛等区域性竞赛7场次，规模以上企业参加面超过80%。组织职工参加全市IT行业和旅游服务技能大赛，获得二等奖1个。发动企业参与网上劳动和技能竞赛，获评月度之星44人次、季度之星2人次、先进集体二等奖1个。举办“才露锋芒•匠心筑梦”——渝中区2019年职工技能秀暨“五一”国际劳动节纪念活动，指导全区各级工会组织开展劳动和技能竞赛近百次，不断以竞赛提能力、激活力、添效力。

【评先评优】　健全完善选树、关爱和激励

劳模先进的工作机制，推荐获评全国工人先锋号1个、重庆五一劳动奖状2个、重庆市工人先锋号2个、重庆五一劳动奖章2人、2019巴渝工匠年度人物6人，通报表扬渝中区工人先锋号10个、渝中区建功立业标兵20人。做好劳模先进的服务工作，组织参加疗休养、团拜会等活动，市、区领导带队，对辖区内服务管理的各级劳模慰问275人次，发放慰问物资27万元。深化劳模创新工作室创建，有劳模（高技能人才）创新工作室17个，其中已建成市级创新示范工作室2个、2019年新命名区级创新工作室3个。发挥劳模先进的示范带动作用，在《渝中报》连续5期宣传先进事迹，开展“五进”宣讲活动4批次，引导职工学先进、赶先进、当先进。

【多平台建设】 印发《关于推进新时代渝中产业工人队伍建设改革的实施办法》，进一步形成有利于产业工人发展的法治环境、政策环境、制度环境、社会环境。联合区人社局等部门促进职工高质量就业，开展就业援助月、春风行动、残疾人帮扶、民营企业招聘周等招聘工作，各级工会全年共举办各类招聘活动50余场次，组织861家企业提供岗位8560余个。深入开展家政、餐饮、美容等职工职业技能培训20余场次，联合区电大实施渝中区楼宇职工学历提升助力计划项目三期，不断提升职工能力水平和综合素质。

【脱贫解困】 完善解困脱困联系卡资料，及时录入帮扶资金、注销电子档案，年初对建档困难职工家庭划拨慰问金共计25.8万元。全年通过就业创业解困脱困、纳入国家社会保险制度覆盖、纳入大病保险和医疗互助保险保障、社会救助兜底等“四个一批”方式，成功解困脱困建档困难职工198人。常态化开展“四季送”活动，发放防暑降温物资近20万元，覆盖2000余人次，在治安岗亭等户外工作者集中的地方设置赠水点，免费为户外劳动者赠水。筹集资金57万元帮扶学生97名，组织困难家庭学生参加渝中母城一日游活动，真正落实“应助尽助”。制定《渝中区送温暖资金管理办法》，力争覆盖职工群众。

【多元服务】 持续推进职工互助保障工作，分行业、片区开展“面对面”业务培训14场次，不断扩大职工互助保障知晓率和覆盖率。全年参加单位295家、21292人，入会金额376.5万元，理赔760次，申领互助金281.6万元，续保率达98%，超额完成市总工会下达的任务。加大对互助保障会员的慰问力度，全年慰问重疾和困难会员23人，开展公益大讲堂2次、受益群众300余人，组织600余名会员开展公益体检。组织2019年新年单身青年职工联谊活动、星光有约恋爱ing、“渝”你的全世界相遇——青年单身职工交友联谊活动，为300余名单身职工牵线搭桥，15对单身男女牵手成功。暑假期间，在环球互联网大厦、国贸大厦党群服务中心开展职工子女暑假托管班，切实解决职工后顾之忧。

【职工关爱服务】 不断完善职工服务中心功能建设，新建爱心驿站、职工书吧等，建成工会“一站式”服务平台，提升服务接待水平。依托全区15个户外劳动者“爱心驿站”开展送餐活动，为环卫职工、建筑工人、管道维修人员等免费赠送近500份爱心午餐。在夏季为周边环卫工、快递员等户外一线作业职工设置避暑休息场所，并免费供应防暑降温物品药品。进一步提升8个妈咪小屋的管理服务，打造女职工温馨“港湾”。把关爱服务及时送到职工家门口、心坎上，“两节”期间发放近300份慰问品，组织近200名一线工人、困难职工参加职工游园活动。

【制度健全】 以贯彻《重庆市集体合同条例》为重点，健全以职工代表大会为基本形式的企事业单位民主管理制度体系，组织企业开展民主管理业务培训，选拔选手参加全市集体协商竞赛，获集体三等奖和个人二等奖；培育选树重庆仁品耳鼻喉医院有限公司创建市级厂务公开民主管理典型单位；指导重庆中悦酒店有限公司等非公企业建立健全职代会、集体协商、职工董事职工监事等民主管理制度；指导培育重庆仁品耳鼻喉医院有限公司牵头辖区32家单位开展区域性集体协商。全年推动辖区基层单位签订集体合同111份，全区女职工权益保护专项集体合同签订率达98%，企事业单位民主管理工作覆盖面不断提高。

【争议调处】强化部门联动，与区司法局、区人社局等部门分别进行专题研究，对案件的来源渠道、办案的规范流程、结案的法律效力进一步健全完善，确保人民调解工作依法有序、便捷高效。强化制度建设，规范“仲调、诉调”工作流程和劳动争议季度分析研判工作制度，促进调解工作效率、服务质量“双提高”。全年调解结案归档712件（1225个案由），调解成功479件（856个案由），调解协议涉及金额746.35万元，出具仲裁调解书121件，申请司法确认17件。把法律援助作为为职工提供法律服务的兜底性保障措施，对于调解失败且符合法律援助条件的，及时引导，提供法律援助15件，追回劳动经济权益26.5万余元。

【创新治理】以增强职工自我保护意识为重点，组织全市第六届“安全伴我行”安全文艺创作比赛第一赛区大赛并获得全市优秀组织奖，开展渝中区第八届“安全在我心中”美术书法摄影大赛。结合“千名律师服务职工在基层”“三月法治宣传月”“宪法宣传周”“遵法守法•携手筑梦”等活动，开展法治宣传活动40余场，发放宣传资料5万余册，提供法律咨询服务3000余人次。律师志愿者点对点服务企业181家，开展培训会81场，协助53家企业纠正用工不规范行为。联合区司法局制作的公益广告《依法履行劳动合同，单方变更属违法行为》在重庆电视台5个频道滚动播出。抓好排查预警，掌握企业用工和职工队伍稳定情况，按时报送相关信息，全年未发生职工10人以上到市或市级相关部门的集访事件。

【区总工会负责人】

主　　席：吕　椿

常务副主席：王　萍

副 主 席：涂国梅（2019年3月离任）

李洪其（2019年3月任职）

龚　渝（2019年3月离任）

傅晓蓉（2019年3月任职）

（韦宏弢）

共青团渝中区委

【概况】中国共产主义青年团重庆市渝中区委员会（以下简称“团区委”）驻渝中区和平路管家巷9号。2019年，团区委设青年工作部、学校少先队工作部、办公室3个科室。团区委的主要职责是：坚持党的领导，切实增强共青团工作的政治性和共青团组织的先进性群众性；加强对广大青少年的政治引领和思想引导，把广大青少年最广泛最紧密地团结在党的周围，加强青少年的理想信念教育和未成年人的思想道德建设；依法依章程独立自主开展工作，领导全区共青团工作；领导和指导全区青联、少先队工作，领导和指导全区性青少年社团组织的工作；团结动员广大青少年干事创业，组织动员广大青年围绕中心、服务大局，积极主动参与党委、政府各项中心工作；切实发挥社会事务管理服务作用；按照法定程序承接好适宜由团区委承担的服务青年就业创业等社会管理服务职能，培育和打造共青团服务品牌；研究指导共青团自身改革和建设，加强政策理论研究，开展青年思想动态、工作状况等调查，及时为区委、区政府决策提出建议；负责研究指导青年对外交流工作、青年统战工作和青年人才服务工作；加强全区团的建设，协助党组织管理团干部。截至2019年底，全区共有基层团委24个，基层团工委18个，团总支7个，团支部770个；注册团员13266人，其中新发展团员1500人；专职团干部13人，兼职团干部1933人；全区直属少先队组织共有42个，有少先队员3万余名、少先队大队辅导员42名。

2019年，团区委坚持“高举旗帜、紧扣主线、深化改革、从严治团”，扎实推进各项工作。全年获得领导批示9条次，在《重庆日报》、重庆新闻联播等市级及以上各类媒体报道300余条次，承办市级示范活动12场次，各级团组织及团员青年获市级及以上表彰30余项次。

【理论武装工作】 专题研讨系统学习习近平总书记视察重庆和在纪念五四运动100周年大会上的重要讲话精神，召开渝中区纪念五四运动100周年座谈交流会、团干部专题培训班等各级专题辅导、交流讨论、主题团日、组织生活200余场次。实施“青年讲师团”计划，遴选45名优秀青年开展理论宣讲50余场次。全力推进“青年大学习”，广泛开展知识竞赛、主题演讲、征文比赛、文化宣传等互动学习活动30余场次。将习近平总书记重要讲话精神与联系服务青少年、助力打好“三大攻坚战”和实施“八项行动计划”紧密结合，积极参与社会治理，推动辖区经济社会发展，确保学习宣传贯彻有成效。

【青少年思想引领】 紧抓纪念五四运动100周年、新中国成立70周年、少先队建队70周年三大节点，高标准示范引领，举办“青春心向党•建功新时代”渝中区纪念五四运动100周年主题团日活动、“我和我的祖国”重庆市庆祝新中国成立70周年暨少先队建队70周年主题队日活动，因势利导激发广大青少年的使命担当。全方位营造氛围，开展国旗下演讲、文艺演出、诗歌朗诵、仪式教育、少先队队课、快闪等主题团队日活动700余场次。拍摄制作《我的青春•我的团》《红领巾敬礼70年》主题宣传片，在地标楼宇投放宣传海报和视频。多领域选树典型，评选区级“两红”“两优”集体和个人163个，青年岗位能手34个，优秀（十佳）少先队员、优秀（十佳）少先队辅导员98人，2名个人、1个集体荣获全市“两红”“两优”，2名个人荣获全市“双十佳”称号。区公安、卫生系统等团组织选树优秀青年典型300余人。

【青年创新创业】 首次面向全球举办“2019‘智博杯’青年大数据智能化创新创业大赛”，并首次将其纳入智博会主要赛事，吸引10余个国家40余个城市458个项目报名参赛，媒体报道180余篇次，阅读总数超过100万，137万次定向广告推送，形成近500万次次生宣传。深化开展“未来企业家培养青锋计划”，整合资金150万元帮扶15名创业青年。开展“青锋训练营”“U创周四”等品牌活动100余场次，服务青年3000余人次。举办“海外人才招聘会”，1000余名海归青年参加。试点“青年人才驿站”，推动纳入全区“三大攻坚战”“八项行动计划”工作清单，配套提供信息咨询、双创交流、文体娱乐等服务。

【基层社会治理】 建立区、街、社区三级联动志愿服务队伍，推动50余家“青”字号集体、团属社会组织与青少年之家结对共建，每月常态开展法律咨询等专业志愿服务。常态开展“向春天报到”学雷锋志愿服务、“河小青”巡河护河、“洁小青”垃圾分类等志愿服务活动200余场次，持续扩大青年志愿服务影响。探索渝中志愿服务特色，立足渝中文旅特点，打造“母城说”渝中历史文化导览、“老街行”青少年文化体验等志愿服务项目，引导青少年走进渝中、感受母城魅力。

【团的基层组织建设】 依托“智慧团建”疏通组织网络。入库团员团干部超过2017年度团统数据的95%；2017—2019年新发展团员100%录入系统；全区幼儿园、小学均建立教工团支部并100%录入系统；学社衔接率达到98.6%。整理整顿建强组织肌体，清理“空壳”团组织700余家，确定后进团支部100余家。形成组织建设“十个一”工作方案和《渝中区共青团基层组织建设调研报告》《渝中区楼宇团员青年摸底样本分析报告》《渝中区基层团建标准化规范化建设操作手册》等。扩大非公团建有效覆盖，新建非公团组织50家，配发团务用品并给予每家500元启动经费，加强对快递行业、互联网行业等新兴领域团员青年有效覆盖。探索推动解放碑楼宇团建、石油路商圈团建，打造解放碑楼宇团建服务联盟。

【党建工作】 开展“不忘初心、牢记使命”主题教育，班子集中学习研讨16次，深入基层一线调研48次，召开调研座谈会8场次，发放调查问卷300余份，交流400余人次；梳理领导班子和领导干部问题、意见建议120余条，制定整改措施30余条。严格履行意识形态工作责任制，全年未发生任何负面情况、责任事故。加强作风建设，做好巡察“后半篇文章”，完成巡察反馈问题整改。推进机关党支部建设，选举产生新一届支委会，召开专题组织生活会，严格落实“三会一课”、组织生活会、谈心谈话、支部主题党日等制度。

【团区委负责人】

书　记：陈　刚（2019年3月离任）
　　　　陈　婷（2019年4月任职）
副书记：向秋月（2019年6月离任）
　　　　黄　彦
　　　　程枫凯（2019年5月挂职）

（丁吉龙　吕凡）

渝中区妇女联合会

【概况】 渝中区妇女联合会（简称“区妇联”）成立于1951年3月。2019年，设有办公室、基层工作部2个科室，渝中区妇女儿童工作委员会办公室（简称“区妇儿工委办”）挂靠在区妇联。按照全国妇联章程有关规定，在机关行政或事业部门、区属各街道、社区建立基层妇女组织共计143个，其中机关事业单位妇联组织36个，街道妇联11个，社区妇联79个，非公经济组织和社会组织妇委会17个。区妇联办公地址位于渝中区和平路管家巷9号，主要职责是：代表和维护妇女权益，促进男女平等。具体职责：团结、动员妇女投身改革开放和社会主义经济建设、政治建设、文化建设、社会建设和生态文明建设，推动经济发展和社会进步；代表妇女参与国家和社会事务的民主决策、民主管理、民主监督，参与有关规章和政策的制定，参与社会管理和公共服务，推动保障妇女权益的法律政策和妇女、儿童发展纲要（规划）的实施；维护妇女儿童合法权益，倾听妇女意见，反映妇女诉求，向党政机关提出有关建议，要求并协助有关部门或单位查处侵害妇女儿童权益的行为，为受侵害的妇女儿童提供帮助；教育和引导广大妇女践行社会主义核心价值观，发扬自尊、自信、自立、自强的精神，提高综合素质，实现全面发展；宣传马克思主义妇女观，推动落实男女平等基本国策，营造有利于妇女全面发展的社会环境等。

2019年，区妇联围绕中心、服务大局，进一步纵深推进妇联改革，扎实推进“城市提升”“创业创新”等行动，各项工作取得良好成效。区妇联工作得到区领导批示6次，在全市作交流发言6次，获得全国妇联和市妇联各类荣誉15项。有关信息被全国及市级媒体采用81篇，其中渝中区培育家庭教育实践基地、“一路芬芳巴渝行”网络正能量人士基层妇联行、与区纪委监委联合拍摄的视频《清廉家风　医德传世》登上学习强国App。

【活动开展及先进评选】 以庆祝中华人民共和国成立70周年为主线，开展“巾帼心向党·礼赞新中国”“晒面晒幸福　爱家爱祖国”等主题宣传活动100余场，覆盖群众数万人。开展“晒出家记忆”全家福拍摄活动，举办第四届“悦读越美丽”读书活动，开展“浓情五月·感恩母亲”活动，深入企业、社区等开展“美好生活她课堂”20余场。评选表彰区级三八红旗集体10个、三八红旗手20名、优秀妇女工作者30名、妇女之友30名、基层妇联特色创新项目12个。成功推荐全国巾帼文明岗1个，市级三八红旗手标兵1名、三八红旗手1名、三八红旗集体1个、妇女之友2名。

【创业创新】 广泛吸纳失业女性、进城务工女性，组织开展家务料理、母婴护理、家庭烹饪等家政技能培训，在全市家政交流会上发言。持续打造“大田小家”家政服务品牌，2名员工被评为重庆市首届百优家政服务“巴渝大姐”，创始人陈娅获评重庆市首届十佳家政服务“巴渝大姐”、全国“最美家政人”。区妇联在重庆市首届巴渝“三姐”活动中荣获优秀组织奖。推选蜀绣传人李淑兰获评重庆市首届百优手工制作“巴渝巧姐”。继续实施“渝中女性人才智库”项目，组织开展“智汇渝中·她风采”“文明渝中·她公益”等活动，促进女性人才施展才华、贡献力量，目前项目吸纳55名成员。开展“美丽家园巴渝巾帼行动”，发动广大妇女群众参与巾帼护河、巾帼植树、垃圾分类等志愿服务活动。发挥女性社会组织促进会作用，深入推进社区、社会组织、社会工作“三社联动”模式，打造一批妇联组织倡导和主导的工作品牌，在新时代共建共治共享的社会治理格局中，促进妇女踊跃参与、广泛受益，目前培育女性社会组织14家。

【维权服务】 联合区法院、公安分局、区检察院出台《关于联合开展反家庭暴力工作的若干意见》，联合区法院、区综治办等7部门出台《关于建立家事纠纷联合调处机制的意见》，与区委政法委联合启动平安家庭建设，制定《渝中区关于创新建设平安家庭工作方案》，构建全区“大维权”格局。线下举办“守护花季·相伴成长”防性侵宣传、“不放毒品进我家”等主题活动50余场，线上在官方微信开设“她维权”窗口，定期发布妇女儿童维权白皮书，通过群众留言、律师解答的互动模式，实现妇女群众维权“零距离”。与律所、心理工作室等合作，为妇女儿童维权帮扶提供专业化服务，累计提供法律咨询200余次，调解个案32件。在全市率先成立“渝中区家事纠纷调处中心”，聘请心理咨询师、律师等专业人员轮流坐班，通过诉前调解、委托调解、协助调解等多种形式，全年化解纠纷200余件。

【巾帼关爱服务】 举办“情暖童心，相伴成长”困境儿童关爱团辅活动，承办全市“向祖国妈妈敬礼，做新时代好少年”六一儿童节活动，2000余名儿童现场参与。联合区卫生健康委打造青春健康教育品牌，增强青少年自我保健意识。联合区妇幼保健院开展免费“两癌”筛查，为1704名贫困女性进行免费筛查。积极探索网络扶贫模式，在腾讯99公益日期间发起“关爱贫困母亲”母亲邮包项目，网络点击率达12万余次，有效吸引更多人参与公益。开展空巢老人巾帼志愿活动，进行探访慰问关爱服务。落实“街道吹哨，部门报到”工作机制，解决群众身边事、操心事、烦心事，做好对接十八梯社区工作，开展困难群众帮扶服务30余次。

【家庭建设】 深入全区机关、社区、学校、企业寻找“最美家庭”，联合区文明办评选渝中区“最美家庭”50户，其中6户推选为重庆市“最美家庭”，2户被评选为重庆市“文明家庭”，推选的高万禄家庭获评2019年全国“最美家庭”。牵头举办“最美家庭”揭晓仪式，组织最美家庭代表参加“穆夏”特展、书香润万家、垃圾分类等主题活动4场，引领广大家庭践行家庭美德、传播良好家风。广泛开展“家庭助廉”活动，与区纪委监委拍摄的《清廉家风　医德传世》登上学习强国App。在全区开展的“晒晒我家廉书卡”活动，覆盖机关干部及家庭成员5000余人。组织5户家庭参加重庆市廉政文化比赛活动，推选的《平语近人》获评重庆市一等奖。宣传贯彻《重庆市家庭教育促进条例》《重庆市家庭教育指导大纲》，举办家庭教育日微课堂公益讲座、“家庭流动学校”百场讲座进万家等宣传活动40余场，联合区教委在巴蜀幼儿园、中华路小学、求精中学等5所学校试点打造渝中区家庭教育实践基地，为学校送讲座、送服务。做好家庭服务，打造“暑期成长营”品牌，服务全区80余户家庭。

【纲要规划】 推进规划（纲要）实施，妇女儿童发展纲要（规划）重点监测的44项指标中，已达标41项，未达标3项，达标率为93.2%，并组织召开全区妇儿工委全委（扩大）会就下一步实施纲要（规划）作了细致安排。协调助推相关行业主管部门，推动建成一批有品质的“母婴室”，实施儿童眼保健项目，推进建设“儿童近视预防科普基地”。联合区卫生健康委打造青春健康教育品牌，全国妇联副主席谭琳在渝中调研时，对“渝中区家事纠纷调处中心”和青春健康项目工作给予高度肯定。

【组织建设】 深入开展“三建六亮双评”行动，巩固扩大“会改联”组织改革成果，在楼栋、居民小组中建妇女小组，在机关、事业单位、“四新”领域中探索建妇联组织，指导区卫健委妇委会改建成为全区首个机关妇联组织，大田小家家政公司、国宾妇产医院改建妇联。推进“妇女之家”“儿童之家”规范化建设，红岩村社区妇女之家群众文化活动被央视新闻联播报道。为提升妇联干部能力水平，在巾帼园开展2019年基层妇联干部培训，赴广州中山大学举办2019年妇联执委专题培训班。改版升级“渝中姐妹”微信公众号阵地，开展丰富多彩的网络主题活动，畅通网上联系服务妇女群众渠道。打造妇联能服务、妇女爱参加、社会有影响的“网上妇女之家”。

【党建工作】 开展“不忘初心、牢记使命”主题教育，进一步提升妇联党建工作水平，相关工作信息被区委主题教育领导小组办公室采用2期。严格落实区妇联党组理论学习中心组制度、“三会一课”等制度，做到人人学习有计划、有考勤、有记录。全年开展中心组学习23次，全体党员干部学习教育20余次，专题研讨4次，领导班子成员为全体干部职工讲党课6次，开展主题党日活动12次。开展“以案说纪、以案说法、以案说德、以案说责”警示教育，为妇联工作提供坚强思想保证和政治保证。3月7日至5月6日，区委第一巡察组对区妇联党组开展常规巡察，区妇联党组对区委巡察组提出的六个方面10个突出问题进行认真整改，并以巡察为契机进一步加强党的建设。全年专题研究部署意识形态工作2次，把意识形态工作纳入年度工作述职考评，纳入党建工作责任制；用好新媒体，积极转发区委重点宣传信息30余条，微信公众号发布原创文章84篇，登上市级及以上媒体81篇。加强网络日常监察巡查，全年未出现意识形态领域安全事件。

【区妇联负责人】

主　席：叶　梅

副主席：叶　进

陈　千（2019年1月离任）

蔡　放（2019年1月任职）

涂国梅（兼，2018年11月离任）

段秀莉（兼）

叶春梅（挂职，2019年4月离任）

陶　琳（挂职，2019年4月任职）

（宋丹琳）

渝中区科学技术协会

【概况】 渝中区科学技术协会（以下简称“区科协”）成立于1960年7月，1964年6月撤销，1978年恢复工作。2019年，区科协机关核定行政编制3名，承担渝中区全民科学素质纲要领导小组办公室、渝中区“全国科普示范区”示范实施工作小组办公室、渝中区青少年科技创新奖评选指导小组办公室的工作职责，牵头协调开展全民科学素质、科普示范创建和青少年科技创新教育等工作。区科协的主要职责是：开展学术交流；普及科学知识，推广先进技术；组织科技工作者围绕全区科技、经济和社会发展中的重大问题开展调查研究、科学论证活动；举荐科技人才；参与政治协商、民主监督、参政议政的政治活动；开展民间科学技术交流与合作；负责街道科协的业务指导，推动科普工作进入社区；负责对直属区级学会进行指导；办理区委、区政府交办的其他事项。

2019年，区科协围绕中心工作，以“全国科普示范区”示范建设为抓手，大力实施《全民科学素质纲要》，广泛开展科普宣传教育，城区文明和全民科学素质有效提升。109 个社区科普活动站全年参加活动（培训）约 58000 人次。新建 1 个社区科普活动室，总数增至 32 个；开展社区科普大学教学，全年开设教学点 40 个、春秋两学期培训班 74 个，2800 余名学员结业。举办青少年科普宣讲活动 4 次，7800 人次参加；组织参加全国和市、区级各类科技竞赛、活动、培训 84 项，荣获国家级奖项 8 个，市级奖 210 项。2019 年，渝中区继续保持“全国科普示范区”荣誉，新创建 2 个国家级科普示范社区。区科协被中国科协评为 2019 年全国科普日优秀组织单位。

【科技工作者服务】 区科协利用春节、“科技工作者日”等持续开展科技工作者联系服务活动 50 余次。举办 2019 年渝中区科技工作者日、“千名科技工作者”问卷调查活动。联合市心理学会举办“心理健康讲座”4 场，为 50 余家企业科技人员普及心理健康知识。

【“不忘初心、牢记使命”主题教育】 9—11 月，区科协按照中央、市委、区委部署要求，把开展主题教育作为重大政治任务，围绕八个专题集中学习、专题研讨 15 次。深入 11 个街道调研走访 26 个社区科普大学教学点和社区科普活动室；摸排 26 处、100 余块社区科普画廊等科普设施，重点征求基层意见建议 24 条，梳理出 17 个具体问题，明确 18 条具体整改措施，推动主题教育活动开展。

【科普示范社区创建】 6 月 3 日，市科协会下发《关于公布 2019 年中央“基层科普行动计划”奖补单位和个人的通知》，公布 2019 年中央和市级“基层科普行动计划”奖补单位，命名 29 个国家级“科普示范社区”。其中，两路口街道枇杷山社区、七星岗街道金汤街社区上榜。截至 12 月，全区共创建国家级科普示范社区 15 个、市级 18 个。

【决策咨询】 围绕科协改革主题，组织 9 个区级学会参加市第四届科协改革研讨活动，推选《关于对中国高端智库发展的思考》等 7 篇论文上报，获二等奖、三等奖、优秀奖各 1 篇，区科协荣获优秀组织奖。开展决策咨询工作，组织党员干部走访 26 个社区，形成《深入推进社区科普益民计划》的报告。开展“千名科技工作者问卷调查”，在环球互联网产业园、区青辅协发放 1000 份调查问卷，涉及科技工作者对国家、市、区科技创新政策的学习掌握程度以及科技工作者在工作、生活、学习等方面内容。拓宽参与政治协商渠道，组织发动科协界别委员调研，提交《关于多措并举加快人才强区建设的建议》等大会发言、提案 11 件，积极参政议政、建言献策。

【公民科学素质提升】 11 月 14 日，第二届重庆市公民科学素质大赛第一赛区复赛在重庆图书馆举行。区科协组织两路口街道社区科普工作者、退休职工、公务员组成渝中区代表队参赛，荣获三等奖。12 月 19 日，2019 年重庆市公民科学素质调查结果发布。根据中国科普研究所调查结果显示：重庆市公民具备科学素质的比例为 9.02%；主城片区（渝中、大渡口、江北、沙坪坝、九龙坡、南岸、北碚、渝北、巴南）平均水平为 12.9%；渝中区为 14.8%。

【社区科普大学教学】 渝中区社区科普大学 2019 年开办教学点 40 个，春秋两学期开设科普培训班 74 个。开设营养学基础、绿化栽培、电脑基础、生活科技等 12 门课程，免费培训学员 2800 余名。2 月 28 日，区科协召开社区科普大学 2019 年春季班工作会，各街道科协秘书长、社区科普大学班主任、科普大学任课老师共 73 人参加。9 月 18 日，社区科普大学 2019 年秋季班工作会召开，60 余人参会。

【科普益民活动】 4 月至 5 月，组织实施“书香换花香”科普惠民活动，开展社区活动 23 场，约 2300 名群众受益科普服务。活动期间，区科协组织科普志愿者向社区群众宣传普及绿化栽培知识，并换取书籍4500余册，补充到社区科普图书室，供社区居民、青少年免费借阅。

【科技工作者日活动】 5月21日，2019年渝中区科技活动周暨科技工作者日活动在通远门城墙公园举行。活动以“科技强国·科普惠民”为主题，举办了各种科技、科普宣传，互动体验，读书活动，趣味知识竞赛及科普知识培训讲座。由区政府主办，区科技局、区科协承办，区教委、区经信委、区卫健委、区市场监管局、区生态环境局、七星岗街道办事处协办。

【全国科普日活动】 9月12—20日，2019年渝中区全国科普日宣传活动周举行。区科协组织发动各级科协组织和社会单位，围绕“礼赞共和国·智慧新生活”主题，以广场宣传、科普咨询服务、科学互动、网络科普等形式，开展“体验人工智能”“垃圾分类”“科普文艺会演”“科学实验”等特色主题活动88场，参与1.6万人次，发放资料1.5万余份（册）。

【青少年科技创新活动及大赛】 依托区青辅协组织开展全区青少年创新大赛、机器人竞赛、纸模服装大赛、陶艺捏塑大赛、科技模型大赛等常态化活动，组织全区近2万名师生参加全国、市、区级各类科技竞赛活动、培训84项，获国家级奖项8个，市级一等奖210项。3月4日，由区科协、区教委主办，区青少年创新学院承办，区青少年科技辅导员协会、区中小学劳动技术教育基地协办的渝中区第34届青少年科技创新大赛举行，全区20多所中小学5000余学生和科技辅导教师参赛。大赛以“体验 创新 成长”为主题，包含青少年科技创新成果竞赛（创造发明、科技研究论文、机器人创意）、优秀少年儿童科学幻想绘画展览、青少年优秀科技实践活动展览，以及科技辅导员科教制作、优秀科教方案评选等，收到参赛发明创造31项、科学论文11项、机器人创造1项、科幻画280项。3月31日，第34届重庆市青少年科技创新大赛举行，渝中区青少年选手收获77个奖项。其中，一等奖23个、二等奖17个、三等奖13个，专项奖24个。

【中小学生陶艺捏塑大赛】 5月25日，第十四届渝中区中小学生陶艺捏塑大赛在区中小学劳动教育基地举行。大赛以“童心系丝路 争做‘一带一路’好少年”为主题，由区科协、区教委主办，区青少年创新学院、区青少年科技辅导员协会承办。大赛吸引全区近5000名中小学生参加，经过校、区级培训和校级初赛，来自39所中小学的1100余名学生晋级决赛。

【青少年科技模型大赛】 5月19日，第30届渝中区青少年科技模型大赛（上半年）在红岩小学举行。大赛由区科协、区教委主办，区青少年创新学院承办，区青少年科技辅导员协会、红岩小学、区中小学劳技基地协办。大赛分为车辆模型、航海模型、航空模型三个竞赛项目，全区近3000名中小学生、近百名科技教师参加活动。通过校、区级培训和校级初赛，30所中小学的近1000名青少年参加区级决赛。12月1日，第30届渝中区青少年科技模型大赛（下半年）在红岩小学开赛。比赛在“航海模型障碍赛”“航空模型留空计时赛”传统竞赛项目的基础上，新增“三轴无人机技巧挑战赛”项目，区内30所中小学共计800余名中小学生同场竞技。

【青少年科普夏令营活动】 7月4—18日，渝中区科协开展“快乐暑期·科学伴我成长”青少年科普夏令营活动，开设趣味创意搭建、创意DIY、科幻画、科学实验、机器人等5门课程，分别在大坪街道浮图关社区、两路口街道枇杷山正街社区等14个社区开展，350余名青少年参与制作机器人、软陶创意、趣味实验等学习。

【企业科协建设】 区科协深入调研，在有条件的园区、企业建立企业科协组织。6月24日，重庆云威科技有限公司科学技术协会正式成立。该公司是渝中区互联网园区的一家大数据智能科技双创企业，公司科技团队先后荣获30多项全国科技创新比赛大奖。12月3日，匿名科技（重庆）集团有限公司科学技术协会成立。该公司是一家以防伪溯源、智慧农业、电子商务为主的集团公司。

【宣传信息工作】 区科协与区新闻信息中心加强协作，推进电视、报纸、网络“三位一体”科普宣传在《渝中有线30分》中播出《科普大篷车》《科技与生活》等科普专题片共24次；在《渝中报》开办《科普生辉》专栏50期。在中国科协网、重庆市科协网登载渝中科普信息107篇，在《重庆晨报》、华龙网、区政府门户网等主流媒体登载238条（次）。

【区科协负责人】
主　席：陆大平
副主席：李滨虹　张亚忠
　　　　武　戈（兼）
　　　　范金富　董　志

（何仕明）

渝中区归国华侨联合会

【概况】 渝中区归国华侨联合会（简称“区侨联”）成立于1982年，2016年8月区侨联换届，组成渝中区侨联第八届委员会。办公地址位于渝中区和平路管家巷9号，有行政编制2名。2019年，区侨联有正副主席16人、常委12人，委员59人，另聘海外委员6人。下设11个街道侨联分会，11个基层侨台联络小组。新成立留学生加油站服务平台。区侨联的6项主要职责是：服务经济发展、依法维护侨益、拓展海外联谊、积极参政议政、弘扬中华文化、参与社会建设。

2019年，区侨联按照区委十二届四次、五次全委会及经济工作会议部署，以“以侨为本”为宗旨，以“为侨服务”为动力，以“改革创新”为抓手，以“群众满意”为目标，推进各项工作落实落地。荣获第二十届世界华人学生作文大赛组织奖。

【思想引领】 2019年，区侨联深入学习贯彻习近平总书记视察重庆重要讲话和在解决“两不愁三保障”突出问题座谈会上的重要讲话精神，传达学习习近平总书记在“不忘初心、牢记使命”主题教育工作会议上的重要讲话精神，集中学习部分重要文章及篇目，全面把握守初心、担使命、找差距、抓落实的总要求。组织广大归侨侨眷、侨联委员、基层侨联分会开展侨界先进典型宣讲会，邀请老同志为侨界人士讲述自己的故事，并开展网上讨论，撰写心得体会。传达学习中国侨联主席万立骏视察重庆重要讲话精神，全面动员广大归侨侨眷、归国留学生切实把各级组织的关怀厚爱和殷殷嘱托转化为工作动力，以实干实绩切实推进习总书记关于侨务工作的重要指示贯彻落实。

【搭建桥梁】 2019年，区侨联先后接待澳大利亚华人电影艺术协会会长李敏博一行、荷兰华人联合会一行、全法中国科技工作者协会陈勇教授一行、马来西亚福建联合会到区参观访问。组团参与市侨联赴西班牙、葡萄牙开展“亲情中华， 中医关怀”慰侨活动，推荐侨界中医专家先后在法国华侨华人会、巴黎温州商会、法国南方华人总商会、西班牙侨商会、西班牙华侨华人协会等地开展中医义诊服务活动，接待侨胞问诊500余人次。与福建泉州、广东清远等侨资源富集地侨务交流，签订友好合作协议，建立合作发展机制。

【为侨服务】 区侨联与区台办开展为期半年的侨台信息普查工作，涉及11个街道79个社区，采集填报涉侨家庭500余户，计2000余人，涉台家庭200余户，计1000余人。调查涉侨台家庭共计700余户，人员3000余人，掌握辖区侨台人数基础情况。元旦春节期间，为40余名困难归侨侨眷送去新春祝福与关爱，走访、座谈、慰问、看望老归侨、困难侨眷（属）60余户，送去慰问金及物资折合33450元，拉近与侨界群众的距离。与新东方前途出国签订“留学生加油站”协议，搭建工作交流平台，发挥各自优势，为出国留学人员提供安全指导、活动交流、出国信息分享、国学知识培训及回渝发展服务等。开展“侨爱心•光明行”活动，为辖区30余名困难归侨侨眷免费开展白内障康复手术。接待归侨侨眷和留学人员来电来信来访，协助解决归侨侨眷证办理、华人华侨身份认定、创业工商注册、房屋拆迁协调经济纠纷等。年内区侨联接处来电来访32件，接待群众26人次。推动侨青会社团在区民政局独立注册，促进社团规范运行、灵活发展。承办中国侨联“爱心归侨侨眷技能培训”项目，组织区内归侨侨眷60余人参加各类技能培训。开展“暖侨心、惠民生”新春送福进社区活动，邀请书法家为辖区居民现场写春联。开展南侨机工回国参战80周年座谈会，缅怀峥嵘岁月，传承南侨精神。

【新侨工作】 协助侨馨艺术团璞乐团举办首场音乐会，向广大侨界朋友推广宣传音乐剧的魅力。开展“科技创新、产学研互融互通”“公众卫生应急技能培训”为主题的委员课堂活动，促进联络联谊工作开展，提升综合素质及能力。开展餐饮国际化、创业企业法律税务、金融及区块链等创新创业开放联盟实务课堂，为新侨创业者传授实践经验。11月29日，由区委组织部、统战部主办，区人社局、团区委、区侨联、解放碑CBD管委会协办，区欧美同学会等承办“‘海归梦 渝之梦’2019年海归人才专场招聘会”开启，市内40家知名企业，提供近200个高薪优质就业岗位，吸引近1000名求职者应聘。

【文化交流】 开展具有侨特色的文化交流活动，组织归侨侨眷子女参加第二十届世界华人学生征文大赛，征文经中国侨联评审获一等奖12名，二等奖8名，三等奖17名，区侨联获评优秀组织奖。会同区教委、侨办等部门举办区国际青少年儿童艺术交流季——“巴山渝水，人文渝中”创意故事汇比赛，邀请中外青少年讲述创意故事。开展“国际文化交流季之渝中探秘”活动，邀请外籍人士、海归青年和侨界人士在区内具有代表性的人文、历史、旅游目的地“打卡”，感受历史文化魅力。承办市侨联“渝侨共筑中国梦•重庆侨界庆祝中华人民共和国成立70周年文艺演出”。与区政协民宗海联委等多家单位举办“壮丽70年 奋斗新时代”各界人士国庆中秋联谊会。征集海外侨胞及归侨侨眷文艺书画作品，编撰纪念新中国成立70周年特刊《渝中侨联》。邀请17位澳大利亚华裔青少年来渝开展为期10天的文化交流之旅。

【参政议政】 2019年区两会期间，渝中侨界18名人大代表、政协委员向区人大、政协大会提交大会口头发言、书面发言、集体提案、建议、议案38篇，为侨界群众表达愿望和诉求，为渝中经济社会发展建言献策。调研贵州、福建等地侨资企业发展状况，完成调研文章《发挥侨资企业侨商在渝中经济发展中的作用》。

【队伍建设】 前往广东省清远市、中山市调研侨务工作，学习借鉴当地先进侨务工作经验。推荐3名侨联委员参加区委统战部举办的2019年统战系统骨干专题培训班。加强青年人才队伍培养，推荐骨干参加学习培训、参与调研、党外挂职。5月，区侨联青委会召开一届一次会员大会，吸纳年轻有为的青年加入侨界大家庭。

【区侨联负责人】

主　席：罗　艳

副主席：刘义红　肖方明　林正伟
　　　　吴任斌　冯心怡　庞晓虹
　　　　赵雪莲　刘　兵　李　曦
　　　　李　昭　代世乾　张俊江
　　　　熊　雄　张　辉　韦亦嘉

（王启莉）

渝中区文学艺术界联合会

【概况】 渝中区文学艺术界联合会（简称“区文联”）于1993年成立，是由全区各文艺家协会和其他文艺社团组成的人民团体，是区委、区政府联系全区文艺界的桥梁和纽带，是繁荣社会主义文艺、发展先进文化的重要力量。办公地址位于渝中区和平路211号。2019年，有下属公益二类事业单位——王琦美术博物馆（重庆市渝中区文艺创作中心）和团体会员单位11个（其中包括区作家协会、区美术家协会、区书法家协会、区摄影家协会、区音乐家协会、区舞蹈家协会、区戏剧家协会、区电视艺术家协会、区民间艺术家协会9个全区性文艺家协会以及重庆书画院、渝中区老年书画研究会）。有行政编制2名，在职在编2人，非编聘用人员3人。区文联的主要职责是：贯彻党的文艺方针、政策，负责对全区文艺界和区文联所属团体会员的联络、协调、服务工作，听取和反映文艺界的意见、建议；组织召开全区文学艺术界代表大会，组织召开有关学术研讨会；组织文艺工作者深入社会生活，加强艺术实践，培养优秀人才，创作文艺精品；组织重大文艺活动，开展创作评论、学术交流，协调有关部门组织实施有关评奖活动；开展文艺界同社会各界的联系及文艺界的对外交流；依法维护团体会员和文学艺术家的合法权益等。区文联主办的《渝州》文艺季刊（内部刊物）已发行36期。王琦美术博物馆（重庆市渝中区文艺创作中心）开设有微信公众号。

2019年，区文联开展“到人民中去”文艺志愿服务活动40余场，免费送市民春联、书画作品17200余幅，受众达2万余人次。实施《渝中区文艺精品创作扶持奖励办法》，扶持文艺作品15个，奖励获奖文艺作品35个，扶持奖励金额55万余元。各文艺家协会会员作品入选全国、市级书法、美术、摄影展32件，获市第十五届精神文明建设“五个一工程”奖2名；5人在《中国作家》《人民文学》《十月》等期刊发表文章7篇；以“脱贫攻坚”“全面建成小康社会”为主题，开展主题文艺创作采风活动8次，参与创作的骨干达109人次，创作作品2万余件。围绕“新中国成立70周年”重要时间节点，组织策划重大主题文艺创作展演活动20余场，受众约5万人次。王琦美术博物馆全年举办展览21场、学术研讨会7场，开展公共教育活动10余场，收藏书画作品25件（套），累计接待观众9.2万余人次。接受区委第四巡察组常规巡察，配合谈话9人次，填写调查问卷5份，报送相关资料4000余份，并针对查找出的突出问题，制定整改方案，强化整改措施，逐一完成整改。2019年，王琦美术博物馆获区级三八红旗手集体称号。

【党建工作】 深入开展“不忘初心、牢记使命”主题教育，制定《中共渝中区文联党支部“不忘初心、牢记使命”主题教育实施方案》，组织召开动员会，部署主题教育工作。坚持自主学习与集中学习研讨相结合，全年开展集中学习研讨16次，主题党日活动12次，领导干部讲党课3次，观影学习4次，参学人数达200余人次，覆盖文联全体党员和部分协会先进党员及入党积极分子。设立征求意见箱3个，组织文艺家协会开展座谈，收集意见建议共6条。针对解决渝中区文艺家活动缺乏场所问题，筹建“区文艺家活动中心”，开展走访调研，撰写调研报告。落实意识形态工作责任，组织学习习近平总书记关于意识形态工作重要论述，将意识形态纳入办公会议题，定期分析研判渝中区文艺界意识形态领域情况。

【文艺创作及成果】 区书协4位书法家和重庆书画院1位书法家的作品入选全国第十二届书法篆刻作品展，入展作品数量居全市第一（全市入选青年书法家作品共10件）；王焌丞、殷向蓉、牟家辉等5位书法家的作品入选重庆市第十届书法篆刻作品展，朱睿书法作品《洞天清录》获重庆市第十五届精神文明建设“五个一工程”奖。区美协、重庆书画院刘明孝、唐楚孝、王明福等12位画家的作品入选第七届重庆市美术作品展暨第十三届全国美展重庆选送作品展，刘明孝、唐楚孝的作品入选第十三届全国美展。区摄协齐岚森、王维刚、周义均等7位摄影家的作品入选第八届重庆摄影展；詹江、蒋挺举、平凡、钟桂林、周玉麒等20余人在中摄协及国家职能部门主办的展览上，获奖作品达 100 余幅。区作协会员糜建国散文集《春风，拽着人们奔跑》获得 2019 年度重庆市文艺创作项目签约资助；余德庄、阿蛮、强雯等 8 位作家的多篇作品在《人民文学》《十月》等国家级期刊上发表。区视协以弘扬社会主义核心价值观为主题，创作了《响彻云霄》《大铭堂书院》《智能大时代》等优秀影视作品，《热血军旗》获得重庆市第十五届精神文明建设“五个一工程”奖。

（周佳）

【王琦美术博物馆】 王琦美术博物馆有编制 5 名，在职在编 3 人，聘用硕士生、专科生、专技人员 3 人，馆长由区文联主席钟志芳兼任。内设办公室、展览部、典藏部 3 个部门。2019 年免费开放 311 天，举办各类型展览 21 场，学术研讨会 7 场，累计接待观众参观 9.2 万余人次。邀请九三学社中央书画院副院长王首麟，评论家、策展人王林、何桂彦、尹丹、王小箭、黄宗贤等来馆举办讲座，社会反响良好。推出“敌古破今 笔底烟云——重庆‘老三家’作品展”“生生不息　百废悉举——王琦版画 1950—1977”“微观看——三人行艺术作品展”“渝翰访姑苏——重庆书画院作品汇报展”等精品展览。推介青年艺术家举办“百仞灵岩——李文岗、李勇、傅吉鸿、冯国飞、孙峻峰扇画小品展”。加强馆际交流，引进江苏省庞薰琹美术馆“文化部 2013 年全国美术馆馆藏精品展出季优秀展览‘图画先行——庞薰琹图案艺术精品展’”，推送“世纪刻痕——王琦版画研究展”到庞薰琹美术馆展出。举办“归去来兮——田涌艺术作品展”“翰墨春秋——王首麟中国画作品展”。注重文化传承，举办“针尖上的传承——渝中区国家级非物质文化遗产‘蜀绣’作品展”和“诗颂祖国 魅力渝中——重庆女诗人主题诗会”，展现中华传统优秀文化。围绕“新中国成立 70 周年”重大时间节点，策划推出“永远的红岩——庆祝新中国成立 70 周年暨《红岩春秋》创刊 30 周年名家书画作品邀请展”、渝中区政协“庆祝新中国成立 70 周年暨人民政协成立七十周年”书画展、“翰墨绘渝中 丹青歌盛世——重庆市渝中区庆祝新中国成立 70 周年全国名家邀请展”、“我和我的祖国——第七届重庆市青少年书画大赛颁奖仪式暨获奖作品展”等主题展。其中“翰墨绘渝中　丹青歌盛世——重庆市渝中区庆祝新中国成立 70 周年全国名家邀请展”邀请中国美术家协会、西泠书画院、九三学社中央书画院、中国美术学院、西安美术学院、南京艺术学院、四川大学书法研究所等单位来馆参加展览开幕，并参加“重庆母城 美丽渝中——全国知名书画家座谈会”为渝中文化发展助力。

（黄华毅）

【文学创作及活动】 全年编辑出版《渝州》文艺季刊四期，发表区内及市内作者文艺作品 200 余篇（首、幅）。3 月，与潼南区作协联合举办“攻坚脱贫”主题文学创作培训暨采风活动。7 月，与巫溪县文联、作协联合开展“脱贫攻坚主题文艺创作”学习培训交流笔会。召开四届五次理事会，通过卢延辉辞去区作协第四届理事会主席职务，并聘请卢延辉为区作协名誉主席，选举强雯为新任作协主席，增补作协会员游江为理事。9 月，与市作协联合举办“重庆人绝不拉稀摆带”作品研讨会，市作协主席陈川出席会议并讲话。10 月，召开四届六次理事会，通过罗毅、宋伟（宋尾）、舒莺、刘志渝、尹晓燕（尹小安）、任义伦、谭光华等 7 位新会员的入会申请。11 月，举行“青年作家作品改稿会”，对杨健、罗琳、糜建国、谭光华、王涛 5 位作家的散文、小说作品进行阅评。12 月，与江北区作协联合举办“现实题材创作突围交流会”，共 17 位作家参加会议。12 月，与九龙坡区作协联合举办“全球语境下的地方故事作为”创作交流会，共 20 余人参加会议。罗琳（笔名“E 伯爵”）《异乡人》入围第三届京东文学奖“科幻图书奖”前五名，并获重庆市首届创新争先奖先进个人称号。

（张毅）

【书法创作】 元旦、春节期间，开展“同心同书•祖国新春好”书法文化惠民暨 2019 年送万福进万家公益志愿服务活动6场，组织书法家250余人次进社区，书写春联作品10000余件，无偿送给辖区社会单位和群众。以“到人民中去”为主题，组织书法家近100人次，开展“写家风家训，书法进社区”品牌活动3场，赠送辖区居民书法作品约1200件。开展渝中区第三届书法名家讲坛活动，邀请中国书法家协会草书专业委员会委员、重庆市书法家协会副主席、北兰亭西南书院院长乔堃龙到渝中区，举行书法临帖与创作专题讲座，提升会员书法艺术创作能力。渝中区朱睿（行书、草书）、霍胜（篆书）、孙源林（楷书）、姚帅承（隶书）等4位书法家作品入展2019年全国第十二届书法篆刻作品展。渝中区书法家协会荣获中国书法家协会“同心同书·祖国新春好”书法文化惠民暨2019年送万福进万家活动先进集体表彰。

（刁涛）

【摄影创作】 1月，开展“我们的中国梦——摄影进万家”活动，组织30多名摄影家走进白象街社区为100多位居民免费拍照。2月，举办“九格九味杯”火锅文化主题摄影大赛。5月，举办“美丽重庆·文化传承”脱贫攻坚主题文艺创作采风活动，组织10名摄影骨干走进酉阳县进行采风创作。6月，组织23名会员参加由重庆市摄影家协会、重庆日报社联合主办的“我爱重庆 精彩一日”的颁奖盛典活动。9月，会员齐岚森荣获“牡丹杯”第八届重庆市摄影艺术展金奖。在“巴渝文化周”期间，开展“母城文化、旅游摄影作品展”并展出作品60幅。10月，组织16名创作骨干走进雅安市，开展“美丽中国 秀美山川”采风交流活动。在都市广场怡信数码港举行50余人参加的“走进大美新疆”罗布泊主题摄影看片创作交流分享会。11月，区摄影家协会第二届摄影创作骨干培训班在沧白路原政协礼堂举行，96名学员参加培训并获得结业证书。在“第八届重庆国际文化产业博览会”上，由重报都市传媒集团上游新闻主办罗大万“渝中记忆”专题讲座，100余人参加。在2019“重庆时光城市创意秀”中外文化交流活动中，罗大万“重庆母城记忆”摄影展展出作品60幅。12月，由区文联和区摄影家协会主办的2019“美丽中国 秀美山川”摄影采风作品展在日月光广场寻影季影像中心举行，展出赴酉阳、雅安采风作品80幅。“我们的中国梦 文化进万家”活动在棉花街都市庭院花园开展，30名摄影家免费为100多位居民拍照。罗大万被重庆市委宣传部、市文联等部门授予2019“重庆市最美志愿者”称号。首届“嘉陵江摄影联展”在合川区美术馆举行，区摄协17名作者送展作品20幅。

（詹江）

【民间艺术创作】 3月，在重庆市首届花展中，吴明建的奇石作品《真龙天子》荣获金奖。9月13日至15日，由区文联、解放碑中央商务区管委会主办，区民间艺术家协会和重庆大同国乐团承办的“爱尚解放碑——中秋民乐演奏大赏”音乐会在解放碑地王广场举办3场，得到市民热捧。10月12日，区民间艺术家协会理事段永参加第六届巴渝民间艺术节。

（吴小欢）

【戏剧舞蹈创作演出】 全年组织开展戏曲知识进校园讲座5场，梅花奖得主、国家一级演员、区剧协主席周利，国家一级演员、区剧协副主席赵勇，为3000余名师生系统地讲解戏曲历史文化知识。以庆祝新中国成立70周年、“讲红色故事，讲革命精神”、“学习十九届四中全会精神”为主题，开展文艺进社区活动8场。组织区剧协会员观看“向祖国献礼——庆祝中华人民共和国成立70周年”第三届重庆青年戏剧演出季演出10场，共计100多人次参与。

（周利 王永容）

【音乐创作】 组织会员创作歌曲《踩着辣椒爬梯坎》，获得“重庆市庆祝改革开放四十周年优秀群众文艺节目展演暨全国第十八届群星奖重庆选拔活动”音乐类一等奖。

（文婷）

【电视艺术创作】 团体会员萌梓影视拍摄电视剧《智能大时代》《热血军旗》，其中《热血军旗》获重庆市第十五届精神文明建设“五个一工程”奖。团体会员彦堃影业创作的《大铭堂书院》网络迷你剧于2019年2月25日上线爱奇艺、重庆有线•52尚学栏目。10月15日，举办电影《响彻云霄》开机新闻发布会，该片主要讲述“盲童”不畏艰难、战胜自我、追逐梦想与成长的故事。

（蔡蓉）

【区文联负责人】

主　席：钟志芳

副主席：刁　涛　丁政义　周　利

马可瞻　卢延辉

何　萌（驻会，2019年1月离任）

江　舸　汤亚玲　罗大万

王明福

（周佳）

渝中区残疾人联合会

【概况】 渝中区残疾人联合会（以下简称“区残联”）前身为1959年成立的市中区盲人、聋哑人协会。1980年，更名为市中区盲聋哑人协会。1989年12月，协会撤销，成立重庆市市中区残疾人联合会，仍由区民政局代管，属副处级单位。1995年3月，更为现名。1998年7月，区残联升格为独立的正处级单位，纳入党群序列，由区政府领导。2007年1月15日，区残联事业编制全部转为行政编制。2017年12月换届（第七届），选举理事长1名，副理事长1名，执行理事会理事2名，第七届主席团主席1名，副主席12名，任期5年。2019年，区残联机关有行政编制5名，在职3人。办公地址位于渝中区中山一路169号。区残联的主要职责是“代表、服务、管理”：代表残疾人共同利益，维护残疾人合法权益；团结教育残疾人，为残疾人服务，开展残疾人康复治疗、特殊教育、举办社会福利企业、扶残助残，开展文艺体育活动和社会募捐；加强残疾人组织建设，对残疾人进行政治、文化教育，履行法律赋予的职责，管理和发展残疾人事业。政府委托的任务有：残疾人组织建设、康复工作、特殊教育、就业安置、社会保障、宣传文体、维权信访、无障碍设施建设、募捐、残疾人证颁发等扶残助残工作。2019年3月，召开区残联第七届主席团第二次全体会议。推举区残联第七届主席团执行理事会理事长1人，增补渝中区残联第七届主席团委员5人。全区11个街道残疾人联合会（简称“街道残联”），5个残疾人专门协会，各街道残联理事长、副理事长各1名；区盲人协会产生委员3名，设主席1名；区聋人协会产生委员3名，设主席1名；区肢残人协会产生委员5名，设正副主席各1名；区智力残疾人及亲友协会产生委员3名，设主席1名；区精神残疾人及亲友协会产生委员3名，设主席1名。各街道残联理事长、副理事长任期5年。

2019年，全区采取多种方式帮扶残疾人9830人、17188人次，投入资金586.15万元。区残联被中国残联、国家体育总局评为2018年度“全国残疾人体育先进单位”，获“2018年度全市残疾人工作综合目标考核一等奖”。

【党建工作】 2019年，区残联开展集中学习33次，其中中心组学习19次，党员领导干部讲党课2次，支部主题党日活动12次；专题学习6次；召开党组会9次、支委会12次，召开党风廉政教育20次；主题教育期间开展集中学习11次、革命传统教育2次、形势政策教育4次、先进典型教育3次、开展警示教育5次、专题研讨交流6次、主题教育应知应会测试1次；党员撰写心得体会26篇，研讨意识形态工作3次，分析研判意识形态工作3次，组织残疾人专门协会、服务机构召开意识形态教育座谈会2次，约谈社会组织负责人1次。党员干部走访调研残疾人服务机构、街道残联、社区残协和残疾人家庭共计60余人次。年内，对巡察发现的3方面8类问题和审计反馈的3类16个问题全部整改到位。领导班子和党员干部认真梳理查找自身不足、查摆工作短板，动态查找领导班子和领导干部《主题教育检视问题清单》27项，已完成整改22项。

【队伍建设】根据市区组织人事工作要求，结合全区残联系统工作，加强和完善街道残联、区各残疾人专门协会、社区残协工作者的配置。制定《渝中区基层残联组织专项改革试点方案》，确定区基层残联组织专项改革试点单位4家，开展社区残协会员实名制工作，有序有效推进专项改革工作。举办与《中华人民共和国残疾人保障法》《重庆市残疾人保障条例》等相关的法制讲座20场，开展“德法相伴”普法培训4场，“‘莎姐’大普法•关爱残疾人”培训1场，全面完善11个街道残联及80个社区残协组织建设。开展业务培训5期，200多名残疾人工作者参训；残疾人专（兼）职委员持证上岗，网上实名管理。在元旦、春节、全国助残日、国际残疾人日等重要时间节点，举办工作经验交流、法制教育、政策宣传、走访慰问、协助处理矛盾纠纷等活动，落实专项经费13万元，协会开展活动27次，1624名残疾人代表参加。处理残疾人纠纷20件。加强残疾人证核发管理，免费办理残疾人证458份，持证残疾人达11573名，办证率达41.28%。开展残疾人基本服务状况和需求信息动态更新，采用政府购买服务的方式，引入第三方评估机构进行质量评估，调查对象共计8282名残疾人，入户率达91.8%。

【教育和就业工作】 根据残疾人教育和就业条例，结合区级惠残政策，多举措开展助学活动。资助特殊教育学校2所（重庆市聋哑学校、区培智学校）；资助从幼儿园到研究生教育阶段的贫困残疾人子女和残疾学生320名，发放资助金77.95万元。配合区民政局继续推动残疾人“两项补贴”审核工作。实施“阳光家园”计划项目，为1071名智力、精神和重度一、二级肢体残疾人发放托养补贴144.23万元。开展政府购买残疾人居家托养服务，为405名智力残疾人提供就餐、家政等居家托养服务，投入资金53.38万元。加强托养机构的管理和扶持，为2家民办和2家公办残疾人托养机构发放运行补贴8万元，减免场租费7.2万元。举办区第九届残疾人专场招聘会，协调57家社会单位为残疾人提供1000个就业岗位，600余名残疾人参加应聘。办理残疾人求职登记450人，推荐就业308人，新增就业205人。扶持残疾人个体从业、开办微型企业，为5名自主创业者发放帮扶金2.4万元，为16名盲人按摩师发放扶持金8.64万元。落实《重庆市残疾人就业保障金征收使用管理实施办法》，对352家用人单位安置的1013名残疾人员工就业情况进行审核，配合区税务局、区财政征收残疾人就业保障金8061万元（比2018年净增765万元）。开展残疾人职业培训和继续教育，188人次参加职业培训。实施养老保险补贴，为509名以个人身份参加职工养老保险的残疾人发放补贴金55.04万元。对57名残疾青壮年文盲，开展为期1个月的扫盲培训。制定《渝中区贫困“一户多残”家庭帮扶方案》，对305名残疾人及195户“一户多残”家庭投入资金152.5万元。对口帮扶巫溪县，支持资金20万元。更新残疾人人才库，2019年渝中区残疾人文体人才库人数达162人。扶持残疾人文化产业发展，大力培育残疾人文化品牌“大爱美淘”，该品牌被命名为重庆市残疾人文化产业示范基地。

【康复工作】 构建全区三级康复网络，借助各类信息平台打造具有渝中特色的“一站式康复服务圈”，接受中国残联精准康复工作检查。召开康复站（室）档案学习借鉴现场会，申报市级康复室10个，投入资金11.98万元，配置康复训练器材和辅助器具111件；组织专家评估检查社区康复站（室）33个，拨付运行补贴12.7万元。推进精准康复服务。开展残疾少年儿童、白内障患者等低视力助视器验配，成人助听器验配，辅助器具适配等需求筛查，各类有需求的残疾人达2910人；为64名残疾儿童发放康复训练补贴，为残疾儿童家长开展专题培训、讲座45场次，为27名残疾人购置电动轮椅、人工耳蜗声音处理器和助听器等特殊辅具给予补贴7.87万元。为598名各类成年残疾人免费适配电动轮椅、护理床、助听器、盲杖、拐杖等特需和普通辅具。为277名精神残疾人提供免费服药和体检，为350名白内障患者免费实施复明手术，为80名视力残疾人实施定向行走和视功能训练。加强民办康复机构管理和政府购买服务。联合区卫健委、区民政局等5个部门对全区12家定点残疾儿童康复机构的建设和运行工作进行全面检查，对年检合格的8个机构每个给予4万元运行补贴。加强康复知识培训，邀请专家教授，对残疾人工作者和社区卫生康复医生、相关民办康复机构教师等进行培训，培训课时达30学时。做好残疾人家庭医生签约服务，联合区卫计委对社区卫生服务中心负责人和残疾人工作者进行职责分工，全年签约3156份，服务残疾人2160人。

【宣传工作】　全年报送工作动态信息72篇，媒体宣传报道238次，其中区级182篇，市级52篇，国家级4篇。结合全国爱耳日、爱眼日、残疾预防日、世界精神卫生日等节点，联合重庆人民医院、重庆普瑞眼科医院、区精神卫生中心、社区卫生服务中心，开展咨询、讲座等宣传活动80次，媒体报道62篇，发放宣传资料14800多份，制作健康知识展板、宣传横幅263块（条）。在全国助残日、国际残疾人日等开展“筑梦善行”主题系列宣传活动，加强文化进社区建设。开展2019年全市残疾人文化月和“书香中国•阅读有我”活动，全年开播渝中《本周》手语电视节目51期。发放残疾人收视费补贴共15.31万元，全区1531户残疾人家庭受益。利用“残疾人健身周”“全国特奥日”等节点，广泛开展残疾人群众体育活动。创建重庆市残疾人文化体育示范点4个。7月19日，举办第13次全国特奥日活动暨渝中区2019年特奥运动会。选派10名运动员参加全国第十届残疾人运动会暨第七届特殊奥林匹克运动会，获7金、4银、8铜的优异成绩，区残联获评优秀组织奖。

【信访维权工作】　全年接待残疾人来访326人次，参与处置纠纷5件，处理集访、群访1件6人次，做到信访有记录、有去向、有结果。落实残疾人法律援助，与区司法局联合成立法律援助领导小组，常年聘请律师每周三参与接待工作，共接待咨询148人次，发放救助卡315张，法律援助58人。完成残疾人家庭无障碍改造，全年改造61户，投入资金21.28万元。落实燃油补贴和C5驾驶补贴以及残疾人车辆路桥费减免，全年对78名残疾人代步车发放燃油补贴2.03万元，对4名残疾人给予驾照补贴0.4万元，减免29名残疾人车辆的路桥费，为180名残疾人办理免费公交卡出具证明。加强法制教育，结合“宪法宣传日”等节点，举办与《中华人民共和国残疾人保障法》和《重庆市残疾人保障条例》等相关的法制讲座20场，开展“德法相伴”普法培训4场，“‘莎姐’大普法•关爱残疾人”培训1场，参加人数2400余人，发放宣传资料3000余份。定期组织安全稳定隐患排查，并形成常态机制，建立基础台账，杜绝重大安全事故发生。办结人大代表建议和政协委员提案5件，满意率达100%。做好新中国成立70周年大庆安保维稳工作，防风险保安全护稳定，获得区委办、区政府办个人嘉奖1次。

【服务中心活动】　区残联综合服务中心举办开放日活动7次。举办了渝中区残疾人迎新春诗歌朗诵活动、阅读分享会和文艺演出等主题活动。承办2期声乐、插花、计算机、串珠、绘画、书法、烘焙等项目培训班；开展基础设施和消防设备维护65次。全年残疾人参加各项活动共计619余人次，投入经费11.75万元；接待国家、市、区县等残联视察参观共3批、40人次，得到中国残联、重庆市残联的充分肯定；常年参加康复训练和技能培训的残疾少年、儿童学员达140余人。

【信息建设】　及时、准确录入残疾人事业统计快报、年报、台账等各类数据。规范残疾人事业信息采集和审核，充实和更新“残疾人工作综合信息管理系统”信息，同步率高于98%。

【区残联负责人】
理 事 长：王力军（2019年3月离任）
彭丽娟（2019年3月任职）
副理事长：顾　勇（2019年1月离任）
赵晶晶（挂职，2019年5月任职）
（杨茂莉）

渝中区红十字会

【概况】 红十字会是从事人道主义工作的社会救助团体。根据区机构编制委员会《关于核定渝中区红十字会机关编制和领导职数的通知》，区红十字会行政编制2名，设会长1人（区级领导兼任），副会长2人（其中1名由区卫健委主任兼任），专职副会长1人（主持日常工作），科级领导职数1人（为区红十字会秘书长）。区红十字会第六次会员代表大会在2017年10月11日召开，选举产生区红十字会第六届理事会，副区长乔宏为会长，区卫生健康委主任刘平为常务副会长，陈欣为专职副会长，桂伟为秘书长。区红十字会办公地点设在区卫生健康委。

【“三救三献”活动】 开展“三救三献”（即应急救援、应急救护、人道救助及捐献血液、捐献造血干细胞、捐献人体器官组织）活动，大力宣传和广泛传播人道精神。在“5•8”世界红十字日、“6•14”世界献血日、“5•12”防灾减灾日，共发放《中华人民共和国红十字会法》《重庆市遗体和人体器官捐献条例》《中华人民共和国献血法》和《应急知识手册》《献血须知》《捐献手册》等宣传资料8000余份（册）。全区共有应急救护培训师资人员26人，区红十字会组织应急救护“五进”活动（即进社会、进学校、进企业、进机关、进军营），全年开展应急救护培训130场，培训各类人员6500余人次。开展扶贫济困活动，倡导人道救助红十字精神。在元旦、春节期间组织“红十字博爱送万家活动”，为4所福利院的老人和贫困精神障碍患者送上有棉衣、大米、糖果等的“温暖包”50个。组织对口帮扶巫溪县健康扶贫，区红十字会联合区卫健委、区计生协会赴天元乡扶贫济困爱心救助，捐献价值4万元的电脑、打印办公设备12套，捐赠数百件常用药品和健康教育书籍；为区环卫工人赠送个人便携急救包420个，急救箱20个。为对口帮扶的石油路街道金银湾社区居委会赠送急救包60个，急救箱1个，《急救知识手册》60册，捐款3300元。组织志愿者3055人无偿献血76.11万毫升，超额完成应急招募计划，保障了临床用血需要和安全。组织捐献遗体、器官，登记捐献遗体、器官和眼角膜的人数逐年增加，全年共为225人办理了遗体、器官和眼角膜捐献手续。

【区红十字会负责人】
会　　　长：乔　宏（2019年7月离任）
邹晓宇（2019年7月任职）
常务副会长：刘　平（兼）
副 会 长：陈　欣
（兰宗庸）

法　治

综　述

【概况】 中共重庆市渝中区委政法委员会（简称“区委政法委”）有行政编制16名（含1名市管干部编制）。2019年，全区机构改革后，原区综治办、区委防范办撤销。区委政法委下设政治处、办公室、国家安全科、维稳指导科、综治督导科、基层社会治理科、执法监督科。办公地址位于渝中区管家巷9号。区委政法委的主要职责是：贯彻习近平新时代中国特色社会主义思想，坚持党对政法工作的绝对领导，坚决执行党的路线方针政策和党中央重大决策部署，推动完善和落实政治轮训和政治督察制度；贯彻党中央以及上级党组织决定，研究协调政法单位之间、政法单位和有关部门、地方之间有关重大事项，统一政法单位思想和行动；协调推动预防、化解影响稳定的社会矛盾和风险，协调应对和妥善处置重大突发事件，协调指导政法单位和相关部门做好反邪教、反暴恐工作；加强对政法工作的督查，统筹协调社会治安综合治理、维护社会稳定等有关国家法律法规和政策的实施工作；指导和协调政法单位密切配合，完善与纪检监察机关工作衔接和协作配合机制，推进严格执法、公正司法；指导和推动政法单位党的建设和政法队伍建设；落实中央和地方各级国家安全领导机构、全面依法治国领导机构的决策部署，支持配合其办事机构工作；指导政法单位加强国家政治安全战略研究、法治中国建设重大问题研究，提出建议和工作意见，指导和协调政法单位维护政治安全工作和执法司法相关工作；掌握分析政法舆情动态，指导和协调政法单位和有关部门做好依法办理、宣传报道和舆论引导等相关工作。

2019 年，区委政法委指导全体政法干警和综合治理维稳干部坚持围绕中心、服务大局，深入推进平安渝中建设、法治渝中建设和政法队伍建设，重点做好立体化治安体系建设、政治安全与反恐防暴、社会治理、专项整治与矛盾纠纷排查化解、扫黑除恶专项斗争、防范化解重大风险、特殊人群服务管理、见义勇为、群防群治等工作，顺利完成新中国成立 70 周年安保维稳等重要工作任务，政法稳定各项工作取得新进步，维护了全区政治大局和治安大局稳定。区委政法委被市委组织部、市委政法委、市人力资源和社会保障局记“新中国成立 70 周年安保维稳工作集体二等功”，综治督导科被授予“共产党员示范岗组”称号。

【执法督查工作】　对市委政法委交办涉法涉诉信访积案 26 件逐一进行核查梳理，并多次召开专题会议进行部署、指导、督办，建立定期研判、协作处置等多项工作机制，及时了解掌握信访人思想及诉求，化解积案 16 件，有化解基础正在化解的案件 1 件，化解率达 60%。组织政法各部门评查案件 50 件（区法院 20 件、区检察院 10 件、区公安分局 15 件、区司法局 5 件），分别涉及公安的刑事侦查、行政处罚领域，检院的刑事案件，司法局的律师代理以及司法鉴定领域。

【重大风险防范化解攻坚战】　牵头组织开展 3 大攻坚战之首的防范化解重大风险工作，成立区委坚决打好防范化解重大风险攻坚战领导小组、工作小组，成立政治领域等 11 个区委坚决防范化解重大风险专项小组，并出台相关配套性文件 9 个，每月组织召开专项小组会议，两次组织力量对全区防范化解重大风险工作进行督导检查，3 次迎接市委防范化解重大风险办公室专项督导检查，做好协调联络、制定迎检方案、准备台账资料、实地带检、反馈问题整改等系列工作，共制作案卷资料 22 卷，发出督办通知 10 份，处理相关防范化解的各类通知、文件 50 余份，报送工作总结 8 篇。

【安保维稳工作】　做好新中国成立 70 周年大庆安保维稳工作，组织公安、社区群防群治力量，合理制定巡逻线路、巡逻时段，对全区党政机关、商圈、车站码头、网红景点、轨道交通、水、电、油、气等重点目标开展巡逻防控，全力抓好“防风险保安全护稳定迎大庆”安全稳定工作，实现“七个坚决防止”“八个零发生”目标，圆满完成新中国成立 70 周年大庆安保维稳工作。

【扫黑除恶专项斗争】　围绕“深挖根治”的阶段性目标，强化深挖彻查、打击惩处，全年在侦黑社会性质组织案 1 个，恶势力犯罪集团 1 个，抓获涉黑涉恶类犯罪嫌疑人新增 25 人，刑拘 24 人，逮捕 29 人，移诉 57 人，实现 169 条线索清零。依法审结涉黑涉恶案件 5 件 94 人、“9+4”类涉恶犯罪案件 73 件 145 人，特别是审结“5•30”

涉黑涉恶系列专案及相关“保护伞”案件，取得良好社会效果。

【矛盾纠纷排查化解】 在前期12个专业性调解委员会基础上，6月，渝中区成立诉调对接•速裁中心，通过做优诉讼服务、做深诉源治理、做实简案速裁，取得初步运行成效。中心运行3个多月以来，诉前分流案件及参与调解5764件，成功调处纠纷2912件，初步实现通过源头治理减少纠纷发生，通过诉非联动减少诉讼纠纷，通过诉中速裁减少群众诉累。

【特殊人群管理服务】 组织街道、公安、司法局、信访、卫健等部门做好严重障碍精神患者、吸贩毒人员、刑释解教人群、扬言报复社会人员、信访重点人等特殊人群摸排管控，定时不定时对上述人员进行走访慰问，特别是在节假日和重要敏感节点，逐一落实工作专班，全区221名重型精神病人情况平稳。

【社会治安重点地区排查整治】 纳入渝中区市级挂牌整治A类5个，B类1个，区级挂牌C类6个，经过重点整治，刑事案件发案得到有效遏制，全区未发生一起民转刑案件，顺利通过全市重点地区挂牌整治验收组验收。治安防控成效明显，全区刑事案件发案同比下降12.9%，侵财案件下降6.5%。牵头组织校园及周边治安综合整治专项行动，对127所中小学、幼儿园周边食品环境卫生进行整治，部署公安、校保、群防等力量在全区中小学上学放学期间进行安全值守，做到校园值守全覆盖。

【群防队伍管理】 组织发动社区群防队伍、平安志愿者、“红袖标”、“红马甲”等群防群治力量，对社区、背街小巷等治安复杂地段开展不间断巡逻。大幅提高队员装备水平，全年为群防队员配发车辆20台，新建治安岗亭5个、翻新12个，采购红袖标7000余件，红马甲4000余件，钢叉200余根，警棍400余根，防割手套300余副，急救箱100套，地图400余张。在招录用工、权责分配和管理考核等方面进一步规范，运用“群防通”智能终端强化日常管理、调度，健全队伍管理体制。定期开展队伍培训、技能比武，强化警群（防）、群群（众）联动，常态化开展夜间喊话，提升队伍凝聚力、战斗力。

【网格化社会治理】 下发《关于进一步以党建为引领做深做实网格化社会治理工作的实施意见》，全区划分一级网格11个，二级网格80个，三级网格817个。网格员6108人，其中一级网格员43人，二级网格员288人，三级网格员5777人。机关干部下沉网格107人。

【党建工作】 全面学习习近平新时代中国特色社会主义思想、总书记视察重庆重要讲话精神、参加全国人大重庆代表团审议时重要讲话精神，定期组织党员干部深入化龙桥街道，参与街道社区的各项工作，开展扶贫助困帮扶，指导安全维稳，积极帮助街道社区解决实际问题。履行抓党建主体责任，在全区政法系统抓好《中国共产党政法工作条例》贯彻落实，结合“不忘初心、牢记使命”主题教育，深入推进学习教育常态化制度化。主题教育期间，班子成员集中学习研讨13次、交流发言52人次，其他党员干部交流发言115人次。

【区委政法委负责人】
书　　记：何积光
常务副书记：张　强
副 书 记：雷　兵　丁　文
　　　　　唐　劲（挂职）
　　　　　张贵群（挂职，2019年8月离任）
政治处主任：冯　岭（2019年3月任职）

（任伟）

公　安

【概况】 重庆市渝中区公安分局（简称“区公安分局”）驻渝中区和平路管家巷7号。2019年，有在编民警2318人（含编制工勤人员7人），其中男民警1898人，女民警420人，文职1034人，党员民警1906人。内设机构84个，其中一级机构40个（正处级机构2个、副处级机构3个，其余为正科级机构），二级机构44个（正科级机构33个、副科级机构11个）；共有派出所12个，派出所民警926名，占全局在编民警总数的40%；共有社区警务室77个，社区民警210人。区公安分局的主要职责是：预防、制止和侦查违法犯罪活动；防范、打击恐怖活动；维护社会治安秩序，制止危害社会治安秩序的行为；管理交通、危险物品；管理户口、居民身份证、国籍、入境事务和外国人在渝中居留、旅行的有关事务；警卫国家规定的特定人员，守卫重要场所和设施；管理集会、游行、示威活动；监督管理公共信息网络的安全监察工作等。

2019年，渝中区公安分局以全力做好新中国成立70周年大庆安保维稳工作为主线，围绕打防管控服工作，用好大数据信息化手段，推进扫黑除恶专项斗争、“枫桥经验”落地和大巡防机制落实三项重点工作，维护全区政治安全和社会治安稳定，促进经济发展，保障人民安居乐业。有效处置各类群体性集访、事件及苗头1000余次，完成各类安保、警卫任务870余趟次；以扫黑除恶为龙头纵深推进严打整治，全力维护社会安定，连续侦破境外“杀猪盘”诈骗案、“益佰嘉套路贷”等一批大要案件，连续七年命案破案率达100%。2019年全区刑事案件发案5835件（侵财案件发案4531件），实现连续五年大幅下降，与2014年比下降率为46%，渝中区成为全市最安全城区。在全市率先推行民生警务一体机和身份证自助领证机，提升服务效率；探索大数据应用技战法，成功侦破马拉也、马拉史为首的特大跨国跨境涉毒有组织犯罪集团，被公安部禁毒局称赞为“重庆战法”，李克强总理作出重要批示予以肯定。大阳沟派出所被命名为全国首批“枫桥式公安派出所”，化龙桥派出所被评为全市首批“枫桥式公安派出所”。全局65个单位、1104人次立功受奖。

【社会秩序保障】　牢固树立“全市稳、渝中必先稳”的工作理念，始终把维护政治安全放在首位，妥善化解多起政治类敏感案事件；坚持情报先行、人力与技术结合等方式重点掌控政治维稳类情报，及时发现苗头性、倾向性、行动性内幕信息。启动每日情报信息研判工作，对重大涉稳事项实现情报预警，确保处置及时。全年累计收集研判各类信息190条，有效预警和处置不稳定事件160余次，同比下降37.02%；坚持屯警街面、规模投警、隐蔽用警、严密防控，强化对党委政府周边、各大商圈、旅游景点的巡逻防控，投入警力进行社会面勤务工作，出动警力16万余人次，圆满完成新中国成立70周年大庆安保等一系列重要安保任务。

【扫黑除恶专项斗争】　围绕“深挖根治”的阶段性目标，对尚未攻克的重点案件问题、重点地区行业集中攻坚，对已侦破的案件循线深挖、逐一见底，彻底铲除黑恶势力滋生土壤。依法严厉打击长江流域黑恶势力非法采砂违法犯罪活动，做好全面摸排和线索核查工作。在侦黑社会性质组织案1个，恶势力犯罪集团1个。抓获涉黑涉恶类犯罪嫌疑人新增25人，刑拘24人，逮捕29人，移诉57人。

【突出违法犯罪严打】　围绕人民群众最为关注的涉众型经济犯罪、电信诈骗、多发性侵财犯罪等重点领域问题，集中攻坚、重点突破，连续侦破境外“杀猪盘”诈骗案、梦悦洗浴嫖娼案、“益佰嘉套路贷”等一批大要案件。狠抓盗窃摩托车、扒窃、入室盗窃等事关民生的案件破案打击工作，取得明显成效。依靠刑事技术和大数据侦查协作，接连破获多起命案积案和现行杀人案件。全年破获各类案件2013件，打击处理1566人。

【社会治安整治】　以零容忍态度坚决铲除滋生“黄、赌”土壤，净化社会环境。查处黄赌刑事案件20件，打掉黄赌团伙12个，刑事打击83人，同比增长31.2%；查处黄赌治安案件

151件，行政拘留274人，同比上升41.89%，收缴黄赌卡片百万余张。以“零容忍、强挤压、管长效”为目标，对12个治安乱点地区集中组织开展封闭武装清查，全面挤压各类违法犯罪空间。全区12个A/B类重点整治地区全年刑事发案343件，刑事发案下降51.6%，远超下降20%的考核要求。

【禁毒工作】 以“禁毒2019两打两控”等专项行动为牵引，对毒品犯罪实施高压打击和集中清剿，有效遏制毒品违法犯罪活动在区境蔓延势头。全区共破获毒品刑事案件301件，涉毒移送起诉390余人，缴获毒品8600余克。

【立体化治安防控】 以“双创”工作为契机，以大数据建设应用为支撑，增设时代天街警务站和公园路社区警务室，实现渝警骁骑“全机动化、快速反应”目标；依托人脸识别技术、“视频云”、“超级视频追踪系统”等高新科技，形成视频巡逻与实兵巡逻交叠覆盖，无缝衔接，有效遏制刑事案件发案势头。开展旅馆业、日租房、网约房专项整治行动3次，抓获网上逃犯27人，查处治安案件18起，破获刑事案件4起，抓获违法犯罪嫌疑人50人。

【智慧警务运用】 以推进智慧警务为抓手，警务流程再造，加快大数据生产力生成。依托公共视频监控、“天网”工程、社会单位视频等海量视频，引入阿里云“超级智能追踪系统”，将视频流实时“提纯”为“人脸、人体、车辆”三大类高价值图片和结构化数据，实现人车精准感知和秒级响应反馈，快速锁定、快速识别、快速追踪，大幅缩减民警人工视频侦查的程序和时间，为及时抓捕迅速破案提供强大支撑。服务案事件研判79起，提供有效线索72起，协助抓捕27人，找回走失人员8人。在全市率先使用“超级智能追踪系统”和“人像大数据平台”服务警卫安保工作，发挥视频结构化实战应用效能。

【旅游经济服务】 围绕渝中区“巩固传统产业支柱地位、培育壮大新兴产业、加快建设服务业集聚区”发展方向，整顿市场秩序，净化投资环境，助力渝中全域旅游示范区建设。开展联合执法整治5次，处理“羊儿客”“票贩子”20余人。使用“大数据”助力景区安全，适时启动疏散、封控、分流等管控措施，实现精准调度，科学指挥。创新研发“网约房智慧管控平台”，达到“以房控人、信息上传、有效监管”的目标。目前，该平台已登记网约房门店750家，房间2736套，采集从业人员信息2694条，登记并上传住宿人员信息75066条，在全国率先破解网约房管控难题。

【校园安全强化】 加强学校周边治安、交通等安全隐患排查整治，严格管控肇事肇祸精神病人、吸毒人员、扬言实施极端行为等重点人员，打造校园周边“安全区”。开展校园周边大检查6次，查处校园周边黑网吧2家，查处涉及未成年人上网等违法行为的网吧1家，排查涉校纠纷21起，化解21起；深入开展“安全防范进校园”活动，完善处置预案，强化应急演练，增添更新300余个校园高清摄像头，105所中小学、幼儿园接入公安网，辖区学校全部安装一键报警，筑牢校园内部“防火墙”。

【服务民生创新】 创新服务举措，在学校、医院、银行网点设立自助车管服务终端，为群众提供就近、便捷、高效服务。群众通过自助车管服务终端和手机App办理车管服务18.22万次。率先启用车管业务预约办理系统，并在全市推广，市民利用网上预约系统办理车管业务31.58万次。在全市率先推行民生警务一体机和身份证自助领证机，先行先试重庆市户籍群众身份证补领换领的申办、拍照、微信缴费一站式服务和临时身份证明自助出具等服务，实现证件拍照全自助化、核对申领随时化、缴费结算便捷化，提升了窗口服务的效率和水平。设备投入运行以来，共有13071人通过自助拍照办证，实现证件拍照全自助化，并自助领证12044人，通过自助设备办理身份证零差错。

【队伍建设管理】 组织开展“不忘初心、牢记使命”主题教育和“践行新使命、忠诚保大庆”主题实践活动，引导全警切实打牢高举旗帜、听党指挥、忠诚使命的思想根基。创建化龙桥派出所“枫桥式”基层党建示范点，强化基层党建规范化标准化建设，带动提升全局基层党建水平。深化全警大培训，开设领导干部培训班，全面落实每周“训练日”制度，2000余人次参与岗位训练。坚持以练促战，强力推进法制、社区、警务实战、交巡等5大警种业务竞赛，强化岗位业务知识技能，累计参训民警1500余人次。深入挖掘选树先进集体和个人14个，先后对国庆安保中涌现出的15个先进集体、34名先进个人进行记功授奖。涌现出“全国模范退役军人”社区民警高万禄，全国“最美基层民警”候选人、“重庆好人”肖伟等一批先进典型。

【公安体制改革】 严格按照选人用人“一报告两评议”要求，依据相关规定，民主推荐提拔选任100余名科级干部，平级调整70余名科级干部，提拔任用“三长”40名。完成2087名民警套改执法勤务类警员、91名民警套改警务技术类警员、82名民警套转综合管理类公务员、304名民警选升高级警长和警务技术主任等工作。

【宣传文化引领】 开展“我心中的人民警察”（第三季）宣传评选活动，累计覆盖超过800万人次，网民参与投票20余万人次。推出“战高温”“战暴雨”“祖孙三代向新中国成立70周年献礼”“渝警图说”等一批带露珠、冒热气、沾泥土的精品新闻，先后走红网络。@平安渝中获第七届全国公安政务新媒体“全国公安政务十大内容创意账号”。开展诗文书画创评等系列主题活动70余次，举办第一届“工会杯”运动会，举行各种仪式20余场次。加大战时表彰。

【区公安分局负责人】
局　　长：鲁荣锋
政　　委：夏小平
副 局 长：陈朝平
张　力（2018年10月不再兼任交巡警支队支队长）
薛　翀（2018年10月不再兼任广场治安支队支队长）
何金华（2018年12月离任）
周　川
副 政 委：阎明涛
纪委书记：朱必恩
政治处主任：曾令合（2018年12月离任）
郑尚伦（2019年3月任职）

（黄彩云）

检　察

【概况】 渝中区人民检察院（简称“区检察院”）于1979年恢复重建。2019年，内设侦查监督科、公诉科、未成年人刑事检察科、民事行政检察科、刑事执行检察科、控告申诉检察科、案件管理科、研究室、办公室、政治处、纪检监察室11个部门，有政法专项编制136人。办公地址位于渝中区中兴路230号。区检察院的主要职责是：依法对本院管辖的刑事案件进行审查，决定是否逮捕和是否起诉；对辖区范围内公安机关的立案活动和侦查活动是否合法实行监督，对本区人民法院的审判活动是否合法进行监督，对本区人民法院确有错误的一审判决、裁定，提请抗诉；对本区人民法院的判决、裁定的执行情况和辖区范围内看守所活动是否合法，进行监督；负责对监管改造场所工作人员中的贪污贿赂、渎职侵权等犯罪案件的侦查工作以及被监管改造人员重新犯罪案件的批捕、起诉工作，受理被监管改造人员及其亲属的控告申诉；依法对本区人民法院的民事审判和行政诉讼活动实行法律监督；对本区人民法院已经发生效力，确有错误的民事、行政裁决或裁定，提请或建议提请抗诉；依法受理公民的报案、控告、申诉、举报和犯罪嫌疑人的自首。

2019年，区检察院全面履行检察职能，全年共受理提请批准逮捕犯罪嫌疑人1528人，批准逮捕1180人；受理移送审查起诉1842件2199人，提起公诉1640件1929人。监督侦查机关立案3件3人，撤案7件7人，纠正漏捕1人，追诉漏犯30人，漏罪5条；对认为确有错误的刑事裁判提出抗诉1件1人。民事行政裁判对一审生效判决提请抗诉3件，1件已调解结案；协助上级院办理二审生效判决提请抗诉案件2件，其中1件已获改判。区检察院被市检察院评为2018年度全市检察宣传工作先进单位，全市检察信息工作先进单位；被检察日报社评为全国检察宣传先进单位。

【刑事犯罪打击】 区检察院履行批捕、起诉职能，依法打击各类刑事犯罪。贯彻落实习近平总书记重要指示精神和党中央的重大决策部署，树立总体国家安全观，聚焦重点问题和关键环节，积极参与扫黑除恶专项斗争。严惩故意伤害、抢劫、强奸等严重暴力犯罪，共批准逮捕该类犯罪嫌疑人69人，起诉85件114人。打击盗窃、抢夺、诈骗等多发性侵财犯罪，共批准逮捕该类犯罪嫌疑人568人，起诉708件821人。批准逮捕涉黑涉恶犯罪嫌疑人4人，起诉20件23人。

【诉讼监督】 依法开展立案监督工作，监督侦查机关立案3件3人，撤案7件7人，追诉漏犯30人，漏罪5条。坚决防止错误逮捕和“带病起诉”，对不构成犯罪和事实不清、证据不足的，不批准逮捕179人、不起诉26人。对认为确有错误的民事行政裁判提请抗诉5件，协助上级院办理提请抗诉案件3件（其中有2件已获改判，另有1件已向法院发出检察建议，法院作出再审裁定）。纠正刑罚执行和监管活动中的违法行为13件，纠正社区矫正工作问题10件，纠正违法扣押款物10件，纠正刑期计算错误5件。

【重大风险防范化解】 全年起诉非法吸收公众存款、集资诈骗、组织领导传销活动等犯罪17件24人。牵头联合区公安分局、区法院、区金融办、人民银行反洗钱处、中国银行等部门召开全区金融犯罪查处工作联系会，形成打击金融犯罪合力。加强劳动争议类案件支持起诉，追索劳动报酬案依法支持起诉37件。开展矛盾纠纷控增量减存量防变量行动，落实领导包案、跟踪督办工作机制，推动包案任务解决。严格落实“群众来信件件有回复”工作要求，全年共接到群众来信106件，对具备回复条件的，实现7日内程序性答复、3个月内办理过程或结果答复“两个100%”。接待群众来访396人次，开展检察长接访和联合接访65次110人，律师参与接访39次43人。

【未成年人刑事检察】 贯彻“少捕慎诉少监禁”与“教育感化挽救”原则办理未成年人刑事案件，全年涉罪未成年人不批准逮捕率为63.5%，不诉率为33.8%。建立劳动型未成年人观护基地，帮助附条件不起诉的涉罪未成年人早日回归社会。推动最高检“一号检察建议”落实，全年共送法进中小学、幼儿园7次，就远离校园暴力、预防性侵害向未成年人进行普法，同时在大坪中学、解放小学等地开展未成年人预防性侵害家长课堂。牵头与区公安分局、重庆市人民医院共建未成年人“一站式”救助工作中心，对受性侵害的未成年人司法询问、身体检查、证据提取、心理疏导、康复治疗等“一站式”完成，避免“二次伤害”。通过办理未成年人监护缺失与监护侵害案件，为5名无人监护未成年人依法确定监护人；对1名受到监护侵害的未成年人依法撤销了原监护人的监护权。帮助3名因父母犯罪服刑而无人抚养的困境儿童申请生活补助和学杂费减免。

【公益诉讼】 坚持“通过诉前程序实现维护公益目的是司法最佳状态”的理念，以提出诉前检察建议促进公益保护为常态，提起公益诉讼为例外，助推行政机关依法行政，保护国家利益和社会公共利益。聚焦生态环保、食药品安全、国有财产保护等领域，全年共审查立案44件，同比增长266.7%，向行政机关发出诉前检察建议44件，行政机关均按期回复并启动整改。聚焦污水偷排直排乱排超标排，持续开展保护“长江母亲河”公益诉讼专项行动，办理损害长江生态环境和破坏长江自然资源公益诉讼案件5件。开展“保障千家万户舌尖上的安全”公益诉讼专项监督活动，食品药品安全领域公益诉讼立案17件，提出诉前检察建议17件。

【工作创新】　严格按照刑诉法及“两高三部”《关于在部分地区开展刑事案件认罪认罚从宽制度试点工作的办法》规定，以案件质量不松懈、保障当事人权益为前提，以提升诉讼效率、优化资源配置为核心，以化解社会矛盾、减少社会戾气为目的，认真落实认罪认罚从宽制度。对犯罪嫌疑人自愿认罪认罚的，适用从宽制度办理1717人，占总审结数的82.5%。提高量刑建议精准度，提出量刑建议1594件1856人。坚持适用“公诉人集中出庭、法官集中审理”的机制，指派专人负责认罪认罚案件的集中出庭，缩短庭审时间，节约司法资源。

【队伍建设】　扎实开展“不忘初心、牢记使命”主题教育，紧密结合检察工作实际，先后开展为期5天的院领导学习班和9次中心组集中学习研讨，梳理查摆8个方面20项问题清单，列出整改措施和要求，并落实责任领导、责任部门和完成时限，切实整改到位。加强理论研究和素能培训，干警共完成调研成果公开转化42项，研究成果在《人民检察》等期刊发表12篇，先后获得最高检、市检察院等国家级、市级调研成果奖项5项。18名干警入选全市检察业务专家、专业办案团队和检察人才库。认真落实“两个责任”，坚决贯彻落实中央八项规定和市委、市院各项铁规禁令，落实干预过问司法案件处理的“三个规定”，对于干预过问司法案件情况全程留痕。组织开展“以案四说”经常性警示教育，全年开展廉政谈话12次，强化干警底线意识。加强内部监督管理，开展检务督察57次，对检查结果按季度予以通报、督促整改。

【党建工作】　认真学习贯彻习近平总书记系列重要讲话精神，组织干警集中收看纪念五四运动100周年大会现场直播、全国检察机关学习贯彻全国两会精神电视电话会议和学习贯彻党的十九届四中全会精神电视电话会议。全年组织召开中心组学习会12次，组织院领导和各支部书记为干警讲思政课19次。严格执行《中国共产党政法工作条例》，认真落实《中国共产党重大事项请示报告条例》，全年区检察院党组向市院党组和区委共报告16次。制定党组、党组书记和领导班子成员《落实全面从严治党主体责任清单》，细化正面清单61项和负面清单17项，确保党组关于党风廉政建设工作部署得到有效落实。坚持党员领导干部讲党课制度，严格党员领导干部参加双重组织生活制度，全年召开支部集体学习会60次。落实党组织和党员到社区“双报到”，明确每个支部对口帮扶的社区困难群众，组织60人次党员干警参加社区国庆70周年维稳工作。召开意识形态工作领导小组会议2次，分别向市院、区委报告意识形态工作2次，向市院报送意识形态工作专项检查报告1次，向区委网信办报告网络意识形态工作2次。

【区检察院负责人】
检　察　长：夏　阳
副检察长：陆晓平
熊文新（2019年4月离任）
李志军（2019年7月任职）
汤茜茜
政治部主任：钟鹏飞
纪检组长：谢　侃

（肖璠）

法　院

【概况】　重庆市渝中区人民法院（简称“区法院”）成立于1951年8月，始称重庆市第一区人民法院，后因区划调整，于1955年更名为市中区人民法院，于1995年更名为重庆市渝中区人民法院。办公地址位于渝中区中兴路234号。2019年，区法院设立案庭（诉讼服务中心）、民事审判第一庭、民事审判第二庭、知识产权审判庭、金融审判庭、刑事审判庭、行政审判庭（综合审判庭）、执行局、审判管理办公室（研究室）、政治部（机关党委）、综合办公室、监察室、司法警察大队等13个内设机构，现有中央政法编制242名，实有在职干警236人，聘用制人员197人。区法院的主要职责是：依法审判法律规定由本院管辖的第一审刑事、民事、行政案件；依法办理本院一审生效法律文书及其他依法强制执行效力文书的执行工作；依法办理由本院受理的国家赔偿案件，审查、处理国家赔偿胜诉案件；在审判工作中宣传法制，教育公民忠于社会主义祖国、自觉遵守宪法、法律和社会公德；积极参与社会治安综合治理，落实依法治理工作；承办其他应由基层法院负责的工作。

2019年，全院共受理各类案件65059件，审执结60049件，结案标的300.1亿元，同比分别增长21.4%、25.3%，70.9%。法官人均结案690件，居全市区级法院第一，同比上升32.4%。全年，区法院被全国妇联办公厅评为全国维护妇女儿童权益先进集体；被市高级人民法院评为2018年度全市审判工作、执行工作、刑事认罪认罚从宽制度改革专项工作、家事审判改革专项工作、行政诉讼工伤认定案件智审平台改革专项工作、未成年人案件综合审判改革专项工作、队伍建设工作、信息工作、联络工作、调研工作、新闻舆论工作、信息化工作先进法院，全市审判执行工作特别贡献法院，全市纪检监察工作表现突出单位，司法警察工作先进集体；获评2019年度推动行政机关负责人出庭应诉工作先进单位；获重庆法院庆祝中华人民共和国成立70周年汇报演出优秀创作奖、优秀组织奖；获市委政法委2019年重庆“平安建设进行时”微电影微视频微动漫比赛二等奖等。

【刑事审判】 审结一审刑事案件1532件，判处罪犯1919人，宣告无罪1人。审结故意伤害、强奸、诈骗、“两抢一盗”等犯罪案件667件801人，依法稳妥审结中央扫黑办、中央督导组重点关注的全市最大涉黑涉恶“5•30”系列专案等一批大案要案，落实“打伞破网、打财断血”要求，判处罚金并追缴违法所得3200余万元，切实增强人民群众安全感。

【民事审判】 审结一审民生案件10683件，结案标的23.4亿元，全方位保障民生福祉。审结涉食品、药品等产品责任纠纷案件1679件，维护人民群众“舌尖上的安全”。审结物业纠纷案件1059件，调解撤诉率达71.3%，让人民群众归家舒心、居家安心。审结劳动争议案件1952件，为劳动者追回劳动报酬3604万元，维护劳动者合法权益。审结医疗纠纷案件160件，维护良好医疗秩序和医患关系。做实做优白象街旅游巡回法庭，快速调处涉“吃住行游购娱”纠纷36件，服务国家全域旅游示范区建设。

【商事审判】 审结一审商事案件23866件，结案标的64.1亿元。认真落实全力服务保障金融业健康发展司法措施，审结金融案件15254件，结案标的30.9亿元。畅顺“定点银行＋批量办理＋直接扣划”工作机制，为金融单位快速追回案款4.7亿元。审执结涉民营企业案件16995件，结案标的53.8亿元，为企业和企业家驻区投资兴业提供有力法治保障。妥善调处重庆桐君阁中药批发有限公司租赁合同纠纷案，入选全市民营经济司法保护典型案例。

【行政审判】 审结一审行政案件323件，判决支持行政行为案件102件，判决行政机关败诉案件24件。推动行政机关负责人出庭应诉46人次，出庭应诉率同比上升14个百分点，被评为“全市法院推动行政机关负责人出庭应诉工作先进单位”。实施征收非诉行政案件52件，涉及面积6000余平方米，助推棚户区改造民生工程和市区重大市政工程建设。深化司法与行政良性互动，组织3次公开示范庭，2100余名厅处级领导干部观摩庭审。连续10年发布行政审判白皮书，助力法治政府建设。

【执行工作】 巩固深化“基本解决执行难”成果，固化“三中心一团队一庭一会议”办案格局，坚持组织领导、办案模式、规范办案等“十个不变”，落实办案攻坚、财产处置、拒执罪打击等十大督导制度，引入社会力量参与执行。开展“利剑2019”等专项执行活动，执结案件23477件，执行兑现24.8亿元，同比上升84.9%、83.7%。有财产可供执行案件法定期限内实际执结率95.8%，终本案件合格率、信访办结率均为100%，执结率为92.3%。

【司法改革】 坚持“四级分析例会”“四级报告”“四级督办”制度，确保放权不放任、监督不缺位。深化以审判为中心的刑事诉讼制度改革，加大认罪认罚程序适用力度。深化“分调裁审”机制改革，推进案件繁简分流、轻重分离、快慢分道，案件平均审理时间缩短5天。着力打造一站式诉讼服务中心，实现单一的“立案接访服务”向“诉讼全程服务”转变。推动构建一站式多元解纷机制，在院内成立“渝中区诉调对接•速裁中心”，“渝中多元解纷模式”入选全市法院司法改革典型案例。积极实践“4+1重庆智慧法院新生态”，当事人网上立案22787件，位列全市法院首位。

【队伍建设】 深入开展“走在前、争一流、创模范”活动，全年22个集体和30名个人受到市级及以上表彰。开展“深化制度建设年”活动，审判工作、执行工作等六大制度体系更加完备、成熟。落实公道正派选人用人、队伍动态调整、共荣共辱联动三大机制，一批优秀青年干部成长为执法办案中坚力量。成立子女就学、配偶就业、家属就医三个帮扶专项工作小组，让干警安身安心安业。持续优化司法作风，领导班子被市考核办评为“优秀”，全面从严治党被评为“好”。开展“深化作风建设年”活动，出台诉讼服务“十个严禁”，健全作风建设“2+2+2+1”工作模式，推动司法作风持续向好。

【党建工作】 开展“不忘初心、牢记使命”主题教育，聚焦主题主线，精心举办5个层级30堂专题党课，认真开展革命传统教育、形势政策教育、先进典型教育和警示教育等4项专题教育，推进10个专项课题调研，明确10项重点工作任务，切实推动8个方面专项整治，确保主题教育取得扎实成效。抓好队伍理想信念教育，隆重庆祝新中国成立70周年，开展10项专题系列活动，确保队伍感悟党史国史、筑牢信念之基。坚持重大事项请示报告制度，出台《重大事项请示报告十项规定》，把党对法院工作的要求落实落细。出台《进一步落实领导干部“一岗双责”的通知》，确保舆情、办案、廉洁三个安全。

【区法院负责人】
院　　长：熊德全
副 院 长：张　淼　叶永忠
　　　　　姚　铸（2019年4月离任）
执行局局长：毛学江
政治处主任：袁　朗
纪检组长：黄　伟

（刘步蟾　刘国梅）

司法行政

【概况】 渝中区司法局（简称“区司法局”）成立于1981年1月。2019年1月，原渝中区政府法制办公室（简称“区法制办”）合并至区司法局，组建新的区司法局，同时成立中共重庆市渝中区司法局委员会（简称“区司法局党委”），是区政府主管司法行政工作的职能部门。区委依法治区委员会办公室（简称“依法治区办”）设在区司法局。内设政治处、办公室、规范性文件审查科、社区矫正管理科、行政复议应诉科、行政执法协调监督科、普法与依法治理科、公共法律服务管理科、律师与司法鉴定管理科（行政审批科）9个科室，下设渝中区法律援助中心1个参公事业单位，渝中公证处、渝中区矫正帮教管理服务中心2个事业单位。

局机关政法专项编制28名，区法律援助中心参公事业编制5名，渝中公证处事业编制5名，区矫正帮教管理服务中心事业编制5名，街道司法所政法专项编制40名。区司法局办公地址位于渝中区民生路299号。区司法局的主要职责是：承担全面依法治区重大问题的政策研究，协调有关方面提出依法治区中长期规划建议，负责司法督察工作；负责起草或组织起草有关规范性文件，全区规范性文件的审查、备案、清理工作；承担统筹推进法治政府建设的责任；承担统筹规划法治社会建设的责任；负责指导管理社区矫正工作，指导帮教安置工作；负责拟定全区公共法律服务体系建设规划并指导实施，统筹和布局区域法律服务资源；负责全区国家统一法律职业资格考试的组织实施工作；规划、协调、指导全区法治人才队伍建设相关工作；本系统信息化建设和应急处突指挥工作；完成区委、区政府交办的其他工作。

2019年，区司法局按照中央和市委、区委政法工作会议部署，积极履行“一大统筹、四大职能”，取得较好成绩。区司法局被司法部表彰为“国家法律职业资格考试工作表现突出集体”，并被评为全国“七五”普法先进城区；重庆市人社局、重庆市司法局授予区司法局“重庆市司法行政工作先进集体”荣誉称号，并获“全市区县司法局执法执业综合目标考核优秀单位”称号，2019年度考核获“一等奖”。2个律师行业基层党组织被评为“全市律师行业先进基层党组织”。牵头渝中区“全国法治政府建设示范区”创建工作，并成为全市唯一综合及单项2项创建均成功入围创建候选名单的区县。

【依法治区工作】 牵头召开区委依法治区委员会第一次全体会议，拟定渝中区2019年全面依法治区工作要点和法治政府建设工作要点，并受区政府委托向区人大常委会报告2018年法治政府建设情况、民营企业发展法治环境情况。召开依法治区办公室全体会议，专题研究民营经济法治环境保障各项工作，明确工作任务。牵头渝中区“全国法治政府建设示范区”创建工作，并成为全市唯一综合及单项2项创建均成功入围创建候选名单的区县。

【依法行政】 在全市率先出台《渝中区行政规范性文件管理规定》，全年审查、备案规范性文件、重大合同174件，提出法律意见400余条；专项清理全区规范性文件128件，废止24件，继续有效104件，形成科学合理、切实可行、具体管用的制度规范体系。拟定《渝中区行政执法“三项制度”实施方案》并在全市率先施行，与区编办共同制定街道委托执法事项清单；落实“街道点题，部门答疑”，参与街道行政执法重大疑难问题处置研讨60余人次；组织800余名行政执法人员进行网络培训考试，全年办理、更换行政执法证610余个。机构改革后迅速修订渝中区《行政复议和行政应诉工作管理办法》和《关于进一步加强行政机关负责人出庭应诉的通知》，确保制度跟进。全年共受理行政复议案件47件，办结32件，均无被撤销或判决败诉。2019年区级部门行政机关负责人出庭应诉率达57%，较去年上升14%。

【普法依法治理】 严格落实“谁执法谁普法”责任制，紧紧抓住“关键少数”，组织53名新提任领导干部参加法治理论知识考试、287名领导干部参加线上线下同步观摩行政案件庭审。突出“重点对象”，与区委组织部联合开展党内法规网上知识竞赛，吸引全区党员干部积极参加；举办渝中区第二届“中学生法治辩论赛”，与区检察院、团区委共同在渝中区青少年活动中心建立“渝中区未成年人法治教育基地”。牢牢把握“绝大多数”，依托普法新媒体，制作“我与宪法”微视频并获全市优秀奖，全年制作“法治微课堂”及公益广告各10期，以通俗易懂的方式向群众输出法治理念与知识。推进基层自治、法治、德治融合，3个全国民主法治示范社区、49个重庆市民主法治示范社区顺利通过全市复核。

【公共法律服务体系建设】 服务平台更加规范。完成区、街、居三级公共法律服务实体平台的初步提档升级，统一配备自助法律服务一体机；推广“重庆法律服务网”和“重庆掌上12348”公众号，推进公共法律服务事项“掌上办”“指尖办”“随时办”；为全区79个社区聘请法律顾问，实现“一居一顾问”全覆盖，初步形成覆盖“全时空”的公共法律服务。服务内容更加全面。在原有人民调解、法治宣传、公证服务、法律援助等服务内容的基础上，将行政复议、行政投诉等纳入公共法律服务体系，努力为群众提供覆盖“全业务”的法律服务。服务成效更加凸显。结合实体与网络平台服务，全年接待人民群众来电来访8000余人次，解答各类法律咨询6000余个，群众知晓率满意率不断提升。2019年，区司法局被推荐为全国公共法律服务工作先进集体，司法部副部长刘振宇在区司法局调研时给予充分肯定。

【人民调解】 以推进“三调对接”为依托，持续完善矛盾纠纷化解机制。与区法院协作，建成“渝中区诉调对接•速裁中心”，全区10个行业性、专业性人民调解委员会全部派员入驻，妥善调处唐某、陈某与拆迁人长达十年的拆迁安置补偿纠纷；“警民联调”工作室在全区11个派出所实现全覆盖，4季度调解纠纷近300件；指导新建专业调委会1个，成立律师个人调解室1个。开展公证参与司法辅助事务和推进民事领域纠纷公证程序前置试点工作，完成司法确认案件415件，参与法院调解530件，执行司法送达1161件，参与司法调查84件，极大提高纠纷处置质效。全年各调解组织共排查矛盾纠纷1963个，调解矛盾纠纷4098起，其中专业调委会调解近3000件，占渝中区调解纠纷案件数的71%，成功率达98.1%。

【社区矫正与安置帮教】 贯彻落实《“十三五”全国司法行政信息化发展规划》，推进社区矫正工作与现代科技应用深度融合，在完成社区矫正应急指挥中心和远程视频督察系统建设的基础上，基本实现远程视频监控和指挥调度。严格对社区服刑人员管理，对违反规定的社区矫正人员给予警告处分共35人次，依法提出撤销缓刑建议书2份、提请撤销暂予监外执行2人、已收监执行4人。全区社区服刑人员手机定位监管开通率、不予定位监管备案合格率、处理社区服刑人员违反定位监管规定完成率均达100%。完成庆祝新中国成立70周年特赦工作。对于人户分离的刑满释放人员，实行户籍地和居住地安置帮教机构“双列管”制度。对刑释解教人员重点帮教对象，落实必接必送制度，全年共协助街道到相关监狱接回111名重点帮教对象，无一漏接。

【律师管理】 落实“双随机一公开”，开展执业大检查，规范法律服务机构管理，对全区126家律师机构和1700余名执业律师开展年度考核，对5名违规执业律师进行行政处罚。班子成员到基层单位开展调研50余次，联系走访总部企业和律所160余次，共解决困难50余起。深化司法行政领域“放管服”改革，不断提高行政审批效率，全年共办理行政审批事项2655件。结合“企业服务年”活动，为300余家民营企业开展“法治体检”，为防范金融风险提供法律服务支撑。推荐29名律师担任市委、市政府、区委、区政府法律顾问，为重大经济发展决策提供专业法律意见。围绕培育壮大法律专业服务业，打造涉外法律服务高地，13家规上律师事务所累计营业收入达8.078亿元，同比增速为20.3%，完成营收增长目标。中豪、索通、段和段等多家律所与外国及我国港澳台地区律师事务所建立业务合作或设立境外分支机构，香港狄炳奇李道明有限法律责任合伙律师事务所在渝中区设立机构。推荐113名律师入选全市涉外法律人才库，9名律师入选全国涉外律师人才库，壮大涉外法律服务队伍。

【司法鉴定】 加强司法鉴定行业监管，组织开展“严格准入、严格监管，提高司法鉴定质量和公信力”专项教育整顿活动，切实履行司法鉴定机构准入审查管理职能。成立检查组，对全区司法鉴定机构进行专项执业检查，对全区10家司法鉴定机构、328名执业鉴定人进行年度考核，着力提高司法鉴定执业水平。强化司法鉴定队伍建设，组织执业鉴定人参加能力素质专题培训。加强司法鉴定信访投诉处理，加大违法违规行为惩戒力度，对信访投诉较多的鉴定机构负责人进行约谈，责令限时整改。全年共办理司法鉴定投诉案件49件，向相关司法鉴定机构发出整改通知书3份，报请上级业务部门给予行政处罚1件。2019年，全区司法鉴定机构开展司法鉴定服务2.3万余件，业务量约占全市的三分之一。

【公证服务】 开展公证便民服务，为当事人代办产权证、领事认证等事项100余次，为渝中区危旧房改造提供现场见证23次，为全区小学毕业生小升初抽签派位提供现场监督，为重庆市体彩中心对已停止销售的空白彩票进行销毁提供现场监督公证，为中国建设银行重庆市分行“办ETC抽手机”抽奖活动进行现场监督，为中煤科工集团招投标工作提供上门办证服务等，不断满足人民群众多领域的法律服务需求。实行“最多跑一次”制度，简单公证试行在线申请，推行公证延伸服务和“绿色继承”服务，全年办理“绿色继承”620件，受理在线公证申请21条。开展“迎大庆”主题活动，录制“我和我的祖国”公证宣传短视频，开展“公证开放日活动”，扩大公证影响力，加大广大老百姓对公证的认知度。全年共办理公证5398件，其中涉外公证1452件。

【法律援助】 贯彻落实重庆市高级人民法院、重庆市司法局《关于开展刑事案件律师辩护全覆盖试点工作的实施方案（试行）》，从渝中区规模以上律师事务所、热衷于公益法律事务的律师事务所中遴选出126名办案经验丰富、擅长刑事案件办理的律师，组建渝中区刑事法律援助律师团队，实现刑事辩护律师全覆盖。推动法律援助参与以审判为中心的刑事诉讼制度改革、刑事案件认罪认罚从宽制度试点、律师代理申诉等工作，向区看守所，区检察院和重庆检察五分院派驻值班律师329人次，为1420名犯罪嫌疑人提供法律帮助。开通农民工欠薪法律援助“绿色通道”，对欠薪农民工一律免于审查经济困难条件，简化审批手续，做到当天申请、当天受理、当天审批、当天指派律师提供法律援助。全年共办结各类劳动争议案件87件，为农民工、一般贫困者挽回损失或取得利益114.52万元。全年办理困难群众援助案件1179件，其中办结农民工讨薪案件26件，挽回经济损失36.34万元。引入第三方评估机制，不断提高案件办理质量。

【扫黑除恶专项斗争和防范化解重大风险攻坚战】 针对律师队伍管理，约谈指导律师103次，派员参与庭审23次，有效防止律师代理人利用个案炒作，引发负面舆情。针对“两类人员”管控，对5条涉黑涉恶线索及时移交，对6名涉黑涉恶涉邪刑释人员加强管控。对400余名社区服刑人员进行心理测评，开展20场心理健康讲座，有效降低其再犯罪风险。扎实开展“防风险保安全护稳定迎大庆”集中攻坚行动，集中排查各工作领域风险隐患10余次，为新中国成立70周年大庆营造安全稳定的社会环境。结合扫黑除恶、防范化解重大风险等工作，开展“国家安全教育日”等专题学法律抢红包活动7期，持续做好宣传发动工作。

【国家统一法律职业资格考试】 践行“从严治考、规范管理、热情服务”原则，按照司法部“九个百分之百”工作要求，争取党委政府支持，及时调整充实“法考”领导小组成员，协调22个成员单位配合履职，强化科学、规范和标准化管理，认真落实“机位”“机考”要求，强化考生安检、考场监控、防窥设施，远程视频巡查、全要素测试，以及电力和网络保障，先后投入经费20万余元，购买移动电源、笔记本电脑等“法考”设备。对监考人员进行4次集中培训，3次仿真演练。考点学校全部实现“双电路”供电，“保电车”应急保电，4G网卡网络保障，以及10%的备考计算机准备等措施，为“法考”提供有力保障，实现渝中考点2000余名考生参加“法考”零失误、零差错目标。

【党建工作和队伍建设】　强化理论武装。深入学习贯彻习近平总书记视察重庆重要讲话精神、区委十二届五次全会精神，组织专题学习5次，全年组织党委中心组学习21次、各党组织集中学习600余次，班子成员讲党课10次；开展“不忘初心、牢记使命”主题教育，坚持“四个轮子”一起转，取得明显成效。织密建强组织体系。抓好基层党组织规范化建设，打造5家示范党组织；新建律所党支部2个，培养入党积极分子4名，发展预备党员8名，向2个律所联合党支部指派第一书记，1个重点提升党组织成功转化，2个党组织获“全市律师行业先进基层党组织”称号。锻造适应新时代要求的“五个过硬”队伍。对新组建的司法行政队伍开展“短板大调研”，梳理工作和队伍建设短板30余项，逐项整改；开展谈心谈话50余人次，组织干部参加政治学习13次，开展“以案四说”警示教育2次，组织参加各级业务培训50余人次，不断提高队伍政治素质和业务素质；突出政治表现，按程序选拔4名科级领导干部，完成11名干部职级晋升；严格落实意识形态工作责任制，对1名发布不当言论的律师重点人给予行政处罚。

2019年区司法局管律师事务所

序号	名称	序号	名称
1	北京市天同（重庆）律师事务所	25	重庆舸力律师事务所
2	北京市中伦文德（重庆）律师事务所	26	重庆广君律师事务所
3	北京天驰君泰（重庆）律师事务所	27	重庆国生律师事务所
4	上海段和段（重庆）律师事务所	28	重庆汉格律师事务所
5	中豪律师事务所	29	重庆浩邦律师事务所
6	重庆比君律师事务所	30	重庆合益律师事务所
7	重庆博爱兴律师事务所	31	重庆恒昇律师事务所
8	重庆博嘉律师事务所	32	重庆衡道律师事务所
9	重庆财信律师事务所	33	重庆弘双律师事务所
10	重庆朝锐律师事务所	34	重庆红岩律师事务所
11	重庆承业律师事务所	35	重庆华盛达律师事务所
12	重庆大鼎律师事务所	36	重庆汇博律师事务所
13	重庆当世律师事务所	37	重庆汇义律师事务所
14	重庆道通保成律师事务所	38	重庆嘉豪律师事务所
15	重庆德诺律师事务所	39	重庆建伍律师事务所
16	重庆德正天泽律师事务所	40	重庆鉴韬律师事务所
17	重庆谛威律师事务所	41	重庆捷恒律师事务所
18	重庆鼎典律师事务所	42	重庆金点律师事务所
19	重庆鼎耀律师事务所	43	重庆金码律师事务所
20	重庆东方联合律师事务所	44	重庆津台律师事务所
21	重庆法谷律师事务所	45	重庆锦世律师事务所
22	重庆法乾律师事务所	46	重庆经博律师事务所
23	重庆富乐达律师事务所	47	重庆精卓律师事务所
24	重庆歌乐律师事务所	48	重庆敬友律师事务所

续表

序号	名称	序号	名称
49	重庆静昇律师事务所	85	重庆祥鉴律师事务所
50	重庆钜沃律师事务所	86	重庆心度律师事务所
51	重庆君融律师事务所	87	重庆新金律师事务所
52	重庆君毅律师事务所	88	重庆新隆基律师事务所
53	重庆康迪律师事务所	89	重庆星全律师事务所
54	重庆康实律师事务所	90	重庆雄明律师事务所
55	重庆坤凌律师事务所	91	重庆业伟律师事务所
56	重庆兰峰律师事务所	92	重庆一宇律师事务所
57	重庆立万律师事务所	93	重庆依斯特律师事务所
58	重庆丽达律师事务所	94	重庆亿安律师事务所
59	重庆名泰律师事务所	95	重庆英采律师事务所
60	重庆名言律师事务所	96	重庆瀛寰律师事务所
61	重庆明觉律师事务所	97	重庆渝都律师事务所
62	重庆念南律师事务所	98	重庆渝丰律师事务所
63	重庆普恩律师事务所	99	重庆渝汇律师事务所
64	重庆绮惠律师事务所	100	重庆渝经律师事务所
65	重庆千禧年律师事务所	101	重庆渝乐律师事务所
66	重庆融益律师事务所	102	重庆渝一律师事务所
67	重庆锐力律师事务所	103	重庆渝正律师事务所
68	重庆瑞正律师事务所	104	重庆煜堃律师事务所
69	重庆睿尚臻律师事务所	105	重庆元炳律师事务所
70	重庆睿通律师事务所	106	重庆袁渝律师事务所
71	重庆润隆律师事务所	107	重庆原驰律师事务所
72	重庆润信律师事务所	108	重庆原野律师事务所
73	重庆升正律师事务所	109	重庆源伟律师事务所
74	重庆胜大律师事务所	110	重庆泽信律师事务所
75	重庆树深律师事务所	111	重庆泽渝律师事务所
76	重庆硕诚律师事务所	112	重庆展瑞律师事务所
77	重庆索通律师事务所	113	重庆章川律师事务所
78	重庆堂正律师事务所	114	重庆章达律师事务所
79	重庆天喜律师事务所	115	重庆正焰律师事务所
80	重庆同恩律师事务所	116	重庆正智律师事务所
81	重庆万诚律师事务所	117	重庆政远律师事务所
82	重庆维祯律师事务所	118	重庆至立（渝中）律师事务所
83	重庆西联律师事务所	119	重庆志和智律师事务所
84	重庆西商律师事务所	120	重庆志同律师事务所

续表

序号	名称	序号	名称
121	重庆智策律师事务所	124	重庆智渝律师事务所
122	重庆智谋律师事务所	125	重庆中联世通律师事务所
123	重庆智天律师事务所	126	重庆中域律师事务所

2019年区司法局管司法鉴定机构

序号	机构名称	序号	机构名称
1	重庆医科大学附属第一医院	6	重庆市弘正司法鉴定所
2	重庆法医验伤所	7	重庆市法庭科学司法鉴定所
3	重庆市法医学会司法鉴定所	8	重庆市人民医院
4	重庆市血液中心司法鉴定所	9	重庆市八益交通事故司法鉴定中心
5	重庆法正司法鉴定所	10	重庆市嘉禾交通事故司法鉴定所

【区司法局负责人】

局　长：阳　玮

副局长：喻　彦（2019年1月任职）

段林涛　高　梅

李　峰（2019年1月任职）

何　福

（肖雨）

军　事

中国人民解放军渝中区人民武装部

【概况】　中国人民解放军渝中区人民武装部（简称“区人武部”），前身为重庆市第一区人民武装部，成立于1953年3月，1986年6月改归地方建制，1996年4月重新收归部队建制，1998年11月由正团级单位升格为副师级单位编制，2016年1月转隶中央军委国防动员部。办公地址位于渝中区解放西路225号附3号。

2019年，区人武部按照“抓基层打基础、促融合求作为、保稳定走前列”的工作思路，强化“四个意识”，围绕践行强军目标，狠抓主责主业落实，圆满完成迎接军委国防动员部政治工作巡查、重庆市人防综合演练等大项任务，区人武部全面建设呈现出健康向上的良好态势。

【政治建设】　按照抓党委、带机关的思路，采取个人自学、领导宣讲、课题研究等形式，组织官兵深入学习习近平新时代中国特色社会主义思想和强军思想，领会深刻内涵，强化官兵看齐追随意识。认真开展“不忘初心、牢记使命”主题教育，部领导先后6次为区人武部干部职工和全区专武干部、民兵队伍授课，利用民兵整组、集中训练等时机，开展教育实践活动，引导民兵预备役人员自觉践行强军目标。

【征兵工作】　贯彻执行上级征兵命令和征兵政策规定，按照“加强宣传、提早准备，注重协同、形成合力”的工作思路，以保证新兵质量为核心，以征集高学历兵员为重点，从提高适龄青年积极性、提升体检合格率、调动街道征兵积极性等方面入手，深入宣传发动，严格征集程序，坚持依法征兵、廉洁征兵。全年共征集新兵80余人，实现零退兵，大学生征集比例达90%，创历年新高，完成新兵征集任务。

【安全稳定工作】 贯彻落实军委国防动员部和警备区安全稳定工作电视会议精神，以迎接警备区安全大检查为契机，做好安全防事故工作。坚持每月党委专题分析安全形势，重大节日和每月开展安全隐患排查，促进安全责任落实到人。狠抓安全防范工作，修订完善《防范重大安全问题预案》，经常组织预案演练，做到人人熟悉预案，人人知道如何防范和处置重大安全问题。开展“百日安全活动”，注重季节性事故预防，在人、车、枪、弹、密等重点方面严防死守，实现全年安全无事故目标。

【双拥工作】 完善双拥制度机制及相关政策，协调地方为驻区部队解决具体问题和实际困难，发挥渝中区委在建立巩固新型军政军民关系、深化双拥共建工作中的把关定向作用。会同区民政局持续开展非公经济组织双拥共建活动，开展结对精准扶贫活动，看望慰问军烈属、困难党员和贫困家庭。与巫溪县人武部共同对西宁中学和4户涉军困难家庭进行帮扶。

【全民国防教育】 深入开展全民国防教育活动，为党政机关、学校、企事业单位举办国防教育讲座，联合地方开展全民大型国防教育宣传活动3次，有效提升全民国防观念。开展军地“重走红岩路”主题活动、多形式举行全民国防教育日主题活动等国防教育做法被《中国民兵》等媒体报道。全年在省市级及以上媒体共计发稿30余篇，强化全民国防教育宣传。

【国防动员】 贯彻军民融合发展战略，学习贯彻重庆市经济建设和国防建设融合发展“十三五”规划实施意见，加强国防动员潜力调查和后备力量建设，探索军民融合的制度机制建设，协调区国动委成员单位配合搞好国防潜力调查和分析调研。推动军民融合深度发展，专项整治应急民兵老化、人册不符、流动过大等问题，开展重点园区和特色楼宇民兵建设探索试点，规范长航水上救援队、民防心理服务队等重点队伍建设，提升民兵转型建设质量。

【军事训练】 严格落实战备制度，建立与区应急、信访部门情况互通机制，及时修订战备预案，突出节假日和敏感时段的应急备勤，增强部队战备意识和处理突发情况能力。落实上级民兵整组调整改革会议精神，建立区、街道两级民兵应急分队，圆满完成迎接军委国防动员部和警备区民兵整组调整改革专项检查任务。强化军事训练，完成军事训练人员落实、时间落实、内容落实、质量落实“四落实”目标。2019年上半年集中组织民兵轮训备勤训练3期330余人次。8月，完成108名新兵役前训练；9月至11月，组织民兵骨干完成全区3200名学生军训任务。参加警备区“四会”教练员集训竞赛和微课制作评比，微课作品被推选到中央军委国防动员部。

【首长调研民兵工作】 8月7日下午，重庆警备区司令员韩志凯一行来到菜园坝街道调研渝中区民兵调整改革情况，区人武部第一书记、渝中区委书记黄玉林陪同调研。警备区领导详细查看街道武装部四室一库规范化建设，检查街道民兵应急训练，听取菜园坝街道武装工作情况介绍。韩志凯司令员对菜园坝街道武装工作予以充分肯定，并提出民兵建用结合、加强党管武装的相关要求和殷切希望。并要求地方党委政府要强化领导职责，突出基层武装部规范化建设，坚持民兵管理、使用并重，改进民兵队伍指挥手段，建立优质高效的国防动员体系，希望渝中区民兵工作要“站头排，当标兵”。

【区人武部负责人】

部　　长：喻海权（2019年10月离任）
　　　　　汤建权（2019年10月任职）
政治委员：郃　平（2019年5月离任）
　　　　　严　培（2019年5月任职）

（万振男）

老干部休养

重庆警备区渝中第一离职干部休养所

【概况】 重庆警备区渝中第一离职干部休养所（简称“第一干休所”）位于渝中区鹅岭正街187号。2018年2月，因编制体制调整，撤销77100部队童家桥干休所和鹅岭干休所，以鹅岭干休所为主体合并组建，分布在2个片区3个营院，占地74.73亩。编制为正团级，计划安置离休干部96户，现有离休干部23户（均为抗日战争时期入伍），遗孀46户。

2019年，在警备区党委的坚强领导下，第一干休所党委坚持以习近平新时代中国特色社会主义思想为指导，深入贯彻习近平强军思想，全面落实警备区党委扩大会议精神，坚定举旗铸魂，聚焦主责主业，依法规范建设，突出安全稳定，全面建设稳步有升，呈现向上向好发展趋势。

【政治建设】 在国家大事、喜事、难事之年，第一干休所党委提高政治站位、树牢首位意识，严格按照警备区党委部署安排，紧密结合单位实际，深入学习习近平强军思想和系列重要讲话精神，扎实开展“传承红色基因、担当强军重任”“不忘初心、牢记使命”主题教育，立行立改巡视巡察反馈的问题，开展庆祝新中国成立70周年系列活动、“真心敬老、真诚学老、真情为老”三真服务保障主题实践活动，常态开展经常性思想教育“学讲做”活动，注重开展各类文化育人活动，教育引导全体工作人员和离休干部主动更新思想、转变观念、勇于挑战，确保部队意志统一、人员士气提振、服务意识和集体荣誉感得到增强。

【规范建设】 第一干休所党委紧扣条令法规，紧贴单位实际，积极稳妥推进规范化建设。及早论证筹划“三个中心”（生活服务中心、医疗保健中心、文化活动中心）建设，搞好营房维修整治，清理统计设施设备；改造营院电话线路，确保老干部、遗孀家和工作人员办公室电话全时通畅；按照合理适用、便于学习原则，加快推动军事职业在线教育学习室建设；扎实开展“治松、治散、治虚、治软”四治专项整治，深入纠治理想信念、组织功能、教育训练、服务保障、作风建设、遵规守纪等方面存在的倾向性问题，纯正人员思想作风，落实各项规章制度；按照正规化达标考核检查标准，结合政治巡察和安全大检查反馈的问题，严格规范运转各项工作。

【服务保障】 深入贯彻习近平主席“三个不降”（服务保障力度不降、标准不降、质量不降）总要求，认真落实全军和国防动员系统老干部工作会议精神，始终坚持把老干部服务保障摆上位、抓到位。及时传达学习上级关于做好老干部工作的系列指示精神，常态开展敬老爱老教育，增强工作人员立足本职、竭诚服务的责任感和使命感。建立“一对三”定人定户对口联系制度，规范门诊接诊处置服务要求，确立“热心、真心、细心、耐心”四心服务理念，制作老干部和遗孀“住所示意图”和送医、送检、住院、开药“流程略图”，绘制“抢救流程一览图”，制定“一提前、四主动”（提前10分钟到达指定位置，去家中主动接一接、办事时主动帮一帮、购物时主动提一提、回来后主动送一送）车辆保障制度，形成优质高效服务保障模式。参与离休干部机构保障技能大比武，全员全训急救心肺复苏、静脉注射输液、院前紧急抢救等内容，提升医护技能、降低风险指数。会同渝中区退役军人事务局上门为离休老干部家庭悬挂“光荣之家”牌匾，逐户上门发放“庆祝中华人民共和国70周年”纪念章。先后组织老干部、遗孀去碧湖山庄、西彭现代化农庄参观见学，到红岩广场参观庆祝新中国成立70周年巡展，丰富其老年业余生活，使其感受国家发展成果。坚持常态巡诊、及时送诊、定期体检，协调军地知名专家教授深入营区开展健康知识讲座和健康问题咨询，及时发放健康知识资料和季节性疾病预防手册，2019年全年门诊2849人次，巡诊2419人次，上门服务801人次，门诊处置488人次，送院陪诊229人次。

【助学育人】 注重发挥红色资源优势，积极邀请抗战老英雄深入驻地社区、学校开展国防教育。2019年6月1日，集中组织老干部代表到鹅岭小学，为学生们捐赠书籍，传递爱心，传承知识，鼓励孩子们多读书、勤读书、好读书，寄望孩子们做有文化、有理想、有道德、有纪律的新时代好学生。2019年9月6日，组织离休干部到两路口街道国际村社区和鹅岭小学开展“不忘初心、牢记使命”主题教育宣讲，结合自身成长奋斗历程和对祖国70年发展变化的真情感受，与社区居民、学校师生共叙新时代祖国伟大发展成就。会同两路口街道定期到重庆市未成年人管理教育所开展“爱心妈妈”活动，结对帮带引导失足少年走出阴影，重新树立生活勇气，早日回归社会，实现个人美好人生价值。

【安全管理】 坚持把安全工作作为保底工程，深入贯彻习近平主席关于安全稳定工作系列重要指示精神，认真落实军委国防动员部安全稳定工作电视电话会议精神，常态学习《军队安全管理条例》《中国人民解放军预防犯罪工作条例》等安全法规。建立健全安全工作领导小组，人人签订安全承诺书，压紧压实安全责任；定期开展安全训练，增强安防技能，提升应急处置能力。加强人员管理，突出探亲休假、学习出差、“两个以外”跟踪管控，确保不断线不失管；加强车辆管理，严格车辆审批派遣，严禁公车私用，严禁带故障出车，严控夜间出车。加强网络保密管理，严格文电收发借阅登记、入柜保管，严禁通过微信群、QQ群传送军队信息，严防网络失泄密。突出重要时节管理，规避各类风险；全面排查安全隐患，定期分析安全形势，及时化解矛盾问题。坚持问题导向，全面彻底整改上级工作组安全大检查反馈的问题，强力推动安全工作末端落实。扎实开展“百日安全活动”，2019年全年未发生安全事故。

【第一干休所负责人】
所　　长：石林群
政治委员：李天贵

（李魏）

重庆警备区渝中第三离职干部休养所

【概况】 中国人民解放军重庆警备区渝中第三离职干部休养所（简称“第三干休所”），以原彭家花园干休所、永川干休所、涪陵干休所为基础组建成立，正团级，隶属重庆警备区管理。主所位于渝中区大坪彭家花园13号，下设两个服务站，分别位于永川区探花路291号和涪陵区广场支路7号。共编1个党委，3个党支部，1个团支部。共设置了办公室、后勤办、营房办、门诊部、涪陵服务站、永川服务站6个服务保障机构。

干休所1963年开始接收安置离休干部，计划安置离休干部229户，实际入住222户223人。现有离休干部及遗孀109户，其中离休干部28户，遗孀81户。离休干部年龄最大100岁，最小84岁，平均年龄92岁；遗孀年龄最大97岁，最小75岁，平均年龄86岁。

该所在警备区党委的正确领导和机关的指导帮带下，坚持深入学习领会党的十九大精神，以习近平新时代中国特色社会主义思想为指导，以习近平强军思想为根本遵循，深入贯彻军委主席负责制，坚决落实中央军委、国防动员部、警备区一系列决策指示，大力加强思想政治建设，扎实抓好老干部服务保障工作落实，按照中央军委《关于加强新时代军队离退休干部工作的意见》的要求，认真贯彻落实警备区党委年度工作部署，坚持以为老干部服务为中心，以安全稳定为重点，与时俱进地推进干休所的全面建设，圆满完成了全年工作任务。

【党建工作】 第三干休所党委认真学习习近平主席在全军党的建设工作会议上的讲话，

严格落实《重庆警备区党委班子加强自身建设措施》和《重庆警备区党委常委会议事规则》。在抓好党委班子的同时认真指导党支部的全面建设，高标准加强党风廉政建设，使党建工作形成制度化、规范化、经常化的长效机制。充分发挥党支部的战斗堡垒作用。围绕服务保障工作这个中心，在组织完成服务保障工作任务的能力上下功夫，通过抓队伍建设，全体人员的政治思想素质和业务工作技能得到提高，敬业奉献意识得到增强，事业心和责任感得到强化。2019 年 11 月，第三干休所护士万芝利同志被中央军委评为全军先进老干部工作者，成为全军老干部工作者的先进典型。老干部党支部按照上级和所党委的要求，组织政治理论学习，做好政治思想工作，发挥好老党员的作用。

【政治教育】 紧紧抓住学习贯彻党的十九届四中全会精神和习近平主席系列重要讲话作为头等大事贯穿始终，按照正面教育与纠治问题相结合，集中整改与综合培育相结合，集中教育与专题讨论相结合的思路，采取辅导授课灌输、上台演讲交流、基层走访调研的方式，推动党的十九大精神学习和创新理论武装头脑形成常态。结合庆祝新中国成立 70 周年，深化“传承红色基因、担当强军重任”主题教育活动，重点打造营区政治氛围。把“不忘初心，牢记使命”主题教育实践活动与开展向“三老”（老红军、老八路、老解放）学习活动紧密结合起来，重温入党誓词等革命传统教育感触深刻，4 场形势政策报告、2 场“不忘初心、牢记使命”老干部专题辅导反响热烈。国庆节当天为全体老干部发放“庆祝中华人民共和国成立 70 周年”纪念章并组织观看国庆大阅兵盛况；万芝利同志 2019 年 11 月在全军“三先”表彰大会上代表先进老干部工作者发言，掀起学习先进典型热潮，重庆警备区召开总结大会，号召全区官兵向万芝利同志学习。高标准完成荣誉室建设以及纪念册的编纂出版工作；正式启动《光辉足迹》编印工作，收集整理老干部事迹材料。

【生活保障】 及时了解老干部生活需要，每周前往医院看望生病住院老干部，每月到所外居住的老干部家中走访。在做好代收代缴水电收视费、检查维修水电器设备、疏通下水管道、维修门窗等传统服务基础上，针对干休所门面停偿后给老干部生活带来的影响，开设理发室等社会化服务保障，满足老干部日常生活需求。

【日常关怀】 采取赠送慰问品和慰问信等多种形式，把各级的关心关怀落到实处。在春节、八一建军节为老干部、遗孀发放慰问品，连续多年坚持除夕夜为老干部做水饺送上门，为全体老干部和遗孀添置冬季保暖鞋等保暖用品。注重加强所外居住老干部服务管理，每季度所领导带全体干部到北碚、渝北看望慰问住所外老干部，通报干休所建设情况，听取意见建议。对生病住院和生活困难的老干部、遗孀及官兵，采取多种形式，及时走访慰问，帮难解困。2019 年春节，慰问 30 名老干部和 80 名遗孀，并发放 11 万元的慰问品；向有特殊困难的官兵 5 人，发放救助金 1.4 万元。倡导离休干部和工作人员参与资助、关爱和培养下一代工作。持续组织战士担任旗手，与八一保育院、马家堡小学共同开展升国旗活动，进行爱国主义教育。2019 年为贫困留守儿童捐款 1 万元，学习用品 50 套，生活食品、大米共 1000 斤，食用油 500 升。8 月 29 日，老干部陈献章身着军装，佩戴勋章、奖章、纪念章，为龙门浩职业中学学生讲授国防教育课。

【日常服务】 2019 年，第三离休所严格按照习近平主席对老干部服务保障工作的总要求，针对“两高期”（高龄期、高发病期）新情况、新特点，不断创新服务保障方式，狠抓服务保障实效。坚持定期入户，及时帮助解决遇到的困难、宣传上级政策精神，广泛收集老同志对干休所各项工作的意见建议，采取每周交班会汇报、每月召开通报会、半年小结的方式，及时收集汇总情况、发现解决问题，及时解决营区家属楼屋顶漏水、家属楼路面雨季进行防滑处理等问题；针对日常用车车辆少的问题，专门制定车辆使用管理规范。根据每位老干部及家属的不同情况，制作发放《服务手册》。深入了解老干部住院情况，制定《老干部住院情况登记表》，所领导及时前往医院看望生病住院老干部。注重搞好精神关怀，联系大坪社区和共建单位马家堡小学，在春节、建军节、国庆节等节日举办文体活动，深受老干部喜爱。

坚持定期上门为老干部清洗空调、电扇等传统服务项目。协调大坪街道工作人员上门为80岁以上老人办理高龄补贴110人次，外请专业技师为老干部、阿姨修脚1000余人次。临终关怀服务由治丧告别为主向全过程服务延伸，协助去世老干部遗属申领一次性抚恤金。

【医疗服务】 针对高龄老干部（平均92岁），且自理能力严重下降情况，加强老干部门诊看病的陪护和住院老干部的探诊工作、老干部家庭病床的建设和新招聘文职医生的培训和继续教育。根据季节不同，为每户老干部家庭发放当季常备药品。坚持上门巡诊制度，及时为老干部家庭处理病情、送药到家；做好日常的输液打针等基础医疗服务；每月定期为老干部、阿姨查血糖。2019年送诊、陪诊800余人次，到医院参加老干部病情和手术会诊130余次，到医院看望住院老干部260余人次。免费接种“流感疫苗”“肺炎疫苗”及其他疫苗共计130人次。

【法律知识普及】 针对老干部年纪偏大问题，邀请专业律师为老干部宣讲普及法律知识，开通干休所法律热线，针对老年人容易遇到的法律问题进行专业解答。2019年共解答法律问题220个，开展法律援助1个，制作法律宣传板报5期。

【第三干休所负责人】
所　　长：刘硕良
政治委员：韩西平

（赵亮）

渝中区军队离休退休干部服务管理中心

【概况】 渝中区军队离休退休干部服务管理中心（简称“区军休中心”），为参公事业单位，于2019年1月按照机构改革的相关要求，由渝中区民政局转隶渝中区退役军人事务局，承担移交渝中区的军队离退休干部的接收安置和服务管理职能。内设4个职能科室：办公室、接收安置科、服务管理科、财务科；下设蔡家石堡、上大田湾、袁家岗、彭家花园、大坪等5个军休所，编制数66名。办公地址位于渝中区经纬大道333号1幢2F。主要负责移交渝中区安置的军队离休退休干部接收、管理和服务；负责按照国家和军队有关政策规定落实军队离休退休干部的政治待遇和生活待遇；负责军队离休退休干部思想政治工作和党的建设工作；负责组织开展适合军队离休退休干部特点的文化体育活动和社会公益活动；负责军队离休退休干部各项经费预算编制；负责军队离休退休干部人事档案整理；负责军队离休退休干部离休退休费的发放、调整；负责军队离休退休干部医疗费的报销、发放；负责军队离休退休干部去世后的丧葬、一次性抚恤、特别抚恤的申报、发放；负责军队离休退休干部的日常性管理；负责指导军队离休退休干部服务管理站及其工作人员的培训；负责军队离休退休干部服务管理机构的土地、用房、车辆设施设备等国有资产的管理和维护等工作，负责完成上级交办的其他工作。2019年，区军休中心按照区委、区政府对区军休工作的统一部署和要求，在区退役军人事务局党委的具体指导下，按照习近平总书记对退役军人工作的重要指示，以全面落实军休干部的“两个待遇”（政治待遇和生活待遇）、切实提高服务管理水平为重点，秉承“政治关心，生活照顾，服务为先，依法管理”的原则，扎实工作，开拓创新，取得较好成绩。

【党建工作】 2019年，区军休中心按照退役军人事务局党委的统一部署和安排，坚持严要求、严措施、严监督，切实加强党的思想建设、组织建设、作风建设、廉政建设和制度建设，全面落实管党治党责任，切实加强军休基层组织党建工作：按规定落实落细“三会一课”制度，其中，开展“不忘初心、牢记使命”主题教育集中学习活动6次，开展主题党日活动12次；开展专题党课和时政讲座8次，及时将党的十九大精神和习近平总书记系列讲话精神等传达给广大军休干部；通过微信公众号等方式，加强对老同志的思想政治教育和引导，全年共发送各类信息214条；按照全区统一部署和要求，积极鼓励和推动广大军休老党员参加“学习强国”平台的学习，共有755名工休党员参加学习；严格按照“坚持标准、保证质量、完善结构、慎重发展”的原则，积极抓好党员的培养发展工作。

【落实政治待遇】 为5个党总支的老同志订阅报刊，发放学习资料。规范执行《渝中区军休干部阅读文件资料管理办法》（试行），按期发放相关文件和资料。按月开展党课教育，过好组织生活；按月将上级有关文件精神及时传达到军休干部；每季度组织一次军休干部政治教育学习。加强宣传教育工作，通过微信公众号、短信等平台，及时将党的十九大精神传达给广大军休干部。组织多场时政宣讲活动并开展多种形式的学习。

【落实生活待遇】 全年累计发放离退休生活费16800万元，报销军休干部医疗费520万元；探望住院军休干部500余人次，各军休所医务室为军休干部提供门诊医疗服务约10000人次，采购药品400余万元；组织区属军休干部进行年度体检，参检人数700余人。

【开设兴趣班级】 区军休中心以构建“老有所学、学有所成、学以致用”的和谐军休家园为目标，开设书法、国画、太极、瑜伽、绿化栽培、营养学等兴趣班，坚持“请名师、全覆盖、多内涵”的举办方针，在教学中注重寓教于乐、动静结合，为提高学习积极性，国画和绿化栽培等兴趣班还结合教学积极开辟第二课堂，带领学员外出进行采风和植物鉴赏活动，取得较好的学习效果。2019年累计授课120节，参加学习的军休干部约4000人次。

【丰富活动载体】 区军休中心为以“活动中运动，运动中休闲，休闲中娱乐，娱乐中养生”为宗旨，组织开展包括迎春系列活动、各类竞赛和趣味活动等各种丰富多彩文体活动和举办各类实用性较强的讲座。同时，各军休所分别组织军休干部赴丰都、涪陵、江津、垫江、璧山、大足等地进行春、秋游活动，袁家岗军休所组织部分军休干部到铁山坪进行健康疗养。

【发挥军休干部余热】 区军休中心积极引导军休干部发挥自身的优势，鼓励军休干部在关心下一代等方面做出贡献。组织他们到社区、学校，通过讲述自己的革命经历，对青少年进行爱国主义教育。组建退休医疗专家志愿队伍，为社区、福利院老人进行义诊。

【接收安置】 全年接收军休干部40名，分别安置到蔡家石堡、上大田湾、彭家花园、袁家岗等4个军休所。

【队伍建设】 2019年，区军休中心切实加强干部队伍建设，按照相关规定及流程，招录3名工作人员。

【军休设施建设】 2019年，区军休中心推进军休干部（中心、大坪所）新增活动用房装修及改建工作；配合区相关部门推动军休机构老旧房屋电梯加装工作，其中彭家花园军休所加装电梯已投入使用。

【区军休中心负责人】

主　任：商　农

副主任：陈理昂　蒲云成

（熊伟）

人民防空

【概况】渝中区人民防空办公室（简称“区人民防空办”），是区政府工作部门。办公地址位于渝中区和平路管家巷9号。2019年，内设综合科、指挥通信科、工程科3个行政科室，有1个全额拨款事业单位——渝中区人防基本指挥所（挂渝中区民防信息保障中心、渝中区政府应急应战平台运行维护中心）、1个自收自支事业单位——渝中区人防工程维护管理服务中心，有机关行政编制7名，实有7人。区人民防空办的主要职责是：贯彻执行人民防空方针政策、法律法规规章、标准规范；编制本级人民防空发展规划和专项规划；负责本级人民防空指挥场所的建设和管理；负责战时人口疏散基地的建设和管理；负责人民防空警报规划、建设和管理；组织开展人民防空工程建设；负责落实人民防空领域军民融合发展要求；组织开展重要经济目标防护工作；组织开展人民防空训练演练；组织开展人民防空宣传教育和培训工作；管理人民防空经费和资产资源；指导各街道、区级有关部门和驻区企事业单位开展人民防空业务工作；承担区国防动员委员会人民防空办公室日常工作；负责人民防空工程建设、人民防空工程开发利用和生产经营的安全监督管理；完成区委、区政府交办的其他任务。

2019年，渝中区人民防空工作围绕“战时防空、平时服务、应急支援”的要求和军民融合发展战略，立足人民防空主业，创新驱动发展，强化平战结合，圆满完成各项工作任务，荣获2019年度人民防空工作全市考核第一名，被《中国人民防空》杂志评为通信报道先进单位。

【指挥通信建设】抓好组织指挥体系建设，制定并完成2019年渝中区指挥通信训练计划、人防指挥部和机关年度训练计划等。牵头抓好全市人防系统第二小组指挥通信训练，组织赴贵州开展跨省拉练，并参加市人民防空办组织的跨省拉练，完成既定训练科目。全年完成卫星组网训练 、线上训练、应急应战平台训练、岗位训练等训练任务。抓好警报建设工作。完善防空警报设施，开展“6•5”警报试鸣放和防空防灾宣传活动，警报试鸣放鸣响率和覆盖率达到100%和98%。在全市指挥通信训练考核中被评为优秀单位。

【应战能力建设】 牵头完成西部战区赋予的强敌干预下边境自卫作战城市人民防空行动（渝动·人防-2019）演练任务，组织1200名社区群众、人民防空志愿者、应急民兵以及人员运输、物资运输、医疗救护等100余台车辆，由渝中区疏散机动至璧山区，市委、市政府通报中对渝中区进行6次表扬。投入专项资金，抓好重要经济目标防护。加强疏散基地维护管理，特别是市级示范社区的维护管理工作。强化人防专业队伍建设，完成市疾病控制中心和市卫生监督局卫生防疫人防专业队伍整组合并。

【工程建设】发掘人防工程历史文化资源，开展“洪崖洞”人防工程、“神仙洞”人防工程，“卡福厂”人防工程的品质提升工作。完成李23号、王4号、千4号人防工程排危改造，完成王4、5、6号人防洞洞口改造工程。建立完善全区人防工程资产管理库。

【人防服务】 强化业态调整，提升人防工程利用效率和档次，提升城市品质。坚持服务为民，开展“百日纳凉送爽”工作，开放8个纳凉点，共接待纳凉市民7万余人次，与多部门联动在纳凉点开展各类便民惠民活动10余次。加强招商引资，招引企业8家。强化安全维稳，组织安全知识培训2次，参训140余人次。做好信访接访，确保重大节日和重要节点期间无群访集访事件发生。全面完成出租人防工程和人防资产的租赁评估。

【宣传教育】 结合“6•5”警报试鸣日、新中国人民防空创立日、全民国防教育日、宪法宣传日等重要时间节点，开展发放宣传资料、制作宣传展板等形式多样的人防宣传活动，制作并发放人防知识、法律法规宣传单4万多份，充分利用人防网站、政务工作信息平台、解放碑地下商场LED屏等媒介，面向社会广泛传播国防、人防知识。抓好学校宣传，面向辖区中学和普通高校的新生配发人防宣传教材5000余册。做好外宣工作，编辑各类信息20余篇，被市、区等各级媒体网站采用。

【依法行政】 加强普法教育，先后组织干部职工专题学习宪法、监察法、人防法规、安全法规等法律法规，增强其法制意识。聘请法律顾问，给历史遗留涉案的单位发律师函，追收损毁赔偿款项。通过法律途径，保护国有资产。加强执法队伍建设，有计划地组织开展集中培训，强化人防法规学习，提高办案能力。

【党建工作】 落实从严治党责任，强化党建工作研究部署，专题研究党建工作12次，开展中心组（扩大）集中学习32次。贯彻民主集中制原则，严格执行“三重一大”事项集体决策制度，召开主任办公会38次、党组会43次。开展“不忘初心、牢记使命”主题教育，走访调研20余次，领导干部讲党课4次，其中“牢记使命，勇于担当”专题党课，被评为区优秀专题党课。积极落实“街道吹哨，部门报到”，到对口社区协助开展巡逻值守，帮助社区解决困难。加强党风廉政建设，开展警示教育4次，增强机关干部廉洁自律意识。

【区人民防空办负责人】

主　任：姚文勇

副主任：杜　琳（2019年1月离任）

　　　　向　葵

（姜云）

重庆渝中区古建筑——东华观藏经楼

东华观藏经楼位于重庆市渝中区凯旋路64号。东华观始建于元朝至元年间（1335—1340年），明天顺七年（1463年）、正德十一年（1516年）重修。东华观藏经楼为重檐歇山式抬梁结构建筑。建筑面积209.67平方米。占地面积246.56平方米。八架椽状，上檐施斗拱18朵，为三抄六铺作，下檐施斗拱22朵，为双抄五铺作。面阔五间14.95米，施斗拱8朵，进深四间9.35米，施斗拱5朵，通高15.1米。殿顶盖黄色琉璃瓦，正脊和垂脊为绿色琉璃瓦，脊上饰精巧的龙、狮、狗等动物，栩栩如生，翘檐雕梁画栋，殿屋五间，建筑用材考究。现基座、踏道等被后期建筑淹没。《蜀中名胜记》引旧志云，“城中有东华观，观后有东华十八洞，皆相通……相传东华真君于此得道”。当时的东华观殿宇三重（下殿、正殿、上殿）内设殿堂九个和藏经楼，还有花园、客房、库房六大间。规模宏大、巍峨壮观，民国十五年（1926年）被大火烧后，仅余下三分之一的庙宇和住房。民国二十八年（1939年），东华观被日机轰炸，大部分残破。后修凯旋公路，东华观被公路分为上下两段。目前仅藏经楼原貌尚存。藏经楼展现了老重庆古建筑的建筑风貌，是重庆悠久历史文化的重要史证，具有较高的历史文化、建筑艺术价值。2000年，重庆市人民政府公布将“东华观藏经楼”列为市级文物保护单位。

经 济

发展改革

综 述

【概况】 根据区委、区政府批准的渝中区发展和改革委员会职能配置、内设机构和人员编制规定，渝中区发展和改革委员会（简称“区发展改革委”）加挂区公共资源交易监督管理局牌子，保留区服务业发展办公室牌子。办公地址位于渝中区和平路管家巷9号。2019年，内设办公室、发展规划科、综合改革科、服务业发展科、投资科（行政审批科、区节能办公室）、公共资源交易监管科、项目科、价格科、社会科（粮食科）9个科室。下属事业单位有：区楼宇经济管理服务中心，代区政府管理的事业单位——区规划与发展研究中心。有行政编制32名，在职32人；区楼宇经济管理服务中心事业编制10名，在职6人；区规划与发展研究中心事业编制7名，在职3人。区发展改革委的主要职责是：拟订并组织实施区国民经济和社会发展战略、中长期规划和年度计划，牵头组织统一规划体系建设，综合协调衔接总体规划、专项规划与片区规划；统筹协调经济社会发展，研究提出发展总量平衡、结构调整、发展速度等目标和政策建议，统筹重大生产力布局和产业、区域、土地、人口、环境等政策；起草相关领域规范性文件草案；受区政府委托向区人大提交国民经济和社会发展计划的报告；提出加快建设现代化经济体系、推动高质量发展的总体目标、重大任务以及相关政策；组织开展重大战略规划、重大政策、重大工程等评估督导，提出相关调整建议等。

2019年，区发展改革委紧扣区委、区政府决策部署和工作安排，扎实推进各项工作。加强月度经济运行调度研判、季度经济指标考核，强化督促落实，全年GDP增速达5%，超额完成目标任务。对接“一区两群”规划、“两江四岸”核心区发展政策研究，力争“老旧小区停车库建设”等6个项目获上级资金支持6348万元。推动出台《渝中区营商环境优化提升工作方案》，深入开展“服务企业年”活动，制定落实《渝中区2019年服务企业年工作方案》，全覆盖联系走访总部（重点）企业和规上企业，企业诉求问题化解率达95%以上。牵头制定《坚持稳中求进推动2019年渝中区经济高质量发展工作方案》《巩固国家服务业综合改革试点成果推进渝中区服务业现代化建设实施方案》等文件，启动“十四五”规划编制工作，确定27个重点研究课题。编制年度重点项目、政府投资一般项目、前期项目和民生实事项目计划，结合实际开展重点项目中期调整，定期开展项目调度，建立问题台账，协调解决卡点难点，实施月度通报督查，力推项目落实落地。简化企业投资项目核准和备案，优化重点项目督查机制，加强项目招投标监管；推广“信易+”应用，开展信用示范单位创建；推动区属老国有集体企业改制。推动长江经济带、经济领域风险防控等工作，协调推进菜园坝片区规划，超额完成对口帮扶巫溪任务，有序推进价格监测、认证工作。

【党风廉政】 严格落实政治责任，制定《2019年度党建工作计划》、党风廉政建设党支部主体责任清单、廉政风险防控措施。严格落实巡视巡察整改工作，制定印发整改方案，针对7个方面的具体问题提出33条整改措施，把整改任务落实到责任领导、责任科室，明确整改时限。强化政治理论学习，制定全年中心组学习计划、党支部学习计划，组织全体职工专题学习党的十九大报告，订阅《习近平谈治国理政》第一卷、第二卷以及《习近平新时代中国特色社会主义思想学习纲要》《习近平关于“不忘初心、牢记使命”论述摘编》等。扎实开展“不忘初心、牢记使命”主题教育，制定主题教育实施方案、学习计划，系统学习领会习近平新时代中国特色社会主义思想。紧扣工作实际，围绕规范招标投标、加强联合奖惩机制、规范政府投资项目建设、提升楼宇经济发展质量、提升渝中区风貌区建设和管理、价格监测工作存在的问题及建议等课题，加强调研分析，将理论学习融入工作、融入实践、推动工作。将意识形态工作纳入2019年工作重点来抓，与业务工作同安排同部署，并把取得成效纳入年终绩效考核内容。成立委机关党总支委员会，加强机关党组织标准化、规范化建设。实施公务员职务与职级并行制度和科级干部选拔任用相关工作，确保全过程公开透明。强化干部能力培养，采取市外区外交流、下基层调研、挂职锻炼等方式，切实提高干部职工的实际工作能力、分析解决问题能力、统揽和驾驭全局的能力。加强干部监督，大力支持纪委监委、派驻纪检监察组履行执纪监督职责，督促干部职工自觉接受监督。狠抓工作落实，每周召开行政办公会，实施周通报、月考评、季考核。将工作任务完成情况纳入平时考核，考核结果纳入年度考核重要内容。围绕区委、区政府确定的重点工作目标任务和推改革促发展的全局性问题，深入楼宇、项目、企业等基层一线开展调查研究，形成7篇高质量的调研报告。

【区发展改革委负责人】

党组书记：李俊明

主　　任：高　琳

副 主 任：祝接金（2019年1月离任）

毛　莉（2019年1月任职）

钟　波

王　轶（2019年4月任职）

（胡欣沅）

发展规划

【“十四五”规划编制】　开展“十三五”规划评估，梳理“十三五”规划纲要执行情况，形成《重庆市渝中区国民经济和社会发展第十三五个五年规划纲要执行情况报告》。制定《重庆市渝中区“十四五”规划编制工作方案》，提出由重点课题、专项规划、规划纲要构成的“十四五”规划体系，明确27个重点课题，针对挑战大、需破题的重点领域安排一类课题8个，针对推进和现有工作领域的工作任务安排二类课题19个。委托国家发改委宏观经济研究院编制《渝中区“十四五”国民经济和社会发展总体思路及规划纲要》，推进“十四五”规划编制。

【经济运行监测】　制定《渝中区2019年国民经济和社会发展年度计划》，提出2019年32项经济社会发展目标，5个方面的任务举措，并通过区十八届人大四次会议审议。每月开展月度数据监测，每季度开展经济运行调度，每半年向区人大常委会报告计划执行情况，重点跟踪、分析研判全区主要经济指标完成情况及六大产业发展、集聚区建设等情况，针对经济运行中出现的新情况和新问题，及时提出对策建议，为区委、区政府决策提供依据和参考。

【“三大攻坚战”“八项行动计划”】　统筹推进“三大攻坚战”“八项行动计划”（“三大攻坚战”，即防范化解重大风险攻坚战、对口帮扶•城市解困攻坚战、污染防治攻坚战；“八项行动计划”，即以大数据智能化为引领的创新驱动发展战略行动计划、城市提升行动计划、基础设施建设提升战略行动计划、军民融合发展战略行动计划、科教兴区和人才强区行动计划、内陆开放高地建设行动计划、保障和改善民生行动计划、生态优先绿色发展行动计划），制定形成2019年、2020年“3+8”工作任务清单及目标管理体系等，形成2019年108项“三大攻坚战”和517项“八项行动计划”清单化工作任务，牵头落实对口帮扶•城市解困攻坚战中明确的26项具体工作目标任务。

【区域及产业发展研究】　起草《渝中区参与全市建设现代化都市圈总体思考、推进主城区都市圈一体化措施建议》等重要文件，牵头拟定《渝中区对接落实中央及全市经济工作会议有关重大政策项目资金责任分工方案》《关于渝中发展急需研究的几个重大问题建议报告》《渝中区支持新能源汽车推广应用政策措施（2019—2022年）》等相关文件，配合制定《坚持稳中求进推动2019年渝中区经济高质量发展工作方案》《巩固国家服务业综合改革试点成果 推进渝中区服务业现代化建设实施方案》《渝中区2020年经济社会发展实施方案》《渝中区养老和康养产业发展规划（2019—2025年）》。

【经济领域风险防范】 牵头成立渝中区切实防范经济领域风险领导小组，梳理制定和动态更新《渝中区经济领域风险清单》，完善经济领域防范工作台账，定期召开经济领域风险防控工作部署会、推进会、督查会，形成每月经济领域风险工作总结，及时、有效跟踪风险状况、风险变动和风险防范化解，排查经济领域风险点47个，其中较大风险点5个、一般风险点42个，其中涉及工程建设类风险点24个、金融类风险点11个、房地产市场类风险点6个、民营经济类风险点4个、僵尸企业类风险点2个。

（周泳滔）

服务业发展

【产业发展分析预判】 牵头制定《坚持稳中求进推动2019年渝中区经济高质量发展工作方案》，细化分解各行业经济发展目标、工作任务，加强对经济运行的月调度、季分析，对各项指标进行分析预判，并提出对策举措。组织参与经济运行月调度12次，季度经济运行情况分析4次，每季度向区委常委会、政府常务会汇报经济运行情况。开展产业发展规划研究，牵头研究制定《巩固国家服务业综合改革试点成果 推进渝中区服务业现代化建设实施方案》《渝中区文化旅游产业中长期发展规划（2019—2030年）》《渝中区重点产业提质发展研究》《关于渝中发展急需研究的几个重大问题建议报告》等产业规划、方案及相关报告。

【楼宇经济发展】 持续推进老旧商务楼宇更新改造，完成环球广场、创汇首座、都市广场等老旧楼宇和印制二厂、东水门老街区低效闲置楼宇更新改造等30余栋，拨付老旧楼宇改造项目补助资金677万元，撬动社会投资逾4000万元。开展2018年度星级商务楼宇评选和楼宇经济扶持政策兑现，评选27栋“星级”商务楼宇，其中，五星级6栋、四星级7栋、三星级14栋，兑现物管服务提升、公共服务配套、星级楼宇评选等政策扶持资金1207万元。

【企业服务】 帮助阿里巴巴新零售综合服务平台向市发改委申报国家服务业发展等产业项目资金，获得扶持资金110万元。支持药品全流程交易大数据基础支撑平台等2个项目获得高技术产业技术开发专项资金85万元。2019年为全区“服务企业年”，制定《渝中区2019年服务企业年工作方案》，做好银企、人才、业务“三项对接”，完善沟通联系、问题办理、信息反馈“三个机制”，开展政策宣讲、服务提升、氛围营造“三类活动”，实现重点企业、规上企业、重点民营企业、重点楼宇联系服务全覆盖，走访率达100%，问题化解率达95%以上。加强扶持政策宣传，编制支持实体经济企业的“18条政策措施”、《渝中区经济发展政策汇编》等，印发给各部门，管委会、街道办事处和规上单位。强化高端人才服务，举办第三期渝中区创新型企业家清华研修班，组织在区总部（重点）企业及部分产业部门48名学员参训并顺利结业。

【营商环境优化】 对标对表世界银行关于营商环境评价体系，按照全市营商环境工作方案，制定《渝中区营商环境优化提升工作方案》，分解落实17大项、74小项工作任务。牵头组织渝中区营商环境考核，主要包括工程建设项目报建审批、信用环境、民营企业现场测评等9个方面。

（周晓渝）

投资管理及重点项目建设

【项目审批】 全年审批政府投资项目30件、总投资2.82亿元，办理企业投资项目备案272个、总投资19.01亿元。

【投资体制改革】 简化企业投资项目核准和备案，落实《重庆市企业投资项目核准和备案管理办法》《重庆市政府核准的投资项目目录（2017年本）》，核准由20个工作日缩短为2个工作日，备案2个工作日办结；修订《渝中区政府投资项目管理办法》，完善政府投资项目决策程序。

（程程）

【重点项目建设】 安排下达50个年度重点项目，年度计划投资111.3亿元，完成投资103.5亿元，完成计划的93%，拉动固投完成175亿元。将朝天门商务集聚区、解放碑地下环道等15个项目纳入2019年市级重点项目。

【民生实事办理】 印发《关于加快实施2019年民生实事的通知》，明确实施“幼有所育”“学有所教”“劳有所得”“病有所医”“老有所养”“住有所居”“弱有所扶”等15件重点民生实事，共103项具体任务，包含41项市级民生实事，62项区级民生实事。其中，公共厕所建设等市级民生实事全面完成，老旧住宅加装电梯、电梯安全隐患整治等区级民生实事总体完成较好。

（杨红露）

体制改革

【企业改制】 指导4户区属国有集体企业完成改制工作，其中改制为有限责任公司1户，关闭清算3户。发挥区困难企业养老保险扶持基金作用，借支79万元，帮助4户特困企业解决因无力缴纳养老保险而导致13名在职职工到龄无法办理退休问题。对企业变现资产过户所缴相关税费实施政策补贴共计264.23万元。

【信用体系建设】 推进信用信息归集与公示，完善信用平台管理机制，实施平台功能升级，强化信息归集与共享。构建联合奖惩机制，严格认定程序，细化具体奖惩措施。探索政务应用创新，建立信用承诺制度，创建信用社区示范点，推进第三方信用报告在招商引资领域应用。深化市场应用场景，开展信易阅、信易贷、信易融、银税互动、知识价值信用贷等应用。在重点领域开展19项诚信缺失突出问题专项治理。实施信用分类监管，全面开展招投标、企业信用环境、建筑施工等多个领域信用评价。

（孙立刚　李丹）

物　价

【价格和收费管理】 开展价格监测和市场收费巡查工作。在猪肉价格迅猛攀升时启动价格异常波动监测预警机制；持续推进清费治乱减负工作，根据相关文件和权限，降低4A级景区湖广会馆、大礼堂收费标准；对46所学校收费标准进行审核备案。

【价格认定】 根据渝中委编委〔2019〕49号文件，撤销渝中区价格认证中心，其价格确认、价格鉴定等行政职能划入区发展改革委。开展涉案财物价格认定工作，办结价格认定案件467件。开展价格争议纠纷调解工作，办结价格争议案件7件。原区价格认证中心被国家改革和发展委员会价格认证中心评为全国价格认定学习提升年活动“先进单位”。

（胡丽平）

经济合作

【对口帮扶】 与巫溪县联合制定《2019年

渝中区·巫溪县对口帮扶工作实施方案》，梳理提出对口帮扶·城市解困攻坚战2019年度工作清单，确定年度资金援建项目，明确部门与部门、街道与深度贫困村结对帮扶任务。全年共援助巫溪县资金物资等共计4126.55万元，超额完成年度目标任务，助推巫溪县整体脱贫摘帽。

【长江经济带发展】 建立健全并动态更新渝中区推动长江经济带发展工作台账，起草制定《落实〈重庆市长江生态环境问题整改工作方案〉整改任务的通知》《全面贯彻落实习近平总书记在深入推动长江经济带发展座谈会上重要讲话精神重点任务分工方案》《渝中区2019年推动长江经济带发展工作要点》《渝中区关于以问题为导向建立长江经济带共抓大保护工作推动新机制实施方案》《渝中区贯彻落实韩正副总理在省部级干部深入推动长江经济带发展专题研讨班座谈会上讲话精神重点任务分工方案》等相关文件。

【成渝合作学习交流】 区主要领导带队赴成都锦江区学习交流，对接锦江区发改委等部门，做好会议部署，两区签署《关于深化川渝合作推进成渝城市群一体化发展战略合作备忘录》，持续跟踪部署的各项合作事项落实落地情况。

（周泳滔 周晓渝）

粮食工作

【粮食管理】统筹抓好区级应急粮食储备，完成区级粮食储备专项资金拨付及17个粮食应急网点建设。强化粮食统计，按要求做好粮食流通统计月报、周报、季报工作。加强粮食流通监督检查和粮食质量安全监管监测，组织街道开展全区应急粮食检查、冬季粮油安全大检查。根据机构改革后部门职责调整，对粮食应急预案进行修订，组织街道开展粮食应急保供演练。组织开展粮食科技活动周、世界粮食日和全国粮食安全宣传周活动。至年底，全区共储备应急粮食1.8万吨，11个街道设有粮食应急供应网点17个，储备应急成品粮超过600吨。

（黄丽丽）

公共资源交易监督管理

【公共资源交易监督改革】 全面学习贯彻全市公共资源交易监督管理改革“1+4+9”系列文件（1个深化改革的总体意见，工程建设招标投标、政府采购、土地使用权和矿业权出让、国有资产交易等4个监督管理办法，以及与工程建设招标投标有关的9个配套文件），统筹指导协调全区公共资源交易活动，按规定对工程建设项目招标投标活动实施直接监管，各行业主管部门不再对招标投标活动实施监督，逐步推进实施集中统一监管。全年监管招投标项目47个，完成项目招标43个，总合同金额8.4亿元，较最高限价减少0.24亿元，资金节资率2.73%，接收并处理招投标项目投诉或举报3个。

【招投标营商环境专项整治】 按照市公共资源交易监督管理局文件要求，细化明确具体的工作目标、整治范围和内容、整治方式、工作步骤、工作要求，会同区级相关部门，对全区制定的规范性文件及其他政策文件进行全面自查，未发现违反法律法规及上级规范性文件的内容。组建抽查小组对50个项目同步开展项目抽查和重点核查，对发现的问题要求项目业主作出整改。

（胡晓）

招商投资

【概况】 渝中区招商投资促进局（简称“区招商投资局”）于2019年1月成立，为政府工作部门。办公地址位于渝中区金汤街74号。内设综合科、招商一科、招商二科等3个科室，有行政编制9名，在职9人。下设事业单位“渝中区投资促进中心”，事业编制10名。区招商投资局的主要职责是：负责统筹协调全区招商投资促进工作，拟定招商投资促进扶持政策，建立并实施投资促进工作综合评价体系，推动重点招商项目的洽谈、协调、落地等。

2019年，按照政府工作报告、全区经济工作会议精神和渝中区招商引资工作方案的总体思路，牵头建立健全招商机制，加强招商项目的综合研判，重视境内外招商平台建设，多元化开展招商引资，加大招商宣传和队伍建设，取得明显成效。

【招商机制建设】 建立健全“1+4+N”的招商引资工作机制（“1”指由区委、区政府主要领导任主任的招商引资工作委员会；“4”指由区级分管领导挂帅，解放碑CBD管委会、历史文化街区管委会、大石化管委会、电创园管委会分别牵头对接各重点地区，进行全产业招商的招商组；“N”指各产业部门、其他综合部门、街道积极配合，推进项目落地的招商团队）。招商引资工作委员会办公室设在区招商投资局。2019年，区委、区政府主要领导外出招商10余次，拜访重点企业40余个，各产业部门、管委会分别赴香港、北京、上海、广州、深圳召开产业招商专题推介会10余场，通过专题推介会、点对点拜访等形式对接当地企业1000余家。

【招商项目研判】 定期、不定期召开招商引资执行委员会，对各产业部门、管委会引进的重点项目，从是否符合渝中区重点发展的六大产业、项目发展的前瞻性和可持续性、项目未来3－5年的财税贡献等指标进行综合研判。全年共召开执委会9次，研究“一企一策”项目67个；区政府常务会定期听取全区招商工作推进情况，调度各方力量统筹推进；区属国有平台投决会加强国有产业基金规范投资。

【招商平台建设】 重点建立中国香港以及欧洲相关国家、美国、加拿大、新加坡等全球招商平台及瞄准“中字号”“国字号”行业协会，构建境内外招商网络。14个境外平台中已建立沟通联系机制的有10个，有项目、活动合作计划的平台有7个；梳理境内行业协会20家、异地商会11家，与10家机构建立合作关系，并与其中2家“中字号”协会签订战略合作协议。

【招商引资】 通过以商招商、平台招商、专业招商、委托招商等方式，广泛开展招商工作。通过西洽会、智博会、招商大会、中日区域能源管理交流会、中新金融峰会等一系列“请进来”活动，共签约项目72个，市内外项目签约金额近200亿元；组团赴境内外重点区域广泛开展招商；充分利用区域内6大行业龙头企业，戴德梁行、仲量联行等知名中介机构，凯德、万科、星河等重点载体，形成招商联动。

【招商宣传和队伍建设】 招商宣传。年内全区先后赴香港开展现代服务业招商推介会、赴广州开展“对接大湾区 遇见渝之中”招商推介会、赴上海开展“重庆母城　美丽渝中”文化创意主题招商推介会、赴北京开展“重庆母城 美丽渝中”现代服务业投资推介会、赴深圳开展“聚焦新科技 赋能新发展”招商推介会，吸引当地上市公司、行业知名企业、高新企业、知名投资机构等1000余家企业参会关注。做好招商基础工作，推出一个招商微信公众号、一册招商指南、一个招商宣传PPT和一套招商载体宣传手册，对渝中区投资环境、投资平台、资源优势、招商优惠政策等进行系统宣传，全年相关媒体报道达100余篇。队伍建设。在浙江大学举办2019年度渝中区高质量招商引资专题培训班，对全区40余名招商干部开展系统培训。

【党建工作】 抓实理论学习。通过建立常态化学习机制，充分利用三会一课、主题教育集中学习研讨等方式，深入学习贯彻习近平新时代中国特色社会主义思想和党的十九大精神、习近平总书记视察重庆重要讲话精神，教育引导党员干部进一步提高政治站位，强化使命担当，牢固树立“四个意识”，坚定“四个自信”，坚决做到“两个维护”。强化组织建设。推进支部标准化规范化建设。贯彻落实《中国共产党支部工作条例（试行）》，从工作、制度、职责、阵地、档案等五个方面进行标准化规范化建设，力争成为机关党建示范点。狠抓自身建设。区招商投资局党组严格执行新形势下党内政治生活若干准则，坚持和完善民主集中制，严格落实《中国共产党重大事项请示报告条例》，制定招商局党务制度，从严落实“三会一课”、民主生活会、谈心谈话、组织生活会等基本制度，通过机制建设推动工作规范运转。

【区招商投资局负责人】

局　长：金　犁（2019 年 1 月任职）

副局长：郭玉林（2019 年 1 月任职）

陈　烁（2019 年 5 月任职）

（王艺博）

商业贸易

综　述

【概况】 按照 2019 年《重庆市渝中区机构改革方案》《中共重庆市渝中区委办公室、重庆市渝中区人民政府办公室关于调整重庆市渝中区商务委员会职能配置、内设机构和人员编制的通知》文件，区商务局更名为区商务委员会（简称“区商务委”），划出反垄断、粮食、液化石油气、二甲醚、醇基燃料、典当管理以及监督管理对外援助工作、指导协调全区外商投资促进工作的职责。撤销投资促进科。综合监管科不再保留酒类管理办公室、粮食监督检查科牌子，加挂餐饮发展科、行政审批科牌子。调整后，区商务委内设办公室、组织人事科、商贸发展科、企业服务科（统计科）、市场流通科、外资外贸科、电子商务科、综合监管科（餐饮发展科、安全生产办公室、行政审批科）、自贸推进科。下属重庆市渝中区商务发展促进中心 1 个事业单位（2019 年 2 月 12 日，渝中委编委〔2019〕24 号文件批复成立）。委机关行政编制 21 名，实际在职人员 21 人，其中领导班子成员 4 人，正副科长 11 人，一般干部 6 人。重庆市渝中区商务发展促进中心有事业编制 8 名，在职 5 人（其中专技人员 4 人，管理人员 1 人）。办公地址位于渝中区和平路 1 号星河商务大厦 10 楼。区商务委的主要职责是：主要承担全区内外贸规划、指导、服务、协调；制定内外贸相关发展规划、政策建议和工作措施，推动内外贸融合发展；负责重要商品和生活必需品监测、储备、保供工作；负责推进商贸流通业产业结构调整、转型升级，推动商贸网络体系建设；负责统筹区域内重大经贸会展活动，境内外重大经贸会展组展参展，推动会展经济发展；负责区域内重点外资企业、商贸企业指导、服务工作；负责推动区域外资、外经、外贸等对外开放工作；负责自贸试验区渝中板块建设和中新示范项目落地工作；承担商贸特殊行业、特种商品监督管理的责任，负责本部门及所属单位改革、信访稳定及安全生产监督管理工作等。

2019 年，区域实现商品销售总额同比增长 9.7%，社会消费品零售总额同比增长 5.6%，住宿餐饮业营业额同比增长 14.4%；实际利用外资 4.3 亿美元，外贸进出口额 105.4 亿元，稳外资稳外贸效果明显；服务贸易额 165.2 亿元，解放碑、化龙桥两大服务贸易产业园保持全市领先。2019 年，区商务委获评 2018 年区安全生产工作考核先进单位等称号。

【“四首经济”发展】 立足国际消费中心城市核心区建设，大力发展“四首经济”，聚焦首店经济，打造城市秀场。制作并发布《渝中首店经济报告》，推出时尚渝中计划，大力吸引“区域首店、行业首牌、品牌首秀、新品首发”，引进国际知名品牌10个，总数达267个。引进阿迪达斯全球品牌中心等首牌首店65家，举办首秀首发活动20余场。

【商圈经济发展】 解放碑商圈加快推动国家级步行街改造提升，率先打造离境退税示范街区，阿迪达斯、耐克等3大旗舰店汇聚八一广场，解放碑—朝天门一体化发展列入全市重点规划，区域外事活动是往年的3倍。大坪商圈突出情景化和体验性，不断丰富商业业态。龙湖时代天街年销售额达38亿元，继续保持全市单体商业销售第一。来福士购物中心盛大开业，引进四成独有业态成为消费新亮点。

【数字商务经济发展】 在全市率先启动数字商务产业园建设，入驻欧菲斯、茶语网等数字商务企业5家。苏宁易购等重点平台营收增速保持在20%以上，宝妈时光、香满圆、阅淘网等10余家垂直细分领域平台汇聚渝中，“智慧朝天门”网红电商孵化基地初见雏形，区域网络零售额突破100亿元。

【自贸区建设】 全区该领域的151项改革试点任务、141项创新举措、202项复制推广试点经验，落实率均超95%。在全国率先试点建立市场主体信用风险分类监管平台，形成大数据食品药品安全监管、审批服务“一窗通办”等8项制度创新成果。“一带一路”智能体验馆等92个重点企业和项目相继落地，签约资金额超100亿元。新增企业数1750户，占全市自贸区的比重近15%，其中外资企业占全市自贸区的比重超20%。

【中新合作示范性项目建设】 中新互联互通项目展厅高层次揭幕亮相，新增金融服务项目7个、融资规模10.7亿美元，助推中西部首个跨境房地产信托融资项目赴新加坡募资近20亿元，金窝窝、迪肯区块链成为中新（重庆）国际数据通道下首批合作项目，落地中新智慧旅游等中新合作项目14个，签约金额达37亿元。

【“三外”开放领域和地域拓展】 新增乌克兰等国家外商投资企业及机构121家，区域对“一带一路”沿线国家（含东盟）贸易额同比增长15.5%，对外承包工程营业额4.5亿美元，占全市的比重为56%。培育帕斯亚科技等国家级和市级服务贸易品牌企业13家，解放碑、化龙桥服务贸易产业园在全市分列规模第一、第二。

【队伍建设】 截至2019年底，区商务委党委下设基层党组织35个，党员334名。其中，非公党组织29个，党员211名；集体企业党组织3个，党员43名；委机关支部党员25人；离退休党支部2个，党员55名。预备党员转正2名。开展“不忘初心、牢记使命”主题教育，创作“我是共产党员”主题教育微动漫，拍摄庆祝新中国成立70周年商务青年快闪视频，开展“我为渝中商务代言招商推介大比拼”，2篇调研文章入选全区优秀调研成果集，在全区进行主题教育经验交流和专题党课分享。撤销清算解体企业党组织6个，评选“招商能手”“服务明星”“创新先锋”等，充分发挥机关党员的先锋模范作用。1名干部提拔重用，推荐选拔1名正科级领导干部。引进“高精尖”商务领域人才6名、外籍高层次人才3名、外籍专业技术人才20名、新零售新商业团队2个。

【安全生产】 开展全区商务领域安全生产大排查大整治大执法大落实行动、“百日攻坚”行动、涉危涉爆隐患排查集中整治，重点清理整治龙湖时代汇片区高层建筑使用液化气等突出安全隐患问题，86户高层建筑使用液化气安全隐患全部逐户排除。全年检查商务领域经营单位174家次，聘请专家检查5次，发现并整改隐患54个，行政处罚11起，行政罚款3.47万元，责令停产停业1家。建立安全生产短信平台，发送信息量逾5000条。2019年9月，组织开展全区商务领域安全生产综合应急演练，各成品油经营企业、重点商场、市场、超市均参加培训和演练。

【区商务委负责人】
主　任：江　南（党委书记，2019年1月任职）
副主任：郑琳琳（党委副书记，2019年1月任职）
　　　　陈　皎（2019年1月任职）
　　　　陈　浩（2019年1月任职）

商业街建设

【解放碑商圈】 解放碑商圈加快推动国家级步行街改造提升，全年共推进重点项目63个，完成投资约20亿元，调改商业面积16万平方米，新增品牌260个。步行街营业额超过200亿元，人流量超过1.6亿人次，同比分别增长14%、37%。解放碑离境退税示范街区取得初步成效，10月25日，召开离境退税商店授牌暨业务培训会议，集中为重百大楼、新世纪百货解放碑商都、千叶美术馆等11家离境退税商店授牌，离境退税商店达15家。解放碑步行街革新成果以视频形式于11月6日亮相第二届中国国际进口博览会中国馆。意大利奢侈品牌GIADA在解放碑步行街举行2019秋冬时装秀，全年举行首秀首发活动20余场。

【大坪商圈】 大坪商圈突出情景化和体验性，不断丰富商业业态，龙湖时代天街引进NARS（重庆首店）、造作（重庆首店暨西南最大门店）、乐高授权专卖店（重庆首店）、漫威官方授权旗舰店（西南首店）、日本知名设计师品牌大藏和室（西南首店）等一批首店品牌。龙湖时代天街年销售额达38亿元，继续保持全市单体商业销售第一。

【重庆来福士开业】 重庆来福士广场坐落于朝天门两江交汇处，是拥有8栋塔楼、5层裙楼和一座横跨天际的空中水晶连廊的超级城市综合体，是凯德集团在全球布局的第九座且系最大的一座来福士。9月6日，重庆来福士购物中心开业，购物中心共5层，规划400多个品牌店铺，集游、购、赏、品、玩、享于一体，覆盖广泛的客群和满足多元化消费需求，是一个集多元旅游资源、历史人文沉淀、中新文化艺术于一体的互动式国际社交目的地。开业率超93%，客流超35万人，400多家入驻企业中四成是独占业态，首店、特色店人气爆棚，首进西南的全国最大苏宁极物、首进西南的新加坡品牌TWG Tea、首进西南的茱莉动物园、首进重庆的“黑科技”餐饮失重餐厅、首进重庆的自然·科普·人文主题卡通尼乐园以及来自韩国的CGV影院全国旗舰店等均开业迎客。

节庆会展

【渝中国际咖啡文化节】 5月10日上午，由区商务委员会、解放碑中央商务区管委会共同主办的“2019重庆渝中国际咖啡文化节”在解放碑步行街正式启幕。本次咖啡文化节以“咖啡时光简史”为主线，通过打造母城时光站、转场时光站、未来时光站3大商业场景，带来一场时间和空间、过去与未来的碰撞。邀请奇丑的猴子、TONY音乐中心、原印植物趣玩馆等40余家咖啡、烘焙、花艺、音乐等跨界融合业态参展。3天活动吸引近百万游客、市民和业内专业人士前往参观。展期累计加盟连锁、开店意向200余个，意向金额9600万元；现场意向产品采购订单1000余份，意向金额近1000万元；现场报名参加咖啡、烘焙、花艺培训的有600人次，涉及培训金额200余万元。

【第二届中国西部国际投资贸易洽谈会】 5月16日—19日，渝中区组团参加第二届中国西部国际投资贸易洽谈会。渝中展馆以“重庆母城　美丽渝中”为主题，现场展厅和线上渠道展示渝中区投资环境、六大重点产业发展方向和重点招商项目，吸引1万多人次观展；与匈牙利、乌拉圭领馆合作举办裴多菲雕塑奠基仪式、乌拉圭当代艺术展等；组织美达实业、云威科技等50多家企业通过直接布展、参加“一带一路”侨商联会等重点活动，广泛开展商务对接洽谈；

累计接待香港特区政府驻重庆联络处、中国国新控股等8个客商团队；与香港中华出入口商会等20多家企业进行招商洽谈，中盐西南公司、意大利工业家企业家联合会、华医康道科技公司等的26个重点项目实现签约落地，投资金额突破57亿元。

【渝中创新商业大会】 6月28日，由市商务委、区政府指导，区商务委主办的第四届创新商业大会在重庆解放碑WFC丽思瑞酒店举行。大会以“畅首店经济，享城市秀场”为主题，邀国内外专家、项目操盘手、主流品牌代表等百余名嘉宾汇聚渝中，共话“首牌、首发、首秀、首店”经济发展新路径，共谋渝中商业新引擎。活动获得场外众多网友关注，线上网友点击数超300万次。

【“潮享•夜渝中”系列活动】 9月12日，联动夜市文化节组织“潮享•夜渝中”系列夜间促销活动，首次与大众点评合作，将龙湖时代天街、八一广场、英利大融城、国泰广场、贰厂文创公园等购物中心、特色街区的促消费活动进行整合，分为“潮味、潮乐、潮秀、潮购”四个主题，通过大众点评线上平台进行宣传推广和客流引导。还推出母城往事、奇幻漫游、网红景观3条游乐线路，促进商业与文化、旅游融合发展，发动300余家商户参与，带动线上点击数百万次，促销效果显著。区境较场口夜市、洪崖洞民俗风貌区分别获评中国旅游研究院发布的“游客喜爱的十大夜市”“游客喜爱的十大历史文化、商业街区及网红步行街”。

【第二届中国国际进口博览会】 11月5日上午，第二届中国国际进口博览会在上海国家会展中心开幕。下午，在重庆投资贸易合作恳谈会上，重庆参展企业与全球客商面对面洽谈签约，共签署22项贸易和投资合作协议。其中渝中区共签署3项贸易和投资合作协议，包括区政府与重庆安达停车场有限公司签署的合作协议、重庆繁盛机电技术进出口有限公司与境外参展商日本伊藤忠、韩国SK集团签署的合作协议。

餐饮业发展

【老字号品牌建设】 2019年，四象村、唐糕祖、少林堂、清华大酒楼、齐齐火锅、三鼎、味苑、苗秘堂、渝味晓宇等9家品牌被市商务委认定为第五批“重庆老字号”品牌。渝中区共拥有中华老字号品牌7家、重庆老字号品牌37家。

【餐饮非物质文化遗产入选】 6月，市人民政府公布“重庆市第六批市级非物质文化遗产代表性项目名录”，渝中区巴将军火锅制作技艺、小洞天干烧江团传统制作技艺、余记山城小汤圆传统制作技艺、德元小汤圆制作技艺等入选。

【“必吃街”“必吃榜”评选】 7月5日，美团大众点评必吃榜在广州塔正式发布。全国评选出38条“必吃街”，渝中区八一好吃街是重庆市唯一入选的“必吃街”。9月25日，“2019美团点评（重庆）餐饮行业交流峰会暨大众点评必吃榜（重庆）颁奖盛典”在渝中区举行，2019年大众点评重庆站“必吃榜”共评选出45家餐厅。其中，渝中区有24家上榜，占整个重庆“必吃榜”的一半以上。上榜的24家餐厅分别是秀孃串串香（大井巷总店）、姐妹肥肠鸡（大坪总店）、李子坝梁山鸡（李子坝大鸡哥店）、纯阳老酒馆、巫山纸包鱼（解放碑店）、耙二哥腰片老火锅（解放碑店）、胖妹面庄（两路口总店）、厨匠老火锅（解放碑•洪崖洞店）、三孃老火锅、猫抓烤肉（龙湖•时代天街店）、巴九门老火锅（朝天门旗舰店）、古木枫老火锅（洪崖洞店）、来龙驿老火锅（解放碑店）、今朝醉小酒馆（洪崖洞店）、醉八仙热酒馆、渝味晓宇火锅（枇杷山正街店）、周师兄大刀腰片火锅（解放碑店）、尘香、李串串老店（解放碑店）、山茶川菜（解放碑店）、易老头三样菜（解放碑英利旗舰店）、纸盐河码头火锅（洪崖洞店）、老来福•酸汤兔

（凯旋路店）、盛天毛血旺（解放碑总店）。

【餐饮活动】 组织举办“才聚渝中·共享发展”渝中区首届餐饮业专场招聘会，五斗米、巴将军、乡村基、小滨楼等20余家重点餐饮企业参展，提供3000余个管理类、服务类岗位。组织拍摄《渝中有美味·母城不打烊》渝中美食宣传形象片，在解放碑中心广场、招商推介会上传播。组织开展第三届最受白领欢迎的美食商家评选活动和放心餐饮品牌评选活动，全区750余家餐饮经营单位报名参选，450余家餐饮品牌通过审核入围，最终评选出放心火锅品牌3家、放心早餐品牌2家、美食明星商家20家。为隆重庆祝中华人民共和国成立70周年，牵头组织全区70家餐饮企业、小面企业开展“我为国庆献寿面”活动。

商业网点建设

【西南运动旗舰店集合购物中心打造】 八一广场为寻求差异化经营，致力于打造西南运动旗舰店集合购物中心，2019年相继引进耐克西南旗舰店、SKECHERS斯凯奇西南旗舰店、PUMA彪马西南首家FPS旗舰店、阿迪达斯全球品牌中心、安踏西南旗舰店。

【1089艺术美丽中心开业】 4月27日，区内首家美丽产业园、全国首家中韩合资的医疗美容医院“1089艺术美丽中心”正式开业，为解放碑商圈的特色消费注入新元素。1089艺术美丽中心原为大都会广场西楼商厦，建筑面积1.4万平方米，地处解放碑商圈的核心地带。为有效盘活空置楼宇，渝中区通过“国资购买+招商引资”的方式，引进韩国RB集团作为投资方对项目进行整体改造运营，RB集团从选址、装修到设计布局历时3年，完成项目改造，实现招商率90%以上。

【GUCCI解放碑金鹰财富中心店焕新重开】 12月11日，GUCCI解放碑金鹰财富中心店重装开业，增设VIP休息室，产品款式更加丰富。作为GUUCI的西南旗舰店，于2012年揭幕。

【千叶眼镜提档升级】 由四川美术学院和千叶眼镜联合打造的千叶美术馆，展示了20余件四川美术学院的雕塑作品，是重庆千叶眼镜总店，亦是美术馆。整个美术馆供市民免费参观。

【金沙洲·江岸聚会花园开园】 从2018年9月开始，历经1年将业态单一的酒店改造成滨江精致主题商业。金沙洲·江岸聚会花园于9月17日举行开业发布会，LISA YOUGASHI·洋菓子、松间有光、鮨·桥山、有光的房子、树下·江岸精酿啤酒馆、十三席·私宴空间、乱摄影工作室等七家精致小众品牌加入金沙洲。

【“一带一路”智能体验馆开馆】 5月15日，渝中板块标志性项目“一带一路”（重庆）智能体验馆正式营业，重点展示来自“一带一路”沿线国家和地区的特色产品，并在线上线下布局相关经贸信息及进出口往来，兼具窗口、贸易、旅游功能，成为集消费、交易、展示于一体的“零距离”全球购商贸服务平台和加强自贸试验区与“一带一路”沿线国家和地区交流合作的样本。

（胡鹏 杜泽娟）

朝天门综合市场

【概况】 朝天门自1891年开埠以来，便是商贾云集之地，商贸交易活跃。朝天门综合市场自20世纪80年代末兴起至今，办场单位发展到25家，营业面积共50余万平方米，区域内商场多，经营商品种类多，是集批零兼营、观光旅游于一体的大型综合性市场，成为西南地区重要的商品、物资集散地，跻身全国十大专业批发市场。原朝天门市场管理处于2014年12月经机构改革撤销，成立朝天门市场管理科，隶属朝天门街道办事处。2019年机构改革，朝天门街道市场管理科撤销，新成立综合行政执法办公室，主要职责是协助做好朝天门片区品质提升和环境综合整治领导小组办公室日常工作。2019年，市场销售总额383亿元，同比下降3%。

【市场业态调整】 针对性制定“一楼一策”工作方案，全力推动朝天门市场转型升级。指导渝派精品服饰城打造朝天门市场首个服装行业电商网红孵化基地和数字经济“一带一路”贸易馆，3000平方米的网络直播基地改造正在实施，预计将设置12个直播间和1个大型公共体验区；指导金海洋商场打造集自助中餐、特色江湖菜和重庆火锅于一体的餐饮美食城；指导天门商场、协信商场、圣名商场、恒升•时代天骄等商业载体实施内部改造升级，改造面积约18000平方米。以大宗物流外迁和信息化为切入，探索利用大数据平台促进市场转型升级，淘汰仓储3万余平方米，累计外迁仓储10余万平方米。

【市场经营秩序规范】 组织召开宣传动员大会，强调朝天门市场品质提升的重要性和必要性，对23家主要办场单位进行梳理分析，提前对可能存在违法行为的商家进行摸底调查。开展产品质量安全、儿童玩具类产品和儿童用品等专项执法检查，共检查产品51批次，责令整改4起。加强日常巡检，每天组织4～6人，以侵犯知识产权、广告违法、虚假宣传、无照经营等违法行为为重点在各市场进行检查，发出责改通知书97份。

【市场发展服务】 成立朝天门市场党建引领发展联盟，打造朝天门市场党群服务中心，吸纳30余家区级部门、职能站所参与朝天门市场党建引领发展联盟，帮助办场单位、市场党员商户群众解决实际问题60余件。搭建企业市场与专业法律力量的联系平台，成立“王舒律师市场工作室”，为辖区商会企业提供法律咨询服务100余次，引导企业依法依规做大做强。加强朝天门商会建设，完成商会换届改选。2019年朝天门商会被评为区级“四好”商会。

【安全稳定工作】 分别与25家办场单位和1个协会签订安全生产责任书，实行逐月通报、年度考核和责任追究制，对朝天门市场25家办场单位实行“一单一卡”管理模式，进一步厘清安全职责，将应急处置职责细化到各部门各岗位，严格落实企业安全生产主体责任。针对市场各办场单位，全年共举办安全知识和安全技能培训300余（期）次，培训人员约6000人次。出动检查人员500余人次，办宣传栏60余期，消除各类安全隐患780余起。

2019年朝天门市场商场名录

序号	商场名称	序号	商场名称
1	新重庆小商品批发市场	11	天门商场
2	新重庆国际鞋都	12	协信商场
3	大生商场	13	恒升商场1、2、3、5、6交易区
4	儿童服装城	14	港渝广场
5	圣名国际时装城	15	圣鹏商场
6	海润商场	16	银星商场
7	大正商场	17	盛隆商场
8	渝派精品服饰城	18	恒滨商场
9	长德商场	19	帝怡商场
10	金海洋商场	20	省纺商场

续表

序号	商场名称	序号	商场名称
21	平安商场	25	通银商场
22	南楼商场	26	金碧丰商场
23	大融汇商场	27	金禾丽都商场
24	千纸鹤商场		

（骆风帆）

集贸市场

【概况】 区市场监管局对集贸市场的工作职责：贯彻执行有关市场监督管理的法律、法规和规章，制定相应的管理制度和措施；对市场的开办、变更、注销和年检进行登记管理；依法确认市场开办者、市场经营者和商品经营者的主体资格和上市交易商品的合法性；保护合法经营活动，依法查处违法行为，维护市场交易秩序；依照有关条例收取有关的市场管理费，严格按照国家规定范围使用，接受财政、审计监督；协助计划生育行政管理部门监督、指导市场经营者做好计划生育工作。

【市场基本情况】 2019年，全区有各类消费品市场56个，办场企业（含分支机构）78户。其中农副产品市场21个，工业消费品综合市场11个，工业消费品专业市场20个，旧货市场2个，生产资料市场2个。

【消费品市场】

（1）农副产品综合市场（17个）

学田湾大阳沟菜市场、桂花园菜市场、李子坝菜市场、金虎菜市场、竹园小区菜市场、观音岩菜市场、石灰市菜市场、圣堡花园菜市场、大溪沟菜市场、棉花街菜市场（含水族市场）、西三街农副水产品市场、十八梯菜市场、储奇门天邦菜市场、百信农贸超市、大坪帝怡菜市场、绿优鲜西三街市场、虎头岩菜市场。

（2）农副产品专业市场（4个）

菜园坝农副产品市场、菜园坝水果市场、聚金花卉市场、农和农副土特产品市场。

（3）工业消费品综合市场（36个）

朝天门市场（27个）：恒升市场（1～5区）、儿童服装城、大正商场（12区）、天门商场（13区）、大生商场（14区）、平安商场（15区）、海润商场（16区）、恒滨商场（17区）、通银商场（17区）、银星商场（18区）、圣鹏商场（19区）、省纺市场（20区）、港渝广场（21区）、金海洋商场（26区）、盛隆商场（29区）、圣名国际时装城（30区）、长德商场、大融汇商场、金碧丰商场、金禾丽都商场、渝派精品服饰城、新重庆国际鞋都、协信商场、千纸鹤商场、新重庆小商品批发市场、帝怡市场、南楼商场。

其他（9个）：珊瑚地下城、天府名特商品市场、金利缘菜园坝百货商场、中兴塑料市场、第五大道品牌服饰市场、轻轨名店地下城、金鹰女人街银座商场、女人广场、菜园坝小商品市场。

（4）工业消费品专业市场（20个）

雅兰电子城L-1，雅兰实田电器市场L-2、L-3，昌龙电器，云岩怡信数码都市市场，泰兴都市电脑城，诚泰电脑数码市场，公园路燃具家电批发市场，新华家电市场，家佳喜装饰城，较场口五金机电装饰市场，七星婚纱市场，三峡古玩市场，重百电子市场，中嘉通信器材交易市场，新浪通信器材交易市场，永缘汽车用品市场，重庆渝欣电器市场，菜园坝休闲娱乐品市场，菜园坝城外城灯饰市场，万吉毛线市场。

（5）旧货市场（2个）

中兴路旧货市场、储奇门旧家具市场。

【生产资料市场】 （2个）

菜园坝皮革市场、重庆外滩摩配交易市场。

（李娟）

金　融

综　述

【概况】　渝中区金融工作办公室（简称“区金融办”）成立于2006年1月，为区政府工作部门。2012年成为区政府组成部门。办公地址位于渝中区和平路管家巷9号。2019年，金融办内设综合科、金融业发展科、地方金融发展科、专业服务业发展科4个科室和金融信息中心1个公益一类事业单位，核定行政编制人员11名、在职10人，事业编制5名、在职4人。区金融办的主要职责是：贯彻执行有关金融和专业服务工作的法律、法规、规章和方针政策；推进金融集聚区和专业服务业高地建设，拟订金融业和专业服务业发展规划并组织实施；开展产业运行监测；配合推进中新（重庆）战略性互联互通示范项目和自贸区金融创新试点；研究提出金融和专业服务产业发展扶持政策并组织落实；协助重庆市地方金融监督管理局（以下简称“市金融监管局”），对小额贷款公司、融资担保公司、典当行、融资租赁公司、商业保理公司、金融要素市场实施日常监管，对网络借贷信息中介机构等新兴地方金融机构和活动实施监管，对股权投资类企业加强联系和服务；协助市金融监管局应对全区金融突发事件、开展全区打击非法金融活动；协助中央在渝和市金融监管机构规范和维护金融秩序，防范和化解区域性金融风险；协调引导金融和专业服务机构为经济社会发展服务；负责拟上市公司的培育、推荐工作，发展多层次资本市场；推动发展普惠金融，改善和强化小微企业金融服务；营造良好金融和专业服务生态环境，负责金融和专业服务机构的招商投资和协调服务；负责职责范围内的金融人才和专业服务人才队伍建设工作；完成区委、区政府交办的其他任务。

2019年，区金融办认真贯彻落实党的十九大和十九届四中全会精神，为建设内陆国际金融中心核心区和区域性专业服务中心做出了应有贡献。全年区辖金融业新增市级金融机构13家，市级及以上金融机构总数达181家。银、证、保传统市级机构数量占比41%，其他创新型金融机构数量占比59%，创新型金融机构数量持续增多，金融门类不断完善。全区金融业增加值实现299.9亿元，占全市金融业增加值的14.4%，占全区GDP的23%，占第三产业增加值的25.4%，拉动GDP增长1.8%。金融业实现营业收入488.3亿元，同比增长2.4%。实现区级税收7.6亿元，占区级税收的22.3%，同比增长3.8%。（注：2019年重庆经济数据统计口径有较大调整，本部分所有条目均按调整后的数据计算，对此数据均基于2018年最后确定的相关数据。）

【银行存贷余额】　全区银行业实现营业收入175亿元，同比增长9.7%。存、贷款余额重返万亿规模，存、贷款余额分别为5432.0亿元和4720.0亿元，分别占全市的14.0%、13.1%。存款余额同比增长13.1%，贷款余额同比增长11.7%。存贷比为87%，低于全市平均水平6.4个百分点。

【资本市场交易】　证券和期货公司全年营业收入分别为2.6亿元和5.4亿元，分别同比增长19.8%和5.7%，证券交易市场逐渐回暖，主要指标全面增长。全区代理证券交易额5796亿元，同比增长23.1%。至2019年末，全区上市公司6家、新三板挂牌企业10家，重庆OTC（场外交易市场）成长板挂牌企业21家。

【保险费收入】　保险业全年实现保费收入194.4亿元，占全市的23.0%，同比增长5.9%。其中：财产险保费收入49.5亿元，同比下降0.6%；人身险保费收入144.9亿元，同比增长8.3%。财险和寿险的比例为25 ∶ 75。

【新兴金融运行】 新型金融机构全年实现营业收入29.4亿元，同比增长5.1%。其中：小额贷款公司实现营业收入2.9亿元，同比下降30%；融资性担保公司实现营业收入8.5亿元，同比增长163%；股权投资类企业实现营业收入2.8亿元，同比下降50%；要素市场实现营业收入6.7亿元，同比下降20%；金融租赁和金融保理分别实现营业收入5.8亿元、2.4亿元，分别同比增长32%、20%，发展态势良好。受业务调整以及统计口径变化影响，要素市场成交额4700.5亿元，同比下降17.9%；第三方支付结算额82.1亿元，同比下降90%；银联网络结转交易额1.2万亿元，同比下降1.1%。

【企业服务】 开展“兴调研转作风促落实”和“一助二优三转”（助推企业发展，优化服务机制、优化营商环境，转变职能职责、转变干部作风、转变发展方式）行动，走访联系服务77家总部（重点）企业、209家规上企业，累计服务2800余次，收集问题42个，解决35件。继续做好金融机构政策兑现以及高管医疗、交通、子女教育等配套服务，协助解决企业广告招牌设立、停车及更换办公场地等问题。与交通银行渝中支行党支部开展参观铁山坪重庆市党风廉政教育基地、参观渝中区智慧党建教育培训基地、党建知识竞赛3次“联学联建”活动，进一步增强支部活力，营造“亲、清、新”型政企关系。

【实体经济服务】 牵头组织举办银企对接会四场、“渝微聚会”沙龙35场，进企业、社区、协会开展普及金融知识100余次，印制发放《渝中区企业融资服务手册》5000册，支持银行开发“云税贷”“云电贷”“医保云贷”等20余种线上融资产品，惠及小微企业、民营企业和个体工商户900余次，实现贷款融资145亿元。全年累计发放商业价值信用贷款7753.5万元、知识价值信用贷款3388万元、各类绿色信贷30.51亿元、绿色公司债4.6亿元；支持建设银行重庆市分行上线“民政验资通”系统、“渝快融”平台；深交所重庆服务基地正式落地，新大正物业成功上市；重庆移动金融服务平台建设完成，扫码乘车全市推广。

【金融创新】 中国银行重庆市分行全面实现国际贸易“单一窗口”金融服务功能，试点跨境业务区块链服务平台业务；自《重庆市优质企业人民币跨境结算便利化活动方案》正式实施后，成功办理首笔跨境结算便利化收汇业务。农业银行、平安银行等银行网点完成智能机器人及智慧柜员机规模设立，人保财险重庆市分公司在全市先行先试车险电子保单。

【金融风险防控】 妥善处置一批重大非法集资陈案资金兑付工作，全年化解2017年底前陈案38件，累计结案率为60.3%；审结陈案48件，司法程序完结率为76.2%，完成陈案处置全年工作目标；10家P2P机构、136.01亿元存量资金、15.24万出借人全部顺利出清，年底前辖内P2P风险整治工作基本完成。完成小贷公司、融资担保机构、融资租赁、金融保理、典当的年度现场检查、监管评级及整顿规范工作。有效处理4件市金管局转投诉、1件市长信箱转投诉事项反映的问题。收集举报线索110余条，排查企业1400余家，警示约谈企业77次，行政化解风险企业55家，清退资金1.05亿元。开展集中宣传活动98场，接访约访群体63批次734人次，全年未发生重大群体性上访事件。结合打击非法集资工作，设立举报电话，落实线索排查，强化扫黑除恶宣传，扫黑除恶“回头看”各项工作有序推进。

【区金融办负责人】
主　任：范　娟
副主任：刘　川　金　进

（周珺　陈莎莉　戴理强）

银　行

中国农业发展银行重庆市分行

【概况】 中国农业发展银行（简称“农发行”）成立于1994年，注册资本570亿元，直属国务院领导，是国内唯一的农业政策性银行。其主要任务是以国家信用为基础，以市场为依托，筹集支农资金，支持“三农”事业发展，发挥国家战略支撑作用。经过20余年的改革发展，农发行已成为一家资产总额超过7万亿的大型银行，2014年首次跻身世界500强。农发行以“支农为国、立行为民”为使命，以“建设现代化高质量发展的农业政策性银行”为愿景，以“执行国家意志、服务‘三农’需求、遵循银行规律”为办行理念，是“服务乡村振兴的银行”，支农的银行、补短板的银行、执行国家战略的银行。全系统有31个省级分行、339个二级分行和1816个县域营业机构，员工5万多人，服务网络遍布中国大陆地区。

中国农业发展银行重庆市分行（简称“农发行重庆市分行”）于1996年12月成立，成立时为计划单列市分行，随重庆市直辖升格为省级分行。至2019年末，农发行重庆市分行有分支机构36个，其中市分行营业部1个、二级分行3个、县级支行32个，员工总数995人。市分行机关内设19个处室，员工110人，办公地址位于渝中区新华路201号。

2019年，农发行重庆市分行以服务农业供给侧结构性改革为主线，以服务乡村振兴战略为总抓手，着力打好粮油市场保卫战、脱贫攻坚歼灭战、支持长江经济带建设精准战“三大战役”，深入实施重点客户、重点项目、存款优化和小微企业提升“四大工程”，推进内部体制机制改革，各项工作“稳中有进、进中提质、进中蓄力”。全年审批贷款456.49亿元、贷款余额净增200.09亿元，年末贷款余额突破1400亿元，达到1423.51亿元，较年初增长16.36%。全力清收不良贷款1919万元，不良贷款时隔五年再次清零。案件事故保持为零。在农发行总行2019年度绩效考核中获得A等。连续四年获得总行内控评价一类行。连续三年荣获重庆市银行业“年度最具社会责任金融机构奖”和“年度社会责任精准扶贫奖”。市委、市政府领导先后多次作出重要批示，给予充分肯定。《重庆日报》先后以“全力服务乡村振兴，农发行在行动”系列报道农发行重庆市分行支农成效6篇，专版刊载4次。

【党建工作】 扎实开展“不忘初心、牢记使命”主题教育。把从严从实的标准贯穿主题教育全过程，做到常研究、常部署，抓领导、领导抓，抓具体、具体抓。坚持把学习教育、调查研究、检视问题和整改落实“四位一体”整体推进，以“关键少数”示范带动“绝大多数”，两批主题教育前后贯通，扎实有力推进。持续强化理论武装。开展学习宣传《习近平扶贫论述摘编》活动，全辖集中学习267次，开展扶贫主题党日活动59次，撰写心得体会、征文80余篇；深入学习宣传贯彻党的十九届四中全会精神，制定实施方案，邀请市委宣讲团成员做辅导报告，召开动员会全面部署，督促各级行采取学习班、读书会、报告会等形式，推动学习教育走深走实、形成常态。开展“全面从严治党强化年”活动。深入实施“四工程、十抓手”（即党建强基固本、党建示范带动、党建方式创新、党务队伍建设四项工程以及十项党建具体工作措施）的国有金融企业党建工作法，获评农发行总行“优秀创新成果奖”二等奖；开展党员“亮身份、当表率、作贡献”活动。以党支部标准化规范化建设为抓手，推动党建基本制度落实；开展贫困地区分支行与贫困村党支部结对共建，打造验收一批特色党支部。着力加强队伍建设。坚持“重人品、重业绩、重群众公认”的用人导向，让员工干事有舞台、进步有平台；着力实施“4321”（400名技能人才、300名专业人才、200名复合人才、100名领军人才）人才培养计划，全年入库技能人才152人、专业人才105人、复合人才71人、领军人才29人。

加大年轻干部培养，推动29名干部到基层任职、轮岗和上下交流，不断优化队伍结构；用好四类10个重点工作督导组，加强对党建、扶贫、基金、基础管理等的巡回督导。从严正风肃纪。整治“传达等于贯彻、交代等于落实、报表等于管理、迁就等于和谐、越矩等于能力、摆平等于水平”等作风问题，落实精文减会控表措施，大力为基层减负；部署开展以“党课讲廉、案例剖廉、基地观廉、警句写廉、家属劝廉、知识测廉”为抓手的“六廉”教育；紧盯重点群体、重要岗位和关键环节，持续开展监督检查，严格执纪问责，对7个分支行开展专项巡察，对8个分支行、4个处室开展常规巡察。大力弘扬正能量。召开首届三次职工代表大会，组织开展“文明单位”、第三届“最美农发行人”和“脱贫攻坚贡献奖”评选活动，做好送温暖和扶贫公益捐款。2019年，有103个集体、227人次获得市级以上部门表彰，在农发行总行及市级以上媒体刊载稿件550余篇。

【乡村振兴服务】 把服务乡村振兴作为新时代支农工作的总任务、总抓手，将支持脱贫攻坚、粮食安全、基础设施建设、乡村产业发展作为服务乡村振兴“四大重点”领域，认真落实农发行与重庆市政府签订的《服务乡村振兴和长江经济带建设战略合作协议》。保障国家粮食安全。全力保障中央事权粮油和地方储备粮油收储、轮换信贷资金供应，支持地方储备粮油的增储和轮换，支持多渠道市场化粮食收购；2019年全年投放粮油贷款11.06亿元，支持粮油收购和调入，保障重庆市粮食的有效供给。服务脱贫攻坚。开展“服务脱贫攻坚决战年”活动，推进省级政策性金融扶贫实验示范区建设，靶向施策支持脱贫攻坚重点领域和薄弱环节，扛起金融扶贫的政治责任。2019年，向重庆市18个贫困区县投放贷款161.63亿元、余额669.56亿元，向4个深度贫困县投放贷款32.44亿元、余额116.90亿元，向18个深度贫困乡镇投放贷款6.51亿元、余额18.28亿元；投放扶贫贷款127.47亿元、净增54.28亿元、余额520.24亿元，扶贫贷款投放额、净增额、余额均居重庆市金融同业第一。聚焦基础设施补短板。聚焦公路、人居环境、水利、棚改、城乡一体化等领域，加大贷款投放，支持改善农村生产生活条件，发挥政策性金融“补短板、强弱项”的托举支撑作用；全年投放基础设施建设贷款250.24亿元，年末基础设施贷款余额1139.27亿元。支持小微企业。推进“服务民营小微企业提升工程”，加大信贷支持力度，全年新增民营小微客户47户，投放贷款16348.5万元，年末贷款余额较年初增长44倍。推动业务创新。创新推出农业产业化联合体“1+6酉阳模式”，通过产业化联合体构建区域性优势特色农产品标准化、规模化生产体系，实现各方优势互补、风险共担、利益共享，全力支持酉阳县油茶产业发展；运用该模式向酉阳县14家农民合作社发放贷款3959万元，用于油茶种植，审批贷款5.3亿元、投放2亿元支持联合体中的龙头企业油茶基地建设；探索推出“1+1+N”（农发行+渝贸通公司+出口型涉农小微企业）出口型涉农小微企业供应链金融服务模式，运用该模式向梁平柚依果树种植专业合作社发放贷款10万元，支持重庆市更多的涉农产品“走出去”。

【合规经营风险防控】 坚持依法合规经营。树牢“合规重于扩张”“信贷风险致病，合规风险致命”理念，确立正确的风险偏好，坚持把合规经营放在首要位置。强化内控合规管理。部署开展“内部基础管理夯实年”活动，扎实开展内控综合治理及市场乱象系列整治，狠抓历年检查发现问题的整改，有效发挥前中后台三道防线作用。强化信贷基础管理。深化信贷全流程标准化管理，强化对办贷关键环节的管控，严把合规准入、调查评估、审查审议、资金支付、贷后管理“五个重要关口”，严防办贷过程中的各类违规和腐败风险。全力收回不良贷款1919万元，实现结零。强化员工队伍管理。印发加强员工行为管理、领导班子及成员管理、纪检干部监督管理三个意见，明确管理措施，形成管“绝大多数”、管“关键少数”、管“监督执纪者”三位一体、三管齐下的监督管理体系；盯紧关键岗位人员、行为异常人员，连续组织开展多次“拉网式”“全覆盖”的专项排查，取得较好成效。开展反面典型案例警示教育，引导干部员工筑牢思想道德防线，做到“知敬畏、存戒惧、守底线”。做好安全保卫工作。落实安全责任，开展应急演练，做好第六轮安全评估自查自纠，抓好日常安全检查和重大节假日、敏感时点的排查，全年安全无事故。

【文明规范服务】　坚持“以客户为中心”的服务理念，不断优化服务方式、提升服务水平，增强客户的满意度和认可度。做好新上线网上银行营销推广和新核心系统上线工作，实现36个营业机构网银业务全覆盖、新核心系统全部顺利上线，至2019年末网上银行客户覆盖率达到63.97%，电子支付业务替代率达到92.40%。推进营运集约化改革，农发行重庆市分行成立集中运营中心，选好配强集中运营操作人员，保障集中授权、集中后督工作顺利开展，运营管理水平不断提高。推行财会全流程标准化管理，组织开展窗口服务礼仪、合规文化等专题培训，提升柜面服务水平。组织开展窗口服务提升专项行动，通过持续深入开展学习教育、对照检查、提升服务品质等工作，大力推行文明规范服务，取得较好成效，被银行业协会评为“优秀组织单位”，辖属璧山支行和垫江支行被中国银行业协会命名四星级营业网点。

【履行社会责任】　推行减费让利。从服务国家战略大局角度出发，落实监管部门服务价格管理要求以及农发行总行减费让利政策，执行优惠利率扶持“三农”弱势产业，挖掘为广大客户，尤其是贫困区县客户进一步减费让利的空间，贷款平均利率4.85%，远低于金融市场平均水平；在2019年新发放贷款中，采用优惠利率的扶贫和人民银行抵押补充贷款占比达49.2%，有力支持了实体经济发展。加强金融知识普及宣传。全年依托36个网点组织开展“打击治理电信网络新型违法犯罪集中宣传月”活动、“3•15金融消费者权益保护日”活动、“防范非法集资宣传月活动”、“普及金融知识万里行活动”、“守住钱袋子”活动、“金融知识普及月金融知识进万家”等户外宣传活动379次，发放宣传资料8.70万份，受众6.82万人次，通过微博、微信及短信宣传2195次，被各类电视报刊等媒体报道逾23次，被重庆银保监局评为2019年金融宣传服务月活动先进集体。投身公益慈善。秉承农业政策性金融“支农为国、立行为民”的使命，动员全体员工投身公益慈善事业，为脱贫攻坚、关心关爱弱势群体贡献“农发行人”的力量。动员各分支机构购买贫困地区农产品，购买金额达213.78万元；帮助销售贫困地区农产品，销售金额达38.13万元。向总行定点扶贫（对口支援）的“一市四县”爱心捐款20万元。全辖对口帮扶贫困村19个、建档立卡贫困户388户，累计向贫困村派驻村第一书记9人、驻村工作队员12人。对口帮扶石柱县，捐赠扶贫资金20万元。组织开展各类公益慈善活动650小时，参与296人次，捐款77万元。

【中国农业发展银行重庆市分行负责人】
行　　长：陈志猛
副 行 长：邓　建（2019年11月离任）
　　　　　陈　敏（2019年11月离任）
　　　　　龚　晋
　　　　　高　胜（2019年10月任职）
纪委书记：许　红

【中国农业发展银行重庆市分行营业部负责人】
总　经　理：旷晓永
副 总 经 理：段　勇
　　　　　　钟文彬（2019年7月离任）
总经理助理：易　暄（2019年6月任职）

（邹波　刘俊刚）

中国建设银行重庆市分行

【概况】　中国建设银行股份有限公司重庆市分行（简称“建行重庆市分行”）成立于1954年10月1日，原名中国人民建设银行重庆市分行。1958年，建设银行总行改为财政部基本建设财务司，同年9月重庆市分行及所属机构撤销，基建相关业务交市财政局和人民银行办理。1959年8月，经重庆市人民委员会批准，恢复对外名义并更名为“中国建设银行重庆支行”，与财政局基建财务科“一套班子，两块牌子”。1962年恢复建制，与市财政局分别设置。1970年市分行并入人民银行，基本建设预算拨款和财务管理交财政部门办理。1972年4月，国务院决定恢复建行机构，市分行于同年10月1日恢复并正式对外营业。1979年由事业单位改为企业单位，1983年建行总行对重庆市分行实行计划单列，1994年由国有专业银行向国有商业银行转轨，1996年更名为中国建设银行重庆市分行，1997年重庆直辖后升格为一级分行。2004年建行总行重组后，重庆市分行更名为中国建设银行股份有限公司重庆市分行。至2019年末，建行重庆市分行共有直管分支行35个，其中二级分行4个、营业部1个、直管支行30个；营业机构281个，其中：一级分行1个，二级分支行（含营业部）35个，网点型或单点型支行245个；市分行机关内设职能部门23个；员工总数5654人。

2019年，建行重庆市分行认真贯彻落实建行总行党委决策部署，严格执行市委、市政府及监管部门工作要求，扎实推进“不忘初心、牢记使命”主题教育，以增强“三个能力”（服务国家建设能力、防范金融风险能力、参与国际竞争能力）为根本遵循，以深化“三大战略”（住房租赁战略、普惠金融战略、金融科技战略）为重要抓手，筑牢风险合规底板，对标同业、对标系统，统筹推进第一、第二发展曲线协同发展，总体呈现稳健均衡发展态势。至2019年末，各项贷款余额3752亿元，新增378亿元，各项存款余额3392亿元，新增220亿元，新增存贷比172%，不良贷款率0.54%，纳税11.52亿元，主要指标均保持重庆金融系统大行（工行、农行、建行、中行）前列，获评人民银行重庆营管部“小微企业信贷优秀单位”、重庆银保监局“小微企业金融服务先进银行”、重庆金融工会“金融先锋号”、建行总行“风险贡献奖”、重庆金融“突出影响力银行服务奖”、“年度智慧政务突出贡献银行”、“服务重庆贡献突出金融机构”、“精准扶贫示范金融机构”、“年度最佳资产托管银行”、“消费者权益保护优秀银行”、“年度最佳跨境融资银行”、“服务实体经济卓越贡献金融机构”等多项称号及奖励。

【驻区分支机构】 建行重庆市分行在渝中区共设有市分行营业部、中山路支行、渝中支行等3家直管分支行，居所有区县首位，下辖17个营业网点。市分行营业部有员工93人。2019年末全口径时点存款余额374亿元；贷款余额524亿元；实现拨备前利润7.52亿元，纳税1.44亿元。中山路支行有员工120人。2019年末全口径时点存款余额228亿元；贷款余额111亿元；实现拨备前利润4.97亿元，纳税0.42亿元。渝中支行有员工241人。2019年末全口径时点存款余额133亿元；贷款余额325亿元。实现拨备前利润7.20亿元，纳税0.88亿元。

【服务区域战略】 支持基础设施建设。服务“米”字形高铁网等基础设施互联互通，为重庆轨道四号线二期、十八号线、江津白沙长江大桥等项目授信300亿元；与重庆铁路投资集团有限公司签订200亿元战略合作协议，并启动渝湘高铁项目145亿元授信；为江北机场T3B航站楼及第四跑道工程、渝湘扩能高速PPP项目提供600亿元贷款意向书，并协助重庆广阳岛生态城投资发展有限公司开展融资准备工作；加大对渝万铁路、合潼安高速、石柱至黔江高速等项目的信贷投入；全年基础设施贷款新增37亿元，铁路、机场项目贷款余额保持全市同业第一。服务产业转型升级。支持重庆“智造重镇”建设，为紫光国芯、京东方、中铝高端等项目开展预授信，成立支持“芯屏器核网”智能产业的战略新兴产业发展基金，入库储备项目6个、授信金额190亿元。联合境内外分行为奥特斯集团发放贷款8000万欧元。推动建行总行领导与京东方总部高层会谈，启动对京东方在渝B12项目60亿元授信。在渝中区，为中冶赛迪集团有限公司在信贷、国际结算、供应链融资、海外项目等方面提供综合化金融支持，金额累计8亿元。至2019年末，制造业非贴贷款余额168.81亿元，增幅6.70%，其中中长期贷款增长75.70%，信用贷款增长13.60%。绿色信贷余额355亿元，其中废水、废气等环保企业融资余额45亿元，市场占比30%；央企风电项目市场占比50%。服务内陆开放高地建设。推动建行总行组织建行西部13家分行以及4家东南亚境外机构，共同签署《金融服务西部陆海新通道建设框架协议》，建立以重庆为中心节点，建行总行牵头、集团协同的服务机制；在“中新金融峰会”期间，组织100家东盟企业和300余家中国西部地区企业，开展西部陆海新通道项目对接会，现场达成合作意向169项，签约65项；至2019年末，建行重庆市分行贸易融资余额194.90亿元；累计投放跨境贷款51笔、48.81亿元，市场占比近50%；跨境人民币结算量新增259.82亿元，为四行（工行、农行、建行、中行）第一。服务内陆国际金融中心建设。推动建行总行在重庆成立住房租赁子公司，并支持重庆筹建“金融市场联合信用增进服务公司”；助力重庆智慧城市建设，在2019年中国国际智能产业博览会（智博会）上建成5G+智能银行“综合体验馆”，在两江数字产业园投资3000万元打造全国领先的5G+智能银行标杆网点；支持供给侧结构性改革，非金融企业债务融资工具承销规模实现重庆金融系统大行“六连冠”；资产证券化55.6亿元，为重庆银行同业第一；成功为管理体制改革后的高新区发行全国首笔国家级高新区商业不动产抵押支持票据，融资金额12亿元，成本降低约10%。

【服务社会民生】 推进住房租赁战略。为政府搭建数字房地产管理平台、公租房管理平台、住房租赁综合服务平台等多个平台，助力政府提升数字化、智能化管理水平；协助政府制定住房租赁政策并获得30亿元中央专项补贴资金。搭建住房租赁平台，探索推进“存房”业务，助力政府培育和规范租赁市场、稳定租赁价格；首创公租房存量资产盘活融资，公租房试点项目实现7.2亿元投放。推进普惠金融战略。依托金融科技重建普惠金融模式，与重庆市财政局、税务局、经信委、大数据局、医保局、公积金中心等10余个市级单位共同搭建普惠金融创新平台，2019年，建行重庆市分行普惠贷款新增87亿元，继续保持四行第一。全年为小微企业节约利息支出2.6亿元，支持的中小微企业预计为80万人提供就业，为政府提供纳税30亿元；民营贷款余额399亿元，新增92亿元，增速30%；工信部关于建行重庆市分行普惠金融成果的调研报告，专刊报送中共中央办公厅、国务院办公厅。推进金融科技战略。成为重庆“渝快办”政务服务平台建设的“总集成”，组建120人协同实施团队，优化升级“渝快办”平台，将办理类事项比例从35%提高至60%，并在建行重庆市分行全部1110台STM智能终端及10464台“裕农通”上线政务服务功能，在15个区县政务大厅部署服务终端，延伸服务触角，助力全市“放管服”改革及营商环境改善；在渝中区，建行重庆市分行投入100余万元，为10个社区卫生服务中心上线银医通系统。推进金融扶贫攻坚战。创新“保险＋期货”精准扶贫模式，设立全国首单住房租赁扶贫慈善信托。加大金融扶贫贷款投放，加强定点扶贫帮扶，金融扶贫贷款增速30%，帮扶建档立卡贫困户310户1087人全部脱贫。服务乡村振兴。在全市乡村设立“裕农通”服务点，为村民提供现金存汇、余额查询、费用代缴、国债购买、农户贷款等农村金融服务；至2019年末，重庆“裕农通”服务点已覆盖全市8000多个行政村（不包括6个没有建行机构的县域），服务点总量达到10464个。共享金融资源满足群众需求。依托“建行大学”平台，开展“金智惠民”培训400余期，培训退役军人、“双创”人员等2.6万人次。与市总工会、团市委共建“劳动者港湾”，将网点优质资源共享给环卫工人、出租车司机等劳动者以及老弱病残孕等特殊群体，全市280个网点的“劳动者港湾”已累计为255万人次提供饮水、充电、休息、上厕所等服务。

【防控金融风险】 维护区域金融生态稳定。在重庆银保监局统一指导下，牵头76家企业成立债委会，稳贷、增贷超过400亿元；有力支持防范化解重大金融风险，累计处置不良资产28.6亿元，较去年多处置12亿元，处置金额创2013年以来新高；全力保障资产质量稳定，至2019年末，不良贷款额、逾期额分别减少5.04亿元、3.94亿元，不良贷款率、逾期率实现双降，为重庆金融系统大行最低，其中个人贷款和信用卡业务质量继续保持同业最优。强化内控合规管理。配合监管部门开展“风险管理及内控有效性”“反洗钱”等检查，有力推进问题整改，截至2019年末，银保监现场检查发现的68个问题已完成整改64个，整改完成率94.12%。通过拍摄《诱惑之殇》，汇编、宣讲典型案例等多种形式强化案防合规警示教育，营造“不能为、不敢为、不想为”文化氛围；持续加大员工行为排查，全年未发生案件和特别严重违规事件。

【全面从严治党】 开展主题教育。紧扣“守初心、担使命、找差距、抓落实”总要求，统筹抓好“四个到位”（思想认识到位、调查研究到位、检视问题到位、整改问题到位），2019年全行281个分支机构和网点累计开展集中学习2090次，形势教育84次，专题学习新中国史、党史98次；围绕党中央重大战略决策部署和“三个能力”（服务国家建设能力、防范金融风险能力、参与国际竞争能力）建设等重点，开展主题教育调研422次，形成调研报告178篇；累计征求意见839次，召开对照党章党规找差距专题会64次，查摆问题1157个，解决基层最关心最现实最直接的问题952个。强化组织建设。优化组织架构，全年增设党委3个、党总支1个、党支部19个；推进党务队伍专业化，所有直管分支行均配备专兼职党务工作者。开展基层减负。落实中央“基层减负年”活动要求，建立“无会日”制度，加强微信群清理，开发上线“需求易”小程序服务网点物品领用等需求，建行重庆市分行发文、会议、报告报表、督查检查2019年同比分别减少48%、66%、63%、69%。强化纪律建设。全面落实派驻改革，实现二级分支行纪检派驻全覆盖；紧扣战略部署和重点工作开展11项专项监督，对9个支行、3个部门开展政治巡察。

2019年建行重庆市分行驻渝中区机构

机构名称	地址	电话
市分行	渝中区民族路123号	023-63771855
市分行营业部	渝中区民族路123号	023-63771268
中山路支行	渝中区中山三路130号	023-63860902
中山路支行营业部	渝中区中山三路130号	023-63506751
医学院支行	渝中区友谊路1号附60号1层广场1号、2号	023-68408719
渝中支行	渝中区打铜街14号	023-63911989
渝中支行营业部	渝中区打铜街14号	023-63911231
邹容路支行	渝中区邹容路50号南洋大厦平街层	023-63763113
解放碑支行	渝中区民族路123号临街底层	023-63771382
大坪支行	渝中区大坪正街19号英利国际广场A区	023-68812084
上清寺支行	渝中区上清寺渝中大厦	023-63500332
较场口支行	渝中区民权路58号第一层5号位	023-63801191
观音岩支行	渝中区中山一路220号	023-63507706
学田湾支行	渝中区学田湾正街3号附5号	023-63867701

续表

机构名称	地址	电话
万科锦程支行	渝中区大坪正街160号附43-46号	023-63817529
桂花园支行	渝中区桂花园新村27幢	023-63619264
业成花园支行	渝中区民安园2号业成花园A栋平街层	023-63500433
肖家湾支行	渝中区长江二路33号附12、13、14、15号	023-68801112
雍江苑支行	渝中区化龙桥瑞天路192号	023-63844872
石油路支行	渝中区大坪正街118号嘉华鑫城4栋1层5-1号	023-63033277

【建行重庆市分行负责人】

行　　长：王新立（2019年3月离任）
　　　　　李　涛（2019年8月任职）
副 行 长：熊　刚　文姜元
　　　　　陈　义（2019年6月离任）
　　　　　吴承恩
　　　　　胡寄望（2019年2月任职）
　　　　　曹　颖（2019年2月任职）
纪委书记：徐　鹏

（谢志军）

中国光大银行股份有限公司重庆分行

【概况】 中国光大银行股份有限公司重庆分行（简称“光大银行重庆分行”）成立于1996年6月28日，是中国光大银行在西南地区设立的第一家分支机构。至2019年末，内设19个管理部门、4个公司业务经营部门、26家支行及12家社区银行，分布在主城7区以及万州、江津、永川、涪陵等区县。

2019年，光大银行重庆分行秉承“审慎、稳健、合规”经营理念，依托中国光大集团金融“全牌照”优势，精心打造“阳光服务”品牌，为客户提供优质综合金融服务。至年末，光大银行重庆分行连续八年获评重庆银保监局辖内股份制商业银行一级分行监管评级（风险评估）2级；连续九年获评重庆外汇管理部“外汇管理A类行”；连续六年获重庆银行业协会“最具社会责任金融机构奖”；连续八年获评市政府“税务A级纳税企业”称号。累计共有2个全国银行业“百佳”文明规范服务示范网点、10个“千佳”文明规范服务示范网点、9个“五星级”网点。分行还获评“全国模范职工之家”称号、“全国金融五一劳动奖状”、“重庆五一劳动奖状”，先后有3位同志获评“全国金融五一劳动奖章”，5位同志获评“重庆金融五一劳动奖章”等表彰和奖项。

【夯实党建工作】 光大银行重庆分行以习近平新时代中国特色社会主义思想为指导，贯彻落实中国光大集团董事长李晓鹏提出的关注“三声”（掌声、呼声、怨声），聚焦“三力”（战斗力、影响力、向心力），做实“五双”（双一流、双责任、双覆盖、双预算、双KPI即关键绩效指标）要求。在经营发展中始终把加强党的建设作为政治保障，与纪检监督、合规管理、业务发展等通盘考虑，把全面从严治党贯穿到全面从严治行的全过程。全面开展“不忘初心、牢记使命”主题教育，党委书记唐健以“不忘初心、牢记使命，强化担当、努力奋战，确保经营稳健发展”等为主题为全行干部员工讲党课，各党委委员先后多次讲授党课、分享心得。加强党支部规范化建设，2019年，光大银行重庆分行辖内44个党支部分批次开展标准化、规范化建设，30个支部已通过规范化支部验收。开展“党建+扶贫”活动，辖内基层党支部与重要合作单位开展各类“党建共建”活动并取得较好效果，将党建互促互进的政治优势转化为业务发展动力。夯实全面从严治党监督责任，光大银行重庆分行纪委认真落实驻光大集团纪检监察组和光大总行纪委各项要求，健全执纪监督问责体制机制，严守政治纪律和政治规矩，着力解决影响稳定发展的突出问题。

【助力绿色发展】 光大银行重庆分行通过信贷资源配置，以绿色信贷为抓手，调整信贷结构，对绿色经济、低碳经济、循环经济提供支持。以贷款资源投放于再生物资回收与批发、环境污染处理专用药剂材料制造、水污染治理、污水处理及其再生利用、环境保护专用设备制造等制造业、服务业。与重庆环保投资集团、康达环保产业集团、财信环保投资公司等建立长期合作关系，支持重庆新能源与再生能源、水污染治理、大气污染治理、土壤污染治理等领域。至2019年末，光大银行重庆分行向各类节能环保行业企业发放各类授信余额约7.63亿元。同时，光大银行重庆分行倡导自身绿色运营，通过科技的力量，推进无纸化、低碳化办公。

【助力扶贫公益】 推进金融精准扶贫工作，通过平台搭建、融资渠道、产品创新等方式，探索独有的精准扶贫“阳光模式”。搭建金融扶持平台，服务小微三农。重点对重庆周边农村、农业基础设施建设、农户贷款、农林牧副渔行业企业贷款予以支持，通过与重庆市农业融资担保公司等在对农企业和农户贷款政策上有倾斜的担保公司平台的合作，简化流程、提高审批效率，从根源上解决担保公司与农业型客户的需求。至2019年末，累计提供金融精准扶贫贷款2880万元，带动8个贫困村，8户贫困户，27名贫困人口就业。助力公益事业。创办以“攻坚扶贫”“助学扶幼”“敬爱扶老”为主题的“阳光爱心公益行”活动项目，为多家精准扶贫对象、爱心庄园、贫困地区小学等送上温暖和帮助。2019年6月，在市政协新闻宣传中心和市红十字基金会联合举办的“六一关爱农村留守儿童”活动中，光大银行重庆分行作为爱心单位向市红十字基金会捐赠10000元。

【助力实体经济】 支持重庆重大战略项目建设。支持有重大民生、重大交通、农业、重大网络、能源资源、技术改造、环保生态等重点基础设施建设项目以及棚户区改造等建设项目。截至2019年末，累计发放授信606.86亿元。推进重庆市基础设施的授信支持。以基础设施建设基金、产业发展基金、城市发展基金等为抓手，服务基础设施、互联互通和新型城镇化建设；累计向渝北区、万州区、九龙坡区、永川区、沙坪坝区、江津区、巴南区等多个区县发放城镇化贷款88.56亿元。支持民营经济发展。按照光大集团支持民营经济四个“一视同仁”（信贷政策、服务效率、激励约束和产品创新上一视同仁）的要求，至年末，对民营企业授信余额已达298.8亿元，较2018年增长27.15%；有授信余额的民营企业客户较2018年增长24.29%。（4）支持民生金融。辅助个体经济，扶持中小企业主，提供品种丰富的个人经营性贷款，为个体经营户解决融资难、门槛高等难题。

【助推内陆开放】 支持国家重大战略及区域重大战略的信贷。明确经营重点，合理发挥区域比较优势，对重庆市地区重大交通枢纽工程、重点铁路公路及桥隧项目、自贸区重点招商引资企业等展开积极营销，实现营销渝湘高速、郑万高铁、红岩村嘉陵江大桥、重庆环保投资集团、特斯联、创新工场等一批重点工程项目或重点企业。完善“易结汇”项目。实现小微电子商户跨境资金在线化、全流程、自动化收结汇操作。通过先进的系统为客户提供高效、精准、优质的服务，成为业内同质业务发展标杆。2019年实现结算量5亿美元，服务跨境电商客户约8000户。助力境内企业打通境外融资渠道。通过内保外债业务降低融资成本，为企业提供资金支持；2019年，累计办理内保外债业务8300万美元。开展产品云链保理业务。针对小微供应商累计投放金额9521万元，放款95笔。

【普惠金融发展】 光大银行重庆分行以“小额化、分散化、标准化、便利化”为指导思想，统筹布局、优化结构、突出特色、流程管理、防控风险，推进普惠金融业务发展。落实普惠金融“三专”（专业部门、专营机构、专家审批）发展要求，筹建普惠金融专营机构取得实效。围绕“立足小微、服务三农”的经营战略和服务理念，对“小微”业务突破传统融资模式，设立小微信贷工厂。深化与政府机构合作，成为首批入驻重庆经济和信息化委员会主导“中小企业商业价值信用贷款管理平台”的八家银行之一，通过金融科技减少对中小微企业抵质押物的依赖。2019年，项目累计为32户小微企业客户取得信用贷款批复，贷款金额5716万元。开通小微企业票据贴现绿色通道，优化业务审批流程，达成企业快速融资需求，全年办理普惠票据贴现业务总额6.3亿元。提升农村金融产品、服务的创新，丰富涉农产品体系，通过细分产品产业链条，对不同层次、不同阶段的客户提供有针对性的信贷产品，切实支持“三农”发展尤其是农户和涉农小微企业发展，年末涉农贷款余额32.08亿元。完成小微企业“两增两控”监管目标，全年普惠金融贷款余额84亿元，同比增速13.55%，客户数较年初增加4905户。

【阳光服务升级】 加强服务细节管理，经营机构结合综合管理细项要求，落实“每日必做”“每周必做”“每月必做”，通过基础管理的夯实，狠抓服务质量，提升客户体验。围绕服务和创新，实施创优工作，坚持“以客户为中心”的服务理念，着力打造“一流财富管理银行”的品牌；推行系统提质措施，升级客户的细节体验，获得客户好评；截至2019年末，光大银行重庆分行辖内网点累计获评2家全国“百佳”网点、10家全国“千佳”网点、9家全国五星级网点。严格践行各项行业标准要求，制定《营业网点行为规范》《岗位服务职能》《岗位基础服务流程及规范》《环境及设施管理规范》等服务规章制度；实施客户满意度测评和考核长效机制，提升规范化服务水平。强化内部管理，制定《星级柜员管理办法》，明确业务标准、服务标准、技能标准，合理配备熟悉业务、协调能力强、有责任心、服务经验丰富的大堂经理，及时识别、引导、分流客户，受理客户咨询，开展业务宣传，引导客户使用自助设备；推行行长值大堂制度，行长深入一线，了解和倾听客户意见和建议，发现问题、解决问题，起到表率、激励一线员工作用。做好特殊群体客户关爱服务，针对网点到访老、弱、病、残、孕等特殊群体客户，提供一对一的专人服务，开设优先窗口，减少其等候时间；开设绿色通道，做到特事特办，急事急办。在辖内网点建立爱心驿站，为商圈工作的环卫工、交警、协勤提供休息、纳凉、避寒的场所，提供遮风挡雨的歇脚地，在夏季免费提供凉饮、在寒冬提供热茶，将温暖传递给社会。

【金融知识普及】 以“给金融更多阳光、让阳光照进万家”为理念，2019年3月，光大银行重庆分行联合解放碑街道办事处在国泰艺术广场举办“3•15打击非法集资，切实保护金融消费者合法权益”金融知识公益宣传活动。向市民发放宣传单，讲解金融消费者权益保护知识，解答消费者在生活中遇到的金融疑问，引导消费者们如何识别非法集资。走进周边街道、社区、商场等，以“以消费者为中心优化服务”“权利•责任•风险”为主题，开展“3•15金融消费者权益日”系列宣传教育活动。引导消费者依法、理性维权，营造和谐诚信的金融消费环境。

【企业文化建设】 采取实践锻炼、轮岗交流、在职学习等多形式、多层次、多渠道的教育培训方式，推进员工队伍建设。加大人才培养力度，开展“三年人才培养计划”，培养关键岗位、专业人才、业务骨干和后备干部。培育光大“家园文化、阳光文化、崇商文化、担当文化”的文化理念，维护职工合法权益，增强干部员工的认同感、归属感。充分发挥工会作用，推进职工福利计划，实施“送温暖”工程，开展佳节慰问活动和生日慰问。2019年全年工会关怀退休、结婚、生育、住院员工等91人次，总行劳模慰问2人次。开展“共筑光大梦，我是追梦人”新春联谊会活动、“光大集团驻渝企业第六届职工联动运动会”、“光大健步走，你我共携手”健步活动等主题活动，激发进取精神，增强团队凝聚力。

2019 年光大银行重庆分行驻渝中区机构

机构名称	地址	电话
重庆分行营业部	渝中区民族路 168 号	023-63792582
民生路支行	渝中区民生路 183 号	023-63819264
两路口支行	渝中区中山二路 170 号	023-63851656
渝中支行	渝中区人民路 248 号	023-63897710
大坪支行	渝中区长江二路 77 号	023-68800332

【光大银行重庆分行负责人】

行　　长：唐　健
副 行 长：李　华（2019 年 6 月离任）
　　　　　陈　放（2019 年 8 月离任）
　　　　　庞洪涛　王　映
纪委书记：王　东（2019 年 10 月任职）
党委委员：朱鸿春（2019 年 11 月任职）
巡 视 员：陈　放（2019 年 8 月任职）

（刘丰）

平安银行股份有限公司重庆分行

【概况】 平安银行股份有限公司（简称“平安银行”）是中国平安保险（集团）股份有限公司控股的一家跨区域经营的股份制商业银行，是中国内地首家向公众发行股票并公开上市的全国性股份制商业银行，总部设于深圳。2012 年 1 月，平安银行的前身深圳发展银行与平安保险集团旗下的深圳平安银行合并，并更名为新的平安银行，两行整合后正式对外营业。

平安银行股份有限公司重庆分行（简称“平安银行重庆分行”）的前身是于 2000 年 9 月成立的深圳发展银行重庆分行，2012 年 8 月更名为平安银行股份有限公司重庆分行，地址位于渝中区经纬大道 778 号。2019 年，平安银行重庆分行有员工 547 人，下辖 1 家自贸区二级分行、1 个营业部、19 家综合支行、5 家社区支行、27 个自助银行（含支行、社区自助行），在主城九区及涪陵区、永川区、璧山区等 12 个区县设有营业网点。

在平安集团和平安总行制定的发展方略统领下，平安银行重庆分行立足重庆，依托平安集团综合金融优势，致力于为广大企业和市民提供专业、优质、高效的金融服务。

2019 年，平安银行重庆分行服务金融，服务实体经济，坚守合规经营和风险防控底线，实现整体稳健发展。年末，存款余额 537.18 亿元，较年初增加 130.16 亿元，增幅 31.98%；贷款余额 365.28 亿元，较年初增加 87.71 亿元，增幅 31.60%；实现营业收入 15.92 亿元，同比增加 3.34 亿元，增幅 26.55%。

【党建工作】 开展“不忘初心、牢记使命”主题教育，抓好学习型机关建设，教育引导党员干部自觉加强党性修养。从 9 月开始至 11 月底结束，不划阶段、不分环节，把学习教育、调查研究、检视问题、整改落实贯穿全过程。推进“两学一做”学习教育常态化制度化，全行统一安排政治理论学习 20 余次，通过专题辅导、警示教育、主题党日活动、捐助慰问活动、专题讨论等形式，抓好党员教育培训。贯彻落实“组织条例”，严格执行《中国共产党党和国家机关基层组织工作条例》，压实工作责任，落实“三会一课”严格组织生活，抓好制度建设，抓好发展党员、党费收缴等工作。落实民主评议党员制度，分行班子于 4 月、12 月分别召开两次民主生活会，并接受总行纪委巡检 1 次。随后各党支部分别召开民主生活会。做好党员的信息管理，分行顺利完成党员信息管理、23 名党员组织关系转接工作。创新党建工作方式，在全体党员中推广“深圳智慧党建”App，推进互联网党建。

【服务实体经济】 支持国家重大战略，聚焦基建、交通、农业、能源等关乎国计民生的重点行业。强化政府合作，针对政府智慧建设需求，重点利用网金科技等拳头产品，加大科技支持力度，利用互联网将金融服务“场景嵌入”。发挥供应链服务优势，围绕核心产业做好上下游延展服务，打通上下游生产贸易全流程，为支柱产业集群化发展发挥积极作用。发挥“跨境结算、离岸业务和保理业务三大中心”优势，推广跨境融资，贯彻落实“一带一路”倡议、中新合作战略，支持企业走出去、引进来。

【聚焦精准扶贫】 平安银行重庆分行作为平安集团与重庆市政府签订战略合作协议的牵头者，积极履行社会责任，落实精准扶贫战略，并牵头把集团“三村工程”扶贫工作资源向重庆引流倾斜，通过加大资源投入力度、推广成熟经验，实现对扶贫地区的乡村“产业扶贫、健康扶贫、教育扶贫”。（1）认购政府扶贫债券。2019 年 2 月，平安银行重庆分行中标 2019 年第一批重庆市政府债券 4.7 亿元。其中，投放到一般债券（二期）的 2.2 亿元为平安银行针对扶贫项目的专项资金，期限 10 年，利率 3.39%。直接惠及万州区、开州区、丰都县、忠县、石柱县等 5 个贫困区县，涵盖石柱县脱贫攻坚基础设施项目、忠县农村人居环境整治工程等多个项目。（2）发放扶贫贷款。2019 年 10 月平安银行重庆分行为三峡集团投放 10 亿元扶贫项目贷款，该笔贷款是平安银行全行首单央企扶贫基础设施项目贷款，三峡集团在做好项目建设、改善当地贫困地区用电环境和生态环境的同时，通过实施移民搬迁项目，帮助贫困村民改善生活环境，并持续通过雇工、产业帮扶、土地补偿等方式实现贫困村民稳收增收。（3）创新“产业 + 消费 + 帮扶”扶贫模式。以帮助农户提升农产品销量为切入点，通过平安品牌加持与渠道赋能，探索产业扶贫新模式。平安银行重庆分行与当地政府合力帮助农户打造“平安橙”扶贫品牌，并通过平安集团的网络平台和销售渠道，扩大“平安橙”销售，助力消费扶贫。仅 2019 年元旦前后十多天，就为奉节销售“平安橙”20000 多斤，销售总额逾 20 万元。

【践行普惠金融】 平安银行重庆分行聚焦重点行业、重点客户，将资源投向信用记录良好的小微企业主、法人企业股东、个体工商户；同时依托科技赋能，将科技与金融有机结合，创新业务模式，推出线上信用贷款申请以及线上抵押贷款申请，审批高效，放款迅速。持续推动 KYB（中小企业数据贷）产品，推行房易贷，解决小微企业“融资难”问题。优化升级 KYB 产品，将产品额度上限提高至 100 万元，有效缓解小微企业融资难问题。通过金融科技搭建线上贷款申请平台，引入人工智能、机器学习等最新技术，构建服务于小微企业的在线评估金融服务体系，特别推出房易贷房产抵押业务。支持线下和线上申请，运用 AI（人工智能）实现在线快速准确评估房产价值，极大提高评估审批效率。并以其利率低、额度高、还款灵活、放款速度快、抵押物范围广泛，为小微企业融资提供新的选择，化解小微企业融资难问题。主动采取优化措施，解决小微企业“融资贵”问题。平安银行重庆分行以为企业减负为首要目标，针对当前存量小微企业“短贷长用”导致负债成本急剧上涨的情况，从还款周期、还款方式、利率定价、风险缓释措施等方面进行优化，对一年以上正常期供还款且存在风险的存量授信客户，有针对性地出台风险缓释措施，给予降低利率的优惠。同时，平安银行重庆分行从 2019 年 8 月底起，对数据征信金融服务体系——KYB 产品下的客户，按照客户最新人民银行征信评分、客户进件渠道、客户所在区域三个维度进行差异化的利率设定，存量客户利率最高可从年化 12% 降至 7%，综合降幅达 41.67%。

2019 年平安银行重庆分行驻渝中区机构

机构名称	地址	电话
平安银行重庆分行	渝中区经纬大道 778 号	023-63369926
分行营业部	渝中区经纬大道 778 号	023-63369566
解放碑支行	渝中区中华路 182 号	023-63858335
嘉华支行	渝中区瑞天路 56-8 号	023-68819015

【平安银行重庆分行负责人】
行　长：韩　旭
副行长：周　晖
　　　　曾　瑞（2019 年 1 月任职）
　　　　陈旭辉（2019 年 8 月任职）
　　　　刘芳斌（2019 年 12 月任职）

（荆雪）

恒丰银行股份有限公司重庆分行

【概况】 恒丰银行股份有限公司重庆分行（简称“恒丰银行重庆分行”）是恒丰银行所属的一级分行，于 2009 年 8 月正式对外营业，办公地址在重庆市渝中区新华路 278 号。截至 2019 年末，恒丰银行重庆分行共开设分支机构 19 家，有员工 492 人，其中在渝中区开设 2 家分支机构，分别为恒丰银行重庆分行营业部和恒丰银行重庆解放碑支行。

2019 年，恒丰银行重庆分行以加强党的建设为统领，以“做实主业、做强本土、做大零售、做细成本”为导向，落实“打基础、建机制、防风险、调结构、降成本、增效益”的工作方针，推动恒丰银行三年战略发展规划落地，各项事业平稳推进。至年末，恒丰银行重庆分行资产总额 152 亿元，一般性存款余额 142 亿元，各项贷款余额 145 亿元。

【加强党的建设】 紧扣实际细化基层党建计划。围绕“思想要求实、方案要扎实、措施要务实”三个方面制定学习计划、调研方案、党课计划，落实到具体责任人。紧盯“关键少数”，由党委班子成员带头为基层作出样子、立下尺子，引领主题教育工作开展。加大对基层党组织主题教育开展的指导和监督，防止和杜绝敷衍应付、走样变形等问题发生。深入开展“不忘初心、牢记使命”主题教育。制定《恒丰银行重庆分行党委“不忘初心、牢记使命”主题教育工作方案》，定期组织召开主题教育工作会议、主题教育专题民主生活会，邀请重庆市有关专家学者讲专题党课。党委班子组织开展调研座谈会 9 场、走访基层网点 16 家，了解基层实际情况，共收集意见建议 79 条。全力推进学习型组织建设，打造“用心倾听的敏捷银行”，为实现高质量发展提供智力支持。通过深入开展“荐书读书”活动，搭建员工学习平台，植入“热爱阅读”和“崇尚文化”的基因。

【服务内陆开放高地建设】 综合运用产业基金、并购贷款、债券承销、PPP 项目融资、政府购买服务等模式，支持巴南区、大足区、南川区等区县以及两江新区、珞璜工业园区、西永微电园等国家级开发开放新区和市级特色工业园区的基础设施建设。

【服务脱贫攻坚】 助力打好精准脱贫攻坚战。恒丰银行重庆分行及辖内各家支行立足当地，主动认领建档立卡贫困户，建立结对帮扶机制，对接当地建档立卡贫困户脱贫，助力贫困户早日实现“两不愁三保障”（“两不愁”即不愁吃、不愁穿，“三保障”即义务教育、基本医疗、住房安全有保障）的脱贫目标。

【服务乡村振兴】 积极服务“三农”，发挥恒丰银行重庆分行各个区县支行辐射带动作用，持续强化支持县域经济。为锦程实业、兴冠农业、绿璞洁农业、博物农林、博大农牧产品等一批涉农企业发展提供信贷支持。

【服务绿色发展】服务生态优化绿色发展，积极进行信贷业务结构调整，对不符合节能减排政策规定和落后产能的违规在建项目，不提供任何形式的新增授信支持；对违规已经建成的项目，不新增任何流动资金贷款。及时获取“淘汰落后产能企业名单”和各类重大违法违规企业名单，配合政府推进节能减排、环境保护工作。至2019年末，分行绿色信贷余额8000万元。

【大力发展普惠金融】 支持中小微企业发展。根据中小微企业生产经营实际需求，研发多种小微金融产品，逐步形成抵质押类、供应链类、增信类和企业担保类四大类型为基础的标准化产品体系，推动小微业务批量化发展模式。2019年，推出“好房快贷”“保捷贷”“政采云贷”3个小微企业创新产品。服务民营经济发展，围绕“做牢基础，做实主业，做强本土，做大零售，做细成本”战略导向，持续加大金融支持民营经济发展力度，深入了解客户需求，量身设计产品方案，提升服务质效，为民营经济高质量发展助力。2019年，服务民营企业633户，较上年新增82户，新增民营企业贷款额39.5亿元。服务以需求为导向的民生事业，加强个人金融服务，各营业网点继续加强辐射周边能力，运用金融科技，广泛宣传网上银行、手机银行、电话银行等多元化线上渠道，让广大市民足不出户便可以办理业务。2019年，恒丰银行重庆分行消费信贷发放额为4.65亿元，同比增长167%。

【风险化解管控】 防范化解经营风险。按照恒丰银行总行统一部署，恒丰银行重庆分行于2019年末完成不良资产剥离、核销财务处理工作，资产质量明显改善，不良率降低、逾期90天以上贷款与不良贷款的比例达到监管要求。

【保护消费者合法权益】 强化文明规范服务。持续开展柜面员工技能勤练兵活动，提高服务质量和效率。举办“创敏捷团队、展运营风采”技能大赛，以赛促进，形成浓厚的学习氛围，促使柜面员工技能水平日益精湛，全面提升柜面服务水平，铸造服务优良、技能过硬的服务队伍。加强客户权益保护。结合每年的消费者权益日、儿童节等节点和“双十一”等热点，围绕防范电信诈骗、反洗钱等主题，统筹编制全年金融知识宣传全景图，作为常态工作有计划扎实推进。2019年，恒丰银行重庆分行及辖内18家支行累计开展消费者权益保护宣传教育活动96次（场），发放宣传资料14000余份，受众消费者达到62000余人次，微信推送点击量14265次，媒体报道29次。

【做实公益慈善】 在六一国际儿童节前夕，恒丰银行重庆分行、区慈善会联合在解放西路小学开展“情暖童心 有爱同行”爱心公益活动，为同学们赠送新书包、新文具等学习用品，鼓励孩子们要勤奋刻苦、好好学习。6月，开展“精准扶贫•圆梦行动”助学公益活动。9月，联合区慈善会开展“99公益日”助老爱心公益活动。

【关爱员工成长】 结合各层级员工岗位职责和学习发展需求，围绕激发员工内在动力，有针对性地开展各类培训。全年分行组织开展内部培训100余场，外部培训20余场，参加恒丰银行总行培训10余次。4月，举办以“挥洒青春激情，共筑恒丰梦想”为主题的春季趣味运动会。7月，在恒丰银行重庆分行开业10周年之际，举办了第二届“恒渝杯”员工男子篮球赛，来自分行本级部门及辖属分支机构的6支队伍参赛。12月，举行“健步迈向新征程 奋力建功新恒丰”冬季健步走活动，共计300余人参加。

恒丰银行重庆分行驻渝中区机构

机构名称	地址	电话
恒丰银行重庆分行	渝中区新华路 278 号	023-63328888
分行营业部	渝中区新华路 278 号	023-63328803
解放碑支行	渝中区临江路 9 号	023-63788895

【恒丰银行重庆分行负责人】

行　　长：杨　文（2019 年 8 月离任）
　　　　　张文利（2019 年 8 月任职）
纪委书记：赵先海（2019 年 1 月任职）
副 行 长：赵先海（2019 年 1 月离任）
　　　　　陈　安（2019 年 10 月任职）
行长助理：吴瑞丰
　　　　　高中浩（2019 年 12 月离任）

（王洪）

广发银行股份有限公司重庆分行

【概况】 广发银行股份有限公司（简称“广发银行”）成立于 1988 年，是国内首批组建的全国股份制商业银行之一，总部设在广州。2016 年 8 月，中国人寿受让花旗银行股份后成为广发银行单一大股东，广发银行成为中央企业直管的四家股份制银行之一。2019 年末，广发银行在境内 24 个省（自治区、直辖市）100 个地级及以上城市和澳门特别行政区设立了 44 家直属分行、862 家营业机构，并与全球 100 多个国家和地区的 1319 家金融机构建立 SWIFT（环球同业银行金融电讯协会）密押关系，为 30 多万对公客户、3700 多万对私客户、4600 多万信用卡客户和 3600 多万移动金融客户提供优质、全面的金融服务。

广发银行股份有限公司重庆分行（简称“广发银行重庆分行”）是广发银行在渝设立的省一级分行，于 2015 年 11 月 28 日对外营业，办公地址位于渝中区五一路 99 号。2019 年末，广发银行重庆分行共有机关职能部门 12 个，正式合同制员工 190 人，开设有分行营业部、江北支行、两江支行、南岸支行、渝北支行、九龙坡支行共 6 家一级支行网点，与重庆市 38 个区县客户均建有授信关系。

2019 年，广发银行重庆分行围绕重庆“两点”定位、“两地”“两高”目标和“四个扎实”的要求，坚持党建引领业务发展，贯彻执行中国人寿集团、广发银行总行发展战略，扎实稳健开展各项工作，取得较好的成绩。广发银行重庆分行资产总额 219.04 亿元，其中，各项贷款余额 123.03 亿元，同比增长 17.9%；负债总额 219.09 亿元，其中各项存款余额 190.61 亿元，同比增长 95.1%。

【党建引领】 深入贯彻“不忘初心、牢记使命”主题教育要求。落实党中央、中国人寿集团公司以及广发银行总行党委重大工作部署，深入研究长江经济带战略、精准扶贫工作。提高思想认识，落实一岗双责，将党建与经营管理同研究、同部署、同落实、同考核。狠抓思想政治建设不放松，规范开展组织工作。广发银行重庆分行党委中心组理论学习 37 次，重点学习习近平新时代中国特色社会主义思想，党的十九大及十九届二中、三中、四中全会精神，党章党史等内容。坚持党内班子成员之间、党员干部之间、普通党员之间开展经常性谈心谈话，强化思想政治工作。党委书记、党委委员讲授党课 8 次，引导党员干部端正政治思想，强化政治认同，提高执行能力。

【服务国家战略】 广发银行重庆分行紧扣地方经济发展的脉搏，支持重庆市重点项目和民生工程建设，以服务实体经济为己任。主动对接"一带一路"倡议、长江经济带发展战略、中新（重庆）互联互通示范项目、重庆自贸区、重庆高新区等，通过项目贷款、基础设施产业基金、债务融资工具等方式开展银政、银企合作，加大对高新技术产业、战略性新兴产业、优势产业和传统产业升级改造的信贷投入，促进重庆构建现代产业体系。2019 年 5 月，与重庆高新技术产业开发区在第二届西洽会上签订战略合作协议，全力支持其实施的转型升级战略工程。全年累计中标国库现金管理商业银行定期存款 26.4 亿元，较 2018 年增长 15.6 亿元，中标份额同比提升 1.1%；累计购买政府债券 45.8 亿元。

【小微金融】 以"打造最高效中小企业银行"为目标，以"创新谋发展、稳妥发展"为小微企业授信业务原则，履行助力小微企业发展社会责任。2019 年，与市税务局签订战略合作协议，依托税务数据库和互联网，将个人纳税信息作为依据，拓展业务接口，实现个人终端便捷申请、实时系统审批、自主快速放款还款，获得小微企业客户高度认可。全年累计为小微企业提供融资逾 10 亿元。

【普惠金融】 践行便民、利民、惠民的普惠金融理念，与重庆市公安交通管理局合作，开发"e 交管"车主信用卡，以此为载体整合中国人寿寿险和财险资源开发延伸服务，倡导文明安全交通和普惠金融，使人民群众从中获益。2019 年 3 月，"e 交管"便民卡正式上线发行，同步联建交通管理互联网体验中心，与"e 交管"车驾管服务平台形成互动，将"让数据多跑路、让群众少跑路"服务理念落到实处。

【金融创新】 依据广发银行在 2019 年 6 月正式发布智慧城市服务计划方案，围绕"善政、惠企、利民"三个着力点，致力于提升城市管理者在政务、法院、党务、商事、制造、地产、连锁、医院、学校、保险、交通、旅游 12 个方面的综合管理能力，打造"城市管家"型综合金融服务形象。2019 年，在市政府办公厅的支持下积极参与到重庆智慧城市建设中，以"营销一体化、服务一体化、配置一体化"的新型服务模式推进重庆市智慧城市建设。

【社会责任】 将"关注人的发展，实现和谐共赢"的理念融入业务发展，用发展成果惠及山城百姓。2019 年，再次联合中国青少年发展基金会，开展"广发希望慈善基金"学生资助工作。资助开州区大进镇梓潼中心学校 52 名学生，合计资助 5.2 万元。积极响应集团扶贫工作，支持集团定点扶贫，推广贫困地区优质产品，在集团扶贫产品电商平台购置扶贫产品金额达 6 万余元。

2019 年广发银行重庆分行驻渝机构

机构名称	地址	电话
广发银行重庆分行	渝中区五一路 99 号	023-63302266
分行营业部	渝中区五一路 99 号	023-63329666
江北支行	江北区东环路 59 号	023-67078899
两江支行	渝北区青枫南路 11 号、13 号、15 号	023-65862902
南岸支行	南岸区南坪西路 27 号 1 层	023-62933050
渝北支行	渝北区春华大道 99 号北区 7 号楼 1 层附 1、2 号	023-67820942
九龙坡支行	九龙坡区直港大道珠江花园 34 栋 9、10、11、12 号	023-68887996

【广发银行重庆分行负责人】

行　　长：莫照星（党委书记）

纪委书记：何明生（2019 年 12 月任职）

副 行 长：罗　勇　周　禹

行长助理：刘志华（2019 年 7 月总行挂职）

（方嘉伟）

东亚银行（中国）有限公司重庆分行

【概况】 东亚银行有限公司于1918年在香港成立，致力为中国香港、中国内地以及世界其他主要市场的客户提供全面的商业银行、个人银行、财富管理和投资服务。

东亚银行于1920年在上海设立第一间内地分行，自此内地业务从未间断。2007年初，东亚银行在内地注册成立全资附属银行——东亚银行（中国）有限公司［以下简称“东亚银行（中国）”］。东亚银行（中国）继承母公司庞大的内地业务网络，致力为广大客户提供一应俱全的金融服务。东亚银行（中国）总部设在上海，是内地分支行网络最庞大的外资银行之一。

东亚银行（中国）有限公司重庆分行［简称“东亚银行（中国）重庆分行”］于2005年12月成立，办公地址位于渝中区邹容路131号世贸大厦43楼。根据业务发展需要，设立企业银行部、零售银行拓展部、授信执行监控部、营运部、财务管理部、人力资源部、行政部等。东亚银行（中国）重庆分行下辖两家支行，分别为东亚银行（中国）有限公司重庆解放碑支行和东亚银行（中国）有限公司重庆江北支行。

【经营范围】 东亚银行（中国）重庆分行在下列范围内经营全部外汇业务和人民币业务：吸收公众存款，发放短期、中期和长期贷款，办理票据承兑与贴现，提供信用证服务及担保，办理国内外结算，买卖、代理买卖外汇，代理保险，从事银行卡业务，提供资信调查和咨询服务。零售业务服务的对象主要为个人客户，提供的服务包括：销售理财产品（包括代客境外理财产品），代理保险业务，拓展借记卡、信用卡发卡业务，拓展个人网银业务，并负责为小买家客户处理楼宇按揭贷款及个人消费性贷款的申请。

【业务发展】 致力于为重庆本地客户提供全面、优质、专业的银行服务，协助本地企业拓展国内市场并“走出去”。为企业客户提供涵盖贸易金融、跨境金融、财资管理、支付结算的交易银行业务，依托东亚集团在全球的服务网络和高效精准的综合产品，为客户提供境内外金融解决方案，助力企业降低财务成本，提高运营效率，拓展全球网络，实现稳健增长。通过本外币资金投融资运作及各项交易活动的运营和管理，通过结售汇、外汇买卖、期权等代客产品为客户的各种资产、债务及资金收付等保值增值。贸易融资业务持续发展，金融市场业务继续与本地大型国有企业建立良好的合作关系，成功落地一笔房地产银团贷款业务。2019年，东亚银行（中国）重庆分行以存款为中心，积极拓展高净值客户跨境资产配置、机构客户理财等财富管理业务；发展消费信贷等业务，推动以“场景带动业务”的营销模式。同时，加快互联网金融布局，完善网上银行、手机银行、微信银行等互联网及移动业务平台和产品服务体系，探索与互联网企业的深入合作，搭建“互联网＋产业生态圈”的新金融模式。

【社会责任】 1月，东亚银行（中国）重庆分行义工队与曾家岩敬老院的老人们欢聚一堂，向老人们送爱心、送温暖。5月31日，东亚银行（中国）重庆分行义工队到北碚区翡翠湖小学，为参加活动的同学派发书籍、文具等儿童节礼品。与同学们一起身着汉服欢聚一堂，为同学们展示讲解汉代青铜器、钱币、隶书帛画、酒樽陶俑等，讲述历史名人、思想学说、服饰饮食文化、诗词歌赋和艺术成就，让同学们加深对文化的理解和认识。

东亚银行（中国）有限公司重庆分行驻渝分支机构

机构名称	地址	电话
东亚银行（中国）有限公司重庆解放碑支行	渝中区民生路96号	023-63107939
东亚银行（中国）有限公司重庆江北支行	江北区北城天街9号附1号第2、3层	023-67710788

【东亚银行（中国）有限公司重庆分行负责人】
行　长：许　华（2019 年 8 月离任）
　　　　左　欢（2019 年 8 月任职）
（林伊）

华侨永亨银行（中国）有限公司重庆分行

【概况】 华侨永亨银行（中国）有限公司重庆分行［简称“华侨永亨银行（中国）重庆分行”］，原名华侨银行（中国）有限公司重庆分行，总行位于上海。

2016 年 7 月 18 日，原华侨银行在华全资子公司华侨银行（中国）有限公司和原永亨银行在中国的全资子公司永亨银行（中国）有限公司以吸收合并的方式，正式成立华侨永亨银行（中国）有限公司。

华侨永亨银行（中国）有限公司注册资本为人民币 54.67 亿元，聘有约 1200 名员工。包括总部在内，2019 年，华侨永亨银行（中国）在北京、上海、厦门、天津、成都、广州、深圳、重庆、青岛、绍兴、苏州、珠海、佛山和惠州等 14 个城市共设有 24 个网点。

华侨永亨银行（中国）有限公司的股东华侨永亨银行有限公司，为新加坡华侨银行的全资附属公司。新加坡华侨银行为新加坡成立时间最早且是东南亚第二大金融服务集团，能够为合作方提供金融服务领域的专业知识，包括商业银行和财富管理等相关方面。

华侨永亨银行（中国）重庆分行是最早落户重庆的来自新加坡的银行分支机构，地址位于渝中区民权路 28 号英利国际金融中心 48 楼。2019 年，主要设立有企业银行部、营运科技部、合规部、财务部，员工合计 17 人。

【业务发展】 华侨永亨银行（中国）重庆分行充分发挥其在新加坡和东南亚地区的网络优势和跨境优势，积极支持中新互联互通项目、“一带一路”倡议、国际陆海新通道等项目的建设，发挥金融桥梁作用。在深耕本地企业的同时，加强与成都及各地分支机构的联动，加强与境内境外的联动，开放新业务模式，为更多企业“走出去”和“引进来”提供金融通道，将业务更广泛、更深入地辐射西部市场和其他核心市场。2019 年 5 月，公司作为唯一一家新加坡银行参展第二届中国西部国际投资贸易洽谈会，并提出“立足川渝，服务西部”的目标。11 月，第二次参加中新金融峰会，和重庆医药（集团）股份有限公司签订战略合作协议。

【合规文化建设】 2019 年以“合规风控、一路有你，保驾护航、锐意前行”为主题，让员工将合规风控的核心理念“内化入心，外化于行”。

【社会责任】 2019 年 11 月，举办“爱护环境、从我做起”的企业社会责任活动，组织员工志愿者利用周末休息时间，到鹅岭公园开展环保志愿行动。

【华侨永亨银行（中国）有限公司重庆分行负责人】
行　长：陈　果
（赵静）

中国工商银行重庆渝中支行

【概况】 中国工商银行重庆渝中支行（简称“工行渝中支行”）位于渝中区民族路 177 号。中国工商银行成立于 1984 年 1 月 1 日。2005 年 10 月 28 日，整体改制为股份有限公司。工行渝中支行原为中国人民银行重庆市分行市中区办事处，1984 年 7 月 1 日，中国人民银行、工商银行两行分设，中国人民银行重庆市分行市中区办事处改组为中国工商银行重庆市分行市中区支行，1995 年 4 月 1 日，改名为中国工商银行重庆渝中支行。1994 年末，支行下辖 7 个分理处。其后，经过多次网点整合和新建，2011 年 4 月首次跨区设立黄杨新城支行，2012 年 2 月跨区设立鲁能星城支行。2019 年，支行设立部室 7 个，分别为：办公室、信贷管理部、业务运行管理部、公司金融业务一部、公司金融业务二部、普惠金融事业部、个人金融业务部。下辖解放碑支行、上清寺支行、大溪沟支行、七星岗支行、和平路支行、黄杨新城支行、鲁能星城支行、化龙桥支行、高九路支行、人和街支行、邹容路支行、人民路支行12个网点，有在职职工269人。

2019年，工行渝中支行发扬“奋斗+实干”的精神，加快经营转型，促进高质量发展，主要业务指标持续增长，风险管控能力持续提升，努力建设现代化银行。除继续保持“全国文明单位”称号外，还获评“全国金融系统职工代表大会制度建设示范单位”称号，支行党委获评工行重庆分行“党建先进单位”称号。

2019年，工行渝中支行经营绩效实现拨备前利润16.3亿元，同比增加1.1亿元，总量保持工行重庆市分行系统第一。存贷款规模1330.6亿元，比年初增加76.4亿元，增幅6.1%。

【对公业务】 大力推动年金业务，工行渝中支行以同业第一名中标重庆机关事业单位职业年金受托人和托管人。实现重庆市最大政府类投资主体——重庆市发展投资有限公司首笔贷款、轨道九号线前期贷款、郭家沱大桥PPP融资等优质项目落地。加大对实体客户的营销拓展，2019年累计办理票据融资业务48.7亿元，重庆工行系统排名第一。全力支持中小微企业发展，依托优势产品、调动全员营销，普惠贷款超额完成全部口径任务。

【个金业务】 工行渝中支行围绕“线上+线下”，服务水平不断提升，零售业务加速发展。支行储蓄存款比年初增长9.87亿元，工行渝中支行保持余额、增量同业“双第一”。私银达标客户迈入百户行列，净增31户，排名工行重庆市分行第二。新增个贷项目11个，净增4.9亿元；投放“车分期”2.4亿元，“e分期”2.6亿元。

【风险管理】 坚持“经济本源、审慎稳健、诚信合规、客户优选、专家治贷、责任落实”24字信贷文化理念，不良逾期贷款、信用卡不良均超额完成市分行控制计划，不良贷款率（含信用卡）0.15%，资产质量保持优良。组织开展“明鉴自醒 严守底线”案件警示教育、“坚持警钟长鸣 促进合规建设”征文比赛、“践行合规、压实责任”等主题竞赛活动；开展“携手筑网•同防共治”为主题的防范非法集资宣传月活动；组织全体员工参加“反洗钱基础知识”培训和考试，提高员工反洗钱防控意识和业务技能。2019年全年无重大差错和案件发生，实现安全运营目标。

【队伍建设】 工行渝中支行党委坚持党建引领，全面落实“党要管党、从严治党、从严治行”的根本要求。扎实开展“不忘初心、牢记使命”主题教育。开展11次集中学习研讨；班子成员深入基层网点、部室调研12次。支行党委书记为全体党员讲授“守初心 担使命 建设具有凝聚力、战斗力、影响力的坚强堡垒”专题党课，确保主题教育取得成效。加强纪律建设、作风建设。持续开展“反思与前行”主题教育，做好案件风险预警，加强员工行为动态管理，不断推进案防关口前移。发挥党员示范作用。制定实施党员季度测评，推行行动落实、营销业绩、季度测评“三上墙”，开展“ETC营销”“旺季营销先锋行”等党日活动30余场，促进基层党组织更好发挥战斗堡垒和党员先锋模范作用。结合支行经营管理实际，通过支持工会（含女工委）、团委组织的女性健康讲座，暑季“送清凉”，演讲比赛等各类活动，完善职工小“家”建设，增强干部员工的凝聚力、战斗力、自豪感。

2019 年工商银行渝中支行所辖营业网点

网点名称	网点地址	电话
解放碑支行	渝中区民族路 177 号	023-63801778
大溪沟支行	渝中区人民路 43 号	023-63867575
七星岗支行	渝中区中山一路 208 号	023-63528292
上清寺支行	渝中区中山三路 174 号	023-63855486
黄杨新城支行	九龙坡区谢家湾工农村 58 号丽水菁苑 25 栋 1-2 号	023-63650092
和平路支行	渝中区和平路 156-2 号	023-63656610
化龙桥支行	渝中区瑞天路 182 号附 8、9、10 号	023-63316162
人民路支行	渝中区人民路 166 号	023-63855486
人和街支行	渝中区人和街 32-1 号	023-63867575
鲁能星城支行	渝北区渝鲁大道 666 号	023-67766139
邹容路支行	渝中区邹容路 50 号	023-63814755
高九路支行	渝中区经纬大道 782 号附 8 号	023-63525393

【工商银行渝中支行负责人】

行　　长：赖　涛

副 行 长：田　川（2019 年 8 月离任）

杨春智　刘海霞

纪委书记：曾晓华

行长助理：唐　怡（2019 年 8 月任职）

高级经理：陈　勇

（郑义凡　高腾）

中国农业银行重庆渝中支行

【概况】 中国农业银行股份有限公司重庆渝中支行（简称“农行渝中支行”）是农行重庆分行在渝中区设置的一级支行。2019 年，渝中支行内设公司业务部、国际金融部、普惠金融事业部、个人金融部、风险管理部（信用管理部）、运营财会部、纪委办公室、综合管理部共 8 个部门，下辖 18 个二级支行、1 个营业部，有在职员工 363 人。

2019 年 8 月 1 日农行渝中支行办公机构由原渝中区五一路 110 号迁入渝中区新华路 103 号，并正式对外办公。（农行渝中支行营业部仍在渝中区五一路 110 号）

2019 年，农行渝中支行围绕“高质量发展”的主线，聚焦主体业务，重点抓好党建统领、机制创新、改革转型、价值提升、防案控险、文化建设六项工作，固优势、补短板、强动力，各项工作取得进步。获评农业银行总行“春天行动”银保业务百强支行、综合绩效考评列农行重庆分行第 5 位（城市行），获评农行重庆分行党风廉政建设责任制一等行、银保业务先进支行和代理保险业务先进集体等称号。经过 20 余年的发展，2019 年农行渝中支行各项存贷款规模突破 700 亿元关口，主要业务指标在重庆农行系统领先。年末，农行渝中支行本外币存款时点余额较年初增加 21.04 亿元，其中对公、储蓄存款分别较年初增加 20.72 亿元、0.32 亿元；本外币各项贷款时点余额较年初增加 71.19 亿元，中间业务收入居农行重庆系统首位。

【负债业务】 坚持把政府作为最大客户资源，严格执行驻点机制，落地营销一批重点项目和重要客户。2019 年末，本外币对公结算账户新增 1389 户，其中人民币基本账户 623 户，新增数分别排名农行重庆分行第 1 位和第 4 位，账户新增数的全年计划完成率为 144.7%。聚焦特色客群，精准开展营销，全年个人有效客户、信用卡有效客户新增数分别排农行重庆分行第1位、第2位。加快推进网点和零售“两大转型”以及数字化转型，加快柜面业务线上迁移，“e融通”累计注册商户达1.32万户，全年e融通商户总数、交易金额、商户结算账户时点及日均存款、手续费收入等指标均居农行重庆分行首位。智慧商圈、智慧社区等场景加快建设，其中智慧商圈已上线商圈3个、商户192户，智慧社区已入驻21个小区、用户数达238人，逐步推动促进主体业务发展。

【资产业务】 聚焦重点项目。抢抓发展机遇和政策支持红利，巩固深化与存量市级重点平台类客户的合作，加快营销财政、社保、公积金、部队等源头性客户。完善营销机制体制。建立主体业务指标、重点产品指标、客户营销及项目推动责任制和营销工作跟踪督导机制，阶段目标细化分解，责任分工明确到人，限定办结时间，强化对营销工作质效的跟踪和评价，确保营销取得成效。2019年末，人民币贷款时点余额比年初增加51.14亿元，其中：对公贷款余额及增量排农行重庆分行第1位，人民币贷款余额及增量、个人贷款余额均排全市农行第2位。

【企业文化】 弘扬榜样力量，鼓励创先争优，树立先进典型，开展先进表彰。围绕“争做新时代弄潮儿”活动开展，能手先进等榜样作用彰显。2019年，农行渝中支行辖属农行渝中大坪支行获评“全国金融五一巾帼标兵岗”称号，员工吴限获评中国农业银行五一劳动奖章，员工邓月力获评重庆市银行业窗口服务提升专项行动先进个人。加强文化建设，探索文体活动新途径，开展主题演讲、集体登山、篮球、羽毛球等文体活动，增强工会群团组织凝聚力。持续加强人文关怀，推进送温暖工作经常化、制度化建设，让员工在农行真正感受到家的温暖。履行社会责任，开展“传承雷锋精神 弘扬时代新风”志愿者活动，走进商圈社区普及金融知识，提高居民金融风险防范意识，倡导员工积极参加无偿献血活动。

【队伍建设】 加强干部员工队伍建设，创新选人用人机制，畅通人才晋升渠道，先后开展副科级干部后备人才库的竞聘，完成内勤行长转聘工作，加强后备入库人员的后继培养使用，大胆选拔、培养起用年轻员工。规范基层岗位体系，全辖网点配齐专职对公客户经理，持续优化劳动组合设计、减少柜面人员占用、减静增动弹性排班方式，按年评价、动态调整，将客户经理工作重心转移到客户管理维护和业务拓展上。加强教育培训，聘请专家针对性开展营销能力、创新能力和实操能力提升培训，举办各类培训35期。

【风险管理】 加强信用风险管控，针对重点法人风险客户，行级领导逐一牵头挂钩，逐户制定风险化解方案，大户风险有效化解。通过专人查找财产线索，逐户细化清收处置方案，推动市场转让，做实呆账核销，推进处置进程，不良贷款管控取得实效。持续做好评级管理，加强风险监测，风险管理基础不断夯实。加强操作风险管控，强化柜面业务制度和技能的培训，推进监管经理与运营主管轮岗交流，开展“争做运营标兵”劳动竞赛活动，提升运营管理水平。将反洗钱工作纳入监管尽职监督范围，梳理整改各类违规问题，建立运营风险台账，开展重点环节风险排查。深入推进以党建为统领、纪检监督为保障、以案件风控为重点、以网格化管理为支撑的“三线一网格”管理模式，以工作、生活、社交3个维度全面了解员工的思想动态、工作表现、生活作风，做到心中有数；以“三查一教”（即案件风险排查、非法集资和员工行为的专项排查，以及“知敬畏、守底线、促合规”的案件警示教育）活动为抓手，常态化开展警示教育。围绕重点领域、重点业务、重点岗位和重点人员，持续开展风险排查。坚持案防分析会制度，推动“平安农行”建设。

【党建工作】 扎实推进“不忘初心、牢记使命”主题教育，将学习教育、调查研究、检视问题、整改落实贯穿始终。高标准完成上级党委要求，高质量开展学习教育。基层党支部以自学和集中学习相结合的方式组织党员干部读原著、悟原理、说体会，创新“每日一学”学习形式，开展“微学习”。组织开展集体观影、党建知识竞赛、参观红色基地等系列主题活动；优化党支部组织构架，推进党风廉政建设，从严治党、从严治行。全年，精选5个主题，召开5次集中研讨会深入学习；围绕员工管理、基层减负、数字化转型、普惠金融等主题，深入开展调查研究，累计查找问题16个，拟定整改措施46条。

2019年农行渝中区分支行机构及营业网点

序号	网点名称	网点地址	电话
1	帝都支行	渝中区民族路99号	023-63972053
2	支行营业部	渝中区五一路110号	023-63972001
3	两江汇支行	渝中区新华路36号	023-63972019
4	大世界支行	渝中区邹容路118号	023-63972126
5	两路口支行	渝中区中山三路123号	023-63972033
6	菜园坝支行	渝中区菜袁路27号平街一层30号	023-63972048
7	石羊支行	渝中区渝州路176-1号	023-63972120
8	鹅岭支行	渝中区长江一路58号建委大楼一层	023-63972065
9	大坪支行	渝中区大坪正街108号附18号	023-63972101
10	较场口支行	渝中区民权路51号	023-63972094
11	观音岩支行	渝中区中山一路175号	023-63972068
12	南纪门支行	渝中区解放西路80号	023-63972089
13	大溪沟支行	渝中区人和街74号	023-63972027
14	袁家岗支行	渝中区长江二路205号	023-63972114
15	渝都支行	渝中区邹容路109号	023-63972046
16	上清寺支行	渝中区中山三路166号	023-63972010
17	大正支行	渝中区陕西路38号	023-63972082
18	新天地支行	渝中区瑞天路57-3号	023-63972041
19	中环支行	渝中区虎歇路77号升伟•中环广场	023-63972108
20	市分行营业部	渝中区新华路103号	023-63972073

【农业银行重庆渝中支行负责人】

行　长：姜栋林

副行长：刘　烁

钟　波（2019年3月任职）

黄　茜

吕　英（2019年1月离任）

张　翱（2019年10月离任）

李俊佳（2019年12月任职）

纪委书记：方　华（2019年12月离任）

邹光华（2019年12月任职）

（杜倩）

中国银行重庆渝中支行

【概况】中国银行重庆渝中支行（简称“中行渝中支行”）位于渝中区五一路171号。内设综合管理部、公司金融部、个人数字金融部、风险内控部、营业部共5个部门，下辖解放碑、上清寺、鹅岭、民权路、朝天门、两路口、大坪、长江路、渝州路、解放西路10个二级支行。在职职工209人。为适应业务发展需要，2019年4月将原总部城支行并入长江路支行；7月将原华一路支行并入解放碑支行。

2019年，中行渝中支行坚持“稳中求进”工作总基调，全面深化改革，从严治党，推动高质量发展。2019年，存款总额较年初增长19.21亿元，贷款总额较年初增长20.86亿元。

【存贷业务】 加强财务分析和指导，抓实存贷债管理，严守风险底线，坚持价值创造。2019年，中行渝中支行存款金额创历史新高。服务重大战略，抓住基础设施“补短板”的机遇，把重庆交通建设“三年会战”作为一号工程，加大对交通行业贷款投放力度，提升市场占比。拓展消费信贷业务，建立以汽车分期为核心，车位、家装分期为辅助的“1+2”专向分期拓展模式。与多家汽车经销商建立合作关系，加强对三方引流公司的合作，汽车分期交易量增至月均400万元。优化授信资产结构，严把授信客户准入关口，对存量授信客户重新定价，盘活存量资产，提高资本回报水平。

【战略业务】 将ETC（高速公路通过卡）推广工作列为“一把手”工程，梳理重点单位，拓展车管所、4S店、违章处理点以及车辆代办公司等场景。2019年，ETC较年初新增签约11685户。

【内控管理】 严格执行内控风险管理工作，为业务发展保驾护航。成立风险内控部，牵头开展风险管理及内控有效性、内控案防专项治理、巩固乱象成果，促进合规建设、部分重点领域风险排查、反洗钱“利剑行动”、侵害消费者权益乱象整治等系列排查工作，提高基层网点合规内控水平，肃清风险隐患，遏制案件发生。开展对内宣讲对外宣传活动，提升金融风险意识，2019年组织开展非法集资宣传教育、“义务•携手•行动”反洗钱主题宣传、“普及金融知识万里行”、“普及金融知识，守住‘钱袋子’”、“3•15金融消费者权益日”等系列宣传活动。持续加强安全基础管理和安全检查力度，增强做好安全工作的紧迫感和责任感。

【队伍建设】 通过组织选聘和公开竞聘，共计提拔11名中层干部，完善基层网点综合客户经理、大堂经理队伍。加强业务培训，根据业务发展和管理需要共组织56次培训，参训员工1960人次。

【党建工作】 认真组织开展第二批“不忘初心、牢记使命”主题教育，按照“守初心、担使命、找差距、抓落实”的总要求，开展大学习和大调研，做到悟初心、守初心，推进大反思、确保大落实，做到勇作为、担使命。先后在红岩革命纪念馆和周恩来故居开展主题党日活动，邀请陆军军医大学及市委党校专家教授讲授专题党课各1次，支行党委书记向班子及全体党员讲授专题党课、班子成员赴各党支部开展主题教育调研指导并讲授党课。为让理想信念入脑入心，邀请行外专家为全辖员工进行授课2次。加强思想建设，落实主体责任，党委对党建工作集中研究、统一部署，全年召开党建工作会议、党建工作座谈会各1次。助推扶贫工作，结合“公益中行”平台，采取集中采购、员工自己购买等方式，帮助贫困地区产品销售。走访对口扶贫村2次，为对口贫困村巫山县金花村、水田村村委会捐赠办公电脑3台，看望慰问龙泉希望小学金花教学点，为留守儿童捐赠文具、图书、净水设备。开展党建共建，先后与4家客户单位以及渝中区七星岗街道、巫山县金花村开展党建共建活动共6次。

【员工关怀】 严格围绕总行及分行《关于加强和改进员工工作实施方案》，开展各类关怀员工活动。举办开放日活动，收集青年员工及其家人的建议。改善员工福利，让支行员工共同参与管理，持续增强员工获得感。聘请灭鼠公司定期消灭“四害”，为员工创造干净整洁的工作环境。执行“荣退”制度，让退休员工充分感受到温暖，提升干部员工的幸福感、安全感、归属感和荣誉感。

2019 年中国银行渝中区支行营业网点

序号	网点名称	地址	电话
1	支行营业部	渝中区五一路 171 号	023-63711701
2	长江路支行	渝中区经纬大道 782 号	023-68713586
3	上清寺支行	渝中区中山三路 176 号	023-63662267
4	解放碑支行	渝中区民族路 104 号	023-63849391
5	两路口支行	渝中区中山三路 133 号	023-89039945
6	鹅岭支行	渝中区长江一路 58 号	023-68808202
7	民权路支行	渝中区民权路 89 号	023-63265039
8	解放西路支行	渝中区解放西路 199 号	023-63929472
9	朝天门支行	渝中区陕西路 61-63 号	023-63810021
10	大坪支行	渝中区长江支路 3 号	023-63316837
11	渝州路支行	渝中区大坪正街 160 号	023-63797253

【中国银行渝中支行负责人】

行　　长：何　勇

副 行 长：陈　康（2019 年 1 月离任）

　　　　　周　霖（2019 年 5 月离任）

　　　　　张　夏

　　　　　莫莎莎（2019 年 6 月任职）

　　　　　程　升（2019 年 8 月任职）

纪委书记：李志葵

（王贺菲　曹博）

交通银行重庆渝中支行

【概况】 交通银行股份有限公司重庆渝中支行（简称“交行渝中支行”）原为交通银行重庆分行市中区办事处（以下简称“办事处”），成立于 1993 年 3 月 25 日，初期办公地址位于凉亭子 7 号楼底楼。办事处下辖营业厅、解放碑分理处、较场口分理处 3 个网点。其中解放碑分理处于 1992 年 12 月成立，后并入办事处。办事处于 1995 年 3 月调整为交通银行重庆分行渝中支行。2003 年 2 月交通银行重庆市分行决定将渝中支行等 6 个中心支行行政级别重新确定为正处级。2005 年 12 月，更名为交通银行股份有限公司重庆渝中支行。2008 年 12 月更名为交通银行股份有限公司重庆市分行渝中支行。2011 年，按照总行标准，渝中支行被确定为大型支行，为交通银行重庆分行 5 大中心支行之一。地址位于渝中区邹容路 149 号邹容广场 A 幢。

至 2019 年末，交行渝中支行下辖 7 个营业网点，渝中支行营业厅、学田湾支行、七星岗支行、双钢路支行、人民路支行为综合型网点，解放西路支行、民族路支行为普惠网点，1 个离行式自助银行，6 台离行式自助机具，共有员工 113 人。

2019 年，交行渝中支行紧紧围绕“客户、业务、队伍”三大主题、抓牢“存款、风控、利润”3 大重点，落实推进“三年发展规划”，各项工作持续稳定发展。年末，人民币存款时点余额 130 亿元，人民币贷款时点余额 78.11 亿元。

2019 年，交行渝中支行获评交行重庆市分行颁发的“厅堂转型先进集体”、“财务报销先进单位”、“先进基层工会”、“平安创建”劳动竞赛先进集体等称号；交行渝中支行营业厅获评“私行拓展先锋”和“最强销售网点”称号。

【党建工作】 交行渝中支行党支部与联建单位举行“不忘初心、牢记使命”迎“七一”党建知识竞赛等联学活动。围绕建党98周年开展系列主题活动，通过读书会、集中学习、自学等形式，开展革命传统、形势政策、廉洁警示等教育活动。在新中国成立70周年之际，开展集体观看电影、红色书籍读书沙龙等“我和我的祖国”爱国爱党系列主题庆祝活动。2019年，有正式党员28名、预备党员1名。围绕“党建发展年”要求，下沉基层一线，找出工作中存在的问题，分析成因，立行立改。结合主题教育活动收集工作建议，持续围绕队伍转型、客户转型、资产业务、普惠金融4大攻坚项目，逐项整改落实，确保全年工作计划顺利完成。

【客户服务优化】 充分调研存量客户需求，用服务加产品的方式与客户“建关系”“促合作”。配合集团客户及下属公司经营转型，合作全额保证金保函业务，全年新开各类保函50笔，拉动“核心低成本负债”增长。高度重视财政类、机关事业单位存款，抓好业务信息和源头建设，2019年新增公积金归集人数近4000人。拓展新客户，新开对公账户304户，其中基本户占比过半，有余额的占比过半。实现交付宝、党费管家、银卫安康、系统金等服务平台的搭建工作。抓住信托产品丰富，净值型产品收益率看好优势，吸引客户行外资金提升客户行内资产，并通过组织形式多样的客户活动，提高高端客户的黏性和忠诚度。延伸业务发展范围，加强网点收单外拓，稳固朝天门批发市场客户群，加强对江津双福农贸市场、空港海领（临空）国际农产品交易中心、各网点周边菜市场、鲜花市场等小微商户的拓展力度，通过对公授信、安装自助银行、投放收单业务设备等方式同市场展开全方位合作，发挥公私联动优势。至2019年末，交行渝中支行进件量排交行重庆市分行同级支行第一名。加强与高校联动，走进高校，通过各种形式的活动宣传营销交通银行校园卡；利用火锅主题信用卡的商户优惠活动和刷卡金活动，推广火锅主题信用卡。2019年，共发行校园卡970张，火锅主题卡2209张。

【贷后管理】 加强授信风险和合规管理，始终守好贷前、贷中、贷后三个关口，严防欠息、逾期等风险暴露，确保支行公司资产质量继续保持平稳。同时，结合各类风险排查活动内容，抓严、抓实对公客户经理行为管控，及时防范化解各类业务风险。加强个贷不良管理与清收，个贷不良清收上半年即完成全年清收计划，实现不良及非不良逾期双下降。年末个贷不良率为0.69%，低于交行重庆市分行平均水平。

【普惠金融】 小微企业户数新增及授信余额新增两项均超额完成进度计划，产品覆盖银票直贴、普惠商铺按揭、快捷抵押贷、线上税融通、线上抵押贷等多个方面。加大对公客户经理的普惠联动模式网点转型，为走综合化发展道路提供更多工具、赋予更大发展动能。年末，交行渝中支行完成“两增”口径贷款余额净增8621万元，完成全年计划的123%，户数新增30户，完成全年计划的150%。

【队伍建设】 加强支行干部员工队伍的梯队建设，按照转型要求，适应厅堂服务一体化需要，培养复合型人才，畅通网点员工职业成长路径。2019年，向交行重庆市分行输送管理型人才5名；培养和充实零售、零贷、对公客户经理等岗位序列，10名营运人员转客户经理岗位、3名已入人才后备库。

【员工关爱】 增强员工幸福感，保障员工收入及权益，处理好规模、质量、效益三者关系，制定下发支行《转介推介考核办法》、落实全产品计量计价考核规范等，帮助员工顺应考核变化，切实维护员工利益。营造积极向上、和谐友爱的集体氛围，落实员工半年一次谈心、全年家访要求，积极开展团委、工会活动。2019年，组织员工踏青、团建、扶贫活动4次。

【内控管理】认真贯彻“安全发展”的理念，督促网点对营运、案防和安保自身安全管理负起责任，落实各项应对突发事件的应急预案，定期召开营运、案防、安保工作会议，发现问题限期整改。经常性开展风险教育，层层签订案防目标责任书并制定管理制度，强化警示教育和风险排查，管住自己、带好队伍、防控风险。2019年交行渝中支行安全评估获得99.5分。

【消费者权益保护】对照保护消费者权益工作考核指标，推进保护消费者权益工作。有效控制排队时长，努力提升厅堂交叉销售利用率。落实“房贷运营时效”规定，持续抓好客户投诉后续处理，落实服务细节要求。

2019年交通银行重庆渝中支行所辖网点

序号	网点名称	网点地址	联系电话
1	人民路支行	渝中区人民路13号	023-63878097
2	解放西路支行	渝中区解放西路69号	023-63913578
3	民族路支行	渝中区民族路169号纽约•纽约大厦平街层	023-63816016
4	七星岗支行	渝中区中山一路85号	023-63531069
5	双钢路支行	渝中区双钢路1号设计大楼	023-63003830
6	学田湾支行	渝中区学田湾正街6号	023-63859186
7	渝中支行营业厅	渝中区邹容路149号邹容广场A幢	023-63792258

【交通银行重庆渝中支行负责人】

行　　长：李　琰

副 行 长：杨　高　胡晓东

行长助理：董雪春

（李莉）

重庆银行渝中管理部

【概况】为更好推进主城区三级架构管理改革试点工作，按照重庆银行总行统一部署，2014年9月，原重庆银行大礼堂支行（下辖大礼堂支行、人和街支行、人民路支行和上清寺支行4个网点）与原重庆银行朝天门支行（下辖朝天门支行、陕西路支行、道门口支行3个网点）整合成立重庆银行渝中管理部（简称“重行渝中管理部”），明确由重行渝中管理部作为分行级机构对下辖各家支行行使管理职能。2016年4月25日，重庆银行大坪支行并入重行渝中管理部。2016年5月，新设立的时代天街支行开业。2016年6月30日，重庆银行解放碑支行（下辖解放碑支行、民生路支行、大阳沟支行3个网点）整体并入重行渝中管理部。在渝中区，重庆银行文化宫支行、重庆银行八一路支行和重庆银行七星岗支行3家网点未纳入重行渝中管理部管辖，由重庆银行总行直接管理。2019年末，重行渝中管理部下辖有人和街支行、朝天门支行、人民路支行、大礼堂支行、上清寺支行、化龙桥支行、总部城支行、大坪支行、时代天街支行、解放碑支行、大阳沟支行、民生路支行12家支行网点，办公地址位于渝中区邹容路153号，有在职员工390人。

截至2019年末，重行渝中管理部人民币存款日均余额195.41亿元，较年初增长19.2亿元；一般人民币贷款时点余额106.64亿元，其中：个人贷款余额23.31亿元，比年初增长0.26亿元；不良贷款率为0.35%。重行渝中管理部获市委、市政府颁发的“重庆市文明单位”称号，获评重庆银行总行颁发的经营机构综合管理先进单位、公司业务先进单位、贸金业务先进单位、中间业务发展先进单位等称号以及庆祝中华人民共和国成立70周年文艺会演一等奖、合规微故事舞台会演特等奖，1名员工获团市委表彰，3名员工获评重庆银行总行先进个人。

【党建工作】 组织开展“不忘初心、牢记使命”主题教育，学习贯彻习近平新时代中国特色社会主义思想，组织党委中心组理论学习16次，树牢“四个意识”，坚定“四个自信”，做到“两个维护”。按照重庆银行总行“基层党建推进年”、“强化执纪监督”专项行动的要求，在党的政治建设、思想建设、组织建设、作风建设和纪律建设上下功夫，督促指导下辖6个党支部开展支部大会46次、支委会63次、主题党日活动62次、主题党课17次，发展预备党员2名，接收党员转正3人，吸收入党积极分子4人。以党建引领群团工作发展，做好培根铸魂工作，以振奋员工精神状态为抓手，持续加强内部凝聚力，促进管理水平提升，为经营管理提供政治保障。下辖重庆银行人和街支行获团中央授予的“全国青年文明号”称号，重行渝中管理部团委书记韩霏斐被团市委授予“重庆市优秀团干部”称号。

【业务发展】 围绕“存款立行”的发展重心，挖掘重点客户资源和潜力，培育优质客户群体，拓展业务发展渠道，开发创新业务，提升金融服务水平。加强与区金融办、区工商联、区各商协会及市微企协会等联系，走进街道、走进园区、走进企业积极开展“优优贷”“好企贷”“知识价值信用贷”“年审贷”“房抵贷”等对公特色产品的宣传，搭建银企交流合作的平台，组织到民营企业走访，与客户面对面开展沟通交流，收集企业需求，为更好地支持实体经济发展打下基础。紧抓年初个人业务营销旺季，聚焦津补贴单位、代工单位、周边社区及商圈等资源客户群体，有针对性地向客户推介适宜的金融产品，设计合理的金融资产配置方案，为客户财富保值增值提供解决方案。

【社会责任履行】 全年，重行渝中管理部到市内各大社区和单位开展各类金融知识宣传服务100余场，开展返乡务工人员关爱活动、观看人民币发行70周年纪念展，联合街道社区开展识别新版人民币、反金融诈骗、少儿财商教育等志愿服务活动，累计惠及群众1万余人。坚持参与公益活动，连续5年走进人民路小学开展爱心助学活动，连续4年服务西部志愿者出征活动。与上清寺街道“青年之家·城乡社区市民学校”结对共建，组织开展关爱孤寡老人、关爱留守儿童、新春免费游园、“四点半课堂”、端午节免费包粽子、为巡逻警察送清凉等志愿服务活动。纪念中华人民共和国成立70周年，积极参与“与国旗同框”主题特色摄影活动。

【风险管理】 坚持问题导向，抓好风险防控，推进精细化管理，做实风险管理，为业务发展提供保障。借助新上线的信贷管理系统，通过实时预警信息，做到早研判、早预警、早化解，全年向下辖支行发送《风险提示函》21份。根据重庆银行授信评审机制改革实施方案和派驻风险官制度安排，重新搭建组织架构，单设评审部门，及时补充人员配置，完善相关制度办法，优化授信审查流程，授信业务单独评审的专业化、条线化运行优势逐步显现。2019年无案件事故发生，资产质量结构持续优化，内控管理水平在重庆银行分行级机构中排名第二。

【运营管理】 坚持“风险为本、服务为基、改革为先”工作思路，以突出高质量的结算质量和窗口质效为抓手，贯彻落实运营结算、反洗钱、消费者权益保护、数据治理等重点工作，全年业务总量49万笔，综合差错率为万分之零点四一，低于全行平均水平；核实治理信息不完整的各类客户120万户，运营保障质效持续提升；获中国银行业协会“消保之星”称号、重庆银行“消保之星”一等奖、重庆银行服务技能竞赛优秀领队一等奖，6名员工获重庆银行“全员反洗钱”知识竞赛一等奖、17名员工获重庆银行“全员反洗钱”知识竞赛二等奖、28名员工获重庆银行“全员反洗钱”知识竞赛三等奖，1名员工获重庆银行“慎思明辨”可疑交易分析甄别大赛三等奖。

【安全保卫】 围绕总行安全保卫重点工作要求，保持安全管理高压态势，秉持“物防是基础、技防是保障、联防是手段、人防是关键”的理念，强化以遏制重特大事故为核心目标的考核体系和评价机制，全年开展大规模、全方位安全检查9次，日常检查144次，组织开展应急处置预案演练活动24次，全员进行安全保卫知识测试2次，实现安全生产“零案件、零事故”目标。在渝中区金融机构第六轮安全评估中获得综合得分97.7分，名列区级金融机构前茅。

2019年重庆银行渝中管理部所辖营业网点

序号	网点名称	地址	联系电话
1	民生路支行	渝中区邹容路153号	023-63728166
2	解放碑支行	渝中区民族路101号	023-63820326
3	大阳沟支行	渝中区新华路216号	023-63322215
4	朝天门支行	渝中区打铜街7号	023-86129878
5	人和街支行	渝中区人和街89号	023-63607101
6	大礼堂支行	渝中区学田湾正街4号	023-63862653
7	人民路支行	渝中区人民路129号	023-89870917
8	上清寺支行	渝中区中山四路38号附4、5、6、7号	023-63610216
9	大坪支行	渝中区大坪长江二路121号	023-68819727
10	总部城支行	渝中区虎歇路44、46号	023-63879309
11	时代天街支行	渝中区时代天街16号2-35、2-36号	023-68803773
12	化龙桥支行	渝中区瑞天路162、164号	023-63735134

【重庆银行渝中管理部负责人】

总　经　理：周晓红（党委书记）

副 总 经 理：文利军

古　伟（副总经理职级风险官）

总经理助理：杨　怡（纪委书记）

王　健（2019年7月离任）

（范志凯）

保　险

中国人民财产保险股份有限公司重庆市分公司

【概况】 中国人民财产保险股份有限公司重庆市分公司（简称“人保财险重庆分公司”）是中国人民财产保险股份有限公司直属的省级分公司，在重庆市各区、县设有60个分支机构，是重庆市迄今唯一在所有县级以上行政区域设有营业机构、实现网络全覆盖的财产保险公司，也是重庆市唯一连续12年被市政府评为“金融贡献一等奖”（“金融贡献突出单位”）的保险企业。

人保财险重庆分公司的经营范围包括：机动车辆保险、企事业单位财产保险、建筑和安装工程保险、船舶保险、货物运输保险、农业保险、责任保险、人身意外伤害保险、短期健康保险、家庭财产保险、信用保证保险等多个险种。

人保财险重庆分公司承负国有骨干企业的应尽之职责，服务经济社会发展全局，提升保险服务水平，为社会稳定和推动经济建设提供保障。2019年，公司承担风险责任总额5.8万亿元，处理各类赔案111万件，累计支付赔款49亿元，缴纳税款2.36亿元。

【公司搬迁新址】 人保财险重庆分公司于

2019年10月16日由渝中区沧白路40号搬迁至江北区创富路3号人民保险公司财险大厦，并正式对外办理业务。

【党建工作】 坚持以高标准、严要求、硬作风开展“不忘初心、牢记使命”主题教育。成立6个指导组对34家分支机构主题教育进行点对点具体指导；举办主题教育学习研讨读书班、开展党课讲授，强化党员干部员工的政治担当、历史担当、责任担当。深入基层一线调研，通过座谈会、访谈等形式广泛征求意见建议；以刀刃向内的勇气抓好落实整改。在两批次主题教育中，制定989项整改事项，1438项具体整改举措，推动整改取得实效。

【经济社会服务】 响应重庆市产业振兴等经济发展政策，为在渝重点企业和重大基础实施项目提供风险分析、风险管理、防灾防损等全方位的保险服务，为全市超过三分之一的机动车辆用户提供保险服务。2019年重庆警保联动各类服务项目累计提供服务逾10万件，与交安办共建农村交通安全劝导站1176个，协助上报安全隐患1942笔，查获违法行为24.26万起，实现资源的“跨界整合”，彰显国企担当。中国人民保险集团与重庆市政府签订战略合作框架协议，就双方共同协作促进地方经济发展、警保联动建设等问题作出规划。

【助力扶贫攻坚】 以“金融扶贫，保险先行”的使命和责任，融入国家脱贫攻坚战略，发挥保险保障职能，利用保险在扶贫济困方面的先天优势，完善扶贫产品体系和工作机制，瞄准深度贫困区县、贫困乡镇精准发力。（1）推进产业扶贫。2019年，人保财险重庆分公司共承保贫困户79015户次，提供保障金额4.68亿元，全年支付赔款1544.89万元，惠及贫困户37723户次。为全市18个深度贫困乡镇定做“产业精准脱贫保”，确立“基本产业保成本，主导产业保收益”的原则，按照“三个全覆盖、两固定、一自助”的参保模式（实现产业全覆盖、贫困户全覆盖、农业生产成本全覆盖，固定保费、固定保险金额，贫困户“自助式”投保），通过“1+N”的实施方式（全市统一提出“产业精准脱贫保”综合保险框架方案，区县细化制定具体实施方案）对贫困户脱贫致富路上的风险进行减量管理。（2）落实民生扶贫。2019年“精准脱贫保”项目共承保贫困人口81.73万人次，全年支付赔款6765.84万元，赔款惠及贫困人口7.72万人次。“惠民济困保”项目共承保低保困难人群29.39万人次，全年支付赔款2670.34万元，赔款惠及低保困难人群2.93万人次。（3）落实定点扶贫。2019年派驻驻村干部14名，参与当地政府的扶贫工作。参与市委办公厅扶贫集团在石柱县的对口帮扶工作，对石柱县中益乡捐款20万元；配合重庆银保监局在城口县沿河乡、彭水县大垭乡开展定点扶贫工作，对城口基础设施建设捐款50万元。（4）探索教育扶贫。人保财险重庆分公司10个党支部对城口县沿河乡开展支教助学活动，对口帮扶10名贫困学生，帮助贫困学生完成学业，防止因贫辍学。（5）推动消费扶贫。通过公司集中采购、员工自愿采购等多种形式，购买贫困区县特色农产品，拓宽扶贫农业产品销售渠道。全年，分公司消费扶贫累计采购金额近200万元。（6）推动“险资直投＋扶贫”模式。创新综合金融服务，推出“农户融”“农企融”“政融保”等融资产品模式，解决贫困区县农业生产经营主体、种养大户、贫困户等在扩大生产规模过程中存在的“融资难、融资贵”的问题，在贫困区县开展险资直投项目84笔，投放支农款项4050万元。

【发展三农保险】 认真落实市政府农业保险保障倍增计划，按照“提标、扩面、增品”要求，建立“保供”“稳价”“助富”三大保障体系，全力助推全市产业兴旺。当年开办保险品种63个，累计提供风险保障296.48亿元，承保农户67.43万户次，支付直接赔款44866.98万元，惠及农户43.07万户次。积极应对非洲猪瘟，及时履行赔付责任。面对非洲猪瘟重大疫情，分公司重合同、守信用，做到应保尽保、应赔尽赔，及时为疫情死亡、政府扑杀支付生猪、能繁母猪赔款2.95亿元，弥补养殖户部分损失，助力支持农户和养殖企业恢复生产。

【发展责任保险】　履行社会职责，积极参与社会管理，坚持将发展责任保险作为参与社会管理创新、分摊政府社会管理风险的重要举措。陆续推出公众责任、雇主责任、医疗责任、产品责任等各类责任保险产品。为助力化解医疗纠纷矛盾，牵头成立重庆市医疗责任保险共保体，共同出资设立重庆市医疗责任保险理赔服务中心，至2019年末，为重庆114家二级及以上医院提供1.9亿元的医疗责任险保障，为132家农村县级及乡镇医院提供1.01亿元的医疗责任险保障。在渝中区、沙坪坝区、万盛区、荣昌区、万州区、涪陵区、黔江区等27个区县实质性推动巨灾保险，全年提供风险保障16.8亿元。协助开展电动车上牌登记和保险意识推广宣传工作。

2019年中国人民财产保险公司驻渝中分支机构

机构名称	地址	电话
人保财险渝中支公司	渝中区新华路80号	023-63844233

【中国人民财产保险重庆市分公司负责人】
总 经 理：龙保勇（党委书记）
纪委书记：戴　路
副总经理：张　韵　杨　茂　邓国华
　　　　　刘　鹏

（杨彬　肖汶江）

中国人寿保险股份有限公司重庆市分公司

【概况】　中国人寿保险股份有限公司重庆市分公司（简称“中国人寿重庆市分公司”）是中管央企中国人寿保险股份有限公司在渝的分支机构，属国有大型金融保险企业，总部位于北京。公司前身是成立于1949年的原中国人民保险公司重庆市分公司，1996年分设为中保人寿保险有限公司重庆市分公司，1999年更名为中国人寿保险公司重庆市分公司。2003年6月30日，中国人寿保险公司重组改制变更为中国人寿保险（集团）公司，并独家发起设立中国人寿保险股份有限公司。就此，中国人寿保险公司重庆市分公司正式更名为中国人寿保险股份有限公司重庆市分公司。公司地址位于渝中区民族路23号中国人寿大厦。

2019年，中国人寿重庆市分公司内设部门16个，下设区县级营业单位45家，其中包括综合性支公司39家、专业化支公司6家；有营销服务部366个，银保合作网点近2000个。有员工1830人，保险代理人51450人。至年末，公司总保费收入110.36亿元。

【深化改革推进】　推进机构延伸战略，围绕振兴三年行动目标，本着成熟一个发展一个原则，扎实推进机构延伸战略落实。推进分类分级管理方案，严格执行支公司、营销部、星级职场三个层面的考核升降级和管理干部任用，充分彰显机制改革成效。推进干部员工基本法考核评价机制，严格实施干部员工基本法，并将考核结果与绩效激励、干部任用直接挂钩，构建起了以市场对标为导向的考核评价机制和能上能下、能进能出的选人用人机制。推进高目标引领促发展增收入激励机制，聚焦重点业务发展、聚焦产品结构调整、聚焦产品价值贡献，高目标引领业务发展，促进公司经营效益提升、员工收入增加；2019年员工收入同比增长16.3%，除基本工资外其他薪酬支出同比增长20.8%。推进“项目运作”创新机制，全系统共开展31个创新项目，其中《双高自展销售精工艺平台》《综拓随身管家系统》分别获中国人寿总公司二等奖、优秀奖；团险成本管控系统管控效果突出，佣金、销售费用同比大幅下降。

【理赔服务】 履行“以人为本、关爱生命、创造价值、服务社会”承诺，以客户为中心，以服务创新为导向，围绕客户需求全力拓展多渠道理赔服务，不断优化客户体验，传递保险的爱与责任。2019年，服务30.56万人次，累计赔付7.31亿元，其中医疗服务3.28亿元，重疾服务1.34亿元，身故服务2.34亿元，伤残服务0.35亿元。理赔申请支付平均时效1.21天，较去年同期缩短超过一半的时间；完成渝中旗舰店改造，成功打造重庆保险业第一家智享门店。

【服务品质提升】开展客户投诉综合治理，2019年监管考核投诉同比下降56%，亿元保费投诉量低于全国系统均值，优于行业主要竞争对手；精准开展VIP星级客户差异化服务，全年VIP客户新单保费贡献7.46亿元，人均新单保费贡献7.83万元，产出是投入的366倍；成功举办庆祝中华人民共和国成立70周年“国寿客户节”活动，“同时间、同频率、同欢庆”分支齐动效果显著；全力推广“中国人寿寿险”App、“国寿e柜”，实现重庆市“国寿e柜”覆盖率64.38%。

【科技驱动发展】 落地推广数字化自主经营体系，助力销售渠道，推进线上线下获客养客及客户开发的“双高”（即高效增员，高效自展）工艺平台深化落地；开发继续率追踪体系及续收管理平台，为核心指标管理提供有力抓手；加快推进全面数字化职场建设，用科技赋能每个作战单元；“国寿AI健康”落地职场训练和早会经营，并以“科技五分钟”为抓手强化功能运用，提升了客户体验，2019年“国寿AI健康”服务客户达83.44万人，实现从队伍驱动业务向队伍和科技驱动转变。

【助力扶贫攻坚】 围绕解决“两不愁三保障”突出问题，从健康、教育、民生着手，探索出多产品支撑的保险精准扶贫模式；协助市扶贫办开通上线“扶贫人员住院医疗理赔直付”系统，并建立全市扶贫理赔集中支付平台。在全市启动“农村贫困边缘人群防贫防返贫”保险试点，承保武隆、酉阳4.17万人次；为定点扶贫点城口县沿河乡贫困学生持续三年捐赠助学金；先后4次赴彭水县大垭乡开展“一对一”贫困户帮扶活动，组织采购农副产品，完成电商扶贫67万元。

【风控合规管理】建立风险防控长效机制。强化风险指标考核，明确一把手是风险防控工作第一责任人；建立“网格化”风控联系人机制，投入160万元建立涵盖分公司、基层公司、营销职场近600人的风险联系人队伍，将风控职能延伸到职场，加强销售前端风险管控；上线云助理销售人员合规评估系统、开发完成反洗钱可疑交易智能预警系统和非法集资自评估系统，依靠大数据严防重点风险；成功举办“聚力风控”知识竞赛，得到重庆市银行保险监督管理局、重庆市保险行业协会和中国人寿总公司认可。高度关注监管专项风险排查工作。着力抓好反洗钱、防范非法集资、销售风险和案件风险防控等重点领域风险；2019年反洗钱工作获人民银行重庆营业管理部BBB评级，位列金融业前三、重庆市保险业之首；获评2019年人民银行重庆营业管理部反洗钱优秀创新项目奖，是获此奖项的唯一的保险公司。全年治乱象促合规自查发现问题整改率达97.82%，侵害消费者权益乱象整治发现问题整改完成率达95.92%，所有问题问责处理均落实到人。加大内部审计力度。共对17家单位开展经理经济责任审计和反洗钱专项审计；对队伍真实性、管理合规性、投入效益性、非法集资风险防范、销售误导防范等方面开展个险销售队伍管理专项审计，提升基层依法合规经营能力。强化纪检监督、执纪问责。对11家单位开展巡察及“回头看”，对12家单位开展现场廉政检查，组织开展中央八项规定和“四风问题”专项排查；狠抓信访举报处置及案件管理工作，加强查防结合、强化廉政教育；加大对违规违纪案件处置和追责力度，系统合规经营水平有大幅提升。

【深化党建工作】 深入学习贯彻习近平新时代中国特色社会主义思想。认真落实主体责任、监督责任和领导干部“一岗双责”，推动全面从严治党向基层延伸，着力构建风清气正的政治生态，为推动高质量发展提供坚实保障。扎实推进“不忘初心、牢记使命”主题教育。紧紧围绕“守初心、担使命、找差距、抓落实”总要求，坚持贯穿始终，坚持“全覆盖”参加和“全覆盖”指导，做到抓思想认识到位、抓检视问题到位、抓整改落实到位，取得提振作风、凝聚人心、推动工作的明显成效。创新探索营销员功能型党支部建设。把党建工作延伸到营销员党员队伍中，增强营销员队伍的归属感，激发营销员队伍的战斗力，助推业务队伍快速发展。全市31家单位设立65个营销员功能型党支部，把党建工作落到实处。组织开展党支部达标创标活动，10个支部被授予“标杆党支部”称号，13个党支部被评为“达标党支部”。

中国人寿重庆市分公司驻渝中区分支机构及网点

机构及网点名称	地点	联系电话
中国人寿重庆市渝中区支公司	渝中区五四路39号都市广场A座7楼、8楼803至808、18楼	023-86521199
中国人寿重庆市分公司第一营业部	渝中区中山三路175号1、2层	023-86522121
中国人寿重庆市分公司第三营业部	渝中区筷子街2号（同属民族路23号）第20层	023-63828159
中国人寿重庆市分公司第四营业部	渝中区大坪正街19号32楼	023-86610616

【中国人寿重庆市分公司负责人】

总　经　理：刘月进

副 总 经 理：范万忠（2019年12月任职）

税清碧　吴国胜

徐艳梅（2019年6月离任）

纪 委 书 记：薛　青

总经理助理：陈继云

【中国人寿重庆市渝中区支公司负责人】

总　经　理：张　娟

总经理助理：李璐晨（2019年4月离任）

兰　洋

（胡正洪）

新华人寿保险股份有限公司重庆分公司

【概况】 新华人寿保险股份有限公司（以下简称“新华保险”）成立于1996年9月，总部位于北京，是一家全国性的大型寿险企业，有新华资产管理股份有限公司、新华家园养老企业管理（北京）有限公司等子公司。2019年，新华保险列《财富》中国500强排行榜第64位；列2019胡润金融品牌价值榜全国排名第24位；上榜2019年上市公司市值500强，排名第81位。

新华人寿保险股份有限公司重庆分公司（简称“新华保险重庆分公司”）成立于2002年4月23日，办公地址位于渝中区经纬大道780号1幢6-1至10-8及782号附9号。公司坚持创新发展，合规经营，规模逐年壮大，连续多年位居重庆寿险市场主要地位。2019年下辖27家分支机构，包括2家中心支公司、15家支公司、10家营销服务部，有内外勤员工共计7700余人。

2019年，新华保险重庆分公司实现保费收入17.82亿元，同比增长9.27%，其中首年新单保费3.58亿元，续期保费14.24亿元。全年累计赔付1.05亿元（不含团险）。新华保险重庆分公司获评重庆市保险行业协会“重庆市保险扶贫公益跑先进单位”称号，由重庆金融工会、重庆市金融团工委、重庆市银行业协会、重庆市保险行业协会联合颁发的重庆金融系统劳动竞赛最佳组织奖。

【党建工作】 2019年，新华保险重庆分公司党委按照“不忘初心、牢记使命”主题教育总体部署安排，召开理论学习中心组会议16次、支部学习会议60余次；深入调研5个党支部和

10家三、四级机构，发放调查问卷35份，召开专题座谈会6场次，广泛听取群众意见建议61条。组织党员和入党积极分子前往红岩魂广场、渣滓洞集中营和白公馆革命教育基地开展主题实践活动，并开展“两学一做”教育、“7•8保险公众宣传日”服务活动。9月，录制《我和我的祖国》MV向新中国70周年华诞献礼并在分公司微信公众号进行首发。10月，组织党员及入党积极分子赴渝中区中渝环卫所开展志愿服务活动。

【公益活动】 通过新华人寿保险公益基金会向主城区18305名环卫工人捐赠人身意外伤害保险，合计捐赠保额18.305亿元人民币。关爱特殊儿童公益活动捐赠中，新华人寿保险公益基金会重庆分部筹集捐赠善款28931.71元。7月，参与渝中区石油路街道重点企业扶贫项目，向巫溪县乌龙乡捐赠8000元，用于当地贫困学校建设。12月，赴城口县沿河乡开展认购扶贫工作，认购总价值6.45万余元的特色农产品，助力当地村民脱贫致富。

【领导活动】 10月，区人大石油路代表组赴新华保险重庆分公司开展走访视察活动。11月12日，代理区长左永祥一行在区金融办负责人陪同下到新华保险重庆分公司开展工作调研。

2019年新华保险重庆分公司驻渝中区机构

机构名称	地址	联系电话
新华人寿保险股份有限公司重庆分公司	渝中区经纬大道780号1幢6-1至10-8及782号附9号	023-89139495
新华人寿保险股份有限公司重庆市渝中支公司	渝中区经纬大道780号1幢8楼	023-89037040

【新华保险重庆分公司负责人】
总　经　理：张祖林
总经理助理：贾　力　任　成
张　迪（2019年8月离任）

（毛晴）

光大永明人寿保险有限公司重庆分公司

【概况】 光大永明人寿保险有限公司（简称“光大永明人寿总公司”）成立于2002年4月，由中国光大集团和加拿大永明金融集团联合组建。2010年7月，经中国保监会批准，光大永明人寿引进战略股东，股东包括中国光大集团（50%）、加拿大永明金融集团（24.99%）、中兵投资管理有限责任公司（12.505%）和鞍山钢铁集团公司（12.505%），为中国光大集团控股的国有保险企业。光大永明人寿的注册资本金为54亿元人民币，资本实力位于国内寿险公司前列。光大永明人寿在全国设有22家省级分公司，业务范围覆盖全国80%的人口区域。总公司注册地位于天津，管理中心位于北京。2019年5月起，光大永明人寿正式成为中国羽毛球协会首席合作伙伴。

光大永明人寿保险有限公司重庆分公司（简称“光大永明人寿重庆分公司”）于2009年1月获得中国保监会开业批复，是光大永明人寿总公司设立的第七家省级分公司和在中西部设立的首家机构。在渝中区、万州区、涪陵区、开州区、南岸区开设有分支机构，拥有银行保险、团体保险、代理人、经纪代理等多个销售队伍。光大永明人寿重庆分公司的经营范围包括：人寿保险、健康保险和意外伤害保险等保险业务。员工大学专科及以上学历占比100%。公司地址位于渝中区五一路99号协信B座28层。

2019年，光大永明人寿重庆分公司坚持以市场为导向，以客户为中心，建立多元化、人性化的营销体系，满足不同客户群体保险保障需求，推动分公司的快速、健康发展。各业务条线发展均衡，业务指标良好，业务品质和价值及保费收入大幅提升。年末，实现规模保费

133294.33 万元，同比增长 72.44%；其中新单规模保费 103241.65 万元，同比增长 97.56%，新单期缴 51083.5 万元，同比增长 31.31%；续期 30052.68 万元，同比增长 20.01%。13 个月综合继续率达 94.4%，共计服务“居民大病保险”和“职工大额医保”人群 290 余万人。

【业务发展】 通过稳健经营、合规展业和创新服务，在竞争中打造“光大系”优质保险品牌，得到政府、监管、同业和市民认可。4 月，首次中标“城乡居民大病保险”项目，第二次中标“重庆市城镇职工大额医保”项目，为两个项目约 290 万重庆市民提供服务，成为系统内多渠道齐头并进的全能型分公司。

【品质管理】 坚持售前、售中、售后品质管理原则，通过狠抓源头治理、严控新单销售品质，通过细化渠道管理提升营销服务质量、优化续收流程提升服务水平维护客户权益，不放过每一张保单，重点跟踪大额保单回收，续收工作点、线、面交叉重叠，以点连线，以线盖面，确保续收服务全方位覆盖，实现继续率持续改善的目标达成。继续率由开办初始的不足 50%，到 2019 年达到 94.4%，续期保费全年收入突破 3 亿元。续期保费拉动模式初见成效。

【客户服务】 推出新的服务模式和服务手段。秉承“以客为尊”的服务理念，持续提升各项基础服务和增值服务的专业度和便捷度，用服务聚焦营销，提升客户体验感，靠服务赢得市场；应用现代科技，推出官微自助服务，小额、简单案件，客户足不出户，用手机即可完成理赔，并为 VIP 客户提供高端一对一体检服务，得到客户的好评。继续改善服务评价指标。定期坚持对新契约承保状态明细表及未回销回执明细进行邮件提醒及追踪，新契约、保全、核保等岗位均安排专人每日对承保时效、保全问题件、核保通知书、续期通知书等进行追踪处理，提高处理时效。2019 年，光大永明人寿重庆分公司理赔客户回访满意度达 99.9%，客户增值服务满意度达 99.5%；万张保单投诉率（电销以外）长期保持在 0.07% 以下。2019 年连续第四年获得“重庆市服务业百强企业”称号。

【合规经营】 坚持合规经营，严格执行监管机构、行业协会及总公司相关制度管理规定，根据最新监管政策梳理修订更新，做到有章可循、有责必问。落实公司主体责任，各级负责人签署《合规经营承诺书》，形成“一把手”负总责，一级抓一级、层层抓落实的风控工作格局；完善合规管理组织架构，增配专职合规人力，强化管理力量。合规培训常态化，通过实施监察合规例会与合规培训制度，倡导合规价值观，树立底线思维。建立日常监测预警指标，通过包括防范非法集资风险指标、服务评价指标、退保满期给付数据等指标监测，进行风险预警防范。加大风险排查，强化整改追踪，梳理公司业务环节、操作流程和内控管理的有效性，防止风险蔓延，避免问题再次发生。强化问责机制，对责任人员严肃追责，并将风险防控工作考核与部门、机构绩效考评挂钩。2019 年根据监管要求，紧抓中介业务管理主轴，开展违规销售非保险金融产品排查、中介市场乱象整治、客户信息保护风险排查等 10 项自查工作，接受保险销售从业人员自律管理规定检查，学生平安保险自律公约执行检查，逐一落实整改措施，多措并举强化公司合规经营。

【党建工作】 倡导“将党员变成骨干，骨干变成党员”，以此作为促进公司业绩发展的保障。2019 年重点开展“不忘初心、牢记使命”主题教育，在“真学”上下功夫，“规定动作”不打折。研究细化学习教育安排，多形式、分层次、全覆盖加强学习教育，党总支组织开展 20 余次集中学习，6 次民主生活会，3 次党员活动，党支部集中学习 40 余次，引领普通党员在读原文上用心，在悟原理上聚力。通过城口县沿河乡主题党日活动、志愿服务活动以及到红色教育基地接受革命传统教育，推动学习教育深入人心、落脚工作。在“做实”上下功夫，突出自选动作实效。落实一岗双责，以学习教育成效推动业务工作提质增效，下大力解决单位存在的突出问题和群众反映强烈的热点、难点问题，切实增强群众的获得感、幸福感、安全感。开展“不忘初心，牢记使命，做诚信有为保险人系列活动”，提出“将诚信建设作为发展的首要准则”，加强保险售前、售中和售后服务，使客户获得质量保证、价格合理的高水准服务。

【社会责任】 坚持开展精准扶贫、回报社会。履行国有企业社会责任，分公司成立扶贫工作领导小组，制定扶贫方案措施，完善扶贫机制，领导扶贫工作的开展。2019年光大永明人寿重庆分公司连续3年获得渝中区的稳岗补贴。从2009年至2019年，连续10年对股东方加拿大永明金融集团捐资设立的万州中加友谊小学持续进行帮扶，改善学校硬件环境，提升办学的软实力。响应集团和总公司号召，光大永明人寿重庆分公司员工自愿购买价值34292元的湖南古丈县贫困农户的农副产品。在中国保险行业协会联合中国扶贫基金会组建的“中国保险行业7•8扶贫公益基金”募捐活动中，募集善款2081.8元，为贫困地区孩子们捐赠学生型美术包；400余名员工参与“7•8保险公众宣传日扶贫公益跑”活动，为扶贫事业的公益宣传助力。11月，光大永明人寿重庆分公司党总支发出《捐款倡议书》，165名员工筹集善款8763.5元，按照1∶1的比例，分公司出资8763.5元，总计17527元的善款捐献给重庆银行保险业扶贫慈善基金会。11月，赴城口县沿河乡开展“助力精准扶贫，做诚信有为保险人”志愿服务活动，为贫困农户送上3万多元扶贫资金，用于购买农户自产的农副产品。

【企业文化】 在选人、育人、用人方面做到人尽其才、才尽其用，引入“竞争、激励、淘汰”机制，通过考核督导，实行优胜劣汰，使员工保持动力和活力。推动以提高技能为主的劳动竞赛，评选表彰先进，逐渐形成培训特色。宣传正向文化。倡导集体团结敬业，建立职工荣誉体系，鼓励创先争优，不断创建学习型组织。激发员工的凝聚力、向心力、认同感，营造好的工作环境及氛围。坚持集体协商、司务公开，征集职工提案，充分保障职工知情权、参与权、表达权和监督权。至2019年末，员工留存率达90%以上。

【光大永明人寿保险有限公司重庆分公司负责人】

总　经　理：刘传奇（党总支书记）
副 总 经 理：向益屏（2019年10月任职）
总经理助理：向益屏（2019年10月离任）
　　　　　　郭大东（2019年11月任职）

（张媛媛）

证　券

中国银河证券股份有限公司重庆分公司

【概况】 中国银河证券股份有限公司（以下简称“中国银河证券”），是中国证券行业国有控股的综合性金融服务提供商。借助独特的历史、品牌和股东优势，广泛的营业网点和规模宏大的客户群以及综合全面的业务实力，为政府、企业、机构和个人提供智库咨询、财富管理、投融资、国际业务等综合金融服务。

2007年1月26日，经中国证监会批准，由中国银河金融控股有限责任公司作为主发起人，联合4家国内机构投资者，共同发起设立中国银河证券股份有限公司，收购原中国银河证券有限责任公司（2000年8月成立，性质为国有独资证券公司）相关业务及资产。公司总部设在北京，注册资本为人民币101.37亿元。

中国银河证券于2013年5月22日在香港联合交易所H股上市，股票代码06881.HK，2017年1月23日在上海证券交易所A股上市，股票代码601881.SH。中国银河金融控股有限责任公司为控股股东，中央汇金投资有限责任公司为实际控制人。

至2019年末，中国银河证券共设有36家分公司、493家营业部，分布在全国179个地级以上城市和香港特别行政区，海外业务网络延伸至新加坡、泰国、印度尼西亚、韩国、印度、马来西亚、英国、美国8个国家。公司旗下拥有银河期货有限公司、银河创新资本管理有限公司、中国银河国际金融控股有限公司、银河金汇证券资产管理有限公司、银河源汇投资有限公司等5家子公司。

中国银河证券股份有限公司重庆分公司（简称“银河证券重庆分公司”）其前身是中国银河证券有限责任公司重庆管理部（成立于2001年7月）、中国银河证券股份有限公司重庆代表处（成立于2009年5月），2013年3月由中国银河证券股份有限公司重庆代表处更为现名。银河证券重庆分公司作为重庆证券市场最早的证券机构之一，始终坚持以专业引领，为地区经济发展助力，多次获得市政府授予的金融贡献奖。先后参与渝三峡、渝万里、西藏圣地、渝开发、重庆水务、重庆城投集团、重庆水投集团、重庆轨道交通集团、重庆交旅集团、重庆两江开投集团、重庆高速公路集团、同方国信投资控股有限公司、龙驰国旅、成都信谊物业股份有限公司、重庆三峡银行等企业的IPO（首次公开募股）、财务顾问、债券融资、新三板项目。

银河证券重庆分公司位于渝中区民族路108号B幢第三层。2019年，下辖12家营业部，分布在渝中区、江北区、渝北区、南岸区、九龙坡区、大渡口区、江津区、万州区八个行政区的中心地段。

2019年，银河证券重庆分公司坚持“依法合规经营，追求阳光利润”的管理理念和“内强素质、外树形象”的工作思路，不断加快自身发展。坚持科学管理和稳健发展并重，主动服务于基层；面对市场变化和竞争激烈的经营环境，发挥公司整体优势，树立品牌，降低营运成本，防范业务和技术风险，加强与职能部门的联系和沟通，提高地区研究咨询工作质量，着力业务创新，持续为新时代重庆改革发展尽力。

【党建工作】 2019年，按照中国投资有限责任公司（简称“中投公司”）党委巡视整改意见和《中国银河证券股份有限公司2019年度党建考核工作方案》的安排，银河证券重庆分公司党总支及下辖四个党支部切实落实管党治党责任，扎实开展党建工作。（1）政治建设。通过系列学习和主题教育提高政治觉悟、政治鉴别力，防范政治风险、金融风险。（2）思想建设。辖区各支部推行每周党建学习日，鼓励各支部党员在学习十九大报告、四中全会精神时邀请非党员员工参加，并结合金融证券行业及市场状况进行座谈与分享，不断强化理想信念教育并使之深入人心。（3）班子建设。支委成员加强平时的理论学习，通读原著，提高党务工作理论水平及党性修养。严格按民主集中制办事，严格执行“三重一大”（重大问题决策、重要干部任免、重大项目投资决策、大额资金使用）决策制度。（4）开展“不忘初心、牢记使命”主题教育。坚持问题导向，结合实际，创新方式方法，学习教育、调查研究、检视问题。通过第一阶段的学习，党员领导干部转变作风有担当，切实解决群众反映强烈的问题。党总支班子成员结合“三会一课”、主题党日活动等，通过召开党员大会、支委会、党小组会、书记讲党课，交流学习体会、调研走访，倾听群众意见和建议，形成解决问题、改进工作思路措施。党总支及辖属党支部全年共组织集中学习81场次，参加学习的党员干部796人次。召开专题组织生活会6次。支部书记讲授专题党课5次。（5）落实中央八项规定精神。纠正“四风”，不折不扣地将中投巡视整改措施落实到位，巩固和拓展落实中央八项规定精神成果。党总支12月召开支委扩大会并成立专项检查工作组，就落实中央八项规定精神和纠正“四风”问题进行逐一排查、对照，对相关制度的贯彻执行进行全面自查。（6）强化组织领导，破解“两张皮”。银河证券重庆分公司党总支按照“双轮驱动、协同发展”新战略，加强党建与经营工作的深度融合，以投行的思维开展业务，以综合性的金融服务方案拓展地区业务，服务上市公司，服务地方政府。

【综合金融服务】 2019年，依托公司财富管理业务、投融资业务、国际业务3大体系，发挥实体营销网络在专业化投融资服务和风险管理方面的优势，推进金融综合业务发展。大力推进互联网金融的拓展，凭借基于互联网、移动终端和微信平台的服务产品体系，全方位满足客户对“面对面”服务和网络服务的需要；通过VIP客户快速交易系统和量化交易系统，为高端客户提供更好的服务。由投行及地区财富管理部组成的投行业务团队，为客户提供全方位、分层级、一对一的投资银行和财富管理服务。凭借中国银河证券在香港的平台以及合资公司在东盟地区的业务网络，为境内、境外各类型客户提供交易、融资、并购、投资和财富管理服务；依托银河智库，为机构客户和战略客户提供卖方研究服务；为政府部门、监管部门和各类企业等提供研究咨询服务；为国际投资者提供全球研究咨询服务。

【金融精准扶贫】 2019年，银河证券重庆分公司以购代扶，助力脱贫攻坚，采购甘肃省静宁县农副产品，采购金额达25万余元；辖区共70名员工参加“认养一颗苹果树、扶贫济困献爱心”活动，汇聚爱心扶贫资金5.76万元。

【合规管理及反洗钱工作】 深入开展合规管理自查。履行合规管理职责，开展员工行为管理工作自查、廉洁从业自查、涉及交易所协查函的高风险洗钱等级客户自查，疑似外挂客户端清理及转化以及2018年下半年度和2019年上半年度投资者适当性管理自查等工作，并按要求报送自查和核查资料。开展合规培训。组织营业部总经理、部门总监及业务骨干开展合规培训及要点提示，对员工着重进行员工行为管理、营销风险案件、客户适当性管理、营业部运行管理、反洗钱等方面的合规培训。组织辖区合规经理开展对监管信息动态、公司合规管理制度、公司反洗钱制度、柜台业务操作流程以及客户适当性、融资融券、代销金融产品业务操作流程等进行学习，督导合规经理及时了解、掌握业务特性，在业务开展的过程中去控制风险。强化经纪业务风险监控。做好日常监控工作，督导营业部做好接受交易所等监管部门协查工作，做好合规审查工作，参与营业部日常合规管理，将合规管理融入业务流程中。加强反洗钱工作。按照公司反洗钱工作部署，及时修订反洗钱和反恐融资工作实施细则及管理制度并报备人民银行，有效指导辖区营业部对可疑交易接续报告进行核查及报送；开展反洗钱宣传工作，利用贴近客户群体需求及符合实际的宣传形式，因地制宜地开展反洗钱宣传活动。组织辖内营业部认真开展反洗钱分类证券级工作，并按时向人行重庆营管部反洗钱处提交2019年反洗钱分类评级自评表及证明材料等资料。2019年，人行重庆营管部授予银河证券重庆分公司综合评级A级，反洗钱分类评级为BBB级。

【投资者教育和保护】 针对工作发展的实际需要，重新细化并修订《营业部经纪业务客户服务管理办法》《客户服务回访制度》等系列投资者权益保护和教育工作措施，将工作目标、流程、方式及效果等规范化。建立投资者教育的工作考核机制，明确岗位职责，要求工作留痕，逐步实现检查与考核机制相结合。成立以负责人为组长，理财、合规、营运、财务等部门人员构成的“投资者教育和保护工作”小组，将安全运营、优质服务与投资者风险教育工作有效地结合起来，为有效开展投资者风险教育提供保障。

2019年银河证券重庆分公司驻渝中区机构

机构名称	经营地址	联系电话
银河证券重庆分公司	渝中区民族路108号B幢第三层	023-88128826
重庆民族路证券营业部	渝中区民族路108号B幢第三层	023-88128812
重庆瑞天路证券营业部	渝中区瑞天路182-18号	023-86776192

【中国银河证券重庆分公司负责人】

总经理：曹　翼（党总支书记）

（聂云）

申万宏源证券有限公司重庆分公司

【概况】申万宏源证券有限公司（简称“申万宏源”），是由新中国第一家股份制证券公司——申银万国证券股份有限公司与国内资本市场第一家上市证券公司——宏源证券股份有限公司于2015年1月16日合并组建而成，系国内规模最大、经营业务最齐全、营业网点分布最广泛的大型综合类证券公司之一。公司注册资本470亿元，拥有员工近8000名，在全国设有34家区域分公司和303家营业部（含西部证券），并设有香港、伦敦、东京、新加坡、首尔等海外分支机构。公司在中投公司、中央汇金公司等股东单位的大力支持下，契合国家发展战略重点布局上海、新疆、香港、新加坡等区域。

申万宏源证券有限公司拥有全面的证券类业务资格，主要包括：证券经纪、证券投资咨询、融资融券、代销金融产品、证券投资基金代销、为期货公司提供中间介绍业务、证券资产管理、证券承销与保荐、证券自营、股票期权做市。

申万宏源证券有限公司重庆分公司（简称“申万宏源重庆分公司”）位于渝中区中华路178号重庆国际商务中心9楼，有员工155人。内设综合办公室、机构业务部、零售业务部、合规风控部、财务管理部5个二级部门，下辖渝中区中山一路营业部、沙坪坝区小新街营业部、九龙坡区杨家坪正街营业部、渝北区金开大道营业部、渝北区黄山大道营业部、涪陵区中山路营业部共6家分支机构。

申万宏源重庆分公司前身上海万国证券重庆营业部早在1992年便进入重庆，于1997年更名为申银万国证券重庆管理总部，2009年更名为申银万国证券重庆分公司，2015年更名为申万宏源证券重庆分公司。作为第一家入驻重庆的异地券商，申万宏源重庆分公司始终依托专业化的业务团队和持续的创新精神，为客户策划并实施与资本市场相关专业的方案，提供全面、优质、持续高效的专业化服务，努力实现客户价值最大化。从1994年起，参与重庆万里、中国嘉陵、重庆啤酒、ST农化、上海三毛、重庆实业、建峰化工、重庆燃气、力帆股份、正川股份等一系列企业IPO（首次公开募股）、收购兼并、财务顾问、再融资、新三板等项目，为重庆资本市场发展和推动重庆作为长江上游金融中心的建设尽力。为重庆市企业改制上市促进会副会长单位，被《重庆商报》等相关媒体评为“重庆市民最值得信赖的券商”。曾连续12年被市政府授予“支持重庆经济发展金融贡献奖”。

2019年，申万宏源重庆分公司协同公司投行、直投等业务团队，全力开拓重庆资本市场，全年完成永川惠通一期15亿元公司债发行项目、万盛经开投一期15亿元公司债项目、荣昌区15亿元产业投资基金设立及首期出资款缴付工作，为重庆利用资本市场融资功能，促进区域经济发展发挥重要作用。

【综合金融服务】2019年，借力公司控股股东中投公司、中央汇金公司等的资源支持和全牌照的业务资格，大力实施“零售、资管、投行”三位一体的全方位协同战略，实现业务对接下沉、重点区域全覆盖，为重庆地区各大企业、产业基金实行差异化综合金融服务。立足解决民营企业融资难问题，提升为优质民营企业提供综合金融服务的能力；持续巩固与市属国有平台、区县平台公司的合作，夯实财务顾问项目，加大与各大型企业、上市公司、银行、保险公司、基金公司等客户的合作；不断整合各种渠道资源、资金资源、项目资源，形成具有重庆区域特色的资源闭环，为重庆资本市场发展提供高效、全面的综合金融服务。

【财富管理服务】依托申万宏源证券研究所资本市场专业化研究团队和分布于重庆各分支机构的资深投资顾问团队，发挥全业务链协同和产品线互补的优势，完善和丰富产品服务，构建为以客户为中心，以资产配置为核心的财富管理业务模式。2019年，分公司着力打造FOF/MOM（FOF即投资于其他投资基金的基金，MOM即管理人的管理人基金）等专业定制一体化金融服务平台，满足不同客户各类理财需求，充实和提升财富管理服务内涵。

【助力脱贫攻坚】 按照"金融扶贫、绿色扶贫、产业扶贫"的要求，2019年，分公司依据与黔江区政府签订的扶贫服务协议，立足于将黔江区的资源优势和申万宏源重庆分公司资本市场专业化优势有机结合，稳妥持续推进黔江区相关债券发行等工作项目。通过"做实"和"深化"双轮驱动，扎实推进精准扶贫工作。

【党建群团工作】 扎实开展"两学一做"，严格执行"三重一大"（重大事项决策、重要干部任免、重要项目安排、大额资金的使用，必须经集体讨论做出决定）决策制度。2019年，以党总支《党群工作条例》为指引，完善党群工作框架，支持工会、共青团组织开展有益活动，开展"不忘初心再出发"遵义会址行主题党日活动、"走好新时代长征路"重庆红岩村主题党日活动、爱国主义教育主题观影活动、"落实十九大、迈向新征程"征文等活动，持续做好党建群团工作。

【合规风险管控】 深入贯彻和执行申万宏源总公司《合规管理工作管理办法》等各项合规制度要求，深入开展合规风控工作。2019年修订合规管理制度及操作规程9个，为辖区分支机构合规工作人员履行合规职责提供支持、帮助，有效保障经营管理持续稳健运行，全年完成合同审核103条，开展分公司层级的合规培训13次。完成反洗钱监测业务实时复核与指导，完成异常交易分析126条，提交可疑交易4份。加强对风险的监测分析，配合辖内分支机构完成4件风险处置事件。做好各项监督检查，与监管部门进行13次沟通，完成日常报告报表35次，分类评价2次，年度廉政合规检查1次。

2019年申万宏源重庆分公司驻渝中区分支机构

分支机构名称	地址	电话
申万宏源证券公司重庆中山一路证券营业部	重庆渝中区中山一路181号抗建大厦2楼	023-63508733

【申万宏源重庆分公司负责人】
总 经 理：王　军（党总支书记）
总经理助理：吴　韵（党总支副书记，分管纪检）

（赵玉中）

光大证券股份有限公司重庆分公司

【概况】 光大证券股份有限公司（简称"光大证券"）成立于1996年，总部位于上海，是中国证监会批准的首批三家创新试点证券公司之一，也是《财富》世界500强企业——中国光大集团股份公司（简称"光大集团"）的核心金融服务平台，是拥有证券领域全牌照的大型证券金融集团。公司以投资银行业务为主体，旗下拥有资产管理、公募基金、私募基金、另类投资、期货、融资租赁、政府和社会资本合作等专业化子公司，业务遍及中国内地、中国香港、中国澳门及英国等国家和地区。2019年，光大证券连续3年获得"年度最佳证券公司"称号，连续4年跻身"亚洲品牌500强"和"中国品牌500强"，入选《福布斯》2018全球最佳雇主500强榜单，获"2018中国证券期货业优秀创新扶贫奖"。

1996年，光大证券在渝的首批两家营业网点分别在重庆市渝中区解放碑、大坪设立。1997年、1998年、2002年、2012年、2017年相继在渝中区、永川区、巴南区、北碚区、两江新区设立营业网点。2011年，光大证券股份有限公司重庆分公司（简称"光大证券重庆分公司"）正式成立，是光大证券在全国设立的首批八家分公司和区域性分公司之一。公司位于渝中区大坪正街108号。

光大证券重庆分公司所辖的证券营业部网点分布重庆、云南、贵州三地，分别在重庆市渝中区较场口和大坪、巴南区鱼洞和李家沱、永川区、北碚区、两江新区，以及云南省昆明市和曲靖市、贵州省贵阳市和遵义市共设有11家证券营业部。公司内设综合运营部、零售业务部、机构业务部3个部门。业务功能定位为区域性证券公司，主营传统证券业务，配套各项创新业务。业务主要有证券经纪、证券投资咨询、证券投资基金代销、期货中介、融资融券、证券投资财务顾问、金融产品代销、证券承销与保荐等。

2019年，光大证券重庆分公司被中国金融工会重庆工作委员会评为“金融学习型组织标兵单位”，被中国光大集团评为“2017—2018年度青年文明号”，获评光大证券“2019年度锐意改革奖”。

【业务发展】　着力构建财富服务体系，通过整合区营业部基础服务团队，强化财富经理管理，在辖区内开展分级服务，开展各类投资服务讲座累计超300次，深化服务体系，提升客户服务质量。光大证券重庆金阳光财富俱乐部为客户量身定制投资服务产品，尤其是“金阳光财管计划投资组合系列产品”覆盖客户万余名。依托线上线下全面布局，根据客户资产和需求，分成智投、智尊、富尊、金富尊等5档服务体系，全方位7×24小时服务于客户。合理资源配置，拓展财富管理等服务需求，依托光大银行、光大永明保险、光大期货、光大兴陇信托、光大新鸿基、中青旅、光控特斯联、光控安石基金等现有资源，整合光大集团在渝企业各项业务，全方位服务客户财富管理需求。总经理周国平被评为“光大集团2018年度协同先进个人”。分公司及辖区营业部围绕零售客户、机构客户、金融同业与战略客户等市场主体，根据其不同需求合理配置资源。

【合规经营风险控制】　分公司倡导“合规是生命、发展是使命”，在合规第一的前提下，加大各条线业务拓展。强化组织构架，公司设有风控经理1人、合规负责人1人，辖区营业部合规管理团队11人，结合实际，修订内控制度和流程，切实督导合规团队践行担当。强化培训学习，组织大型合规类培训共32次，其中常规合规培训14次、反洗钱培训15次、适当性专题培训2次、纠纷调解与投诉处理专题培训1次；开展投资者教育专项活动16次。辖区内通过QQ群、微信群、邮件、内部公函形式进行沟通，传达合规管理动态、反洗钱管理动态，警示合规监管案例、反洗钱监管案例。强化过程管控监督，日常网点运营建设中开展专项合规辅导，6月底完成柜台集中运营；通过一系列合规管控措施防范风险，组织辖区营业部所有员工及经纪人完成签署2019年合规承诺书工作；根据公司营销活动制定“合规护航 开门长红”专项工作方案，保障开户规范实施；结合监管要求组织辖区全员防范配资行为自查及签署承诺书工作；组织对辖区营业部全体经纪人合规自查、教育培训及考试，有效落实监管要求；组织开展佣金设置专项排查与规范工作；组织辖区合规管理人员进行合规、反洗钱专项测试；对营业部展开现场合规检查及“回头看”现场走访，检查落实整改情况。加强投资者教育，通过开展投资者教育专项活动、打击非法集资等工作，做好投资者权益保护；将营业部网上开户假身份证识别案例进行分享和上报；通过建立微信、QQ工作联系方式及时了解监管部门的动态监管要求，配合监管部门开展的调研工作，参加各监管部门组织的专题会议、业务培训，并定期向人行反洗钱处报送工作简报。加强工作交流。分公司总经理被重庆市证券期货业协会聘为证券期货自律监察委员会委员，被重庆市人力社保局聘为“鸿雁计划”金融业评审专家。分公司作为优秀券商代表被重庆监管局安排在辖区年度监管大会、《证券期货经营机构及其工作人员廉洁从业规定》落实情况调研座谈会、2019年重庆辖区证券分公司调研座谈会上作经验分享。

2019年，在人民银行重庆营管部开展的对重庆市级245家金融机构2018年度综合评价中，光大证券重庆分公司被评价为最高等级A级（仅19家证券业机构获此评级）；反洗钱工作被评为重庆BBB级。

【强化党建工作】 光大证券重庆分公司党总支下建有重庆分公司、重庆鱼洞营业部、遵义贵阳营业部3个联合党支部以及渝中区民权路、巴南区李家沱、永川区、云南昆明、云南曲靖5个营业部党支部共8个党支部。加强党总支和支部班子建设。2019年党总支完成换届改选；辖区党支部数量由6个增加至8个，其中撤销1个联合党支部，新设3个党支部；完成4个党支部改选工作；分公司党总支现任6位委员由分公司班子和营业部班子组成，辖区8个党支部书记均为营业部领导班子成员。严格组织生活。督导和协助辖区党支部开展“深入贯彻‘光大27条’，强化担当作为”主题教育活动、“以案为鉴、以案促改”全员警示教育月活动、《中国共产党重大事项请示报告条例》学习活动、“不忘初心、牢记使命”主题教育等，推进辖区党支部开展“三会一课”，落实支部民主生活；分公司党总支书记、分公司班子、辖区支部书记共讲授15次党课；分公司党总支书记、总经理周国平讲授的党课被总公司党委评为“十佳精品党课”。开展多元化主题党日活动。党总支按照上级公司党委要求，按时开展主题党日活动，包括集中学习、知识竞赛、参观红色革命根据地等活动内容，增强党员党性修养，坚定理想信念；3月组织20余名党员干部开展投教活动；4月组织40余名党员干部开展“学习红岩精神”特色党建活动；8月组织党员、干部、积极分子53人，到潼南区瞻仰杨尚昆故居、杨闇公旧居，举办“不忘初心、牢记使命”主题教育知识竞赛；12月组织开展“重温红船精神” 主题党日活动，全体党员、积极分子、群众166人参观聂荣臻元帅陈列馆、陈独秀旧居，深化“不忘初心、牢记使命”主题教育。加强党员队伍建设。新入职7名党员，4名预备党员转为正式党员，发展1名预备党员；辖区党员组织关系明确清晰，无“口袋党员”和“失联党员”。2019年，周国平同志被评为光大集团“优秀共产党员”、光大证券“先锋党员”，杨乐同志被评为光大证券“先锋党员”。

【履行社会责任】 践行央企担当，招聘退役军人，助力国家解决退役军人安置问题；在周边各大高校举办20余场双选会和招聘会，解决青年就业。开展金融扶贫，积极以各种形式践行扶贫工作：前往国家级贫困县——云南省文山州广南县等定点扶贫地区，开展扶贫调研慰问。2019年4月起，联合光大银行对光大集团定点扶贫地区提供金融服务，开展投资报告会、金融知识讲座等，从金融扶贫方向，探索扶智新路径。开展助学扶贫，连续两年参与团区委“冬日阳光•温暖你我”献爱心活动，连续参与光大集团4期光大“明德”一对一扶贫助学活动，采取“一对一”结对帮扶的形式资助贫困孩子上学，与集团定点扶贫县170名贫困学子形成结对帮扶，共捐款14.29万元。开展消费扶贫，2019年起，持续购买新田县有机米、古丈县茶叶、天元乡蔬果等当地特色农产品，消费金额25万余元。开展专项资金扶贫，2019年5月，申请专项扶贫资金12万元，用于中国证券监督管理委员会重庆监管局对口扶贫点——巫溪县天元乡“失能弱能”养老保险扶贫项目。

【“光大”文化发扬】 公司围绕光大集团“家园文化、阳光文化、崇商文化、担当文化”的文化主旨，坚持“有情怀，有质量，有特色，有创新，有底线，有口碑，有活力，有责任”的企业文化核心价值观，深入开展企业文化建设，为集团“建设具有全球竞争力的世界一流金融控股集团”战略目标提供文化支撑。组织各项活动。开展三八妇女节活动、父亲节活动、儿童节活动、献礼“光大日”抖音视频和老照片集萃、“光大之歌”短视频制作等活动，员工作品多次上榜公司、集团官微。每逢节日给员工送上节日祝福，三八妇女节给员工致上节日小礼物，每月给当月生日的员工举办生日庆祝会；组织单身员工参与重庆金融系统单身青年联谊活动以及光大集团驻渝企业单身职工联谊会，切实关心单身员工生活。自主举办金阳光财管计划演讲比赛，提升业务人员客户服务技能；组织全员参与“光大证券杯”共创美好生活线上知识竞赛、“我和我的祖国”主题征文活动、金融社区明星投顾评选等活动，展现员工风采。参与重庆市证券期货业协会、中国金融工会重庆工作委员会等机构组织的各项劳动竞赛。2019年，公司获评重庆金融系统劳动竞赛“最佳组织奖”、服务民营经济金点子大赛“优秀奖”等10个市级及以上集体奖项；于雪、罗德银等24人分获光大集团金石奖、光大证券“金牛之星”营销服务竞赛之星等28个各级各类奖项。光大证券重庆分公司微信公众号实时更新工作动态，发布微信公众号文章87篇，关注人数881人。组织干部员工投稿12篇文章，在行业权威杂志《重庆资本市场》（双月刊）上刊登。

2019年光大证券重庆分公司驻渝中区机构

机构名称	经营地址	联系电话
光大证券股份有限公司重庆分公司	渝中区大坪正街108号天海大厦二层	023-68890806
光大证券股份有限公司重庆大坪正街证券营业部	渝中区大坪正街108号天海大厦二层	023-68700268
光大证券股份有限公司重庆民权路证券营业部	渝中区民权路58号合景聚融6楼	023-63719100

【光大证券重庆分公司负责人】

总 经 理：周国平（党总支书记）

副总经理：席　娟

（王琬璐）

重庆城投建信基础设施建设股权投资基金管理有限公司

【概况】　重庆城投建信基础设施建设股权投资基金管理有限公司（简称“重庆城投建信基金公司”）成立于2016年1月，注册资本2000万元，主要从事股权投资管理、咨询及同类相关业务，发起设立股权投资企业等。公司位于渝中区中山三路128号第27层。

【基金合伙企业】　重庆城投建信基金公司目前管理基金为重庆信城基础设施股权投资基金合伙企业(有限合伙)，成立于2016年4月1日，并于2016年8月4日在中国证券投资基金业协会完成备案。基金托管人为中国建设银行股份有限公司。

【事业发展】　2019年，重庆城投建信基金公司致力于基础设施产业基金的运营管理，基金投向重庆市重大基础设施建设项目，有利推进城市化进程及区域经济发展。

【备案信息更新】　2019年按照中国证券投资基金业协会相关规定，定期及时更新公司登记及管辖基金备案信息，内容包括但不限于公司审计报告、基金投资项目变化信息等，信息更新均符合中国证券投资基金业协会相关规定。

【重庆城投建信基金公司负责人】

董事长：王　理

总经理：叶　松

（邓玉洁）

要素市场

重庆股份转让中心有限责任公司

【概况】　重庆股份转让中心有限责任公司前身为事业单位重庆股份转让中心，成立于2009年7月。2013年2月，在市委、市政府主导下，重庆股份转让中心完成公司制改造，正式成立重庆股份转让中心有限责任公司（简称“重庆股转中心”），注册资本1.56亿元，为重庆市国资委直管的市属国有重点企业。股东由渝富集团（51%）、西南证券（34%）、深圳证券信息有限公司（15%）构成。下设子公司2家：重庆榆钱儿电子商务有限责任公司（全资）、重庆榆钱儿股权投资基金管理有限责任公司（控股）。办公地址位于渝中区民族路101号交易大楼6楼。经营范围：为非上市股份公司股份、有限公司股权以及其他各类权益的登记、托管、挂牌、交易、结算及投融资提供场所和服务。

作为重庆市唯一的区域股权市场运营机构，重庆股转中心主要为中小微企业提供股权登记托管、股权转让、挂牌展示、企业路演、定向增资、可转债发行、股权质押融资等综合金融服务，为中小微企业搭建展示平台、拓宽投融资渠道，培育挂牌企业进入更高层次资本市场。重庆股转中心已形成“一市三板”（“一市”指重庆区域股权市场，“三板”分别指非上市股份有限公司股份报价转让系统即成长板，中小企业股权转让系统即孵化板，科技创新型企业股权转让系统即科创板）的市场格局，并与团市委共建支持青年创新创业的“青创板”、与市经信委共建支持专精特新企业发展的“专精特新板”。

2019年，重庆股转中心坚持“企业成长的摇篮、社会投资的平台、经济发展的抓手”的战略定位，积极构建上市资源培育平台、企业价值发现平台和企业综合金融服务平台，着力解决企业融资难、公众投资难和政府管理难问题，切实提高金融服务实体经济的综合能力，打造全国一流的区域性场外资本市场。重庆股转中心自2013年改制至2019年，连续七年收入快速增长，多项指标处于全国领先地位：在全国首家实现非上市股份有限公司股权登记托管、挂牌企业股权质押融资及市场内部分层，率先探索“交易所+投行”模式，实践“投行带动投资、投资带动挂牌”，最早与政府合作成立产业引导基金并向市外输出服务，率先推出大数据融资平台搭建系统化、专业化的融资融智服务体系。

【上市资源培育】 形成以市场化手段培育上市资源的完整路径，按照资本市场的标准筛选有发展前景的企业。2019年公司完成企业挂牌615家，同比增加395.97%，累计挂牌1417家。其中成长板企业挂牌62家，同比增长113.79%，是重庆股转中心成立以来成长板企业挂牌家数最多的一年，成长板累计挂牌329家；孵化板企业挂牌286家，同比增长361.29%，累计挂牌665家；科创板企业挂牌241家，同比增长1238.88%，累计挂牌482家。在行业板块方面，2019年和市经信委合作，成立专精特新板并已挂牌10家企业；青创板全年新增16家企业挂牌，同长增加14.28%，累计挂牌49家。推动重庆市内未上市股份公司的托管，促进企业规范内部管理。2019年新增托管企业886家，累计托管企业达2276家，同比增幅63.74%。

【开拓企业融资渠道】 为企业提供多元化渠道融资，提高企业直接融资水平。2019年完成股权质押融资50.22亿元，股票增发2.2亿元，可转债备案33.76亿元，发行26.26亿元。累计为企业实现各类融资891.91亿元。路演平台持续发展。全年举行11场路演，累计帮助6家企业获得融资1.94亿元。与区县设立的3只产业引导基金，完成5个项目2.35亿元的股权投资。与四川德阳经济开发区共同发起设立总规模10亿元股权投资基金，标志重庆股转中心于2019年开始向外省输出股权管理服务。加大和其他金融机构的合作，助力挂牌企业融资。重庆股转中心与重庆银行、招商银行、产业引导基金、华科融资租赁等机构常态化开展企业服务活动。联合重庆银行为挂牌企业推出“好企贷”绿色申请通道。

【打造金融服务平台】 打造地方政府扶持中小微企业发展政策的综合运用平台，2019年协调出台相关政府扶持政策26条，吸纳528家中介机构参与重庆股转中心各项业务活动，累计为481家挂牌企业争取财政补贴奖励4816万元。助力渝企对接海外资本市场，重庆股转中心与新加坡交易所签订战略合作协议，并与重庆市中新示范项目管理局、新加坡交易所合作推广渝企赴新加坡上市推介活动，参与人数过百人。推动深交所重庆服务基地在重庆股转中心正式落地，提升重庆市上市企业服务水平，并为重庆市优质企业迈入资本市场提供支持。建设企业信用平台，探索中小微企业信用大数据智能化应用，为金融机构及风险资本对接中小微企业提供数据支持。该项目2019年获得重庆市首批信用信息应用试点等政策支持，并列入市国资委《市属国有重点企业以大数据智能化为引领的创新驱动发展重点项目实施计划（2018—2020年）》。

【构建中小企业服务体系】 形成包含融智服务、融资服务、咨询服务等三大板块的“中小企业全链条价值服务体系”，为企业提供特色培训课程、交流走访活动、投融资对接与个性化定制咨询等三十余种服务项目。（1）持续完善培训体系。每月定期开展“融资大讲堂”、推出帮助新挂牌企业熟悉资本市场制度规制的“挂牌第一课”、由企业辅导员对企业品牌及战略规划和内部管理及股权结构等方面进行辅导的“企业训练营”。开设阳光财税与法务以及股权激励等方面辅导的“特色培训课”，与知名投资机构合作“周末资本课堂”，为企业高管量身定制“企业高管系统培训班”，根据企业经营发展实际需要定制交互式课程“实战商学院”。2019年共组织各类企业培训46次，参与人员达2000余人。（2）加强实践交流。持续推动线上网络培训，阳光微课线上培训已开办14期课程，吸引1500余人次收听，微课累计点击量过万次。搭建平台，形成创新创业交流学习的圈层和范围，举办7期渝友汇沙龙，吸引90余家中小微企业参加。推出挂牌企业服务日，每月初通过“线上＋线下”结合的方式，征集挂牌企业问题并线上答疑交流，并把“董秘之家”等活动安排进挂牌成员企业开展，增加企业家之间的互动和相互了解。（3）积极搭建政企沟通桥梁。承办由市金融监管局和深交所举办的面向所有区县的“重庆资本市场周”活动；与团市委合作开设青年创新创业第二期成长班；与市经信委、市科委、市金融监管局等政府部门组织投融资对接会，帮助企业解读各项扶持和优惠政策；组织30余家挂牌企业参加2019年度重庆智博会，牵头挂牌企业与以色列企业的业务对接；组织挂牌及拟挂牌企业开展走进重庆产业园区、走进行业龙头企业、走进优秀挂牌企业、走进外地股交所、走进深交所、走进上市公司等系列活动；与重庆市中新示范项目管理局合作组织企业赴新加坡交易所学习考察，与专业机构合作，组织“一带一路”领军企业家参观学习，完成成都、宁波和新加坡三地的学习访问。

【激活市场中介机构】 制定发布《会员年度考评规定》，出台推荐机构会员挂牌业务专项奖励政策，鼓励先进会员规范展业的积极性。在吸纳符合条件推荐机构，通过综合考量拟入会机构项目经历、团队配置、企业服务能力等各因素，把控好入会关，2019年重庆股转中心累计收到35家推荐机构入会申请，审核通过23家。组织开展每季度两场的会员主题培训，全年开展主题培训8场；及时通报政策信息，定期做好会员季度和年度报告，安排中心相关人员积极与会员开展线上线下的答疑互动，总结分析问题，助推高效展业。

【严控金融风险】 完善合规风控体系。制定《重庆股份转让中心有限责任公司主要负责人履行推进法治建设第一责任人职责实施办法》，推动公司法治建设工作有序开展；推出《融资担保公司参与重庆股份转让中心有限责任公司固定收益类证券业务管理办法（试行）》，加强对融资担保公司的管理，保障可转债业务的可持续健康发展；加大对于存量可转债的风险管理，制定《重庆股份转让中心可转换公司债券存续管理暂行办法》，督促承销机构对存续期的可转债进行全面的风险排查；出台《重庆股份转让中心有限责任公司兑付处理机制》，保护投资者合法权益，防范并化解产品兑付处理过程中的各类风险，并督促各承销机构、各业务部门严格执行。监管职责进一步加强。加强企业风险监管，全年，对2000多家托管及挂牌企业存续状态进行全面梳理，并建立异常清单，关注企业风险事件，对经营异常企业保持密切关注；加强信息披露工作的督导，收取企业年报110家，加强年报分析，首次编制《重庆股份转让中心挂牌企业年报分析报告》。

【党建纪检工作】 学习习近平新时代中国特色社会主义思想。开展“不忘初心、牢记使命”主题教育，通过总支委会议、理论学习中心组会议、工作例会开展集中学习。以政治建设为统领，切实履行从严治党主体责任。建立涵盖76条具体事项的正面、负面双重清单，把贯彻落实从严治党主体责任细化、责任化和台账化；2次修改章程和决策主体议事规则，将党的领导全面融入公司治理结构当中；全年，研究部署从严治党、党风廉政建设各项工作4次，党总支班子成员就全面从严治党履职情况和抓分管领域履行“一岗双责”情况向党总支汇报工作4次，累计制定工作措施14条。推动党建纪检工作与业务工作深度融合。推动从严治党向纵深推进，持续强化监督考核机制，细化明确党建工作与纪检监察工作考核指标。初步建立起“党建+服务完善”“党建+业务创新”“党建+扶贫攻坚”的线性支撑体系，将党建工作嵌入业务和管理链条。扎实监督执纪问责工作。突出政治监督，强化日常监督，压紧压实管党治党责任；组织召开党风廉政建设和反腐败工作会，完善监督制度机制，促进全面从严治党向从严治企不断延伸。

【重庆股份转让中心有限责任公司负责人】
董事长：吴　坚
总　裁：张　序
副总裁：李大光　寇　骥　陈　洪

【重庆榆钱儿电子商务公司（全资）负责人】
执行董事兼总经理：罗　献

【重庆榆钱儿股权投资基金公司（控股）负责人】
执行董事：钟　炜
总 经 理：秦　影

（杨玉婷）

旅游业

【概况】 2019年1月3日，按照区委、区政府印发的《重庆市渝中区机构改革方案》，将区文化委员会、区旅游发展委员会的职责整合，组建渝中区文化和旅游发展委员会（简称“区文化旅游委”），作为区政府工作部门，保留区体育局牌子。办公地址位于渝中区金汤街74号。

2019年，区文化旅游委聚焦“全力创建国家全域旅游示范区”中心工作，以融合发展为主线，推动文化旅游体育业高质量发展。成功推出“山城扎包”等一批文旅商品，长江索道建成全国首个5G技术VR超感体验区，朝天门“两江游”、皇冠大扶梯等景区景点提档升级；紧扣“山水”“文化”“都市”三大主题品牌，开展多角度、全覆盖城市营销。高质量举办重庆都市旅游节暨城际旅游交易会等品牌节会活动。国庆期间，渝中区共接待游客1140.9万人次，同比增长24.9%，日接待游客数峰值突破150万人次，创历史新高，并获评“2018西部旅游最受关注全域旅游创建示范单位”“2019中国旅游影响力年度夜游城市”“2018中国旅游影响力县区TOP10”“十大最佳文创城区”等称号。

【旅游收入】 全年接待游客6744.2万人次，同比增长5.8%。实现旅游收入463.5亿元，同比增长20.9%。其中接待入境旅游者164.5万人次，同比增长6.0%。旅游外汇收入10.1亿美元，同比增长24.7%。34家规上旅游企业实现营收83.98亿元，同比增长20.4%；56家限上住宿企业实现营业额19.12亿元，同比增长7.03%。

【旅游资源普查】 在全区范围内开展文化旅游资源普查工作，完成筛选信息表单体数量523个、单体实地调查总量483个、单体内业整理总量393个。梳理挖掘一批旅游吸引力强、文化价值高、发展潜力大的资源单体，进一步掌握全区文化旅游资源状况，找准优势和特色，推动产业发展。

【旅游规划】 坚持“多规融合”，深入吸纳全区经济、交通、土地、环保等领域的50余项规划和实施方案，编制完成《渝中区全域旅游发展总体规划（2019—2035）》，明确文化旅游的特色定位和战略目标，并从项目、产品、产业、服务、营销、保障等6个方面进行系统规划和分布计划。

【旅游宣传】 讲好渝中故事，挖掘一街一巷、一砖一瓦、一山一水背后的故事，梳理红岩英魂、巴渝英烈的动人事迹，启动策划文物有秘事、山水的诞生、在街巷深处、非物质文化等5个系列丛书，把渝中厚重的历史底蕴和文化内涵讲出来、传出去。做好线路策划，以“全域旅游”为核心，梳理革命遗址、人文景点、山城街巷等一批文化内涵丰富、自然环境优美、山城风貌突出的旅游资源，策划编制以“重温红色记忆 激发爱国情怀”为主题的5条红色旅游线路、“下半城的浮光掠影”等5条老街老巷游线路，多家中央、市级媒体专题发布、相关报道共30余篇，各大旅游团和大量“驴友”纷纷收藏和点赞，带动“网红游”变“文化游”和“深度游”。以“渝中文旅”微信公众号、官方微博为阵地，大力宣传推广渝中区文化旅游资源和线路，丰富“找厕所”、语音讲解等线上旅游服务，使其成为全国各地来渝中观光游客参考指南，提升了渝中文化旅游的品牌形象。截至2019年末，“渝中文旅”微信公众号的最新总用户数达13万人，全年发布高质量推文243篇，总阅读量近80万次，单篇头条平均阅读量超过3200次，其中阅读量超过3500次的推文60篇，阅读量超过4000次的推文39篇。“渝中文旅”官方微博用户关注量达到20万人，发布微博200余条，微博总点击量超过180万次，其中单条阅读量最高达3.6万次。

【配套设施建设】全区共有13个游客中心，为游客提供咨询、指引、休憩、救助等服务，服务范围覆盖解放碑、洪崖洞、重庆天地等主要旅游目的地。其中，6个游客中心全年接待游客达30万人次。区文化旅游委创新设立城市候机楼，建立“渝中—机场”旅游航空绿色通道，为游客提供咨询、售票、机票办理、信息查询、行李托运、机场巴士及其他增值服务等，进一步提升“旅游＋航空”交通集散功能，延长停留时间，扩大高端消费。完成智慧旅游服务提升工程，建成实时游客流量监测系统和旅游大数据中心，初步实现全域及洪崖洞景区流量监测、统计的智能化；建成全域旅游网络平台，实现信息查询、全景导览、语音讲解、电子厕所地图、线路导航等功能；等级景区实现免费Wi-Fi、触摸查询设备全覆盖。创新开展“一键游渝中”前期研究，主要以一键智能行程规划、动态行程建议为核心功能，为辖区旅游搭建智能引流系统，为游客提供集渝中旅游攻略、商品购买、智能导航、智能导游、智能客服等功能于一体的整合型智能出行服务。完善旅游标识标牌建设，在全区范围内的重要交通枢纽、文旅资源富集区域建成全域旅游导览图15块、区域旅游导览图50块、景点介绍牌79块，导览内容涵盖交通线路、公园绿地、宾馆饭店、景区点、文物遗迹、历史沿革、旅游厕所、城市地标等。同时，结合全区发展规划和建设路径，逐步完善文旅通廊、山城步道、网红地标等新旅游目的地标识导览，丰富旅游文化内涵，提升游客出行体验。

【旅游节会】 成功举办和参加2019中国旅行者大会、第二十六届重庆都市旅游节暨城际旅游交易会、第六届西部旅游产业博览会等宣传活动，累计接待云南省普洱市等省市县来渝中旅游推介和考察代表团60余次，广泛开展交流互鉴与宣传营销，提升渝中旅游影响力和吸引力。

【旅游服务品质提升】 完成辖区星级饭店复核和标准执行监督检查工作。区境内有星级旅游饭店20家，其中五星级3家，四星级9家，三星级8家。召开全区等级景区、星级饭店服务质量提升工作会，渝中区住宿业发展专题研究会等会议，拟定《住宿业发展扶持政策》。兑现报业集团等64家企业奖励373.5万元；兑现旅游宣传营销奖励、“重庆飞•山城游”181万元。组织100余家旅行社开展全国旅游监管服务平台专题培训，督促落实团队信息报送及季度、年度报表。金牌导游工作室项目正式启动，授牌成立管延龙、张跃福、郭卿兰3个金牌导游工作室。与区总工会、区人社局联合举办区旅游住宿业服务职业技能大赛，共100名选手、23个参赛队参加。全区A级景区、星级饭店服务品质稳步提升。

【旅游质监执法工作】 把安全生产作为旅游行业的生命线，切实把旅行社租用车辆和团队运行安全、旅游道路交通安全、假日旅游安全作为检查的重点，在落实责任、强化监管、治理隐患、完善制度等方面加大工作力度。加强节假日前后景区安全隐患排查，联合交通执法部门开展旅游包车专项联合执法检查14次，确保全区旅游行业无重大以上级别安全事故。依托区旅游巡回法庭、旅游巡回审判点、速裁中心，高效化解旅游投诉，共受理旅游投诉235件，成功调解209件，调解率达88.9%。严厉打击旅行社非法转让旅游行业资质、旅行社擅自转拼团、导游在行程中私自兜售商品、擅自增加购物店等违法违规行为，共受理调查各类违法违规案件60余起。开展朝天门、解放碑、洪崖洞等景区周边旅游市场综合整治，联合市场监管、城管、交通等执法部门开展常态化综合执法行动，对“两江游”“三峡游”“周边游”进行暗访，严厉打击“票串串”“羊儿客”“四黑”等乱象。针对问题较多的“一日游”“周边游”“三峡游”等旅游产品，约谈相关企业200余家（次），规范旅游经营行为，倡导公平竞争和诚信经营。

2019年渝中区一般旅行社名录

序号	旅行社名称	序号	旅行社名称
1	重庆添翼国际旅行社有限公司	17	重庆渝都假期旅行社有限公司
2	重庆朗途国际旅行社有限公司	18	重庆市东江实业有限公司
3	重庆芒果国际旅行社有限公司	19	重庆旅悦芳国际旅行社有限公司
4	重庆兄弟国际旅行社有限公司	20	重庆锦游国际旅行社有限公司
5	重庆港创国际旅行社有限责任公司	21	重庆新文拓旅行社有限公司
6	重庆渝游江山国际旅行社有限公司	22	重庆五六七旅行社有限公司
7	重庆路之旅旅业有限责任公司	23	重庆悦程旅游有限公司
8	重庆市洪崖洞文化旅游有限公司	24	重庆渝达游轮管理有限公司
9	重庆峰景国际旅行社有限公司	25	重庆览优旅行社有限公司
10	重庆蜂鸟旅行社有限公司	26	重庆航游世纪国际旅行社有限公司
11	重庆唯简外服企业管理咨询有限责任公司	27	重庆喜达斯国际旅行社有限公司
12	重庆世纪明德旅行社有限公司	28	重庆朗然旅行社有限公司
13	重庆海正霞光旅行社有限公司	29	重庆缤纷假期国际旅行社有限公司
14	重庆美丽草地蒙台梭利足球俱乐部有限公司	30	重庆江汉国际旅行社有限公司
15	重庆鹏博瑞翔旅行社有限公司	31	重庆红石榴国际旅行社有限公司
16	重庆国星旅行社有限责任公司	32	重庆亿通传睿国际旅行社有限公司

续表

序号	旅行社名称	序号	旅行社名称
33	重庆巴山渝情旅游有限公司	69	重庆泛美国际旅行社有限公司
34	重庆雅途国际旅行社有限公司	70	重庆鑫传奇国际旅行社有限公司
35	重庆承奉旅业有限公司	71	重庆协成国际旅行社有限公司
36	重庆说走就走国际旅行社有限公司	72	重庆薇灿国际旅行社有限公司
37	重庆新旅途旅行社有限公司	73	重庆小鸟集合国际旅行社有限公司
38	重庆鼎龙国际旅行社有限公司	74	重庆中港国际旅行社有限公司
39	重庆海渝国际旅行社有限公司	75	重庆畅程国际旅行社有限公司
40	重庆华诚博远国际旅行社有限公司	76	中青旅遨游重庆旅游有限公司
41	重庆旅呈无忧国际旅行社有限公司	77	重庆美途国际旅行社有限公司
42	重庆威斯汀国际旅行社有限公司	78	重庆中广国际旅行社
43	重庆旭通国际旅行社有限公司	79	重庆优途国际旅行社有限公司
44	重庆菜园坝旅游集散中心有限公司	80	重庆细游国际旅行社有限公司
45	重庆小松鼠国际旅行社有限公司	81	重庆海中青国际旅行社有限公司
46	重庆渝宜国际旅行社有限公司	82	重庆睿祥国际旅行社有限公司
47	重庆大黄蜂国际旅行社有限 公司	83	重庆港渝国际旅行社有限公司
48	重庆西瓜国际旅行社有限公司	84	重庆远方国际旅行社有限公司
49	重庆君盛国际旅行社有限公司	85	重庆蓝波湾国际旅行社有限公司
50	重庆环球运通国际旅行社有限公司	86	重庆地球村国际旅行社有限公司
51	重庆中创国际旅行社有限公司	87	重庆维多利亚国际旅行社有限公司
52	耍嗨国际旅行社重庆有限公司	88	重庆昶禧国际旅行社有限公司
53	重庆江运游轮管理有限公司	89	重庆环游天下国际旅行社有限公司
54	重庆宜人游国际旅行社有限公司	90	重庆快特国际旅行社有限公司
55	海外国际旅游集团重庆有限公司	91	重庆市散客旅游集散中心有限公司
56	重庆博锐传奇国际旅行社有限公司	92	重庆好景国际旅行社有限公司
57	重庆国力国际旅行社有限公司	93	重庆港岛国际旅行社有限公司
58	重庆大道行国际旅行社有限公司	94	重庆海之旅国际旅行社有限公司
59	重庆简途旅行社有限公司	95	重庆市未来旅行社有限公司
60	重庆公运渝快行商旅服务有限公司	96	重庆世纪金沙国际旅行社有限公司
61	重庆汇鑫国际旅行社	97	重庆快乐之旅国际旅行社有限公司
62	重庆天宇旅游股份有限公司	98	重庆新起点旅行社有限公司
63	重庆港航国际旅行社有限公司	99	重庆诚之旅国际旅行社有限公司
64	重庆航美旅行社有限公司	100	重庆龙景国际旅行社有限公司
65	重庆久益国际旅行社有限公司	101	重庆思达国际旅行社
66	公众国际旅游（重庆）有限公司	102	重庆友联国际旅行社有限公司
67	重庆盛行国际旅行社有限公司	103	重庆唐吉天域国际旅行社有限公司
68	重庆梦回丝路国际旅行社有限公司	104	重庆远望国际旅行社有限公司

续表

序号	旅行社名称	序号	旅行社名称
105	重庆长都国际旅行社有限公司	131	重庆帝骄国际旅行社有限公司
106	重庆达诚国际旅行社有限公司	132	重庆老伙伴国际旅行社有限公司
107	重庆盛达旅行社有限责任公司	133	重庆中天国际旅行社有限公司
108	重庆浪漫假期国际旅行社有限公司	134	重庆吉祥国际旅行社有限公司
109	重庆乐游国际旅行社有限公司	135	重庆河记旅行社有限公司
110	重庆大华国际旅行社有限公司	136	重庆同程国际旅行社有限责任公司
111	重庆盎然国际旅行社有限公司	137	重庆君豪国际旅行社有限公司
112	重庆金盾国际旅行社有限公司	138	重庆春江国际旅行社有限公司
113	重庆港侨国际旅行社有限公司	139	重庆市职工旅行社
114	重庆悠享旅行社	140	重庆长航江山国际旅行社有限公司
115	重庆圣地国际旅行社有限公司	141	重庆东方国际旅行社有限公司
116	重庆风行天下旅行社有限公司	142	重庆大地国际旅行社有限公司
117	重庆江洲国际旅行社有限公司	143	重庆纵横国际旅行社有限公司
118	重庆航旅国际旅行社有限公司	144	重庆东海国际旅行社有限公司
119	重庆大千旅游发展有限公司	145	重庆大世界国际旅行社有限公司
120	重庆神州国际旅行社有限公司	146	海外国际旅游集团重庆旅行社有限公司
121	重庆华夏国际旅行社有限公司	147	重庆太平洋旅游公司
122	重庆尊尊国际旅行社有限公司	148	重庆美美国际旅行社有限公司
123	重庆中亚国际旅游有限公司	149	重庆众信国际旅行社有限公司
124	重庆铁路华泰国际旅行社有限公司	150	重庆唯美国际旅行社有限公司
125	重庆半岛旅行社有限公司	151	重庆利渝安国际旅行社有限公司
126	重庆山水国际旅行社有限公司	152	重庆百腾国际旅行社有限责任公司
127	重庆龙腾国际旅行社有限公司	153	重庆路程国际旅行社有限公司
128	重庆金星旅行社有限公司	154	重庆美忆国际旅行社有限公司
129	重庆海新国际旅行社有限公司	155	重庆华运国际旅行社有限公司
130	重庆新潮旅行社	156	重庆驴妈妈国际旅行社有限公司

2019年渝中区出境旅行社名录

序号	旅行社名称	序号	旅行社名称
1	重庆朵榄国际旅行社有限公司	7	重庆云上国际旅行社有限公司
2	重庆微旅国际旅行社有限公司	8	重庆高源国际旅行社有限公司
3	重庆长江假日国际旅行社有限公司	9	重庆网逸国际旅行社有限公司
4	重庆青橙国际旅行社有限公司	10	重庆天涯国际旅行社有限公司
5	重庆凯撒世嘉国际旅行社有限公司	11	重庆文嘉国际旅行社股份有限公司
6	重庆太和国际旅行社有限公司	12	重庆寰宇风情国际旅行社有限公司

续表

序号	旅行社名称	序号	旅行社名称
13	重庆新旅程国际旅行社有限公司	27	重庆龙驰国际旅行社股份有限公司
14	重庆海峡国际旅行社有限公司	28	重庆宏金龙国际旅行社有限公司
15	重庆环亚国际旅行社有限公司	29	重庆长江映象国际旅行社有限公司
16	重庆青年商务国际旅行社有限公司	30	重庆假日国际旅行社有限公司
17	重庆保晟国际旅行社有限公司	31	重庆新闻国际旅行社有限公司
18	重庆超越永远国际旅行社有限公司	32	重庆渝之旅国际旅行社股份有限公司
19	重庆利安国际旅行社有限公司	33	康辉旅游集团重庆国际旅行社有限责任公司
20	重庆瑞途国际旅行社有限公司	34	重庆长江国际旅游有限公司
21	重庆全球通国际旅行社有限公司	35	重庆万友国际旅行社有限责任公司
22	重庆悠行国际旅行社有限公司	36	重庆天鹅国际旅游有限公司
23	重庆紫锦皇程国际旅行社有限公司	37	重庆中国青年旅行社有限公司
24	重庆森林国际旅行社有限公司	38	重庆中国国际旅行社有限责任公司
25	重庆教科文国际旅行社有限公司	39	重庆新亚国际旅行社
26	重庆春秋国际旅行社有限公司	40	重庆市中国旅行社（集团）有限公司

2019年渝中区星级饭店名录

序号	饭店名称	星级	评定时间	饭店地址
1	国贸格兰维大酒店	五星	2009年7月	渝中区青年路66号
2	解放碑凯悦酒店	五星	2001年12月	渝中区邹容路68号
3	解放碑皇冠假日酒店	五星	2008年1月	渝中区民族路101
4	万友康年大酒店	四星	2000年4月	渝中区大坪长江二路77号
5	东方花苑酒店	四星	2003年5月	渝中区学田湾正街55号
6	银河大酒店	四星	2006年11月	渝中区大同路49号
7	扬子岛酒店	四星	2007年11月	渝中区邹容路82号附1号
8	洪崖洞大酒店	四星	2007年11月	渝中区沧白路56号
9	重庆鹅岭酒店	四星	2008年12月	渝中区鹅岭正街181号
10	广场宾馆	四星	2011年12月	渝中区学田湾正街2号
11	两江丽景酒店	四星	2009年12月	渝中区黄花园双钢路3号
12	雾都宾馆	四星	2014年	渝中区上清寺上曾家岩24号
13	圣名酒店（原重庆饭店）	三星	1989年8月	渝中区新华路41号
14	渝都大酒店	三星	2000年1月	渝中区八一路168号
15	中天大酒店	三星	2000年4月	渝中区青年路18号
16	金燕大酒店	三星	2002年11月	渝中区南区路188号
17	航旅颐和酒店（原欧风美渝酒店）	三星	2006年2月	渝中区南区路232号
18	重庆天友酒店	三星	2009年2月	渝中区中山三路121号

续表

序号	饭店名称	星级	评定时间	饭店地址
19	白象宾馆	三星	1995 年 7 月	渝中区白象街 18 号
20	富苑宾馆	三星	2017 年 2 月	渝中区菜园坝正街 38 号

2019 年渝中区 A 级旅游景区

序号	景区名称	质量等级	评定年度	通信地址和管理单位名称
4A 级景区 9 家				
1	重庆人民大礼堂及人民广场	4A 级	2002 年	渝中区人民路 173 号重庆市人民大礼堂管理处
2	重庆红岩革命纪念馆	4A 级	2005 年	重庆市红岩联线文化管理中心
3	重庆市规划展览馆	4A 级	2006 年	渝中区朝东路 1 号重庆市规划展览馆
4	重庆湖广会馆	4A 级	2006 年	渝中区芭蕉园 1 号重庆湖广会馆管理处
5	重庆中国三峡博物馆	4A 级	2007 年	渝中区人民路 236 号重庆中国三峡博物馆
6	重庆洪崖洞民俗风貌区	4A 级	2007 年	渝中区嘉滨路 88 号重庆洪崖洞民俗风貌区管委会
7	民主党派陈列馆	4A 级	2013 年	渝中区嘉陵桥东村 35 号重庆市红岩联线文化管理中心
8	重庆天地	4A 级	2015 年	渝中区化龙桥
9	长江索道	4A 级	2018 年	渝中区新华路重庆客运索道公司
3A 级景区 2 家				
1	重庆鹅岭公园	3A 级	2006 年	渝中区鹅岭正街 176 号重庆市鹅岭公园管理处
2	嘉西村（怡园）	3A 级	2013 年	渝中区嘉陵桥西村渝中区上清寺街道
2A 级景区 2 家				
1	重庆大韩民国临时政府旧址陈列馆	2A 级	2003 年	渝中区莲花池 38 号大韩民国临时政府旧址陈列馆
2	重庆宋庆龄旧居陈列馆	2A 级	2003 年	渝中区两路口新村 5 号

（崔杰 杜建春 李玥萱 练臻青 蒋惟丹 杨章平）

交 通

综 述

【概况】 2019 年 1 月 8 日，渝中区交通局（简称“区交通局”）挂牌成立。办公地址位于渝中区和平路 1 号星河商务大厦。局机关内设办公室、运政管理科（行政审批科）、水利管理科、行业发展科（交通战备办公室）4 个科室。机关行政编制 9 名，在职 8 人。区交通局下属区滨江建设管理处、区交通运输管理所、区港航管理所 3 家事业单位。区交通局的主要职责是开展辖区交通运输、水利、水文、渔政、三峡移民等管理工作，承担道路交通运输、水上交通运输、港口码头、渔政、水利行政审批职能，指导交通（邮政）、水利系统企业经济发展，配合实施铁路建设和改造，协调城市公共道路交通、水上交通、轨道交通和铁路运营管理，承担区河长办、区铁建办、区交战办具体工作。

2019 年，区交通局党政一班人迅速熟悉情况，有序开展工作，“净岸行动”成效明显，码头船舶治理取得阶段性成果，公共交通服务水平不断提高，各项工作成效初显。交通运输规上企业营收182.06亿元，同比增长5.04%，道路水路运输周转量同比增长3%，邮政业务总量同比增长5.66%。“四经普”数据显示，交通运输业占比全区GDP的7.8%，较2018年增加1.2个百分点。区交通局在新中国成立70周年安保维稳工作中被区委、区政府记三等功，被市交通局评为先进集体。区交管所获评三八红旗集体，区港航所被评为“重庆市青年安全生产示范岗”和区级“青年文明号”。

【道路运输管理】　城市配送示范运输安全服务质量考核5家，完成日常及周末的包车牌审核，累计审核包车牌38957张。完成城乡客运一体化评价，发放农村客运保险补助及燃油补贴共46.95万元。办理新增许可40件，包车客运指标许可80件，班车客运指标许可43件。清理343辆营运柴油车退出营运市场，对辖区4家危化品企业停车场开展专项调查。驾培复审学时达到10.47万小时，现场检验教练车417台，发放教练车标识卡417张。客运车辆现场检视类型等级划分846台，危化品车辆现场检视69台。换发外籍车辆进站证340台次，配载调站210台次。督促维修企业及时上传维修电子健康档案数据，维修总量18.92万次，维修车辆92788台次。督促辖区机动车维修企业整改环境问题，办理环保督查件3件，检查企业32户次。辖区2800余台公交车全部完成隔离栏安装，21840名营运车辆驾驶员完成培训并通过考核19401人，1920台重型货车纳入集中监控平台。

【行业安全监管】　坚持月度安全例会，加强行业安全形势分析，梳理排查风险项目331个，并逐条制定管控措施，提升风控能力。全年组织3期共186家企业、725名负责人及安全管理人员参加培训及考核。定期开展针对性演练，提升运营驾驶员应急处置能力。结合大排查大整治大执法等专项行动，从严从实从细排查旅游包车、重载货车和“两江游”船、码头趸船等的安全隐患，督促企业落实安全生产主体责任，全年组织开展安全检查277家次，督促整改隐患1010个。针对春运、汛期，特别是新中国成立70周年大庆等重要时段，开展全行业拉网式排查，督促安装公交隔离栏，全时段全员值班值守，全面完成重点敏感时段各项攻坚任务。

【应急运输保障及交通战备工作】　完成元旦、春节、五一、国庆等节假日重点时段的应急运输保障、旅客运输任务，共运送旅客48万人。全力做好网红景点运输保障，强化应急值守和现场引导，根据客流情况，灵活安排运力，完成网红景点（洪崖洞、朝天门）游客39.7万人次输送。完成国防潜力调查，组建区民兵公路运输连、特种车辆运输连和特种装备维修排等民兵队伍交通战备工作，开展集合点验和应急演练。

【市总河长令落实】　区委书记、区总河长黄玉林带队巡河检查污染防治工作，部署渝中区贯彻落实重庆市第1号总河长令工作。区委副书记、区长、区总河长左永祥巡河检查码头整治、船舶治理和饮用水源地管理情况。区政府常务会审议通过并印发《渝中区贯彻落实市第1号总河长令开展污水偷排、直排、乱排专项整治行动工作方案》。定期召开工作推进会，加强会商调度，解决突出问题。对餐饮、医疗、建筑、洗车等行业开展“地毯式”排查，发现问题361个，整改完成354个，完成2.74千米污水管网建设，高效推进菜园坝、滨江公园、洪崖洞3处泵站技术改造，辖区城市污水集中处理率达97%以上。

【“净岸行动”】　制定《渝中区2019年“净岸行动”专项工作方案》，6月18日至19日进行为期2天的集中“净岸行动”。区委书记黄玉林、区人大常委会主任米绍林、区政协主席陈大奎等区领导和万余名机关干部、社区工作人员以及辖区社会单位及志愿者一道，开展“净岸行动”。联合区生态环境局、区城市管理局、区公安分局等五部门发布《关于加强两江沿岸渝中段生态环境保护的通告》，成立志愿者服务队伍，建立周报制度，积极探索长效机制，确保取得长效。全年清理河岸垃圾164.5吨，查处违禁行为223起，清除河道僵尸车3辆、僵尸船1艘。

【河道管理】 通过排查，发现半岛沙石、施工废弃料等乱占、乱堆、乱建问题23个，全面完成整改销号。针对纳入中央纪委国家监委督办的8个历史遗留违章建筑问题，5个老大难问题完成整改销号，余下3个问题统一纳入“两江四岸”环境整治和菜园坝滨江城建设，确保年度实现“清四乱”工作目标。严格行政审批，同意《十八梯片区道路等相关配套设施建设项目洪水影响评价》。对化龙桥应急码头等9个涉河建设项目加强监管，严格按照批复施工。

【水资源管理】 制定《渝中区贯彻落实〈重庆市节约用水管理办法（试行）〉工作方案》等文件，利用世界水日、节能宣传周等加强宣传，发放资料4100余份，悬挂宣传标语53条，张贴宣传画120余张，发放宣传小礼品500余份。完成2家取水工程（设施）核查登记，建立年用水量超过50万立方米的重点监控用水单位名录4家，依法收水资源费12万元。创建公共机构节水型单位28家、节水型小区13家、节水型医院1家、节水型企业1家。

【禁渔宣传及执法】 围绕禁渔期及鱼类保护进行宣传。共发放宣传资料1500份，张贴标语横幅20余条，区河长办、区交通局、区生态环境局、区城市管理局、区公安分局联合印发《关于加强两江沿岸渝中段生态环境保护的通告》，在两江沿岸张贴通告500余份，进一步扩大影响。组织公安、海事、街道等部门开展禁渔期专项整治行动，严厉打击各类非法捕捞行为。查处非法网捕鱼案件13起，查获网具18副、渔获物24.5公斤，向公安机关移送违法嫌疑人19名。

【党建工作】 开展“文明交通志愿同行”等党员志愿服务活动，参演11•27《给竹安弟的一封信》，让干部职工切身受教。培育行业先进，支持“中国好人”曾云君牵头成立区至善行志愿服务中心。牟成洋被评为“重庆好人”。雷锋的士志愿服务队国泰大队被评为“感动渝中”人物。树立身边典型，运政管理科获得“共产党员示范岗组”称号、区港航所获“共产党员示范岗”称号。

【区交通局负责人】

局　长：冉　涛（党委书记，2019年1月任职）

副局长：岳洪燕（党委副书记，2019年1月任职）

杨　毅（2019年1月任职）

滨江建设管理处主任：

马　军（2019年1月任职）

（李莉 鲁忠洁 刘沐华 邱翔）

城市道路

【概况】 2019年，共发送包车33104车次。其中，省际包车9211车次，省际客运量36.63万人次；县际包车21482车次，县际客运量88.07万人次；县内包车2411车次，县内客运量57.48万人次。辖区内客运量450万人，客运周转量45497万人千米；货运量2750万吨，货运周转量467822万吨千米。

【公交线路优化调整】 朝天门片区交通组织优化方案初步显效，朝天门公交枢纽站投入运行。科学规划迁移原五一路、道门口等公交站点线路4条，线路覆盖沙坪坝、江北、渝中、南坪、九龙坡、北碚等区域。优化调整436路公交线路，新增枇杷山站点。新开5条观光巴士，分别为T031、T032、T186、T188、T189。提档升级热门景点及重要商圈周围出租车候车点4处、公交站台17处、整合公交调度台3个。

（李莉 徐鑫义）

铁　路

【老成渝铁路改造（重庆至江津段）】 完

成老成渝铁路沿线建筑物摸底工作，准备土地征收相关资料。配合做好各项前期工作，协调沟通铁路沿线综合开发用地相关事宜，收集整理土地征收相关资料、配合市铁建办核对成渝铁路改造工程涉及本区辖区范围内的相关环境敏感区、生态保护红线及文物保护单位等。与业主单位、设计单位签订成渝铁路改造三电及管线迁改工程协议，与重铁集团签订征地拆迁框架协议，进入审核环节。

【渝湘高铁建设（重庆至黔江段）】 在渝湘高铁已签订的三方框架协议基础上，充分论证确定长江隧道盾构始发井设于南岸区。会同渝黔铁路公司和重铁集团召开专题会议研究渝湘高铁征地拆迁实施协议签订事宜，就协议条款进行具体商议对接。严格按照市交通局渝湘高铁征地拆迁专题会议精神，召集区住建委、区自然资源和规划局、区棚改办、菜园坝街道等相关部门与铁路部门一起踏勘渝湘高铁拆迁范围。

【重庆站铁路综合交通枢纽前期工作】 参加国家铁路集团、市级相关部门对重庆站的踏勘和论证，并配合做好重庆站铁路综合交通枢纽项目前期工作，组织区棚改办、菜园坝街道、中铁二院等相关部门单位进行现场踏勘，会同区发改委回复重庆铁路投资集团《关于征求重庆站铁路综合交通枢纽规划设计条件意见的函》。

（贾书凤）

水　运

【概况】 2019年，渝中区完成水路货物量1035.23万吨，同比增长5.6%，其中，集装箱运量完成约54.1万TEU（国际标准箱单位），同比增长6.5%；集装箱货运量完成约759.05万吨，同比增长9.5%。完成水上运输货物周转量194.6亿吨千米，同比增长3.4%。都市水上观光游累计发送旅客457.9万人次，同比增长35.3%。其中，两江游发送游客约325万人次，同比增长38.4%；轮渡航线发送游客68.1万人次，同比增长61.9%。长途船舶累计完成旅客运输量64.8万人次，同比增长5.1%。

【水上特色交通】 新开朝天门至大竹林、朝天门至弹子石轮渡航线，现已成为游客、市民争相体验的水上观光线路，节假日更是一票难求，为丰富游览出行方式，探索开通水上巴士提供有力支撑。

【码头船舶治理】 2019年，在全市率先完成冯家嘴、大溪沟、兜子背、储奇门4座货运码头的功能关闭，清理堆场货物，拆除装卸设备。全面推进“两江四岸”停泊船舶治理工作，在渝中两岸常年停泊的77艘船舶中需迁移或拆解船舶52艘（非国有船舶18艘、市属国有船舶24艘、央企船舶10艘），在主城区船舶治理中数量最多、任务最重、难度最大。截至12月31日，达成迁移拆解协议船舶共20艘、美化船舶29艘，治理工作取得重大进展。

【行业安全监管】 督促企业建立完善安全标准化（体系），加强全员安全生产责任制，层层签订安全目标责任书，开展安全检查70余次，发现问题90余项，及时督促企业完成整改，确保隐患清零，全年未发生等级以上安全生产事故。春运期间，水路运输共发航2635艘次，输送游客67.23万人次，同比增长32.9%，国庆期间，水路运输共计发航708艘次，输送游客21.66万人次，同比增长28.9%，均未发生任何安全生产事故和旅客滞留事件，圆满完成重点时段的水路旅客运输工作。邀请3名行业专家对沿江40余艘趸船开展重点检查，提出建议意见100余条，督促企业全部进行整改，确保安全度汛。开展“6•16安全生产宣传咨询日”咨询活动，发放安全手册、课本1000余份；开展“12•2全国交通安全日”主题活动，发放水上交通安全资料500余份，专业人员还现场演示救生衣的正确穿戴方法，邀请市民参与互动；举办港航企业法人、安全生产人员专题培训，邀请行业专家授课，提高安全意识和应急救援能力。

【企业资质核查及行政审批】 通过年度核查、不定期资质检查等形式，严格落实航运企业的经营资质和安全管理要求，共核查船舶96艘，船舶总吨约48.9万吨，印发船舶核验合格证90份。企业经营资质上门核查率达100%，企业核查合格率为100%，船舶核查合格率为100%。安排专门人员5次集中参与市、区相关部门组织的行政审批培训，全年完成行政审批300余件，制作船舶核验合格证200余份，办理公共服务事项100余件。

【两江游市场规范】 从2019年1月1日起，两江游实名制正式运行。开展朝天门码头规范命名工作，统一设计制作码头标识系统和趸船标识。优化升级《重庆两江游游客告知书（试行）》，要求张贴在辖区各票务代理点门店显著位置，充分保障购票游客的知情权。在五一期间试运行两江游夜班定班定点发航制度，运行情况良好，游客排队、登船、游览体验感明显提升。在全年游客量继续大增的情况下，有效投诉同比下降50%。

（蒋馨）

轨道交通

【概况】 重庆已开通8条轨道交通线路，运营里程313千米，覆盖主城9区，日均客运量288万乘次，最高日客运量超339万乘次，实现营收26亿元。其中渝中区范围内含1、2、3、6四条线路已投入运营，区内运营站点共计21座（含规划站点）。此外，在建的5、9、10号线及远期的18、26号线等均途经渝中。

渝中区轨道交通有1号线、2号线、3号线、6号线4条线路，轨道站共有小什字、较场口、大坪、两路口、牛角沱、七星岗、鹅岭、石油路、临江门、黄花园、大溪沟、曾家岩、李子坝、佛图关等14个站点，其中换乘站5个，日均运送乘客62.7万人次，全年运送乘客达2.29亿人次。

（付江平 贾书凤）

工业与信息产业

综　述

【概况】 渝中区经济和信息化委员会（简称“区经信委”）成立于2009年12月。办公地址位于渝中区和平路211号。2019年机构改革，区经信委设综合科、产业一科、产业二科3个科室，有行政编制8人。同年2月经区编委同意，区经信委下设的区信息产业服务中心更名为区中小企业服务中心，有事业编制10名。区经信委的主要职责是：负责全区能源保障建设，统筹全区电力、燃气、压缩天然气、液化天然气、液化石油气、二甲醚和醇基燃料行业行政管理；负责工业龙头企业、工业总部企业引进和设计研发的协调服务；负责推进工业领域信息化发展，信息化和工业化融合、工业互联网、物联网、工业信息安全；培育发展区中小企业特色楼宇和创业基地建设等。

【民生工程建设】 推进老旧燃气管道安全隐患整改，全年完成投资1194万元，整治老旧管网29千米，圈围占压20处。完成十八梯变电站设计方案。

【中小企业发展服务】 加强总部及重点企业服务，全年走访11户总部及重点企业60余次，为企业兑现《渝中区促进产业发展扶持办法》政策620万元，帮助企业解决诉求9件。加强扶持中小微企业发展，参与全市第二批中小企业商业价值信用贷款试点工作，98户企业获得贷款共计7753.5万元，对442户小微企业申报调整社会保险缴费基数进行审核。不断争取市级部门资金支持，全年为企业争取各类资金补贴约 3000 万元。做好清理拖欠民营企业中小企业账款工作，全年清欠偿还 4965.34 万元，超额完成全年清偿目标。

【安全监管】 加强对电力、燃气、通信、民爆、盐业、液化天然气、石油液化气和醇基燃料等重点行业领域的安全监管，开展安全隐患排查整治，召开现场协调会 49 次，协调城市管理中电力、燃气、通信管线隐患 132 处。全年开展执法检查 165 次，查出安全隐患 120 处，下达整改通知 36 份，整改 114 处。受理行政处罚案件 6 件，处罚金额 4.4 万元。实行 24 小时值班制度，组织电力、燃气、通信应急处置 150 余次。

【企业改制】 国有企业川江电机厂清算工作进入“执改破”阶段，重庆冲压厂清算解散遗留问题有序推进，完成对重庆电池总厂 2018 年绩效考核和兑现奖励工作。重庆电池总厂移交重庆渝中国有资产经营管理有限公司，作为其子公司进行管理。

【党建工作】 制定《渝中区经济和信息化委员会 2019 年组织工作要点》，主持召开党委会 21 次，部署落实、统筹推进全委党建工作。开展“不忘初心、牢记使命”主题教育，集中学习 14 次、深入走访调研 20 余次、全面查找整改班子问题 26 个。建立党建工作联系点制度，全年开展基层党组织书记培训 1 次，指导 11 个党支部按时换届，转接党组织关系 79 人，完成 5 名预备党员转正预审。严格规范用好党建工作经费，全年全委党建专户支出 6.1 万元，主要用于支部活动、慰问困难党员、订阅党刊党报。规范干部选拔任用，完成公务员晋升和直属事业单位领导干部组织选拔工作。

工　业

【概况】 全年，单位地区生产总值达 1301.3 亿元，第二产业增加值 122.2 亿元（其中工业增加值 33.1 亿元），增长 1.6%。第二产业增加值占地区生产总值的比重为 9.4%，工业增加值占地区生产总值的比重为 2.5%。规模以上工业企业 3 户，实现工业总产值（现价）17.55 亿元。

【区属工业企业情况】 有区属国有工业企业 1 户（重庆电池总厂），有职工 120 人，全年完成工业总产值 3756 万元，实现主营业务收入 2519 万元，主营业务税金及附加 87 万元。该厂工商、税务登记及生产地在渝北区，国有资产管理隶属渝中区，未纳入区统计范围。区属集体工业企业重庆冲压厂进行清算扫尾。

信息产业

【通信基础设施建设】 2019 年通信基础设施建设完成投资 2.3 亿元，新建 4G 基站 546 个，4G 室分 401 套，专线 1278 条，FTTH（光纤到户）改造 16 个楼宇、小区，驻地网 FTTH 建设 22421 户，光纤到户端口达 43 万户。全年新增 744 个 5G 基站试点建设，支持电信和移动建成 5G 智慧体验厅、5G 未来生活应用旗舰示范体验馆。完成公共区域免费 Wi-Fi 的 AP 设备升级改造工作。

【互联网产业发展】 实施大数据智能化行动计划。会同区科技局、区大数据局召开渝中区大数据信息产业发展暨科技工作会，制定印发《渝中区政府投资信息化建设项目审批流程》，完成“医疗决策分析监管平台”等 10 个区财政投资信息化项目的建设方案专家评审和“保通保畅”交通秩序项目等 2 个项目备案，监督“智慧监管”1 个项目终验。牵头完成 2019 智博会渝中区参展任务，参展企业 38 家，体验项目 12 个，接待专业观众 2 万余人次、普通观众 10 万余人次，组织 7 家重点企业独立参展。加强招商引资工作。全区年内引入重庆信链岛科技有限公司、重庆依塔大数据研究院有限公司等 14 个高质量大数据智能产业项目或企业。加强互联网企业培育。2019年，全区网络零售额达118.97亿元，46家互联网服务业规上企业实现营业收入53.6亿元，同比增长13.2%，有4户原规模以下企业完成升规。促进军民融合发展。完成巴蜀中学“钱学森班”签约，并正式启动建设。指导途作林杰科技公司、重庆大宇卫星应用技术研究所申请军民融合发展专项资金、武器装备预研任务补助资金、军工资质认证奖励资金等共200万元。不断跟进区地理空间信息军民融合研究院筹建项目。

【区经信委负责人】

主　　任：杨　峰（党委书记）
党委副书记：罗　林（2019年1月离任）
副 主 任：彭　茂
杜胜凯（2019年1月任职）
郭伟祥（2016年11月任职，2019年1月离任）

（吴贞）

大数据与人工智能

【概况】渝中区大数据应用发展管理局（简称“区大数据发展局”）于2019年1月成立，为区政府工作部门，办公地址位于渝中区金汤街74号。内设综合科、应用推广科、产业发展科3个科室，有行政编制9名，其中领导班子成员3人。下设事业单位“渝中区大数据应用服务中心”，有事业单位编制8名。区大数据发展局的主要职责是：贯彻落实大数据、人工智能、云计算、区块链、信息化领域相关法律法规规章，组织实施行业技术规范和标准；组织实施大数据、人工智能、云计算、区块链、信息化发展战略；负责全区数据资源建设、管理，促进大数据政用、民用、商用；负责全区大数据应用发展管理，推进全区信息化应用工作，协调全区信息基础建设，推动大数据、人工智能、云计算、区块链、信息化领域对外交流合作。

2019年，区大数据发展局按照“五个一”总体思路，牵头实施以大数据智能化为引领的创新驱动发展战略行动计划，完善信息化项目审批流程，推进新型智慧城市建设和云长制，推广大数据智能化应用，区政府与市三大运营商及广电集团重庆分公司达成战略合作协议，共同打造5G示范高地。大力发展大数据智能化产业，对接服务大数据相关企业，开展招商引资。成功举办2019智博会区块链高峰论坛。

【创新驱动发展行动计划】按照区委、区政府部署，将互联网服务业作为渝中区六大重点产业之一，贯彻《渝中区以大数据智能化为引领的创新驱动发展战略行动计划实施方案（2018—2020年）》，成立由区政府主要领导任组长、分管领导任副组长、区级有关部门负责人为成员的区大数据智能化发展领导小组，统筹渝中区智能化应用推广工作。加强工作联动，研究推进大数据智能化应用推广工作，建立起部门联动体系，形成合力，共同进行基础设施、政务服务、交通控制、城市管理、社会治安防控、养老服务、医疗卫生服务等多领域的大数据项目建设。与浙江大学联合举办渝中区大数据智能化专题培训班。

【“迁云上云”启动】聚焦“管云、管数、管用”，完成全区90余个部门和单位的280余个信息系统的摸底工作，梳理上云系统35个，全年系统迁云上云率达80%，整合完成率为30%。自有目录挂接率达59%，有效提升与“数字重庆”数据的连接水平。推动“渝中区数据资源中心”等立项建设。

【5G应用推广】联合移动、联通、电信、广电四家运营商及相关主管部门共同推进5G基站规划落地实施，加强5G应用宣传。累计在渝中区5G建设上投资20亿，建成5G基站800余个，实现公共区域覆盖率达到95%。率先打造全市第一个5G步行街。在全区部署141个5GWi-Fi电话亭，实现公共Wi-Fi全覆盖；用

5G赋能传统产业转型升级。与重庆电信签约“文商旅城”5G融合应用示范高地协议，与重庆有线签约渝中区全域5G智慧城市典范战略合作协议，与重庆联通签约“新型智慧城市”建设战略合作框架协议。充分发挥各营运商的优势和特长，使5G技术与实体经济深度融合，覆盖民生服务、城市治理、政府管理、产业融合、生态宜居等板块，为渝中新型智慧城市建设赋能。

【大数据产业发展】　坚定数字产业化、产业数字化发展方向，聚力发展以区块链为龙头的数字经济。先后赴北京、上海、广州、深圳、浙江等地招商6次，引入浪潮、思源政通、依塔大数据、阿里数字产业园等6家数字经济示范企业，完成“招大引强”指标任务，储备百度风控审核、腾讯云等8家重点招商对象。全年联系服务的规上企业实现营收16.5亿元，增长11.5%。

【区块链产业发展】　打造以区块链为核心的数字经济产业链。以重庆区块链产业创新基地为载体，布局楼宇2栋（美源美源、总部城D1栋）、载体面积3万余平方米，入驻和签约浪潮、IBM、金窝窝等企业40家，在谈企业30余家，初步形成区块链产业集聚效应。立足发挥渝中区区块链产业发展先发优势，做大做强重庆市区块链产业创新基地（园区）。

【智博会区块链高峰论坛】8月27日下午，2019年中国国际智能产业博览会区块链高峰论坛在重庆渝州宾馆举行。论坛突出专业化，由中国区块链联盟等业内权威组织发布《2019中国优秀区块链解决方案及应用案例》《2019中国区块链营商环境发展报告》等专业报告，对行业的发展环境和应用场景进行系统的分析研判。突出国际化，邀请英国皇家学会院士、英国计算机学会院士及“超级账本”副总裁等国外著名专家学者，为区块链技术国际交流搭建平台，在中西对话中助力区块链技术及相关应用取得新发展。突出高规格，围绕区块链技术，邀请两院院士及清华大学、北京邮电大学、中国信息通信研究院等院校知名学者20余名，汇集百度区块链、腾讯区块链、京东区块链、浪潮区块链、思源政通区块链等知名区块链企业负责人20余名。突出服务企业，围绕市内外240余家与会区块链企业，由部门一对一精准对接服务，为区块链企业设立展示专区，安排重庆区块链产业创新基地参观考察，全面展示区块链产业发展成果，全力做好招商引资，提升全市区块链产业的影响力。

【党建工作】　推进中心组学习制度化、常态化，全年组织中心组学习12次，专题学习习近平视察重庆时的重要讲话、十九届四中全会精神、市委五届六次全会和区委十二届五次全会精神；提升基层党建工作质量，以习近平总书记关于新时代党的建设和组织工作重要思想为指引，认真执行《中国共产党支部工作条例（试行）》，严格落实“三会一课”“组织生活会”“党员民主评议”制度；推进“不忘初心、牢记使命”主题教育，营造风清气正的政治生态。

【区大数据发展局负责人】
局　长：蒋学荣（2019年1月任职）
副局长：李祖耀（2019年1月任职）
　　　　郭伟祥（2019年1月任职）

（白宗超）

邮政　通信

邮　政

【概况】　中国邮政集团公司重庆市渝中区分公司（简称“渝中邮政”），2019年，内设办公室、市场部、金融部、寄递事业部等9个部门，下设解放碑、上清寺、大坪3个主城支局及邮件处理中心，共27个网点（其中，金融网点22

个），在岗职工 534 人。其中 A 类工 105 人，B 类工 169 人，C 类工 59 人，劳务承揽 187 人，非全日制用工 14 人；大专及以上文化水平的职工占比 70.22%。

2019 年，公司业务总收入 1.82 亿元，同比增长 26.39%，规模列全市区县第 9 位。实现利润 1070.69 万元，全员劳动生产率 48.51 万元 / 人，同比增幅 6.99%，列全市区县第 5 位。

【服务质量改善】 设立服务质量部，按照“严管重罚”原则，加强分析检查、管控督导力度，狠抓突出问题整改落实。开展营业网点达标检查、平信压降专项检查、普遍服务达标检查、扫黄打非等专项检查。实现条码平信每日跟踪，发现一件处理一件，条码平信断点率为 0.12‰，低于市公司 1‰的要求。

【三大攻坚战】 （1）防范化解重大风险。持续推动邮银安全深度合作，完成新中国成立 70 周年等重大节庆期间安全保障任务。推进监控全覆盖工作，安全防范手段不断完善，风险防控体系建设取得阶段性成效。（2）助力精准脱贫。推广邮乐小店上架批销产品助力农产品销售，慰问社区贫困、孤寡群众。（3）绿色邮政建设。全面推进绿色包装、绿色运输、绿色金融 3 大重点项目及绿色邮政行动，防治环境污染。

【基础设施建设】 全年投入 420 万元，加快能力建设步伐。完成菜园坝仓配中心、国税处理中心、学田湾邮政所的装修改造和解放碑督邮街工程设计。推进信息化建设，新一代寄递平台、智能跟单等系统上线应用。

【巡视巡察整改】 夯实中央巡视和中国邮政集团公司重庆市分公司巡察整改工作，制定《2019 年中央巡视整改持续推进工作计划表》，明确各部门整改任务，从严从实抓好整改。坚持巡视整改工作例会制度及“三个第一时间”学习机制，制定完善及印发巡视整改相关的各类制度办法 35 个。按要求向市分公司报送巡视整改月度、季度报表，坚持做到整改问题“及时改”、整改措施“长久立”，摒弃“过关”心态，强化“巡视整改永远在路上”的认识，70 项整改措施已完成 69 项，阶段性完成 1 项，完成年度整改任务。

【干部队伍建设】 树立鲜明用人导向。坚持严格执行干部管理制度规定，严格把握资格条件，严格履行提拔程序。2019 年，按分公司领导人员任免工作程序，提拔四级领导干部 2 名，调整干部 2 名，逐步推进干部队伍的年轻化，调整干部队伍结构。完善考核体系。加大对各级不胜任现职或不称职管理人员的调整力度，形成能者上、庸者下、劣者汰的机制和导向。提升员工职业技能。开展“员工技能大练兵竞赛活动”，提升人员素质。全年新增高级技能人才 6 人，基金从业资格证书持证率达 22%，银行业专业人员职业资格证书持证率达 52%。

【主题教育】 开展“不忘初心、牢记使命”主题教育。开展革命传统教育、警示教育和爱国主义教育，党员干部进一步提高知行合一能力。结合实际进行调研。党委班子成员结合分管工作实际，确定“渝中区分公司寄递发展改革突出问题的调研”“节日期间普遍服务与员工休息休假情况调查”“金融转型与员工能力匹配”“寄递业务商务市场源头获客调研”4 个调研课题，累计召开座谈会 4 场次，访谈干部员工 40 余人次，走访网点及揽投部 30 余户。班子成员认真梳理调研情况，形成调研报告，召开调研成果交流会，推动调研成果转化。召开民主生活会。落实“四个对照”和“四个找一找”的要求，召开专题民主生活会和组织生活会，准确查找存在问题，明确努力方向和整改措施，做到见人见事见思想，达到预期效果。落实整改措施。明确牵头领导、责任单位、整改时限，做到一体部署、一体推进、一体查验、一体整改。主题教育开展以来，制定专项整改措施 30 项，并全部完成。

【和谐企业建设】 推进“党建带工建，工建促党建”工作机制，开展“中国梦 劳动美”主题教育和庆祝新中国成立70周年系列活动；组织工会会员观看电影《我和我的祖国》《攀登者》，参观周公馆、杨闇公故居，以重庆革命史教育职工树立社会主义核心价值观。关心职工及家属，全年为员工（含退休员工）办理住院保险理赔129人，累计走访慰问56人次；给予8名困难员工和艰苦工作岗位员工慰问金1.24万元；为职工办理重大疾病和意外伤害保险。落实“双关心”工作，开展“职工小家”建设工作、“夏日清凉”、“暖冬计划”、“走基层、送温暖”活动，以实际行动体现工会组织对基层员工的关心和关爱；增设上清寺投递休息室；为一线员工购置防水雨衣，切实保障职工身体健康。

2019年中国邮政渝中区分公司机构

序号	邮政编码	机构名称	地址	电话
1	400010	渝中区解放碑邮政支局	渝中区民权路3号	023-63829460
2	400010	渝中区新华路邮政所	渝中区新华路369号	023-63708976
3	400010	渝中区中兴路邮政所	渝中区中兴路22号负5层B区	023-63820102
4	400011	渝中区打铜街支局	渝中区打铜街16号	023-63849151
5	400013	渝中区中山一路邮政所	渝中区中山一路164、166号	023-63539147
6	400012	渝中区解放东路邮政所	渝中区解放东路154号附1号	023-63919161
7	400012	渝中区解放西路邮政所	渝中区解放西路136号平街1-3#	023-63929439
8	400010	渝中区新民街邮政所	渝中区新民街3号	023-63821325
9	400015	渝中区上清寺邮政支局	渝中区嘉陵桥西村83号	023-63737639
10	400014	渝中区鹅岭邮政所	渝中区鹅岭正街168号B栋平街一层	023-63670500
11	400015	渝中区大溪沟邮政所	渝中区人民路29号	023-63601554
12	400043	渝中区华村邮政所	渝中区李子坝正街166号A3-A4裙楼1-7#	023-63623104
13	400014	渝中区菜园坝邮政所	渝中区菜园坝正街75号	023-63315195
14	400015	渝中区学田湾邮政所	渝中区学田湾正街69号附6号	023-63893535
15	400014	渝中区中山二路邮政支局	渝中区中山二路171号、173号	023-63783290
16	400015	渝中区桂花园邮政所	渝中区桂花园新村1栋第一层	023-63615121
17	400015	渝中区枣子岚垭所	渝中区枣子岚垭正街120号	023-63820613
18	400042	渝中区大坪邮政支局	渝中区长江二路126号	023-68810784
19	400016	渝中区袁家岗邮政所	渝中区长江二路181号-1	023-68710334
20	400042	渝中区九坑子邮政所	渝中区九坑子路三号一层	023-63318272
21	400042	渝中区石油路邮政所	渝中区大坪正街129号	023-68583944
22	400043	渝中区红岩村邮政所	渝中区瑞天路194号	023-63699681
23	400016	渝中区黄杨路邮政所	九龙坡区黄杨路14号1幢附10#	023-63655269
24	400016	渝中区竹园邮政所	渝中区莱袁路168号C1-C3裙楼1-7#	023-68736244
25	400042	渝中区大坪正街邮政所	渝中区大坪正街118号6幢1-3#	023-68578163
26	400042	渝中区六店子邮政所	渝州路街道六店子小区7栋附6号	023-63856980
27	400042	渝中区长江二路邮政所	渝中区长江二路16号负2层1号2#	023-63910023

【中国邮政渝中区分公司负责人】
总 经 理：贺靖军（党委书记）
副总经理：付克开（2019 年 11 月离任）
李　红（纪委书记）
副总经理、寄递事业部常务副总经理：
李　江

（张争妍）

通　信

中国电信股份有限公司重庆渝中分公司

【概况】 中国电信股份有限公司重庆渝中分公司（简称“渝中电信分公司”）于2003年注册成立，其前身是重庆市上清寺电信局，2003 年正式更名为中国电信股份有限公司重庆渝中分公司，公司地址位于渝中区人民路 258 号。2019 年下设 9 个 2 级部门、1 个专业中心、16 个下辖支局和 3 个自有营业厅，在岗各类从业人员 511 人，各类服务网点由 2018 年的 52 个调整为 34 个。

2019 年，渝中电信分公司秉承“用户至上，用心服务”、“让客户尽情享受信息新生活”理念，持续细分市场、以量促收、多点拉动，为广大用户提供优质、高效、专业化的通信信息服务。全年完成收入 3.36 亿元，服务移动用户 25.59 万户、宽带用户 15.34 万户、电信电视用户 9.71 万户。

【5G 建设】 根据中国电信集团公司及重庆市公司部署安排，与区政府进行全方位合作，为发展渝中区 5G 智慧商贸、5G 智慧医疗、5G 智慧校园、5G 智慧文旅等数字产业，全力融入网络强市、数字渝中、智慧渝中建设，将渝中打造成为数字服务业特色发展区。渝中电信分公司全年投入资金 2.37 亿元进行 5G 无线网络建设。1 月，完成中山四路约 3 千米 5G 精品线路信号覆盖；2 月，与区政府完成文商旅城 5G 融合应用示范高地框架协议签订；3 月，完成解放碑核心区域 5G 能力覆盖和长江索道 5G 场景打造；5 月，由重庆电信与渝中区政府联合打造的，坐落于解放碑国泰广场的 5G 体验馆建成投用，全面开启重庆 5G 智享渝中公益宣传。体验馆运行期间，超过 75000 人次到馆参观体验。在 2019 年重庆智博会期间，5G 体验馆接待多位国外友好城市政府官员。年末，全区电信 5G 规模站址开通入网 328 个，5G 全域覆盖率达 92.3%，位居全国第一，基本实现主次干道、重点商圈、主要行政办公区等区域全覆盖。

【党建工作】 坚持把党的政治建设摆在首位，全年召开 23 次党委会和 20 次中心组学习会，重点学习习近平关于国企发展、网络强国、网信安全和党史、新中国史等的重要论述。开展“不忘初心、牢记使命”主题教育，组织中心组集中学习 7 次，班子成员下基层调研 4 次，召开座谈会 4 场，参与调研和座谈员工 52 人次，访谈二级部门负责人 4 人，走访重要客户 4 家，讲专题党课 4 次，听取专题党课 186 人次，收集意见建议26条。通过调查研究共发现问题26个，形成 13 个立行立改问题和 18 个整治整改问题。加强标准化党支部建设，5 月在 2018 年已验收合格 3 个标准化党支部的基础上，电信重庆市公司党委完成对剩余 2 个党支部复查验收工作，渝中电信分公司 5 个党支部全部完成标准化验收。

【客户服务管理】 加强故障隐患预警和预检预修，有效降低故障发生率，全年各类网络告警工单同比下降 23%；发挥网络监控调度中台作用，持续跟踪故障处理进度，及时调度故障处理人员和措施，尽最大努力降低故障处理时限。全年完成各类通信保障 362 件，无一例保障事故发生；尤其是国家领导人视察重庆和新中国成立 70 周年重点电信保障，精准做到事前保障布置及设备设施物资储备、事中全面布控巡防，得到市、区政府及电信重庆市公司领导肯定与认可。加强装维人员指标管控和上门服务规范性抽查，确保客户利益不被侵占。

【企业文化打造】 坚持落实关怀员工的传统制度，加强“四小”（小食堂、小浴室、小卫生间、小活动室）建设，进一步改善一线生产办公、食堂用餐等条件；持续开展孕期营养餐、新员工入职关怀，为患重大疾病的员工申请公司重大疾病救助金，全年共发放重大疾病救助金15万元。

2019年渝中电信分公司营业网点

序号	网点名称	地址	联系电话
1	来福士苏宁极物开放卖场	渝中区朝天门来福士4楼苏宁极物	18983672788
2	解放西路营业厅	渝中区解放西路药材市场旁边	13372682272
3	较场口营业厅	渝中区民权路58号1楼	18996144811
4	解放碑营业厅	渝中区五一路171号	18983881128
5	苏宁解放碑步行街开放卖场	渝中区八一路雨田大厦一楼	18983672788
6	重百电器民族路开放卖场	解放碑商社电器一楼	18983672788
7	新华书店专营店	渝中区邹容路128号新华书城1楼	13350338388
8	民权路专营店	渝中区民权路27号	13883678678
9	新华路营业厅	渝中区新华路193号门面	17782055888
10	地王营业厅	渝中区临江支路3号	17782055888
11	桂花园新村社区店	渝中区桂花园新村27幢5-1号	17754940062
12	江屿朗廷社区店	渝中区菜袁路江屿朗廷南门	17708333899
13	国际村社区店	渝中区长江一路12号-1第五层平街门面	18983835155
14	七星岗营业厅	渝中区七星岗中山一支路76号	15320202055
15	天官府社区店	渝中区中兴路蔡家石堡23号	18306070404
16	人和街社区店	渝中区人和街13号附3号	17723166777
17	大溪沟营业厅	渝中区大溪沟人民路9号	18983747466
18	华福巷社区店	渝中区华福巷51号5单元1-1	17782180201
19	上清寺营业厅	渝中区人民路258号	18996144811
20	重百电器大坪开放卖场	渝中区大坪龙湖时代天街B馆-L-1	17725028926
21	安古沃苹果龙湖D馆开放卖场	渝中区大坪龙湖时代天街B馆L3	18683951155
22	迪信通龙湖A馆开放卖场	渝中区大坪时代天街A馆-UG-A007	17725099777
23	赛玛特龙湖B馆开放卖场	渝中区大坪时代天街B馆-L2	18983628835
24	渝中米歌新浪通信城开放卖场	渝中区大坪长江二路49号新浪通信市场A座2楼1、2开间	18723256663
25	大坪正街社区店	渝中区大坪正街53号	18983998858
26	翠湖天地便利点	渝中区瑞天路嘉滨路5号	13368224000
27	雍江苑营业厅	渝中区瑞天路61-7号	18996144811
28	金银湾营业厅	渝中区金银湾路111号	18983747466
29	云越大坪新浪便利点	渝中区新浪通信城2楼内	18996379637
30	大坪通道专营店	渝中区大坪1号地下商场内34A号	13637830999
31	大坪环道营业厅	渝中区长江二路98号	18983893188
32	江山国际社区店	渝中区下肖家湾11号附3号	17708333899
33	盛美居社区店	九龙坡区黄杨路102号	15320539090
34	单巷子社区店	渝中区大坪正街88号1-93号	17353117712

【渝中电信分公司负责人】

总 经 理：张 康（2019年7月任职，党委书记）

曹 星（2019 年 7 月离任）

副总经理：彭 聃（2019 年 7 月离任）

操登峰（工会主席）

王云飞（2019 年 11 月任职）

张开茂（2019 年 11 月离任）

（王浩）

中国移动通信集团重庆有限公司城一分公司

【概况】 中国移动通信集团重庆有限公司城一分公司（简称“中国移动重庆城一分公司”）是一家基于 GSM（2G 网络）、TD-SCDMA（3G 网络）、TDD-LTE/FDD-LTE（4G 网络）、NR（5G 网络）制式的移动通信运营商，是中国移动通信集团重庆有限公司的下属分公司，由原重庆移动渝中分公司与原重庆移动南岸分公司于2016年合并而成。2019年，有在职员工441人，平均年龄 36 岁。其中，大学本科 248 人，硕士研究生 42 人；中共党员 104 人，共青团员 33 人。办公地址位于南岸区亚太路 1 号亚太商谷 9 栋，并在渝中区较场口、企业天地、时代天街、弹子石、南岸智谷等五处设有驻外办公点。

重庆城一分公司以“创无限通信世界，做信息社会栋梁”为使命，推动信息通信技术融入百业、服务民生，持续服务渝中经济社会发展。通过落实“建设网络强国、数字中国、智慧社会”战略部署，以及市委、市政府“抓大数据促智能化、抓大开放促国际化、抓大保护促绿色化、抓大城乡促融合化、抓大文旅促品质化”总体要求，依托中国移动庞大的网络资源和用户资源，做好管理创新、技术创新和服务创新。2019 年，按照“网格划小、全量入格、严格执行管理、考核、支撑、薪酬四统一”的工作思路，在原营销中心基础上，成立 6 个城市分局和 1 个农村分局，其中位于渝中辖区的有解放碑分局和大坪分局。各分局由分公司总经理直接领导，各部门为其提供指导和帮助。

【党建工作】 开展“新时代”理论学习。2019 年，重庆城一分公司深入学习习近平新时代中国特色社会主义思想和党的十九大及相关会议精神，开展马克思主义理论学习宣传和教育培训工作；全年累计开展党委中心组学习研讨 9 次，支部集中学习 57 次，党委会 38 次，党员大会 3 次。分公司党委委员、各支部书记分别在各自分管领域、支部讲授党课 10 堂。开展“不忘初心、牢记使命”主题教育。通过主题研讨、基层调研、对标对表找差距、聚焦问题抓落实等工作，解决党建与业务“两张皮”、基层党组织组织力不够强等方面的问题。累计查找问题 5 大类，22 个具体问题表现，并全部纳入整改台账。抓好宣传阵地建设与管理。结合公司改革发展、经营业绩、典型人物、优秀成果等，主动策划宣传，引导舆情，传播正能量，弘扬主旋律。全年累计印发《城一信息周刊》14 期，撰写内宣新闻 99 篇，外宣新闻 5 篇。开展一线走访调研。通过党员责任区、片区调研、书记沟通日、谈心谈话等形式开展干部员工思想状况调研，回应干部和员工的思想关切和利益诉求，了解掌握苗头性、倾向性问题，做好引导。党委班子成员累计开展“三必走”（必走一线、必走合作伙伴、必走客户单位）专项调研 27 次，收集意见问题 173 个。强化反腐教育力度。以季度为单位开展廉洁教育学习，组织观看《红色通缉》，学习中国移动纪检组“以案示警”相关内容，开展“新时代·见初心·守使命”主题宣传活动，加深认识，筑牢反腐思想防线。

【5G 建设】 2019 年，重庆城一分公司推进和渝中区政府的 5G 战略合作，加快对主要商圈、热门景点等重要区域的 5G 网络覆盖，推动 5G 行业应用落地，共同打造“智慧渝中”。3 月，在“网红”景点长江索道向游客提供“5G 技术长江索道 VR 超感体验”服务，打造全国首个 5G+VR 沉浸式旅游项目；4 月 28 日，重庆市首个 5G 电话在中国移动 5G 网络保障下在解放碑拨通；同日，位于解放碑邹容路的 5G 智慧生活馆免费向全市人民开放；9 月，陆军特色医学中心（大

坪医院）通过移动5G网络，与新疆军区总医院实现5G远程超声会诊演示，重庆首个5G远程超声示范项目成功落地；12月，凭借在渝中区人和街小学和石柱县中益乡小学教室里搭载的5G网络，两地学生同上一堂课，“双师课堂”成为全市首个5G+智慧教育应用实践。至年末，渝中区已建成5G基站350个，成为全市首个移动5G网络室外连续覆盖的行政区。

【服务质量提升】 开展住宅小区宽带光改工作。全区住宅光纤覆盖率提升至98.8%，光纤改造率达99.2%，全区83%的移动宽带用户用上100M以上光纤宽带。聚焦服务短板提升。坚持以“人民为中心”看待生产经营中出现的服务投诉问题，通过拟定客户投诉管理办法，建立内部分层分级投诉预警机制，提升客户投诉解决及时率。加强服务质量监控，每日对营业厅服务情况进行跟踪，通过增设咨询台、实施“一杯水、一颗糖”服务、专人引导等便民服务举措，缓解厅内排队等候问题。至年末，重庆城一分公司重点厅店平均排队等候时长由2019年年初的人均20分钟降低为人均3分钟营业厅客户满意度提升至98.84%。强化监督引领。积极配合市消协开展2019年“3•15国际消费者权益日宣传活动暨‘放心消费’展示推介会”，并在活动现场为客户答疑解惑。开展六场“总经理接待日”活动，聘请30名服务质量监督员，让普通客户能够直接与分公司总经理面对面沟通、解决问题，通过每季度开展的专项流程穿越活动，优化客户服务体验，促进服务水平改善提升。

【中国移动重庆城一分公司负责人】
总 经 理：邢　宇（党委书记）
副总经理：文　华（纪委书记）
荀冬玲（工会主席）
李春莉　付　航

（李渝）

2019年中国移动重庆城一分公司驻渝中区主要营业网点

营业厅	地址	联系电话
大坪营业厅	渝中区大坪正街1号移动营业厅	15723276889
较场口营业厅	渝中区民权路58号合景聚融大厦2楼	17898686644
解放碑营业厅	渝中区民权路3号	17823865988
小什字营业厅	渝中区民族路18号	15736148897
5G智慧生活馆	渝中区邹容路90号	023-63733939

中国联合网络通信有限公司重庆市渝中区分公司

【概况】 中国联合网络通信有限公司重庆市渝中区分公司（简称“联通渝中分公司”）于2008年注册成立。2019年，内设办公室、销售服务支撑中心、建维中心、存量经营营销服务中心、政企客户支撑营销中心、政企客户行业营销中心、政企客户商企营销中心、政企客户政要营销中心、解放碑营销服务中心、上清寺营销服务中心、大坪营销服务中心、社会渠道营销服务中心12个部门（其中社会渠道营销服务中心为2019年增设），在岗各类从业人员175人。公司地址位于渝中区大坪188号。

2019年，联通渝中分公司聚焦“贯彻新发展理念坚持高质量发展”总体思路，推进行业生态建设，实施5G网络共建共享，深化混合所有制改革，纵深推进“五新”（新基因、新治理、新运营、新动能、新生态）联通建设，各项工作全面发展，年度用户份额达24%，收入市场份额达22.4%。

【5G网络建设】 开展5G网络和业务创新，组织搭建5G实验网，升级5G商用网，组织开展

6类5G业务孵化和市场宣传。全年联通渝中分公司自建5G站点93个，配合电信建成5G站点294个。

【转型战略实施】 聚焦“渠道转型”“产品转型”“销售模式转型”，持续抓好传统基础业务。以泛金融、泛终端、泛权益运营为主要抓手，强化市公司“万物皆可分期”运营思维，加大异业场景与商品包装，增强泛融合运营模式。持续推动互联网渠道转型，陆续将传统模式直销代理商转型为互联网代理商；引入线上互联网引流企业，为公司持续发展探索新的渠道模式。

【风险管控】 业务稽核组根据市公司相关文件及要求，建立联通渝中分公司相关的稽核规范及考核文件，下发《重庆联通渝中区分公司防范打击通信信息诈骗工作问责办法补充》等管理文件， 建立防范打击通信信息诈骗工作闭环机制流程。

【精准营销】 坚持以“客户为中心”理念，开展“服务营销”。通过大数据分析，依托公司的大服务平台，制定统一规范的体验营销策略，在所有客户接触渠道实施统一时间、统一规范的体验营销，传递产品价值。根据用户意愿，实施即时办理，提升客户感知，降低传统营销行为带来的投诉压力。针对用户体验中的意见反馈，完善优化现有产品；注重梳理用户资料，对不同在网时长的用户实施分级分类管理，从根源上提升营销的精准度。根据用户的行为特征和消费特征，实施存费回馈或者辅助产品赠送等不同的亲情回馈方式，满足用户需求。

【服务质量提升】 公司从最基础的网络质量入手，对网络信号差的地方，集中区域及时强化增补，做好整体网络提升工作。公司从基本服务、布局展示、人员要求、营销宣传、排队等候、业务办理、自助服务、投诉处理等多方面对员工进行业务培训，提高服务技能、转变服务意识、提升服务质量。

【党建引领强化】 深入开展“不忘初心、牢记使命”主题教育，召开“三会一课”60余次，开展警示教育、廉政学习等专题学习会23次，覆盖593人次。围绕守初心、担使命，找差距、抓落实的总要求，坚定不移全面从严治党，做好党风廉政建设工作。坚持党的群众路线，密切联系群众、做好群众的思想工作、抓好意识形态领域工作，实现党建质量与发展质量的双提升。

【企业文化打造】 为强化企业文化认知，弘扬企业核心价值观，加强品牌文化建设，全年公司开展“最美服务瞬间”征集评选、“徒步探春 魅力女神”踏青、“健康生活 快乐工作”第六届趣味运动会、茶艺培训、“致奋斗者”情景剧编演、“凝心聚力 熔炼团队”冬季登山、新中国成立70周年主题活动等各类企业文化主题、团建活动。通过系列活动对公司品牌内涵与企业文化理念进行系统化学习、解读与实践，在全体员工中确立品牌意识，树立“品牌建设人人有责”理念，增强公司的凝聚力。

联通渝中分公司主要营业网点

序号	网点名称	网点地址	联系电话
1	解放碑营业厅	渝中区民权路15号2楼	023-86682014
2	大坪营业厅	渝中区长江二路51号附1号一楼	023-86330357
3	上清寺营业厅	渝中区中山三路159号附6号	023-88698808

【联通渝中分公司负责人】

总 经 理：尹 华

副 总 经 理：王成兴

黄 南（2019年5月离任）

刘国平（2019年5月离任）

李德峰（2019年6月任职）

彭颖捷（2019年6月任职）

总经理助理：陈昌辛（2019年5月任职）

（李科然）

经济监督管理

财　政

【概况】 重庆市渝中区财政局（简称“区财政局”）成立于1979年，办公地址位于渝中区和平路9号。2019年，区财政局内设办公室、预算科、国库科（渝中区政府采购办公室）、行政事业科、社会保障科、资产和企业管理科、经济建设科、会计科、预算绩效管理科、财源建设管理科10个科室，下设区会计委派管理中心（区财政投资评审中心）、区财政资金支付中心2个事业单位。局机关核定行政编制35名，年末有行政编制人员32人。区财政局的主要职责是：拟订全区财政、国有资产、财务、会计等方面的管理制度并组织实施，指导全区财政工作；管理全区财政收支、分配财政资金，编制、组织执行年度财政预算，制定经费开支标准，审核批复部门年度预决算；负责政府非税收入管理；组织执行国库管理及国库集中支付制度；管理政府债务，防范财政风险等。

2019年，全区财政工作认真践行新发展理念，围绕稳就业、稳金融、稳外贸、稳外资、稳投资、稳预期，认真落实积极财政政策，兜牢“三保”底线，全力保障“三大攻坚战”“八项行动计划”的实施以及各项重大决策部署落实，推动预算管理改革，提升财政资金效益，较好地服务全区经济持续健康发展和社会大局稳定。先后获得“2018年度考核一等奖单位”称号、“2018—2019全市社会保险基金预算绩效管理工作考核先进单位”称号、“2018年区直机关优秀系列主题党日活动”等市、区集体荣誉10余个，干部职工受市、区各级表彰20余人次。

【财政收支】 财政收入。区级一般公共预算本级收入完成419038万元，比上年下降9.7%。其中税收收入完成342093万元，下降9.5%；非税收入完成76945万元，下降10.3%。全年收入执行体现了深化增值税改革、个人所得税改革、中小微企业普惠性减税等多项减税降费政策落地生根，增值税、个人所得税分别下降约4.1%和31.7%；同时，通过加强财源建设和企业服务，依法应征尽征。财政支出。全年区一般公共预算本级财力为742524万元，加市下专款28907万元，上年结转28161万元，全年一般公共预算总支出预算为799592万元。全年实现一般公共预算支出742789万元，为预算的92.9%，增长4.2%。滚存结转43460万元，主要为上级下达商贸发展、打通未贯通道路等专项资金结转。2018年预算稳定调节基金余额25056万元，2019年收入超收13338万元及预备费余额5万元按规定调入后，预算稳定调节基金余额38399万元。

【政府性基金预算执行】 收入情况。全年上级补助收入39879万元，比预算数减少10121万元，主要是土地出让金减少。支出情况。上级补助收入39879万元，加上上年结转46164万元，减去调入一般公共预算42384万元，政府性基金总支出预算为43659万元。全年支出34053万元。滚存结转9606万元。主要是结转下年的福彩、体彩等专项基金支出。

【国有资本经营预算执行】 收入情况。全年完成2576万元，增长45.2%，主要是中渝市政环卫有限责任公司等国有企业上缴利润增加。支出情况。全年国有资本经营预算收入2576万元，加上上年结转274万元，减去调入一般公共预算2807万元，国有资本经营预算总支出预算为43万元。全年支出43万元，主要是民生机电职工安置等企业改革相关支出。

【减税融资】 全年为企业和个人减税约23亿元，减免费约13亿元，助力企业轻装上阵。安排专项资金0.21亿元，设立知识价值信用融资担保贷款等专项资金，全年发放信用担保贷款约

6000万元，支持11家企业挂牌上市，累计发放“助保贷”1.1亿元，缓解中小企业融资难、融资贵问题，为实体经济发展增添动能。安排产业扶持资金4.9亿元。其中，投入资金约2.1亿元对110户金融、商贸企业给予重点扶持，支持华泰财险、华西证券等金融机构落户，支持来福士购物中心开业、重庆百货等传统商业创新转型，举办“创新商业节”“国际咖啡文化节”等重大节会，促进新兴商贸业态发展；投入资金1.4亿元培育区块链创新基地、环重医创新生态圈等重点园区，助推文商旅融合发展；投入1.4亿元，注资区创新创业股权引导基金，撬动社会资本，重点投向六大重点产业；保障促进楼宇经济发展、商标专利奖励、鸿雁计划等专项政策落地。

【民生保障】 全年安排社会保障类资金4.5亿元，用于稳就业、职位技能提升行动、多渠道创造就业岗位、低保就业补贴、创业担保贷款贴息等，将低保标准由546元/（人•月）提高到580元/（人•月）。投入教育经费17.5亿元，推动渝中教育均衡优质发展。优先保障教师待遇，完善考核激励机制；足额安排学生资助、营养计划等民生项目；支持公办和普惠性民办幼儿园发展，普惠幼儿园生均补助从2000元提高到3000元；实施解放小学综合改造、中华路小学改扩建、人民小学多功能厅改造、第四十二中学教学楼新建、第三十中学校食堂改造等工程，推进校点布局和校园环境改善。安排医疗卫生支出2.89亿元，提高公共卫生服务水平。将基本公共卫生服务标准由63元/（人•年）提高到77元/（人•年）、居民医保财政补助标准由490元/（人•年）提高到520元/（人•年）；实施社区卫生服务机构住院病房建设、七星岗医养结合病房改造装修等工程，提升分级诊疗能力；推进居家养老、社区养老、机构养老服务中心（站）建设等工作，完善三级养老服务体系，扩大养老服务供给。投入资金9100万元，努力构建现代公共文旅服务体系。助推文图两馆总分馆体系建设，保障区文化馆、图书馆全年无休免费开放；巴县衙门旧址、国民政府外交部旧址等文物保护工程有序实施；打造解放碑CBD周末音乐会、三峡大讲坛•渝中讲台、半岛艺术沙龙等一系列优秀群众文化品牌活动，发放文化大礼包1000份；开展送流动文化进基层459场，让人民群众共享文化发展成果。

【基础建设投入】 投入资金6.2亿元，提升城市品质。开展解放东西路改造、雷家坡立交、十八梯基础设施建设、解放碑地下环道、红云路等城市基础设施建设；推进解放碑区域灯饰、园林及道路绿化景观改造提升及公园改造等工程，城市综合品质进一步提升；历史人文中心（渝中半岛）建设专项规划完成，大田湾—文化宫—大礼堂文化风貌片区整体保护提升等市级重点工程顺利推进；马鞍山—春森路步行示范段、曾家岩临崖步道、枣子岚垭巷步道改造等项目有序实施。投入资金3.74亿元，推进行政区域交界地带、老旧小区、背街小巷等区域的环境卫生整治。在全区150个公共机构及石油路、大坪、化龙桥、上清寺等四个街道实施垃圾分类试点；保障排水管网建设及雨污分流改造、“两江四岸”治理提升等环境治理项目实施；打造渝州路绿化管护等示范精品；应用物联网技术对市政设施、古树名木等进行监控管护，探索数字城管智能化、数据化应用。

【社会安全稳定投入】 投入经费14.55亿元，维护社会安全稳定。全面落实公安干警各项政策待遇，加大节假日热门景区安保经费投入；对扫黑除恶专项斗争、信访维稳、应急处置、全区安全隐患整治等专项工作实行财政兜底保障；保障雪亮工程、民心天网、智慧社区建设运维经费；支持道路交通设施提档升级，稳步推进平安渝中建设；妥善安置退役军人。整合街道经费，减少拨款环节，提高执行力，增强街道经费自主能力。统筹社区工作者职业体系建立相关经费，专项安排服务群众、社区星级社区考核等经费。提高城管协管员待遇水平，足额保障街道环卫、绿化维护等经费，开展鲜花长效、门楣店招整治等品质提升行动，提升街道环境综合品质。

【党建工作】 区财政局党组认真贯彻落实“党要管党、从严治党”要求，切实履行党建工作主责主业。党组书记充分履行抓党建“第一责任人”职责，将基层党建、意识形态、全面从严治党等重点工作牢抓在手，全年带头研究机关党建工作12次。履行党组织主体责任，细化局机关党建工作清单，实行党组负总责、党总支负专责、党员人人有责的层级化管理体系，不断强化党建“主业”意识。坚持把党建工作和业务工作同部署、同落实、同检查，及时组织传达贯彻上级党组织部署要求，精心制定细化落实措施。积极发挥财政职能作用，全年落实全区党建工作经费1400余万元。推进“不忘初心、牢记使命”主题教育，全年牵头组织开展主题教育集中学习8次，党员干部参学400余人次。

【队伍建设】 坚持严格执行区委、区政府关于干部政治、工作、生活待遇制度规定，对工作中发现的问题，及时对干部提醒、批评，造就一支“忠诚、干净、担当”的财政干部队伍。班子成员认真学习《党政领导干部选拔任用工作条例》《关于防止干部“带病提拔”的意见》，坚持选人用人正确导向，紧扣动议、民主推荐、考察、讨论决定、任职等五个环节。开展科级领导干部选拔任用工作，2名干部分别被提拔为正副科长。通过公开招录、区内调动和区外选调的方式吸纳年轻干部5人，不断充实财政队伍。修订完善《年度考核先进科室和个人评选实施方案》，进一步发挥考核激励作用。结合财政改革热点、难点，利用“周五课堂”“科室讲座”等，加强干部职工财政业务学习，把干部的精气神引导凝聚到干事创业上来。

【廉政建设】 坚决履行党风廉政建设“一岗双责”，对照全面从严治党主体责任清单，梳理党组班子成员分管领域党风廉政建设责任，签订党风廉政建设责任书14份，层层传导从严治党压力。组织党员干部学习《中国共产党纪律处分条例》等文件精神，观看《如果爱请廉洁》《蜕变的初心》等警示教育片，筑牢理想信念，增强全局干部“不想腐”的政治自觉，实现财政资金和财政人员“两安全”目标。盯住国家法定节假日期间“四风”问题，做到早提醒、早打招呼，要求严守纪律。以谈心谈话为载体，经常提醒班子成员加强亲属和身边人的日常教育监督，坚决防止身边腐败行为。

【依法理财】 10月28日至11月13日，区集中对61个单位开展预算公开评审。共评审重点项目501个、金额27.98亿元，共审减金额1.14亿元，审减率为4.07%。通过公开评审，优化支出结构，提升财政资金使用效益，为科学编制财政预算奠定基础。

【区财政局负责人】
局　长：杜　伶
副局长：刘　洪
　　　　袁　聚（2019年12月离任）
　　　　王　珺

（李婉琳）

税　收

【概况】 国家税务总局重庆市渝中区税务局（简称“区税务局”）位于渝中区美专校街53号。2019年底，区税务局设15个机构，即办公室、法制科、货物与劳务税科、所得税科、财产和行为税科、社会保险费和非税收入科、收入核算科、纳税服务科、征收管理科、国际税收管理科、税收经济分析科、税收风险管理局、财务管理科、人事教育科、考核考评科；设第一至六税务所和解放碑、朝天门、七星岗、南纪门、菜园坝、大溪沟、两路口、上清寺、大坪、石油路、化龙桥税务所等17个派出机构；设信息中心、机关服务中心2个事业单位。共有干部职工504人，其中局领导10人（局长1名，副局长6名，纪检组长1名，总经济师1名，总会计师1名），正副科所长107人。区税务局的主要职责是：组织落实国家规定的税收优惠政策，负责研究拟定本单位税收、社会保险费和有关非税收入工作计划，参与拟定税收、社会保险费和有关非税收入预算目标并依法组织实施和征收管理。

2019 年，区税务局聚焦税收工作主题主业主线，以坚决的态度、坚定的信心、坚实的措施，推动税收各项任务圆满完成，取得积极成效。

【主题教育】 坚持把主题教育作为一项重大政治任务来抓，以上率下，以习近平新时代中国特色社会主义思想为主线，围绕 12 个专题开展集中研讨 12 次，组织党委中心组学习 6 次，讲授党课 7 次，不断掀起教育热潮。全局在职党员学习强国覆盖率达 100%，活跃度超过 65%，位居渝中区前列。在调查研究上下功夫。围绕“干部队伍担当作为”等 7 个主题，成立 7 个调研组，带队集中走访 17 个基层单位和部分企事业单位。通过干部谈心谈话、召开企业座谈会、开展问卷调查等方式，收集意见建议，形成 7 份高质量调研报告，并做好成果转化。在检视问题上下功夫，把自己摆进去、把职责摆进去、把工作摆进去，找准差距不足，深刻剖析根源，为整改落实提供精准靶向。

【税收收入】统筹处理好“减与收”的关系，坚持“应收尽收、应退尽退，坚决不收过头税”的组织收入原则不动摇，多措并举强化税收征管、堵漏增收，圆满完成调整后的预期目标。2019 年，全局累计组织税费收入 294 亿元，同比下降 4.2%。其中，税收收入 141.7 亿元，下降 2.5%；社保费及非税收入 152.3 亿元，下降 5.7%；区级税收实现 32.7 亿元，下降 8%。若剔除减税等因素影响，区级税收实际增长 3.4%，为全区经济社会发展提供了坚强的财力保障。

【减税降费】 强化沟通汇报，积极主动向区委、区政府汇报减税降费工作，区委常委会、区政府常务会议把减税降费工作作为议题专题研究，构建“区委领导、政府牵头、部门联动、社会参与”的协同共治格局。健全工作机制，成立减税降费工作领导小组，实体化运作减税降费办公室；聘请 10 名人大代表、政协委员为区减税降费工作特邀监督员，有序推进减税降费工作。坚持政策落地一丝不苟，不折不扣，精准服务全区金融业、健康医疗产业、文化旅游等产业，推动经济高质量发展。朝天门综合市场上万户个体工商户不再缴纳增值税和附加税费。对该退的税费，确保一分一厘都退到位，全年及时办理小微普惠性减免退库 7015 笔，退库金额 246 万元。2019 年 1—11 月（所属期），实施减税减费政策，累计减免税额 20.9 亿元。

【营商环境优化】 深入开展“企业服务年”活动，千方百计为纳税人、缴费人排忧解难。推进市场主体开办和退出便利化改革，企业开办时间压缩至 2 天，注销时间大幅缩减，其中容缺注销和即办注销比例达 90%，得到国务院办公厅督查激励表扬。推行“厅所一体化”建设，盘活用好服务资源。深化办税服务厅规范化建设，大力推广电子税务局，纳税人排队时间长的“老大难”问题得到有效化解。打造大坪、朝天门自助办税厅和光大银行渝中支行自助办税点，为纳税人提供便利化办税。积极推进迎接营商环境评价工作，建立工作专班，制定落实方案，得到市税务局肯定。

【依法治税】 持续规范税收执法行为，全面推行实施“三项制度”，严格落实重大行政决策机制，制定《税费岗责规范》，税收执法制度基础不断夯实。转变管理理念，坚持无风险不检查、无审批不进户、无违法不停票，对正常生产经营的企业少打扰乃至不打扰，柔性执法理念深入人心。着力提升税收征管质效，强化企业所得税汇算清缴。加强增值税发票管理，顺利完成增值税防伪税控系统升级版推行和发票 2.0 版上线工作。创新土地增值税管理，成立土地增值税清算小组，集中高效完成年度清算任务。完成社保征管职责划转工作，实现顺畅衔接，平稳征收。不断完善税收监管机制，在全市率先出台税收风险管理办法和风险任务管理办法，健全风险管理机制，千户集团分析任务数量位居全市前列，分析成效得到国家税务总局和市局的充分肯定。

【队伍建设】 践行中国税务精神，树立感恩、包容、知足、担当的价值导向。梳理整合22项制度办法，初步构建科学规范的管理体系。服务、关爱老干部，让他们发挥余热、安享晚年。加强人才培育，组织全局干部参加重庆大学精品课程学习，每月开展“青年课堂”，多轮次组织业务职称考试和“三师”资格考试培训。注重干部锻炼，2名干部入选市局“青年才俊”，开展两次干部轮岗交流，干部成长平台更加宽广。

【党建工作】 压实工作责任，制定全面从严治党工作要点，明确8方面25条任务，推动党建和业务工作同部署、同考核、同推进。夯实党建基础，分三步开展党支部标准化、规范化建设，提前完成各党支部党群活动室“六上墙”“六配备”工作。建立基层党支部党建工作联建点和税企支部联建活动，举办为期4天的党务干部培训班，党支部书记能力全面加强。持之以恒正风肃纪。开展形式主义、官僚主义突出问题专项整治和“第三方借减税降费服务巧立名目乱收费排查”专项整治工作，确保减税降费落地生根。精准运用监督执纪“四种形态”，完成“一案双查”1件，开展提醒谈话21人次，按程序对1名干部进行立案查处，并作出开除党籍、开除公职处分，营造了风清气正的政治生态。

2019年区税务局17个派出机构

名称	工作职责	办公地址	联系电话
第一税务所	主要负责全区范围内税收、社会保险费和有关非税收入的直接征收和服务工作	渝中区和平路1号星河大厦2楼	023-68512366
第二税务所	主要负责全区范围内的区级重点税源集中管理等	渝中区解放碑街道沧白路73号5楼	023-63817502
第三税务所	主要负责全区范围内房地产开发经营、建筑安装、交通运输、仓储和邮政等行业管理	渝中区中山一路6号财信渝中城5-4-4、5-4-5	023-63503994
第四税务所	主要负责全区范围内行政机关事业单位税费管理及教育、医疗行业管理等	渝中区中山四路89号名流公馆8号楼5楼	023-63631086
第五税务所	主要负责全区范围内纳税评估	渝中区人民路248号	023-63797796
第六税务所	主要负责全区范围内纳税评估	渝中区人民路248号	023-63797696
解放碑税务所	负责解放碑街道区域内税收、社会保险费和有关非税收入的基础事项管理及其风险应对工作	渝中区较场口88号得意世界A座24楼	023-63797275
朝天门税务所	负责朝天门街道区域内税收、社会保险费和有关非税收入的基础事项管理及其风险应对工作	渝中区朝天门街道新华路28号4-5楼	023-63702618
七星岗税务所	负责七星岗街道区域内税收、社会保险费和有关非税收入的基础事项管理及其风险应对工作	渝中区七星岗街道中山一路6号财信渝中城4-4-1，4-4-2，4-4-3	023-63521009
南纪门税务所	负责南纪门街道区域内税收、社会保险费和有关非税收入的基础事项管理及其风险应对工作	渝中区南纪门街道解放东路129号6楼	023-63932078
菜园坝税务所	负责菜园坝街道区域内税收、社会保险费和有关非税收入的基础事项管理及其风险应对工作	渝中区菜园坝火车站行包房5楼（临时集中办公地点：渝中区两路口街道长江一路61号地产大厦12楼）	023-63860026
大溪沟税务所	负责大溪沟街道区域内税收、社会保险费和有关非税收入的基础事项管理及其风险应对工作	渝中区大溪沟街道人民路51号	023-63860689
两路口税务所	负责两路口街道区域内税收、社会保险费和有关非税收入的基础事项管理及其风险应对工作	渝中区两路口街道长江一路61号地产大厦11楼	023-63663904

续表

名称	工作职责	办公地址	联系电话
上清寺税务所	负责上清寺街道区域内税收、社会保险费和有关非税收入的基础事项管理及其风险应对工作	渝中区上清寺街道中山四路89号名流公馆8号楼7楼	023-60339628
大坪税务所	负责大坪街道区域内税收、社会保险费和有关非税收入的基础事项管理及其风险应对工作	渝中区大坪街道肖家湾创景大厦5楼	023-68716200
石油路税务所	负责石油路街道区域内税收、社会保险费和有关非税收入的基础事项管理及其风险应对工作	渝中区石油路街道高九路恒康丽景A幢2楼	023-68806489
化龙桥税务所	负责化龙桥街道区域内税收、社会保险费和有关非税收入的基础事项管理及其风险应对工作	渝中区化龙桥街道李子坝168号临江佳苑	023-63610873

【区税务局负责人】

局　　长：漆　星

副 局 长：张建清（2019年6月离任）

王劲松　姜　毅　罗丽娟

龚　将　程　敏　刘飞虎

纪检组长：徐　力

总经济师：杨晓玲

总会计师：胡　捷

（沈东亚）

审　计

【概况】渝中区审计局（简称“区审计局”）成立于1983年11月，是区政府工作部门，办公地址位于渝中区和平路管家巷9号。2019年，区审计局有行政编制24名，在职24人；事业编制24名，在职15人。内设办公室、法规审理科、整改督查与内审管理科、重大政策执行审计科、财政审计科、企事业审计科、投资审计科、经济责任审计科（区经济责任审计工作联席会议办公室）、电子数据审计科9个科室，下设1个审计中心（事业单位）。区审计局的主要职责是：负责全区财政预、决算，领导干部任期经济责任，固定资产投资项目等的审计监督工作，并依法独立实施审计并出具审计报告。

2019年，全区共实施审计项目22个，查出问题金额514416万元，违规金额16909万元，管理不规范金额452676万元。移送事项7件，其中向纪检部门移送案件线索6件，向主管部门移送管理问题1件。审计提出建议52条，被采纳52条；提交审计信息104篇，被批示、采用76篇次。区审计局获2018年度巴南区2017年保障性安居工程跟踪审计（属交差审计）、2017年度全市财政预算执行和决算（草案）审计（税收审计）、2018年度重大政策措施落实情况跟踪审计优秀项目。

【国家重大政策措施贯彻落实跟踪审计】推进供给侧结构性改革、做好“六稳”工作、打好“三大攻坚战”、实施“八项行动计划”等重大决策部署，开展跟踪政策落实、水污染防治、重大项目实施等方面审计，共抽查12个部门、2个街道、6家企业、重大项目5个，涉及财政资金7533.29万元。同时，督促多部门、街道办事处、投资平台公司等多家被审计单位对前三季度重大政策跟踪揭示的重大项目推进不力、招标设置不合理的前置条件、种子资金管理不严、污水乱排乱放等多项审计发现问题进行整改，并基本整改到位。

【财政审计】深化部门预算执行审计，完成巴南区2018年度财政预算执行情况审计，查出招商引资政策执行、债务管控及化解、预算编制及执行、专项资金管理使用、财政资金管理、决算草案编制等八个方面39个问题，查出问题金额371976.49万元，下达审计决定16868.49万元。完成《守住生态底线 护好青山绿水》《关注财政资金绩效 提高经济社会效益》等财政审计信息4篇。

【经济责任审计】贯彻落实《党政主要领

导干部和国有企事业单位主要领导人员经济责任审计规定》，严格遵循“三个区分开来”的原则，采取“全局参与、板块融合、项目结合、结果共享”的新型经济责任审计组织模式，开展经济责任审计和领导干部自然资源资产审计试点工作，完成经济责任审计项目11个，查出管理不规范金额69910.68万元。渝中城市建设投资有限公司董事长和原总经理任期经济责任审计项目被评为2018年度市局表彰审计项目。

【固定资产投资审计】 按照“三个转变”要求，以创新的思路和办法推进投资审计转型和全面发展，全面实行“五审并举”，揭示经济运行中各类风险隐患及体制机制问题，审减投资额7738.43万元。

【企业审计】 共查出经营管理、财务管理、落实中央八项规定精神等方面八大类17个问题，涉及管理不规范金额80.35亿元，违规金额696.22万元。

【机构设立】 10月29日，区委成立区委审计委员会，设主任1名，副主任4名，委员8名；办公室设在区审计局，负责区委审计委日常工作。

【信息化建设】 由区审计局牵头、区纪委监委和区委组织部联合开发的区经济责任审计机密级信息系统正式运行。“信息系统审计+”模式不断深化，全年采集各类数据约10G，重构审计分析模型100多个，新建审计分析模型50多个。

【审计科研】 审计课题《基于全覆盖背景下的联网审计研究》获重庆市审计学会表彰三等奖；《PPP模式下国家建设项目审计路径研究》获市审计局群众性课题三等奖；《经济责任审计责任界定研究》获市审计局群众性课题优秀奖。

【党建工作】 深入开展“不忘初心、牢记使命”主题教育，召开1次“不忘初心、牢记使命”专题民主生活会、18次党组会、12次局长办公会、13次审计项目审理会、14次主题教育集中学习、10次中心组学习。坚持“三会一课”制度，局党组成员以普通党员身份参加支部组织生活8次、主题党日活动10次，带头讲党课11次，廉政提醒约谈40人次。

【队伍建设】 树立正确的选人用人导向，健全完善上派外挂、双向交流、挂职锻炼等培养机制，选拔科级干部4名，招录人员9名，到市局挂职学习2人，抽调参加市委巡视和市局巡察6人次，抽调参加市局处室工作10人次。不断加强精神文明建设，参加市区组织的各类业务或文体竞技活动，承办市审计机关全民健身运动会乒乓球比赛，获2019年市审计机关全民健身运动会组织奖。组织参加以“弘扬宪法精神 讲好法治故事 礼赞我的祖国”为主题的“我与宪法”微视频征集展播活动，获全市优秀奖。组织干部参加渝中区“学习强国”重庆学习平台“I学I行（爱学爱行）”风采展示活动、“以案释法”征文比赛，均获一等奖；组织参加区公务员技能竞赛，4人获奖。多人分别获市审计系统先进个人、2018—2019年度先进女职工、2018—2019年优秀青年、区“三八红旗手”等称号。

【内部审计】 落实人大审议报告制度，逐步完善审计整改联动机制，已追回财政资金9466.85万元，审计整改率95%。出台《关于建立分片联系指导监督内审工作制度的通知》《关于做好2019年全区内审工作的通知》《关于渝中区2019年内审项目计划的通知》《关于做好2019年内部审计资料备案的通知》，指导和监督全区39个单位内审工作并掌握基本情况，推动全区新增内审机构7个、内审人员50人以及推动新出台《渝中区教育系统建设工程项目审计实施办法（试行）》《渝中区城市管理局内部审计制度》等20项内审相关管理制度。对40个单位补缴党费使用管理情况进行审计检查，并延伸至248个基层党委。

【区审计局负责人】
局　　长：方　晓
副 局 长：陈子进　高亚男　曾春艳
纪检组长：袁　鹏（2019 年 4 月任职）
经济责任审计办公室主任：周小波

（张航）

就 业 创 业

【概况】 重庆市渝中区就业和人才服务局（简称“区就业局”），是区人力社保局所属的副处级财政全额拨款公益一类事业单位，办公地址位于渝中区中山一路 218 号。2019 年，内设综合科、就业统筹科（创业指导科）、人才交流服务科、培训鉴定科、失业保险科等 5 个科室。有事业编制 30 名，在职参公人员 28 人。区就业局的主要职责是：提供公益性就业创业服务，对就业困难群众和重点群体提供就业服务，按规定使用就业专项资金和失业保险基金，承担失业保险有关经办服务工作，承担高校毕业生就业创业服务及见习基地管理。

2019 年，全区城镇新增就业 5.05 万人，城镇登记失业人员就业近 8500 人，就业困难人员就业 3572 人，新增创业 1.33 万人。协助重庆市重点信息产业企业招工 7741 人，发放创业担保贷款 3528 万元。支出就业专项资金 3408.02 万元，其中发放各项补贴 3025.21 万元。“零就业家庭”保持动态为“零”。

2019 年就业指标任务完成情况表

项目	指标任务	完成情况	完成百分比
城镇新增就业 / 人	39500	50541	127.95%
城镇登记失业人员就业 / 人	8000	8467	105.84%
城镇就业困难人员就业 / 人	2800	3572	127.57%
新增创业 / 人		13301	
开发公益性岗位安置就业 / 人		2042	

【就业促进工作】 结合服务业综合改革试点工程，年内实现城镇单位新增就业 5.05 万人。拓展个体、民营经济，实现城镇民营企业及个体工商户就业 4.58 万人。充分挖掘社区灵活就业岗位，发展公益性劳动组织，实现城镇灵活人员就业 4651 人。职业介绍成功 1.06 万人。组织 59 场现场招聘会，1076 家企业单位提供 1.5 万个岗位。发放 167.53 万元低保人员就业补贴，促进 321 名低保人员就业。向 110 家个体户和小微企业发放 3528 万元创业担保贷款，带动 328 名劳动者就业。为不裁员或少裁员的困难企业发放稳岗返还资金 6.9 亿元，惠及企业 1725 户、职工 13 万人。发放失业保险稳岗返还资金 0.8 亿元，惠及 1101 户企业、34.8 万名职工。

【扶持政策落实】 全年全区支出 3408.02 万元就业专项资金，发放 409.38 万元单位社会保险补贴，促成用人单位吸纳 1540 名四类就业困难人员（男 50 岁以上女 40 岁以上城镇登记失业人员、城市居民最低生活保障家庭登记失业人员、城镇零就业家庭登记失业人员、近两年毕业的登记失业高校毕业）就业，其中促进 512 名高校毕业生就业。落实 1059.65 万元就业困难人员灵活就业社会保险补贴，惠及 2307 名群众。

【创业助推工作】 依托创业孵化基地，建立完善由 74 人组成的创业咨询专家库，开展创业政策宣讲，听讲者达 4530 人次，为 3056 人次提供创业指导咨询。完善创业项目库，提供 8 个行业 395 个创业项目。加大资金扶持力度，为 4 家创业孵化基地提供奖励补贴 104 万元，为 110 家个体户和小微企业发放 3528 万元创业担保贷款。全区创业孵化基地成功孵化 99 家企业，带动 594 人就业。

【民办职业培训机构管理】 规范行政审批，共新审批设立民办职业培训机构4家，变更10家，延续10家，区管民办职业培训机构总数38家。

【职业技能提升】 全年开展职业培训400期，培训1.17万人次。其中，开展家庭服务从业人员专项培训16期，培训373人次；开展技师培训8期，培训243人次，其中技师190人、高级技师53人。全年发放职业培训补贴1525.36万元，补贴12334人次。开展职业技能鉴定342批4686人次，其中初级职业技能鉴定1143人次，中级职业技能鉴定1588人次，专项职业能力鉴定1955人次。组织参加全市“十佳家政服务企业”“百名优秀家政服务员”评选活动，重庆市大田小家家政服务有限公司入选“十佳家政服务企业”，重庆市大田小家家政服务有限公司、重庆市喜佳联母婴护理服务中心、重庆储爱母婴护理有限公司3家企业共5名家政从业人员入选“百名优秀家政服务员”。

【高校毕业生就业创业】 做好高校毕业生就业服务工作，在辖区人力资源市场设立专门窗口提供政策咨询、就业指导等免费服务。会同街道实名制登记辖区480名应届离校未就业高校毕业生，帮扶275人实现就业。开展大学生带薪实习，为21所高校提供实习岗位220个，为187名到岗实习大学生发放生活补贴20.5万元。实施大学生创业引领计划，开展“泛海扬帆——重庆大学生创业行动”，推荐申报项目14个，其中6个项目获20万元奖励资助。渝中区被评为“泛海扬帆”优秀组织单位。

【城乡就业调查】 2019年，全区常住人口中有15岁以上劳动年龄人口44.28万人。其中，就业人口37.88万人，未就业人口6.4万人，包括在校学生及待升学者、家务劳动者、丧失劳动能力者、赋闲者、退休和提前退休者以及失业人员。根据就业人口和未就业人口中的失业人员计算，2019年渝中区常住人口调查失业率为4.39%，劳动就业率为95.61%。

【技能竞赛活动】 2019年，会同区总工会、区民政局、区文旅委、区卫健委组织插花技艺、康复调理、健康与照护、酒店服务、有害生物防制五类职业技能竞赛活动。11月，重庆市粤港芭莎职业培训学校宗君建设成美容师市级技能大师工作室；渝中区聂凤（重庆五一技师学院教师）、何先泽（重庆五一技师学院教师、重庆市何先泽形象艺术职业培训学校负责人）2人入选为市级高技能领军人才。

【公共就业服务】 全年组织现场招聘会59场（次），其中开展“春风行动”、“就业援助月”、“残疾人就业专场招聘”、“民营企业暨小微企业专场招聘”、“高校毕业生就业服务月”、“金秋招聘月”等专场招聘活动11场。共组织企事业单位1076家，提供就业岗位1.5万个，接受现场咨询1万余人，为8932人开展职业指导，帮扶2032人就业，发放宣传材料2万余份。

【区就业和人才服务局】
局　长：秦　伦

（谢均妮）

市场监督管理

【概况】 重庆市渝中区市场监督管理局(简称“区市场监管局”）于2019年3月挂牌为重庆市市场监督管理局直管的政府行政机构，办公地址位于渝中区临华路48号。区市场监管局由原区工商分局、原区食药监分局、原区质监局整合组建。组建内设科室28个，统一执法队伍，建立11个街道市场监管所，实现“一街道一监管所”；涉及安排和调配95名干部，实现局内设科室、各街道市场监管所、执法队的集中统一办公，“物理整合”圆满完成。2019年，局内设纪检组、办公室、法制科、组织人事科、宣传教育科、财务科、综合科（区食药安办）、食品安全监督管理一科、食品安全监督管理二科、食品安全监督管理三科、药品监督管理一科、药品监督管理二科、产品质量安全监督管理和质量发展科、特种设备安全监察科、注册和许可科、价格监督检查和反不正当竞争科（规范直销与打击传销办公室）、消费者权益保护科、计量科、标准化管理科、认证认可监督管理科、信用监督管理科、网络交易监督管理科、广告监督管理科、企业监督管理科、知识产权管理科、小微企业个体工商户专业市场党建工作科、机关党委、离退休人员工作科，直属经济检查执法支队；派出机构有解放碑、朝天门、七星岗、南纪门、菜园坝、大溪沟、两路口、上清寺、大坪、石油路、化龙桥市场监督管理所；下设区消费者权益保护委员会1个事业单位。区市场监管局的职责是：负责市场综合监督管理，规范和维护市场秩序；负责食品药品安全监督管理综合协调，食品安全监督管理；药品、医疗器械、化妆品安全监督管理，疫苗配送、存储质量管理；宏观质量管理，监督管理产品防伪工作；产品质量安全监督管理，组织实施质量分级制度、质量安全追溯制度；工业产品生产许可管理、纤维质量监督工作；特种设备安全监督管理、特种设备行政许可；市场主体统一登记注册；推动市场主体信用体系建设；规范和监督管理市场秩序，查处价格收费违法违规、不正当竞争、违法直销、传销、侵犯商标专利知识产权和制售假冒伪劣行为；指导广告业发展，监督管理广告活动；合同行政监督管理；依法查处无照生产经营和相关无证生产经营行为；消费者权益保护工作；管理计量工作；管理标准化工作，商品条码工作；管理认证认可和检验检测工作；知识产权发展与保护工作；开展市场监管综合执法工作；指导小微企业、个体工商户、专业市场党建工作。

2019年，区市场监管局开拓创新，砥砺奋进，平稳推进市场监管体制机制改革，顺利完成机构和人员整合。食品、药品、特种设备和产品质量“四大”安全监管迈上新台阶。强化信用监管，加大执法力度，营造公平有序的市场经济秩序，构建安全放心的消费环境。深入推进“放管服”和商事制度改革，夯实食品安全共治基础，积极助推区域经济发展。

【食品安全工作】 坚持抽样检测与日常监督检查相结合、“拉网式”检查与“双随机”检查相结合等多种手段，切实保障人民群众食品安全。出动巡查检查人员4890余人次，检查学校和托幼机构食堂568个次、校园周边食品经营主体716户次、食品生产加工企业64户次、农贸市场42个次、餐饮经营主体4611户次、特殊食品经营主体312户次，抽取食品样品1176批次，处理投诉举报131件，约谈责任人37人次，下达责令整改通知书2015份，查处立案案件62件。联合区教委、区公安分局扎实开展整治食品安全问题联合行动，举办各类宣传活动37场，发放宣传资料33000份。主动作为，查处长期无照经营的幼儿园食堂9家，依法取缔不符合食品经营条件的食堂4家，查处不规范食堂5家。开展联合执法检查5次，检查食品经营单位6008户次，处理投诉举报131件。销毁一批假冒伪劣产品，曝光1家经营不合格食品企业的典型案例，完善食品安全联络员制度，联合行动取得显著效果。

【药械安全管理】 检查药品经营主体121户、中药材批发主体44户，抽取药品样品19批次，做到日常监督检查100%全覆盖。抽检化妆品75批次，快检60批次，上报化妆品不良反应400例。推动全区180余家药店开展互联网+药事服务。检查医疗机构198家，抽验医疗器械40批次，下发责令整改通知书12份，上报医疗器械不良事件327例，切实保障公众用械安全有效。开展无菌和植入性医疗器械专项检查、医疗器械“清网”行动工作监督检查、医疗器械使用单位监督检查、避孕套质量安全专项整治、彩色平光隐形眼镜专项整治、严厉打击非法开展儿童青少年近视矫正等各项专项行动。

【特种设备安全监管】 开展特种设备、危险化学品专项整治，推进特种设备“挂图作战”动态监管模式，先后出动监管人员4445人次，排查特种设备生产使用单位422家3222台件，查出各类风险隐患130个，列入风险库13个。培训特种设备安全员3批150人次，发放资料8000余份，下达监察指令书37份。全年未发生特种设备安全责任事故。

【产品质量提升】　全面做好质量提升工作，推动出台渝中区《关于开展质量提升行动加快建设质量强区的实施方案》《关于加强质量认证体系建设促进全面质量管理的实施方案》。4个国家级标准化示范项目进展顺利，3个重点标准成功立项。抽检民生产品65批次135组，检查民生计量器具62家5676台件，对27家检验检测机构实现监督检查全覆盖，随机抽查8个认证现场审核活动。

【企业登记管理】　推进“放管服”和商事制度改革，在“生物医疗产业基地”创新开展企业“集群注册”登记，全面推行企业注册全程电子化，全面实施只跑一个窗口、一站式通办。渝中区被评为2018年度全国19个深化商事制度改革成效显著、落实事中事后监管等相关政策措施社会反映好的地方之一，受到国务院督查激励。全年新增市场主体11828户，清理“空壳企业”187户，市场主体净增长率为2.02%；新增内资企业注册资本286.03亿元，新增外资企业注册资本2814.35万美元，新增个体注册资本6.38亿元。

【企业监管】　做好市场主体年报公示，辖区内资企业年报率为90.56%，外资企业年报率为89.43%。推进“双随机、一公开”抽查工作，开展“人力资源市场跨部门双随机抽查”“2019年双随机一公开综合抽查”“民办非学历教育培训机构抽查”，共抽查市场主体2355户。严格企业经营异常名录管理，全年共有1791户企业被列入经营异常名录并向社会公示，27982户个体工商户被标注经营异常状态，334户企业申请移出经营异常名录，1295户个体工商户申请恢复正常记载状态，清理吊销长期未经营企业1053户。撤销被冒用身份注册公司3家。集中开展安全稳定“百日攻坚”行动，配合开展“三客一校”运输单位道路交通安全源头管理专项行动，春季、秋季校园及周边治安综合整治专项行动，普通高考保考工作等各类专项工作。累计出动执法人员745人次，配合相关部门开展联合执法，营造全区有序的市场环境。

【市场管理】　开展“质量维权行动”、成品油质量升级市场专项行动，抽检商品65批次，移交案源3件，确保全区消费质量放心。开展旅游市场专项整治、朝天门市场整治、西三街市场整治、洪崖洞景区整治、依法打击破坏野生动物资源违法犯罪等相关专项整治。联合市场协会组织市场开办者到贵阳西南商贸城、华南城灯饰市场、新浪手机市场、食品检测机构进行观摩、参观学习，专题交流转型升级和市场管理、发展的经验，为全区商品交易市场的健康有序发展服务。

【信用分类监管】　全年归集各部门企业信用信息4.3万余条，向“信用渝中”平台推送信用信息4000余条。加强企业信用信息共享，提供经济主体信用信息数据20万余条。为区专项资金申报、评优评先、银行贷款、企业真实性审核等提供经营异常、黑名单等信用查询服务3100余户，完成企业信用报告查询500余户次，打印企业信用报告425份。完成严重违法失信企业的法人任职资格信用修复42户，完成企业行政处罚信息修复15户。

【广告监管】　开展互联网广告专项整治，约谈互联网企业14家，办理互联网广告案件1件，罚没款2万元。开展房地产广告专项整治。约谈14个在建在售楼盘开发商及销售企业负责人，发放房地产广告发布建议书35份；办理房地产广告案件1件，罚没款10万元。加强户外广告及店招店牌集中检查。智博会期间出动检查137人次，检查户外广告牌201块，店招店牌583块；中秋、国庆期间出动检查227人次，检查户外广告牌303块，店招店牌964块，规范店招店牌25个，规范和维护健康有序的广告市场秩序。全区共有广告经营主体7281户，其中主营1574户，兼营5707户，户外广告牌536块，LED显示屏48块，广告经营额84413.3万元。

【网络交易监管】 规范网络交易平台和其他电商主体管理，全年共清理网站3000余个，建库1371个，对已建库6个月以上不能正常使用的377个网站报市场监管局建议失效，为1146个网站贴置网站标签。建立网络交易日常监测制度，切实为消费者营造健康安全的网络消费环境。重点整治网络侵权假冒、刷单炒信、虚假宣传、虚假违法广告等网络市场违法行为，组织开展互联网“傍名牌”、刷单炒信、虚假宣传、虚假违法广告专项检查，共查处涉网案件7件，罚没金额10.55万元，维护电子商务经营活动的正常秩序。

【合同监管】 加强辖区房地产行业商品房买卖合同补充协议格式条款规范整治工作，收集房地产买卖合同20余份，梳理13类典型不公平格式条款和7类不合理格式条款及点评意见，督促指导辖区房地产企业整改落实。开展房地产、旅游企业格式合同备案工作，为12家企业17份合同进行备案，其中房地产买卖合同16份，旅游合同1份。开展动产抵押登记工作，促进市场主体融资发展。为21家企业、3户个体工商户办理动产抵押24笔，涉及金额29487.08万元；为9家企业9份动产抵押登记办理注销，涉及金额24808.54万元。为市场主体之间的资金融通和交易安全提供良好环境。

【价格监管】 开展殡葬、车检收费、医疗服务等价格违法行为专项治理，受理价格和收费投诉21件，查出有问题金额114.70万元。推进公平竞争审查，清理审查16份规范性文件。加强直销企业和会销备案登记，全年对7家直销企业、50场会议营销进行备案登记。开展打击传销“两创一宣”工作，78个社区签订《创建无传销社区目标责任书》，10家互联网平台企业签订《创建无传销网络平台承诺书》。开展防止传销进校园宣传工作，走进重庆医科大学开展打击传销宣传活动，发放宣传资料4500余份，张贴宣传海报160余张，悬挂宣传横幅80余条。

【计量监管】 做好民生计量监督检查。对水电气“民用三表”、出租车计价器、加油（气）机计量器等加强监督检查；对西三街、洪崖洞片区在用的贸易结算类计量器具进行排查，抽查在用电子秤55台，努力维护公平公正的市场秩序。实施基层医疗计量器具免费检定，共免费检定39家基层医疗机构的616台计量器具。开展眼镜制配场所计量专项监督检查，推动青少年近视防治工作。加强计量知识和计量法规宣传、培训，以开展“5•20世界计量日”宣传活动为契机，开展“进商场（市场、超市）、进社区、进学校、进医院、进企业”五进宣传活动，营造全社会关心、支持计量工作的良好氛围。

【认证管理】 推动出台《重庆市渝中区人民政府关于加强质量认证体系建设促进全面质量管理的实施方案》。开展对检验检测机构的监管工作，辖区内资质认定检验检测机构数量26家，已日常监督检查26家，检查覆盖率达100%。实施检验检测报告质量抽查，累计抽查报告310份。组织开展全区检验检测机构能力验证，全区11家机构开展了6个项目参数的技术能力验证。开展“免于办理强制性产品认证”的后续监管工作，对13家自愿性认证获证组织、15家有机产品销售单位、25家3C产品的销售单位进行指导和检查。对23家检验检测机构80个标准变更自我声明进行备案，对4家机构变更最高管理者和2家机构变更技术负责人进行备案。

【标准化管理】 推动出台《渝中区关于开展质量提升行动，加快建设质量强区的实施意见》，制定《渝中区品牌奖励办法》，建立标准化工作激励机制。全面推进企业标准自我声明公开制度，落实企业标准化主体责任，全区47家企业进行网上“企业标准自我声明公开”工作，现行有效标准72个（其中：国家强制标准5个、行业标准4个、企业标准63个）。推进4个国家级标准化示范项目建设，支持重庆市勘测院、渝中区石油路街道申报智慧社区标准制定，助推重庆市《智慧社区基础数据采集及建库技术规范》地方标准成功立项。指导帮助云测科技制定完成《智能厕所》企业标准，协调重庆邮电大学持续推进云威科技网络服务标准工作。

【监管执法】　关注民生和社会热点，营造公平竞争的市场环境，维护社会和谐稳定。全年审核一般程序案件187件，评查及复查案卷275次，办理行政复议20件、行政诉讼13件，组织召开行政处罚听证会2次。立案146件，结案64件，罚没入库412万余元。

【消费者权益保护】　全年受理各类投诉举报7786件，处理率达100%，为消费者挽回经济损失489.8万余元，发布消费警示13期，对70家企业进行行政约谈，督促企业落实消费维权主体责任。开展“3•15”国际消费者权益日宣传活动8场，现场向群众发放宣传资料10000余份，接受群众咨询600余人次，现场受理消费者投诉52件。培训市场经营人员22次3000余人次，与252户经营主体签订《诚信经营承诺书》，建立12315消费维权服务站185个，评选出星级维权服务站20个、“百家诚信名店”60户、放心消费示范单位和星级信用商户117家，消费环境进一步优化。认定消费维权诚信个体工商户152家，消费维权诚信单位“333”（守牢食品药品、特种设备、产品质量“3”个安全底线；推进企业信用、品牌、标准“3”个升级；做实“双随机、一公开”，知识产权创造、运用和保护，消费维权“3”个强化）放心消费创建示范工程37家。

【知识产权保护】　实施商标品牌战略，全年新增注册商标6361件，同比增长26%；新增马德里商标1件；新申请发明专利605件，同比增长15.9%；新增PCT国际专利申请1件。全区共有注册商标35313件，马德里商标11件，有效发明专利1127件，万人发明专利拥有量为17.08件/万人。加强对知识产权代理机构的日常监管，严厉打击代理机构代理资格证书挂靠、“黑中介”、“假代理”等违法行为，办理侵犯知识产权案件11件，案值5.43万元，罚款12.8万元，没收侵权商品1027件。推动区知识产权公共服务平台建设，建立重庆市商标行业代理协会、重庆市企业知识产权保护促进会2家。

【党建工作】　全面加强党的建设，把“四个意识”“四个自信”“两个维护”体现到市场监管的各领域、各方面、各环节。高质量完成驻局纪检组、机关党委、群团组织的组建。建立健全党组织中心组学习、“三重一大”集体研究决策、加强意识形态工作等七项制度，认真落实“三会一课”、谈心谈话、民主评议党员等制度，抓实支部主题党日活动，基本实现支部工作的规范化。思想政治宣传文化工作强力推进，组织宣讲会2场，制作宣传展示牌24块，印制学习资料2000余份，各级媒体报道全局工作62次，在微信公众号发布信息40期120余条，处理各类舆情240余件。组织职工参加区和市局各项活动，获奖9项，总评第二，促进“人心融合”。贯彻落实新修定《中华人民共和国公务员法》，完成全局301名公务员职级套转和104名干部职级晋升工作。整理、转递和接收干部档案327份，核查人员基本信息587份次。组织领导干部和一般干部176人次参加各类学习培训35次。履行“一岗双责”。召开党风廉政专题会议3次，开展廉政警示教育6次，进行廉政提醒谈话5次；梳理廉政风险点6大类74个，制定防控措施152条，处理举报信件10封、电话举报7次。开展“廉政文化教育宣传月”“以案四说”等警示教育，正面引导激发党员干部向上向善，筑牢思想防线。非公党建工作。开展小微企业、个体工商户、专业市场党建工作，投入28万元进行“小个专”党建阵地打造。指导区个体劳动者协会党委参与全市非公党建优秀案例评选活动，取得全市第八名。指导区个体劳动者协会党委向中央第十巡回督导组汇报“不忘初心、牢记使命”主题教育开展情况并作书面交流发言。创建市级示范点5个，打造党群服务中心2个。加强党组织组建，管理“小个专”非公党组织共计42个，党员615名，其中在册党员559名、流动党员56名。

【主题教育】 成立“不忘初心、牢记使命”主题教育领导小组，制定实施方案，召开动员大会。开展党组中心组集中学习研讨13次，所属17个党支部开展集中学习研讨均在6次以上，完成17个调研课题并进行交流，领导班子成员撰写交流发言材料40份，收集问题164个，意见和建议8条，完成问题整改116个。

【区市场监管局负责人】

局　长：徐伦海（党组书记，2019年2月任职）

副局长：刘　彬（党组副书记，2019年2月任职）

刘德章（2019年2月任职）

肖志雄（2019年2月任职）

李　凌（2019年2月任职）

张友红（2019年2月任职）

陈少军（2019年2月任职）

李敬才（2019年2月任职）

陈启玲（2019年2月任职）

张　海（2019年2月任职）

王光辉（2019年2月任职）

常宇飞（2019年2月任职）

刘　卫（2019年2月任职）

尹　睿（2019年2月任职）

陆　毅（2019年2月任职）

张　宇（2019年2月任职）

纪检组长：战玉波（2019年2月任职）

（李娟）

统　计

【概况】 重庆市渝中区统计局（简称“区统计局”）成立于1984年1月，是区政府的工作部门。办公地址位于渝中区和平路管家巷9号。2019年，区统计局设办公室、综合核算科、服务业统计科、贸易统计科、投资统计科5个科室，下属区社会经济调查队（区统计执法支队）1个财政全额拨款的公益一类事业单位。有行政编制16人、工勤人员2人、参公事业编制10人、合同聘用人员6人。区统计局主要工作职责是：负责组织领导和综合协调全区的统计工作，包括国民经济核算、国情国力普查和专项调查等，开展统计分析、统计预测和统计监督，依法查处统计违法行为等。

2019年，区统计局贯彻落实《关于深化统计管理体制改革提高统计数据真实性的意见》《统计违纪违法责任人处分处理建议办法》《防范和惩治统计造假、弄虚作假督察工作规定》，各项统计工作取得明显成效。年内，区统计局被国务院经济普查领导小组评为第四次全国经济普查先进集体；获重庆市统计局表彰的综合统计工作、统计教育培训工作一等奖，统计设计管理工作、贸易外经统计工作、服务业统计工作二等奖，建设领域统计工作、人口和就业统计工作、名录库工作、统计监测评价工作、统计法制工作、统计宣传工作三等奖；2019年度区县级优秀统计分析报告二等奖、三等奖等。

【国家企业一套表及地方统计调查】 全年完成包括工业、建筑业、房地产开发业、批发零售业、住宿餐饮业、金融业和服务业等行业领域的1462家企业一套表联网直报工作，做好上报前提醒，上报期间实时监控、审核、查询，上报后分析研判；完成国民经济综合统计、核算、基本单位、固定资产投资、劳动工资、能源、科技、利用内资、妇儿监测等10多项专业的年报和定期统计报表任务。组织实施国家及市局总队布置的限额以下零售业和餐饮业“金样本”记账专项试点、部分行政事业单位调查、人口变动抽样调查、国际比较项目（ICP）居民消费价格调查、居民消费者价格调查、工业价格调查、住户收支调查、小微企业调查等工作。

【统计基础工作】 严格执行统计调查项目管理，制定《重庆市渝中区地方统计调查项目管理办法》，审批区人社局就失业调查等制度；开展基层统计规范化建设考评，从统计机构、统计人员、统计调查、统计服务、统计信息化建设、统计法制建设、统计管理等七个方面开展自查整改；加强企业统计台账建设，定期开展督导检查，对未建立台账和不规范的企业发放责令整改通知书，确保企业台账全覆盖。开展基本单位名录库维护工作，全年新增单位761家，其中新增法人单位636家，产业活动单位125家，达到“四上”单位标准并获国家局审批通过的“四上”企业77家。

【统计业务培训】　制定并组织实施统计人员培训计划，分层次开展统计培训。针对局内干部职工开展统计法律法规、统计业务知识等培训8次，组织新进人员参加全国统计系统专业知识基础培训班，安排业务骨干到上级业务部门挂职锻炼，全面提升统计干部能力。对全区各产业部门、管委会和街道分管领导、科室负责人、统计工作人员共计1000余人次开展统计业务培训20余场，分别在5月和7月先后组织23名统计工作人员参加市统计局举办的重点镇街新进统计人员及业务提高培训班。9月，分专业对500余家一套表企业开展企业统计台账培训，切实提高统计业务水平。10月，在区委党校做题为“坚持依法统计 强化依法治统全面提高统计数据真实性”的统计专题讲座。对近1500名企业统计人员分批次开展统计业务培训10余次。联合各产业部门、管委会和街道召开批发和零售业、住宿和餐饮业、新型金融业和传统金融业、规上服务业、工业、建筑业、房地产开发投资业第四次经济普查暨2018年统计年报和2019年定期报表工作会。

【统计宣传】　规范统计宣传工作机制，多渠道开展统计宣传。全年被国家统计局刊物《中国信息报》采用1篇，重庆市统计局内部信息网采用45篇，《重庆统计》采用3篇，《渝中要情》采用5篇，《渝中政务》采用18篇，连续两年被区政府办评为信息报送工作成效突出单位。利用新媒体加强信息公开，“渝中统计”微博发布信息超过8000条，微博关注者超过14000人，积极参与重庆统计政务微信建设。

【统计法治建设】　贯彻落实《关于深化统计管理体制改革提高统计数据真实性的意见》《统计违纪违法责任人处分处理建议办法》《防范和惩治统计造假、弄虚作假督察工作规定》，出台《渝中区防范和惩治统计造假弄虚作假实施意见》和《重庆市渝中区统计局防范和惩治统计造假弄虚作假责任制》，按照“见岗位、见职责、见人员、可追溯”要求，明确区政府、各部门、管委会、街道及统计局相关责任，规范统计行政行为；修订“双随机”抽查办法，建立统计违法举报机制，在区政府门户网站公布违法举报电话；认真做好领导干部违规干预统计工作记录台账，全面、如实记录领导干部违规干预统计工作情况，按季度及时汇总上报，确保统计机构依法独立行使统计调查、统计报告、统计监督职权不受侵犯；加强法制宣传，结合法制宣传日和年报会开展统计法律法规宣传活动，发放宣传折页和宣传口袋2万余份，向辖区内群众发送宣传短信，将统计法纳入党校领导干部教育培训必修课。强化统计执法队伍建设，9人通过国家统计执法证考试，其中1人入选国家统计执法骨干人才库；加大统计执法力度，督导检查企业96家，查处违法企业5家，给予警告行政处罚，对其中2家违法行为较重的企业实施行政罚款；结合第四次全国经济普查对欠配合的调查对象发放《限期接受经济普查告知书》《统计检查查询书》近600份。

【第四次全国经济普查】　区经普办严格按照普查方案，牵头开展第四次全国经济普查工作（简称“四经普”），联合各部门、管委会和街道，组织600余名普查指导员和普查员对28958家单位完成普查登记、数据质量审核、检查和验收。1至4月，通过数据采集、数据初审、查遗补漏等完成普查登记。1月，接受新华社、中央电视台、中央人民广播电视台等10余家中央媒体宣传报道。4 月底，市经普办和区经普办对 4 个普查小区开展数据质量检查。6 月，国家第四次全国经济普查事后质量抽查重庆分组对辖区解放碑、朝天门、上清寺、两路口 4 个普查小区开展经济普查事后质量抽查。

【统计方法制度创新】 坚持新发展理念，为助推渝中高质量发展，初步建立包含创新、协调、绿色、开放、共享等 5 个方面共计 33 个统计指标的高质量发展指标体系。结合渝中区现状，用 16 项指标反映服务质量、服务环境和服务创新，测算 2000—2018 年发展总指数，监测服务业现代化发展进程。开展重点产业、重点区域监测。开展现代金融业、高端商贸业、专业服务业、互联网服务业、文化旅游业、健康医疗服务业六大重点产业和解放碑中央商务区、朝天门中新合作示范园、下半城历史文化风貌带、化龙桥国际商务区、大坪潮流商圈、总部城数字经济集聚区、大溪沟文创设计产业集聚区、上清寺互联网科创产业集聚区、菜园坝滨江城、环重医创新生态园十大产业集聚区监测。利用“四经普”成果，标识出全区重点楼宇的入驻机构，提取主要属性指标、核心经济指标完成入驻机构数据汇总分析，形成最新的楼宇入驻机构基础库。更新楼宇基础数据、楼宇汇总图表、平面地图等，反映楼宇经营信息和入驻单位经营状况。

【统计服务水平提升】 强化统计分析研判，客观研判经济运行中存在的问题，提出切实可行的对策建议。全年完成统计资讯 143 篇、分析报告 67 篇、专报 9 篇；向区领导呈送重要工作情况报告 16 篇，获区委主要领导批示 5 篇，区政府主要领导批示 2 篇，分管区领导批示 8 篇；2 篇分析报告在全市优秀统计分析评比中获奖。定期编印《统计监测月报》《统计公报》《领导干部手册》《统计年鉴》等统计产品，成为服务社会经济发展的“品牌”；编印《新中国成立 70 周年渝中发展报告》，用数据、文字和图表从商贸业、金融业、建筑业、社会事业、交通运输等八个方面“数”说渝中 70 年来经济社会发展变化；制作“两会”宣传栏，分行业、分区域全面解读 2019 年经济社会发展成果，为“两会”代表委员了解渝中经济、民生架起桥梁；编印新春折页，通过可视化数据图形直观生动地反映人口、经济、社会发展成绩，在新春团拜会上呈送给与会代表。完善“数据渝中”App。建立包含全区经济、社会、人口等数据的统计基础数据库——“数据渝中”App，完善 App 板块以及监测指标，实时每月更新，充分利用移动客户端平台及时公布最新统计相关数据，向社会公众提供实时查阅资料平台。按照“1+N”模式高质量开展经济形势分析，全方位、多角度反映经济发展中的亮点和问题，提出针对性措施。2019 年，在第十六次书记会议上作上半年经济形势分析的专题汇报，在区委第四十次常委会上作统计常识宣讲及“四经普”分析的情况汇报。

【党的建设】 区统计局机关支部有委员 5 名，党员 19 名，预备党员 1 名，入党积极分子 1 名。全年开展集中学习 14 次，专题讨论 8 次，局中心组开展专题学习 27 次，书记讲党课 2 次、班子成员讲党课 5 次。开展“不忘初心、牢记使命”主题教育，通过局党组会议专题研究主题教育 5 次，局党组开展集中学习 15 次，局机关党支部开展集中学习 5 次，开展形势政策教育、革命传统教育、警示教育各 1 次，完成现代服务业统计指标体系调研、网格化和统计调查融合调研、产业数字化经济转型调研、统计执法问题调研四个课题调研，对标对表查找领导班子问题 18 条，班子成员问题 74 条，并进行整改落实。推进惩治和预防腐败体系建设，坚决贯彻执行中央八项规定精神及市委、区委实施意见，执行《落实中央八项规定精神 30 问》的规定要求，开展公务接待，违规发放各类津补贴、奖金等专项整治，持续整治“四风”。

【队伍建设】 坚持党管干部原则，严格落实选人用人制度，开展科级领导干部选拔任用工作。按照全区统一安排，完成公务员职级套改。

安排年轻业务骨干到市统计局锻炼，轮流派选新进人员参加全国统计系统专业知识培训班。2名领导干部分别获区级“三八红旗手”“优秀工会工作者”称号，1名干部获区级机关“共产党员示范岗”称号，1名干部获“第四次全国经济普查先进个人”称号。

【区统计局负责人】

局　　长：王月婷

党组书记：吉　力

副 局 长：毛　莉（2019年1月离任）

汪　怡　张智力

（吴映鸿）

中　介

【概况】 渝中区金融工作办公室承担全区专业服务（中介）业发展职责，具体工作由内设的专业服务业发展科实施。区金融工作办公室专业服务业发展科的主要职责：拟定专业服务（中介）业发展规划，并组织实施；专业服务机构的投促工作；联系、服务专业服务（中介）机构；协调落实专业服务（中介）机构扶持政策；引导协调专业服务（中介）机构为本区经济发展服务；联系各专业服务（中介）行业协会；规模以上专业服务（中介）机构统计工作。

2019年，专业服务业实现增加值242.5亿元，同比增长6.3%，占全区GDP的18.7%，对增加值的贡献率为23.2%；纳入统计的专业服务机构实现营业收入126.5亿元，同比增长10.9%，占全区现代服务业营收的比重为8.3%，较其增速高4.8个百分点，其中营收上亿元的机构27户；区域重点及品牌机构总数累计139户，形成以本土龙头企业为支撑、国内外知名专业机构区域性总部、分支机构为补充的专业服务品牌体系。

【企业服务】 按照《渝中区2019年服务企业年工作方案》文件要求，深入开展联系服务企业工作，加强与财政、工商、税务、发改等部门及管委会、重点楼宇的沟通协调，主动加强与总部（重点）企业的联系，掌握企业运行动态，常态化开展政企对接工作，协调解决企业经营过程中面临的困难，合力稳企留企。落实《渝中区促进产业发展扶持办法》《渝中区专业服务业发展贡献奖励办法》等产业扶持政策，全年为47家专业服务机构兑现扶持资金与约870万元；开展2019年渝中区创业种子投资基金项目、2019年渝中区大数据智能化应用平台和智能产业项目申报工作，为企业争取更多国家、市、区政策支持；组织企业参加第二届中国国际进口博览会、渝中区重大项目签约活动，为企业拓展业务牵线搭桥。

【择商引优】 加强与市注协、市律协、市保险中介协会等行业自律组织及区政府聘请的代理招商机构沟通联系，加强对意向投资企业的跟踪走访，发挥企业以商招商、多部门联合招商作用，深挖国内优质企业资源，建立专业服务业招商引资目标项目库，有针对性地面向全国引新争优，吸引品牌专业服务机构落户渝中。全年择商引优工作成效显著，7家品牌机构相继落户渝中区，区域重点及品牌专业服务机构累计达139家。

【产业集聚】 全行业已形成“两极一带”的空间格局。解放碑CBD“高端品牌核心区”地位巩固，集中了50%的重点及品牌专业机构，创造全行业40%以上的营业收入，环球金融中心、海航保利、平安金融中心等优质载体成为高端品牌机构汇集地。化龙桥企业天地“专业服务品牌拓展区”雏形日显，成为存量龙头企业办公场地拓展和外资品牌机构入驻的首选地，已进驻德勤全球交付中心、天衡会所、索通律所、鹏诚保险代理、德科人力资源、康实律所、世联行房地产顾问等18家重点及品牌机构。两路口—上清寺—大溪沟一带集聚行业40%的中小规模机构，希尔顿商厦、新干线大厦、远见中心等一批存量楼宇成为成长型专业机构的聚集地。

【人才培养】 依托择商引优和企业助推，集聚培养27名专业素质好、执业能力强的高级管理人才和专业技术人才，为区域专业服务业发展提供更强有力的智力支撑。以律师、注册会计师、注册资产评估师、注册税务师、注册监理工程师为重点培养对象，与各行业协会积极沟通合作，加强人才培训培养工作，鼓励企业支持员工参加执业质量检查专题培训班、信息化培训班，邀请企业高管参加渝中区创新型企业家清华研修班（第三期）、中国（重庆）自由贸易试验区渝中板块自贸大讲堂系列培训，推荐全国律协涉外律师领军人才库和全国千名涉外律师人才库候选人，进一步提升人才素质；开展2019年国家"鸿雁计划"人才项目申报工作，为企业及专业人才争取更多国家、市、区政策支持；积极为在区企业高管争取各类政治荣誉及评选项目，邀请企业代表列席区十八届人大五次会议、区第十四届政协四次会议，为企业参政议政提供机会和平台，增强高端人才荣誉感和归宿感。

【调研分析】 定期维护统计企业数据库，及时将合规企业纳入统计；按时开展规上服务业企业月报、准规模机构及保险中介机构季报统计工作，及时评估数据，督促企业有效、真实填报统计报表；加强与区统计、工商、税务及市保监局中介处、市注协的联系与信息互动、数据共享，完成产业季度分析、全年分析及《渝中区专业服务业发展调研报告》，及时掌握产业发展动态和趋势。

（王甜甜）

安全生产监督

【机制建设】 2019年，区安全监督管理局按照机构改革部署要求更名为区应急局，随后制定《渝中区安全生产与自然灾害防治工作考核办法及重点业务工作考核评分细则》，进一步明晰党政领导职责，明确落实安全生产领导责任衡量标准，细化区政府领导"党政同责，一岗双责"的要求，同时对人大、政协赋予询问、监督等职责任务。区委常委会议、区政府常务会议定期研究安全生产与自然灾害防治，年初专题研究分析全区应急管理形势，确定"12369"总体工作思路，明确安全生产职责清单，制定《渝中区党政领导干部安全生产责任制实施办法》，明确党政领导干部履职要求。坚持"月研判、季督查、年考核"工作模式，落实部门责任。制定相应监管工作措施，厘清全区安全监管和防灾减灾存在的监管职责不清、监管边界不明等方面的问题。修订完善《渝中区安全生产工作考核办法》，对31个负有安全生产监督管理职责的责任单位和24个安全生产保障单位，明确事故控制和重点任务等考核内容，变过去一次性考核为全过程动态考核，有效推动全区各级各部门常态履职。定期开展安全生产与自然灾害风险研判，督促企事业单位建立全员安全生产责任制，扎实开展"日周月"隐患排查，推动新"门前三包"责任制，全面落实安全投入、安全培训、基础管理、应急救援"四到位"，压实社会单位主体责任。拟定全区《安保维稳应急战备手册》，牵头"防风险保安全护稳定迎大庆"工作落实，推动"五在"保安，实施"一企一策"，国庆期间实现安全事故"零发生"，完成区委"绝对安全"的目标要求。

【重点领域整治】 开展大排查大整治大执法，全面推进重点领域专项整治，开展执法检查4300余家次，排查整改隐患6000余项，执法处罚769家，全区安全生产基本面持续向好。督促消防、建设施工、道路交通、水上交通、危险化学品等行业领域主管部门严格开展"检查诊断、行政处罚、整改复查"闭环执法，坚持"首查必罚""依法从重"，扎实推进"执法清零"和"执法量提升"行动，有效打击违法行为。对涉及多领域的安全执法问题，大力推动应急部门与城管、文旅、市场、公安等部门综合联动执法，着力破解不愿执法、不敢执法、不会执法问题，营造严格执法的高压态势。

全年开展安全生产执法检查10659家次，执法处罚1928家，警告14家，关闭取缔2家，监督检查行政处罚422.63万元。针对全国两会、高温汛期、智博会、来福士开业、中秋、国庆等重点时段节点，扎实开展风险研判，全面形成风险清单，落实管控措施。全面开展建筑安全系列行动、道路交通领域严重违法行为专项整治、两江游轮和旅游包车专项安全治理、“防风险保平安迎大庆”消防安全执法检查以及危险化学品和有限空间作业条件确认等重点行业领域专项整治。组织各街道对全区1811栋高层建筑消防情况逐栋开展摸排统计，形成《全区高层建筑消防隐患清单》，逐一建立消防安全监管清单和应急处置明白卡。按照“先急后缓、先易后难、统筹考虑、分步实施”原则，拟制《全区高层消防隐患整治方案》，计划在11个街道选取52栋重点隐患楼栋，采取“街道牵头、业主参与、部门协同、政府扶持”的方式先行试点，然后予以推广。专题研究部署全区“住改非”消防隐患专项整治工作，努力提升全区人民群众的“安全感”。

【重点隐患整治】　依托安全生产责任体系和监管体系，对关键场所、关键部位、关键环节、关键时节的安全风险进行提前预判，落实经常性、针对性措施。利用城市管理“五长”等工作力量和社区服务“三上三清”行动开展隐患排查，累计开展安全大排查944场次，排查一般隐患11455项，已整改11449项，整改率达99.95%。研究制定《2019年渝中区安全生产重点隐患排查治理方案》，把“9类重点场所”作为安全隐患整治的重中之重，精准发力开展整治攻坚，重点协调督办市级挂牌督办的钱塘玫瑰湾小区重大消防安全隐患，国庆前一期工程通过验收，完成整治降档。重点整治十八梯综合楼消防隐患、美力大厦燃气隐患、文华大厦堡坎隐患和瑞天路红岩小学校门、长江路马家堡路段等8处道路交通隐患，区级重点安全隐患均得到整治和有效管控。积极协调跨部门、跨领域安全隐患整治，妥善处理洪崖洞景区等的安全隐患。全年累计整治各类重点安全隐患556个。

（蔡甜甜）

土地资源管理

概　述

【概况】　重庆市渝中区规划和自然资源局（以下简称“区规划自然资源局”）前身是原重庆市渝中区国土资源管理分局和原重庆市规划局渝中区分局，因机构改革，2019年2月21日正式挂牌成立，加挂区林业局牌子。区规划自然资源局系重庆市规划和自然资源局派出机构，实行市以下垂直管理，办公地点位于渝中区金汤街74号。局机关核定行政编制36名，机关工勤1名，下属事业单位核定事业编制55名，2019年底，实有行政编制28人，机关工勤1名，事业编制30人。局机关内设办公室、法规督察科（行政审批科）、自然资源调查确权科（测绘信息科）、自然资源权益和利用科、国土空间规划科（区规划与历史文化风貌保护委员会办公室）、市政交通规划科、建筑规划科、文化风貌科、生态修复科、地质矿产科、林业科（区绿化委员会办公室）、财务科12个职能科室。下设区地质环境监测站、区规划和自然资源事务中心2个直属事业单位。区规划自然资源局的主要职责是：履行全民所有土地、矿产、森林、湿地、水等自然资源资产所有者职责和所有国土空间用途管制职责；负责自然资源调查监测评价、自然资源统一确权登记、自然资源资产有偿使用、自然资源的合理开发利用；负责建立空间规划体系并监督实施，贯彻执行国土空间用途管制制度和国土空间规划政策并监督实施；负责自然资源文化的挖掘、研究、保护和利用工作；承担国土空间生态修复工作；管理地质勘查行业和地质工作；负责落实综合防灾减灾规划相关要求，组织编制地质灾害防治规划和防护标准并指导实施；负责矿产资源管理、测绘地理信息管理工作；承担空间规划和自然资源管理的督察工作；承担林业管理职责和渝中区规划与历史文化风貌保护委员会的日常工作。

2019年，区规划自然资源局完成8宗划拨地手续办理，开展全区30处存量用地的细化研究，形成初步方案。深耕精耕渝中20平方千米，制定《“深耕”渝中发展空间拓展实施方案》。开展渝中区城市更新专项规划，对产业楼宇、老旧住宅区、公服设施、特色街巷等不同空间载体进行梳理和研究，提出更新区域和更新措施，探索相应的更新政策，形成全面的更新指导意见和重点片区更新指引，生成城市有机更新项目实施清单，并形成初步方案。开展重庆市中央艺术区规划，优化片区内交通组织，对重要功能节点和城市细节、视觉系统等进行详细设计，结合片区内丰富的文化艺术资源，做好文物活化利用。开展大坪商圈品质提升城市设计、解放东西路沿街界面城市设计2项城市设计，其设计成果均已通过审查。全年核发建设项目选址意见书8个、建设用地规划许可证16个、建设工程规划许可证47个，推进重点项目建设。成立区山水林田湖草生态保护修复工程试点工作领导小组，统筹全区生态保护修复工程试点工作，延伸工程试点保护范围。开展林业工作，认领林业行政确认和行政处罚事项共33项，办理野生动物驯养、经营许可初审3件，发放野生动物及制品经营许可证10件。

【土地利用】 精细化推进土地供应工作，编制年度土地整治计划和土地供应计划并完成上报，统筹全年土地供应。强化重点项目用地保障，完成解放碑地下停车库及连接通道三期、重医附一院改扩建工程、体育公园等共计8宗划拨地办理，土地面积0.13平方千米、土地成本11627.2万元，保障城市基础设施建设用地。根据土地开发条件变化，适时为房地产开发企业修订出让合同，共计征缴土地价款4022万元。按照优先服务产业发展、完善公共配套原则，开展全区30处存量用地的细化研究，明确各地块使用功能和3年供应计划。特别是针对歇台子、海浪厂、大黄路等3宗地块加快推进规划修改论证工作。

【地籍管理】 开展“第三次全国国土调查”（以下简称“三调”），查清文物保护范围、传统风貌片区、历史文化街区、优秀历史建筑范围、长江消落带范围、棚改区域、1∶500的街道界线、各类公园用地、教育用地范围，充实和丰富调查成果。5月，渝中区汇交已完善的三调成果，这是全市第一批提交国家核查的三调成果。参与区国有土地上房屋征收后保留建筑产权登记工作，办理确权1116个。深入推进立体空间地籍管理研究，完成立体建模。

【地灾防治】 编制《2019年全区地灾年度防治方案》，修订《渝中区地灾应急预案》，指导全区地质灾害防治工作。做好地灾治理项目建设，工业校项目已经完工；公园路项目主体工程完成建设，正进行扫尾和清场工作；两江监测项目设备已全部安装完毕。全年共组织实施完成王家坡滑坡、李子坝坡10号、互助里30号等4处应急排危项目，并多次督促中建八局处置红岩村大桥隧道出口段险情。

【建议提案和信访办理】 加强信访举报核查，全年共接投诉电话45件、市长信箱交办件16件、市规划自然资源局信箱交办件10件，渝中信箱转办16件，共计87件。所有信访案件均现场查勘，按规定进行处理。做好人大建议、政协提案办理，高质量办理人大建议26件和政协提案12件。

【党的建设】 制定《党建工作要点》《党风廉政和反腐败工作要点》，明确工作任务32项，重要事项12项，把全面从严治党任务和要求体现到具体工作中。出台《“三基”建设工作清单》，细化38大项67小项具体工作，推进“三基”建设。开展宣传教育，邀请市委党校专家、区委宣讲团成员开展宣讲活动2次，组织中心组学习9次，组织“两学一做”学习教育11次，组织全局干部到重庆市规划展览馆、歌乐山革命纪念馆、渝都监狱开展教育3次，通过多种形式开展教育活动，不断强化理想信念，筑牢思想根基。围绕中央八项规定精神加强监督执纪，开展作风建设监督执纪问责专项督查，在元旦、春节、五一、端午、中秋和国庆等重要时间节点发送廉政提醒短信511条，发出“春节廉洁过节提醒卡”50份。运用监督执纪“四种形态”，尤其是第一种形态，严格执行廉政谈话制度，组织开展廉政谈话13次46人次。

【区规划自然资源局负责人】

局　长：张锦波（党组书记，2019年2月任职）

副局长：余时万（2019年2月任职）

程地友（2019年2月任职）

张艳旻（2019年2月任职）

曾　祥（2019年2月任职）

纪检组长：肖华毅（2019年2月任职）

（刘林甫）

土地整治储备

【概况】 重庆市渝中地产经营投资有限公司（简称“区地产公司”）成立于2009年6月，2014年底原区地产公司和重庆渝中国有资产管理有限公司（简称“区国资公司”）实施人、财、物全面重组，区地产公司属区国资公司全资子公司。区地产公司（区土地整治储备中心，简称“区土储中心”）与渝中国有资产经营管理有限公司合署办公，实行“一套班子、两块牌子”。区地产公司的主要职责是：授权开展土地拆迁、整治、储备、开发以及法律、法规许可的其他业务；从事建筑相关业务；城市绿化管理；房屋租赁；加强资金筹措和运作，为政府对土地供应的调控服务。

2019年，在存量土地较少的情况下，抓住市级基础设施建设、部队零星地产管理改革、市级院校搬迁等有利契机，加快收储增量土地。实施菜园坝北区约0.19平方千米、交通大学约0.06平方千米、五一技校约0.02平方千米、武警一支队地块约0.02平方千米共0.29平方千米的储备工作。在地块划拨、出让和储备等方面取得一定成效。

【地块划拨工作】 完成重庆市工业学校旁、九坑子农地划拨，划拨金额约6176万元；对接区教委、元捷公司启动金银湾地块划拨，元捷公司已完成方案编制；对接重医附一院启动医支路地块划拨，已完成前期概念方案编制；启动渝州路地块调规，完成八县办4号地块的调规；菜九路1、2号地块因涉及铁路用地，经与重铁公司对接，明确纳入可研范围。

【拟出让地块】 开展海浪厂、大黄路、九坑子和上肖家湾等4宗地块的相关工作，已委托戴德梁行对地块定位进行初步研判，对接与健康、养老等相关产业企业，涉美中宜和、前景投资等单位，开展地块招商工作。后按照有关专题会议要求，现地块由区规划、发改委及财政部门共同进行研究，明确海浪厂、大黄路和歇台子地块纳入2020年供地计划。

【拟收储地块】 对接武警总队开展武警一支队地块收储工作，武警总队已委托评估公司完成初步评估，并将评估价格3.11亿元报中央军委审批，待中央军委审批完成后开展下一步工作；交通大学地块，经与市、区两级财政协调，并由市财政报市政府审批，按照市政府工作部署，由渝中区按照2亿元收储价格对交通大学进行收储，已与交通大学完成协议编制工作。

【地块确权工作】 完成桥东村57号房屋确权工作，已取得房屋权证；完成棉花街一、二期和人民村198～206号部分房屋确权工作。

【区地产公司（区土储中心）负责人】

董 事 长：曹泽沛（2019年12月离任）

张荣强（兼土储中心主任，2019年12月任职）

总 经 理：张荣强（2019年12月离任）

袁　聚（2019年12月任职）
监 事 长：李成跃（2019年12月离任）
张　远（2019年12月任职）
副总经理：袁　平　刘春和　蒋兆东
财务总监：谭　斌

（申海毅）

国有资产管理

概　述

【概况】 重庆市渝中区国有资产监督管理委员会（简称“区国资委”）成立于2014年12月。办公地址位于渝中区和平路211号。2019年，内设综合科、企业监督科、规划发展科3个科室，有行政编制9名，在职8人，其中处级干部3人，科长2人，科员2人，试用期人员1人。区国资委的主要职责是：根据区政府授权，依照相关法律法规履行出资人职责，负责监督管理区属国有企业资产；贯彻执行有关企业资产监督管理法律、法规和政策，负责研究拟定全区企业国有资产监督管理规章制度，经批准后组织实施，并监督检查执行情况；推动全区国有经济布局和结构战略性调整，指导推进区属国有企业改革和重组，推进国有企业的现代企业制度建设，完善公司治理结构；负责所监管企业的党建、纪检监察工作，指导和推进所监督企业党的思想建设、组织建设、作风建设和宣传工作；建立和完善国有资产保值增值指标体系，制定评价标准，通过统计、稽核对企业国有资产保值情况进行监督管理，维护国有资产出资人权益。

2019年，4家区属国有重点企业资产总量317亿元，负债总额181亿元，所有者权益137亿元。全年实现营业收入7.2亿元，同比增长20.49%，实现利润总额1.7亿元。

【国企分类改革】 区国资委、区财政局牵头组织开展全区机关事业单位和国有企业资产清查，开展国有企业经营状况调查，并与区教委、区住建委、区城管局、区经信委、区文旅委等相关单位进行沟通，形成相关改革方案讨论稿。经区深改会、人大主任会、政协主席会、区政府常务会及区委常委会审议通过，出台《深化全区国资国企改革方案》《渝中区区属国有重点企业转型改革方案的通知》等文件，明确4家重点企业的发展方向、主业定位、组织架构和资源整合，促进国企市场化专业化发展，更好地承担全区产业发展和城市更新改造任务。

【集中统一监管改革】 会同区财政局对区属党政机关和事业单位所属企业基本情况、经营情况、人员情况等进行摸底，会商主管部门形成改制意见建议，经区委、区政府研究同意，出台《重庆市渝中区党政机关和事业单位所属企业集中统一监管改革工作方案》，明确35家（僵尸、空壳企业17家，仍在经营18家）国有企业的分类处置、改制方式，明确部门责任、职工分流安置方式和资产划转原则。全年完成7家企业的注销关闭和12家企业的整合移交。

【国有资产监管】 按照《关于进一步明确区属国有企业市场化专业化转型改革有关事项的通知》文件要求，细化完善国资转型改革方案。探索重点国企高质量发展有效途径，围绕改革确定的发展定位和主业方向，紧盯经济效益目标，“一企一策”确定不同的考核指标、监管重点，实施分类监管、分类考核，全年完成2018年度的经营业绩考核和2019年的指标下达工作，起草2020年的考核指标。推动集中统一监管改革涉及的股权和资产划转工作，完成金展公司、嘉金公司、正东公司、电池厂、中渝资产、辉翔公司、天合监理公司的相关划转工作。协助财政部门将所属经营性资产划入区属国有重点企业，通过评估、确权、注入等方式做大企业资产体量。加强国有资产运营的动态监测和管理，全年完成企业重大事项审核审批备案72件。履行出资人监管职责，推进以管资产向管资本转变，研究细化改进监管方式、精简监管事项，推动以公司章程为基本法律依据开展公司治理，逐步实现由管资产向管资本为主的转变。稳步推进市属国企和剥离在渝央企办社会职能移交工作，完成市国资委下达的年度任务。

【风险防控】 出台《区属国有企业改革中防控操作风险实施方案》，落实改革风险责任。截至12月底，全区国有企业平均资产负债率为56.89%，位于安全区间，资产负债约束整体情况平稳。加强投资风险防控和融资事项管理，规范投资决策程序，坚持子公司“凡设必报”，全年未发生经营风险事件。

【重点任务推进落实】 加快推动项目建设，企业承担的重点建设项目和一般建设项目共31个，年度计划投资合计7.71亿元。截至12月底，完成投资8.18亿元，完成投资额的106%。少年宫停车库、鹅岭公园停车库、大坪小学改扩建工程及总部城项目顺利完工，大坪至化龙桥南北步行通道工程已试运行，轨道朝天门站光控通道、中华路小学改扩建工程完成节点任务，解放碑地下环道三期、风貌区项目及部分停车库项目在抓紧施工。全力开展招商引资，全年主动联系对接企业26家，招大引强企业9家，完成年度目标任务。

【安全信访稳定工作】在“百日攻坚”、“建安”行动、防汛等工作中督促企业落实主体责任，重点抓好区属国有重点企业在建项目、经营门店、出租资产的日周月检查、重点隐患排查、专项整治等工作。组织2次安全生产及消防知识培训，共计200余人参加。开展安全生产“进企业”、“安康杯”知识竞赛、“安全生产月”等活动，开展演练等共计10余次。全年研判风险196处，建立台账，明确责任，及时制定整改及防控措施，确保风险可控。组织专家对在建项目等开展安全隐患排查48次，查出并整改安全隐患175处，确保国资系统安全生产整体平稳向好。明确专人负责，落实“首问”责任制，严格依照法定职权、程序、时限处理信访问题，提高办理信访案件的质量和效率。全年接待来信来访26次，办理人大、政协件26件，群工系统转办民生实事13件次，满意率达100%。

【党建工作】 强化政治担当。全年召开党委会33次，专题研究党建工作9次，深入学习贯彻习近平总书记系列重要讲话精神，党的十九届四中全会及市、区相关会议精神。开展“不忘初心、牢记使命”主题教育，全年开展中心组学习27次，组织委班子成员进企业宣讲习总书记视察重庆讲话精神和十九届四中全会精神共6次。班子成员带头深入企业开展调研，全系统形成调研报告20篇，并将调研成果转化为国资国企改革发展的工作措施。将主题教育开展情况纳入国企党建考核范围，指导督促各企业党组织开展集中学习102次，书记讲党课17次，开展“八个一”活动。加强国企基层党组织建设，实施企业党建工作3张责任清单和党风廉政建设5张责任清单管理，推动国资系统基层党建全面进步、全面过硬。按照“十六字总要求”做好党员发展工作，全年共发展党员7名。完善阵地设置，建立工作台账，全年开展5次党建工作督查，认真做好党组织关系转接和党员信息采集工作。组织召开系统基层党组织书记全覆盖培训班，组织各企业开展“支部主题党日”活动108次，民主生活会14次，谈心谈话322人次，民主评议党员17次。组织企业员工参观长寿区预防职务犯罪警示教育基地等廉政教育基地，观看廉政教育影片及画展等集体教育活动，参与活动人数共计500余人次。全年召开3次会议专题研究和部署意识形态工作，与区属国有企业主要负责人签订意识形态工作责任书，并纳入年度考核。组织企业举办“庆祖国70华诞”等文艺活动，制作宣传展板、画报300余块，培育文明健康、积极向上的企业文化。在转型改革后的企业新成立党委2个，坚持“双向进入，交叉任职”，完善公司章程中党的建设专章，落实企业党组织在公司法人治理结构中的法定地位。组织企业完善议事规则4项，进一步规范“三重一大”事项程序，严格“四步工作法”相关决策程序，理顺党组织和“三会一层”的关系，确保企业党组织领导核心和政治核心作用发挥。企业2名干部被选拔为区管副职领导干部，4名企业员工通过内部竞聘走上部门副职领导岗位。制定党风廉政建设5张管理责任清单，印发《国资系统2019年“廉洁渝中”建设实施细则》，层层签订责任书，织密党风廉政建设工作网。每半年听取国企党组织落实管党治党主体责任述职报告。加强国资系统党员干部党风廉政教育，委党委成员与党员干部谈话70余人次。

【区国资委负责人】
主　任：江　帆（党委书记）
副主任：吴　玲　曾　伟

（黄曼）

重庆渝中国有资产经营管理有限公司

【概况】　重庆渝中国有资产经营管理有限公司（简称“区国资公司”）成立于1996年，原系区财政局下属自收自支事业单位，独立核算、企业化经营。2014年12月，与原区地产公司、区土地储备中心实施人、财、物改革重组。2019年8月，按照《关于印发渝中区区属国有重点企业转型改革方案的通知》文件要求，在渝中区国有资产经营管理有限公司基础上组建渝中区发展投资集团有限公司，为国有独资公司，定位为国有资本投资运营公司，商业二类企业。区国资公司主要承担全区重大产业的投资任务，从国有资产经营管理向国有资本投资运营转化，市场化运营基金、股权、债权、产业载体，充分利用所持国有资产，整合转化为产业投资资本，引领和培育符合渝中高质量发展需要的现代产业。公司地址位于渝中区和平路9号。公司按现代企业制度设董事会、经理层、监事会；内设资产管理部、土地储备部、园区事业部、工程管理部、项目部、财务部、行政人事部、法务审计部、投资发展部、停车事业部、前期部共11个业务部门。2019年底，有在职员工73人。

2019年，围绕区委、区政府决策部署，对标对表、挂图打表，立足企业谋发展，创新思路求突破，扎实推进公司转型改革、党的建设、重点工程项目建设、资产管理等，较好地完成年初制定的目标任务。

【资金筹集】　多措并举，资产经营成效显著。公司资产规模达157亿元，负债74.11亿元，所有者权益82.88亿元，资产负债率为47.2%，处于合理水平。全年实现营业收入31532.4万元，利润总额约5945万元。拓展渠道，融资结构更加优化。全年累计新增银行融资共25.05亿元，累计偿还银行贷款15亿元，债务偿还率达100%。收回各类债权资金2.54亿元，安全拨付各类资金28.5亿元，保障区级重点项目顺利实施。以渝中创新创业引导基金为抓手，不断拓展投资领域，基金规模不断扩大。截至12月底，累计对外认缴投资1.77亿元，子基金6支、总规模达17.09亿元，实缴出资到位1.29亿元，完成对区返投金额1.39亿元。成功引入科兴远健基金管理公司、影创科技、动物园咖啡、匡言文化4家“招大引强”企业落户渝中。设立总规模5亿元、首期规模1亿元的医学创新发展引导基金。

【土地管理】　积极开展存量土地用途论证，深入分析海浪厂、歇台子、大黄路等8宗重点地块功能定位，努力拓展产业发展新空间。支持城市形象改善和公共事业发展，顺利完成九坑子变电站下方、工业校旁和归元寺等地块划拨。

【重点项目建设】　在时间紧、任务重、高要求的情况下，保质保量完成中新互联互通项目综合展厅布展工程。棉花街公共停车场项目累计完成投资1860万元，完成主体结构、墙体部分施工、部分钢结构安装等施工内容。少年宫停车库项目竣工投入运营。嘉陵大厦综合改造项目完成室外环境整治工程，有序推进裙楼2～8层公共区域、办公区域装修工程。棉花街（3号）社区体育文化公园建设项目有序推进。

【区域资产盘活】　企业天地6、7、8号楼新增租赁面积约2.5万平方米，整体出租率达60%。四个产业园区累计新增入驻企业27家，整体出租率达81%。通远大厦裙楼成功引入百润、星河等优质企业。完成联通大厦租赁、推进重庆饭店东楼收购，累计新增优质资产面积超10万平方米，为渝中产业发展提供新的落户发展载体。有序推进安置房安置、结算、产权过户等工作，全年新增安置房118套。

【党建工作】　推进“两学一做”常态化制度化，先后完成集中学习9次，集中讨论9次，召开中心组专题学习9次，党员学习讨论100余人次。开展“不忘初心、牢记使命”主题教育，围绕守初心、担使命，找差距、抓落实总要求，将学习教育、调查研究、检视问题、整改落实四项重点措施贯穿始终，完成集中学习6次，深化学习9次。专题召开民主生活会和巡视整改专题民主生活会，查摆出党组织和党员存在的问题，制定整改措施和问题台账，明确整改方向。按照年度党员发展计划，公司党支部严把程序关，对关键岗位、重点人员进行重点培养，全年发展党员2人、入党积极分子4人。

【企业改革】　以区委、区政府对公司转型改革部署为导向，坚持“学、查、研、改”贯通，深入研究内部组织架构设置、议事规则完善、主业方向调整等重大事宜，先后制定内部运行机制、绩效考核、重点项目建设等方面的一系列改革举措。解决中新项目综合展厅建设、市少年宫停车场建设、朝东路停车场交通拥堵等重点问题14项，全面促进转型发展不断向纵深推进。

【安全及内部管理】　深入研究公司发展方向，契合市场化要求，高标定位，增设前期部，强化项目前期论证研究工作。坚持“三重一大”决策机制，对涉及重点项目、选人用人、对外投资、重大项目的建立第三方独立可研分析和尽职调查。以巡察整改为契机，建立完善党建工作、党风廉政、人事管理、员工薪酬、绩效考核、晋升晋级等10余项制度，在不同层面明确权限，内部监督，相互制约。开展资产管理部门经营合同执行情况的内部审计，保障公司运作合规合法，治理更加完备。把安全生产作为稳定发展的重要保障，先后投入资金对港天大厦、创意大厦等项目存在的重大隐患进行整治，确保公司运作安全。

【党风廉政建设】　认真学习中央、市区党风廉政建设等相关会议精神，落实中央、市区有关廉政纪律和制度，建立健全公司内部管理制度，规范各项程序和流程，统筹推进公司党风廉政建设与经营治理协调发展。完成内部党风廉政目标责任书签订，做到党风廉政建设全覆盖、无死角。发挥董事会、监事会和纪检小组的监督职能，强化对外投资、重大项目建设、人事招聘等方面监督，确保各项程序合规合法。狠抓警示教育，以违规违纪案件为反面典型，组织召开“以案四说”警示教育会，做到举一反三、警钟长鸣，防范类似案件发生。

【区国资公司负责人】

董　事　长：曹泽沛（2019年12月离任）
　　　　　　张荣强（2019年12月任职）
总　经　理：张荣强（2019年12月离任）
　　　　　　袁　聚（2019年12月任职）
监事会主席：李成跃（2019年2月离任）
　　　　　　张　远（2019年12月任职）
副 总 经 理：袁　平　蒋兆东　刘春和
财 务 总 监：谭　斌

（申海毅）

重庆市渝中城市建设投资有限公司

【概况】　2014年12月，重庆市渝中城市建设投资有限公司（简称“区城投公司”）由原区城投公司、原重庆渝城投资有限公司（简称渝城公司）重组整合，成为区属建设类国有重点企业。2019年，按照区委、区政府深化国企改革工作部署和最新要求，公司定位为城市建设运营公司，公益类（建设类）企业。以项目承包、项目代建、建筑服务为主业方向。围绕提升城市品质，聚焦基础设施工程项目总承包和代建任务，主要从事城市基础设施和公益性项目的建设、运营、维护、质量安全管理和智能化管理等服务。公司下设党政办、财务部、投资营运管理中心、前期项目研究中心、工程项目监管中心、成本控制部、风险控制部、档案室8个部门，有在岗职工93人。公司办公地址位于渝中区和平路1号星河商务大厦。区城投公司下设重庆渝建国有资产经营有限公司、重庆天合建设工程监理有限公司、渝城投资有限公司（下设青蓝物业公司）、解放碑中央商务区建设投资有限公司4个全资子公司。对外参股重庆渝中总部经济建设投资有限公司、重庆瑞孚和房地产开发有限公司2个公司。

2019年，围绕全区经济发展大局和年初工作目标任务，聚焦市、区级重点及民生项目建设，以“不忘初心、牢记使命”主题教育和区委巡察整改工作为契机，全体干部职工“守初心、担使命，找差距、抓落实”，砥砺前行、团结协作、真抓实干、奋力拼搏，圆满完成全年目标任务。3月，被评为渝中区“2018年度经济发展贡献100强”单位。

【项目建设】 按照渝中区政府2019年投资重点项目、一般项目、前期项目建设计划安排，公司共承担32个项目的建设工作，全年实际完成投资5.62亿元，为年计划的102.18%。重点项目解放碑地下环道三期、雷家坡立交、区法院审判法庭迁建项目有序推进，解放西路、轨道朝天门站光控通道、总部城项目二期已按计划完工。红云路延伸段、虎歇路天桥、虎歇路拓宽改造工程、解放碑地下环道智能化升级改造、解放碑地下环道人防治理工程、关岳庙环境改造二期工程（园路）等前期研究项目按计划完成。部分民生实事项目完工投用。鹅岭正街停车库项目完成拆迁后正常推进，鹅岭公园停车库、解放东路2号天桥完工，化龙桥、沧白路人行天桥完工并开通运行，虎头岩公园、山脊观光道等民生实事项目建成开放。老鼓楼衙署遗址公园项目取得重大进展，方案获市、区文旅委批复，本体保护部分实施平场工作，抓紧开展初设施工图招标及施工图设计等有关工作。

【经营管理】 全面启动国企改革工作。严格按照区委、区政府关于国有企业改革的总体安排和部署，制定公司转型改革的总体方案，成立转型改革工作领导小组，进一步明确责任、实施步骤和工作计划，针对重庆渝建国有资产经营有限公司和重庆天合建设工程监理有限公司两家全资子公司，积极对接区住建委、康翔公司，初步明确企业构架、管理模式及业务主项，启动两家子公司业务移交、人员整合以及公司企业章程、营业执照变更办理等相关工作。着力解决难点卡点及遗留问题。公司通过定期组织召开项目推进专题会议，不断提升科学决策和解决问题的能力，锦程路项目、雷家坡立交项目经多方努力，引入司法程序进行处置，完成原渝城公司建设的近十个历史遗留项目的决算和内审工作；开展原渝城公司移交的无证房屋资产确权工作，大幅降低公司无证房屋资产管理风险。公司领导班子根据区委、区政府下达的年度目标任务和群众重点关注的民生工程，累计召开调研座谈会10余次，走访相关企业和基层单位20余个，访谈部门负责人及员工100余人次，形成3篇调研成果，涵盖32个重点及民生项目。严格落实企业主体责任和分管责任，坚持“党政同责、一岗双责”，狠抓安全生产主体及监管责任。累计组织市、区级政府及职能部门各项安全专项工作布置及会议、文件精神的传达学习会10余次，加强安全事故警示教育，确保各项安全工作要求落实落地；积极开展专项整治，全年共开展安全检查150余次，其中公司领导带队检查40余次，安全小组检查110余次，查出各类安全隐患238处，并全部完成整改；组织施工监理单位安全培训2次，组织召开安全生产专题会共19次；重点做好节假日网红景点现场值守、洪崖洞MI（蜜岸）岸商业街违章拆除、石灰市临时菜市场安全隐患监测、“两节三夜”等专项安全工作，确保重要时段、重点区域的安全管理。

【招商引资】　全年实行载体招商、项目招商，正式签约重庆市银江国超科技有限公司和重庆瑞希雅酒店管理有限公司入驻渝中区，超额完成“招大引强”项目任务，招商工作取得实质性成效。

【党建工作】　全年党支部组织学习习近平新时代中国特色社会主义思想和党的十九大精神等各类专题政治学习30余次，组织中心组集中学习23次，主题党日活动11次，党员领导干部专题讲授党课4次，班子成员思想觉悟和战斗力显著提升，广大党员政治素养进一步提高。加强组织建设，有1人发展为预备党员，3人主动提交入党申请书，5人确定为入党积极分子。充分发挥党组织的领导核心作用，全年共主持召开20次支委会，研究“三重一大”相关事项15次。深入开展2019年廉洁从业风险点查找工作，重点抓实抓牢项目建设、招投标、过程管理等关键环节，及时制定风险防控措施，风清气正、干事创业的工作氛围日益浓厚。持续抓好意识形态工作。妥善处置解放东西路建设问题投诉、农民工工资支付、清欠工作等网络舆情工作，充分运用宣传栏、公告栏、信息简报、微信群、QQ群等多种形式，宣传党中央和市委的大政方针，宣传区委、区政府的工作要求，不断夯实阵地建设；党支部组织开展“风清气正、诗以言志”廉洁从业主题诗歌朗诵活动，宣扬正能量；组织职工参观邓小平故里，开展以“传承伟人精神，牢记初心使命”为主题的庆祝新中国成立70周年活动，大力弘扬老一辈共产党人的革命传统和优良作风；组织观看《我和我的祖国》《中国机长》等宣扬无私奉献、爱岗敬业的电影作品，激发职工干事创业的爱国主义热情；组织党员参观曾家岩50号，开展革命传统教育，激励党员发挥先锋模范作用；开展5次“以案说纪、以案说法、以案说德、以案说责”警示教育，利用反面典型，强化思想教育引导。

【工会工作】　进一步修订和完善公司《浮动绩效管理办法》和《工作加班（值班）管理办法》两个制度。全年看望职工及家属16人次，生日慰问98人；加入全国工会互助协会，为每位员工购买重大疾病互助金4份和住院医疗＋意外互助金1份，有5位会员成功申请互助金共计84524.47元。组织全体会员参加“庆祝新中国成立70周年文艺嘉年华”系列主题活动，并在合唱比赛中取得三等奖。参加由区国资委组织开展的拔河比赛，取得第二名的好成绩。

【区城投公司负责人】

董　事　长：陈云川（2019年1月离任）
　　　　　　戴　柯（2019年1月任职）
总　经　理：戴　柯（2019年1月离任）
　　　　　　李劲松（2019年12月任职）
监事会主席：金坚贞（2019年1月离任）
财 务 总 监：胡　蓉
副 总 经 理：张　萍（2019年1月离任）
　　　　　　罗新园（2019年4月任职）
　　　　　　叶晓松（2019年12月任职）

（王静）

重庆康翔实业集团有限公司

【概况】　重庆康翔实业集团有限公司（简称“康翔公司”），2014年底为渝中区属国有重点企业（投融资类）。办公地址位于渝中区长滨路151号25楼。2014年底，康翔公司被纳入区属国有重点企业（投融资类）范围。2019年，康翔公司内设党委办公室、行政部、规划财务部、资产部、市场部、风控部、项目管理部等8个部门，下设重庆第一房地产经营公司、重庆辉翔文化投资有限公司、重庆湖广会馆实业发展有限公司、重庆中房物业管理有限责任公司、重庆昊志白蚁防治有限公司等5家全资子公司。康翔公司的主要职责是从事棚户区改造、房地产开发、房地产经营管理等业务，由区国有资产监督管理委员会负责重大事项监督和监管。

2019年，按照区委“135”工作方法，以“提质转型年”为主题，发挥党建引领作用，对接国企深化改革，坚持发展提质增效，加快文旅转型升级，推动集团向“文商旅”产业市场化运营方向发展。集团上下凝心聚力、攻坚克难，经济指标稳中有进、资产运营更加规范、项目管理能力提升、招商策划取得实效、文旅转型实现突破、一体化发展亮点突出，全面完成各项经济指标和重点任务。

【党建工作】集团党委认真落实党建责任。牢固树立“四个意识”，不断增强“四个自信”，坚决做到“两个维护”，坚持执行党委“四步工作法”，始终坚持“三重一大”事项由党委会先议的决策机制，全年共召开党委会33次，研究事项165项，充分发挥把方向、管大局、保落实的领导作用，确保公司发展坚定正确的政治方向。不断强化理论武装。特别是2019年9月启动“不忘初心、牢记使命”主题教育以来，围绕“学习教育、调查研究、检视问题、整改落实”四项措施，取得较好成效。坚持党委理论中心组扩大学习会，全年累计开展23次。严格落实支部“三会一课”制度，5个支部全年组织党员集中学习120余次，开展主题党日学习60次，讲党课23次，集团党委书记到子公司党支部列席组织生活4次。落实意识形态工作责任。结合庆祝新中国成立70周年、纪念五四运动100周年等重要节点，集团党委牵头统筹各党支部加强党建、群建工作，举办“颂祖国华诞，展康翔风采”职工文艺会演和“逐梦青春岁月，争当时代先锋”五四青年节等系列活动，弘扬正能量，激发爱国主义情怀，做好正面宣传，培育和践行社会主义核心价值观，树立文明健康、积极向上的企业文化，增强企业凝聚力和向心力。

【党风廉政建设】 认真履行党风廉政建设党委主体责任和纪委监督责任。坚持每季度开展党风廉政建设工作研判，集团党委召开年度、巡察整改、主题教育等3次民主生活会，各党支部按要求召开组织生活会和民主评议党员，严肃党内政治生活，积极营造风清气正的政治生态。结合巡察整改和工作业务的发展变化，对廉政风险防控工作实施动态管理，对172项廉政风险进行更新和完善，形成风险排查、等级评估、防控措施、建立台账、动态完善的闭环管理，建设“不能腐”的防控机制。对接受外部审计、开展内部审计、巡视巡察和日常工作发现的问题，加强整改落实，特别是扎实做好2019年区委对国企专项巡察“后半篇文章”的相关工作，针对反馈的7类15个问题，明确责任，立行立改，并建立长效机制，巩固整改成果。通过观看廉政警示片和组织中心组学习成员、党员到长寿区预防职务犯罪警示教育基地以及组织员工旁听职务犯罪案件庭审等方式开展廉政警示教育，使全体党员、员工强化对腐败的警惕、对法纪的尊崇和对权力的敬畏，为促进公司转型改革、高质量发展提供有力保障。

【房屋资产经营管理】 进一步明确资产管理模式，完善资产基数管理和规范管理，实行资产“分级、分类管理”及年度“分类考核”，激发子公司活力。坚持以评估为基础，加强市场调研，确保资产价值、租金与市场接轨。实现以制度管资产管程序，制定资产经营指导标准，制定资产管理工作流程，严格实行租赁合同备案审查，增强资产经营风控防控，有效减少经营过程中的自主裁量权。2019年，完成经营收入9439万元。全年共申报棚改确权登记579处，累计登记1358处；全年共划转资产确权34处，累计确权登记256处。

【项目建设】 完善项目管理制度，优化项目管理程序，加强合同管理力度。加强技术管理力度，结合项目实际优化项目设计，确保质量安全，减少项目投资。加强教育培训，提高现场技术人员的协调能力和管理水平，确保项目有序推进。全年集团推进各类项目共34个，完工11个，在建续建项目7个，开展前期设计项目16个，完成建安产值3.08亿元，其中重点项目6个，计划产值1.48亿元，实际完成1.84亿元，完成率达124%。落实区委、区政府交办的工作任务，朝千隧道、缆车站等2个人行通道、打铜街小广场建设全部完成。严格确保安全稳定，按照“党政同责，一岗双责，齐抓共管，失职追责”要求，压实安全责任，做好安全预防、排查、整治、监督等工作，年内未发生损失5万元以上的安全责任事故。全年组织安全检查140次，参与检查520人次，查出隐患、提醒事项415条。严格遵守城市综合管理要求、技术导则和作业标准，有序推进各项工程建设，全年共接到各类数字城管案卷、12319投诉85个，同比下降67%。注重生态环保，秉承绿色发展理念，动态落实环保问题排查整治工作。

【康翔公司负责人】

董 事 长：殷亚民（2019年1月离任）
袁 涛（2019年1月任职）
总 经 理：袁 涛（2019年1月离任）
朱 健（2019年12月任职）
监事会主席：辛正明（2019年1月离任）
曹泽沛（2019年12月任职）
副总经理：周晓君（2019年1月离任）
陈小君
罗新园（2019年4月离任）
吴秋良
刘有洲（2019年12月任职）
财务总监：苟 毅

（齐祖渝）

重庆渝中商业发展有限公司

【概况】 重庆渝中商业发展有限公司（简称“渝商发公司”）是区属实业类重点国有商业企业，2007年1月由重庆小洞天饮食（集团）有限责任公司、渝中区食品总公司、重庆大同百货公司3家国有商业企业改革重组而成。公司以现代商贸商务产业投资运营、商业管理、品牌运营为主业方向，注册资金5000万元，办公地址位于渝中区民生路329号。公司按现代企业制度健全出资人、董事会、监事会、经理层组成的法人治理结构，其中：董事会设董事长1人，董事4人（含职工董事1人）；经理层设总经理1人，副总经理3人，财务总监1人；监事会设监事会主席1人，监事4人（含职工监事2人）。2019年，公司下设党办、综合管理部、财务审计部、资产运营部、品牌事业部5个部门；有重庆吴抄手餐饮有限公司等7个全资子公司、重庆小滨楼餐饮文化有限公司等3个控股子公司、重庆老九园餐饮管理有限公司等7个参股子公司。在册员工251人。

公司拥有小洞天、小滨楼、夜光杯、丘二馆、吴抄手、王鸭子、九园、陆稿荐、一四一、德元、正东等39个餐饮老字号品牌，已注册商标201件。有中华老字号1个、重庆老字号12个、市级非物质文化遗产9个、区级非物质文化遗产3个、重庆市著名商标1个；有百余款经典菜品荣获中华名小吃、国家金鼎奖产品、国家金牌旅游名小吃、国家地域性名小吃、中国名点名菜、重庆风味名小吃等奖牌或证书。截至2019年底，共开设老字号餐饮连锁店98家，其中直营体系31家、混改体系63家、独家授权合作体系4家，年度品牌销售规模达1.6亿元。

2019年，渝商发公司经济运营情况呈现稳中有升态势，全年营业收入7431万元，同比增长9.60%，国有资产增值保值率实现101%。

【改革情况】 8月，渝商发公司成立改革工作领导小组，按照《深化全区国资国企改革方案》《渝中区区属国有重点企业转型改革方案》《重庆渝中商业发展有限公司市场化专业化转型改革方案》要求，结合企业实际，制定市场化专业化转型改革细化方案，将公司定位为市场化商业运营公司，商业一类企业，注册资本金2亿元。主要承担全区现代商贸商务产业的投资运营和产业培育，承担现代专业市场、特色商业街区运营，会展经济、互联网商务项目的投资运营，商业资产的管理、经营以及老字号品牌发展等任务。

【项目建设】 完成鲁祖庙历史文化街区协调区施工图设计、石灰市菜市场改造设计；招商储备300余个品牌及商家，其中6个首次进入国内、10个首次进入重庆。2019年4月，大都会西楼“1089艺术美丽中心”开业。策划将谊德大厦1～3楼打造成重庆老字号暨非物质文化遗产集聚体验中心项目方案，深化可行性研究，深入开展前期物业整合归集、招商资源储备等工作。探索背街小巷模式，推动邮局巷文化主题项目建设和业态调整。

【商业资产管理】 管理国有商业资产179处，建筑面积6.28万平方米，其中经营性资产174处、面积6.20万平方米，非经营性资产5处、面积0.8万平方米。2019年，对金龙路256号2500余平方米等到期房屋进行整体招租、改造提升，积极探索轻资产商管模式，提升30度街吧、八一路二期、鲁祖庙项目、三洞桥民俗风情街运营管理水平。加大低效资产处置力度，不断优化资产结构。

【品牌建设工作】 与重庆焘极餐饮文化有限公司合作在新加坡樟宜机场开设老字号集合店，正东担担面店12月底在深圳宝安机场开业，重庆老字号和非物质文化遗产走出重庆、迈出国门、走向国际。与优特品公司合作成立小滨楼食品科技有限公司，于11月、12月在磁器口童家院子、朝天门来福士两处分别开设“小滨楼非遗集市”，市内外游客好评如潮。与重庆琦珍餐饮管理有限公司签订品牌合作协议。丘二馆来福士店，吴抄手来福士店、西永店，小洞天九街店、长嘉汇店等6家新店陆续开业。推进混改企业平稳发展。与重庆普园企业管理咨询有限公司合作的老九园公司累计开设60个直营及加盟店；与一四一公司新开沙坪坝火锅总店；与曼宏公司新开设正东来福士店、太原店。四象村商标获评“重庆老字号”，王鸭子、丘二烧鸡获评市旅游协会颁发2019“重庆好礼”特色旅游商品（文创产品）大赛铜奖。

【“不忘初心、牢记使命”主题教育】 公司党委成立主题教育工作领导小组，先后开展集中学习研讨14次，通过读原著、学原文、悟原理，坚持以习近平新时代中国特色社会主义思想武装头脑、指导实践、推进工作。4位领导班子成员每人确定调研课题，撰写调研报告，提出破解难题的实招、硬招，推动各项决策部署落实落地。其间，累计召开调研座谈会28次、走访企业和基层单位41个、访谈干部群众90人次、现场解决群众和企业反映的具体困难11个。通过设置意见箱、谈心谈话、召开座谈会等方式，收集干部职工意见建议共17条，梳理出领导班子及成员检视问题清单，领导班子查摆问题32个，班子成员查摆问题88个，为检视反思和解决问题打好基础。

【安全稳定工作】 制定《重庆渝中商业发展有限公司安全生产管理制度》《重庆渝中商业发展有限公司安全生产事故应急救援预案》等制度方案，完善各项安全管理制度。全年召开安全会议6次、培训人员96人次，下发或转发文件7个，报送各种信息报表报告36份；安全检查170人次，发现隐患91处，投入安全隐患整改资金5万元，发出安全隐患整改通知书7份；整改渝北金龙路256号和白鹤路104号配电室等房屋安全隐患88处，其中3处正抓紧整改。组织安全生产学习培训或会议5次，参训或参会48人次，主动上门到各租赁网点及直营门店对员工开展现场安全生产消防培训29人次，组织参加区国资委组织的安全培训14人次，组织开展安全生产应急演练和安全生产月知识答题等活动，参与100余人次，增强了全员安全生产意识和应急处置能力。为在岗职工购买住院医疗、意外综合互助保障，关心职工工作生活。做好离退休人员及待岗职工管理，承担代收代支区属商业系统6个单位749名退休人员的医保等费用，保持职工稳定，切实履行国企社会责任。

【渝商发公司负责人】

董　事　长：傅建昌（2019年1月离任）

张　远（2019年1月任职，12月离任）

姚青健（2019 年 12 月任职）
总　经　理：张　远（2019 年 12 月离任）
邓统文（2019 年 12 月任职）
监事会主席：傅奇志
副 总 经 理：康长荣
赵　佳（2019 年 1 月离任）
张　剑（2019 年 1 月离任）
邱衍林（2019 年 12 月任职）
穆振华（2019 年 12 月任职）
财 务 总 监：吴培禄

（周建　伍玲）

管 委 会

重庆解放碑中央商务区管理委员会

【概况】 重庆解放碑中央商务区管理委员会（解放碑中心购物广场综合管理处）（简称“解放碑 CBD 管委会、解综处”）为区政府派出机构。2019 年 3 月，区委、区政府对解放碑 CBD 管委会工作机构职能做出调整，明确其招商引资、企业服务、城市管理、非公党建职能职责，新增重大开发项目牵头协调职责。办公地址位于重庆市渝中区五四路 39 号都市广场 A 座 14 楼。内设党政办公室、规划建设科、产业发展科、企业服务科（楼宇经济科）、城市管理科 5 个职能科室。核定行政编制 15 名，在职 15 人。下设区城市管理综合行政执法局解放碑中心购物广场执法大队、重庆解放碑中央商务区企业服务中心 2 个事业单位。解放碑 CBD 管委会的主要职责是：负责区委、区政府关于商务区经济发展、产业布局及重大项目建设等目标任务的执行；拟订管委会年度工作计划并组织实施；负责按照全区城市建设规划、土地利用规划和产业发展规划，拟订区域发展规划并组织实施等。

2019 年，以党建统领全局，稳住“基本盘”，寻求“突破口”，大力“调转升”，进一步稳就业、稳金融、稳外贸、稳外资、稳投资、稳预期，扎实推进全年重点目标任务。解放碑步行街作为重庆唯一代表纳入国家商务部首批步行街改造提升试点，解放碑中央商务区获评“2018 年中国楼宇经济十大活力中央商务区”“新中国成立 70 周年安保维稳工作成效突出的集体”“2018 年以来全区防范和打击非法集资先进单位”等称号。

【规划建设】 牵头推进解放碑—朝天门步行大道项目建设，加快实施解放碑步行街改造提升，其中若瑟堂周边外立面及环境景观改造、解放碑十字金街景观提升、鲁祖庙老街区协调区店招店牌改造等 8 个项目主体完工。完成世贸大厦、纽约 • 纽约大厦工程改造，21 栋灯饰维护，推进辖区重点企业节日灯饰建设，推进凯悦酒店、金鹰财富中心等灯饰美化项目打造。

【产业发展】 抓好示范引领，创建国家示范商业街区。区域商业营业额突破 200 亿元，同比增长 14.8%，客流量突破 1.6 亿人次；解放碑步行街改造提升成果亮相“进博会”国家馆；支持引导大都会东方广场、八一广场、国泰 PARK108 等调改升级，引进千叶美术馆、麦当劳全新风格店等知名品牌 212 个，其中阿迪达斯、乔丹品牌中心等首店、旗舰店 20 多个；举办 GIADA 国际时装秀等首发、首秀活动 30 余场。解放碑服务贸易额突破 24 亿元，位居全市前列。

【招商引资】 搭建平台、依托项目、优化服务抓招商。落地重庆发展产业有限公司等“招大引强”企业 11 家；引进品牌商贸、专业服务、旅游服务等功能性指标企业 21 家；市外项目正式合同签约金额 86 亿元，完成全年目标任务的 400%；引导世贸大厦、创汇首座等 8 栋重点商务楼宇改造，完成全年任务的 100%；累计消化载体 10 万多平方米，环球金融中心、平安国际金融中心入驻率分别达 90%、80%，51 栋重点楼宇平均入驻率达 83.7%。

【企业服务】 引导世贸大厦、创汇首座等 8 栋重点商务楼宇实施楼宇改造，组织大都会等 4 栋楼宇参加物业标准化等级评定活动，指导英利国际金融中心、邹容广场等12栋楼宇获评“2018年星级楼宇”称号并获得奖励资金420万元。成功举办“2019重庆解放碑步行街改造提升推介暨项目签约会”，联动相关部门、管委会分赴北京、上海、广州举办专题招商推介活动。

【城市营销】 开展爱尚解放碑——中秋民乐演奏大赏、飞亚达钟表展及明星见面会、第23届重庆都市旅游节暨城际旅游交易会、重庆渝中国际咖啡文化节、电影《中国机长》首映宣传活动等大型城市营销活动，举办“艺象万千·渝港青年艺术交流展”、国际登楼大赛、“不忘初心路 先锋解放碑”2019年渝中区“体彩杯”第六届城市定向赛、重百家电节等70余场知名节会。解放碑被中国新闻网、人民网、新华网报道6篇，被《重庆日报》等市级媒体登载报道11篇，被今日头条、华龙网、大渝网等刊发稿件80余篇；“爱尚解放碑”微信公众号推送文章125篇，推文总阅读量达23.9万次，总曝光量超过234.3万人次。

【城市管理】 进一步落实城市管理“五长制”，联合开展“解放碑商圈经营秩序提升行动”“解放碑地区城市环境综合整治”“解放碑步行街户外广告招牌专项整治”“解放碑区域交通秩序专项整治”“渝中区三轮车限行专项整治”“游摊游贩专项整治”“解放碑区域流浪乞讨人员救助”等专项行动；成立解放碑步行街城市管理保安队伍，拆除来龙巷存在20余年的7处占道摊点，优化窗口地区形象。全年巡查发现并处置解决城市管理问题700余起，审查规范施工100余起，规范备案店招字牌120余起，组织各类专项整治90余次，出动执法车辆800余台次，暂扣违章物品500余件，拆除违规店招字牌、布幅广告100余处，整改不规范摊点150余处，清洗雨棚雨伞100余处，纠正“六乱”行为1000余起。

【党群工作】 开展“不忘初心、牢记使命”主题教育，分领域制定机关、非公党组织2张主题教育工作清单，逐项深化落实学习教育、专题调研、检视问题、整改落实四项重点措施，开展集中学习研讨23次。深学笃用习近平新时代中国特色社会主义思想，规范开展“两学一做”“三会一课”，领导班子带头讲党课8次，专题研究党建工作12次。聚力非公党建、楼宇党建，着力提升非公党组织党建工作能力，新成立非公党支部2个，非公党组织组建率达100%，覆盖率达86%。金夫人集团负责人周生俊被授予市级“党建之友”称号，千叶眼镜负责人叶定坎获得区级“党建之星”称号。分类施策，夯实基层基础，围绕激发党员干部“二次创业”意识、鼓舞干事创业精神，组织机关党员干部分专题开展“回忆我的入党日”“革命遗迹瞻仰日”活动，依托平安国金党群服务中心，举办“不忘初心路 先锋解放碑”城市定向赛、“魅力CBD•幸福解放碑”楼宇白领文艺会演、“慈善公益行·和谐解放碑”楼宇企业爱心奉献等系列楼宇党建活动。

【解放碑CBD负责人】

书　　记：卫　强（2019年1月任职）
主　　任：江　南（党工委书记，兼解综处主任，2019年1月离任）
　　　　　刘　建（党工委副书记，兼解综处主任，2019年1月任职）
副 书 记：徐　鹏（2019年1月离任）
副 主 任：刘　锋（兼解综处副主任）
　　　　　邵晓钊
　　　　　霍　江（兼解综处副主任，2019年3月离任）
　　　　　李　杨（2019年1月任职）
组织委员：李　杨（2019年1月离任）
　　　　　胡传龙（2019年4月任职）

（徐洪相 周立）

历史文化街区建设管理委员会

【概况】 重庆市渝中区历史文化街区建设管理委员会（简称“历史文化街区管委会”或“历

史文化街区建设管委会”）成立于2014年12月，为区政府派出机构。办公地址位于渝中区筷子街2号人寿大厦19楼。2019年，内设办公室、规划建设科、产业发展科（招商投资促进科）、企业服务科（楼宇经济科）4个职能科室，机关核定行政编制9名，在职9人，下设历史文化街区招商和企业服务中心1个事业单位。历史文化街区管委会的主要职责是：负责在区域内落实区委、区政府关于经济发展、产业布局及重大项目建设等目标任务；拟订管委会年度工作计划并组织实施；负责按照全区城市建设规划、土地利用规划和产业发展规划，做好区域产业发展规划编制和牵头执行；负责区域招商投资促进和推动楼宇经济发展工作，制定区域楼宇经济发展规划，打造特色商务楼宇、产业园区（基地），推进重点楼宇、产业园区招商，开展对外合作交流；负责牵头协调和服务区域重大开发项目；负责区域重点企业服务、协税护税和引进企业落地前服务跟踪；负责调查研究区域产业发展中的重大问题，提出政策建议，贯彻落实产业发展优惠政策；配合相关部门做好区域历史文化资源保护利用工作；负责本单位及所属单位国资管理工作；完成区委、区政府交办的其他任务。

历史文化街区管委会覆盖朝天门、南纪门、七星岗三个街道，21个社区，面积约2.48平方千米，户籍人口约16.5万人，常住人口约16.6万人。管委会主动适应经济发展新常态，坚持创新驱动发展、经济转型升级，全力推进街区建设，经济运行平稳。牵头实施的11个项目完成投资51.22亿元，完成全年任务（47.4亿元）的108%；32家规上企业营收增速为26.9%（全年目标20%）；引进境内外文旅创意、商旅文融合等现代服务业、工业设计、楼宇工业等功能性指标企业5家（全年任务5家）；落户“招大引强”企业9家（全年任务9家）；开展自主招商推介系列活动4次；楼宇招商去化面积完成全年31万平方米的目标。获得“礼赞新中国 奋进新时代”2019年渝中区干部职工文艺嘉年华活动优秀组织奖，获区委、区政府授予的新中国成立70周年大庆安保维稳工作成效突出单位。

【项目建设】（1）集聚区项目建设。朝天门中新合作示范园建设。凯德来福士项目，8栋塔楼均结构封顶，裙楼和连廊的外装幕墙进入收尾工作，塔楼外幕墙以及内部砌块、机电、通风等精装修全面推进，商业裙楼9月6日开业运营。光控朝天门中心项目，二期土石方及基坑支护施工完成，1号塔楼29层梁板模板完成。下半城历史文化风貌带建设。十八梯传统风貌区项目首开区竣工，A1楼对外展示；进入主体结构施工阶段。国浩项目建设。火柴公会旧址修复项目竣工，项目1号地块、2号地块土石方开挖完成约50%，2号地块一期主体结构9月26日开工建设。十八梯片区道路项目建设。局部开工实施，启动抗滑桩、1号风机房、解放碑地下环道出口明挖及暗挖段土石方及支护、解放碑环道出口电缆隧道段土石方施工、十八梯环道段土石方及支护施工、临时污水管网施工，完成投资约5000万元。湖广会馆传统风貌区项目建设。南区方案正报市政府审批，北区方案在深化设计中，项目南区基坑挡墙及冠梁基本完成，北区基坑开挖部分完成（处于停工状态）。白象街传统风貌区项目建设。二期住宅4、5号楼进入住宅商业裙楼施工阶段；三期进入主体结构及装修工程施工阶段。（2）重点项目建设。财信渝中城项目2号楼竣工交付，市政道路完成换填及地下管网施工；罗宾森广场项目T1塔楼第18层结构完成，T2塔楼第27层结构完成，T3塔楼第31层结构完成，T4塔楼机电、消防、电梯等安装工程完成99%。（3）一般项目建设。陕西路管网改建项目，第一阶段陕西路排水管网改建以及陕西路车行道道路恢复实施完成，陕西路燃气管网改建完成。后续阶段陕西路车行道通信管网改建完成。东水门大桥北桥头节点景观改造，已委托设计单位开展桥头观景平台方案设计。由市城投负责实施的部分顺利开工。

【产业发展】 联合凯德来福士、十八梯等辖区重点项目或企业，赴我国上海、香港及新加坡等地开展自主招商推介活动4次，Sound-Genie、食云集、不厌生活、洛克公园、kerr&kroes、精典泰迪熊主题乐园、乐童、艺厘米、IG沁奢荟、IFFG等国内外知名品牌（企业）与区历史文化街区管委会签订合作协议。凯德来福士项目商业部分（约23.5万立方米）招商面积逾97%，9月份顺利开业，拥有400多家店铺，包括NIO House（蔚来中心）、CGV、言几又、Ole、茱莉动物园等主力店，其中40%是首进西南、重庆的品牌或旗舰店、概念店。开业三天人流量达90万人次。朝天门大融汇项目一期全部开业，每日平均人流量约为3万人次。后街影视文化产业园目前集聚影视创作、文化传播等法人单位共21家，新引入映有生品牌设计公司等影视摄影后期制作公司，园区内山鬼特色酒店开业。融创白象街项目试营业，业态主要为品牌零售、旅游配套、特色餐饮等，街区利用中秋、国庆重要时间节点举办“巴渝文化周”等特色活动，持续吸引人气。熊猫公馆引进服务式公寓美丽之冠（约8000平方米），另集聚特色酒店、客栈10余家，有客房数量近900套，旅游业态集聚效应初步显现。东水门传统老街区除引进特色餐饮等旅游配套业态外，新引进的秋果酒店已开业，通过东水秋集等活动聚拢人气。

【企业服务】 促进楼宇提质增效。协助临华大厦1号电力系统改造，解读并申报楼宇改造扶持政策；协助后街影视文化产业园申报文化产业示范园，协助新重庆中央商务楼成功申报评选3星楼宇，协助熊猫公馆完成外部环境和内部商场改造。优化企业服务。推行“30天落地”工作时间表，努力降低办事成本、提高工作效率，新入住企业从注册到落地办公不超过一个月。协助洪崖洞文化旅游有限公司等5家重点企业落户。全力协助来福士广场入驻企业证照办理和装修相关手续办理，商场于9月初开业。消化存量载体，楼宇招商去化面积31万平方米。完成全国第四次经济普查录入工作，区域负责的31家规上企业已全部上报，规下企业应调查单位和个体990家，录入率达100%。

【宣传工作】 举办重庆·半岛微纪录片创投大赛，整个拍摄活动和影片展播在微博上的活动话题浏览量达239万余次，影片总浏览量达到350万多次，在微信公众号上图文影片阅览量达13万多次，在重庆轨道1、2、3号线上轮回播放，每天传播达326万人次，共计传播上亿人次。开展制作宣传沙盘、印制招商手册、举办“追寻母城记忆　丈量美丽渝中”健步走等活动，并在华龙网、大渝网、新浪重庆、新华网、今日重庆、轻轨捷龙等媒体平台进行宣传报道，进一步扩大街区影响力。

【党建工作】 扎实开展“不忘初心、牢记使命”主题教育，组织党员干部深学细悟习近平新时代中国特色社会主义思想和党的十九大，十九届二中、三中、四中全会精神，坚持在学懂弄通、融会贯通上下功夫，在理论联系实际、推动转化运用上求深入。全年开展中心组集中学习研讨28次，干部学习22次，党课培训5次，撰写调研文章4篇。加强对全体党员干部的思想政治教育，以“四个意识”为政治标杆，全面学习宣传习近平总书记视察重庆重要讲话精神、参加全国人大重庆代表团审议时重要讲话精神，彻底肃清孙政才恶劣影响和薄熙来、王立军流毒，进一步澄清基层干部模糊认识，扶正祛邪、正本清源。严格落实意识形态工作领导责任，把意识形态工作纳入重要议事日程，与业务工作同推进。抓好正面宣传，定期分析研判，确保街区内意识形态工作不发生重大问题。抓实机关党建工作，以区委巡察整改为契机，以巡察反馈问题为导向，坚持对标对表，深入查找问题，深刻剖析原因，抓好整改落实，完善党组议事规则，完善“三重一大”事项决策制度，完善学习制度，规范现金使用管理和票据报销，不断健全机关党建工作体系，夯实党建工作基础。严格落实党风廉政建设，牢固树立“四个意识”，坚定践行“两个维护”，认真落实抓业务工作与抓党风廉政建设工作“一岗双责”等制度，抓好日常廉政警示教育，扎实推进党风廉政建设和反腐败工作，严格执行中央八项规定精神，狠抓工作作风转变，注重廉政风险防控，在人情、利益面前守住底线、不越红线，营造良好政治生态。

【历史文化街区管委会负责人】
主　　任：谢　果（党组书记）
党组副书记：甘乾彬
副 主 任：范　例　陈迪兵

（郭东勤）

大石化新区建设管理委员会

【概况】 渝中区大石化新区建设管理委员会（简称“大石化管委会”）成立于2014年12月，为区政府派出机构。办公地址位于渝中区经纬大道789号美源•美源3楼。2019年，内设办公室、规划建设科、产业发展科、企业服务科、总部经济园区工作部5个职能科室，核定行政编制9名，在职6人。下属大石化新区企业服务中心成立于2015年6月，是正科级、公益一类、财政全额拨款事业单位，核定事业编制15名，其中主任1名，副主任2名。大石化管委会的主要职责是：负责大石化新区范围内承担的区委、区政府关于经济发展、产业布局及重大项目建设等目标任务的完成；拟定管委会年度工作计划并组织实施；负责调查研究区域内产业发展中的重大问题，提出政策建议，贯彻落实产业发展优惠政策；负责区域内投资促进和对外合作交流工作；统筹推进、协调服务区域内重点建设项目；负责区域内企业服务、协税护税工作；负责本部门及所属单位国资管理工作。

2019年，大石化新区覆盖大坪、石油路、化龙桥三个街道，17个社区，面积7.45平方千米、占全区的45%，有常住人口15.5万人。新区生产总值252.1亿元，占全区的19.4%，同比增长7.6%；固定资产投资额43.5亿元，占全区的24.81%，同比减少28.7%；在区项目商品房销售面积35.5万平方米，占全区的53.15%，同比增长16.2%；限额以上批发零售业企业销售额181.6亿元，占全区的12.02%，同比增长12.9%；限额以上住宿餐饮业企业营业额25.6亿元，占全区的46.29%，同比增长29.1%；规模以上服务业企业营业收入88.2亿元，占全区的13.58%，同比增长12.8%；片区规上法人单位270家，实现营收529.5亿元，增长8.27%。

【项目建设】 地块开发。万科化龙桥项目群超高层建筑核心筒修建至34层，龙湖西区项目主体封顶，总部城项目、和泓江山国际项目全面竣工，龙湖时代天街E馆启动建设。配套建设。推动五一技校家属区开口道路建设；深入研究化龙桥国际商务区品质提升工作，采取“一开通两优化”措施，解决化龙桥片区“最后一公里”公共交通问题；开通大化步道临时便道，优化天地湖临湖步道，解决片区步行不畅问题；引进专业餐饮公司运营白领食堂，进一步优化片区餐饮配套。

【产业发展】 专业服务业。以打造化龙桥专业服务（法律方向）集聚示范区为主，引入在线法律平台、司法机器人等新兴法律服务业。累计入驻德勤华西总部、字节跳动、ABB等优质企业。医疗大健康业。以建设大坪大健康集聚示范区为核心，依托重庆医科大学、重医附一院、大坪医院等优质资源，打造环重医创新生态圈以及重庆国际医学创新中心，重庆华医健康产业科技成果转化中心、重庆华医康道科技有限公司等企业落地入驻。大数据智能化产业。打造重庆“链岛”智能产业集聚区，提档升级重庆市区块链产业创新基地，重庆工业互联网服务创新中心落户总部城，引入落地影创科技、银江科技、和利时等企业。

【企业服务】 加强联系走访，每月全覆盖联系服务70家重点（规上）企业，协调解决欧菲斯公司房屋产权登记、区域汽车销售企业知名度提升等问题20条次。强化政策宣讲，开展涉企政策宣讲及依法统计等主题培训7次，主动协助企业兑现各类政策，向10余家企业兑现各类扶持奖励资金3000余万元。搭建交流平台，协助忽米网与平安银行等企业开展业务合作，组织区域企事业单位参加专题授课、改革工作座谈及乒乓球比赛等活动，营造良好营商环境。做好经济统计，完成第四次全国经济普查阶段性任务，统计录入各类单位3165家。推进人才工作，联合重庆港力环保股份有限公司申报立项重庆市博士后科研工作站项目并获市人社局审批，工作站已挂牌运行。

【节会活动】主办大石化国际创意文化节，开展对外宣传活动15次，举办重庆—新加坡国际电竞嘉年华活动1次，累计宣传覆盖1000万人次。管委会微信公众号推送信息362条，原创内容178条，通过新华网、华龙网、《渝中报》等媒体宣传报道60余篇。

【党建及宣传工作】党组班子全年专题研究党建工作12次，通过走访、座谈等方式开展调研63次，指导机关党支部开展理论学习、征文比赛、参观基地等活动14次；开展中心组集中学习27次，指导机关党支部集中学习12次；利用“学习强国”平台以及“渝中先锋”等微信公众号，做好碎片化随身学习；发展党员1人、转正1人，及时足额收缴党费；配合街道执行“网格化”管理，机关党员到社区报到并联合开展志愿服务、安保值守、慰问困难群众等活动7次，助推辖区“大党建”；组织党组集中学习15次，指导机关党支部学习讨论2次，邀请有关领导专题授课1次；开展调研座谈会14次，上门走访调研企业9家，梳理问题113条，按要求组织召开专题民主生活会进行整改。积极编写报送新区动态、招商简报及每月资讯等各类工作讯息60余篇次，获区领导批示44次，反映区域发展情况，推动各项重点工作开展。

【大石化管委会负责人】

主　　任：金　犁（2019年1月离任）
　　　　　杜鹏武（党工委书记，2019年1月任职）
副 主 任：李祖耀（2019年1月离任）
　　　　　罗　林（2019年1月任职）
　　　　　黄雪萍
　　　　　乔德水（2019年4月任职）
　　　　　郑　杰（挂职，2018年9月任职）
组织委员：毛凌疆（2019年1月离任）

（秦鑫）

渝中区电子商务和创意产业园管理委员会

【概况】渝中区电子商务和创意产业园管理委员会（简称“区电创园管委会”）成立于2014年，办公地址位于渝中区嘉滨路242号远见中心7楼。2019年1月，全区机构改革，撤销区电创园管委会党工委，成立区电创园管委会党组。区电子商务和创意产业园位于渝中区中部，覆盖上清寺、两路口、大溪沟、菜园坝4个街道，占地面积6.78平方千米，常住人口约20万人。2019年，区电创园管委会内设办公室、规划建设科、产业发展科（招商投资促进科）和企业服务科（楼宇经济科）4个机构，有行政编制9名，事业编制12名。

2019年，区电创园管委会全面贯彻新发展理念，坚持“科创＋文创”发展方向，着力抓好重点产业、重点区域、重点项目、重点企业、重点招商五个关键，在“保稳促增添后劲”上下足功夫，努力提升产业层次和城市品质，扎实推动园区经济高质量发展。园区多项考核指标达到预定目标，部分指标超额完成。根据“第四次全国经济普查”结果，其中，电创园管委会片区GDP达到347.5亿元，完成原定稳存量目标284亿元的122%。市外项目签约合同额23.19亿元，实现固定资产投资15.49亿元，分别完成全年任务的145%和104%。落户“招大引强”企业8户，完成全年任务的100%。引进高新技术、电子商务、文化创意等企业14家，完成全年任务的140%。改造老旧楼宇8栋，巩固培育亿元税收楼宇6栋，稳规上企业86家，分别完成全年任务的160%、100%和100%。上清寺互联网科创产业集聚区和大溪沟文创设计产业集聚区全年新增企业1024家，完成全年任务的171%。中冶赛迪、鹅岭贰厂文创公园、云威科技等获多项荣誉，电创园获评第五届中国楼宇经济峰会“2018 中国十大活力产业园区”。

【项目建设】 重点项目有统筹。完成大鹅岭片区国家级文化创意产业园方案策划；开展鹅岭—李子坝融合发展整体策划；跟进大田湾体育场保护利用工程、鹅岭公园提档升级、菜园坝滨江新城等规划方案；协调配合马鞍山传统风貌区、李子坝传统风貌区、胜利巷老街区等项目建设。前期工作提速度。儿童医院、少年宫南入口改造项目完成施工图设计；北区路至人民路节点交通改造正在办理可研审批；李子坝正街—长江二路段及大溪沟轻轨站—枇杷山公园段步道建设完成设计方案。完成国家级文化产业示范园区总体策划与概念规划及重庆村 1 号—希尔顿商务大厦外环境整治方案策划；重庆报业集团、聚佰艺公司完成 6、7、9 地块初步方案。在建项目出进度。重庆中心 T2、T3 主体完成 90%，万科翡翠都会 1、3 号楼封顶，合景天銮主体结构完成 50%。三层马路步道完善升级工程完成 95%，首开区初具形态；民革中央画院主题画创作中心启动建设，嘉陵新村 44 号及孙科公馆旧址完成修缮。

【产业发展】 聚焦创新驱动，向新经济要动能。加快发展数字经济、智能经济、创意经济、平台经济、流量经济等五大形态，打造新经济高地。落实大数据智能化行动计划，打造嘉滨路数字经济产业带，新加坡浩瀚商务等 50 多家企业落户；与区大数据局联手打造阿里数字经济产业园，数梦工场等 15 家规上企业将逐步落户。促进中冶赛迪与华为公司深化智能制造和智慧城市合作，引进慧勘工业技术研究院等一批智能企业，加快推进宗申数字科技产业园筹建。山城影视产业园完成选址枇杷山，形成影视工作室政策建议方案；联手腾讯和文博单位开展巴渝文化主题 IP 设计大赛。渝欧股份入选服务贸易创新优势企业；香满圆西部农产品电商平台新入驻企业 40 余家；储备平台经济招商企业 15 家。支持皇冠大扶梯改造修缮。举办意大利设计展、第六届中法环境月——环保艺术摄影展等产业活动 40 多场。在上清寺 V 营、重庆村 1 号搭建公共服务平台，为企业提供一站式服务。推动老旧楼宇盘活利用，雅居乐、颐高集团等知名企业多次来区考察洽谈；积极推动老旧商务楼宇实施改造、物业标准化等级评定，6 栋楼宇被评为星级楼宇。加强楼宇入驻企业服务，着力培育亿元税收楼宇。

【招商引资】 聚力目标产业，梳理数字商务企业 70 家、数字文创企业 50 家、其他企业 20 家作为跟踪招商目标。瞄准广东地区 902 家“准独角兽”（含未来“独角兽”）企业中的智能 +、大数据、大健康企业，将其列为重点招商目标对象。做好宣传推介，赴广州、深圳、成都、杭州等地招商 8 次，举办“对接大湾区 遇见渝之中”意向企业招商恳谈会，与成都锦江区有关部门签署《老旧楼宇改造和数字经济招商引资合作协议》。做好空置楼宇、地块招商推介，先后邀请上海市广播影视制作业行业协会代表、经济日报各地驻地站长、意大利托斯卡纳大区工业联合会代表等来访园区考察交流，共接待来访企业代表 100 余次。注重商协会作用，与 8 个商协会建立紧密联系，并聘请 9 名企业家、社会组织代表、市级单位代表为电创园首批招商顾问，依托商（协）会丰富的产业资源和庞大的会员资源，开展招商投资促进工作。抓好以商招商，与重庆原道窝克企业孵化器有限公司合作打造重庆首个 AI+ 物联互通产业园，有 5 家企业达成入驻意向协议。抓好展会招商。举办“赋能新经济　数字电创园”——重庆渝中电创园数字经济及重点地块招商推介会；西洽会期间，招商德州百仕达公司西区总部落户；智博会期间，分赴 10 余个论坛现场及展馆开展招商工作，对接阿里巴巴集团等企业 321 家，挖掘有效项目源线索 6 条。

【企业服务】创新服务方式，全力当好“服务员”。创新建立服务企业“五必问、五必带”工作机制，累计走访企业 300 多家，受理企业咨询400余次；协调解决远见中心餐饮配套等问题困难50多项，指导鹅岭贰厂文创公园成功申报区级低效楼宇改造补助资金、2019年第二批重庆市中小微企业发展专项资金项目，共获资金支持650余万元。搭建平台，当好企业“引路人”。首次举办电创园新春团拜会，首次召开新入驻重点企业座谈会，首次举办电创园数字经济高质量发展研修班，举办就业创业扶持宣讲等活动，覆盖企业600余家，虚心听取企业意见建议，构建“亲”“清”新型政商关系，受到园区企业高度评价。联合区金融办、四个街道举办电创园融资服务大会，编制《渝中电创园企业融资服务手册》，收集银行科创、文创特色贷款产品58个，为178家中小微企业提供普惠金融贷款2.4亿元。

【党建工作】 全年召开党组理论中心组学习12次、党组会34次，及时学习传达中央决策部署和市委、区委要求，研究贯彻落实措施。落实书记讲党课制度，党组书记讲授专题党课2次、党组成员分别在分管领域各讲授党课1次。开展“不忘初心、牢记使命”主题教育，党组开展集中学习研讨16次，机关支部集中学习7次，班子成员带领党员深入楼宇、工地、企业调研32次，形成调研成果4篇，1篇被区委主题办评选为优秀调研文章；深刻检视问题，梳理查摆突出问题或需要强化落实的工作159个，其中对照党章找差距方面的问题55个，机关支部党员梳理突出问题87个。全年在新媒体平台“渝中电创园”微信公众号上发布信息近400条。2019年，中央广播电视总台国际在线连载4篇集中报道园区，《重庆日报》等市级媒体报道40余次，《渝中报》等区级媒体报道30余次。严格落实意识形态工作责任，定期分析研判意识形态领域工作，专题研究和部署意识形态工作4次，建立健全意识形态工作制度，党组每半年向区委汇报1次意识形态工作。加强干部队伍建设。加强党风廉政建设，开展“以案四说”警示教育4次，节前警示教育3次，组织新进人员入职谈话5次，推进廉洁文化建设。管委会党组旗帜鲜明、全力配合，接受区委巡察工作，提供各类材料2万余份，针对巡察组提出的5类9个突出问题，组织召开巡察整改专题民主生活会，4个问题完成整改。

【区电创园管委会负责人】
主　任：吴　辉（党组书记）
副主任：符　雷（党组副书记）
陈建录　灵　乐
戴爱国（2019年2月离任）

（陈冬冬　蒋雪影）

城市建设管理

城市规划

【概况】 重庆市渝中区规划和自然资源局（以下简称“区规划自然资源局”）前身是原重庆市渝中区国土资源管理分局和原重庆市规划局渝中区分局，机构改革后组建区规划自然资源局，于2019年2月21日正式挂牌成立，加挂渝中区林业局牌子。区规划自然资源局在城市规划方面的主要职责：负责建立空间规划体系并监督实施，贯彻执行国土空间用途管制制度和国土空间规划政策并监督实施；负责自然资源文化的挖掘、研究、保护和利用工作；承担空间规划和自然资源管理的督察工作；承担渝中区规划与历史文化风貌保护委员会的日常工作。

【规划研究】 制定《“深耕”渝中发展空间拓展实施方案》，统筹生产、生活、生态三大布局，为加快建设国际化、绿色化、智能化、人文化现代城市提供高品质空间保障。对全区约320万平方米商业商务在建拟建建筑、约130万平方米空置楼宇建筑、约1.1平方千米存量用地、约0.2平方千米非核心产业用地和约0.65平方千米特殊用地、职业学校等用地进行梳理。把握本轮重庆市国土空间总体规划编制良好契机，立足渝中区经济社会发展需求，对重庆市国土空间规划提出意见建议。推进城市提升行动计划落地，详细梳理项目，共形成实施项目清单120项，区级承接清单24项。从全区整体层面探索和指导城市有机更新工作，对产业楼宇、老旧住区、公服设施、特色街巷等不同空间载体进行梳理和研究。全面开展综合管网普测和规划工作，针对雨污合流重点区域优先开展综合管网规划。拟定《关于进一步加强规划建设统筹和管理的通知》，设立渝中区规划与历史文化风貌保护委员会（简称“区规委会”），统一部署和组织全区国土空间规划及建设工作。

【历史人文保护】 牵头制定并由区政府印发《2019年渝中区自然资源文化和历史文化名城保护工作实施方案》《重庆市渝中区历史建筑保护利用试点工作方案》，拟定《渝中区历史文化保护传承规划和实施方案》。开展《渝中区眺望系统专项规划》，推动《重庆历史人文核心保护传承专项规划》编制，推进中山四路历史文化街区、鲁祖庙传统风貌区、燕子岩—飞机码头传统风貌区3个保护规划新编，以及十八梯等9个历史文化街区和传统风貌区保护规划修编。开展申报工作，推动鲁祖庙片区申报为传统风貌区，继续推进燕子岩—飞机码头片区申报传统风貌区，推动重庆文化宫大剧院等5处老建筑成功申报为第三批历史建筑，推动重医子弟小学等8处建筑纳入重庆市第四批历史建筑预备名录。完成16处历史文化街区、传统风貌区和历史建筑的标识牌制作与挂牌。

【城市设计】 对在重庆渝中区域已开展的《渝中区朝天门片区品质提升城市设计方案》《解放碑商圈环境综合品质提升城市设计》等9项规划形成项目进行详细梳理。开展朝天门—解放碑片区步行空间优化及交通组织优化研究，形成《解放碑—朝天门步行空间提升及交通组织优化研究》初步成果。开展重庆市中央艺术区规划，打造兼具“重庆文旅新景区、重庆艺术演义高地、文化艺术消费集聚群”三大功能的中央艺术区。开展《大坪商圈品质提升城市专项设计》《解放东西路沿街界面专项城市设计》两项城市设计。

【项目规划及建设】 全年核发建设项目选址意见书8个、建设用地规划许可证16个、建设工程规划许可证47个，核发竞地花园等24个老旧单元加装电梯建设工程规划许可证，有序推进马家堡原后勤工程学院家属区、竞地花园、渝州新都等72个老旧单元加装电梯工作。处置开发项目竣工违约，完成2018年底申报12个项目，处理一号桥“合景天銮”项目，共收取违约金1931.57万元。全年办理规划竣工核实项目26个，核实总面积98.12万平方米，查处违法建设行为案件3件，罚款金额479.67万余元，办理非住宅产权分割4个，分割总面积10778平方米。配合市规划自然资源局开展重庆站综合交通枢纽片区规划方案研究，配合轨道9号线、10号线、18号线方案和建设协调工作，推进环道三期、长滨路改造、十八梯基础设施、解放东西路、红云路、石油南路等协调和建设，推动十八梯变电站及其隧道工程建设，提供两路口变电站前期咨询、大坪至两路口送出工程前期咨询、人行道部分市政设施迁改前期咨询等服务，推进三层马路、虎歇路等天桥的前期工作。

【监督执法】 加强违法建筑整治，全年拆违工作重点是对繁华地区屋顶违法建筑实施拆除，共认定违法建筑53处。全面推进违建别墅清查整治，先后两次对全区重点清理整治区域（公园、两江两岸、饮用水水源保护区）进行梳理统计。

（刘林甫）

城市建设

综　述

【概况】 重庆市渝中区住房和城市建设委员会（简称“区住建委”），成立于2019年1月，根据《重庆市渝中区机构改革方案》，区住建委将区房屋管理局的职责和区建交委的建设管理职责等整合，不再保留区房屋管理局和区建交委。办公地址位于渝中区民生路345号兴利大厦。区住建委机关核定行政编制39名，下属单位核定事业编制457名。2019年，区住建委实有行政编制人员38人，事业编制人员381人。区住建委机关内设办公室、组织人事科、计划财务科、法规科、企业指导科、质量安全科（应急工作办公室）、住房保障科、住房改革发展科、房地产业管理科、物业监督管理科、房屋征收科（渝中区房屋征收办公室）、城市提升科、建筑行业管理科、建设工程管理科（行政审批科）、重点工程建设科15个职能科室。下设渝中区住房和城市建设综合行政执法支队、渝中区人居环境事务中心、渝中区住房和城市建设质量安全中心、渝中区住房保障和租赁事务中心、渝中区住房和城市建设档案室、渝中区物业专项维修资金管理中心、渝中区房屋征收中心、渝中区住房综合事务中心8个事业单位。区住建委的主要职责是：贯彻执行住房和城市建设法律、法规、规章和方针政策；承担构建多层次住房保障体系任务；负责物业管理活动的监督管理，负责物业专项维修资金的监督管理和指导工作；负责组织实施房屋征收与补偿；负责房地产开发建设、房地产中介和房屋租赁市场的监督管理；统筹拟订城市道路桥梁隧道及其附属设施等城市基础设施建设年度计划，负责项目的储备、前期工作和协调推进等。

2019年，区住建委围绕中心谋思路、紧扣重点想办法、扎实苦干推工作，较好地完成各项任务。围绕建设国际化、智能化、绿色化、人文化现代城区，实施城市提升行动计划，全力保障曾家岩大桥、轨道5号线等市级重大交通基础设施项目顺利推进，千厮门隧道等一批项目建成投用，“一带六横十六纵”山城步道格局加快形成，城市品质不断提升。精心谋划实施枣子岚垭一巷等一批老旧小区改造提升试点项目，解决房屋“两证”遗留问题10万余平方米，妥善处置“四久工程”3个，群众获得感幸福感不断提升。着力优化营商环境，持续深化工程建设项目审批制度改革，出台促进建筑、勘察、设计行业发展六条措施。“党建+物业”模式在全区推广，全面开展物业星级评价和老旧住宅区等级评价，物业管理水平不断提升。

2019年，区住建委荣获区级新中国成立70周年安保维稳工作成效突出的集体奖励。

【党建工作】 扎实开展“不忘初心、牢记使命”主题教育，开展15次集中学习研讨，近300人次参加学习；委领导讲党课9次，近500人次参加；开展调研21次，共收集意见建议22条，查找问题208条，总体整改效果较好；28个基层党组织严格按照“八个一”开展主题教育。编制《渝中住建委落实全面从严治党主体责任清单》，推进责任清单向基层单位延伸；印发《区住建委党政议事规则》，明确“三重一大”决策事项；调整科级领导干部5人、选拔科级领导干部3人；组织干部职工参观建川博物馆、816工程遗址、红岩村等红色教育基地；组织干部职工参加各类培训90余次，参训690余人次。年初签订党风廉政责任书，及时向党员干部通报违法违纪案件，将廉政谈话常态化；开展专项整治行动，肃清江洋违纪违法的不良影响；在系统内开展“以案四说”警示教育12场次，约500人次接受教育；严格贯彻落实中央八项规定精神，在重大节日期间开展作风建设督查；在全委范围内安排部署廉政风险大排查，查找风险点223个，逐一对应建立防范措施和制度机制。

【基础设施建设】 （1）轨道建设。轨道5号线一期（渝中段）歇台子站，轨道9号线（渝中段）站点及区间建设，轨道10号线二期（渝中段）七星岗站及附属设施、曾家岩站及附属设施、南纪门轨道专用桥有序推进中；大礼堂站建设用地蒲草田片区A标段已交地，B、C、D标段正抓紧拆除；18号线（渝中段）已基本取得歇台子站及富歇区间施工通道出入口临时用地，为18号线在渝中区的建设打开局面。（2）城市交通基础设施建设。千厮门隧道12月顺利通车；曾家岩大桥5月合龙，隧道工程正抓紧实施中，确保2020年全面通车；红岩村大桥、化龙桥立交工程有序推进；打造“山城步道”特色品牌，研究形成“一带六横十六纵”渝中区步行系统体系，完成21条步道初步方案，建成重庆首条电动扶梯崖壁步道——大化步道，完工环城墙步道一、二期，启动“城墙VR”系统建设，开工半山崖线步道。（3）“两江四岸”治理。配合市级推进李子坝片区、黄沙溪片区前期工作；启动两江消落区环境综合整治工程（菜园坝大桥至储奇门码头段）护岸挡墙建设。（4）优化轨道线网。完成18、26号线优化方案编制；18、26、27号线均纳入全市第四期轨道建设规划，其中18、27号线已纳入重庆市城市轨道交通第四期第一批建设规划（2019—2024年）。（5）排水管网建设及雨污分流改造。推进解放东西路等项目排水管网建设，全年新建污水管网2.74千米，新建雨水管网0.97千米；完成渝中区建成区排水管网排查，开展渝中区建成区雨污分流改造控制溢流污染专项编制。（6）老旧小区改造提升。鹅岭正街166、168号等五个项目纳入渝中区试点示范范围；编制老旧小区改造提升实施方案及建立项目库，逐步推进实施；完成枣子岚垭一巷改造等试点项目。

【建筑行业发展】 拟定渝中区支持建筑业发展政策，通过落实告知承诺制、减免农民工工资保证金、高等级资质企业补助及奖励、区级经济贡献奖励等6条措施，促进渝中区建筑业持续健康发展。扶持中交二航局第二工程有限公司升级为全市第九家施工总承包特级企业。

【房地产行业发展】 加强企业资格审查，完善企业退出机制，指导、帮助符合条件的房地产三级资质企业升报二级资质，优化区域产业结构。开展住房租赁机构备案试点，培育新增规模化专业化住房租赁企业4家，累计备案8家。先后引进龙湖冠寓、朗诗寓等住房租赁品牌，在全市范围内率先形成高、中、低端长租公寓产品齐备的住房租赁市场。开展住房租赁市场调研，形成《关于住房租赁市场培育和发展的建议》，推进重庆市住房租赁信息化综合服务平台试点落地渝中。加大房地产中介市场秩序整治力度，净化市场环境，对群众反映强烈、投诉举报较多的企业予以重点检查和约谈，对违法违规行为坚决查处。

【“放管服”改革】 走访联系总部（重点）企业62家，规上企业137家，楼宇63栋；推进总部（重点）企业和楼宇经济扶持政策落地，兑现扶持资金近1300万元。牵头开展工程建设审批制度改革，投资项目从立项到竣工验收全过程审批时间压减至50个工作日以内；推进使用“一个系统”、提升“一个窗口”、统一“一枚印章”，审批阶段实现“一份办事指南，一张申请表单，一套申报材料，完成多项审批”。为重庆天地等项目减免项目资本金及预售资金监管合计23亿元；取消物业企业“两个质保金”制度，物业质保金退还项目73个，退还金额781万元，进一步减轻物业企业负担。

【房地产开发建设】 全年，渝中区房地产开发在建量约380万平方米，完成投资95.8亿元，同比下降38.4%。商品房销售面积66.8万平方米，同比下降9.8%。销售金额123亿元，同比下降10.9%。竣工面积39.7万平方米，同比下降24%。

【开发企业资质审批】 全年，渝中区房地产开发企业共85家，较上年减少7家。其中具有正式资质的开发企业46家（一级资质5家，二级资质32家，三级资质7家，四级资质2家），暂定资质39家。全年新办暂定资质6件，办理资质延续35件，资质变更9件。

【重点项目建设】 2019年，区住建委作为责任单位的重点建设项目共11个，计划总投资29.25亿元，完成投资18.48亿元，投资完成率为63.2%。其中，市在区项目5个，计划完成投资28.49亿元，完成投资18.19亿元，完成率为63.8%；区级重点项目6个，计划完成投资7565万元，完成投资2875万元，完成率为38.0%。

【区住建委负责人】

主　　任：陈　勇（党委书记，2019年1月任职）
党委副书记：鞠　影（兼副主任，2019年1月任职）
副 主 任：祝接金（2019年5月任职）
何　平（2019年1月任职）
顾　勇（2019年1月任职）
吴　施（2019年1月任职）
田　猛（2019年1月任职）
袁必亮（2019年4月离任）
李劲松（2019年12月离任）
纪检组长：文　燕

（尹静秋）

建筑业

【概况】 2019年，区管建筑工地总面积507万平方米，建筑业实现增加值89.1亿元，占全区GDP的3%。其中，完成建筑业总产值（注册地）445.9亿元，同比增长10.7%；完成建筑业总产值（在地）140.4亿元，增长9.1%。全区有各类建筑业企业587家，其中总包特级企业1家，一级企业80家。共有建造师2952人，其中一级建造师1101人。根据统计建筑企业一套表内报送情况，退出限上企业4家，新增5家。全年核发施工许可证91个，其中市政工程2个、房屋建筑项目89个。消防审批22个。

【服务业企业月报】 牵头渝中区38家、直接负责26家规上服务业企业的催报工作。靠前服务，走访营业收入较大的企业，采取电话、QQ等方式协调企业准时上报，不漏报、错报。全年规上建筑设计服务业企业实现营业收入增长15.8%。根据重点服务业报表内报送情况和报送数据分析，新增规上企业1家。

【工程监督】 2019年，区管建筑工程项目71个，监督主体责任项目85个，其中办有施工许可证55个，技术指导30个。建筑总面积450万平方米。受理安全、质量报监37个，减少5.12%。其中房屋建筑工程17个，总建筑面积83.76万平方米，增长4.23%；市政、土石方及其他工程20个，总工程造价32650.35万元，增长66.32%。办理工程竣工验收备案43个，增长72%；备案建筑面积147.63万平方米，增长149.38%。消防验收办结135个，23个验收，112个备案。

【工程质量监管】 对71个在建工地开展各类检查1800人次，形成监督记录540余份，发现各类质量安全隐患2200余条，下发违规告知书65份，均得到及时有效处理。全年共完成40个项目的竣工验收，工程质量合格率达100%。通过市级安全文明工地各阶段验收项目5个，获评巴渝杯优质工程奖2个。新申报市级安全文明工地项目6个，主要有重庆中心一期一标段（T2塔楼及其下部裙楼、地下室）、化龙桥片区B13/04地块、重庆光大控股公司朝天门中心二期（1号塔楼及裙楼）工程、万科黄花园项目二期、重庆千厮门嘉陵江大桥渝中连接隧道新增接线（E、F匝道）工程预留接入口等。通过二阶段市级验收项目4个，通过三阶段市级验收项目1个。通过三峡杯优质结构工程奖验收项目2个（重庆来福士广场T4S、财信渝中城三期1栋及地下车库）。推荐全国安全生产标准化工地1个（重庆罗宾森广场项目T4#楼承包工程）。

【工程安全监管】 对区管建筑工地开展日常安全检查和节后复工、安管人员到岗履职、建筑起重机械隐患大排查大整治、百日攻坚、城市品质提升等专项检查，并切实做好施工现场文明施工动态管理。按照《2019年渝中区建设施工领域“建安”系列集中执法行动推进工作方案》，开展“建安”1号至5号行动，重点检查“六类事故”违法行为、施工现场高温极端天气应急管理、消防安全管理等9个方面的制度规范落实情况。立案查处违法违规行为3起，落实监管执法责任。开展施工现场日常安全检查和专项整治检查1800余次，形成检查记录540余份，发现和整治各类安全隐患2200余条，所有隐患均督促责任单位定人、定措施、定时间进行整改，彻底消除各类安全隐患，确保辖区建筑工地安全施工。

【行政执法及劳务清欠】 全年对安全质量管理差的80家企业和3人进行行政处罚，处罚金额192.5万元；协调处理工程款及农民工工资纠纷13起，涉及农民工600余名、工资1512万余元。

【城建档案管理】 全年对36个工程的档案验收均通过线上线下完成，合格率达100%。城建档案管理一体化平台全面推进实施，“建设工程文件采集整编系统”推进应用，实现城建档案交底、过程检查指导、线上线下便捷服务。完成渝中区全域全景城市建设拍摄，开启城建档案可视化管理征程，为智慧城市构建打下坚实基础。

（尹静秋）

滨江建设管理

【概况】 渝中区滨江建设管理处（简称“滨江管理处”）是区交通局管理的副处级事业单位。2019年内设秘书科、工程科、经营科3个职能科室，核定编制8名。现有员工21人，其中在职在编人员3人，局派领导2人，借调人员3人，招聘人员13人。滨江管理处的主要职责是：负责滨江岸线的建设维护管理以及两江消落区环境综合整治工程相关工作，其中重点对占地45000平方米的滨江公园及其附属设施进行管理维护。

【两江消落区环境综合整治】 渝中区两江消落区环境综合整治工程（储菜段）计划总投资59870万元，截至2019年底，完成投资1.9亿元。根据“两江四岸”规划完成方案调整，为确保综合整治工程、轨道交通10号线工程南纪门处、雷家坡立交工程等市、区级重点工程顺利实施，对各项工程占地范围内的相关门面、场地进行拆迁与征收，共收回经营门面15间并拆除部分棚房，总面积达3082.19平方米。

【长滨路东储段景观整治】 渝中区长滨路东储段景观整治工程项目计划投资4800万元。根据“两江四岸”规划已完成方案调整，计划

2020年完成全部建设内容。

【石板坡长江大桥下挡墙排危抢险工程】 该项目总投资2423.41万元。现已完成各项前期准备工作和临时排危工作。

（黄程祥 姚辉）

市政建设管理

综　述

【概况】 重庆市渝中区城市管理局（简称“区城管局”）系区政府负责城市管理工作的主要职能部门。办公地址位于渝中区和平路192号。2017年12月30日，渝中区政府印发区城管局、区城市管理综合行政执法支队“三定”方案，将区市政园林管理局更名为区城管局，加挂渝中区城市管理综合行政执法局牌子，将区综合行政执法局直属大队更名为区城市管理综合行政执法支队。2019年3月28日，经区委、区政府批准，再次调整重庆市渝中区城市管理局职能配置、内设机构和人员编制，不再保留重庆市渝中区城市管理综合行政执法局牌子。区城管局机关内设办公室、组织人事科、计划财务资产管理科、督查考核科（科技信息科）、规划建设管理科（行政审批科）、执法监察科、市政设施管理科（停车管理办公室）、绿化照明管理科、市容环卫管理科、安全稳定办公室10个科室和1个执法支队。局机关行政编制33名，设局长1人，副局长4人，科级领导职数15人，机关在职公务员32人，工勤1人，执法支队26人。下设鹅岭公园管理处、重庆市渝中区市政设施维护管理中心、重庆市渝中区环境卫生管理服务中心、重庆市渝中区绿化维护管理处、重庆市渝中区数字化城市管理监督指挥中心、重庆市渝中区城市照明维护管理中心、重庆解放碑地下环道综合管理处、重庆市渝中区解放碑城市综合管理所、重庆市渝中区朝天门城市综合管理所、重庆市渝中区上清寺城市综合管理所、重庆市渝中区市政管理局环卫三所、重庆市渝中区华西市政工程部、重庆市渝中区第二绿化工程队13个基层单位以及11个街道综合行政执法大队。区城管局的主要职责是：贯彻执行国家有关城市管理方面的法律、法规、规章和方针、政策；执行城市管理地方标准和技术规范；统筹城市管理重大事项，拟订城市管理规章制度；负责拟订全区市容市貌、环境卫生、市政基础设施维护、园林绿化、城市排水、城市管理综合执法等方面的发展规划、年度计划并组织实施；负责全区道路、桥梁、隧道、功能照明、景观照明、排水等市政基础设施的维护管理；承担城市污水收纳管理工作，协调城市供水；负责全区环境卫生管理，组织实施清扫保洁、环卫设施建设管理和生活垃圾（含餐厨垃圾）收运等。

2019年，区城管局紧扣城市综合管理“干净整洁有序、山清水秀城美、宜居宜业宜游”工作目标，以城市综合管理提升行动为统揽，以年度目标任务为重点，深化“大城三管”，强化“马路办公”，落实“七大工程”，开展“春夏秋冬”专项行动，深入推进市容环境综合整治，城市环境进一步改善，城市形象进一步提升。在2019年“发现重庆之美”评选活动中，渝中区“五长+三级书记”马路办公工作机制、万科锦程小区、新都巷游园、上清寺转盘节点绿化分别被评为重庆市城市管理创新范例、垃圾分类时尚小区、最美社区游园和最美市街节点绿化。

【党建工作】 开展“不忘初心、牢记使命”主题教育，把学习贯彻习近平新时代中国特色社会主义思想和党的十九届四中全会精神作为主线，采取精研细读深学、丰富载体促学、强化指导督学的“三学”措施，实现学习对象全覆盖。主题教育期间，组织党委中心组学习8次，开展专题研讨7次。各基层党组织开展专题主题党日活动1次、集中学习讨论5次。聚焦城市管理突出问题，确定10个针对性强的调研专题，班子成员深入基层一线，召开调研成果交流会，推动调研成果转化，形成工作措施45项，修订新建制度11项。通过“自己找”“上级点”“群众提”等方式，收集意见建议20条，对照党章党规自查问题35项，结合市委巡视巡察、中央生态环保督察等反馈意见形成检视问题69项，为整改落实提供精准靶向。坚持把“改”字贯穿主题教育始终，认真抓好“8+1”专项整治工作。专项整治工作共查找问题23项，已全部整改到位。加强基层党组织全面建设，严格党委中心组学习、支部主题党日制度，规范学习流程，全年组织党委中心组学习18次、“主题党日”学习150余次。认真落实“三会一课”、双重组织生活、民主评议党员、交心谈心等制度，创新开展民主评议、参观交流、志愿服务等形式的支部“主题党日”活动23次，不断提高组织生活的质量和实效。结合局内部体制机制优化，严格选拔程序，调整科级领导干部17名，选拔55名，为基层党建工作提供有力保障。

市政设施建设

【设施管护】 全年维护道路6.47万平方米，对洪崖洞千厮门立交铺装沥青路面1万平方米，维护栏杆1.9万余米。强化市政设施巡查考核，坚持“发现问题在路上、解决问题在现场”，并定期对维护情况进行巡查和抽查，对检查发现的设施问题立即督办维管单位限期整改。加强结构设施日常监管，经常性检查并如期进行定检确保及时对病害结构设施进行处理。开展结构设施的经常性检测和定期检测，对辖区单墩桥梁进行专项排查。加强排水设施维管工作，在保障排水管网正常运行的同时，处理中央第二轮环保督察群众投诉件3件、配合处理4件，回复市环保自查问题5个，市级偷排直排乱排专项行动突出问题1个。抓好化粪池管理，针对洪崖洞自有产权化粪池气体监测超标问题，下达书面整改通知书并进行复检。受理投诉13件，处置投诉问题4件，2件列入项目整改计划，对其余自有产权问题，从行业管理角度提出整治建议并通知属地街道查明产权单位进行处理。排查“偷排、直排、乱排”行为，对解放碑地下环道人员驻守点管网进行改造，统筹地下环道通风口及室外电梯处加装监控相关工作。办结人大件92件、政协件20件，回复渝中区检察院检察建议书3件。

【安全管理】 编制《渝中区城市排水系统事故应急预案》《渝中区桥梁隧道事故应急预案》。完成渝中区城市道路等级评定与设施交通安全隐患排查工作。每月组织2次以上对基层维管单位进行不定期检查，并考核打分。重要节假日前对商圈、旅游景点等区域的设施进行检查，发现隐患并督办及时整改。根据区“建安行动”等专项工作要求，制定专项方案，督促基层单位落实安全风险防范的有关措施，完善应急预案并配备必要的物资、人员。开展各类安全检查58次，发现隐患30处并督促责任单位及时整改。强化结构设施安全管理。兜子背跨线桥第6、7跨完成安全检测并试点在线监测、安装限载牌。对大溪沟水源地保护区高架桥雨水径流收集系统进行桥梁安全性评估，对辖区桥梁保护区内的施工项目严格落实行业监管责任。

【行业监管】 全年办理市政道路占挖许可78件、排水许可10件、排水接沟许可6件、排水管网迁改许可1件，接待办理咨询100余次。办理停车场备案登记16件，开展路内停车场巡检工作，督促区国资公司对不清晰的路内停车位标志、标线、编号进行补划，对损坏的公示牌进行更换，并做好对收费人员的相关业务培训和安全生产培训。依照“配建为主、公共为辅、占道停车位补充”与“只减不增”原则，严格控制城市道路非规划地段占道停车行为，会同公安、属地街道等部门划定两轮摩托车专用停车位。取消设置不合理的路内占道停车位110个。巡查停车场530余个次，处理网络舆情案件等各类投诉60余件。对水厂开展安全检查并指导其做好供水应急抢险工作，分别对大溪沟水厂生产车间及人民路22号等二供设备进行安全生产检查，指导渝中区水厂对李子坝、达美城市花园二供设备进行应急抢修。每月对全区水厂出厂水及管网水进行检测并按季度进行公示，确保水质综合合格率达98%以上。

【民生实事办理】 完成嘉滨路等人行道改造约3000平方米，民生路等排水管网改造约3.3千米。枣子岚垭巷步道、兜子背跨线桥维修工程（一期）、巴蜀路2号等化粪池管网改造工程已完成预算编制。居民水表一户一表改造已完成1500余户。在占道挖掘，桥隧及道路的管理、日常维护等方面，严格按照《重庆市市政设施管理条例》《重庆市城市道路品质提升技术指南》以及城市综合管理要求和相关作业标准执行。配合稳步推进雨污分流管线下地，完成除封闭小区外市政排水管网的普查工作。启动偷排乱排专项整治行动，发现雨污错接及不规范接入行为问题38处，已整治28处，纳入整治计划即将整治6处，正督促社会单位整治4处。

【解放碑地下环道管理】 解放碑地下环道全年共计驶入车辆110.12万台次，月均车流量91768台次，日均车流量3017台次，单日最高车流量4072台次。加大地下环道设施设备监管力度，出动3000余人次对消防、电力、给排水等8大系统设施设备进行日常巡检，出动300余人次对高压开关柜、电力变压器、潜污泵等43类设施设备进行保养维护等。开展消防联动测试12次，电力设施设备高压预防性试验1次，保障环道重要设施设备性能运转正常。完善重要场所、重要部位现场管理，张贴安全警示标识360余张、现场安全管理制度100余张、现场应急处置流程100余张。解放碑地下环道市政设施设备、照明设施管护工作及环道保洁工作进展顺利，设施设备运转正常。

【环卫设施改造】 完成环卫汽修所厂房改造项目，于7月通过综合验收。改造健康路垃圾站、菜园坝民工住房和华宇渝州新都小区管网，推进菜园坝垃圾中转站环保提升整治。完成8座垃圾站改造项目前期设计，完成市、区下达的虎头岩、肖家湾、中二路社区等7座新建公厕和30座社会公厕对外开放。为垃圾站增配除臭、净化设备和风幕机，加强挤压点和集污容器清洁管理，有效降低环境影响。抓主干道公厕深度保洁和大扫除作业标准落实，在公厕安装空气净化机，有效降低异味，安装便民取纸机，如厕舒适度明显提升。累计更换和新增果皮箱970个，维修车辆3322台次，环卫设备得到有效维护。

【饮水点建设】 对原有8个点位的桶装水设备提档升级改造为直饮水，共完成47个点位、40台桶装水饮水机设备和8台直饮水设备的安装，方便市民饮水。

【灯饰照明维护改造】 （1）严格日常维护。每周对区内的城市照明巡查3次以上，累计管护楼宇灯饰249栋、户外灯饰30处、金属高杆路灯11272盏，维护小街路灯9442盏、路灯7389盏次；开展路灯保洁8870盏次，更换井盖198块，涂刷灯杆923根，维护清洁箱变（箱式变电站）41台，进行箱变预实验41台，维修变压器1台；整治中兴路下回水沟、民族路、上清寺嘉东村等零星无灯区35处，新增路灯110余盏，新增景观灯饰443盏；保持全区20714盏路灯亮灯率、设施完好率均达99%以上。（2）消除安全隐患。开展棉花街、巴蜀中学、七星岗安全改造，新装灯杆130余根、灯具200余组；实施渝州路亮化改造，更换钠灯70组，新装庭院灯65组；完成渝州路、陕西路、新华路等干道“修枝保亮”工作；完成嘉滨路新增行道树灯饰及楼宇故障排查并维修18处。（3）实施灯光品质提升工程。重点加强“两江四岸”核心区景观照明查漏补缺，以洪崖洞、李子坝、鹅岭贰厂等网红景点和江岸线主要可视点为重心，实施东水驿、鹅岭贰厂、李子坝、经纬大道、化龙湖等景观灯饰建设项目，提升渝中半岛夜景颜值。东水驿历史文化街区灯饰改造工程、化龙湖景观灯饰工程已完工亮灯，经纬大道沿线灯饰景观工程、鹅岭贰厂景观灯饰项目、李子坝轻轨站灯饰建设项目均有序推进。（4）实施照明智能控制系统工程。按照重庆市统一标准，配合市照明局建设完成渝中区智能控制终端，渝中区“两江四岸”核心区范围内390栋建设有景观灯饰的楼宇，全部接入市级集中控制平台，基本实现“一把闸刀”管控。

环境卫生

【日常保洁】 强化日常道路冲洗作业，作业区域逐步延伸覆盖到地通玻璃罩、车行隧道（下穿道）护壁，道路保洁力度稳中加强，扬尘污染得到有效控制。全区机械化有效作业车行道面积178.78万平方米，城市道路机扫率达90.47%，完成各类迎检工作任务累计325次。及时处理涉及环卫管理作业方面的网络舆情投诉25件，回复人大、政协提案29件，处理回复数字案件7895件及12139城市管理数字案件123件，结案率分别达99.81%和100%。

【精细管理】 管理作业方式从过去“粗线条”转向“精、细、专”，作业面也由表及里，层层深入覆盖，对绿带、花台、树圈、水篦子、路名牌、集污桶和果皮箱的保洁形成固定的专人队伍。专项保洁模式达到表面不积泥沙、不积油污、清晰辨识的状态，提高对防撞栏、隔离栏和人行护栏机械化清洗力度，使其保持色彩分明，外表光亮。对突出问题的整治兼顾治标与固本，对雨棚垃圾和“牛皮癣”问题形成常态化专项整治，卫生死角大幅减少，残标小广告清除及时，城市“颜值”明显提升。清理沿岸河滩暴露垃圾约553吨，并建立每周一次巡查排查工作机制，两岸水清滩净坡绿。

【垃圾收运及分类】 垃圾收运。按照“车走地净”要求，全力抓好垃圾收运完成率，强化车辆密闭装载、车容清洁管理措施，做到车辆无满溢、无滴漏。在确保不停站、不停运的情况下，完成菜园坝垃圾中转站的大修工作，巩固运行能力，全年清运生活垃圾21万吨，大件垃圾0.9万吨，果蔬垃圾0.35万吨。垃圾分类。按照2019年底前完成市委、市政府明确的城市建成区内35%的街道开展生活垃圾分类示范建设和城市生活垃圾回收利用率达到28%的目标任务，全力推进全区生活垃圾分类工作。全区机关办公区、学校、医院等150个公共机构和石油路、化龙桥、上清寺、大坪等4个街道26个社区约11万户居民，已全面实施生活垃圾强制分类，分类示范街道比例已达35%；在2019年未纳入强制分类示范片区的7个街道，已选定1个社区完成示范片区打造。全区先后配置分类设施2000余个，安装可回收智能箱13套，配置易腐垃圾收运车17辆、有害垃圾收运车1辆、可回收物收运车10辆，建立可回收物分拣处理场2个，全区生活垃圾回收利用率达22%以上。通过“线上＋线下”宣传模式，已在示范片区建立400余个志愿者服务岗，2000余人注册登记志愿者，开展进机关、进医院、进学校、进企业、进社区、进窗口“六进”活动900余次，参与50000余人次。

【应急保障】 在春节、五一、国庆等节日期间，环卫中心全力做好环境卫生应急保障工作，以主要街路、广场、商圈、交通枢纽、网红景点等区域为重点，加大作业频次，延长作业时间，人工巡回不间断保洁，机械化车辆全装投入不停摆，做到降尘、清扫、保洁作业全覆盖。组建70人、18台作业车辆的应急队伍和设备应对突发环境卫生问题。

【夏季环境整治】 深化拓展“马路办公”和“五长制”，认真落实“三级书记街巷办公”和全区“党建＋物业”工作会精神，开展夏季环境整治行动。共出动人员11816人次、车辆1294车次，清除“牛皮癣”21171处，冲洗道路45.34万平方米，粉饰墙面29567平方米，修复楼道569处，清理垃圾2169吨，清理杂物1310吨，增园添绿9260平方米，疏通排水200处，修复路面726处，更换收运设施524个。完成32个社区微整治，总投资968.87万元。

【垃圾收运及垃圾站管理】 按照《重庆市餐厨垃圾管理办法》有关规定，采取“划线固位、靠墙靠边靠角、同色同向”的方式，保持集污桶摆放整齐、桶身干净无污，明确收运时间和频次，确保日产日清。全年收运垃圾2.69万吨，日均98.74吨，餐厨垃圾收运签约商家2713家。按照《重庆市建筑垃圾管理规定》的相关要求，建立工作台账，截至11月，办理建筑垃圾处置许可4件，建筑垃圾运输许可证280个，涉及运输单位6个。按照市城管局关于建筑垃圾治理试点工作要求，编制建筑垃圾试点工作方案，出台管理办法等。强化挤压点和集污容器日擦周洗清洁管理，增配垃圾站除臭、净化设备，净化垃圾站周围环境，2019年在11个地埋垃圾站安装风幕机45套。

【公厕管理】 按照“一少、五清、六无”的要求，以全力服务市民为宗旨，确保公厕24小时免费开放，正常运行。全年新安装空气净化机54台，配置公厕便民取纸机37台，维修公厕1341座次，消除故障1546处。

【垃圾处置费征收】 坚持“以人为本，惠及民生”的原则，加强与代征单位协调，强化周二周五驻站、月例会以及燃气窗口人员5‰激励制度，规范低保户、优保户、空置户等的减免手续，完成垃圾处置费征收2800万元的任务。

综合行政执法

【违法建筑整治】 按照市指挥办存量违法建筑五年整治计划和任务要求，渝中区2019年违法建筑整治目标任务为3.8万平方米。渝中区强化统筹部署，及时组织召开违法建筑整治动员大会、现场交流会，定期召开违整例会，加强督导和考核。坚持将违法建筑整治与棚改征收、消除安全隐患、市容环境综合整治有效结合，借势借力，拔钉破难。先后完成环球金融中心、两江亭周边、两江两岸等区域占压化粪池等各类违法建筑整治5.2万余平方米。

【广告招牌管理】 强化“标准化、常态化、长效化”管理要求，坚持周检查、月考核，常态开展户外广告招牌巡查整治。组织进行五一、十一及极端恶劣天气下的专项安全检查6次，开展菜园坝火车站周边、石油路、新华路沿线等区域门楣店招集中整治，取缔和泓渝中界、翡翠都会等大型楼体软体广告20余块，拆除朝天门码头大型T型广告1处，清理整治违规灯箱、字牌、横幅等广告670余个，规范整治和清洁各类招牌1200余块。强化店招设置事前、事中指导，备份门楣店招800余份，重点协调平安好医生、恒大学府等各类招牌设置30余块次。

【城管执法规范化建设】 积极参与“3•19城市管理服务主题周”活动，开展城市管理法律法规宣传。全面落实行政执法三项制度和“双随机、一公开”制度，促进城市管理各项工作公平、公正、公开。核实认领城市管理执法领域权利清单155项，制定非主干道临时占道经营许可、户外招牌备案、户外广告审批业务手册，大力简化流程，缩短办理时限。加强重难点案件办案指导，审核法律文书30件，先后参与化龙桥河道僵尸汽车处置，化龙桥8、9、10号房屋处置研究。组织开展法律应诉工作，办理行政诉讼案件8件、民事诉讼案件1件，目前均在审理中。

【扫黑除恶及其他工作】 强化日常宣传，组织张贴海报350张，悬挂横幅120条，发放环保袋、搪瓷杯、文化衫等宣传品860余个（件）。严格实施扫黑除恶工作日常台账管理，深入挖掘相关线索并及时移交办理。牵头组织实施2019年中央扫黑除恶第一轮督导“回头看”迎检准备工作，组织排查梳理涉黑涉恶问题线索、历史信访积案、已结案行政处罚案件等内容。全年排查梳理各类问题线索20余条，移送并处置嘉陵江化龙桥段李子坝夜宴餐厅破坏河道及沿岸生态环境问题，拆除河道范围内的违章搭建，取缔占道经营，消除安全隐患。开展扫黄打非、“三轮车限行”等相关工作，配合区委宣传部、文旅委开展校园周边综合整治，协助区交巡警开展“三轮车限行”安全评估、场地落实等工作。

【市容秩序整治】 围绕城市环境整治各项工作任务，突出重点，强化措施，精准发力，严格治理各类违法乱象，逐步推动整治工作向市政设施、排水管网、园林绿化、道路扬尘等专业化执法方向延伸，城管执法各项工作取得显著成效。2019年，全区累计出动执法力量31.2万人次、执法车辆2.4万台次，清理占道经营2.2万处、骑跨门店2万多处，取缔违法早夜市61处，清理露天烧烤200多起，暂扣烧烤用具100余件；治理违规广告牌匾、灯箱等1.8万处，依法拆除占道棚伞125个，拆除少数民族摊点36个；整治“牛皮癣”3万多处；清理乱堆乱放、擅自设置停车器等1.4万处；规范整顿建筑工地37处，查处冒装撒漏等违规运渣车辆130余台次，开展道路扬尘整治。全年罚款近15万元，市容综合整治成果得到有效巩固，违法占道经营基本取缔，夜间烧烤得到全面遏制，解放碑、朝天门、洪崖洞周边等重点、窗口区域环境整治效果明显，市民群众满意度、获得感和幸福感持续提升。

【城市执法体制改革】 理顺城管执法体制机制，进一步加强区级协调调度、综合管理、业务指导等职能发挥，统筹推动各项执法任务高质高效落实。先后组织实施“三夜”安保（城管部分）、五一假期、中秋国庆、中考高考、中央环保督查等60多次各级接待任务，以及建筑工地、运渣车辆、餐厨垃圾收运治理等15次大规模专项整治行动。特别是先后组织执法力量200余人，开展朝天门、滨江公园、大坪龙湖等区域私搭乱建整治，拆除违法搭建棚40多个，有效遏制严重影响市容的违法行为，一批市容重点难点问题得到较好解决。

【执法监督考核】 健全完善城管执法工作标准，明确市容检查考核要求，明确整治加分及通报减分内容，推动城市管理提档升级。实行“日检查、月通报”市容检查考核制度。区城管执法支队每日开展市容环境监督检查；严格城管执法考核，每月考核各街道市容执法状况。畅通投诉渠道，通过网络和信访等载体，广泛接受监督，积极办理信访、举报等各类事项，支队全年共办理城市管理方面各类投诉、举报、建议260多件。全方位、多层次、多渠道的执法监督和考核，有效保证了城管执法工作无空档、全覆盖、见实效。

【城市顽疾整治】 加强职能部门协作，探索建立联动、协调机制，打造各部门“群策群力、齐抓共管、合力攻坚”的良好局面。特别是在城市环境整治行动中，城管执法、公安、交通执法、住建、生态环境等部门，齐心协力，攻坚克难，严格治理占道停车和违规设置广告行为，共整治僵尸车500多台，清理违章占道二轮车700多台，整治违章运渣车300多台，清理毁绿圈占菜地130多处、2000多平方米。彻底解决滨江公园、菜园坝广场、陕西路脏乱等市容乱象，市民反映强烈的市容“老大难”问题得到较好解决。

【队伍建设】 组织支队干部职工深入开展“不忘初心、牢记使命”主题教育，不断加强执法队伍政治理论学习，支队党小组全年组织开展学习活动12次，组织参加各种专题活动6次。开展支队党员干部“进大队”活动，每名干部固定联系1个街道执法大队，与广大一线执法、协勤人员面对面沟通、心贴心交流，广泛收集基层意见建议，收集5个方面23个执法问题，协调解决各类执法问题11个。严格贯彻党的各项纪律、规范，认真执行民主集中制、重大问题集体讨论制度和党风廉政建设等有关制度，基本形成以制度管权、管人、管事的工作运行机制。坚持党风廉政建设，营造清正廉洁、风清气正的城管执法环境。

数字化城市管理

【概况】2019年，数字城管共立案305811件，结案293238件，结案率为95.89%，按期结案率为95.87%。群众投诉2590件，其中12319案件2247件，下降13.91%；网络舆情案件76件，下降70.08%；公众微信案卷12件，下降36.84%；市长公开信箱157件，下降49.68%；市政110案件343件，下降12.94%。

【视频抓拍】 数字城管视频监控系统原共享公安和自建视频约3600路，2019年新增共享公安900余路，覆盖主要干道、重要商圈、网红景点等。通过完善视频采集相关标准，让城市可视化管理得到有效提升，让视频巡查，快速、便捷发现城市管理问题。上线450路监控视频自动抓拍，通过图形算法、智能分析，做到城市管理问题自动发现、智能抓拍，人工审核立案流转处置，并自动核查，提高了全区数字城管案件发现、核查效率。

【马路办公】 坚持“发现问题在一线、研究问题在一线、解决问题在一线”，继续深化落实“五长制”，创新推行区委、街道、社区三级书记“马路办公”工作机制。全年开展巡查21万次，发现问题18万个。接办市级“马路办公”巡查发现问题254个，在规定时间整改完毕。

【城市日常管理考核】 制定《渝中区城市日常管理工作考评方案》，从专业检查、曝光督办和反映问题办理、专项工作、街道互评、“马路办公”、数字城管、第三方检查评价、激励考核等方面，对全区11个街道、CBD管委会和16个城市管理相关职能部门实行城市日常管理月排名。通过第三方调查机构电话调查、现场拦截、网络调查等方式，征求群众对各街道（管委会）市容环卫、广告店招、园林绿化、城市管理执法工作效果的评价，结合月度成绩，对考核对象进行季度考核。制定《2019年渝中区城市综合管理“七大工程”考核方案》，建立“七大工程”专项工作考核机制，切实推动“七大工程”目标任务落实落细落地。特别是实行激励考核加分项，有效提高各街道消除长期占道经营固定摊点存量的积极性，促进了城市综合管理水平明显提升。同时，通过每月拍摄视频的方式发现各街道（管委会）城市管理问题，发出限期整改通知60余份，涉及城市管理问题380余个，在规定时间内整改完毕或已制定相应防控措施。

【智博会参展】 渝中区作为区县智慧城管建设参展单位，亮相2019智博会。为顺利参展，渝中区完成了视频宣传片拍摄、微信公众号宣传展板和宣传图文册制作、渝中城管平台功能调试、现场展厅布置等工作。《重庆日报》专版报道渝中区智慧城管建设成效，进一步扩大了影响力和美誉度。

【市政设施在线监测预警系统试点】 经现场勘察、方案设计、精心组织，完成兜子背跨线桥和佛图关公园危岩区域在线监测预警系统设备安装，全天候实时监测桥梁梁体及山体危岩的位移和震动情况。渝中城管平台可通手机App实时监测桥梁和危岩状态，并根据状态报告提供的险情预警第一时间进行有针对性的处置，切实提高安全管理水平。

园林绿化

【苗木栽植】 全年在上清寺、嘉陵江桥头、南区路、嘉滨路、临江门等地栽植三角梅、紫薇、木槿等开花植物683株，绿化城区街景，彰显城市魅力。在春、秋季集中对绿地缺株断行的乔、灌、草进行补植，确保绿地植被丰满完整，绿地内无泥土裸露。在牛滴路、菜园坝、临江门、中四路等地补栽金叶女贞、散尾葵、迎春、红继木、金边菖蒲等植物57780株，铺植麦冬、吉祥草等12640平方米。

【绿地管护】 狠抓绿地植物修剪、施肥和病虫害防治、抗旱浇水、绿地整治等日常绿化管护工作。定期对绿篱、草坪进行修剪，每隔10—15天对主次干道、花台、游园、绿篱修剪一次，使其整齐规范，线条流畅。绿篱修剪57.5万平方米，草坪修剪3.8万平方米。根据植物的生长习性，薄肥勤施，多次开展病虫害防治工作，保持绿地无明显病虫害。开展病虫害普防1次、专防2次，防治面积33万平方米。对绿地内不耐晒的植物搭建遮阳网，面积约1000平方米，出动洒水车650余车次，浇水面积约250万平方米，在极度高温下保证苗木存活率达90%。对植物修枝1550株，清理绿地枯枝枯叶101.6万平方米、杂草47万平方米。

【大树管护及苗场管理】 坚持行道树修剪整形常态化，对各种影响行道树生长与景观的残留物进行全面清理，确保树上无杂物、行道树和绿地干净整洁美观。全年共修枝11506株，清理断枝685株，挖除死树杂树弱树危树等86株，树干刷白11319株。完成化龙桥、观音岩轻轨出口、中山四路、鹅趣园大树基建移栽109株。处置城区绿化废弃物2080余车次，对城区移植入圃的60株乔木进行栽植养护，并做好圃内植物修剪及病虫害防治工作。

【排危抢险】 加强应急救援队伍建设，坚持24小时值班值守，值班人员和抢险人员、车辆随时待命，保持通信信息通畅，确保发生险情第一时间响应。全年行道树各类险情排危95处，社区大树排危91处，保障市民财产和人身安全。

【城区空间景观美化】 用秋海棠、太阳花、孔雀草、皇帝菊、一串红、瓜叶菊等传统花卉品种以及如意、金鱼花、红掌等花期长、颜色艳丽的花卉新品300余万株，对城市节点、广场、游园、花台、绿带内鲜花进行更换调整。在解放碑步行街、日月光广场、长江大桥桥头、国泰广场、大都会等8处城市景观节点设置疏密有致、色彩艳丽的组团绿化布置，满足城市居民日益增长的审美需求，打造精致的城市角落。在重要干道、节点、窗口区域实施绿地景观改造。甄选出高3.5米，冠径2.5米的大型云南紫三角梅打造中山三路旁绿带景观；渝州宾馆绿地改造利用现有地形，因地制宜，运用自然式植物群落及花境组合，创造出色彩缤纷、层次分明的多样性植物群落道路景观；解放碑运用植物打造绿化立体背景墙和错落有致的园林小品景观。

【绿化专项整治及义务植树】 在对主干道、桥梁、绿地广场、街头游园、重要节点等区域开展常态绿化管护的基础上，重点对边坡堡坎、轻轨桥墩进行绿化整治提升，清理李子坝、牛滴路沿线、嘉陵江桥头等地护坡15000平方米，并在适合区域撒播花种，营造清爽、有序、整洁、美观的护坡绿地。开展渝中区2019年春季义务植树活动，组织区级领导、机关干部职工、青年团员代表等共200余人在九坑子举行植树活动，种植紫薇、红枫、香樟、栾树等树木近300株。

【绿化工程建设】 按照市委、市政府对民生实事的部署要求，完成九三学社成立旧址纪念碑配套建设、鹅岭公园轻轨沿线景观提升工程、新都巷环境整治等13个“增绿添园”项目。完成鹅岭公园水环境水污染应急整治项目，推进两路口南北分流道上行线绿化景观、徐家坡游园、牛角沱立交桥下绿地改造提升项目。

【区城管局负责人】

党 委 书 记：张远洪（2019年1月离任）
　　　　　　宋　丹（2019年1月任职）
局　　　长：赵　颖（2019年1月离任）
　　　　　　宋　丹（2019年1月任职）
党委副书记：赵　颖（2019年1月离任）
　　　　　　洪银明（2019年1月任职）

副　局　长：洪银明（2019 年 1 月任职）
姜　军
付　云（2019 年 2 月离任）
潘洪林（2019 年 4 月离任）
宋云溱（2019 年 4 月任职）
池　建（2019 年 4 月任职）
纪 检 组 长：周　平

（付财红）

公用事业

供　水

【概况】 渝中区水厂位于渝中区大溪沟龙家湾 1 号，始建于 1932 年，隶属于重庆市自来水有限公司，是一个产供销一体化的综合性水厂。2019 年，渝中区水厂有取水系统 1 套，净配水系统 2 套，日供水设计能力 10 万立方米，管网总长度 487 千米，其中 DN100 以上管道约 240 千米，水表总户数 15 万户。该厂担负渝中半岛近 15 平方千米 60 余万人口的公共供水任务。

2019 年，全厂团结一心、共同努力，在安全运行、供水保障、优质服务等方面工作都取得较好成绩，先后荣获“重庆市文明单位”“模范职工之家”“重庆市卫生单位”“生活饮用水先进单位”“精神文明先进单位”“安全生产先进集体”“重庆市人防工作先进单位”“渝中区反恐防范工作先进单位”等称号。

【供水保障】 2019 年，渝中区水厂完成售水量 3334.18 万立方米，同比增长 1.57%，供水有效率达 85.34%，较计划增长 1.31 个百分点。

【服务意识与质量提升】 广泛开展优质服务提升活动，全面推广网上营业厅、微信公众号、支付宝生活号，完善和提高综合性前台功能，让用户享受便捷的用水服务，“足不出户”就能办理用水预约、进度查询、个人过户、更名、水费缴纳、绑定户号、网点查询、停水公告等业务。在营业大厅设立便民服务箱和意见反馈箱，增加用户的沟通渠道。全年维修 3678 次，抢修 DN100 以上管道 44 次，更换 DN100—DN500 闸门 10 个，DN100 以上小管改造 1620 米，更改分水器 3433 户。巡查 DN100 以上管网 2600 千米，检查阀门 1733 套，及时维修、检查消火栓 3166 套，确保管网运行安全。

【一户一表全覆盖推进】 开展“一户一表”改造，全年计划 1000 户，实际安装 3329 户，超额完成计划，有效解决因水费纠纷引起的矛盾，促进了社会稳定。

【重庆市自来水有限公司渝中区水厂负责人】
厂　长：贾成军
书　记：肖建春
副厂长：梁　骏（2019 年 10 月离任）
蒋晓弘（2019 年 10 月任职）

（白栗）

燃　气

【概况】 重庆燃气集团股份有限公司渝中分公司（简称“渝中分公司”），是重庆燃气集团下属二级单位，主要负责渝中区及部分九龙坡区、沙坪坝区天然气规划、设计、安装、维修、抄表、收费等客户服务、供气保障及安全管理，服务区域东至朝天门、西至石桥铺白马凼、南至黄沙溪、北至化龙桥红岩村一线。渝中分公司地址位于嘉滨路 116 号。2019 年，内设 9 科 5 站（部），分别为办公室、党群办公室（人事科）、财务科、技术质量科、经营管理科、安全科、生产运行科、工程科、市场科，下设解放碑、大坪、上清寺、七星岗客户服务管理站，大宗客户服务部。渝中分公司有从业人员 281 人，服务客户 30 余万户，年均供气 1.93 亿立方米以上，负责辖区 4000 余个调压设备、274 座阀门（井）、7 座 CNG 加气站（供气）、587 处特殊用气场所及 729 千米中低压埋地管道的巡护管理。

2019 年，渝中分公司加强党建与生产经营高度融合，落实企业主体责任，推进了效益、质量、安全、风险管控的稳定和持续发展。

【安全生产】 全面落实企业主体责任，做到安全责任、安全投入、安全培训、安全管理、应急救援五到位，推动本质安全型燃气企业建设。推行全员风险管理、安全责任事故问责制，明确安全绩效占比，细化考核目标，量化考核金额。贯彻落实“防风险、保安全、护稳定、迎大庆”总体部署，确保大庆期间燃气安全管理。实施重点场所供气保障225天66次，驻会保障32天。加强非居民、居民、小旅馆及长江索道、印制二厂景区、洪崖洞网红景点隐患排查整治，依托政府力量，自行出资更换洪崖洞景区4F整体低压管道。全年隐患整改6101处，非居民隐患整改374户1178处，居民隐患整改4923处，投入自有资金对4255户客户的烟道、皮管、管卡进行更换。加强安全宣传及教育培训，全年投入安全资金1961.74万元。

【应急抢险管理】 实施抢险人员24小时单位全勤值班，建立重点供气单位现场处置预案，开展埋地管道防腐层检测295千米，有效巡检7245.93千米，阴保系统有效检测中压末端、低压回路测试点各4000余处。实行应急抢险管理，分片设点出警并开展演练，增补人员应对高峰时段抢险，中低压埋地管道及夜间出警及时率达100%，处理数字城市系统案件84件。强化应急抢险综合处置能力。

【内控管理体系建设】 专项对标破解“木桶效应”，重点对标“百千米燃气管道第三方破坏管理”“百千米抢险数”“非居民客户表具智能化”“管网基础档案管理”“输差率”“有效投诉率”“综合隐患整改率”等7项专项指标，涉及生产经营、工程管理、市场发展等多项管理工作，通过制度建立、指标采集分析、管控措施，提升整体管理质量。

【客户发展与多元化服务】 发展非居民客户，与中法公司共同以“能源管理”模式实现气源及能源管理双赢。多渠道、多元化服务，推售燃气保险，构建灶具、报警器、地暖、漏气检测、送排风系统等多元增值服务序列。接力“燃气赋能 使生活更加美好”服务月，实行现场展示、服务体验营销。全面集中非居民客户管理，集中打造精细化专业化模式，完成气价顺价，物联表更换及数据分析，实施数据采集及智能化。实行计量点对比分析、更换物联表、加强远传采集器、稽核管理等多方位输差管控，提升精细化管理水平。

【新型技术运用】 对燃气用户加大应急管理，加大短桩封堵器、调压箱安装对应器等新型技术运用，试点大型综合体不明管道检测，探索运用智能电动阀及远传电磁阀等新设备。设备设施管理实行调压箱（柜）阀井电子身份标定，整合DIS、设备及经管系统，手机终端图文导航实现设备安全运行及应急抢险快速定位。来福士项目智慧燃气建设实现供气端、客户端、平台端智能化。

【安全宣传教育】 开展安全主题宣讲、燃气安全进万家、安全经验交流等活动。通过多媒体、渝中有线电视台、互联网等多种方式，广泛深入地开展安全宣传。制作《客户安全用气须知》7000余份，《正确安装使用热水器》宣传画报2万余份，《天然气用气场所安全管理制度》5000余份，供客户宣传学习以增强其安全用气意识，提升安全用气技能。开展社区安全宣传56次，服务老社区居民客户289户，重点客户安全用气培训306人次。组织参与消防安全、操作流程、职业健康培训112人次，部门及班组日常安全培训140次、2314人次。

【党风行风建设】 严格执行党委决策“四步工作法”，将党委会研究讨论作为经理层决策重大问题的前置程序，召开党委会21次，讨论审议各项工作69项。突出问题导向，按照监督执纪实施方案，建立6个方面18个专项任务清单，开展“5+4+3”专项治理工作，深入在建工程、“三公”经费、公车使用、物资招投标、干部选拔任用等领域进行监督检查，杜绝吃拿卡要和不作为行为，营建风清气正的良好风尚。

【燃气集团渝中分公司负责人】
总 经 理：刘　镇（党委副书记）
副总经理：李发明（党委书记）
　　　　　张　东　杨庆辉
纪委书记：蔺雪平

（胡雅姣）

供　电

【概况】 国网重庆市区供电公司（简称“市区公司”）隶属于国网重庆市电力公司（简称“重庆公司”），成立于2011年5月，由原城区供电局、杨家坪供电局、沙坪坝供电局合并组建而成。供区面积799平方千米，服务常住人口约330万人，现有职工1190人。调度所辖变电站84座，其中220千伏变电站16座，110千伏变电站63座，35千伏变电站5座。

2019年，市区公司辖区用电量约132.51亿千瓦时，同比增长0.997%，日供最高负荷达345.7万千瓦。市区公司获得国家电网公司“先进集体”荣誉表彰。

【供电保障】 强化供电保障措施，完成市委、市政府及洪崖洞景点等重点区域和居民住宅区安全用电检查2273户次，指导客户及时消除隐患962项。强化应急素质提升，邀请区经信委、区应急局参与市区公司应急预案专家评审，切实提升预案合规性、有效性。加强配网故障处理时限管控，累计出动配网故障紧急抢修80次，平均抢修时长缩短7.56%。积极迎战迎峰度夏（度冬）高负荷保电，实现主变设备重载同比降低100%、10千伏线路无重载，确保电网平稳运行和可靠供电。

【电网建设】 实施110千伏朝天门变电站等送出工程，实现三峡博物馆等138个重要开闭所自动转移，保障朝天门来福士广场等8个重点项目及时通电投运。配合城市规划，完成38条线路迁改。服务绿色发展，完成朝天门5码头、11码头港口岸电建设等电能替代项目2项，年均减少污染物排放量536.06吨；建成充电桩54个。

【优质服务】 持续改善优化营商环境，压减小微企业接电时限至15天以内。完成接电277户，节省客户投资266万元，“三零”落地举措及成效获得国家能源局、世行专家好评。践行大中型企业“三省”服务，试行高压客户“随报随批”，平均接电时间同比缩短62.26%。制定保供电标准流程和政治常态化保供电细则，定期开展重要保电场所的隐患排查，完成中华人民共和国成立70周年国庆等重要保电任务110次。

【党的建设】 截至2019年底，市区公司共有党委成员10名，下设党总支6个，基层党支部50个，有党员1210名。推进“不忘初心、牢记使命”主题教育，围绕市区公司发展重点难点问题和群众关心热点问题，专项调研13次，帮助基层解决实际问题74项。健全党建工作责任制，以责任落实推动和促进党建与业务深度融合，全面完成线损治理、触电压降、精准扶贫等专项攻坚，深化新时代智能信息化红岩共产党员服务队建设，建成党建基层示范窗口3个。

2019年渝中区电网营业点

序号	营业点名称	地点	联系电话
1	国网大溪沟供电营业厅	重庆市渝中区人民路26号	023-63231892
2	国网交通街电力缴费厅	重庆市渝中区交通街竹园小区23号1-6	023-63306202

【市区公司负责人】

总 经 理：陶时伟

副总经理：张　捷　谢　兵　杨　军

王建明　王晓刚

钟家华（2019 年 3 月离任）

兰　崴（2019 年 3 月任职）

纪委书记：赵耀银

总会计师：李正忠（2019 年 3 月离任）

兰　崴（2019 年 3 月任职）

总工程师：谢　兵

（罗珊）

房屋经营管理

综　述

【概况】 2019 年 1 月机构改革中，区房屋管理局撤销，新成立区住建委承担房屋经营管理职责。区住建委主要承担构建多层次住房保障体系，负责物业管理活动的监督管理，组织实施房屋征收与补偿，房地产开发建设、房地产中介和房屋租赁市场的监督管理，贯彻执行住房制度改革政策等。

【住房保障】 廉租房实现“应保尽保”，住房保障“应保尽保”，发放廉租房租赁补贴 1600 余户，廉租房实物配租 4200 余户。区级公租房（廉租房）修缮升级完成 245 套。出台《重庆市渝中区人民政府办公室关于提高廉租住房租金补贴标准的通知》，将全区最低收入住房困难家庭租金补贴标准按使用面积由每月每平方米 17 元提高至 20 元，将低收入住房困难家庭租金补贴标准按使用面积由每月每平方米 12 元提高至 15 元。全面深化“放管服”改革，简化公租房、廉租房的申请材料，取消收入证明、个人住房证明、家庭居住状况证明、工作情况证明等多个证明事项，减轻群众办事负担。

【物业管理】 以党建引领、“党建＋物业”方式推动全区物业管理工作进一步规范提升。拟定《重庆市渝中区老旧住宅物业管理星级考评办法（试行）》和《重庆市渝中区物业服务星级挂牌管理办法（试行）》，细化星级评价指标，开展物业项目星级评价和老旧住宅物业管理等级评价工作，明确评价程序和标准，完成物业项目星级评价。推动成立区物业协会党委，统筹谋划和推动全区物业党建工作。全区 100 余个物业项目开展智能物业项目建设工作，有 9 个物业项目申请重庆市智能物业项目示范创建。

【直管公房及安全管理】 直接管理公房总面积 116.81 万平方米，其中住宅 114.96 万平方米，非住宅 1.85 万平方米。总户数 23515 户，完成租金收入 1856.51 万元，其中常租 1682.34 万元，历史欠租 174.17 万元。排查直管公房 799 栋、面积 116.8 万平方米，累计出动排查人员 2000 余人次，整改各类安全隐患 96 处。对全区直管公房中老旧房屋发放灭火器 337 具，在房管中心和各工作站办公区域设置疏散引导箱 20 具。牵头做好全区城镇危房使用安全管理系统维护，指导全区各街道开展危房动态监测工作。组织全区危房动态监测业务培训 2 次，组织危房动态监测督察工作 3 次，出动督察人员 36 人次。

【房屋征收及物业安全管理】 对渝中区 19 个征收片区、3 个拆除现场进行 93 次安全生产、扬尘控制检查，排查安全隐患 18 处，紧急排危 5 次，整改 5 处。全年召开物业管理安全工作部署会 9 次，覆盖物业企业近千人次，印发和转发各类安全文件 42 个。制订安全生产监督检查计划，组织开展市、区“双随机”检查项目 80 个，全年累计整治各类安全隐患 700 余起。其中，整治老旧住宅电梯隐患 60 台，清理公共通道占用安全隐患 370 余起。联合相关部门组织物业管理专题协调会160余次，检查装修现场防违控违35次。

【“两证”遗留问题及外墙砖隐患整治】全年解决房屋“两证”（房屋产权证和国土证）遗留问题10.56万平方米。完成6个街道19个项目（30栋房屋98个立面）外墙砖隐患整治，总投资150万元。

（尹静秋）

棚户区改造

【概况】 按照区棚户区（危旧房）改造与征收工作领导小组要求，2019年重新明确领导小组下设工作机构和人员安排，区棚户区（危旧房）改造与征收工作领导小组下设区棚改办、区棚改第一指挥部、第二指挥部、第三指挥部四个临时机构，区棚改办负责综合统筹，区棚改第一指挥部负责危改遗留问题办理，区棚改第二、三指挥部负责征收项目协调组织。出台《渝中区棚户区（危旧房）改造与征收工作领导小组会议制度》《关于规范棚户区改造与征收工作资金管理的通知》《渝中区择优确定房屋征收劳务服务单位工作方案》等制度文件。全年召开棚改领导小组办公会5次、棚改领导小组专题会14次，较好地完成各项任务。

【棚户区改造】 围绕城市提升和民生改善，完成棚户区改造2.34万平方米，涉及群众400户，完成投资2.7亿元，圆满完成2019年市级下达的国家棚改目标考核任务。

【房屋征收工作】 新启动轨道9号线、长江二路龙湖E馆段道路建设、两路口十字平交道路建设、马家堡小学改扩建、十八梯片区花街子段道路建设房屋征收项目5个。全年完成职教中心排危征收项目1个，推进新医村44号、戴家巷海庆公司遗留问题、茶亭北路征收项目补充征收和八县办旧城区C段项目补充征收等续征项目和遗留问题项目4个。

【信访维稳】 推行第三方机构开展棚改项目社会稳定风险评估办法，在重要时间节点，联合信访、法院、公安、街道、社区等建立排查接访机制，对廉租房群体、安置户群体开展联合接访。全年现场接访330余人次，电话接访734次，办理网上及书面信访235件次，办理行政复议、诉讼案件130余件，区法院牵头实施司法强制执行46户，共化解危旧房改造遗留问题22户。

【区棚户区（危旧房）改造与征收工作领导小组负责人】

组　长：黄玉林（2019年3月离任）
　　　　商　奎（2019年4月离任）
　　　　左永祥（2019年10月任职）
副组长：何积光　王　勇　黄孝明
　　　　鲁荣峰　熊德全　夏　阳

【区棚户区（危旧房）改造与征收工作领导小组办公室负责人】

主　任：陈　勇
副主任：高　盈（2019年4月任职）
　　　　陆小平（2019年4月任职）
　　　　石安宇（2019年4月任职）
　　　　何　平
　　　　喻　彦（2019年4月任职）
　　　　刘　畅
　　　　查　辉（2019年4月离任）
　　　　杨　健（2019年4月离任）

【区棚户区（危旧房）改造与征收工作第一指挥部负责人】

指 挥 长：何积光（2019年3月离任）
　　　　　喻　彦（2019年4月任职）
副指挥长：李　渊
　　　　　周　青
　　　　　喻　彦（2019年4月离任）

【区棚户区（危旧房）改造与征收工作第二指挥部负责人】

指 挥 长：王　勇（2019年3月离任）

何　平（2019 年 4 月任职）
副指挥长：查　辉
刘　畅（2019 年 4 月离任）
杨　健
陈　勇（2019 年 4 月离任）
何　平（2019 年 4 月任职）

【棚户区（危旧房）改造与征收工作第三指挥部负责人】
指 挥 长：黄孝明（2019 年 3 月离任）
石安宇（2019 年 4 月任职）
副指挥长：石安宇（2019 年 4 月离任）
赵卫东　邓雪洁

（王虹鉴）

环境保护

【概况】 重庆市渝中区生态环境局（简称“区生态环境局”）是区政府工作部门，为正处级单位，办公地址位于渝中区金汤街 24 号。2019 年 1 月 8 日，根据《重庆市渝中区机构改革方案》，将区环境保护局的职责以及区发展和改革委员会的应对气候变化和减排职责，区国土资源管理分局的监督防止地下水污染职责，区城市管理局的编制水功能区划、排污口设置管理、流域水环境保护职责等整合，组建区生态环境局，不再保留区环境保护局。2019 年，机关内设办公室（应急管理办公室）、生态环境管理科、污染防治科（核与辐射安全管理科）、法规宣教科（行政审批科）4 个职能科室。下设渝中区环境行政执法支队和渝中区生态环境监测站 2 个事业单位。渝中区环境行政执法支队为副处级、参照公务员法管理事业单位；渝中区生态环境监测站为区生态环境局所属的公益一类、正科级事业单位，经费渠道为财政全额拨款。区生态环境局的主要工作职责是：负责贯彻执行国家生态环境基本制度；负责生态环境问题的统筹协调和监督管理；负责监督管理减排目标落实；负责提出生态环境领域固定资产投资规模和方向、财政性资金安排的意见，配合有关部门做好组织实施和监督工作；负责环境污染防治的监督管理；负责监督生态保护修复工作；负责核与辐射安全的监督管理；负责生态环境准入的监督管理等。

2019 年，全区生态环境保护工作坚持以改善生态环境质量为核心，以打好污染防治攻坚战为主线，以全力配合第二轮中央生态环保督察为重点，各项生态环境保护工作有序开展，取得明显成效。

【污染防治攻坚】 2019 年共启动空气（临界）污染预警 9 次，发放臭氧告知书 1017 份，全力拼抢每个“蓝天”；完成柴油车淘汰 330 余辆；完成 8 座加油站在线监控设施建设、5 台燃气锅炉低氮燃烧改造、90 家餐饮经营单位油烟整治、2 家企业挥发性有机物治理；巩固已划定的 20.08 平方千米高污染燃料禁燃区；完成机动车尾气路检 11625 辆；按规范开展固定污染源清理整顿、排污许可证证后监管和执法检查工作。开展打击长江经济带固体废物环境违法行为专项行动，共出动人员 6300 人次，排查整治问题 223 个，转运各类固体废物 719.97 吨。推进固体废物环境管理信息化建设。完成辖区 23 家危险废物产生源单位网上申报登记；在全市试点开展医疗废物转移电子联单工作，办理医疗废物电子联单 244 次。新建 1 个市级安静居住小区，复查 3 个市级安静居住小区；化解 2 起重点噪声扰民问题。全力打好碧水保卫战。深化落实“河长制”，启动实施“净岸行动”，持续开展整治污水偷排偷放、长江入河排污口排查整治、船舶污染整治等专项行动，街道、社区河长巡河 1700 余人次。持续巩固饮用水水源保护区规范化建设成果，在全市创新建立饮用水水源保护区“河长＋警长”长效管理机制，饮用水水源一级保护区实现防护“全隔离”、视频监控“全覆盖”、宣传警示“全到位”。推进净土保卫战，严把建设用地环境质量“入口关”，全区污染地块安全利用率稳定达到100%。按市级统一部署有序推进“无废城市”建设试点工作。

【生态优先绿色发展】 完成渝中区生态保护红线、环境质量底线、资源利用上线和环境准入清单“三线一单”编制，构建全区环境管控体系。严守生态保护红线，将红线纳入全区“多规合一”，实现“一张图”管理，未发生突破红线等违法行为。严格水资源开发利用控制、用水效率控制、水功能区限制纳污“三条红线”管理，持续推进节水型社会建设，全区用水总量控制在8900万立方米以内。启动“无废城市”创建工作，大力推进生活垃圾分类，居民生活垃圾强制分类示范街道比例、生活垃圾回收利用率分别为35%和28%。加强既有建筑节能改造，节能率超过20%。严格执行新建居住建筑、公共建筑绿色标准，能效测评达标率达100%。重庆来福士项目获绿色建筑LEED金奖预认证。坚持适度留白，加强对鹅岭—佛图关—化龙桥中央山脊线的保护，展现滨江“绿壁”。大力实施“增绿添园”“城美山青”行动，城市绿化覆盖率达40.29%。

【生态环保督察】 7月12日至8月12日，中央第四生态环境保护督察组入驻重庆开展督察。各相关部门、各街道办事处通力协作，认真履职，配合督察工作取得积极成效，未发生被中央督察组和全市配合督察领导小组通报问题情形。成立了以区委主要领导任组长的配合督察工作领导小组，加强对配合督察工作的组织领导、统筹协调；区“四大家”主要领导和区政府分管领导分别担任5个督导组组长，强化工作指导和综合督导。中央生态环境保护督察组共向渝中区转办案件69件，已办结67件，正办理2件，一批群众身边的噪声、油烟、环境脏乱差等问题得到切实解决。高质量抓好督察备检资料收集归档，共138卷、1700余份；按照中央督察组要求，及时报送2批次、共150余份调阅资料。共发布督察工作相关宣传报道566条。严格按要求在区政府网站公开案件办理结果，做到“应公开，尽公开”。

【环境执法监管】 坚持“有案必查、违法必究、涉刑必移”，充分运用“双随机”抽查、网格化监管、联合执法、分级管理等手段，大力开展环保执法大练兵以及“清废行动”等10余项专项行动。共出动执法人员1000余人次，立案42件，移送司法2件。全年开展重点污染源监督性监测56家，获取各类污染源监测数据1.63万个。2019年，共受理群众环境污染投诉4228件，同比减少620件，下降12.8%。开展大溪沟饮用水源地应急演练，辖区环境安全保持“零事故”。

【环境监测】 完成长江、嘉陵江渝中区段10个断面水质监测以及渝州宾馆景观水、化龙湖水质监测。牵头完成23个国控考核控制单元水质现状评估，完成区域环境噪声及交通干线噪声监测。环境质量监测共获监测数据1.3万个，污染源监测获数据1.6万个。应急响应3次，出具3份水质应急监测快报，主要类型为江面漂污和污水直排入江。

【环境信用体系建设】 加快环保领域信用体系建设，将辖区11家重点监管企业纳入2018年度环境信用评价范围。开展信用渝中网上录入工作，将企业涉及环保领域的行政审批和行政处罚等相关信息及时录入“信用渝中”系统。

【环境宣传教育】 在“世界水日”“地球日”“环境日”等时间节点开展多次重大宣传活动，组织市聋哑学校、第五十中学、临江路小学、马家堡小学和大坪小学等中小学开展环保科普大赛并通过华龙网直播，组织新华小学学生开展“保护母亲河，我是行动者”绿水青山环保志愿活动。依托市级媒体以及《渝中报》等区级媒体平台，运用渝中环保官方微博、官方微信，大力普及环保知识，倡导绿色生活方式。2019年，《重庆日报》《重庆晚报》《渝中报》等平面媒体共登载渝中区环保宣传报道160余篇，《渝中新闻》播放辖区环保新闻43次，发布微博2500多条、微信500余条。向《渝中手机报》报送信息45条，及时报送各类政务信息和网络舆情报告。组建局生态环境通信员队伍，通过环保宝App“一图一故事”积极展示区生态环境局环保执法人员在污染防治攻坚战中的良好形象。落实网络舆情监测每周7×24小时值班制度、网络舆情处理台账制度、网络舆情网格化处理制度和网络舆情定期催办制度，做好网络舆情工作精细化管理，守好网络阵地。全年共收到网络投诉88件，全部按期办结。

【党建工作】 开展常态化学习，牢固树立“四个意识”。全年召开党风廉政建设工作会2次。召开局党组会10次，研究全面从严治党工作。制定《2019年度局党组理论学习中心组学习计划》，全年开展24次中心组（扩大）集体学习。开展党员干部集体学习15次，领导干部讲授党课5次。扎实组织开展“不忘初心、牢记使命”主题教育，开展集中学习研讨14次，形成调研报告4篇，班子检视问题25个，已整改问题22个，需长期整改3个。开展革命传统教育，组织党员干部到邱少云烈士纪念馆、渝中智慧党建教育培训基地参观学习，缅怀革命先烈，坚定理想信念。常态化开展警示教育，组织观看《如果爱请廉洁》《警钟长鸣》《蜕变的初心》《房管局长的烂尾人生》等警示教育片。开展“以案四说”警示教育，到铜梁区廉政教育基地、重庆市渝都监狱等进行现场教育，完善廉政风险点及防控措施，常态化开展重要节点廉政提醒。抓好意识形态工作，局党组定期分析研判意识形态领域情况，加强工作引导和风险防控。

【区生态环境局负责人】

局　　长：何治红（党组书记，2019年4月离任）

　　　　　刘晓江（党组书记，2019年4月任职）

副 局 长：杜　洁　唐茓誉

纪检组长：郭建新

（冯黎黎）

社会事业

科　学

科学技术

【概况】 重庆市渝中区科学技术局（以下简称“区科技局”）是重庆市渝中区人民政府主管全区科学技术工作的职能部门。办公地址位于渝中区和平路管家巷9号。2019年3月28日，原区科委重新组建为区科技局，原区科委挂牌的区知识产权局撤销，相关职能划入区市场监管局，原区科委地震防灾职能划入区应急管理局。区科技局内设办公室、科技发展科、社会事业科，有在职工作人员11人，其中：行政编制10人，工勤人员1人；大学文化程度9人，研究生2人。区科技局的主要职责是：拟订全区创新驱动发展战略以及科技发展、引进外国智力规划和政策并组织实施；统筹推进全区创新体系建设和科技体制改革，优化科研体系建设，指导科研机构改革发展，推动企业科技创新能力建设；牵头推进全区科技管理平台建设和科研项目资金协调、评估、监管机制；拟订全区基础研究规划和政策并组织实施，组织协调基础研究、应用基础研究；负责编制区级科技项目规划并监督实施，牵头组织实施重大技术攻关和成果应用示范；组织拟订高新技术发展及产业化、科技促进社会发展规划、政策和措施并组织实施；牵头全区技术转移体系建设；统筹区域科技创新体系建设；负责科技监督评价体系建设和相关科技评估管理，负责科技评价机制改革，统筹科研诚信建设；拟订科技对外交流与创新能力开放合作的规划、政策和措施，组织开展国内外科技合作与科技人才交流；负责引进国外智力工作，建立健全科技人才评价和激励机制；负责科技奖励，科技宣传等工作；负责监督管理科技类学会（协会）、民办非企业机构；完成区委、区政府交办的其他任务。

2019年，区科技局始终坚持脚踏实地，兢兢业业，开拓进取，在推动区域科技创新、促进现代服务业创新发展、营造创新创业环境等方面积极开展工作。

【党建工作】 区科技局编制《2019区科技局党建工作计划表》，拟定党的组织生活安排，制定《党组班子主体责任表》、《党组负责人主体责任表》和《党组成员主体责任表》，每月中心组学习和组织生活按计划有序进行。领导班子坚持“区分层次、以上率下、细化岗位、权责一致”，坚持“把党风廉政建设责任制的落实与业务工作紧密结合起来，同部署、同落实、同检查、同考核”，完成“两个责任清单”安排的各项党风廉政建设任务。全年完成主体责任54项。贯彻落实中央、市委、区委部署，认真开展为期3个月的主题教育活动。其中，开展集中学习研讨15次；围绕科技研发投入、高新技术产业培育、科学技术奖竞争力三个主题，认真开展调查研究，形成3份调研报告，组织成果交流会1次；结合学习和调研成果，领导干部讲党课3次。坚持边学边查边改，检视问题22项。召开专题民主生活会1次。党组全年开展中心组学习23次，机关支部开展支部主题活动12次，组织全体党员到周公馆学习党史、新中国史，重温入党誓词，弘扬爱国情怀。组织全体干部学习中央八项规定和《关于新形势下党内政治生活的若干准则》《中国共产党党内监督条例》《中国共产党廉洁自律准则》《中国共产党章程》等党内法规，加强思想建设和党性教育。

【支持科技项目】 2019年，区财政预算投入科技资金4221.94万元。全区完成科技计划项目108项，具体项目名称及申报单位见下表：

2019年渝中区完成科技计划项目清单

序号	项目名称	申报单位
1	新型利尿药候选化合物“优体必”的药学研究	重庆医科大学
2	口腔专科区域信息卫生系统研发与应用	重庆医科大学
3	Klotho蛋白通过FGF23通路对骨代谢的作用及其机制研究	重庆市急救医疗中心
4	ICU入科前访视质量评估量表的构建及信效度检验	重庆市人民医院（三院院区）
5	纳布啡在腹腔镜子宫肌瘤挖除术PCIA的临床应用研究	重庆市妇幼保健院
6	下肢缺血预处理对胸腔镜下心脏手术患者血液内环境及ATP酶的影响	重庆市人民医院（中山医院）
7	腹腔注射重组GDF11调节局灶脑缺血／再灌注模型大鼠神经可塑性作用及其机制的研究	重庆市人民医院（中山医院）
8	左西孟旦治疗顽固性失代偿心衰合并肾功能不全临床效果研究	重庆市人民医院（中山医院）
9	新型雌激素受体GDR30在非小细胞肺癌增殖中的作用研究	重庆市人民医院（中山医院）
10	基于无线传感器网络的社区医疗健康监护系统的研究	重庆医科大学
11	聚焦超声防治产后出血关键技术研究及设备开发	重庆医科大学
12	药物诱导免疫性溶血性贫血血清学检测优化策略	重庆市血液中心
13	重庆市市民无偿献血心理研究	重庆市血液中心
14	固定捐献机采血小板对献血者身心健康影响的研究	重庆市血液中心
15	核酸依赖等温扩增联合酶联免疫技术检测侵袭性曲霉菌感染的实验与临床研究	重庆市人民医院（中山医院）
16	BCAR1作为抗食管癌血管生成新靶点的相关机制研究	重庆市人民医院（中山医院）
17	磁共振腺苷负荷心肌灌注成像在冠心病心肌缺血中的应用研究	重庆市人民医院（中山医院）
18	急性心梗病人血清中CEACAM1与心脏功能和短期预后的关系	重庆市人民医院（中山医院）
19	PPARs信号通路在糖尿病肝损伤中的作用	重庆市人民医院（中山医院）
20	miR-499-GAS5互作调控上皮性卵巢癌转移的机制研究	重庆市人民医院（中山医院）
21	核壳结构纳微粒药物涂层冠脉支架防治猪冠状动脉在狭窄的实验研究	重庆市人民医院（中山医院）
22	血浆中区心房利钠肽（MR-proANP）对慢性射血分数保留心衰患者的诊断与预后价值研究	重庆市人民医院（中山医院）
23	mTOR信号调控肺成纤维细胞在肺损伤及修复中的作用	重庆医科大学
24	关于构建心血管专科健康教育长效机制的研究	重庆医科大学
25	YAP与AR相互作用及其二者通过调控细胞凋亡促进CRPC形成作用机制研究	重庆医科大学
26	子痫前期相关MicroRNA的表面等离子共振传感检测新方法的研究	重庆医科大学
27	Hippo-YAP信号通路在神经母细胞瘤中的作用和机制研究	重庆医科大学
28	经外周静脉穿刺中心静脉置管连续护理模式构建和探索	重庆医科大学
29	神经系统疾病脑电信号特异性研究	重庆医科大学
30	mTOR信号通路在胰岛素对子宫内膜蜕膜化调节过程中的作用研究	重庆医科大学
31	miR-182在葡萄膜炎DC、Th17和Treg细胞分化异常中的作用及机制研究	重庆医科大学
32	前列腺电切中灌洗液吸收的观察研究	重庆医科大学

续表

序号	项目名称	申报单位
33	miR-382 通过调控 M2 型巨噬细胞活化促进乳腺癌转移的作用及可能机制研究	重庆医科大学
34	骨细胞调控间充质干细胞增殖的分子机制及其对骨折愈合作用的研究	重庆医科大学
35	从 HIF-1α 对 DC-Th 轴的影响探讨儿童变应性鼻炎的发病机制及防治	重庆医科大学
36	打造创新生态环境，推动区域 R&D 经费持续增长的对策建议	重庆医科大学
37	复发性实验性自身免疫性葡萄膜炎（EAU）树鼩模型的创建及其形成机理	重庆医科大学
38	转染 survivin 基因的 EPCs 治疗糖尿病大鼠 ED 的实验研究	重庆医科大学
39	Notch 调控 ALK2 表达促进 BMPs 诱导间充质干细胞成骨分化的机制研究	重庆医科大学
40	以运动为基础的心脏康复模式对冠心病患者骨骼肌肉系统的影响	重庆医科大学
41	急性肺损伤生物标志物和治疗药物研发	重庆医科大学
42	基因导向的转移性结直肠癌伊立替康化疗给药剂量的个体化滴定	重庆医科大学
43	黄素蛋白自发荧光信号用于早期糖尿病视网膜筛查的研究	重庆医科大学
44	重庆市渝中区家庭医生服务机制运行效果评价	重庆医科大学
45	医疗机构服务满意度建构与改善研究	重庆医科大学
46	基于 MDT 的重庆市医疗机构器官捐献管理模式研究	重庆医科大学
47	巨型脂蛋白体制备及收集的微流控芯片系统研究	重庆医科大学
48	has-miR-450b-3p 和 has-miR-542-5p 对胶质瘤干细胞增殖调控的分子机制研究	重庆医科大学
49	人结直肠癌细胞及其细微环境中 S100A6 表达的正反馈效应及其机制探讨	重庆医科大学
50	TRAF6 介导的 Beclinl 多聚泛素化增强 NPM1 突变型白血病的自噬活性	重庆医科大学
51	反射光增强荧光图像技术对辅助判断去龋终点的探索研究	重庆医科大学
52	互联网 + 环境下渝中区护士规范化培训模式创新与实践	重庆医科大学
53	Wnt5a/Ca2+ 信号调节钙离子稳态对心力衰竭时心肌细胞内线粒体融合 - 分裂的影响	重庆医科大学
54	测定粪便 AI-2 评估新生儿坏死性小肠结肠炎病情严重程度肠道菌群失调的价值	重庆医科大学
55	温和灸干预睾酮低下老年大鼠氧化应激和慢性炎症的抗衰老机制	重庆医科大学
56	AMPK 在急性肺损伤中通过调控蛋白质翻译发挥抗炎保护效应的分子机制研究	重庆医科大学
57	H3 R117 单 ADP 核糖基化依赖 TET1 影响抑癌基因 TFPI2 甲基化机制研究	重庆医科大学
58	异常妊娠结局与出生缺陷的高危因素调查及对策研究	重庆医科大学
59	OX40 信号通路在 FOXP3+T 淋巴细胞调控的机制研究	重庆医科大学
60	重庆市渝中区健康服务产业供给优先序研究	重庆医科大学
61	急诊急救专科护士综合能力评价体系的研究	重庆医科大学
62	星形胶质细胞通过 CX47 激活 S1PR3 介导少突胶质前体细胞增殖机制研究	重庆医科大学
63	不同光照对抑郁大鼠神经功能的影响及机制研究	重庆医科大学
64	“滋阴”和“温阴”方对帕金森病的治疗作用及机理研究	重庆市中医骨科医院
65	复方丙胺酰谷氨酰胺生物黏附性凝胶产业化前的药效学研究	重庆市人民医院（三院院区）
66	基于原位均相复制 / 转录的 DNA 传感新方法及其即时分子诊断应用研究	重庆医科大学
67	ATRA 骨免疫调节牙周炎性骨组织再生的实验研究	重庆医科大学

续表

序号	项目名称	申报单位
68	基于新型“功能核酸”缀合物的即时检验方法研究	重庆医科大学
69	PRR11 与 Vimentin 互作诱发鼻咽癌细胞核纤层不稳定的分子机制	重庆医科大学
70	Serpine1 基因在 BMP9 诱导间充质干细胞成骨分化中的作用机制研究	重庆医科大学
71	EPO 及 βcR 在促进星形胶质细胞瘤增殖中的作用及机制研究	重庆医科大学
72	信号素 3A 促进肽种植体骨整合的研究	重庆医科大学
73	去肾交感神经术经 Nrf2-ARE 通路对肾脏缺血再灌注损伤自噬的影响及机制研究	重庆医科大学
74	釉基质蛋白对移动性牙根吸收修复的作用研究	重庆医科大学
75	系统性健康教育对老年冠心病患者心脏康复的干预研究	重庆医科大学
76	大肠癌组蛋白精氨酸单 ADP 核糖基化翻译后修饰改变研究	重庆医科大学
77	高渗盐水电极与生理盐水电极经瓣膜式 PICC 引导腔内心电图效果的随机对照研究	重庆医科大学
78	烟酰胺抗对乙酰氨基酚所致急性肝损伤的新效应及机制研究	重庆医科大学
79	hTRM9L 在卵巢癌细胞增殖、侵袭及迁移作用中的机制研究	重庆医科大学
80	穴位超声针灸对阿尔茨海默病的防治作用及机制研究	重庆医科大学
81	集成微阵列表达谱和 RNA-Seq 数据筛选卵巢癌类耐药性标志物 lncRNAs 及其应用	重庆医科大学
82	新型肺靶向多烯紫杉醇脂质体的代谢研究	重庆医科大学
83	用于聚焦超声治疗设备的 1-3 型压电复合材料换能器的研究	重庆医科大学
84	组蛋白乙酰化装饰在 TCDD 诱导的胎鼠腭裂中的调控作用	重庆医科大学
85	碳青霉烯异质性耐药大肠埃希菌的鉴定及其机制研究	重庆医科大学
86	渝中区医药研发外包服务产业提升路径研究	重庆医科大学
87	Hedgehog 信号通路调控肺癌耐药的机制研究	重庆医科大学
88	HIFU 在不同组织表面处协同超声造影剂引起声致发光的空化机制研究	重庆医科大学
89	涎腺腺样囊性癌相关生物标志物的研究	重庆医科大学
90	重庆地区 Duffy 血型系统表型、基因型分布及其基因多态性的研究	重庆市血液中心
91	重庆献血人群隐匿性乙肝感染者（OBI）与杀伤细胞免疫球蛋白样受体（KIRs）的相关性研究	重庆市血液中心
92	重庆市都市核心区及拓展区 Rh（D）阴性血献血影响因素研究	重庆市血液中心
93	沉默女王—古墓历险	重庆陨石数码科技有限公司
94	穿戴式手势语音机	重庆中电大宇卫星应用技术研究所
95	掌门狗智能锁系统软件	重庆中商科技股份有限公司
96	应用于发动机行业的尺寸链计算及公差分析软件的开发	重庆诚智鹏科技有限责任公司
97	桥都桥梁科技研发中心	重庆桥都桥梁技术有限公司
98	重庆物流大数据应用关键技术开发	重庆卡歌科技有限公司
99	山体滑坡预警仪	重庆市五星赋渝科技有限公司
100	VR 虚拟逃生体验系统的应用开发	重庆市凯德信息科技发展有限公司
101	云之源微信会员服务系统软件	重庆云之源科技有限公司

续表

序号	项目名称	申报单位
102	新时代渝中区深化文商旅城融合发展顶层设计及相关项目研究	渝中区电子商务和创意产业园管委会
103	渝中区菜园坝交通枢纽片区发展思路研究	渝中区委统战部
104	青舍鲜花自动售卖机开发应用	重庆升拓智联科技有限公司
105	基于区块链技术的综合生态平台开发及推广	重庆金窝窝网络科技有限公司
106	淳钰食品药品大数据监测及分析系统	重庆淳钰信息技术有限公司
107	互联网＋无人值守健身房	重庆荆棘鸟科技有限公司
108	犀牛对战平台	重庆趣米网络科技有限公司

【科技宣传】 3月，组织参加全市科普讲解大赛，5名选手分别荣获一等奖2名，二等奖2名，三等奖1名。5月，组织开展科技活动周主题宣传、科普进校园和线上科普答题等活动，发放各类宣传资料2000余份，参与群众3000余人次；组织科技型企业参加智博会，举办中国（西部）科技金融峰会等，加强对科技创新政策和大众创新创业的宣传。

【科技政策完善】 推动出台渝中区《贯彻落实强化实施创新驱动发展战略进一步推进大众创业万众创新深入发展意见任务分工》《贯彻落实国务院、重庆市全面加强基础科学研究若干意见任务分工》，组织修订完善《促进科技创新发展办法实施细则》等，形成更加科学完善的科技创新政策体系。

【科技创新能力提升】 聚焦生物医疗、大数据智能化、互联网服务业等领域，引进培育以高新技术企业、高成长性科技企业等为代表的科技型企业群体。全年新增科技型企业106家、市级技术创新中心1个；39家企业通过国家高新技术企业评审；第一批18个市级重点实验室顺利通过再评估。持续实施现代服务业科技创新行动计划，促进传统行业转型升级，推动关键核心技术研究和转化。新立科技计划项目73个，区级财政支出创新扶持政策资金、科技项目资金等合计1337万元。

【科技服务平台建设】 引导企业搭建各类创新研发平台，落地华夏航空产业互联网服务链项目，与北京星光签署共建科技创意产业战略协议，环重医创新生态圈建设初见成效。完善科技创新服务体系和产业公共平台，为企业提供一站式创业服务，围绕科技型企业组织开展培训、路演、人才服务、沙龙、投融资等各类活动50余次，组织科技服务人员走访企业累计超过200人次。开展对辖区众创空间、孵化器等的年度评价，推动国家级孵化器和品牌众创空间建设，吸引创新企业、团队落地。建设完善渝中区科技金融服务中心，种子基金累计支持企业23家免息贷款970万元，知识价值信用融资担保贷款试点帮助26家企业获得3388万元贷款。建立总规模5亿、首期1亿的生物医疗和区块链产业引导基金，参与重庆市生物医药金融服务中心建设。

【区科技局负责人】
主　任：庞　静
副主任：李　梅　杜俊波

（吴彬）

社会科学研究

【概况】 2019年，渝中社会科学研究围绕中心、服务大局，依托区委党校、社科分院等社科组织积极参与全区理论学习、理论宣传、理论研究，积极服务渝中经济社会各项事业发展。

【理论学习宣传和学术研究交流】 坚持以习近平新时代中国特色社会主义思想为指导，坚持以政治学习为根本，持续深化理论学习，全年区委理论学习中心组学习开展23次，区属各党委（党组）共组织学习1200余次。邀请易小光、谢金峰、郑向东、文天平等多位领导干部、专家学者到渝中授课讲学，围绕“科学研判当前经济形势，坚定信心推进高质量发展”“防范化解网络意识形态重大风险”等专题进行讲解。学好用好“学习强国”学习平台，丰富理论武装新方式。开展理论宣讲活动，按照“六有”标准打造宣讲队伍40余支，开展基层宣讲800余场。开展“学习新思想 点赞70年 建功新时代”微宣讲比赛，推荐选手获全市决赛一等奖。承办中央宣传部“学习大讲堂”走基层·重庆微宣讲首场巡讲活动，直播实时观看人数累计100万，拓展理论宣讲新路径。开展“讲红色故事，讲革命精神”活动300余场，教育引导广大党员、干部坚定理想信念。积极推动成果转化，《重庆宣传》《重庆学习论坛》等市级刊物采用全区文章7篇，编印区级理论刊物《学习与研究》3期，全区各级党委（党组）理论学习中心组成员撰写理论文章、调研报告等400余篇，获评全市理论调研工作先进单位称号。

【组织建设和调研成果】 发挥哲学社会科学在传播理论、咨政育人、服务社会等方面的重要作用，完善渝中社会科学界联合会筹备成立相关工作。结合“不忘初心、牢记使命”主题教育，开展“兴调研转作风促落实”行动，围绕学习贯彻习近平总书记视察重庆重要讲话精神和党的十九届四中全会精神、推动渝中经济高质量发展、优化营商环境、城市品质提升、人文渝中建设等主题深入基层调研，开展课题研究。完成《提升渝中区楼宇经济发展质量的调研报告》《关于渝中区民营企业发展情况的调研报告》《关于渝中区招商引资的工作的思考》《渝中区环境卫生现状调查、分析与对策》《推进老旧小区环境整治的思考》《关于加快智慧城市建设提升智慧渝中水平的调研报告》《渝中区文化旅游产业现代化调研报告》《关于历史文化街区和传统风貌区建设思路及措施的调研报告》《“人文渝中”建设的路径及方法》等约300篇调研课题成果，为经济社会发展提供重要智力支持。

（谭军伟）

教 育

综 述

【概况】 重庆市渝中区教育委员会(简称“区教委”)是主管全区教育事业的区政府工作部门。办公地址位于渝中区八一路39号。2019年3月，按照《中共重庆市渝中区区委办公室 重庆市渝中区人民政府办公室关于调整渝中区教育委员会职能配置、内设机构和人员编制的通知》要求，中共重庆市渝中区委教育工作领导小组秘书组（简称“区委教育秘书组”）设在区教委，接受中共重庆市渝中区委教育工作领导小组的直接领导，承担日常工作，在教育领域坚持党的领导、加强党的建设方针政策，承担教育领域思想政治、意识形态工作，研究提出全区教育发展中长期规划、教育重大政策和体制改革方案，协调解决教育工作重大问题等。区教委内设机构根据工作需要承担区委教育秘书组相关工作，接受区委教育秘书组的统筹协调。区教委核定行政编制33名。设区委教育工委书记1名（由区教委主任兼任），专职副书记1名；区教委主任1名，副主任4名；科级领导职数15名。下设渝中区科技教仪中心（渝中区教育信息管理中心）、渝中区教育房屋管理站、渝中区中小学卫生保健所、渝中区教育服务中心、渝中区教育考试中心、渝中区学生资助管理中心、渝中区教委人事档案中心等直属事业单位7个。区教委的主要职责是：履行统筹规划和协调全区各级各类教育，管理区属各级各类学校和直属事业单位，负责拟订全区教育事业发展规划和教育政策并组织实施；负责教育执法监督工作等。

2019年，区教委深入学习贯彻全国和全市、全区教育大会精神，围绕打造“全国一流基础教育强区”目标，全面落实区委教育工作领导小组的部署和要求，细化落实《打造中华名校、建设全市一流学校，促进教育优质均衡发展的30条政策措施》《渝中区推动教育高质量发展三年工作计划》《渝中区深化教育体制机制改革实施方案》，努力实现渝中教育治理一流、师资一流、文化一流、条件一流、质量一流，全力推动渝中教育高质量发展。2019年，全区有中小学幼儿园59所（含渝中区教师进修学院、重庆电大渝中分校），较2018年减少1所。在校学生56358人，增加1770人，增长3.24%；有教职工5796人，增加12人，增长0.20%。全区学校占地69.34万平方米，下降6.65%；校舍建筑面积76.24万平方米，增长0.84%。全年教育经费总收入208383万元，增长11.3%；总支出205687万元，增长8.7%。全年向市教委、区委、区政府报送教育信息136条，被采用83条；《重庆日报》、《重庆晨报》、《重庆晚报》、《重庆商报》、人民网、华龙网等多家媒体对渝中教育进行宣传报道100余次。

2019年渝中区教育事业情况

教育类别	学校数/所	毕业生数/人	招生数/人	在校生数/人	教职工数/人	
					合计	其中专任教师
中等职业教育	3	1032	1158	2985	351	306
普通高中	7	3630	3819	10922	1398	1309
普通初中	6	3101	3742	10749	1272	1166
普通小学	29	4187	5210	28036	2383	2276
特殊教育	2	79	92	366	82	77
学前教育	10	1032	933	3300	310	247
总计	57	13061	14954	56358	5796	5381

注：此表数据不包含民办教育、渝中区教师进修学院、重庆电大渝中分校的数据（渝中高级职业学校保留建制）。中小学劳动技术教育基地纳入中等职业教育统计。数据来源于《2018—2019年学年初渝中区教育事业统计综合报表》。

2019年渝中区办学条件情况

教育类别	占地面积/万平方米	校舍面积/万平方米		运动场地面积/万平方米	固定资产值/亿元		图书/万册		教学用计算机/台
		合计	其中教学行政用房		合计	其中教学仪器设备值	合计	其中电子图书	
中职教育	4.69	6.22	3.31	1.19	1.45	0.61	19.34	9.08	2075
普通高中	31.70	28.98	16.35	7.84	5.41	0.84	92.30	38.10	5223
普通初中	5.45	6.04	4.08	1.87	0.95	0.19	36.99	19.56	1499
普通小学	24.99	31.30	20.82	8.31	5.54	0.83	176.88	107.07	6974
特殊教育	0.40	0.62	0.33	0.15	0.18	0.05	8.25	6.93	245
学前教育	2.11	3.08	2.02	0.54	0.57	0.11	33.70	31.46	352
总计	69.34	76.24	46.91	19.90	14.10	2.63	367.46	212.20	16368

注：此表数据不包含民办教育、渝中区教师进修学院、重庆电大渝中分校的数据，含巴蜀中学、巴蜀小学和人民小学的数据。数据来源于《2018—2019 年学年初渝中区教育事业统计综合报表》。

2019 年渝中区教育经费与办学水平情况

类别	数量	类别	数量
教育经费总收入	208383 万元	初中生均预算内公用经费	4321.55 元
其中：国家财政性教育经费	177142 万元	普通高中生均预算内公用经费	5605.64 元
社会捐、集资办学经费	2842 万元	中等职业学校生均预算内公用经费	8796.43 元
事业收入	18660 万元	每万人口在园幼儿数	280 人
教育经费总支出	205687 万元	每万人口在校小学生数	602 人
其中：事业性经费支出	190859 万元	每万人口在校初中生数	213 人
基本建设投资项目支出	13800 万元	每万人口在校高中阶段学生数	217 人
财政预算内教育经费支出占财政支出的比例	18.42%	学前三年毛入园率	100%
政府教育财政拨款的增长与财政经常性收入的增长比例	13.80%	小学适龄人口入学率	100%
小学生均预算内教育事业费	14267.43 元	初中适龄人口入学率	100%
初中生均预算内教育事业费	20864.19 元	高中阶段教育入学率	100%
普通高中生均预算内教育事业费	26699.15 元	小学毕业生升入初中比例	100%
中等职业学校生均预算内教育事业费	38168.12 元	初中毕业生升入高中阶段教育比例	100%
小学生均预算内公用经费	3119.25 元		

注：此表数据包含民办教育、巴蜀中学、巴蜀小学和人民小学数据，不包括未招生的蒙正幼儿园数据。数据来源于《2019 年全国教育经费统计报表》和《2018—2019 年学年初渝中区教育事业统计综合报表》。

渝中区境 2019 年各级各类教育机构名录一览表

序号	机构名称	地址	性质（公民办，市区属）	类别（普通、重点、示范）	负责人
一 学前教育（幼儿园、托儿所）					
1	重庆市渝中区区级机关幼儿园	渝中区七星岗鼓楼巷 34 号	公办、区属	市级示范	庞　青
2	重庆市渝中区桂花园幼儿园	渝中区桂花园新村 24 栋	公办、区属		应　敏
3	重庆市渝中区红岩幼儿园	渝中区朝天门朝千路千厮门行街 15 号	公办、区属		窦作琴
4	重庆复旦中学附属幼儿园	渝中区较场口 81 号 1 幢	公办、区属		郑　红
5	重庆市渝中区实验幼儿园	渝中区临江门 52 号	公办、区属	市级示范	宋　蓉
6	重庆市渝中区巴蜀幼儿园	渝中区张家花园 180 号	公办、区属	市级示范	罗　虹
7	重庆市渝中区华一新村幼儿园	渝中区华一坡 23 号	公办、区属		钟毓秀
8	重庆铁路幼儿园	渝中区菜园坝渝铁村 11 号	公办、区属		蒋　娜
9	重庆市景德幼儿园	渝中区中山二路 14 号	公办、区属	市级示范	王淑君
10	重庆市渝中区蒙正幼儿园	渝中区交农村 214 号	公办、区属		陆　莹
11	中国人民解放军 77100 部队幼儿园	渝中区长江一路 54 号	公办	市级示范	陶　敏

续表

序号	机构名称	地址	性质（公民办，市区属）	类别（普通、重点、示范）	负责人
12	重庆市公安局幼儿园	渝中区大井北巷 2 号	公办	市级示范	曹　娟
13	中国人民解放军八一保育院	渝中区大坪单巷子 71 号	公办		刘　丽
14	重庆市第三托儿所	渝中区枇杷山后街 17 号	公办		黄亚琴
15	重庆市第四托儿所	渝中区桂花园路 11 号	公办		王小庆
16	中国人民解放军陆军特色医学中心幼儿园	渝中区大坪长江支路 10 号	公办		李　霞
17	重庆市渝中区较场口幼儿园	渝中区宏声巷 16 号	公办、区属（街道办园）		罗志敏
18	重庆市渝中区学田湾幼儿园	渝中区文化宫巷 11 号	公办、区属（街道办园）		吴国芳
19	重庆市渝中区大坪小学幼儿园	渝中区大坪正街 54 号附 2 号	公办、区属（学校附属幼儿园）		杨　敏
20	重庆市渝中区人和街小学幼儿园	渝中区人和街 43 号	公办、区属（学校附属幼儿园）		张　凤
21	重庆市聋哑学校幼儿园	渝中区宏声巷 4 号	公办、区属（学校附属幼儿园）		周训洪
22	重庆市人民小学幼儿园	渝中区中山四路 11 号	公办、区属（学校附属幼儿园）		吴弟菊
23	重庆渝中凤凰幼儿园	渝中区棉花街 18 号	民办		杨纪琴
24	重庆渝中贝蕾幼儿园	渝中区元通寺 1–4 号	民办		吴艾莉
25	重庆渝中霞光幼儿园	渝中区文化街 39 号中驰半岛翠景阁	民办		李　霞
26	重庆渝中文明幼儿园	渝中区中兴路 7 号渝亚大厦平街 2 楼	民办		陈　静
27	重庆渝中渝海大地幼儿园	渝中区德兴里 12 号	民办		杨亚辉
28	重庆渝中海贝幼儿园	渝中区马蹄街 16 号	民办		宁　林
29	重庆渝中茵茵幼儿园	渝中区凯旋路 96 号附 4 号	民办		杨达平
30	重庆渝中解放碑幼儿园	渝中区临江门 11、13、15 号	民办		冯昌均
31	重庆渝中星座星幼儿园	渝中区大坪大黄路 78 号渝中名郡	民办		徐艳云
32	重庆渝中六一新东福幼儿园	渝中区菜园路 209 号新东福花园	民办		黄光荣
33	重庆渝中凤凰台幼儿园	渝中区解放西路 207 号	民办		杨　鸣
34	重庆渝中小龙人幼儿园	渝中区黄沙溪交通街 30 号	民办		马文凤
35	重庆渝中利奥幼儿园	渝中区大黄路 6 号竟地花园 25 幢 1–2 号、1–3 号	民办		陈祖利
36	重庆渝中上清寺幼儿园	渝中区上清寺嘉陵桥西村 24 号	民办		赵澄荣
37	重庆渝中菜园坝社区幼儿园	渝中区南区路 161 号	民办		黄金玉
38	重庆渝中南区路幼儿园	渝中区长江一路 1 号	民办		李玉兰
39	重庆渝中梦圆幼儿园	渝中区大坪大黄路 6 号 21–1–2	民办		谢　琴

续表

序号	机构名称	地址	性质（公民办，市区属）	类别（普通、重点、示范）	负责人
40	重庆渝中春笋幼儿园	渝中区渝建村 103 号	民办		冉寒冰
41	重庆渝中新东方心巢幼儿园	渝中区大坪石油路 2 号心巢小区	民办		徐　彬
42	重庆渝中希望托儿所	渝中区新德村 224 号	民办		税春晓
43	重庆渝中百灵鸟幼儿园	渝中区大坪石油路 2 号附 8 号	民办		刘亚丽
44	重庆渝中巧巧幼儿园	渝中区和平路 171、173、175 号	民办		冯昌均
45	重庆渝中小博士幼儿园	渝中区上肖家湾 17 号金鹏花园 5 栋 4-2	民办		简成蓉
46	重庆渝中小叮铛幼儿园	渝中区兴隆街 132 号	民办		段婷婷
47	重庆渝中爱幼幼儿园	渝中区枇杷山正街 31 号	民办		李红艳
48	重庆渝中金点幼儿园	渝中区大坪正街 140 号	民办		翁昌群
49	重庆市渝中区宏阳幼儿园	渝中区菜袁路 168 号香江美地 B6 临街 1-4、1-5，B7 负 1-1-2	民办		杨惠茗
50	重庆渝中阳光春苗幼儿园	渝中区大坪九坑子路 100 号	民办		代素芬
51	重庆渝中嘉华启点幼儿园	渝中区大坪正街 118 号	民办		李　兮
52	重庆渝中区贝思特幼儿园	渝中区李子坝正街 168 号	民办		沈　琼
53	重庆渝中小苗苗幼儿园	渝中区大坪九坑子 21 号	民办		曾　妮
54	重庆渝中康乐托儿所	渝中区大坪单巷子 87 号第三层 3、4、5、6 号铺	民办		陈兴弟
55	重庆渝中天宜幼儿园有限公司	渝中区瑞天路 182-20 号	民办		刘　娟
56	重庆市渝中区文锦幼儿园	渝中区大坪支路 21 号康定大厦裙楼 2 楼	民办		雷志奎
57	重庆渝中世纪立阳幼儿园	渝中区李子坝正街 166 号嘉韵上山城 A3A4Q 裙楼附 2 楼	民办		徐　静
58	重庆渝中心月星幼儿园	渝中区长江一路 52 号	民办		陈虹赤
59	重庆渝中子炫幼儿园	渝中区菜袁路 168 号香江美地 c3	民办		谭扬春
60	重庆渝中金宝贝幼儿园	渝中区枇杷山正街 209 号	民办		王　蕾
61	重庆市渝中区巴蜀天地幼儿园	渝中区瑞天路 89 号、196 号附 4 号	公办		李　茜
62	重庆市渝中区小青青幼儿园	渝中区大坪单巷子 66 号	民办		曾　妮
63	重庆市渝中区童乐幼儿园	渝中区顺城街 39 号	民办		罗士娟
64	重庆市渝中区金色前程水木幼儿园	渝中区中山四路名流公馆	民办		王凤玉
65	重庆市渝中区名都幼儿园	渝中区大坪石油路 1 号恒大名都小区 28 栋	民办		胡　波
66	重庆市渝中区锦程小金星幼儿园	渝中区大坪正街 166 号万科锦程小区	民办		杨晓清
67	重庆市渝中区乐乐幼儿园	渝中区枣子岚垭正街 120 号	民办		王晓琳
68	重庆市渝中区望龙门幼儿园	渝中区二府衙 40 号	民办		刘英初
69	重庆市渝中区睿童幼儿园	渝中区虎歇路 66 号 G2 栋 1 楼	民办		谢　菊

续表

序号	机构名称	地址	性质（公民办，市区属）	类别（普通、重点、示范）	负责人
70	重庆市渝中区书蓓坊幼儿园	渝中区枇杷山后街 23 号附 1 号	民办		朱世娟
71	重庆市渝中区海贝尔幼儿园	渝中区放牛巷 62 号	民办		陈丽华
72	重庆渝中区蓝天幼儿园	渝中区华一村 4 号、6 号	民办		唐君英
73	重庆市渝中区雨苗中环幼儿园	渝中区虎歇路 77 号附 7 号	民办		沈　莉
74	重庆市渝中区佳宝时光幼儿园有限公司	渝中区大坪支路 18 号	民办		黄圆圆
75	重庆市渝中区童话里幼儿园有限公司	渝中区长江二路 181-2 号	民办		杨仁乾
76	重庆市渝中区大坪小金星幼儿园	渝中区菜袁路 168 号江屿朗廷 B 区 5 幢	民办		王桂芳
77	重庆市渝中区童德幼儿园	渝中区临华路 1 号	民办		蒋西西
78	重庆市渝中区爱儿坊幼儿园	渝中区人民支路 64 号鑫泰大厦一楼	民办		邱先君
79	重庆市渝中区中艺熊猫幼儿园	渝中区南纪门街道中兴路 228 号	民办		赵圆圆
80	重庆市渝中区白云朵朵幼儿园	渝中区凯旋路 18 号	民办		欧亚非
81	重庆市渝中区聚星幼儿园	渝中区聚兴村 1 号 1-2 号	民办		唐　影
82	重庆市渝中区葵花幼儿园	渝中区石油路新影村 26 号 2-1	民办		陈雪梅
		二 小学			
1	重庆市渝中区新华小学校	渝中区新华路 90 号	公办、区属		罗　娅
2	重庆市渝中区东水门小学校	渝中区朝东路 128 号	公办、区属		向莉莉
3	重庆市渝中区望龙门小学校	渝中区西三街 12 号	公办、区属		胡庆燕
4	重庆市渝中区中华路小学校	渝中区和平路 240 号	公办、区属	市级示范	曾　菁
5	重庆大同实验学校	渝中区大同路 10 号	公办、区属		杨德全
	重庆市渝中区大同实验学校分部（原民生路小学）	渝中区枇杷山后街 70 号（过渡）			
6	重庆市渝中区临江路小学校	渝中区西来寺 13 号	公办、区属		郑　书
7	重庆市渝中区邹容小学校	渝中区新德村 266 号	公办、区属		饶艳妮
8	重庆市渝中区解放西路小学校	渝中区解放西路 75 号	公办、区属		刘升平
9	重庆市渝中区金马小学校	渝中区放牛巷 67 号	公办、区属		龙　维
10	重庆精一民族小学校	渝中区中兴路 3 号	公办、区属		李　萍
11	重庆市渝中区中山小学校	渝中区捍卫路 47 号	公办、区属		吴　虹
12	重庆市渝中区枇杷山小学校	渝中区上纯阳洞 54 号	公办、区属		郑　睿
13	重庆市渝中区人和街小学校	渝中区人和街 43 号	公办、区属	市级示范	肖方明
14	重庆市渝中区枣子岚垭小学校	渝中区学田湾正街 48 号	公办、区属		乐　欣
15	重庆市渝中区人民路小学校	渝中区人民路 2 号	公办、区属		饶　苡
16	重庆市渝中区曾家岩小学校	渝中区上曾家岩 52 号	公办、区属		邓红洁
17	重庆市渝中区德精小学校	渝中区中山四路 73 号	公办、区属		王　卫
18	重庆市渝中区大田湾小学校	渝中区桂花园 88 号	公办、区属		俞慧嘉
19	重庆市渝中区肖家沟小学校	渝中区建兴一巷 44 号	公办、区属		叶　琴

续表

序号	机构名称	地址	性质（公民办，市区属）	类别（普通、重点、示范）	负责人
20	重庆市渝中区两路口小学校	渝中区鹅岭正街14号	公办、区属		肖洪亮
21	重庆市渝中区红岩小学校	渝中区瑞天路41号	公办、区属		王陆森
22	重庆市渝中区鹅岭小学校	渝中区鹅岭正街175号	公办、区属		王　剑
23	重庆市渝中区大坪小学校	渝中区大坪正街54号附2号	公办、区属		李雪梅
24	重庆市渝中区解放小学校	渝中区电视塔村56号	公办、区属		朱　颖
25	重庆市渝中区马家堡小学校	渝中区大坪支路42号	公办、区属		晏　庆
26	重庆市渝中区石油路小学校	渝中区大坪新影村33号	公办、区属		谭仕政
27	重庆市巴蜀小学校	渝中区张家花园巴教村15号	公办、区属	市级示范	马　宏
28	重庆市人民小学校	渝中区中山四路11号	公办、区属	市级示范	杨浪浪
29	重庆市渝中区鼓楼人和街小学校	渝中区解放东路160号	公办、区属		王宏琴
		三　初中			
1	重庆鼓楼学校	渝中区新华路155号	公办、区属		王　蓉
2	重庆市杏林中学校	渝中区蔡家石堡28号	公办、区属		韦会剑
3	重庆市第五十中学校	渝中区枇杷山后街70号	公办、区属		赖雪松
4	重庆市第五十七中学校	渝中区桂花园路39号	公办、区属		汪红霞
5	重庆市实验学校	渝中区华一坡41号	公办、区属		杨红越
6	重庆市大坪中学校	渝中区大坪长江支路5号	公办、区属		郑　勇
		四　高中			
1	重庆市求精中学校（本部）	渝中区中山四路69号	公办、区属		费春斌
	重庆市求精中学校（青杠校区）	璧山区三溪路1号			
2	重庆复旦中学校（凯旋路校区）	渝中区凯旋路22号	公办、区属		胡渝江
	重庆复旦中学校（竹园校区）	渝中区平安街159号			
3	重庆市第二十九中学校（走读部）	渝中区邹容路143号	公办、区属		汪　洪
	重庆市第二十九中学校（住读部）	渝中区化龙桥交农村240号			
4	重庆第三十中学校	渝中区长江一路13号	公办、区属		邓光明
5	重庆市第四十二中学校	渝中区华福巷52号	公办、区属		金　凤
6	重庆市第六十六中学校	渝中区长江二路二巷30号	公办、区属		刘书华
7	重庆市巴蜀中学校	渝中区北区路51号	公办、区属		王国华
		五　特殊教育			
1	重庆市渝中区培智学校	渝中区长江滨江路117号	公办、区属		冉帮华
2	重庆市聋哑学校	渝中区宏声巷4号	公办、区属		汪　毅
		六　职业教育			
1	重庆市渝中区中小学劳动技术教育基地	渝中区枣子岚垭菜市巷5号	公办、区属		朱　义

续表

序号	机构名称	地址	性质（公民办，市区属）	类别（普通、重点、示范）	负责人
2	重庆市渝中职业教育中心（重庆渝中高级职业学校）	渝中区佛图关 52 号	公办、区属	国家中等职业教育改革发展示范学校，国家级重点中职	杨琼霞
3	重庆市工业学校	渝中区化龙桥交农村 360 号	公办	国家中等职业教育改革发展示范学校，国家级重点中职	杜宏伟
5	重庆医科大学卫生学校	渝中区大坪长江二路 176 号	公办		任国胜
6	重庆市风景园林技工学校	渝中区菜袁路 203 号世纪花园 B 幢	公办	市级重点技工学校	郑　军
7	重庆市体育运动学校	大渡口区马王乡黄金庵 1 号（过渡）	公办		奚正龙
8	重庆市医药经贸学校	渝中区大坪大黄路 103 号	国企办学		唐宗琼
		七 成人教育			
1	重庆广播电视大学渝中分校	渝中区上清寺 20 号	公办、区属		张　静
2	重庆市渝中区教师进修学院	渝中区桂花园路 54 号	公办、区属		宋文君
		八 老年教育			
1	重庆市渝中区山城老年大学	渝中区人民路 36 号	公办		包海燕
	重庆市渝中区老年大学名仕城校区	渝中区观音岩名仕城			
	重庆市渝中区老年大学泰安校区	渝中区临江支路 66 号泰安大厦 14 楼			
		九 社区教育			
1	重庆市渝中区社区教育学院	渝中区上清寺 20 号	公办、区属		张　静
		十 高等教育			
1	重庆医科大学（老校区）	渝中区医学院路 1 号	公办、市属		雷　寒
		十一 民办教育			
1	重庆知行卫生学校	沙坪坝区壮志路 2 号（原西政老校区内）	民办		黄吉庆
2	重庆医科大学附属第一医院卫生学校	渝中区大坪长江二路 176 号	民办		周建荣
3	重庆渝中育人学校	渝中区较场口 85 号 -2 号	民办		成玉圆
4	重庆渝中区上清寺高教自考辅导站	渝中区上清寺中山四路 1 号	民办		郭　敏
5	重庆渝中实业技术学校	渝中区西来寺四号西图大厦 9-4	民办		熊长彤
6	重庆天地人和街小学校	渝中区富华路 31 号	民办		陈蓓蓓
7	重庆朗文外语培训学校	渝中区时代豪苑 c 座 18-3	民办		刘莉娜
8	重庆渝中迪升培训学校	渝中区两路口中华广场 18-3	民办		何　丽

续表

序号	机构名称	地址	性质（公民办，市区属）	类别（普通、重点、示范）	负责人
9	重庆市渝中区英孚英域成语言培训有限公司	渝中区大坪龙湖时代天街C馆L2-16、17	民办		李晓莺
10	重庆渝中中天外语学校	渝中西来寺4号西南图书大厦9楼9-8	民办		温福伟
11	重庆渝中厚博英语培训学校	渝中区中山三路157号26楼	民办		刘长健
12	重庆渝中环球雅思培训学校	渝中区上清寺环球广场20楼	民办		曾　红
13	重庆渝中西美英语培训学校	渝中区两路口皇冠大厦12楼	民办		左伟玲
14	重庆渝中美联英语培训学校	渝中区民权路10号新华书店5楼	民办		彭斯光
15	重庆欧文外国语学校	渝中区解放碑八一路纽约•纽约大厦27楼	民办		刘会琼
16	重庆渝中朗阁外语培训中心	渝中区八一路177号雨田大厦16楼	民办		刘常研
17	重庆市渝中区联合外国语培训学校	渝中区两路口中华广场28楼3号	民办		李　琪
18	重庆渝中索通教育培训学校	渝中区邹容路50号半岛国际大厦12楼3号	民办		张　晶
19	重庆渝中天才宝贝教育培训学校	渝中区石油路时代天街B馆3号楼13楼	民办		倪迁嵩
20	重庆渝中阳光外语教育培训中心	渝中区中山二路174号市文化宫内	民办		万培龙
21	重庆渝中富士塾培训学校	渝中区中山四路81号2栋3楼	民办		徐　岚
22	重庆渝中美中语言培训中心	渝中区青年路38号国贸中心1209、1208、1212	民办		王　寅
23	重庆渝中博思外语培训学校	渝中区解放碑青年路38号国贸中心1302、1303室	民办		吕雪瑞
24	重庆渝中史迪威外语培训中心	渝中区中山三路131号希尔顿酒店5楼	民办		王崇仁
25	重庆建设科技培训中心	渝中区捍卫路18号3楼	民办		张顺成
26	重庆市渝中区鼎新房地产业培训学校	渝中区中山四路1号渝中大厦8楼	民办		覃永强
27	重庆渝会财税培训中心	渝中区人民路123号蒲田大厦12楼	民办		杨　怡
28	重庆市渝中区春雨教育培训中心	渝中区大元广场6楼	民办		丁　炼
29	重庆蜀东财经学校	渝中区长江一路80号11-1	民办		范玉亮
30	重庆市渝中区安特教育培训中心	渝中区中山二路174号重庆市劳动人民文化宫娱乐中心二层B21、B32、B33、B36、B39、B40、B42、B07、B08	民办		张蓉锦
31	重庆渝中公共关系学校	渝中区中山二路174号重庆市劳动人民文化宫综合楼	民办		陈　伟
32	重庆市渝中区捌叁教育培训中心	渝中区大坪正街19号9-13、9-14	民办		吴锡文
33	重庆渝进学校	渝中区两路口新村7号	民办		易治安
34	重庆市教育科学研究院培训中心	渝中区桂花园路12号	民办		唐健康

续表

序号	机构名称	地址	性质（公民办，市区属）	类别（普通、重点、示范）	负责人
35	重庆渝中兴建培训学校	渝中区大坪正街160号4幢	民办		陈　琳
36	重庆渝中山木培训学校	渝中区民生路181号民生商厦12楼	民办		宋伟雄
37	重庆渝中区众合培训学校	渝中区北区路创意大厦13-18、13-19、13-20	民办		郑其斌
38	重庆渝中东方教育培训学校	渝中区人和街15号20层	民办		王卫平
39	重庆渝中中豪律师培训学校	渝中区大都会商厦22层	民办		齐　飞
40	重庆市渝中区刘诗昆艺术学校	渝中区民权路89号日月光广场L1层017商铺	民办		薛定忠
41	重庆市渝中区新航道教育培训学校	渝中区邹容路100号时代豪苑A座17F-3、17F-4	民办		程　良
42	重庆渝中现代艺术学校	渝中区中山二路174号市文化宫内	民办		涂　毅
43	重庆渝中韵中艺术语言学校	渝中区青年路7号时代豪苑大厦D座35-6、35-7	民办		苏人可
44	重庆市渝中区广电教育培训学校	渝中区中山三路159号	民办		李　谦
45	重庆市渝中区书画艺术培训学校	渝中区民生路9号10-2	民办		兰钟灵
46	重庆渝中精英艺术培训学校	渝中区临江路37-69号（单号）B栋12-3	民办		李　静
47	重庆渝中少华教育培训学校	渝中区中山四路81号三栋2楼	民办		陈仕芳
48	重庆市渝中区自力培训学校	渝中区八一路雨田大厦9楼	民办		刘　琰
49	重庆渝中大帝学校	渝中区临江路89号	民办		汤宪敏
50	重庆市渝中区语言艺术培训学校	渝中区学田湾正街55号上海东方花苑A栋6楼	民办		刘小琴
51	重庆华光实验学校	渝中区民生路235号附1号海航保利国际中心51楼4单元	民办		曾许平
52	重庆市渝中区拾加拾教育培训中心	渝中区两路口文化宫综合楼5楼	民办		邓　涛
53	重庆网上巴蜀学校	渝中区张家花园巴教村15号	民办		简　莉
54	重庆市渝中区联盟艺术教育培训学校	渝中区中山二路174号劳动人民文化宫综合楼505、506室	民办		吴玲玲
55	重庆市渝中区美迪教育培训学校	渝中区民生路181号民生商厦B栋9-8	民办		丁志刚
56	重庆渝中昭信文化培训学校	渝中区李子坝正街113号附2号	民办		吴　睫
57	重庆市渝中区启晟育德教育培训有限公司	渝中区邹容路131号世贸大厦45层2号	民办		刘哲瀚
58	重庆市渝中区假日枫英语培训有限公司	渝中区石油路龙湖时代中心3幢1501、1510室	民办		姚劲松
59	重庆市渝中区新海岸教育培训中心	渝中区大坪正街160号万锦汇4幢2304-2312	民办		黄胜炎

续表

序号	机构名称	地址	性质（公民办，市区属）	类别（普通、重点、示范）	负责人
60	重庆市渝中区领航教育培训有限公司	渝中区和平路7号6-22#、6-9#	民办		陈江兵
61	重庆市渝中区学而思教育培训中心	渝中区美专校街66号4、5层	民办		庄文辉
62	重庆市渝中区中华路小学外国语学校	渝中区枇杷山正街89号	民办		向存端
63	重庆市渝中区精湛数学教育培训有限公司	渝中区北区路51号附3号	民办		王友琴
64	重庆市渝中区弋果荟外语培训中心有限公司	渝中区时代天街11号1幢5-1、5-2、5-3、5-5	民办		李　丹
65	重庆市渝中区学道乐课外培训中心有限公司	渝中区邹容路100号A幢1701、1702	民办		郭　庆
66	重庆市渝中区壹心壹课外培训中心有限公司	渝中区大坪正街110号3楼写字间	民办		罗春雷
67	重庆市渝中区新鸣声艺术培训中心有限公司	渝中区美专校街66号鑫隆达大厦7楼	民办		石德富
68	重庆市渝中区三中英才课外培训中心有限公司	渝中区美专校街66号鑫隆达大厦7楼	民办		于　健
69	重庆市渝中区易能尚学课外培训中心有限公司	渝中区北区路73号（创意大厦）22层2211-2214	民办		刘　青
70	重庆市渝中区百弗外语培训中心有限公司	渝中区邹容路108号国泰广场第L2层10号铺位	民办		朱一玲
71	重庆市渝中区心田花开课外培训中心有限公司	渝中区美专校街66号鑫隆达大厦3楼	民办		王良洪
72	重庆市渝中区英豪课外培训中心有限公司	渝中区北区路51号附1号、附2号、附3号、附4号光华巴蜀俊秀1-4-1号门面、2-2-2号房屋	民办		何洪波
73	重庆市渝中区旸谷课外培训中心有限公司	渝中区瑞天路56-3号企业天地5号办公第6层4+5单元	民办		陶建君
74	重庆渝中火凤凰教育学校	渝中区中山四路1号8层	民办		朱鸣罡
75	重庆市渝中区京翰课外培训中心有限公司	渝中区北区路51号光华巴蜀俊秀第一层1-5，第二层2-6、2-7	民办		罗　颖
76	重庆渝中群山老年大学	渝中区石油路1号恒大名都广场11幢4-1至4-14、4-17至4-18、4-21至4-26、4-33至4-34 5-1至5-14、5-17至5-18、5-21至5-26、5-33至5-34	民办		何开兰
77	重庆渝中大帝老年大学	渝中区临江门2号奎星楼大唐广场11楼	民办		刘忠义

续表

序号	机构名称	地址	性质（公民办，市区属）	类别（普通、重点、示范）	负责人
78	重庆市渝中区睿哲课外培训中心有限公司	渝中区长江路二号174号16幢17-17、17-18、17-19、17-20、17-21、17-22、17-23	民办		曹　玲
79	重庆市渝中区华意通外语培训有限公司	渝中区民权路28号12-1、12-2	民办		郑颖慧
80	重庆市渝中区瑞普思英语培训中心有限公司	渝中区时代天街1号1幢9-16至9-21	民办		欧　韬
81	重庆市渝中区瑞思玛特外语培训中心有限公司	渝中区时代天街2号1幢9-6、9-7、9-8	民办		余　玲
82	重庆市渝中区传睿课外培训中心有限公司	渝中区北区路53号皇星阁三层	民办		郑晓燕
83	重庆市渝中区敏学精英课外培训中心有限公司	渝中区大坪正街19号英利大融城L406A	民办		刘梦霞
84	重庆市渝中区森淼外语培训学校有限公司	渝中区较场口88号A区塔楼25-3-4	民办		张　雯
85	重庆市渝中区酷优课外培训中心有限公司	渝中区枇杷山正街136号16-B座、16-C座	民办		马　娟
86	重庆市渝中区艺鑫光芒艺术培训中心有限公司	渝中区时代天街3号C馆4楼-08/09	民办		裴冬冬
87	重庆市渝中区时代安妮花英语培训学校有限公司	渝中区时代天街3号C馆G01儿童区域E-01	民办		谭玉静

【主题教育】 深入学习贯彻习近平新时代中国特色社会主义思想和党的十九届四中全会精神。区教委召开中心组学习125次，集中学习研讨85次，领导干部谈学习体会1850余人次；结合主题党日，利用红岩联线等红色资源，开展警示教育63次。紧扣教育中心工作、重大任务，形成调研成果51篇，修改完善制度13个，切实把调研成果转化为解决问题的具体行动。通过设置征求意见箱、开展教师代表座谈会、谈心谈话等方式，收集意见建议587条，梳理问题5697个，并逐一整改。

【党的建设】 将2019年确定为基层党组织规范管理年，对各基层党组织“三会一课”民主评议党员等工作开展督查，查出问题45个，发出整改通知21份，推进党支部建设标准化规范化，新成立党支部3个，指导64个支部开展换届选举。组织21名发展对象参加区委党校发展对象培训班学习，发展党员40人，转正党员21人。指导非公党组织开展主题党日、党课学习155次，新成立党支部4个。

【渝中区教育大会】 2月18日，召开全区教育大会。会议的主要任务是深入学习贯彻习近平总书记关于教育的重要论述，全面贯彻全国、全市教育大会精神，研究部署渝中区教育工作。区委书记黄玉林出席会议并讲话。他强调，要贯彻落实全国、全市教育大会精神，推动渝中教育高质量发展，加快建设全国一流基础教育强区，努力办好人民满意的教育。出台了《渝中区全面深化新时代教师队伍建设改革的实施方案》《教育体制机制改革实施方案》《打造中华名校、建设全市一流学校，促进教育优质均衡发展的30条政策措施》《渝中区推动教育高质量发展三年工作计划》等政策文件，为全区教育发展奠定了坚实基础。

【内设机构调整】 按照《中共重庆市渝中区委办公室 重庆市渝中区人民政府办公室关于调整渝中区教育委员会职能配置、内设机构和人员编制的通知》调整内设机构：撤销党工委办公室、行政办公室、纪检监察审计室、基础教育科；增设党政办公室、学前教育科、小学教育科、中学教育科，在党政办公室加挂行政审批科牌子，将人事科更名为组织人事科。调整后区教委内设党政办公室（行政审批科）、组织人事科、学前教育科、小学教育科、中学教育科、综合教育科、体育卫生艺术教育科、计划财务科、政府教育督导室、基建科、安全稳定办公室11个科室。

【教师队伍建设】开展干部分层分类培训，组织参加全国中小学骨干校长培训、第三期全国中小学校党组织书记网络培训，开展第25期幼儿园园长任职资格培训、校园长全员培训等，促进校长队伍专业化发展。严格干部管理，坚持校园级领导干部会议和外出请假制度，交流调整干部37人。加强师德师风建设，发挥榜样的示范引领作用，评选"感动渝中•最美教师"10名，左文珍等7名教师获全国模范教师、全国优秀教师、重庆市教书育人楷模等称号，重庆市聋哑学校获全国教育系统先进集体称号。推进"区校一体化教师培训课程体系建设"，征集师德教育、学科教学等区级教师培训课程资源202件。引进中高级教师10名、博士后1名，巴蜀中学王国华入选重庆英才计划名家名师，杨宇鹏入选重庆英才计划青年拔尖人才，全区享受政府特殊津贴人员、未来教育家培养对象、特级教师、正高级教师等高层次教育人才达219人次，市区级名师、名校长工作室36个，市教学专家工作室1个。教师交流轮岗329人，选派援藏、支教12人。9月，巴蜀小学校长马宏代表渝中区参加庆祝2019年教师节暨全国教育系统先进集体和先进个人表彰大会，受到习近平总书记亲切接见。

（喻华）

【重庆市渝中区教师进修学院】 区教师进修学院创建于1958年，承担区域教研指导、培训培养、教育科研、信息支持、监测评估、决策咨询等基本职能。学院先后荣获全国教育系统先进集体、全国教科研先进单位、全国特色学校、重庆市文明单位、重庆市"国培计划"先进集体等荣誉称号，是重庆市首批教师进修学院、中国教育学会重庆教师发展学院、重庆市普通中小学教师市级培训基地。

2019年，学院有在编教职工59人，专任教师56人。其中正高级教师8人，特级教师7人，市级学科带头人1人，市级名师工作室主持人2人，市级骨干教师29人，渝中名师9人，渝中区名师工作室主持人6人，渝中区特级教师工作室主持人1人，是一支以专家、名师为主体，结构合理、业务精良的教师队伍。2019年，学院被评为市教育科研先进集体称号，6名教师荣获教育科研先进个人称号。

全年开展"一校一主题"集体视导44次，教研员听课3000余节。组织区域性学科教研活动392次，教师27400余人次参加教研活动。教研员指导全区教师参加全国、市级各类教学技能竞赛，获全国特等奖5人次，一等奖11人次，获市级一等奖34人次，二等奖12人次。在"一师一优课、一课一名师"活动中，学院组织教研员深入中小学指导教学设计、打磨课堂教学，全区获评市级优课56节，部级优课27节。完成对2019—2020学年各校园校本研修计划的审核及本学期各项培训学分数据导入。完成市级规划课题申报工作，立项课题31个。至2019年末，全区各校园有在研课题298项，其中开题49项，中期督查58项（含纸质督查），结题33项。开展区教育学会"创新杯"优秀教育教学案例评选活动，评出一等奖43篇、二等奖333篇、三等奖368篇。举行第五届"辩课进校园"大型学术活动暨主城区“新理论、新课堂”高中政治联合教研活动。继续开展国家级课题“区域推进‘共生课堂’提升中小学教学质量的行动研究”。召开学院2019年学术年会。

学院编印《教育资讯》4期。组织部分研训员赴新加坡南洋理工大学参加学习。开展学校美育改革实验区建设，进行教师学科审美化教学培训2次，教研员带领学科教师设计、开发学科美育示范课40节。开展全区义务教育课堂教学质量提升试点工作，制定相关制度、方案等文件10余份，在3所试点学校建设27个学科教学工作坊，累计开展工作坊活动200余次。

重庆市渝中区教师进修学院负责人：
院　长：宋文君（党委书记）
副院长：周鸿蜀（党委副书记）
　　　　李　立　徐开明

（梁英莉）

【基本建设】 优化校点布局规划，经区政府第九十三次常务会研究同意，按照《关于重庆市渝中区民生路小学并入重庆大同实验学校的批复》，将区民生路小学并入重庆大同实验学校，同时撤销区民生路小学建制。投入资金1.5亿元，实施校园文化建设、基建维修等项目16个，打造一批中华名校和全市一流学校。制定《校点布局规划暨重点项目建设困难问题及解决对策》，扎实推进“大石化”、下半城等地区校点布局规划，中华路小学、大坪小学改扩建等重点建设项目有序推进。制定《渝中区智慧教育三年建设方案（2019—2021年）》，建设全市第一批智慧校园建设示范学校4所。投入130余万元，建立区教育系统干部人事档案信息化管理系统。

【学生资助】 实施精准资助，将每个学生“爱心午餐”标准提高到每学年2200元；坚持实施免费饮用奶，免除义务教育阶段学生课本费、作业本费和教辅费；对高中阶段在校城乡低保对象和城乡特困人员免费提供教科书。着力“两不愁三保障”，投入4687.98万元，完成各阶段普惠性和家庭经济困难学生的资助项目，惠及学生5.02万人次，确保家庭经济困难学生资助全覆盖。

【校园安全工作】 成立安全稳定工作领导小组，加强对全区教育系统安全稳定工作的统一领导。修订完善《渝中区教育系统安全稳定工作“一岗双责”实施方案》《渝中区教育系统安稳工作目标考核办法》，将校园安全责任落实到人头。配套投入安全稳定专项经费2800余万元，开展校园安稳工作人员业务培训，发放《重庆市渝中区中小学幼儿园安全管理制度及流程汇编》300余本，坚持开展“日周月”安全巡查，对发现的安全隐患逐一落实整改。围绕“中小学生安全教育日”“交通安全教育周”“防灾减灾日”等12个主题，开展宣传教育活动1200余次。开展扫黑除恶专项工作，签订《扫黑除恶专项工作责任书》，发放宣传品10000余件，创造安全稳定的校园环境。

【教育督导】 以推进贯彻落实《关于深化落实教育教学改革全面提高义务教育质量的意见》为重点，开展全区小学综合督导评估、学校美育工作、幼儿园开展办园行为、学校食品安全等专项督导，组织开展义务教育质量监测、重庆市基础教育质量监测任务，完成区政府履行教育职责、国家义务教育发展基本均衡区等督导评估。

【纪检监察与审计】 运用监督执纪“四种形态”，区教委班子成员对重点岗位关键人员开展日常提醒谈话54人次。组织开展三期校园长党风廉政教育培训，召开“以案四说”警示教育会126次。紧盯选人用人、审批监管、招生考试、大宗采购、工程招投标等重点领域和关键环节，签订党风廉政建设责任书65份。开展整治违规发放津补贴专项整治工作，发现问题5个，清退资金41.94万元。及时处置相关舆情80条，确保全区教育系统意识形态事件和舆情平稳可控。完成校园和直属单位责任人经济责任内部审计

7个，责令相关校园和单位针对发现的问题进行整改。完成工程项目结算审计53个，项目送审金额3673.06万元，审定金额3220.81万元，审减金额452.25万元，审减率为12.31%。

【教育国际合作与交流】 印发《渝中区推进教育国际化的工作方案》，实施海外盟校计划、干部教师国际化研修计划、“孔子课堂”计划、国际化学校建设计划、海外引智计划等。与教育部中外人文交流中心合作创建“中外人文交流教育实验区”，支持有条件的各类学校在海外建立友好学校，推进中外合作办学。复旦中学被中国教育国际交流协会确定为第四批中美“千校携手”项目学校。5所学校申报接收国际学生获市教委同意，统筹做好埃塞俄比亚等国家外交人员子女入学工作。

【区教委党政负责人】

主　　任：唐点权（党工委书记）

副 书 记：张羽婷

副 主 任：杨　勇

　　　　　龚方德（2019年4月任职）

　　　　　李嘉婧

督　　学：龚方德（2019年4月离任）

纪检组长：江武渝

（喻华）

素质教育

【学校德育工作】 研制《渝中区中小学德育工作指标体系》《渝中区名班主任评选管理办法》《渝中区名班主任工作室管理办法》，开展中小学德育主任全员培训、推荐教研员参加市级骨干培训等，大力提升德育队伍整体素质。开展文明校园创建暨德育品牌建设评选活动，评选区级年度德育工作特色项目学校17个、社会实践及研学旅行优秀课程11个、社会实践及研学旅行优秀活动案例12个，获市级德育品牌课程5个、市实践教育基地2个、优秀学生社团4个。开展以社会主义核心价值观、传统文化、法治、环境、心理健康等为主题的教育活动，区教委获重庆市第四届学宪法讲宪法活动团体一等奖、优秀组织奖。结合庆祝中华人民共和国成立70周年，大力加强爱国主义教育，开展优秀传统文化教育活动，组织名家、名剧进校园等活动10余次，开展感恩教育报告会5场。

【体育卫生艺术与科技教育】 落实学校体育竞赛制度和学生体育家庭作业制度，广泛开展“阳光体育活动”、大课间活动，组织开展篮球、足球等体育比赛10余项，学生获体育类市级及以上团体奖项64个、个人奖340个。开展“院士专家进校园”等科普活动，组织参加各级科技比赛等44项，师生获国家级奖项8个、市级奖145个。加强校园卫生工作，完成首次全国学生体质与健康调研，取得初级救护技能合格证的校园覆盖率达到95%，区教育行业红十字救护队在重庆市首届红十字应急救护技能大赛中获第一名。推进心理健康防护网建设，创建市级心理健康教育特色校3所。做好语言文字工作，提前一年实现中小学语言文字达标学校全覆盖。

【教研科研】 围绕“课标教材，核心素养，教法学法，课堂案例，考试研究”等研究方向，组织开展区域性学科教研活动392次，培训教师27400余人次。实施中小学“一校一主题”集体视导44次，教研员深入课堂、教研组，听课3000余节，提出针对性改进意见100余条，提高了课堂教学的有效性。重点开展国家级课题“区域推进‘共生课堂’提升中小学教学质量”研究，立项市级规划课题31个，全年各校园在研课题298项，其中开题49项，中期督查58项（含纸质督查），结题33项，为推动教育教学改革、全面提高教育质量发挥了积极作用。

基础教育

【学前教育】 扩大学前资源供给，新增幼儿园9所，公办幼儿园在园占比达46.2%，普惠性幼儿园覆盖率达73.1%。持续推进小区配套幼儿园、非法幼儿园、民办园专项治理，整改未达标园25所。加强保教队伍建设，109人获保育员资格证书。着力提升保教质量，1所民办园实现等级晋升，3所普惠园获全市优质办园成果奖。

【义务教育】适当调整部分学校招生辖区，协调做好大石化地区招生工作，满足适龄儿童平等接受义务教育需要。制发《规范中小学办学行为专项整治方案》，重点查处违规招生、违规收费问题，坚决制止侵害群众利益的违规行为，努力营造风清气正的教育发展环境。出台《进一步加强义务教育控辍保学工作实施方案》，实现全区义务教育阶段辍学学生名单全部销账，适龄儿童接受义务教育率保持在100%。

【普通高中教育】 推进“普通高考综合改革研究项目”，申报立项普通高中教育教学改革研究课题7个，其中，巴蜀中学“普通高中智慧教育创新模式研究”立项为市级重大课题。打造市级精品选修课程4门，立项市级高中课程创新基地1个。加强高考综合改革基础条件保障工作，启动第二批标准化考场建设，实现全覆盖，建成选科走班、生涯规划教育平台。完成第一轮新高考应对策略研究，形成新高考应对阶段性工作报告。启动第二轮新高考政策应对研究，重点做好课程衔接、生涯规划教育、质量评估、综合素质评价、高中教师新教材培训等方面工作。研制《渝中区普通高中新课程实施方案》《渝中区普通高中学业质量标准细则》《渝中区普通高中综合素质评价方案》等，稳妥推进高中新课程及高考综合改革，开展高考、中考复习专题研究活动50余次，保障普通高中新高考综合改革平稳落地。2019年高考，全区一本上线率为52.3%，本科上线率为87.1%，巴蜀中学学生夺得2019年全国高考重庆市文科第一名，理科第二名。

【特殊教育】 完善以特教学校为骨干、随班就读为主体、送教上门为补充的特殊教育格局，保障残疾儿童受教育权利。深入开展义务教育阶段适龄重度残疾儿童少年“送教上门”服务工作，新建校级资源教室3个。重庆市聋哑学校10名学生考入天津理工大学，培智学校学生参加全国第十届残疾人运动会暨第七届特殊奥林匹克运动会，获6金、3银、8铜好成绩。

高等教育

【概况】 区域内有重庆医科大学（地方重点大学）、重庆广播电视大学渝中区分校（成人高等教育学校）各1所。

（喻华）

【重庆广播电视大学渝中区分校】 重庆广播电视大学渝中区分校（简称“渝中区电大分校”），同时挂牌渝中区社区教育学院，位于渝中区上清寺路90号。学校前身是1979年成立的重庆广播电视大学市中区工作站，主要从事成人高等学历教育、社区教育和非学历培训。学校占地面积867.1平方米，建筑面积1600多平方米。学校有专兼职教师90余人，90%以上的教师具有中高级职称。学校设校务部、学历教育部和社区教育部三个部门。开设开放教育、成人大专教育、网络教育3种学历教育30多个专业，涵盖理工、经管、教育及医药等学科。2019年，学校成人高等学历教育招收新生1687人，学校在籍学生5000余人。学校大力推进重庆开放大学基层单位试点项目和特色学院建设，不断拓展学历教育、社区教育和非学历培训，被评为全市电大教育工作先进单位、全市社区教育先进集体、优秀奥鹏学习中心。

重庆广播电视大学渝中区分校负责人：
校　　长：张　静
支部书记：余　晴
副 校 长：王　丹（2019 年 8 月任职）
（李豪军）

其他教育

【职业教育】 坚持以提高质量、促进就业、服务发展为导向，深化高水平职业学校建设。全年新增市级及以上校企合作企业 5 家，新建市级双基地 2 个，中等职业学校“双师型”教师比例达到 85% 以上。学生获全国职业院校技能大赛二等奖 3 个，市一等奖 5 个、二等奖 22 个。

【民办教育】 开展校外培训机构专项整治，对 140 所民办学校开展年度检查，引导民办教育规范发展。妥善处置“韦博事件”，切实保障人民群众合法权益，维护社会稳定。推进民办教育分类登记改革，提高民办学校办学积极性。扶持规上教育企业，全年规上企业营业收入增长 24.78%。

【成人教育】 推进开放大学基层试点工作和渝中文商特色学院建设。开展电大开放教育、奥鹏网络教育和成人大专教育多种成人高等学历教育，在读学生 5000 余人。与区级部门和相关单位协同，持续开展学前教育师资队伍学历提升助力计划、楼宇职工学历提升助力计划、医护人员学历提升助力计划和社会工作者学历提升助力计划等成人学历教育项目，拓展文旅企业高管研修班、互联网效率达人训练营等非学历培训项目，助推产业人才培养。2019 年，区电大分校招收各类成人高等学历教育新生 1687 人。

【重庆山城老年大学】 重庆市渝中区山城老年大学创立于 1986 年，是中共渝中区委老干部局所属的公益二类事业单位。有校本部（大溪沟）、泰安分部、名仕城分部共三处校区，校舍建筑面积 10000 余平方米。学校秉承“创美好教育，享美好生活；育银龄英才，助银发奉献”的办学理念，用高远的精神文化、厚重的校园文化、丰富的课堂文化和严谨的管理文化，把学校打造成老年朋友乐学乐为、余热闪光的沃土。开设舞蹈、时装、声乐、戏曲、运动健身、书画、语言文学、电子摄影、器乐、养生与保健、园艺以及西点等专业 12 个，开设专业班 398 个，其中春季班 197 个、秋季班 201 个，学员 1.5 万余人次。

2019 年，学校组织开展新中国成立七十周年系列活动、“不忘初心、牢记使命”主题教育、重庆市老年教育中心年度全市示范课等活动。学校获重庆市专家服务基地、全国老年远程教育优秀学习收视点、2019 年终身学习品牌、“中华魂”（腾飞的祖国——改革开放四十年）主题教育读书活动优秀组织单位、2018 年度区老年体育工作组织奖等多项荣誉。

重庆山城老年大学负责人：
校　长：包海燕
副校长：杜　林（挂职）
　　　　易俪俪（挂职，2019 年 5 月离任）
（张雨娇）

【社区教育】 全年成立第二批社区学院分院 7 所，实现标准化学习型社区建设全覆盖，培育国家、市级全民终身学习品牌各 1 个。与区级相关部门、山城老年大学和各街道社区协同开展古埙吹奏、香囊制作、书法等中华优秀传统文化系列课程，培训社区居民和社会人群近 7 万人次。深入挖掘非遗、历史遗存的文化价值，推进蜀绣、剪纸、烙画等产业人才培训，实现社区教育与非遗传承、创业就业的有机结合。优化完善渝中学习网功能，利用渝中学习网，推广移动数字化学习，为市民终身学习提供便利。主动对接重庆市终身学习学分银行学习成果认证项目，完成学员建档注册，成为全国首批“城市社区学习中心能力建设”项目实验点。
（喻华）

【渝中区社区教育学院】 升级改造市民终身学习平台——渝中学习网，为市民免费提供视频课程10000余门、电子期刊2000多种，满足移动学习、碎片化学习的新需求。开设智能手机、茶文化与茶艺等公益课20门、短期体验课6门。开展“共建文明渝中·共享品质母城”等主题活动，服务社区居民20000余人次，“渝中市民大讲堂”被评为全国优秀终身学习品牌。构建区域特色课程体系，开发“朝天门”“白象街”“中山四路”等一系列“母城”特色微课，荣获“第四届全国社区教育优秀微课程大赛”优秀组织奖，开发的微课获全市第三届社区教育微课大赛一等奖4个、二等奖1个。发挥区文化产业培训基地的资源优势，挖掘非遗传承、历史遗存的文化价值，推进蜀绣、剪纸、烙画等产业人才培训，实现社区教育与创业就业、非遗传承的有机结合。承办渝中区2019年全民终身学习活动周，受到社会各界好评。

渝中区社区教育学院负责人：
校　　长：张　静
支部书记：余　晴
副 校 长：王　丹（2019年8月任职）

（李豪军）

招生考试

【概况】 按照教育部“免试就近”入学原则，继续取消小升初推荐政策，实施多校划片、指标到校、“抽签派位”与对口直升相结合的招生办法。完善非户籍常住人口适龄儿童少年义务教育入学办法，简化优化入学程序，切实保障流动人口子女的教育需求。全面完成重点中学招收指标到校生工作，扩大优质生源留区数量，4所普通高中招收指标到校生1225人。

【高校招生与自学考试】 2019年，全区普通高考报名4277人。其中，普通文理类考生3678人，高职对口类考生204人，中职直升类考生330人，体育单招36人，残疾单招29人。全区成人高考报名2294人（其中专升本546人，高起本240人，高起专1508人）。高等教育自学考试报名9009人，共18449科次，其中新生3837人，毕业65人。教师资格笔试2962人，共7120科次，面试680人。硕士研究生入学考试1200人。

（喻华）

文化 体育

文　化

概　述

【概况】 2019年1月3日，按照《中共重庆市渝中区委 重庆市渝中区人民政府关于印发〈重庆市渝中区机构改革方案〉的通知》，将区文化委员会、区旅游发展委员会的职责整合，组建渝中区文化和旅游发展委员会（简称“区文化旅游委”），为区政府工作部门，保留区体育局牌子，办公地址位于渝中区金汤街74号。内设办公室、公共服务科、资源开发科、文化遗产保护科、体育科、产业发展科、市场管理科、安全应急办公室8个职能科室。委机关核定行政编制25名，在编24人。下设区文化市场行政执法大队、区旅游监察执法队、区文化馆、区图书馆、区文物保护管理所、区体育运动学校6个事业单位。区文化市场行政执法大队、区旅游监察执法队为参照公务员管理的事业单位，核定编制22名。区文化馆、区图书馆、区文物保护管理所、区体育运动学校为财政全额拨款全民所有制事业单位，核定编制113名，在职职工86人。代管国有独资公司——重庆辉翔文化投资有限公司。中共渝中区文化旅游委有基层党组织19个，其中机关事业单位党支部7个，国有企业党支部1个，非公社会党支部2个，非公企业党支部6个，退休党支部3个。全委共有党员196名。区文化旅游委的职能职责是：统筹规划全区文化体育事业、文化体育产业和旅游业发展，拟订全区文化和旅游、广播电视、文物和博物馆、体育事业发展规划并组织实施，推进现代公共文化体育旅游服务体系建设和文化体育产业和旅游业发展，负责全区体育彩票销售管理、文化遗产保护、文化体育和旅游市场管理、全区文化旅游整体形象宣传和推广工作；统筹竞技体育和青少年体育发展，拟订竞赛计划、指导训练、培养体育后备人才。

2019年，区文化旅游委聚焦“全面深化国家公共文化服务体系示范区创建成果”“全面加强国家高水平体育后备人才基地建设”中心工作，推进“人文渝中”建设，构建文化产业和市场体系，提升行政审批事中事后监管水平，在打好“三大攻坚战”和实施“八项行动计划”中实现新作为。在新中国成立70周年安保维稳工作中成效突出，荣获集体三等功奖励；荣获第六届中国西部旅游产业博览会最佳组织奖、重庆市第八届文化产业博览会优秀组织奖，获重庆市第九届全民健身运动会区县组团体总分第二名和优秀组织奖。委属单位区文化馆原创广场舞《一步梯坎一首歌》在“我爱你中国——欢跃四季•舞动巴渝”2019重庆市广场舞总决赛中荣获全市一等奖。区图书馆荣获“我和我的祖国”——2019重庆市“红岩少年”阅读大赛之少儿讲故事比赛优秀组织奖、第二届“阅读之星”重庆市民诵读大赛组织奖；在2019年重庆市区县“三馆一中心”免费开放绩效评价工作中荣获“一等馆”称号；在第六次全国县级以上公共图书馆评估定级中，荣获国家一级图书馆称号。

【公共文化服务】 深化国家公共文化服务体系示范区建设，深入实施文化惠民工程，区文化馆、图书馆、各街区文化中心（分馆）免费开放项目达23项，每周开放时长达56小时以上，全年接待群众40万余人次，辅导群众活动队伍167支、3万余人次。送流动文化进基层459场，组织开展川剧《江姐》、世界大河歌会广场音乐会渝中专场等大型文化活动8场，向社区居民发放“文化大礼包”1000份、演出票1000余张，放映流动惠民电影231场。依托重庆市群众文化云资源，精心打造群众文化云平台，全年共配送群众文化活动3653次，服务14.85万人次。创新开展“图书馆＋书店”模式，投入资金23万元，将重庆书城、重庆购书中心等一批书店打造为市民“第三阅览室”。坚持举办解放碑CBD广场周末音乐会、“三峡大讲坛•渝中讲台”、“CBD城市登高楼”等品牌文体活动。支持拍摄《九开八闭城门》《通向中山四路的路》等以巴渝文化、抗战文化为主题的母城文化系列纪录短片，展示渝中魅力。

【党建工作】 扎实开展“不忘初心、牢记使命”主题教育，全年共开展中心组学习44次、主题教育集中学习研讨11次，学习篇目190余篇，举办“扬帆奋进新时代•文旅融合谱新篇”微宣讲比赛和基层党组织“不忘初心、牢记使命”主题教育培训班等。将破除形式主义、官僚主义，落实中央八项规定精神等内容纳入《2019年党风廉政建设和反腐败工作要点》《“廉洁渝中”建设2019年实施方案》，坚定不移整治“四风”。用好全区全面从严治党“两个责任”监管系统，营造浓厚的廉政文化氛围。把意识形态工作落实情况纳入党支部书记述职评议和组织生活会对照检查的重要内容。与辖区演艺场馆、大型书店等签订意识形态管理工作责任书。落实场所实地走访登记制度，切实加强现场监管，将日常巡查和重点整治有机结合，严肃查处涉意识形态案件、非法出版物，守牢意识形态阵地。

【文化产业发展】 全年86家规上文化体育企业实现营收50.29亿元，同比增长20.01%。新增“重庆U创”等区级文化产业示范园区2个、“金夫人”“中山文化”等示范基地3个，重庆中国三峡博物馆被国家科技部评为“首批国家文化和科技融合示范基地”。启动重庆大礼堂•华夏文创生态园和数字文化创意产业园建设前期工作，推动十八梯、山城巷等传统风貌区、山城老街区建设，引导差异化、特色化发展。与重庆艺真影视和重庆诺趣文化两家公司签订代理招商协议，在杭州、上海举行文化旅游产业招商推介会，参加深圳文博会、北京文博会等国内重要会展活动，形成主动招商的工作格局。招商落地重庆携程等14家企业，其中，“招大引强”5家。用好用活《渝中区文艺精品创作奖励办法》，支持创作《红岩魂》等精品剧目，成功打造“扯馆儿”等市场叫好的本土喜剧艺术品牌。成功举办渝中区第三届、第四届文化旅游惠民消费季活动。

【文物保护修缮】 开展文化资源普查，核查开放历史文化资源21处，驻渝外国机构旧址13处，红色革命文物遗址12处。罗斯福图书馆暨中央图书馆旧址被评为第八批全国重点文物保护单位，重庆长江大桥春夏雕塑等3处文物被评为市级文物保护单位。保护历史文化遗存，协调推进大田湾体育场保护和利用工程，推动打铜街传统风貌区建设，全区文物监控系统年内完工，老鼓楼衙署遗址公园建设规划通过国家文物局审批。完成中苏文化协会旧址、雷家坡古道遗址、聚兴诚银行旧址等26处文物保护工程，全力实施江全泰号等17处文物保护工程项目，开展同盟国中国战区统帅部参谋长官邸旧址等12处文物保护前期工作。实施“文物平安”工程，完成国民政府外交部旧址等6处文物安防消防防雷工程。推动开展“六•五”隧道惨案旧址纪念馆建设项目前期论证，完成抗建堂、美国大使馆旧址、韩国光复军总司令部旧址等3处展陈项目，实施东华观藏经楼、郭沫若旧居、巴蔓子纪念馆等3处展陈项目。完成飞虎队博物馆等3家非国有博物馆扶持工作，拨付免费开放资金47万元。新增重庆抗战戏剧博物馆、渝中区巴渝民风博物馆、美国大使馆旧址陈列馆等3家博物馆及陈列馆。“余门拳”等3个项目成功申报区级非遗项目。支持编辑出版非遗丛书《渝康宁蜀绣》，开展“非遗保护•你我同行”非遗进社区活动6场。

【文体市场监管】 深化全国文化市场行政审批规范化示范点建设，行政许可、公共服务事项“网上通办”实现全覆盖，25项许可事项纳入区行政服务中心“一窗通办”综合窗口办理，办理要件、环节、时限进一步优化提升。全年承办行政许可事项619件，新设立娱乐场所、网吧、旅行社等市场主体71家，审批国内营业性演出431件、3095场。落实“双随机一公开”，共检查各类经营主体、行业单位900余家次，受理并办结各类违法、违规案件109件，行政处罚32万余元。对128家总部、重点及规模以上文化企业，实行一对一归口服务。印发《渝中区关于推动文化产业高质量发展的实施意见》。扶持纪录片《城门几丈高》等文化产业项目26个，扶持金额230.1万元；兑现报业集团等64家企业奖励373.5万元。

【区文化旅游委负责人】
党委书记：何俊生
主　　任：何俊生（兼区体育局局长）
副 主 任：朱　健（兼区体育局副局长，2019年10月援藏期满）
卢永军
李　佳（2019年1月任职）
李　霞（2019年1月任职）
邓　琳（2019年4月任职）
执法大队队长：刘　有

文艺创作 文化活动

【新中国成立70周年系列纪念活动】 7月8日，由区文化馆策划、组织、实施的“今昔巨变•辉煌见证——庆祝新中国成立70周年”渝中区摄影作品走进社区巡展活动，依次在六个文化中心举办。8月12日，“我和我的祖国”第十九届重庆市美术书法摄影联展在区文化馆一楼大厅展出。10月25日，“我和我的祖国”庆祝新中国成立70周年——2019年秋季渝中区社区群众文艺系列活动七场演出圆满完成，累计7200余人参加。

【群众文艺活动】 2月5—7日，“我们的中国梦”——文化进万家 2019年渝中区新春精品节目展演活动在较场口日月光广场举行，到场观看的群众逾1000人。4月28日，2019国际文化交流季之渝中探秘活动在解放碑举行，活动以“行千里 致广大”为主题，邀请在渝工作外籍人士、海归青年和侨界人士，共同探秘打卡标志性景点，亲身体味母城渝中的深厚文化与美丽风景。6月17日，区文化馆承办的学习贯彻习近平总书记视察重庆重要讲话精神区委中心组（扩大）学习会暨“廉政文化教育宣传月”汇报展演成功举行。7月16日，“我爱你中国——欢跃四季•舞动巴渝”2019重庆市广场舞展演活动启动仪式、重庆市广场舞渝中区展演活动暨第十九届渝中区广场舞比赛于大田湾体育馆举办。9月，区内选送“半岛舞蹈团”携原创广场舞《一步梯坎一首歌》在“我爱你中国——欢跃四季•舞动巴渝”2019重庆市广场舞比赛的总决赛中荣获全市一等奖。9月30日，第二届世界大河歌会广场音乐会渝中区专场在化龙桥重庆天地广场举行，四度空间乐团、白俄罗斯艺术团等国内外合唱团以及春之声合唱团、和之声合唱团等重庆本地合唱团，巧妙地将重庆的历史人文和异国音乐元素结合起来，带来《今天是你的生日》《KUSIMAMA》《亚斯在割三叶草》《大河》等音乐曲目，吸引众多市民、游客观看。

【全民艺术普及推广】 区文化馆整合资源，从广大群众的根本需求出发，开展多项全民艺术普及推广活动。2019年，开展“秀出最美的你——免费登记照拍摄”活动，组织实施10期免费艺术沙龙活动，举办两会精神、养生、阅读、法律、消防培训共28场知识讲座。

文化市场和文化产业

【概况】 2019年，全区有文化及相关企业4800余家，从业人员5.3万人。其中，规上企业128家，年营业收入278.21亿元。已建成国家级文化产业基地2个，市级文化产业示范园区（基地）10个，区级文化产业示范园区（基地）5个。全年承办行政审批事项629件，新设立娱乐场所、网吧、旅行社等市场主体71家，审批国内营业性演出431件、3095场。

【文化消费活动】 1月，区第三届文化旅游惠民消费季启动仪式在龙湖时代天街举办。活动期间，组织重庆市电竞联赛总决赛、发放文旅消费券、派送文化大礼包等九项大型文旅活动，参与商家和企业超过160家，提供3000余项文化旅游商品及文化旅游服务，拉动文化旅游消费1亿元，惠及市民30万人次。

【招商引资工作】 2月28日，区文化旅游委参加2019年渝中区招商引资工作大会，大会授予诺趣广告、艺真公司等两家公司代理招商机构证书，帮助区文化旅游委招商引资北京、上海的文旅企业；并与享弘数字传媒、云环文化、何苦半岛影业等3家企业签订合作协议，协议投资3.5亿元，分别计划投资打造动漫主题公园、院线电影《99万次拥抱》、艺术品销售中心等项目。区文化旅游委于5月16日成立招商办公室，属临设机构。8月21日，渝中区文化旅游产业招商推介会在杭州洲际酒店举办，吸引当地上百家优秀文旅企业、商（行）协会参加，与当地10家企业签订战略投资协议，投资额4.3亿元。

【电视纪录片《城门几丈高》首播】 由中央广播电视总台央视纪录频道和重庆广播电视集团（总台）联合出品的电视纪录片《城门几丈高》在央视九套、重庆卫视首播。该纪录片共有《朝天门》《城门开》《潮水来》《舵把子》《龙门阵》5集，展示了母城渝中、重庆城市发展的历史和文化。

【参展参会】 5月24日，“首届中国品牌传播发展峰会暨公关传播城市高峰论坛”在重庆

JW万豪酒店顺利举办，来自全国50个城市最具代表性的100多家区域公关传播公司参加论坛，共同探讨品牌传播创意公关行业的发展之道。9月12日，第八届重庆国际文化产业博览会在悦来国际会展中心举行，渝中区推出的“180度拍照”体验项目吸引了大批市民，并获得组委会颁发的优秀组织奖。

【示范园区、基地命名】 11月5日，经区文化产业发展领导小组审定同意，决定命名“重庆U创文化产业园”“重庆后街影视文化产业园”等2个“区级文化产业示范园区”；命名“中山文化产业园”“东水门老街”“重庆金夫人实业有限公司”等3个“区级文化产业示范基地”。

【重庆英才计划人选】 11月6日，渝中区6名文旅人才入选首批重庆英才计划名单，分别是重庆市文化遗产研究院白九江、重庆红岩联线文化发展管理中心朱军、重庆演艺集团有限责任公司朱凯和刘军、重庆市歌剧院刘光宇、重庆中国三峡博物馆张荣祥。

【山城影视产业园挂牌】 11月29日，山城影视产业园挂牌仪式在雾都宾馆举行。首期项目将落户渝中区枇杷山公园，规划布局影视平台、新媒体影视、金融影视、智慧影视、影视主题公园5大板块。

文物保护和非物质文化遗产

【文物保护单位】 2月27日，市政府公布第三批市级文物保护单位，太平门至人和门段城垣、国民政府军政部兵工署旧址、重庆长江大桥春夏秋冬雕塑等3处文物遗迹列为市级文物保护单位。10月7日，国务院公布第八批全国重点文物保护单位，罗斯福图书馆旧址列为全国重点文物保护单位。区内全国重点文物保护单位共19处（37个点），数量居全市第一。

【重点文物修缮、开放及揭牌】 5月18日，美国大使馆旧址陈列馆正式开馆，“中美同盟共同抗击日本军国主义影像展”在此陈列。7月13日，雷家坡古道遗址修缮工程竣工。9月29日，重庆十八梯山城记忆馆在十八梯传统风貌区揭牌开馆，追述山城历史，解读山城风貌，品味山城记忆。11月7日，佛图关白骨塔修缮工程竣工。

【“中国20世纪建筑遗产项目”入选】 12月3日，中国文物学会、中国建筑学会联合公布“第四批中国20世纪建筑遗产项目”，中共重庆市委枇杷山办公楼旧址、重庆市体育馆、八路军重庆办事处旧址3处文物建筑入选。截至12月，区内有重庆市人民大礼堂、人民解放纪念碑、国民参政旧址等“20世纪建筑遗产”12处，在全市占比60%。

渝中区不可移动文物统计表（2019年）

<table>
<tr><th>序号</th><th colspan="2">文物名称</th><th>保护级别</th><th>地址</th><th>备注</th></tr>
<tr><td colspan="6">一 文物保护单位</td></tr>
<tr><td rowspan="4">1</td><td rowspan="4">中共中央南方局及八路军重庆办事处旧址</td><td>八路军重庆办事处旧址</td><td rowspan="4">国家级</td><td>红岩村13号</td><td></td></tr>
<tr><td>中共中央南方局旧址</td><td>曾家岩50号</td><td></td></tr>
<tr><td>《新华日报》营业部旧址</td><td>民生路240号</td><td></td></tr>
<tr><td>中共代表团驻地旧址</td><td>中山三路151号</td><td></td></tr>
<tr><td>2</td><td colspan="2">桂园</td><td>国家级</td><td>中山四路65号</td><td></td></tr>
<tr><td>3</td><td colspan="2">湖广会馆</td><td>国家级</td><td>长滨路芭蕉园巷1号</td><td></td></tr>
</table>

续表

<table>
<tr><th>序号</th><th colspan="2">文物名称</th><th>保护级别</th><th>地址</th><th>备注</th></tr>
<tr><td>4</td><td colspan="2">特园</td><td>国家级</td><td>嘉陵桥东村 37-49 号</td><td></td></tr>
<tr><td>5</td><td colspan="2">同盟国中国战区统帅部参谋长官邸旧址</td><td>国家级</td><td>嘉陵新路 63 号</td><td></td></tr>
<tr><td>6</td><td colspan="2">保卫中国同盟总部旧址</td><td>国家级</td><td>两路口新村 5 号</td><td></td></tr>
<tr><td>7</td><td colspan="2">重庆市人民大礼堂</td><td>国家级</td><td>人民路 173 号</td><td></td></tr>
<tr><td>8</td><td colspan="2">国民政府行政院旧址</td><td>国家级</td><td>中山四路 36 号</td><td></td></tr>
<tr><td rowspan="5">9</td><td rowspan="5">重庆谈判旧址群</td><td>蒋介石官邸</td><td rowspan="5">国家级</td><td rowspan="3">中山四路 36 号（市委大院内）</td><td></td></tr>
<tr><td>国民政府军事委员会委员长侍从室旧址（尧庐）</td><td></td></tr>
<tr><td>国民政府军事委员会委员长侍从室旧址</td><td></td></tr>
<tr><td>宋子文官邸（怡园）</td><td>四新路 19 号</td><td></td></tr>
<tr><td>吴铁城官邸</td><td>嘉陵新路 64 号</td><td></td></tr>
<tr><td>10</td><td colspan="2">老鼓楼衙署遗址</td><td>国家级</td><td>解放东路巴县衙门</td><td></td></tr>
<tr><td rowspan="2">11</td><td rowspan="2">重庆古城墙</td><td>通远门段城门及城墙</td><td rowspan="2">国家级</td><td>金汤街至鼓楼巷沿线</td><td></td></tr>
<tr><td>东水门段城门及城墙</td><td>东正街至芭蕉园沿线</td><td></td></tr>
<tr><td>12</td><td colspan="2">国民政府立法院、司法院及蒙藏委员会旧址</td><td>国家级</td><td>渝中区中山医院门诊部</td><td></td></tr>
<tr><td>13</td><td colspan="2">国民政府外交部旧址</td><td>国家级</td><td>解放东路征收局6号(人民公园3号)</td><td></td></tr>
<tr><td rowspan="6">14</td><td rowspan="6">重庆抗战金融机构旧址群</td><td>中央银行旧址</td><td rowspan="6">国家级</td><td>道门口 9 号</td><td></td></tr>
<tr><td>中国银行旧址</td><td>新华路 41 号</td><td></td></tr>
<tr><td>交通银行旧址</td><td>打铜街 14 号</td><td></td></tr>
<tr><td>美丰银行旧址</td><td>新华路街 74 号</td><td></td></tr>
<tr><td>川康平民商业银行旧址</td><td>打铜街 16 号</td><td></td></tr>
<tr><td>聚兴诚银行旧址</td><td>解放东路 112 号</td><td></td></tr>
<tr><td>15</td><td colspan="2">国民参政会旧址</td><td>国家级</td><td>中华路 174 号</td><td></td></tr>
<tr><td>16</td><td colspan="2">国民政府军事委员会政治部第三厅暨文化工作委员会旧址</td><td>国家级</td><td>天官府 8 号</td><td></td></tr>
<tr><td rowspan="6">17</td><td rowspan="6">同盟国驻渝外交机构旧址群</td><td>苏联大使馆旧址</td><td rowspan="6">国家级</td><td>枇杷山正街 104 号</td><td></td></tr>
<tr><td>苏联大使馆武官处旧址</td><td>沧白路 69 号</td><td></td></tr>
<tr><td>法国领事馆旧址</td><td>凤凰台 35 号</td><td></td></tr>
<tr><td>澳大利亚公使馆旧址</td><td>鹅岭正街 176 号</td><td></td></tr>
<tr><td>土耳其公使馆旧址</td><td>鹅岭正街 176 号</td><td></td></tr>
<tr><td>中英联络处旧址</td><td>国泰艺术中心旁</td><td></td></tr>
<tr><td>18</td><td colspan="2">抗战胜利纪功碑暨人民解放纪念碑</td><td>国家级</td><td>解放碑 CBD 步行街广场中心</td><td></td></tr>
<tr><td>19</td><td colspan="2">罗斯福图书馆暨中央图书馆旧址</td><td>国家级</td><td>长江一路 1 号</td><td></td></tr>
<tr><td>20</td><td>重庆谈判旧址</td><td>李宗仁公馆旧址</td><td>市级</td><td>中山四路 36 号（市委大院内）</td><td></td></tr>
<tr><td>21</td><td>同盟国驻渝外交机构旧址群</td><td>美国大使馆旧址</td><td>市级</td><td>健康路 1 号</td><td></td></tr>
</table>

续表

序号	文物名称		保护级别	地址	备注
22	状元府		市级	桂花园 12 号	
23	佛图关石刻		市级	佛图关公园内	
24	七牌坊碑林		市级	大坪循环道电信大楼背面绿化地带	
25	沈钧儒旧居		市级	马鞍山 18 号	
26	跳伞塔		市级	两路口体育路	
27	国民党中央执行委员会旧址（张骧公馆）		市级	中山四路市委大院内	
28	陈诚官邸		市级	胜利路 187 号（信协楼盘小区内）	
29	大公报报社重庆旧址		市级	李子坝正街 102 号	
30	《新华日报》总馆旧址		市级	化龙桥虎头岩村 62 号	
31	邹容烈士纪念碑		市级	南区路南区公园内	
32	中法学校旧址		市级	人民路 121 号	
33	大溪沟发电厂专家招待所旧址		市级	大溪沟街 3-10、13-11、13-14、13-18、13-23 号	
34	重庆市劳动人民文化宫大门		市级	中山二路 174 号	
35	中共重庆市委枇杷山办公楼旧址		市级	枇杷山正街 72 号	
36	嘉陵江大桥		市级	上清寺牛角沱至江北区华新街之间（横跨嘉陵江）	
37	大田湾体育设施群	重庆市体育馆	市级	大田湾体育场	
		重庆市体育局办公楼			
38	鹅岭抗战遗址群	苏军烈士墓	市级	鹅岭正街 176 号（鹅岭公园内）	
		桐轩石室			
		丹麦公使馆旧址			
		飞阁			
39	李宗仁官邸		市级	枇杷山正街 93 号	
40	巴蔓子墓		市级	莲花池渝海大厦负 2 层	
41	罗汉寺		市级	罗汉寺 7 号	
42	东华观藏经楼		市级	凯旋路 64 号	
43	谢家大院		市级	太华楼二巷 2 号	
44	李耀庭公馆		市级	邮政局巷 40 号	
45	中苏文化协会旧址		市级	中山一路 162 号	
46	若瑟堂		市级	若瑟堂 1 号	
47	四川革命先烈纪念碑		市级	新华路人民公园内	
48	国民政府经济部旧址		市级	新华路 47 号	
49	药材公会旧址		市级	羊子坝 15 号	
50	望龙门缆车		市级	望龙门巷至长滨路	
51	大韩民国临时政府旧址		市级	莲花池正街 38 号	
52	胡子昂旧居		市级	太华楼一巷 6 号	

续表

<table>
<tr><th>序号</th><th colspan="2">文物名称</th><th>保护级别</th><th>地址</th><th>备注</th></tr>
<tr><td>53</td><td colspan="2">菩提金刚塔</td><td>市级</td><td>观音岩金刚塔社区</td><td></td></tr>
<tr><td>54</td><td colspan="2">张培爵烈士纪念碑</td><td>市级</td><td>沧白路旁人行道</td><td></td></tr>
<tr><td>55</td><td colspan="2">中共重庆地方执行委员会旧址</td><td>市级</td><td>二府衙 19 号</td><td></td></tr>
<tr><td>56</td><td colspan="2">打枪坝水厂纪念塔</td><td>市级</td><td>领事巷打枪坝自来水厂内</td><td></td></tr>
<tr><td>57</td><td colspan="2">江全泰号</td><td>市级</td><td>白象街 142 号</td><td></td></tr>
<tr><td>58</td><td colspan="2">重庆海关监督公署旧址</td><td>市级</td><td>解放东路 263 号</td><td></td></tr>
<tr><td>59</td><td colspan="2">长江索道</td><td>市级</td><td>新华路 151 号</td><td></td></tr>
<tr><td>60</td><td colspan="2">嘉陵江索道</td><td>市级</td><td>沧白路 63 号</td><td></td></tr>
<tr><td rowspan="2">61</td><td rowspan="2">重庆大轰炸遗址群</td><td>重庆市消防人员殉职纪念碑</td><td rowspan="2">市级</td><td>新华路人民公园内</td><td></td></tr>
<tr><td>“六•五”隧道惨案旧址</td><td>磁器街人行道旁</td><td></td></tr>
<tr><td rowspan="2">62</td><td rowspan="2">国民政府军事委员会旧址</td><td>国民政府军事委员会礼堂旧址</td><td rowspan="2">市级</td><td>解放西路 66 号（重庆日报社内）</td><td></td></tr>
<tr><td>国民政府军事委员会重庆行营旧址</td><td>解放西路 14 号（复旦中学内）</td><td></td></tr>
<tr><td>63</td><td colspan="2">抗建堂旧址</td><td>市级</td><td>上纯阳洞 13 号</td><td></td></tr>
<tr><td>64</td><td colspan="2">三•三一惨案纪念地</td><td>市级</td><td>金汤街附近，通远门城墙上</td><td></td></tr>
<tr><td>65</td><td colspan="2">佛图关杨闇公烈士铜像</td><td>市级</td><td>佛图关公园内</td><td></td></tr>
<tr><td>66</td><td colspan="2">太平门至人和门段城垣</td><td>市级</td><td>渝中区望龙门四方街、长滨路 139-153 号凯瑞大厦西北角</td><td></td></tr>
<tr><td>67</td><td colspan="2">国民政府军政部兵工署旧址</td><td>市级</td><td>渝中区中山二路枇杷山巷</td><td></td></tr>
<tr><td>68</td><td colspan="2">重庆长江大桥春夏秋冬雕塑</td><td>市级</td><td>渝中区、南岸区石板坡长江大桥桥头两侧</td><td></td></tr>
<tr><td>69</td><td colspan="2">巴县衙门旧址</td><td>区级</td><td>巴县衙门 26 号</td><td></td></tr>
<tr><td>70</td><td colspan="2">纱帽石董公死难处石刻</td><td>区级</td><td>嘉滨路靠嘉陵江江边，嘉陵江大桥下东侧</td><td></td></tr>
<tr><td>71</td><td colspan="2">中国民主革命同盟旧址</td><td>区级</td><td>领事巷 14 号</td><td></td></tr>
<tr><td>72</td><td colspan="2">刘湘公馆旧址</td><td>区级</td><td>李子坝抗战遗址公园内</td><td></td></tr>
<tr><td>73</td><td colspan="2">中国国民党中央执行委员会调查统计局旧址</td><td>区级</td><td>中山二路 174 号（文化宫内）</td><td></td></tr>
<tr><td>74</td><td colspan="2">唐式遵公馆旧址</td><td>区级</td><td>金汤街 80 号</td><td></td></tr>
<tr><td>75</td><td colspan="2">潘文华公馆旧址</td><td>区级</td><td>中山四路 81 号</td><td></td></tr>
<tr><td>76</td><td colspan="2">晋冀鲁豫军区干部子弟校学生宿舍旧址</td><td>区级</td><td>中山四路人民小学内</td><td></td></tr>
<tr><td>77</td><td colspan="2">法国仁爱堂旧址</td><td>区级</td><td>山城巷 80 号</td><td></td></tr>
<tr><td>78</td><td colspan="2">戴笠公馆旧址</td><td>区级</td><td>中山四路 85 号</td><td></td></tr>
<tr><td>79</td><td colspan="2">重庆盐务局旧址</td><td>区级</td><td>新华路 45 号</td><td>迁建</td></tr>
<tr><td colspan="6">二 现存文物点（70 处）</td></tr>
<tr><td>1</td><td colspan="2">下洪学巷客栈</td><td>未定级</td><td>下洪学巷 23 号</td><td></td></tr>
<tr><td>2</td><td colspan="2">石绳桥</td><td>未定级</td><td>鹅岭正街 176 号鹅岭公园内</td><td></td></tr>
<tr><td>3</td><td colspan="2">关帝庙</td><td>未定级</td><td>李子坝</td><td></td></tr>
</table>

续表

序号	文物名称	保护级别	地址	备注
4	能仁寺山门排楼	未定级	中华路 92 号	
5	长乐永康石朝门	未定级	山城巷 26 号	
6	亦庐石朝门	未定级	马蹄街 15 号	
7	大观平石刻	未定级	黄土坡 31 号附近	
8	鸟游淤云石刻	未定级	红岩幼儿园北面巷道崖壁上	
9	蒋介石题刻处	未定级	重庆市渝中区大坪街道浮图关社区，佛图关公园内	
10	大坪九坑子石窟	未定级	九坑子街临虎头岩及嘉华立交山壁上	
11	竹木街摩崖造像	未定级	黄沙溪竹木街长江边九滨路旱桥下污水处理管道侧面及下方的崖壁上，距污水处理建筑左侧 10 米处	
12	孙科公馆旧址	未定级	嘉陵新村 189 号	
13	王陵基公馆旧址	未定级	枇杷山正街 72 号	
14	杨森公馆旧址	未定级	中山二路 134 号	
15	王缵绪公馆旧址	未定级	金汤街 64 号	
16	李根固旧居	未定级	李子坝正街 61 号	
17	贺国光旧居	未定级	健康路 4 号	
18	徐远举公馆旧址	未定级	嘉陵新村 73 号	
19	白鹤嘴石碉堡	未定级	白鹤嘴山头上	
20	国民政府国防部会议厅旧址	未定级	鹅岭正街 56005 部队大院内	
21	重庆反省院旧址	未定级	储奇门邮政局巷 22 号	
22	国民政府军事参议院旧址	未定级	李子坝正街 61 号	
23	李子坝石碉堡	未定级	李子坝 2 村 10 号	
24	红楼	未定级	枇杷山正街 72 号	
25	高公馆旧址	未定级	上清寺路 252 号	
26	佛图关白骨塔	未定级	佛图关公园北侧	
27	中共中央南方局外事组旧址	未定级	马鞍山 28 号	
28	马鞍山 29 号建筑	未定级	马鞍山 29 号	
29	马鞍山 30 号建筑	未定级	马鞍山 30 号	
30	马鞍山 31 号建筑	未定级	马鞍山 31 号	
31	马鞍山 63 号建筑	未定级	马鞍山 63 号	
32	德国领事馆旧址	未定级	和平路（原区政府内）	
33	国际村石碉堡	未定级	国际村 103 号	
34	人民公园防空洞掩体	未定级	人民公园内	
35	觉庐建筑群	未定级	李子坝正街 50 号至 57 号、嘉陵新村 74 号至 76 号	

续表

序号	文物名称	保护级别	地址	备注
36	鲜宅旧址	未定级	嘉陵西村 23 号	
37	国民党警察局旧址	未定级	上曾家岩 19 号	
38	戴笠神仙洞公馆及军统办公室旧址	未定级	枇杷山正街 72 号	
39	私立兴华小学旧址	未定级	九道门 10 号	
40	韩国光复军总司令部旧址	未定级	邹容路 37 号	
41	国际村 102 号建筑	未定级	国际村 102 号	
42	刘义凡旧居	未定级	陕西路 115 号	
43	柏庐建筑群	未定级	民生路 101、117 号	
44	民生路 105 号民居	未定级	民生路 105 号	
45	自力巷 23 号建筑	未定级	大溪沟人民路	
46	胜利路 178 号民居	未定级	胜利路 178 号	
47	下洪学巷 40 号民居	未定级	下洪学巷 40 号	
48	嘉陵新路 44 号建筑	未定级	嘉陵新路 44 号	
49	重庆海关报关行旧址	未定级	白象街 154 号	
50	白象街 151 号民居	未定级	白象街 151 号	
51	重庆海关办公楼旧址	未定级	白象街 166 号	
52	体心堂 42 号民居	未定级	体心堂 42 号	
53	张国富烈士纪念碑	未定级	菜园坝建新一巷 7 号	
54	中央公园旧址	未定级	人民公园	
55	凤凰台 33 号石朝门	未定级	凤凰台 33 号	
56	打枪坝水厂办公楼旧址	未定级	鼓楼巷 38 号	
57	十八梯 171 号民居	未定级	十八梯 171 号	
58	工人之家大门	未定级	寮叶巷 5 号	
59	国民政府中央训练团遗址	未定级	竹木村 59 号	遗址
60	私立临江小学大门遗址	未定级	解放东路 388 号建筑内	遗址
61	交通银行印钞厂旧址	未定级	李子坝正街 61、49 号	
62	交通银行学校旧址	未定级	李子坝正街 61、49 号	
63	交通银行办公楼旧址	未定级	李子坝正街 61、49 号	
64	交通银行金库旧址	未定级	李子坝正街 61、49 号	
65	飞虎队别墅 1 号楼	未定级	李子坝正街 101 号	2014 年新增文物点
66	飞虎队别墅 2 号楼	未定级	李子坝正街 101 号	
67	大公报报社生产洞旧址	未定级	李子坝正街 101 号	
68	国民政府国际问题研究所印刷厂办公楼旧址	未定级	李子坝正街 101 号	
69	雷家坡古道遗址	未定级	中兴路雷家坡	

续表

序号	文物名称	保护级别	地址	备注
70	中国人民解放军重庆红楼招待所	未定级	长江二路 39 号	
三 资料留取文物点（54 处）				
1	曾家岩墓地	未定级	曾家岩	资料留取
2	佛图关夜雨寺	未定级	佛图关公园原 114 中学内（佛图关职业中学）	资料留取
3	归元寺旧址	未定级	中山一路归元寺中巷 72 号、95 号	资料留取
4	县城隍庙旧址	未定级	解放东路二府衙巷 10 号	资料留取
5	花街子 81 号建筑	未定级	花街子 81 号	资料留取
6	普安巷 10 号石朝门	未定级	普安巷 10 号	资料留取
7	国民党军用器材库库长别墅	未定级	华龙桥上村 73 号	资料留取
8	重庆美军飞虎队办公楼旧址	未定级	华村 8 号	资料留取
9	巴县党务指导委员会旧址	未定级	解放东路 64 号	资料留取
10	金城别墅旧址	未定级	菜市口 5 号	资料留取
11	大川银行旧址	未定级	解放东路 31 号	资料留取
12	国民政府接见厅旧址	未定级	人民政府大院内	资料留取
13	归元寺石硐堡	未定级	归元寺中巷 89 号、114 号	资料留取
14	民国侨务委员会档案室旧址	未定级	中山一路街 110 号 1-4#、10#	资料留取
15	俄村旧址	未定级	黄家垭口 3 号、4 号	资料留取
16	颜料同业公会旧址	未定级	五一路 13 号	资料留取
17	卢作孚办公楼旧址	未定级	五一路 73 号 3#	资料留取
18	华威银行旧址	未定级	解放东路 16 号	资料留取
19	国营招商局重庆分局旧址	未定级	解放东路 166#，168#	资料留取
20	聚兴城银行宿舍旧址	未定级	解放东路 419 号 -2#	资料留取
21	重庆市人民剧场	未定级	新华路 240 号	资料留取
22	国民政府海外部旧址	未定级	解放东路九道门 7 号	资料留取
23	解放东路 2-12 号老商号建筑	未定级	解放东路 2 号至 12 号	资料留取
24	太华楼二巷民居	未定级	太华楼二巷 8-2 号	资料留取
25	棉花帮老商号建筑	未定级	解放东路太华楼一巷 3 号	资料留取
26	国民政府征收局旧址	未定级	解放东路征收局巷 2 号	资料留取
27	道官井 9 号建筑群	未定级	新华路道官井巷 9 号 1-5 栋	资料留取
28	上三八街 5 号民居	未定级	上三八街 5 号	资料留取
29	打锣巷 4 号民居	未定级	打锣巷 4 号附 2#、3#	资料留取
30	打锣巷 11 号民居	未定级	打锣巷 11 号	资料留取
31	水市巷 10 号民居	未定级	和平路水市巷 10 号	资料留取
32	水市巷 15 号民居	未定级	和平路水市巷 15 号	资料留取

续表

序号	文物名称	保护级别	地址	备注
33	求精学堂旧址	未定级	中山四路 69 号求精中学内	资料留取
34	工农兵灰塑	未定级	李子坝正街60号一带建筑外墙屋檐下	资料留取
35	庆余堂药房旧址	未定级	解放东路 380 号	资料留取
36	谦泰隆药材行旧址	未定级	马家巷 3 号	资料留取
37	解放东路 404 号民居	未定级	解放东路 404 号	资料留取
38	解放东路 48-60 号建筑群	未定级	解放东路 48 号至 60 号	资料留取
39	四方街 2 号建筑	未定级	四方街 2 号	资料留取
40	文化街 16 号建筑	未定级	文化街 16 号	资料留取
41	解放东路 329 号民居	未定级	解放东路 329 号	资料留取
42	邮政局巷 16 号民居	未定级	邮政局巷 16 号	资料留取
43	邮政局巷 17 号民居	未定级	邮政局巷 17 号	资料留取
44	邮政局巷 20 号民居	未定级	邮政局巷 20 号	资料留取
45	邮政局巷 21 号民居	未定级	邮政局巷 21 号	资料留取
46	双巷子 8 号民居	未定级	双巷子 8 号	资料留取
47	治呈祥药号旧址	未定级	双巷子 6 号	资料留取
48	水井院	未定级	双巷子 11 号	资料留取
49	东川邮政局旧址	未定级	解放东路街 409 号	资料留取
50	中国煤建川东分公司旧址	未定级	解放东路街 341 号	资料留取
51	羊子坝 18 号建筑	未定级	羊子坝街 18 号	资料留取
52	凤凰台 16 号建筑	未定级	凤凰台 16 号	资料留取
53	节约街 10 号建筑	未定级	节约街 10 号	资料留取
54	英国银行宿舍旧址	未定级	道门口 37、38 号	资料留取

说明：自 2013 年至今，因文物级别调整、合并、划转调整、“三普”后新增文物点等原因，至 2019 年底，全区现有登记文物 203 处（227 个点），其中文物保护单位 79 处、103 个点（全国重点文物保护单位 19 处、37 个点；重庆市文物保护单位 49 处、55 个点；渝中区文物保护单位 11 处、11 个点），现存文物点 70 处、70 个点，资料留取文物点 54 处、54 个点。

【非物质文化遗产工作】 4 月 30 日，针尖上的传承——献礼新中国成立 70 周年，渝中区国家级非物质文化遗产“蜀绣”作品展在王琦美术博物馆举行。5 月 23 日，重庆市第十届“文化遗产月”非遗进校园活动在区正式启动。9 月 10 日，2019 年文化馆联盟非遗中秋传习系列活动在南坪重百商场广场举办，渝中区非遗项目“葫芦烙画”“周氏古船模型制作技艺”“手工羽毛毽制作技艺”参加展览，得到现场群众好评。12 月 1 日，渝中区“蜀绣”“刘氏刺熨疗法”两项国家级非遗项目参加“2019 北京•中国文物国际博览会”。

渝中区非物质文化遗产项目表（2019年）

序号	项目名称	级别	项目类别
1	蜀绣	国家级	传统美术
2	刘氏刺熨疗法		传统医药
3	巴将军传说	市级	传统文学
4	烙画		传统美术
5	葫芦烙画		传统美术
6	叶脉画		传统美术
7	古琴		传统音乐
8	巴渝木偶		传统戏剧
9	重庆吊脚楼营造技艺		传统技艺
10	丘二馆炖鸡汤传统技艺		传统技艺
11	吴抄手传统技艺		传统技艺
12	九园包子传统制作技艺		传统技艺
13	正东担担面传统制作技艺		传统技艺
14	德元酸梅汤传统制作技艺		传统技艺
15	重庆陆稿荐卤菜传统制作技艺		传统技艺
16	王鸭子传统制作技艺		传统技艺
17	花丝镶嵌传统工艺		传统技艺
18	重庆周氏古船模型制作技艺		传统技艺
19	陈氏抄手传统技艺		传统技艺
20	手工羽毛毽传统制作技艺		传统技艺
21	小洞天干烧江团传统制作技艺		传统技艺
22	余记山城小汤圆传统制作艺		传统技艺
23	德元小汤圆制作技艺		传统技艺
24	重庆火锅传统制作技艺（巴将军火锅制作技艺）		传统技艺
25	燕青门正骨疗法		传统医药
26	赵氏雷火灸		传统医药
27	恒合正骨推拿术		传统医药
28	重庆市中医骨科医院正骨诊疗术		传统医药
29	黄氏儿科传统医术		传统医药
30	禹王庙会		民俗
31	重庆城传说	区级	传统文学
32	重庆糖画		传统美术
33	川江号子		传统音乐
34	尺八		传统音乐
35	四川清音		传统曲艺
36	四川扬琴		传统曲艺

续表

序号	项目名称	级别	项目类别
37	老四川牛肉传统技艺	区级	传统技艺
38	高豆花传统制作技艺		传统技艺
39	重庆漆器髹饰技艺		传统技艺
40	依仁巷春卷		传统技艺
41	顺庆羊肉传统制作技艺		传统技艺
42	鲜氏枣酒浸泡技艺		传统技艺
43	小滨楼素椒杂酱面传统制作技艺		传统技艺
44	渝派绒线编织技艺		传统技艺
45	余门拳		传统体育
46	艺术嗓音传统疗法		传统医药
47	张氏针灸		传统医药
48	宋氏金手指传统按摩术		传统医药
49	唐氏点穴集散疗法		传统医药

说明：截至2019年底，渝中区有非物质文化遗产国家级项目2项，市级项目30项（含2项国家级项目）、区级项目49项（含30项市级项目）。

公共图书馆

【免费开放服务】 区图书馆免费开放面积达6000多平方米，开展书刊借阅、资料查阅、自修阅览、电子阅览及网上资料查阅、集体外借、基层图书室业务辅导、共享工程讲座和电影、“三峡大讲坛•渝中讲台”讲座、读者活动及培训等14项免费开放基本服务项目。全年采购新书2.4万余册，新办读者证6289张，接待读者50.5万余人次，书刊文献外借35万余册次（含电子图书下载近4万余册次）；网站访问量163.4万余次，微博及微信关注量近4.6万余人次。

【阅读推广】 围绕传统节日、青少年、读书宣传等主题举办各种读者活动260余次，共6万余人次参与。（1）参加国家及市级读书活动。参加全国读书活动1次，即2019全国少年儿童阅读年系列活动——少年儿童电子绘本征集活动，9名学生获奖。参与重庆市读书活动2次：重庆市“最美童声朗诵最美童诗”艺术大赛，获得儿童组三等奖和双语组双语朗诵奖各1个；重庆市“红岩少年”阅读大赛，获讲故事比赛“优秀组织奖”以及一等奖1个、二等奖3个、三等奖2个。（2）区第十二届读书月活动，图书宣传推广为期三天，为2018年区图书馆阅读之星、优秀志愿者、第三届全国“书香之家”入选家庭颁发奖牌，并启动“庆祝新中国成立70周年”——“我和图书馆的故事”作品征集大赛，受到市民广泛关注。（3）参与全国第31个“图书馆服务宣传周”活动。区图书馆开展少儿故事会、少儿图书专架、免超期罚款、知识竞赛、馆长接待日、古籍（地方文献）宣传等一系列活动。（4）开展青少年阅读推广活动。举办少儿故事会、童心悦乐儿坊、故事妈妈讲故事、小志愿者、少儿阅读推广进社区等青少年阅读推广活动共50余次，参与青少年及家长825人次。（5）开展图书捐赠活动。先后为街道、社区、部队、人防服务中心等企事业组织，以及秀山和巫溪县的学校和单位捐赠图书共1.1万余册、期刊520册。重庆市“少年儿童爱心接力服务”活动，捐赠活动用书500册。（6）组织流动服务。在两路口大田湾体育场、人和街街心花园等地开展“流动服务”活动12次，为市民提供现场办证、借阅图书服务，接待读者1525人，办证24个，外借550册次，阅览1650册次。全年举办展览19次，市级媒体报道43次，区级媒体报道82次（含手机报的图书推荐）。

【三峡大讲坛•渝中讲台】“三峡大讲坛•渝中讲台”作为渝中区连续举办20年的文化品牌，始终以普通市民为服务对象。在内容上，选择与市民的工作、学习、生活紧密结合的主题，力求知识性与趣味性协调统一，突出精品意识和品牌意识。全年举办讲座54期，听众1300余人，现场讲座32期。

【数字文化工程建设】持续推动文化共享工程、数图推广工程和公共电子阅览室建设。开展惠民活动：举办免费放映活动55场，2400余人次参加；开办免费电脑和手机培训班10期，培训206人；举办数字资源推广活动27次，20000余人次参加。移动图书馆点击量76.9万余次，电子书访问量4万余次，期刊阅读量8.21万次，多媒体资源阅读量18.44万次，数字资源访问总量30.87万次。

【古籍保护】按全国古籍保护中心要求，对辖区内单位及个人进行古籍普查、宣传、培训辅导及督促。查找古籍资料中有关母城文化内容的文献，开展第三期古籍数字化工作。整理民国文献，统计民国线装文献书目4000余册，做好其著录准备。全年接待研究性读者881人次，提供资料2550余册，提供参考咨询、代检代查等服务。

【公共文化服务】加强总分馆管理的制度化、流程化建设。加强对已建分馆、服务站的管理和业务指导，开展分馆培训12次，为分馆和服务站业务辅导30次。为社区图书室上门辅导20余次。在菜园坝旅游集散中心等3处筹建图书漂流站。

电影•广播 电视•报刊

【惠民电影放映】全年完成惠民电影放映263场的目标任务。在国家法定节假日、民俗传统节日，配合区工青妇群团组织和政府相关部门举办“主题电影放映活动”，丰富广大人民群众的精神文化需求，充分发挥国有企业惠民生作用。

【主题宣传报道】开设《把习近平总书记殷殷嘱托全面落实在渝中大地上》专栏，全面报道各级各部门传达学习贯彻落实习近平总书记重要讲话精神情况。持续开设《不忘初心 牢记使命 推动重庆各项事业沿着习近平总书记指引的方向奋力前行》《学习贯彻落实全国两会精神 推动渝中高质量发展》《支持民营企业发展渝中在行动》《精细城市管理 提升城市品质》《扫黑除恶进行时》《绿水青山就是金山银山》《壮丽70年 奋斗新时代•渝中》《中央生态环保督察重庆在行动》《新时代双拥工作风采》《新时尚•新生活 垃圾分类渝中进行时》等专栏，报道全区重点工作，关注民生实事、社会发展。两会期间，全媒体推出《2019两会进行时》《代表委员访谈》《两会花絮》等专栏，《渝中报》特别推出2篇评论员文章《奋力谱写新时代渝中高质量发展新篇章——热烈祝贺渝中两会开幕》《满怀信心 保持定力 推动渝中区发展再上新台阶——热烈祝贺渝中区两会胜利闭幕》。新媒体平台推出系列长图，各平台全面报道两会、解读两会，营造氛围，先后推出《壮丽70年 奋斗新时代》专栏，《城之变》《路之畅》《民之乐》等5期《70年巨变》系列报道，全面报道渝中社会各界开展丰富多彩的各类庆祝活动，全面展示渝中70年变迁、70年成果。新媒体平台推出《我和我的祖国》渝中专版MV和《“人民记忆：70年70城”记住重庆渝中》两个短视频作品，受到广大市民广泛关注。全媒体开设《不忘初心、牢记使命》专栏，宣传主题教育工作要求，报道典型人物、先进事迹，先后推出《牢记使命敢担当 务实为民守初心》综述报道和《善创新广获信任 凭实干勇争上游——记上清寺街道党工委书记艾正兵》主题教育先进人物报道等优秀稿件。“晒文化•晒风景”大型文旅推介活动，“晒”前预热、“晒”中宣传、“晒”

后盘点，中心各平台全力以赴、全面开花、全媒体矩阵联动，紧紧围绕全区人文历史风物风景展开报道，推出稿件100余条，展示渝中厚重的文化底蕴，宣传母城渝中的靓丽形象。智博会期间，中心精心策划，全面介入，《渝中报》开设《智汇八方 博采众长》专栏，推出智博会专版，电视新闻以现场报道、专家访谈、参观者采访等形式，点线面结合，新媒体视频、图文、图片直播，多维度、多角度报道智博会。首次推出《真抓实干促发展 沉心静气再出发》大型全媒体系列访谈，邀请17位区级部门一把手亮相融媒体矩阵平台，谈体会、谈思路、谈举措，展示渝中工作和干部队伍形象，区级媒体矩阵平台新形象一举成名。

【新闻电视报道】 全年《渝中新闻》共播出自采稿件3003条（不含组合），重点对学习宣传贯彻党的十九大精神、“不忘初心、牢记使命”主题教育、全区两会、重点项目建设、深化全国文明城区建设、扎实推进环境整治、扫黑除恶、改革开放40周年、新中国成立70周年、双拥工作、垃圾分类等全区重点工作和重要主题活动进行宣传报道，为服务渝中经济社会发展、展示渝中新形象起到积极推动作用。制作专题节目：《一周要闻回顾》39期，《新闻聚焦》6期，《渝中好吃狗》4期，《渝中法治微课堂》10期，《渝中慢生活》1期。现场录像10场（含单机），制作专题片4部，录制微视频（短片）12个。历时四个多月制作的短片《“人民记忆：70年70城”记住重庆渝中》，精选渝中各行业代表人物，从人工智能、文旅发展、城市建设、金融产业、志愿服务等角度切入，反映渝中城市变迁，描绘渝中发展景象，分享渝中故事，10月6日在央视网播出。

【《渝中报》宣传】 《渝中报》全年出刊146期，刊发稿件4160余篇。开设《不忘初心 牢记使命 推动重庆各项事业沿着习近平总书记指引的方向奋力前行》《在行动》《看效果》等专栏20余个；推出各类专版46个；着力70年巨变、渝中“双晒”、智博会、“不忘初心、牢记使命”主题教育等选题，聚焦渝中经济社会民生发展，大力宣传报道渝中高质量发展新成果、新面貌。结合“新中国成立70周年”“智博会”“四首经济”等不同时期重大主题报道，策划推出大批专版，全方位、多角度报道全区重点工作，展示渝中形象，丰富报道形式和内容。推出《释放政策红利 集聚优质企业 打造服务业集聚区——“筑巢引凤”渝中区全力打造国家级现代服务业试验区》《让城市更有“温度”渝中探索社区治理现代化的“新渝中路径”》等综述稿件，有效提升稿件深度和报纸阅读性。新开设《视觉渝中》专刊，有图有真相，“图”说渝中，提升《渝中报》整体直观性。

【新媒体各平台宣传】 全年新媒体各平台共刊（播）发稿件23803条，总浏览量超过2000万次，开展网络直播33场，开展线上活动19场。在习近平总书记视察重庆、“不忘初心、牢记使命”主题教育、庆祝新中国成立70周年、“晒文化·晒风景”大型文旅推介活动、第二届智博会等主题报道中，新媒体编辑部应用新媒体传播特点，在各平台开设专题、专栏，精心制作利于网络传播的微视频、长图、漫画、海报、H5前端开发、手机视频、图文、照片直播等新媒体产品，进一步扩大区级媒体平台影响力。“微渝中”公众号刊发的《还记得大阳沟菜市场吗？这里曾是重庆最大副食品市场（多图）》达到30000次阅读量，微博平台刊发的《城市脉动》达到495万次阅读量，创下历史新高。“在渝中”App平台上开展的直播《主播带你提前打探马鞍山传统风貌区》浏览量达25万人次，《重庆来福士购物区融媒体中心优雅启幕》超过20万人次观看。新媒体编辑部结合各平台特点，首页推出IP——“胖编”“一只渝”漫画人物，将两个IP融合到微信、长图、短视频等新媒体产品中，提升宣传影响力。

体　育

【体育赛事】 1月1日，一年一度的“迎春环岛骑游”自行车活动在珊瑚公园举行。3月16日，渝中区“体彩杯”春季登山比赛举行，来自全区的机关干部、社区居民、社会单位员工的800多名参赛者组成的134支队伍参加比赛。4月14日，“全民健身月”系列活动渝中区健身气功站点联赛在重庆市体育馆举行，共200余名健身气功运动员同台竞技。6月15日，以“文明健身迎华诞 • 奔跑追梦解放碑”为主题的渝中区第三届白领室内运动会在解放碑国泰广场举行。7月30日，渝中区“体彩杯”第六届城市定向赛在解放碑日月光中心广场开赛，共400名选手参赛。8月8日，2019年区“全民健身日”启动仪式暨全国百城千村健身气功交流展示活动在通远门城墙遗址公园举办。9月21日，“建功新时代创造新业绩”庆祝中华人民共和国成立70周年渝中区机关干部职工运动会开幕式在重庆市体育馆举行。10月16日，庆祝中华人民共和国成立70周年暨渝中区门球协会成立30周年邀请赛举行。11月21日，重庆市第九届全民健身运动会在重庆市体育馆落幕，渝中区代表团获得区县组团体总分第二名和优秀组织奖。11月30日，重庆市第五届国际登楼大赛暨2019年国际垂直登高大奖赛、第十二届解放碑CBD城市登高大赛在解放碑WFC环球金融中心举办。12月14日，区体育局在重庆第四十二中学体育馆举行“2019年渝中区武术比赛”。区武协所属各武术馆、社、辅导站等数十支参赛队伍近千人参加比赛。

【区代表队获奖】 1月26—27日，代表渝中区参赛的5名运动员在国家体育总局游泳运动管理中心主办的2019年全国少年儿童跳水冠军赛（B区）中，获得3金2银2铜，3个第四，4个第五的好成绩。区体校射击队在重庆市射击冠军赛（青少年组）中获得金牌3枚、银牌4枚、铜牌3枚。

【体彩工作】 2月28日，2018年度渝中区体彩工作总结表彰会召开，对14个销售网点进行表彰奖励。全年体育彩票销售15036万元，销售网点增加到140个。

【渝中区籍运动员获奖】 2月16日，渝中区籍运动员施廷懋在2019世界游泳锦标赛跳水项目选拔赛（第一站）中以386.6分获得女子3米板第一名，与队友王涵搭档，以347.4分获得女子双人3米板第一名。3月7日，施廷懋与队友王涵搭档在2019年国际泳联世界跳水系列赛北京站比赛中以339.30分获得女双3米板冠军。3月13日，在哈萨克斯坦阿斯塔纳举行的2019年（第七届）世界女子国际象棋团体锦标赛中渝中区籍运动员谭中怡与队友以八连胜的战绩提前一轮夺冠。5月26日，谭中怡在2019年国际象棋明星混双对抗赛中与徐俊组合以三连胜佳绩获得冠军。7月15日，施廷懋在韩国光州举行的第18届国际泳联世界锦标赛暨2020年东京奥运会选拔赛中和队友王涵搭档以342.00分的优异成绩获得女子双人3米板金牌，施廷懋实现此项目四连冠。9月25日，施廷懋在山东省烟台市举办的2019年全国跳水锦标赛中与队友王涵搭档获得跳水女子双人3米板冠军。

【体育场地调查及设施建设】 完成体育场地统计调查工作（每5年调查一次），截至2018年12月31日，全区常住人口66万人，有体育场地单位342个，场地数量1319个，面积60.10万平方米，人均场地面积0.91平方米。全年完成在11个街道、37个社区、81个点位的351件体育健身器械安装更新，全区的全民健身路径建设再上台阶。在李子坝抗战遗址公园安装18件二代智能健身器材，铺设240平方米地胶，建成重庆市首个“两江四岸”智慧健身长廊示范点。

（崔杰 练臻青 王兴华 李玥萱 程玲 李星霖 王瑶 杨利君 牛青 唐嵩 黄菊艳 张金英 文江艳）

档 案

【概况】渝中区档案馆（简称“区档案馆”）成立于1978年，区档案局成立于1980年。2009年区政府机构改革中，渝中区档案局（区档案馆）为区政府局（馆）合一机构。2014年12月，根据《中共重庆市渝中区委、重庆市渝中区人民政府关于政府职能转变和机构改革的实施意见》，将渝中区地方志编纂委员会办公室的职责划入渝中区档案局（馆），保留渝中区地方志编纂委员会办公室牌子。2019年1月，根据《中共重庆市渝中区委 重庆市渝中区人民政府关于印发〈重庆市渝中区机构改革方案〉的通知》，将渝中区档案局（渝中区档案馆）承担的行政职能划归渝中区委办公室，对外保留渝中区档案局牌子，区档案馆为区委办公室所属事业单位，人员纳入参公管理范围。2019年5月，区委编办决定将区地方志职能划转区委党史研究室。8月，区档案馆将方志科3名事业编制参公管理人员划转区委党史研究室。2019年底，内设综合科、档案管理科、档案指导科3个职能科室，核定事业编制13名，在职13人。区档案馆的主要职责是：接收管理全区各种档案资料，研究制定进馆档案的接收标准和规范，开发档案信息资源，依法向社会开放档案，为社会利用档案信息资源提供服务等。办公地址位于渝中区中兴路法院大楼15楼。

2019年，区档案馆严格履行主体责任，扎实开展“不忘初心、牢记使命”主题教育，积极推进新档案馆建设相关工作，做好危旧房改造等区重点工作的档案服务，加强档案工作“三个体系”建设，较好地完成各项工作任务。

【档案接收统计】 全年接收档案4010卷，接收电子档案1.2TB，接收婚姻、收养、国企人事档案电子数据条目59.35万条、全文19.98万页，及时更新与完善相关统计台账和全宗卷。完成2018年度档案统计年报工作，收到75个机关档案室数据，并汇总上报。按区统计局要求填报渝中区经济社会发展主要统计指标报表2018年度之档案馆部分。

【档案利用】 全年接待查档群众8143人次，调阅原始档案4943卷，为查档群众出具有关婚姻状况、工龄工资、下乡时间、参加社保时间、拆迁安置等内容的档案证明4918份。按照重庆市开展“异地查档、跨馆服务”试点工作要求，在市区城内实现线上线下异地查档，为群众查阅利用民生档案提供一站式服务。与北京市海淀区档案馆签约，开展两地民生档案跨馆利用服务工作，利用传真和邮政快递帮助查档申请人查阅异地民生档案。与区民政局签约，确保群众在区档案馆和区婚姻登记处都能查阅婚姻档案，一次性完成结（离）婚证的补办。

【档案移交】 积极推进市属国有企业退休人员档案移交工作，已有53家国企完成档案整理与数字化加工，并通过抽检，另有52家国企与服务外包公司签订整理加工合同。

【安全管理】 按要求对档案库房进行安全排查，并进行全面消毒杀虫，消杀体积为3000立方米。定期开展消防灭火系统安全检查，及时更换消防器材22个。确定房屋安全鉴定公司，对档案业务用房结构安全性进行评估。完成软件正版化工作，对机房服务器进行网络安全检查和加固，对档案数据进行异地备份，开展网络安全实战演习。完成2019年档案安全风险点防范工作自查、档案安全风险隐患排查整治，收到全区120余份自查报告与风险点清单。

【档案培训、宣传、编研】 3月，开展征收档案制作及移交工作培训，对区棚改指挥部40余名档案工作人员进行培训，规范被征收户档案、征收项目档案、征收会计档案等的整理加工标准与进馆流程。开展“6•9国际档案日”系列宣传活动，联合区司法局开展档案法律法规知识竞赛等活动。开展档案编研工作，完成档案史料《聚兴诚银行与杨氏家族》初稿，共1.4万字。

【行政执法检查】 开展年度档案行政执法检查，以机构改革涉改单位及区属国有企业为重点，抽查10家单位，出具《档案行政执法检查意见书》10份，将检查结果数据上传“信用渝中”平台。

【档案许可标准化建设】 在开展政务服务标准化建设工作中，与市档案局对接领取区档案局行政权力事项目录，完善事项个性化元素；在网审平台上编制并发布11项行政权力和1项公共服务事项的实施清单，配置人员及办事流程；编制档案局4项行政审批事项的业务手册和窗口工作人员业务培训手册。

【新馆建设】 区档案馆新馆主体建筑工程完成混凝土浇筑，“渝中区档案馆装饰装修及设施设备采买”项目可行性研究报告通过专家评审，报送区发改委待批，“渝中区档案馆新馆装饰装修及设施设备安装工程设计”完成竞争性比选并确定重庆市设计院为设计单位，区档案馆新馆楼层平面布局、外围景观设计基本确定。

【队伍建设】 全年选派10名干部到档案、方志工作先进地区学习考察，加强业务知识和新馆建设相关学习，提升干部业务能力和工作水平，为新馆建设打下坚实的人才基础。贯彻新修订的公务员法，落实公务员职务与职级并行制度，完成11名干部的职级套转，晋升一级调研员1名、一级主任科员1名。

【党建工作】 扎实开展“不忘初心、牢记使命”主题教育，召开专题学习会6次、支部集中学习5次、深化学习6次、民主生活会1次、支部主题党日活动12次，开展学习研讨和交流发言12次。通过现场教学及观看警示教育片等方式，广泛开展爱国主义教育、革命传统教育、党性教育、廉政警示教育、形势与政策教育、先进典型教育共19次，班子成员讲授专题党课4次，围绕“渝中区档案馆新馆展陈设计”“渝中区档案馆集中整治‘庸懒散’”“渝中区企业档案工作”三个调研课题，形成专题调研报告。按照习总书记关于“四个对照”“四个找一找”要求，领导班子查找问题15条，制定整改措施15条，班子成员共查找问题81条，制定整改措施85条，党支部查找问题12条，制定整改措施17条，普通党员干部共查找问题51条，制定整改措施59条。梳理全面从严治党主体责任清单共75项责任，完成“两个责任监管平台”任务39条。组织开展党风廉政警示教育11次，开展廉政谈话60余次，发送廉政警示信息40余条。制定《整治形式主义官僚主义工作方案》，集中整治馆内存在的“庸懒散”问题。全年报送党建、档案、方志等宣传信息25篇，撰写网评文章4篇、学习心得体会9篇。

【区档案馆负责人】
馆　长：潘　静
副馆长：张红艳（2019年1月离任）
　　　　胡　萍（2019年1月任职）
　　　　夏荣烽

（李杭擎）

地 方 志

【概况】渝中区地方志编纂中心（简称“区方志中心”）成立于2019年11月，是渝中区政府负责地方志工作的机构，纳入参公管理。5月，地方志编纂相关职责从渝中区档案馆划入渝中区委党史研究室。11月，区委编办下发通知，在区委党史研究室加挂区地方志编纂中心牌子。办公地址位于渝中区和平路1号星河商务大厦。区方志中心的主要职责是：组织编纂《重庆渝中区志》《渝中年鉴》《渝中大事记》；编写区情资料和区情教育丛书；指导编纂编撰和审查验收辖区部门志、专业志和单位志；负责收集、保存地方志文献和资料，组织整理旧志；提供区情咨询服务，开展地方志理论研究，培训修志队伍等。

2019年，区方志中心出版发行年鉴1部，大事记2部，收集区情资料670条，接受社会咨询、查阅资料175人次。坚持修志用志并举，强化年鉴、大事记、街道志、部门志、专业志编修，开发利用地方志资源，在地方志编纂工作中取得新成绩。

【《渝中年鉴》编修】 区方志中心主持编纂的《渝中年鉴（2019）》由西南师范大学出版发行，是渝中区第15部综合年鉴。《渝中年鉴（2019）》记述的是渝中区2018年的自然、社会、政治、经济、文化等内容，设大事记、渝中概况、政治、法治与军事、经济、城市建设管理、社会事业、街道、人物 光荣榜、统计资料、附录、索引12个类目，共118万字，发行1000册。

【《渝中大事记》编修】 区方志中心继续坚持每年编修2本《渝中大事记》。3月，《渝中大事记（2018年下半年）》出版发行，共4万字，发行500册。8月，《渝中大事记（2019年上半年）》出版发行，共4万字，发行500册。

【旧志整理】 2019年5月，清朝乾隆《巴县志》影印版正式发行，印刷精美，内容丰富，得到区委、区政府领导的高度肯定。6月，经区政府批准，启动清朝同治《巴县志》和民国《巴县志》旧志影印工作，稳步推进旧志整理工作。12月，按照《重庆市旧志整理出版规范（2019年版）》的相关要求，完成清朝同治、民国《巴县志》旧志校对工作。

【部门志、街道志、专业志编修】 6月，指导区商务委撰写的《渝中区商业贸易志（1986—2010）》正式出版，共计42万字。9至10月，完成《渝中区教育志（1991—2012）》《渝中区房产志（1991—2018）》二审工作并召开评审会。11月，完成《解放碑街道志（溯古—2015）》100万字的一审工作；召开《望龙门街道志》对接协调会，协调朝天门街道继续推进《望龙门街道志》收尾工作；召开《重庆火锅志》对接协调会，指导区商务委、区餐饮协会启动火锅志编修工作。

【馆藏书籍】 全年购买风物中国志系列丛书10册、中国名镇志系列丛书28册、中国名村志系列丛书21册、日本藏巴蜀稀见地方志集成18册；接受其他单位赠阅、与其他单位交换书籍83本，进一步丰富馆藏书籍，提高馆藏书籍的多样性与可读性。

【对口援藏】 参与重庆市方志系统对口援藏工作，对西藏自治区昌都市芒康县开展援助工作，帮助解决年鉴、志书编纂存在的困难，更好地推进芒康县地方志工作。1月3日，承办市志办援藏工作座谈会渝中片会；8月，参与市志办对西藏芒康县援助工作，完成《芒康县志》中政治部分20万字的审稿工作，并捐款2万元。

【业务培训与业务交流】 5月至7月，选派2人参加重庆市地方志机构主要负责人培训班、2人参加业务骨干培训班，强化业务知识学习，提高年鉴志书编撰水平。7月16至17日，中心工作人员积极投稿并通过论文评审，参加走向世界的中国地方志——第二届方志文化国际学术研讨会暨第九届中国地方志学术年会。8月8至11日，选派3人（区方志中心选派1人、上清寺街道选派1人、重庆解放碑中央商务区管委会选派1人）参加中国系列名志工作研讨会暨培训班。10月13至19日，选派1人参加第二期全国地方志工作机构新任负责人培训班。11月18至20日，选派2人参加重庆市梁平区《清代嘉庆梁山县志校注》评审会，参与审稿26万字。

【资料搜集和区情咨询】 全年先后向区卫健委提供从新中国成立到1985年全区卫生机构设置情况，向区政协提供《重庆市中区史志》期刊资料，向区人大提供历届常委会组成人员名单及照片资料，向区文旅委提供渝中区旅游资源普查相关资料，向澎湃新闻、华龙网对朝天门、十八梯、洪崖洞的专题报道提供相关资料等。做好市志办交办的资料搜集任务，完成《中国地方志年鉴（2019）•重庆部分》中的渝中区部分，形成1448字的文字资料，完成《庆祝中华人民共和国成立70周年：重庆图志（1949—2019）》渝中区部分照片155张，完成《历代名人咏重庆》的相关资料查找工作，形成13315字的文字材料，完成“重庆地情网”网站渝中区部分资料，形成3562字文字资料。

（吴炎）

卫生健康

综　述

【概况】　重庆市渝中区卫生健康委员会（简称“区卫生健康委”）是重庆市渝中区人民政府负责卫生健康管理的工作部门。办公地址位于渝中区和平路管家巷9号。按照《重庆市渝中区机构改革方案》，区卫健委于2019年1月3日成立，由原区卫生和计划生育委员会，整合区民政局的老龄工作职责、区安全生产监督管理局的职业安全健康监督管理职责组建而成。内设办公室、组织人事科、规划财务科、医政管理科（行政审批科）、中医与药政科、老年健康科（职业健康科）、疾病预防控制科、社区卫生健康科、妇幼保健科、人口监测与家庭发展科10个科室，有行政编制23名，领导职数设主任1名、副主任3名，科级领导职数13名。区卫健委直属医疗卫生机构有：区卫生计生监督执法局、区疾病预防控制中心、区动物卫生监督所、区妇幼保健计划生育服务中心、区精神卫生中心（大溪沟街道社区卫生服务中心）、重庆市中医骨科医院（解放碑街道社区卫生服务中心、南纪门街道社区卫生服务中心）、重庆牙科医院、区中医院（上清寺街道社区卫生服务中心、菜园坝街道社区卫生服务中心）、朝天门街道社区卫生服务中心、七星岗街道社区卫生服务中心、大坪街道社区卫生服务中心。区卫健委的主要职责是：贯彻执行国民健康和卫生健康事业发展的法规、规章、政策、标准，起草相关领域规范性文件草案，统筹规划卫生健康资源配置，指导全区卫生健康规划的编制和实施；协调推进全区深化医药卫生体制改革，研究提出深化医药卫生体制改革重大政策、措施的建议，组织深化公立医院综合改革，提出医疗服务和药品价格的政策建议；制定并组织落实全区疾病预防控制规划，免疫规划以及严重危害人民健康公共卫生问题的干预措施，根据国家检疫传染病目录开展相关工作；组织拟订协调落实应对人口老龄化改革措施，负责推进全区老年健康服务体系建设和医养结合工作；落实国家药物政策和国家基本药物制度，执行国家基本药物目录，负责食源性疾病及食品安全事故有关流行病学调查；负责职责范围内的职业卫生、放射卫生、环境卫生、学校卫生、公共场所卫生、饮用水卫生等公共卫生监督管理、传染病防治监督、卫生健康机构安全监督管理；组织实施医疗机构、医疗服务行业管理办法，建立医疗机构的医疗服务评价和监督体系，会同有关部门贯彻执行国家卫生健康专业技术人员资格标准，实施医疗服务规范和卫生健康专业技术人员执业规则、服务规范；负责计划生育管理和服务工作，开展人口监测预警，研究提出人口与家庭发展相关政策建议，落实计划生育政策；负责机关、所属单位和行业社会组织、党建工作，推进卫生健康科技创新发展，承担健康扶贫工作等。

2019年，按照全市卫生健康工作会议的部署要求，以深入学习贯彻习近平新时代中国特色社会主义思想为主线，开展“不忘初心、牢记使命”主题教育，检测整改问题41个，实施民生实事15件，利用“学习强国”等平台强化思想理论学习教育，举办合唱比赛等活动庆祝新中国成立70周年。落实意识形态责任制，及时处置3起医院不良宣传，在委直属11个基层单位建立党委（支部）领导下的院长负责制，38个党支部实行标准化建设，主题党日等机制常态化，参加“街道吹哨、部门报到”，对口联系金银湾社区。开展“以案四说”警示教育，重点整治形式主义、官僚主义问题，对5名领导干部进行经济责任审计。进一步完善健康服务体系建设，重庆市中医骨科医院创建国家“三甲”医院，化龙桥新院进入主体工程施工阶段；区精神卫生中心扩建病房；上清寺街道社区卫生服务中心住院病房和七星岗街道社区卫生服务中心新门诊部及医养结合病房开业运行。12个建设项目，共完成投资实施项目6900万元，卫生健康服务条件进一步提档升级。依托“渝中英才”项目，出台《渝中区名医人才计划实施办法（试行）》，多渠道招聘专业人才57名，选拔任用委管干部5名，组织培训各类人员2000余人次，完善社区卫生人员绩效工资、公立医院薪酬制度改革试点，涌现出重庆市优秀医生郭亮等一批先进工作者。2019年，重医附一院荣获全国首批“静脉血栓防治中心优秀单位”称号，重医附二院获评“第一批国家更年期保健特色专科和第二批国家孕产期保健特色专科”单位，重医儿童医院获评“国家儿童健康与疾病临床医学研究中心”建设单位，重庆市急救医疗中心获评“中国创伤救治中心培训中心单位”；重庆市中医院郑新荣获“全国中医药杰出贡献奖”，重医附一院刘丽萍荣获全国“杰出护理工作者”称号，重庆市急救医疗中心院长马渝被中华全国总工会授予“五一劳动奖章”。

【主要健康指标】 孕产妇死亡率为0/10万、新生儿死亡率为0‰，婴儿死亡率为1.2‰，5岁以下儿童死亡率为1.45‰，常住人口自然增长率为2.49‰，符合政策生育率为100%，人均期望寿命为80.67岁。

【新一轮机构改革】 组织实施新一轮机构改革，无缝接转老龄健康、职业健康工作，加速向以健康为中心的职能转变，促进卫生健康服务管理信息智能化。建设医疗决策信息平台。区卫生健康委出台《关于推进健康服务业高质量发展的实施意见》，提出发展目标、重点领域、主要任务和保障措施。深化“放管服”改革。推行医师、护士全部许可项目现场办理，推进网上审批，形成“互联网+许可服务”模式和对二级以下（含二级）医疗机构的“两证合一”便民措施。开展服务企业年活动，赴北京、天津等地上门推介招商，引进平安好医、杏仁医生等企业，首家中外合资合作医疗机构“瑞力美容医院”开业运行。合力建设“环重医创新生态圈”，形成“一中心、一集群、一链条、一基金”的发展格局。重庆市中医骨科医院创建成“二级智慧医院”，化龙桥新院区全面启动创建“三甲医院”。完成公立医院薪酬制度改革，区精神卫生中心病房扩建、上清寺街道社区卫生服务中心住院病房收住病人、七星岗街道社区卫生服务中心新门诊开业以及医养结合病房收住病人等，共实施12个项目，完成投资6900万元。推进以治病为中心向以人民健康服务为中心的转型，区卫健委设立老年健康科，承接区老年人健康管理工作，建立老年人健康服务体系。组织实施老龄事业发展，承担老年疾病防治、老年人医疗照护、老年人心理健康人文关怀、老年服务机构管理、老年人福利以及特殊困难老年人救助工作。

【计生服务转型】 建成17家公共场所母婴设施，开展人口信息交换，实现计生特殊家庭联系人制度、家庭医生签约服务、就医绿色通道等三个全覆盖。启动基层医疗机构妇女和儿童保健规范化门诊创建活动，开展妇幼计生服务进企业、进社区、进学校活动，对妇女实施“两癌”（乳腺癌、宫颈癌）免费筛查，孕优、婚前医学检查项目8000余人次，全区无孕产妇死亡。社区健康服务融合发展，组织实施国家基层高血压、糖尿病医防融合试点工作，促进基层基本公共卫生、医疗服务、计生服务的有机融合。

【重大疾病防控】 加强全国慢性病综合防控示范区建设，探索智能化慢性病管理模式，开展死因、新发肿瘤、心脑血管病、慢阻肺日常监测，加强对流感、食源性疾病等危害因素监测。开展公共卫生安全风险分析评估，抓好重点传染病防控，建立数字化接种门诊4个，规划免疫疫苗接种7.4万余剂次，“八苗”接种率常规免疫报告接种率保持在95%以上的高水平。建立报废疫苗管理制度，强化疫苗接种规范管理。对艾滋病感染者和病人进行规范化管理，抗病毒治疗覆盖率达86.6%，艾滋病感染者随访检测率达92.7%。加强公共卫生事件应急处理能力建设，开展流感样病例暴发疫情应急处置演练，全年报告聚集性暴发疫情处理109起。全区法定传染病报告率为769.59/10万，完成霍乱、手足口病、流感、不明原因肺炎等重点传染病监测任务。

【公共卫生和惠民健康服务融合发展】 广泛开展健康促进活动，居民健康素养水平达24%。严密防控重大疾病，开展严重精神障碍患者服务管理专项行动，探索建设社会心理服务体系，提升卫生应急处置能力，率先在公共人群密集场所安置AED（自动体外除颤器），组织全民参与爱国卫生运动。做好原基本公共卫生服务项目和新划入项目的衔接，明确资金补助、工作任务和绩效标准，对健康体检与社区卫生信息平台进行整合，丰富居民电子健康档案内涵。做好家庭医生签约服务，建成31个家庭医生工作室，推行个性化健康管理服务包，家庭医生预约进入全市号源池，推出微信小程序，家庭医生工作室签约居民16.65万人，签约覆盖率为25.27%。开展社区居民居家健康养老服务，各社区卫生服务中心与辖区养老机构建立签约服务机制，有3家社区卫生服务中心开设医养结合病床。

【卫生人才队伍建设】 加大人才培养力度，制定出台《渝中区名医人才计划实施办法（试行）》，多渠道招聘专业人才57名，选拔任用委管干部5名，举办各类培训班培训2000余人次。全年培训社区卫生健康服务管理人才11人、骨干全科医生4名、临床骨干医生3人、社区护士22人，提升了基层社区卫生技术人员的全科医学理念和常见病、多发病的诊疗技术能力。大溪沟街道社区卫生服务中心主任钟宇、社区家庭医生工作室医生刘婷婷，经重庆市卫生健康委选拔审核通过，参加重庆市2019年统一组织的赴英国“社区卫生和全科医学专题培训班”学习。联合区政协医卫委员会，每季度举办1期专家大讲堂，有180余名基层医疗卫生人员参加培训。

2019年区域医疗卫生机构基本信息

序号	机构名称	执业地址
	一、医科大学附属医院	
1	陆军军医大学附属大坪医院	渝中长江支路10号
2	重庆医科大学附属第一医院	渝中区袁家岗友谊路1号
3	重庆医科大学附属第二医院	渝中区临江路74号
4	重庆医科大学附属儿童医院	渝中区中山二路136号
5	重庆医科大学附属口腔医院（上清寺院区）	渝中区上清寺路7号
	二、市管公立医院	
1	重庆市中医院（道门口院部）	渝中区道门口40号
2	重庆市人民医院（三院院区）	渝中区枇杷山正街104
3	重庆市人民医院（中山院区）	渝中区中山一路312号
4	重庆市急救医疗中心	渝中区健康路1号
5	重庆市妇幼保健院（七星岗院区）	渝中区金汤街64号

续表

序号	机构名称	执业地址
三、市管公共卫生机构		
1	重庆市疾病预防控制中心	渝中区长江二路 8 号
四、区管公立医院		
1	重庆市中医骨科医院	渝中区解放西路 9 号
2	重庆牙科医院	渝中区民生路 345 号
五、区管公立医疗卫生机构		
1	渝中区妇幼保健计划生育服务中心	渝中区新民街 6 号
2	渝中区精神卫生中心	渝中区北区路 109 号
六、区管公共卫生机构		
1	渝中区卫生计生监督执法局	渝中区临江支路 2 号
2	渝中区疾病预防控制中心	渝中区和平路 254 号
3	渝中区动物卫生监督所	渝中区新德村 219 号
七、民营医院		
1	重庆联合丽格美容医院	渝中区临江支路 28 号
2	重庆杨荣华妇科医院	渝中区大坪长江支路 5 号附 1 号
3	重庆国宾妇产医院	渝中区上清寺路 39 号
4	重庆雷纳广济眼科医院	渝中区长江一路 60 号
5	重庆华美整形美容医院	渝中区上清寺 9 号环球大厦
6	重庆新铜雀台整形美容医院	渝中区八一路 108 号（3-5）层
7	重庆红岭医院	渝中区经纬大道 770 号
8	重庆普瑞眼科医院	渝中区中山一路 210 号
9	重庆联尔职业病康复医院	渝中区大坪正街 162 号
10	重庆瑞天医院	渝中区李子坝正街 166 号
11	重庆朝天门医院	渝中区新华路 142 号附 3 号
12	重庆中德生殖医院	渝中区两路口新干线大厦
13	重庆临江门医院	渝中区临江门 15 号
14	重医附二院宽仁康复医院	渝中区七星岗华一坡 33 号
15	渝中区爱民护理院	渝中区长江一路 49 号
16	重庆君盾中医院	渝中区菜袁路 168 号
17	重庆圣佑肛肠医院	渝中区长江二路 10-5 号
18	重庆全红中医院	渝中区大坪正街 160 号
19	重庆新视界渝中眼科医院	渝中区上清寺路 39 号
20	重庆国恩中医院	渝中区上清寺路 112 号
21	重庆大安中西医结合医院	渝中区解放东路 128 号
22	重庆拜博口腔医院	渝中区长江支路 25 号
23	重庆医药贝瑞医学检验所	渝中区经纬大道 789 号
24	重庆军美医疗美容医院	渝中区中山一路 181 号
25	重庆仁品耳鼻喉医院	渝中区经纬大道 772 号
26	重庆眼视光眼科医院	渝中区长江二路 77 号
27	重庆全景红岭医学影像诊断中心	渝中区经纬大道 770 号

续表

序号	机构名称	执业地址
28	重庆瑞力医学美容医院	渝中区八一路53号
29	重庆平安医学影像诊断中心	渝中区虎踞路82号
八、企（事）业单位医院		
1	重庆长航医院	渝中区大坪正街162号
2	重庆电信职工医院	渝中区大坪支路19号
3	重庆邮政医院	渝中区上清寺嘉陵桥西村
4	重庆市中西医结合康复医院	渝中区新德村44号
九、街道社区卫生服务中心		
1	解放碑街道社区卫生服务中心	渝中区德兴里1号
2	朝天门街道社区卫生服务中心	渝中区解放东路187号
3	南纪门街道社区卫生服务中心	渝中区南纪门花街子
4	七星岗街道社区卫生服务中心	渝中区华一村30号
5	两路口街道社区卫生服务中心	渝中区中山支路2号
6	菜园坝街道社区卫生服务中心	渝中区交通街4号
7	大坪街道社区卫生服务中心	渝中区大坪支路2号
8	石油路街道社区卫生服务中心	渝中区大坪正街162号
9	化龙桥街道社区卫生服务中心	渝中区李子坝正街166号
10	上清寺街道社区卫生服务中心	渝中区中山三路162号
11	大溪沟街道社区卫生服务中心	渝中区华福巷41号
十、社区卫生服务站		
1	朝天门街道棉花街社区卫生服务站	渝中区棉花街10号
2	朝天门街道湖广会馆社区卫生服务站	渝中区朝东路124号-131号
3	解放碑街道大井巷社区卫生服务站	渝中区大井巷7-1号
4	解放碑街道沧白路社区卫生服务站	渝中区九尺坎51号
5	解放碑街道临江门社区卫生服务站	渝中区怡景大厦C座14-8号
6	七星岗街道抗建堂社区卫生服务站	渝中区枇杷山正街62号
7	大溪沟街道双钢路社区卫生服务站	渝中区双钢路1号
8	大溪沟街道红球坝社区卫生服务站	渝中区枣子岚垭菜市场1号
9	上清寺街道学田湾社区卫生服务站	渝中区下罗家湾17号
10	上清寺街道桂花园社区卫生服务站	渝中区桂花园路11号
11	两路口街道王家坡新村社区卫生服务站	渝中区王家坡新村
12	两路口街道国际村社区卫生服务站	渝中区鹅岭正街75号
13	两路口街道桂花园新村社区卫生服务站	渝中区健康路44号附3号
14	大坪街道天灯堡社区卫生服务站	渝中区大黄路23号
15	大坪街道浮图关社区卫生服务站	渝中区九坑子路36号
16	大坪街道肖家湾社区卫生服务站	渝中区电视塔村54号
17	大坪街道大坪正街社区卫生服务站	渝中区大坪正街118号
18	南纪门街道凉亭子社区卫生服务站	渝中区蔡家石堡17号
19	菜园坝街道珊瑚湾社区卫生服务站	渝中区南区路137号

【党建工作和廉政建设】 抓好党委中心组学习，带动全系统把学懂弄通做实习近平新时代中国特色社会主义思想走深走心走实。强化基层党组织标准化建设，常态化抓好主题党日、“三会一课”等党内政治生活，开展基层党支部书记和党员干部培训。持之以恒正风肃纪，紧盯“四风”、行业作风“九不准”、基建项目、药械采购、选人用人等重点，加强日常监督，用好“四种形态”，一体推进不敢腐、不能腐、不想腐。加强“以案四说”警示教育，重点整治形式主义官僚主义问题。以政治建设为引领，检视整改问题41个，实施民生实事15件，在11个直属单位建立起党委（支部）领导下的院长负责制，38个党支部全部开展标准化建设，主题党日活动等机制常态化。

【区卫生健康委负责人】

主　任：刘　平（党委书记，2019年1月任职）
副主任：周　青（2019年1月离任）
周　琦（党委副书记，2019年1月任职）
彭　焱（2019年1月任职）
潘传波（2019年3月任职）
丁环宇（挂职，2019年8月离任）

公共卫生

【卫生应急处置】 强化卫生应急机制建设，组建突发公共卫生事件应急处置专业队伍3支，建立卫生应急物资储备制度，建成3个独立应急物资库。加强基层医疗卫生机构的卫生专业技术人员对聚集疫情的应急处置能力培训，以练为战，开展2019年渝中区流感样病例暴发疫情应急演练。全年共处置109起聚集和暴发疫情，有效控制疫情扩散和蔓延。打好登革热本地感染疫情阻击战，成功处置20个疫点的疫情防控。完成对霍乱、手足口病、流感、不明原因肺炎等重点传染病疫情的检测任务。每季度作1次突发公共卫生事件风险评估，为区政府制定应急公共卫生事件的决策提供依据。

【卫生监督检测】 全年监督医疗机构288家，监督住宿场所、生活饮用水卫生、医疗废物与医疗废水规范化处置等11项国家下达的监督任务。完成校园蓝盾、游泳场所专项监督检查，重点职业病监测等14项专项任务技能培训、信息报告、巡查和工作记录，11个社区卫生服务中心协管员完成全区学校、二次供水、医疗机构、非法行医巡查共2759户（次），报告巡查线索37条，对其中已查实的2件非法行医予以立案查处。开展卫生监督监测。共抽检游泳池140家（次）、280件水样，抽检生活饮用水28件，抽检153家公共场所类公共卫生用品用具750件，抽检95家医疗机构灭菌消毒样品400件，抽检8家集中空调通风系统，抽检9家公共场所室内空气质量。卫生保障。开展国家领导人来渝、西洽会、上合组织重庆分会等重要接待和重要会议的卫生保障30起，其中一级保障9起、二级保障15起、三级保障6起，圆满完成保障任务。

【行政许可办理】 依据《关于推进健康服务业高质量发展的实施意见》，深化“放管服”改革，实施二级以下医疗机构（含二级）“两证合一”等便利措施。简化审批、注册程序，为申办行政许可的群众提供咨询2100人次。按照许可标准进行审批，在推进“放管服”改革时，将所有卫生健康行政审批事项实行“一窗通办”，医生、护士、医疗机构电子化注册实现常态化管理模式。按照区政府“一窗通办”改革要求，行政许可科整体入驻区行政服务中心，将行政许可办理时限压缩至法定时限以内，对部分医师、护士许可项目，全部公共场所告知承诺许可实行现场办结，全年行政许可办理情况如下表。

渝中区2019年卫生健康行业行政许可办理统计表

类别	受理/件	发放/件
公共场所新办	298	298
生活饮用水新办	5	5
医疗机构执业登记	43	43
中医备案	5	5
医疗机构变更	92	92
医师注册及变更	1005	1005
护士注册及变更	1796	1796
放射诊疗许可	11	11
放射工作人员证	37	37

【卫生监督执法】 以规范医疗污水排放为执法重点，全区466家医疗机构（除不产生医疗污水和处于关停状态的医疗机构外），已全部安装医疗污水处理设施。严格医疗机构管理执法，共罚款2.1万元。推行医疗机构违法、违规执业“黑名单”制，对列入“黑名单”的医疗机构进行为期6个月的重点监督。破解游泳场所监管难题，“约谈”负责人，加大监督执法力度，游泳场所水质大幅提升。加强办案力度。全年立案324件，共罚没金额51万元，无行政诉讼和行政复议，符合听证标准的案件办理数量共15件，对违规医务人员给予暂停执业的处罚，共计处罚9人次，运用《医疗纠纷预防和处理条例》，查处违法行为7件。

计划生育

【计生服务转型】 全区建成17家公共场所母婴设施，定期开展人口信息交换，实现计生特殊家庭建立联系人制度、家庭医生签约服务、就医绿色通道等三个全覆盖。为全区1821名失独人员落实联系人325名，电话回访计生特殊家庭783人次，对社区联系人的服务满意度为98%。为计生特殊家庭建立健康档案。宣传家庭医生计生服务政策，鼓励签约服务，打造一对一健康咨询和就诊服务平台。全区有计生特殊家庭人员2845人，签约家庭医生1890名，签约率为66.43%，电话回访对家庭医生服务满意度93.89%。区属医疗机构开通计生特殊家庭就医“绿色通道”，提供挂号、看病、检查、取药以及预约转诊等优先便捷服务，实现基层医疗卫生帮扶全覆盖。

【计生优扶政策落实】 为全区计生特殊家庭人员办理“计划生育特殊家庭住院护理保险”，投入保费114万元，获得理赔905人次，赔付总金额184万元；在元旦、春节、中秋、国庆和端午节对计生特殊家庭开展慰问，慰问金额共160.34万元，住院慰问共629人，发放慰问金35.3万元。制定《重庆市渝中区社区卫生服务中心计生特殊家庭考核方案（试行）》，规范社区卫生服务中心及家庭医生工作室服务特殊家庭的方式内容，量化工作指标、细化工作内容。创新计生特殊家庭志愿服务，与至善新阳光社工组织合作，成立爱馨志愿服务队，招募志愿者20名，对10余户高龄独居的计生特殊家庭开展志愿服务。采取政府购买服务的方式为高龄的计生特殊家庭提供免费的家政清洁服务。

【流动人口计生服务】 有序推进“流动就业人口青春健康项目”培训，采取街道组织人员、落实场地、选择培训主题，区计生协会提供培训师资的方式，在各街道共组织培训150场，培训人员11842人次。“青春护航项目”纳入中小学校教学大纲，实现目标人群全覆盖。校内统一使用区小学、初中、高中《青春护航》教案，全年开展培训890课时，培训学生38500人次。

疾病预防控制

【重点传染病疫情监测管理】 全年报告聚集和暴发疫情96起，其中23起疫情达到突发公共卫生事件报告标准并及时上报，3起一般事件，20起未定级事件。处置其他各类散发疫情73起，无较大级别突发公共卫生事件发生和疫情扩散蔓延情况。重点处置登革热本地感染疫情，全年累计报告区内登革热确诊病例22例，其中5例工作地在区内、1例在区内上学、2例为国庆期间来区探亲的登革热确诊病例，有8例病例住址在区外（交由现住地区县管理）。在登革热确诊病例疫点核心进行入户病例搜索，完成入户17683户，调查48282人，共发现可疑病例39例。开展传染病疫情形势分析和重点传染病监测工作。全区法定传染病报告率为511.23/10万，其中甲乙类传染病报告率为192.25/10万，传染病暴发疫情和突发公共卫生事件的报告及时率和网络直报率为100%。按照属地管理原则，承担重点监测传染病流调任务。对霍乱、人禽流感和不明原因肺炎、流感、手足口病、麻疹、流脑、乙脑、AFP等重点传染病开展监测，圆满完成监测任务。

【规划免疫预防接种】 组织开展接种率调查，“八苗”接种率分别为卡介苗100%、乙肝疫苗97.63%、脊髓灰质炎疫苗100%、百白破疫苗98.41%，含麻制剂100%、A群流脑疫苗99.21%、乙脑疫苗100%、甲肝疫苗95.89%，平均接种率达到95%以上。完成12类疫苗接种6.3剂次，常规免疫报告接种率保持在95%以上的高水平，其中含麻制剂首针及时率达到92.00%。制定《渝中区疾控中心报废疫苗管理制度》，严格规范报废疫苗管理、回收、处置程序。对全区13家预防接种门诊、6家产科门诊疫苗接种情况进行专项督查。对各预防接种单位冷链设备系统进行维护，向各预防接种门诊配送疫苗20余次，重新修订了接种门诊一、二类疫苗公示以及预防接种流程公示。

【艾滋病防控和结核病防治】 全区有艾滋病存活病人1882人。完成感染者随访与CD4+检测1744人，随访检测率达92.7%，纳入抗病毒治疗1615人，治疗覆盖率为85.8%，VCT（艾滋病自愿咨询检测）与NGO（非政府组织）高危人群免费咨询检测5078人，确诊阳性171人。深入娱乐场所宣传干预暗娼18633人次，检测1812人次，开展HIV咨询与检测，干预吸毒人员23780人次，检测3536人，完成暗娼人群、流动人群、性病门诊就诊者（STO）3个国家级监测点共计1200人的监测任务。3家定点治疗医院抗病毒治疗新增104人，累计收治1315人，治疗维持率90%以上。全区肺结核发病率为57.58/10万，总体到位率为96.40%（95%为达标）。长航医院治疗肺结核病人256人，按《中国结核病防治规划实施工作指南》要求，为肺结核病人提供一线基础抗结核药品免费治疗，可疑肺结核患者查疫率达97%，患者治疗成功率达95%，病原学阳性率为43%，五率患者耐药筛查率为72%，新病原学阳性患者耐药筛查率为84%。区内11所学校开展高二学生肺结核筛查，筛查学生4526人，发现肺结核患者3人。学校肺结核病疫情处置36起，无突发公共卫生事件发生。

【慢性疾病防治】 加强全国慢性病综合防控示范区建设，探索智能慢性病管理模式，进一步深化慢性病“三位一体”综合防控。加强社区卫生服务中心慢性病管理、老年人健康管理督导与考核。高血压规范管理率为67.50%，高血压控制率为58.74%；糖尿病规范化管理率为64.11%，血糖控制率为60.70%。高血压和糖尿病管理率均达到国家控制标准。启动2019年度脑卒中高危人群筛查工作，继续实施癌症早诊早治项目，对城市癌症筛查出的阳性病例对象进行卫生经济学评价问卷调查，完成470名肿瘤患者生存的随访工作。开展死因监测。以新发肿瘤病例登记报告、心脑血管病例报告、慢阻肺病病例报告为核心，推动慢性病四大监测工作。全年报告常住人口死亡病例2969例，漏报调查补报死亡人数153例；区域医疗机构报告新发肿瘤病例19306例，其中区内常住人口1628例；报告心脑血管病例9278例，其中区内常住人口病例2590例，脑卒中1898例；报告心梗及心源性猝死287例；报告慢阻肺及相关疾病病例13160例，其中区内常住人口7312例。

医疗服务

【区域医疗卫生健康服务资源】 区域内医疗卫生健康服务资源丰富、医疗卫生健康机构密集、医疗学科门类齐全，健康服务产业发达，综合医疗实力位居全市各区（县）之首，是全市的医疗中心。区内拥有医科大学教学医院5家（其中：重医大4家、陆军医大1家）。市属三甲医院4家：重庆市人民医院（三院院区、中山院区）、重庆市急救医疗中心、重庆市中医院（道门口院部）、重庆市妇幼保健院（七星岗院区）。区属公立医院2家：重庆市中医骨科医院（解放碑社区卫生服务中心、南纪门社区卫生服务中心）、重庆牙科医院。公立医疗卫生机构2家：渝中区妇幼保健计划生育服务中心、渝中区精神卫生中心（大溪沟卫生服务中心）。公立社区卫生服务中心3家：朝天门社区卫生服务中心、七星岗社区卫生服务中心、大坪社区卫生服务中心。社会办社区卫生服务中心3家：两路口社区卫生服务中心、石油路社区卫生服务中心、化龙桥社区卫生服务中心。企（事）业单位医院4家：重庆长航职工医院、重庆电信职工医院、重庆邮政医院、重庆市中西医结合康复医院。市属公共卫生机构1家：重庆市疾病预防控制中心。区属公共卫生机构3家：渝中区卫生计生监督执法局、渝中区疾病预防控制中心、渝中区动物卫生监督所。民营医院29家、社区卫生服务站19个以及各级各类医疗卫生机构401个。卫生技术人员22483人，每千人口拥有卫生技术人员33.67人；设置病床15035张，每千人口拥有病床数22.78张。2019年，区域医疗机构完成门（急）诊服务量1615万人次，收治住院病人48.35万人次。区内各大中型医院就诊病人的三分之二来自区外和市外。在区内的病人流、资金流的聚集，彰显了医疗中心区的综合卫生服务实力。

【医疗服务能力建设】 开展“医疗服务质量年”活动，发挥11个医疗质控中心及专家组作用，建立专业化监管运营机制，落实医疗质量核心制度，推行“品管圈”、“6S”等质管工具，强化医疗质量管理、控制与监督。加强区级急诊、重症、内科、儿科、药剂等薄弱学科建设，做强中医、骨科、康复、精神等优势学科，完善放射、检验、麻醉等平台学科。推进“三调解一保险”机制建设，完善医疗纠纷调处体系。持续改善就医服务，增添长效便民措施，推行医务社工和志愿者服务，建设“智慧医院”，发展互联网医院，支持医学科技创新，设立区级科研项目，筹建中医骨伤研究院。贯彻实施《中共中央 国务院关于促进中医药传承创新发展的意见》，推动重庆市中医骨科医院创建“三甲”专科医院，重点核心评审指标基本达标。挖掘民间中医名医名术，推广适宜中医药技术。完成基层中医药提升工程，使中医药服务在家庭医生签约、妇幼保健、“治未病”等领域更好地发挥特色优势。重庆市中医骨科医院创立的“正骨诊疗术”列入重庆市第六批非遗名录，申报市级中医药专家学术经验传承指导老师3人，继承人6人入选，现共有13名指导老师和21名继承人结成“师徒”对子。

【健康产业发展】 加强规划引领，把健康产业纳入全区“十三五”发展规划重点内容，编制专项发展规划，将渝中“核心极”定位纳入重庆西部医疗中心建设方案。建好发展平台，与重庆医科大学开展实质性合作，推动环重医创新生态圈建设，加快集聚创新医学资源。壮大市场主体，瞄准特色医疗、健康管理、康养、健康保险、智慧医疗等领域和国内外等先进地区，拓展上门招商、以商拓商中介招商等方式，促进健康服务企业向规模化、集团化、品牌化发展。制定出台《关于推进健康服务业高质量发展的实施意见》，规模以上民营医院营业收入增速达16.9%，民营医院数达29家。

妇幼保健

【妇幼健康服务网络建设】 按照“两纲、两规划”任务和重点指标，健全完善妇幼健康服务网络，强化妇幼健康服务能力建设。在全区组织开展妇女、儿童保健规范化门诊创建活动，规划利用三年时间将基层医疗机构的妇女、儿童保健门诊全部建成规范化门诊。推进妇幼保健质量控制体系建设，发挥妇幼保健质量控制中心作用，组织专家开展妇幼保健质量检查和技术培训，全面提升妇幼保健服务水平。强化三级妇幼健康服务网络作用，创新健康服务管理模式。探索分级诊疗制，与重医附属儿童医院签订“技术指导医院”和“学术主任制度”及帮扶协议，同基层、社区医疗机构签订高危儿童转诊协议。探索医联体建设，与重庆市妇幼保健院建立妇幼健康医疗联合体，妇幼保健诊疗号进入市妇幼保健号源池，组织专家进社区服务。

【妇女健康管理】 组织实施基本公共卫生服务项目妇女健康保健。妇女“两癌”筛查，宫颈癌筛查3991人，完成率达99.7%；乳腺癌筛查4095人，完成率达101.48%。检出宫颈癌癌前病变12例，检出乳腺浸润性导管癌1例。孕产妇健康管理，早孕建册管理率达96.19%，产后访视率达98.52%，孕产妇现管率达50.21%。增补叶酸预防神经管缺陷，共发放叶酸2097人，任务完成率为69.9%。全年免费婚前检查1974对，婚前医学检查815对，婚检率为41.3%。检出各类疾病患者49人，疾病检出率为6.01%，其中法定传染病患者43人。重医附二院为区危重孕产妇救治医院，区财政拨给44万元专款，建立危重孕产妇和新生儿救治基金。各社区卫生服务中心承担孕产妇全程追踪管理，督促高危孕产妇及时就诊，避免漏报、漏管。

【儿童健康管理】 融合家庭医生服务团队，加强0～6岁儿童健康管理。0～6岁儿童健康管理率为94.53%，新生儿访视率为103.32%。组织托幼机构保健人员技术培训和督导工作，在园儿童健康检查率达100%。开展新生儿遗传代谢性疾病筛查12972例，筛查率达87.83%，其中免费筛查1747例，金额11.84万元。新生儿听力筛查13460例，筛查率为91.09%。启动2019年度学生口腔窝沟封闭，完成口腔健康检查1683人，窝沟封闭1648人，封闭牙5261颗，完成率105.22%。对5所学校开展了儿童口腔疾病综合干预效果评估。

中医药事业

【中医药资源】 区域内中医类专业医疗机构有：重庆市中医院（道门口院部）、重庆市中医骨科医院、重庆市中西医结合康复医院以及重庆全红中医院、重庆国恩中医院、重庆大安中西医结合医院等中医医院和中医门诊部（中医馆），拥有中医药卫生技术人员679人，中医类专科病床971张 。区内重庆中药材专业批发市场是长江上游及西南地区最大的中药材批发市场，区内中医药医疗资源和中医医疗服务能力在全市处于领先水平。

【“渝州正骨”学术品牌打造】 继承、创新发展中医骨伤诊治理论和临床实践，结合现代诊疗技术，创立“渝州正骨”学术品牌，申请“渝州正骨”商标注册，更新院内制剂包装设计，“正骨诊疗术”列入重庆市第六批非遗名录。加强中医传承，申报第三批市级中医药专家学术经验继承指导老师3人，继承人入选6名，开展中医药“师带徒”，完成13名指导老师和21名继承人结成“师徒”关系。整理完成国家名中医临床经验《郭剑华筋伤证治精要》。

【中医龙头医院建设】 按照区府办印发的《重庆市中医骨科医院创建三级甲等医院工作实施方案》，重庆市中医骨科医院全面启动国家三甲医院创建工作。（1）医疗设备提档升级。新采购增添医疗设备288件，增设椎间孔镜、冲击波治疗仪、C臂、移动DR、全自动生化分析仪等大型医疗设备。（2）强化特色专科建设。加强骨伤、筋伤、康复为特色的优势学科建设，新开设8个亚专科门诊，集中发展四肢骨折、脊柱骨折、颈椎病、腰椎间盘突出、膝关节等优势病种技术，突出中医药学科品牌建设。（3）科研教学能力建设。按照三甲医院创建标准形成三级教学管理体系，建立老师档案117份，硕博士教师占比达到教学医院要求。获得市、区级项目立项5项，国家实用新型专利2项，发表论文25篇。（4）新技术临床开发应用。超声引导下治疗神经阻滞等5项新技术，为医院创收60万元。相比全膝置换，单踝置换术平均每次能为患者降低6000余元的医疗费用。2019年，重庆市中医骨科医院实现业务总量稳步增长。据1—10月份统计数据显示：门（急）诊人数达24.46万人次，同比增长17.8%；出院病人8778人次，同比增长7.2%；住院病人手术3070人次，同比增长18.8%；医疗业务收入1.54亿元，同比增长0.93%。公立医院改革取得阶段性成效。

社区卫生服务

【社区服务功能完善】 紧扣全区“三中心、两高地”发展定位，强力打造“10分钟医疗卫生健康服务圈”，强化“社区卫生服务是街道工作的重要组成部分”观念，主动融入民政、残联、体育、科委等部门涉及健康的工作。在家庭医生签约、医养结合服务等方面进行深度合作，区域卫生资源整体活力得到有效释放。以“一街道一中心”为基础，“中心十站”的一体化管理为补充，建立完善疾病预防控制、妇幼保健、精神卫生三级预防体系。居民健康服务半径延长，触角延伸，织牢纵向到底、横向到边的社区卫生健康服务网。

【基本公共卫生服务】 按照《国家基本公共卫生服务规范（第三版）》要求，建立区政府、区卫健委、社区卫生服务中心的三级督导考核机制，以“月评、季报、年考”促进基本公共卫生服务工作持续有效推进。开展“你健康、我服务”的基本公共卫生服务和梦想课堂宣传进社区、进楼宇、进机关、进学校活动。结合“世界家庭医生日”活动开展大型宣传，发送基本公共卫生及家庭医生签约服务宣传短信30万条，通过公交站广告、楼宇电梯广告等方式进行宣传，辖区居民对基本公共卫生服务知晓程度稳步提升。社区卫生服务机构全年累计建立居民健康档案55.69万份，建档率为84.51%；共完成预防接种75387针次，新生儿访视率达103.32%；早孕建册率96.19%，产后访视率98.52%；老年人健康管理率为67.01%，高血压规范管理率为68.84%，糖尿病规范管理率为74.00%，严重精神障碍患者规范管理率为87.57%，肺结核患者规范服务率为94.70%。开展社区卫生人员培训，全年培训管理人员11名，全科医生4名，临床医师3名，社区护士22名。全年有180名社区医务人员参加国家、市、区级培训，2名医生参加重庆市2019年赴英国“社区卫生和全科医学专题培训班”。

【家庭医生签约服务】 深化家庭医生工作室建设，建成家庭医生工作室31个，签约居民16.65万人，签约覆盖率为25.27%。推行个性化签约服务包，以老年人、孕产妇、0～6岁儿童为重点服务人群，以世界家庭医生日为载体，为签约居民提供健康咨询、养生保健、康复医疗等服务，满足不同层次居民的服务需求。组织开展“世界家庭医生日”等宣传活动，参与中央电视台、重庆电视台关于家庭医生签约服务节目现场宣传拍摄，采用通俗易懂的方式让群众了解家庭医生，信任家庭医生的服务工作。建立区域“心电、检验”共享中心，开通健康直通车，居民可在社区卫生服务中心便利地享受市级大医院的大型医疗设备检查，建成并利用远程医疗会诊系统，由专家提供即时指导。细化签约服务考核指标体系，出台《家庭医生工作室考核方案》，建立三级考评制度，融合基本医疗、基本公共卫生指标，从工作量、达标率、真实性、满意度4个维度综合考评服务效果，进一步完善服务内涵，优化服务流程，提升服务质量。规范老年人健康管理服务内容，推行“在院坐诊+上门服务”的签约服务模式，推动延伸家庭护理、老年保健等个性化服务。在上清寺、七星岗两个社区卫生服务中心试点增设养老床位，探索“养、医、护、康”四位一体的养老模式，重点针对失能、半失能老人，提供日间照料、生活护理、机构养老、社区康复等一体化医养结合管理服务。

爱国卫生

【爱国卫生运动】 在第三十一个爱国卫生月活动中，组织开展以灭蚊、灭鼠知识和登革热防治知识宣传为重点，普及爱国卫生常识，印发爱国卫生和“四害”防治知识宣传资料37350份，制作宣传展板71块，进行爱国卫生宣传。依托街道、社区宣传阵地，联合区域医疗卫生单位、社区单位、专业消杀公司和社区志愿者团队，开展宣传活动，发放各种宣传折页28600份，在《渝中报》上宣传4篇，微信公众号宣传2篇。组织开展全民整治环境卫生行动，清理整治病媒生物滋生场地、居民生活小区183个，农贸市场10个，清除卫生死角383处，清运各种暴露垃圾94.7吨。进一步加强医疗机构无烟门诊建设，开展简短戒烟干预工作，无烟卫生健康系统覆盖率达100%，创建区级无烟机关3家，申报创建市级无烟机关示范单位1家。

【病媒生物控制】 开展病媒生物场所环境卫生综合整治，组织专业消杀公司进行全域灭蚊灭鼠工作，对登革热疫点由消杀公司按照防治方案要求采用药物集中灭杀。共出动专业消杀人员700余人次，消杀蚊、蝇滋生地面积1827万平方米，有效地控制登革热疫点区域的蚊蝇密度，降低了传染病发生风险。

【健康教育与健康促进】 组织开展健康促进三年攻坚行动暨2019年“健康中国巴渝行”活动，全年在街道、社区、医疗机构开展健康科普教育讲座576场；开展世界无烟日、全民健康生活方式行动日等主题宣传活动，印制并发放健康教育宣传资料13.2万份，播放音像资料2252次、10975小时，制作《健康之声》专栏6期，设置健教专栏33个，更新宣传内容198次。医疗卫生机构举办健康教育和疾病防治知识专题讲座189场，健康咨询活动137场，参加者分别达4349人次和22403人次。据调查，居民健康素养水平为24.13%，其中基本知识和理念素养水平占43.61%，健康生活方式与行为素养水平20.78%，基本技能素养水平25.97%，安全信息素养37.45%，慢性病防治素养33.12%，基本医疗素养21.21%，传染病防治素养13.96%。全区共建立《健康之声》专栏170块，每2个月更换一次宣传内容，共印制1020幅宣传材料。健康教育与健康促进工作实现了“一个转变”“两个满意”“两个提升”：健康促进工作理念转变；党和政府满意，社会群众满意；健康知识知晓率和健康行为形成率提升的目标。

（兰宗庸）

社会保障

社会保险

【概况】 重庆市渝中区社会保险局（简称“区社保局”），是区人力社保局所属的正处级财政全额拨款公益一类事业单位，办公地址位于渝中区中山一路218号。2019年，内设办公室、社会保险公共业务科、单位征缴科、个人征缴科、养老待遇科、医疗待遇科、工伤生育待遇科、基金管理科、稽核督查科、定点服务机构管理科、机关事业养老科、特病管理科、社保卡管理科、统计信息档案科共14个科室。有事业编制87名、工勤编制2名，在职参公人员44人、工勤人员2人。区社保局的主要职责是为城镇职工和居民提供社会保险服务。

2019年底，全区城镇企业职工基本养老保险、机关事业单位养老保险、城乡居民基本养老保险、工伤保险、失业保险参保人数分别为78.35万人、1.24万人、0.48万人、59.36万人、61.87万人。社会保险基金收入：城镇企业职工基本养老保险65.56亿元，机关事业单位养老保险2.49亿元，城乡居民基本养老保险77.77万元，工伤保险2.52亿元，失业保险3.24亿元。社会保险基金支出：城镇企业职工基本养老保险67.38亿元，机关事业单位养老保险7.5亿元，城乡居民基本养老保险607.6万元，工伤保险8295.13万元。

2019年社会保险指标任务完成情况表

类别	项目	指标任务	完成情况	完成百分比
参保扩面	城镇企业职工基本养老保险/人	512423	783508	152.90%
	机关事业单位养老保险/人		12365	
	城乡居民基本养老保险/人	4709	4838	102.74%
	工伤保险/人	558130	593636	106.36%
	失业保险/人	595050	618722	103.98%
基金征收	城镇企业职工基本养老保险/万元	633000	655558.05	103.56%
	机关事业单位养老保险/万元		24924.13	
	城乡居民基本养老保险/万元	17	77.77	457.47%
	工伤保险/万元	23170	25193.02	108.73%
	失业保险/万元	30000	32441.04	108.14%

注：机关事业单位养老保险未下达目标任务；该表中数据未作修约处理，与正文对应的数据不作统一处理。

【养老金调整发放】 截至12月，全区城镇企业职工基本养老保险共有离退休人员17.3万人（其中2019年新增7183人），基本养老金全部委托银行发放，社会化发放率达100%。全年发放城镇企业职工基本养老保险待遇67.38亿元、城乡居民基本养老保险待遇607.6万元，按期完成企业退休人员基本养老金调整，完成离休和建工人员养老待遇和护理费调整，完成超龄、征地农转非、城乡居民养老保险待遇发放、代发特殊群体补贴。机关事业单位退休总人数1.25万人，同步调整机关事业单位养老保险基本养老金，人均养老金增加198.95元/月，全年累计发放养老金7.5亿元。按全市统一部署，12月启动机关事业单位养老保险退休“中人”1128人的养老金复算工作。工伤保险享受待遇1.04万人次，累计发放8295.13万元。全年办理养老保险统筹外转入3100人次，转入金额9247.97万元，统筹外转出1979人次，转出金额5781.77万元。

推进社保扶贫工作，完成城乡居民基本养老保险代缴457人，代缴全额3.2万元。将239名超龄贫困人员纳入城乡居民基本养老保险制度，配合税务完成城乡居民社会保险的征管职责划转。完成社保档案数字化第一期工作共313.38万页，为1309人次提供对外社保档案查询。

【网上业务经办】 全区全民参保登记共完成54.05万人次，参保登记工作进入数据维护应用阶段。按照全市2019全民参保登记专项工作安排，初步开展全区3.3万条数据的清理下发工作。参与网上申报单位达5164家，累计56431户次单位使用网报系统，上传数据202.67万余条。其中2019年1—12月共新增3551家单位参与网上经办，25542户次单位使用网报系统，上传数据61.61万条，参与申报单位户数超出年初制定的目标任务数。

【退休审批】 全年审批退休7173人（其中正常退休6207人，特殊工种退休675人，病退225人，干转工退休30人，农转非享受待遇4人，工龄维护32人）。审核超龄养老人员档案资料36份，作出工伤认定决定书1916件，工伤劳动能力鉴定993件，城镇企业职工基本养老保险人员申请因病退休鉴定249件，机关事业单位职工病退鉴定8人。完成市属国有重点企业退休人员常态化移交，共接收企业73家，涉及退休人员1087人。

【降费减负】 继续执行小微困难企业社保减负政策，切实为企业减负。全年审核通过707户小微企业、278户困难企业享受社保缴费优惠政策。截至12月底，全区共有10471户企业享受社保费率下调政策，减收社保费7.9亿元。区内1387户小微企业、4330户困难企业享受社保缴费优惠政策，减缴养老、工伤等各项社保费4.79亿元。

【基金风险防控】 开展疑点数据清理工作，防止基金流失。核实“死亡冒领、重复领取、在押服刑人员领取养老金”三类违规问题。对1069人身份状态全部完成核实，对532人生存状态全部完成核实，对涉及重复领取的82人全部完成核实。核实2017年、2018年一次性补缴信息。按照市社会保险局相关要求，核实2017年度补缴信息936人，全部真实有效。核实2018年度补缴信息785人，有4人伪造个体工商户资料参保，取消4人的参保资格。

【社保卡管理及网上申报】 全年新制发社保卡2.74万张，补办社保卡2.2万张。总制卡91.21万张，发卡90.45万张，发卡率99.17%。实现社保卡应用65项，达9.6万人次，较2018年增加1.4万人次，上卡金额29亿元，较2018年底增加9亿元，社保卡金融功能应用推广成绩突出。

【区社会保险局负责人】
局　长：米　佳（2019年3月任职）

劳动维权

【概况】 全年组织各类普法宣传活动6次，发放各类宣传资料6000余册，接待现场咨询2000余次。开展清理整顿人力资源市场秩序等专项执法检查1次，检查用人单位887户，审查用人单位书面资料340份，处置群访、突发事件55起，为372名农民工追讨工资367.5万元。审查备案集体合同146份，涉及用人单位7532家、12万名劳动者。

【劳动保障监察】 全年接待来访来电政策咨询9300余人次，主动检查用人单位887户，涉及劳动者1.839万人，审查用人单位书面资料340份，办理投诉、举报及信访案件547件。清理拖欠劳动者工资381.46万元，涉及劳动者399人。清退违法收取的押金保证金950元，证件3个。督促用人单位补签劳动合同10份，返还劳动合同14份，出具解除劳动合同书面证明6份。督促11家用人单位补办社会保险登记。牵头开展根治欠薪“夏季行动”和“冬季行动”，确保政府投资项目农民工欠薪案件和其他欠薪案件“两清零”。

【劳动合同管理】 加强劳动合同管理，劳动合同签订率为99.8%（农民工劳动合同签订率为97.9%）。审查集体合同146份并进行备案，备案率达100%，覆盖7532户企业和个体工商户、12万名劳动者。

【特殊工时制度审批】 全面落实“放管服”改革，精减申请材料，大幅缩短办理时限。全年受理特殊工时制度申请316件，审批办结250件（含上年度未办结数）。加大事后抽样检查比例，切实保障劳动者休息休假权利。

【劳动人事争议案件处理】 加强仲裁标准化建设，切实保证办案质效。全年共处理劳动争议案件2644件，结案率达95.3%。注重采用调解等柔性方式化解劳动争议，委托调解工作模式卓有成效，调解率达75.28%。畅通农民工维权绿色通道，对拖欠农民工工资案件坚持“快立、快审、快结”，结案率达100%。

（谢均妮）

医疗保险

【概况】 重庆市渝中区医疗保障局（简称“区医保局”）于2019年1月设立，为重庆市渝中区人民政府工作部门。办公地址位于渝中区中山一路218号。局机关内设综合科、待遇管理科、监督管理科3个科室；有行政编制9名，在职6人。下辖渝中区医疗保障事务中心，为公益一类的财政全额拨款副处级事业单位。区医保局的主要职责是：贯彻执行国家医疗保险、生育保险、医疗救助等医疗保障制度的法律法规、政策、规划、标准和医疗保障地方性法规、规章及相关政策、规划、标准，起草相关领域规范性文件草案；组织实施医疗保障基金监督管理办法和支付方式改革，建立健全区医疗保障基金安全防控机制，监督管理区医疗保障基金；贯彻执行医疗保障筹资和待遇政策及城乡医疗保障待遇标准；组织实施药品、医用耗材、医疗服务项目、医疗服务设施等地方医保目录和支付标准；组织实施药品、医用耗材价格和医疗服务项目、医疗服务设施收费等政策，落实价格信息监测和信息发布制度；执行药品、医用耗材的招标采购政策；组织实施定点医药机构协议和支付管理办法，执行医疗保障信用评价体系和信息披露制度，监督管理全区纳入医保范围内的医疗服务行为和医疗费用，依法查处医疗保障领域违法违规行为；负责全区医疗保障经办管理、公共服务体系和信息化建设，组织实施异地就医管理和费用结算政策，执行医疗保障关系转移接续制度。

2019年，按照全市医疗保障工作的决策部署，有序推进机构改革，扩大参保覆盖面，落实企业医保降费减负，落实各项医保改革政策，开展困难群众医疗救助，落实医疗、生育保险待遇，加强医保基金总额管理，巩固打击欺诈骗保高压态势，全面完成市局各项目标任务。

【参保扩面工作】 全区医疗保险参保率保持在95%以上，城镇职工基本医疗保险（含生育保险）、城乡居民合作医疗保险参保人数分别为78.02万人、13.94万人，同比分别增长6%、1%，完成市下达目标任务的102.9%、100.26%。城镇职工基本医疗保险（含生育保险）基金收入43.26亿元，城乡居民合作医疗保险收入2.31亿元。城镇职工基本医疗保险（含生育保险）基金支出16.02亿元，城乡居民合作医疗保险支出1.84亿元。

【降费减负】 落实降费减负政策，全年减收保费6.09亿元。其中，缴费基数下降惠及7399户单位，减收保费1.95亿元；困难企业减负政策惠及4269户困难企业，减收保费2.46亿元；调整大额医保缴费政策，减收保费1.68亿元。

【医疗保险改革】 按照国家和市医保局统

一部署，推进“4+7”药品集中采购和使用试点工作，中选药品价格平均降幅52%，最高降幅达96%。全面取消公立医疗机构医用耗材加成，调整医疗服务项目价格，调整医疗服务项目1842项（其中手术类1743项，介入治疗类62项，中医手术类37项）。做好国家医保局2018年谈判抗癌药执行工作，14种国家谈判抗癌药调税降价政策顺利落地，17种国家谈判抗癌药品纳入全市医保目录管理，292个品规药品实现降价，平均降幅20%，最高降幅69%。落实动态调整后的国家医保药品目录，执行药品、医用耗材价格和医疗服务项目、设施收费等政策。落实城镇职工医保大额保险起付线4.7万元，支付限额50万元，报销比例100%。城乡居民医保大病保险从2019年9月1日起，起付线从17067元降低至13193元，报销比例统一提高到60%。全区实现大病医疗补充保险全覆盖。

【医疗、生育待遇落实】 全年城镇职工基本医疗保险（含生育保险）、城乡居民合作医疗保险支付保险待遇分别为16.02亿元、1.84亿元；审核生育待遇4.13万人次，支付生育待遇2.96亿元。

【医疗救助】 扩大医疗救助重特大疾病病种范围，将地中海贫血、慢性髓系白血病、尘肺病、儿童白血病纳入医疗救助重特大疾病病种救助范围。将城市特殊困难群众在本行政区域内区级医院城乡居民合作医疗保险住院报销比例提高10%，起付线降低50%，城乡居民大病保险起付标准降低50%。全年开展困难群众医疗救助9.41万人次，支付救助金1850万元。其中，按居民医保二档资助困难群众参保1.45万人，支付救助金335万元；医疗救助和扶贫济困7.96万人次，支付救助金1515万元。

【医保基金监管】 区内共有定点医药机构448家，其中医疗机构209家（有住院床位的医疗机构34家），药店239家。全年新增定点医药机构52家。检查定点医药机构560家次，查处涉及违规的定点医药机构173家次，共查处违规违约费用1200万元，解除医保服务协议2家，暂停医保服务7家，约谈违规医药机构150家。

【党的建设】 局党组落实全面从严治党责任，开展年度民主生活会、主题教育专题民主生活会，开展理论学习中心组学习24次，党组成员讲党课6人次，开展纪念建党98周年和庆祝中华人民共和国成立70周年活动，严格落实意识形态工作责任。扎实开展“不忘初心、牢记使命”主题教育，开展学习研讨16次，深入调查研究3个课题，完成问题整改24个，重点专项整治医疗保障领域漠视侵害群众利益问题4个。加强党风廉政建设，落实“廉洁渝中”建设2019年目标任务，开展警示教育12次，梳理廉政风险点并制定防控措施50项，开展集体廉政谈话，抓好关键岗位和重点业务管理监督。推进与七星岗街道临华路社区结对共建、在职党员到社区报到、慰问帮扶困难群众和开展志愿服务活动。2019年2月选举成立局机关党支部委员会，有委员5名，党员23名，开展组织生活会和主题党日活动12次，召开支委会4次、党员大会4次，讲党课2次，及时维护12371党建平台，用好“学习强国”平台，扎实开展主题教育“八个一”活动。

【窗口服务】 对医疗保障公共服务事项实行窗口服务。区医疗保障事务中心入驻区劳动就业社会保障服务大厅，共有30个接待窗口（含中国人寿保险股份有限公司城镇职工大额医疗互助保险和城乡居民大病保险合署办公窗口）。开展医疗保障系统行风建设，落实中央“六个一律取消”要求，减少办事提供材料，推进高频事项“最多跑一次”、“全渝通办”，推进“互联网＋医保”实现手机端医保异地就医备案和城乡居民医保缴费，“渝快办”平台上线网上政务服务事项。

【区医保局负责人】

局　长：赵敬梅（党组书记，2019年1月任职）

副局长：陈　贤（2019年1月任职）

　　　　郑海涛（2019年1月任职）

（辜梦）

社会生活

综　述

【概况】 渝中区民政局（简称“区民政局”）是渝中区政府主管民政工作的职能部门，承担着制定全区民政工作发展规划并组织实施的职能。办公地址位于渝中区和平路211号。2019年，内设办公室、社会组织和社会工作科（行政审批科）、社会救助和社会事务科、社区治理和区划地名科、养老服务和儿童福利科5个职能科室。主要职责是：贯彻落实民政法律、法规、规章和方针政策，起草相关领域规范性文件草案，拟订全区民政事业发展规划并组织实施；依法对区属社会团体、社会服务机构等社会组织进行登记和监督管理；贯彻落实社会救助政策、标准，推进社会救助体系建设，负责居民最低生活保障、特困人员救助供养、临时救助、生活无着流浪乞讨人员救助工作；贯彻落实城市基层群众自治建设和社区治理政策，指导城市社区治理体系和治理能力建设，提出加强和改进城市社区治理的建议，推动基层民主政治建设；承担重庆市渝中区社区治理领导小组日常工作；负责行政区划、行政区域界线管理、地名管理工作；负责婚姻登记、殡葬管理工作，推进婚俗、殡葬改革等。

2019年，区民政局获评“全国居家和社区养老服务改革试点”工作“优秀”等级，为全市唯一优秀试点地区；被国务院第二次全国地名普查领导小组评为第二次全国地名普查先进集体，2名同志获评重庆市第二次地名普查工作先进个人称号。

【党建工作】 深入学习研讨，举办读书班6天，开展集中学习研讨15次，研读《习近平关于“不忘初心、牢记使命”重要论述摘编》等文章100余篇，撰写发言提纲15篇。强化调查研究，形成社区食堂建设现状及建议等班子调研课题成果3个、社区组织用房建设现状及建议等科室调研课题成果4个，先后召开专题调研会6场，调研走访养老服务机构、社会组织、街道社区等基层点40余个，发放统计表等500余份。抓好问题检视和整改落实，召开民主生活会，查摆个人问题49条、班子问题16条，着力解决高楼下的贫困、社区机关化行政化以及重度老龄化等问题，已整改到位并将长期坚持。抓实基层党组织主题教育，强化督促指导，20个基层党组织规范完成“八个一”活动。履行党建工作主体责任，召开党建工作专题会2次，研究基层党建工作12次，组织民政系统党建工作培训2次。严肃党内政治生活，组织中心组学习26次，开展微宣讲、读书会等“不忘初心、牢记使命，建设大爱民政”系列主题党日活动10余次，主讲专题党课4次，领导班子成员参加机关党支部组织生活39人次，完成基层党组织民主评议党员和述责述廉工作，“学习强国”平台覆盖率、活跃度居全区前列。发展正式党员1名。深化社会组织党建，完善社会组织综合党委制度8项，新成立社会组织党支部3家，撤销“空壳”社会组织党支部2家。制定社会组织论坛、讲座管理办法，开展社会组织意识形态工作专项检查304家，排查网站、微信公众号256家，在313家社会组织章程中加入“全面加强党的领导”、“党建工作”以及社会主义核心价值观等内容。在人民网、《重庆日报》、华龙网等各级媒体正面报道民政工作80余篇。

【队伍建设】 顺利完成机构改革各项工作，调整精简内设科室5个，新设全额拨款事业单位1个，并严格按程序公开招聘6人；调入差额拨款事业人员1人，进一步充实干部队伍力量。按照干部选拔相关规定及流程，开展科级领导干部推荐选拔、公务员职级晋升等工作，完成公务员职级套转8人，晋升非领导职务10人次，推荐选拔科级领导干部2人，严格把好选人用人关，不断提高干部队伍建设水平。

【上级调研及友好交流】 1月8日，海南省民政厅副厅长林道杰一行到渝中区嘉西村、金银湾社区学习考察社区综合服务方面工作成功经验和做法。2月20日，合川区民政局一行到区考察学习地名文化保护等方面的先进经验。2月27日，山东省济宁市民政局一行到区考察学习社会组织管理与建设先进经验。3月14日，市低保中心调研组一行到渝中区调研救助家庭经济状况核查认定工作及“民政惠民济困保”项目开展情况。12月6日，市民政局副局长徐松强调研区养老服务工作，先后考察民办养老机构、社区养老服务站、社区食堂。12月13日，山西省阳泉市郊区开发区社会服务中心一行到金银湾社区考察学习社区治理和创新方面的先进做法和经验。12月20日，中央电视台《焦点访谈》栏目组及重庆市民政局副局长徐松强等调研区老年宜居社区及社区养老服务工作。12月20日，河南省鹤壁市民政局一行来区学习借鉴居家和社区养老服务改革试点先进经验。12月25日，万州区民政局一行赴区学习考察“人生关怀”民生政策和社区治理工作。

老龄工作

【养老服务改革】 “全国居家和社区养老服务改革试点”工作，通过民政部、财政部组织的综合验收，获评国家级“优秀”等级，为全市唯一优秀试点地区，在获专项改革中央补助资金3103万元的基础上，再次获得“优秀”试点区奖励资金100万元。实施的“统筹多方力量，开展三社联动，着力解决养老服务人力不足问题”的具体改革事项被选入全国改革试点经验和典型案例汇编，《中国社会报》对此予以专题报道。

【养老服务产业发展】 制定《渝中区养老服务业暨产业发展九条措施》，印发《贯彻落实老年人照顾服务计划实施方案开展社区养老助餐助浴服务的通知》。对全区包括公共管理、社会保障和社会管理、居民服务、金融等10个行业，113个企业（点位）的养老产业进行情况调查。壮大产业发展规模，引进1家中外合资企业落户解放碑，引进1家民营企业投入900万元兴办床位100余张的街道养老服务中心。

【养老服务质量评估】 全区养老机构服务质量综合评估整体评分在全市排名靠前，1家养老院（社区养老服务中心）同时获评四星（叶）级等级，1家社区养老服务中心获评五叶级等级，4家民办养老机构完成养老机构备案。培训养老机构行业从业人员80余名，组织35人参加市、区级技能大赛，养老队伍质量不断提升。11月，以“魅力母城，康养渝中”为主题，以智慧养老、九九食园（社区食堂）、机构风采、情境体验、非遗展示等为主要内容，向广大市民展示居家和社区养老服务改革成果。

【适老化改造及老年优待救助】 投入约400万元实施上清寺街道曾家岩社区、美专校街和区福利院竹园分院3个适老化改造项目，取得较好社会效果。全年发放老年人长寿补贴4.1万余人次、1800余万元，助养补贴2275人、52万余元，（居家）养老服务补贴近万户、121万元，高龄失能老年人养老服务补贴2056人次、41余万元。

【养老服务设施建设】 制定《渝中区居家社区养老服务全覆盖工作方案》，全区11个街道开展社区居家养老服务设施建设。至12月，1个街道社区养老服务中心已投入运营，2个正在施工建设；6个社区养老服务站已投入运营，1个正在安装设施设备，8个正在施工建设。

2019 年渝中区养老机构一览表

序号	养老机构	序号	养老机构
1	渝中区福利院玫瑰湾分院	14	渝中区健康养老院
2	渝中区福利院桂花园分院	15	渝中区孝为先养老院
3	渝中区福利院化龙桥分院	16	渝中区孝欣園养老院
4	渝中区福利院李子坝分院	17	渝中区建华托老所
5	渝中区福利院竹园分院	18	渝中区怡园养老院
6	渝中区福利院小泉分院	19	渝中区康福苑养老院
7	渝中区福利院南山分院	20	渝中区怡康养老院
8	渝中区佛图关鸿道养老院	21	渝中区宏展养老院
9	渝中区合展养老院	22	百岁养老院
10	渝中区爱民老年服务中心	23	渝中区城市邻居养老院
11	渝中区红叶敬老院	24	渝中区康心养老院
12	渝中区曾家岩敬老院	25	重庆凯尔慈佑养老服务中心
13	渝中区瑞康养老院	26	两路口街道惠和养老服务中心

2019 年新增社区养老服务中心（站）一览表

序号	社区养老服务中心（站）	序号	社区养老服务中心（站）
1	两路口街道惠和养老服务中心	5	中山二路社区养老服务站
2	嘉博路社区养老服务站	6	渝铁村社区养老服务站
3	永嘉路社区养老服务站	7	桂花园新村社区养老服务站
4	双钢路社区养老服务站	8	交通街社区养老服务站

社会组织

【登记管理】 推进社会组织行政审批改革，入驻“一窗通办”综合窗口开展后台审批服务工作，行政审批时限由法定 20 个工作日压缩至 5 个工作日，工作流程由 5 个环节压缩至 3 个环节。严格登记管理工作，全区全年登记管理社会组织 408 家，其中社会团体 104 家、民办非企业单位 304 家；备案管理社会组织 901 家；全年社会组织成立登记 37 家、变更登记 74 家、注销登记 11 家，完成 22 家社会组织撤销登记程序。做好社会组织年度检查工作，全区社会组织应检 358 家，完成年检率的 93.7%，年检结论正确率达 100%。加强行业协会商会诚信自律建设，通过信用中国网站完成 32 家行业协会商会涉企收费信息、28 家行业协会商会诚信自律建设承诺书公示。广泛动员社会组织参与脱贫攻坚、城市垃圾分类工作，并将这些工作事项纳入社会组织年度检查重要内容和等级评估重要指标。

【登记培育】 建设区社会组织孵化基地、区社会组织学院，推进政府购买社会组织服务工作。全区 129 家社会组织承接政府购买服务项目 217 个，资金总额 5035 万元。组织开展 2019 年度社会组织等级评估，产生 5A 级社会组织 1 家，4A、3A 级社会组织各 3 家。做好备案社区社会组织管理工作，切实加强社区党委领导作用、社区居委会统筹作用，推动“三社联动”，鼓励支持社区社会组织承接实施社区矫正、纠纷调解、精神卫生、志愿服务、慈善捐助等社会工作服务项目，加强对社区社会组织活动的管理。

【风险防控】 继续开展打击整治非法社会组织专项行动，整治非法社会组织1起，开展行政约谈责令停止活动并清除相关信息。加强部门联控，配合区教委，联合检查68家民办教育机构，对1家涉及消防问题、5家涉及负资产问题的民办教育机构进行集中约谈；与区房管局对18家自主物业开展联合检查；与区公安分局沟通衔接，交换存在涉外活动的社会组织相关信息2条。整治市民政局交办的存在信用问题的10家社会组织，已整改完成5家。加强社会组织规范化建设与管理，着力防范化解社会组织运营安全方面的风险，对2018年度检查中发现重大问题的21家社会组织发放整改通知书。开展社会服务机构内部治理风险排查，在2019年度年检时对涉及125个风险点的64家社会组织进行整改。开展意识形态管理工作专项检查，收集专项报告304份，排查社会组织网络信息256家。加大重要节点的风险管理，加强社会组织风险防控的主体责任。

【社会组织党建】 运用登记管理手段推进党建工作开展，将社会组织党建纳入社会组织内部治理之中，在章程中增加“全面加强党的领导、践行社会主义核心价值观和党建工作”的内容，完成章程修改296家，向有关部门传递新成立社会组织党员信息1条、通过社会组织年度检查排查党员928名。开展“不忘初心、牢记使命”主题教育活动，举办全区社会组织党组织书记和负责人全覆盖培训、“不忘初心，永远跟党走”庆祝建党98周年主题演讲、参观红岩村革命纪念馆等系列活动，开展“基层党组织软弱涣散，党员教育管理宽松软，基层党建主体责任缺失问题”专项整治工作，指导6家党支部完成换届，撤销空壳支部3家，查出失联党员1名。进一步规范社会组织党组织活动，制定《社会组织综合党委所属基层党组织党建规范化标准化评分细则》，规范党组织活动阵地建设，严格“三会一课”制度，积极推荐申报重庆市非公党建工作案例。推进“党建+物业”管理模式，依托30家社区老旧物业服务中心成立党组织，引导居民有序参与物业服务监督，充分发挥党员在基层治理中的先锋模范作用。完成15家社会组织党支部书记抓党建工作述职评议。

社会救助

【城市居民最低生活保障实施】 落实最低生活保障政策，实施“分类救助”和“分类管理”，按照全市统一要求将低保标准从546元/（人•月）提高到580元/（人•月），通过信息比对、入户走访、调查取证等方式对低保家庭进行复核，实现动态管理，确保精准救助。全年全区有8159户、10380人获得低保，全年累计发放低保金7605.27万元，实现“应保尽保”。

【特困人员供养】 对无劳动能力、无生活来源、无法定赡养抚养扶养人的特困人员实施特困供养制度，坚持托底供养，提供基本生活、照料服务、疾病治疗和殡葬服务等保障，确保“应养尽养”。截至12月，有特困人员377人（其中集中供养74人，分散供养303人），月发放41.71万元，全年共发放439.35万元。发放标准为：分散供养每人每月1054元、集中供养每人每月1100元。

【临时及流浪乞讨救助】 对遭遇突发重病住院、意外事件、入学困难以及其他困难的人员，在经过保险报销、社会救助及社会帮扶后，生活仍困难的，给予临时性生活救助，做到“应救尽救”。全年临时救助3805人次、金额1708.85万元。依法做好流浪乞讨救助管理工作，加强与公安、城管等部门的沟通协调，健全救助管理长效机制，全年共劝导救助4211人次、金额496.98万元。

行政区划、地名管理

【行政区划】 配合南岸区民政局开展渝南线联检工作。召开联席会议，制定联检方案，按时报送联合检查报告。全面落实《关于深入开展平安边界创建活动实施方案》文件要求，完成全年平安边界创建任务，按时报送2019年平安边界创建工作自查报告，无边界纠纷和信访问题产生。开展新《行政区划管理条例》集中宣传活动，共发放宣传册9000份，悬挂横幅标语80余幅，设置展位展板100余块，组织干部职工学习11场。完成10条街道界线联合检查工作。

【地名管理】 印发《重庆市渝中区地名规划（2017—2025年）》，规划主要分为通名、道路专名、区块指引、标志、地名优化调整、地名文化保护规划等6部分，对地名命名流程、地名命名采词等进行规范。对新命名地名加强专家论证、社会公示等环节，新命名千厮门隧道等地名3个。制定《清理整治不规范地名工作方案》，明确清理整治宣传、清理、入户、约谈等6个环节，完成4处不规范地名标志的拆除工作。

【地名普查】 编印《渝中区消失地名录》，收集消失地名约1200条，共计25万余字。编印《渝中区100个最美地名影像集》，收录区片地名26个、景点地名26个、红色地名11个、文物地名36个、特色地名24个。完成《国家地名词典》（渝中区部分）1—8部分词条释义编写和《国家地名志》（渝中区部分）目录筛选。更新第二次全国地名普查数据（2015—2019）1300条，其中新增114条。

社会福利、婚姻登记

【人生关怀】 实施人生关怀系统工程，从居民感受最深的出生、入学、婚育、养老、节日慰问、生活困难、重病、离世等八个方面进行关怀慰问，做到“救助政策保障一批、重要节点关怀一批、逢年过节慰问一批”。全年共投入资金1.6亿元，48万人次享受关怀。

【婚姻登记】 完成新中国成立以来婚姻登记机关和档案馆现存档案的数据补录，开展所有档案的电子化工作。持续实施婚姻家庭社工“家和计划”，促进婚姻家庭和谐。全年共登记结婚3934对，离婚2745对，补发结婚证753对，补发离婚证359件，出具（无）婚姻登记记录证明312件，婚姻登记合格率达100%。

社区建设

【社区治理】 全面推广中山二路社区“党建＋物业”管理成功经验，全区共成立18家老旧物业自主服务中心，服务老旧住宅区197个、居民8.46万户，建筑面积515.28万平方米。持续开展“两公开两承诺一评议”工作，在社区党员干部中开展亲属涉权事项公开工作。

【社区减负增效】 全年专题召开推进会4次，落实社区依法自治事项、依法协助政府工作事项、涉证事项、负面事项“四项清单”，进一步规范社区事项准入机制，对17项部门事项、141项工作台账进行整改，取消部门直接考核社区事项，取消社区考核一票否决事项5项，全面杜绝负面事项内容进入社区。在社区公共服务平台统一将条线窗口统一改为2～3个综合服务窗口，社区挂牌由4个统一减少为3个，全部取消区级部门直接考核社区事项和一票否决事项，建立社区事项准入机制。

【社区自治】 在79个社区全覆盖规范落实“一约三会”，即居民公约、居民议事会、红白理事会、道德评议会，丰富自治载体。居民议事会全年累计开展社区协商370余场次，较好地解决路灯安装、化粪池堵塞等与居民生活密切相关事项；红白理事会针对乱搭灵棚等事项进行80余场次的宣传监督和协调；道德评议会针对不赡养老人、高空抛物等现象开展60余起道德评议活动。全面推广“三事分流”工作机制，制定《渝中区推广“三事分流”工作机制实施方案》，明确16项工作任务，进一步深化“5+6”社区协商机制，推进政府治理、社会调节、居民自治良性互动。

【社区服务】 开展“三上三清”社区服务行动（上门、情况清楚，上路、环境清爽，上心、干事清白），畅通服务居民群众“最后一公里”，共走访居民2.8万余户，走访企业7037家，收集群众问题7009个，解决一大批群众身边的问题。推进“多网合一”，全区共有网格940个、网格长974人、网格志愿者2340人，基本实现小事不出网格、大事不出社区的服务管理精细化目标。

【社区人才队伍建设】 制定印发《渝中区关于加强专职社区工作者职业体系建设的实施办法（试行）》和《渝中区社区和社区工作者考核办法》，加大“全能型＋专业型”社区工作者培养，建立社区工作者走访、坐班和窗口人员AB角制度，所有社区工作者均签订服务协议，建立“三岗十八级”补贴发放增长机制，开展专职社区工作者培训3场次，参训600余人次，公开选录社区工作者候选库人员202人，完成1733名专职社区工作者（含社区兼职党员和候选库人员）联审工作。

【特色示范社区建设】 基本完成建设路、沧白路、巴县衙门等3个社区便民服务中心建设，基本建成嘉西村、华福巷等23个特色示范社区。在石油路街道煤建新村、金银湾、新影村等7个社区建成“智慧社区综合管理服务平台”，完成2个智慧社区示范点建设任务。印发《渝中区国际化社区建设试行方案》，在解放碑街道自力巷社区和化龙桥街道嘉博路社区开展国际化社区试点建设。

社会工作

【社会工作人才队伍建设】 开展社会工作人才培训工作，组织社会工作骨干人才培训班1期、社区专职社工培训班1期、全国社会工作者职业资格考试考前公益培训班2期，累计培训2475人次；组织区内41名社会工作者参加市级社会工作师高级研修培训班。全区有571人报考全国社会工作者职业资格水平考试，新增社会工作专业人才102人，其中助理社工师83人、社会工作师19人。推荐选拔区级社会工作骨干人才55人、“重庆英才•名家名师”1人。出台《关于加强专职社区工作者职业体系建设的实施办法（试行）》，对专职社区工作者中取得社会工作者职业资格证书的，给予初级每月200元、中级每月300元的职称补贴。全区共有社会工作专业人才952人，其中社会工作师242人、助理社会工作师641人、重庆市社会工作员69人。

【社会工作服务】 全年共实施市、区级社会工作服务项目29个，其中市级项目18个、区级项目11个，投入450万元。服务对象主要包括低保享受人群、低收入人群、残疾人、老年人、青少年等群体，直接受益者达1万余人，服务对象满意度达95%以上。吸纳高校教师、社工一线专家建立39人的社会工作服务督导专家库，定期对街道、社区社会工作开展督导和培训200余场次，以提升社区专职社会工作者的职业技能水平和素养。组织开展第三届“巴渝社工宣传周”活动，发放宣传海报2000余张、各类宣传资料8200余份，现场互动活动累计服务4750余人次，并在《重庆日报》《渝中报》进行专刊宣传；组织区内社工机构参加市级社会工作服务项目大赛，荣获2个铜奖。做好志愿服务网上记录工作，全年新增志愿者1.2万余人、志愿团体93个，发布志愿服务项目2276个，服务时长91万小时。

【残疾人双补贴】 做好贫困残疾人、重度残疾人“两项补贴”发放工作，保障残疾人基本权益。12月，为贫困残疾人（2062人）和重度残疾人（2319人）发放生活、护理补贴31.46万元，全年共发放367.36万元。

【社会捐赠】 全年区慈善会共募集善款217.62万元，支出196.33万元，捐助范围遍及社会救助各个方面，较好地发挥了慈善事业对社会救助体系的补充作用。

殡葬管理、其他工作

【殡葬管理】 加强殡葬管理，确保火化率达100%。开展殡葬领域突出问题专项整治，维护群众利益；落实惠民殡葬政策，共治丧救助170人，救助金额25.9万元。做好清明节安全文明祭祀工作，印制宣传资料2万余份，引导市民摒弃治丧陋习，打造文明城区良好形象。

【其他工作】 2019年办理儿童收养登记1件。

【区民政局负责人】
局　　长：黄　祥
副 局 长：秦　学（2019年1月离任）
　　　　　马　佳（2019年1月任职）
　　　　　熊成钢（2019年7月援藏）
　　　　　李剑功
纪检组长：江武渝

（王庆容）

居民生活

【城镇居民人均可支配收入和人均消费性支出稳步增长】 渝中区城镇居民人均可支配收入44209元，比上年增长9.2%，人均消费性支出31093元，比上年增长6.8%。

（吴映鸿）

街　道

街道党工委、办事处分别是中共重庆市渝中区委的派出机构、重庆市渝中区人民政府的派出机关。2019年，渝中区有11个街道：解放碑街道、朝天门街道、七星岗街道、南纪门街道、菜园坝街道、大溪沟街道、两路口街道、上清寺街道、大坪街道、石油路街道、化龙桥街道。

2019年，渝中区各街道党工委、办事处内设机构有：党政办公室、党建工作办公室、经济发展办公室（统计办公室）、民政和社区事务办公室（卫生健康办公室）、平安建设办公室、规划建设管理环保办公室（物业管理办公室）、财政办公室、应急管理办公室、人大工委办公室、综合行政执法办公室10个内设机构。

根据区委办公室、区政府办公室《关于印发〈街道党工委、办事处职能配置、内设机构和人员编制规定〉的通知》（渝中委办发〔2019〕50号），街道党工委、办事处设下列内设机构：党政办公室、党建工作办公室、经济发展办公室（统计办公室）、民政和社区事务办公室（卫生健康办公室）、平安建设办公室、规划建设管理环保办公室（物业管理办公室）、财政办公室、应急管理办公室、人大工委办公室、综合行政执法办公室，纪工委、武装部按照有关规定设置，工会、团委、妇联等群团按章程设置。根据区委编委《关于各街道办事处所属事业单位设置、职责和编制事项的通知》（渝中委编委〔2019〕43号），街道办事处统一设置财政全额拨款的公益一类、正科级事业单位7个：党群服务中心、社区事务服务中心、社区文化服务中心、劳动就业和社会保障服务所、综合行政执法大队、退役军人服务站、社区建设管理中心。解放碑街道、朝天门街道、南纪门街道、菜园坝街道、上清寺街道、大坪街道、化龙桥街道另有就业服务管理站（自收自支事业单位）1个。区政府工作部门及部门管理的行政执法机构派驻街道的科级机构有2个：街道司法所（区司法局派驻街道的行政机构）、区城市管理综合行政执法支队街道大队（区城市管理综合行政执法支队派驻街道的财政全款拨款、公益一类正科级事业单位）。朝天门街道另有区城市管理综合行政执法支队朝天门市场大队1个。

街道党工委、办事处的主要职责主要有六项。（1）履行辖区党的建设职责。宣传贯彻执行党的路线、方针、政策和上级党组织决议；落实全面从严治党主体责任，负责辖区党的政治建设、思想建设、组织建设、作风建设、纪律建设，把制度建设贯穿其中，深入推进党风廉政建设和反腐败斗争，推动全面从严治党向基层延伸；负责社区党建工作；按照职责分工负责楼宇党建、非公有制经济组织和社会组织党建工作；按照党组织隶属关系负责辖区的党员队伍建设、街道机关及所属单位党建工作；按照干部管理权限负责干部的教育、培养、选拔、管理和监督工作；配合有关部门对居住在本街道的人才做好统计、联系和服务工作；负责街道人大、政协相关工作；负责街道武装和工会、共青团、妇联等工作。（2）履行辖区经济发展职责。服务、扶持中小微企业和个体经济；负责政策宣传落地，做好政策申报、核查和兑现，培育规模以上企业；负责区域内引进企业落地后服务工作；全方位联系服务所负责的楼宇和项目；负责经济运行监测和经济统计工作；配合部门、管委会履行属地协管职责，长效治理辖区楼宇周边环境；负责指导企业深化改革；负责财政资金管理监督检查、绩效评价、社区财务管理监督、协税护税等工作。（3）履行辖区公共服务职责。推动教育、劳动就业、卫生健康、公共文化、体育、科学普及等社会事业发展，宣传、组织爱国卫生运动的开展；完善社会保险、社会救助、社会福利、优抚安置、扶贫济困等社会保障体系，组织兴办社区服务事业；加强社区治理体系和治理能力建设，不断建立、完善社区各类公益性基础设施，统筹基本公共服务设施的布局空间，合理配置社区服务资源；负责培育和发展社区服务中介组织，动员辖区单位和居民群众积极参与社区建设，指导居委会开展组织建设、制度建设和其他工作。（4）履行辖区公共管理职责。负责规划建设、生态环境保护、市容管理工作；指导和协调物业管理工作；受城市管理部门委托，负责城市管理综合行政执法的日常管理工作；负责集中行使依法授权或委托的规划建设、生态环境保护、卫生健康、文化旅游、民政管理、安全生产等领域行政执法职责，实行综合行政执法；维护老年人、未成年人、妇女、残疾人和归侨、侨眷、少数民族的合法权益；指导和加强基层民主政治建设。（5）履行辖区公共安全职责。配合有关部门做好防汛、防火、防震、抢险和防灾工作；负责安全生产综合监管，建立健全隐患治理体系和安全防控体系，督促检查辖区单位对安全生产法律法规的执行情况和安全生产责任制的落实情况；按照突发事件处置要求和原则，负责社情、疫情、险情等公共突发事件的预防和应急管理；负责政法、维稳、信访、人民调解、法律服务工作，调处化解矛盾纠纷；推进社会治安综合治理，完善社会治理防控体系；负责防范和处理邪教工作。（6）完成区委、区政府交办的其他任务。

七星岗街道

【概况】　七星岗街道位于重庆市渝中半岛腹地，地处渝中区中东部，东邻解放碑街道，西接两路口街道，向南俯瞰南纪门街道和菜园坝街道，北与大溪沟街道接壤。地势呈东低西高、南翘北伏的坡形。辖区面积0.81平方千米，辖8个社区居委会。2019年末，常住人口2.7万户、7.5万余人。街道机关有干部职工59人，其中大学本科及以上学历58人，干部平均年龄45.3岁。街道下设10个内设机构和6个事业单位。办公地址位于渝中区金汤街74号。

辖区是渝中区委、区政府所在地。有通远门古城墙，国民政府立法院、司法院及蒙藏委员会旧址，菩提金刚塔，中苏文化协会旧址，抗建堂旧址等历史文物、旧址等12处；有实验中学、中华路小学、区级机关幼儿园等院校15所；有市妇幼保健院、重庆市人民医院（中山院区）、中西医结合康复医院、重庆普瑞眼科医院、区疾病预防控制中心等8家医疗机构；有企业1810家，个体工商户2308家，重点楼宇19栋，其中街道联系服务规上企业11家，GDP存量51.8亿。街道是渝中半岛主干道（中山一路、和平路）交会联结点，因其独特的地理优势，成为渝中区政治、经济、文化、交通与信息的汇集中心。

2019年，街道党工委、办事处牢固树立新发展理念，始终把保障和改善民生作为最大政治，以“钉钉子”精神，统筹推进各项工作，全街呈现出党建基础不断夯实、服务企业精准到位、城市品质有效提升、民生福祉持续改善、社会大局和谐稳定的良好局面。街道荣获全国综合减灾示范社区、全国老年远程教育优秀学习收视点等称号及新中国成立70周年安保维稳工作集体嘉奖等荣誉。

【党建工作】　开展“不忘初心、牢记使命”主题教育，把学习教育、调查研究、检视问题、整改落实贯穿贯通始终。牵头指导全街81个基层党组织开展“四个教育”等活动300余次，主要领导带头深入领事巷片区、枇杷山后街等一线开展实地调研176次，党工委书记带头为全街党员干部作专题党课，办事处主任撰写的调研报告被评为区优秀调研成果。突出政治功能和组织力，推进基层党组织标准化规范化建设。发挥归元寺社区“优秀社区书记工作室”作用，督导领事巷社区党委、国医馆党支部重点提升建设；选优配强党支部书记，组织49个基层党支部成功换届，纵深推进党风廉政建设；全程纪实“两个责任”清单，持之以恒纠正“四风”，全街上下政治定力不断增强。建好用好党建联席会平台，贯彻落实“吹哨”“点题”工作机制，推动20余家单位400余名在职党员到社区报到。在8个社区全面创新推行“中二路”模式，以党建引领推动社区物业管理和社区治理深度融合。

（胡川）

【经济普查】　4月，顺利完成第四次全国经济普查工作。街道GDP完成51.8亿元。其中，规上企业增加值18.43亿元，规下企业增加值

33.37亿元。经发办撰写的《聚力“三强化三保证”，努力夯实基层基础统计根基》经验文章被重庆市统计局《统计基层基础经验材料汇编》收录刊用。

【脱贫解困工作】 组织街道商会会员为对口帮扶单位巫溪县白鹿镇香树村留守儿童和特困家庭捐助价值5.6万元的扶贫物资，并向白鹿镇捐赠帮扶资金20万元。对口援建的“中药材独活炕房”项目建成落地。截至2019年，全街共有低保户1159户1457人，累计发放低保金总额1061.65万元；办理临时救助1966人次238.36万元，多形式慰问困难家庭5098人次150万元，助学20人。以稻草援助中心为平台，发动爱心单位、人士捐款87611.6元，援助辖区困难群众。

【科普工作】 2019年，金汤街科普示范社区获得中央“基层科普行动计划”奖补资金10万元。

【商会工作及社区建设】 2019年，七星岗商会共有会员企业45家，副会长以上企业19家，理事企业5家。商会荣获渝中区工商联（总商会）2019年度先进地区商会一等奖、渝中区工商联2019年度融资工作先进商协会二等奖。优化社区服务模式。各社区公共服务平台只设置1个服务群众咨询窗口和2～3个综合服务窗口，精简社区窗口46个。建立健全“一约三会”。修订居民公约，建立居民议事会、红白理事会、道德评议会，规范自治载体，依法产生居民议事会、红白理事会、道德评议会的3名成员。

（陈康宁　李晨龑）

【残联工作】 截至2019年底，全街有残疾人1601人，其中重残436人。创建市级标准化示范性康复站1个，市级标准化示范性康复室3个（捍卫路、归元寺、临华路），在市级社区康复站（室）评估检查中，均被评为优秀。全年补贴“一户多残”32户，办理重度残疾人护理补贴2804人次20.74万元、贫困残疾人生活补贴2755人次19.29万元，发放适配辅助器具105件。

【居家养老工作】 以社区养老服务站为平台，创办七星岗街道社区老年大学，春季班、秋季班共招收学员123人，授课119次，归元寺教学点被评为全国老年远程教育优秀学习收视点。社区养老服务站共开展老年活动、志愿者服务活动370余场。发放居家养老服务补贴934人次13万元、经济困难高龄失能老年人养老服务补贴306人次6.12万元。

【卫生计生工作】 收集录入辖区户籍人口50776人的信息并加强服务管理，确保政策内生育率达100%。办理各种计生证件、证明679个，落实计生奖扶政策795人次19.8万元。新增特扶人员17人。

（李晨龑）

【社会保障】 全年共完成城镇登记失业人员就业744人，就业困难人员就业296人，高校毕业生实名制登记和定制服务67人。创业担保贷款发放10笔、金额285万元，发放低保就业补贴、“40、50”补贴、“92、93”号文困难人员生活补贴、参战人员补贴、高校大学生服务社区补贴等共计4400人次、615万余元。新接收失业人员和退休人员社会化管理档案508份，现存档案共计21230份。开展农民工工资清欠4次，举办大型农民工宣传帮扶活动4次。协助区劳动监察大队上门协调劳动纠纷3次。全年办理居民医保11113人、职工医保1857人，发放医保卡14310张。办理各类养老保险1558人次，退休申报355人，指纹认证1.08万余人。

（张勤）

【社区综合治理】 2019年，街道综治完成各项目标任务，确保辖区政治稳定、治安良好和社会安定。全年化解领导包信访案件3件。在新中国成立70周年安保维稳工作中成效显著，区委、区政府给予七星岗街道办事处记集体嘉奖，党工委副书记、办事处主任赵意伦记三等功，办事处副主任袁世诚、平安办主任欧旭记个人嘉奖。荣获“2019年渝中区群防骨干应急处突培训演练”一等奖。

【网格化社会治理】 贯彻落实区网格化社会治理工作精神，建立街道、社区、单元网格三级工作体系，全街划分为8个二级网格、118个单元网格。将“地、事、物”等社会治理要素和党的建设、社会治安、市容卫生、民生服务、环境保护、安全防控、市场监管等领域的基本职能，结合“五长制”“三上三清”“门前三包”等工作职责要求，综合纳入网格治理工作职责内容。

【禁毒及精神卫生工作】 加强吸毒人员管控，减少复吸率、违法犯罪率，维护社会治安稳定。对在册吸毒人员做到底数清情况明，对社区戒毒社区康复人员按要求报告尿检，按时去羁押场所接返出所吸毒人员。全年开展禁毒宣传活动5次，让居民了解毒品危害，自觉抵制毒品。辖区29名三级及以上严重精神障碍患者全年未出现重大肇事肇祸行为，街道为其签订以奖代补协议并按规定每月随访。

（欧旭）

【退役军人事务管理】 街道于2019年5月成立退役军人服务站，在编3人，全街共有社区退役军人服务站8个。至12月，共采集2002名退役军人信息，其中异地军人信息108人，辖区军人信息1894人。慰问驻地部队4批次，慰问辖区军烈属、伤残军人、在乡复员军人以及现役军人家属1041人次，发放慰问金131.95万元，办理部分退役士兵社保接续证明32人。

（代俊）

【主题街巷院落打造】 在推进传统风貌区、山城老街区、特色老社区等建设基础上，进一步将历史人文主题向巷内院落拓展延伸，形成由街向院的深度挖掘、精致打造，生动展示人文社区新形象。领事巷特色老社区建设项目总投资1001.58万元，共涉及领事巷沿线8栋老旧建筑物及相邻环境，整治面积约27760平方米；财信渝中城周边环境整治项目总投资857.36万元，面积约4200平方米；完成火药局街14号阳光楼、火药局23号和华一巷片区3个“微整治”项目，整治面积约2700平方米。

【环境保护工作】 按期完成整改第二轮中央环保督察群众举报案件涉及七星岗街道辖区的8件，其中主办案件4件。处理各个渠道环保投诉案件60条。开展餐饮油烟VOCs（挥发性有机物）普查增项工作，集中筛查辖区商户161家。在归元寺社区推行生活垃圾分类试点工作。

（熊槐宁）

【安全生产】 全年对辖区的医院、学校、幼儿园、养老场所、服装加工场所、建筑施工现场、“九小”场所等开展日常安全检查共6172家次，发现一般隐患1186处，督促整改1114处，72处一般隐患正在整改中。开展春节、清明、五一、端午、中秋、国庆、元旦等节假日及“两节三夜”“两会”等重点时间段的安全大检查20余次，街道主要领导和班子成员带队检查78次。通过召开协调会、限期自我整改、联合整治等方法和手段，对发现的和信大厦堡坎滑坡、临华路车站市政堡坎滑坡等2处较大隐患进行有效整治。制订《七星岗街道2019年度安全生产监督检查计划》，做到责任清，分工明，对重点检查单位实现年度监督检查“全覆盖”。组织辖区居民参加渝中区第七届“安全在我心中”美术书法大赛活动，协助区安委会在辖区通远门城墙公园广场举办第十八个“安全生产月”集中宣传日活动、在财信渝中城举办以“提高灾害防治能力，构筑生命安全防线”为主题的“5•12”防灾减灾日大型宣传活动，由重庆网络广播电视台进行现场直播并全网转播，视频受众约10万人。累计发放《烟花爆竹安全燃放须知》《市民安全手册》《安全培训宣传手册》等宣传资料6500余册，制作“居家安全知识台历”7000本、“安全生产温馨提示牌”1000块、“水电气门贴”10000张，发放到社区及“九小”场所，提醒居民注意居家用电、用气安全。组织各科室负责人、各社区书记、分管副主任、安监员、城管委员、综治委员、微型消防站站长与副站长共计80余人进行应急、安全等知识培训。

【消防安全】 在“119消防宣传月”活动期间，组织辖区8个社区及社会单位开展宣传活动，制作并发放宣传资料1200余份。组织社区微型消防站以及辖区居民群众开展消防应急演练，全年开展消防演练33次。配合区消防支队对辖区89栋老旧居民楼栋消防管网改造工程进行通水验收。针对辖区居民反映强烈的金山大厦的消防系统瘫痪存在严重安全隐患情况，应急配备了灭火器、消防水枪、水带、疏散指示标志标牌等消防器材。对辖区商务楼宇华一大楼的消防隐患情况进行检测评估及施工整改方案设计。

（邱梅）

【人民武装工作】 民兵整组工作。将辖区基干民兵整合为“应急力量、专业力量、特殊力量”三大类。民兵队伍中有退伍军人41人，占32.8%。按计划组织年度训练和演练，完成民兵整组任务。年度训练工作在全区武装工作排名第四，管理工作排名第三。征兵工作。实现网上报名应征青年25人，上站体检14人，完成4人征兵工作任务。基层正规化建设。坚持“建管结合、以管为主”，整合街道应急物资与装备器材的统一使用管理，投资5.66万元配齐战备物资器材，完成街道武装部基层正规化建设，在渝中区基层规范化达标建设中排名第5名。国防宣传教育。充分利用战备备勤、兵役登记、征兵宣传、社区活动等时机，以道德讲堂、社区宣讲、横幅标语、现役军人家属新春座谈会等多种形式，开展铭记历史、缅怀先烈、珍爱和平、开创未来等主题的系列宣传教育活动，强化全民国防意识和忧患意识。组织63人开展“不忘初心•心系国防”主题军事日活动；组织“庆新中国成立七十华诞•展共和国国防建设军威”投身军旅 绽放青春——2019年七星岗街道征兵宣传活动，约400人参加。街道武装部在全区国防教育工作中排名第2名。

【人大工作】 七星岗代表组代表刘洁莉撰写的关于文旅融合发展的议案1件被列入大会议程，代表组共提交代表建议50件（闭会期间建议5件），涉及文化、体育、教育、民生、交通、养老等方面，有6件建议被区领导督办。代表深入社区114人次，接待群众350人次，收集事项220件，解决事项190件。围绕“聚焦旅游出行交通环境•提升母城旅游服务品质”主题调研活动，开展七星岗地区生态环境保护等视察调研。组织开展捐资助学、扶贫济困等公益活动，共捐资9.8万元。有7篇稿件被市级媒体采用，13篇稿件被区级媒体采用。

（刘兆荣）

【违法建筑整治】 2019年，七星岗街道主要完成华一坡、领事巷片区存量违法建筑整治。坚持24小时轮流交叉巡查制度，及时制止和拆除金汤街78号新增违法建筑。全年共拆除违法违章建筑98户、面积4983.8平方米，消除台账83户4475.3平方米，年度任务完成率达100%，累计完成五年计划任务总量的96.5%。

【市容秩序管理】 街道辖区在保持主次干道严格管理基础上，将工作重点向背街小巷、重点区域延伸，确保不留死角，提高城市管理综合水平。采取“重点盯守与不定时巡查相结合”的工作方式，共处理数字案件9024起，其中街面秩序类2415起、施工管理类781起、市容环境类2358起、宣传广告类3470起，暂扣物品78件，拖移“僵尸车”、占道电动车101辆，处罚金1000元。第一时间处置城市管理投诉案件80余起，案件回复率达100%。针对辖区实际情况，在七星岗、和平路沿线等区域共设定摩托车停车位55个、小车停车位4个，缓解群众临时停车压力。沿金刚塔外沿道路加装公路防护栏

22米，在原有道路上隔离出人行通道，杜绝该处占道停车行为，消除群众出行安全隐患。联合交巡警大队、派出所全年开展马路办公400余次，处理典型案例10余起。组织临华路、农贸市场周边、学校医院周边等区域市容秩序专项整治，广告灯饰店招综合整治，以及占道停车、三轮车等专项整治，有效解决部分区域出行难、脏乱差等问题。

（扶毅）

【团委工作】　纵深推进共青团改革，始终坚持“党建带团建”，着力夯实基层工作基础，持续推进支部上网行动和团支部书记“背靠背”测评。把青年创新创业放在突出位置，帮扶辖区青年创新创业就业。新建4个非公团组织。开展暑期青少年教育活动近50次，2000余人次参与。

【七星岗街道负责人】

书　　记：宋　丹（2019年1月离任）
　　　　　廖　红（2019年1月任职）
主　　任：赵意伦
人大工委主任：李　洪
副 书 记：谭辉茜
纪工委书记：苏　华
副 主 任：张莉娟　王　耀
　　　　　任化艳（2019年6月离任）
　　　　　刘　畅（2019年6月任职）
　　　　　袁世诚
组织委员：张　琪
宣统委员：刘晓东

（胡川）

解放碑街道

【概况】　解放碑街道位于渝中区东部，东北临嘉陵江、朝天门街道，南接南纪门街道，西临七星岗街道。辖区面积1.21平方千米。由早前的民生路、较场口、大阳沟、临江门、解放碑5个街道，分2次调整并于2006年合并组建而成。2019年，辖区共有10个社区，户籍户数25046户、户籍人口57478人，常住户数27950户、实有人数69943人。日均流动人口约30万人。街道共有编制102名，其中行政编制26名（其中政法专项编制4名）、参公编制46名（执法26名、社建20名）、事业编制30名。目前在岗79人，其中行政编制25人（其中政法专项编制4人）、参公编制41人（执法21人、社建20人）、事业编制10人、司站办人员3人。

解放碑街道（简称“解放碑”）因辖区内有象征重庆人民争取独立与民族解放的历史纪念丰碑——人民解放纪念碑而得名，街道辖区是巴渝文化、抗战文化、红岩文化的发祥地，是西部大开发、重庆大发展的光辉见证。解放碑街道历史底蕴厚重，文化资源丰富，国家级、市级重点文物众多。辛亥革命时期被称为“革命军中马前卒”的邹容出生在来龙巷的洪家院子，《新华日报》旧址、张培爵烈士纪念碑、国民参政会议旧址、大韩民国临时政府旧址、苏联大使馆武官处旧址、中英联络处旧址、巴蔓子将军冢均坐落于辖区内，佛教罗汉寺、能仁寺，基督教圣爱堂，天主教若瑟堂，伊斯兰教清真寺等宗教场所汇聚辖区。洪崖洞、长江索道、“八一路”好吃街等著名旅游点享誉中外，解放碑是重庆市著名的都市文化旅游景区，被誉为重庆“十佳旅游景区”“十大名片”之一，有“没到解放碑就等于没到重庆”之说。

作为重庆最早、最繁华、最具影响力的商圈，解放碑是全市首个社零突破500亿商圈，享有“西部第一街”美誉。环球金融中心、海航保利、国贸大厦等一批高端商务楼宇商机无限，升级改造的较场口日月光中心广场集休闲、娱乐、教育等为一体，成为重庆又一新地标，重医附二院、重庆市第二十九中学等医疗、教育资源富集，是全市高端产业最密集、经济活动最活跃、配套设施最完善的区域。区域交通便捷，主次干道四通八达，有20余条公交线路，轨道交通1号线、

2号线、6号线可直抵重庆近郊和远郊以及快速到达重庆站、重庆北站、重庆西站和江北机场等。近年来，中国（重庆）自由贸易试验区、全国文明城区、全国十大全域旅游目的地、国家智慧城市试点城区、国家服务业综合改革试点区、国家电子商务示范基地等金字招牌相继落户渝中半岛，解放碑商圈先后获得“全国百城万店无假货活动示范街”“中国著名商业街”“全国特色文化广场”“中国十大新地标商务区”“中国总部经济研究发展实践基地”“全市首批战略性新兴服务业综合类集聚示范区”等称号。

2019年，解放碑街道深入推进全面从严治党，着力发挥街道、CBD管委会的聚合效应和“街道吹哨、部门报到”的联动优势，推进楼宇党建试点工作，着力打造国贸、WFC、平安国金等3个楼宇党群服务中心，提升基层党组织服务能力。全面提升城市品质，打造通往来福士的文旅通廊。完成全国第四次经济普查任务，积极联动辖区企业，共同打造协信科普教育基地。沧白路社区办公用房主体工程建设完成，选定养老服务中心运营单位。做好双拥工作，完成国家和市级双拥模范城的验收。荣获重庆市新中国成立70周年安保维稳工作成效突出集体二等功，获得区委、区政府主要领导肯定性批示11条（次），被市、区级及以上重要媒体宣传报道150余篇（条）。

（罗春萍 王娅）

【党建工作】 推动主题教育。分领域制定机关、社区、非公组织、离退休党组织的4类工作清单，逐项深化落实学习教育、专题调研、检视问题、整改落实4项重点措施，解决城市管理、社区治理、企业服务难题200余件。加强思想引领。开展中心组学习22次和主题教育集中学习研讨14次，党工委6次研判部署意识形态工作，审批意识形态论坛6场，圆满完成全国文明城区复检。发挥解放碑“同心实践之家”统战平台作用，加大罗汉寺、圣爱堂、若瑟堂、能仁寺等宗教场所监管巡查和环境整治。夯实基层党建基础。开展基层党建工作提质增效聚力行动，新建非公党组织13个，撤销调整党组织8个，梳理健全街道机关内控制度26项，分批完成基层党务工作者培训300余人次，陆续开展“回忆我的入党日”“革命遗迹瞻仰日”“渝中蝶变观摩日”“国庆安保值守日”等主题党日，激发机关干部“二次创业”意识。抓实楼宇党建试点。注重非公党建“三会一课”规范化建设，3名非公组织党员分别荣获市、区“党建之友”和“党建之星”称号。紧扣白领需求，先期发动60余户重点商家加入楼宇党建服务联盟，提升打造融党务、政务、生活、5G服务为一体的国贸党群服务中心，先后举办“不忘初心路•先锋解放碑”楼宇职工定向越野赛、“魅力CBD•幸福解放碑”楼宇白领文艺会演、“慈善公益行•和谐解放碑”楼宇企业爱心奉献等系列楼宇党建活动8场次，参与党员、群众5200余人次。落实党建引领群建。坚持把工青妇、科协、武装等工作纳入党建工作规划和街道考核体系，开展丰富多彩的群团大型文体活动18场次，增强干部职工凝聚力。落实武装工作规范化阵地建设，兵役登记、年度征兵工作受到区人武部充分肯定。

（申航）

【经济工作】 完成全国第四次经济普查。对3730家单位进行全面普查和对488家个体进行抽样调查，完成GDP增加值510亿元。优化营商环境。街道领导带队，全覆盖走访辖区85户重点企业、50栋楼宇，开展银企对接活动3次，成功帮助银行与4家企业达成融资协议，6家银行全年存贷款增速为5.5%。全年规上企业营收增速为10.1%，街道联系服务企业营收增速为8.35%，辖区新增市场主体2105户，完成固定资产投资5.7亿元，实现新开工招商引资项目投资额1.3亿元，经济考核名列各街道前列。助推国贸中心、民生大厦等6栋楼宇实现改造升级。帮助申请老旧楼宇改造补助200多万元。目前辖区共有国贸中心、和平大厦、渝海大厦、中国人寿大厦等4栋亿元税收楼宇。加大对口帮扶力度，完成村镇帮扶任务。对口帮扶巫溪田坝镇岩湾村捐款20万元，并组织发动解放碑商会会员为当地贫困学生捐款2万元。

（张怡 向道燕）

【城市建设管理】 （1）综合整治。重大节日期间，在重点区域增设13个文明劝导岗、8个道路指示牌，疏导人流30万余人次；整治“发卡族”160余人次，拖移乱停放摩托三轮200余辆。消除违章建筑127处、6147.3平方米；打造通往来福士的文旅通廊，取缔沿线占道摊点21个，规范店招66块，拆除违规广告牌124块。拆除八一路地下通道出入口违章建筑、综合治理公园路九三学社周边环境等工作成效明显。以打造解放碑至朝天门文旅通廊为重点，取缔正阳街等10多处占道亭棚，消除沿线历史遗留占道摊点76个，依法拆除八一路地下通道出口等违章建筑150多处；为新华路沿线10余栋老旧房屋、80余家商户统一定制雨棚、美化墙体、规范门楣店招，提升步行大道全线颜值气质。统筹城管、公安、交通、市场监管等力量，建立完善联合执法机制，整顿游摊游贩1.6万余人次，拖移乱停乱放摩托三轮452辆，有效缓解国庆期间人流车流拥堵，确保旅游秩序稳定。（2）环境整治。在莲花池、临江门等社区完成楼道粉刷、管线规整、绿化补植等微整治145处；开展环境综合整治4处，人民公园周边居住区整治效果得到区委主要领导充分肯定，华庭锦园北区道路整治被《重庆日报》等多家媒体报道，居民生活便捷度、社区环境宜居度不断提升。贯彻执行第二轮中央生态环境督察部署要求，8件投诉案件全部办结，重点问题整改落实16件。（3）社区治理。推进“党建+物业”社区治理模式，召开“党建+物业”共建联席会26场次，完成87个物业项目中的首批37个物业项目和物业企业的星级评价工作，及时处置民生路、宏声巷、鲁祖庙、自力巷等处的化粪池外溢，筷子街下水道井盖破损等20处物管隐患、环境整治问题，提高城市管理精细化水平。完成一户一表改造工作306户；推进老旧住宅自治物业管理专业化，为西来寺31号等两个片区引入专业物业服务公司进行管理。

（张渝波 张翼 徐利 马驰）

【安全稳定工作】 全年开展安全检查2300余次，完成文华堡坎排危工作、消防通道清理等安全整治专项行动。配合公安部门抓获各类嫌疑人200余人次，帮助37名吸毒康复人员教育转化，张贴扫黑除恶标语300余条，发放各类宣传资料6万余份。做好敏感时期信访维稳工作。稳控10个涉稳群体、27名涉稳人员，妥善处置地王广场商铺返还等商业纠纷；牵头处理八一路人防地下商场历史遗留纠纷，解决其安全稳定矛盾，帮助200余名产权业主整合经营权统一租赁；协调完成“四久工程”——鸿德181因工程建设纠纷遗留的外立面施工立架拆除工作，优化解放碑地区商业经营环境；国庆期间，每天组织出动安保力量770人次，累计出动6160人次做好安保工作。开展各类安全检查2300余次，按执法计划专项检查56次，发现安全隐患274处，立即整改219处，限期整改55处。对美力大厦燃气安全隐患开展全面摸排，2次组织召集美力大厦“网约房”负责人召开网约房安全管理专题会。联合区经信委、燃气公司、派出所开展4次专项检查和多次入户检查，共检查64家网约房、居民，发现隐患68处，立即整改1处，限期整改29处，封堵不合规定燃气管道38处，更换新型燃气表250余个。制定《解放碑地区“住改非”专项整治工作方案》，成立工作小组，对辖区“住改商”“住改仓”“网约房”等场所进行全面摸排，查漏补缺，完善台账资料，发现隐患17处，现场督促整改17处。全年制作“身边事身边人”火灾案例宣传牌11块、消防通道综合整治通告牌40块。

（李启勇 李宏伟）

【民生改善】 加快推进社区建设，8个社区便民中心建设完成。民生路社区完成示范社区工作室试点建设。自力巷社区完成全区唯一的“重庆市企业退休人员社会化管理示范社区”和“国际化社区”试点建设。沧白路社区完成办公用房及养老服务中心主体工程建设，为全市引入的第一个“一带一路”中新合作医疗养老项目。街道承接市、区社会工作项目15个。

5月完成国家民政部和财政部第三批居家和社区养老服务改革试点工作，并通过验收。做好1067户低保户救助发放，居民养老保险惠民参保达到100%。及时处置莲花池等四个社区突发登革热疫情，走访近万户居民，消杀2.3万余平方米，防止疫情扩散。推荐23笔创业担保贷款共400余万元，就业帮扶1354人次，城镇新就业5446人；罗汉寺社区获评渝中区唯一的市级充分就业社区。2020年度居民医保参保数量达到11000余人次，金额达346万余元，同比增加9%，超额完成任务。10个社区全面开展生存认证上门服务；慰问279名贫困残疾人和20户残疾家庭。完成退役人员双拥基础信息采集共2436人，上门为退役军人和其他优抚对象悬挂“光荣之家”牌匾，共服务2379人，完成国家和市级双拥模范城的验收。

（李名英 许晋 姜振云）

【文体教工作】 全年组织街道9个社区认真完成“文化惠民·幸福渝中”基层文化展演活动，完成大井巷社区、罗汉寺社区文化室提升改造工作。7月组织爱博艺术团参加渝中区广场舞大赛并获得一等奖。抓好社区体育设施提档升级，为10个社区增补体育健身设施，切实满足群众健身需求。协助文物主管部门定期加强街区文物的安全巡查，与区文旅委共同做好中英联络处旧址承租方超范围装修的文物安全监管。与区教委联合抓好非法校外培训机构的摸排整治，加强校园周边安全保卫工作。

（苏均）

【社区建设】 加快建设社区公共服务综合信息平台、社区便民服务中心，建立社区工作网络，整合计生网、金保网、群工系统等网络资源，最大限度地方便群众。完成8个社区便民服务中心建设，沧白路社区办公用房工程建设进展顺利，已完成主体工程建设，选定养老服务中心运营单位，即将进入装修阶段。按照网格化管理和“三上三清”要求，履行网格区域的各项工作职责，社区每天超半数人员进行马路式办公，改变社区机关化办公，推行便民化服务模式办公。健全完善专职社区工作者管理机制，培育一批“全能＋专业”型社区工作者。深化“三社联动”模式，突出特色社区建设，完成民生路社区示范社工室的建设。加强智慧社区建设，建立沧白路社区、公园路社区、民生路社区、邹容路社区的公众号，完成自力巷社区“国际化社区”的建设试点工作。指导“解放碑街道牵手社会工作促进会”和“街道稻草援助中心”进行换届选举。在全街落实生育登记服务制度，进一步简化工作流程，全年共办理生育服务证218个，办理退休人员独生子女资料审核签章400余份，完成独生子女父母年老一次性奖励申办工作。组织夏季应急无偿献血招募工作，完成760份，超额完成献血任务。完成“红十字”应急救护培训任务，街道荣获全区“红十字”应急救护竞赛集体二等奖，2名个人三等奖。

（李名英 黄学利）

【人大工作】 2019年，街道共收到区第十八届人大四次会议建议主办件6件、协办件7件，线下线上已全部办结，代表满意率达100%。为进一步提高各社区民情联络员的工作技能和为民服务水平，围绕加强与人大代表沟通服务、信息反馈、社情民意办结跟踪等内容。坚持每季度组织一次社区民情联络员培训，组织两次代表组集中学习培训，学习《解放碑街道人大民情联络员考核办法》等文件资料。在区第十八届人大四次会议上，代表组共提出代表建议31件，闭会期间提出代表建议7件。建议内容涉及解放碑CBD提档升级、加强城市管理、文商旅城融合发展等重要工作。根据区人大指示，2019年人大解放碑街道党工委第十混合选区（罗汉寺社区）补选1名区人大代表，候选人卫强顺利当选为十八届区人大代表。

（李德兵 唐成林）

【司法工作】 2019年，街道围绕区、街道的重点工作组织法治宣传活动29场次，各社区集中开展普法宣传63次、普法培训讲座30场次，制作宣传板30块、宣传挂图50条，接受法律咨询360余人次，发放普法宣传资料8.9万余份。全年街道参加干部法制理论笔试2人，网络考试77人，通过率达100%。以街道调委会为依托，坚持“调防结合、以防为主”的调解工作原则，全年共调解各种矛盾纠纷85件，调解成功率达100%，接受法律咨询175人次，完成法律援助案件6件。做好社区矫正工作，全年完成审前调查3人，新接收矫正人员25人，解除20人，目前在册人员38人，全年无脱管、漏管和重新犯罪。全年核实刑释解教系统预释放人员85人，新接收刑释解教人员23人。开展法律援助，办理法律援助7件。对全街8个社区“市级民主法治社区”进行复查。在街道建立公共法律服务站1个，社区建立公共法律服务室10个，辖区实现“一居一顾问”目标。

（钟基勇）

【纪检工作】 传导压实“两个责任”。分类分级制定责任清单，签订《党风廉政建设责任书》30份；每季度召开党风廉政建设工作会，组织基层党组织书记开展述职述廉，督促落实“一岗双责”。强化日常监管。全年开展党风廉政日常监督检查58次，在社区班子成员调整任前开展党风廉政谈话等183人次；全面摸清核实137名街道机关党员干部和借调、借用人员的相关情况，建立廉政基本情况信息库。“以案四说”警示教育。结合“不忘初心、牢记使命”主题教育、街道基层党组织书记培训、重大节日作风建设监督检查等，通过身边的典型案例深化“以案四说”警示教育。正风肃纪。依法依纪依规调查核实涉纪信访线索7件，严肃查处机关党员干部、社区工作者、社区党员4人次；制定完善7项非公党组织和社区加强党风廉政教育、党员管理的制度性文件，持续加强党风廉政制度建设。

（张石峰）

【“党建＋物业”工作】 成立莲花池、民生路、邹容路、临江门、较场口、自力巷、罗汉寺7个社区物业服务中心，原大井巷老旧住宅自治物业中心更名为大井巷社区物业服务中心。目前，街道有8个社区物业服务中心，制定了物业中心管理制度、物业中心财务管理制度、理事会管理制度、监事会管理制度、物业收费标准等制度和办法，并上墙公示，各社区物业服务中心负责人都由社区党委书记担任，理事会由3人组成，分别是社区党委书记、分管物业管理工作的社区副主任和承担规划建设物业管理工作的社区工作者。街道为拟新成立的7个社区物业服务中心各捐资1万元作为注册资金。

（张渝波）

【工会工作】 全年建会13家，其中独立工会6家、工会小组7家，发展会员197人。街道辖区已建工会组织849家，有职工会员5146人。街道机关、社区干部、企业职工628人续保职工互助保障，参保人数802人次，参保金额57130元。推动集体合同、工资专项集体合同签订工作，各社区对本辖区内所有已建制续签企业实现工资集体协商制度全覆盖。对集体合同签订已到三年的企业全部续签，建立健全集体协商台账制度。在辖区企业中开展“千名律师服务企业职工在基层”活动，增强职工法律意识。全年共慰问困难职工34人次，发放慰问金14000元。组织社区工会联合会、企业工会开展“一对一”结对帮扶困难职工家庭，9月底，19名困难职工已全部脱贫。金秋助学资助应届贫困大学生3名，往届励志奖学生2名，发放助学金30000元。12月，召开解放碑街道总工会第三次会员代表大会，选举产生解放碑街道总工会第三届工会委员会、经费审查委员会、女职工委员会，对在2015—2019年工会工作中涌现出来的30名深受广大职工群众信赖的优秀工会干部进行表彰。

（吴纯艺　吕姝）

【共青团和妇联工作】 全年新建非公团组织4家，完成7个后进团支部整顿，组织基层开展各类青少年教育活动39场次，吸引780余人次的青少年学生和家长参与。街道妇联组织发挥纽带作用，组织广大志愿者在辖区老旧楼宇、“九小”场所、建筑工地等重点单位和场所开展定期巡查检查、宣传政策法规、引导规范经营，倡导安全生产。开展道德讲堂，传承传统美德。社区社工室承接并开展渝中区“闪耀人生”女性社会工作品牌服务项目活动，让广大妇女同胞们树立自尊、自信、自立、自强精神。自力巷社区妇联获评区级“三八红旗集体”称号，辖区余琳烈家庭被评为区级“最美家庭”。

（杨静 周钦）

【政协工作】 开展“不忘初心、牢记使命”主题教育活动6次，强化政协委员深学笃用习近平新时代中国特色社会主义思想及加强和改进政协工作的学习意识。完成区政协2017—2019年三年提案办理民主评议工作，共承办政协提案6件，其中主办件2件、协办件4件，实现答复率、满意率、按期完成率均为100%的目标。邀请委员参加街道工作推进会、主题教育大会、大阳沟派出所征求意见座谈会等系列会议，组织委员视察、专题调研、参加社区民情恳谈会、开展委员接访活动等10余次，形成委员提案33件、集体提案1件，办结提案2件。上半年在民生路社区居委会成立喻开渝律师工作室及喻开渝工作站，为辖区居民咨询法律问题提供方便。

（罗春萍 李宏伟）

【解放碑街道负责人】

书　记：冉　涛（2019年1月离任）
　　　　卫　强（2019年1月任职）
主　任：刘晓江（2019年4月离任）
　　　　管　亮（2019年4月任职）
人大工委主任：范时春
副书记：刘晓江（2019年4月离任）
　　　　管　亮（2019年4月任职）
　　　　傅晓蓉（2019年1月离任）
　　　　龚　渝（2019年1月任职）
纪工委书记：谭　青
副主任：卯云刚　李廷磊　周永胜
　　　　侯　静
组织委员：任海燕（2019年1月离任）
　　　　　毛凌疆（2019年1月任职）
宣统委员：胡江龙

（罗春萍）

两路口街道

【概况】 两路口街道位于渝中半岛中部脊线，是渝中区地理中心，以中山二路、中山三路、中山支路、长江一路四条交通主干线为框架，形成一个三角地带，是主城区南北和东西向道路交通转换最重要的节点，承担着重要的交通功能。东接七星岗街道，南邻菜园坝街道，西临大坪街道，北靠上清寺、大溪沟、化龙桥街道。辖区面积2.05平方千米，辖7个社区居委会，124个居民小组。2019年，常住人口50049人，户籍人口42216人。街道办事处驻中山三路107号，全街实有干部62人（含行政编制23人，参公编制23人，事业编制16人）。

辖区内文化休闲资源丰富，既有鹅岭公园、贰厂文创园、枇杷山公园、大田湾体育场、市体育馆、市劳动人民文化宫、市少年宫、市少年儿童图书馆、区文化馆、区图书馆等文化休闲场所，也有宋庆龄故居、跳伞塔、苏联大使馆旧址、罗斯福图书馆等一批抗战文化资源。鹅岭公园、枇杷山公园扼渝中区最高点，海拔分别为379米和345.6米，均为渝中区著名的游览地，也是鸟瞰山城风光的最佳地方，园内绿树成荫，芳草鲜美。入夜登临鹅岭公园的“瞰胜楼”、枇杷山公园的“红星亭”，可饱览美丽的山城夜景，天上星、街上灯，山上楼、楼上山，一齐映入两江，形成银河灯海，令人赏心悦目，美不胜收。

辖区内各级行政机关、大型企事业单位、医疗卫生机构相对集中，有重庆市城乡建委、重庆市体育局、重庆市公证处等行政机关，有重庆市三十中、重庆市教科院、渝中区教师进修学院、重庆市电力公司、成都铁路局重庆办事处、重庆天友集团等大型企事业单位，有重庆市人民医院三院院区、重庆市急救中心、重庆市儿童医院等大型三甲医院，有希尔顿酒店、天友大酒店、怡华威斯达酒店等中高档商务酒店。

2019年以来，全街按照区委、区政府年初确定的目标任务，以基层党建为引领，以城市管理为基础，以安全稳定为前提，以服务民生为目的，以经济发展为目标，求真务实，攻坚克难，积极作为，各项工作任务进展顺利。中山二路社区“党建＋物业”工作经验做法得到“不忘初心、牢记使命”主题教育中央第十巡回督导组和中央组织部的肯定并在“学习强国”“七一网”等平台广泛推介，街道获区委、区政府新中国成立70周年安保维稳工作成效突出的集体嘉奖。

【基层党建】 抓好社区党群服务中心打造，统筹设立群众咨询、综合服务等功能性工作前台，重点打造中山二路社区、重庆国泰出租汽车（集团）有限公司党支部等党建亮点，获评市级“党建之星”1人、区级“党建之星”1人、区级“党建之友”1人；规范开展支部主题党日、“三会一课”等，规范发展党员14名，促进党内生活制度化、常态化、规范化；班子成员广泛走访民营企业、非公党组织，动态抓好非公党建“两个覆盖”，实现覆盖率100%、组建率99%，管理服务非公党员267名，推动符合条件的非公企业成立支部5个。严格依照法定程序及换届纪律要求，严格执行“九严禁”“六不准”，完成7个社区党委班子改选、51个党支部换届选举；通过开展党员组织关系集中排查、基层党组织未按期换届排查、党员和党代表违纪违法未给予相应处理情况排查及党费收缴排查，厘清各党组织家底；整顿验收软弱涣散基层党组织2个，全覆盖开展党员教育管理宽松软、基层党建主体责任缺失问题专项整治，依规依纪处理违纪党员2名。按照“党建引领、分级管理、多元共治、运转高效”的目标，以76个城市管理网格为底，整合消防安全、综治环保、物业管理等各类网格，把“分工分家”的单一网格整合为“无缝一体”的综合网格；统筹整合街道干部、社区工作者、城管队员、综治队伍等力量，下沉网格，建强专兼职网格员队伍，推行党员干部包联网格、走访群众制度，初步实现把党组织建在网格上。持续推进党建引领下的物业管理与社区治理深度融合，社区自主物业中心兜底管理老旧小区，专业物业小区通过党组织的有机联结解决问题；党工委发挥“主心骨”作用，成立社区物业服务中心党支部6个，持续推进“党建＋物业”工作模式，解决红星亭坡17号停气、长江一路15号化粪池堵塞等问题；通过社区工作者“三上三清”走访，解决鹅岭山庄老旧住宅加装电梯等群众急难愁盼问题16件。狠抓纠偏治懒，在各办公室和社区设置“五个问”提示牌，干部职工每日自觉对照自省，检查自己；严格开展平时考核，不搞论资排辈，不搞平均主义，切实做到看实绩论实效；严格考勤制度，实行挂牌上岗制，在各办公室设置“工作人员去向告知牌”，严格干部职工请销假报备制度，不定时进行检查，锻造恪守规矩、纪律严明的干部队伍。

【精神文明建设】 持续推进“文明在行动•渝中更洁净”专项工作，深入背街小巷、社区楼院、公共场所等，清除卫生死角，整治“脏乱差”；持续开展“衣旧情深”“文明餐桌”“文明邻里”“文明交通”“文明旅游”等文明生活志愿服务行动，深化全国文明城区建设工作；全街范围广泛开展“我们的节日”、“第八届邻居节”、“探寻历史足迹•见证时代变迁”城市打卡等各类群众活动72场，深化社区精神文明建设。强化引导，持续壮大主流声音。开展习近平新时代中国特色社会主义思想基层理论微宣讲22场，发布主题教育、智博会等公益宣传横幅172幅；推广“学习强国”App，鼓励党员利用碎片和空闲时间加强学习，全街党员学习覆盖率达100%，学习成绩过万分学员493人，超过党员总数的1/3。召开“两路口追梦人”地区先进典型发布会，评选辖区道德典型和优秀人物11人，用身边的先进人物开展宣传教育，引导居民群众提高文明素养；深度挖掘、申报先进典型，获评“重庆市见义勇为道德模范”1人，获评“渝中区文明家庭”1户，切实提高文明和谐程度，形成典型示范带动的良好氛围。

【统战工作】 主动与对口民主党派衔接，及时了解对口党派的资源优势和特色，结合辖区实际需求，联合民革渝中区委召开对接会议，研究对口交流活动方案，开展对口联系工作。街道将结对共建工作与党员志愿服务进社区活动结合起来，在双促双赢方面取得实效。铁路坡社区与民革渝中区委联合举办“新春迎金鼠齐奔小康年”喜迎春节文艺活动，民革党员现场为社区居民书写对联，吸引辖区居民积极参与，获得居民广泛好评。

【妇联工作】 街道通过“建设法治中国•巾帼在行动”、“千万妇女大学法”活动，发放法治宣传资料，加强妇女的法治意识，鼓励妇女用法律途径保护自己的合法权益。召开妇女同胞座谈会，以生动实例激发妇女们的创业热情，用身边的典型事例感染、带动全街道妇女，利用家长学校开展家庭教育培训，促进亲子关系。两路口街道国际村社区以春节、三八节为契机，对困难妇女儿童开展一系列关爱慰问活动。春节期间，组织慰问困难儿童2名，送去慰问金1400元；三八节期间，组织慰问困难妇女3名，送去慰问金150元。六一儿童节期间，社区妇联作为牵头单位，联合辖区两路口小学、鹅岭小学积极开展六一活动。加强维权，保护妇女合法权益。协调解决维权事件10件，调解家庭纠纷17起。开展“建设法治中国•巾帼在行动”三八维权周集中宣传活动，为广大群众宣传宪法、反家庭暴力法并发放宣传资料，还组织了急救中心青年巾帼志愿者为居民群众免费义诊、量血压、检查视力等服务活动，提供便民服务80多人次。

【城市管理】 开展2019年夏季城市提升行动，对边坡危岩、院坝梯道、排污管网等进行微整治，投资90余万元。每周一次卫生大扫除活动，共计200余人次参与，处理垃圾20余车。中山二路枣子岚垭一巷老旧住宅品质提升，改造地下管网、楼道涂刷等。牵头排危整治长江一路鹅岭加油站办公楼旁边危坎、枇杷山正街104号21栋危堡，消除安全隐患。针对“脏乱差”等重点问题开展联合整治共30余次。及时处理城管数字平台案卷投诉102件，网络舆情8件。整治违法建筑33处、1153.2平方米。办结体育路杜老五江湖菜油烟排放等环保转办件2件，处理鹅岭正街露天洗车场等5个曝光问题，督促指导黄标车淘汰注销10台。

【安全监管】 下发《贯彻落实安全生产工作“一岗双责”制度实施细则的通知》，强化行政主要领导的安全生产第一责任、分管领导的具体责任和其他班子成员的“一岗双责”，建立街道“议安”的工作机制，专题“议安”6次，联席会研究安全工作15次。强化应急管理办公室建设，应急办共有专职人员4人、协管员2名，所有人员都经过专门的安全监管培训，全体执法人员持证上岗。成立街道党工委、办事处主要领导为组长的安全生产领导小组，全年开展“大排查”专项行动11次，检查生产经营单位460余家次，发现隐患45处，督促整改45处。悬挂大排查大整治大执法横幅31条、板报12块，发放宣传资料3000余份。在“春季消防安全大检查”中，街道共出动检查组18个、检查人员106人次，共检查单位862家，发现和整治消防隐患152个，整改率达100%。开展火灾防控专项整治行动及消防通道整治，共检查单位场所278家，发现隐患51处，督促整改51处。清除堵塞消防通道杂物1吨，张贴整治消防通道宣传画400张，发放宣传手册1000余份。检查有限空间作业场所43家，发现一般隐患7处，督促整改7处。开展特种操作证自查，共发现假冒特种操作证1人，已督促整改。张贴电动车宣传画72张，张贴红、黄、蓝三色标牌，实行人员分类管理，并入户宣传60人次。开展企业法人、分管安全负责人安全生产“谈心对话”12次，检查企业52家，发现一般隐患17处，督促整改 17 处。开展“安全生产月”、“119 消防宣传月”宣传活动，全街道共悬挂宣传横幅 40 余条，张贴宣传画 400 余张，发放宣传资料 5000 余份，各社区共出黑板报 21 块。入户宣传 500 余家，更换燃气软管 60 余米。组织开展进社区、进家庭、进商铺活动，共计 200 余人参加，入户宣传 1000 余家，发放各类宣传资料 3000 余份。开展校园周边整治及应急演练，共排查隐患 20 处，并全部整改，开展演练 12 次。根据辖区居民多发生人走不关火情况，专门印制 5000 份安全提示小贴纸张贴在居民家门口，增强辖区居民的安全意识。街道投入约 10 万元以王家坡社区微型消防站为样板，打造枇杷山正街和桂花园新村社区微型消防站，为每个社区制作安全宣传橱窗和安全宣传牌。《中国安全生产报》、华龙网、《都市热报》、《渝中报》报道了街道安全生产工作。邀请区消防支队为微型消防站全体队员进行为期两天的业务技能培训，每周集中组织安监员学习《中华人民共和国安全生产法》《安全生产事故报告和调查处理条例》，对软件登记、日常检查等方面进行集中培训，社区安监员能力素质明显提高。

【综合治理】 打好“扫黑除恶”攻坚战。加大宣传力度，张贴公告 300 余张，悬挂横幅 200 余条，发放小册子 1 万余份，设置举报箱 7 个，发放《告市民书》6000 余份。开展社会治安重点地区专项整治，对中山二路集中清查 9 次，入户率达 90%，走访单位 200 余户、店堂门市 300 余户，使该地区治安秩序明显改善，刑事案件大幅度下降。全年接访下访群众 200 余次，办理交办信访案件 32 件，办结率达 100%。加强对重点人员的疏导稳控，未发生越级上访、非法上访等行为。开展“谈心对话”活动，落实企业主体责任。全面推进专项整治，开展“大排查”“夏季消防”“火灾防控及消防通道检查”等活动，共排查“九小”场所 757 家，发现一般隐患 121 处，并全部整改。

【武装工作】 2 月初，召开征兵工作网上登记部署会，主动联系上年已登记报名但未参军成功的青年，将其继续纳入选拔对象。尤其是对辖区内的中学，街道主动与校方接触，进校园集中宣传。全街共组织集中宣传 2 次，入户宣传 100 余次，悬挂宣传横幅 14 条，张贴宣传画 60 张，发放通知、小册子和宣传单 1600 余份。完成对民兵分队整组，使民兵队伍既能拉得出又能用得上。全年组织民兵参加区武装部组织的 4 次民兵骨干集训任务，开展队列训练、集结点验、应急处置等演练 3 次。

【司法工作】 全年共接收社区服刑人员 11 名，解矫 10 名，变更居住 2 名，新中国成立 70 周年特赦未成年人 1 名，现在矫 14 名。强化社区服刑人员管理，坚持定期走访，定期谈话，定期评估与社区服刑人员周报到、月学习、月劳动、思想汇报、定位监管相关考核结合，准确掌握社区服刑人员生活状况、心理活动，针对现时表现，及时开展教育矫正，全年未出现社区服刑人员脱管、漏管和重新违法犯罪。持续做好“七五”普法工作，开展服务群众法治讲座 3 次，开展三月法治宣传月活动、青少年暑期法治宣传教育活动 5 次，开展 12•4 国家宪法日和法律工作日等宣传活动，通过讲座培训、以案释法等方式普及法律知识。提供优质公共法律服务。落实“一居一顾问”工作，选聘北京天驰君泰（重庆）律师事务所等 5 家律师团队担任社区法律顾问，全年为群众提供法律咨询 500 余人次，代写法律文书 10 余份，参与社区人民调解工作 25 次。打造桂花园新村社区公共法律服务平台，组建服务团队，全年接待群众来访 150 人次，引导群众理性反映诉求，依法维护自身权益。发挥调委会作用，全年调解案件 126 件，涉案人员 286 人，涉案金额 33 万余元；启用基层工作管理系统，完善调委会基础数据，录入人民调解案件 7 件，初步实现无纸化调解。全年安置帮教刑满释放人员 45 人。其中，抽调专人接回重点帮教对象 12 人，办理低保 39 人、享受临时救济金 39 人、办理廉租房 34 人、自主就业 6 人，重新犯罪 2 人，重罪率为 5%；重点帮教贵州籍“三无”人员1名，为其办理救济金2187元，主动对接原籍，护送其到长途车站。

【社区建设】 做好承接区级福彩公益金的两个社区（王家坡社区和中山二路社区）社工室打造的情况跟踪及服务管理。组织45名社区工作者参加社会工作者职业水平考试，通过职称考试5人，其中初级职称4人、中级职称1人，推荐社工骨干培训7人。

【计划生育工作】 抓好全员人口信息化建设。为保证计划生育基础信息更加完善，入户700户2826人，人口信息建档率达100%，入户人口信息主要指标准确率达98.32%。加强流动人口信息的区域协查，反馈流动人口信息150条，反馈率达100%。向其他区市县提出信息协查557条，提交率达100%。做好人口卫生计生出生婴儿动态监测试点工作。试点桂花园新村社区入户采集信息保质保量，核实全员人口31028人，育龄妇女10281人，出生婴儿357人。认真落实计划生育奖励政策，全年办理国家特别扶助10人，退出4人，全街有特别扶助人员216人（其中失独人员130人，残疾86人），发放慰问金12.47万元。办理独生子女父母光荣证97人，办理生育服务证222个、再生育服务证3个，出具各种证明223份，接待群众咨询360余人。全年组织青春健康项目培训9期，1093人参训。组织辖区符合生育条件的育龄夫妇参加孕前优生免费健康检查及“两癌”筛查，乳腺癌筛查完成359人，宫颈癌筛查完成300人，完成区下达的任务指标。按照区卫计委要求，开展计生服务进商务楼宇工作，在8个楼宇中安装了计生服务宣传栏，更好地宣传国家的卫生和计生政策。实施特殊家庭联系人工作制度，全年共走访慰问2015人次，组织社区联系人工作专题培训9次。

【社会保障】 全年城镇登记失业人员就业人数638人，就业困难人员就业人数257人。全年审核申报就业困难人员灵活就业社会保险补贴169人，补贴总金额73.1万元。协助低保再就业人员办理再就业补贴，全年累计发放就业补贴143人次、就业补贴金30.23万余元。对17名暑期带薪实习大学生做好就业见习工作。建立高校毕业生实名登记，及时、全面掌握其各项实际动态，确保应届高校毕业生就业率保持在90%以上。办理城镇职工养老保险435人次，办理城乡居民养老保险46人，办理退休199人，办理“单双解”人员补贴12人。加强城乡居民医保、城镇职工医保工作，全年参保9326人，发放社保卡440张，补办社保卡170张。为辖区内社会化管理退休人员报销医疗费39例，报销金额8.07万元；发放92、93号文生活困难补贴费243人次，发放金额15.3万元；“三类人员补贴”120人次，补贴金额5.64万元。

【残疾人工作】 全年向辖区残疾人发放就业、助学、康复、帮扶、慰问等各类惠残补贴832人次，累计发放各类惠残补贴51.21万元。配合重庆市人民医院（中山院区）眼科及重庆普瑞眼科医院，全年免费实施白内障复明手术25例，7名低视力残疾人获得视功能训练，4名0～7岁残疾儿童得到免费抢救性康复服务训练，并享受6300元的康复训练补贴。开展残疾人康复服务筛查，为48名残疾人免费配发辅助用具，为3名残疾人购买特殊辅具（电动轮椅），残疾人享受辅具补贴共计7230元。与400名残疾人签订《家庭医生团队与残疾人签约服务协议书》，其中293名残疾人得到健康评估、体格检查等康复服务。重庆村社区、枇杷山正街社区、国际村社区3个社区康复室通过验收，对50人个人自费缴纳职工社保共补贴5.34万元。实施“阳光家园”项目，为符合条件的96名贫困重度肢体、智力残疾人提供阳光家园居家托养服务补贴12.38万元，30名住辖区的贫困重度肢体、智力残疾人享受居家托养服务。围绕实现“两不愁、三保障”目标，107名视力、听力残疾人享受收视费补贴1.07万元。为4户“一户多残”贫困残疾人家庭进行无障碍改造，安装扶手、重设坡道、加装升降衣架、安全布线、装防护网等，方便出行及生活。截至12月18日，为8户16名残疾人分别购置轮椅、护理床、助听器等辅具，提供医疗救助、教育资助等方面资助约2.5万元。为1名下肢残疾人发放C5驾照补贴1000元、7辆小排量的残疾人代步车申请燃油补贴1820元。为14名残疾人代步车张贴电子标识方便出行。全年举办残疾人法制宣传及法制讲座2次。

【双拥工作】 辖区共有烈属17人、军人遗属5人、伤残军人10人、无业参战参试人员28人、带病回乡军人1人、无军籍职工48人。2019年，向辖区44名双拥重点优抚对象发放元旦、春节、八一建军节、中秋、国庆节等节日慰问金累计44000元，发放一次性医疗门诊补贴33000元，为烈属、无军籍职工等优抚对象发放春节、端午节、中秋、国庆节等节日慰问金累计76650元，为2017、2018年应征入伍的义务兵家庭发放优待金11.51万元，为28名无业参战参试人员发放生活补贴累计21.78万元，为1名随军未就业家属发放基本生活保障金3000元。春节、八一建军节期间为辖区3个驻军部队单位送去慰问金和慰问品，累计价值53130元。

【经济发展】 辖区规上企业营收20.54亿元，同比增长9.76%。完成固定资产投资2.88亿元。新发展内资企业381户、个体工商户375户，外资企业1户。第四次全国经济普查中GDP总量111.65亿元。医疗卫生产业发展较快，重医附属儿童医院、重庆市第四人民医院、重庆市人民医院三家公立医院的GDP超过34亿元。招商企业固定资产投资2.98亿元，完成年度任务的298%。联系服务企业，累计走访3家总部（重点）企业，43家规上企业。国内国际贸易和住宿餐饮产业增速为10%～30%。落实网格化监管责任制，共排查企业339家，未发现非法集资等违规现象。改造老旧楼宇美达大厦7个展厅和会议室等，共投资5000万元。整修皇冠大厦3部电梯，投资54万元。

【共青团工作】 推进“智慧团建”工作，通过QQ群、微信群等形式推送学习资料、时事新闻，引导青年团员积极健康成长。成立学社衔接临时团支部，规范接受学校毕业转入的团员。严格落实“入团先当志愿者、推优入党对象先当骨干志愿者”要求，对申请入党的团员严格落实审查责任，2019年有4名共青团员被推优入党。持续推进非公团组织创建，2019年新建非公团组织4个，完成团区委下达目标。开展结对帮扶工作，帮扶辖区困难家庭36户，送去慰问金、慰问品，定期上门走访帮扶。

【人大工作】 完善《两路口代表组视察调研制度》《代表联系选民制度》《代表述职制度》《人大代表活动制度》等，决定将重庆村打造成示范代表活动站。开展对口帮扶及社会公益活动，谭大兵、王国庆等代表在元旦、春节期间分别到社区开展送温暖活动，慰问困难家庭26户，送去米、油等价值1万元的慰问品和6000元慰问金，并收集到群众意见、建议和诉求8条；马渝代表组织开展“120国家急救日倡议活动暨急救科普大课堂公益活动”，为过往行人和辖区居民、社区工作者开展现场急救技能培训，马渝代表所在的急救医疗中心还为贫困山区捐款31.5万元和价值5000余元的物品；傅晓阳代表、欧阳秋代表参与两路口街道对口帮扶巫溪扶贫活动，分别向当地小学捐款1万元；王国庆代表在高考期间，组织雷锋的士国泰大队队员开展爱心送考活动，共计送考50余次，该项活动已经持续数十年，取得良好的社会效益；王国庆代表还在“世界献血者日”期间，组织80余辆志愿服务车辆参与宣传献血活动，该活动已持续9年，累计献血超过10万毫升；杨蕴华代表及所在的国网重庆市电力公司设备管理部继续开展“渝电爱心帮扶”活动，资助2名困难大学生大学期间学费每人每年2000元。3月27日，街道组织部分人大代表和专业律师在王家坡社区开展普法宣传，共发放《中华人民共和国宪法宣传手册》和宣传资料200余份、宣传品1000余份，解答群众咨询问题10余个，收集群众意见、建议20余条；组织代表参加社区“端午节”“邻居节”等主题活动，近距离倾听群众呼声、了解群众意愿。

【政协工作】全年共组织开展6次“双走进”活动，街道党工委、办事处把主动接受民主监督作为改进工作作风、完善决策机制、减少工作失误的重要手段。年初，在谋划全年工作时，邀请辖区部分“两代表一委员”，认真倾听批评和建议。特邀5名代表、5名委员、8名社区群众为街道政风行风和城市管理监督评议员。通过上门走访或电话征询收集委员对街道全面建设和推进重点工作的意见建议35条，主办提案1件、协办2件。完善委员参加“双走进”“双服务”等活动考勤制度，全年开展“双走进”活动6次，“双服务”活动4次，委员参加20人次。政协联络委将开展的“双走进”活动、收集的民情民意信息和撰写的调研文章等上报区政协，多角度反映政协联络委工作成果和宣传委员在各自岗位上的工作业绩。

【两路口街道负责人】

书　记：曾　文（2019年1月离任）
　　　　周　勇（2019年2月任职）
主　任：周　勇（2019年3月离任）
　　　　王永强（2019年3月任职）
人大工委主任：张　雄
副书记：周　勇（2019年2月离任）
　　　　王永强（2019年2月任职）
　　　　朱　平
纪工委书记：刘　琨
副主任：母智勇　陈贤银　赵卫东
　　　　秦春朝（2019年1月离任）
　　　　张海波（2019年1月任职）
组织委员：冉　红
宣统委员：唐永红（兼人大工委副主任）

（韦忠和）

上清寺街道

【概况】上清寺街道位于渝中区中部偏北，东邻大溪沟街道，南接两路口街道，西界化龙桥街道，北临嘉陵江。东高西低，陆地面积1.74平方千米。下辖曾家岩、学田湾、春森路、上大田湾、嘉西村、桂花园、新都巷7个社区，户籍人口约5.2万人，常住人口约6.1万人。街道办事处驻渝中区中山三路188号。街道实有行政编制人员24名（含4名政法专项编制人员），参公编制23名，事业编制16名；街道党工委下属街道直管党支部4个，社区党委7个，延伸党支部32个，非公党支部72个，党员共计1595人。

辖区是中共重庆市委、市政府和市纪委所在地，并驻有各级行政机关、较大企事业单位200余家。其中，金融机构比较集中，有中国银行、交通银行、工商银行、建设银行、农业银行、邮政储蓄银行、华夏银行、中信实业银行、平安银行、上海浦东发展银行、重庆商业银行、招商银行、中国民生银行等十多家银行入驻设立支行或网点；还有华泰财产保险股份有限公司重庆分公司、国泰君安证券、海通证券股份有限公司等金融机构；辖区有重庆求精中学、重庆五十七中学、人民小学、重庆医科大学附属口腔医院（上清寺分院）、重医附一院第一分院、雾都宾馆、重庆市城市建设投资公司等主要企事业单位。

辖区文化旅游资源比较丰富。有红岩革命纪念馆曾家岩分馆（周公馆）、桂园纪念馆、重庆中国三峡博物馆等旅游景点；有旅游公司近20家。文化产业较发达，驻有重庆邮政集团、重庆商界传媒有限公司等。

辖区是渝中区连接重庆北部、西部和南部的交通要道。有路街巷52条，其中有人民路、中山三路、中山四路、上清寺路、嘉陵桥路5条主要交通干道；牛角沱汽车站有十多条线路通往机场、火车站和近郊区县，轨道2号线和3号线贯穿辖区，连接南岸区和江北区，交通非常便捷。

2019年，上清寺街道始终肩负党的建设、经济发展、公共服务、公共管理、公共安全五大职能，紧扣“重庆第一街”目标追求，不断开创工作新局面。街道荣立“新中国成立70周年国庆安保维稳工作三等功”，连续九年被区委表彰为“年度考核一等奖单位”。

【党建工作】 全年召开党工委会专题研究党建工作51次、92个议题，学习贯彻习近平总书记视察重庆重要讲话和十九届四中全会精神，切实强化“四个意识”、做到“两个维护”，督促基层党组织书记层层谋党建、分类抓党建、分级强党建。以巡察为契机，坚决肃清孙政才恶劣影响和薄熙来、王立军流毒，营造风清气正政治生态。全年收缴党费23万余元，发展党员15名，撤销基层党组织2个，整建制转入党支部1个、转出12个，新建非公党组织1个，管理服务非公党员286名，非公经济和社会组织覆盖率分别为91%、95%。办理群工系统诉求715件、满意率达100%。嘉西村社区党建引领社区治理工作接受中组部调研督查并得到肯定。聚焦街属队伍执行力建设，立足长远“谋篇布局”，提拔任用1人，新晋配优中干5人，向市级部门输送干部1人。调整社区工作者岗位4人、招录14人、考取事业单位1人。定期开展社区班子研判，促使干部深入服务群众第一线，切实增强责任感和使命感。街道获评重庆市“人民满意的公务员集体”。把主题教育作为一项重大政治任务，坚持在“精准”上强领导。专题研究16次，抓实街属党组织书记轮训，组建8个指导小组，制定4类督查清单，及时纠错纠偏。以“关心关照”失智失能党员，“送学伴学”行动不便党员、“寄学推学”流动和非公党员，实现街属1595名党员全覆盖。坚持在“示范”上促真学。注重班子示范领学、上下联动，确保理论学习入脑入心入行。个人专题党课入选全区优秀专题党课汇编。渝中智慧党建教育培训基地在主题教育期间共开展党性党史教育培训300场，培训6958人次，在全市范围内起到了示范辐射作用。嘉西村、学田湾、曾家岩等社区先后获得重庆市“绿色社区”、“终身学习活动品牌”、“社区教育创新发展”特色项目等荣誉称号。坚持在“实查严改”上出实效。班子和个人分别检视查找六大类80个问题和106个不足，逐项挂单整改。班子成员撰写调研报告10篇，以项目化促调研成果转化，初步形成“党建+物业”、“吴中兰书记工作室”、社区协商共治、老人食堂、“桥都”影像展、中四路名街志等项目10余个，并以“项目清单化、清单责任化、责任时限化”标准实施推进。

【安全稳定工作】 全力做好辖区6个重点群体、6名重点人员的稳控工作，23名肇事肇祸精神病人联合服务管理，确保习近平总书记来渝视察、庆祝新中国成立70周年大庆、全国全市全区两会、智博会期间地区稳定。全街道治安案件发案289件，发案率下降13.99%，结案率上升9.25%。街道被记全区庆祝新中国成立70周年安保维稳集体三等功一次。领导班子带队实施安全生产隐患排查235次。抓好高层建筑和电动车消防、“住改非”、生命通道、建设施工、危化品监管等各类专项整治和日常隐患排查，共完成隐患整治135处，整改完成率为97.8%。特别是对辖区715栋商务楼宇和居民住宅遗失、破损的消防设施和管网进行补充和修复，撬动市级专项资金排除团结新村14号边坡地质隐患等做法得到群众广泛好评。构建24小时全天候“群防群治、联勤联控”治安防范体系，累计制止各类纠纷190起，开展应急抢险21次，受理群众救助5800余次，协助抓获犯罪人员3名。在区群防骨干训练中获得“优秀团队二等奖”。深化扫黑除恶专项斗争，强力推进上大田湾B类挂牌整治和辖区校园周边专项整治，定时定点开展校园巡防值守，得到辖区学校及家长充分肯定。加强基层法治平台建设，深化全国优秀人民调解员“王鹰调解工作室”建设，深入七五普法教育宣传，认真贯彻“一居一顾问”要求，实施人民调解439件，涉及金额20余万元，规范教育管理社区矫正人员17名和安置帮教人员139名。

【城市管理】 完成曾家岩恩来广场和雾都宾馆周边环境提升工程、学田湾春森路特色老社区改造、山益村环境整治等12个建设项目。完成曾家岩、嘉西村、春森路和学田湾4个社区微整治，全区社区微整治现场工作推进会在街道召开；顺利推进临崖步道1.2千米一期项目，修建全市高差最大的旋转楼梯，临崖架设悬空栈道，打通断头路4处，既解决群众出行难问题，又成居民健身休憩、游客观江览胜的“打卡地”。聚力抓靓市容环境，“管”好上清寺。以“五长制”“河长制”“三级书记马路办公”“门前三包”为抓手，形成联动发力、机动处置、切实有效的工作格局。完成国务院环保督察任务，拆除违章建筑126处、5777.8平方米，处理数字城管等案件23000件，查处广告招牌245块，强力开展“三轮车限行”专项整治行动，处理三轮车、僵尸车50余辆，有效维护重大节庆假日的城市秩序；整合执法大队、巡防队员、平安志愿者、城管志愿者等480余人的力量，深化“我爱上清寺，我来当管家”“全民动手、美化环境”“垃圾分类、净岸行动”等志愿者服务，不断提升城市综合管理效能。实施中山四路市政设施艺术创美，增设各类鲜花植物1000余株，经验做法被《重庆日报》刊发。在曾家岩书院主办举办“不忘初心、牢记使命”70年蝶变影像实物展、“走进中山四路”影像展和“母城文化行舟”活动，得到市区领导充分肯定。加强与重庆大学校地共建，深化“嘉西对话”品牌，协办全国城市更新学术年会。

【经济发展服务】 按照区委、区政府“强化街道经济职能”要求，截至11月，全街地区规模以上企业营业收入21亿元，完成固定资产投资3.59亿元；新增规上企业2家、市场主体591家，工会大厦等3栋老旧商务楼宇改造升级。实施“走访企业、摸清企业实情”行动。累计走访街内企业62家、楼宇21栋，宣传中央、市、区减税降负等优惠政策；关注小微企业，积极搭建银企对接平台，联合辖区银行宣传“云税贷”“结算贷”“票据贷”等无抵押金融产品，让小微企业享受普惠金融，帮助企业渡过难关。实施“服务企业、解决企业困难”行动。运用“街道吹哨、部门报到”机制，先后组织各类协调会、推进会20余次，统筹解决亚朵酒店消防验收、嘉东村文创园围墙纠纷、鑫隆达大厦电梯维修等问题11个。季度召开地区物业负责人座谈会，累计帮助物业企业出租空置楼宇面积1.5万余平方米。实施“指导企业、强化运行监测”行动。完成国务院第四次全国经济普查督导核查和2019年规下服务业抽样样本和述职经济抽样的调查核实工作。做好地区21栋重点楼宇月度统计表、“国家一套表”，健全完善经济工作统计分析、定期通报研究等制度，完成4家规上企业催报、数据分析及汇总工作，确保地区经济运行“触底回升”“稳中有进”。

【民生工作服务】 全年联动106家驻区市级机关、大型单位、重点企业签订协议，共推民生微服务项目78个，得到市级部门充分肯定和群众认可。强化共建理念，倡导“居民自助、邻里互助、社会协助、政府公助”“四助”模式，经常性开展“院坝会”，广泛发动群众参与基层治理，实现“民事、民议、民定、民管、民享”。全年各社区围绕居民反映的清洁卫生、饲养宠物、乱停车辆等问题，先后召开130余次“院坝会”。推进“三社联动”“三事分流”“三上三清”系列服务群众工作机制，收集居民群众所愿，形成“居民群众需求清单”，统筹社会单位所能，形成“服务群众资源清单”，对接街道社区所干，形成“服务项目清单”，并通过共建协议，让市级机关、重点企业和社会单位有针对性、项目化参与社区治理服务。围绕“两不愁三保障”，兜底发放低保金480余万元、临时救助金10.99万余元、扶残助残补贴及慰问金64万余元、送温暖慰问77.4万元，核发小额贷款195万元，办理下岗失业人员就业创业证365个。街道公共服务中心被授予“重庆市社会保障卡标准化示范窗口”。高质量完成曾家岩、美专校街适老化无障碍改造示范项目建设，引入凯尔慈佑养老机构，发放居家养老服务补贴5.2万余元，发放长寿补贴200余万元，央视《焦点访谈》节目对上清寺街道适老宜居社区建设予以专题拍摄。

【人大、政协工作】 搭建平台。持续加强街道人大“代表之家”和政协“委员之家”建设，充分运用QQ群、微信群等平台加强联系沟通，畅通学习交流、接访群众、调查研究、履职联谊的渠道，增强获得感、成就感和归属感。活动牵引。坚持以人大代表组活动、政协委员“双走进”活动为载体，并注重与“社区工作日”“企业服务日”活动有机结合，促进问题解决。协调解决凯恩莱酒店投建亚朵酒店承租工会大厦的整体装修、投入运营各阶段相关问题；跟踪督办中山三路招商银行、交通银行停车难等问题。以“社区微整治”和“步道建设”2个民生项目为重点开展视察调研。组织代表、委员参加街道庆祝新中国成立70周年文艺会演暨“微典型”人物集中发布会，参观“70年蝶变”影像实物展，走进上清寺派出所听取2019年工作汇报等活动。先后3次组织代表委员围绕上清寺地区文商旅城融合发展开展视察、调研、座谈，代表委员积极建言献策，形成推动渝中区文旅产业高质量发展的专题调研视察报告7篇。聚焦人才建设、社会治理、民生服务、文化传承、经济建设等多个方面，书面提交人大代表建议、政协委员提案35篇，为区委、区政府科学决策提供重要参考。

【武装工作】 践行“强国梦、强军梦”，传承党管武装优良传统，抓民生不忘建国防、谋发展不忘兴武装，推动街道武装工作再上新台阶。在元旦、春节、八一建军节等节日，先后组织召开新兵家长、烈属、伤残退伍军人、退伍老战士、军转干部座谈会。征集新兵7名，其中大学生5名，完成基层武装部建设。

【工会工作】 以服务经济建设、服务职工群众为出发点，以“建家”为主线，积极推进工会组织建设和工资集体协商工作，以工会维权帮扶体系为依托助力脱贫攻坚工作，开创工会工作新局面。全年新建基层工会组织13个，新发展会员529人；多渠道筹集助学金3万余元，资助贫困大学生4名；开展送清凉活动，筹集资金28万余元，慰问职工1600余人次；继续开展职工互助医疗活动，全年共组织323名职工参与职工互助医疗，缴纳互助金5.5万余元。机关工会被渝中区总工会评选为“职工书屋示范点”。

【妇联工作】 关心少年儿童成长，街道首个儿童之家“曾家岩社区儿童之家”顺利开园；不断深化家庭文明建设，王兰英家庭获评重庆市“最美家庭”；开展“美丽家园巴渝巾帼行动”，组建30人参加的垃圾分类巾帼志愿者队伍；组织元旦、春节、端午、中秋节送温暖活动，慰问单亲贫困母亲和春蕾儿童32人次，慰问金额9450元。

【青年团工作】 紧扣“共驻共建、共融共享”主题，重点抓好非公企业团建工作，尽可能简化建团手续，新建非公企业团组织4个。构建丰富有效的活动体系，依托青年之家·城乡社区市民学校、园区群团服务站牵头开展活动233次，强化议事协商、资源整合、人才培养、信息共享等工作机制。深耕细作志愿服务活动，积极培育志愿者队伍，开展文明劝导等志愿服务活动106场，推动志愿者服务活动常态化、品牌化。通过暑期青少年才艺展示、“相约暑假、快乐成长”主题活动等开展青少年主题教育活动78次，辖区2600多人次青少年学生参与其中。嘉西村社区获评2018年至2019年度市级优秀青年文明号。

【统战老干工作】 在元旦、中秋、国庆、重阳等节日组织召开统战对象座谈会3次，节日慰问贫困侨台属，听取收集统战对象对地区经济、社会各方面工作的意见和建议10余条。维护侨台属权益，建设打造完成曾家岩社区统战工作宣传阵地，建立社区同心文化室，积极发现和培育优质中小企业资源和优秀党外代表人士，年内推荐少数民族代表人士2名。协调组织市委研究室、三峡博物馆、人民小学等辖区单位深入社区开展“我为社区添新绿”“儿童之家”“学雷锋”等民生微实事志愿服务活动。

联合7个社区开展“庆祝70周年华诞•共同奋斗新时代”上清寺街道宗教政策法规宣传周暨民族团结进步宣传周活动，落实嘉陵江滨江路沿线非法烧香拜佛整治工作。联合市委办公厅、雾都宾馆、求精中学等单位举办“壮丽70年 奋斗新时代”上清寺地区庆祝新中国成立70周年文艺会演暨“微典型”人物发布会，被重庆卫视、大渝网、华龙网多家媒体报道，受到市区领导高度评价。

【文教体工作】 街道主办“壮丽70年 奋斗新时代”上清寺地区庆祝新中国成立70周年文艺会演暨“微典型”人物发布会，联合曾家岩书院主办“70年蝶变”影像实物展。扶持木兰艺术团、嘉陵之声合唱团等32支群众文化队伍。开展“5•20邻居节”“我们的节日”“地区趣味运动会”等群众喜闻乐见的活动70余场次。

【精神文明建设】 深化全国文明城区建设工作，广泛发动社会单位、居民群众参与“身边好人”评选活动，全年共推荐候选人12名。联合辖区社会单位举办“辉煌70载 逐梦新征程”5•20邻居节文艺演出“壮丽70年 奋斗新时代”上清寺地区庆祝新中国成立70周年文艺会演暨“微典型”人物发布会，推选8名“微典型”并将其先进事迹在各社区巡回微宣讲，并推荐其中3名为首届“渝中感动人物”候选人；举办上清寺街道“践行初心使命 争当时代先锋”主题风采展示大赛，辖区先风物业、枣子岚垭小学、佳坤土地、建工住建等社会单位共计36人参与。在创建全国文明城区检查期间，制作公益海报1000余张，更新社区宣传栏39块，主动对接中国民主党派历史陈列馆、中山文化产业园、三峡博物馆等社会单位LED屏，高频次播放文明城区公益画面；在中山四路、李子坝观景台等网红景点增设文明劝导志愿者56名，加强游客秩序维护，营造安全文明有序的旅游氛围。

【双拥工作】 2019年，上清寺街道规范设立街道退役军人服务站。全年共发放义务兵优待金54人次42.38万元，发放烈军属死亡抚恤247人次54.85万元，发放伤残抚恤36人次7.95万元，发放复退军人补助395人次33.65万元，发放农村籍退役人员定期补助金19人次4825元，发放无军籍及异地退休职工工资及慰问费等226人次112.82万元，发放优抚对象医疗费用486人次7.06万元，发放优抚对象慰问费及困难救助金234人次8.1万元，完成渝中双拥模范城六连冠迎检任务。

【上清寺街道负责人】

书　　记：艾正兵
主　　任：鲁治东
人大工委主任：殷建新
副 书 记：鲁治东　熊正芳
纪工委书记：李忠文
副 主 任：陈祝斌　黄中强　张文静　彭　伟
人大工委副主任：朱　晓（2019年1月离任）　杜立昕（2019年4月任职）
组织委员：邢　宇
宣统委员：朱　晓（2019年1月离任）　杜立昕（2019年4月任职）

（刘艺）

菜园坝街道

【概况】 菜园坝街道位于渝中区中部偏东，东与南纪门、七星岗街道接壤，南临长江，西与大坪街道和九龙坡区谢家湾街道相连，北与两路口街道相邻。辖区东西方向狭长，坡陡巷多，辖区面积1.56平方千米。全街有各类编制85名，在职60人。下辖6个社区居委会，有2.5万户居民，其中常住人口5.54万人，流动人口6.28万人。

辖区是重庆市物流中心，是交通枢纽和重庆商品批发市场集散地之一。辖区主要社会单位以第三产业为主，有中兴贸易公司、重庆雾都公司、外滩摩配市场、塑料制品交易市场、水果交易市场、干副食品交易市场、皮革交易市场、城外城灯饰批发市场、金利缘商城、中药材市场等。市场商品辐射西南三省。辖区交通四通八达，有成渝、襄渝、川黔3条铁路枢纽站——重庆火车站。有重庆交通运输控股集团、重庆汽车站、重庆长途汽车站、菜园坝公路运输分公司等。辖区有珊瑚公园、南区路公园、金沙洲休闲娱乐中心娱乐场所。有重庆市第五十中学、肖家沟小学、渝中区实验二小分部、重庆市复旦中学黄沙溪分校、铁路幼儿园等教育单位。有邹容烈士纪念碑、张国富烈士纪念碑爱国主义教育场所。

2019年，菜园坝街道做实基层基础工作，经济社会发展取得新成绩。街道党工委获区委新中国成立70周年安保维稳工作嘉奖，街道武装部被重庆警备区表彰为“优秀基层人民武装部”、被区表彰为“征兵工作先进单位”，石板坡社区被中央精神文明建设指导委员会办公室评为最美志愿服务社区。

【党建工作】 开展“不忘初心、牢记使命”主题教育，召开专题会议研究制定贯彻落实措施。全街各级党组织征求意见建议285条，检视梳理问题471条，即知即改370余条，解决群众急难愁盼问题82个。制定发文办会预申报制度、社区平时考核实施办法等28项具体整治措施，有效减少基层负担。落实“党建+网格”，指导成立84个网格党支部。完成3个社区党群服务中心升级改造，设置金牌书记调解室、居民议事厅等，打造社区党建红色阵地。建立街道、社区两级党建联席会制度，全年召开两级党建联席会70余次。年内召开全面从严治党专题会议3次，制定《“廉洁街道”2019年实施方案》《街道党工委落实全面从严治党主体责任清单》，制定2019年“廉洁街道”建设一级目标任务9项，二级重点任务56项。开展集体约谈6次，单独提醒约谈13人次，诫勉谈话1人次。组织党员干部参观重庆市廉政教育基地，开展“以案四说”警示教育12场，督查12轮，累计收到线索问题2个，移交审理问题1个，立案1件，涉及违纪违规2人，政务处分1人。开展明察暗访8次，向干部职工提出纪律要求14次，制定社区经费使用“八不准”规定。

【武装工作】 迎接市委常委、重庆警备区司令员韩志凯少将检查指导街道武装部民兵整组、基层规范化建设、征兵等工作。在菜园坝街道组织召开全区武装工作现场会。组织基干民兵60人次参加全市人防疏散演习；圆满完成年度130名基干民兵组织整顿工作；完成年度兵役征集任务，共征集男兵5人。动员民兵200人次参与王家坡3号山体滑坡点居民劝离安置值守和市智博会、新中国成立70周年大庆、“三夜”安保执勤任务。被重庆警备区表彰为“先进基层人民武装部”。

【宣传工作】 举办“有家•有爱•有梦想”梦想驿站活动，组织开展庆祝新中国成立70周年“红帆引航　珊瑚之约”文艺会演、“铁轨穿越70载•初心铺展新渝路”座谈会、“我和我的祖国”演讲比赛等活动20余场，开展网络安全宣传活动6场。街道工作被人民网、新华网、华龙网、渝中政府网、《渝中手机报》、在渝中App、《渝中报》等中央、市、区级媒体报道400余次。《渝中要情》《渝中宣传》《渝中政务》《组工信息》等上稿45篇；在共产党员网、红岩论坛、人民网强国论坛等网络平台发表理论文章50余篇。

【精神文明建设】围绕文明城区迎检工作，开展当街打牌娱乐整治。开展文明单位在行动活动18场次。深入开展“我们的节日”春节、元旦、清明、端午、中秋等主题活动42场；开展“冬日针爱”“礼让斑马线”“传承雷锋精神　弘扬志愿服务”“关爱银发”等39次志愿服务活动。在学雷锋志愿服务“四个100”先进典型活动中，石板坡社区获评全国“最美志愿服务社区”，渝铁村社区获得渝中区首届志愿服务创新项目评选活动入围奖，重庆安乐服务有限公司被评为“重庆市文明单位”。开展道德模范、身边好人等先进人物推选，共推荐12名身边好人。开展最美奋斗者学习宣传活动6场。

【意识形态工作】 全年召开党工委专题研究会10次，调整意识形态工作小组和意识形态领域突发事件应急处置小组。街道领导班子组织传达学习中央、市、区意识形态工作相关会议、文件精神17次。党工委先后12次召开意识形态暨网络热点舆情月分析会，4次季度研判会，召开1次意识形态工作会暨场馆工作会。街道、社区宣讲队成员通过“学思践悟微讲堂”、院坝会、交流会、专题党课等形式深入社区、企业、学校开展理论微宣讲活动20余场。组织开展“学习新思想 点赞70年 建功新时代”微宣讲比赛。制定《菜园坝街道开展意识形态场所巡查走访的方案》，开展88家次走访督查。安排专人每日对辖区88处户外公益宣传广告进行巡查，实行零报告制度。重点对辖区菜园坝外滩商城民族餐厅定期进行巡查以及对非法宗教活动及场外非法宗教活动点等进行排查。通过院坝会、观看警示片、宣讲展板等形式开展反邪教警示教育活动6次。上报165条网络舆情自采文章，20条专项约稿，其中2条被中宣部采用，24条被市委宣传部摘报采用。组织干部群众参加调研问卷等16次舆情调查，共计931人参与。舆情跟帖转发任务完成2254条。

【统战工作】 组织收看习近平总书记关于纪念《告台湾同胞书》发表40周年讲话。两会期间报送统战信息4篇。开展侨台属新春、端午、民族团结进步周、宗教政策宣传活动，慰问困难统战对象。完成辖区少数民族代表人士基本情况调查摸底。

【扫黄打非工作】 建设4个社区扫黄打非工作基层站点，完成建设目标；开展“扫黄打非”“固边”“护苗”“清源”“秋风”“净网”“网上低俗信息”等专项系列整治行动，净化社会风气。

【共青团工作】 街道团工委、街属各社区团支部、非公团支部全年共规范开展组织生活90余次。组织街道团工委、各社区及非公团支部参加“不忘初心、牢记使命”主题教育。规范新建非公团支部2个，完成整顿后进团支部3个，培训和指导“智慧团建”系统管理。成功举办“小荷才露尖尖角”暑期诵读大赛、“我以我心爱城市，我以我行美社区”学雷锋等青少年活动。全力打造渝铁村社区“微型少年宫”建设项目、“青年干部大讲堂”品牌活动。深入开展“3•5”学雷锋志愿服务活动、“菜街河小青，美美渝水情”五四青年活动、“庆祝改革开放40周年”主题团日活动以及庆祝新中国成立70周年系列活动。开展“纪念新中国成立70周年•七彩夏令营”暑期系列活动，集中开展“好书伴我行”“农耕文化体验”“古灯照亮未来”等13场内容丰富、形式多样的文化活动，吸引青少年220余人参与。重要节日期间上门慰问困难青少年10人。

【工会工作】 全年开展送温暖活动，为辖区一线职工送去慰问品，价值5700余元。组织“猜灯谜”活动及辖区职工参与渝中区总工会新春游园活动。创建石板坡社区户外劳动者“爱心驿站”。推荐的辖区企业职工谭扬春荣获“渝中区建功立业标兵”称号。指导辖区企业重庆大正建设工程经济技术有限公司工会委员会成功创建“模范职工之家”。组织举办菜园坝2019年“树工匠精神 展时代风采”职工劳动技能秀活动。开展2019“金秋助学”工作，共发放资助金28000元。开展2019年送清凉活动，慰问一线职工28人、两家社会单位以及六个社区工会联合会。指导辖区谷谷香餐饮有限公司创建“职工书屋”。完成2019年“百日攻坚”工会组建工作，新建规模以上独立工会4家，新增会员71人，现有联合工会6家，独立工会65家。完成2019—2020年职工互助保障续保工作，参保407人次，参保金额46480元。组织辖区4家非公企业工会参加渝中区2019年非公组织工会主席专题培训班。举办“与时俱进小康年•齐心协力谱新篇”菜园坝地区职工新春文艺会演。

【妇联工作】 开展“美丽菜园坝 环保你我他”绿色家庭创建系列活动，组织“垃圾分类”“共护母亲河”等志愿服务10余场，辖区近500名家长及青少年参加。打造“智慧父母课堂”，围绕“亲子沟通”“亲子阅读”等专题，开展活动15场，近1000名家长和青少年参与。“大手牵小手——家庭志愿服务”被区妇联表彰为特色创新项目。组织102名妇女参加免费“两癌”筛查，帮助1名患宫颈癌的妇女申报两癌妇女救助。走访慰问单亲贫困母亲和春蕾女童。渝铁村社区成功申报区级“妇女之家”、区级“儿童之家”。

【城市管理】 开展城市综合管理夏季行动和冬季行动环境卫生整治，对老旧住宅区楼道、院坝、梯道进行整治、冲洗和修复。全力助推垃圾分类。开展“小桔灯——温暖回家之路”行动等社区微整治、微改造，为67栋老旧住宅安装路灯3361盏，公示栏171块，惠及群众6501户。启动绿化品质提升工作，靓化辖区环境。

【环境保护】 配合开展第二轮中央生态环境保护督察工作，实现督察期间“零投诉”。完成黄标车“清零”“改绿”工作。启动绿化品质提升工作，在辖区重要点位、沿主干道部分楼顶种植藤条三角梅2226株、树状三角梅70株，进一美化改善辖区环境。贯彻落实重庆市第1号总河长令，开展污水偷排、直排、乱排专项整治；在长江菜园坝段竹木市场沿江岸线、九滨路沿江区域集中开展“净岸行动”，清理沿江各类生活垃圾，并对沿江滩涂和堡坎护坡进行花种播撒。全年开展20次垃圾分类主题宣传，20余次入户入店推广“重庆市垃圾分类”公众号，全街共配置分类垃圾桶198个，石板坡社区作为菜园坝街道垃圾分类示范社区，增设11块垃圾分类专题宣传栏，免费为居民分发7万个分类垃圾袋，垃圾分类知晓率达90%。

【招商引资】 全年引进内资企业103家，个体工商户499家。固定资产投资额完成2亿元。2019年规上企业营业收入49342.5万元，同比下降22.1%。辖区共有重点企业9家、规上企业18家、楼宇15栋，走访率达100%。重庆美博优粤诚商贸有限公司和重庆新祥基实业有限公司已完成对中药材专业市场的改造。

【统计工作】 完成第四次全国经济普查登记工作。完成1%人口抽样，完成规下企业基本信息核实和“金样本”企业数据上报工作，完成规上服务业企业基本信息确认，完成从严治党民意调查，对名录库进行维护。

【企业服务】 收集企业反映问题87件，为企业解决实际问题63件。组织企业参加融资服务对接会，帮助贷款1538.4万元。对辖区商市场、加油加气站、液化气有限公司、餐饮门店等52家单位企业的安全生产、消防设施设备、安全宣传培训情况进行36次检查，发现问题29个，责令现场整改11个。

【安全生产】 排查研判风险源35处，落实管控责任单位及负责人、管控措施、应急处置方案等，绘制全街风险源分布图，实施挂图作战。按照“三个必须”要求，制定全年检查计划，每月按照计划对辖区社会单位开展安全检查，督促隐患整改落实。全年开展安全检查527次，整改各类隐患134处。在春节、五一、中秋、国庆等重点时段及两会期间成立专项检查组，对辖区70家社会单位、546家“九小”场所开展拉网式排查。

【消防安全】 联合区级职能部门整治南区路165号、169号两处“群租房”重大消防安全隐患，劝离租赁户共62户90人，企业收回3000平方米房屋进行整改。利用5G、物联网、大数据等新兴技术手段，建立消防安全管理平台，为辖区62家孤老、独居老人安装智能消防烟感器，为安监员、微型消防站65名队员配备职能消防App。11月8日，联合辖区9家商市场开展大型综合消防演练，并邀请区应急局、消防救援支队等相关职能部门现场观摩。全年组织辖区企事业单位、社区居委会开展各类消防演练共40余次。及时补充更换灭火器共132具，完成辖区72栋老旧住宅楼房的消防管网改造并通过验收。组织辖区6个社区居委会开展创建消防安全社区活动。全年入户检查辖区企事业单位和“九小”场所2843家次，发现整改隐患236处。

【应急工作】 维护、整治、修缮辖区4个应急避难场所，重新修订应急避难场所容纳人群疏散方案和避难场所运行方案，及时维护修缮部分破损残缺的应急避难场所标识标牌。组织辖区6个社区居委会、企事业单位开展应急演练共24次，开展应急宣传20余次，分两批组织辖区居民共150余人次到人防体验中心参观学习。两路口街道王家坡表皮滑坡后，及时组织应急小分队在渝铁村57、58栋进行现场看护，建立24小时值班值守制度，为期1个月。修订各类应急预案26个，全年处置各类应急事件40起。

【社会治理】 组织、指导居委会开展社区自治，开展“三上三清”行动，推动“三事分流”处理机制，民调位列全区第2名。推动社区、社会组织、社会工作联动发展，对3个社区办公用房进行提档升级，完成社区社会工作项目8个，区级福彩项目2个，市级示范地区社会工作服务项目1个。完成与大坪街道的地界勘查和界定。

【卫生健康工作】 2019年菜园坝街道户籍出生人口168人，死亡121人。办理独生子女光荣证67个、生育服务证168个。独生子女年老一次性奖励全年申请、发放280人，14万元。开展元旦、春节期间“送温暖”和“生育关怀”活动，并对现孕育龄人群实行跟踪服务。强化教育宣传，在节日期间依托火车站广场、市场、社区，开展“法制宣传月”“5•29会员活动日”等活动，发放各类宣传品5千余份、避孕套7000余盒，接受政策咨询3500余人次，发放有奖知识问答奖品168份。举办青春健康讲座25期，1680人参加。开展健康促进与健康教育工作，举办健康主题讲座36场，受众1870人。发放计生特扶家庭扶助金168人，134.4万元。发放独生子女父母奖励费（儿保费）126人，13005元。开展爱国卫生运动，发放宣传资料5200余份，集中宣讲17场次，制作健康专栏8个。开展科普宣传8次、心理健康知识讲座6场。获得渝中区2019年应急救护技能大赛团体二等奖。组织夏季应急无偿献血，105人献血25760毫升。

【社会救助】 全年组织开展重大节日慰问3532人，慰问金额134.38万元。落实“人生关怀”“爱心超市”等惠民政策，惠及辖区595名贫困人员。实施救助政策，强化动态管理，2019年累计享受城市低保10225户次、1.34万人次，累计发放低保金807.57万元，开展重庆市社会救助家庭经济核查和入户调查3389户次。组织实施医疗救助1527人次，救助金额184.33万元。落实困难人员救助政策，对1687人次发临时救助金195.41万元。扶助低收入建档家庭30户、51人次，特困人员274人次，发放救助供养金26.12万元。贫困残疾人生活补贴和重度残疾人护理补贴发放333人次，发放金额28.53万元。强化“劝导救助队”管理，劝导各类人员848人次，为11户低保家庭减免丧葬费3万元。

【双拥工作】 调整地区双拥工作领导小组成员，充实地区双拥工作力量。5月，街道、社区成立退役军人服务站7个。组织单位和两新组织对辖区4个共建部队开展元旦、春节、八一等节日及日常慰问工作，送去慰问品价值2.2万余元。为巡逻中队送的水价值1万余元。落实优抚政策，维护涉军群体稳定，对菜园坝街道24名参战人员、7名重点优抚对象按时发放优抚金72万余元。累计采集登记退役人员879人，为857人悬挂光荣牌。

【老人及残疾人关怀】 全年为833名80～89岁老年人发放高龄补贴11.38万元，为683名90～99岁老年人发放高龄补贴19.87万元，为31名百岁老年人发放补贴1.55万元，为

939 名居家老人发放服务补助资金 17.36 万元，办理老年证 92 个。以“老龄健康宣传周”和“老年节”为契机，组织老年人开展活动 20 余项，参与 800 余人。配合完成竹园敬老院适老化改造，为老年人出行提供便利。

菜园坝街道共有残疾人 833 人，全年新办和更换残疾人证 406 人。贫困和重度残疾人共有 333 人，发放补助金 28.53 万元。发放残疾人阳光家园补助金 89 人，发放补助资金 10.44 万元。建档低收入残疾人 6 人，发放补助资金 3000 元。残疾人养老保险补贴 41 人，发放补贴 4.24 万元。残疾人机动轮椅车燃油补贴 6 人、1560 元。在元旦、春节、助残日等时间节点慰问辖区困难残疾人 378 人，发放慰问金 5.95 万元。为辖区 22 户困难残疾人及其子女申报扶残助学 1.37 万元，为 139 名听力和视力残疾人发放电视补贴 1.39 万元，为 1 名肢体残疾人申请发放电动轮椅补贴 3500 元，为 3 名残疾儿童发放康复训练补贴 3900 元，发放一户多残贫困家庭帮扶补贴 2 户、5768 元。发放辅助器具 53 件、智力和重度肢体残疾人居家托养服务卡 37 人。为 9 人贫困白内障患者免费实施复明手术，发放贫困精神残疾病人药费补助 19 人，为 12 户残疾人家庭进行无障碍改造。全年完成残疾人家庭医生签约和服务共计 202 人。开展康复筛查、爱眼日、爱耳日、残疾预防日、精神卫生日、助残日等宣传活动，发放各类宣传资料 4000 余份，接受政策咨询 1000 余人次。举办残疾人康复工作培训会 4 期，信访工作分析会 4 次。

【劳动保障】 全年新增就业 4708 人，其中城镇登记失业人员就业 735 人，困难人员就业 308 人，未就业高校毕业生就业 49 人。为就业困难人员发放养老保险参保补贴 284 人、97 万余元，发放医疗保险参保补贴 169 人、22 万余元，新办失业证 254 人。针对就业困难人员特点，实施公益性岗位托底安置，发放低保人员就业补贴 150 人次、26 万余元。开展创业培训，推荐办理创业担保贷款 20 笔，金额 600 万元，已发放 360 万元。做好辖区高校毕业生就业指导服务，为 16 名大学生提供暑期带薪实习工作，并为其提供参加“2019 年高校毕业生就业服务进基层招聘会”和参观重庆渝中创业孵化基地的机会，为企业和毕业生牵桥搭线，帮扶就业，辖区高校毕业生就业率达 90% 以上。农民工引导性培训 72 次、1250 人，报送农民工简报 18 期。组织失业人员、就业困难人员参加“促进转移就业，助力脱贫攻坚”、“金秋送岗位，就业暖人心”等各种招聘会。春节期间，在菜园坝火车站广场开展集中帮扶返乡农民工就业宣传活动及 2019 年“就业援助月”活动。积极宣传全民参保，入户参保登记 2000 余户，组织 8 次医疗和养老保险政策宣传活动，全年参加城镇职工养老保险 366 人、城乡居民养老保险 31 人、城镇职工医疗保险 320 人、城乡居民医疗保险 8594 人，进一步提高了社会保障的覆盖面。办理个人缴费申报退休 185 人，单双解（国有企业困难下岗分流人员享受城镇企业职工基本养老保险缴费补贴，再就业服务中心解除协议并与企业解除劳动关系的国有企业下岗职工享受城镇企业职工基本养老保险缴费补贴）人员 1 人享受养老保险补贴、9 人享受医疗保险补贴。为辖区居民新换补卡、发放社保卡 482 张。全年发放复员退伍、参战补贴 7 人，总金额 4.8 万余元。实现资格认证上门服务 30 余人次，指纹登记采集 460 人，指纹认证 1365 人，非因公死亡供养亲属资格认证 15 人，“121”人员领取生活补贴协助认证 32 人。春节、重阳节慰问国有企业高龄、特困、病重退休人员各 200 人，共发放慰问金 4 万元。完成辖区企业、个体经营劳动用工网上申报 291 家。

【普法宣传】 开展“普法宣传进万家　法治建设靠大家”的法治宣传活动。12 月 4 日，司法所在竹园广场、火车站广场举行宪法日宣传活动。将与公民相关的权利、义务及宪法修订的新内容编印成宣传资料，结合“送法进社区”“送法进企业”等活动向群众免费发放。建立菜园坝街道“邓智勇律师工作室”，举办“法治大讲堂”公益法治讲座、法律咨询、以案讲法等宣传活动，就消费者维权、产品质量安全、打击非法集资、劳动法、就业劳动保障等相关法律法规向群众宣传，免费发放“法律服务便民手册”“保守国家秘密法”等相关书籍、宣传资料共1000余份，展出活动展板30余块，现场接受20余名群众的法律咨询。

【社区矫正】 截至12月，辖区在册社区服刑人员28人。年内组织开展社会调查3次，安置帮教人员270人（接收57人、解除86人），App签到情况核查共6840人次，个别谈话教育289人次，组织社区服刑人员集中学习12次，定位核查7846人次。社区服刑人员思想汇报、心得体会、纸质日记均准时上交入档，“五个一”（服刑人员的日记载、思想汇报、心得体会、月学习、月劳动）完成情况良好。开展风险研判会20次，对社区服刑人员进行心理减压培训52人，开展再犯罪心理测评26人，社会适应性帮扶11人次。

【信访调解】 全年受理群众来信来访240件，化解239件，化解率达99.58%。按照“五个一”工作要求，街道在新中国成立70周年大庆期间、重要会议期间、重大节假日、敏感时期对信访重点人员、长期上访人员落实教育疏导和稳控工作，未发生进京、到市非访或集访等情况。按照市交信访积案化解和上访老户教育转化要求，对上级交办的案件和上访老户按要求落实领导包案，落实工作措施。

【治安防范】 制定《菜园坝街道坚决打好防范化解重大风险攻坚战实施方案》，每月开展风险排查，召开风险研判会议，排查、梳理、研判、化解重大风险。开展扫黑除恶专项斗争，开展宣传活动14次、教育培训7次，召开院坝会6次，面对面宣传8600余人，发放宣传资料5830余份，发放宣传品3800余件，夜间喊话2560余次。开展“春运”秩序综合整治行动10余次，出动警力和其他执法力量2000余人次，纠正各类交通违章千余件、各类违法案件279件，查处喊客、拉客等扰乱春运秩序的人员82人，抓获网上追逃人员4人，治安拘留“羊儿客”2人、治安处罚36人。完成C类社会治安挂牌整治地区（渝铁村）的整治工作。联合菜园坝派出所，重点加强辖区中小学、幼儿园校园周边安全防范措施，对其安全隐患进行大排查、大整治。落实辖区吸毒人员管控工作，完善各项建档，辖区在册社戒社康人员24人，已建档18人，建档率达75%。

【人大工作】 在区人大十八届四次会议提出建议32件。按照示范标准建设街道“代表之家”，打造竹木街社区和渝铁村社区2个“代表活动示范站”。“三单制”工作得到区人大肯定，并在全区民情联络工作经验交流现场会上进行交流。全年代表到社区接访选民72人次，开展代表组集中接访活动2次，代表参与民情联络227人次，收集问题或意见186条，已解决事项184件。根据区人大2019年“聚焦旅游出行交通环境，提升母城旅游服务品质”代表主题活动要求，菜园坝街道人大工委研究确定了“火车站周边环境综合整治”重点调研课题。

【政协工作】 挂牌成立“邓智勇律师工作室”，定期开展法律咨询服务进社区活动，为办事处提供法律服务10余件次，受理居民各类民事纠纷咨询100余次，有力推进预防和化解社会矛盾阵地建设。结合迎接中央第二轮环保督察，开展“聚焦污水偷排直排乱排问题”明察暗访监督性调研视察，组织委员走访九滨路活禽交易市场、水果市场、心连心物流北新物资回收站，实地查看污水处理、环保基础设施改造、危废散排物隐患处置等要点要害。召开全街“服务民营企业联席会”，邀请政协委员宣讲解读渝中惠企政策，提供法律服务，帮助企业依法维权。召开推进社会治理现代化暨老旧小区安全治理专题协商启动会，实地走访交通街老旧小区，并对推进平安建设、消除消防隐患、创新社会治理协商。

【菜园坝街道负责人】

书　　　记：廖　红（2019年1月离任）
　　　　　　赵　颖（2019年1月任职）
主　　　任：管　亮（2019年4月离任）
　　　　　　陈　刚（2019年4月任职）
人大工委主任：韩　静
副　书　记：姚云君
纪工委书记：张广明
副　主　任：查　辉
　　　　　　苏晓兵（2019年1月离任）
　　　　　　王　星（2019年1月任职）
　　　　　　陈　磊
　　　　　　陈　千（2019年1月任职）
组织委员：胡朱信
宣统委员：陈　鑫

（李闽）

南纪门街道

【概况】 南纪门街道位于渝中区东南部，东连朝天门街道，南临长江，西接菜园坝街道，北邻七星岗街道和解放碑街道。辖区面积0.97平方千米，辖6个社区居委会。2019年末，全街户籍人口39340人，常住人口33419人。街道实有行政编制人员21人，事业编制人员38人。街道办事处驻中兴路凉亭子4-2号。

辖区交通巷道密集，两条主干道贯通菜园坝火车站、解放碑和朝天门码头，是联系渝中区上下半城的重要交通枢纽。

辖区有重庆市水警总队、渝中区档案馆、渝中区人民法院、渝中区人民检察院、渝中区人民武装部、渝中区滨江建设管理处等机关事业单位。有重庆复旦中学校、重庆渝中高级职业学校、重庆精一民族小学校、渝中区解放西路小学、凤凰幼儿园等教育单位。

辖区历史文化积淀深厚，有国民政府军事委员会政治部第三厅暨文化工作委员会旧址、东华观藏经楼、国民政府军事委员会重庆行营、国民政府军事委员会礼堂旧址、药材公会旧址、法国领事馆、法国仁爱堂旧址等文物保护单位。

辖区医药资源丰富，聚集重庆中医骨科医院、重庆西部医药商城、重庆桐君阁股份有限公司、重庆唐氏药业有限责任公司等医药企业和药材批发经营户。

2019年，南纪门街道按照“三年攻坚战，唱响南纪门”的总体要求，完成各项工作任务。年内荣获“重庆市文明单位”“重庆市模范职工之家”称号以及“新中国成立70周年安保维稳工作三等功”等。

【城市管理】 全年拆除违法建筑3057.8平方米，清理长期占道经营摊点13个，拆除辖区36块存在安全隐患和不合要求的户外广告牌，清理乱拉挂横幅广告66幅，查处不符合标准的施工围挡6处，暂扣、拖离乱停放摩托及三轮车等车辆140余辆，清理各类违法小广告220余起、不干胶张贴纸9000余张，清理建筑物及设施乱涂写180余平方米。全年上报备案广告店招96处，整治不规范夜景灯饰12处。实施“1+6”物业中心自治管理模式，为“党建＋物业”的实施夯实基础，指导富华大厦业委会进行管理提升，完成11家物业企业的星级评定工作。与9家市属国有企业签订“三供一业”职工住房移交协议，共计移交583户，移交面积30833.39平方米。完成解放西路199号排危工程、凯旋路沿线环境整治、5栋高层建筑外墙隐患专项整治、2个社区微整治等7个综合环境提升项目。在凯旋路融创北区及凯旋路22号实施生活垃圾强制分类示范点工作。

（孙文佳）

【社会建设】 通过开展“以案四说”教育活动，促进社区工作者把主要精力用在做好本职工作、服务居民群众的主业上。全年集中培训3次，专项工作培训6次，逐步引导广大社区工作者由以往只负责单一条线业务工作向“专业+全能”转变。开展“三上三清”社区服务行动，累计走访居民16430户、企业248家。推进社区自治、德治、法治“三治融合”，指导社区实施和完善居民公约，建立健全居民议事会、红白理事会、道德评议会，进一步推进社区自治载体建设，提升居民自我管理、自我监督、自我服务水平。“三社联动”机制不断加强，社区社工室承接市、区级社工项目7个，开展各类社工专业培训和沙龙活动20余次。辖区志愿者队伍建设持续推进，志愿者网上注册、志愿信息发布、志愿服务记录进一步规范。社区阵地建设不断推进，完成凉亭子社区、十八梯社区的组织工作用房，凯旋路社工室基础装修建设项目和十八梯社区健身点场地建设。

（钟波）

【民生改善】 开展精神障碍患者专项行动。加强地区养老服务工作联动机制建设，初步形成老年信息共享、老年活动联办的地区养老服务格局，社区养老服务站设施不断完善，服务能力有所增强。开展双拥模范城六连冠创建工作，妥善做好涉军利益诉求群体稳定工作，组织开展上门悬挂光荣牌工作，共计服务1400余人。加强社区残疾人康复室建设、落实13项惠残政策、开展爱耳日宣传活动等各类具体工作，推进地区助残活动、康复需求筛查、辅具配备、就业帮扶等残疾人工作，使广大残疾人享受实实在在的政策实惠。联合区疾控中心、社区卫生服务站开展登革热宣传、防治和消杀工作，地区卫生环境和群众卫生健康素养有所增强。

（钟波）

【司法工作】 全年调解各类矛盾纠纷50余起，调解成功率达100%。衔接刑释解教人员57人，接收社区矫正人员19人，解除矫正期满25人，居住地变更7人次。截至2019年底，在册社区矫正人员24人，无脱管漏管。解放西路社区继续作为市司法局推行“法润社区•司法同行”工作试点社区。设立街道公共法律服务工作站1个，社区公共法律服务工作室6个，持续完善工作职能。落实“一居一顾问”律师进社区普法工作机制，提供法律咨询服务90余人次。全年协助办理法律援助5件，组织开展各类法律宣传活动20余次。

【平安建设】 以扫黑除恶专项斗争工作为主线，有序发展社会化、市场化、职业化、规范化的群防群治队伍，协助抓好辖区社会治安防控工作。全年开展各类巡逻防控，组织协调南纪门派出所开展16次专项整治活动，遏制了辖区内的社会治安案件。全年开展反邪防邪宣传活动4次。配合完成24名精神病肇事肇祸人员的以奖代补协议签订。完善46名吸毒人员相关信息档案并签订社区戒毒（康复）协议书。抓实辖区涉稳人员的稳控工作，落实包案制度，主动促化解、严防抓稳控，全年实现“零非访”。抓准信访老户矛盾根结，多元手段促化解，全年成功化解5名信访老户问题。2019年，街道荣获新中国成立70周年安保维稳工作三等功集体表彰。

（肖恩宇）

【安全生产】 年内全街建筑工地死亡1人，发生火情20起，出水1起。充分发挥属地监管的工作责任，有序开展“日周月”巡查检查排查工作，组织开展各类安全培训及应急演练30余次，发放各种安全宣传资料20000余份。全年排查辖区815家单位，排查出一般隐患472处，有效整改458处，余下14处正在整改过程中；对十八梯综合楼、花街子103号负一楼等存在的3处重点隐患进行改造和整治。以高层消防安全及打通生命通道为抓手，集中排查整治消防通道及安全通道堵塞问题，发放居家防火宣传资料及手册5000余份，配备灭火器400余具，排查整治消防通道、车道116处，消防车道划线及标识标牌设置23处。理顺安全生产与自然灾害防治关系，探索社区网格员安全生产与自然灾害防治的工作机制，推广大数据、智能化等技术在安全生产与自然灾害防治中的运用。

（李昌永）

【山城巷项目建设】 2019年，市委书记陈敏尔、市长唐良智到山城巷考察项目建设情况。南纪门街道切实加强与区发改委、区住建委、区经信委、康翔公司、棚改第三指挥部等相关职能部门的沟通协调，积极争取支持配合，推动项目建设各项工作深入开展。组织开展厚庐、体心堂等文物修复修缮工作，启动步道沿线风貌建筑改造，推动管网、公厕等配套设施建设。组织策划系列宣传营销活动，举办山城记忆摄影展，设置网红打卡壁画，开放部分小巷院落，试营业20家餐饮营业网点，收到较好效果。主体建筑红楼已基本改造完工。

【经济服务】 对照2019年政府工作报告及计划报告确定的年度目标、重点工作，南纪门街道逐项梳理，清单管理，项目推进，狠抓落实，积极走访企业，了解企业诉求，尽力为企业排忧解难。全年共走访企业18次，收集并解决企业问题13个。建立“街道政企每月座谈”制度，邀请各部门分管领导、辖区职能站所负责人、辖区规上企业负责人及商会代表召开政企座谈会，并建立政企微信群，加强联系沟通，密切政商关系。梳理全区系列优惠政策、辖区重点项目简介、街道联系服务表等，汇编形成《南纪门街道服务经济发展工作手册》，以口袋书方式印发，为企业及时了解相关政策提供最便利条件。及时报送企业固定投资数据，为经济统计工作收集好第一手资料。截至2019年底，辖区完成固定资产投资共计2.7亿，在全区经济工作目标考核中位列第三。

（杨峰）

【劳动保障】 结合“就业援助月”“春风行动”等活动，借助微信公众号、短信通等，强化宣传，落实政策。全年就业登记4927人，失业人员职业指导1129人，城镇登记失业人员就业828人，发放低保就业补贴68人次，累计发放金额12万余元。养老待遇领取人员指纹认证4048人，医疗保险办理12690人次，社保卡办理895人，养老保险办理1042人次，就业困难人员灵活就业社保补贴、“单双解”人员社保补贴累计276人。鼓励个人创业，宣传落实创业担保贷款政策，全年推荐创业担保贷款15笔，累计申请金额715万元。

（向婧）

【主题教育及组织工作】 全街68家基层党组织全部开展主题教育学习活动，共开展专题学习157次、革命传统教育58次、形势政策教育62次、先进典型教育62次、警示教育58次，基层党组织收集意见建议696条，党员查找问题3711个。完成邮政局巷社区党组织重点提升，加强党支部规范化建设，对53家到期未换届党支部进行集中换届选举，撤销空壳党组织3家。重庆正刚中医骨科研究院法人朱怀宇获得区委表彰的“党建之友”称号，唐氏药业支部书记魏锦奎获得“党建之星”称号。全年共发展党员8名，发放困难党员慰问金7.35万元。

（叶春梅）

【宣传工作】 深学笃用习近平新时代中国特色社会主义思想和十九届四中全会精神，组建基层宣讲队开展庆祝中华人民共和国成立70周年系列活动，组织渝中区“双晒”作品网络互动，组织广大干部群众观看《时代楷模发布厅》年终特别节目，积极参与“共和国追梦人”主题征稿活动。做好正面宣传，相关工作被《重庆日报》、重庆卫视新闻联播等市级媒体报道20余次，被《渝中报》、区政府网站等区级媒体报道约120次。

（刘兴明）

【统战工作】 将思想政治引导作为贯穿统战工作的一条主线，召开座谈会、走访慰问，举办“迎新春，送春联”“说好普通话，母城更时尚”等系列活动。建立街道、社区和居民楼栋“三位一体”民族纠纷调解网络，努力做好开斋节、古尔邦节、平安夜、圣诞夜的安全稳定，组织开展“宗教政策宣传周”和“民族团结进步周”活动，以及“送温暖、献爱心”“民生微服务 共促幸福路”等活动，切实做好街道统战工作。

【精神文明建设】 推进全国文明城区建设，顺利通过2019年全国文明城区复查。积极申报并成功创建市级文明单位。精心设计、广泛开展“我们的节日”系列活动，深入挖掘端午、七夕、中秋、重阳等中华民族传统节日的文化内涵。弘扬社会主义核心价值观，开展廉政文化、扫黑除恶、国防、双拥、环保等重点工作宣传教育。开展“礼让斑马线，文明我点赞”文明交通活动、推广“说好普通话，母城更时尚”等活动。抓好先进典型选树，开展“感动渝中”10大人物推评活动，推动“榜样面对面”宣传宣讲活动常态化。在辖区开展多形式志愿服务，加强精神文明建设。

（顾新怡）

【党风廉政建设】 每季度研判全街党风廉政形势，针对民生民利、城市管理等方面排查梳理廉政风险点50余个，细化防范举措80余条，助推街道人、财、物的使用管理更加规范。开展党员干部亲属涉权事项公开工作，精准运用监督执纪“四种形态”，切实做好重点岗位、重点领域监管，有效预防“微腐败”现象发生。常态化开展“以案四说”警示教育，参观铜梁廉政教育基地和歌乐山红岩魂革命纪念馆，观看《蜕变的初心》《警钟长鸣》等警示教育片，发放廉政图书60余册。

（唐红艳）

【人大、政协工作】 人大工作。区人大南纪门街道工委持续抓好“代表之家”“民情联络站”等阵地建设，完善及新增《人大代表履职登记制度》《街道人大代表工作站经费管理办法》等5个制度。接待浙江省宁波市人大常委会一行到山城巷参观交流，市人大常委会副主任王越一行到熊猫公馆调研民宿。人代会期间，南纪门代表组提出城市管理、社会治安、旅游交通整治等方面的意见建议52条，其中12条建议被列为2019年区领导重点督办建议。闭会期间，组织开展视察、调研、询问、评议、走访等系列活动，开展市区两级人大代表接待选民2次，集中接待选民1次，各民情室集体接待选民2次，收集民情民意167条，现场解答65条，召集部门现场办理11条。督促区级相关部门、街道各科室解决文化街居民区老旧楼栋屋顶长期漏水、社区卫生服务中心加装电梯、十八梯工地外垃圾堆积、十八梯农贸市场公共厕所改装和消防设施改造、花街子铁门小旅馆取缔、解放西路小学门前安全隐患消除等94件民情联络事项。

政协工作。区政协南纪门街道联络委全年共开展各类活动9次，其中“双走进”活动6次。组织开展全国、全市、全区政协系统党的建设工作座谈会精神学习和习近平总书记在中央政协工作会议暨庆祝中国人民政治协商会议成立70周年大会上的重要讲话精神学习，组织政协委员到重庆抗战遗址博物馆、重庆市渝中区智慧党建培训中心参观学习，夯实思想政治基础。开展山城巷传统风貌区视察，助力辖区经济业态调整升级。开展“深入推动长江经济带发展，加快建设山清水秀美丽之地”委员履职尽责实践活动，助推融创白象街红鼎火锅污水直排问题得到彻底整治。在全区政协党建工作座谈会上，街道联络委主任赖良作“注重四个坚持，着力主动作为，切实以党的建设引领政协街道联络委全面工作”的大会发言。街道联络委《关于打造南纪门母城记忆展示区的建议》入选2019年区政协全会大会交流发言。

（张明霞 黄自婕）

【武装及工青妇工作】 武装工作。组织民兵应急分队参加渝中区人武部民兵军事训练4批180人次、民兵专业训练2批9人次、疏散演练1批20人次和学生军训5批35人次；3月和11月进行2次民兵潜力数据调查；9月征集适龄青年5人；12月完成“三夜”备勤。

工会工作。年内新建工会3家；23家单位新录入实名制工作系统，新增会员信息1000余条；组织“法制宣传暨志愿者律师进基层服务”“宪法宣传周”“2019年机关干部职工运动会”“观看国庆献礼电影”“夏送清凉”等各种活动；组织开展2019年互助保障业务培训会，申报6名省部级劳模困难补助，帮扶15名贫困大学生上大学。街道机关工会荣获2019年重庆市模范职工之家称号，厚慈街社区联合会、街道机关工会小组分别荣获2019年渝中区模范职工之家、模范职工小家称号。

共青团工作。争取团区委、区检察院支持，推进邮政局巷社区未成年人观护基地建设，帮教涉罪未成年人5人。采取“结合＋特色”方式，加强青年之家•社区市民学校建设工作；依托邮政局巷社区微型少年宫阵地资源，开展梦想课堂才艺培训、小公民法律课堂、“与科技相约•做时代好少年”社会实践等各类活动80余次，服务青少年1600余人次。

妇女工作。开展“赠亲情寄语•树廉洁家风”家庭助廉主题活动，上报亲情寄语8条，家风家训故事4个，1条亲情寄语获“三等奖”。开展创先争优活动，南纪门街道社会救助工作站被评为三八红旗集体，厦门唐人物业管理有限公司重庆分公司环境部被评为区级巾帼文明岗。

（孙文佳　王剑虹　向婧　叶春梅）

【南纪门街道负责人】

书　　　记：姚青健
主　　　任：赖　良
人大工委主任：石安宇（2019年4月离任）
　　　　　　史晓军（2019年4月任职）
副　书　记：赖　良　李　渝
纪工委书记：谢忠燕
副　主　任：郭红彦　陈德华　金亮威
　　　　　　冯志勇
　　　　　　刘小满（2019年1月离任）
组织委员：周　建
宣统委员：邓雪洁

（黄自婕）

朝天门街道

【概况】　朝天门街道位于渝中区东部，东临长江、嘉陵江两江交汇处，南靠长江，西与南纪门街道接壤，北与解放碑街道交界，有解放东路、陕西路、长滨路、嘉滨路、民族路、新华路等主干道和棉花街、千厮门行街、信义街等重要支次干道，辖区面积共1.02平方千米。下辖棉花街、朝千路、陕西路、白象街、巴县衙门、湖广会馆和二府衙7个社区居委会，居民小组85个。2019年末，有户籍人口39609人，常住人口45503人。2019年，朝天门街道共有在编人员84人，其中行政编制人员24人，事业编制人员60人（参公43人、社会保障服务所15人、一司一站一办2人）。街道办事处驻解放东路187号。

朝天门是清代川东道、重庆府、巴县知县府所在地，当时是重庆的政治、经济、文化中心之一。如今的朝天门集大景区、大港区、大市场于一体，是重庆市乃至西南片区重要的都市旅游观光地、水陆交通枢纽和商贸流通中心，拥有凯德旗下全球投资最大项目（重庆来福士购物中心）、长江上游最大的水上客运码头、西南地区最大的批零商品集散地。区域内文化资源富集、旅游资源丰富，有湖广会馆、南宋老鼓楼衙署、重庆抗战金融机构旧址群等国家级文物10处，朝天门广场、市规划展览馆、洪崖洞、重庆零千米地标等网红打卡旅游景点。

2019年，朝天门街道党工委、办事处充分发挥街道对地区各项工作的统揽、协调、服务作用，全力做好基层党建、城市管理、民生服务、经济发展、安全稳定等各项工作，较好完成年度各项工作目标任务。朝天门市场执法大队荣获重庆市新中国成立70周年安保维稳工作集体二等功，朝天门街道荣获渝中区新中国成立70周年安保维稳工作集体三等功。

【主题教育】　组织开展“不忘初心、牢记使命”主题教育，通过理论中心组学习、“三会一课”等形式，学习宣传习近平新时代中国特色社会主义思想、党的十九届四中全会精神和习近平总书记视察重庆重要讲话精神50余场次，全年领导干部带头讲党课20次，形成创新基层社会治理、改善旅游发展环境等方面的调研成果11项。

【党的建设】 打造“市场党建”工作品牌，成立朝天门市场党建引领发展联盟，打造朝天门市场党群服务中心，吸纳30余家区级部门、职能站所参与朝天门市场党建引领发展联盟，帮助办场单位、市场党员商户群众解决实际问题60余件，实现党建工作与市场发展同频共振。全年新发展党员12名，成立天骄爱生活党支部1个、新大正集团物业股份有限公司党委1个，非公企业摸底调查438家，换届选举25家。

【党风廉政建设】 结合区委巡察组巡察反馈意见，党工委领导班子先后3次集体研究整改工作，制定整改措施27条，全面整改巡察意见反馈的17个问题，并对3名违纪违法党员进行党纪处分。运用监督执纪“四种形态”，抓早抓小，防微杜渐，开展廉政谈话14人次，以严的标准和实的措施保证各项纪律规矩落到实处。严格财务管理程序，加强津贴补贴发放管理，切实堵塞制度漏洞。

【宣传文化和精神文明建设】 全面加强责任落实，建立意识形态应急事件处置奖惩制度，全年开展研判意识形态领域工作情况12次，专题研究部署意识形态工作2次。进一步完善意识形态场所信息登记，将洪崖洞景区、湖广会馆等36个场所纳入意识形态场所管理，落实街道属地管理责任和场所走访全覆盖。不断扩大宣传影响，全年街道工作获区四大家领导肯定性批示6次，被市级及以上媒体正面报道30余次，区级媒体正面报道300余次。制定“学习强国”平台学习使用制度，进一步调动广大党员干部的学习热情，提前完成“学习强国”平台全覆盖、提升活跃度目标。制作《红旗飘飘》微视频，高唱盛世凯歌，记录干部担当。制作《文商旅城朝天门》折页，以点带面概括全域旅游的战略布局。辖区居民徐保成被推荐评选为第90期孝老爱亲“重庆好人”，“两江汇”宣讲团成员黄志立参加全区“学习新思想 点赞70年 建功新时代”微宣讲比赛并获三等奖，展现了辖区群众积极热情、向上向善的精神风貌。

【业态升级】 指导渝派精品服饰城打造朝天门市场首个服装行业电商网红孵化基地和数字经济“一带一路”贸易馆，指导金海洋商场打造餐饮美食城，金海洋、圣名等商场共4000平方米内部改造正在实施；积极引进文旅业态，打造长航旅游销售中心及旅游体验馆，淘汰低端仓储3万余平方米、外迁仓储10万余平方米，助推市场主体业态转型升级。按照政策和程序兑现2017年度、2018年度业态调整扶持资金720万元。

【经济发展】 全年规上企业实现增速2%，完成固定资产投资额2.3亿元；新增内资企业1080户，外资企业106户，个体经营户2465个；经普清查上报单位1524个，个体经营户5071个；完成老旧商务楼宇改造4栋。聚焦新兴朝阳产业，赴浙江网竞网络科技有限公司实地考察洽谈招商合作事宜，加强与北京润萌教育科技对接大数据儿童综合体项目，目前已开始洽谈落地事宜。

【企业服务】 落实班子成员规上企业楼宇走访全覆盖，对26家责任规上企业、31栋责任楼宇走访230余次，联系规下企业和辖区中小微企业125家。完善朝天门地区服务民营企业联席会机制，举办“小微企业普惠税收政策暨普惠金融知识”宣讲会。聚焦中小企业、个体工商户融资难、融资贵，召开银企对接会5场，助力民营企业融资贷款1800万元，银行存贷款余额实现增速19%。

【社会保障】 全年发放民政事业费311.3万余元，服务2789人次；常态化开展全民参保登记，办理居民医保参保14020人；精准落实城市解困，发放低保金654万元，2700余人次享受居家养老服务；扶持就业创业，帮扶失业人员就业980人、就业困难人员就业370人，发放创业担保贷款690万元。

【社区建设及治理】 加强居委会规范化建设，指导社区建立协商会议制度，完善网格化建设，推进智慧社区打造和“一居一特”项目建设，实施三社联动，落实好“三上三清”社区服务行动，按程序完成巴县衙门社区办公用房建设、陕西路社区自建办公用房的装修工程，完成白象街社区市级社会工作室打造。全面推行“党建＋物业”工作，建立“1+7+3”组织工作体系，由街道主要领导牵头抓总，班子成员分工负责、深度参与，指导7个社区党委，探索居委会、业委会、自主物业服务中心三方联动服务模式。目前宣传政策40余场次，指导社区党委成立7个物业服务中心，组织完成19个老旧物业项目星级评价和99栋住宅楼宇等级评价工作，投入经费50余万元，改善老旧住宅物业管理区域的环境质量，提升居民生活品质。

【老旧楼宇立面整治】 按照全区重点工程项目计划，对标对表、挂图作战，如期完成新华路下段及朝千路部分、陕西路及节约街一巷、道门口环道周边等7个环境综合整治项目，窗口区域27栋、10万余平方米老旧楼宇展露新颜。陕三巷上段至陕六巷、长江索道周边等环境综合整治已进场施工；朝千路、棉花街、沧白路沿线环境综合整治以及东升楼5号周边环境综合整治已进入方案评审阶段。

【市容秩序整顿】 强力整治辖区占道经营亭棚伞摊，清除陕西路、朝东路、节约街、新华路、朝千路、曹家巷、道门口、新重庆广场、棉花街等区域沉积20余年的占道亭棚摊335个。牵头开展长滨路、西三街、陕西路车辆乱停放集中整治15次，拖移无牌僵尸车、三轮车、两轮车120余台。全年拆除销号存量违法建筑3653.6平方米，清理违规户外广告、门楣店招480余块。

【环境卫生整治】 开展垃圾分类处置试运行工作，对1300余处楼栋雨棚、护坡垃圾、约28000张“牛皮癣”及600余吨大件无主垃圾实施清理、清运。在第二轮中央环保督察巡察工作中，深化辖区工地扬尘、噪声、医疗辐射等检查管控，建立健全各类工作台账7本，办结中央环保督察主办件5件，全面掌握辖区200余家餐饮企业环保数据，为打赢蓝天保卫战奠定良好基础。扎实运行河长制巡查机制，定期开展净岸行动，清理沿江垃圾38吨。

【船舶整治】 开展“两江四岸”停泊船舶专项整治工作，面对全区船舶迁移（拆解）最大任务量，组织专班全面摸底、分类施策，圆满完成8艘主船、24条辅助船舶的迁移（拆解）工作，超前完成市、区政府下达的非国有船舶整治任务。

【重大风险防控】 在来福士开业、国庆期间，朝天门街道推行区域安保“3+6”工作机制，以朝天门广场、洪崖洞景区、来福士周边三个区域为重点，以机关干部、城管队员、民兵、保安协勤、社区工作者、文明劝导员“六支力量”为支撑，全天候接力上岗，以点带面延伸防控触角，排查整治安全隐患475处，确保300万游客出行安全，圆满完成来福士开业、国庆期间安保任务，确保全年安全稳定。

【应急管理】 研发应用朝天门街道应急管理系统App，将辖区各类风险纳入动态管控；开展“住改非”“民宿”“网约房”“占用消防通道”等专项安全隐患整治，对朝天门市场26家办场单位实行“一单一卡”管理，对辖区18处建设施工企业开展定期约谈，督促企业严格落实主体责任；开展“日周月”拉网式巡查，全年出动检查4240人次，处理隐患945件，隐患整改率达99.8%。

【信访维稳工作】 拓展“枫桥经验”运用方式和范围，牵头抓好扫黑除恶、防范化解重大风险、新中国成立70周年大庆维稳安保等重点工作，做好社会治安重点地区挂牌整治、敏感时段重点人员信访维稳、防邪禁毒宣传、重症精神病人管理、校园安全保卫等专项工作。全年开展各类宣传活动16次，排查重点矛盾纠纷 145 件，化解率达 95.86%，排查积案 1 件，化解率达 100%。

【司法调解】 整合辖区各项资源，发挥王舒律师工作室对辖区法治建设的推动作用，集中开展“两讲五进”法治宣传活动，搭建企业市场与专业法律力量的联系平台，成立“王舒律师市场工作室”，全年共组织大型宣传活动 2 场，解答群众咨询 300 余件，代理民事赔偿案件 5 件，调解各类纠纷 224 件，成功率达 100%。

【人大、政协工作】 围绕朝天门地区经济发展转型升级和社会民生问题，组织人大代表、政协委员开展关于朝天门片区环境综合整治暨品质提升工作、旅游市场、环境保护等视察调研活动，形成《关于朝天门片区环境综合整治暨品质提升工作的视察报告》等 3 份调研报告。人大朝天门街道工委在 2019 年渝中区人大工作理论研讨征文活动中荣获优秀组织工作奖。全年共收到人大建议 12 件（主办 5 件、协办 7 件）；收到政协提案 3 件，均为主办，其中重点提案 1 件。所有办理工作全部在规定时间内办结回复，实现办结率 100%，主办件满意率 100%。

【人民武装工作】 组织辖区应急民兵参加区人武部组织的军事集训及反恐维稳等备勤共计 6 次，参加人员合计 300 余人。继续推行“六个一”征兵工作模式，强化归零意识，保持强劲征兵势头，辖区征集合格兵员 7 人，超额完成年度征集任务。2019 年，街道武装部荣获区委组织部、区武装部联合表彰的先进单位称号。

【统战老干部工作】 对辖区侨台属进行信息普查，落实离退休干部的“两个待遇”，全年按时发放节日慰问费、生病住院护理费、80 岁高龄退休干部补贴等。全年走访慰问 37 户 80 岁以上高龄及重病离退休老干部，发放慰问金 18500 元，慰问品 11100 元，为因病致困党员刘明清向区老干局申请到特殊困难离退休干部帮扶基金 3000 元。

【共青团工作】 结合“法制宣传月”“爱国卫生月”“网络安全宣传月”和智博会的召开，开展科普、环保、法制、安全等主题教育活动，全年共开展各类主题教育活动 200 余场，参与青少年 5000 余人次。开展学雷锋志愿活动，完成文明城区复查迎检、智博会、景区文明旅游等重要节点的志愿服务工作。其中“网络安全进社区”、“普通话进社区”、“不忘初心、牢记使命”主题净岸行动、“礼让斑马线、文明我点赞”等活动，被市区媒体集中报道。实施 2019 年“未来企业家培养青锋计划”青年创业资金帮扶项目，帮助青年申请无息小额贷款共计 590 万元。

【工会妇联工作】 组织开展春游、秋游、学习强国知识竞赛等活动，增强干事创业凝聚力。开展朝千路社区“儿童之家”活动，推进“春蕾圆梦行动”，为困难学子送去党委、政府的慰问；为“两癌”妇女申请慈善救助款；开展寻找“最美家庭”活动，秦健等三户家庭被推荐为市、区最美家庭。街道劳动就业与社会保障服务所被授予 2019 年“重庆市巾帼文明岗”荣誉称号，党政办公室被授予 2019 年“渝中区巾帼文明岗”荣誉称号。

【朝天门街道负责人】

书　　　记：范小华
主　　　任：李真真（2019 年 3 月离任）
　　　　　　马　明（2019 年 3 月任职）
人大工委主任：王国雄
副　书　记：朱　丹（2019 年 3 月离任）
　　　　　　段陈缅（2019 年 4 月任职）
纪工委书记：吴治兴
副　主　任：谭建国
　　　　　　袁必亮（2019 年 4 月任职）
　　　　　　谭　华　陈大斌
组 织 委 员：杨　斌
宣 统 委 员：欧阳小秀

（骆风帆）

大溪沟街道

【概况】 大溪沟街道位于渝中区中北部，东接解放碑街道，西连上清寺街道，南与两路口、七星岗街道相邻，北靠嘉陵江。辖区道路蜿蜒狭长，南高北低跌宕起伏，辖区面积1.44平方千米，辖9个社区居委会。2019年，有户籍人口62894人，常住人口57281人。街道有行政编制22名，司法所政法专项编制4名，实有22人；纳入参公管理的事业编制33名，实有22人，事业编制27名，实有13人。有机关支部1个，党员48人，机关退休支部4个，党员45人；社区党委9个，社区延伸支部39个，党员1691人；非公党支部28个，党员139人。街道办事处驻渝中区北区路73号。

全街地理位置特殊，毗邻重庆市人民政府，是重庆标志性建筑人民大礼堂和人民广场所在地。革命遗址众多，有中法学校遗址、中华全国文艺界抗敌协会遗址、沈钧儒故居等10余处革命遗址。教育资源丰富，重庆山城老年大学、重庆巴蜀中学、重庆市第四十二中学校、重庆巴蜀小学、人和街小学、人民路小学等10所学校集聚大溪沟。企业汇聚，总数达2813家，其中创意类企业875家，有重庆市唯一以区域命名的创意产业基地大溪沟创意产业园。

2019年，大溪沟街道围绕“文创高地、旅游窗口、书香家园、宜居之城、党建先锋”的街道建设目标，抓好辖区经济社会发展和党的建设等各项工作，街道及社区先后获得渝中区年度考核特等奖单位等21项荣誉。

【党建工作】 深入开展主题教育，组织中心组学习28次，开展主题教育专题学习研讨9次，形成调研报告11篇，查摆问题116个，解决群众急事、难事60余件。辖区党组织专题讨论近200次，开展“八个一”活动300余次。召开党工委会、党建形势分析会等35次，完善党工委议事规则等7项制度，建立“第一责任”正、负面清单11项22条。打造张家花园党史文化社区、红球坝统战文化社区。建立非公党组织月走访制度，工作覆盖率达100%，组织覆盖率达87%。

【精神文明建设】 完成十九届四中全会精神宣传等重点任务。打造“1+9”新时代文明实践所（站），投入资金50余万元建成“人和书院”。完成全国文明城区建设复查迎检任务。开展“我们的节日”“邻居节”等活动55场。联合公安、大礼堂管理处、各社区等开展街边小赌专项整治行动，常态开展文明劝导、联合执法。

【意识形态工作】 对辖区24个场所单位，36个场馆累计走访154次；严格落实意识形态备案制要求，对大礼堂初中群文阅读教学观摩研讨活动等进行审查。健全完善“1+9”网络监管制度，妥善处置涉街舆情5起。按照“月度分析、季度研判、专项研究”要求，召开地区意识形态专题会6次，分析研判涉及意识形态、热点舆情等的问题31个，制定《2019年意识形态领域风险隐患防范化解重点任务台账及责任清单》，对可能存在的意识形态问题进行梳理分类，确定责任科室和负责人进行管控。

【党风廉政建设】 制定出台《“廉洁街道”建设2019年实施方案》，开展“以案四说”警示教育19次，组织班子成员讲廉政党课、参观长寿预防职务犯罪警示教育基地等廉政教育活动25次，推送廉洁教育材料89条（次），发送廉洁过节短信6条，通报批评4名工作作风存在问题的人员，处理违纪党员2名。对社区党委班子成员累计开展谈心谈话27次。

【人大、政协工作】 探索建立人大代表民情联络三单制，即选民反映的民情问题清单、代表督促办理问题的解决清单、选民对代表推动解决问题的评价单。全年代表接待选民120余人次，收集意见建议175条，已推动解决166条，办理处理率达95%。发挥政协委员作用，搭建政协委员履职平台，先后开展委员聚焦污水监督性视察调研、“放管服”改革工作调研、老旧小区安全治理调研、辖区养老服务工作调研等活动，联动党代表、人大代表视察辖区平安建设工作。街道政协联络委《关于加强大溪沟饮用水源地保护的建议》入选2019年区政协全会书面发言。

【城市管理】 创新建立街道新“门前三包”责任制、饮用水源地保护“警长+河长”制、“3+1+N”递进式执法工作机制，红球坝第八步道等3个老旧小区微整治项目累计投资150余万元，粉饰及铺装墙面、路面约3400平方米。累计冲洗巷道、步道约40万平方米，补栽各类乔木1600余株，处置数字化城管问题14000余件。拆除存量违法建筑28户937.9平方米，拆除任务外违法建筑10户341.6平方米。

【“党建+物业”】 全力推动“党建+物业”工作，建立社区物业服务中心9个并投入运行。健全完善“四公开两评议”“事务共商、楼栋共管、服务共抓、区域共建”等制度。建成全区首个“社区食堂”，得到市民政局肯定，被央视等媒体报道。

【经济发展】 全年共联系走访服务企业400余家，收集困难问题25件，协调办结23件。持续开展防范非法金融活动工作，建立预警监测信息报送机制，支持商会工作开展，全年共开展商会活动3次，新发展会员13名。全年新增企业291家，完成全年目标任务的103.9%，其中产值500万以上的企业31家。辖区企业总产值（或营业收入）184.2亿元，全年实现税收总额11.87亿元，同比增长9.3%。

【社会保障】 全年为低保低收入人群累计发放低保金409万元，发放临时救助金、廉租补贴金、特困救助供养基本生活费等专项救助金62万元，办理医疗救助2095人次，为计生特扶家庭发放扶助金20万元，为贫困残疾人发放各类补贴47万元，为辖区老人发放居家养老服务补贴11.6万元，发放长寿补贴171.725万元。开展重大节日送温暖活动，发放各类慰问金112万元；办理人生关怀668人次，累计发放金额11万元。常态化开展困难群众“321”结对帮扶活动，129名各级干部慰问困难群众76人，慰问物资折价2.5万元。

【双拥工作】 落实优抚政策，发放抚恤金、无军籍职工补助等182万元，发放企业军转干生活困难补贴、养老及医疗保险补贴、节日慰问费等共计44.1万元。加强双拥工作，走访慰问辖区部队市委、市政府警卫连官兵，张贴光荣之家年画4000余张，成立街道和社区退役军人事务站，做好退役军人优抚安置、信息采集及涉军维稳等工作。

【文教体工作】 举办“美丽大溪沟、幸福渝中人”新春文化惠民活动；培育社区文化组织，组织参加市区级文化惠民、歌舞展示、民俗活动等27场；组织校外培训机构及非法幼儿园专项整治、推广普通话宣传；上传渝中学习网信息220余篇，注册学员650余人。围绕“新中国成立70周年”主题，策划组织“我和我的祖国”快闪活动，被“学习强国”平台报道；开展“大溪沟庆祝新中国成立70周年文艺会演”“学习新思想 点赞70年 建功新时代”微宣讲比赛等。围绕“文化建设”主题，策划组织“中国诗人游山城步道”“老旧居民区变身耕读文化院落”“山城步道上曾有重庆首家私立孤儿院”“这两条山城味和文化味很足的步道，渝中区请你走一走”等活动。全年在“在渝中”、华龙网、上游新闻、《重庆日报》、央广网等各级媒体平台发表稿件200余篇。

【社会治理】 创新社区网格化治理，建立三级网格119个，按照“一格十二员”方式配备网格人员1000余人，40余名党组织书记进入单元网格，支持和参与工作开展。健全完善源头化解机制，妥善处置矛盾诉求及群众反映突出困难200余件，全年无较大群体性事件发生。持续推进扫黑除恶，召开扫黑除恶专项会议12次，排查问题线索5个，发放宣传资料约30000份。在全国两会、新中国成立70周年等重要时期安排5000余人次值守，确保辖区安全稳定。

【群团统战老干工作】 开展青年大学习活动30余期，全年参与2500余人次。在非公企业建立团支部5个，接受移交团支部3个，新增团员40余人。组建学社衔接团支部，接纳团员90余人。引导各团支部定期举行支部活动130余次。圆满完成民族团结进步周、侨台属基本情况统计调查、新阶层人士数据库完善等工作。完成传统重大节日老干部慰问工作，组织老干部参加区“老体协”活动。

【安全生产】 落实属地责任、主体责任和“一岗双责”，签订平安建设责任书57份，排查重点部位800余处，整改安全隐患118处。落实“一岗双责”，党工委研究安全生产工作38次，召开安全生产研判分析会10次，结合新“门前三包”制作责任牌1000余块。落实24小时值班制度。对重点行业领域和重点场所进行全面排查，排查率达100%，累计排查生产经营场所600余处，居民楼院300余栋，共排查安全隐患137处。

【卫生计生工作】 举办家庭大课堂、健康教育、病媒生物防治等各类讲座69场，发放宣传品1.2万份，计生药具7000盒。做好登革热疫情防控工作，防疫消杀2.5万平方米。辖区家庭医生签约率达24.1%。开展4场红十字会“五进”应急救护讲座进企业、进机关活动。组织参加区应急救护比赛，荣获团体二等奖和个人单项二等奖。超额完成免费“两癌”筛查和免费孕前优生检查任务。

【领导调研】 4月1日，国家推动长江经济带发展领导小组办公室综合协调组组长、国家发改委基础司副司长熊启权带队专题调研大溪沟饮用水源地，了解大溪沟饮用水源地整治工作总体情况。4月23日，区人大常委会主任米绍林、区委副书记何家利到大溪沟代表组开展代表主题活动，专题视察马鞍山传统风貌区建设推进情况。5月14日，区委书记黄玉林，副区长黄孝明带领区河长办、交通局、生态环境局等部门负责人到胜利路社区河段区域联合巡查。6月20日，区委书记黄玉林率队到大溪沟街道胜利路社区、双钢路社区背街小巷和居民楼宇，深入调研社区建设工作。11月18日，区委书记黄玉林到大溪沟街道人和街社区调研新“门前三包”和社区网格化治理工作。12月30日，区长左永祥带队检查大溪沟码头，调研街道“河长＋警长”制落实情况。

【友好交流】 1月16日，民盟威海市委主委、市统计局局长周宁一行到华福巷社区调研民盟工作，民盟渝中区委专职副主委黄云飞陪同。3月22日，河南省义马市委副书记冯勇一行到华福巷社区调研考察社会治理相关工作。4月26日，甘肃省卫健委到大溪沟街道人和街社区调研社区精神文明建设及卫生工作。5月9日，北碚区委宣传部部长江绪容一行到大溪沟街道人和街社区参观考察全国文明单位创建、文明城区建设工作。6月23日，曲靖市委组织部部长王刚到大溪沟街道华福巷社区调研社区社会治理工作。11月3日，中国著名诗人潘洗尘、蓝蓝、莫非等一行10人专题采风重庆山城第八步道。

【大溪沟街道负责人】

书　　记：朱传富
主　　任：江永红（2019年3月离任）
　　　　　张明功（2019年3月任职）
人大工委主任：李瑜波
副 书 记：江永红（2019年3月离任）
　　　　　王铭祺（2019年4月离任）
　　　　　朱　丹（2019年4月任职）
纪工委书记：张　林
副 主 任：崔卫东　杨虎荣　刘　刚
　　　　　胡　萍（2019年1月离任）
　　　　　杜　琳（2019年1月任职）
组织委员：蹇　敏
宣统委员：熊　清（兼人大工委副主任）

（华庆 刘德涛）

大坪街道

【概况】 大坪街道位于渝中区西部，东临两路口街道和菜园坝街道，南接九龙坡区谢家湾街道，西接石油路街道，北接化龙桥街道。辖区面积3.24平方千米，辖8个社区居委会，88个居民小组。2019年末，街道有户籍人口63064人。大坪街道核定行政（政法专项）编制26名，在职23人。纳入参公管理事业编制35名，在职24人，事业编制27名，在职14人。街道办事处驻大坪支路10号。

辖区是渝中区地域较大、人口较多、社会资源比较丰富的街道。有中国兵器装备集团西南地区总部、万友经济发展有限责任公司、重庆市疾病预防控制中心、重庆市医药设计院、北京市中伦文德（重庆）律师事务所等企业单位；有重庆市大坪中学校、重庆市第六十六中学校、渝中区大坪小学校、渝中区解放小学校及15所幼儿园等科教单位。辖区驻区部队多，有海军重庆军代局、渝中消防第三中队、重庆警备区渝中第三离职干部休养所、佛图关干休所等。

辖区金融、通信、医疗产业发达，有已形成规模和档次的金融、医疗器材、通信器材等规模以上企业96家。有工商银行、交通银行、建设银行、农业银行、中国邮政储蓄银行、招商银行、光大银行等多家金融机构；有重庆电信公司、重庆移动通信公司营业厅、中嘉通信市场等通信公司和市场；有七牌坊英利大融城、新世纪超市、永辉超市等大型商场、超市；有万友康年大酒店、红楼宾馆、白云宾馆、岷山园林大酒店等宾馆、酒店；有近几年新建的小区——和泓江山国际、英利国际广场、康德国际。

辖区有陆军特色医学中心、大坪社区卫生服务中心等大中型医院，具有现代化的医疗设备和雄厚的技术实力，有病床2000余张。

辖区紧靠重庆奥林匹克体育中心及成渝高速公路，是进入渝中区、九龙坡区、高新技术开发区、沙坪坝区的重要交通枢纽。辖区绿树成荫、环境优美，国宾道、轻轨交通贯穿全区。

辖区存留三国时期修筑的军事古隘佛图关、明朝时期兴建的古刹夜雨寺、清道光年间修建的七牌坊、旧巴渝十二景之一的“佛图夜雨”等文化古迹。革命烈士杨闇公、王朴先后牺牲于大坪。辖区名人当代著名画家陈可之，其作品《东方之子》被奥林匹克博物馆收藏，《三峡晨曲》被北京人民大会堂收藏陈列。

2019年，大坪街道党工委、办事处围绕街道“产业新核、城市枢纽、康养美地、孝善家园、党建先锋”目标，担当实干、狠抓落实。城市基层党建工作经验在全区交流，圆满承办全区违建专项整治工作会；获得新中国成立70周年安保维稳工作区级集体嘉奖、“全区2018年度安全生产和自然灾害防治工作”先进单位称号；大坪正街社区获评“全国民主法治示范社区”称号；联手憨牛网成立企业服务中心、“先锋先行·党员捐助”城市解困行动、“四知五率”工作法、城市管理“五大行动”、“十个一批措施”等工作被人民网、《重庆日报》等市级及以上媒体多次报道，群众满意度调查排名全区第一。

【党建工作】 组织“不忘初心、牢记使命”主题教育。对标对表中央和市委意见，牵头制定学习研讨、调查研究等工作方案7个，完善措施36项；时点化、清单化指导全街8个社区党委、102个基层党组织开展主题教育，推动主题教育落细落实。街道领导班子开展专题学习15次、形成调研成果11篇、讲专题党课11场，查摆梳理问题千余条，各级党组织书记讲授党课100余场次。围绕基层党组织“八个一”活动，明确月重点、周安排，通过“三会一课”、支部主题党日、党员E家、五分钟党课专栏等线上+线下方式，抓实学习贯彻。做强地区“大党建”。及时调整完善街道党建联席会，成立政治思想、企业服务、环境整治、物业矛盾调处、志愿服务等5个专门工作组，明确成员单位工作任务，梳理共建项目17个，每季度定期开展共建活动。

对接区卫健委、区应急局、区残联等部门，推动12家医疗机构进社区进院坝。开展与辖区金融机构的党员联培工作，党员E家微信群活跃度、吸粉量不断提升。不断优化基层党组织设置。指导3个机关党支部、6个社区社会组织联合党支部、15个非公党支部完成换届。清理空壳党支部2个，新建物业公司党支部1个，增补社区党委委员15名，组织意图得到全面实现。严把党员入口关，接收预备党员6名，完成预备党员转正8名，培养党务干部10名。按照应建尽建、应管尽管原则，实现对非公组织工作覆盖率100%，组织覆盖率86.7%。做好大黄路社区重点提升社区党组织、软弱涣散社区党组织整顿工作。选派2名党建指导员联系指导社区延伸党支部、非公党支部，实行党建工作月通报、季总结、半年评价机制，确保一支一策精准整顿提升，验收满意率达100%。开展4项专项排查。抓好流动党员、党员涉嫌违纪违法信息通报和处理情况、基层党组织按期换届、党费收缴规范等4项集中排查，按程序处理违法违纪党员2名。对2018年以来党员缴纳党费情况进行清理排查，制定分类分级方案，共有78名党员补缴党费2.4万余元。适应文稿起草高标准、高强度、高效率的工作要求，完成街道总结、工作要点、班子材料、年度述职等重点文稿、会议材料90余篇；撰写各类信息、专报、快报50余篇（被区领导批示4篇），被《渝中要情》《渝中政务》《组工信息》《机关党讯》《廉洁渝中》《主题教育工作简报》等区级刊物采用30余条。

【城市管理】　全年整治规范占道经营6000余个次，暂扣各种占道经营物品1000余件，发放一般程序法律文书35份，对24名行政相对人进行相应的行政处罚，罚款2500元。新增和补划两轮车停车位900余个，联合交巡警拖移“僵尸车”200余辆，清理占道乱停车300余辆。共投资50余万元，拆除违章搭建4处，更换老旧破损雨棚200余平方米，更换破损门楣店招10个，规整院坝10个，捆扎管线200余米，疏通管道9处，安装晾衣架等便民设施15处，安装便民休闲亭1个，进一步美化环境、规范秩序，方便辖区居民群众的生产生活。针对长江二路沿线管线零乱、墙面脏污等现象，自筹资金8万余元对长江二路沿线进行环境整治，规整线缆6000余米、清洁翻新墙面1700余平方米、粉刷沿街商铺卷帘门18个。全街共粉饰墙面2900余平方米，修复楼道设施40处，疏通排水19处，修复院坝路面29处，增补绿化260余平方米，更换垃圾收运设施20个。协调解决房屋漏水、油烟扰民、噪声扰民等50余起，为老旧住宅区加装栏杆、扶手、便民座椅等10余处，加装住宅电梯19台。结合绿化品质提升工程、“一社一绿、一社一景”工作，投入资金22万余元，在辖区5个点位栽种三角梅768株，新增绿化面积500余平方米，提升了辖区绿化品质。

【环境卫生整治】　全年安装垃圾分类宣传栏、宣传展板400余块，更换垃圾桶标识贴600余个，全街共配置350余组2分类垃圾收运容器、15组4分类垃圾收运容器，并逐一划线定位，基本实现垃圾分类基础设施老旧居住区全覆盖。示范片区垃圾分类知晓率达100%，注册参与率达55%以上，垃圾分类投放准确率达20%，经后期分拣可以达70%。运行3个月回收可回收物18吨，每月清运易腐垃圾约15吨，基本实现生活垃圾减量化处理。开展清除“牛皮癣”、楼道阳台（窗台）杂物及社区道路清洗3个专项行动，共清理杂物约60吨，冲洗道路21200余平方米，清除卫生死角13处，清理垃圾90余吨，城市“颜值”不断提升。

【经济发展】　2019年，有街属规上企业26家、规下企业1886家、个体工商户3442户。全年走访规上企业、主要楼宇245次，实现街属规上企业、主要楼宇走访全覆盖，收集规上企业反映诉求及意见建议28件并全部办结。其中圆满解决三峡银行所在楼宇外墙面墙砖脱落问题以及职教中心校门前电缆下坠问题，34户规上企业无一流失。规模以上企业营收增速由负转正，增速7%。新增内资企业506户、个体工商户611户、外资企业1户，分别占全年目标任务的70%、74%和25%，总体完成情况占全年目标任务的72%。挖掘大坪地区市外投资项目11项，向区招商局上报市外投资项目金额1.36亿元。完成第四次全国经济普查工作。目前辖区法人和产业活动单位2829家，超额完成12.44%；个体经营户368家，超额完成11.51%。全年发展13家经济上有实力、社会上有影响的企业成为新商会会员单位，超额完成年初目标。6月12日，大坪商会会同大坪街道扶贫工作组前往巫溪县城厢镇开展帮扶活动，捐赠2.5万元的慰问金和价值1万元的慰问物资。11月22日，商会6家企业参加街道举办的城市解困活动，共计捐款3万元。

【社会保障及救助】 全年完成城镇登记失业人员就业735人，就业困难人员就业291人，高校困难毕业生100%就业，长期失业人员比例低于20%，单位就业系统录入7100人。推荐创业贷款510万元，成功放贷270万元。完成城乡居民基本养老保险67人、城乡居民医保15411人、城镇职工养老保险1351人、城镇职工医保1096人，审核个人身份退休489人。完成灵活就业人员社保补贴276人，养老保险补贴90.3万元，医保补贴31.1万元。发放企业军转干各类补贴40万元。与12家国有企业签订国有企业退休人员社会化管理服务交接协议书，涉及5253人。全年对低保对象624户、778人累计发放低保金518万元，为1268名民政救助对象进行资助参保30万元，为553名残疾人发放困难补贴53万元。按照“个人申请、集中报送、统一领取”的原则开展人生关怀。全年发放长寿补贴170万元，惠及3652人次；发放人生关怀礼包972份；为2600余户困难群众发放价值近84万元的慰问品；为293名特扶人员发放节日慰问金近17万元。推进城市特殊困难群众救助帮扶“十条措施”工作，对口联系的区级领导、部门和街道干部职工结对帮扶73名困难群众，送去价值近2万元的慰问品。结合传统节日为辖区老龄群体组织健康养生讲座、长者集体生日会等27场和“馨爱之家”活动4场。协同开展“城市解困、先锋先行”捐赠活动，募捐善款6万余元和2600余册图书。详细掌握退休人员中孤老、鳏寡、孤独、伤残等特困人员情况，发挥社区自管组织作用，积极做好各项服务保障工作。牵头完成街道66项行政权力和公共服务事项网上运行工作。开展3次专场招聘会，组织开展“春风行动”“民营企业周活动”“就业援助月”“金秋送岗位”等活动，参加活动753人，实现就业135人。严格落实“1+1”学习培训制度，全年开展业务培训6次，邀请区社保局领导讲课两次。

【人大工作】 年内完成大坪街道混合四选区、混合五选区代表补选工作，补选区人大代表2名。大坪代表组8人参加区人大常委会在厦门、青岛等地举办的人大代表和常委会成员培训班。全年人大代表参加选民活动累计96人次，接待选民352人次，除现场解答外，收集选民反映事项182件，均及时进行交办，解决选民反映事项173件，办结率达95%。撰写工作简报18篇，在市级媒体《公民报》刊发新闻稿7篇，渝中电视台播报1篇，《渝中报》报道7篇，《渝中人大》报送信息3篇，“在渝中”报道4篇。

【政协工作】 年内收到区政协第十四届三次会议提案2件（其中主办1件，协办1件），主办件内容涉及规范大坪地区门楣店招，协办件内容涉及规范道路停车，均按时办理答复完毕。1月，政协大坪街道联络委承办“渝中区第十一届春联进万家现场书法活动”，邀请区书法家协会书法家为辖区居民群众免费写春联送春联200余副。7月，渝中区政协医药卫生界在大坪社区卫生服务中心开展“服务健康，服务群众”专项活动，街道联络委积极做好相应配合工作，竭力提高辖区居民知晓率、参与率，服务辖区群众120余人次，让政协委员服务群众的行动落实落地。8月，区政协领导和部分政协委员到大坪地区开展明察暗访污水“三排”问题监督视察活动，实地走访调研辖区长江二路主干道、部分实体餐饮店、康德帝怡菜市场，深入一线了解情况，现场召开工作座谈会，并在污水“三排”的防治上提出意见建议。10月，结合“国家宪法日”，扎实组织好“送法进社区”活动，接待群众咨询80余人次，发放宣传资料500余份。

【双拥工作】 张贴宣传标语1200余份，入户走访发放宣传折页2000余份，网络宣传33次，组织国防教育4次，受教育1087人次；开展军地篮球赛、文艺会演等32场，采集退役军人信息4157人，悬挂光荣牌3759块。街道组织上门入户看望辖区烈属，并发放慰问金4400元。元旦春节期间走访慰问伤残军人、老复员军人、无业参战人员和军烈属等优抚对象124户，送去价值2000元的慰问品。八一建军节、中秋、国庆节等节日走访慰问辖区优抚对象150余人。在各大节日期间为全街无军籍退休职工378人、城镇参战无业人员30人、残疾军人8人、带病回乡退役军人5人、烈士遗属50人、义务兵家属36人，发放节日慰问金共计200余万元。春节期间、八一建军节前，街道领导班子成员对辖区陆军特色医学中心、海军办事处等7个驻地部队和干休所进行走访慰问，发放近8万余元的慰问品。

【安全生产】 全年发生应急突发事件28起，其中火情事件27起，同比下降25%。履行行业监管和综合监管职责，科学制定安全生产年度监督检查计划，确定重点单位104家、一般单位55家，开展安全检查4198家次，发现并整改安全问题500余个。坚持常态精准宣传，制作安全警示标识350余块，印发市民居家安全手册5万余份，开展消防应急综合演练15次，提高安全宣传实效。开展“建安行动”、危化品、消防等十余项专项整治行动，申请应急专项资金35万元整治长江二路金库边坡安全隐患，协调区相关部门整治上肖家湾路口沿线等多处老旧管线，推动完成凌云阁和交巡警2个物业小区三栋高层建筑消防安全隐患整治，为弱势群体安装烟感报警器120个，为老旧居住区和社区微型消防站配备灭火器材700余具，改善安全基础薄弱状况。在习近平总书记视察重庆和迎接新中国成立70周年大庆重要节点，牵头制定《大坪街道清明五一重要节日期间安全稳定暨城市管理集中排查整治工作方案》《大坪街道“防风险保安全护稳定迎大庆”集中攻坚专项行动工作方案》《大坪街道国庆安保攻坚工作方案》，圆满完成安保工作任务。

【综治工作】 推进扫黑除恶专项斗争相关工作，召开工作部署会、专题会、推进会4次，召开辖区商会、行业协会、商贸市场、物业公司、非公企业、社区矫正人员、刑满释放人员等扫黑除恶专题会4次。发动社会单位开展扫黑除恶工作集中宣传4场次、院坝会8场次，入户24700余户，发放宣传品3000余份，更新宣传专栏8期，张贴宣传展板300张，设立举报箱23个。联合派出所开展扫黑除恶清查行动3次，依托物业联席会、矛盾排查会等及时研判调处问题35件。办理群众来信来访及区交办信访件128件，领导干部接访群众登记录入106件次，系统录入率达100%，征集意见建议9条，协调相关科室及时办理信访来件，受理率、按期办结率、群众满意率均达100%。制定2019年校园及周边秩序集中整治行动方案，成立安全稳定工作大排查大整治大督查大执法行动工作领导小组，召开安全稳定暨校园周边秩序整治工作会2次，安全检查8次，加强上学放学时间段校园门口值守，辖区23所学校未发生恶性事件。开展反邪教警示教育活动4次，清理非法广告3次，反邪教排查活动96次，发放宣传资料1000余份，发放奖品200余份。5月上旬，挑选11名群防队员参加区组织的群防骨干应急处突培训演练，获得2019年区群防骨干应急处突培训演练二等奖。全街按照三级网格划分8个社区共计93个网格，网格内人员均已确定，其中一级网格员4人，二级网格员29人，三级网格员547人。

【人民武装工作】 2019年兵役登记241人，网上应征报名86人，上站体检54人，参加政治考核16人，政治考核、体格检查双合格9人，参军入伍6人，其中大学生5人，占比达83%。其中兵役登记率、网上应征报名人数、参加政治考核人数、双合格人数均为全区第一，实际参军入伍人数全区第二。整组的172名基干民兵中，党员74人，退伍兵68人，分别占43%和39.5%，在区人武部组织的两次集训中，军事会操均获得全区第一名。2月份组织110名应急民兵参加战备拉动演练，组织200余名民兵完成重大节日、两会期间备勤任务。5月，启动基层人武部规范化建设工作，完成基层武装部“三室一库”标准建设。

【工会工作】 全年完成新建工会9家，发展会员273人，在全区名列前茅。区域内工会组建率达97.3%，数据库建会率达98%，25人以上企业组建率和职工入会率均达98%。有序推进街道总工会第二届委员会委员侯选人及会员代表推选与酝酿、组织召开第二届会员代表大会，选举产生新一届委员会、经审及女职工委员会，完成本级工会换届的各项工作。指导帮助重庆中伦文德（重庆）律师事务所、重庆眼视光等4家工会委员会委员改选及9家新建企业工会工作，指导重庆金窝窝网络科技有限公司等三个基层工会继续推进“三亮双评”和“三亮四权”工会规范化建设。举办劳动法及工会法等各类法规专题讲座4次。全年为企业调解劳动纠纷11件，挽回经济损失20余万元。参与“渝中区2019年‘春满渝中•情暖职工’新春职工游园活动”，在元旦、春节给辖区5名困难职工发送慰问金共2500元，为36名困难职工及优秀非公会员开展互助会员健康公益体检活动。发动辖区11家用工企业协同街道社保所分别在3月和11月举办2019年“春秋送法律与岗位”现场招聘活动，为7名贫困家庭应届大学生发放助学金4.9万元。在浮图关社区工会打造渝中区户外劳动者“爱心驿站”，配置相应设施设备，在元旦春节和炎炎夏日分别开展“严冬送餐”“炎夏送清凉”“关爱职工服务基层”行动，为辖区30名户外清洁劳动者、4个建筑工地、4个外卖点，近200名户外一线民工送去免费午餐及防暑降温慰问品。做好省部级劳动模范生活和社会保障工作，申报劳模生活困难补助资金计15460元。动员30个基层工会，1281名职工参保，参保金额近8万元，为10名职工申办住院津贴5310元。组织5支基层工会队伍参加渝中区2019年“体彩杯”职工春季登山比赛，荣获三等奖3个。动员非公企业工会，组织9名独唱选手及2支合唱、2支重唱共14支队伍近100名职工，参加2019年“讴歌祖国华诞七十载•唱响渝中奋斗新时代”歌唱大赛，5支队进入投票复赛，最终荣获重唱组第一名金嗓奖，街道总工会荣获优秀组织奖。在辖区开展“凝心聚力展风采•创先争优促发展”职工演讲比赛，30名职工报名参加比赛，评选出一、二、三等奖并予以奖励。

【团工委工作】 大坪街道团工委现有直属团支部24个，其中社区团支部8个、非公组织团支部16个，团员人数489人，新接收毕业学生团员123人。截至12月，已完成“智慧团建”系统的录入维护工作，完成率达到100%。坚持“推优入党”，推荐3名优秀青年团员向党组织靠拢，3名青年团员获评区级向上向善“爱岗敬业好青年”，获评区级优秀团工委工作者1名、优秀团员2名、优秀团支部1个。以社区团支部为阵地，开展青少年“禁毒防艾”宣传教育8场，发送宣传物品3000余份，覆盖青少年200余人。3月5日，在全街青少年中开展主题宣传、集中活动、公益服务志愿活动9场。组织开展“青春心向党•建功新时代”“缅怀革命先烈”系列活动，开展习近平总书记重要讲话精神集中宣讲20余场。启动未成年人“护苗行动”，开展心理疏导类、安全自护类等类型的活动15场。

【妇联工作】 关爱困难群体。开展2019年春风行动和春节送温暖活动，举办新春座谈会，慰问单亲贫困母亲10名及春蕾女童、困难儿童16名，发放现金及实物合计1.3万元；联合社保所组织辖区失业妇女开展技能培训和就业指导，解决辖区妇女就业50余人。加强青少年教育。以六一、暑期、新中国成立70周年为契机，依托微型少年宫，开展“我和我的祖国”儿童绘画、征文征集及“红岩精神代代传”“童心向党”“不童凡响”“亲子悦读”等活动，街道、社区共计开展40余场，500余名儿童和志愿者参与；举办家教流动学校“百场讲座进万家”活动，惠及辖区2000余人；开展“快乐烘焙 美味生活”“小猪佩奇亲子赛”“变废为宝”等暑期活动70余场。深化家庭建设。做好三八维权反家暴，组织“家庭零暴力•幸福你我她”的法律进社区“维权周”宣传活动，发放法律法规宣传资料1500余份、口袋400余个，律师、婚姻家庭指导员接受妇女群众咨询300余人，调查处理涉嫌家庭暴力事件2起，进一步提高女职工的维权意识和自我保护能力。强化巾帼志愿服务。建立巾帼志愿者与空巢老人结对帮扶台账，结成帮扶对子28个，定期走访空巢老人，提供买菜、谈心、做清洁等志愿服务活动，形成常态化机制。

【大坪街道负责人】
书　　记：韩　红
主　　任：刘　建（2019年1月离任）
　　　　　王铭祺（2019年3月任职）
人大工委主任：何祖光
副 书 记：张兴东
纪工委书记：冯红军
副 主 任：陈光学（2019年1月离任）
　　　　　王　星（2019年1月离任）
　　　　　周　青（2019年2月任职）
　　　　　傅嘉仕（2019年2月任职）
　　　　　代爱国（2019年2月任职）
　　　　　池　建（2019年5月离任）
　　　　　任化艳（2019年5月任职）
组织委员：马　果
宣统委员：罗　策

（彭璞）

化龙桥街道

【概况】 化龙桥街道位于渝中区西部，东界上清寺街道，南靠石油路街道、大坪街道，西接沙坪坝区土湾街道，北濒嘉陵江与江北区猫儿石隔江相望。沿江约4.12千米，辖区面积约2.6平方千米。辖4个社区居委会，1个社区工作站。2019年末，有常住居民12885户，33476人。街道办事处驻渝中区李子坝正街166号。化龙桥街道有行政编制22人，政法专项编制3人，参公编制26人，事业编制27人。

辖区有重庆红岩联线文化发展管理中心、重庆市渝中区公安消防支队、重庆市公安局渝中区分局经济犯罪侦查支队、重庆市交通行政执法总队直属支队水上大队、化龙桥工商所、化龙桥税务所、化龙桥派出所、重庆市工业学校、重庆市二十九中分部、重庆天地人和街小学、重庆红岩村小学等机关事业单位。有德勤咨询（重庆）有限公司、德勤华庆商务服务有限公司、阳光人寿保险股份有限公司重庆分公司、重庆世联行房地产顾问有限公司、重庆瑞安天地房地产发展有限公司、重庆索通律师事务所、鹏诚保险代理有限公司、北京红牛饮料销售有限公司重庆分公司、重庆北京外企德科人力资源服务有限公司、重庆圆基新能源创业投资基金（有限合伙）、重庆大龙网科技有限公司、通力电梯有限公司重庆分公司等社会单位。

辖区主干道由东向西为嘉陵路、瑞天路，全长3.30千米。

辖区有原巴渝十二景之一的“佛图夜雨”故地佛图关公园、重庆市首个抗战遗址建筑群李子坝公园、史迪威将军博物馆、大公报报社重庆旧址等重要陪都遗址，有全国重点文物保护单位红岩革命纪念馆，市级文物保护单位“红岩公墓”、虎头岩《新华日报》总馆旧址，是重庆红岩精神的发祥地。

2019年，化龙桥街道党工委、办事处紧扣建设“化龙桥国际商务区”“国际社区”，强化统筹协调和执法力度，努力做好城市管理、社区治理、安全维稳、民生民利、党的建设及基层人大、政协工作，推进地区经济社会持续健康发展。街道获“新中国成立70周年安保维稳集体嘉奖”，李子坝社区科普大学荣获“2018年重庆市社区科普大学示范教学点”称号，辖区重庆绿色科技开发（集团）有限公司研发的“中国创造”物联网多色温LED智能路灯绿色照明技术顺利通过国家住房和城乡建设部专家委员会验收，成立渝中区首个人大代表律师调解工作室——“人大代表胡平律师调解工作室”。

【领导调研】 3月5日，重庆市副市长潘毅琴一行考察重庆中医骨科医院工地绿化提升工作情况。4月16日，全国人大常委会委员、全国人大监察和司法委员会副主任委员王教成率全国人大调研组，到街道实地调研了解基层监察体制改革和监察法实施的具体情况。5月21日，红岩村社区接待中国侨联副主席、四川省侨联主席刘以勤一行到街道调研。10月11日，市委巡回指导组检查外企德科党支部“不忘初心、牢记使命”主题教育开展情况。

【党建工作】 2019年，街道把学习贯彻习近平总书记视察重庆时重要讲话和系列重要批示精神作为首要政治任务，纳入全街“不忘初心、牢记使命”主题教育，进一步强化理论武装。结合化龙桥经济社会发展实际开展学习研讨，全年组织召开47次党工委会、21次中心组理论学习、23次干部职工大会、236次各支部组织生活会以及132次科务会，党工委制定主体责任清单11个209条，对分管的科室和干部督导检查60余次，党员领导干部与普通党员谈心50余次，按规定和程序调整提拔12名新任科级干部。扎实开展“不忘初心、牢记使命”主题教育。班子共检视问题62条，整改落实完成54条，形成调研报告11篇，为民解难题30余个；新规划设立2个社区党委并及时配齐班子，优化3个社区党委成员，新成立非公党支部3个，成立网格党支部19个；辖区共有1390家非公企业、26家社会组织。有非公经济党支部11个，社会组织党支部2个，升级打造企业天地党群服务中心阵地，建立“非公党建日”制度，搭建非公学习交流平台，成立渝中区首家港资企业上海丰诚物业管理有限公司重庆分公司党支部，组织非公企业开展活动7次，参加200人次。全年发展党员10名、预备党员18名，培养积极分子13名，为党组织输入了新鲜血液。发挥组织引领。辖区相继成立地区发展促进联席会、地区餐饮协会、地区物业联席会、地区文化教育联席会4个协会，吸纳成员单位200余家；新吸纳党建会员单位16家，会员增至44家，每季度召开党建联席会。

【城市管理】 全年清理黄标车4辆，整治大气污染、水污染、噪声污染、土壤污染等问题30余个，对3起擅自倾倒餐饮油污、排放污水的违规行为处罚1.2万元。开展62场垃圾分类主题宣传，发放资料2.5万份，办理积分卡1020张，实现垃圾分类减量31吨，居民知晓率达84%。清理垃圾26吨，攻坚整治6艘船舶，清理无主暴露垃圾、大件垃圾123吨，拆除15处违法建筑1250平方米，整治僵尸车15辆。耗资70余万元开展社区环境微整治，修复嘉韵山水城小区楼层吊顶面积250平方米，更换休闲座椅31把，修复地面瓷砖112平方米，重建临江佳园垃圾场，清掏建设新村103、104号及工业校家属区368号院化粪池。

【经济工作】 全年街道4家规上企业营业收入2.41亿元，同比增长3.9%。走访企业63家次，收集问题18个。开展政策、法规宣传，帮助辖区5户个体户申请创业担保贷款150万元，帮助重庆世联君汇房地产运营管理有限公司成功申请稳岗补贴12万元，稳岗补贴返还120万元，社保补贴10万元；全年上报固定资产投资1.54亿元，完成考核任务的102.7%，其中市外投资项目已入库上报0.94亿元，完成104%。组织成立化龙桥地区发展促进联席会、文化教育联席会，辖区58家餐饮企业联合成立餐饮协会，新增地区商会会员6家。按照全国第四次经济普查时间节点要求，完成经济普查工作任务，上报653家企业、7户个体户经济指标数据。

【社会保障工作】 全年发放低保金、特困供养金、临救、惠残资金6885人次、448.24万元，发放“人生关怀”礼包248人次、3.14万元，开展“一对一”结对帮扶，慰问2505人次、64.75万元。发放长寿、助养、居家养老服务补贴1996人次、80.9万元，慰问退休人员高龄老人616人次并发放慰问金10.2万元，发放养老保险、医保补贴53万元。受理城镇就业创业、困难人员灵活就业、低保人员再就业补贴185人，为辖区单位办理创业担保贷款180万元。采集1021名退役军人信息，发放优抚、无军籍职工补贴、退役安置费72.97万元。

【安全稳定工作】 全年常态化对10个地灾点、30余栋危房动态巡查监测380余次，开展车库仓储、高层建筑、燃气、农贸市场消防安全等专项整治5次，开展专题研究、工作协调、警示约谈50次，联合检查160次，发动辖区企事业单位开展应急疏散演练、地质灾害演练27次。发动辖区260余名社会力量参加群防群治，全年巡逻2950次。开展扫黑除恶专项行动以及重点涉稳人员、社区戒毒康复人员、刑满释放安置帮教人员管控。调解矛盾纠纷30余起，涉及100余人，调解成功率达100%。领导干部接访约访下访271次，信息录入88次，办结网上信访案件69件。签订2019年度易肇事肇祸精神病监护责任书5份，完成2019年度以奖代补工作。

【人大工作】 全年代表组集中接访2次，18位代表社区轮值接访80次。协助解决7件事关民生民利的问题，代表组跟踪督办60件建议批评意见，完成调研报告5篇，上交理论研究文章4篇。人大工作的相关报道在国家级期刊《中国人大年鉴》刊载2篇、“学习强国”发布1篇、市级媒体报道20篇。全年对1个“代表之家”、4个“代表活动站”和1个流动“代表活动站”进行示范化、标准化和智能化打造。人大代表胡平律师调解工作室每周五为群众免费提供法律服务，调解辖区民事纠纷6起、经济纠纷2起，社区宣传6次，成功调解准备上诉案件2起。

【政协工作】 年内新设两个“委员之家”为政协委员履职搭建视察调研、联系群众、开展活动“一线工作平台”。完成“委员之家”制度上墙、活动上墙，做到“委员之家”全覆盖。围绕街道中心工作，开展垃圾分类、义务植树、“河长制”落实、污水“三排”整治、李子坝网红景点打造、义诊等工作。以春节、中秋节等传统节日为契机，组织政协委员参加“寒冬送暖·爱满人间”新春慰问暨游园活动，开展“花好月圆·文化品鉴”中秋茶话会。组织政协委员开展为期5年的“一对一”帮扶辖区3名贫困学子。

【“五长制”工作】 全年制作“五长”信息责任牌140余块，“五长”巡查2.7万余次，发现环境卫生类问题4007个、市容广告类问题3308个、园林绿化类问题1229个、公用设施类问题921个、施工管理类问题690个，整改完成率达96%。党政领导班子带队集中执法450余次，联合交巡警、派出所召开协调会10余次，解决嘉陵江河边僵尸车辆、虎头岩护坡下废弃活动板房拆除、工业校化粪池清掏等22项重难点工作。

【“河长制”工作】 抓实禁渔期工作，发放宣传资料400余份，张贴禁渔通告20余张，坚持每天全岸线日夜巡查，出动500余人次，劝导制止违规钓鱼捕捞220余人次。合力攻坚整治船舶，街道主要领导督导，组成船舶专项整治组，多次约谈船主、登船走访测量，整治河源鱼庄、嘉华一号、旱船、嘉华号、滨江步道搁浅船舶、打水囤船6艘船舶，圆满完成整治任务。开展保卫嘉陵江母亲河志愿者活动，社区开展32次志愿者服务活动，累计逾3000人次参加。

【国际社区打造】 以服务外籍人士工作、生活角度出发，以嘉博路社区破题，确立“国际接轨、亨嘉之会、博采众长、真诚服务”的国际社区建设目标。为便利本地居民及外籍人士，在嘉博路4号新设出入境办证厅，于11月投入使用。街道整合多方资源打造国际社区，新建嘉博路社区馨家园，先后组织开展“月满中秋、茶香共此时”外籍友人中秋节活动、化龙桥国际社区2020新年新乐会、“手拉手、心连心”国际文化交流活动，通过特色活动彰显中华传统文化，提升社区国际化影响力。

【垃圾分类工作】 街道、社区两级每月开展不少于3次的主题宣传，宣传涵盖辖区企业、学校、物业小区、农贸市场等，开展各类宣传活动62场次。加强社区垃圾分类指导员及物业负责人业务培训，发放宣传资料24876份，微信推送宣传图文51篇，投资20余万元在小区配置4分类垃圾桶，办理垃圾分类积分卡1020张，居民知晓率达84%。累计回收易腐垃圾16.9吨、可回收物14.1吨、有害垃圾13.98公斤，实现垃圾分类减量31吨。

【妇联工作】 通过法律宣传、法律服务形式，开展“万家学法•法润万家”等活动，做实妇女儿童权益保障工作，李子坝社区“儿童之家”被选树为规范化建设典型。以传统节日和特色节日为契机，开展“巾帼志愿服务行动”“美好生活她课堂”“巾帼心向党•建功新时代”等系列活动，开展寻找“最美家庭”“最美阳台”、家庭助廉等主题活动，创建区最美家庭3户、区文明家庭1户。

【网格化治理】 建立“街道—社区—网格”三级网格社会治理体系，构建“责任到人、包干到格、覆盖到户、巡查到点、管理到边、奖惩到位”的“一网管尽”社会治理模式。下设一级网格1个，二级网格5个，三级单元网格53个，建立“1+2+N”网格员体系，完善5项机制夯实网格化规范化建设。

【武装工作】 2019年，辖区征兵适龄青年网上报名15人，上站参加体检14人，顺利完成区人武部应征青年上站数12人、双合格3人的征兵任务。经过调查摸底、出入转队、政治审查、造册登记和点验等阶段工作，顺利完成103名基干民兵编组。全年投入资金4万余元，完善武装部三室一库建设，接受区武装部、重庆市警备区三次考核，得到高度肯定。

【科普工作】 提档升级李子坝社区科普活动室，打造完成永嘉路社区科普活动室。李子坝、红岩村社区科普大学面向辖区居民举办春季、秋季学习班，全年行课36节，培训近2000人次。结合辖区居民科普知识需求，开展各种科普宣传活动8次。

【“儿童之家”工作】 全年儿童之家园内登记儿童359人，特殊儿童3人。协同立阳幼儿园、爱乐育童，针对0～3岁的儿童开展丰富多彩早教活动40次，累计服务0～3岁幼儿及家长460人次。开展四点半课堂对学龄儿童学业期间作业辅导1200人次。开展寒暑期活动48次，服务1200人次。开办家庭教育讲座4次，服务200人次。加强资源整合，与民建渝中区六支部、爱乐星谷、欧文英语、艺树家、博尔思等共建打造周五“快乐加油站”品牌，开展“小小律师”“小小牙医”“小小摄影师”“小小消防员”“趣味美术课堂”“茶艺点心DIY”等活动。结合传统佳节，开展元宵猜灯谜、端午包粽子、庆六一文艺演出等活动。

【化龙桥街道负责人】

书　　记：柯　苇
主　　任：越德川（2019年1月离任）
　　　　　付　云（2019年3月任职）
人大工委主任：郑　静
副 书 记：越德川（2019年1月离任）
　　　　　汤国军
纪工委书记：郭　辉
副 主 任：刘隆智　陈红宇　孙立志
　　　　　杨海军
组织委员：蒋　倩（2019年4月离任）
　　　　　熊　捷（2019年4月任职）
宣统委员：杨　健

（陈玉林）

石油路街道

【概况】 石油路街道地处渝中区西部，东与大坪街道相邻，南与九龙坡为邻，西与沙坪坝区相接，北与化龙桥街道相连。辖区面积3.5平方千米。下辖7个社区居委会。2019年末，有户籍人口4万余人，常住人口8万余人。街道办事处驻渝中区医学院路9号。街道核定行政编制25人，在职21人；核定事业编制59名，在职36人。

辖区有重庆医科大学、重医附一院、重庆长航医院、重庆煤炭设计院、重庆电车公司、重庆渝友医药有限公司、龙湖时代天街、重庆总部经济园区、重庆市渝州宾馆等中央、市级、区级机关及企事业单位近100家。

辖区有“龙湖时代天街购物中心”大型商业商圈，医学院路“汽车装饰”一条街，石油路“餐饮业”一条街以及龙湖时代天街、万科锦城、恒大名都、重庆总部经济园区4个大型居住楼盘。

辖区主干交通道路有长江二路、大坪正街、渝州路和经纬大道4条；支干交通道路有友谊路、医学院路、茶亭北路、金银湾路、石油路、茶亭南路、虎踞路、虎歇路、虎威路、河运路和大化路11条。

2019年，街道党工委、办事处按照“创一流街道、干一流成绩、带一流队伍”工作要求，不断增强辖区统筹执行能力，坚持“五长制”和三级书记马路办公机制，精准施策、靶向发力，推进石油路经济社会各方面事业持续向好。石油路街道被中共重庆市委政法委员会、重庆市人力资源和社会保障局评为“重庆市平安建设暨社会治安综合治理”先进集体。金银湾社区“三事三色”工作法被国家民政部评为优秀社区工作法。

【党建工作】 全年召开党工委会30余次，分析研判党建形势和“三重一大”议题130余个。督促班子成员落实管党治党“一岗双责”，将党建与业务工作同研究、同部署、同考核、同落实。及时印发《“廉洁石油路”2019年度实施方案》，重点整治形式主义、官僚主义问题，强化办事流程、作风纪律“明察暗访”。深化“把监督挺在前面，修复净化政治生态”试点经验，运用“一三五”监督模式，加强“四必谈”，谈话100人次，促进发现问题；7月，在全区落实管党治党主体责任工作推进会上交流发言。开展“不忘初心、牢记使命”主题教育，做到学、研、查、改四轮齐转、一体推进。全年组织理论中心组学习23次，围绕《学习纲要》等重点理论读物，学习习近平新时代中国特色社会主义思想300余篇，形成调研报告11篇、心得体会150余篇。坚持用好“学习强国”“干部网络学院”等平台，打造新时代文明实践站所9个，组建街社宣讲队8支，举行贯彻新时代新思想院坝会、微宣讲42场次。以庆祝新中国成立70周年为主线，举办“我们的节日”群众文化活动28场，联合区文联举办“礼赞新中国·奋进新时代——石油路地区庆祝新中国成立70周年文艺会演”。全年市区媒体正面报道180余篇。推荐朱登礼、陈思评选“感动渝中”人物。全年意识形态检查152个次，每半年党工委专题研究、进行工作总结；严格执行工作指令、管控提示18个，不定期舆情调查、新闻跟帖、微信转评等417次，《渝中报》手机版报道672条，撰写舆情评论84篇。进一步规范“三会一课”等党内政治生活制度，开展支部主题党日活动800场次，街道班子成员落实双重组织生活130人次；到大足区孝廉文化教育实践基地开展党性教育，参观红岩村纪念馆，购发《习近平新时代中国特色社会主义思想学习纲要》《习近平关于“不忘初心、牢记使命”论述摘编》，编印党建应知应会口袋书，巩固理论学习成效。召集辖区38家党建联席会单位，签订共建协议，季度召开会议，共同研究辖区社会治理重大事宜。运用“三下五促三落实”机制，街道向区级部门“吹哨”40余次，完成医学院路化粪池整治、五棵树小区外占道停车顽疾治理。搞好非公“两个覆盖”，年度摸排非公单位814家、党员31人，维护8253家、党员881名；维护社会组织77家、党员47名，组建率均达100%，覆盖率94.2%以上；推进龙湖时代天街商圈党建试点，健全运行机制、拓展服务阵地、充实党建活动，努力增强“红色引擎”凝聚力影响力，工作进展情况在全区非公党建工作会上作专项汇报。全年办理“群工”诉求728件，满意率达99%；全区民意调查反映的92个事项全部妥善解决或获满意答复。

【城管执法】 全面推行“智慧五长”共享平台，全面实行“马路办公”，开展治乱拆违、街净巷洁、路平桥安、灯明景靓、城美山青城市综合治理工作，全域覆盖辖区59个城市管理网格，重点整治违法占道经营、亭篷伞摊、违章停车、骑跨门摊、违法建筑、广告招牌等，先后规范1032家经营门店骑跨门摊，拆除河运路、虎山路、龙湖时代天街时代汇占道伸缩棚和固定棚100余个、违规门楣店招100余家，整治人行道上违规占道停车10000余次，清理并规范三峡报刊亭、爱心亭、连心亭公益广告和乱堆乱放1000余次。集中开展三轮车整治600余次，清理清运拖移三轮车和摩托车352辆，发放三轮车限行宣传资料5298份，规范画线停车位526个。取缔便民商摊15个，拆除金银湾和虎踞路占道亭子3个，消除在建违法建筑12处、600余平方米，拆除存量违法建筑77处、5551.2平方米。完成数字城管案件31603件，其中公众投诉案件715件、12319案件134件、电话投诉1050件、市政网络舆情48件、电子屏幕视频案件3525件，处置率和回复率均为100%。100%完成了轨道九号线（卡福厂宿舍）49户、医支路28户、长江二路龙湖E馆段道路建设128户房屋征收工作，妥善解决原八县办5家征收户的困难补贴。既有住宅电梯加装取得进展，按程序推动科技学院家属区、重庆医科大学家属区、重医附一院家属区、金都小区等住宅电梯加装工作，累计申报26台，动工修建15台，8台电梯顺利竣工投入使用，140余户居民受益，市级、区级媒体先后5次对比进行宣传报道。水质提升工程进展明显，做好金银湾210号、茶亭南路3（4）号、渝州路168号居民的宣传引导、沟通协调工作，857户水表改造工作顺利完成。彻底解决虎踞路道路“三不管”问题、升伟中环广场旁“无主菜地”问题、恒康丽景小区外“居民菜市场”问题、医学院路5号后侧“破损管网”问题、五棵树小区外“临时停车场”问题、龙湖时代汇“篷伞摊扎堆”等老大难问题。发挥辖区居民和“城管志愿者”“义务监督员”两支队伍作用，加强市政设施日常巡查，及时处理124处市政设施方面问题。建立街道、社区两级监督机制，制定《石油路街道绿化检查考评细则》，全年开展绿化专项检查13次，保证管护工作落到实处。梳理辖区露台、退台等城市空地，在8个点栽种三角梅1680余株，为城市新增绿地420余平方米；利用城市空地建设城市小景，因地制宜实施设计、施工、管护，新增升伟中环广场旁、龙湖时代汇旁2处城市绿地1150平方米。推动辖区14家国（央）企完成17.9万余平方米房产移交区域内涉及的安全、基本功能等问题整治，惠及居民2545户，除航务二公司以外，其余均在规定时间内完成移交。全年开展垃圾分类宣传70余场，发展垃圾分类志愿者128人，配备垃圾分类设施620余件，垃圾分类示范小区万科锦城成为全区样板，区内第一个垃圾分类宣教体验馆建成投入使用，先后接待市（内）外参观学习14次，被市级媒体宣传报道9次，实现垃圾减量114吨。贯彻落实全区“党建＋物业”工作会议精神，及时新增物业服务中心2个，与雨轩物业公司顺利完成工作交接。

【安全工作】 领导班子坚持带头执行《石油路街道2019年度安全监督检查计划》，及时传达学习国家及市区关于安全生产的最新指示和精神，通过每月风险研判、定期研讨决策、重难点专题研讨、现场定人限改等方式，安全工作落地有声。在“防风险保安全护稳定迎大庆”行动中，班子成员节前排查各类重点场所及单位等867家，发现并整改隐患132处，协同处置佳馨小区保温层外墙脱落等物业矛盾5起。

联合区经信委、区商务局开展龙湖时代天街液化石油气罐和醇基燃料专项整治4次，消除17家高层餐饮违规使用液化石油气罐等重大风险；联合区住建委开展“建安行动”2次，督促整改隐患13处；联合区应急办、区消防支队等约谈2个消防系统瘫痪物管的负责人，督促责任落实，推进隐患整改；联合大坪燃气站逐户排查渝州宾馆家属区住户燃气安全隐患，维修整改2处，有效防控风险。推进高层建筑消防安全、“住改非”和有限空间作业等专项整治行动，完善146栋高层建筑基础台账，发现整改各类隐患96处；建立415家“住改非”基础台账，统计核实隐患125处；摸清有限空间作业底数60家，抽查38家，逐步规范36家。实时向7个行业微信群推送高温汛期预警信息、各类事故案例及重要事件通报等，编修各类应急预案18个，协处汛期嘉华鑫城围墙倒塌等安全隐患3处；联合龙湖等重点单位开展各类应急演练42场，送达《关于无锡10•23燃气爆炸事故通报》1000余份。安全监测建立监测点、社区、街道三级巡查防控体系，建立地灾监测点问题台账，及时制定整改方案，先后开展汛期应急处置4次，疏通沟渠64米，清理积淤20余立方米；严格按照危房监测要求，落实每周一查、汛期必查，利用各种设备对大坪正街87号附3、附4号进行全方位监测，详细记录房屋各处定点偏移情况，全年累计巡查57次。推进符合条件的小区开展老旧电梯隐患整治，恒康丽景、帝豪蓝钻、宜居苑等6个小区24台电梯完成整机改造，彻底消除困扰小区居民多年的安全隐患。

【环保工作】 利用环保宣传“十进”、“六•五”世界环境日、保护臭氧层日等契机，开展宣传活动21场，发放各类宣传资料600余份。开展工地专项检查11次，督促龙湖时代天街E馆、明日时代、中海地产、红岩村桥隧项目、轻轨五号线等项目整改问题14个，减少带泥上路、工地裸土等问题发生。组织人员对辖区591家餐饮单位进行专项检查，对未采取油烟防治措施的商家送达《关于妥善处置餐饮油烟告知书》276份，督促22户商家安装或更换油烟净化器。对辖区内存在多年的4处露天烧烤给予取缔，对归店经营的14家烧烤商户，强制要求更换带净化装置的环保烧烤车，减少烧烤经营带来的油烟污染。按照“作业单位每日、社区每周、街道每半月”开展一次实地检查，全年累计实施各类检查35次，现场督办各类问题784件，不断提高作业标准。加强主（次）干道巡查，协调中渝大坪分公司及辖区各责任单位解决环境问题248处。利用街道统揽能力，以“夏季行动”“冬季行动”为契机，先后开展“全民动手”“敲门行动”“洁净楼顶（楼道）”等活动31次，累计投入人力2250余人次，彻底整治卫生死角32处，清理固废114车，极大改善了居民居住环境。加大环卫设施投入，先后3次新增和更换垃圾收运设施285个。高度重视市（区）两级环境卫生检查，全年整改各类问题146件，确保件件有反馈。推动环境卫生整治，投入191.6万元，实施环境综合整治后续维护项目，38户居民屋顶(外墙)漏水问题得到彻底解决。紧盯日常管理薄弱环节，把边角地块、零星空地、弃管区域纳入整治范畴，投入100余万元开展社区“微整治”，彻底改善彭家花园5号、金银湾社区200−204号、彭家花园122号、龙湖时代汇等区域“脏乱差”现状。用好“一业”移交相关政策，严格要求移交单位按标准实施整治，长航集团家属区、卡福厂家属区、二普小区等小区安全隐患得到彻底解决，小区环境得到有效提升。

【社保工作】 全年办理城镇职工养老保险参保、续保、停保4812人，办理城乡居民养老保险32人，办理退休217人。办理城镇职工医疗保险参保、续保、停保1346人；2019年9月至12月办理居民医保达14700人，全年接待来电来访4万余次。办理小额贷款295万元。新增就业6197人，新增登记失业458人，登记失业人员就业598人，就业困难人员就业334人，系统录入单位信息6197个，为失业人员发布用工信息4000余条。对102名应届高校毕业生实行实名登记及定制服务计划，实现就业率95%以上，困难高校毕业生就业率达100%，各项指标均达目标任务。组织大小招聘会8场，招聘成功近400人。落实企业军转干及“三类人员”生活困难、养老保险、医疗保险补贴10.41万元，低保就业补贴64人次，“4050”及“单双解”人员社保补贴513人次。做好“互联网+政务服务”工作，在全市一体化政务服务平台中认领完善97项行政服务事项。重阳节慰问高龄、重病、特困、孤寡失独及做出重要贡献的企业退休人员230名。做好市属国有企业新增退休人员常态化移交工作，2019年新增移交退休人员2人，共接收退管人员7584人。对单位用工信息实行“两网化”管理，随时掌控单位用工动态，协助辖区577家企业完成劳动用工情况网上申报。全年处理欠薪案件18人次，清欠金额4.8万元。

【社区建设】 按规定配置社区人员，将街道抽调的22名社区工作者调整回社区工作。严格社区人、财、物的使用管理，完善社区工作经费拨付标准。先后制定《石油路街道社区和社区工作者考核实施办法》和《石油路街道智慧社区运行考核实施方案》，规范社区日常及年度考核，奖优罚劣。开展全街社区工作者培训，为全街116名社区干部“充电蓄能”。制定《石油路街道“三上三清”社区服务行动实施方案》，指导社区设立窗口，推行社区窗口人员ABC角制度，对走访社区工作者实行定量考核，共走访居民5.49万人次，走访企业1461个，发现问题287件，协商解决273件。指导各社区结合实际完善“三事分流”工作清单，制定完善《居民公约》，建立居民议事会、红白理事会、道德评议会。金银湾社区“三事三色”工作法被国家民政部列为优秀社区工作法。金银湾、煤建新村等社区先后接待广州黄埔区、海南民政厅、深圳经济特区社会工作学院、山东省民政厅及市内各区县对社区治理、“三社联动”及民政工作等方面的学习交流30余次。

【司法工作】 实施石油路街道“七五”普法依法治理5年工作规划，开展“七五”普法工作，司法所荣获重庆市总工会“工人先锋号”称号，程静荣获全国模范司法所长称号，组织金银湾社区通过“全国民主法治示范社区”考核复检，组织石油路社区、新影村社区、煤建新村社区通过“重庆市民主法治示范社区”考核复检。组织辖区5万余名居民参与区普法网络知识答题竞赛活动。全年受理各类社会矛盾纠纷72件，调解率达100%。社区矫正、安置帮教各项制度落实到位，2019年在册社区矫正人员26名，安置帮教人员130名，无脱管、漏管和重新违法犯罪现象发生。

【经济发展】 开展企业服务年活动，倾力经济服务。全年完成固定投资指标6.1亿元，市外投资1.75亿元。外资招商注册登记21户，内资企业1384户，个体1737户。开展全国“四经普查”，登记法人3925户、产业816户、个体59户。走访规上企业170余次，解决意见建议20条。创建国家级钻级酒家4家，打造石油路市级美食街；对口帮扶巫溪县乌龙乡资金20万元、物资2万元。

【综合治理】 全力做好市区及全国两会、智博会期间以及中央扫黑除恶督导组、中央环保督导组等入驻渝州宾馆期间的信访维稳工作，安排工作人员和巡防力量120余人次值守渝州宾馆。及时处置欠薪100余人和各类突发性群体性事件20余起。坚持每月定期研判会议制度，组织召开各类矛盾排查纠纷会议25次，及时掌握和上报各类信息，做到早发现、早处置。及时接待和办理来信来访，共办理各类信访130件（次）（其中重庆市信访系统88件，渝中信箱42件）。9月，成立石油路街道机动队，每天坚持带队步巡和车巡。11月，街道为社区70余名巡防队员增添执法记录仪、防割手套、警棍、皮靴、冬装等工作防护、保暖装备。及时对4名疑似肇事肇祸精神障碍患者进行先期处置并送医收治。强化反邪防邪警示教育，联合夕阳红老年服务中心主办反邪防邪文艺演出2场，先后投入资金2万余元，制作宣传资料、购买宣传小礼品，受教群众达500余人次。建立120名吸毒人员“一人一档”，全年解除社区戒毒（康复）人员8名，并为其建立个人档案。广泛发动辖区社会单位、居民积极举报涉黑涉恶线索，街道投入扫黑除恶经费1.6万元，自制发放扫黑除恶宣传袋2000个，发放抽纸9000盒、体恤500件、搪瓷杯500个，台历900本、卡套1200个、雨伞200把，张贴海报1000张、标语50条，悬挂横幅50幅，提高了辖区居民的知晓度。联合公安集中对新影村盗窃、大坪正街沿线黄赌毒市级A类挂牌整治7次，走访摸排整治地区小发廊小按摩房25家，约谈隐患门店2家，明察暗访13家，打击团伙1个，查处窝点1处，收缴色情卡片18185张；召开动员大会2次、院坝会3次，入户发放宣传手册1400份，悬挂整治“黄赌毒”标识标牌13块。结合辖区实际，按照300～500户标准将辖区7个社区划分为83个网格，明确一、二、三级网格长和网格员，网格长由街道领导、科室负责人和社区主任担任，共计112人，网格员由辖区派出所民警、交巡警、食药监所和街道干部以及社区工作者、党员志愿者、居民代表、楼栋长担任，共计585人。

【社会救助】　全年累计发放低保金212万余元，临时救助130人次25.43万元。各种节日慰问困难群众44.06万元，发放“人生关怀”礼包1012份15.19万元，“爱心超市”共慰问困难家庭91户8.84万元。开展文明殡葬宣传，办理困难群众治丧费补助10人。开展“冬日流浪救助”和“夏日送清凉救助”活动，劝导乞讨人员14人次，救治流浪乞讨人员3人次。

【卫生和计划生育工作】　全年慰问特扶家庭596人次11.87万元，发放失独家庭生日卡129张。办理独生子女证54人，发放避孕药具2.4万余份，开展流动人口青春健康项目6场，提前完成“两癌”筛查任务。加强严重精神障碍患者综合管理，全街在册203人，公安列管患者12人，送医治疗救助金额累计11.53万余元。完成应急救护培训进企业、进军营、进机关活动3场，组织参加区红十字会应急救护技能比赛并获团体一等奖。开展“除四害”和“第31个爱国卫生月”活动，发放鼠药520公斤。

【人民武装及统战工作】　年度征兵7人，完成民兵调整改革任务，民兵军事训练和国防教育工作在全区考评中名列第三名。发挥九三学社人才、智力和技术优势，助推石油路经济社会发展，签订《九三学社渝中区委与中共渝中区石油路街道工作委员会合作协议》，举办“不忘初心 与党同心”渝中区石油路街道统战故事宣讲会。

【工会工作】　全年组建工会5家，新发展工会会员487人；石油路社区工会联合会命名为“区级职工之家”；虎头岩社区工会联合会命名为“区级职工小家”；石油路时代天街党群服务中心命名为“区级职工书屋”；重庆仁品耳鼻喉医院有限公司创建市级民主管理集体协商示范点；开展“党建引领聚合力 ‘粽’情职工谱新篇”端午节活动；举办“礼赞新中国，奋进新时代”石油路地区第三届物管行业技能竞赛活动。

【共青团工作】　开展“向春天报到•扬时代新风”学雷锋志愿服务示范活动，组织辖区40余家非公团组织300余名志愿者参加，直接服务居民群众逾2000人次；为辖区困难群体开展“五个一”上门服务10余次。先后利用社区、非公团组织阵地开展红色基因教育、安全知识教育、生活技能培养、兴趣拓展等主题的暑期活动40余场，开展“我们的节日”传统节假日主题活动30余场。走访辖区困难青少年10名。组织社区团组织通过青春故事分享会、交流讨论、志愿服务等形式深入开展党的十九大精神、团的十八大精神、习近平总书记视察重庆重要讲话精神宣传教育等10余次。在五四青年节，组织社区团员联合小金星幼儿园非公团支部开展“纪念五四运动100周年”和新中国成立70周年快闪活动，100余人参加。依托金银湾社区“微型青少年宫”、煤建新村社区“未成年人观护基地”，为辖区青少年提供课后业余时间学习场地，全年开展青少年活动20余场。民乐村社区团支部书记何鑫参加渝中区2019年团干部岗位实践能力微团课大比拼活动，荣获三等奖。

【妇女儿童工作】 年内组织辖区300名妇女职工，开展“倾情礼赞新中国 巾帼奋进新时代”三八妇女节文艺演出、专家义诊、维权宣传等活动。创建市级最美家庭1户。金银湾社区“儿童之家”全年开展安全教育、生活技能、传统文化等方面的活动40余场，2000余人次参加。

【人大工作】 2019年，市人大常委会主任张轩一行专题调研金银湾社区民情联络室，给予社区工作高度认可。采取多种形式组织代表参加学习培训、接待选民、视察、专题调研等履职活动10次，参与接待选民活动代表共187人次，累计接待选民300余人次，收集群众反映意见和诉求72条。开展2019年代表主题活动，梳理汇总形成《关于2019年度石油路代表组开展人大代表主题活动暨专题调研情况的报告》；围绕中央、市级环保督察交办案件的整治情况，开展提升环保治理能力专项视察活动；听取2019年度石油路街道民政和社区事务工作情况汇报，并开展满意度测评；走访代表工作单位重庆医科大学（大学城校区）和新华人寿保险股份有限公司重庆分公司。全年共上新闻报道稿件16篇（条），其中《公民报》等市级媒体报道7篇，《渝中报》等区级媒体报道5篇，渝中人大期刊采用4篇，报送理论研讨文章1篇。按照“一代表一档案”“一年一卷”的方式收集整理25名代表的《履职档案》，详细记录存档。

【政协工作】 组织委员认真学习习近平总书记在中国人民政治协商会议成立70周年大会上的重要讲话精神及关于加强和改进人民政协工作的重要论述，及时学习市委、区委新时代加强和改进人民政协工作会议精神。完善《街道政协联络委议事协商机制》《政协委员履职活动考勤制度》等。围绕全区经济社会发展中心和人民群众关心的热点难点问题，先后召集委员对辖区派出所扫黑除恶专项斗争、辖区民生实事等相关工作进行集中视察。在走访调研、座谈交流等基础上，起草《关于环重医创新生态圈中心载体建设的建议》等提案。围绕辖区“经济发展”“城市管理”“安全稳定”“服务民生”“智慧社区”5大主题，组织委员深入街道、社区、社会组织等开展专题视察活动10余次，走访辖区企业20余次。开展文化保护、民生保障等“双走进”活动6次，参加“双服务”活动4次，接待群众1000余人次。完成提案办理评议工作，获得98分。

【石油路街道负责人】

书　　记：朱江平
主　　任：彭国川（2019年1月离任）
　　　　　霍　江（2019年3月任职）
人大工委主任：苏本奎
副 书 记：彭国川（2019年1月离任）
　　　　　霍　江（2019年3月任职）
　　　　　文　艳
纪委书记：潘　轶
人大工委副主任：陈正伟（2019年3月离任）
　　　　　潘洪林（2019年4月任职）
副 主 任：马兴彦　江智强　张凌丽
　　　　　陈　烁（2019年5月离任）
　　　　　瞿　斌（2019年4月任职）
组织委员：蒋依胜
宣统委员：陈正伟（2019年2月离任）
　　　　　潘洪林（2019年4月任职）

（王斌）

人物 光荣榜

人物简历

【黄玉林】 男，汉族，重庆市涪陵区人，1963年2月生，市委党校研究生，硕士。1981年8月参加工作，1985年6月加入中国共产党。重庆市渝中区委书记。

1978年9月—1981年8月，在四川省涪陵地区农校农学专业学习。1981年8月—1983年1月，在四川省涪陵地区涪陵市珍溪区公所工作。1983年1月—1985年1月，在四川省涪陵地区涪陵市农业局工作（其间：1983年9月—1984年7月在涪陵师专中文系写作班脱产学习）。1985年1月—1985年9月，任四川省涪陵地区涪陵市农业局秘书科科长。1985年9月—1987年7月，在涪陵师范专科学校中文系干部专修科中文专业脱产学习。1987年7月—1988年9月，任四川省涪陵地区涪陵市农业局秘书科科长。1988年9月—1990年4月，任四川省涪陵地区涪陵市政府办公室科级秘书。1990年4月—1990年8月，任四川省涪陵地区涪陵市政府办公室第二秘书科科长、副局级秘书。1990年8月—1993年12月，任四川省涪陵地委办公室副科级秘书、正科级秘书、二秘科长。1993年12月—1995年1月，任四川省涪陵地委办公室副主任。1995年1月—1995年7月，任四川省涪陵地委副秘书长。1995年7月—1997年6月，任四川省丰都县委副书记。1997年6月—1997年8月，任重庆市涪陵市政府副秘书长、办公室党组成员（1993年9月—1997年7月在四川省委党校经管专业本科班学习；1997年3月—1997年7月在四川省委第二党校县委书记班学习）。1997年8月—1998年5月，任重庆市涪陵市李渡区委书记、区人大常委会党组书记。1998年5月—2001年2月，任重庆市涪陵区委常委，1998年8月任李渡示范区（镇）党工委（党委）书记（1997年9月—2000年6月在重庆市委党校区域经济学专业研究生学习）。2001年2月—2001年10月，任重庆市涪陵区委常委，涪陵城区三峡移民搬迁副指挥长兼办公室主任。2001年10月—2006年12月，任重庆市涪陵区委副书记（2001年9月—2004年6月在西南农业大学农业推广专业硕士研究生在职学习；2005年5月—2005年9月在美国加州大学洛杉矶分校学习）。2006年12月—2007年2月，任重庆市渝北区委副书记、代理区长。2007年2月—2013年3月，任重庆市渝北区委副书记、区长，2010年7月任两江新区开发投资公司董事、两江新区龙兴工业园管委会主任（其间：2008年7月—2009年7月在清华大学区域经济发展高级研修班在职学习；2010年7月—2012年12月在北京师范大学管理哲学专业博士课程班学习）。2013年3月—2013年11月，任重庆市渝北区委书记。2013年11月—2018年1月，任重庆市地方税务局党组书记、局长。2018年1月，任重庆市渝中区委书记。

（黄博）

【左永祥】 男，汉族，重庆市长寿区人，1968年8月生，大学、硕士。1991年7月参加工作，1993年11月加入中国共产党。重庆市渝中区委副书记、区人民政府区长。

1987年9月—1991年7月，在复旦大学统计运筹系数理统计专业大学学习，获理学学士学位。1991年7月—1995年1月，在四川省长寿县农业畜牧局工作，1993年4月任农村经营管理站副站长。1995年1月—1996年12月，任四川省长寿县三峡办主办科员，1995年2月任行政科科长，1995年4月兼任县三峡经济开发公司总经理，1996年12月兼任县三峡建设投资公司董事长、总经理。1996年12月—1997年6月，任四川省长寿县三峡办城迁科科长，兼任县三峡经济开发公司总经理，兼任县三峡建设投资公司董事长、总经理。1997年6月—1998年11月，任重庆市长寿县三峡办副主任。1998年11月—2001年12月，任重庆市长寿县移民局党组副书记，1998年12月任副局长，2000年7月正科级。2001年12月—2002年4月，任重庆市长寿县发展计划委主任。2002年4月—2007年2月，任重庆市长寿区发展计划委主任，2003月10月任重庆长寿化工园区管委会办公室副主任，2005年3月任重庆长寿基础设施开发有限公司党组书记（2001年3月—2004年6月，在重庆大学经济与工商管理学院工商管理专业学习，获工商管理硕士学位）。2007年2月—2012年2月，任重庆市长寿区副区长，2010年6月兼任长寿湖风景区党工委书记。2012年2月—2015年4月，任重庆市长寿区委常委、副区长，兼任长寿湖风景区党工委书记，2014年1月兼任长寿湖镇党委书记。2015年4月—2016年12月，任重庆市长寿区委常委、常务副区长，兼任长寿湖风景区党工委书记，兼任长寿区旅游管理中心党组书记，2016年11月兼任区委党校校长。2016年12月—2018年1月，任重庆市长寿区委副书记，兼任长寿湖风景区党工委书记、长寿区旅游管理中心党组书记、区委党校校长。2018年1月—2019年10月，任重庆市铜梁区委副书记、区长。2019年10月，任重庆市渝中区委副书记、副区长、代理区长。

（刘晏端）

【米绍林】　男，汉族，重庆市潼南区人，1961年2月生，市委党校研究生。1982年8月参加工作，1984年8月加入中国共产党。重庆市渝中区人大常委会主任、党组书记，市人大内务司法委员会副主任委员（兼）。

1979年9月—1982年7月，在四川省永川地区农业学校农学专业中专学习。1982年8月—1983年12月，在四川省潼南县农业局工作。1983年12月—1985年7月，在共青团四川省潼南县委工作。1985年7月—1989年11月，在四川省潼南县委政研室工作。1989年11月—1992年9月，任四川省潼南县上和区副区长。1992年9月—1993年12月，任四川省潼南县塘坝区委副书记、区长。1993年12月—1994年3月，任四川省潼南县太安镇党委书记。1994年3月—1995年7月，任四川省潼南县委组织部副部长（1992年9月—1995年7月，在四川省委党校经济管理专业大专在职学习）。1995年7月—1997年6月，任四川省潼南县委常委，梓潼镇党委书记（1995年11月）。1997年6月—1997年12月，任重庆市潼南县委常委、梓潼镇党委书记（1995年9月—1997年12月，在四川省委党校法律专业大学在职学习）。1997年12月—2001年10月，任重庆市潼南县委常委、常务副县长。2001年10月—2002年3月，任重庆市城口县委副书记、副县长、代理县长。2002年3月—2006年5月，任重庆市城口县委副书记、县长（其间：2004年4月—2005年1月，挂职任国家电网法律事务部副主任）。2006年5月—2009年8月，任重庆市城口县委书记（2003年9月—2006年6月，在重庆市委党校法学专业研究生在职学习）。2009年8月—2009年12月，任重庆市渝中区委副书记。2009年12月—2010年2月，任重庆市渝中区人大常委会党组书记。2010年2月，任重庆市渝中区人大常委会主任、党组书记，2013年1月任市人大内务司法委员会副主任委员（兼）。

【陈大奎】　男，汉族，重庆市万州区人，1963年9月生，市委党校研究生，1984年8月参加工作，1987年1月加入中国共产党。重庆市渝中区政协主席、党组书记，市政协区县联络委副主任。

1981年9月—1984年7月，在四川省粮食学校储藏专业中专学习。1984年8月—1991年1月，任共青团四川省万县地委干事（其间：1990年6月，在西南财经大学工业经济专业大专自考毕业）。1991年1月—1992年2月，任共青团四川省万县地委工农青年部副部长。1992年2月—1993年6月，任共青团四川省万县地委办公室副主任。1993年6月—1994年5月，任共青团四川省万县市委办公室主任。1994年5月—1996年7月，任共青团四川省万县市委副书记。1996年7月—1997年6月，任共青团四川省万县市委书记。1997年6月—1997年12月，任共青团重庆万县市委书记。1997年12月—2002年12月，任共青团重庆市委副书记、直属机关党委书记（2000年3月）（1996年8月—1998年12月，在四川省委党校经济管理专业大学在职学习）。2002年12月—2003年2月，任重庆市长寿区副区长。2003年2月—2007年2月，任重庆市长寿区委常委、组织部长（2002年9月—2005年6月，在重庆市委党校区域经济学专业研究生在职学习）。2007年2月—2010年4月，任重庆市长寿区委副书记（其间：2008年6月—2008年12月，挂职任天津市东丽区政府区长助理；2009年3月—2009年12月，在重庆市委党校中青班学习）。2010年4月—2012年2月，任重庆市渝中区委副书记。2012年2月，任重庆市渝中区政协主席、党组书记，2013年1月—2018年1月任市政协区县联络委副主任（兼），2018年1月任市政协联络委副主任（兼）。

（方政）

人物简介

【马渝】 女，汉族，1965年4月生，山东省莘县人，中共党员。主任医师、医学硕士、硕士生导师。1986年重庆医科大学临床医学本科毕业，2003年重庆医科大学心血管内科硕士研究生毕业。曾在北京阜外医院心血管内科进修1年，法国波尔多大学医院重症医学科进修1年。2008年任重庆市急救医疗中心（重庆市第四人民医院）副院长，2014年任重庆市急救医疗中心（重庆市第四人民医院）党委书记、副院长，2016年任重庆市急救医疗中心（重庆市第四人民医院、重庆大学附属中心医院）院长、党委副书记、中心主任。国务院特殊津贴专家、“全国五一劳动奖章”获得者。

马渝从事心血管内科、重症医学科、急诊医学科临床、教学、科研工作30余年，是重庆市学术技术带头人、重庆英才•创新创业领军人才。任职中华医学会急诊医学分会常委，中国医师协会急诊医师分会常委，中国医院协会急救中心（站）管理分会副主任委员，中国医师协会重症医学医师分会委员，重庆市医学会急诊医学会专委会主任委员，重庆市医师协会重症医学医师分会会长。担任多个杂志编委。主持多项国家及省市级科研项目。

马渝潜心钻研现代医院管理制度，制定并实施医院“十三五”发展规划、“551”人才培养战略、建立“院士专家工作站”、推进智慧医院建设、组建重庆市最大的社区医联体、牵头打造各救治中心建设。启动“3226”急救知识及技能普及志愿服务项目，覆盖民众6万余人；开展“RUN•城市联合应急救护志愿行动”，形成城区急诊急救服务网格，提高院前抢救效率。牵头筹建重庆市航空救援体系和航空救援联盟，为重庆市立体救援建设开启全新篇章；推动建成重庆市“120智慧调度云平台”，主要参与及完成国内领先的视频120自救互救系统的开发应用。

马渝先后荣获重庆市“五一巾帼标兵”“重庆市委优秀党务工作者”“重庆市优秀院长”等称号以及“重庆五一劳动奖章”。2019年，被全国总工会授予“全国五一劳动奖章”。

（宋山三）

【肖学文】 男，汉族，51岁，中共党员，研究生学历，高级工程师，中冶赛迪集团有限公司党委书记、董事长，重庆市政协第三、四、五届常委，是重庆市推动传统工业转型升级的优秀代表。荣获“全国优秀勘察设计行业建国七十周年优秀企业家”“国家重大基础设施建设风云人物”“全国冶金建设行业高级管理专家”“重庆市十大杰出青年”“重庆企业改革突出贡献企业家”等称号以及“2017—2018年度重庆市富民兴渝贡献奖”。

肖学文带领中冶赛迪集团以2018年建院60周年为新起点，持续深入学习贯彻习近平新时代中国特色社会主义思想，将习近平总书记的重要讲话精神和中央决策部署、市委的决策部署落实到企业转型升级和实施高质量发展中去，在推动钢铁行业供给侧结构性改革、推动智能化大数据与实体经济深度融合、参与“一带一路”建设、推动智慧城市建设等方面取得显著成果，在国际市场进一步扩大中国品牌影响力。中冶赛迪2019年营业收入比2017年增长42%，两年来实现利润5.79亿元，稳步实施国务院国资委“双百行动”，再获一项国家科技进步二等奖，保持高质量发展良好态势。肖学文被市委市政府授予全市最高综合性荣誉富民兴渝贡献奖（2017—2018年度）、被中国勘察设计协会评选为全国勘察设计行业建国70周年优秀企业家。

（谭军伟）

【杨浪浪】 女，汉族，1972年10月生，重庆市潼南人，中共党员。正高级教师、特级教师，享受国务院特殊津贴专家，重庆市人民小学党委书记、校长，党的十九大代表。1993年重庆教育学院英语系毕业，1999年中央党校涉外经济管理专业本科毕业。曾参加教育部北京师范大学新课程骨干培训者国家级培训，参加北京师范大学中美“文化之旅”高级研修班学习。曾在加拿大UCC大学进修半年，参加英国剑桥大学TKT进修1年。参加教育部中小学校长国家级培训计划卓越校长领航工程名校长领航班。2009年任重庆市人民小学党委书记、校长。

杨浪浪自2009年任现职以来，坚持“最美的童年在这里发生”办学理念，挖掘传承学校红色基因，打造“马背上的摇篮”校园主题文化，将爱国主义教育、革命传统教育融入学校课程教育、德育教育全过程，有力促进学生全面发展，学校培育出世界著名青年数学家许晨阳、世界女排冠军袁心玥、2名全国十佳少先队员、10名宋庆龄基金奖获得者等一大批优秀学子。大力实施课程改革，建立“体验、开放、综合”的EOC课程体系，成功入选教育部主办的全国首批中小学名校长领航班，并被授牌“杨浪浪校长工作室”，先后联合6省开展校长培训，培训乡村学校校长20余名，帮助巫山朝云小学等10个边远区县学校发展，为推动全市基础教育均衡化作出贡献。创建重庆市第一所小学国际部，成功入选中国国家汉语国际推广领导小组办公室首批孔子课堂，并在海外推广中国文化，与国外16所学校建立了友好学校。积极推动重庆市基础教育的国际交流与合作。创新优秀教师孵化模式，培养学科带头人1人，特级教师3人，名师工作室主持人1人，市级骨干教师20余人，学校教师在国家级优质课竞赛中夺得三轮一等奖，获奖人数达31人。学校先后荣获“中英最佳国际交流奖”、中意文化交流“金椒奖”、全国特色学校、全国文明校园、全国双合格优秀家长示范学校等荣誉10余项。

杨浪浪先后被全国总工会授予“2013年全国五一巾帼标兵”称号、荣获“2016年全国五一劳动奖章”，被全国妇联授予“2018年全国三八红旗手”称号，被中共重庆市委、重庆市人民政府授予2017—2018年度“富民兴渝贡献奖”等。

（喻华）

【施廷懋】 女，汉族，1991年8月31日出生于重庆市渝中区，西南大学2010级运动训练专业学生，西南大学体育学院2013级体育硕士研究生，重庆市体育运动技术学院跳水运动员，中国女子跳水队运动员。

施廷懋获奖纪录：2008年，全国锦标赛3米板季军。2009年，全国锦标赛获得1米板季军，第11届全运会女子一米板季军。2010年，全国锦标赛1米板亚军，中国跳水明星系列赛武汉站女子3米板亚军，全国跳水冠军赛女子1米板季军，广州亚运会跳水女子3米板亚军和女子双人3米板冠军。2011年，全国跳水冠军赛女子1米板冠军，全国跳水冠军赛女子3米板季军，国际泳联跳水大奖赛罗斯托克站女子3米板冠军。2012年，全国跳水冠军赛女子1米板冠军。2013年，全国跳水冠军杯武汉站女子3米板冠军，世界游泳锦标赛女子双人3米跳板冠军。2014年，全国跳水冠军赛女子3米板亚军，第19届国际泳联世界杯女子3米板冠军，仁川亚运会跳水女子1米跳板和双人3米板两项冠军。2015年，国际泳联（FINA）世界跳水系列赛北京站女子3米板冠军，国际泳联世界游泳锦标赛女子跳水1米板亚军和女子双人3米跳板冠军，喀山游泳世锦赛女单3米板冠军。2016年，跳水世界杯女子3米板冠军和女子双人3米板冠军，里约奥运会女子跳水单人3米板冠军和女子双人3米板冠军，国际泳联（FINA）年度最佳女子跳水运动员。2017年，第13届全运会跳水项目女子单人3米板 和女子双人3米板冠军，全国跳水冠军赛女子单人3米板冠军，国际泳联跳水世界系列赛女子3米板冠军，与吴敏霞获得2016CCTV体坛风云人物年度最佳组合奖。2018年，国际泳联跳水系列赛北京站女子3米板冠军，国际泳联跳水系列赛日本站女子3米板冠军和女子双人3米板冠军，第18届亚运会跳水女子3米板冠军和女子双人3米板冠军，全国跳水锦标赛跳水女子3米板冠军。2019年，国际泳联跳水世界系列赛北京站女子双人3米板冠军，第18届国际泳联世界锦标赛暨2020年东京奥运会选拔赛女子双人3米板冠军，全国跳水锦标赛女子双人3米板冠军。

【谭中怡】 女，汉族，1991年5月29日出生于重庆市渝中区，国际象棋女子特级大师，中国女子国际象棋队运动员。2014年，开始兼任重庆棋院教练；2015年，成为国家队助理教练。

谭中怡获奖纪录：2001年，世界国际象棋少年赛10岁组冠军。2002年，“李成智”杯全国少年冠军赛12岁组冠军、快棋冠军，世界国际象棋少年赛12岁组冠军。2003年，“李成智”杯全国少年冠军赛12岁组冠军、快棋冠军。2006年，全国体育大会国际象棋女子冠军。2009年，全国国际象棋个人锦标赛甲组第三名。2010年，全国国际象棋个人锦标赛甲组第三名。2011，世界女子国际象棋团体锦标赛冠军，世界大学生运动会女子国际象棋冠军、国际象棋混合团体组冠军。2016年，第42届国际象棋奥林匹克团体赛冠军。2017年，世界女子国际象棋锦标赛冠军。2018年，上合组织国家国际象棋国际公开赛女子特别奖第一名。2019年，第七届世界女子国际象棋团体锦标赛冠军，国际象棋明星混双对抗赛中与徐俊组合获得冠军。

（练臻青）

光荣榜

国家级表彰

国家各部委表彰单位

（以获奖时间顺序排列）

获奖单位（组织）	获奖名称	获奖时间	颁奖单位
重庆市巴蜀小学校	《泛在课堂实践研究共同体》入选教育部2018年度教育信息化教学应用实践共同体项目	2019年1月	教育部
渝中区较场口消防救援站	全国改革教育整训先进中队	2019年1月	应急管理部消防救援局
渝中区政务服务办	节约型公共机构示范单位	2019年2月	国家机关事务管理局、国家发展改革委、财政部
渝中区较场口消防救援站	全国执勤训练工作先进中队	2019年2月	应急管理部消防救援局
重庆市巴蜀小学校	2018年度网络学习空间应用普及优秀学校	2019年3月	教育部
渝中区就业和人才服务局	2016—2018全国“青少年维权岗”	2019年3月	团中央
重庆市人民医院	全国巾帼文明岗	2019年3月	全国妇联

续表

获奖单位（组织）	获奖名称	获奖时间	颁奖单位
渝中区民政局	第二次全国地名普查先进集体	2019 年 4 月	国务院第二次全国地名普查领导小组
重医儿童医院	医疗服务价格和成本监测工作先进单位	2019 年 4 月	国家卫健委
重医附一院	全国首批“静脉血栓防治中心优秀单位”	2019 年 4 月	国家卫健委
重庆索道公司讲解员班组	全国工人先锋号	2019 年 4 月	中华全国总工会
重庆第五十七中	全国文明校园先进学校	2019 年 5 月	中央文明办、教育部
重医儿童医院	国家儿童健康与疾病临床医学研究中心	2019 年 5 月	国家科技部、国家卫建委、军委后勤保障部
国网重庆市电力公司市区供电分公司九龙营配协同工作组营业一班	全国青年文明号	2019 年 6 月	团中央
七星岗街道“秋之梦”舞蹈团	2019 年“舞动中国排舞联赛”（重庆站）常青组大集体团队第一名	2019 年 6 月	国家体育总局体操运管中心、全国排舞广场舞推广中心
渝中区劳动保障监察大队	2019 年全国清理整顿人力资源市场秩序专项行动取得突出成绩重庆单位	2019 年 6 月	人社部、市场监管总局
重庆市急救医疗中心	中国创伤救治培训中心	2019 年 6 月	国家卫健委
重庆银行股份有限公司人和街支行	全国青年文明号	2019 年 6 月	团中央
渝中区关工委	全国“中华魂”主题教育活动先进集体	2019 年 7 月	全国“中华魂”主题教育活动组委会
渝中区教委	《新时代“都市美育”教学实践研究——重庆市渝中区美育改革案例》全国第六届中小学生艺术展演活动中小学美育改革创新优秀案例二等奖	2019 年 7 月	教育部
渝中区教委	全国第六届中小学生艺术展演活动优秀组织奖	2019 年 7 月	教育部
重庆市聋哑学校	全国教育系统先进集体	2019 年 9 月	人社部、教育部
渝中区侨联	第二十届世界华人学生作文大赛组织奖	2019 年 9 月	中国侨联
渝中区公安分局治安管理支队	70 周年大庆安保维稳工作成绩突出集体	2019 年 10 月	公安部
渝中区委老干局	“指尖上的梦想”获 2019 年终生学习品牌项目	2019 年 11 月	中国成人教育协会
渝中区人民法院	全国维护妇女儿童权益先进集体	2019 年 11 月	全国妇联
渝中区关工委	“指尖上的梦想”获全国“2019 年终身学习品牌项目”	2019 年 11 月	中国成人教育协会
渝中区山城老年大学归元寺社区老年远程教育学习收视点	全国老年远程教育优秀学习收视点	2019 年 11 月	中国老年大学协会
渝中区	全国“七五”普法中期先进集体	2019 年 11 月	全国普法办
光大银行渝中支行	2019 年银行业文明规范服务四星级网点	2019 年 12 月	中国银行业协会
渝中区公安分局大阳沟派出所	全国首批“枫桥式公安派出所”	2019 年 12 月	公安部
渝中区关工委	“梦想课堂”获全国“优秀儿童之家”称号	2019 年 12 月	中国关工委

续表

获奖单位（组织）	获奖名称	获奖时间	颁奖单位
临华路社区	2019 年度全国综合减灾示范社区	2019 年 12 月	国家减灾委员会、应急管理部
区市场管理局注册许可科	全国市场监管系统先进集体	2019 年 12 月	人社部
渝中区经济普查领导小组办公室	第四次全国经济普查先进集体	2019 年 12 月	国务院第四次全国经济普查领导小组
重医附二院	第一批国家更年期保健特色专科和第二批国家孕产期保健特色专科单位	2019 年 12 月	国家卫健委
重医儿童医院	“改善医疗服务全国擂台赛”总决赛铜牌奖	2019 年 12 月	国家卫健委
渝中区消防救援支队	庆祝新中国成立 70 周年消防安保工作先进集体	2019 年 12 月	应急管理部消防救援局

国家各部委表彰的人物

（以获奖时间顺序排列）

姓名	性别	出生年月	获奖名称	工作单位	获奖时间	颁奖单位
程　静	女	1970 年 5 月	全国模范司法所长	石油路街道	2019 年 1 月	司法部
代　颖	女	1983 年 7 月	2018 年度“全国优秀少先队辅导员”	渝中区青少年校外活动中心	2019 年 1 月	团中央、教育部、全国少工委
刘　辉	男	1986 年 6 月	2018 年度“全国优秀少先队辅导员”	重庆市人民小学校	2019 年 1 月	团中央、教育部、全国少工委
李　弸	女	1987 年 5 月	全国法院第三十届学术讨论会二等奖	渝中区法院	2019 年 2 月	最高人民法院
罗　诚	男	1986 年 9 月	全国法院第三十届学术讨论会三等奖	渝中区法院	2019 年 2 月	最高人民法院
王其生	男	1984 年 11 月	全国法院第三十届学术讨论会优秀奖	渝中区法院	2019 年 2 月	最高人民法院
黄郁微	女	2002 年 9 月	2019 年第一批“新时代好少年”	重庆市巴蜀中学（高二学生）	2019 年 5 月	中央文明办、教育部、团中央、全国妇联、中国关工委
段绪坤	女	1967 年 11 月	全国先进会计工作者	重庆市中医院	2019 年 5 月	国家财政局
刘丽萍	女	1973 年 5 月	全国杰出护理工作者	重医附一院	2019 年 5 月	国家卫健委
高万禄	男	1961 年 5 月	全国模范退役军人	渝中区公安分局上清寺派出所	2019 年 7 月	人社部、中组部、退役军人事务部、中央军委政治部等部门
			一等功		2019 年 7 月	公安部
曾君岳	男	1957 年 4 月	全国“中华魂”（腾飞的祖国）主题教育活动先进个人	渝中区关工委	2019 年 7 月	全国“中华魂”主题教育活动组织委员会
黄景椴	女	1930 年 2 月	庆祝中华人民共和国成立 70 周年纪念章	渝中区法院	2019 年 9 月	中共中央、国务院、中央军委

续表

姓名	性别	出生年月	获奖名称	工作单位	获奖时间	颁奖单位
陈　涛	女	1928 年 11 月	庆祝中华人民共和国成立70 周年纪念章	渝中区法院	2019 年 9 月	中共中央、国务院、中央军委
肖　伟	女	1974 年 11 月	最美基层民警	渝中区公安分局交巡警支队两路口大队	2019 年 9 月	中宣部、公安部
左文珍	女	1963 年 4 月	全国模范教师	重庆市巴蜀中学校	2019 年 9 月	人社部、教育部
王　娜	女	1983 年 1 月	全国优秀教师	人和街小学	2019 年 9 月	教育部
郑　新	男	1925 年 5 月	全国中医药杰出贡献奖	重庆市中医院	2019 年 9 月	人社部、国家卫建委、国家中医药管理局
殷亚亭	男	1928 年 3 月	全国中医药杰出贡献奖	重庆市中医院	2019 年 9 月	人社部、国家卫健委、国家中医药管理局
汪　源	男	1970 年 10 月	煤炭行业（部级）第十九届优秀工程设计一等奖（清风时代城）	中煤科工集团重庆设计研究院有限公司第一建筑设计院	2019 年 10 月	中国煤炭建设协会
			煤炭行业（部级）第十九届优秀工程设计一等奖（温泉城四期）			
李英军	女	1971 年 8 月	煤炭行业（部级）第十九届优秀工程设计一等奖（长寿城中城专业市场综合体）	中煤科工集团重庆设计研究院有限公司第四建筑设计院	2019 年 10 月	中国煤炭建设协会
万芝利	女	1980 年 1 月	全军先进老干部工作者	重庆警备区渝中第三离职干部休养所	2019 年 11 月	军委政治部、军委国防部
王晓莉	女	1980 年 6 月	九三学社中央组织工作先进个人	九三学社渝中区委	2019 年 12 月	九三学社中央
石维利	男	1960 年 8 月	庆祝中华人民共和国成立 70 周年安保维稳工作成绩突出个人	渝中区司法局	2019 年 12 月	司法部
张　啸	男	1983 年 11 月	第四次全国经济普查先进个人	渝中区统计局	2019 年 12 月	国务院第四次全国经济普查领导小组
王学峰	男	1952 年 12 月	科学技术一等奖	重医附一院	2019 年 12 月	国家科技部
曹　粒	女	1982 年 11 月	致公党中央海联联络先进个人	重庆三希堂科技有限公司	2019 年 12 月	致公党中央

“全国五一劳动奖章”获得者

姓名	性别	出生年月	获奖名称	工作单位	获奖时间	颁奖单位
马　渝	女	1965 年 4 月	“全国五一劳动奖章”	重庆市急救中心	2019 年 4 月	中华全国总工会

享受国务院政府特殊津贴人员

姓名	性别	出生年月	工作单位	技术职务	从事专业	批准时间
王劲松	男	1975 年 3 月	中冶赛迪重庆信息技术有限公司	总裁		2019 年 1 月
刘　军	女	1969 年 4 月	重庆演艺集团有限责任公司芭蕾舞分公司		艺术总监	2019 年 1 月
邓忠良	男	1965 年 1 月	重医附二院	教授	骨科专业	2019 年 2 月

市级表彰

市委、市政府表彰单位

获奖单位	获奖名称	获奖时间	颁奖单位
渝中区委党校	重庆市文明单位	2019年8月	重庆市委
南纪门街道办事处	重庆市文明单位	2019年8月	重庆市委、市政府
渝中区政务服务办	重庆市文明单位	2019年8月	重庆市委、市政府
重庆银行股份有限公司渝中管理部	重庆市文明单位	2019年8月	重庆市委、市政府

市委、市政府表彰的人物

姓名	性别	出生年月	获奖名称	工作单位	获奖时间	颁奖单位
肖　伟	女	1974年11月	重庆好人	渝中区公安分局交巡警支队两路口大队	2019年5月	重庆市政府
李　萍	女	1975年4月	重庆市民族团结进步模范个人荣誉称号	重庆精一民族小学校	2019年12月	重庆市政府
钱　颖	女	1979年10月	重庆市文明家庭	重庆实验学校	2019年8月	重庆市委、市政府
王　琴	女	1978年10月	科技进步二等奖	重庆市中医院	2019年9月	重庆市人民政府

富民兴渝贡献奖获得者

姓名	性别	出生年月	工作单位	获奖时间	颁奖单位
杨浪浪	女	1972年10月	重庆市人民小学校	2019年12月	重庆市委、市政府
肖学文	男	1968年6月	中冶赛迪重庆信息技术有限公司	2019年12月	重庆市委、市政府

区级表彰

2018年度考核“一等奖单位”

区政府办	区委办	区人大机关	区政协机关
区环保局	区教委	区人社局	区司法局
区财政局	区纪委	区委组织部	区委宣传部
区民政局	区委政法委	区行服办	区信访办
区直机关党工委	区委党校	团区委	区“四久”办
上清寺街道	大溪沟街道	七星岗街道	解放碑中央商务区管委会

新中国成立70周年安保维稳工作成效突出的集体和个人

记三等功奖励集体		
区文化旅游委	区应急局	区信访办

续表

区交通局	解放碑中央商务区管委会	朝天门街道办事处
南纪门街道办事处	上清寺街道办事处	区公安分局国内安全保卫支队
记功奖励集		
区朝天门城市综合管理所		
嘉奖集体		
区纪委监委机关	区委组织部	区委宣传部
区委统战部	区委机要保密局	区政府办公室
区教委安全稳定办公室	区住房城市建委	区卫生健康委
区退役军人事务局	历史文化街区管委会	七星岗街道办事处
菜园坝街道党工委	大溪沟街道平安建设办公室	两路口街道办事处
大坪街道办事处	石油路街道办事处	化龙桥街道办事处
朝天门街道市场监管所	渝中区小什字消防救援队	

记三等功奖励个人					
姓名	单位	姓名	单位	姓名	单位
汤洪杰	区纪委	杨　杰	区委办	杨　沁	区委组织部
李　勇	区委宣传部	雷　兵	区委政法委	阳坤华	区政府办
唐点权	区教委	陈　勇	区住建委	宋　丹	区城管局
何俊生	区文化旅游委	刘　平	区卫健委	张红艳	区退役军人事务局
李正文	区应急局	孔　晟	区信访办	冉　涛	区交通局
刘　锋	解放碑中央商务区管委会	范小华	朝天门街道	赵意伦	七星岗街道
周　建	南纪门街道	常　伟	菜园坝街道	张明功	大溪沟街道
周　勇	两路口街道	鲁治东	上清寺街道	韩　红	大坪街道
霍　江	石油路街道	付　云	化龙桥街道	赵龙刚	区公安分局
徐伦海	区市场监督管理局	李冬梅	区消防救援支队防火处	管　亮	解放碑街道
记功奖励个人					
姓名	单位				
丁政义	区新闻信息中心				
嘉奖个人					
姓名	单位	姓名	单位	姓名	单位
丁海明	区纪委	胡艺瀚	区纪委	雷国新	区委办
陈方阳	区委办	黄　博	区委组织部	凤　丽	区委组织部
曾　文	区委宣传部	张云丹	区互联网舆情中心	廖文龙	区委统战部
任　伟	区委政法委	张　芮	区委政法委	杨　林	区委政法委
包海燕	区委老干局	田一柯	区融媒体中心	王　植	区人大机关
刘群利	区人大机关	肖　靖	区政协机关	张　佳	区政协机关
王庭伟	区政府总值班室	毛　莉	区发改委	陈德文	区教委
刘冠男	区政府办	杨　勇	区教委	周　竹	区教委

续表

姓名	单位	姓名	单位	姓名	单位
黄　冬	区教委	彭　茂	区经信委	李剑功	区民政局
李　梅	区科技局	王　珺	区财政局	刘　路	区人力社保局
高　梅	区司法局	刘小兵	区就业和人才服务局	曹科扬	区环境行政执法支队
蔡永忠	区社保局	程　瑜	区建设综合监督管理处	张　岚	区房屋征收中心
李　杰	区住房城市建委	冉清光	区城市管理综合行政执法支队	王　焱	区城管局
宋云溱	区城管局	陈　怡	区绿化维护管理处	王建国	区文化市场行政执法大队
胡　鹏	区商务委	邓　琳	区文化旅游委	桂　伟	区红十字会
胡晓红	区文化市场行政执法大队	谢　洪	区卫健委	廖　飞	区应急局
越德川	区退役军人事务局	蒲云成	区军休中心	吴　玲	区国资委
马　灵	区安全生产监察执法大队	张　斌	区民族宗教委	袁　江	区信访办
杜德俊	区机关事务管理局	李　恒	区金融办	邓吉艳	区交通局
郑　政	区信访办	姚文勇	区人民防空办	经维川	区大数据发展局
陶时新	区港航管理所	金　犁	区招商投资局	谢　果	历史文化街区管委会
徐洪相	解放碑中央商务区管委会	宁　波	区城市管理综合行政执法局解放碑中心购物广场执法大队	戚瀚文	大石化新区管委会
陈迪兵	历史文化街区管委会	罗　林	大石化新区管委会	周永胜	解放碑街道
吴　辉	电创园管委会	陈冬冬	电创园管委会	毛　真	区城市管理综合行政执法局朝天门街道执法大队
蒋昊宇	区城市管理综合行政执法局菜园坝街道执法大队	张　翼	区城市管理综合行政执法局解放碑街道执法大队	李成福	区城市管理综合行政执法局两路口街道执法大队
黄万勇	朝天门街道	向　雪	朝天门街道	肖恩宇	南纪门街道
欧　旭	七星岗街道	金亮威	南纪门街道	崔卫东	大溪沟街道
陈　鑫	菜园坝街道	李启勇	解放碑街道	袁世诚	七星岗街道
华　庆	大溪沟街道	金　磊	两路口街道	秦　勇	上清寺街道
陈祝斌	上清寺街道	黄中强	上清寺街道	瞿　斌	石油路街道
代爱国	大坪街道	张金城	大坪街道	邓占洲	化龙桥街道
刁锡印	石油路街道	江智强	石油路街道	郑庆伟	区检察院
周大桥	化龙桥街道	曾　会	区法院	曹　阳	区公安分局
彭丽娟	区残联	肖粟菲	区税务局	刘　勇	区公安分局
奉　鹏	区公安分局	李秉政	区公安分局	程剑锋	两路口街道市场监管所
周　延	区公安分局	卢　笋	区规划和自然资源局	于海滨	区大坪救援站
陆松川	解放碑街道市场监管所	陈清勇	区消防救援支队		

2016—2018年度记三等功名单

姓名	单位	姓名	单位	姓名	单位
梁　栋	区委办	杨　杰	区委办	旷　阳	区委办
徐卓远	区委办	梁仕军	区人大机关	乔德水	区政府办
辛　龙	区府督查室	张道建	区委组织部	方　政	区委组织部
陈　浩	区委宣传部	林　莉	区委宣传部	郑　军	区编办
张　强	区委政法委	肖　梦	区委研究室	赵　云	区党工委
包海燕	区委老干局	孙　琳	区委老干局	黄嘉玮	区委党校
钟　波	区发改委	黄江林	区发改委	王　铁	区发改委
黄丽丽	区发改委	黄　祥	区民政局	江　帆	区国资委
王佳艳	区财政局	李　睿	区财政局	叶　青	区教委
黄　冬	区教委	王　曦	区教委	朱玲艳	区商务局
王小刚	区军休中心彭家花园干休所	肖　竞	区军休中心袁家岗军休所	黄　波	区城市管理综合行政执法支队
易小汉	区人力社保局	刘小庆	区社保局	罗　利	区社保局
周长友	区社保局	康　乐	区社保局	辜　梦	区社保局
吴浩宇	区就业局	熊　伟	区军休中心	黄小玲	区卫计委
于　雯	区统计局	何　亮	区安监局	李　峰	区法制办
刘嘉玲	区法制办	李　林	区行政服务中心	熊　伟	区民防办
胡　科	区法院	任　科	区法院	徐　真	区法院
王真祥	区法院	许坤霖	区法院	刘豆豆	区法院
陈晓红	区法院	赵文康	区法院	崔全龙	区检察院
漆三川	区检察院	王世明	区检察院	邢光旭	区检察院
任　艳	区妇联	黄　彦	团区委	陈荟宇	团区委
徐洪相	解放碑中央商务区管委会	陈恺刚	历史文化街区管委会	扶　毅	七星岗街道综合行政执法大队
向　雪	朝天门街道	陈　佳	区残联	宋　丹	七星岗街道
欧　旭	七星岗街道	孙文佳	南纪门街道	张明霞	南纪门街道
龙文艺	两路口街道	李海清	上清寺街道	瞿　斌	大坪街道
苏本奎	石油路街道	程　静	石油路街道		

2018年度公务员嘉奖

姓名	单位	姓名	单位	姓名	单位
周琪玲	区委办	包昌友	区委办	陶　虹	区委办
雷国新	区委办	赵子峰	区人大机关	杨云平	区人大机关
陈　婵	区人大机关	罗　毅	区政府办	阳坤华	区政府办
周子栋	区政府办	周振超	区政府办	李增光	区政府办
刘冠男	区政府办	王庭伟	区政府办	李少华	区政协机关

续表

姓名	单位	姓名	单位	姓名	单位
覃　西	区政协机关	张康华	区委巡察组	易利华	区委巡察组
明　华	区纪委	汪　涛	区纪委	王勇强	区纪委
崔江飞	区纪委	陈　霞	区纪委	李函霏	区纪委
李安乐	区纪委	张毅钊	区纪委	刘　伟	区纪委
刘　牧	区纪委	薛孟佳	区纪委	朱　峰	区纪委
陈　婷	区委宣传部	范贺强	区纪委	蒋学荣	区委宣传部
张道建	区委组织部	李　勇	区委宣传部	邹晓宇	区委组织部
杨　沁	区委组织部	胡传龙	区委组织部	王　静	区委组织部
邓统文	区委非公委	陈燕婧	区委组织部	龙友渔	区委组织部
尚　绯	区委政法委	杨　琳	区委统战部	张　同	区委统战部
黎安原	区委研究室	冯　岭	区综治办	陆　伟	区编办
李　杨	区委老干局	林　滟	区直机关党工委	罗晓路	区委老干局
赵晶晶	区老干活动中心	雷光洪	区委老干局	李　刚	区委党校
张晓露	区委党校	姜媛媛	区委党校	李泽娟	区委党史研究室
杜　伶	区财政局	袁　聚	区财政局	熊　娟	区财政局
袁　鹏	区财政局	熊　伟	区财政局	祝汝飞	区财政局
王　倩	区财政局	周泳滔	区发改委	李俊明	区发改委
程　程	区发改委	张羽婷	区教育党工委	黄　青	区经信委
江武渝	区纪委	唐点权	区教委	邱文莎	区教委
吴　彬	区科委	谢　平	区教委	陶　琳	区建交委
龚万富	区建交委	鞠　影	区建交委	李　莉	区交通运输管理所
余以兵	区交通运输管理所	曾　理	区建交委	郑琳琳	区商务委
张靖伟	区商务局	卫　强	区商务局	熊成钢	区民政局
王北川	区民政局	曾穿云	区商务局	晏　琴	区军休中心
蒋雪峰	区军休中心蔡家石堡军休所	陈　军	区军休中心上大田湾军休所	周呈莉	区军休中心
高　梅	区司法局	张　娟	区民政局	邹　静	区司法局
米　佳	区人力社保局	石维利	区司法局	谢艾伶	区人力社保局
冯　欣	区人力社保局	蔡　霞	区人力社保局	刘　曦	区人力社保局
聂　凡	区人力社保局劳动保障监察大队	师佩华	区人力社保局劳动保障监察大队	马　斌	区人力社保局劳动保障监察大队
邓旭阳	区社会保险局	张待茂	区人力社保局劳动保障监察大队	代凌云	区社会保险局
刘玉兵	区社会保险局	申昌跃	区社会保险局	周亚明	区社会保险局
宋俊龙	区社会保险局	张甫治	区社会保险局	何　翔	区社会保险局
唐　波	区就业和人才服务局	张　阳	区社会保险局	刘　影	区就业和人才服务局

续表

姓名	单位	姓名	单位	姓名	单位
张　慧	区就业和人才服务局	刘小兵	区就业和人才服务局	何治红	区环保局
杜　洁	区环保局	毛琳利	区房管局	向胜利	区环保局
顾大洪	区环保局	唐芡誉	区环保局	曾　卿	区环境行政执法支队
杨光辉	区环境行政执法支队	冯黎黎	区环保局	付　云	区城市管理局
杨　靖	区城市管理局	温　灿	区环境行政执法支队	顾　丽	区城市管理局
冉清光	区城市管理局	沙德友	区城市管理局	卢永军	区文化旅游委
张兴华	区文化旅游委	古维维	区城市管理局	张　荟	区卫计委
王建国	区文化行政执法大队	崔　杰	区文化旅游委	刘　平	区卫计委
桂　伟	区红十字会	胡　杨	区文化行政执法大队	冯向英	区卫计委
万晓梅	区卫生计生监督执法局	刘建民	区卫生计生监督执法局	杨　潇	区卫生计生监督执法局
魏宋艺	区卫生计生监督执法局	王海江	区卫生计生监督执法局	黄春山	区卫生计生监督执法局
徐莉丽	区统计局	徐雯雯	区社会经济调查队	刘　庆	区民宗委
吴　玲	区国资委	冯云宇	区社会经济调查队	莫蓉军	区安监局
李正文	区安监局	胡　辉	区国资委	陈宽林	区安监局
李　霞	区旅发委	蔡甜甜	区安监局	杜建春	区旅游监察执法队
喻　彦	区法制办	李玥萱	区旅发委	何邦辉	区机关事务管理局
刘玉兰	区机关事务管理局	张　毅	区机关事务管理局	杜　琳	区民防办
赵　彪	区信访办	汪媛媛	区金融办	孔　晟	区信访办
夏荣烽	区档案局	袁　江	区信访办	尹彦博	区法院
邹　莉	区档案馆	张　洁	区档案馆	朱　莎	区法院
付　彪	区法院	王萌萌	区法院	江才全	区法院
刘步蟾	区法院	朱　闯	区法院	李　雪	区法院
苏欣强	区法院	刘晓蒙	区法院	杨　炼	区法院
李响响	区法院	李　平	区法院	张　硕	区法院
何　滢	区法院	李家骥	区法院	周国平	区法院
张应红	区法院	宋　涛	区法院	赵利利	区法院
屈冬梅	区法院	陈　卓	区法院	彭重波	区法院
胡　鑫	区法院	赵　辉	区法院	蓝　兰	区法院
董现友	区法院	秦必强	区法院	赖俊斌	区检察院
赖树辉	区法院	曾　会	区法院	张　姗	区检察院
肖　理	区检察院	李舰洲	区检察院	杨旭泽	区检察院
杨　然	区检察院	赵　坦	区检察院	翁格文	区检察院
王　鑫	区检察院	王　娜	区检察院	汪　林	区检察院
黄　宇	区检察院	王　忠	区检察院	傅劲松	区检察院

续表

姓名	单位	姓名	单位	姓名	单位
陈虹宇	区检察院	王良凤	区检察院	郭　洁	民建渝中区委
陈　静	区总工会	兰　曼	民革渝中区委	张　南	解放碑中央商务区管委会
江　南	解放碑中央商务区管委会	傅晨玥	解放碑中央商务区管委会	蒋华伟	解放碑中央商务区管委会
陈迪兵	历史文化街区管委会	霍　江	解放碑中央商务区管委会	程枫凯	大石化新区管委会
陈建录	区电创园管委会	姜明芳	历史文化街区管委会	杨　荀	区电创园管委会
张　雨	区行政服务中心	徐银东	大石化新区管委会	宋云溱	区配置中心
马　驰	解放碑街道	朱　轲	区行政服务中心	李名英	解放碑街道
李启勇	解放碑街道	王　坚	解放碑街道	徐　利	解放碑街道
罗春萍	解放碑街道	张　怡	解放碑街道	雷　华	解放碑街道
杨　杰	朝天门街道	赵建勇	解放碑街道	傅晓蓉	解放碑街道
范小华	朝天门街道	段陈缅	朝天门街道	张　俊	朝天门街道
陈　净	朝天门街道	毛　真	朝天门街道	陈　伟	朝天门街道
谭辉茜	七星岗街道	熊槐宁	七星岗街道	李将才	七星岗街道
陈康宁	七星岗街道	周　建	南纪门街道	唐红艳	南纪门街道
刘玉章	南纪门街道	李　伟	南纪门街道	邬贵华	南纪门街道
陈　鑫	菜园坝街道	刘　科	菜园坝街道	李良碧	菜园坝街道
吴其伟	菜园坝街道	孙晓清	菜园坝街道	费庆一	菜园坝街道
蒋昊宇	菜园坝街道	宋志国	菜园坝街道	李　鹰	菜园坝街道
杨虎荣	大溪沟街道	华　庆	大溪沟街道	任潇潇	大溪沟街道
李　科	大溪沟街道	周　洪	大溪沟街道	沈志斌	大溪沟街道
魏代永	大溪沟街道	周　勇	两路口街道	秦春朝	两路口街道
赵卫东	两路口街道	赵正立	两路口街道	李　茜	两路口街道
袁　曦	两路口街道	卢永莉	两路口街道	纪　承	两路口街道
艾正兵	上清寺街道	鲁治东	上清寺街道	李忠文	上清寺街道
彭　伟	上清寺街道	刘　红	上清寺街道	胡世祥	上清寺街道
熊　捷	上清寺街道	潘小锋	上清寺街道	马　勇	上清寺街道
谷光武	上清寺街道	俞红敏	上清寺街道	刘明星	大坪街道
吴亚男	大坪街道	池　建	大坪街道	乔耀辉	大坪街道
何栋华	大坪街道	江　陵	大坪街道	朱江平	石油路街道
潘　轶	石油路街道	陈　烁	石油路街道	祝　平	石油路街道
王正凌	石油路街道	何　奇	石油路街道	张光斌	石油路街道
郝光华	石油路街道	王晓曦	化龙桥街道	郑　静	化龙桥街道
蒋　倩	化龙桥街道	许　斌	化龙桥街道	周大桥	化龙桥街道
徐　剑	化龙桥街道	全为民	化龙桥街道		

统计资料

2019年渝中区国民经济和社会发展统计公报

2019年，在市委、市政府的坚强领导下，渝中区坚持以习近平新时代中国特色社会主义思想为指导，全面贯彻落实党的十九大和十九届二中、三中、四中全会精神，紧紧围绕习近平总书记对重庆提出的“两点”定位、“两地”“两高”目标、发挥“三个作用”和营造良好政治生态的重要指示要求，坚持从全局谋划一域、以一域服务全局，团结一心、砥砺奋进，经济社会发展各项事业稳步向前。

一、区域经济

综合实力。初步核算，全年地区生产总值（GDP）1301.3亿元，按可比价格计算，比上年增长5%。地均GDP产出64.8亿元/平方千米，位列全市第一；按常住人口计算，人均GDP为196875.7元，位列全市第一。

2015—2019年地区生产总值与可比价增长速度

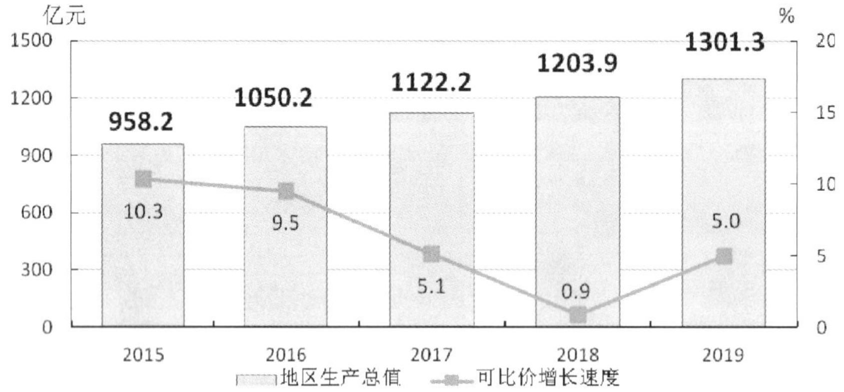

产业结构。全年二、三产业增加值分别为122.2亿元、1179.1亿元，分别增长2.6%、5.2%。二、三产业比例为9.4∶90.6，第三产业对GDP的贡献率为95.2%。

2015—2019年第三产业占GDP比重

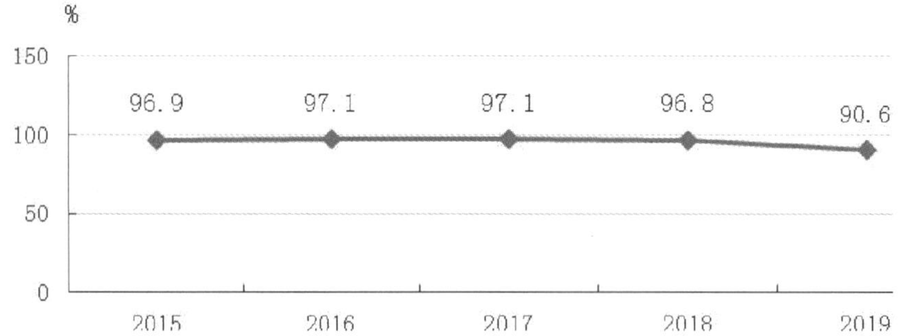

财税收入。全年区域税收收入205.7亿元，下降1.2%，占GDP的比重为15.8%。一般公共预算收入41.9亿元，下降9.7%，其中税收收入34.2亿元，下降9.5%，税收收入占一般公共预算收入的比重为81.6%；一般公共预算支出74.3亿元，增长4.2%。

2015—2019 年区域税收收入与增长速度

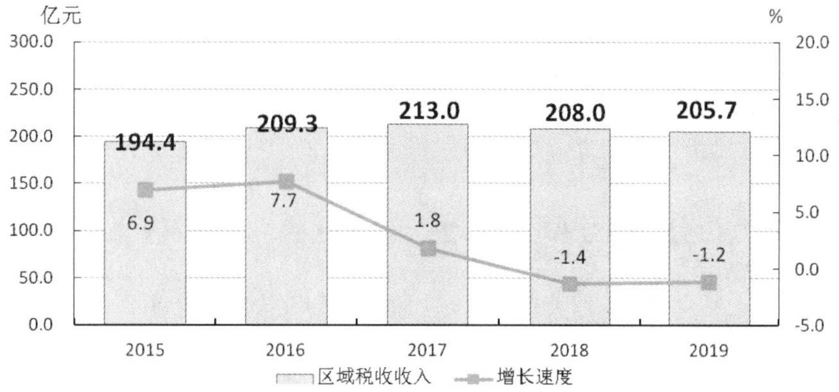

固定资产投资。固定资产投资 175.3 亿元，下降 19.9%，投资强度 8.73 亿元 / 平方千米；固定资产投资占 GDP 的比重 13.5%。其中建设改造和房地产开发投资分别为79.4亿元、95.8亿元，分别占 GDP 的 6.1% 和 7.4%。

2015—2019 年固定资产投资及增长速度

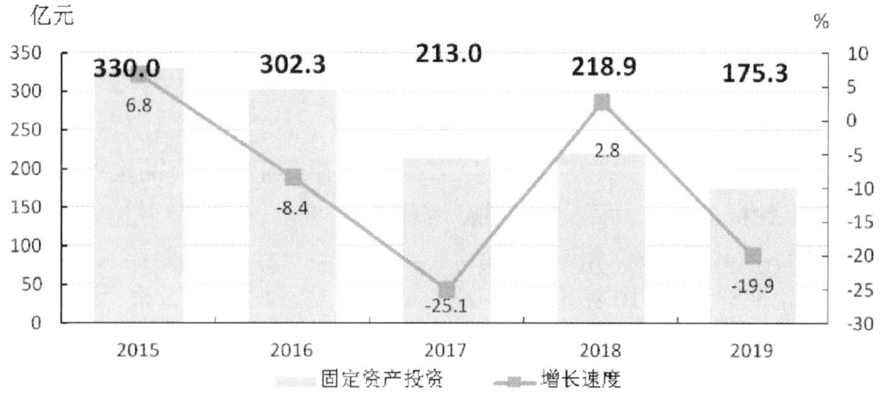

对外开放。全年区域实际利用外资 4.3 亿美元，下降 8.0%。进出口贸易总额实现 105.4 亿元，增长 1.5%，进口总额与出口总额分别为 77.6 亿元和 27.8 亿元，分别增长 0.6%、4.3%。服务贸易额 165.2 亿元，增长 10.7%。

2015—2019 年区域实际利用外资

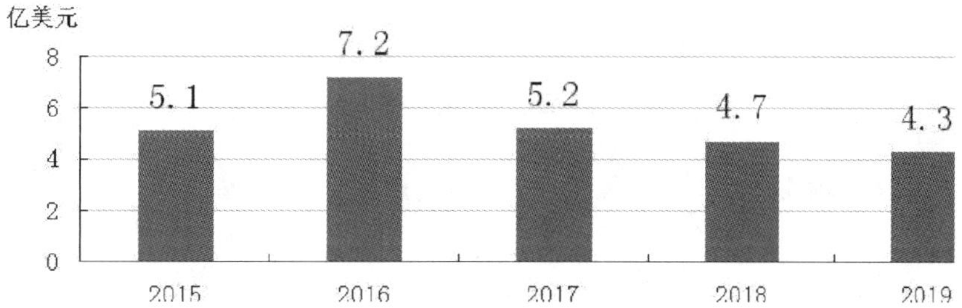

二、板块发展

解放碑中央商务区全年实现增加值544.1亿元，增长3.6%，占全区的41.8%；完成固定资产投资66.8亿元，增长10.6%，占全区的38.1%。

电子商务和创意产业园区全年实现增加值394.2亿元，增长6.9%，占全区的30.3%；完成固定资产投资34.5亿元，下降15.2%，占全区的19.7%。

大石化新区全年实现增加值252.1亿元，增长7.6%，占全区的19.4%；完成固定资产投资43.5亿元，下降28.7%，占全区的28.7%。

历史文化街区全年实现增加值110.8亿元，下降0.1%，占全区的8.5%；完成固定资产投资30.5亿元，下降46.3%，占全区的17.4%。

重庆中央商务区（渝中区区域）全年实现增加值555.2亿元，增长3.5%，占全区的42.7%；完成固定资产投资67.2亿元，增长9.3%，占全区的38.3%。

2019年四大功能区增加值占全区GDP的比重

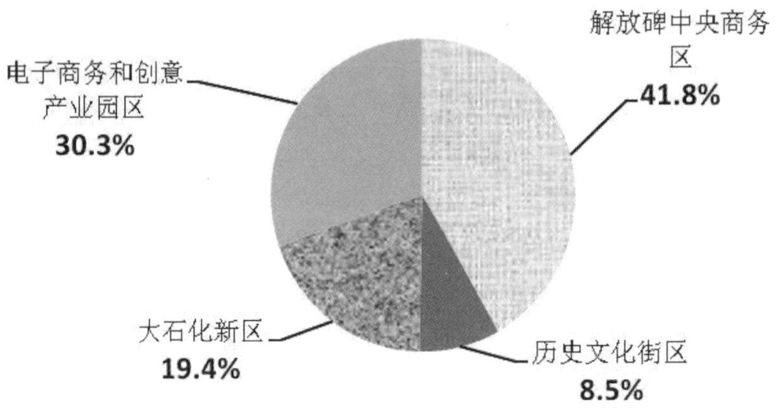

三、产业发展

金融业。年末金融机构人民币存贷款余额10152亿元，增长12.5%，其中存款余额5432.0亿元、增长13.1%，贷款余额为4720.0亿元，增长11.7%；保费收入194.4亿元，增长5.9%；证券交易额5796亿元，增长23.1%。

商贸业。批发和零售业销售额增长9.7%；住宿和餐饮业营业额增长14.4%。社会消费品零售总额增长5.6%。限额以上批发零售法人企业零售额中，粮油、食品类增长2.5%，化妆品类增长6.3%，日用品类增长10.6%。

房地产业。商品房施工面积611.0万平方米，其中住宅214.3万平方米、办公楼84.9万平方米、商业营业用房139.2万平方米。商品房销售面积66.8万平方米，其中住宅48.0万平方米、办公楼7.9万平方米、商业营业用房6.0万平方米。商品房销售额123.0亿元，其中住宅93.6亿元。

2015—2019年商品房销售面积

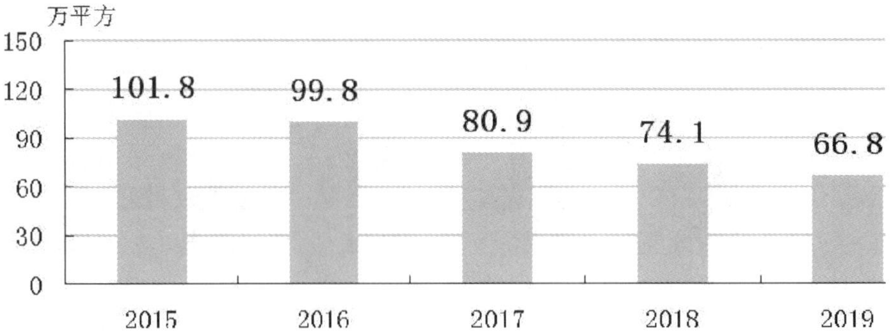

旅游业。全年旅游业总收入463.5亿元，增长20.9%，其中国内旅游收入392.9亿元，增长19.8%，旅游外汇收入10.1亿美元，增长24.7%。接待旅游者人数6744.2万人次，增长5.8%，其中国内旅游者6579.7万人次，增长5.8%，入境旅游者164.5万人次，增长6.0%。旅行社196家，其中国际旅行社40家；4A、3A、2A景区分别为9个、2个、2个，两江游船8艘。

2015—2019年旅游业发展

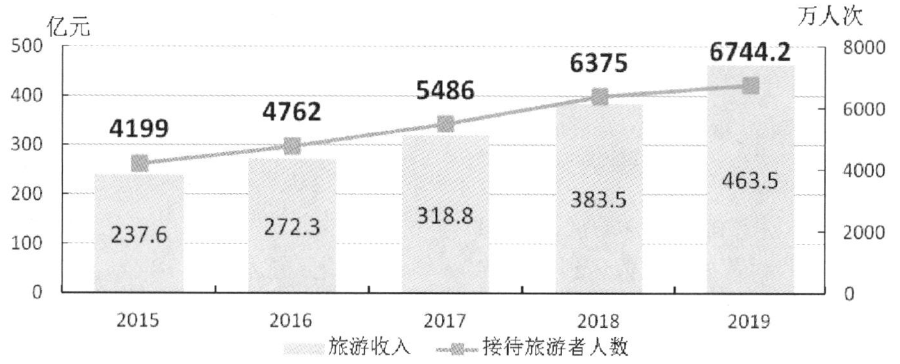

四、重点产业及集聚区发展

六大重点产业。2019年现代金融业增加值299.9亿元，增长7.9%；高端商贸业增加值283.2亿元，增长4.3%；专业服务业增加值242.5亿元，增长6.3%；文化旅游业增加值135.0亿元，增长5.3%；互联网服务业增加值96.8亿元，增长7.5%；健康医疗服务业增加值100.9亿元，增长2.3%。

十大集聚区。2019年十大集聚区规上企业992家，占全区比重68.9%，共实现营业收入（或产值）2980.7亿元，占全区比重79.8%，增长5.8%。解放碑中央商务区规模以上企业营业收入1597.9亿元，占全区的比重42.8%。朝天门现代商务区、下半城历史文化风貌带、化龙桥国际商务区、大坪潮流商圈、大溪沟文创设计产业集聚区、上清寺互联网科创产业集聚区、菜园坝滨江城、总部城数字经济集聚区、环重医创新生态圈区域内规模以上企业分别实现营业收入（或产值）80.6亿元、118.8亿元、24.3亿元、73.2亿元、235.4亿元、792.6亿元、10.1亿元、44.3和3.4亿元，占全区规模以上企业营业收入（或产值）分别为2.2%、3.2%、0.7%、2.0%、6.3%、21.2%、0.3%、1.2%和0.1%。

五、城市建设

基础设施。年末排水管道总长度为339.6千米；在全市率先布局5G网络、建成站点594个，新建改建停车场3个、新增停车位700个，新增充电桩473个，十八梯110千伏变电站等工程启动建设。

城市管理。年末市容环卫专用设备189台。精扫细保990万平方米环卫作业面积，精心管护365万平方米市政道路。拆除违法建筑面积5.4万平方米，整治摊群摊点7215个，拆除户外广告950块，整治门楣店招1029块。

环境质量。新标准空气质量二级以上天数为315天。$PM_{2.5}$年日均值、二氧化硫年日均值、二氧化氮年日均值、臭氧年日均值、一氧化碳年日均值、PM_{10}年日均值分别为0.036毫克/立方米、0.008毫克/立方米、0.049毫克/立方米、0.140毫克/立方米、0.0015毫克/立方米、0.061毫克/立方米。区域环境噪声平均值、道路交通噪声平均值分别为52.9分贝、65.7分贝。

园林绿化。年末公园数量为21个，公园面积127.9公顷；园林绿地面积661.4公顷，其中公园绿地面积385.8公顷；绿化覆盖率为40.5%，城市人均公园绿地面积7.7平方米。

2015—2019 年城市人均公园绿地面积

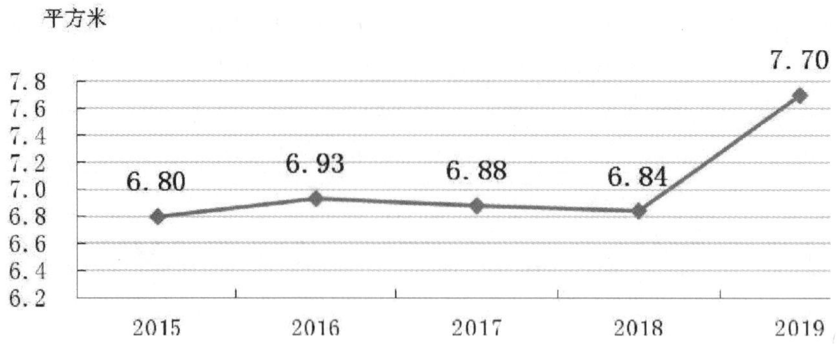

六、社会事业

科技。全年举办科普讲座 939 场次，参加人数达到 28170 人次，科普展览次数达到 2 次，参观人数达到 8000 人次。

教育。2019 年末普通中学 13 所，职业高中 2 所，小学 30 所。全年学校招收学生普通中学 7561 人，职业高中 1158 人，小学 5681 人；在校学生普通中学 21671 人，职业高中 2985 人，小学 30351 人；毕业生普通中学 6731 人，职业高中 1032 人，小学 4567 人。幼儿园专任教师（含民办等幼儿园）1034 人，在园幼儿 14135 人。

文化。艺术表演 18 个，全年演出 1301 场次，观众 56.4 万人次；艺术表演场馆 10 个，全年演出 895 场，观众 32.5 万人次。年末非物质文化遗产为 49 项，重点文物保护单位 68 个，其中国家级 19 个。

卫生。全年诊疗人次 1341.6 万人次，出院 48.8 万人次，实际占用总床日数 422.2 万日。

2015—2019 年诊疗人次数

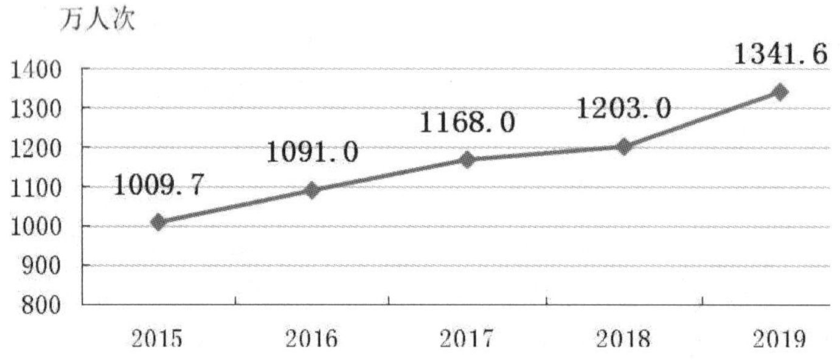

体育。全年体育系统主办体育活动 46 次。全民健身路径 400 处。体育场地面积 60.1 万平方米，人均体育场地面积 0.91 平方米，社会体育指导员 1841 名。

七、民生保障

人口。年末户籍人口 50.4 万人，年末常住人口 66.2 万人；城镇化率 100%。

2015—2019 年常住人口

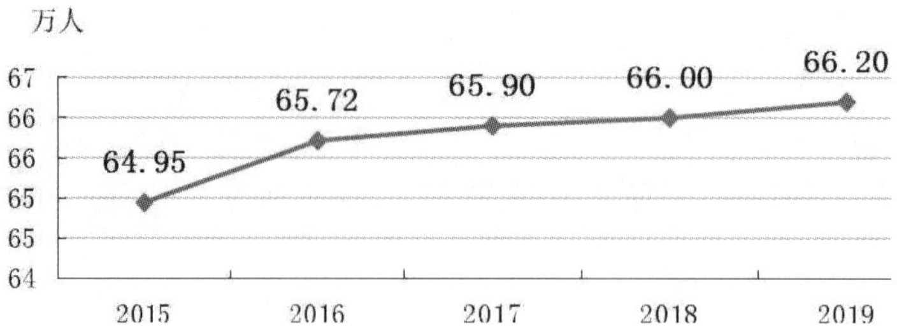

居民生活。城镇常住居民人均可支配收入44029元，增长9.2%，其中工资性收入26555元，增长9.9%；转移净收入10038元，增长4.9%。人均消费性支出31093元，增长6.8%，其中食品类支出9242元，增长5.6%；教育文化娱乐类支出3821元，增长2.0%。

社会保障与救助体系。年末基本养老保险参保人数为98.6万人，失业保险参保人数为61.9万人，城镇基本医疗保险参保人数为78.0万人，工伤保险参保人数为59.4万人，生育保险参保人数为52.8万人。年末享受城市居民最低生活保障人数为10380人，下降5.7%，全年发放最低生活保障金7605万元，下降0.6%。年末城镇登记失业人数5160人；调查失业率为4.39%。“人生关怀”工程投入1.9亿元，受益居民51.6万人次。

消费价格。全年城市居民消费价格指数上涨2.7%，其中食品烟酒增长6.8%、衣着上涨0.2%、居住上涨2.0%、生活用品及服务上涨0.6%、教育文化和娱乐上涨1.9%、医疗保健上涨0.7%、其他用品和服务上涨2.8%、交通和通信下降1.4%。

2015—2019年居民消费价格指数

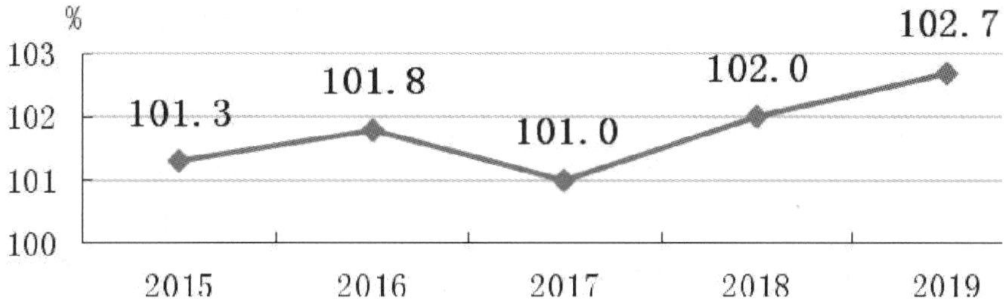

注：1. 本公报统计数据为快报数据，最终数据以统计年鉴公布的数据为准。

2. 地区生产总值，各板块增加值绝对数按现价计算，增长速度按可比价计算。

3. 2019年地区生产总值、各项增加值由2018年全国第四次经济普查基数核算得来，后期将对历史数据进行修正。

4. 本公报涉及地均指标都以第二次全国土地调查公布渝中区陆域面积20.08平方千米计算。

5. 重庆中央商务区（渝中区区域）包含解放碑街道、朝天门街道区域及七星岗街道部分区域。

6. 解放碑中央商务区为解放碑街道、朝天门街道（不含融创白象街项目部门）对应行政区域；历史文化街区为南纪门街道（含融创白象街整体项目）、七星岗街道、菜园坝街道对应行政区域；大石化新区为大坪街道、石油路街道（不含环重医创新生态圈）、化龙桥街道对应行政区域；电子商务和创意产业园为两路口街道、上清寺街道、大溪沟街道对应行政区域。

7. “两点”定位、“两地”“两高”目标和营造良好政治生态、“四个扎实”要求：习近平总书记在2016年1月视察重庆和2019年3月参加重庆代表团审议时对重庆提出的要求。“两点”定位，即西部大开发的重要战略支点、“一带一路”和长江经济带的联结点。“两地”“两高”目标，即加快建设内陆开放高地、山清水秀美丽之地，努力推动高质量发展、创造高品质生活。

8. 由于四舍五入影响，造成部分数据分项之和与总项存在误差。

重庆渝中区古建筑——状元府

清光绪二十一年（1895 年），骆成骧考中状元，为清代四川唯一的状元，商贾骆昂因仰慕其名，于 1911 年出资建成骆成骧“状元府”，又称“骆家花园”。状元府位于重庆市渝中区桂花园 12 号。辛亥革命前后，反清志士一直把地下指挥所设在状元府内。20 世纪 30 年代，重庆全市仅有一所高中，即重庆联立高级中学，校址就在状元府宅内。抗战胜利后，重庆联立高级中学改为重庆中学（重庆第七中学校前身）。新中国成立后，状元府成为西南博物馆所在地，此后又成为重庆教师进修校校址，现为重庆市教育科学研究院用。

状元府坐南朝北，为三重堂抬梁穿斗混合式建筑，面阔 44.8 米，进深 45.2 米，建筑面积 1986.9 平方米，占地面积 2250 平方米。状元府为复四合院，由进厅、穿堂、后厅和厢房组成，均为单檐悬山顶。其中，后厅为木结构，抬梁与穿斗混合式，面阔九间 36 米，进深 10 米，通高 8 米，撑拱、雀替、驼峰等具有典型的川东建筑特色。此建筑保存较好，反映了重庆地区的古建筑风貌，具有较高的历史文化、建筑艺术价值。2009 年，重庆市人民政府将状元府列为市级文物保护单位。

附　录

文　献

深入贯彻落实市委五届六次全会精神
全力确保习近平总书记视察重庆重要讲话精神在渝中落地生根

——在2019年6月3日区委十二届五次全会上的讲话

中共渝中区委书记　黄玉林

同志们：

这次全会的主要任务是，以习近平新时代中国特色社会主义思想为指导，深入学习贯彻习近平总书记视察重庆重要讲话和在解决“两不愁三保障”突出问题座谈会上的重要讲话精神，全面贯彻落实习近平总书记对重庆提出的“两点”定位、“两地”“两高”目标、发挥“三个作用”和营造良好政治生态的重要指示要求，深刻领会把握市委五届六次全会精神，进一步统一思想、深化认识、凝聚力量，动员全区广大干部群众牢记嘱托、不负使命，锐意进取、奋发有为，努力在推进西部大开发形成新格局中展现新作为实现新突破，确保习近平总书记殷殷嘱托和市委部署要求在渝中落地生根、开花结果，以优异成绩迎接新中国成立70周年。

一、深入学习贯彻习近平总书记视察重庆重要讲话精神，切实把握市委五届六次全会部署要求，把习近平总书记重要讲话精神全面落实在渝中大地上

习近平总书记视察重庆并发表重要讲话，是重庆改革发展进程中的历史大事、政治大事、发展大事。全区各级各部门要把学习贯彻习近平总书记重要讲话精神作为首要政治任务，充分认识习近平总书记视察重庆的重大意义，切实把握市委五届六次全会的部署要求，深学笃用、知行合一，全力推动习近平总书记重要讲话精神在渝中落地见效。

一要深刻认识习近平总书记视察重庆的重大意义。长期以来，习近平总书记十分关心重庆的发展，多次对重庆工作作出重要指示。2016年习近平总书记视察重庆，提出“两点”定位、“两地”目标和“四个扎实”要求；2018年习近平总书记参加全国“两会”重庆代表团审议时，提出了“两高”目标和营造良好政治生态的要求；在新中国成立70周年的历史时刻，在决胜脱贫攻坚、全面建成小康社会的关键时期，在实施西部大开发战略20周年之际，习近平总书记再次亲临重庆视察指导工作，时机十分重要、主题十分鲜明、影响十分深远。陈敏尔书记指出，习近平总书记视察重庆，是新时代重庆发展进程中具有标志性意义的里程碑；习近平总书记的重要讲话，是新时代重庆发展具有方向性意义的指南针。我们要切实把习近平总书记的关怀厚爱和殷殷嘱托转化为强大的政治动力、精神动力和工作动力，认真贯彻落实市委五届六次全会部署要求，以实干实绩回报习近平总书记的殷切期望。

二要全面领会习近平总书记视察重庆重要讲话的丰富内涵。习近平总书记视察重庆的重要讲话，与2016年视察重庆和2018年参加全国“两会”重庆代表团审议时的重要讲话一脉相承，精辟阐述了新时代重庆发展的定位、目标、路径和保障问题。我们要把握陈敏尔书记“七个深刻领会”的要求，深刻领会习近平总书记对重庆工作的充分肯定，深刻领会“两点”定位、“两地”“两高”目标、发挥“三个作用”和营造良好政治生态的重要指示要求，深刻领会关于打赢脱贫攻坚战、解决“两不愁三保障”突出问题的重要要求，深刻领会关于在推进西部大开发形成新格局中展现新作为实现新突破的重要要求，深刻领会关于做好思想舆论引导工作的重要要求，深刻领会关于扎实做好各项安全工作的重要要求，深刻领会关于抓紧抓实党的建设工作的重要要求，坚持以习近平总书记视察重庆重要讲话精神统领渝中发展全局，切实增强抓贯彻落实的政治自觉、思想自觉和行动自觉，奋力开创渝中各项事业发展新局面。

三要切实把握市委五届六次全会的各项工作要求。5月20日至21日召开的市委五届六次全会，进一步传达学习了习近平总书记视察重庆重要讲话精神，通过了《关于深入学习贯彻习近平总书记视察重庆重要讲话精神在推进西部大开发形成新格局中展现新作为实现新突破的决定》和《关于贯彻落实习近平总书记在解决“两不愁三保障”突出问题座谈会上重要讲话精神的实施意见》。陈敏尔书记重点围绕五个方面，明确了“形成大保护、大开放、高质量发展的新格局”和“到2020年‘生态环境、营商环境、开放环境、创新环境明显改善’”等重点目标，细化部署了贯彻落实具体任务。我们要深刻领会市委五届六次全会精神，把思想和行动统一到学习贯彻习近平总书记重要讲话精神上来，统一到贯彻落实市委五届六次全会精神上来，统一到贯彻落实市委、市政府对渝中的具体指示要求上来，全力推进服务业现代化、社会治理现代化，加快建设国际化、绿色化、智能化、人文化现代城区。

四要坚决确保习近平总书记重要讲话精神在渝中落地见效。习近平总书记在百忙中抽出三天时间亲临重庆视察指导，充分体现了对重庆发展的关心重视、对重庆情况的熟悉了解、对重庆工作的肯定鼓励、对重庆事业的嘱托期望、对重庆干部群众的激励鞭策。全区上下一定要深刻感悟习近平总书记的关心厚爱，进一步提高政治站位、强化责任担当，更加坚定自觉地把践行“两个维护”放在首位、落在实处，更加坚定自觉地把习近平新时代中国特色社会主义思想内化于心、外化于行，更加坚定自觉地贯彻落实党中央决策部署，以实际行动抓住用好难得的发展机遇，确保渝中各项事业沿着总书记指引的方向奋力前进。要把学习好、贯彻好、落实好习近平总书记重要讲话精神作为首要政治任务，用心学进去、用情讲出来、用力做起来，站在“两个维护”的政治高度，带着责任学、原原本本学、融会贯通学、联系实际学，切实用党的最新思想和最高指示武装头脑、指导实践、推动工作。

二、必须更加注重从全局谋划一域、以一域服务全局，更好地在重庆区域发展和对外开放格局中发挥渝中的独特作用

习近平总书记要求重庆坚持从全局谋划一域、以一域服务全局，努力发挥好“三个作用”。“三个作用”与“两点”定位、“两地”“两高”目标相互贯通、一以贯之，是重庆战略地位的再提升、发展定位的再拓展，进一步彰显了重庆在国家战略全局中的定位和方位。陈敏尔书记指出，发挥“三个作用”包涵着全局与一域的辩证统一、目标与路径的辩证统一、客观形势与自身优势的辩证统一、机遇与责任的辩证统一。我们必须深刻认识习近平总书记在新时代赋予重庆的重大使命、交给重庆的战略任务，对标市委贯彻落实中央《关于新时代推进西部大开发形成新格局的指导意见》的部署要求，细化渝中方案，拿出渝中行动，在发挥“三个作用”中体现渝中的新担当、展现渝中的新作为。

（一）把握重庆发展总体要求，找准渝中发展定位，服从于、服务好全市发展大局。习近平总书记对重庆提出的“两点”定位、“两地”“两高”目标、发挥“三个作用”和营造良好政治生态的重要指示要求，是新时代重庆发展的坐标系、指南针、总遵循。陈敏尔书记要求，全市上下要提高政治站位、战略站位，立足“两点”定位，对标对表发挥“三个作用”要求，办好重庆的事情，努力在国家区域发展和对外开放格局中作出更大贡献。

渝中作为“重庆母城、主城核心”，区位特殊、地位重要。市委、市政府在有关发展规划中，对渝中发展作了初步定位，即“重庆行政中心和历史人文中心、西部地区国际交往中心和对外开放高地、长江上游金融中心和现代商业商务中心”。这是着眼全市发展大局对渝中一域的工作要求，既体现了市委、市政府对渝中发展的重视和关怀，更是对渝中寄予的厚望、交办的重要任务。全区上下要深入学习领会习近平总书记重要指示要求和市委五届六次全会的具体部署，结合陈敏尔书记对渝中提出的“建设国际化、绿色化、智能化、人文化现代城市”、推进“服务业现代化、社会治理现代化”和“人文渝中”建设等具体工作要求，既要站高思考，在全市发展大格局中找准渝中方位、明晰渝中定位，努力把渝中发展与长江经济带建设、西部大开发、共建“一带一路”等战略及倡议结合起来；又要落细落小、落地落实，以创先争优的奋斗姿态抓好每一项具体工作，在重庆新一轮发展格局中强化主城担当、体现主城作为，在服从服务全市发展全局中走在前列、作出表率，努力做到既为一域争光、又为全局添彩。

（二）把握市委五届六次全会工作部署，厘清渝中发展路径，确保“两地”“两高”目标与发挥“三个作用”落地见效。习近平总书记对重庆高质量发展、改革开放、城乡融合发展、生态文明建设、思想舆论引导、安全稳定等工作作出了重要指示要求。陈敏尔书记在市委全会上从七个方面进行了全面细化部署，把习近平总书记的重要指示要求转化成了重庆各项工作的“计划书”，为把习近平总书记的殷殷嘱托落实在重庆大地上提供了“施工图”。

渝中在历史上直领开放之先、深得开放之利，是重庆发展的“领头羊”，在带头发挥“三个作用”中天地广阔、大有可为。我们要在新一轮西部大开发和推进高质量发展大潮中守位抢位，在改革开放进程中试水破冰，努力服务好长江经济带建设、西部大开发、共建“一带一路”等战略及倡议，必须在“疏解、转型、创新、提升”上动脑筋、下功夫。要做好“疏解”文章，认真落实好供给侧结构性改革的有关要求，加快退出落后产能、低端市场、低效业态，为高质量发展腾挪空间；要做好“转型”文章，全面摆脱思维惯性、路径依赖，转变增长模式、调整内部结构、转换发展动能，借势造势实现“保稳促增添后劲”；要做好“创新”文章，全面推广新技术、新业态、新模式，迭代思想观念、更新方式方法，释放改革红利、开放潜力、创新活力；要做好“提升”文章，全面提升经济品质、人文品质、生态品质、生活品质，走好高质量发展之路，推进渝中经济舒筋活血、强身健体。

（三）把握渝中自身优势和面临的挑战，全力“深耕渝中”抢占新一轮发展制高点，巩固渝中“领头羊”的发展地位。渝中区是全市率先发展、带动发展的地方，是重庆区位优势、生态优势、产业优势、体制优势的集中地，人文历史厚重、国际交往活跃、城市品质优越、基础配套完备、公共服务成熟优质，先发优势、首位优势突出。但和全国发达中心城区比、和周边区县比，我们面临外部形势趋紧、资源要素制约、发展后劲不足等挑战。

陈敏尔书记在今年市“两会”期间专程到渝中代表团参加审议，针对渝中实际要求我们“深耕”渝中，实现高质量发展。渝中要保持优势地位，抢占新一轮发展制高点，必须在“深耕”上狠下功夫，着眼“向空间要生产力、向人文要软实力、向城市提升要品质、向管理服务要效益”，全力打造好高效集约利用的生产空间、宜居适度的生活空间、山清水秀的生态空间、人文历史的展示空间，盘活存量、做优增量、提高质量，全面提升城市经济品质、人文品质、生态品质、生活品质，保持全市高质量发展领头羊地位。

（四）继续发挥敢冲敢干、勇争一流的奋斗精神，以高度的政治责任，扛起渝中抢抓新一轮西部大开发机遇和推进高质量发展的时代重任。习近平总书记为新时代重庆发展赋予了新的使命、送来了浩荡东风、提供了宝贵机遇，重庆必将在长江经济带建设、西部大开发、共建“一带一路”等领域集中涌现发展机会，释放更多政策红利。

当前，正值渝中动力转换、厚植优势的机遇期，转型升级、蓄势跨越的突破期，筑牢基础、持续发展的关键期。面对“三期叠加”的复杂形势、各地你追我赶的竞争态势，全区各级各部门要从习近平总书记视察重庆重要讲话精神中找方位、抓机遇，从市委五届六次全会部署和陈敏尔书记对渝中的工作要求中寻突破、求发展，坚决地扎实开展“第二次创业”。全区上下要结合“不忘初心、牢记使命”主题教育，聚焦“思想大解放、思路大更新、作风大转变、工作大创新、渝中大发展”，深入推进大学习、大调研、大讨论、大落实，坚决纠正“步子不大盈盈走、成绩不多年年有”的守摊行为，大力提倡敢想敢试敢创新、敢闯敢干敢担当的拼搏精神，着力增强机遇意识、担当精神、执行能力，以等不起、坐不住的压力感、危机感，以二次创业、突出重围的奋斗姿态，当好渝中高质量发展的主人翁、主力军。

三、全面落实习近平总书记重要指示要求，对标对表细化市委五届六次全会部署，强力推动渝中各项工作迈上新台阶

习近平总书记对重庆各项工作作出了重要指示要求，陈敏尔书记在市委五届六次全会上，对全市贯彻落实工作进行了再动员、再部署。我们要严格对标对表，认真贯彻落实市委五届六次全会各项部署以及陈敏尔书记、唐良智市长调研渝中时的工作要求，进一步完善打好“三大攻坚战”、实施“八项行动计划”在部署安排，项目化清单化推进落实，推动习近平总书记重要讲话精神在渝中全面落地。

（一）围绕推进高质量发展，确保渝中发展动能转换实现新突破。陈敏尔书记要求我们把构建现代产业体系作为城市发展的重要支撑，在新产业、新业态、新模式上打造新增长点、培育新动能，推动现代服务业创新升级发展。渝中服务业历经多年发展，基础好、体量大、辐射广，但仍然面临动能转换的阵痛和转型升级的关口，我们必须全面总结国家服务业综合改革试点经验，转思维、转方式、转作风，用市场的思维、经济的手段，大力推动现代服务业提档升级、提质增效。要在产业发展上求突破。必须立足“建设国际化、绿色化、智能化、人文化现代城市”的目标定位，把握金融、商贸、文旅等基础优势，锁定六大重点产业发展方向，千方百计推动现代服务业向渝中集聚，全力培育现代服务业企业集群，创新创优服务业现代化的体制机制，把渝中建设成为国家级现代服务业试验区。要在开发建设协同发展上求突破。解放碑、朝天门、化龙桥、大坪、菜园坝五大重点区域是高质量发展的重要载体，是现代服务业集聚的主战场。各管委会要切实承担起经济开发的责任使命，履行好产业发展、项目建设和城市开发三大职能，抓好现有项目加快建设、老旧楼宇提升改造、老旧小区有机更新三件大事，壮大发展总部经济、楼宇经济、商圈经济，大力集聚资金、人才、技术、信息等生产要素，努力在高质量发展中实现新作为、开创新局面。要在服务企业上求突破。实现经济持续稳定增长，归根到底要靠企业的健康发展。要持续深化“企业服务年”活动，做好银企对接、人才对接、业务对接工作，不断完善沟通联系、问题办理、信息反馈机制，常态化开展政策落实、服务提升、氛围营造等活动，实打实地帮助企业解决融资难、办事难、创新难、维权难、负担重、人才缺等困难，让企业在遇到问题时第一时间找得到人、办得成事、解得了难。要在创新驱动上求突破。推进大数据智能化是动能转换的核心。要认真落实“一手抓研发创新、一手抓补链成群”的要求，重点瞄准大数据应用、区块链、数字内容、软件服务、工业互联网、集成电路设计等方向，推动互联网、大数据、人工智能同实体经济深度融合，充分挖掘大数据的商用、政用、民用价值，使创新成为渝中高质量发展的强大动能。

（二）围绕推进全面深化改革，确保渝中各项改革见到新成效。习近平总书记强调，改革没有终点，只有不断前进的新起点。陈敏尔书记指出，新时代重庆发展在根本上还是要靠深化改革。渝中进入高质量发展的新阶段，“吃老本”“算旧账”的日子难以为继，惟有大胆改、勇敢试，才能冲破藩篱、摆脱桎梏，获取新动力、拓展新空间。深化供给侧结构性改革。全面贯彻“巩固、增强、提升、畅通”八字方针，扭住“三去一降一补”持续发力，严格落实国家结构性减税、全市“涉企减负30条”、支持实体经济企业18条等利好政策，用好用活各类发展引导基金，增强企业活力。同时，加快补齐基础设施、公共服务等短板，继续做好消化商业商务用房库存、处置“四久工程”等重点工作。攻坚突破一批重点领域改革。结合渝中实际，我们已出台了30项改革专项和80项具体任务，制定了改革工作“两规则一细则”，出台了区级领导“八个一”联系机制。要进一步落实责任，大力推进高质量发展、社会治理创新、“放管服”改革、国资国企改革等一批重点事项落地见效，带动全区攻坚突破一批标志性、引领性、支柱性改革项目。强化改革担当意识。全区上下特别是领导干部要按照“增强改革的责任心、提高改革的精准度、突出改革的实效性”要求，承接好上级改革任务、发挥好基层首创精神，加快推进改革、加强探索创新、及时总结推广经验，争当改革促进派、实干家。要继续做好机构改革后续工作，按照新岗位、新职能、新要求，尽职履责、担当作为，边磨合边优化，对工作推进、任务进展负责，对渝中发展事业尽责。

（三）围绕推进内陆开放高地建设，确保渝中在激烈的发展竞争中培育出新优势。习近平总书记要求重庆全面融入共建“一带一路”和长江经济带发展，推动全方位开放。陈敏尔书记对全市培育开放新优势、推动内陆开放高地建设走深走实作出了具体部署。渝中开放历史悠久，是重庆的开放窗口，理当在全市开放发展大局中发挥带头带动作用。深化开放平台建设。全面落实好“高起点、高水平、创新型”要求，集中打造解放碑CBD、历史文化街区、大石化新区以及电子商务和创意产业园四大平台，加大开发开放力度。大胆探索推进投资便利化、贸易便利化、金融开放创新等，积极争取更多开放措施、开放项目在我区试点先行。发挥自贸试验区、中新互联互通项目的作用，以解放碑CBD商务楼宇、重庆来福士项目为重点，逐步打造空中保税免税区，不断创新开放平台建设。用活开放文化资源。开放文化资源是重庆的宝贵财富、是渝中的开放优势。要用好苏联大使馆旧址、法国领事馆旧址、美国大使馆旧址等外事资源，整合驻渝领事机构、涉外商务机构资源，促进商贸往来、产业发展、文化交往、人才交流等领域更深层次合作，不断丰富提升重庆开放的人文内涵，努力在西部地区带头开放、带动开放。发展开放型经济。坚持引进来和走出去并重，发挥企业主体作用，加快形成适宜开放型经济发展的产业形态、产业结构，培育新的增长点。注重培育开放主体，积极搭建对外交流合作平台，支持企业借助“外力”扩大规模、升级发展，推动教育、文化、医疗等优势领域增强合作、加强输出。要突出做好外贸、外资、外经工作，大力引资、引智，依托西洽会、智博会等重大活动平台积极开展精准招商，争取引进一批有影响力、有效益的好企业、好项目，打造高质量外资集聚地。

（四）围绕推进城乡融合发展，确保渝中在全市城市品质提升中有新贡献。陈敏尔书记要求，要加强城市有机更新，促进城市品质提升，把渝中建设成为品质之城。渝中是集中展示重庆的窗口，代表着重庆的“脸面”和“形象”，必须在深化城市提升上科学用力，大力推进国际化、绿色化、智能化、人文化现代城区建设，大力彰显山水之城、美丽之地的独特魅力，提升宜居宜业宜游水平。加大城市提升行动计划推进力度。按照工作项目化、项目清单化要求，抓重点补短板强弱项，全面梳理我区工作计划，尽早研究安排、打表推进实施。严格落实市委市政府“两江四岸”品质提升要求，高起点开展城市“双修”，高水平实施解放碑步行街改造提升和朝天门片区综合整治，高品质推进重庆塔、来福士等一批城市重点项目建设，全力提升城区品质，夯实发展后劲。加快推进“人文渝中”建设。挖掘好保护好利用好城市历史文化，留住“古巴渝”“老重庆”特有的地域环境、文化特色、建筑风格“基因”，有序实施老鼓楼、古城墙、涉外使领馆旧址等文物修缮保护，加快推进十八梯、鲁祖庙、马鞍山等风貌区建设，完善交通配套、设施配套、环境配套、景观配套，提升文化剧目和文创产品软实力、吸引力和影响力，展示出渝中的城市品位和人文内涵。

稳步推进城市有机更新。城市发展是高质量发展的重要载体，城市更新既是民生问题，也是发展问题。要尊重城市规律、尊重历史文化、尊重宜居生活，深入实施城市提升行动计划，系统推进车行通道、人行路网、市政管网等完善、修复、提升，深入推进智慧城市、海绵城市建设，修补基础设施，改善公共环境，完善功能配套。坚持“修旧如旧”，下足绣花功夫开展背街小巷“微改造”、老旧小区“微整治”、城市空间“微更新”和老旧楼宇“腾笼换鸟”，坚决杜绝“穿衣裳”工程，让老城焕发新貌，让城市更有味道。扎实推进城市精细化管理。按照“全国一流、全市前列”最高标准，坚持背街小巷与主次干道、白天与晚上、平时与节假日“三个一样”工作目标，聚焦治脏、治乱、治差，大力推进大城细管、大城智管、大城众管，深化拓展城市综合管理“五长制”，扎实开展“治乱拆违、街净巷洁、路平桥安、整墙修面、灯明景靓、江清水畅、城美山青”七大工程，强化大数据智能化在城市管理中的应用，为服务和推动全区发展持续营造干净、整洁、有序、安全的城市环境。

（五）围绕推进生态文明建设，确保渝中生态环境建设和绿色发展有新成果。习近平总书记一直以来心系长江，高度重视生态文明建设。陈敏尔书记要求全市积极为全国生态文明建设大局贡献智慧和力量。全区上下要保持战略定力，强化“上游意识”、担起“上游责任”，坚定走好生态优先、绿色发展之路，站好渝中岗哨，守护一江清水两岸青山。坚决打好污染防治攻坚战。严守生态保护红线、环境质量底线、资源利用上线，全面落实市总河长令要求，严把水污染防治“源头关”“入口关”“处理关”，统筹推进“三水共治”，守护长江、嘉陵江渝中段水环境安全。深入实施“蓝天、碧水、宁静、绿地、家园”环保行动，大力整治污水直排、船舶污染、城市噪声等突出环境问题，统筹“建、治、管、改”，切实抓好中央环保督察回头看等各类监督检查反馈问题的整改落实，让渝中天蓝、地绿、水清、空气更清新。加快建设美丽山水城市。坚守绿色本底，实施好国土绿化行动，修缮一批、提升一批城市公园，加快推进边角公园、边坡绿化、江边风貌和山边美景建设，因地制宜增绿添园、增花添彩、增色添景，系统推进城市绿化提升，确保2020年绿化覆盖率达到40%以上。按照“一步一景、步移景换”要求，精心雕琢功能设施、城市家具和街巷景观，丰富山城步道、亲水步道、扶梯、缆车等体验元素，落实“两江四岸”整治各项行动，实现城中有景、景中有城，提升渝中全域旅游示范区能级水平。坚定推进绿色发展。绿色发展是经济发展的高境界，是高质量发展的硬任务。要学好用好绿水青山就是金山银山“两山论”，走深走实产业生态化、生态产业化“两化路”，落实“共抓大保护、不搞大开发”要求，守住生态和发展两条底线，加快发展循环经济、绿色产业和节能环保产业，推动产业发展绿色转型，巩固提升渝中发展绿色水平。积极倡导绿色低碳生产方式和生活方式，提升城市生态容量。

（六）围绕推进思想舆论引导工作，确保渝中意识形态工作开创新局面。习近平总书记强调，新中国走过70年的不平凡历程，生动而深刻地阐述了中国共产党为什么“能”、马克思主义为什么“行”、中国特色社会主义为什么“好”等重大问题，要求我们在大喜之年、敏感之年密切关注意识形态领域动向，扎实做好教育引导、凝聚人心的各项工作。我们要深刻领会习近平总书记对做好思想舆论引导工作的指示要求，牢牢把握正确政治方向、舆论导向、价值取向，着力营造良好的舆论环境。抓好思想理论武装。坚持不懈用习近平新时代中国特色社会主义思想和党的十九大精神武装头脑、指导实践、推动工作，大力实施习近平新时代中国特色社会主义思想教育培训计划，将习近平总书记视察重庆重要讲话精神纳入全区各级党委（党组、党工委）理论学习中心组学习和干部教育培训重要内容，教育引导广大干部群众坚定对中国特色社会主义的道路自信、理论自信、制度自信、文化自信。抓好宣传舆论引导。创新新闻宣传、网络宣传、社会宣传，用好用活区级融媒体，讲好讲新渝中故事，选好树好渝中先进典型，发挥“学习强国”平台作用，引导人们正确看待历史、正确认识现实，澄清模糊认识、分清主流支流。精心组织实施好庆祝中华人民共和国成立70周年活动，充分激发广大干部群众的爱国之心、报国之志。抓好意识形态管控。牢牢掌握意识形态工作领导权、管理权、话语权，健全意识形态工作责任制，盯紧敏感节点、关键部位和重点人群，及时发现和妥善处置苗头性、倾向性问题，做好重大突发事件舆情管控，突出抓好互联网阵地管理，加强机关、企业、社区、学校和社会组织的思想政治工作，下好先手棋、打好主动仗。

（七）围绕落实民生和安全工作要求，确保渝中社会治理现代化取得新进步。民生和安全是习近平总书记心之所系、情之所寄。陈敏尔书记要求渝中，要坚持“以人民为中心”，提高社会治理现代化水平。我们必须切实履行好服务和管理两大基本职能，不断提高社会治理社会化、专业化、法治化、智能化水平。在抓好民生保障和改善上持续用力。做好社会治理、维护社会稳定，基础是切实搞好各项民生工作。我们要深入实施保障和改善民生行动计划，办好公共停车库建设、老旧排水管网改造等群众关心的民生实事。要优化城市公共服务供给，从最困难的群体入手，从最突出的问题着眼，从最具体的工作抓起，全面解决好同老百姓生活息息相关的教育、就业、社保、医疗、住房、环保、社会治安等问题，完善6个“十分钟公共服务圈”，让渝中老百姓在家门口就能享受到优质便捷的公共服务。在强化安全稳定上继续加力。坚持把安全性放在城市管理服务的第一位，坚决打好防范化解重大风险攻坚战，全面加强重点领域、重点区域、重点时域的安全监管，扎实抓好食品药品安全和重特大自然灾害防范，完善社会治安防控体系，深入开展“枫桥经验”重庆实践十项行动和矛盾纠纷“控增量减存量防变量”三年行动，纵深推进扫黑除恶专项斗争，把社会基本面管好管活管住，让市委市政府放心，让人民群众安心。在创新社会治理上接续发力。坚持重心下移、权力下放、工作下沉，进一步增强基层统揽力、执行力，优化完善“街道吹哨、部门报到”扁平化工作格局，全面落实三级书记街巷巡查和现场办公、区委常委联系服务“八个一”等制度，强化街道统筹部门能力和统揽社会作用。推进社区去行政化、社区工作去形式化，增强社区物管、养老、医疗、文化、托幼等公共服务能力，提高社区阵地使用效率，强化社区联系群众、服务群众、发动群众功能作用，筑牢筑强基层基础。

四、积极参与全市脱贫攻坚战，落实好对口支援巫溪项目，扎实抓好渝中城市解困工作

习近平总书记视察重庆期间，主持召开解决“两不愁三保障”突出问题座谈会并发表重要讲话，为打赢脱贫攻坚战指明了前进方向、提供了根本遵循。我们要深入学习贯彻习近平总书记关于扶贫工作重要论述和习近平总书记在解决“两不愁三保障”突出问题座谈会上的重要讲话精神，准确把握市委、市政府关于脱贫攻坚工作部署要求，积极融入全市脱贫攻坚工作大局，以更加强烈的担当、更加有力的举措、更加务实的作风，扎实推进对口帮扶、城市解困等各项工作。

（一）提高政治站位，积极服务全市脱贫攻坚工作。习近平总书记强调，脱贫攻坚战是全面建成小康社会必须完成的硬任务。我们必须紧扣全面建成小康社会“一个都不能少”目标，把脱贫攻坚作为严肃的政治任务抓紧抓实。对接全市乡村振兴战略、农业“接二连三”等部署，协同发挥市场和政府“两只手”作用，积极开展金融扶贫、电商扶贫、教育扶贫、文化扶贫、医疗扶贫，鼓励区内企业通过产业培育、资源开发、劳务协作、市场开拓、技术培训等多种形式助力全市脱贫攻坚。

（二）强化政治担当，扎实做好对口支援巫溪工作。巫溪县是全市4个尚未摘帽的贫困县之一，是脱贫攻坚决胜阶段的“坚中之坚”。我们必须要强化政治担当，助力巫溪县2019年整体脱贫摘帽。统筹做好资金帮扶。保证对口帮扶资金援助力度不减，帮扶资金实物量每年不少于4000万元。精准做好产业帮扶。围绕巫溪乡村旅游、生态农业、商贸等主导产业，加强产业协作交流，提高“造血”能力。扎实开展结对帮扶。完善管委会、街道与巫溪县贫困村“一对一”结对子帮扶机制，统筹开展好“一村一品”、技术培训、医疗服务、爱心援助等多种形式的帮扶活动，形成攻坚合力。

（三）扛起政治责任，扎实抓好我区城市解困工作。习近平总书记多次强调，民生是最大的政治。渝中作为全域城区，虽无建档立卡贫困人员，但还有低保对象、特困人员、孤残儿童等各类困难群体1万余人，及时有效地帮扶这些困难群众是党委、政府的政治责任。全方位全面精准摸排。分行业、分系统、分街道全面精准摸排、精准识别，做到基本情况清楚、困难原因明白，动态状况掌握、帮扶措施清楚。针对性分类施策帮扶。把准困难群众首位需求，保障基本生活和基本公共服务，灵活运用城市解困“十条措施”，努力减少“高楼下的贫困”。多渠道强化资金保障。有效发挥好慈善资金、救助基金在城市解困工作中的补充作用，积极引导辖区企业、社会组织、爱心人士等社会力量主动参与解困帮扶，贡献积极力量。

五、坚定不移推进全面从严治党，持续营造良好政治生态，切实提升我区党的建设水平

事业发展，关键在党，关键在人。全区各级党组织和党员干部要认真贯彻落实新时代党的建设总要求，坚决扛起管党治党政治责任，不断提高党的建设质量，为各项事业顺利推进提供保障。

（一）始终把党的政治建设摆在首位，坚决做到“两个维护”“三个确保”。习近平总书记指出，党的政治建设是党的根本性建设，决定党的建设方向和效果。我们要以党的政治建设为统领，带动党的建设质量全面提高。严守政治纪律和政治规矩。全区上下要牢固树立“四个意识”、坚定“四个自信”，时时事事处处做到“两个维护”，始终在政治立场、政治方向、政治原则、政治道路上同以习近平同志为核心的党中央保持高度一致，以实际行动兑现“三个确保”政治承诺。这里特别强调，政治纪律、政治规矩不是抽象的，而是具体的、实在的。要进一步加强干部教育，引导各级党员干部将守纪律、讲规矩落细落小落实，切实体现到具体工作中去，体现到一言一行之中。抓实开展“不忘初心、牢记使命”主题教育。认真贯彻中央统一部署和市委安排，按照守初心、担使命，找差距、抓落实总要求，把学习贯彻习近平新时代中国特色社会主义思想与学习贯彻习近平总书记视察重庆重要讲话精神结合起来，实现理论学习有收获、思想政治受洗礼、干事创业敢担当、为民服务解难题、清正廉洁作表率的目标。要充分运用红岩革命历史博物馆、中共代表团驻地旧址等红色资源，讲好红色故事、弘扬红岩精神，教育引导干部坚定理想信念、养成浩然正气。坚决彻底肃清孙政才恶劣影响和薄熙来、王立军流毒。习近平总书记强调，肃清孙政才恶劣影响和薄熙来、王立军流毒，要持续用力。要坚持破立并举，用正确思想、优良作风、良好导向、正面典型持续激荡清风正气。要坚持法德结合，深化拓展“以案说纪、以案说法、以案说德、以案说责”警示教育。要坚持标本兼治，严肃党内政治生活，发展积极健康的党内政治文化，坚决抵制和反对庸俗腐朽的政治文化。

（二）始终全面贯彻新时期好干部标准，着力打造忠诚干净担当的高素质专业化干部队伍。习近平总书记指出：“新时代要有新气象新作为，需要一支忠诚干净担当的高素质干部队伍。”要坚持新时期好干部标准，认真落实《党政领导干部选拔任用工作条例》，切实把好干部选出来、用出来、管出来、带出来。坚持把德行放在首位。教育引导广大党员干部讲政德、明大德、守公德、严私德，恪守全心全意为人民服务的根本宗旨。选用干部必须把好政治关，把政治标准放在第一位，政治、廉洁不过硬的人坚决不能用。全面提升能力素质。加强干部培训，提高干部的工作谋划力、统筹力、执行力和应对复杂局面、胜任繁重任务的能力，不断提升渝中干部适应服务业现代化和社会治理现代化的水平。要继续实施好“渝中英才”计划，集聚各方面优秀人才。严格执行中央、市委干训工作规定，改进我区干部培训工作，加大理论素养和专业能力培训力度，着力提高党员干部综合素养。加强正向激励。认真执行中央《关于进一步激励广大干部新时代新担当新作为的意见》及市委实施意见，鼓励带动更多干部勇挑重担、开拓进取，处置批评不担当不作为的反面典型，积极营造建功新时代、创造新业绩的浓厚氛围和良好环境。认真执行新公务员法，落实好干部职务职级并行的待遇问题；切实关心各级干部的家庭、生活和工作，力所能及解决各级干部的切身困难，消除后顾之忧。

（三）始终以提升组织力为重点，推动各领域基层党建全面进步、全面过硬。基层党组织是党执政的组织基础。要牢固树立大抓基层的鲜明导向，突出政治功能，充分发挥基层党组织战斗堡垒作用。严肃规范开展党内政治生活。严格执行新形势下党内政治生活若干准则，切实加强区委常委会自身建设和各级党组织建设。严肃开展批评和自我批评，认真落实“三会一课”、民主生活会、组织生活会、谈心谈话、民主评议党员等制度，抓实支部主题党日，推动党内政治生活制度化、经常化、规范化。增强街道社区党组织统筹统揽能力。全面提升街道党工委、社区党委的领导力、组织力、执行力，切实强化基层党组织的战斗堡垒作用。以全国城市基层党建示范点建设为契机，深入推进街道管理体制改革，抓好《党建引领强化街道统筹执行能力实施方案》落实，完善社区工作者职业体系建设，建立岗位等级序列，完善绩效考核办法，健全党建引领下的物业管理和社区治理深度融合制度机制。加强新组织新领域党的建设。加强非公组织党的建设，发挥社会组织综合党委作用，出台党建助推民营企业发展十条措施，开展楼宇、市场、商圈党建试点工作，拓展学会协会商会“功能型特设党组织”，巩固提升“两个覆盖”质量，不断增强非公党组织的组织力。要运用好大数据、智能化手段。推广“互联网＋党建”模式，建好用好渝中智慧党建信息平台，利用大数据智能化方式教育管理党员、联系服务群众，实现党的组织网上网下都有声音、有服务、有影响力。

（四）始终把纪律规矩挺在前面，持之以恒正风肃纪、整治腐败。人民群众最关注党风、最痛恨腐败。抓细抓长作风建设。认真落实中央八项规定精神及其实施细则，充分发挥“狱中八条”对作风建设深刻的警示和教育作用，时刻防范作风问题隐形变异新动向，坚决把歪风邪气遏制住。坚决破除形式主义、官僚主义。全面贯彻落实中央关于解决形式主义突出问题为基层减负的决策部署和市委15条具体措施，持续整治“三多一懒”和庸政懒政、文山会海等突出问题，有效减轻基层负担。巩固发展反腐败斗争压倒性胜利。保持惩治腐败高压态势，紧盯腐败问题易发多发重点领域和关键环节，有效遏制增量、有力削减存量。持续开展“廉政文化教育宣传月”“清风半岛•廉洁渝中”等活动，深化拓展“以案四说”警示教育，加强党风政风和干部作风建设，一体推进不敢腐、不能腐、不想腐。

同志们，让我们更加紧密地团结在以习近平同志为核心的党中央周围，深入学习贯彻习近平总书记视察重庆重要讲话精神，全面贯彻落实市委五届六次全会精神，团结一致、沉心静气、真抓实干、埋头苦干，奋力开创渝中各项事业发展新局面，以优异成绩迎接新中国成立70周年！

重庆市渝中区人大常委会工作报告

——2019年1月14日在渝中区第十八届人民代表大会第四次会议上

渝中区人大常委会主任 米绍林

各位代表：

我受区人大常委会的委托，向大会报告工作，请予审议。

2018年主要工作

2018年，在中共渝中区委的坚强领导下，在市人大常委会的有力指导下，区人大常委会坚持以习近平新时代中国特色社会主义思想为指导，深入学习贯彻党的十九大和十九届二中三中全会精神，紧紧围绕习近平总书记对重庆提出的“两点”定位，“两地”“两高”目标和营造良好政治生态、做到“四个扎实”的重要指示要求，全面落实市委、区委的各项决策部署，依法履行宪法法律赋予的各项职责，认真完成区十八届人大三次会议确定的各项任务，人大工作取得新进展、新成效。全年，共召开常委会会议7次，主任会议18次，听取并审议“一府一委两院”工作报告29项，依法作出决议决定10项，开展执法检查4次，开展视察调研35次，组织专题询问和工作评议4次。

一年来，我们始终把讲政治、顾大局作为人大工作的首要遵循，在确保人大工作正确政治方向上旗帜鲜明。

自觉坚持党的领导。认真学习领会习近平总书记关于坚持和完善人民代表大会制度的重要思想，树牢“四个意识”，坚定“四个自信”，进一步深化人大作为党领导下的“工作机关”“代表机关”“政治机关”的认识，坚决维护以习近平同志为核心的党中央权威和集中统一领导，全面肃清孙政才恶劣影响和薄熙来、王立军流毒。强化常委会党组的政治领导责任，在召开人代会、常委会会议，决定重大事项，推动工作创新等方面，严格执行请示报告制度。全年，区人大常委会党组向区委请示报告工作22次，确保党的领导始终贯穿人大工作的各方面和全过程。

自觉落实党委决策。紧紧围绕中央、市委决策部署和全区中心工作安排常委会年度工作计划，自觉把人大工作放在全区发展大局中来谋划推进。按照区委“兴调研转作风促落实”行动要求，开展营商环境专题调研和集中走访精准服务民营企业活动，走访区内重点企业和代表单位140余家，倡导全体代表积极参与招商引资工作，成功引进企业70余家。围绕实现“两高”目标，组织开展旅游产业发展工作和学前教育工作专项评议，开展助推解放碑CBD高质量发展代表主题活动。协助区委筹备召开人大工作会议。做到党委的部署在哪里，人大工作就跟进到哪里。

依法做好选举任免工作。坚持党管干部原则和人大依法任免相统一。做好代表资格审查工作，依法终止区人大代表资格5名，补选区人大代表4名；依法任免国家机关工作人员49人次，组织宪法宣誓33人次。积极探索对常委会任命干部的监督，分别听取区文化委、区统计局、区安监局等部门工作情况报告，并开展测评，进一步增强了相关部门负责人为民履职的责任意识。

一年来，我们始终把强监督、促发展作为人大工作的主要任务，在服务渝中高质量发展中积极作为。

促进经济健康发展。高度重视规划在经济转型升级中的引领作用，邀请全体区人大代表听取区政府“十三五”规划纲要中期评估报告，督促区政府优化调整部分指标、坚持既定发展思路、壮大重点产业，推动经济高质量发展。关注全区经济运行，听取审议区政府2018年上半年计划执行情况的报告，提出加强经济运行调度、进一步优化营商环境、加快重点项目建设等审议意见。认真贯彻落实中央、市委关于建立国有资产管理情况报告制度的新要求，首次听取审议区政府国有资产管理情况的综合报告，督促区政府摸清国有资产“家底”，提升国有资产管理工作的科学化和精细化水平，提高国有资产经营管理绩效。

推动发展动能转换。围绕市委关于建设世界知名旅游目的地的要求，开展了旅游产业发展工作专题询问和工作评议。针对我区旅游产业发展存在的规划衔接不够、融合发展不足等问题，要求区政府加快专项规划的编制实施，统筹推进文商旅城融合发展，切实把我区的资源优势转化为产业优势，更好发挥文旅产业对经济发展的推动作用。视察大坪商圈建设情况，关注大健康、区块链、新金融等新兴产业发展，推动区政府挖掘新潜力、激活新要素、聚集新动能。

监督预算规范管理。听取审议区政府2018年上半年财政预算执行情况的报告，审查批准了2017年财政决算。监督区政府全面开展预算公开评审，做好预算联网监督的准备工作。继续加强审计查出问题整改工作和财政预算绩效管理工作的监督，分别对审计查出问题整改工作和部分项目的预算绩效管理工作开展了测评，针对发现的问题，强化追踪问效，切实管好人民“钱袋子”。

一年来，我们始终把重法治、促公平作为人大工作的核心内容，在全面推进依法治区中毫不动摇。

深化执法检查，推动依法行政。进一步发挥人大执法检查的“利剑”作用，重点对《中华人民共和国道路交通安全法》《重庆市志愿服务条例》等4部法律法规开展执法检查，提出执法检查意见、列出问题清单、追踪整改落实，促进相关法律法规在我区全面贯彻实施。听取审议区政府2017年法治政府建设情况报告，督促区政府继续深化“放管服”改革，努力建设职能科学、权责法定、执法严明、公开公正、廉洁高效、守法诚信的法治政府。严格规范性文件备案审查，督促区政府做好规范性文件专项清理和公开工作，全年备案审查区政府规范性文件4件，切实做到有件必备、有备必审、有错必纠。

提升法治意识，营造法治氛围。重视法治宣传教育，督促相关部门落实普法责任。开展宪法宣传周活动，努力营造尊崇宪法、学习宪法、维护宪法、运用宪法的浓厚氛围。协助市人大开展《重庆市全民健身条例》《重庆市物业管理条例》《重庆市公共汽车客运条例》等5部地方性法规的立法修法调研，深入开展人大协商，广泛征求区人大代表和人民群众意见，为全市立法修法工作集中民智、汇集民意。继续做好人大信访工作，全年接访、转办、督办群众来信来访216件次，推动涉法涉诉信访纳入法治轨道解决。

促进司法监察工作，维护公平正义。常委会高度重视“基本解决执行难”问题，听取审议了区法院执行工作情况报告，要求区法院加强执行工作研究、强化执行能力建设、加大强制惩戒措施运用，切实维护当事人合法权益。听取区检察院诉讼监督工作情况报告，督促区检察院进一步强化监督意识，丰富监督内容和手段，提高诉讼监督能力，不断增强司法公信力。助推监察体制改革，依法任命首届区监察委组成人员，积极支持区监察委依法开展监察工作。

一年来，我们始终把强追踪、解民忧作为人大工作的重要使命，在推动创造高品质生活中多措并举。

促进民生事业发展。针对老百姓反映强烈的“入园难”“入园贵”“入园不放心”问题，开展学前教育专项工作评议。通过集中调研、随机暗访、第三方社会调查等方式提高评议质量，督促区政府加大学前教育投入、加快公办幼儿园规划建设、逐年提高普惠性民办园生均补贴标准，推动学前教育优质发展。开展校点布局重点项目推进情况视察和约见，督促区政府优化项目审批流程，确保项目有序推进。围绕《重庆市食品生产加工小作坊和食品摊贩管理条例》实施、医保基金管理、养老服务工作开展视察调

研，推动区政府做好相关工作，努力为老百姓提供更好的食品安全、医疗健康和养老服务保障。

聚焦城市品质提升。听取审议区政府关于步行系统规划工作的情况报告，推动完成了专项规划的编制。开展步行系统建设情况视察，督促区政府加强统筹、加快进度、提升品质。目前，桂花园、佛图关等5条步道已建设完成，9条共20千米步道建设纳入《重庆市城市提升行动计划》。开展《重庆市城乡规划条例》执法检查，提出了强化建筑风貌控制、加强基础管网更新、推进屋顶景观整治等建议。继续关注传统风貌区、山城老街区、特色老社区建设，调研文化产业和博物馆群建设情况，推动“母城”历史文化风貌区决议全面贯彻落实。重视新技术、新模式对城市管理带来的新挑战，听取区政府智慧城市建设情况汇报，开展“网约房”管理情况调研，督促区政府充分发挥大数据智能化的引领作用，积极探索管理新方式，努力实现“城市，让生活更美好”。

关注生态环境建设。听取审议区政府2017年环境状况和环保目标完成情况的报告，开展水污染防治工作专题询问，督促区政府全面完成餐饮船舶整治，推进地下排水管网普查，进一步加强两江水体保护。开展《重庆市河道管理条例》执法检查，提出统筹河道管理与“两江四岸”开发建设等建议。听取海绵城市建设情况汇报，视察人防工程开发利用情况，调研地质灾害防治工作，促进城市环境安全进一步提升。

一年来，我们始终把促履职、增活力作为人大工作的力量之源，在更好发挥代表主体作用上积极探索。

强化履职联动，增强互动合力。探索建立市区两级人大代表联动履职的工作机制，完善市代表联系区代表和人民群众制度，安排市代表分别联系11个代表组，并参与代表组的各项活动，提高市代表联系群众的“密度”。邀请市代表参加区人大常委会组织的代表履职培训、代表主题活动、工作评议和执法检查，增进市代表对区情和常委会工作的了解。同时，市代表渝中联系组也邀请区代表参加相应的视察调研、走访代表单位等活动，加强互动交流。通过联动履职，市区代表的合力明显增强，履职成效进一步提升。这一做法也得到市人大常委会的认可和经验推广。

开展主题活动，增强履职实效。按照区委要求，组织市区代表联动开展“聚焦解放碑CBD，推动渝中新发展”代表主题活动，形成高质量调研报告，为推动解放碑CBD转型升级、高质量发展贡献力量。各代表组也围绕辖区百姓关心的发展和民生问题，听取街道办事处、辖区派出所专项工作报告，依法开展视察、调研、约见等活动。全年，各代表组开展代表活动126次，市、区代表参加达1021人次；接待走访选民4021人次，推动解决民情事项2781件，形成视察、调研报告27篇，提交市人大代表闭会建议2件、区人大代表闭会建议38件。部分履职成果得到了区级有关领导的批示，推动解决了涉及市政管理、文旅发展、交通安全等群众关心的热点问题。

完善督办机制，增强办理实效。进一步健全和完善“四督两评一保障”代表建议督办机制。扩大建议督办范围，区级领导牵头督办重点建议198件，数量创历年之最。召开代表建议“积案”督办会，对近三年代表反复提出而未办理落实的10类37件建议进行专项督办。试行代表建议办理“两次评价”和代表建议网上办理，督促承办单位落实对代表的答复承诺。全年478件代表建议全部办结，满意率和基本满意率达98.3%，落实率达68.8%，有效推动解决了老旧楼宇加装电梯、公交站点调整完善、消防安全隐患整治、旅游景点环境提升等群众反映强烈的难点问题。

强化服务保障，增强激励约束。认真学习借鉴外地先进经验，筹备建立渝中智慧人大代表履职信息系统，探索运用大数据智能化技术提升代表履职服务质量。召开全区民情联络工作交流会，总结推广金银湾社区“代表议事会”制度，推动代表“身”入社区、“心”连一线、“情”系百姓，助推解决辖区群众反映的难点问题，以民情联络促履职。召开代表履职评价试点工作推进会，推动11个代表组探索建立符合本组实际的代表履职评价制度，以积分评价促履职。制定区人大代表述职评议办法，在红岩村社区召开代表述职评议测评现场会，保障全区代表述职评议测评工作顺利推进。去年，全区228名代表向选民述职，接受选民评议和测评，以选民监督促履职。

一年来，我们始终把提效能、强合力作为人大工作的基本要求，在不断适应新要求中推进自身建设。

*以政治建设为核心，抓作风，强能力。*把政治建设放在首位，坚持以习近平新时代中国特色社会主义思想武装头脑、指导实践。加强常委会专题学习，围绕十三届全国人大一次会议精神、宪法修正案、监察法、市委第五次人大工作会议精神、预算审查监督等主题，邀请市内外专家开展专题培训，进一步提升常委会组成人员的履职能力。加强人大机关党的建设，丰富活动载体，夯实党建阵地，持续推动“两学一做”学习教育常态化制度化。严格执行中央八项规定精神，自觉接受市委巡视，认真整改巡视反馈问题，切实防止“四风”问题反弹。

*以一体化建设为依托，抓效能，聚合力。*加强对人大街道工委的工作指导，进一步深化街道人大工作现场观摩会制度，实现各街道工委工作交流常态化。加强人大各专委会、常委会机关各委室与街道工委的工作联动，通过联动开展工作评议、视察约见和执法检查，不断增强监督效果和人大工作整体合力。继续加强人大常委会能力建设，建立财政预算和法律咨询专家库，发挥专家学者的参谋咨询作用，提高决策质量和监督水平。

*以理论研究和新闻宣传为抓手，促创新，扩影响。*着力加强人民代表大会制度理论研究，科学总结工作中的重要经验和创新做法，推动人大工作与时俱进。组织开展人大工作理论研讨活动，向市人大推荐的5篇论文分别荣获市人大制度研究会征文活动一、二、三等奖。加强新闻宣传，讲好人大故事，传递人大声音。全年，完成4期《渝中人大》的采编发行，新闻作品《代表当得好不好，选民说了算》荣获第28届中国人大新闻奖三等奖；5件新闻作品荣获市人大2018年新闻奖的一等奖和三等奖。加强信息报送工作，全年向市人大报送工作信息和调研报告21篇，被采用9篇，得到市领导批示4篇，有效推动了相关工作。

各位代表，常委会过去一年取得的工作成绩，是区委高度重视、加强领导的结果，是全体区人大代表、常委会组成人员和人大工作者兢兢业业、勤勉履职的结果，也是区“一府一委两院”积极配合、大力支持的结果，更是全区人民、社会各界充分信任、热情参与的结果。在此，我代表区人大常委会，向大家表示崇高的敬意和衷心的感谢！

在总结成绩的同时，我们也清醒地看到，常委会的工作与新时代的要求和人民群众的期盼还有不少差距。比如，对人大决议决定和常委会审议意见落实情况的追踪监督还不够；行使重大事项决定权的工作机制还有待进一步完善；人大代表的作用还有待进一步发挥。这些都需要在今后的工作中不断改进、不断解决、不断完善。

2019年工作安排

2019年是新中国成立70周年，也是决胜全面建成小康社会，实现第一个百年奋斗目标的关键之年。区人大常委会工作的总体要求是：深入贯彻习近平新时代中国特色社会主义思想和党的十九大、十九届二中三中全会精神，深学笃用习近平总书记关于坚持和完善人民代表大会制度的重要思想，紧紧围绕习近平总书记对重庆提出的“两点”定位，“两地”“两高”目标和营造良好政治生态、做到“四个扎实”的重要指示要求，坚持稳中求进工作总基调，认真践行新发展理念，在中共渝中区委的坚强领导下，全面落实市委、区委人大工作会议精神，聚焦“三大攻坚战”和“八项行动计划”等重大决策部署，认真履行宪法法律赋予的各项职责，为推动渝中经济社会发展和民主法治建设作出新的贡献。

一、新时代有新作为，全面落实市委区委人大工作会议精神

增强监督工作实效。区人大常委会将继续坚持“把法定议题做实，把专项议题做深”的工作理念，综合运用多种监督方式，积极探索“审议＋评议”“检查＋询问”“视察＋约见”等监督模式，打好监督“组合拳”。建立问题清单制度，对视察调研、执法检查和审议报告发现的具体问题，列出问题清单，交“一府一委两院”研究处理；加强对人大决议决定执行情况和常委会审议意见处理情况的跟踪监督，以钉钉子的精神推动问题解决，落实“正确监督、有效监督”的总要求。

扎实推进预决算监督。全面贯彻中央、市委关于人大预决算监督工作的新要求，深入实施预决算全口径审查和全过程监督。落实预算审查监督重点向支出预算和政策拓展的要求，探索开展重点支出项目专题审议，提高人大预算监督的针对性和有效性。深入推进预算公开评审、预算绩效管理和预算联网监督，让预算监督更加透明有力。继续深化审计查出问题整改工作监督，促进区政府提高财政资源配置效率和使用效益。认真开展地方政府债务监督，督促区政府加强债务管控、防范债务风险。

依法行使决定权任免权。把握好依法、规范、执行三个关键词，进一步完善讨论决定重大事项报告制度、议事制度和跟踪监督制度。探索建立年度重点民生事项代表票决制、人大常委会与“一府一委两院”工作联席会议制度、“一府一委两院”贯彻落实人大决议决定情况的报告制度，逐步形成重大决策报告、重大事项议决、后续追踪监督的工作闭环，促进人大决策科学化、民主化、法治化。坚持党管干部原则，依法做好任免工作，探索建立人大选举任命干部履职情况的监督制度，今年将安排5~6名政府工作部门负责人向区人大常委会报告履职情况，并开展满意度测评。

二、新时代有新担当，全力助推经济发展和民生改善

推动经济高质量发展。继续加强经济运行情况监督，督促区政府强化形势分析，切实发挥规划计划的导向作用。听取区政府旅游产业发展工作评议意见研究处理情况的报告、文物保护与活化利用工作情况的报告，继续加强对文商旅城融合发展工作的监督，促进新旧动能转换。贯彻落实市、区民营经济发展大会的要求，开展民营企业发展法治环境工作评议，督促区政府坚决破除民营经济发展障碍，激发微观主体活力，推动民营经济成为我区经济转型升级和稳健发展的重要力量。加大国有资产管理监督力度，听取审议区政府国有资产管理情况的报告，推动国有资产管理公开透明、国有资产保值增值。听取区政府投资项目建设管理情况报告，重点关注招投标管理工作，督促区政府加强项目库建设和项目绩效管理，提高投资效益，以优质产业项目筑牢经济转型基础。

推动民生福祉提升。围绕老百姓关心的教育公平、食品安全、健康医疗和就业工作开展监督，听取审议区政府执行中小学幼儿园校点布局规划建设决议和稳定就业、促进就业工作情况的报告；开展《重庆市食品生产加工小作坊和食品摊贩管理条例》执法检查；视察家庭医生签约服务、大健康产业发展、环重医创新创业生态圈建设情况，推动区政府做好相关工作，不断满足人民群众对美好生活的向往。

推动高品质城市建设。依法加强环保工作监督，听取审议区政府2018年环境状况和环境保护目标完成情况的报告，开展餐饮油烟污染治理视察，促进我区环境质量持续改善。继续加强对市容环境综合整治工作的监督，开展老旧小区环境整治、屋顶景观整治和人防工程项目提档升级工作的调研，督促区政府加大整治力度，提升城市精细化管理水平。听取审议区政府执行步行系统规划建设决议的情况报告，视察传统风貌区、山城老街区和特色老社区建设情况，督促区政府抓好城市提升，彰显人文渝中魅力，让渝中成为宜居宜业宜游的美丽之地。继续关注我区住房租赁市场发展，听取区政府关于住房租赁市场管理工作情况汇报，促进住房租赁市场规范管理、有序发展。

三、新时代有新追求，努力推动渝中民主法治建设

促进法治政府建设。听取审议区政府2018年法治政府建设情况报告，督促区政府落实依法治区决议，加强法治政府建设。探索建立规范性文件前置合法性审查机制，做好与市人大备案审查信息平台的应用对接，进一步提升规范性文件备案审查工作质量。听取审议区公安分局关于打击经济领域犯罪的工作报告，督促区公安分局加大工作力度，切实维护经济安全和社会稳定。听取区政府“七五”普法决议中期执行情况的报告，推动区政府落实普法责任，进一步营造尊法学法守法用法的社会氛围。

强化司法工作监督。听取区法院金融案件审判工作情况报告，推动区法院进一步发挥审判职能，为我区金融业健康发展营造良好的法治环境。听取区检察院公益诉讼工作情况报告，促进区检察院提升公益诉讼能力，确保国家利益和社会公共利益得到更好保障。

增强社会治理能力。听取审议区政府关于社会组织培育发展工作的情况报告，推动我区社会组织健康有序发展，更好发挥在社会治理中的积极作用。听取新成立政府工作部门运行情况汇报，促进区政府落实机构改革要求，推动政府职能转变，提升社会治理能力。受理群众来信来访，协调相关部门依法办理涉法涉诉信访事项，维护人民群众合法权益。

四、新时代有新举措，着力提升代表为民履职成效

强化代表履职激励约束。坚持并完善市区人大代表联动学习培训制度，优化培训方案、提高培训质量，切实增强代表依法履职能力。建立全区统一的代表履职评价机制，不断激发代表履职热情，更好发挥代表主体作用。加快推进智慧人大代表履职信息系统建设，为代表履职提供更加高效、便捷的服务保障。

深化代表与群众的联系。充分发挥“代表之家”和民情联络室的阵地作用，积极开展人大协商，密切代表与群众的联系。不断完善“三下两上五环节”民情联络工作机制，加强民情联络员队伍建设，优化民情事项办理流程，提升民情联络室功能，使民情联络室真正成为代表联系群众的纽带、为民履职的平台、接受监督的窗口。继续坚持代表参与信访接待制度，把代表接访作为代表履职的重要途径，充分发挥代表在知民情、解民忧、谋民利上的重要作用。

提高代表活动质量成效。聚焦全区经济社会发展重点，谋划年度代表主题活动。通过视察、调研、约见、评议、听取工作报告等方式，进一步丰富闭会期间的代表活动。继续深化市区两级代表联动履职的工作机制，充分发挥代表的专业领域特长，增强履职合力，推动两级代表为我区高质量发展做出更多贡献。注重履职成果转换，提出有针对性和操作性的闭会建议，形成高质量的视察、调研报告，真正推动问题解决和工作改进。

优化代表建议督办机制。把好代表建议质量关，使代表建议真正反映履职积淀、助推辖区发展、解决民生问题。进一步完善“四督两评一保障”代表建议督办机制，发挥好区领导重点督办、相关委室对口督办、街道工委追踪督办的重要作用。全面开展代表建议办理工作“两次评价”，在人代会开展代表建议办理工作满意度测评，进一步增强承办单位的责任意识，推动建议办理让代表满意，让群众受益。

五、新时代有新气象，努力提升人大系统工作质效

加强政治建设。坚定不移用习近平新时代中国特色社会主义思想统领人大工作，切实在学懂、弄通、做实上下功夫。突出思想引领，切实提高常委会组成人员的政治站位，更好发挥地方国家权力机关作用，确保市委、区委的各项决策部署在人大工作中得到全面贯彻执行。持续推进常委会机关党风廉政建设，支持区纪委监委派驻人大机关纪检监察组履行职责，主动接受监督。

加强能力建设。坚持和完善常委会学习制度，改进培训方式，丰富学习内容，不断增强常

委会组成人员适应新时代、落实新部署的履职能力。加强人大制度和人大工作研究，申请成立区人民代表大会制度研究会，组织开展人大工作理论研讨活动，推进人大制度理论与实践创新。继续加强制度建设，制定区人大常委会专题询问办法，修订区人民代表大会议事规则、区人大常委会讨论决定重大事项办法、人大代表议案建议办理办法等制度。继续深化人大新闻宣传和信息化建设，不断提高服务保障水平。

加强一体化建设。优化区人大专委会设置，完善专委会工作机制，增强专委会工作力量，更好发挥专委会的职能作用。加强对人大街道工委的领导，进一步完善区街联动工作机制，形成监督工作合力。积极争取区委支持，加强人大街道工委机构建设和力量配备，提高全区人大工作整体水平。

各位代表！新思想引领新时代，新使命开启新征程。做好新时代的人大工作，责任重大，使命光荣。让我们更加紧密地团结在以习近平同志为核心的党中央周围，深学笃用习近平新时代中国特色社会主义思想，在中共渝中区委的坚强领导下，凝心聚力、奋发有为，努力推动新时代人大工作实现新作为，以优异的成绩迎接中华人民共和国七十华诞。

重庆市渝中区人民政府工作报告

——2019年1月13日渝中区第十八届人民代表大会第四次会议上

渝中区人民政府区长　商　奎

各位代表：

我代表渝中区人民政府，向大会报告工作，请予审议，并请各位政协委员提出意见。

一、2018年工作回顾

过去的一年，我们以习近平新时代中国特色社会主义思想为指导，全面贯彻落实党的十九大和十九届二中、三中全会精神，在市委、市政府和区委的坚强领导下，在区人大及其常委会和区政协的监督支持下，紧紧围绕习近平总书记对重庆提出的“两点”定位、“两地”“两高”目标和营造良好政治生态、做到“四个扎实”的重要指示要求，坚持稳中求进工作总基调，认真践行新发展理念，坚决打好“三大攻坚战”、大力实施“八项行动计划”，坚决肃清孙政才恶劣影响和薄熙来、王立军流毒，以“一稳三抓五促”工作方法统揽各项工作，全区呈现经济运行稳中有进、城市品质不断提升、民生福祉持续改善、社会大局和谐稳定的良好局面。

预计全年地区生产总值突破1200亿元、增长1%左右，区级一般公共预算收入46.4亿元、下降6.7%，社会消费品零售总额增长8.5%左右，固定资产投资总额完成220亿元、增长3%左右，城镇居民人均可支配收入3.9万元、增长8.5%左右。重点抓了六个方面的工作。

（一）坚持调结构、促转型，现代服务业发展实现新突破。我们下决心摆脱速度情结、换挡焦虑，沉心静气抓转型升级，经济发展质量和效益进一步提高。着力稳住金融、商贸“基本盘”，新引进天弘基金、国融证券等市级金融机构4家，金融机构人民币存贷款余额超过9000亿元，金融业增加值占地区生产总值26%；当当实体书店、无人便利店等新业态新模式新零售加速集聚，迦达、蔻蕊等10个国际知名品牌相继入驻，37个全新品牌首入重庆并落地解放碑和大坪商圈，两大商圈社会消费品零售总额分别达到570、160亿元，全区商品销售总额3500亿元、增长10%，商贸业增加值占地区生产总值24%。文化旅游活力迸发，整治提升李子坝轻轨站等热门景点品质，以洪崖洞、长江索道为代表的旅游景区持续火爆，以红色经典、老街老巷为代表的历史文化旅游加速升温，国家全域旅游示范区创建有序推进，获评“全国首批国民休闲旅游胜地”“全国最受欢迎全域旅游目的地”，解放碑商圈荣获“全市最具人气商圈”称号，新增重点文旅企业25家，规模以上文化旅游业营业收入1000亿元、增长12%，全年旅游收入达到380亿元、增长20%。数字产业迅速发展，大力实施以大数据智能化为引领的创新驱动发展行动计划，成功承办智博会区块链分论坛、举办重庆市人工智能与大数据院士论坛，全力建设重庆“链岛”智能产业集聚区，重庆市区块链产业创新基地入驻企业28家，规模以上信息产业营业收入28亿元、增长15%。专业服务业、健康医疗业亮点纷呈，菲斯克、中冶赛迪、索通律师事务所等龙头企业引擎作用凸显，带动人力资源、工程管理、法律服务等行业持续增长，规模以上专业服务业营业收入162亿元、增长25%；启动“环重医创新生态圈”建设，新引入重庆适达口腔、瑞力医疗美容等中外合资医院及机构，仁品耳鼻喉等民营专科医院开业投用，规模以上健康医疗服务业营业收入300亿元、增长10%。楼宇经济、总部经济不断壮大，现代服务业集聚区建设提速增效，凯德来福士、重庆中心项目等一批高端载体加快推进，光控朝天门中心项目等一批商务楼宇开放运营，推动商社大厦、创意大厦、民生大厦等30栋老旧楼宇完成改造，新增酷狗科技、港力环保等总部及重点企业50余家，新增税收亿元楼宇3栋、总数达37栋。

（二）坚持扮靓“颜值”、彰显“气质”，城市品质得到新提升。我们注重城市布局合理、功能完善、管理精细，大力实施城市提升行动计划，渝中半岛更具内涵、更有质感、更富魅力。稳步推进城市有机更新和历史风貌保护，“城市双修”7大专项行动266个项目有序实施，山城巷、马鞍山、李子坝等传统风貌区和鲁祖庙、戴家巷等山城老街区建设提速提质，十八梯传统风貌区首开区、湖广会馆及东水门历史文化街区首开区完工，白象街传统风貌区一期开街运营，金汤街等8个特色老社区改造完工，保护修缮中苏文协旧址、中法学校旧址等15处文物，提档升级怡园、巴蔓子墓综合环境，顺利启动韩国光复军总司令部旧址、朝天门城墙等22项文物保护项目，城市人文“气质”不断彰显。扎实开展基础设施建设提升行动计划，坚决保障市在区项目建设用地需求和施工组织，曾家岩大桥和轨道9号线、10号线等重点项目推进顺利，渝澳大桥两路口分流道等道路建成投用；继续完善路网系统，解放碑地下环道三期、雷家坡立交等重点项目稳步实施，解放碑、朝天门品质提升项目有序推进，山城步道加快建设、佛图关公园步道和古城墙定远门—临江门段步道顺利完工，完成渝州路、菜袁路等主次干道隔离设施改造102千米，新建公共停车场9个、新增停车位900个；强化管网、能源、通信等基础配套，改造排水管网4.5千米、老旧燃气管道50千米，完工朝天门110千伏输变电站工程，新增4G基站325个，重点公共场所免费Wi-Fi全覆盖，城市功能价值有效提升。以“绣花”功夫狠抓城市精细化管理，坚持大城细管、大城智管、大城众管，定人定岗定责常态化开展“马路办公”，率先实施城市综合管理“五长制”、在全市推广并入选2018中国最具幸福感城市·管理创新范例；标本兼治旅游顽疾，创新设立解放碑、朝天门、洪崖洞旅游综合执法检查站，全面试行“两江游”实名制购票、长江索道等重要景点联网售票，旅游市场秩序明显改观；下大力气推动朝天门等重点区域提档升级，拆除违法建筑5.3万平方米，涂装桥梁26万平方米、隧道下穿道20万平方米、隔离栏杆10万米，新改建公厕8座，清理僵尸车546台，精心摆放鲜花800万盆、精细提升绿地15万平方米、精致改造楼宇灯饰21栋，城市“颜值”更加靓丽。坚决打好污染防治攻坚战，大力推进生态优先绿色发展行动计划，深入实施“五大环保行动”，全面落实河长制，圆满完成两江沿线餐饮船舶整治工作，全力抓好中央和市级环保督察反馈问题整改，饮用水源地水质达标率100%，实现空气质量优良天数306天、同比增加35天，$PM_{2.5}$等6种主要污染物浓度首次实现“全下降”，城市人居品质持续改善。

（三）坚持抓改革、促开放、求创新，区域发展增添新动力。我们积极主动对接全市内陆开放高地建设行动计划，深化改革开放创新，城市知名度和对外影响力不断提升。深入落实区委12项全区性重点改革专项、78项具体改革项目，持续推进供给侧结构性改革，切实抓好“三去一降一补”，商品房销售面积74万平方米、商业商务楼宇招商去化50万平方米，处置“四久工程”3个、“僵尸企业”285家。国企改革力度加大，推动区级党政机关和事业单位所属企业纳入集中统一监管，坚持市场化方向、推进国企投资方式变革。“放管服”改革持续深化，“全渝通办”行政审批和公共服务事项上线运行，行政审批事项平均要件减少15%，新增市场主体1.2万户。深入推进重庆自贸区和中新合作示范项目建设，落实自贸区改革试点任务112项，在全市率先出台34项自贸区并联审批服务清单，增值税一表集成工作经验在全国推广，新增外资企业及分支机构36家，落地项目10余个、签约金额167.3亿元。解放碑、化龙桥服务贸易产业园服务贸易额分列全市前两名，全区进出口总额110亿元，实际利用内外资210亿元，利用外资结构进一步优化。在稳商的基础上更注重精准招商，搭建“1+11+N”招商工作体系，区领导带队赴俄罗斯、匈牙利、波兰、捷克、日本、韩国、新加坡等国家和地区以及北京、上海、广州、深圳、香港等城市积极开展招商推介，新增世界500强、中国100强企业5家，签约项目和企业1000余个、涉及投资总额超过2000亿元。对外交流进一步增强，圆满完成新加坡等14个国家政要团参观访问渝中接待工作，成功举办外交官“母城文化”专线旅游、匈牙利当代艺术展等系列精品活动。大力实施军民融合发展战略行动计划，统筹军地基础设施、老旧人防工程共建共用。创新发展活力不断释放，新增国家高新技术企业30家、科技型企业100家、牛羚企业13家、瞪羚企业1家，支持科技计划项目106个，有效发明专利增长10%，建成智慧景区8个、智慧社区23个。

（四）坚持保基本、补短板、兜底线，人民群众获得新实惠。我们着力扩大惠及面、提高精准度、增强实效性，大力实施以需求为导向的保障和改善民生行动计划，群众福祉不断增强。用心用情办好15件民生实事，完成棚户区改造10万平方米、房屋“两证”遗留问题化解19.8万平方米、老旧住宅加装电梯21台，一批群众关切的问题加快解决，连续两年在市考核中取得佳绩。坚决打好对口帮扶·城市解困攻坚战，重点群体关爱帮扶投入1.6亿元、惠及50万人次，城镇新增就业4.5万人，社会保障水平稳步提高，继续做好对口帮扶巫溪工作。公共服务优质均衡发展，全面落实科教兴区和人才强区行动计划，3篇德育案例入选全国德育工作典型经验，名师、特级教师工作室达到28个，优化大坪石油路片区校点布局，加快中华路小学外国语学校等10个项目建设，积极推动回购原武警一支队营房用地支持办学，中小学幼儿园集团化办学覆盖率达66%，公办园在园幼儿占比达40%、普惠性幼儿园覆盖率超过71%，巴蜀小学申报的《基于学科育人功能的课程综合化实施与评价》获评国家级教学成果特等奖；国家公共文化服务体系示范区创建成果不断巩固，创新引入社会资本打造曾家岩书院、的米24小时城市书房等公益图书馆，精心组织文化惠民活动600场、惠及20万人次，荣获市级以上文艺奖项17个；综合医药卫生体制改革取得新进展，中医骨科医院迁建项目土石方基本完成，新增家庭医生工作室15个、签约率达25%，荣获全国十佳慢性病综合防控示范区，圆满完成全国精神卫生综合管理试点工作评估；广泛开展全民健身活动，建成新都巷、上肖家湾社区体育文化公园；保障6677户城市住房困难家庭居住需求；持续扩大养老服务供给，新增社区养老服务中心（站）5个，提供政府购买居家养老服务、惠及8000余人次，获批全国第三批居家和社区养老服务改革试点区。

（五）坚持共建共治共享，社会治理取得新成效。我们始终牢记渝中特殊区位赋予的特殊责任，时刻把握“渝中出不得事、出不起事、不能出事”的特殊要求，坚决打好防范化解重大风险攻坚战，社会大局保持和谐稳定。持续深化社区治理“三社联动”模式，建成社区便民服务中心9个，充分发挥劳务纠纷、建筑行业纠纷等10个专业性调解组织作用，成功化解矛盾纠纷3500余件，完成市交办积案13件。重要景点节日期间，增派机关干部、安保人员、城管力量，加强应急值守、巡逻防控、市容秩序维护，全力防控“旅游热”带来的安全风险。严格落实安全责任，强化“三个必须”，深入推进安全生产大排查大整治大督查大执法，拉网式排查整治校园安全、道路交通、地质灾害等重点行业领域安全隐患563个，全区安全生产形势平稳向好。切实加强经济领域风险防控，严厉打击违法违规金融活动，政府性债务绿色可控。深入推进扫黑除恶专项斗争，打掉恶势力犯罪集团和组织3个，抓获涉黑涉恶犯罪嫌疑人301人，刑事案件、侵财案件发案率连续三年下降。

（六）**坚持兴调研转作风促落实，政府自身建设有了新作为。**我们始终坚持党的全面领导，加快转变政府职能，政府系统运行更为规范、高效、廉洁。认真履行区政府党组全面从严治党主体责任，推进“两学一做”学习教育常态化制度化，持之以恒纠正“四风”，坚决做好市委巡视反馈意见整改。推进科学决策、民主决策，严格落实向区委请示报告制度，定期向区人大报告工作、向区政协通报情况，办结人大代表建议和政协提案722件，满意率和基本满意率98.8%。推进法治政府建设，加大政务公开力度，加强规范性文件备案管理，动态更新权力清单、责任清单、公共服务事项清单，让群众看得到、能监督。优化政府系统运行机制，行政机构改革平稳实施，预算绩效管理全面深化，审计全覆盖持续推进，调整完善政府投资项目管理和经济指标考核，针对重大项目、重点任务严督实查，完成“十三五”规划中期评估，全面开展全国第四次经济普查工作。持续优化营商环境，着力构建“亲”“清”新型政商关系，深化区领导带头联系重点企业制度，大力实施“一助二优三转”行动，集中走访企业1800余家，协调解决企业反映共性问题900余件；鼓励民营企业做大做强，严格落实企业减负三十条，用好用活产业扶持政策和发展引导基金，实现税费政策兑现“全覆盖”，累计为企业和个人减负33.1亿元。

与此同时，双拥、国防动员、民族宗教、外事侨务、对台、审计、统计、普法、档案、保密、修志、物价、机关事务等工作取得新成绩，妇女、儿童、青年、科普、老龄、慈善、残疾人、红十字等事业取得新进步。

各位代表！过去一年取得的进步，是市委、市政府和区委正确领导的结果，是区人大、区政协和各位代表、委员监督支持、积极参与的结果，是全区广大干部群众特别是基层一线同志们攻坚克难、奋勇前进的结果。在此，我谨代表区人民政府，向为渝中建设和发展做出无私奉献的全区人民，向给予政府工作大力支持的人大代表、政协委员，各民主党派、人民团体、工商联和社会各界人士，向市级有关部门、驻区部队和在区企业，向所有关心、支持、帮助和参与渝中建设发展的同志们、朋友们，表示崇高的敬意和衷心的感谢！

回顾一年的工作，我们清醒地认识到：受外部经济下行、基数相对较高、地域空间限制、总部企业搬迁等诸多影响，加之“两江四岸”品质提升、规划减量等因素，地区生产总值、区级一般公共预算收入、固定资产投资等指标低于预期。我们深刻地意识到：对照新时代的职责使命和人民群众日益增长的美好生活需要，有限空间内推动高质量发展、创造高品质生活依然是我区面临的最大任务；对标发达城市中心城区，在壮大经济发展总量、深度融入“一带一路”建设和长江经济带发展、释放自贸区带动效应等方面依然存在较大差距；对应人文渝中建设工作要求，传统风貌保护、山水资源挖掘、城市精细化管理依然是长期努力方向。我们切实地感受到：面对“旅游热”做到“冷思考”，在推动“人气”变“财气”、“游客”变“顾客”、“流量”变“产量”等方面更需靶向攻坚、精准施策；安全稳定压力较大，社会治理任务繁重，民生保障和改善更要迎难而上、久久为功；一些政府工作人员创新不足、执行不力、担当不够，更待扬鞭奋蹄、击水中流。面对这些困难和挑战，我们将坚持问题导向，奔着问题去、迎着问题上、揪着问题改，在干中战胜困难、在干中增强信心、在干中再立新功。

二、2019年总体要求和重点工作

各位代表！2019年是新中国成立70周年，是全面建成小康社会关键之年，做好全区各项工作意义重大、责任重大。

总体来看，全国经济运行稳中有变、变中有忧，外部环境复杂严峻，经济面临下行压力，必须从长期大势认识当前形势，认清我国长期向好发展前景，我国发展仍处于并将长期处于重要战略机遇期。全市经济已由高速增长阶段转向高质量发展阶段，“稳”的格局在巩固、“进”的动力在增强、“好”的势头在延伸。对渝中而言，虽然受内外部环境变化、主客观条件限制，保稳促增任务艰巨，但是渝中作为全市的行政中心、文化中心、商贸中心、金融高地、总部高地的地位作用没有变，全区经济社会发展持续向好的基本面没有变，全区上下坚定转型升级、创新发展的信心决心没有变，我们有基础有条件有能力实现稳步健康的持续发展。信心比黄金更重要，质量比速度更关键。我们必须把思想和行动统一到中央、市委和区委对经济的判断、对工作的部署上来，既要看到复杂环境的“变”，又要看到大势向好的“不变”，既要看到转型升级增速波动的“变”，又要看到经济高质量发展态势上行的“不变”，既要看到周边竞争不断加剧的“变”，又要看到渝中首善首为追求的“不变”，始终保持战略定力，增强发展信心，注重稳扎稳打，抓重点、补短板、强弱项，坚定不移办好自己的事，努力推动渝中各项工作再上新台阶。

今年区政府工作的总体要求是：以习近平新时代中国特色社会主义思想为指导，全面贯彻党的十九大和十九届二中、三中全会精神，深入学习贯彻中央经济工作会议精神，紧紧围绕习近平总书记对重庆提出的“两点”定位、“两地”“两高”目标和营造良好政治生态、做到“四个扎实”的重要指示要求，统筹推进“五位一体”总体布局，协调推进“四个全面”战略布局，坚持稳中求进工作总基调，坚持新发展理念，坚持推动高质量发展，坚持以供给侧结构性改革为主线，坚持深化市场化改革、扩大高水平开放，加快建设现代化经济体系，以“一稳三抓五促”工作方法统揽各项工作，继续打好“三大攻坚战”和实施“八项行动计划”，不断激发微观主体活力，统筹推进稳增长、促改革、调结构、惠民生、防风险工作，保持经济运行在合理区间，进一步稳就业、稳金融、稳外贸、稳外资、稳投资、稳预期，提振市场信心，增强人民群众获得感、幸福感、安全感，持续营造风清气正的良好政治生态，保持经济持续健康发展和社会大局稳定，为全面建成小康社会收官打下决定性基础，以优异成绩庆祝中华人民共和国成立70周年。

在确保发展质量效益的前提下，从实际情况出发，今年经济社会发展主要预期目标是：地区生产总值增长3%，区级一般公共预算收入44.5亿元左右，社会消费品零售总额增长7.5%左右，固定资产投资总额200亿元左右，城镇居民人均可支配收入增长8%左右，实际利用内外资230亿元左右。围绕实现今年经济社会发展目标，我们着力做好以下四个方面工作：

（一）持之以恒加快产业转型升级，努力推动高质量发展。牢牢把握现代服务业发展新趋势，推动资源集约、要素集聚、产城融合，加快增量崛起、存量变革、动能转换，持续提高经济发展质量和效益。

*巩固传统产业支柱地位。*金融、商贸是渝中产业的龙头，是支撑渝中高质量发展的“压舱石”，要提质增效、做优做强。立足建设功能性金融中心核心区，增强金交所等要素市场集聚辐射效应，支持在区金融机构扩大规模、创新发展、提升效益，新增市级以上金融机构5家以上；大力发展普惠金融、绿色金融、科技金融等创新金融服务，解放碑（朝天门）现代金融商务集聚区落户全国性、区域性金融总部、外资金融总部4家以上，大石化新区创新金融集聚区落户以互联网为主的新兴金融、金融中介服务机构5家以上；强化金融服务实体经济，支持企业对接多层次资本市场，新增境内外上市企业、申报IPO企业2家。打造国际消费中心城市核心区，积极引进品牌首店、定制消费、

特色体验等新兴业态，引进国际知名品牌10个以上，引导地王广场、帝都大厦、国贸中心等20万平方米商业业态提档升级，支持龙湖时代天街、国泰广场等购物中心提升内容输出能力；聚焦特色错位发展，围绕个性化、品质化消费，支持“大企小店”开展连锁经营，引入苏鲜生等“跨界+体验式”新零售新业态，健全完善社区商业服务功能；坚持融合发展，巩固提升交通运输服务业，支持重百、苏宁易购等“线上+线下”协同发力，壮大西港全球购、香满圆等电商平台发展规模，组织开展咖啡文化节、创新商业节等特色商贸活动，推动全域消费与全域旅游有机结合，让消费市场更加红火。

培育壮大新兴产业。新兴产业是渝中在有限空间拓展发展内涵的重要支撑，要加快发展、提升能级。构建更为完善的专业服务机构体系，新引进会计评估、法律服务、人力资源等品牌专业服务机构10家以上，规模以上专业服务业营业收入增长20%以上。将文化旅游业作为战略性支柱产业来抓，不断激发产业活力，围绕全域旅游示范区建设，全方位挖掘吃住行游购娱、商养学闲情奇等旅游要素，推动“城市候机楼”建设，打造“山城扎包”等特色文旅产品，旅游收入增长20%以上；着力引进一批总部及重点文旅企业，积极打造一批有特色、有市场的文旅项目，规模以上文化服务业营业收入增长20%以上。紧扣互联网服务业发展趋势，以大数据智能化为抓手，大力发展大数据应用、区块链、数字内容、软件服务、工业互联网、集成电路设计6大数字产业，加快建设重庆“链岛”智能产业集聚区，规模以上信息产业营业收入增长30%以上。深挖健康医疗产业发展潜力，集聚精准医疗、特色专科、健康管理、互联网医疗等创新要素和服务资源，推动1089艺术美丽中心等重点园区建成运营，引导平安好医等外资和社会投资多元化办医，规模以上健康医疗服务业营业收入增长20%以上；加快“环重医创新生态圈”建设，着力引进10个领军人才、10个前沿医疗项目、10个特色医疗机构，加快建设国际医学创新中心。大力发展工业设计、楼宇工业等2.5产业，完善产业链条，催生发展机遇。

加快建设服务业集聚区。突出空间更聚焦、产业更集聚、支撑更有力，推动重点区域高品质开发，进一步优化集聚区功能布局。解放碑中央商务区，以成功纳入商务部全国高品位步行街首批试点为契机，加强与全市各大商务区、集聚区、功能区的产业联动，优化提升解放碑至朝天门文旅通廊，加速新华时尚城、重庆塔、英利金融街等高端载体建设，完工复星国际中心项目，推进世贸大厦老旧楼宇更新改造，实施大同路道路改造等10个解放碑品质提升项目，建成解放碑大数据平台，新增企业1200家以上。朝天门中新合作示范园，推动凯德来福士项目部分建成投用，完工光控朝天门中心二期项目主体结构，提档升级朝天门广场，持续提升朝天门片区品质，新增企业220家以上。下半城历史文化风貌带，推动十八梯传统风貌区项目形态初显、后街影视文化产业园整体对外开放，加快中航里程、国浩渝中等项目建设，完工白象街传统风貌区二期和罗宾森广场商业裙楼，东水门老街全面开业，新增企业330家以上。化龙桥国际商务区，提速万科重庆天地超高层、中海卡福厂等项目建设和红云路、化龙桥公园等配套建设，完工重庆总部城A区，新增企业300家以上。大坪商圈，推进龙湖西区项目建设，拓宽改造石油南路，启动时代天街E馆建设，支持时代天街创建国家4A级旅游景区，新增企业1500家以上。大溪沟文化创意区，加快推进合景天銮、万科翡翠都会项目建设，盘活龙泉花园商业裙楼，新增企业300家以上。上清寺互联网产业园，推动重庆中心项目T2T3塔楼主体完工，升级环球大厦、中邮大厦等老旧楼宇，引导上清寺V营提质增效，新增企业300家以上。菜园坝滨江城，加快片区征收工作，配合完成重庆站综合交通枢纽片区规划，推动重庆火车站改造项目尽早开工。大力发展总部经济、楼宇经济，加大政策引导和支持力度，实施嘉陵大厦裙楼等30栋老旧楼宇更新改造，提档重点商业商务楼宇物业管理水平，优化老旧楼宇信息系统，加强楼宇协同管理，新增世界500强企业5家、总部企业50家、规模以上企业150家、税收亿元楼宇3栋。

（二）用心用情保障和改善民生，倾力创造高品质生活。坚持实施以需求为导向的保障和改善民生行动计划，着力解决群众最关心最直接最现实的利益问题，让群众有更多的获得感、幸福感、安全感。

社会保障强化兜底。坚持尽力而为、量力而行，认真落实全市民生实事部署，切实办好全区民生实事项目，把“民生工程”做成实实在在的“民心工程”。聚焦稳就业工作要求，健全就业创业政策扶持体系，加强技能培训、创业扶持和就业援助，推动高校毕业生、进城务工人员等重点群体自主创业和充分就业，新增就业4万人，确保城镇登记失业率低于3.5%。按照兜底线、织密网、建机制的要求，持续开展参保惠民，城镇职工和居民基本养老保险参保率保持95%以上。坚决打好对口帮扶·城市解困攻坚战，深化社会救助体系建设，继续试行政府救助保险项目，确保困难群众应保尽保、进退有序，全力助推巫溪县如期脱贫。深化全国居家和社区养老服务改革试点区建设，完善三级养老服务体系，统筹推进居家养老、社区养老、机构养老协调发展，加快市级示范社区养老服务中心建设。积极培育发展住房租赁市场，扩大住房保障覆盖面，完成244套区级公租房修缮维护。深入贯彻粮食安全、“菜篮子”行政首长责任制，整治升级学田湾、石灰市、西三街等农贸市场。扎实做好残疾人康复、帮扶、培训等各项工作。

社会事业注重优质均衡。强化资源优化配置，拓展完善“10分钟公共服务圈”功能，把更高水平的公共服务送到群众身边。坚持教育优先发展战略，落实立德树人根本任务，继续做好新时代“都市美育”改革实验，加强青少年心理健康教育，提高课堂教学质量，着力解决课外负担重、择校热等一批问题。巩固提升基础教育高地优势，完善校点布局规划，加快求精中学河运校区等17个校园项目建设，公办园在园幼儿占比达到45%、普惠性幼儿园覆盖率达到75%，继续开展优秀校园长、教师轮岗交流，实现教育集团化办学全覆盖。深化校园内外安全联动机制，加强中小学、幼儿园安全管理，坚决取缔非法幼儿园，让孩子安全、家长放心。广泛开展群众性科普宣传，力争创建国家级、市级科普示范社区3个，开设社区科普大学教学点30个以上。持续推进医药卫生体制改革，深化全民预防保健工作，提速市中医骨科医院迁建等12个项目建设，提升分级诊疗服务能力，确保居民健康水平位居西部前列。广泛开展全民健身群众体育活动，着力提高竞技体育水平，协调推进大田湾全民健身中心体育场综合改造，及时更新社区体育设施，启动棉花街、巴将军广场等3个社区体育文化公园建设。

社区治理突出融合共享。坚持自治、法治、德治“三治融合”，深化社区治理“三社联动”工作模式，推动社区协商制度化、规范化、程序化，及时感知、切实解决社区居民的操心事、烦心事、揪心事。加快形成社区共治和居民自治有效互动，探索物业管理和社区治理有机融合，提升老旧住宅区物业管理水平，持续开展星级和谐社区创建活动，完成居民委员会换届选举。加快建设社区公共服务综合信息平台，完成3个社区便民服务中心建设，加强信息资源共建共享，全面推进社会治理网格化管理和便民化服务。创新社会组织监督管理，拓展社会组织参与社会治理的渠道，培育品牌社会组织5家以上。加强社区工作者管理，培养一批“全能＋专业”型社区工作者，实施市、区社会工作服务项目29个。深入开展“双拥”共建活动，全力争创全国双拥模范城“六连冠”。

社会安全守稳底线。坚持守土有责、守土有方、守土有效，坚决打好防范化解重大风险攻坚战，发扬新时代“枫桥经验”，加快构建综合性、全方位、系统化城市安全发展体系，坚决实现“五个不让”和“七个坚决防止”目标。规范政府债务管理，严厉打击非法金融活动，切实防范和管控经济领域各类风险。坚持依法分类处理信访诉求，畅通拓宽群众诉求表达渠道，健全完善社会稳定风险评估、矛盾多元化解、信访代理等工作机制，重点矛盾化解率和积案化解率均达到85%以上，将矛盾化解在源头、解决在基层。严格落实公共安全责任，深化安全生产大排查大整治大督查大执法，深入开展道路交通、桥梁隧道、建筑施工、食品药品、高层消防、旅游景区等行业领域安全专项整治，启动石板坡长江大桥护岸挡墙排危抢险工程，加快化龙桥应急救援码头建设，坚决遏制较大及以上安全生产事故发生。加强基层基础建设，完工市五中法院和市检察院五分院业务用房、区法院审判法庭项目，加快区公安战训基地和消防训练基地等一批项目建设。加强社会治安综合治理，纵深推进扫黑除恶专项斗争，深化“雪亮工程”建设，打造全域“实景地图”防控模式，严厉打击各类违法犯罪，让群众安居乐业、社会安定有序。

（三）坚定不移深化改革开放，大力建设内陆开放高地。坚持改革推动、开放带动、创新驱动，立足破解难题、释放活力、提升效率，着力增添发展新动能、构筑竞争新优势。认真抓好各项改革落实落地。全面落实机构改革部署，加强和完善政府经济调节、市场监管、应急保障等职能，强化街道统筹执行能力，构建简约高效的管理体制，加快促进部门内部有机融合，切实做到事合、编合、心合、力合。不折不扣落实各类减税降费政策，持续清理规范涉企行政事业性收费。深化国资国企改革，持续推进区级党政机关和事业单位所属企业集中统一监管，推动国企分类改革，进一步明确主业、整合资源、提升效益，发挥国企在公共基础建设、文商旅融合、老字号传承弘扬、招商引资等方面的引领作用，做强做优做大国有资本，不断提高对区域发展的贡献度。持续推进供给侧结构性改革，处置“四久工程”2个，清理“僵尸企业”500户，消化商业商务用房90万平方米。

*加大对内对外开放力度。*全面融入“一带一路”建设和长江经济带发展，深入实施内陆开放高地建设行动计划。打造自贸试验区升级版，用好投资、贸易、金融等制度创新优势，促进一批功能性、标志性项目落地，力争推出创新实践案例2个以上，新增企业2000户以上、签约合同金额300亿元。推进中新合作示范项目建设，鼓励区内企业及项目通过发行外币债券、申请跨境人民币贷款等方式赴境外融资，引进5家知名企业落户，将凯德来福士打造为中新合作项目承载地、外资入驻离岸中心，力争落地示范项目5个以上。提升服务贸易竞争力，推动内外贸联动融合发展，引进培育有影响力的外贸综合服务企业，集聚打造总部贸易、转口贸易楼宇基地，跨境结算量累计突破2500亿元、新增外资企业及分支机构70家、利用外资5亿美元以上。做大做强解放碑、化龙桥两大市级服务贸易特色产业园，培育骨干型企业30家。统筹发挥好外事外企资源富集优势，内引外联，策划开展一批文化底蕴深厚、经济合作潜力巨大的国际经济合作、文化交流活动，积极申办一批国际、国内精品赛事，不断扩大渝中国际知名度和对外影响力。

*大力推动创新发展。*搭建创新平台，打造“没有围墙的科研院所”，加强与中国工程院、工信部电子五所等科研院所合作，依托重庆人工智能与大数据院士工作基地，发挥300亿元人工智能与大数据产业投资基金撬动效应，打造星河•领创天下、U创空间等一批国家级创新孵化平台，引进培育市级以上科技研发平台3个、高新技术企业10家，建成区块链测试认证中心等工程技术中心、重点实验室2个。集聚创新人才，深入开展科教兴区和人才强区行动计划，用好区级人才开发专项资金和“一人一策”，深化产教融合、校企结合，新增市级及以上校企合作企业5家，培育引进“高精尖”人才30名、急需紧缺人才300名。以大数据智能化引领创新驱动发展，聚焦商用政用民用，全面实施24个领域、42项重点应用专项，集聚大数据智能化相关企业2700家，产业规模达到240亿元，建成智慧社区示范点4个、智慧景区5个、智慧医院2家、智慧校园4所。认真落实军民融合发展战略行动计划，加快“军转民”“民参军”步伐，筹备重庆地理空间信息军民融合研究院，推进洪崖洞人防工程等3个“平战结合”示范项目建设，推动环卫三所污水处理技术在军队生产生活装备等方面的转化应用。

持续加大稳商招商力度。倾力稳商助商，从拼资源拼政策转为拼环境拼服务，“抓大不放小”“助强又扶弱”，深入开展“一助二优三转”行动，坚持常态化走访、高水平服务企业，及时履行对企业的服务承诺、合同协议，千方百计为企业排忧解难，营造良好的营商环境。聚力招商引资，立足产业基础、比较优势、发展方向，以龙头引龙头、聚集产业上下游，着力延长产业链、深化服务链、提升价值链。抢抓产业梯次转移机遇，紧盯长三角、珠三角、环渤海地区，积极发挥辖区社会组织、行业协会、专业机构集聚优势，大力开展以商招商、平台招商、专业招商、委托招商，落户“招大引强”企业100家。注重登记注册、税务关系等后续跟踪服务，推动重点项目高标准实施，尽早让招来的企业、引来的资本落地见效。大力发展民营经济，坚决打破“卷帘门”“玻璃门”“旋转门”，打造公平竞争环境，让民营企业轻装上阵；推广“云税贷”“结算贷”等无抵押金融产品，探索建立银行、保险、政府融资风险共担机制，积极争取企业商业价值信用贷款改革试点，着力解决企业“融资难”；鼓励引导民营企业积极参与风貌区建设、老旧楼宇改造、城市更新等领域项目建设，让企业有想头、有劲头、有奔头。

（四）持续提升城市品质，全力建设山清水秀美丽之地。贯彻落实“一尊重五统筹”要求，深入实施城市提升行动计划，着力提升城市经济品质、人文品质、生态品质、生活品质，努力实现干净整洁有序、山清水秀城美、宜业宜居宜游。

推动城市高起点规划、高效率建设。针对渝中“亮点在立体、痛点在立面”的空间现状，注重城市美学，优化提升立面、平面、水面、地面、坡面、屋面等多维景观，强化控规管指标、城市设计管风貌，实施“城市双修”7大专项行动，深入推进重庆历史人文核心区保护传承专项规划和实施导则编制工作，精心打造一批“城市地标”，让城市多留经典、少留遗憾。深入实施基础设施建设提升行动计划，积极对接全市轨道线网规划，全力推动轨道18号线线型和站点优化、促成轨道26号线经由解放碑，更好服务渝中发展；坚持重大功能项目与配套工程通盘考虑、一体推进，配合推动渝湘高铁始发站、曾家岩大桥和5号线、9号线、10号线等铁路、桥梁、轨道项目加快建设，完工轨道朝天门站光控通道、两江大桥渝中区配套道路等工程，启动解放东西路改造二期、山城巷管网改建等项目，提速解放碑地下环道三期、雷家坡立交等建设，实施公共轨道、停车站场、人防工程等地下空间连片联通、有效利用。提高城市承载能力和运行效率，开工建设十八梯110千伏输变电工程，启动5G网络建设、新建站点300个，完成鹅岭正街等3个公共停车场建设、新增停车位600个，建设沧白路天桥等4处过街人行设施，新建改建公厕8座，继续推进老旧住宅加装电梯工作。

坚持精细化、智能化、人性化城市管理。以绣花般的细心、耐心、巧心，着力实施好“洁面净空”“增绿添色”“灯亮街美”“治乱治差”“智能智慧”五大工程，努力做到背街小巷与主次干道、夜晚与白天、平时与假日“三个一样”，让渝中更有温度、更富魅力、更具吸引力。推进“大城细管”，严格落实城市综合管理要求、技术导则和作业标准，稳步推进雨污分流、管线下地，全面推广垃圾分类，系统开展重点片区立面整治，改造车（人）行道7万平方米、排水管网6千米、居民水表“一户一表”1000户，拆除违法建筑3.8万平方米，完成棚户区改造2万平方米，解决房屋“两证”遗留问题10万平方米。推进“大城智管”，聚焦高效、便捷、精准管理，加快“智慧城管”建设，完善智能城市管理综合业务系统，借力国家节能中心推动“智慧路灯”项目建设，试点实施解放碑片区“多杆合一”改造，让市政设施维护、环卫保洁、绿化养护、城管执法、河道管理更“智慧”。推进“大城众管”，深入落实“五长制”、常态开展“马路办公”，完善城市管理联合执法、旅游景点综合执法长效机制，深入开展“十大不文明行为”专项整治，持续巩固全国文明城区创建成果，促进城区文明程度、市民文化素质和城市管理效果同步提升。

深入推进人文渝中建设。坚持在重拾历史记忆中推进城市有机更新，配合实施大田湾体育场、劳动人民文化宫及人民大礼堂片区历史文化保护提升，积极推动燕子岩—飞机码头—枇杷山申报市级传统风貌区，加快李子坝、打铜街等传统风貌区建设，完工马鞍山传统风貌区西区，开工胜利巷等山城老街区，建成三层马路首开区、鲁祖庙协调区和戴家巷山城老街区。聚焦历史文化传承，加快老鼓楼遗址公园、古城墙遗址等22项文物保护项目实施，完成韩国光复军总司令部旧址复建，做好鹅岭外交领事馆旧址区展示开放，让优秀历史文化活在当下、服务当代、利在长远。注重文化为魂、旅游为体，完善全域旅游配套设施，持续打造“山水游”“文化游”“都市游”等精品旅游线路，启动嘉陵江索道复建，提档升级皇冠大扶梯等一批“网红”景点，联动打造红岩村5A、白象街4A等一批A级景区。持续深化国家公共文化服务体系示范区建设，扎实开展文化惠民工程，改造升级大坪、望龙门街道文化中心，加快区档案馆建设，整合魁星楼、国泰艺术中心、戴家巷等区域市级文艺院团、文化场馆资源，打造重庆中央艺术区。挖掘巴渝文化、抗战文化、统战文化和红岩文化，延续城市文脉，讲好渝中故事。推出打造一批特色历史文化产品，鼓励创作一批文艺精品，支持拍摄《向阳而生》等一批影视剧目。

挖掘彰显山城江城魅力。依托独具特色的山水本底，精心修复和展示鹅岭、枇杷山等山体脉络、自然肌理，高标准打造集旅游、休闲、亲水、健身于一体的“两江四岸”滨水空间，加快推进长滨路菜储段、朝储段两江消落区环境综合整治，优化提升城市天际线、山脊线、水岸线。着力美化城市景观，实施增绿添园、增花添彩，精致打造上清寺等5处节点绿化，创意培植嘉陵江大桥等桥头绿化，改造鹅岭公园等3个山城公园，建成戴家巷崖壁公园，提档大溪沟谊园等4个社区游园，开展“最美阳台”“最美窗户”“最美屋顶”评选活动，实施东水门、经纬大道沿线等7处景观灯饰建设工程，推动“一带六横十六纵”步行系统建设、建成曾家岩临崖步道一期等8条山城步道，丰富慢行系统“毛细血管”、打造山城步道城市品牌。着力优化生态环境，坚决打好污染防治攻坚战，深入实施生态优先绿色发展行动计划，纵深推进“五大环保行动”，严格落实“河长制”，扎实做好第二轮中央生态环保督察迎检，有序推进“海绵城市”建设，水环境质量、空气质量优良天数、$PM_{2.5}$浓度达到市级要求，切实提高城市的生态容量、环境质量和绿色含量。

三、全面加强政府自身建设

进入新时代，肩负新使命。我们要深学笃用习近平新时代中国特色社会主义思想，树牢“四个意识”，坚定“四个自信”，坚决做到“两个维护”，坚决落实“三个确保”，坚决肃清孙政才恶劣影响和薄熙来、王立军流毒，推动政治生态整体向好、持续向好，为经济社会发展创造良好环境。

（一）努力建设法治政府。带头尊法学法守法用法，落实政府重大决策出台前向区人大及其常委会报告、向区政协通报制度，认真办好人大代表建议和政协提案。自觉接受区人大及其常委会的法律监督、工作监督和区政协的民主监督，支持监察监督和司法监督，主动接受社会和舆论监督，让权力在阳光下运行。优化审计监督，积极推动审计查出问题整改。探索行政复议和行政应诉工作新机制，扩大行政机关负责人出庭应诉覆盖面。落实“七五”普法规划。加快社会诚信体系建设，完善渝中区信用信息数据平台。优化统计体制机制，完成第四次全国经济普查工作，确保统计数据真实可靠。

（二）努力建设创新政府。时刻保持“本领恐慌”的紧迫感、“能力不足”的危机感和“勇于担当”的责任感，切实提升学习能力、谋划能力、执行能力、创新能力。组建经济顾问专家团，健全法律顾问、专家学者等参与决策机制，推动政府科学决策。加快“云上渝中”智能化平台系统建设，推动跨部门数据资源整合共享，用数据提升管理水平。切实调整优化财政支出结构，提高财政资金使用效益。扩大政府购买公共服务的领域和范围。探索发展“飞地经济”。围绕全年目标任务完成，针对性设置考核指标，健全正向激励和容错纠错机制。加强督查督办、追踪问效，确保重点工作落实落地。

（三）努力建设廉洁政府。深入落实中央八项规定及其实施细则精神，持续整治“四风”，坚决纠正不作为慢作为乱作为问题。全面深化政务公开，让政务信息像扫二维码一样简洁明了，让群众看得到、听得懂、易获取、好参与。盯紧公共资金使用、公共资源交易、国有资产管理等领域廉政风险点，管住关键岗位、抓住“关键少数”、卡住关键环节。严肃查处群众身边的不正之风和侵害群众利益的行为，加大警示教育力度，抓早抓小、防微杜渐。加强干部的管理、培养和教育，讲政德，明大德、守公德、严私德，永葆为民务实清廉的政治本色。

（四）努力建设服务型政府。深化“放管服”改革，以政府权力的“减法”换取市场活力的“加法”，以政府的工作效率换取企业的发展效益，以干部的辛勤付出换取群众的幸福指数。推进行政审批制度和商事制度改革，动态调整行政权力清单、责任清单、市场准入负面清单和涉企政策清单，为市场松绑。强化事中事后监管，全面实施“双随机、一公开”，加强信用监管、综合监管、“组团”检查，做到包容审慎监管，做到监管无盲区、无事不打扰。加快实现政务服务“三集中三到位”，推行“自主服务”“错时办理”“容缺受理”，让门好进、脸好看、事也好办。

各位代表！使命考验担当，实干成就梦想。让我们更加紧密团结在以习近平同志为核心的党中央周围，在市委、市政府和区委的坚强领导下，以“功成不必在我，功夫必须在我”的胸怀和担当，奋力推进渝中转型升级、创新发展，开创渝中更加美好的明天！

重庆市渝中区第十四届委员会常务委员会工作报告

——2019年1月12日在政协重庆市渝中区十四届三次会议上

渝中区政协主席　陈大奎

各位委员：

我受政协重庆市渝中区第十四届委员会常务委员会的委托，向大会报告工作，请予审议，并请列席会议的同志提出意见。

2018年工作回顾

2018年是全面贯彻落实党的十九大精神的开局之年，也是改革开放40周年。在中共渝中区委的坚强领导下，区政协常委会团结和带领全体委员，以习近平新时代中国特色社会主义思想为指引，深入学习贯彻习近平总书记关于加强和改进人民政协工作的重要思想，不忘初心、跟党前行，发挥优势、履职尽责，为渝中经济社会发展稳中求进、转型升级作出了积极的贡献，展示了新时代政协工作的新形象新作为。

一、紧紧围绕深入学习习近平新时代中国特色社会主义思想，始终坚持正确政治方向，不断提高履职能力

区政协始终把思想政治建设摆在首位，组织开展主题鲜明、内容丰富、形式多样的学习活动，教育引导广大委员切实提高政治站位，增强“四个意识”，坚定“四个自信”，践行“两个维护”，落实市委“三个确保”政治承诺，始终在思想上政治上行动上同以习近平同志为核心的党中央保持高度一致。

加强政治引导。把习近平新时代中国特色社会主义思想作为政治理论学习的中心内容，理论武装的首要任务，通过常委带头学、委员主动学、机关干部积极学，持续在学懂弄通做实上下功夫，做到学用贯通、知行合一。引导

委员把思想和行动统一到中央要求和习近平总书记系列重要讲话精神上来，坚决肃清孙政才恶劣影响和薄熙来、王立军流毒，推动参加政协的各党派团体和各族各界人士不断增进政治认同、思想认同、理论认同、情感认同，不断夯实团结奋斗的共同思想政治基础。

加强专题研讨。精心组织习近平总书记关于加强和改进人民政协工作的重要思想的学习研讨活动。邀请全国政协专家作辅导报告、市政协领导到会指导，帮助委员深刻理解这一重要思想的核心要义、精神实质、实践要求，准确把握政协工作的性质定位、重要原则、职能作用、目标任务。全区政协系统干部和委员代表开展研讨交流，收到100余篇体会文章，印发《习近平总书记关于加强和改进人民政协工作的重要思想专题摘编》750本。

加强能力培养。坚持举办委员季度讲座和大家谈活动，组织委员到深圳开展脱产培训，集中学习新修订的宪法、监察法、政协章程，及时传达学习中央、市委、区委重要会议精神，定期通报大政方针和经济社会发展情况。各专委会坚持开展业务知识学习，各界别组常态化开展富有界别特色的学习交流活动，各街道联络委发挥平台优势引导委员投身社区协商，帮助委员提升综合素质和履职能力。坚持和完善委员在界别述职制度，引导委员梳理成绩、交流经验、查找不足，圆满完成了227名委员集中述职工作，委员述职率100%，界别群众评议满意率99%，切实增强了委员履职的积极性主动性创造性。

二、紧紧围绕稳中求进工作总基调，献计渝中高质量发展

去年以来，区委区政府高度重视全区经济发展面临的复杂形势和下行风险，审时度势，果断决策，稳字当头确定了“135”工作方法，努力稳就业、稳金融、稳外贸、稳外资、稳投资、稳预期，掀起了招商稳商的热潮。政协有责同担，努力找准定位，千方百计，全力配合区委区政府开展工作，为渝中经济做好“稳”字文章贡献了力量。

召开企业家委员座谈会。全区招商引资工作会议以后，区政协精心组织召开企业家座谈会，邀请历届市、区政协委员中的企业家参加会议。来自区内总部企业、外资企业、金融企业、中介服务企业、信息技术企业等共80余名有代表性的委员企业家与会，通报情况、宣传政策、整体动员、建言献策。委员们提出了“引增量更要稳存量”“明确目标精准招商”“深挖潜力以商招商”等中肯的意见建议，得到采纳落实。同时，委员们立说立行，各尽其能，促成市体育经纪人协会落户渝中，牵线蚂蚁金服集团教育基金与区教委合作等，充分体现了担当精神和渝中情结。

深入走访服务企业。主席班子成员带头开展“兴调研转作风促落实”和“一助二优三转”行动，做好招商稳商工作，走访联系重点企业139家，委员企业47家，深入了解企业经营状况，主动帮助解决发展难题，共梳理出问题86条，对一些能解决的问题当即交办解决，对一些共性的问题报区委区政府研究，对一些有合作意向的企业跟踪服务，助力太平洋财险重庆分公司与区政府达成合作协议。针对当前民营经济发展的新情况，认真学习贯彻习近平总书记在民营企业座谈会上的重要讲话精神和市、区民营经济发展大会的精神，搭建企业与政府交流协商的平台，深入开展走访民营企业活动，做好释疑解惑的政策宣传工作和排忧解难、稳定预期的工作，不断坚定民营企业的发展信心。

开展住区市政协委员调研视察活动。渝中区拥有100多名住区市政协委员，这是助推发展的宝贵政治资源。区政协十分注重发挥这些委员的作用，平时加强联系、主动服务、经常性邀请参加活动。去年，我们还开展住区市政协委员的调研视察活动，选取影响渝中整体发展的重大节点性工程菜园坝重庆站改造项目和渝中文化的标志性工程文化宫、大田湾体育场改造项目开展集中视察。委员们积极参与，对两个项目的建设提出了许多高质量的建议，在场的区委、区政府领导鼓励委员们发挥自身优势，通过提案、社情民意等方式在更高层面为

项目的顺利推进和渝中的发展鼓劲呼吁，得到委员们的热烈响应。

三、紧紧围绕山清水秀美丽之地建设，共推城市品质提升

建设山清水秀美丽之地是习近平总书记对重庆提出的“两点”定位、“两地”“两高”目标和做到“四个扎实”的重要内容，是市委的重大决策，是市政协的重要行动。我们认真落实上级的要求，有效切入，开展民主评议、专项视察、建言献策，有力助推了渝中城市品质提升。

积极助力“两江四岸”建设。我们在市政协组织的“山清水秀美丽之地”视察活动中及时反映滨江地带整治难度大等问题。市政协主要领导对此高度重视，亲自带队视察我区“两江四岸”的建设情况，要求市政协回访视察，持续跟踪消落带治理及景观提升项目的进展情况。围绕“河长制”开展调研，对落实过程中存在的问题提出意见建议。开展“深入推动长江经济带发展，加快建设山清水秀美丽之地”委员履职尽责实践活动，为渝中区优化生态宜居环境建言献策、赋能助力。

助推重大基础设施建设。抓住制约渝中发展的交通瓶颈问题，连续 3 年在市政协会议上就下半城轨道线路建设提出意见建议，去年最终促成市政府有关部门调整方案，切实优化完善轨道 5A 支线走向，形成连接大坪、菜园坝、下半城历史文化风貌区的轨道 18 号线方案，建成后将极大改善下半城交通面貌。主席会专题听取全区重大项目建设的情况通报，重点视察曾家岩大桥、南纪门轨道专用桥、雷家坡立交桥等全区重大交通基础设施建设情况，既提出有针对性的意见建议，又进一步增强委员们对渝中未来发展的信心。

民主评议城市管理。城市管理历来是渝中区的工作重点，也是政协持续关注的热点。发挥民主评议的作用，对城市管理进行监督性视察，是去年政协深化民主监督的举措。评议组成员在半年时间里走遍全区 11 个街道，实地察看，座谈交流，总结经验，查找问题，助推较场口 76 号教师宿舍周边环境整治、化龙桥临江家园小区垃圾设施更新、枇杷山社区管网下地等，扎扎实实地帮助政府部门出主意、想办法。

四、紧紧围绕人文渝中建设，聚智文脉传承利用

作为全市的文化中心，文化的保护利用一直是渝中核心竞争力的培育工程，城市风貌的展示工程，产业提升的重点工程，共建共享的民心工程。特别是去年以来，随着重庆成为全国旅游热点城市，传承历史文化，加快人文渝中建设任务更加繁重。主席会专题听取文物保护利用情况通报，常委会专题视察重点文化项目推进情况，专委会专题调研公共文化服务体系建设，实施专项助推行动，开展视察调研，在旅游热中保持冷思考，助推渝中文化建设。

紧扣区委出题开展调研。围绕区委交办的“促进母城文化保护利用”课题，聚焦“母城文化”“统战文化”“移民文化”，多次深入白象街、南宋老鼓楼衙署、特园、湖广会馆等实地考察，形成系列调研报告，着重就文化强区、母城文化遗产保护利用、下半城历史文化街区和传统风貌区建设、文化产业发展等提出意见建议。

专项助推朝天门地区历史文化保护。以朝天门地区为代表的下半城的建设项目涉及到大量的文物保护利用工作。我们发扬钉钉子精神，紧扣十八梯、东水驿老街、山城巷等 9 个下半城重点项目开展工作，建立发现问题、提出建议、办理落实、反馈评价的工作闭环，形成全程纪实工作机制，有效助推项目周边的文物保护工作。部分委员还通过不懈努力促成开通了重庆北站、西站等高铁站直达渝中主要旅游景点的公交线路。

开展国学·母城文化行舟系列活动。我们注重创新形式，活化历史，开展“文化行舟”系列活动，受到社会各界的欢迎和《人民日报》等中央媒体的关注。在曾家岩书院，演绎巴蔓子墓、嘉陵江上等经典曲目，展示底蕴深厚的历史文化；在市体育馆，回顾“九开八闭十七门”的古城风貌，领略优美的山水文化；在湖广会

馆，诵读《开埠》剧本，再现重庆的开埠文化；在解放碑，与各界人士中秋联谊共话发展，感受渝中独特的统战文化。

五、紧紧围绕改善民生民利，助力创造高品质生活

为顺应全区人民对美好生活的向往，帮助群众创造高品质生活，去年区政协紧扣区委区政府重点民生工作，开展调查研究、建言献策，有效助推一批重要民生问题的改善。

献计缓解民生难题。着眼各界群众广泛关注的普惠性学前教育工作深入调研，梳理出我区公办幼儿园占比偏低、空间布局不合理等问题，提出相应的意见建议。着眼“银发潮”迅速来临，渝中老龄化较为严重养老服务供给不足的问题开展专题调研，深入街道部门了解情况，找准问题“症结点”，探索“医”“养”融合新路子，提出促进医养结合、助推渝中养老服务业发展的意见建议，形成专题调研报告报送区委区政府作为决策参考。在菜市场改造升级、老旧住宅加装电梯工程等方面，政协委员积极建言献策，助力项目实施。

建言社会治理创新。主席会、常委会关注工会组织作用发挥情况、社区智能化安防体系建设情况、安全生产领域改革发展情况、扫黑除恶专项斗争情况，各专委会视察调研社会救助体系建设情况、群团改革情况、劳动就业情况，各街道联络委着力调研社区协商开展情况，多角度助推社会治理领域的创新。

坚持特色惠民活动。全年开展“双走进”活动 82 次，深入社区调研走访、接待群众 2580 人次；开展“双服务”义诊活动 4 次，惠及群众 1600 余人次，坚持季度医疗卫生专家讲堂，培训基层医生 320 人次；区政协法律服务团在街道建立律师工作室，鼓励委员律师对接街道开展工作，完成法制宣传 30 余场次，接待群众咨询 3400 余人次，参与调解矛盾纠纷 100 余件，受理法律援助案件 25 件。继续开展视察节日市场食品安全工作、嘉陵江书画院送春联活动。各参加单位发挥优势、立足特色，开展捐资助学、扶贫帮困、就业培训、法律援助等公益活动，服务群众、奉献社会，切实增强人民群众获得感、幸福感、安全感。

一年来，在区政协常委会的团结带领下，全体委员戮力同心，努力工作，共召开常委会 6 次，主席会 9 次，专题协商会 3 次，听取了 18 个党政群部门的情况通报，组织视察活动 103 次，完成协商意见、调研报告 12 篇，大会发言 34 篇，收集反映社情民意信息 260 条，其中吴怡委员提出的《关于完善民间收藏文物托管制度的建议》被中共中央办公厅单篇采用并得到中央领导同志批示，邓智勇委员提出的《关于尽快完善我国船舶优先权的建议》得到全国政协采用。

一年来，我们认真做好提案办理工作，收到提案 436 件，立案 384 件，并案后交办 286 件，民主评议了 20 个部门的提案办理工作。提案工作呈现出新的特色和亮点：集体提案增多，质量明显提高，提案内容更加关注民生实事，办理程序更加规范，面商率达到 67.8%，办结率达到 100%，满意率达到 99.2%。

一年来，我们高举爱国主义、社会主义旗帜，坚持大团结大联合，大力支持党派团体参与政协工作，精心开展住区市政协委员的联络服务，热情接待兄弟地区政协，积极邀请港澳台侨和外国友人参加政协的联谊活动，扎实做好街道联络委和界别组的工作，继续做好文史工作，编辑出版《工商渝中》下辑，把各方智慧力量最大限度地凝聚起来。

一年来，区委不断加强和改进对区政协工作的领导，多次专题研究政协工作，召开区委第五次政协工作会，专门出台关于加强和改进新时代人民政协工作的实施意见等重要文件，为政协工作的开展导航定向，提供了坚强的政治保障。区政协党组带领机关党组一道坚决扛起主体责任大力加强政协系统党的建设和自身建设。深入推进“两学一做”学习教育常态化、制度化。把市委巡视整改作为重大政治任务抓紧抓实，确保巡视反馈意见整改落实落地，大力支持区纪委监委派驻区政协机关纪检监察组履行监督职责。

各位委员，以上成绩的取得，得益于区委

不断加强和改进对区政协工作的领导；得益于区人大常委会、区政府、全区各级各部门的大力支持；得益于政协各参加单位和全体委员的共同努力。在此，我代表区政协常委会，向大家表示衷心的感谢，并致以崇高的敬意！

在总结成绩的同时，我们也清醒地看到工作中存在的差距和不足，主要有：协商成果的运用转化成效有待进一步提升，民主监督的方法有待进一步丰富、力度有待进一步加大，委员履职管理的精细化水平有待进一步提高，少数委员履职积极性有待进一步增强等等。这些都需要在以后的工作中加以改进。

2019 年工作部署

2019 年是中华人民共和国成立 70 周年，是决胜全面建成小康社会的关键之年，也是人民政协成立 70 周年，做好政协各项工作意义重大。区政协工作的总体要求是：以习近平新时代中国特色社会主义思想为指导，全面贯彻党的十九大和十九届二中、三中全会精神，深入学习贯彻习近平总书记关于加强和改进人民政协工作的重要思想，紧紧围绕习近平总书记对重庆提出的“两点”定位、“两地”“两高”目标和营造良好政治生态、做到“四个扎实”的重要指示要求，高举爱国主义、社会主义旗帜，坚持团结民主两大主题，在中共渝中区委的坚强领导下，认真贯彻落实市委、区委政协工作会议和市、区政协党建工作座谈会精神，切实履行政治协商、民主监督、参政议政职能，围绕中心、服务大局，着力强化政治引领，着力工作提质增效，着力加强自身建设，为实现渝中高质量发展作出新的更大的贡献。

一、深学笃用习近平新时代中国特色社会主义思想，不断提高政治站位，坚定理想信念

*深入学习贯彻习近平新时代中国特色社会主义思想。*始终把习近平新时代中国特色社会主义思想作为统揽政协工作的总纲，把习近平总书记关于加强和改进人民政协工作的重要思想作为政协工作的“源头活水”，纳入政协党组理论学习中心组、主席会、常委会、机关党组、委员培训的学习内容，采取集中专题学和平时深入学相结合、理论学习与履职实践相结合，引导全区政协系统和全体政协委员切实提高政治站位，进一步增强“四个意识”，坚定“四个自信”，以实际行动践行“两个维护”，兑现“三个确保”政治承诺，始终在思想上政治上行动上同以习近平同志为核心的党中央保持高度一致，始终把坚持党的领导作为发展政协事业的根本保证，始终把讲政治重品行做表率放在突出位置，不断强化委员意识责任意识，确保正确的政治方向。

*切实抓好市委、区委政协工作会议精神的学习贯彻工作。*深刻把握会议精神的科学内涵、精神实质、工作要求，实现政协委员、各参加单位、政协工作者学习上的“三个全覆盖”，建立“领导干部带动一般干部学、政协常委带动普通委员学、中共党员委员带动党外委员学”的“三个带动”长效机制。加大宣传力度，用好渝中电视台、《渝中报》和微信公众号等媒体宣传会议的精神，主席班子成员要在区政协各参加单位、全区各部门、各街道宣讲会议精神，各专委会要召开专题学习会，各界别、各民主党派、各人民团体全方位学习宣传会议精神，共同形成促进政协工作的良好氛围。

*认真开展两个“70 周年”的庆祝活动。*政协是最广泛的爱国统一战线组织，大团结大联合是我们矢志不渝的追求。今年我们将迎来中华人民共和国成立 70 周年和人民政协成立 70 周年，这是国家的大事喜事，也是我们政协委员的大事喜事。我们要紧紧抓住这个契机，开展丰富多彩的学习庆祝活动，通过座谈交流、联系走访、联情联谊等形式做好思想政治引领工作，引导委员学习中国共产党的历史、中华人民共和国的历史、改革开放的历史、人民政协的历史、重庆发展的历史，最大限度地调动一切积极因素和积极力量，在全区广大统一战线成员中形成爱社会主义爱祖国爱渝中的强大合力。

二、围绕中心服务大局，认真履职尽责，把提质增效贯穿于政协工作的全过程

扎实开展调研视察，在选题和建言上提质增效。充分发挥政协人才荟萃、智力密集、联系广泛的优势，自觉以党委政府的中心工作为中心，以党委政府的重点任务为重点，紧紧围绕经济社会发展中的重点领域和薄弱环节深入调研，提出有价值、有建设性的意见建议。我们要深入学习贯彻中央经济工作会议精神，进一步助力稳就业、稳金融、稳外贸、稳外资、稳投资、稳预期的各项工作，进一步按照“巩固、增强、提升、畅通”的方针助推供给侧结构性改革。我们要继续紧扣打好“三大攻坚战”、实施“八项行动计划”、落实区委“135”工作方法履职尽责。我们要继续深入开展“兴调研转作风促落实”和“一助二优三转”行动，常态化深入走访企业，做好政策宣传、排忧解难、释疑解惑、坚定信心的工作，帮助企业特别是民营企业破解准入难、融资难、转型难等难题，为渝中招商稳商营造良好的营商环境。我们要助力推进街道统筹执行能力工作，推动领导下抓、人员下沉、重心下移，全面提升街道党建工作水平、服务经济发展水平、城市综合管理水平、社会治理水平、民生工作水平。我们要继续聚焦产业转型升级，开展渝中区生产性服务业发展专题调研，推进先进制造业与现代服务业深度融合；聚焦创新主体培育和创新平台建设，开展国家级孵化器和示范性众创空间视察调研；聚焦人文渝中建设，深入开展母城文化研究；聚焦城市品质提升，开展民主评议城市管理工作追踪性回访视察；聚焦民生福祉改善、民生实事落实，开展公立医院改革和家庭医生工作室推进情况、城市精准解困专题调研，继续就创新创业、劳动就业工作开展专题视察。

切实推进民主协商，在内容、方式和成果运用上提质增效。要配合区委制定年度协商计划，精选协商内容，丰富协商形式，完善协商机制。精心选择教育集团化办学、老旧楼宇公共安全开展专题协商。要围绕党政中心、社会焦点、民生热点开展对口协商、界别协商。要加大提案办理协商的力度，面商率力争达到70%，完成20个提案办理单位的民主评议，探索在全委会期间继续开展“1号提案”办理现场协商。要注重将监督与协商有机结合，在协商中彰显监督的特质，开展“放管服”改革落实情况专项工作民主评议，助力打通服务群众、服务企业“最后一公里”，促进政府职能转变，优化渝中发展环境，充分激发市场活力。

切实助推民生福祉改善，在深化特色活动的内涵和形式上提质增效。要坚持以人民为中心的发展思想，围绕全区发展中的重点问题和人民群众普遍关心的问题，及时收集民意、反映民情、化解民忧。在区政协委员中开展“不忘初心、履职为民”主题实践活动，继续深化“双走进”“双服务”“法律服务团”等特色履职活动，深化内涵形式，拓展“委员律师工作室”建设。要持续关注食品安全、中医骨科医院建设、医养融合等热点、难点问题。要坚持开展捐资助学、扶贫帮困、文化惠民等活动，多为群众做好事、办实事、解难事。

三、以加强政协系统党的建设为引领，不断提升政协自身建设的水平

加强政协系统党的建设。深入学习贯彻全国、市政协系统党建工作座谈会精神，适时召开区政协系统党建工作座谈会，协助区委出台关于加强新时代人民政协党的建设工作的实施意见，切实扛起主责、抓好主业、当好主角，认真履行党要管党、从严治党责任，严格落实政协系统党建工作责任制、党风廉政建设主体责任和领导班子“一岗双责”、意识形态工作责任制。持续推进“两学一做”学习教育常态化制度化，扎实开展“不忘初心，牢记使命”主题教育。坚持破立并举，坚决肃清孙政才恶劣影响和薄熙来、王立军流毒，持续巩固风清气正的良好政治生态。要提高组织体系建设质量，努力构建既体现党的组织设置、又符合政协特点的组织体系和工作机制，加强机关党组织建设，确保党的组织对党员委员全覆盖、党的工作对政协委员全覆盖。要严格党的组织生活，探索实行党员委员组织关系一方隶属、参加双重组织生活，把政治历练、党性锻炼贯穿组织生活始终。要加强作风建设，深入贯彻落

实中央八项规定精神，着重改进文风会风、视察考察、调查研究工作，不断弘扬党的优良传统和作风。要继续加强对界别工作的领导和指导，用好委员界别集中述职成果，深化开展界别活动。要继续引导街道联络委把握履职方向，丰富活动内容，加强平台建设和自身建设，不断夯实政协工作的基层基础。

加强委员队伍建设。坚持以党建带队伍，切实提高委员队伍建设质量，发挥好党员委员的先锋模范作用，进一步完善政协委员推荐提名和届中调整机制。继续举办政协委员专题培训班，实现委员脱产培训全覆盖，把政治理论学习作为主线贯穿培训全过程，教育和引导委员真正做到“懂政协、会协商、善议政”，“守纪律、讲规矩、重品行”。要完善履职档案，反馈履职情况，按规定对委员实施动态管理。要帮助解决实际困难，重管理更重服务，用服务温暖委员，用事业凝聚委员，用机制激励委员，不断激发履职动力，增强工作活力。

加强机关建设。充分发挥机关党组作用，深化落实全面从严治党主体责任，把党的政治建设放在首位，从严管理政协机关，严守政治纪律政治规矩，加强党风廉政建设，自觉接受区纪委监委派驻区政协机关纪检监察组的监督。强化责任制，抓好意识形态工作。要根据区机构改革的要求调整优化专委会设置，配齐配强各专委会工作人员。要加大干部轮岗交流、学习培训的力度，努力打造一支高素质专业化的政协干部队伍。要以推进“智慧政协”建设为抓手，进一步增强机关政务服务能力、事务服务能力、会务服务能力。

各位委员，市委政协工作会议指出，政协处于凝心聚力第一线、决策咨询第一线、协商民主第一线、国家治理第一线，是党和国家一线工作的重要组成部分。这是对全市政协事业的高度肯定，也是对我们今后工作的极大鞭策。新的一年，新的作为！让我们紧密团结在以习近平同志为核心的中共中央周围，在中共渝中区委的坚强领导下，以“一线”的担当，“一线”的状态，“一线”的作为，和衷共济，风雨同舟，持之以恒助推产业转型升级，共同谱写新时代渝中高质量发展的新篇章！

重要文件

渝中区委

文件标题	文号
关于成立区委教育工作领导小组的通知	渝中委〔2019〕58 号
关于成立区委“不忘初心、牢记使命”主题教育领导小组的通知	渝中委〔2019〕83 号
关于提名左永祥同志为重庆市渝中区区长候选人的通知	渝中委〔2019〕88 号
区委区政府关于印发《重庆市渝中区机构改革方案》的通知	渝中委发〔2019〕1 号
中共渝中区委常委会 2019 年工作要点	渝中委发〔2019〕4 号
关于进一步落实全面从严治党主体责任的实施意见	渝中委发〔2019〕5 号
关于进一步加强巡察整改工作的实施意见	渝中委发〔2019〕7 号
区委区政府关于 2018 年基础教育国家级教学成果奖获奖单位给予通报表扬的决定	渝中委发〔2019〕8 号
区委区政府关于加快推进 2019 年重点项目建设的通知	渝中委发〔2019〕9 号
区委区政府关于进一步加强城市综合管理工作的意见	渝中委发〔2019〕10 号
印发《关于党建引领强化街道统筹执行能力的实施方案》的通知	渝中委发〔2019〕11 号

续表

文件标题	文号
关于印发《重庆市渝中区2019—2022年干部教育培训工作实施意见》的通知	渝中委发〔2019〕12号
区委区政府关于印发《关于全面深化新时代教师队伍建设改革的实施办法》的通知	渝中委发〔2019〕13号
区委区政府关于表扬2018年优秀企业（单位）的通报	渝中委发〔2019〕14号
关于印发《加强监督破除形式主义官僚主义净化政治生态二十条措施》的通知	渝中委发〔2019〕15号
区委区政府关于深入学习贯彻习近平总书记视察重庆重要讲话精神在推进西部大开发形成新格局中展现新作为实现新突破的实施意见	渝中委发〔2019〕16号
区委区政府关于贯彻落实习近平总书记在解决“两不愁三保障”突出问题座谈会上的重要讲话精神的实施意见	渝中委发〔2019〕17号
区委区政府关于以党建引领推动社区物业管理和社区治理深度融合的工作意见	渝中委发〔2019〕18号
区委区政府关于给予周琪玲等236名同志嘉奖及杨杰等63名同志记三等功的决定	渝中委发〔2019〕19号
关于表扬2018年度考核“一等奖单位”的通报	渝中委发〔2019〕20号
区委区政府关于印发《推动文化产业高质量发展实施意见》的通知	渝中委发〔2019〕21号
关于在全区开展“不忘初心、牢记使命”主题教育的实施意见	渝中委发〔2019〕22号
区委区政府关于印发《深化全区国资国企改革方案》的通知	渝中委发〔2019〕23号
关于新时代加强和改进人民政协工作的实施意见	渝中委发〔2019〕24号
区委常委会关于加强制度建设推动“不忘初心、牢记使命”主题教育检视问题整改工作意见	渝中委发〔2019〕25号
关于给予汪涛等8名同志嘉奖及梁栋等14名同志记三等功的决定	渝中委发〔2019〕26号
区委区政府关于推进新时代渝中产业工人队伍建设改革的实施办法	渝中委发〔2019〕27号
关于全面深入学习宣传贯彻党的十九届四中全会精神的决定	渝中委发〔2019〕31号
区委办区政府办关于做好机构改革中有关事宜的通知	渝中委办〔2019〕2号
关于印发《渝中区2019年元旦春节“送温暖”慰问活动方案》的通知	渝中委办〔2019〕4号
区委办 区府办公室关于印发《渝中区2019年春节期间禁止燃放烟花爆竹安全管理工作抽调人员方案的通知》	渝中委办〔2019〕9号
区委办区政府办关于成立渝中区城市提升领导小组及专项工作小组的通知	渝中委办〔2019〕11号
关于印发《政协重庆市渝中区委员会2019年度协商计划》的通知	渝中委办〔2019〕14号
区委办区政府办关于下达2019年度区政府投资一般项目建设计划的通知	渝中委办〔2019〕15号
区委办区政府办关于加快实施2019年民生实事的通知	渝中委办〔2019〕16号
区委办区政府办关于调整区关心下一代工作委员会班子成员的通知	渝中委办〔2019〕18号
关于成立区委退役军人事务工作领导小组的通知	渝中委办〔2019〕19号
区委办区政府办关于印发《“三大攻坚战”“八项行动计划”2019年工作清单》的通知	渝中委办〔2019〕20号
区委办区政府办关于调整渝中区棚户区（危旧房）改造与征收工作领导小组的通知	渝中委办〔2019〕39号
关于成立“学习强国”学习平台渝中区建设工作领导小组的通知	渝中委办〔2019〕41号
关于印发《中共重庆市渝中区委全面深化改革委员会工作规则》《中共重庆市渝中区委全面深化改革委员会专项小组工作规则》和《中共重庆市渝中区委全面深化改革委员会办公室工作细则》的通知	渝中委办〔2019〕44号
区委办区政府办关于成立区委坚决打好防范化解重大风险攻坚战工作小组的通知	渝中委办〔2019〕45号

续表

文件标题	文号
关于印发《2019年全区意识形态工作要点》的通知	渝中委办〔2019〕46号
区委办区政府办关于成立渝中区普通高考综合改革工作领导小组的通知	渝中委办〔2019〕47号
关于印发《中共重庆市渝中区委外事工作委员会工作规则》和《中共重庆市渝中区委外事工作委员会办公室工作细则》的通知	渝中委办〔2019〕48号
区委办区政府办关于进一步加强值班工作的通知	渝中委办〔2019〕50号
关于成立区委坚决打好防范化解重大风险攻坚战领导小组的通知	渝中委办〔2019〕51号
区委办区政府办关于进一步加强规划建设统筹和管理的通知	渝中委办〔2019〕52号
区委办区政府办关于进一步深入学习贯彻习近平生态文明思想暨中央、市委系列生态环境保护决策部署的通知	渝中委办〔2019〕53号
关于开展党内规范性文件报送备案工作的通知	渝中委办〔2019〕54号
区委办区政府办关于印发《重庆市渝中区绿色机关建设工作方案》的通知	渝中委办〔2019〕55号
区委办区政府办关于成立菜园坝滨江新城建设协调领导小组的通知	渝中委办〔2019〕56号
关于印发《贯彻落实玉林书记在区委十二届五次全会上的讲话相关工作任务分工方案》的通知	渝中委办〔2019〕57号
区委办区政府办关于成立渝中区安可替代工程领导小组的通知	渝中委办〔2019〕58号
区委办区政府办关于成立重庆市渝中区配合第二轮中央生态环境保护督察工作领导小组的通知	渝中委办〔2019〕59号
关于做好庆祝中华人民共和国成立70周年思想舆论引导工作的通知	渝中委办〔2019〕60号
区委办区政府办关于印发《重庆市渝中区党政机关和事业单位所属企业改革工作方案》的通知	渝中委办〔2019〕61号
关于组织参加重庆市渝中区社会各界向革命英烈敬献花篮仪式活动的通知	渝中委办〔2019〕63号
区委办区政府办关于成立解放碑步行街改造提升试点工作领导小组的通知	渝中委办〔2019〕65号
区委办区政府办关于认真做好人民网网名留言办理的通知	渝中委办〔2019〕66号
关于十九大以来区委巡察发现突出问题的通报	渝中委办〔2019〕67号
区委办区政府办关于报道中国社会扶贫网爱心人士注册及捐赠情况的通知	渝中委办〔2019〕68号
区委办区政府办关于成立重庆长江影视文旅产业园领导小组及工作组的通知	渝中委办〔2019〕69号
区委办区政府办关于左永祥同志任议事协调机构职务的通知	渝中委办〔2019〕71号
区委办区政府办关于成立重庆市渝中区评比达标表彰工作协调小组的通知	渝中委办〔2019〕72号
区委办区政府办关于印发《渝中区三轮车限行工作方案》的通知	渝中委办〔2019〕73号
关于开展对学习贯彻党的十九届四中全会精神宣讲工作的通知	渝中委办〔2019〕74号
关于对新中国成立70周年安保维稳工作成效突出的有关集体和个人给予奖励的通知	渝中委办〔2019〕75号
关于印发感动渝中人物评选宣传活动实施方案的通知	渝中委办〔2019〕76号
区委办区政府办关于对新中国成立70周年大庆安保维稳工作成效突出单位给予表扬的通报	渝中委办〔2019〕77号
关于印发《渝中区2020元旦春节送温暖慰问活动方案》的通知	渝中委办〔2019〕78号
区委办区政府办关于印发《渝中区贯彻落实“枫桥经验”重庆实践十项行动实施方案》的通知	渝中委办发〔2019〕1号
区委办区政府办关于印发《渝中区集中开展安全稳定“百日攻坚”行动实施方案》的通知	渝中委办发〔2019〕2号

续表

文件标题	文号
关于印发《重庆市渝中区纪委监委向区一级党和国家机关派驻纪检监察组设置方案》的通知	渝中委办发〔2019〕3号
关于印发《渝中区巡察整改监督检查工作办法（试行）》的通知	渝中委办发〔2019〕4号
区委办区政府办关于印发《“廉洁渝中”建设2019年实施方案》的通知	渝中委办发〔2019〕5号
区委办区政府办关于加强新时代人民政协党的建设工作的实施意见	渝中委办发〔2019〕6号
区委办区政府办关于印发《坚持稳中求进推动2019年渝中区经济高质量发展工作方案》的通知	渝中委办发〔2019〕7号
区委办区政府办关于印发《贯彻落实陈敏尔书记参加渝中区代表团审议时讲话精神的任务分解方案》的通知	渝中委办发〔2019〕8号
区委办区政府办关于印发《2019年渝中区招商引资工作方案》的通知	渝中委办发〔2019〕9号
区委办区政府办关于印发《2019年区级领导包案攻坚化解信访重点问题、信访重点群众和教育转化信访重点人员工作实施方案》的通知	渝中委办发〔2019〕10号
区委办区政府办关于印发《渝中区城市综合管理提升行动方案》的通知	渝中委办发〔2019〕11号
区委办区政府办关于印发《2019年渝中区城市管理“七大工程”实施方案》的通知	渝中委办发〔2019〕12号
区委办区政府办关于印发《渝中区城市日常管理工作考评方案》的通知。	渝中委办发〔2019〕13号
关于转发《机关档案管理规定》的通知	渝中委办发〔2019〕14号
区委办区政府办印发《关于深化教育体制机制改革的实施方案》的通知	渝中委办发〔2019〕15号
关于印发《2019年渝中区统一战线工作要点》的通知	渝中委办发〔2019〕16号
关于印发《关于以党的政治建设为统领深入推进机关党建工作“三基”建设的实施意见》的通知	渝中委办发〔2019〕17号
关于印发《2019年渝中区机关党建工作要点》的通知	渝中委办发〔2019〕18号
关于印发《贯彻落实玉林书记全区党的建设工作会议讲话精神的任务分解方案》的通知	渝中委办发〔2019〕19号
区委办区政府办转发《重庆市党政机关公务用车管理实施办法》	渝中委办发〔2019〕51号
关于印发《党建引领强化街道统筹执行能力的实施方案工作任务分解》的通知	渝中委办发〔2019〕52号
区委办区政府办关于印发《渝中区2019年服务企业年工作方案》的通知	渝中委办发〔2019〕53号
关于印发《中共重庆市渝中区委2019年度政党协商计划》的通知	渝中委办发〔2019〕54号
关于印发《渝中区2019年“廉政文化教育宣传月”暨清风半岛“廉洁渝中”活动方案》的通知	渝中委办发〔2019〕56号
关于印发《2019年渝中区宣传思想工作要点》的通知	渝中委办发〔2019〕57号
区委办区政府办关于印发《渝中区对接落实中央及全市经济工作会议有关重大政策项目资金责任分工方案》的通知	渝中委办发〔2019〕58号
关于印发《渝中区庆祝中华人民共和国成立70周年活动方案》的通知	渝中委办发〔2019〕59号
关于印发《贯彻落实玉林书记在区委十二届五次全会上的讲话相关工作任务分工方案》的通知	渝中委办发〔2019〕61号
区委办区政府办印发《关于进一步加强地方金融监管工作的实施方案》的通知	渝中委办发〔2019〕62号
区委办区政府办关于印发《“深耕渝中”发展空间拓展实施方案》的通知	渝中委办发〔2019〕63号
区委办区政府办关于印发《渝中区2019年城市综合管理夏季行动方案》的通知	渝中委办发〔2019〕64号
区委办区政府办关于印发《渝中区基层社会治理现代化建设实施方案》的通知	渝中委办发〔2019〕65号

续表

文件标题	文号
区委办区政府办关于印发《关于进一步以党建为引领做深做实网格化社会治理工作的实施意见》的通知	渝中委办发〔2019〕66号
关于印发《中共渝中区委党的建设工作领导小组2019年工作要点》的通知	渝中委办发〔2019〕67号
区委办区政府办关于印发《巩固国家服务业综合改革试点成果推进渝中区服务业现代化建设实施方案》的通知	渝中委办发〔2019〕68号
区委办区政府办关于印发《渝中区区属国有重点企业转型改革方案》的通知	渝中委办发〔2019〕69号
区委办区政府办关于印发《渝中区推动教育高质量发展三年工作计划》的通知	渝中委办发〔2019〕70号
区委办区政府办关于印发《渝中区加强新时代公安工作的实施意见》的通知	渝中委办发〔2019〕71号
关于做好党的十九届四中全会精神学习宣传工作的通知	渝中委办发〔2019〕72号
印发《关于以党的政治建设为统领加强和改进全区机关党建设具体措施》的通知	渝中委办发〔2019〕73号
区委办区政府办关于做好《渝中平鉴》（2020年卷）编辑工作的通知	渝中委办发〔2019〕74号

渝中区人民政府

文件标题	文号
关于加强质量认证体系建设促进全面质量管理的实施方案	渝中府发〔2019〕1号
关于加强燃放烟花爆竹管理的通告	渝中府发〔2019〕2号
关于贯彻落实《重庆市人民政府关于取消市政规章及规范性文件设定的证明事项的决定》的通知	渝中府发〔2019〕11号
关于印发2019年区政府工作报告重点工作目标任务分解的通知	渝中府发〔2019〕12号
关于印发2019年全区安全生产与自然灾害防治工作要点的通知	渝中府发〔2019〕13号
关于印发《重庆市渝中区2018年国民经济和社会发展计划执行情况及2019年计划草案的报告》的通知	渝中府发〔2019〕14号
关于印发《重庆市渝中区人民政府行政复议行政应诉工作管理办法》的通知	渝中府发〔2019〕16号
关于做好当前和今后一个时期就业创业工作的实施意见	渝中府发〔2019〕17号
渝中区政府　巫溪县政府关于印发《渝中区·巫溪县2019年对口帮扶工作实施方案》的通知	渝中府发〔2019〕20号
关于进一步加强不可移动文物保护与管理使用的实施意见	渝中府发〔2019〕22号
关于废止和继续实施部分规范性文件的决定	渝中府发〔2019〕23号
关于公布第六批区级非物质文化遗产代表性项目名录的通知	渝中府发〔2019〕30号
关于印发《重庆市渝中区“十四五”规划编制工作方案》的通知	渝中府发〔2019〕35号
关于印发《重庆市渝中区大气环境质量限期达标规划（2018—2024年）》的通知	渝中府发〔2019〕39号
关于印发《重庆市渝中区天然气长输管道突发事故（事件）应急预案》的通知	渝中府办〔2019〕1号
关于印发《渝中区2019年春节期间禁止燃放烟花爆竹安全管理工作方案》的通知	渝中府办〔2019〕2号
关于印发《为烈属、军属和退役军人等家庭悬挂光荣牌工作的实施方案》的通知	渝中府办〔2019〕3号
关于成立2019年春运工作领导小组的通知	渝中府办〔2019〕4号
关于全力做好2019年春运工作的通知	渝中府办〔2019〕5号

续表

文件标题	文号
关于贯彻落实《重庆市海绵城市建设管理办法（试行）》的通知	渝中府办〔2019〕6 号
转发重庆市人民政府办公厅关于深化产教融合的实施意见	渝中府办〔2019〕7 号
关于印发《渝中区保障农民工工资支付工作专项考核办法》的通知	渝中府办〔2019〕8 号
关于印发《渝中区机动车综合整治工作实施方案》的通知	渝中府办〔2019〕9 号
关于调整渝中区国有土地上房屋征收政策的通知	渝中府办〔2019〕10 号
关于印发渝中区推进“一窗通办”改革工作实施方案的通知	渝中府办〔2019〕12 号
关于印发《2019 年渝中区商务工作要点》的通知	渝中府办〔2019〕13 号
关于加快推进 2019 年政府投资前期项目的通知	渝中府办〔2019〕14 号
关于印发 2019 年区两会期间人大代表、政协委员意见建议任务分解的通知	渝中府办〔2019〕15 号
关于印发《渝中区体育场地统计调查工作实施方案》的通知	渝中府办〔2019〕16 号
关于开展部分退役军人诉求核查和有关政策落实情况清理工作的通知	渝中府办〔2019〕17 号
关于成立部分退役军人诉求核查和有关政策落实情况清理工作领导小组的通知	渝中府办〔2019〕18 号
关于印发《2019 年渝中区文化旅游体育工作要点》的通知	渝中府办〔2019〕19 号
关于印发《渝中区旅游景区交通环境提升重点任务分解方案》的通知	渝中府办〔2019〕20 号
关于印发《渝中区提升经济证券化水平行动计划实施方案（2018—2022 年）》的通知	渝中府办〔2019〕21 号
关于印发《重庆市渝中区人民政府 2019 年党风廉政建设和反腐败工作要点》的通知	渝中府办〔2019〕22 号
关于印发《渝中区落实国家组织药品集中采购和使用试点工作实施方案》的通知	渝中府办〔2019〕23 号
关于印发《渝中区服务群众工作信息管理系统考核办法》的通知	渝中府办〔2019〕24 号
关于成立渝中区切实防范经济领域风险领导小组的通知	渝中府办〔2019〕26 号
关于进一步提升企业开办便利度的通知	渝中府办〔2019〕27 号
关于调整渝中区大学中专招生委员会成员的通知	渝中府办〔2019〕28 号
关于调整教育督导委员会组成人员的通知	渝中府办〔2019〕29 号
关于印发《渝中区城市特殊困难群众救助帮扶“十条措施”实施方案》的通知	渝中府办〔2019〕30 号
关于印发重庆市渝中区支持新能源汽车推广应用政策措施（2019—2022 年）的通知	渝中府办〔2019〕31 号
关于印发渝中区推进“一窗通办”改革工作实施方案的通知	渝中府办〔2019〕32 号
关于做好城乡居民社保费征管职责划转有关工作的通知	渝中府办〔2019〕33 号
关于印发《渝中区进一步推进教育国际化的工作方案》的通知	渝中府办〔2019〕34 号
关于印发《渝中区老旧住宅物业管理等级评价办法（试行）》的通知	渝中府办〔2019〕35 号
关于印发《渝中区物业服务星级评价办法（试行）》的通知	渝中府办〔2019〕36 号
关于印发《渝中区财政性结转结余资金管理暂行规定》的通知	渝中府办〔2019〕37 号
关于贯彻落实区政府第二次廉政工作会议精神任务分工的通知	渝中府办〔2019〕38 号
关于印发《渝中区生活垃圾分类工作实施方案》的通知	渝中府办〔2019〕39 号
关于建立渝中区残疾儿童康复救助工作联席会议制度的通知	渝中府办〔2019〕40 号
关于授予邹容广场等商业商务楼宇 2018 年度星级楼宇称号的通知	渝中府办〔2019〕41 号
关于印发渝中区 2019 年政务公开工作方案的通知	渝中府办〔2019〕42 号
关于印发《渝中区创业种子投资基金管理办法》的通知	渝中府办〔2019〕43 号
关于提高廉租住房租金补贴标准的通知	渝中府办〔2019〕44 号
关于印发《渝中区深化“放管服”改革十项举措》的通知	渝中府办〔2019〕45 号

续表

文件标题	文号
关于成立重庆市渝中区安全生产委员会、重庆市渝中区减灾委员会和重庆市渝中区自然灾害应急总指挥部的通知	渝中府办〔2019〕46 号
关于成立渝中区境外非政府组织管理工作协调小组的通知	渝中府办〔2019〕47 号
关于印发 2019 年渝中区“互联网＋政务服务”工作要点的通知	渝中府办〔2019〕48 号
关于加强电梯质量安全工作的通知	渝中府办〔2019〕49 号
关于印发《渝中区城市建筑垃圾治理试点工作实施方案》的通知	渝中府办〔2019〕50 号
关于印发《重庆市渝中区职业技能提升行动实施方案（2019—2021 年）》的通知	渝中府办〔2019〕51 号
关于印发《重庆市中医骨科医院创建三级甲等医院工作实施方案》的通知	渝中府办〔2019〕52 号
关于印发《渝中区改革完善医疗卫生行业综合监管制度的实施方案》的通知	渝中府办〔2019〕53 号
关于印发重庆市渝中区城市排水系统事故应急预案的通知	渝中府办〔2019〕55 号
关于印发重庆市渝中区突发城市桥梁隧道事故应急预案的通知	渝中府办〔2019〕56 号
关于印发渝中区防范和惩治统计造假弄虚作假责任制实施办法的通知	渝中府办〔2019〕57 号
关于印发《渝中区全面推行行政执法公示制度执法全过程记录制度重大执法决定法制审核制度实施方案》的通知	渝中府办〔2019〕58 号
关于印发《重庆市渝中区应急体系建设实施方案》的通知	渝中府办〔2019〕59 号
关于进一步推进生活垃圾分类工作的实施意见	渝中府办〔2019〕60 号
关于印发《渝中区关于加强基础科学研究的实施意见》的通知	渝中府办〔2019〕61 号
关于印发《渝中区关于强化实施创新驱动发展战略进一步推进大众创业万众创新深入发展意见的任务分工》的通知	渝中府办〔2019〕62 号
关于印发重庆市渝中区区级预算管理办法的通知	渝中府办〔2019〕63 号
关于印发《渝中区促进建筑、勘察、设计业健康发展六条措施》的通知	渝中府办〔2019〕64 号
关于印发《渝中区 2020 年春节期间禁止燃放 烟花爆竹安全管理工作方案》的通知	渝中府办〔2019〕65 号
关于成立渝中区“无废城市”建设试点工作领导小组的通知	渝中府办〔2019〕66 号
关于印发重庆市渝中区粮食应急预案的通知	渝中府办〔2019〕67 号
关于印发重庆市渝中区粮食应急预案的通知	渝中府办〔2019〕68 号
关于印发《渝中区住宅老旧电梯安全隐患整治实施方案》的通知	渝中府办〔2019〕69 号
关于印发《渝中区历史文化保护传承规划和实施工作方案》的通知	渝中府办〔2019〕70 号
关于印发渝中区坡地堡坎崖壁绿化美化实施方案的通知	渝中府办〔2019〕71 号
关于印发渝中区营商环境优化提升工作方案的通知	渝中府办〔2019〕72 号

渝中区纪委监委

文件标题	文号
关于印发《渝中区纪委监委机关服务保障民营企业发展的八条措施》的通知	渝中纪发（ 2019 ）1 号
中共重庆市渝中区纪委关于加强作风建设确保 2020 年元旦春节风清气正的通知	渝中纪发（ 2019 ）3 号
关于选聘向君等 78 名同志为渝中区社区监察监督员的通知	渝中监发（ 2019 ）1 号
关于印发《重庆市渝中区监察委员会特约监察员工作办法》的通知	渝中监发（ 2019 ）2 号
关于对南纪门街道社区监察监督员姚莉予以解聘的通知	渝中监发（ 2019 ）3 号
关于对陈海波等 3 名社区监察监督员予以解聘的通知	渝中监发（ 2019 ）4 号

重庆渝中区古建筑——谢家大院

谢家大院位于重庆市渝中区望龙门太华楼二巷2号，于清代晚期由汤子敬岳父谢艺诚及谢艺诚兄弟共建。谢艺诚是清同治年间重庆著名布庄“谢亿泰”的主人，江西临川人。清同治十三年（1874年），谢艺诚收年仅14岁的汤子敬为徒，见其聪明笃厚，喜爱有加。汤子敬30岁时，谢艺诚将爱女嫁给他为妻，帮助其发展事业。后汤子敬发家致富，家产和财力远超岳父，人称“汤百万”“汤半城”，曾出资助刘湘建市和修建重庆江西会馆。

谢家大院坐东朝西偏南7度，面阔27.8米，进深33.5米，通高9.75米。楼廊四隅有木梯上下，当年谢艺诚家人住楼上，佣人等住楼下。大门高3.45米、宽1.62米，前后左右皆一楼一底，建筑面积1425平方米，占地面积931平方米。谢家大院为二进穿堂布局，木结构穿斗梁架。大门上方悬卷棚瓦木飞檐，檐下雕花柱及花板等。石朝门两侧存造型古朴的雕花雀替，门上额匾原刻文字已风化。入二门，门廊前是石板天井，通过天井分别有前厅、正厅和后厅。有浮雕博古、麒麟、花鸟、连珠和雀替等纹饰，具有典型的川东建筑特色和历史文化价值。2002年，重庆市渝中区人民政府将其列为区级文物保护单位。2009年，重庆市人民政府公布其为市级文物保护单位。

索　引

说 明

一、本索引按主题词首字汉语拼音顺序排列，索引主题词后对应的阿拉伯数字表示该主题内容所在的页码。

二、“大事记”类目里的具体内容和其他类目中的“概况”“党建工作”“队伍建设”“思想建设”“组织建设”等统一条目未做索引。

三、以书名号、引号等符号开头的索引词与其他索引词混编，以数字、字母开头的索引词集中放在末尾。

A

B

C

D

J

K

L

M

N

P

Q

R

S

T

W

X

Y

Z

年鉴资料撰稿人员名单

（排名不分先后）

单位	撰稿人	单位	撰稿人
区卫生健康委	兰宗庸　宋山三	区统计局	徐雯雯　吴映鸿
区残联	杨茂莉	市气象局	刘　川
区规划自然资源局	刘林甫	区城管局	付财红
区应急局	蔡甜甜	区生态环境局	冯黎黎
区文明委	陈佳莉	区委办	王一琛
区委组织部	龙友渔　黄　博 刘晏端　方　政	区委宣传部（社科分院）	谭军伟　田　捷　林　莉 周里路　向婷婷
区委网信办	向　洁	区委统战部	李　漪
区融媒体中心	吴　宇	区编办	郑　军
区委老干局	孟沈阳	区关工委	郑　超
区委机要保密局	徐卓远	区委直属机关工委	林　滟
区委党校	苏二威	区委党史研究室	杨　彪
区政府办	刘冠男	区人大常委会	胡晓峰
区人力社保局	谢均妮	区政府外办	冯俊杰　王永香
区信访办	谢亚梦	区民宗委	练　君
区退役军人事务局	何　俊	区消防支队	张蕊琪
区交易中心	王忠琴	区政务服务办	张　欣
区政协	覃　西	区机关事务局	陈　璞
民革区委	孙艺嘉	区纪委	艾　民
民建区委	郭　洁	民盟区委	张　靓
农工党区委	张　艳	民进区委	陈伟萍
九三学社区委	赵　莲	致公党区委	涂艳玲　彭婧烨
区总工会	韦宏弢	区工商联	钟凌凤
区妇联	宋丹琳	团区委	丁吉龙　吕　凡
区科协	何仕明	区委政法委	任　伟
区文联	周　佳　黄华毅　张　毅 刁　涛　詹　江　吴小欢 周　利　王永容　文　婷 蔡　蓉	区发展改革委	胡欣沅　周泳滔　周晓渝 程　程　孙立刚　李　丹 杨红露　胡丽平　黄丽丽 胡　晓
区检察院	肖　璠	区公安分局	黄彩云
区司法局	肖　雨	区法院	刘步蟾　刘国梅
区侨联	王启莉	区人武部	万振男

续表

单位	撰稿人	单位	撰稿人
第三干休所	赵　亮	第一干休所	李　魏
区人民防空办	姜　云	区军休中心	熊　伟
区商务委	胡　鹏　杜泽娟	区招商投资局	王艺博
区市场监管局	李　娟	朝天门街道（朝市处）	骆风帆
区金融办（中介）	周　珺　陈莎莉 戴理强　王甜甜	华侨永亨银行（中国）重庆分行	赵　静
农发行	邹　波　刘俊刚	建行重庆市分行	谢志军
光大银行重庆分行	刘　丰	平安银行重庆分行	荆　雪
恒丰银行重庆分行	王　洪	广发银行重庆分行	方嘉伟
东亚银行（中国）重庆分行	林　伊	农行渝中支行	杜　倩
工行渝中支行	郑义凡　高　腾	交行渝中支行	李　莉
中行渝中支行	王贺菲　曹　博	人保财险重庆分公司	杨　彬　肖汶江
重行渝中管理部	范志凯	新华保险重庆分公司	毛　晴
中国人寿重庆市分公司	胡正洪	区医保局	辜　梦
银河证券重庆分公司	聂　云	申万宏源证券重庆分公司	赵玉中
光大永明人寿重庆分公司	张媛媛	重庆股转中心	杨玉婷
光大证券重庆分公司	王琬璐	区经信委	吴　贞
重庆城投建信基金公司	邓玉洁	中国移动重庆城一分公司	李　渝
区文化旅游委	崔　杰　杜建春　李玥萱 练臻青　蒋惟丹　杨章平 王兴华　程　玲　李星霖 王　瑶　杨利君　牛　青 唐　嵩　黄菊艳　张金英 文江艳	区交通局	李　莉　鲁忠洁　刘沐华 邱　翔　徐鑫义　贾书凤 蒋　馨　付江平
联通渝中分公司	李科然	渝中邮政	张争妍
区大数据发展局	白宗超	渝中电信分公司	王　浩
区税务局	沈东亚	区财政局	李婉琳
区国资公司	申海毅	区审计局	张　航
区城投公司	王　静	区国资委	黄　曼
渝商发公司	周　建　伍　玲	康翔公司	齐祖渝
区科技局	吴　彬	大石化管委会	秦　鑫
区教委	喻　华　梁英莉 李豪军　张雨娇	解放碑 CBD 管委会、解综处	徐洪相　周　立
历史文化街区管委会	郭东勤	区住建委	尹静秋　黄程祥　姚　辉
区电创园管委会	陈冬冬　蒋雪影	渝中区水厂	白　栗
燃气集团渝中分公司	胡雅姣	国网重庆市区供电公司	罗　珊

续表

单位	撰稿人	单位	撰稿人
区档案局（馆）	李杭擎	区棚改领导小组	王虹鉴
区民政局	王庆容	两路口街道	韦忠和
区地志办	吴　炎	菜园坝街道	李　闽
上清寺街道	刘　艺	大坪街道	彭　璞
大溪沟街道	华　庆　刘德涛	化龙桥街道	陈玉林
七星岗街道	胡　川　李晨龑　陈康宁 张　勤　熊槐宁　欧　旭 代　俊　邱　梅　刘兆荣 扶　毅	南纪门街道	孙文佳　钟　波　肖恩宇 李昌永　向　婧　叶春梅 杨　峰　刘兴明　顾新怡 唐红艳　张明霞　黄自婕 王剑虹
解放碑街道	罗春萍　王　娅　申　航 张　怡　向道燕　张渝波 张　翼　徐　利　马　驰 李启勇　李宏伟　李名英 许　晋　姜振云　黄学利 苏　均　李德兵　唐成林 钟基勇　张石峰　吴纯艺 吕　姝　杨　静　周　钦	石油路街道	王　斌

中共渝中区委老干部局

十届全国人大常委会副委员长、
中国关工委主任顾秀莲调研渝中关心下一代工作

中国关工委常务副主任张玉台调研渝中关心下一代工作

中国老年大学协会常务
副会长刁海峰调研渝中老年教育工作

市、区领导看望慰问红军时期
参加革命工作的离休干部、百岁老人罗自镛

区委常委、组织部部长王志宏为
老同志送上《入党申请书》复刻本

中共渝中区委老干部局（简称“区委老干局”）成立于1985年3月，是主管全区离休干部和区级机关县（处）级以上退休干部的职能部门，办公地址位于渝中区和平路211号。2019年，机关内设综合科、离退休干部科、关工委办公室3个科室。核定行政编制8名，实有7人。下属事业单位2个：渝中区老干部活动中心为纳入参照公务员管理的正科级、公益一类、财政全额拨款事业单位；渝中区山城老年大学为正科级、公益二类、财政差额拨款事业单位。区委老干局的主要职责是：落实老干部的政治待遇，贯彻落实中央、市委关于老干部工作的方针、政策；协助组织部门抓好离退休干部党支部建设；落实老干部的生活待遇，牵头制定贯彻中央、市委有关老干部生活待遇方针、政策的实施方案，加强宏观管理，督促检查区属各单位对老干部生活待遇的落实。

山城老年大学挂牌“重庆市专家服务基地”

举办“我和我的祖国——庆祝新中国
成立70周年”离退休干部文艺会演

2019年，区委老干局在区委、区政府的坚强领导下，在市委老干部局和区委组织部的精心指导下，全面贯彻党的十九大精神，牢牢把握为党和人民的事业增添正能量的价值取向，做好新时代老干部工作，推动全区老干部工作取得新的成绩。截至2019年底，区委老干局共管理离休干部94人，副处以上退休干部1235人。2019年，区委老干局被评为“2018年度全市老干部工作部门信息工作先进单位”“全市离退休干部统计年报全优报表单位”，获“全市老干部工作部门优秀调研成果奖”及“2018年度全区老年体育工作组织奖”等，区人大常委会原副主任杨基柱荣获“全国离退休干部先进个人”。

全国离退休干部先进
个人杨基柱首场先进事迹报告会

中共渝中区委

围绕中心工作
渝中区委政法委员会全力

市委常委、政法委书记刘强调研渝中平安稳定工作

中央督导组督导渝中区扫黑除恶专项斗争

区委书记黄玉林在区委政法工作会上讲话

区委常委、政法委书记何积光在防范化解重大风险推进会上讲话

中共重庆市渝中区委政法委员会（简称“区委政法委”）是领导、指导、监督、协调全区政法工作的区委工作部门，内设政治处、办公室、国家安全科、维稳指导科、综治督导科、基层社会治理科、执法监督科7个科室。区委政法委机关有行政编制16名，设书记1名（由区领导兼任）、副书记3名（其中1名主持日常工作、正处级）、政治处主任（副处级）1名、科级领导职数9名。

2019年，在区委、区政府的正确领导下，在区人大、区政协的关心支持下，区委政法委坚持围绕中心、服务大局，以习近平新时代中国特色社会主义思想为指导，以平安

举办综治群防骨干应急处突培训班

政法委员会

回应群众关切
维护全区社会大局稳定

区委常委、政法委书记何积光走访民营企业

渝中区诉调对接·速裁中心挂牌成立

渝中、法治渝中和政法队伍建设为抓手，以人民群众需求为导向，勇挑重担、履职尽责，重点开展扫黑除恶专项斗争、防范化解重大风险、基层社会治理网格化、社会治安防控体系立体化、司法体制改革、群防群治队伍提质增效等工作，有力地维护了全区政治大局、社会大局持续稳定，群众安全感指数达98.79%、政法队伍满意度达96.8分、司法公信力达97.02分，位居全市前列。

主题党日活动

为街道配发群防车辆

文艺汇演

疫情防控党员突击队

重庆市公安局

坚决打赢防范化解重大风险攻坚战

为全面建成小康社会营造

公安部情报指挥中心主任张亚宏走访
慰问渝中区公安分局一线基层单位和优秀民警

区委书记黄玉林、区长左永祥
现场指导“5•1”安保工作

市公安局一级巡视员姚昌序到分局调研疫情防控工作

副区长，区公安分局党委书记、局长鲁荣锋
到人民小学召开消防通道整治现场办公会

渝中区召开2020年全区公安工作会

砥砺荣耀担使命，汗水荣耀共朝生。2019年是极不平凡的一年，是新中国成立70周年大庆之年。这一年，面对大庆安保维稳等一系列非同寻常的严峻挑战，区公安分局党委团结带领全体民警迎难而上、顽强拼搏、积极进取，在挑战中抓机遇，在传承中求创新，坚决维护政治安全、社会稳定，坚定实施改革强警、科技兴警战略，坚持深化民生警务、公安队伍“四化”建设，取得了一系列新胜利、新成绩，焕发出一系列新活力、新气象。安保维稳取得新胜利。聚焦聚力国庆70周年安保维稳主线，圆满完成习近平总书记来渝考察等重大警卫任务，确保各类大型活动安保绝对安全，实现了“五个坚决防止”和“八个零发生”目标，做到了政治效果、安全效果、社会效果高度统一。平安建设取得新成绩。以扫黑除恶为龙头纵深推进严打整治，全力维护社会安定，连续侦破境外“杀猪盘”诈骗案、“益佰嘉套路贷”等一批大要案件，连续七年命案破案率达100%，全区群众安全感满意度和执法公信力再创新高。基层治理取得新实效。深入开展“枫桥式优秀派出所”创建活动，在全市率先试点“驻所调解室”，不断夯实群众基础，全面提升社会治理能力和水平，切实做到“矛盾不上交、平安不出事、服务不缺位”。大阳沟派出所被评为全国首批“枫桥式公安派出所”，化龙桥派出所被评为全市首批“枫桥式公安派出所”。改革强警取得新突破。深化“放管服”改革，在全市率先推行民生警务一体机和身份证自助领证机，民

渝中区分局

奋力开启公安工作现代化新征程

安全稳定的政治社会环境

生警务品牌提档升级。围绕“七智工程”，深化“10+X”智慧警务建设应用，在全市率先使用大数据服务警卫安保工作，启用3D可视化电子沙盘系统、搭建智能视频监控围栏、研发“超级智能追踪系统”，使其成为推动渝中公安工作高质量发展的强大动力。队伍形象得到新提升。扎实开展“不忘初心、牢记使命”主题教育和“践行新使命、忠诚保大庆”实践活动，加强队伍精细化、规范化管理，全局1100余人次立功受奖，社区民警高万禄被评为“全国模范退役军人”。

2020年全区禁毒工作会议召开

渝中区打击治理跨境赌博
工作联席会议在区公安分局召开

区公安分局党委副书记、政委夏小平
深入辖区企业走访复工复产情况

成都市公安局锦江分局与重庆市公安局渝中区
分局签订《警务合作框架协议书》

深入鼓楼人和街小学
开展“大手牵小手•警心护童心”
平安课堂校园直通车六一主题活动

援鄂抗疫民警凯旋归来

在日月光广场组织开展
全国第34个“110宣传日”系列活动

成立抗疫党员突击队

民警护航援鄂医疗队员们平安凯旋

渝中区住房和

副市长陆克华到渝中区
调研“两江四岸”核心区项目推进情况

市住建委主任乔明佳实地调研山城步道建设情况

重庆市渝中区住房和城市建设委员会于2019年1月成立。办公地址位于渝中区民生路345号兴利大厦6～8楼。内设机构15个，分别为：办公室、组织人事科、计划财务科、法规科、企业指导科、住房保障科、住房改革发展科、房地产业管理科、产业楼宇服务科、物业监督管理科、房屋征收科（渝中区房屋征收办公室）、城市提升科、建筑行业管理科、建设工程管理科（行政审批科）、重点工程建设科。主要职责是：贯彻执行住房和城市建设法律、法规、规章和方针政策；承担构建多层次住房保障体系的任务；负责物业管理活动的监督管理，负责物业专项维修资金的监督管理和指导工作；负责组织实施房屋征收与补偿；负责房地产开发建设、房地产中介和房屋租赁市场的监督管理；统筹拟订城市道路桥梁隧道及其附属设施等城市基础设施建设年度计划，负责项目的储备、前期工作和协调推进；负责市在区重点工程建设的协调服务；牵头推进城市综合管廊建设与管理；牵头推进城市提升、“两江四岸”、海绵城市建设；统筹排水管网建设管理工作，负责排水管网新改建；牵头历史文化名城、街区和传统风貌区的保护建设管理工作；牵头指导城市老旧功能片区和老旧小区改造提升工

市住建委副主任郭唐勇
对拟开展的长租公寓项目进行专题调研

市住建委副主任董勇、副区长黄孝明查看两江消落带项目

城市建设委员会

区长左永祥走访调研重庆港力环保股份有限公司

区人大常委会主任米绍林走访调研区住建委服务企业

作；负责房屋建筑和市政基础设施工程区管项目施工许可和竣工验收备案（含消防验收）管理；承担社会房屋使用安全的监督管理；负责建筑行业管理，拟订建筑业行业发展政策、规划并组织实施；承担推进建筑节能的责任；负责建筑节能审查，管理建筑能效测评标识；推广应用建筑新技术、新材料及先进设备；承担行业安全、行业统计、行业信访稳定监管责任；指导所属国有企业、集体企业发展、改革和稳定工作。

区住房城市建委认真落实疫情防控，加强物业小区、建筑工地联排联防联动；全面推行工程审批“网上办、邮递办”，对现场办理事项实行“预约

区政协主席陈大奎走访调研区住建委服务企业

副区长乔宏、区住建委主任陈勇以及区级有关职能部门在洪崖洞附近处理关于不明气体泄露投诉

副区长黄孝明检查施工现场疫情防控工作

渝中区住房和

区政协副主席赵元政走访重医附一院第一分院改扩建项目

区人大、区总工会、区住建委慰问十八梯风貌区改造工地民工

区住建委主任陈勇走访竹木街社区慰问老同志

办”；抓政策落实扶持企业渡难关；提前服务企业，抓好经济调度，积极开展招商引资工作；轨道5号线、9号线、10号线、18号线正按施工计划有序推进中；曾家岩大桥项目、长滨路立交正抓紧实施；半山崖线步道、东水门垂直升降梯、红岩村大桥、化龙桥立交工程有序推进；统筹推进城市提升行动计划，提速“两江四岸”建设，全力推进老旧小区改造提升；打造山城步道特色品牌，优化轨道线网。着力推进海绵城市及雨污分流；住房保障“应保尽保”，对1509户保障对象实施廉租保障；公租房申请服务优

区住建委主任陈勇检查建筑工地防疫工作

区住建委党委理论中心组学习会

城市建设委员会

区住建委专题调研曾家岩大桥及相关项目建设进度

干部职工观看抗击新冠肺炎疫情表彰大会

区机关党建第二协作组“众志成城同抗疫、决战决胜正扬帆”主题演讲比赛，我委两位职工荣获一等奖

化，摇号配租成功673户；完成房屋“两证”办理15.5万平方米；“四久”项目处置有序推进；推进停车场、人行天桥等民生工程建设；推进“党建+物业”，以评促改，提升物业管理服务水平；积极推动赛迪股份、中煤科工、建工集团与渝中区政府签订战略合作协议；靠前服务支持企业资质升级；做好中央财政支持住房租赁市场发展试点；开展全区居民出租住房调查摸底；深入推进工程建设项目审批制度改革。实施施工许可并联审批制度，施工许可全部实现网上申报，核发施工许可证36个，施工许可建筑面积75.8万平方米；大力支持工程项目建设。积极支持大田湾体育场保护和利用工程、重庆市三峡库区文物修复中心项目等项目办理；积极推进装配式建筑、绿色建筑、BIM技术应用及非传统水源利用。

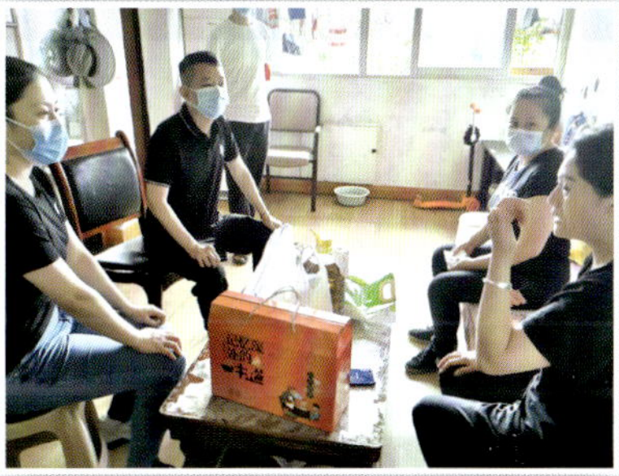

机关党总支开展“纪念建党99周年”专题支部主题党日志愿服务活动

区住建委领导慰问老同志

区住建委从十八梯、魁星楼项目调拨装载机开展洪崖洞清淤工作

干部职工前往竹木街社区开展志愿活动

坚持靠前指挥开展大溪沟清淤工作

2019年，渝中区城市管理局坚持以习近平新时代中国特色社会主义思想为指导，认真贯彻落实城市综合管理系列工作部署，以城市综合管理提升行动为统揽，以年度目标任务为重点，深化“大城三管”，强化“马路办公”，落实“七大工程”，开展“春夏秋冬”专项行动，深入推进市容环境综合整治，渝中城市综合管理稳中有进、进中向好，实现了管理水平新提升。

（一）抓党建，夯实基础促发展

定任务、重考核，把党建工作摆在首位。一是坚持将党建工作列入党委年度工作计划和日常安排，做到年初有部署、日常有跟踪、年中有分析、年末有总结，细化各基层党组织工作责任清单、项目清单、工作措施。二是坚持定期分析研判，适时召开党委会和党建工作例会，定期分析党建工作形势，并认真开展基层党支部书记抓党建述职评议。三是完善分管联系

区委书记黄玉林、常务副区长王勇调研上清寺曾家岩社区

区人大常委会主任米绍林调研南纪门街道

区长左永祥调研解放碑街道莲花池社区

区政协主席陈大奎调研嘉西村社区垃圾分类工作

城市管理局

制度，各党委委员对口联系相应基层党组织，并负责指导和督促基层党组织各项工作开展。四是建立党建考核制度，每季度对局属各基层党组织党建工作进行检查考核，进一步提升和完善基层党建工作。

高标准、严要求，积极开展主题教育活动。一是着力沉心静气抓学习。把学习贯彻习近平新时代中国特色社会主义思想和党的十九届四中全会精神作为主线，采取精研细读深学、丰富载体促学、强化指导督学的“三学”措施，实现了学习对象全覆盖。开展主题教育期间，组织党委中心组学习8次，开展专题研讨7次。各基层党组织开展专题主题党日活动1次、集中学习讨论5次。二是着力上下联动抓调研。聚焦城市管理突出问题，确定10个针对性强的调研专题，班子成员深入基层一线，认真召开调研成果交流会，务实推动调研成果转化，形成工作措施45项，修订新建制度11项。三是着力开门开放抓检视。通过“自己找”“上级点”“群众提”等方式，收集意见建议20条，对照党章党规自查问题35项，结合市委巡视巡察、中央生态环保督察等反馈意见形成检视问题69项，为整改落实提供精准靶向。四是着力真刀真枪抓整改。坚持把“改”字贯穿主题教育始终，认真抓好“8+1”专项整治工作，确

副区长黄孝明调研大坪街道

区城管局局长宋丹到大坪街道马路办公

区城管局局长宋丹督查解放碑WFC广场周边市容市貌治脏、治乱、治差的整改落实情况

区城管局局长宋丹督查虎头岩周边市容市貌治脏、治乱、治差的整改落实情况

时代广场下水道疏浚

新华路293号整治

大坪排水疏浚

鹅岭排水疏浚

定整治重点、明确整治责任，切切实实解决问题。专项整治工作共查找问题23项，已全部整改到位。

抓规范、固基础，加强基层党组织全面建设。一是加强党的政治建设。严格党委中心组学习、支部主题党日制度，规范学习流程，全年组织党委中心组学习18次、“主题党日”学习150余次。二是规范党内政治生活。认真落实“三会一课”、双重组织生活、民主评议党员、交心谈心等制度，创新开展民主评议、参观交流、志愿服务等形式的支部“主题党日”活动23次，不断提高组织生活的质量和实效。三是选准配强基层干部队伍。结合局内部体制机制优化，严格选拔程序，调整科级领导干部17名，选拔任用55名，为基层党建工作提供有力保障。

（二）抓主业，提升城市管理水平

体制机制进一步优化。对全区公园进行整合调整，纳入统一管理，并将园林绿化基层维护单位由差额拨款事业单位变为全额拨款事业单位，解决了公园管理分散，管理标准参差不齐以及绿化管护单位长期挤占业务经费用以弥补差额等长期悬而未决的问题。强化重点部位管理，成立上清寺、解放碑、朝天门3个综管所，进一步夯实市政、环卫、园林绿化设施的综合性维护管理，提高片区内综合协同处置机制和工作效能。建立和完善《内部审计制度》《财务集中核算管理实施方案》《项目管理暂行办法》等财务和项目管理相关制度。同时，抽调人员对财务和项目分别进行集中核算和集中管理，进一步明确管理权限，理清管理流程，管理更加规范化、制度化、流程化。

“大城三管”有新成效。“大城细管”方面，树立标准意识，等高对接国际国内先进标准，将标准养成习惯，严格施行主次干道每日普扫2次、洒水3次、冲洗1次，护栏、隔音屏等每周至少刷洗1次的标准，加强背街小巷卫生死角、暴露垃圾整治。“大城智管”方面，以数字城管为抓手，通过自动抓拍、微信及App举报等

洪崖洞排水整治

井盖专项整治

维护公路护栏

城市管理局

石板坡长江大桥立体花坛

街道树池维护

嘉东村绿化

石板坡护坡绿化

渠道，及时发现并处置问题。探索依托物联网技术实施市政设施、行道树、古树名木监控管护，完成兜子背跨线桥、佛图关危岩在线监测预警系统试点建设。市政、环卫、执法等各应用系统基础地理信息共享“一张图”，实现互联互通，城市管理更加智能。“大城众管”方面，城市管理以喜闻乐见的方式走到市民身边，开展“3·19”城市管理服务主题周和城市管理系列体验活动，吸引广大市民参与城市管理实践。落实“门前五包”责任机制，1万余户商户签订“门前五包”责任书、悬挂责任牌，城市管理网格化体系更加完善。

“马路办公”持续深化。坚持“发现问题在一线、研究问题在一线、解决问题在一线”，继续深化落实“五长制”，推行区、街道、社区三级书记“马路办公”工作机制，区领导带头，各级领导自觉践行“马路办公”。2019年开展巡查约21万次，发现问题约18万个，接办市级“马路办公”巡查发现问题254个，上述问题均在规定时间内整改完毕。及时发

洪崖洞

长江大桥北桥头

上清寺

现掌握处置市民关注、社会聚焦的城市综合管理问题，有效解决一批城市综合管理顽疾，实现小问题有人抓，大问题有人及时“拍板”。“马路上办”“马上就办”“办就办好”，成为城市管理工作制度。

垃圾分类有新举措。按照“政府推动、全民参与，因地制宜、循序渐进，完善机制、创新发展，协同推进、有效衔接”的基本原则，从示范引领、设施配置、宣传教育三个方面推动垃圾分类工作做深做实。目前，生活垃圾强制分类已覆盖全区150个公共机构以及石油路等4个街道26个社区约11万户居民，分类示范街道比例已达到35%，全区生活垃圾回收利用率达22%以上，开展“六进”活动900余次，参与50000余人次，垃圾分类成为新时尚。

“七大工程”落实落地。一是推进“治乱拆违”“街净巷洁”工程。做好全区约990万平方米的日常保洁工作。整治违法建筑5.2万平方米、“牛皮癣”1.2万余处、建筑外立面119万余平方米，查处乱停乱放车辆235台。推进32个老旧社区“微整治”，开展“楼道革命”和社区大扫除活动，改善人居环境，城市更加干净整洁。二是推进“路平桥安”“整墙修面”工程。给道路做“手术”，给桥梁做“体检”，完成排水管网改造约3.3千米，维护道路约6.47万平方米，对洪崖洞千厮门立交铺装沥青路面1万平方米，维护栏杆1.9万余米，设施更加大气美观。三是推进“灯明景靓”“江清水畅”“城美山青”工程。实施边坡绿化、屋顶绿化，精细化管护公园绿地和市街绿地，推进大树修剪工作。做好全区2万余盏路灯日常管护工作，保持亮灯率、设施完好率均达到99%以上。以洪崖洞、李子坝、鹅岭贰厂等网红景点和江岸线主要可视点为重点，高水平建设一批景观灯饰项目，半岛夜景更加璀璨靓丽。

“四大行动”全面实施。围绕习近平总书记视察重庆、新中国成立70周年、中新合作论坛等重要事件，开展城市提升“春夏秋冬”专项整治行动，提升城市环境的舒适度和体验感。一是以绿化品质提升为重点，开展春季行动。完成9处边坡、空地覆绿的绿

化彩化整治5万平方米，成片种植开花和色叶植物13万余株，城市颜值再度刷新。二是以社区“微整治”为重点，开展夏季行动。通过推进32个社区“楼道革命”和社区大扫除活动以及完善基础设施、修缮历史建筑等，改善人居环境，彰显其原有特色风貌。三是以坡坎崖美化为重点，开展秋季行动。持续推进李子坝轻轨站护坡堡坎、徐家坡加油站地块等5个坡坎崖绿化美化项目，对荒坡、菜地进行整治覆绿。四是以市容秩序整治为重点，开展冬季行动。治理“五乱”行为3.3万余处，整治违规停放、违规行驶三轮车635台，暂扣424台，摆放鲜花56万余盆。

（三）抓廉政，筑牢拒腐防变思想

落实“两个责任”。制定下发局《廉洁渝中建设2019年实施方案》和《目标任务分解表》。局班子成员认真履行“一岗双责”，抓好分管领域党建工作，层层压实责任，做到岗位责任具体化、责任主体明确化、责任链接无缝化。组织基层党支部、机关科室与局党委签定《党风廉政建设目标责任书》，压实基层党组织主体责任。

狠抓监督制约。把纪律和规矩挺在前面，持续开展正风肃纪，突出元旦、春节、清明、端午等重要节日，对“四风”突出问题和违反“八项规定”现象进行监督检查，严格车辆管控，严禁公款吃请，杜绝违规操办，对机关各科室、基层单位开展定期和不定期的检查督导。抓住关键环节，加强制度建设，规范权力运行，修订系统内部管理制度，优化工程项目管理制度，完善综合行政执法制度，规范合同协议等一系列相关制度，提高源头防范能力。

持续改进作风。突出“严管与厚爱”相结合，着力加强对党员干部的教育管理监督。运用全局2019年发生的违纪违法案例，开展“以案四说”警示教育活动20余场，用身边事教育身边人。对照形式主义、官僚主义、享乐主义、奢靡之风存在问题，切实改进文风、会风，落实开短会、开重要会，发要文、减少不必要发文，全年召开会议和发文同比减少40%以上。

天桥下端整治美化

立体钢架花槽拆除

石板坡护坡维护

上清寺斜坡美化

牛角沱三角岛美化

渝中区大数据

重庆市人大常委会主任张轩与渝中区委书记黄玉林
为重庆市数字经济（区块链）产业园揭牌

副市长熊雪（右）与重庆市大数据应用发展管理局局长罗清泉（左）
为重庆市区块链应用创新产业联盟揭牌

市政协副主席谭家玲、区政协主席陈大奎
与副区长乔宏调研重庆市数字经济（区块链）产业园

2020年是全面建成小康社会和“十三五”规划的收官之年，是以大数据智能化为引领的创新驱动发展战略行动计划的决胜之年，是大数据基础设施建设年和应用推广年。区大数据发展局在区委、区政府的坚强领导下，迎难而上、攻坚突破，持续实施《渝中区以大数据智能化为引领的创新驱动发展战略行动计划实施方案》。坚持以大数据应用为导向，以新型智慧城市建设为抓手，加快推进数字产业化、产业数字化，激发智慧城市建设新需求，打造产业融合发展新引擎，推动渝中区社会治理现代化和服务业现代化，为建设渝中智能化全力奋斗。

2020年全区大数据应用发展继续按“155”工作思路全力推进：

着力实施好一个战略行动计划，即深入实施《渝中区以大数据智能化为引领的创新驱动发展战略行动计划实施方案（2018—2020年）》（渝中委发〔2018〕19号）。

全力抓好五项重点任务。一是实现数据整合“上云”，启动实施“数字渝中”云平台建设，使数据资源“聚通”实现新突破。二是抓好“依法治数”，构建渝中科学有效、共享开放的数据治理体系，使“依法治数”实现新突破。三是大力推进大数据智能化“应用”，提升社会治理和服务业现代化，使智慧城市建设实现新突破。四是培育“产业”发展新引擎，推动大数据与实体经济深度融合实现新突破。五是加强政治建设，为大数据应用发展提供坚强保障。

努力实现渝中区大数据“五个一”目标，即建设一个渝中区大数据资源共享交换平台，构建一个“云长制”数据治理体系，推动一批新型智慧城市项目应用，打造一个5G融合应用示范高地，做强一个渝中区大数据信息化支柱产业。

2020年，区大数据发展局克服疫情影响，积极对接重点招商项目，已落地“招大引强”企业8家，完成全年目标任务的80%；报送市外正式合同额10亿元，完成全年目标任务的125%；市外到位资金1.8亿，完

应用发展管理局

区委书记黄玉林会见浪潮集团负责人

区长左永祥会见重庆百润信息技术有限公司负责人

成目标任务的72%。

以区块链为切口，推动数字经济高质量发展。聚力打造重庆市数字经济（区块链）示范区，积极创建国家级区块链产业创新示范园区。一是成立重庆市数字经济（区块链）产业园；二是出台《重庆市区块链数字经济产业园发展促进办法（试行）》，聚集优质资源抢抓区块链产业发展机遇；三是组建重庆市区块链应用创新产业联盟，为区块链应用创新、交流合作搭建开放平台。以区块链为核心的数字经济产业园的聚集效应日益凸显。

成功举办2020线上智博会系列活动。渝中区承办的2020年智博会5G创新发展高峰论坛、区块链高峰论坛在41场论坛中关注度分获全市第一、第四，2020年智博会区块链应用创新大赛在18项赛事中关注度排全市第二。区块链高峰论坛汇聚陈纯、丘成桐两院院士等知名学者、业内人士300余人到场参加，市人大常委会主任张轩出席论坛并作重要讲话，论坛现场签约作业帮、杭州趣链科技等8家龙头企业。5G创新发展高峰论坛汇聚产学研各界顶尖专家学者及政府、企业代表300余名，以全球视角共话5G引领的产业变革和趋势，为城市发展中的行业融合与应用指明方向。工信部通管局局长韩夏、市政府副市长熊雪出席论坛并致辞，会上发布《“5G+区块链” 领跑成渝新基建》。区块链应用创新大赛吸引全球5个国家和地区的200余支团队报名参赛，汇集中国工程院、超级账本、清华大学等科研院所区块链行业权威专家20余位，对接创世资本、同舟资本等顶尖投资机构10余家，历经初赛、线上培训、复赛、决赛、投资人之夜等6场线上线下活动，决出大赛前10强，分获市、区两级100万元奖励、5000万元投资激

区人大常委会主任米绍林调研大数据应用产业园

区委常委、区政法委书记何积光部署推广“渝康码”

渝中区大数据

副区长乔宏调研浪潮云计算中心

重庆市大数据应用发展管理局副局长景根元（左）与
副区长乔宏主持重庆市区块链应用创新产业联盟成立筹备会

励、推广应用等“一揽子”扶持计划。

聚焦“管云”“管数”“管用”，推广大数据应用。深入推行“云长制”实施方案，持续开展全区非涉密信息化系统迁移上云和系统整合工作，2020年内达到100%；深入落实政务数据资源管理办法，编制渝中区政务数据资源管理工作方案，全面梳理全区政务数据共享目录和责任清单；5G建设全国领先，推动解放碑全国示范步行街打造5G智慧步行街，实现“5G+旅游”深度融合，成功举办2020线上智博会5G创新发展高峰论坛；全面推进新型智慧城市建设，编制渝中区“十四五”新型智慧城市建设研究、渝中区新型智慧城市建设方案（2020—2022年），筹划打造一批特色亮点应用；启动建设渝中区新型智慧城市智能中枢项目，促进跨部门、跨行业、跨地区信息资源有效整合、集中共享，形成智慧城市能力赋能中心；加强信息化项目评审专家库建设，科学高效管理好全区政务信息化项目建设和运维。

积极运用大数据智能化手段，为全区防疫工作增效。一是通过多措并举推动“渝康码”应用，全区个人申报渝康码达80万余人次，发码量、扫码量均居全市前列。二是与阿里云计算公司、科大讯飞公司对接，授权通过智能外呼的方式，协助开展渝中区疫情防控居民身体状况的调研，外呼共计60万余人次，向指挥部提供90余条线索。三是广泛征集有关疫情防控决策管理平台、疫情出行监控平

副区长乔宏带队考察中国电子科技网络信息安全有限公司

重庆市大数据应用发展管理局副局长李斌（中）调研平台经济

应用发展管理局

重庆市大数据应用发展管理局副局长景根元为百度Apollo签约仪式致辞

重庆市大数据应用发展管理局副局长李斌带队考察十八梯项目

重庆市区块链应用创新产业联盟与
四川省区块链行业协会签署战略合作框架协议

渝中区与百度Apollo签约

渝中区与重庆数联铭信科技有限公司签约

台等100余套信息系统，探讨论证、逐一测评后，筛选出一批使用价值高的系统向区里重点推荐。

持之以恒正风肃纪，始终保持为民务实清廉的政治本色。局党组切实履行党风廉政建设主体责任，坚持反腐败无禁区、全覆盖、零容忍，坚持重遏制、强高压、长震慑，进一步加强对选人用人、计划财务、政府采购等重点、关键领域的廉政风险管控，坚持用制度管权管事管人管作风，以规范化、程序化、透明化保障权力公正运行，切实消除腐败的温床。持续抓好队伍建设，坚持新时期好干部标准，抓实抓好干部队伍思想政治建设，做深做细做实干部培养、选用和管理工作，充分发挥党员的先锋模范作用和基层党组织的战斗堡垒作用。精准运用监督执纪“四种形态”，着力建设忠诚干净担当的高素质干部队伍。

召开经济调度会

区大数据发展局考察成都区块链

召开推广“渝康码”，助力疫情防控会

重庆市渝中区

全国政协人口资源环境委员会副主任、
中国计生协常务副会长王培安调研渝中区青春健康工作

区委书记黄玉林，区委常委、组织部部长王志宏，区政府副区长、
区公安分局局长鲁荣锋，到石油路街道指挥督导疫情防控工作

社区卫生服务能力提升——数字化门诊建设

重庆市渝中区卫生健康委员会（简称“区卫健委”）是重庆市渝中区人民政府负责卫生健康管理的工作部门。办公地址位于渝中区和平路管家巷9号。按照《重庆市渝中区机构改革方案》，区卫健委于2019年1月3日成立，由原区卫生和计划生育委员会，整合区民政局的老龄工作职责、区安全生产监督管理局的职业安全健康监督管理职责组建而成。内设办公室、组织人事科、规划财务科、医政管理科（行政审批科）、中医与药政科、老年健康科（职业健康科）、疾病预防控制科、社区卫生健康科、妇幼保健科、人口监测与家庭发展科10个科室，设行政编制23名，设主任1名、副主任3名，科级领导职数13名。区卫健委直属医疗卫生机构有：区卫生计生监督执法局、区疾病预防控制中心、区动物卫生监督所、区妇幼保健计划生育服务中心、区精神卫生中心（大溪沟街道社区卫生服务中心）、重庆市中医骨科医院（解放碑街道社区卫生服务中心、南纪门街道社区卫生服务中心）、重庆牙科医院、区中医院（上清寺街道社区卫生服务中心、菜园坝街道社区卫生服务中心）、朝天门街道社区卫生服务中心、七星岗街道社区卫生服务中心、大坪街道社区卫生服务中心。区卫健委的主要职责是：贯彻执

重庆市中医骨科医院援鄂医疗队

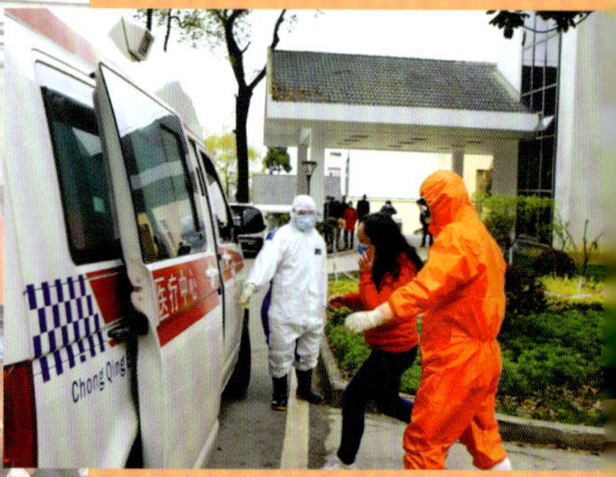

重庆市中医骨科医院医生盛东
从歌乐山接最后一名确诊新冠肺炎患者康复回

卫生健康委员会

市卫健委副书记夏沛慰问基层计生干部

市卫健委副主任蒋志强检查指导托育机构复工复产

行国民健康和卫生健康事业发展的法规、规章、政策、标准，起草相关领域规范性文件草案，统筹规划卫生健康资源配置，指导全区卫生健康规划的编制和实施；协调推进全区深化医药卫生体制改革，研究提出深化医药卫生体制改革重大政策、措施的建议，组织深化公立医院综合改革，提出医疗服务和药品价格的政策建议；制定并组织落实全区疾病预防控制规划，免疫规划以及严重危害人民健康公共卫生问题的干预措施，根据国家检疫传染病目录开展相关工作；组织拟订协调落实应对人口老龄化改革措施，负责推进全区老年健康服务体系建设和医养结合工作；落实国家药物政策和国家基本药物制度，执行国家基本药物目录，负责食源性疾病及食品安全事故有关流行病学调查；负责职责范围内的职业卫生、放射卫生、环境卫生、学校卫生、公共场所卫生、饮用水卫生等公共卫生监督管理、传染病防治监督、卫生健康机构安全监督管理；组织实施医疗机构、医疗服务行业管理办法，建立医疗机构的医疗服务评价和监督体系，会同有关部门贯彻执行国家卫生健康专业技术人员资格标准，实施医疗服务规范和卫生健康专业技术人员执业规则、服务规范；负责计划生育管理和服务工作，开展人口监测预警，研究提出人口与家庭发展相关政策建议，落实计划生育政策；负责机关、所属单位和行业社会组织、党建工作，推进卫生健康科技创新发展，承担健康扶贫工作等。

社区卫生服务能力提升——医养结合病房建设

区卫健委首次组织新提拔干部进行宪法宣誓

开展老年健康宣传周活动

组织相关部门
联合开展职业病防治宣传

医疗知识宣传

渝中区残疾人

区人大常委会主任米绍林调研区残联综合服务中心

区委常委张远洪参加渝中区第三十次“全国助残日”主题宣传活动

区委常委、组织部部长王志宏参加
渝中区第三十次“全国助残日”主题宣传活动

重庆市渝中区残疾人联合会（简称“区残联”）是渝中区党群序列正处级单位，常设机构为渝中区残联执行理事会，实行理事长负责制。2019年，有行政编制5名，在编在岗3人。领导班子为1正1副（挂职），理事长由彭丽娟担任。区残联内设综合科，办公地址位于中山一路169号4楼，综合服务中心位于北区路67号。

渝中区有视力、听力、言语、肢体、智力、精神、

区政协副主席赵元政参加渝中区第四次全国“残疾预防日”宣传活动

副区长邓光怀看望康复机构的残疾儿童

联合会

市残联副理事长雷建平来渝中区康复机构指导工作

多重及其他残疾人3万余人，占全区总人口的5.57%。

区残联的职能为“代表、服务、管理”，即代表残疾人的共同利益，听取残疾人的呼声，反映残疾人的需要和愿望，管理残疾人，发展残疾人事业，开展残疾人康复、劳动就业、维权稳定、宣传文体等工作。全区成立11个街道残联，1个工作站，79个社区残疾人协会，建立5个区级残疾人专门协会（盲人协会、聋人协会、肢残人协会、智力残疾人及亲友协会、精神残疾人及亲友协会）。其中，各街道残联有理事长、副理事长各1名，任期5年。5个残疾人专门协会中：区盲人协会设主席1名，委员3名；区聋人协会设主席1名，委员3名；区肢残人协会设正副主席各1名，委员5名；区智力残疾人及亲友协会设主席1名，委员3名；区精神残疾人及亲友协会设主席1名，委员3名。

2019年是新中国成立70周年，也是决胜全面建成小康社会第一个百年奋斗目标的关键之年。区残联圆满完成各项工作，多渠道多种方式帮扶残疾人9830人、17138人次，投入资金586.15万元。区残联被市残联评为“2018年度全市残疾人工作综合目标考核一等奖”单位。

区残联组织召开残疾人代步车安全工作会

区残疾人文化艺术技能培训班第一期正式开课

区肢残人协会开展
第三十次“全国助残日”活动

区肢残人协会开展“德法相伴、共同携手抗疫”活动庆祝第十一次“全国肢残人活动日”活动

区残联全体党员参观喻茂坚纪念馆

开展“关注残联、冬送温暖”活动，
走访慰问定点儿童康复机构

渝中区生

区委书记黄玉林带队巡河

区人大常委会主任米绍林调研生态环保工作

市生态环境局党组书记、局长辛世杰
带队调研渝中区生态环保工作

市生态环境保护综合行政执法总队总队长刘芹
带队核查渝中区整治偷排偷放工作

渝中区生态环境局于2019年1月8日正式挂牌。主要职责是：贯彻执行国家生态环境基本制度，统筹协调和监督管理生态环境问题，监督管理减排目标落实，负责环境污染防治、核与辐射安全、生态环境准入的监督管理，监督生态保护修复工作，负责生态环境监测、生态环境监督执法、应对气候变化工作，开展生态环境信息化建设、生态环境宣传教育与国际合作等工作，根据授权对区级有关部门、各街道办事处、有关单位贯彻落实生态环境保护决策部署情况进行监督检查和考核。

现核定行政编制12名，设局长1名、副局长3名。设

6•5环境日新闻通报会

态环境局

区长左永祥带队巡河

区政协主席陈大奎调研辖区餐饮油烟污染防治工作

办公室（应急管理办公室）、生态环境管理科、污染防治科（核与辐射安全管理科）和法规宣教科（行政审批科）4个内设机构。区生态环境局下属事业单位2个，分别是区生态环境保护综合行政执法支队和区生态环境监测站。

全区生态环境会

区生态环境局在区委、区政府和市生态环境局的坚强领导，区人大、区政协监督支持，区级有关部门、各街道办事处、有关单位通力协作下，坚持以习近平生态文明思想为指导，以改善生态环境质量为核心，以打好污染防治攻坚战为主线，以推动高质量发展为导向，以落实环保督察反馈意见整改为重点，推动全区生态环境保护各项工作取得明显成效。

综合应急演练

“抗击疫情 一线有我”主题演讲比赛

渝中区人民

副市长陆克华调研渝中区人民防空工作

区委书记黄玉林调研人民防空工作

区政协副主席赵元政率队调研人民防空工作

区委常委、区政法委书记何积光、
区人大常委会副主任戴启常，副区长黄孝明，区政协
副主席赵元政参加“6•5”防空警报试鸣放暨防空防灾知识宣传

渝中区人民防空办公室（简称“区人民防空办”）是区政府工作部门。其主要职责是：贯彻执行人民防空方针政策、法律法规规章、标准规范；编制本级人民防空发展规划和专项规划；负责区级人民防空指挥场所的建设和管理；负责战时人口疏散基地的建设和管理；负责人民防空警报规划、建设和管理；组织开展人民防空工程建设；负责落实人民防空领域军民融合发展要求；组织开展重要经济目标防护工作；组织开展人民防空训练演练；组织开展人民防空宣传教育和培训工作；管理人民防空经费和资产资源；指导各街道、区级有关部门和驻区企事业单位开展人民防空业务工作；承担区国防动员委员会人民防空办公室的工作；负责行业安全监管工作；完成区委、区政府和上级主管部门交办的其他任务。

2019年，区人民防空办公室深学笃用习近平新时代中

市人民防空办主任郑平调研渝中区人民防空工作

防空办公室

区人民防空办党组书记、主任姚文勇讲“牢记使命、勇于担当”专题党课

“不忘初心、牢记使命”主题教育专题民主生活会

国特色社会主义思想，紧紧围绕“战时防空、平时服务、应急支援”要求和军民融合发展战略，以从严治党为引领，立足主业，创新驱动发展，强化平战结合，强化人防工程城市品质提升，推动全区人防事业健康稳步发展，牵头圆满完成西部战区赋予的“渝动 · 人防-2019”人民防空行动演练任务，获2019年度全市人民防空工作考核第一名，被《中国人民防空》杂志社评为先进单位。

参加全市人民防空指挥通信跨省拉练

“6•5”防空警报试鸣放暨防空防灾知识宣传

机关党支部组织党员参观八路军驻重庆办事处

人民防空创立日暨防空知识宣传

国家税务总局重庆市渝中区税务局

区税务局组织召开税务工作会议暨全面从严治党工作会议

区人大常委会主任米绍林一行到渝中区税务局调研

区委副书记、代区长左永祥
赴区税务局调研并慰问干部职工

市税务局党委书记、
局长程俊峰赴区税务局调研

国家税务总局重庆市渝中区税务局（简称“区税务局”）位于渝中区美专校街53号。2019年底，区税务局设15个内设机构，即办公室、法制科、货物与劳务税科、所得税科、财产和行为税科、社会保险费和非税收入科、收入核算科、纳税服务科、征收管理科、国际税收管理科、税收经济分析科、税收风险管理局、财务管理科、人事教育科、考核考评科；设第一至六税务所和解放碑、朝天门、七星岗、南纪门、菜园坝、大溪沟、两路口、上清寺、大坪、石油路、化龙桥税务所等17个派出机构；设信息中心、机关服务中心2个事业单位。共有干部职工504人，其中局领导10人（局长1名，副局长6名，纪检组长1名，总经济师1名，总会计师1名），正副科所长107人。区税务局的主要职责是：组织落实国家规定的税收优惠政策，负责研究拟定本单位税收、社会保险费和有关非税收入工作计划，参与拟定税收、社会保险费和有关非税收入预算目标并依法组织实施和征收管理。

区政协主席陈大奎一行到区税务局调研指导工作

区税务局党务工作培训
在西南大学顺利开班

区税务局联合第三稽查局走进渝中区德精小学
开展“成长税月 与税童行”税收宣传进校园活动

区税务局召开“不忘初心、牢记使命”
专题民主生活会

渝中区市场监督管理局

市市场监管局党组书记、局长唐英瑜率市局督导组督查渝中区“防风险保安全护稳定迎大庆”工作情况

重庆市渝中区市场监督管理局(简称“区市场监管局”)为重庆市市场监督管理局直管的政府行政机构，办公地址位于渝中区临华路48号。区市场监管局于2019年3月6日正式挂牌，由原区工商分局、原区食药监分局、原区质监局整合组建。内设纪检组、办公室、法制科、组织人事科、宣传教育科、财务科、综合科（区食药安办）、食品安全监督管理一科、食品安全监督管理二科、食品安全监督管理三科、药品监督管理一科、药品监督管理二科、产品质量安全监督管理和质量发展科、特种设备安全监察科、注册和许可科、价格监督检查和反不正当竞争科（规范直销与打击传销办公室）、消费者权益保护科、计量科、标准化管理科、认证认可监督管理科、信用监督管理科、网络交易监督管理科、广告监督管理科、企业监督管理科、知识产权管理科、小微企业个体工商户专业市场党建工作科、机关党委、离退休人员工作科，直属经济检查执法支队；派出机构有解放碑、朝天门、七星岗、南纪门、菜园坝、大溪沟、两路口、上清寺、大坪、石油路、化龙桥11个市场监督管理所，区消费者权益保护委员会1个事业单位。区市场监管局的职责：负责市场综合监督管理，规范和维护市场秩序；负责食品药品安全监督管理综合协调，食品安全监督管理；药品、医疗器械、化妆品安全监督管理，疫苗配送、存储质量管理；宏观质量管理，监督管理产品防伪工作；产品质量安全监督管理，组织实施质量分级制度、质量安全追溯制度；工业产品生产许可管理、纤维质量监督工作；特种设备安全监督管理、特种设备行政许可；市场主体统一登记注册；推动市场主体信用体系建设；规范和监督管理市场秩序，查处价格收费违法违规、不正当竞争、违法直销、传销、侵犯商标专利知识产权和制售假冒伪劣行为；指导广告业发展，监督管理广告活动；合同行政监督管理；依法查处无照生产经营和相关无证生产经营行为；消费者权益保护工作；管理计量工作；管理标准化工作，商品条码工作；管理认证认可和检验检测工作；知识产权发展与保护工作；开展市场监管综合执法工作；指导小微企业、个体工商户、专业市场党建工作。

2019年，区市场监督管理局站在新起点、肩负新使命、再创新业绩，砥砺前行，昂扬奋进，平稳推进市场监管体制机制改革，顺利完成机构和人员整合。食品、药品、特种设备和产品质量四大安全监管迈上新台阶。深入推进“放管服”和商事制度改革，实施质量发展战略，夯实食品安全共治基础，规范和维护市场秩序，优化更加便利高效的营商环境、公平有序的市场环境和诚信安全的消费环境，实现大市场、大监管、大服务，积极助推渝中区域经济发展。

区市场监管局开展来福士广场开业检查工作

区市场监管局开展国庆安保维稳工作

解放碑街道市场监管所等11个街道市场监管所正式挂牌

区市场监管局在解放碑商圈开展食品安全宣传周活动

区市场监管局开展干部职工廉政教育

被国家市场监管总局确定为试点的市场主体信用风险分类监管渝中区平台正式上线

渝中区交通局

副市长郑向东带队到朝天门码头检查防汛工作

区委书记、区总河长黄玉林，区长、
区总河长左永祥到长江朝天门段开展巡河检查

2019年1月8日，渝中区交通局（简称“区交通局”）挂牌成立。办公地址位于渝中区和平路1号星河商务大厦。局机关内设办公室、运政管理科（行政审批科）、水利管理科、行业发展科（交通战备办公室）4个科室。机关行政编制9名，在职8人。区交通局的主要职责是开展辖区交通运输、水利、水文、渔政、三峡移民等管理工作，承担道路交通运输、水上交通运输、港口码头、渔政、水利行政审批职能，指导交通（邮政）、水利系统企业经济发展，配合实施铁路建设和改造，协调城市公共道路交通、水上交通、轨道交通和铁路运营管理，承担区河长办、区铁建办、区交战办具体工作。

区委常委张远洪察看渝湘高铁长江隧道2号斜井施工现场

2019年，区交通局迅速熟悉情况，有序开展工作，“净岸行动”成效明显，码头船舶治理取得阶段性成果，公共交通服务水平不断提高，各项工作成效初显。交通运输规上企业营收182.06亿元、同比增长5.04%，道路水路运输周转量增长3%，邮政业务总量增长5.66%。“四经普”数据显示，交通运输业占全区GDP的7.8%，较2018年增加1.2个百分点。区交通局在新中国成立70周年安保维稳工作中被区委、区政府记三等功，被市交通局评为先进集体。区交管所获评三八红旗集体，区港航所被评为“重庆市青年安全生产示范岗”和区级“青年文明号”。

开通全市首批“小巷公交”
3200路（长江二路—企业天地）
和3208路（长江二路—交通街）

市交通局党委副书记王和平到
菜园坝汽车站开展安全生产驻点督导

区交通局干部参与
新冠肺炎疫情防控工作

渝中区应急管理局

区委书记黄玉林检查指导防汛工作

区委常委张远洪检查指导工作

重庆市渝中区应急管理局（简称“区应急局”）为渝中区人民政府正处级工作部门。全局有行政编制12名，设局长1名，副局长3名，政治处主任（副处级）1名，科级领导6名；内设办公室、应急救援协调科（应急指挥中心）、安全生产综合协调科（安全生产巡查室）、行业监督管理科（行政审批科）、法规宣教科。下设参照公务员法管理副处级事业单位渝中区安全生产监察执法大队，有事业编制13名。

搭建防疫帐篷

机关党支部与对口社区开展志愿服务

开展应急演练桌面推演

开展防汛救灾工作

渝中区政务服务管理办公室

市政协副主席宋爱荣视察渝中区营商环境

区长左永祥、副区长鲁荣锋慰问出入境窗口一线干部职工

区委常委、常务副区长王勇检查指导疫情防控和疫情期间的政务服务工作

副区长蔚传忠为中银金融租赁有限责任公司颁发营业执照

市“渝快办”优化提升专题调研组到区行政服务中心参观调研

渝中区政务服务管理办公室（原渝中区行政服务中心管理办公室，以下简称“区政务服务办”）于2019年1月正式挂牌运行，为渝中区政府工作部门。机构改革后，主要负责推进政府职能转变和“放管服”改革工作，统筹协调政务服务体系建设和管理，以及全区行政审批、政务服务、电子监察等信息化系统的指导、管理和监督工作。

2020年以来，区政务服务办以更高效、更便捷、更智能为目标，以锻造先锋政务服务队伍为抓手，在疫情防控阻击战中，紧抓“放管服”改革，引导党员干部争当实干家、排头兵，特别推出网上办、掌上办、邮递办、预约办、绿色通道办以及视频开标等系列非接触式“云服务”，确保政务服务不断档；创新推出“我要开超市”“我要开电影院”等30项“一件事一次办”主题服务清单和“店小二”帮办模式，最大限度减少企业和群众跑腿次数。截至2019年底，全区90%以上政务服务事项实现“一窗综办”，86%以上政务服务事项实现办理“最多跑一次”，得到企业、群众一致认可和广泛好评。

未来，区政务服务办将继续秉承“便民、高效、廉洁、规范”的服务宗旨，积极融入成渝双城经济圈建设和“一区两群”协调发展，努力开创渝中政务服务工作新局面。

成都市锦江区行政审批局与区政务服务办召开政务服务专题座谈会，商讨成渝地区双城经济圈建设政务服务合作框架协议

区政协民主评议“放管服”改革意见建议落实情况监督视察座谈会

区行政服务中心税务窗口为群众办理业务

七星岗街道

区委书记黄玉林，区委常委、区人武部政委严培到辖区中小学检查复学准备工作情况

区委副书记、区长左永祥深入领事巷社区检查指导疫情防控工作

七星岗街道位于重庆市渝中半岛腹地，地处渝中区中东部，东邻解放碑街道，西依两路口街道，向南俯瞰南纪门街道和菜园坝街道，北与大溪沟街道接壤。地势呈东低西高、南翘北伏的坡形。辖区面积0.81平方千米，辖8个社区居委会。2019年末，常住人口2.7万户，7.5万余人。街道下设10个内设机构和6个事业单位，办公地址位于渝中区金汤街74号2楼。

区委常委、区人武部政委严培到领事巷社区指导疫情防控工作

辖区是渝中区委、区政府所在地，有通远门古城墙，国民政府立法院、司法院及蒙藏委员会旧址，菩提金刚塔，中苏文化协会旧址，抗建堂旧址等历史文物、旧址12处，有实验中学、中华路小学、区级机关幼儿园等院校15所，有市妇幼保健院、重庆市人民医院（中山院区）、中西医结合康复医院、重庆普瑞眼科医院、区疾病预防控制中心等8家医疗机构，有企业1810家，个体工商户2308家，重点楼宇19栋，其中街道联系服务规上企业11家，GDP存量51.8亿元。七星岗街道是渝中半岛主干道（中山一路、和平路）交会联结点，因其独特地理优势，成为渝中区政治、经济、文化、交通与信息汇集中心。

七星岗街道召开助力复学复课党建联席会

七星岗街道在习近平新时代中国特色社会主义思想的指引下，在渝中区委、区政府的坚强领导下，牢固树立新发展理念，始终抓好党建工作，始终保障和改善民生，以“钉钉子”精神，统筹推进各项工作，全街呈现出党建基础不断夯实、服务企业精准到位、城市品质有效提升、民生福祉持续改善、社会大局和谐稳定的良好局面。街道先后荣获全国综合减灾示范社区、全国老年远程教育优秀学习收视点、新中国成立70周年安保维稳集体嘉奖等荣誉。

财信渝中城整治后效果

红岩康居微整治项目

渝中区上

区委书记黄玉林督察小区封控管理情况

区人大常委会主任米绍林听取辖区开学复课情况汇报

区长左永祥督查学田湾社区防疫情况

区政协主席陈大奎到街道检查开学复课和疫情防控工作

上清寺街道位于渝中区中部偏北，东临大溪沟街道，南接两路口街道，西依化龙桥街道，北临嘉陵江，东高西低，是重庆市委、市政府所在地，辖区面积1.74平方千米，户籍人口约5.2万人，常住人口约6.1万人。下辖曾家岩、春森路、上大田湾、学田湾、嘉西村、桂花园、新都巷7个社区。上清寺历史可以溯及明嘉靖，是渝中“母城”的腹地。抗战时期，重庆成为陪都，国民政府西迁，主要集中在以上清寺为中心的2千米范围内，使上清寺地区一时成为全国抗战指挥中心和全球抗日同盟军的战区枢扭，亦成为红岩精神、南方局精神以及抗战文化、统战文化、民主文化的发源地。

近年来，在区委、区政府的坚强领导下，上清寺街道始终坚持以城市管理、服务经济、社会治理、安全稳定和全面从严治党为载体，以强化执行力、创新力、操作力和团结力为抓手，紧扣“重庆第一街”目标追求，不断开创工作新局面。街道先后荣获全国法治社区建设示范街道、全国无邪教创建示范街道、全国社区教育示范街道、全国群众体育先进单位、全国文明单位、全国模范职工之家、重庆市平安建设暨社会治安综合治理先进集体、重庆十佳特色镇街、渝中区人民满意的公务员示范单位等荣誉，街道连续九年被区委表彰为“年度考核特等奖单位”。

街道党工委、办事处现内设10个办公室，分别是党政办公室、党建工作办公室、经济发展办公室

清寺街道

市委宣传部副部长马岱良到李子坝检查

四川省公安厅副厅长袁刚到街道考察社会治理工作

（统计办公室）、民政和社区事务办公室（卫生健康办公室）、平安建设办公室、规划建设管理环保办公室（物业管理办公室）、财政办公室、应急管理办公室、人大工委办公室、综合行政执法办公室；社区建设管理中心下设1个参公事业单位；下设7个事业单位，分别是党群服务中心、社区事务服务中心、社区文化服务中心、劳动就业和社会保障服务所、综合行政执法大队、退役军人服务站；设2个区部门派出机构，分别是司法所、重庆市渝中区城市管理综合行政执法支队上清寺大队。现在编人员66人，其中行政人员编制23人，参公事业人员编制23人，事业编制20人。

街道主要领导赴现场处理突发事件

节假日值守李子坝观景平台

街道主要领导接访群众

人大代表调研上清寺街道

滨江路清淤

街道群防值守疫情检测点

渝中区

大溪沟街道位于渝中半岛中北部，东临解放碑街道，南与七星岗街道、两路口街道接壤，西与上清寺街道相邻，北靠嘉陵江，是渝中区历史最悠久的区域之一。街道办事处成立于1954年4月，1987年5月与原张家花园街道合并至今，街道辖9个社区居委会，户籍人口约6.3万人。街属党组织76个，党员2039名。地理位置特殊，街道毗邻重庆市委、市政府，北干道和中干道在此交会，轻轨2号线横穿东西，黄花园立交贯穿南北，是重庆标志性建筑人民大礼堂和人民广场所在地。革命遗址众多，辖区有中法学校遗址、中华全国文艺界抗敌协会遗址、沈钧儒故居等10余处历史建筑。其中中法学校是重庆市最早的中共党组织诞生地，培养了国家主席杨尚昆等一大批革命先辈。教育资源丰富，巴蜀中学、四十二中、巴蜀小学、人和街小学等多所学校集聚大溪沟。行政机构云集，有市国土房屋管理局、市科协、重庆市设计院、市水务集团等近20家市级部门。创意企业汇聚，辖区企业总数达2193家，其中创意类企业823家，有重庆市唯一以区域命名的创意产业基地大溪沟创意产业园，地区总产值超过120亿。

领导班子民主生活会

党建联席会

学习十九届四中全会精神

星星梭诗歌朗诵会

大溪沟街道

全国社区网络春晚

“不忘初心、牢记使命”主题教育

党风廉政警示教育活动

庆“七一”微宣讲比赛

主题党日活动

拆除污染船舶

重庆康翔实业

区委书记黄玉林调研渝中区生态空间品质提升项目

区长左永祥调研基层疫情防控工作

重庆康翔实业集团有限公司（简称“康翔集团”）组建于2016年7月，现位于重庆市渝中区长江滨江路151号。康翔集团为国有全资公司，目前集团注册资本15亿元，资产总额约143亿元。2004年1月公司成立，原名“重庆康翔房地产开发有限公司”，2009年更名为“重庆康翔实业有限公司”，2016年组建集团更名为现用名。康翔集团旗下拥有5家全资子公司，1家参股公司，受区国资委委托代管2家公司。康翔集团内设综合办公室、资产财务部、法务审计部、商管事务部、文旅发展部、造价事务部、工程部、公共事务部8个部门。

集团业务范围涉及项目建设、资产管理、物业管理、景区运营、风貌街区建设及运营、酒店及长租公寓、文化旅游、教育服务、商业商务资产投资运营等。公司将围绕房地产业投资运营管

曾家岩书院

马鞍山传统风貌区项目（西区）

湖广会馆文物保护项目

集团有限公司

董事长袁涛检查戴家巷工程项目

康翔公司领导参加抗洪抢险工作

理、商业商务资产运营管理、特色街区投资运营管理、文旅产业投资运营管理四个核心业务板块的打造，发展成为文旅融合的投资者、业态调整的引领者、城市更新的实施者、园区运营的建设者。康翔集团将更好地发挥在全区产业培育、城市更新、街区打造等方面的主力军作用，实现企业高质量可持续发展。

渝中区生态空间品质提升项目开工仪式

韩国光复军司令部旧址陈列馆开馆

通和睿庭项目（效果图）

中国工商银行

市长唐良智到工行渝中支行调研疫情防控以及复工复产情况

区政协主席陈大奎到工行上清寺支行检查疫情防控及复工复产情况

中国工商银行重庆渝中支行（简称“工行渝中支行”）位于渝中区民族路177号。中国工商银行成立于1984年1月1日。2005年10月28日，整体改制为股份有限公司。工行渝中支行原为中国人民银行重庆市分行市中区办事处，1984年7月1日，中国人民银行、工商银行两行分设，中国人民银行重庆市分行市中区办事处改组为中国工商银行重庆市分行市中区支行，1995年4月1日，改名为中国工商银行重庆渝中支行。1994年末，支行下辖7个分理处。其后，经过多次网点整合和新建，2011年4月首次跨区设立黄杨新城支行，2012年2月跨区设立鲁能星城支行。2019年，支行设立部室7个，分别为：办公室、信贷管理部、业务运行管理部、公司金融业务一部、公司金融业务二部、普惠金融事业部、个人金融业务部。

重庆渝中支行

下辖解放碑支行、上清寺支行、大溪沟支行、七星岗支行、和平路支行、黄杨新城支行、鲁能星城支行、化龙桥支行、高九路支行、人和街支行、邹容路支行、人民路支行12个网点，在职职工269人。

2019年，工行渝中支行发扬“奋斗+实干”的精神，加快经营转型，促进高质量发展，主要业务指标持续增长，风险管控能力持续提升，努力建设“大而美”的现代化强行。除继续保持“全国文明单位”称号外，还获评“全国金融系统职工代表大会制度建设示范单位”称号。工行渝中支行党委获评工行重庆分行“党建先进单位”称号。

2019年，工行渝中支行经营绩效主要体现在以下两个方面：一是实现拨备前利润16.3亿元，同比增加1.1亿元，总量保持工行重庆市分行系统第一；二是存贷款规模达1330.6亿元，比年初增加76.4亿元，增幅6.1%。

副区长蔚传忠到工行渝中支行慰问一线员工

市委政法委到工行渝中支行进行疫情防控检查

工行渝中支行第九个“重庆工行员工爱心周”捐款活动

青年员工参加区商业联盟、解放碑CBD管委会举办的区第三届白领室内运动会

重庆市

血液检测

世界献血者日主题活动

重庆市血液中心始建于1965年，坐落在两江环抱的渝中半岛，是国家统一规划建设的省级区域性采供血服务机构，是我国西部最大的集采供血、教学、科研于一体的多功能、现代化采供血服务机构，是直属于重庆市卫生健康委员会的公益一类事业单位。

2019年12月，中心正式从渝中区搬迁至九龙坡区华岩新城新址。目前中心辖渝中区桂花园分部和永川分中心（2011年并入），总建筑面积41437.41平方米。承担着重庆市主城9个区、永川区、潼南区和各采血点采供血覆盖区域无偿献血者招募、血液采集、检测与制备、临床用血供应以及医疗用血的业务指导等工作；承担重庆市范围内血站的质量管理、质量控制与评价；承担重庆市范围内血站业务培训与技术指导、采供血技术规范化培训；承担全市采供血信息系统的管理血液联动和调配的协调；承担血液的集中化检测任务；开展血液相关的科研工作；承担区域各血站采供血点的血液采集、制备、全项检测及血液供应工作；承担重庆市卫生健康委员会交办的任务。

中心始终坚持以献血者为核心、满足临床用血需求为己任，紧紧围绕"把安全、服务、创新、持续改进贯穿于采供血全过程，为献血者提供便捷、温馨、优质的人文关怀，全力做好采供血业务工作，每年向临床提供10余种、40余万袋血液成分输注制备产品。2019年，全中心采血171044人次，同比增长7.40%；采血量55.85 吨，增长5.74%；供血量85吨，增长9.23%，采供血业务指标呈逐年上升趋势。

中心输血医学建设持续深入。输血研究所为市卫生健康委批准的

血液中心

医学重点学科，率先在全国建立了血小板捐献者资料库，血液免疫学、HLA（人类白细胞抗原检查）、HPA（高苯丙氨酸血症）频率分布等方面的研究处于国内先进水平，红细胞血型检测、疑难血型鉴定、疑难配血、骨髓移植配型、骨髓移植成活标志物检测（STR）、强直性脊柱炎((HLA-B27)、法医物证检测等工作处于重庆市领先水平，是中国造血干细胞捐献者资料库重庆分库定点HLA组织配型实验室、重庆医科大学检验医学院输血医学专业实习基地。

中心持续强化宣传招募。建立了政府主导、多部门协作、全社会共同参与的无偿献血长效工作机制，以“传统媒体、新媒体、无偿献血健康教育基地、城市公共设施（场所）、主题活动”为节点，布局无偿献血公益宣传网络，大力弘扬无偿献血公益精神和社会新风尚。

中心信息化水平和网络信息安全持续提升，主要工作实现了信息化管理，重要信息系统均达到三级等保要求。全市血液信息联网一期项目让18家血站业务信息互联互通，实现全市血液资源的综合监管，血液调配更加便利，血费核销在医院即可完成，不适宜献血者全市统一管理，在提高血液供给保障能力的同时也提升了血液安全性。

几十载辛勤耕耘，一代又一代人不懈地谱写着“奉献爱心挽救生命”的诗篇。“长风破浪会有时,直挂云帆济沧海”，新一代的血液中心人扣着时代的脉搏，以满腔的激情和踏实的温暖，向着更美好的未来进发。

血液中心无偿献血健康教育馆免费对市民开放

献血大厅

重庆市中医

区委书记黄玉林到化龙桥院区迁建项目工地调研

区人大常委会主任米绍林在市中医骨科医院调研

重庆市中医骨科医院是重庆市唯一一所国家二级甲等中医骨科专科公立医院，是全国中医骨伤重点建设单位、西南地区知名的骨伤中医药诊疗机构，被授予“中医骨伤名科”“重庆市示范中医医院”等称号。医院创立了以“渝州正骨”为品牌的特色服务体系，其“正骨诊疗术”被列为重庆市非物质文化遗产项目。医院以弘扬中医国粹、服务群众健康为己任，牵头组建成立了“渝中区中医骨伤专科医疗联合体”和“重庆市中医筋伤专科联盟”。在市、区政府部门及卫生行政主管部门的大力支持下，在建化龙桥院区总建筑面积8.1万平方米，预计2021年投入使用。2019年，全院围绕创建三级甲等中医骨伤专科医院目标，全院职工同心协力，共谋发展，实现了业务总量稳步增长。

重庆市非[illegible]质文化遗产
重庆市中医骨科医院
正骨诊疗术
重庆市人民政府公布
重庆市文化和旅游发展委员会颁发
2019年6月

充分发挥党委领导作用。选举产生第一届党委班子领导成员，同步选举纪委书记1名，分设党委办公室、行政办公室。将支部建在科室上，形成以党委为核心、14个在职支部为主力、2个离退休党支部发挥余热的“1+14+2”党建新格局。实行党委领导下的院长负责制，在党委领导下实现党政工作

副区长邹晓宇主持召开市中医骨科医院发展工作会

区政协委员在化龙桥迁建项目工地调研

骨科医院

护理理论知识考试

同频共振。

学科方向更加明晰。结合区域性特色，立足医院实际，形成以骨伤、筋伤、康复为特色的优势学科。新开设8个亚专科门诊和1个晚间门诊，集中发展以四肢骨折、脊柱骨折、颈椎病、腰椎间盘突出、膝关节骨关节炎等优势病种为基础的优势技术。通过优化结构、强化优势、扶持重点、突出中医的方式带动学科品牌建设。

队伍力量持续充实。围绕临床、中医和医药护技三个大类，采取考核、公招、引进等方式，新进在编专业技术人员22人，聘用医护技、管理、工勤等岗位人员36人。开展医、护、药、医保等各类培训96场次。组织25名优秀医务人员赴美国、北京等地的标杆医院进修学习，培养在读博士1人、规培4人。积极参与“重庆英才”“重庆市区县学术技术带头人”申报，通过学科人才培养提升学科影响力。

科研教学能力不断增强。按照三甲创建标准形成三级教学管理体系。建立117份教师档案，硕博教师占比达到教学医院要求。获得市、区级项目立项5项，国家实用新型专利2项，发表论文25篇。

中医药传承得到加强。申报第三批市级中医药专家学术经验继承工作，3名指导老师、6名继承人入选。开展院内中医药“师带徒”工作，共有13名指导老师及21名继承人结成“师徒”。整理郭剑华临床经验形成《郭剑华筋伤证治精要》。

“渝州正骨”品牌更加响亮。申请“渝正骨”“渝州正骨”商标注册，更新院内制剂包装设计，打开“渝正骨”社会形象标识的新局面。

“智慧医院”建设凸显成效。以服务临床为中心，建设PACS（超声医学影像管理与传输系统）、LIS（实验室信息管理系统）、手麻、电子病历等8个信息系统，以服务患者为中心，上线预约挂号、线上支付、院内导航、影像、检验自助服务等便民系统，让患者就诊更精确更省时。2019年10月，医院顺利通过“智慧医院”二级评审。

化龙桥迁建项目工地

“师带徒”拜师仪式

市中医骨科医院在渝中区
卫生健康系统庆祝新中国成立
70周年合唱比赛中获得一等奖

志愿者向患者介绍分诊叫号系统操作流程

重庆医药和平医

守护重庆的

领导班子

重庆医药和平医疗器械有限公司（简称“重药器械”）作为重庆市医疗器械定点储备单位，在抗击新冠疫情中承担重任，全体员工义无反顾冲在防疫工作第一线。重药器械为重庆疫情防控阻击战走向胜利筑起坚实后盾，用大爱与担当守护了重庆防疫物资供给保障的生命线。

疫情防控的“排头兵”

2020年春节前夕，防护物资需求量陡增，因供货厂家节日放假、国内物流停运等因素，公司采购筹备物资工作增加到了前所未有的难度。时间紧、任务重，同志们纷纷请战，全员皆是“采购员”，千方百计在全球范围内寻找医用物资供应途径。

截至7月底，累计收储防疫物资6亿元，涉及600余个品规，接收市防疫物资调拨指令3000余次，调拨物资金额3亿元。

5月，重药器械负责中国政府赴阿尔及利亚防疫医疗专家组防护物资的准备工作。从疫情防控需要的仪器设备到医护人员的生活物资，品种繁多、时间紧迫，公司接到指令后，立刻组织该项工作，按时保质保量将所有物资一件不差地运送到机场，专机载着生命的希望及中阿友谊驶向目的地。

6月，中国赴巴勒斯坦医疗专家组从重庆启程，赴巴开展疫

销售部

营运部

疗器械有限公司

“保障兵”

综合办公室

财务部

情防控工作。公司一方面协助专家组精准、高效完成近400万元防疫物资的筹备、清点、装箱和运输工作。另一方面协助重庆市政府外事办向海外26个国家的68家侨团侨社捐赠疫情防控物资事宜；包机出口96万件医用隔离衣驰援海外。

疫情就是命令，防控就是责任！重药器械始终冲向防疫保供前沿，承担起全市近90%的医用防疫物资保供任务，同时，为各机关及企事业单位的“复工复产”、教育系统的“复学”提供防疫物资。

建设重庆的“生力军”

2019年度，公司销售突破10亿元，同比增长50.54%，利润超3900万元，同比增长53.37%，为国有资产的保值增值、重庆经济社会的发展作出了卓越贡献。

重药器械始终坚持以职工为中心的工作导向，筑牢“提素建功”“知心大姐”“缘聚重药”三大工会品牌。2017年，荣获重庆市总工会颁发的“工人先锋号”荣誉称号。2020年，荣获“重庆市五一劳动奖状”。

多年来，重药器械秉承“献身医药，追求卓越”的企业精神，不忘初心、顽强拼搏，在不断提高公司医疗器械供应链服务能力的同时，努力实现企业从优秀到卓越，为决胜全面建成小康社会，实现“中国梦”“健康梦”而不懈奋斗。

资产与战略管理部

重药器械集体照

质量管理部

产品事业部

售后服务部

重庆渝中国有资产经营管理有限公司

中新互联互通综合展示厅

棉花街公共停车场

通远大厦

以企业党的建设为统领，推动公司稳步发展

公司抓住“不忘初心、牢记使命”主题教育有利契机，以巡察整改为动力，以区委、区政府对公司转型改革部署为导向，坚持“学、查、研、改”贯通，注重成果转化，深入研究内部组织架构设置、议事规则完善、主业方向调整等重大事宜，先后制定了关于内部运行机制、绩效考核、重点项目建设等方面的一系列改革举措。先后解决了中新互联互通项目综合展厅建设、市少年宫停车场建设、朝东路停车场交通拥堵等重点问题14项，全面促进转型发展不断向纵深推进。

紧盯重点工作和重要指标，持续推动公司经营提升

优化融资工作，增强资本运作能力。持续深化与银行机构的合作，多渠道多形式对外融资，通过发行中期票据等，确保区级重点项目顺利实施。以渝中创新创业引导基金为抓手，成功引入科兴远健基金管理公司、影创科技、动物园咖啡、匡言文化4家“招大引强”企业落户渝中。完成总规模5亿元、首期规模1亿元的医学创新发展产业引导基金设立。

汇集优质资源，构建产业载体。结合全区发展新要求，公司积极开展存量土地用途论证，深入分析海浪厂、歇台子、大黄路等8宗重点地块功能定位，努力拓展渝中产业发展新空间。大力支持城市形象改善和公共事业发展，顺利完成九坑子变电站下方、工业校旁和归元寺等地块划拨。同时，加大力度打造各类优质载体，企业天地6、7、8号楼，新增租赁面积约2.5万平方米，整体出租率达到60%。四个产业园区累计新增入驻企业27家，整体出租率达到81%。通远大厦裙楼成功引入百润、星河等优质企业。完成联通大厦租赁，推进重庆饭店东楼收购，累计新增优质资产面积超10万平方米，为渝中产业发展提供新的落户发展载体。有序推进安置房安置、结算、产权过户等工作，全年新增安置房安置使用118套。

重点项目攻坚克难。面对时间紧、任务重、高要求，主动作为，保质保量完成中新互联互通项目综合展厅布展工程。棉花街公共停车场项目累计完成投资1860万元，完成主体结构施工、墙体部分施工、部分钢结构安装等施工内容。少年宫停车库项目累计完成投资3390万元，完成投入运营。嘉陵大厦综合改造项目完成室外环境整治工程，有序推进裙楼2～8层公共区域、办公区域装修工程。3号体育文化公园建设项目进展有序。

企业天地6、7、8号楼

1号体育公园（桂花园）

2号体育公园（肖家湾）

3号体育公园（棉花街）

中煤科工重庆设计研究院（集团）有限公司

恒大国际文化城

南充高中北部新城校区（智慧城市·校园）

中煤科工重庆设计研究院（集团）有限公司组建于1953年，原隶属燃料工业部，后为煤炭工业部直属设计院，2013年改制为公司。2019年7月，煤科集团杭州环保研究院有限公司整体并入。2020年5月更名为中煤科工重庆设计研究院（集团）有限公司（简称“中煤科工重庆设计集团”），现为国务院国资委管辖的中国煤炭科工集团有限公司全资二级子企业。

中煤科工重庆设计集团坐落在重庆市渝中区中心地带，分为马家堡（大坪长江二路179号）和虎头岩（大坪经纬大道780号）两个院区，下属子企业杭州研究院位于杭州市萧山区拱秀路288号。

中煤科工重庆设计集团下设40多个勘察设计院所、3家子公司、13个驻外分支机构，从业人员2900余人，其中省部级勘察设计大师5人，重庆市优秀青年设计师、建筑师9人；硕士及以上学历逾400人，正高级职称100余人，高级工程师职称450余人，执业注册工程师340余人。涵盖40余个专业，先后与20余个国家和地区进行过技术交流与合作。

中煤科工重庆设计集团扎根渝中、立足重庆、深耕西南、布局全国，经过67年的改革发展，从一个部属专业院逐步发展成为一家技术力量雄厚、技术装备先进、人才荟萃、成果丰硕、文化优秀的大型综合性设计集团。拥有各类甲、乙级资质40余项，在产业上以工程勘察、设计、咨询、监理及工程总承包为主体，在行业上以建筑、市政、环保及煤炭为主营方向，逐步发展成为一家工程技术咨询、设计集成和投融建一体化、全领域、全专业、全过程的工程建设技术综合服务商。

中煤科工重庆设计集团先后获得“全国先进工程勘察设计企业”“重庆市城乡建设系统先进单位”“重庆市文明单位”“重庆市守合同重信用单位”“中央企业思想政治工作先进单位”等光荣称号，连续六年入选RCC瑞达恒评选的中国十大建筑设计院榜单，勘察设计企业全国排名前100强。

山东能源淄矿集团陕西正通煤业矿井水净化处理工程，是目前国内最大的矿井水净化处理工程

大足体育中心

乌兹别克斯坦总统大道

梅花山索道EPC总承包

重庆市急救医疗中心

建院八十周年庆祝会

举办科技大会

开展健康扶贫

120•国家急救日倡议活动

“急视救”项目获奖

2019年，重庆市急救医疗中心在市卫生健康委的领导下，坚持以习近平新时代中国特色社会主义思想为指导，不断加强公立医院党的建设，扎实开展“不忘初心、牢记使命”主题教育，抓好党风行风廉政建设，深化医院内涵管理，顺利完成年度重点任务，医院事业整体向好发展。

一、推进公立医院改革，取得新成效。顺利实施取消医用耗材加成同步调整医疗服务项目价格工作。成为市级建立健全现代医院管理制度试点医院和首批异地医保西南地区门诊联网结算定点医疗机构。深化“互联网+医疗健康”服务，成功升为四级智慧医院建设单位。纵深发展医联体建设，建成远程会诊中心，在医联体内开展远程影像、心电、教育、超声工作。推进专科联盟建设，成为中国县级医院急诊联盟理事单位、重庆急诊急救专科联盟理事长单位。

二、提升医疗服务能力，迈上新台阶。完善医院质量与安全体系，加强医疗质量指标定向监控，多项核心指标明显改善。开展新技术（项目）41项。推进优质护理延伸服务。深入开展感控工作，各项院感监测指标趋好。推进药学服务信息化建设，开展医技精准服务，为临床判断和精准治疗提供可靠依据。

三、着力推进学科建设，培育新动能。制定《学科建设规划（2019—2022）》。积极创建国家创伤区域医疗中心。新增市级临床重点专科（胸心外科）1个。举办2019年医院科技大会。获批国家级、省部级等各级科研项目28项。获批国家专利11项，发表SCI 论文17篇。获批“首批重庆英才·创新领军人才”1人，“重庆市中青年医学高端人才工作室” 3个。获批设立“市级博士后科研工作站”。举办各种学术活动70余场。新增各类学术团体任职91人次。推进国内外交流合作，深化与重庆大学共建工作，先后赴我国台湾地区以及以色列、乌兹别克斯坦、德国等国家交流学习。

四、完善急救体系建设，实现新突破。完善120智慧调度云平台、“急视救”、院前院内交互平台，“急视救”还荣获2019智博会“重庆2019十大智慧医疗应用示范案例”及重庆市大数据应用发展管理局新型智慧城市示范项目。研发智能型移动ICU救护车。常态化组织重大节假日高速公路驻守工作。参与航空医疗转运5次，圆满完成急救应急和突发事件紧急救援任务。

五、积极推进公益事业，践行新作为。实施健康扶贫，选派驻村“第一书记”1名；为金溪镇、小南海村卫生院（室）免费提供远程诊疗服务。参加“第九批”组团式援藏、对口帮扶丰都县人民医院工作。帮助困难患者申报应急救助基金244人次。持续开展“3226”急救知识及技能培训和“RUN·城市联合应急救护志愿行动”急救公益项目，全年培训万余人次。

六、一脉传承医院文化，展现新面貌。举行“我和我的祖国——喜庆新中国70华诞·同贺医院八秩春秋”庆祝会、编纂院志、修建院史馆等系列院庆活动。医院获评市委宣传部“岗位学雷锋示范点”，创伤科荣获“全国青年文明号”，荣获“全国五一劳动奖章”1人，还荣获“医者仁心公益慈善人物”“重庆好医生”“重庆名医”“最美护士/护士长”等数人次。

重庆市客运索道有限公司

重庆特色交通+全域旅游融合发展

重庆市客运索道有限公司为重庆公交集团全资子公司，下属重庆长江索道、凯旋路电梯、皇冠扶梯3个分公司，缙云山索道1个代管公司，现有职工204人，党员57人。公司深入贯彻落实习近平总书记对重庆提出的“两点”定位、“两地”“两高”目标和党的十九大关于建设交通强国的精神，切实推进重庆特色交通+全域旅游融合发展，先后荣获重庆市国资委企业管理现代化创新成果一等奖，第二十三届国家级企业管理现代化创新成果二等奖，“重庆市文明单位”称号。长江索道入选“第一批重庆市智慧旅游示范景区（度假区）”，获评“第二届重庆文旅新地标”、抖音十大最火景点、全国十大人气景区，获中国索道协会授予的《5S索道安全服务质量等级证书》。涌现出全国“工人先锋号”长江索道讲解员班组，重庆“感动渝中十大人物”张建等先进典型，成功走出了一条传承创新、升维跨界的文明建设之路。

近年来，公司在重庆城市交通开发投资（集团）有限公司、公交集团及上级政府主管部门的指导下，致力于将智慧交通和全域旅游深度融合，通过“互联网+旅游”模式实现大数据信息共享，使全域交通、旅游资源与市场需求精准匹配，使长江索道等成为记录重庆交通历史文化、融入城市肌理与生活的山城符号以及呈现城市特质与人文的重庆名片，实现重庆立体交通价值。2019年，公司客运量突破1426万人次，实现营收8509.14万元，利润3678.47万元，同比增长10.23%；上缴税金3782.76万元，增长239.75%；经营利润率43.06 %，企业转型发展能力不断增强。

公司坚持承担社会公益责任，每年为市民提供免费票1000余张、优惠票90余万张，减免金额约87万余元；坚持在统筹推进疫情防控和生产经营中发挥重要作用，为医务人员提供索道、扶梯等免费乘坐服务；节假日和高温期间为乘客免费提供食品、饮料；通过开展文明旅游志愿者点亮“网红”景点，“关爱特殊儿童”、“红樱桃志愿者扶贫”等公益活动，践行国企责任担当，满足了社会公众对多元化出行的服务需求。

2020年，公司将继续以习近平新时代中国特色社会主义思想为指导，推进企业更好发展，以“功成不必在我”的思想境界和“功成必定有我”的责任担当，推动城市交通纵深发展，为市民出行提供坚强保证。

重庆湖广会馆实业发展有限公司

腾讯新闻直播活动

解放碑—朝天门步行大道工程开工仪式

畅游湖广会馆

传统集体婚礼

重庆湖广会馆实业发展有限公司成立于2003年12月，注册资本3500万元，是一家专业从事历史文物风景区资产管理、历史街区改造、文旅工程项目建设、酒店管理、物业管理、餐饮投资的综合型国有企业。公司运营项目包括重庆湖广会馆、东水驿传统商业街区、李子坝抗战遗址公园、韩国光复军司令部旧址、重庆盛捷长江服务公寓等。

2003年，公司总投资1.18亿元，对国家重点文物——重庆湖广会馆核心区进行了保护性修葺，2005年5月工程竣工。2010年，重庆湖广会馆获国家4A级景区称号，目前重庆湖广会馆年均接待国内外游客40余万人次，成为重庆移民文化、巴渝古建筑文化的城市名片和旅游目的地。

2008年，公司总投资2562万元，先后对毗邻湖广会馆的谢家大院、明清客栈、胡子昂旧居等市级文物建筑进行了保护性修复，使之成为重庆民俗旅游，巴渝民宿旅游中的核心景区。

2010年，由公司运营管理的重庆首个抗战遗址公园——李子坝抗战遗址公园落成。公园内5组抗战历史文物建筑集中展示了重庆抗战时期的政治、经济、文化、军事、外交、金融等各个方面的历史风貌。而今，公园年均接待国内外游客30万人次，成为重庆向全世界诠释抗战文化、陪都文化的历史之窗和记忆之门。

2016年，公司对重庆东水驿历史风貌街区进行商业升级，将其打造成见证重庆商业开埠历史的非物质文化遗产产业基地。同年，由公司控股，雅诗阁酒店管理公司提供专业管理服务的重庆盛捷长江服务公寓正式开业。自此，在美丽的长江江畔，朝天门古城墙边，又增加一道雄伟靓丽的现代城市风景线。

2017年，公司对重庆湖广会馆的建筑本体、基础设施等进行了全面的保护性修缮、保养；对重庆湖广填四川移民博物馆及展陈空间进行了升级改造，加入声光电等现代展陈体验项目，受到业内外的一致认可和广泛好评，博物馆基础陈列被评为重庆市2018年博物馆展陈“十大精品”。

云上听江民谣歌会

优秀学子成人礼

2018年，公司与重庆市中华传统文化研究会、西南大学等合作研发的“知人来处、传承精神”研学课程成为向市民和游客,尤其是广大青少年学生讲述“感天动地移民文化”的生动“课件”，受到广泛好评。同年，重庆湖广会馆被授予“渝中区中小学社会实践教育基地”。

2019年，由公司运营管理的重庆湖广会馆、国民政府警察局旧址两大文物点作为文物保护利用优秀案例收录进国家文物局出版的《文物建筑开放利用案例指南》中；重庆湖广会馆被评为“重庆市文明单位”。

2020年，公司接管渝中区重点文物韩国光复军司令部旧址，该旧址作为中韩两国人民风雨同舟的历史见证，主要对韩国光复军总司令部在重庆的历史进行复原陈列展示，现已对外（试）开放。公司致力于渝中区生态空间品质提升,代理建设的总投资约1.7亿元的解放碑—朝天门步行大道品质提升综合整治工程正式启动，拟于年底完工。

放眼未来，作为肩负重庆历史文化街区保护性改造重要历史使命的开发商和运营商，公司将汇集各方智慧，联合各方力量，永远心怀敬畏，通过对历史文化街区的商业升级和人文艺术传承，为重庆、为中国保留更多更好的城市经典记忆和打造崭新的城市体验。

中石化西南石油工程有限公司

重庆钻井分公司

党委书记李光辉与基层支部书记签订党建思想文化责任书

公司经理张俊波到一线开展春节前检查慰问

中石化西南石油工程有限公司重庆钻井分公司的前身是1956年在东北松辽平原成立的地质部东北地质局157队。六十余年历史进程中，先后更名为地质部石油地质局松辽石油普查大队、地质部第二石油普查勘探大队、西南石油局第二普查勘探大队，2000年随中国新星石油公司整体并入中石化，先后为中石化西南石油局重庆钻井公司、石油工程西南公司重庆钻井分公司。2013年至今，为中石化西南石油工程有限公司重庆钻井分公司。

六十余年来，重庆钻井分公司专注于石油天然气钻井施工领域，先后为东北大庆油田、扶余油田、四川中坝气田、新场气田、新疆塔河油田的发现和建设作出突出贡献，参与了川气东送工程建设、普光气田开发建设、元坝气田开发建设、西南油气田页岩气开发等重点工程建设，多次在施工工区、西南油气田、西南石油工程业绩排名中获第一，相继荣获“全国科技大会奖”、全国“工人先锋号”、“地质找矿功勋单位”等表彰，曾获得中石化“先进基层党组织”、“先进集体”、“打造石油工程铁军先进单位”、五大会战“先锋队”等称号。2018年5月16日，重庆钻井分公司与原四川钻井分公司整合重组，成立新的重庆钻井分公司，是中石化在重庆注册的唯一一家勘探开发工程施工作业队伍。

新疆工区强化井控管理

开展安全管理隐患排查工作

公司下设10个职能科室，3个直属机构，3个附属机构。公司共有施工队伍36支，其中中石化金牌队5支，银牌队5支，金牌标杆队3支，分布在川渝、新疆、科威特三大工区，公司按施工区域设置四川（主要负责川西地区）、新疆、永川、川东北、科威特5个项目化管理机构。公司共有员工2000余人，具备钻深能力超过7000米的设备20台套。主要从事陆地浅、中、深、超深井钻井施工作业，定向井、丛式井、水平井、开窗侧钻等特殊工艺井钻井作业以及钻井液技术服务、定向井技术服务、下油套管技术服务等，年钻井施工能力和技术服务能力达70万米。

“夯基础强质量谋发展”

公司经过多年的探索实践，形成四川盆地海相地层三高酸性气井优快钻井综合配套技术、高压差致密气藏水平井钻完井集成技术、新疆塔河外围地区复杂超深井安全钻井技术、三高井超长裸眼高性能水基成膜封固钻井液技术、三维水平井及大斜度超深定向井轨迹控制技术、高难度复杂故障井非常规处理综合技术等六大核心钻井技术体系，近30项特色钻井技术。

多年来，公司坚持文化兴企，以“服务能源开发，共创美好生活”为使命，以“打造工程铁军，铸就百年企业”为愿景，传承“脚踏实地、敢为人先，攻坚克难、永争一流”的企业精神，牢固遵循“安全、优质、高效”的工作方针，大力强化“三基”“三标”建设，不断开展科技创新，施工井优良率达95%以上，创造和刷新世界、全国、省部级、局级等钻井纪录200余项，在川渝、新疆、科威特钻井市场享有良好声誉。

纪念改革开放40年“游园”活动庆新年

重庆科力环保服务有限公司

维也纳酒店消毒

渝州宾馆政务保障消毒

重钢车辆消毒

铁路列车消毒

重庆工商银行消毒

重庆科力环保服务有限公司于1995年6月成立于中国重庆，专业开展有害生物控制与管理业务，现由重庆公司、贵州贵阳分公司、四川成都分公司、贵州凯里分公司、江苏南通分公司五家公司组成。

多年来，公司坚持以高技术、高标准、高品质为发展战略，不断把国际领先的“有害生物管理（PMP）”理念运用到日常对客服务和内部管理中，致力于为各类企事业机构、家庭以及地方政府提供专业化、标准化的虫害控制和管理服务。

公司业务涵盖卫生害虫防制、白蚁灭治、新建预防、仓储害虫熏蒸、环境消毒、环境污染治理、创卫承包等领域。公司现有员工125名，其中持有卫生害虫及白蚁防治上岗证的员工98名。

在“铸精品品牌，创百年科力”的企业目标下，公司获得重庆市“除四害星级服务机构”和“国家A级资质有害生物防制服务机构”称号。从2011起连续两届被中国卫生有害生物防制协会授予“年度全国PCO综合实力排行优秀企业奖”。2018年被评为全国“综合实力30强企业”，2020年荣获“重庆五一劳动奖状”。2019年，公司总经理王樵被评为纪念新中国成立70周年有害生物防制行业“特殊贡献人物”。

万科（重庆）企业有限公司

实景图

效果图

效果图

实景图

重庆，国家战略重点城市，3000年江州城、800年重庆府，积淀了巴渝文化、抗战文化、红岩精神等厚重的人文底蕴。渝中半岛，襟带长江和嘉陵江，不仅是重庆的行政、文化和商贸中心，也是长江上游的金融高地和总部高地，更是孕育重庆的城市母体和美丽山水之城的核心载体。

屹立母城渝中，匠筑天地大城。万科重庆天地，雄踞渝中内核，背倚鹅岭山脉，前览约2千米嘉陵江岸，坐拥约400亩的4A级景区天地湖，享六大公园环伺，区域内三轨四桥五站（部分在建）交通纵横，天赋造城基底。

项目以国际化理念规划约360万平方米的城市综合体，鼎立商务、商业、住宅、文旅四大版图；依托政府授牌IBD国际商务区，高约458米摩天商务大厦（在建中），创写城市地标新高；集合新天地、嘉陵中心、滨湖天地（在建中）及约10万平方米TOD商业（在建中），构建渝中商业新坐标；约200万平方米高尚居住区，以重庆万科精工造诣，打造城市品质生活样板；“江、山、湖、园、城”天赋文旅基因，成就重庆又一文旅高地。

重庆万科十余载匠心砥砺，助推城市升级更新，将是重庆面向世界的又一封面作品。

意境图

实景图

实景图

重庆解放碑威斯汀酒店

重庆解放碑威斯汀酒店坐落于重庆市解放碑中央商务区繁华地段，轻松步行或者驾车即可到达解放碑、长江索道、洪崖洞等城市知名景点。酒店跃居楼宇34层至55层，栖身城市之巅。独树一帜的云端大堂，挑高10米，360度全景玻璃橱窗设于51层，客人可在此俯瞰两江山水风光及繁华都市全景。

酒店拥有333间客房，包含61间套房及20间服务式公寓。40寸或者46寸丹麦B&O液晶电视和影音设备、高速互联网接入、宽敞的办公桌配备多功能数码装备接口、符合人体工学的Herman Miller办公座椅，均可确保商务旅客所需的一切。闻名于世的天梦之床（Heavenly Bed®）是享受酣眠的港湾，让您活力百倍达到最佳状态。天梦之浴（Heavenly Bath®）延续了天梦之床的愿景，设有焕发活力的热带雨林淋浴间与独具创意的弧形浴帘杆，水疗般沐浴体验，让您重焕活力。酒店提供无边际恒温泳池，您随时都可以一展自己的矫健身姿。或者，您也可以去享受威斯汀天梦水疗护理（Heavenly Spa），又或在威斯汀健身中心享受大汗淋漓的畅快。

酒店设有5间时尚别致而不失传统精髓的餐厅及酒廊——知味国际美食餐厅、多餐厅、锦肴轩海鲜料理餐厅、大堂吧、思悦兹，以时尚美食新理念餐厅刷新山城顶级餐饮新高度。位于酒店50层的知味国际美食餐厅，有着时尚的挑高空间格局，迷人城景和两江美景相伴左右，全开放式的美食料理厨房可现场呈现美食的诞生。与知味餐厅一墙之隔的多餐厅则提供精致西餐服务，主营牛排与海鲜，其中以牛肉制品最盛。除了久负盛名的M5–M12澳洲进口和牛，城内鲜有的“干式熟成”牛排在这里也得见。200米高空之上，锦肴轩海鲜料理餐厅的270度观景透明玻璃屋，不仅是酒店客人的打卡地，亦是外地游客到访重庆的必去之地，这里可以让你拍出刷爆朋友圈的美图美景，更是求婚表白之“圣地”。

再往上来到54层最佳日落观赏地的天际泳池，在此可俯瞰两江交汇和繁华城景，亦可定制各种时尚派对，伴着夕阳余晖，在泳池畔翩翩起舞，把酒言欢。